中国文库
史 学 类

# 北洋军阀史

（上）

来新夏等 著

中国出版集团
东方出版中心

**图书在版编目(CIP)数据**

北洋军阀史/来新夏等著. -上海:东方出版中心,2011.9
(中国文库)
ISBN 978-7-5473-0395-5

Ⅰ.①北… Ⅱ.①来… Ⅲ.①北洋军阀史 Ⅳ.①K258.2

中国版本图书馆CIP数据核字(2011)第124275号

责任编辑: 王卫东
责任校对: 谢蓓蕾 李 岚
整体设计: 翁 涌 李 梅
责任印制: 王铁生

**北洋军阀史**
Beiyang Junfa Shi
来新夏 等著

东方出版中心 出版
http://www.orientpc.com
上海市仙霞路345号 邮编:200336
北京瑞古冠中印刷厂印刷 新华书店经销
2011年9月第1版 2011年9月第1次印刷
开本: 880毫米×1230毫米 1/32 印张: 39.75
字数: 1037千字 印数: 1-4500
ISBN 978-7-5473-0395-5
定价:90.00元(全二册)

来新夏

## 本书各章撰写者

来新夏　代序　第一章　第二章　第五章部分

焦静宜　第三章　第六章部分　附录二

莫建来　第四章　第六章部分　第七章　附录一　附录三

张树勇　第五章

刘本军　第六章

# “中国文库”出版前言

“中国文库”主要收选20世纪以来我国出版的哲学社会科学研究、文学艺术创作、科学文化普及等方面的优秀著作。这些著作，对我国百余年来的政治、经济、文化和社会的发展产生过重大积极的影响，至今仍具有重要价值，是中国读者必读、必备的经典性、工具性名著。

大凡名著，均是每一时代震撼智慧的学论、启迪民智的典籍、打动心灵的作品，是时代和民族文化的瑰宝，均应功在当时、利在千秋、传之久远。“中国文库”收集百余年来的名著分类出版，便是以新世纪的历史视野和现实视角，对20世纪出版业绩的宏观回顾，对未来出版事业的积极开拓，为中国先进文化的建设，为实现中华民族伟大复兴做出贡献。

大凡名著，总是生命不老，且历久弥新、常温常新的好书。中国人有“万卷藏书宜子弟”的优良传统，更有当前建设学习型社会的时代要求，中华大地读书热潮空前高涨。“中国文库”选辑名著奉献广大读者，便是以新世纪出版人的社会责任心和历史使命感，帮助更多读者坐拥百城，与睿智的专家学者对话，以此获得丰富学养，实现人的全面发展。

为此，我们坚持以邓小平理论和“三个代表”重要思想为指导，深入贯彻落实科学发展观，坚持贯彻“百花齐放、百家争鸣”的方针，坚持按照“贴近实际、贴近生活、贴近群众”的要求，以登高望远、海纳百川的广阔视野，披沙拣金、露钞雪纂的刻苦精神，精益求精、探赜索隐的严谨态度，投入到这项规模宏大的出版工作中来。

“中国文库”所收书籍分列于6个类别，即：(1)哲学社会科学类

(哲学社会科学各门类学术著作);(2)史学类(通史及专史);(3)文学类(文学作品及文学理论著作);(4)艺术类(艺术作品及艺术理论著作);(5)科技文化类(科技史、科技人物传记、科普读物等);(6)综合·普及类(教育、大众文化、少儿读物和工具书等)。计划出版约1000种,分辑出版。自2004年以来,已先后出版四辑,每辑约100种,分精平装两类。2011年时值辛亥革命100周年,特将“中国文库”第五辑作为“纪念辛亥革命100周年”特辑推出,主要收选民国时期原创性人文社科类名著。

“中国文库”所收书籍,有少量品种因技术原因需要重新排版,版式有所调整,大多数品种则保留了原有版式。一套文库,千种书籍,庄谐雅俗有异,版式整齐划一未必合适。况且,版式设计也是书籍形态的审美对象之一,读者在摄取知识、欣赏作品的同时,还能看到各个出版机构不同时期版式设计的风格特色,也是留给读者们的一点乐趣。

“中国文库”由中国出版集团发起并组织实施。收选书目以中国出版集团所属出版机构出版的书籍为基础,并邀约其他数十家出版机构参与,共襄盛举。书目由“中国文库”编辑委员会审定,中国出版集团与各有关出版机构按照集约化的原则集中出版经营。编辑委员会特别邀请了我国出版界德高望重的老专家、领导同志担任顾问,以确保我们的事业继往开来,高质量地进行下去。

“中国文库”,顾名思义,所收书籍应当是能够代表中国出版业水平的精品。我们希望将所有可以代表中国出版业水平的精品尽收其中,但这需要全国出版业同行们的鼎立支持和编辑委员会自身的努力。这是中国出版人的一项共同事业。我们相信,只要我们志存高远且持之以恒,这项事业就一定能持续地进行下去,并将不断地发扬光大。

**“中国文库”编辑委员会**

# 中国文库

## （第五辑）

### 【哲学社科类】

孙中山著作选编　　陈铮选编 …………………………… 中华书局
黄兴集　　湖南省社会科学院编 ………………………… 中华书局
宋教仁集　　陈旭麓主编 ………………………………… 中华书局
廖仲恺集　　广东省社会科学院历史研究所编 ………… 中华书局
朱执信集　　广东省哲学社会科学研究所历史研究室编 … 中华书局
中国政治思想史　　陶希圣著 ……………… 中国大百科全书出版社
民国政制史　　钱端升等著 ……………………… 上海人民出版社
民国政党史　　谢彬撰　章伯锋整理 ………………… 中华书局
经学历史　　皮锡瑞著　周予同注释 ………………… 中华书局
清代学术概论　　梁启超著　朱维铮校订 ……………… 中华书局
新唯识论　　熊十力著 …………………………… 上海书店出版社
逻辑　　金岳霖著 …………………………… 中国人民大学出版社
科学与玄学　　罗家伦著 ……………………………… 商务印书馆
中国古代经济史稿　　李剑农著 ……………… 武汉大学出版社
中国近代经济史　　汪敬虞主编 ………………… 人民出版社
中国交通史　　白寿彝著 ………………………… 团结出版社
中国经济原论　　王亚南著 ……………… 中国大百科全书出版社
中国经济思想史　　唐庆增著 ……………………… 商务印书馆
财政学　　何廉、李锐著 ……………………………… 商务印书馆
货币与银行　　杨端六著 ………………………… 武汉大学出版社
刑法学　　蔡枢衡著 ……………………………… 中国民主法制出版社
乡土中国　　费孝通著 ……………………………… 人民出版社
文化人类学　　林惠祥著 …………………………… 商务印书馆
优生概论　　潘光旦著 ……………………………… 北京大学出版社
西洋文化史纲要
　　雷海宗撰　王敦书整理导读 ……………… 上海古籍出版社
西学东渐记　　容闳著　徐凤石　恽铁樵等译
　　钟叔河导读、标点 ………………… 生活·读书·新知三联书店
中国现代语法　　王力著 ……………………………… 商务印书馆
语言学史概要　　岑麟祥编著　岑运强评注 …… 世界图书出版公司

蔡元培教育论著选　高平叔编……………………人民教育出版社
陶行知教育论著选　董宝良主编………………人民教育出版社
中国报学史　戈公振著………………生活·读书·新知三联书店
陆费逵文选　陆费逵著…………………………………中华书局
张元济论出版　张元济著　张人凤　宋丽荣选编……商务印书馆
韬奋文录新编　邹韬奋著……………生活·读书·新知三联书店

## 【史学类】

国故论衡　章太炎撰　庞俊　郭诚永疏证………………中华书局
国史大纲　钱穆著……………………………………商务印书馆
通史新义　何炳松著…………………………………商务印书馆
台湾通史　连横著…………………生活·读书·新知三联书店
武昌革命史　曹亚伯著………………中国大百科全书出版社
辛亥革命与袁世凯　黎澍著…………中国大百科全书出版社
北洋军阀史　来新夏等著…………………………东方出版中心
中国国民党史稿　邹鲁编著………………………东方出版中心
中华民国外交史　张忠绂编著………………………华文出版社
西洋史　陈衡哲著……………………中国大百科全书出版社
欧化东渐史　张星烺著………………………………商务印书馆
清末立宪史　高放著…………………………………华文出版社

## 【文学类】

秋瑾诗文选注　郭延礼　郭蓁编选……………人民文学出版社
邹容集　张梅编注……………………………人民文学出版社
陈天华集　刘晴波　彭国兴编　饶怀民补订……湖南人民出版社
于右任诗词选　杨中州选注…………………河南文艺出版社
南社诗选　林东海　宋红选注………………人民文学出版社
鸳鸯蝴蝶派作品选　范伯群编选……………人民文学出版社
文学研究会小说选　李葆琰编选……………人民文学出版社
创造社作品选　刘纳编选……………………人民文学出版社
太阳社小说选　李松睿　吴晓东编选………人民文学出版社
湖畔派诗选　刘纳编选………………………人民文学出版社
浅草－沉钟社作品选　张铁荣编选…………人民文学出版社
《语丝》作品选　张梁编选……………………人民文学出版社
未名社作品选　黄开发编选…………………人民文学出版社
新月派诗选　蓝棣之编选……………………人民文学出版社

象征派诗选　　孙玉石编选 …………………… 人民文学出版社
新感觉派小说选　　严家炎编选 ………………… 人民文学出版社
现代派诗选　　蓝棣之编选 …………………… 人民文学出版社
论语派作品选　　庄钟庆编选 ………………… 人民文学出版社
京派小说选　　吴福辉编选 …………………… 人民文学出版社
东北作家群小说选　　王培元编选 ……………… 人民文学出版社
七月派作品选　　吴子敏编选 ………………… 人民文学出版社
西南联大文学作品选　　李光荣编选 …………… 人民文学出版社
九叶派诗选　　蓝棣之编选 …………………… 人民文学出版社
荷花淀派小说选　　冯健男编选 ……………… 人民文学出版社
山药蛋派作品选　　高捷编选 ………………… 人民文学出版社
红楼梦辨　　俞平伯著 ……………………………… 商务印书馆
中国诗史　　陆侃如、冯沅君著　………………… 百花文艺出版社
中国文学发展史　　刘大杰著 ………………… 复旦大学出版社

## 【艺术类】

万木草堂论艺　　康有为著 ……………………… 荣宝斋出版社
中国绘画史　　潘天寿著 ………………………… 团结出版社
中国绘画理论　　傅抱石著 …………………… 江苏教育出版社
中国雕塑艺术史　　王子云著 ………………… 人民美术出版社
中国陶瓷史　　吴仁敬　辛安潮著 ………………… 团结出版社
中国戏剧史　　徐慕云著 ……………………… 东方出版中心
洪深戏剧论文集　　洪深著 …………………… 东方出版中心
焦菊隐戏剧论文集　　焦菊隐著 ………………… 华文出版社
中国古代乐论选辑　　吴钊　伊鸿书　赵宽仁　古宗智
吉联杭编 ……………………………………… 人民音乐出版社
素月楼联语　　张伯驹编著 ……………………… 华文出版社
中国书法理论体系　　熊秉明著 ……………… 人民美术出版社
夏衍电影论文集　　夏衍著 …………………… 东方出版中心
银幕形象塑造　　赵丹著　赵青整理 …………… 东方出版中心

## 【科技文化类】

自然辩证法在中国　　龚育之著 ……………… 北京大学出版社
科学家谈21世纪　　李四光等著　……… 中国大百科全书出版社
继承与叛逆——现代科学为何出现于西方
陈方正著 ………………………… 生活·读书·新知三联书店

中国医学史　陈邦贤著 ……………………………… 团结出版社
化学史通考　丁绪贤著 ………………… 中国大百科全书出版社
科学概论　王星拱著 ……………………………… 武汉大学出版社
竺可桢科普创作选集　竺可桢著 ………… 中国大百科全书出版社

**【综合普及类】**

书林清话　叶德辉著 ……………………………… 华文出版社
文坛五十年　曹聚仁著 ……………… 生活·读书·新知三联书店
张菊生先生七十生日纪念论文集
　胡适　蔡元培　王云五等编 ……………………… 商务印书馆
佛教常识问答　赵朴初著 ………………………… 华文出版社
词心笺评　邵祖平著 ……………………………… 复旦大学出版社
西潮与新潮　蒋梦麟著 …………………………… 东方出版社

# 我和北洋军阀史研究(代序)

我虽是历史专业出身,但在读大学时对北洋军阀史却了解很少,仅仅只在课余读过一本丁文江所写的《民国军事近纪》,约略知道一点袁世凯北洋军和直皖奉三系军阀的情况而已。1949 年 9 月,我结束了在华北大学的政治学习后,被分配到由该校副校长范文澜教授主持的历史研究室,当一名研究生。研究室分通史和近代史两个方向,我被指定到近代史方向。我除了在范老直接指导和荣孟源老师具体组织和主持下,写过一篇为纪念太平天国起义百周年的文章外,主要工作是对入城后从一些北洋军阀人物家中和某些单位收缴移送来的藏档进行清理和分类。这批档案有百余麻袋,杂乱无章,几乎无从下手。整理的场所先是在东厂胡同旧黎元洪府第花园的八角亭,一间面积很大的房间里,有七个人参加整理工作,整理组组长是后来任中国第二历史档案馆副馆长的唐彪。每次从库房运来几袋就往地下一倒,尘土飞扬,呛人几近窒息。当时条件很差,只能穿一身旧紫花布制服,带着口罩,蹲在地上按档案形式如私人信札、公文批件、电报电稿、密报、图片和杂类等分别检放到书架上。因为每件档案都有脏污之物,要抖干净就扬起尘土,整天都在爆土扬尘中过日子,直到下班,不仅外衣一层土,连眼镜片都被灰尘蒙得模糊不清,鼻孔下面一条黑杠,往往彼此相视而笑,但从没有什么抱怨。在整理过程中,因为急于闯过这个尘土飞扬的环境,进行速度较快,所以除了知道不同形式的档案和记住一些军阀的名字外,几乎很难停下来看看内容,只能说这是接触北洋军阀档案的开始而已，谈不上什么研究。

大约经过两个多月的整理，袋装档案全部清理上架，分别成捆。为了进入正规的整理工作，集中十来天进行有关这段历史资料的学习，读了若干种有关北洋军阀的旧著，如丁文江、文公直、陶菊隐等人的著作。我们也从东厂胡同搬到有四五间宽敞工作间的乾面胡同，开始整档工作。我们将档案分成政治、经济、军事、文化四大类，每个人把一捆捆档案放在面前，认真阅读后，分类上架，所以看得比较仔细，并在特制的卡片上写上文件名、成件时间、编号及内容摘要，最后签上整理者的名字。这次因为已经经过第一轮清理，不再有什么尘土，环境又比较宽敞幽静，所以大家心情舒畅，休息时和在宿舍里常常交谈阅档所了解到的珍贵或有趣的材料。这些都能引起大家的很大兴趣，有时我还在第二天去追踪查档，了解具体内容。我曾利用空闲的时间，把自认为有用的材料抄录下来。积少成多，慢慢地我已经积累有两册黄草纸本。同时为了查对档案中的事实和加深拓宽这一领域的知识，我又读了大量有关北洋军阀的著作，眼界逐渐开阔，钻研这方面问题的信心也增强了不少。我也了解到这方面的研究还没有很好地展开，以往的一些著作过于陈旧，而且数量也不大，而新著几乎没有，有关论文也只有零星短篇，确是一块颇有价值的用武之地。

随着历经半年多整档工作的接近完成，我对北洋军阀这一近代的政治军事集团，从兴起到覆灭已有了一个大致轮廓，对错综复杂的派系关系也掌握了基本脉络，奠定了我将以一生绝大部分精力致力于北洋军阀史研究的基础。半年多的整档工作，虽然比较辛劳，但收获是很大的。一是我通过整档阅档活动，不知不觉地把我带进了一个从未完全涉足过的学术领域——它影响我一生的学术道路；二是我毫无愧色地以自己是新中国最早一批档案工作者而自豪。不久，这批整理过的北洋军阀档案，奉命移送到南京，和原国史馆合并，成立史料整理处，就是现在中国第二历史档案馆的前身，有几位同事随从南下，我则应聘到天津南开大学工作。

我到南开大学任教后,仍坚持北洋军阀史的研究,搜集整理有关资料,并开始写点文章。到津第二年,我在《历史教学》杂志上连续发表题为《北洋军阀统治时期》的讲课记录,虽然还不很成熟,但却是我第一篇北洋军阀史方面的专文,从此正式进入北洋军阀史研究的程序。与此同时,我又得到一次深入这一领域的机遇。原来在50年代初,为了更好地推动中国近代史的研究,在范文澜、翦伯赞等史学界前辈的倡导和主持下,由中国史学会主编一套《中国近代史资料丛刊》,包括从鸦片战争到北洋军阀共十二套,分别组织专人编选。当时,北洋军阀这一专题也组织过一个包括京津史学工作者在内的编委会。已故的荣孟源和谢国桢二先生都是成员。我当时虽尚不及而立之年,也承荣、谢两先生厚爱,忝居其列,并接受委托在津搜集资料。不久,人事变幻,编辑工作陷于停顿,在津刚开始的资料搜集工作也告中断,所搜集的图书资料全部缴归南开大学图书馆入藏。我虽对此事的中辍抱有微憾,但却意外地接触了不少有关资料,为我日后撰写《北洋军阀史略》作了必需的准备。

1956年正值关于知识分子问题提出的大好时机,学术有欣欣向荣之势,湖北人民出版社邀请我撰写北洋军阀方面的书稿。我既有一定的资料积累,又有一股写作激情的冲动,于是摆脱掉不敢接触历史“阴暗面”的心态,不自量力地接受了这一约稿。我在《北洋军阀统治时期》一文的基础上加以扩大、改订和充实,经过一年多夜以继日地努力撰写,终于在1957年完成和出版了新中国第一部系统论述北洋军阀史的专著——《北洋军阀史略》。我在撰写过程中力图以历史唯物主义的观点和方法,将北洋军阀集团的兴衰变化作为一个历史整体进行考察,探求其成败兴亡的内在联系。这部著作虽然篇幅不大,但它是我的第一部专著。我很自信,它为北洋军阀史的研究开拓了新领域;也为后来学术界研究这段历史奠定了良好的基础。这部书曾引起了国内外学者的注意,日本明治大学岩崎富久男教授翻译了此书,增加了随文插图,易名为《中国的军阀》,先后由两个出版社出版,成为日本有关学者案头的参考用书。

《北洋军阀史略》出版后不久,我的教学任务突然被迫由近代转向古代,而且一直处于一种近乎闲置的境地。北洋军阀史的研究也就随之而暂时搁置了。直到70年代末,随着政治气氛的宽松,民国史研究的兴起,有关北洋军阀史的历史资料也日见丰富,新知旧雨很关心我的那部处女作,敦促我增订《北洋军阀史略》以应社会需要。我也深深地感到这是我应尽的社会职责;但又想到"流水落花春去也",二十多年来,我在北洋军阀史的研究方面却少有建树,但是,时代的支持和鼓动,坚定了我重理旧业的信念,于是,我翻阅了大量的文献著述、历史档案、报刊杂志、方志笔记和文集传记等资料,对北洋军阀的研究对象、范围、分期问题、特点、地位、影响及其阶级基础等重大问题进行了再研究,并拟定了编写方案,终于在焦静宜女士等的参加下,于1983年完成了《北洋军阀史稿》的编写工作,仍由湖北人民出版社出版。这部三十六万余言的新著,比之《北洋军阀史略》,不仅篇幅增大,条理较前清晰,论证较前缜密,而且论述范围也有所扩展。在中国各派反军阀统治力量的斗争史和有关历史人物的活动方面,在军阀混战的具体战役、战斗方面,在北洋军阀集团与帝国主义侵略势力的关系方面,都有较多的增加和拓展。毫无疑问,这在当时确是这方面唯一的一部专著,对军阀史和民国史研究的深入开展起到了推动和促进作用。

《北洋军阀史稿》完成后,很自然地引起我三十年前参与编纂《北洋军阀》资料的情思,希望《中国近代史资料丛刊》终成完璧。也许是我和北洋军阀史研究的特殊缘分,1985年秋,上海人民出版社为补足这套丛书,特派该社编审叶亚廉先生躬临天津,面商北洋军阀资料的编辑问题,并有多次信件往还。1986年初,该社又藉我去沪出席中国文化史国际学术讨论会之便,作了进一步的具体磋商,并订立了编辑出版协议。

北洋军阀专题是中国近代史资料丛刊的最后一种。由于这一专题的长期阙如,致使丛刊未能及时配套,因而出版者亟谋完成补缺工作;但因资料零散,人力单薄,而有些资料近年又多分别出版,不宜过多重复,有些资料搜求尚多窒碍,以致进展时有困难。即使如此,我们为完成前辈遗业,也竭尽绵薄,希望能较好地完成补缺填空的任务。北洋军阀的资料涉及范围较广,有许多资料尚未经时间筛选和学术考辨;有的又往往由于当时不同派系的政治需要而真伪参半;有些不仅已有较多的印本,还有近期的重印本。这些都给搜求整理工作带来了一定的困难。可是鉴于教学与研究的迫切需要,我们不能不力求在较短时间内完成这一资料的选编工作。

这套书的选录范围涉及档案、传记、专集、专著、报刊和汇编等方面。凡现已流行的重印本或公开发表过的资料尽量少选或不选。如确有一定史料价值非此不足以说明问题的,也就难以避免重复。资料门类的选用按照各阶段史实与资料多寡而各有侧重,尽可能选录一部分具有史料价值的原始资料和流行较稀的成书。如从中国第一历史档案馆藏档中选录清末北洋新军活动的资料;从中国第二历史档案馆选录的第一次直奉战争资料,比较完备地反映了战前的舆论准备、战争中直系的财政支出等;从天津历史博物馆收藏的黎元洪函电稿中选抄了新旧约法之争、中德断交和军阀虐政等内容。有些官书中虽有有关资料,但因篇幅过巨,内容繁杂,那就从中钩稽选编,如从《德宗实录》和《宣统政纪》中辑录的北洋新军资料。外人著作则侧重于亲历目击、具有相当史料价值的,如埃·劳伦斯所著《中国的军事力量——军阀》一书系作者亲历第二次直奉战争之作,记战争的前后比较真实详尽。有些著作确有较高史料价值,如袁世凯的政治顾问、英国《泰晤士报》驻北京记者乔·厄·莫理循的书信集,是一部百余万字,涉及1895至1920年间中国政情的重要资料,但就在我们选译过程中,知识出版社即以《清末民初政情内幕》为书名,将其全译出版,那就只好舍弃不取了。总之,从浩瀚的资料里选录若干,纳入有限的篇幅之中,确有疏漏之虞。因之,我们又编制了书目提要和论文索引等参考检索工具,以满足读者进一步求索的需要。这套资料共五册,第一至四册系按北洋军阀的兴亡历程分四个阶段,并围绕各阶段中的几个重要问题分别选编六七十万字不等,各成一册;第五册则包括军阀人物传志、大事记、书目提要、论文摘要与附表等,总字数达三百余万字。

这套资料于1993年春全部面世后,与《北洋军阀史稿》相配,既有专著,又有资料,应该说这一领域的研究已基本完备结题。但是,我总以为应该再努力以赴,把《北洋军阀史稿》撰写为真正意义上的通史性著述——《北洋军阀史》。于是重读《北洋军阀史稿》,发现确有增订余地,反复思考,重新草拟写作提要,邀约分撰者,除了我的学生焦静宜、莫建来、张树勇和刘本军外,日本学者水野明和贵志俊彦等也应邀参与了一些章节的研讨。同时,我编写了各篇章的要点,供分撰者参考。从1994年开始搜集资料,分头撰写专稿。1996年,个别章节完稿,而大部分章节尚待订正,难以总纂成书。1997年,我尽量协调参与者的撰稿时间,又历时一年,终成初稿百余万字,遂由我通读全稿,审定内容,划一体例,润色文字,即于2000年夏交付出版社。新撰《北洋军阀史》较之《北洋军阀史稿》,显有改观,篇幅约增近三倍,内容颇多增删修订,虽尚难称尽善,然已各尽心力。设新著《北洋军阀史》能为北洋通史补空而在一定时期内可备研究与教学参考之选,则数年辛劳亦足以自慰。至于有不当或错谬之处,则司主编者不得辞其咎,愿恭聆各方之指正!

我对北洋军阀史的研究,经历了半个世纪的漫长路途,别人看我似乎有点痴迷,而我则非常自慰地感到此生没有虚耗,因为我终于做了一件有益于他人的事。我的这一历程充满着坎坷艰难,《北洋军阀史》的告成,既为学术书林增植一株树木,也体现出一种人间的冲刷。我感谢奖掖和支持过我的前辈和同道们!

来新夏

一九九九年四月初稿

二〇〇〇年二月修订稿

# 目 录

# 第一章　绪论

北洋军阀是中国近现代史上一个肇端于19世纪末而形成于辛亥革命之际的政治军事集团。研究这个集团的兴衰和有关活动无疑地将是中国近现代史研究的重要领域之一。因为这个集团在一定历史时期里曾经拨弄历史，叱咤风云，最终又被历史所嘲弄和唾弃。它们制造的政争、割据、混战种种历史的客观现象，给后人留下了无数有待分析、论定的课题。对此现实如果置而不论，那就会看不到历史进程中滔滔洪波里的漩涡，也难以洞察各种泛滥横流的病源所在。如果认为北洋军阀史只是历史发展的反面而不屑一顾或不值多顾的话，那就会失去对历史辩证统一发展的认识，形成知其一面而不知其另一面的片面现象，应该说是一种严重的缺陷。这本来是一个极为清楚的道理，但是，在过去较长一段时间内，北洋军阀史的研究却遭受到漠视和冷遇。这固然有其本身头绪纷繁，错综复杂，不易评说指点的难度；但更重要的原因是由于有些人视这一领域为"禁区"，个别人甚至提出质疑，认为这是舍正道而不由，走偏锋而猎奇，致使这一领域的研究与撰著长期处于一种进行迟缓的状态，造成"旧著难找，新著很少"的荒漠局面。1957年，来新夏撰写的《北洋军阀史略》，由湖北人民出版社正式出版。这虽是一本微不足道的小书，但它却是应时代需要的产物，曾经引起过人们的注意，而其影响尚及于海外。一位素不相识的日本学者、明治大学的岩崎富久男教授于1969年将其译成日文，并选配插图、增编附录，由桃源社出版。当时中国正在进行轰轰烈烈的

"文化大革命",岩崎先生在他的译序中特别写下了一段揣测作者处境,并加以关注的有趣语言,令人非常感动。1989 年,这本译作又由日本光风社再度出版。这至少反映了日本学术界的需要。

《北洋军阀史略》经过 25 年的岁月,于 1982 年方由民国史专家孙思白教授为它作出了如下的评价:"《史略》这本书分量不大,叙述的范围不广,还不是一本巨著;但它却是试图以唯物史观的新观点来阐述北洋军阀集团的兴衰变化的。它简明扼要,条理清晰,从而在以往的教学工作中发挥了有益的作用。"①

我感谢孙思白教授这一鼓励性的知己之言。

《北洋军阀史略》问世二十多年后,在一些朋友的不断鼓励和湖北人民出版社的热情支持下,终于在《北洋军阀史略》的基础上,改写完成了比《史略》篇幅增加三倍、在内容上作了充实和订正的《北洋军阀史稿》,于 1983 年仍由湖北人民出版社出版。

《北洋军阀史稿》完稿后,孙思白教授通阅了全稿,并惠撰了序言。他在序言中比较了《史稿》与《史略》的不同有四点,即:

(1)它(史稿)在好些地方补充运用了已刊的档案、未刊的资料和译稿;

(2)它吸取了回忆性文章和近年来的研究成果;

(3)它对若干问题作出了新的分析和论断;

(4)它丰富了若干具体情节内容。

孙思白教授认为:"《史稿》比起《史略》来是有所发展,有所改观了。"这一概括对读者阅读《史稿》时是有所裨益的。

1987 年至 1993 年间,我们应上海人民出版社之邀,完成了五巨册、三百余万字的资料书《北洋军阀》(《中国近代史资料丛刊》之一种),使我们接触了更多的史料,填补了史实空白,增强了理论认识,促进了问题思考,于是对《史稿》更感不足而思再作增补修订,以求完善,期望对我们一生所曾从事的学术领域再有所贡献,于是

①孙思白:《北洋军阀史稿》序,湖北人民出版社 1983 年版。

动念重写一本通史性的《北洋军阀史》，并能在一定时期里使这一领域有一种比较完整，尚能作为学者依据和参考的全史。此《北洋军阀史》之所由作。

从《史略》中经《史稿》和资料书的编纂，到《北洋军阀史》的着手撰写，我们对这一领域中的某些全局性问题曾不断思考和探讨。兹对北洋军阀史的研究对象、划阶段问题、军阀的定义、北洋军阀的特点、历史作用的估计、五十年来的研究概况、有关文献资料以及对未来发展的展望等等问题论述如次。

## 一、北洋军阀史的研究对象

北洋军阀从中日甲午战争后兴起，经过 20 世纪开头十年的经营而得到发展，培育了军事实力，逐步攫取了足以左右政治局面的权柄，完备了成为重要军事力量的条件，终于乘辛亥革命之机获取了对中国的统治权，形成了中国近现代史上第一个全面掌握实际政权的军事集团。从此开始，直至 1928 年它的覆灭，不论执政派系的更迭如何频繁，全国的统治权（即使它不够完善和有力）却一直由北洋军阀集团所掌握，因而出现了一个北洋军阀统治时期。

北洋军阀史和北洋军阀统治时期史是两个具有不同含义的概念[①]。这和中国历代的称朝称代颇有相似之处。所谓朝是指王朝，如研究唐朝史应指李氏王朝的荣枯兴亡；所谓代是指一个历史时期，如研究唐代史应指由李唐王朝统治下的那个时期诸方面的总貌。北洋军阀史犹如前者，是研究北洋军阀这一政治军事集团的兴亡史，而北洋军阀统治时期史则犹如后者，是研究在北洋军阀

①陈志让在《军绅政权》一书中曾提出“军阀史”和“军阀统治时期历史”两个不同概念，他把军阀统治时期历史的研究范围规定为“一九一二年到一九二八年之间的发展”。见该书（中文本，三联书店 1980 年版）第 6 页。

集团夺取全国统治权后直到失去这一统治权的这段统治时期内的各方面情况的历史。因此，二者的研究对象是有区别的。陶菊隐的《北洋军阀统治时期史话》所述的就是“一九一二年至一九二八年北洋军阀统治期间的历史”①，这就是说：作为统治时期史的研究对象应该是包括 1912 年至 1928 年这一统治时期内的政治、经济、军事、文化和社会各方面的历史，勾画出这一历史时期的历史真实面貌；而《北洋军阀史》则是从 1895 年至 1928 年，以北洋军阀的兴起、发展、形成、掌权直至覆灭为中心线索而论述与此中心相关联的各种问题的历史。

由于北洋军阀集团不是一个单纯的军事集团，而是一个政治军事集团，特别是在辛亥革命后获取了全国统治权的十六年中，它成为各种历史现象所围绕的中心。因此，又不能把北洋军阀史看作是单纯的军事史，写成像丁文江的《民国军事近纪》或文公直的《最近三十年中国军事史》那样的著作。

北洋军阀史和北洋军阀统治时期史，既有某些密不可分的地方，又各有所侧重，二者的研究对象既有区别，又有联系，即前者以军阀活动为主体，而后者则以反映特定历史时期面貌为主体。至于北洋军阀史与民国史、近现代史和革命史等之间的关系也正类此，既不能完全割裂，也应各有侧重。

《北洋军阀史》的研究对象和论述范围不宜超出北洋军阀集团的各种活动——如袁世凯的小站练兵、直皖奉各派系的形成、各派系间的离合纷争以及因这些错综复杂关系所造成的种种历史现象等等。这些将是《北洋军阀史》所应侧重论述的内容。

---

①《北洋军阀统治时期史话》(三联书店 1957 年版)重印说明。孙思白:《北洋军阀统治史提纲》(《齐鲁学刊》1983 年第 5～6 期)也标明其上下限是“1912～1928”，其第一章的标题是“袁世凯建立了北京政府”，与北洋军阀史的断限有明显的区别。

# 二、北洋军阀史的划阶段问题

《北洋军阀史》的时间断限是从 1895 年袁世凯小站练兵，即北洋军阀集团奠基开始，至 1928 年覆灭止，这本是无多异议的；但是，有些海外和港台学者却把上限从 1916 年袁世凯死后的派系分立算起，用以表明其不承认袁世凯为军阀的观点[①]。这是以形式的"统一"作为确认是否军阀的标准。我们认为确认某一标准应从多方面进行综合考虑，而以其实质内容作为主要依据，所以对以 1916 年为上限的说法，尚难苟同。

至于北洋军阀史的划阶段问题，一直未展开过较深入的探讨，正式提出北洋军阀史划阶段意见的是彭明的《北洋军阀（研究提纲）》一文[②]，他把北洋军阀的兴亡分为三个大的阶段：

第一阶段：从 1895 年袁世凯的小站练兵起到 1916 年袁世凯死。这一阶段的特点是北洋军阀的兴起和扩大。

第二阶段：从 1916 年袁世凯死起到 1926 年北伐前夕。这一阶段的特点是北洋军阀派系斗争与混战的剧烈化。

第三阶段：从 1926 年 7 月北伐出师起到 1928 年张作霖退往关外。这是北洋军阀的衰亡阶段。

该文还对每个阶段的重要历史事件作了综合叙述。这一划分法体现了北洋军阀的兴亡历程，基本上显示了各个历史阶段的特点。但是，专史的划分阶段还应考虑其发展进程中的重大历史事件。在考察作为专史的北洋军阀史的划阶段时也应注意到这一点。这一时期中，中国发生了一次具有重大历史意义的事件，那就

---

①台湾学者张玉法主编的《现代史论集》第五辑例言中说："本辑题名《军阀政治》，主要概括民国五年到十六七年间军阀操持国政期间的政治情况。"

②《教学与研究》1980 年第 5、6 期。

是发生了推翻两千多年封建君主专制制度的辛亥革命。这个重大历史事件完全应该作为划分北洋军阀史的界标;而且北洋军阀集团正是以辛亥革命为契机,由一个军事集团一跃而为统治全国的政治军事集团,出现了中国近代历史上的军阀统治。因此,以辛亥革命这一重大历史事件作为界标再划一阶段更为切合历史发展的实际。所以,我们认为,北洋军阀史应划分为四个阶段:

第一阶段:从 1895 年袁世凯小站练兵(可以追溯一下它的继承源流)起,到 1912 年初袁世凯获任中华民国临时大总统前止。这是北洋军阀集团兴起、发展和形成的阶段。在这一阶段中,袁世凯通过一系列攫取权力的活动,不仅使自己成为北洋军阀集团的首脑,而且还"培植"了一大批军阀、豢养了一大批政客,成为日后北洋军阀统治时期政治舞台上的重要角色。袁世凯正因为手中有了这样一个军事集团才轻易地夺取到辛亥革命的成果。

第二阶段:从 1912 年袁世凯获任中华民国临时大总统职位起,至 1916 年洪宪帝制失败、袁世凯自毙止。这是袁世凯从获取中华民国政权到帝制自为,终而自毙的历史。它是以袁世凯为首的北洋军阀集团利用手中掌握的武装作为支柱,获取更大私利,摧残民主,复辟封建专制制度的阶段。这一阶段,袁世凯一直领导和维系着北洋军阀集团而居于总首脑地位。他掌握着一个比较松散的全国性统一政权。这是北洋军阀集团的鼎盛阶段。

第三阶段:从 1916 年袁世凯自毙后到 1926 年 7 月北伐开始前。这一阶段的北洋军阀集团由于总首脑袁世凯的死去而在内部明显地分裂为直、皖、奉三个主要派系。它们之间既为争夺最高统治权而相互纷争混战,又可为共同反对革命、镇压人民而彼此"联合"勾结。它们纵横捭阖,翻云覆雨,把中国拖入到一个极为黑暗困苦的境地;而北洋军阀集团也自食恶果——因同室操戈而自我削弱。这是北洋军阀集团走向衰落的阶段。北洋军阀的黑暗统治并未能阻止新事物的破土萌芽,滋长繁衍。以五四运动为转折而兴起的人民革命潮流滚滚而来。它有力地冲击着北洋军阀集团的统治，给中国带来新的曙光。这一阶段先后由皖、直、奉三个派系更迭和联合执掌着形式上的全国政权。因为纷争混战与所谓"联合"的变幻多端，历史时期又较长，所以又划分为两个小阶段：

(1)从 1916 年袁世凯自毙起到 1920 年的直皖战争结束时止。这一小阶段主要是由以段祺瑞为首的皖系军阀执政，皖系军阀以勾结日本帝国主义，进行一系列卖国残民的罪恶活动为其统治特点，北洋军阀集团内部的派系纷争日益显著与尖锐，终于引发了直皖战争，直系军阀利用了国内外的有利形势，击败了皖系军阀，成为北京政府的实际掌权者。

(2)从 1920 年直系军阀掌权起到 1926 年 7 月北伐战争开始止。这一小阶段主要是直奉军阀间为争夺全国性统治权而矛盾日益激化，以致先后进行过两次直奉战争，北洋军阀集团由于内部派系纷争与混战而自我削弱。第二次直奉战争后，北洋军阀集团再也无力一派当权。他们为了对抗人民革命而联合掌权。纷争、混战与联合的变幻无常成为这一小阶段的特点。

第四阶段：从 1926 年 7 月北伐战争开始起到 1928 年 12 月张学良等宣布东北"易帜"止。这是北洋军阀集团的覆灭阶段。由于北伐战争的胜利进军，北洋军阀集团的各种势力在各地相继溃败，国民党政权代替了北洋军阀集团的统治，北洋军阀集团至此覆灭。

## 三、近代军阀的定义

在北洋军阀史的研究中，人们经常讨论的一个问题是如何为"军阀"下定义、立界说，但直至目前仍难得出一个能为多数人所认同的共识。我们为了撰写《北洋军阀史》，遂以北洋军阀集团为主要着眼点，在概括诸家有关论述的基础上来探讨"军阀"的定义这一问题。

## (一)关于“军阀”定义的各种论点

“军阀”这一名词,我所见到的最早文献记载是《新唐书·郭虔瓘传》中所记:“郭虔瓘,齐州历城人,开元初,录军阀,累迁右骁卫将军兼北庭都护、金山道副大总管。”①

郭传中“军阀”一词的含义有别于后世之所谓“军阀”。这个“阀”是阀阅之家的“阀”,是指世家门第,即指官宦人家门前旌表其功绩的柱子。“军阀”是指有军功的军人世家,含有门庭显赫的褒意。但近代以来被冠之以“军阀”的个人和集团因处于潮流发展的对立面而使“军阀”一词毫无疑义地成为贬词,并已有人使用其贬意。1918 年底,陈独秀就曾为军阀下过定义,他认为:军阀是“毫无知识,毫无功能,专门干预政治、破坏国法、马贼式的、恶丐式的”人物②。1918 年底至 1919 年,梁启超在欧游时所写的《欧游心影录》中曾说:“军阀之为政,以刚强自喜,而结果也,必陷于优柔而自亡,外强中干,上刚而下柔,是其征也。”并认为军阀就是由“弱肉强食”这条路上产生出来的③。1919 年 9 月,中国的民主主义革命家孙中山在其《复于右任函》中第一次使用“南中军阀”一词,并斥之为“暴迹既彰”④。次年初,政论家谭平山比较明确地界定了军阀的含义,他说:“握了一种特殊的势力,成了一种特别的阶级,组织了一种特别的系统,这就叫做‘军阀’”⑤。那就是说,军阀就是掌握军事政治实力的宗派集团。这些分析和评论都已从贬意来立论。

---

①宋·欧阳修:《新唐书》卷一三三,中华书局 1975 年版,第 4543 页。

②只眼:《欧战后东洋民族之觉悟及要求》(1912 年 12 月 29 日),原载《每周评论》第 2 号,见《陈独秀文章选编》(上),三联书店 1984 年版,第 308 页。

③梁启超:《饮冰室合集·专集》第五册,第 23 卷,民国印本。

④《孙中山全集》第五卷,中华书局 1985 年版,第 106 页。

⑤鸣谦:《军阀亡国论》(1920 年 1 月 12 日),原载《北京大学学生周刊》第六号,见《谭平山文集》,人民出版社 1986 年版。

北伐战争时，“打倒军阀”的口号响彻神州，“军阀”已完全成为贬辞。当时的胡汉民和蒋介石等似乎都曾为“打倒军阀”这一口号作注解而对“军阀”下过定义。胡汉民在一次演讲中曾说：“一个军人上没有为国家的利益，下没有听民众要求解放的呼声，只是前面靠官僚、政客、土豪、劣绅以及一切反革命势力做了虎狼；后面勾结着帝国主义做了声援，这就是军阀。”①蒋介石在另一次谈话中曾说：“军阀把持的是地盘……要的是财产……爱惜的是自己的生命……取给的是帝国主义。”②这些分析是近理的。可笑的是，后来他们的行为却重蹈了自己对“军阀”所下的定义。

以后，这个问题很久没有人正式涉及，直到近十多年由于民国史和北洋军阀史的研究与编写又引起人们的注意，海内外学者都对此发表过意见。彭明曾在《北洋军阀(研究提纲)》中提出三条军阀定义，即：“他们各有一支为自己争权夺利而服务的军队”，“他们各有一块可以任意搜刮和统治的地盘”，“(他们)大都是帝国主义在中国进行统治的工具”。他明确地提出前两点“是一切封建军阀所具备的”③，那么后一点显然是指近代军阀所特有的。这三条基本上代表了过去一些人的观点。

《中华民国史》主编李新为了指导民国史中北洋军阀统治时期部分的编写工作，专门探讨了军阀的定义。他从 1981 年起连续在有关军阀史和民国史的讨论会上论及这个问题，概括地提出了私兵、地盘和武治三条，有些人对此曾表示过异议，李新经过进一步思考、补充和完善，正式发表了专门性论文，明确地提出：

我认为：军阀是封建社会和半封建社会特殊的政治现象。

---

①1927 年 4 月 8 日胡汉民在南京检阅军队时的讲演，见《革命文献》第十六辑，台北 1954 年版，第 563～564 页。

②1927 年 9 月 16 日蒋介石的谈话，见《革命文献》第十七辑，台北 1954 年版，第 46 页。

③《教学与研究》1986 年第 5、6 期。

> 军阀是一种特殊的军事集团。它拥有以个人为中心，并由私人关系结合起来的一支私人军队。它通常据有一片固定的或比较固定的地盘。
>
> 封建统治有两种相对不同的统治形式，一种是直接的军事统治，凡实行这种形式的封建统治者，无论其大小乃至贵为天子的全国统治者，我们都可以称之为军阀。①

李新的这些论述归纳起来仍是私兵、地盘和武治三条，但不能不使我们注意到这篇论文中也提出了如“军阀常有割据的现象。但割据并不一定是军阀，因为割据并不是军阀的本质”等见解。在这篇论文中，李新为了论证以武治作为军阀定义的理论根据，同时提出了“乱世出军阀”的论点。他说：

> 军阀总是产生于封建的“乱世”而不是产生于封建的“治世”。每当封建乱世，合法的最高封建统治者总要实行严酷的直接军事统治。这其实也就是军阀统治。作乱的封建统治者拥私兵以谋夺权，当然也是军阀。在野的封建主有的也乘机招兵买马，据地称雄，这也是一种军阀。至于官逼民反，农民因无法生活而造反起义，更是常见的事情。农民起义当然是正义的斗争，但其胜利发展的结果仍然要称王称帝，走上军阀的道路。可见封建乱世，军阀的来源是多种多样的，军阀现象是普遍的。

这一观点似尚可商榷。其意是凡在易代逐鹿之际的各色人物几乎都被网罗于军阀之列：掌权的、夺权的、在朝的、在野的、称王称帝的以及农民起义领袖等等都无一幸免。诚如所论，那么中国历史上的商汤、周文武、唐宗、宋祖、成吉思汗、朱元璋等等都可以称作军阀，至少有过军阀的经历，而中国历史也只不过是一部军阀更迭史而已。所以这一观点是难以令人苟同的。

---

①李新：《军阀论》，《史学月刊》1985年第1期。

1989 年，台湾学者张玉法提出如下四点作为军阀定义的依据，即：(1)养军的目的是追求个人和本军的利益，(2)武力被当做解决纷争的正常途径，(3)军事权不受行政权的拘束，(4)国内如此，甚至国际种种秩序、法律也不顾及①。这是从军阀不合乎正常行为准则行事的角度来论证其定义的。

1990 年 1 月出版的《孙中山与中国近代军阀》一书的作者段云章在该书第一章中分析了近代军阀的特征，他提出了其他论著中未尝明显涉及到的内容，即从剥削方式的角度立论。他说："近代军阀已不完全依靠封建经济，而且依靠外债、关税、盐税和官方企业的收入。"②

1991 年 8 月出版的《新桂系史》一书的主编莫济杰则对军阀的特征作了如下的概括："他们依赖帝国主义的扶植；充当地主买办的政治代表，压迫剥削人民群众；拥有私人军队，以军队控制政权；割据地盘，实行'武治'。在这些基本特征中，又存在着两个最基本的军事、政治特征，那就是军队私有和割据地盘。"③

国外学术界对此问题也给予应有的重视。其中较早的著述是美国学者薛立敦(James E. Sheridan)于 1966 年完成的《中国军阀——冯玉祥的一生事业》一书④。该书曾被誉为美国研究中国军阀的第一部著作。薛立敦在该书的开端即为军阀做出如下的定义："军阀是藉着不受外力控制的军事组织，在一定的区域内行使有效的统治。"

薛立敦还以冯玉祥作为军阀的一种类型进行剖析，指出军阀的共同特点是：(1)握有政治上的统治权势，控制一定的地域范围；

①张玉法：《民初军系史研究(1916～1928)》，见台湾中央研究院近代史研究所特刊(1)《六十年来的中国近代史研究》下册，1989 年版。

②段云章、邱捷：《孙中山与中国近代军阀》，四川人民出版社 1990 年版，第 12 页。

③莫济杰等主编：《新桂系史》第一卷，广西人民出版社 1991 年版。

④James E. Sheridan: *Chinese Warlord, The career of Feng Yu-hsiang*, Stanford University Press, Stanford 1966.

(2)武力是进行统治、巩固地位的最重要手段;(3)掌握的武力是私家的军队;(4)这种军队既无忠于"君主"、"恩主"的思想,也不为国家效力;(5)谋取私家之利,维护一帮地位,是其最大职责。二十年后,薛立敦在分撰由费正清主编的《剑桥中华民国史》第六章时仍持原观点,极其简要地给"军阀"下一定义说:

> 最简单地说,"军阀"就是那种指挥着一支私人军队,控制着或企图控制一定地盘,并且多少是独立行动的人。在中文中,"军阀"是一个带有贬义的词,令人想起一个自私的、丝毫没有社会意识或国民精神的司令官。①

1968年,因后来撰著《军绅政权》一书而享誉中外的陈志让撰写了《中国军阀派系诠释》②一文。这篇论文虽题为"诠释",但它是目前所能见到的搜罗资料颇为完备的一篇涉及军阀定义的论文。他在征引了军人、政客和学者各类人士③的诸种论点后认为:"大凡这些有关军阀的定义都同意私军及控制地盘为军阀的二项基本特征",并总括出军阀的定义:

> 他们之成为军阀,就是因为他们非儒家之士,也非民族主义者。他们那种自私自利不顾他人的心理往往是胜过他们对国家或王室的忠心。这是现代中国的军阀在历史上的特质。
>
> 从逐渐衰退的儒家文化观点来看,军阀是无节操、无耻之徒,从不断蓬勃发展的民族主义观点来看,他们是落伍的。因

---

①费正清主编,章建刚等译:《剑桥中华民国史》(中译本)第一部,第六章,上海人民出版社1991年版,第299页。。

②本文原于1968年以英文发表于 London University School of Oriental & African Studies Bulletin, VOL. XXXI, Part. 3 上,后经陈家秀译为中文,收入张玉法主编的《中国现代史论集》第五辑,台湾联经出版事业公司1980年版。

③按照陈文征引的顺序,这些人有薛立敦(J. E. Sheridan)、费正清(J. K. Fairbank)、陶希圣、王造时、梁漱溟、戴季陶、蒋介石、胡汉民、林柏克(P. M. A. Linebarger)和章有义等人。

为不可否认的，他们之中许多人的行为都是毫无操守可言，而且每每不合时宜，因而易被认为是军阀。[①]

陈氏除了私兵和地盘二点之外，又增加了心理状态和行为操守的界定内容。

1973年，日本学者波多野善大在集结其历年有关近代军阀论文所编的《中国近代军阀的研究》一书中，分析了近代军阀所具有的五种性格，即企业性，买办性，地主性，兵士素质差、与土匪没有什么差别和军队的私兵性[②]，其第四项似可简称为土匪性。军阀的这五性只是从近代军阀的阶级性格这一主要点上所作的分析。

1976年，美国北卡罗来纳大学政治系教授齐锡生在他所完成的学术专著《中国的军阀政治（1916～1928年）》第一章"导言"注中曾对军阀作过如下解释说："虽然'军阀'（warlord）是一个通常惯用的名词，并用来作为这本书的书名，以表示中国现代史的一个时期，但是它含有轻蔑、非难的意思。甚至在20年代，对于究竟谁是一个'军阀'，谁不是，常有争论。其要点在于'军阀'的含义究竟是什么？一个受人尊敬的军事领导人不会被称为'军阀'，这个名词常用来称呼坏的军事领导人。"[③]齐氏这种把军人按世俗所说"好"与"坏"的论人标准来划分是否军阀，虽显得有些含混，但是，他却提出了以行动准则来考虑"军阀"含义的思路。

1978年，陈志让在其所完成的《军绅政权》专著中，专门在序论中确立了"定义"一门，搜集了民国以来梁启超、胡适、孙中山和

①陈志让：《中国军阀派系诠释》，见《中国现代史论集》第五辑，台湾联经出版事业公司1980年版，第23、24页。

②（日）波多野善大：《中国近代军阀的研究》第四章2，军阀的性格，河出书房新社1973年版，第277～278页。

③齐锡生著，杨云若、萧延中译：《中国的军阀政治（1916～1928年）》，中国人民大学出版社1991年版，第1页。

一些直奉军阀对“军阀”定义的诠释[①]。

1991年，日本学者渡边惇所撰《北洋政权研究的现状》一文之三“近代军阀论”一节中，曾概括了中外学者对军阀的定义和概念为三点，即：(1)军阀为了保护自己的利益而持有军队。并且，这个军队的首领，以家族、亲族、同乡、同学、师弟等封建的人际关系来掌握统领。(2)总想占据能支配一切的地盘，这种地盘有从固定的到比较流动的。其规模从一个区域的一小块地方，到大至旁及数省。(3)在此地盘上建立独立、半独立形式的直接的军事统治。它同文治、武治毫无关系[②]。

## (二)“军阀”定义驳论

综观中外学者对“军阀”的定义，比较集中于从私兵、地盘和武治这三点来立论。我们认为：凡确定一个定义和界说，应该用许多事实的比量来验证，看是否讲得通，并且看是否概括得比较完善。上述三点与以北洋军阀为代表的近代军阀的许多史实相比量，似乎还有可考虑之处。

所谓“私兵”，应指隶属于一主一姓，与主人共存亡，同荣枯，忠诚不二，只能玉石俱焚，不能易主统率或随意调动的武装，如地主庄园的护庄乡丁之类。北洋军阀虽然内部有自树派系、私人结合的特殊关系，但其所统军队不能完全称之为“私兵”。如袁世凯在已拥军六镇的情况下，只需一道诏谕，即可抽调移戍，甚至还被责令休致回籍。袁世凯纵然还可以通过特殊关系暗中操纵，但他在事实上只能惟命是从，离开军队，垂钓洹上。以后的军阀则更是常

---

①陈志让：《军绅政权》，三联书店1980年版，第2页。本书另有英文本与日文本分别在加拿大和日本出版。书中引述了梁启超、胡适、张作霖、吴佩孚以及国民党、中国共产党及毛泽东对“军阀”的诠释。

②(日)辛亥革命研究会编：《中国近代史研究入门》，汲古书院1992年版，第160～161页。

有易帅夺兵的情况，而并非是“将”能终生专其“兵”，或“兄终弟及”、“子承父业”地掌握军队。所以说“军阀”有私兵是不够确切的。与其说“私兵”，不如说“军队”或“武装力量”，或如薛立敦所言的“军事组织”，更为妥贴。当然，军队或武装力量无疑是军阀存在和发展最重要的基本条件之一。军阀如无军则难乎其称“军阀”了。至于解除兵权后的军阀，则因其曾有此经历而无需由于其手中无军而抹去其军阀的往事。

割据一块地盘是军阀所必需，也是军阀存在的一种现象。因为不割据一块地盘就无经济来源、士兵来源和活动发展的舞台。军阀需要割据，但不能由此而作出凡割据都是军阀的反命题。因为，我们必须看到，军阀所割据的地盘，尚非占山为王，而是其驻地。这些驻地往往是上一层统治者所分配或划定。如东三省巡阅使、湖南督军、某某镇守使等等，都给以地盘区划的限定，即使相互兼并，也必在事定后履行报告备案的手续。其次，割据地盘是可为各种不同行为提供条件的，如果只看到起义者和革命者的割据现象而不考察其目的行为，其结果必将失去了历史的真相；反之，认为不割据或倡言统一的就是非军阀，也是不恰当的。割据与统一是对立的概念，但不能仅以表面现象作为划分军阀与非军阀的依据。有些学者或曾以此作标准而不把袁世凯列为军阀，认为袁世凯统治时尚未分崩割据，而是全局统一。这岂不是把整个北洋军阀史中关于北洋军阀产生、发展的历史阶段切割掉了吗？如果把袁世凯的一生作综合考察，他是难逃“军阀”这一恶谥的，何况袁世凯并没有实现真正的“统一”呢？① 从具体情况看，北洋军阀有割据之实，但他们从不自承割据，而且在割据的后面，还在无限制地

①辛亥革命后，袁世凯只能控制除山西、陕西外的长江以北、长城以南的四个省份；二次革命后，他又控制了长江以南的六个省，共为十个省，继而取得四川的控制权；但广西陆荣廷、贵州刘显世、云南唐继尧等一直处在反对和冲突的地位。直到洪宪帝制失败，袁世凯也未能真的实现统一。

扩大一己的实力，却恰恰把“统一”作为一种口号或招牌。无论袁世凯，还是段祺瑞、冯国璋、吴佩孚等人都曾高唱“统一”，企图以自己为中心“统一”其他派系。在北洋军阀集团统治时期，“统一”口号几乎凌驾于一切口号之上。当某一方的力量足以制服对方，并想用武力兼并对方时，便以“统一”为口号，称为“武力统一”；而当自己拥有了既得利益，但又没有足够力量制服对方时，则提出“和平统一”的口号以粉饰自己，维护自己。一些官僚、政党也仰军阀鼻息追随呐喊，组建“统一党”、“统一促进会”等。他们虽然自有其目的与背景，但多反映或利用了人们要求统一的心理状态。有些实力相对弱小的军阀，虽然割据一方，但却不敢独树一帜，充其量打出“联省自治”的旗号，依然表示听命于北京政府。这就是因为不敢公然反对“统一”，所以接过“联省自治”的口号而为已所用。因此，我们不能以他们高唱“统一”的现象来否定他们的割据现实和军阀身份。

至于以“武治”作为军阀定义的标准也值得商讨。“文治”和“武治”①是两种不同的统治方式，任何统治者都是文武兼资而不会单纯用一种方式的。刘晓的《近代军阀政治的起源》一文中明确表示不同意两种统治形式的观点，认为军阀政治是“通过近代民主政治的形式实行专制的政治统治”②。即无所谓“文治”与“武治”之分。至于某些人物或集团在其濒临灭亡而进行所谓“武治”，撕掉一切面具，抛弃所有手段时，可能一味残暴施虐，失去理性；但那只说明丧家之犬、釜底游魂的垂死挣扎而已。北洋军阀统治时期，

①关于文治与武治之说，陈独秀早在1919年1月12日即以只眼署名著文解释说：“中国武治主义，就是利用不识字的丘八，来压迫政见不同的政党；或者是设一个军政执法处，来乱镣平民；中国的文治主义，就是引用腐败的新旧官僚，来吸收人民的膏血；或者是做几道命令，来兴办教育、工商业，讨外国人的好；做几道命令来提倡道德，提倡节孝，提倡孔教，讨社会上腐败细胞的好。”（《文治与武治》，原载《每周评论》第4号，见《陈独秀文章选编》（上），三联书店1984年版，第315页）

②《学术研究》1990年第6期。

在连年混战，兵灾不断，残害民众之际，不仅进行祭天、祀孔、读经等封建主义的“文治”教化，还运用议会、政党、选举种种尽管被扭曲了的西方民主制度。具体如吴佩孚之流，一面穷兵黩武，叫喊“武力统一”；一面又提倡“好人内阁”，鼓吹“劳工神圣”，这不正是“文治”、“武治”的兼用吗？反之，一些起义者和革命者为夺取政权，解民倒悬所进行的正义战争和强力推行的进步措施，若归之于“武治”而侪之于“军阀”，岂不又混淆了本来很清楚的历史是非了吗？

我们认为：所有上述那些为军阀下定义的论据，只能作军阀应具备的基本条件，或者说是定义的不完整论据。无论私兵、地盘、武治以及其他等等用来和军阀特别是北洋军阀的现实情况相比量，往往有不相符合者。所以，它们只能是一种条件，而不是决定本质的东西。定义固然包含着条件，但应取决于本质，而最能体现本质的是在一定思想指导下的行为，或者说行动准则。

过去，人们对军阀的行为或行动准则往往只是一种简单的直觉观念，认为军阀行为粗鲁野蛮，随意行动，没有什么准则。实际并非如此，任何一个人或集团的行为和他们奉行的准则都是在一定思想指导下产生的。国外学者的一些著作在讨论定义和界说时已经涉及到军阀的思想意识与心理状态①。那么，以北洋军阀集团为代表的近代军阀的指导思想究竟是什么呢？我们认为：它是以“中体西用”为其指导思想的。“中学为体，西学为用”是晚清时希冀挽救濒临灭亡的“救世良方”。北洋军阀集团的小站练兵和民国时期的各项活动都是“中体西用”思想指导下的具体体现，并成为北洋军阀集团的一大特点。

从北洋军阀集团的主导思想、本身具备的条件，特别是他们的劣行和对社会进程所起的反作用，可以断言这个“军阀”概念应是一个贬义词。我们对近代军阀的定义和界说拟作如下的表述：以

---

①薛立敦著《中国军阀——冯玉祥的一生事业》、费正清主编《剑桥中华民国史》和陈志让著《中国军阀派系诠释》等著述中均有所涉及。

北洋军阀为代表的近代军阀是以一定军事力量为支柱，以一定地域为依托，在“中体西用”思想指导下，以封建关系为纽带，以帝国主义为奥援，参与各项政治、军事及社会活动，罔顾公义，而以只图私利为行使权力之目的之个人和集团。

## 四、北洋军阀集团的特点

我们从上述的军阀共性出发，进而对北洋军阀集团的特点作了如下的分析：

第一，它以封建地主阶级为其主要的社会基础，但某些部分在一定时期带有不同程度的资产阶级性质。

过去有一种意见认为北洋军阀的阶级基础是大地主大买办阶级①。关于大地主阶级方面有具体史料可证，但所谓“买办”，似指北洋军阀集团代表了帝国主义的权益，我认为这是强调了它的政治内涵，而作为社会的阶级基础应该根据经济地位来判断。因此，可以认为北洋军阀集团是帝国主义的代理人，是政治买办；而买办阶级似乎不能作为北洋军阀集团的社会基础。

另一种意见是以地主资产阶级为基础。北洋军阀含有资产阶级性质这一点是可以被接受的，但却应注意时期与阶段问题。它之带有资产阶级性质，大体说来是在第一次世界大战后期开始，所以不能据一个时期或阶段的情况来论定整个性质。北洋军阀集团的专制统治和连年混战，对于资产阶级的利益是有所伤害和触动的。商人在混战中由于运输物资被扣，厘捐关卡勒索，市面不稳，币制混乱等等而感到不便，甚至蒙受损失。即使如既是实业资本家，又是政府官员和资产阶级政治代表的张謇，也都怨叹其处境是

①荣孟源：《要重视西南军阀史的研究》，见《西南军阀史研究丛刊》第二辑，贵州人民出版社1983年版。

“若乘漏舟在大风浪中,心胆悸栗”①,所以北洋军阀集团代表资产阶级的比重是值得研究的。

还有一种意见是通过对45个军阀官僚私人资本主义经济活动的考察,认为“军阀官僚中的一部分人基本上已与封建生产关系相脱离或转化,这是与他以前的统治阶级很大的不同点”;而且这些军阀官僚私人资本的性质,亦应“属于民族资本”②。这一意见似乎过于强调了资产阶级性质方面而忽略了北洋军阀集团的封建性,对于“军阀官僚私人资本”的来源也没给予应有的注意。

近年来,更有人认为清朝被推翻后,旧地主已不是军阀割据的拥护者和支持者,真正的社会基础乃是破产农民和无业游民,因为“这是旧中国社会病态的反映”③。这是比较新颖的见解。但是,一则辛亥革命以后农村没有什么大的变动,旧地主在易朝换代之际究竟受到多少冲击值得考虑;二则有不少遗老遗少,沐猴而冠,与袁世凯积极合作;三则即使旧地主被新兴军阀官僚所取代,那对地主阶级是一种强化,而不是削弱;四则破产农民和无业游民只是军阀利用和驱使作为炮灰的无辜牺牲者,难以成为社会基础。

我们认为:北洋军阀集团是以封建地主阶级为主要的社会基础。它的某些部分在一定时期带有资产阶级性质。这种变化发生的时间大致在1914年以后。

北洋军阀的大小军阀普遍地霸占土地、广置田产房舍,进行封建性的榨取和剥削,它的总首脑袁世凯在河南彰德、汲县、辉县等地占有土地400顷左右,其家族占有彰德全县田产的三分之一。奉系军阀张作霖依恃权势攫夺了大量土质肥沃、交通便利的良田美产;他的部属则“按特别低廉的价格把有前途的地点买进,再慢

①张謇:《张季子九录·专录》卷九,1914年12月家书,中华书局1931年版。

②魏明:《论北洋军阀官僚的私人资本主义经济活动》,见《近代史研究》1985年第2期。

③唐学锋:《试论军阀割据的社会基础》,见《西南民族学院学报》1990年第4期。

慢吞并四邻”①。直系军阀李纯因历年在江苏、江西等地搜刮民脂民膏而拥有巨额财富，他除储存了黄金、珠宝和股票外，还把大量财富投放到土地和房产上，其中仅天津地区的地产就近百顷，值银近30万银元；在津出租的房屋有6000余间，值银127万余银元；另有家存现金达300余万银元②。

北洋军阀集团的大小军阀早期由于大多出自农村，与土地有着千丝万缕的联系，对于进行封建性剥削的手段比较熟悉。对于近代工业，一方面由于当时的发展尚不显著引人；另一方面这些军阀缺乏对近代工业的充分了解，还不大熟悉资本主义的剥削手段，所以多数军阀基本上仍是霸占土地的大小地主，因而北洋军阀集团仍以封建地主阶级为其主要社会基础。但是，随着历史发展的进程，近代工业也有所发展，特别是第一次世界大战爆发后，工业利润成倍地增涨，大大地超过了地租剥削所得，从而引起了他们的贪欲，于是纷纷向工业投资。这种投资活动特别显著地表现在天津地区，从1914年至1925年天津新建工厂26家，其中北洋军阀投资的有11家，占新建工厂的42.3%。这11家工厂的资本总额是1520万元，占26家资本总额2926万元的53.7%。如1918年开业的裕元纱厂实际上就是安福系军阀官僚所办，该厂董事会的主要成员有：国务总理段祺瑞、安徽督军倪嗣冲、陆军次长徐树铮、外交总长曹汝霖、交通总长朱启钤、众院议长王揖唐和安福议员王郅隆等。全部股本200万元，仅倪嗣冲一人就占有110万元③。在直隶遵化、兴隆一带有倪嗣冲、冯国璋的三处金矿。山东的中兴煤矿就是徐世昌、朱启钤等人用私人名义创办的。号称“北四行”的盐业、金城、大陆、中南四家银行的资本主要来源于北洋军阀的

①章有义：《中国近代农业史资料》第二辑，三联书店1957年版，第14、15、19页。

②窦守镛等：《李纯一生的聚敛》，见杜春和等编：《北洋军阀史料选辑》(下)，中国社会科学出版社1981年版，第262页。

③《天津早期民族近代工业发展简况及黄金时期资本来源的特点》，天津市政协文史资料未刊稿。

投资——他们有倪嗣冲、徐树铮、徐世昌、王占元、吴佩孚、孙传芳和冯国璋等人。北洋军阀的要人在各企业中的投资数都很惊人。据一种不完全的统计：徐树铮 800 万元、徐世昌 1000 万元、靳云鹏 2000 万元、倪嗣冲 2500 万元、梁士诒 3000 万元、王占元 3000 万元、曹锟 5000 万元[①]。因此，北洋军阀集团的性质又在一定程度上具有资产阶级性质。

军阀们通过土地榨取地租，通过投资获得利润，又以所得进行高利贷剥削和购置土地。这三者的资金相互转化、增值，使这批人物既成为地主阶级中的重要组成部分，又在一定时期进入了资产阶级的行列，带有某些资产阶级色彩。这就是北洋军阀集团最根本的特点，也是它与旧的封建性军阀的主要分界点。

第二，它以“中学为体，西学为用”思想为指导。

“中学为体，西学为用”是晚清时期洋务派提出来用以挽救清朝政权灭亡命运的“救世良方”。小站练兵就是“中体西用”指导思想在军事方面的应用和体现。袁世凯提出“训以固其心，练以精其技”，作为其建军的基本方针，即以封建伦常关系来固结军心，以西方军械操典来强化军事技能。他更明确提出“兵不训不知忠义”、“兵不练不知战阵”等主张，把训与练作为两大建军思想和练兵内容，实质上体现了“中体西用”的思想，而为当时朝野上下所重视与接受，从而使他的练兵得到较充裕的供应和装备，使北洋军阀集团在创建阶段能够顺利地发展和壮大。

民国以后，北洋军阀集团掌握了政权。它面临的是一个新旧并存、中西杂陈的过渡性社会。它把“中体西用”思想推衍到政治范畴。所强调的“中体”，虽然不能公然宣扬“君权”，但其核心内容仍然是封建主义的伦常关系；而所谓“西用”，已不仅采用西方的军事操典、器械、营规，还借用了西方的资产阶级民主制度，如宪法、议会、选举等等。所以，北洋军阀控制下的民国政府，只是封建主

---

①《近代史资料》1962 年第 4 期。

义和资本主义撞击下体现“中体西用”的军阀政权而已。所谓国会选举、府院之争及历次阁潮等等，无一不是北洋军阀集团利用西方民主形式来达到其封建性目标的所作所为。各种民主机构甚至宪法都被北洋军阀集团用来作为封建性统治的装饰品和工具，一旦不合于“中体”，那“西用”就会成为牺牲品，如解散国会、缴销议员证书、暗杀政党领袖，终而要埋葬民国，实行帝制。

北洋军阀集团的“西用”内容比较明显，而“中体”内容究何所指？我们认为：它基本上是儒家的封建伦常关系。有人认为：北洋军阀集团不是儒学之士。这不是没有根据的，因为受过教育的军阀不过占其中的30%，而其余的大部分是文盲或半文盲①。这些人当然不可能真正准确地理解儒家文化，但不能认为他们没有受到从封建制度下因袭而来的传统儒家文化所给予的影响（如思想观念、礼俗、习惯、传说等等），而且他们确在实际生活中利用了儒家文化。陈志让提出了很好的意见：“北京政府自1912年建立到1928年倒台，控制它的军阀始终固守着儒家思想，同时更试图借着儒家政治原则来统治这个儒家体制已经解体的国家。”②所以，北洋军阀集团的“中体”可以作如下的概括，即：以儒家文化为核心，以封建伦常为纽带，维护一种异常明显的层次性宝塔式的统治系统和等级隶属关系，以延续甚至恢复封建体制和封建行为规范。

吴佩孚是北洋军阀集团中的“中体西用”思想的典型。他一方面以“儒将”自命，崇尚关岳，标榜维护华夏尊严，排斥外来事物，以此所谓“中体”，适应封建守旧的口味；另一方面又改革军事，聘请洋顾问，接受西方文化，以此所谓“西用”，博取西方资产阶级的赞誉。吴佩孚按照半封建半殖民地“中体西用”的思想要求，把自己塑造成一个“学贯中西”而为中外人士都能接受的人物。他机智地

①《辛亥首义回忆录》(一)，湖北人民出版社1957年版，第68页。

②陈志让：《中国军阀派系诠释》，见《中国现代史论集》第五辑，台湾联经出版事业公司1980年版，第12页。

利用民主舆论，高唱救国爱民以粉饰自己，而实际上却制造“二七”惨案，怂恿曹锟贿选，组织直奉联盟等等以维护封建主义之体。1929年，吴佩孚全盘失败退出政治舞台后，似乎经过自省反思，发表了《循分新书》，明确地阐述其“中体”思想。他说要“奉行礼教以达圣人境界”；并认为“共和是现今社会道德的衰微”，要“振衰起敝，唯一之道是要振兴文化”①。

这就是北洋军阀集团主流思想的代表。但事与愿违，他们由于无知、少知和悖于时代要求，宣扬和利用儒家文化中过时的糟粕，即那些难以为时代所接受，甚至令人发噱的丑陋内容。他们的所谓“振兴儒家文化”，实际上是践踏儒家文化和对儒家文化进行了一次大破坏。儒家文化中应该扬弃的陈腐部分和弱点被他们“提倡”得暴露无遗，以致“五四”运动提出了“打倒孔家店”这类近乎绝对化的口号与此不无关系。具有“中体西用”指导思想又是北洋军阀与前此军阀的不同点。

第三，割据称雄，拥兵争霸。

北洋军阀不仅那些镇守使、督军、巡阅使、联帅割据一地、一省，甚至数省，就是已经掌握北洋政府权力的派系也都有一定的直辖范围。皖系控制了山东、山西、安徽、浙江、福建、陕西、甘肃、新疆八省与热河、察哈尔两个特别行政区及淞沪护军使所辖区域；直系则控制直隶、湖北、河南、江西、江苏五省与绥远特别区、宁夏护军使所辖区域。直皖战争后，直系势力勃兴，地盘更有扩大。奉系除以东三省为主要基地外，还深入到蒙疆、京津、热察等地。北洋军阀集团内部互相倾轧、争夺，甚至混战，其重要原因之一就是争夺地盘。他们深深懂得：如果没有地盘，那就无法立足和存在下去。因为割据一方就可以解决兵源、财源两大问题。他们可以在辖区征募士兵，强派夫役，为他们的争权夺利去卖命和服役，还可以在辖区搜刮财物以供混战粮糈和私欲挥霍，如直系军阀张英华，

①赵恒惕等编：《吴佩孚先生集》，台北文海出版社印本，第3页。

1926年在河南一省所勒缴的捐税就有：

(甲)正杂税经常收入1100万元(其中包括田赋丁漕、契税、百货厘金、牙税、屠宰税等)；

(乙)非法税收，如对日用必需品之盐即由引岸管理局新设盐务督销处每年增收约600万元；

(丙)纸烟特税300万元；

(丁)1927～1929年田税丁漕预征约1400万元。

四项合计共达3400万元，再加上滥发纸币、驻地征派等，总计达1亿元以上[①]。其他军阀割据地区也莫不如此。

有兵斯有权，这是中国近代社会的一大特点。它更体现在北洋军阀身上。当他们割据一方自雄时，必须要有兵力来维护地盘并发展自己的势力；而当他们掌握全国政权时又必须运用兵权以实现武力统一，巩固它的统治权。当时全国兵员数目已相当庞大，如1916年全国的正规军、巡防队和杂牌队伍，共计有目兵“约六十五万名”[②]。这是官方显然缩小的数字，又未计官佐在内。所以，另一份资料的统计就共有“八十七万八千零九十人”[③]。1919年即达138万多人[④]。1925年又增至1436180人[⑤]，比之1916年，仅仅十年即增加50多万兵员。当然，北洋军阀集团各派系的兵员在其中即占有相当大的比重。他们无不抓紧时机，扩充兵员，如直皖战

①守愚:《直系军阀余孽对河南民众之剥削》(1927年1月31日),《向导》第186期。

②北京政府陆军部编:《全国陆军目兵数目单》,北洋政府陆军部档案,中国第二历史档案馆藏。

③朱清华等1925年2月13日提《善后会议整理陆军国防案》,北洋政府陆军部档案,中国第二历史档案馆藏。

④北京政府陆军部军务司编:《中央及各省区现有军队暨将领姓名、驻扎地点一览表》,北洋政府陆军部档案,中国第二历史档案馆藏。

⑤朱清华等1925年2月13日提《善后会议整理陆军国防案》,北洋政府陆军部档案,中国第二历史档案馆藏。但是,林长民在善后会议第二次大会上对整理军事大纲案发言中指出全国兵额总数应是247万余人。

争前，皖系拥有3师4旅的兵力；直皖战争后，直系崛起，其嫡系兵力即有7个师、5个混成旅。第一次直奉战争前直系兵力已近10万，到第二次直奉战争前夕，经过大事扩充，殆达25万人之众。奉系在1921年时拥有5个师、23个混成旅、3个骑兵旅的兵力，而到了1925年9月奉系鼎盛时期，兵员增至36万余人①。

在北洋军阀集团内部似乎形成这样一种风气，就是不论官位多高，都要亲自抓一支军队在手里。袁世凯的权力已达顶峰，但是他仍然要成立一个模范团，自兼团长，名为培训军官，实则抓住实力核心；又专门成立一个“陆海军大元帅统率办事处”，亲自定夺一切军事要政。段祺瑞媚日卖国，冒天下大不韪，专门编练一支“参战军”。一般情况下，军阀们决不放弃亲领军队的师长之类的官位，如权倾中外，显赫一时的吴佩孚是以第三师师长兼巡阅使；五省联帅孙传芳是以巡阅使兼第二师师长；奉系首脑张作霖除东三省巡阅使、蒙疆经略使、热察绥三特区都统等三项重要职务外，仍兼任第二十七师师长。正因为军权重要，所以一旦打算更动或剥夺其实际军权时往往会发生变故，如吴佩孚曾把直隶督军王承斌所兼第二十三师师长、河南督军张福来所兼第二十四师师长、湖北督军萧耀南所兼第二十五师师长职衔一律开去；他又想免去齐燮元所兼第六师师长、王怀庆所兼第十三师师长、郑士琦所兼第五师师长职衔，结果在直系内部招来了这些大将的猛烈反对，王承斌甚至到保定面见曹锟，以辞职相要胁。北洋军阀之所以如此“爱兵如命”，是由于处在军阀割据的条件下，不如此就无法保护他们的地盘和职位，也就无法立足于当世。有些军阀史的研究者就把这一

①36万人的分驻情况是：李景林部6万余人，驻直隶；张宗昌部9万余人，驻山东；张学良、郭松龄部7.5万余人，驻京奉路沿线；江苏有奉军3.3万余人，驻南京、上海、徐州一带；东三省和热河有11万人，驻东三省及热河。

点作为自己研究的侧重点①。

第四，各树派系，荣损与俱。

北洋军阀内部为了权力分配而各树派系。他们利用幕僚、门客、同乡、同学、师生、姻亲和结义拜盟等封建关系结合在一起，相互依附，进行种种争权夺势的活动，正如马克思所说："一切宗派的特点都是彼此依附和进行阴谋活动。"②北洋军阀集团在创建时期就有北洋武备学堂学生的纠集，显示其举足轻重的作用，至民国以后，除车庆云一人外，这一伙人都得到了省长的位子③，这是同学关系的结合。但是，这种关系并非绝对牢不可破，往往随着权力的不断再分配而使原有的关系发生变化，并形成派系间的倾轧，如段祺瑞与曹锟是保定军官学校同学，但分别是直皖两系的首脑，在矛盾趋于尖锐时，甚至可以兵戎相见，直皖与两次直奉战争都是明显的例证。直皖战争中，曲同丰以老师之尊被他的学生吴佩孚所俘而成为阶下囚。不过，当损及整个集团的根本利益时，又可重修旧好，如奉直的"反赤"联合。北洋军阀集团内部各派系都奉行"一朝天子一朝臣"的信条。一人得道，鸡犬飞升；一朝失势，树倒猢狲散。所谓"一荣俱荣，一损俱损"正是北洋军阀集团派系势力消长的真实写照。如袁世凯死后，北洋军阀集团内部明显分裂。段祺瑞以资深继起，权倾中外，门生故吏、亲信爪牙无不飞黄腾达，窃居要津，平步青云，不可一世，而被目为皖系军阀。但当直皖战争后皖系失败，直系登上北洋政府舞台，于是直系人物沐猴而冠，弹冠相庆；而皖系要员如徐树铮、吴光新、曲同丰、曾毓隽、段芝贵、丁士源、朱深、王郅隆、梁鸿志、姚震、李思浩、姚国桢等则被明令通缉，

---

①如陈志让教授在所著《军绅政权》中说："兵养得愈多愈好，军阀的权力愈大；一旦释了兵权或失去了兵权，军阀连自己的生命财产也难以保存。失掉了兵权的军阀的处境比破了产的企业家更危险。"（中文本，三联书店 1980 年版，第 6 页）

②《马克思恩格斯选集》第四卷，人民出版社 1972 年版，第 406 页。

③陈志让：《中国军阀派系诠释》，见《中国现代史论集》第五辑，（台）联经出版事业公司 1980 年版，第 20 页。

身等罪犯，狼奔豕突，声名狼藉，几无立足之地。

北洋军阀集团不是单纯的军事集团，而是对政治、军事、财政、外交诸方面都具有操纵控制权的集团，所以它不是清一色的军事集团。它除一批愚而自用，狡而弄权，形形色色的赳赳武夫外，还有一批赞画帏幄，推波助澜的政客帮闲。这些人厕身于军阀幕下，为之密谋划策，而军阀也依靠这些人为左右手而呼风唤雨。两者狼狈为奸，同恶相济，给民众带来了深重的灾难与祸害。如阮忠枢入袁世凯幕未久，就被袁世凯“大倚任之，新军军制饷章、文牍机务，咸出其手”①。阮忠枢一直为袁世凯办理“切身政务机密”，充当袁世凯与文武部属间的联络人员。袁则赞誉他“才长心细，学博识优”②。徐世昌是袁世凯的高级谋士，为袁世凯起草文告，制定策略，密谋措施，无不用心，成为北洋军阀集团崛起至覆灭全过程的轴心人物。袁世凯总统府秘书长梁士诒综揽中枢，又兼理金融，事权之大，罕有其匹。帝制时更组织“各省请愿联合会”，假民国之名，推戴袁世凯为“中华帝国皇帝”。袁世凯还网罗了杨士骧、杨士琦、孙宝琦、杨度、赵秉钧、陈璧、胡惟德、朱家宝、吴重熹、周学熙、田文烈、张一麐、曾广钧等辈，作为自己的亲信僚属，结成一幅“爪牙布于肘腋”、“腹心置于朝列”、“党援置于枢要”③的政治罗网，抛向全国，这种古无今有的局面正是北洋军阀集团势力迅速膨胀的重要因素之一。

段祺瑞的统治，主要依靠徐树铮、张志谭、傅良佐、曲同丰诸人，而徐树铮尤为寸步难离的重要僚属。徐树铮威福自擅，左右政局，是段祺瑞的政治灵魂，段记北洋政府的决策人。直系军阀曾通电声讨徐氏罪状说：

①吴闿生：《北江先生集》卷九，第32页。

②袁世凯：《道员阮忠枢请留直隶补用并免缴留省银两片》（光绪二十八年五月二十八日），见《袁世凯奏议》（中），天津古籍出版社1990年版，第554页。

③刘锦藻：《清朝续文献通考》卷二一九，商务印书馆十通本。

……蒙蔽总揆，胁制元首……国会夭绝，都门祸起……安福诞生，结党营私，揽权窃柄……强分界限，挑拨感情。既思以北图南，更谋削直祸皖……欺蔑前辈，藐视王章。①

这正是显示出徐树铮炙手可热的显赫权势，而段祺瑞则倚之若左右手，不可须臾离，甚至不惜以个人去就来维护徐树铮的弄权。

吴佩孚的重要幕僚张其鍠于1918年入吴幕，曾致函吴佩孚历陈吴兵南下与北归的利害得失而使吴拜服，从而即通电倡导"全面和平"。从此以后，张其鍠一直是吴在各项政治、军事活动中的重要助手。可谓谋士依附军阀玩弄权势，军阀信用谋士如虎添翼。

第五，纵横捭阖，制造政潮。

北洋军阀集团为巩固和加强本集团、本派系和个人的权力与利益，不仅凭借军事实力，而且还要弄政治手腕。辛亥革命以后，由于资产阶级民主观念普及全国，得到广泛传播，即如北洋军阀集团的匹夫悍将也不得不以虚伪的姿态，盗用民主旗号，利用国会、议员、宪法、选举等等作为牟取集团和个人私利的工具，纵横捭阖地进行各种活动。他们把政局搞乱，以从中取利，巩固和加强自己的权力。袁世凯当政时，亲手导演了八次阁潮，无不为其走向帝制自为扫清道路。袁世凯始而以"政党内阁"之名，行"内阁政党"之实②，对盲目相信其虚伪而欲真诚贯彻"政党内阁"的宋教仁则视为政敌，不惜出之以卑鄙的暗杀手段；继而以"府院一体"之名，行"屈天下奉一人"③之实，对欲执行"责任内阁"的唐绍仪，虽属旧僚故吏也不惜罢黜；终而收买政党，盗用名义，组织团体，请愿威胁，包围国会，强迫投票以实现洪宪帝制。及至帝制破灭，他又要段祺

①中国第二历史档案馆编：《直皖战争》，江苏人民出版社1980年版，第84～85页。

②黄远庸：《远生遗著》第二卷，商务印书馆1923年版，第153页。

③马震东：《大中华民国史》，中华书局1932年版，第367页。

瑞“树责任内阁之先声，为改良政府之初步”[①]，以应付危局，保全颜面。可是，这个一生玩弄权术，左右逢源的北洋军阀集团首脑终于心劳力绌，在自已视若股肱的亲信部属段祺瑞面前碰壁，被全国的反袁政治浪潮所吞没。玩火者必自焚，史有明训。

段祺瑞继袁世凯而起，一仍故智，始则纠集“公民团”，包围国会，殴辱议员，强迫通过“参战案”，借以组练“参战军”，扩充和加强皖系的兵力；继而策动“督军团”，制造“张勋复辟”，以树自己“再造共和”之功，并弃置国会与《临时约法》，公然宣称：“一不要约法，二不要国会，三不要旧总统”[②]，司马氏之心，已是路人皆知了；终而组织安福俱乐部，制造安福国会，操纵选举，以图控制全面政权，走上极峰地位。不幸被其后辈吴佩孚所击败，不得不息影政坛，遁迹津门，以图伺机再起。

吴佩孚是北洋军阀集团中继袁、段而后的中心人物。他既是能征善战的干将，又是制造政潮、玩弄权术的能手。1920 年 8 月，当南北对峙、并立政府时，他通电全国，提出召开“国民大会”以解决国是的政治主张，企图制造一个政治工具来建立以他为中心的政府。这一企图由于张作霖的反对而未能如愿。第一次直奉战争前夕，他为了打倒奉系，先对由日本和奉系支持的梁士诒内阁制造“倒阁”政潮，后与奉张进行电报战的政治攻势达三个月之久，为第一次直奉战争击溃奉系作了舆论动员。

张作霖虽然出身草莽，但也涉身于政潮之中。他除了在幕后支持梁士诒、潘复之流组阁以控制政权外，还在第二次直奉战争获胜后，制造了一个临时执政府，又虚伪地拥戴皖系首脑段祺瑞出任执政，并由段祺瑞出面召开善后会议，作出裁军息战的姿态，对人民进行政治欺骗，这个由张作霖制造的执政府在政治制度史上是他以政治为儿戏所产生的一个不伦不类的政治畸形儿而已。

---

①《政府公报》1916 年 4 月 22 日。

②觉民：《天津通讯》，《民国大新闻报》1917 年 7 月 22 日。

由于北洋军阀集团的玩弄政治，致使政潮迭起，内阁更易频繁，在短短十六年中，内阁更换46次，正式上任和代署的阁揆达29人之多，多则三两年，少则数月，与明朝亡国之君崇祯十七年间易揆数数，可称后先媲美！是以政令纷更，社会动荡，人民不仅身受战火兵乱之苦，还要日日处于惶惶不安的心态之中。

第六，卖国媚外，残民以逞。

北洋军阀集团以出卖国家利权，换取帝国主义的支持来扩充实力，进而建立反动统治，控制和操纵政权。袁世凯在清末就以出卖路权来乞求帝国主义的培植。当时，由于他已在清廷中枢具有举足轻重的作用，而成为日本企图在上层培植亲日势力的对象。日方一面敦促他招聘日本顾问，派遣留日学生，一面又向他提供新式武器。辛亥革命以后，他为了镇压革命，统治人民和为一姓的尊崇而谋实行洪宪帝制时，更不惜以国家权益换取善后大借款和接受日本的“二十一条件”。

段祺瑞是继袁世凯之后，经日本帝国主义一手扶植的亲日势力。在皖系军阀掌握北京政府实际权力期间，皖、日之间在政治、经济、军事各方面进行了多次大宗交易，据日方已公布资料，段祺瑞向日本进行各项借款达3.8亿余日元。他为适应日本的需要而以参战之名获取日本经济上、政治上的“援助”，编练了参战军3个师。他更肆无忌惮地与日本签定陆海军军事协定，允许日本在华驻军，并享有指挥中国军队的权力。直奉军阀也都竞相投靠帝国主义以换取政治上、经济上以及军事上的支持和援助。

正是由于北洋军阀集团和帝国主义在政治、军事和经济各方面相互勾结，遂使二者的利益紧密地联结在一起。于是，帝国主义便以政治上的承认与支持为条件而对其统制下的政府颐指气使；以军事上的资助军火，派遣顾问，训练军队而得以操纵武装，制造军阀混战；以经济上的借款设厂而得以劫取利权资源，终于使中国成为帝国主义掠夺、奴役的对象。军阀们则由于借助帝国主义的支持和资助，就可以编练军队，增强实力，因而极大地满足帝国主义的予取予求，充当政治买办来巩固既得利益，并进一步攫取更大的权力。二者日益紧密的勾结，使中国进一步陷入半殖民地的深渊，丧权辱国，连年战乱，给人民带来了更加深重的灾难。

北洋军阀集团在卖国媚外的同时，对内则施行其凶残酷虐的统治，即以袁世凯的军警执法处而言，屠戮残害之罪恶，罄竹难书。衔冤负屈，为数累累[①]。至于连年混战，荼毒生灵，残害地方，破坏生产，尤不可胜言，即如1918年4月间，湖南醴陵因混战而遭杀害的达2万余人[②]。混战的耗费更是数额惊人，而且岁增不已，据1925年初段祺瑞任临时执政不久的一种统计，年军费支出已达2.2亿元，较之1916年的1.4225亿元，已增多7775万元[③]。

巨额的军费，再加上所有军阀无不过着奢侈淫佚的生活，这些沉重的经济负担最终无不转嫁到广大民众身上。军阀们利用种种搜刮方式来开辟财源以解决其开支问题。他们的搜刮方式主要有：

(1)举借内债。根据一种统计，自1912至1926年，北京政府共发行了28种公债，发行总额达876792228元，实发行额也达612062708元[④]。这些都是有借无还的官债。

(2)勒征苛捐杂税。名目繁多至数十种，难以历数，而且年年增加。据统计，仅1924年四川的盐税附加税竟有26种之多，1914年以后河北省创行了烟酒牌照税和印花税等[⑤]。

(3)滥发纸币票券。张作霖在东三省、直隶等省滥发奉票。吴

---

①王建中：《洪宪惨史——京畿军政执法处冤狱录》，京兆商会联合会1925年印本。

②傅熊湘：《醴陵兵燹纪略》，1918年印本。

③1925年2月，北洋政府陆军部呈临时执政府送各省岁入与军费比较表中说：全国兵额有149至150万人左右，每年约需军费26000多万元，占1919年预算全国岁入经费49040余万元的二分之一强。林长民在善后会议第二次大会上对整理军事大纲案发言中又指出，陆军部所报兵额数不完全，应是247万余人，如此则军费支出势将更大。

④千家驹：《旧中国公债史资料》，财政经济出版社1955年版，第366～360页。

⑤李文治编：《中国近代农业史资料》第二辑，三联书店1957年版，第581、586页。

佩孚在湖北加印官票、金库券、军需兑换券[①]；在河南发行400万有奖库券，分配各县，强民购买[②]。其恶果是通货贬值，票券形同废纸，物价腾涌，人民生活困苦。

(4)栽卖鸦片。强迫种烟征税，是军阀普遍采用的阴险毒辣手段。陕西眉县、宝鸡及西部各县，对所有农户，不论种否，一律征收鸦片税。湖南湘阴、石门等县，对违抗种烟令者，“除罚洋以外，竟有处以死刑者”[③]。这笔收入相当庞大，如1924年，甘肃每亩鸦片烟税为8元至15元不等[④]。陕西的烟税比田赋要高3至4倍。刘镇华督陕时，虽仅辖十数县，而烟税收入年达1500万元以上[⑤]。尤为恶毒的是，他们还动用武装，贩运鸦片，不仅牟取暴利，还流毒各地，戕害生命。

他如田赋预征，兵差折价，临时征发，岁时犒劳等等，无不出自民脂民膏。人民陷于朝不保夕，叫苦不迭，辗转呻吟的绝境。

从上述六大特点看，北洋军阀集团无疑义地是一个反动的政治军事集团。它在辛亥革命前后各十六年的历史进程中主要是扮演了历史舞台上为人唾骂的丑角，当然，在这三十二年中它曾起过的某些客观作用仍有必要作出应有的估计。

## 五、北洋军阀集团历史作用的估计

北洋军阀集团在清末是维系晚清十余年统治的一大支柱。20世纪初，清朝政府的各种险象毕露，已呈摇摇欲坠的衰落之势。但

---

①李文治编：《中国近代农业史资料》第二辑，三联书店1957年版，第592页。

②李文治编：《中国近代农业史资料》第二辑，第588页。

③李文治编：《中国近代农业史资料》第二辑，第623、625页。

④李文治编：《中国近代农业史资料》第二辑，第628页。

⑤武陵：《反奉战争时期陕西省各方面之情况》(1926年2月10日)，《响导》第145期。

北洋新军的编练，颇著成效，使清朝政府陶醉于有所依恃。大多数人也幻想通过袁世凯和他的武装势力能把阢陧不安的局势稳定下来。

北洋军阀集团也是辛亥革命时期转移政权的主要力量，如果不是凭借这支军队运用纵横捭阖的手段，清朝政府是否交出政权还是值得考虑的。正由于这支军队当时已具备左右清朝政府存亡的实力，所以清朝政府才顺利地让了位。也正由于这支军队对局势的威慑力量，才成为迫使革命者退让的重要原因，从而使袁世凯轻取了对中华民国的统治权。

北洋军阀集团还是中华民国统一政权的实际控制者。这个统一政权一直被习惯地称为北洋政府。在国内，它是一个军阀政权，但对外它终究是中华民国的合法代表，是十六年统治时期的对外统一体。如果不承认这一点，在对外问题上就不好处理了。北洋政府是掌握中华民国政权十六年的实际统治者，是作为中华民国政权代表的实体。

北洋军阀集团所掌握的北洋政府是由统一走向再统一的一个过渡。它在清朝统一政权覆灭后，走向国民党政权再统一的过程中发挥了应有的过渡作用。因为从统一到再统一的过程中，分裂、割据、混战是历史上常见的现象。汉经三国到晋，唐经五代至宋，北洋时期正类似这样一种过渡。

北洋军阀集团作用值得肯定的一点是军制改革。北洋军阀集团在改革旧军制上是起了重要作用的。我们对历史现象、历史人物值得肯定与否的重要点就是看它比前人是否增加了新东西。北洋新军确为前所未有，它使中国的军制摆脱了旧有的落后与陈旧的状况，虽然它还有很多不完善，但终究是朝前走了一大步。

在民国时期的十六年纷争过程中，北洋军阀集团充当了历史的反面教员，使人们对北洋政府的反动本质有所认识，对人民的觉醒起到了一定的刺激作用。孙中山虽然采取过以军阀制军阀的错误政策，指望以一个军阀打倒另一个军阀，后来甚至不惜联合张作霖和段祺瑞，但是，孙中山在混乱纷争过程中逐渐认清了北洋政府只是军阀、政客、官僚“三三制”的联合统治。孙中山新三民主义的重新解释与他从联合军阀过程中所得到的现实教训有关。当然，“五四”运动浪潮和中国共产党的建立则是从更广阔的范围和深度反映了民众的觉醒，给孙中山以关键性的推动。在纷争中，各派军阀互相厮杀，自我削弱，终于由国民党政府取而代之，完成了全国范围内的统一局面。

总之，北洋军阀集团对中国社会的破坏，对人民生活所造成的种种灾难，对国际帝国主义的惟命是从和丧权辱国等等，都起了阻碍历史发展的作用；但是，它在改革军制方面的成效是可以给予一定程度的肯定的。

# 六、五十年来的北洋军阀史研究

北洋军阀是中国近代史上一个反动的政治军事集团，是近代中国半封建半殖民地社会的产物。它以 1895 年小站练兵为契机而崭露头角，嗣后经过十五六年的精心经营得到发展，逐渐形成为一股重要的军事政治力量，攫取了足以左右政治局面的权力，终于乘辛亥革命之机占据了中国的统治地位。在此后的十六年时间里，虽然政潮迭起，派系纷争与更易剧烈、频繁，但北洋军阀集团却一直把持了全国的统治权（即使它不够完整和有力），从而出现了一个北洋军阀统治时期。因此，北洋军阀在中国历史，特别是近现代历史上无疑有其特殊而重要的地位。但与此不太相称的是，北洋军阀史的研究一直未能像历史研究领域中的其他课题那样掀起过热潮，受到更多人的青睐。这当然得归根于它的先天缺陷：一则它的研究对象主要是些反面人物，只不过有程度不同而已；他们所制造的历史现象也多是黑暗反动，祸国殃民。为什么放着正面人物和光明宏伟的业绩不去研究，而沉浸于历史进展的反面，这至少反映了很长一段时期内研究者避免接触阴暗面禁区的心态。二则它也确是头绪纷繁，错综复杂，不怎么易于评说指画。三则既乏旧著，又鲜新作，史源犹待开发，无米、少米，巧妇难于为炊。于是自然而然使这一课题一度成为“禁区”，很少有人问津。据粗略统计，建国以来至1999年，有关北洋军阀史研究的论文为1000余篇，而1980年前的30年仅为130篇；专著更是少得可怜，只有陶菊隐著《北洋军阀统治时期史话》和来新夏著《北洋军阀史略》二种，才免去这一领域“一无所有”的讥诮。田园荒芜急待耕耘！令人欣喜的是，改革开放以来，随着人们思想观念的不断解放和学术研究气氛的日趋宽松，北洋军阀史这一往日的“禁区”吸引了众多的探索者，研究成果接踵问世，学术水平逐步提高，显现出异彩纷呈、生机勃勃的新景象。

## （一）关于北洋军阀性质、特点和历史作用的研究

北洋军阀在中国近现代历史舞台上确是一个怪胎。它既兴起于封建专制政权之中，又卵翼于帝国主义势力之下，更以“共和国”的形式执掌统治大权。这一历史现象看起来虽有着诸多矛盾，但其发生、发展以至最后归于消亡，则绝非偶然。从理论上探寻北洋军阀兴衰起落的必然根脉，并对它的性质、特点和历史作用等给予实事求是的分析与评价，在整个北洋军阀史研究中无疑具有打破坚冰、开通航道的重要作用。

关于北洋军阀集团形成的原因问题，长期以来都认为它是近代中国半封建半殖民地社会的产物。彭明认为，“帝国主义划分势力范围的分裂剥削政策，加上地方的农业经济（不是统一的资本主义），就成为中国近代各派军阀及其混战产生的原因”①。李新的

①彭明：《北洋军阀（研究提纲）》，《教学与研究》1980年第5期。

观点与此大致相同，认为北洋军阀的产生是与中国这个老大封建国家殖民地的程度日益加深分不开的，同时也与封建势力依然存在密切相关①。不难看出，这种观点明显地受到了毛泽东在《中国的红色政权为什么能够存在》一文中论述军阀时所持观点的影响。这一论点从宏观上看无疑是可以被接受的，但缺乏深入具体的分析与说明。因为，中国自1840年第一次鸦片战争后就逐步沦为半封建半殖民地社会，为什么直至19世纪末才孕育北洋军阀这一怪胎呢？可见，仅仅从近代中国半封建半殖民地社会性质的角度去揭示北洋军阀产生的原因，既显得笼统，也有些苍白。1985年，来新夏和任恒俊分别在自己的论文中对此问题作了比较具体的分析，提出了较为接近的观点。他们认为：北洋军阀集团的成因，首先是由于鸦片战争后清朝的衰朽和旧军的腐败，迫使统治者为维持其政权的存在与延续而需要建立一支新式军队；其次是当时的社会思潮和资本主义的发展，为建设一支新式军队提供了思想和物质基础；再次是列强侵华策略改为通过支持代理人而物色了袁世凯这类人物；而袁世凯在掌握一定权势后，又善于运用权术，抓住时机，使这支武装力量日益发展壮大，终于形成为一个政治军事集团②。这一论述较之以前在这一问题上的观点显然更具体、更丰满，也更具说服力。近年来，不少人又从政治、文化、社会等层面或角度，对军阀和军阀割据产生的原因问题作了各自的分析与诠释③。任恒俊也在《新军差异与南北军阀的形成》一文中，通过对南北新军在建立时间、装备训练、官兵成分、控制防范、思想倾向、政治态度及与帝国主义的联系等方面差异的比较研究，对南北军

①李新：《北洋军阀的兴亡》，《史学月刊》1985年第3期。

②来新夏：《北洋军阀史研究札记三题》，《民国档案》1985年第2期；任恒俊：《北洋军阀成因浅探》，《河北师院学报》1985年第4期。

③刘晓：《近代军阀政治的起源》，《学术研究》1990年第6期；唐学锋：《试论军阀割据的社会基础》，《西南民族学院学报》（哲社版）1990年第4期；刘江船：《试论民初军阀割据的文化原因》，《争鸣》1994年第2期。

阀形成的原因及其大致过程作了进一步的阐发与描述①。这些从不同角度所进行的探索与论述,无疑丰富了人们对北洋军阀形成原因的认识。

关于北洋军阀的社会基础和阶级属性,过去一般都认为它是以封建地主阶级为其阶级基础,在政治上充当了地主阶级政治代表的角色。彭明在《北洋军阀(研究提纲)》一文中明确提出,"从阶级关系上看,北洋军阀是地主阶级的代理人,是最落后和最反动的生产关系的代表,它极力维护和巩固地主阶级对农民阶级的封建统治秩序。北洋军阀不仅是地主阶级的代理人,而且他们本身就常常是大地主阶级中的一员。不管他们的出身如何复杂(三教九流都有),但当成为军阀之后,他们大多数都成了大地主"②。吴慧敏则从北洋军阀依仗政治上、军事上的权势大肆掠夺土地,成为新兴地主阶级,并由此兼有军阀和地主双重身份的角度,提出了"军阀地主"的命题③。80年代以来,有关这一问题的研究在原来的基础上有所发展。有的论者对军阀割据的社会基础是地主阶级的观点提出了质疑,认为这忽视了对近代中国社会结构演变的认识,指出:19世纪末20世纪初,由于中国社会的大动荡,导致了土地所有权的演变,特别是辛亥革命后土地逐渐转移到一批以军事起家的新兴的军阀官僚手中,传统的封建地主阶级日趋没落,因此,军阀割据的真正的社会基础并非是封建地主阶级,而是破产农民和无业游民,"这是旧中国社会病态的反映"④。而比较多的人则认为北洋军阀集团不仅是地主阶级的代表,而且在某一阶段某些方面已带有资产阶级的色彩⑤。有的论者更从北洋军阀和其他近代

①任恒俊:《新军差异与南北军阀的形成》,《文史哲》1990年第4期。
②彭明:《北洋军阀(研究提纲)》,《教学与研究》1980年第5期。
③吴慧敏:《辛亥革命后军阀地主的形成及其特征》,《经济研究》1980年第9期。
④唐学锋:《试论军阀割据的社会基础》,《西南民族学院学报》(哲社版)1990年第4期。
⑤来新夏:《北洋军阀史研究中的几个问题》,《学术月刊》1982年第4期。

军阀所带有近代化特质的角度立论,认为他们不仅是封建权势的代表,同时又是帝国主义势力的代表①。也有的论者通过对若干军阀官僚私人资本主义经济活动的考察来说明北洋军阀统治集团的性质,认为这个集团的一部分基本上已与封建生产关系相脱离或发生转化,他们所拥有的私人资本已“属于民族资本”②。还有人则从北洋政府的政府行为这一层面的一个特定角度,即经济法制建设情况,对北洋军阀的阶级属性给予了具体说明。认为北洋政府所推行的经济法制建设呈现出如下特点:“首先,所颁法规种类比较齐全,内容比较详尽,初步形成了资本主义经济法制体系。其次,中西结合,广采众议,具有较高的科学性。第三,较多地体现了资产阶级的利益。”③由于大家立论的角度不同,因而看法上尚不尽一致,而且有的观点容或还有失偏颇,如有的论者提出的部分军阀官僚所拥有的私人资本已属于民族资本的观点,似乎就值得商榷,起码有作进一步论证的必要,因为,如果这一观点成立,则这一部分军阀官僚的身份是否也会发生变化而可将他们划入“民族资产阶级”行列呢?显然,这是一个有待深入研究而尚不能遽下定论的问题。由于社会基础和阶级属性问题涉及当时社会的经济基础和上层建筑诸方面,不仅需要以马克思主义基本理论为指导,还需要有大量的历史事实为根据,因此,这个问题的研究进展还有赖于整个北洋军阀史研究工作的深入。

关于北洋军阀的特点问题,不少学者从多种视角阐发了自己的观点。彭明认为北洋军阀的特点有三:一是军阀们各有一支为自己争权夺利而服务的军队,二是各有一块可以随意搜刮和统治的地盘,三是军阀大都是帝国主义在中国进行统治的工具④。李

①李新:《北洋军阀的兴亡》,《史学月刊》1985年第3期。

②魏明:《论北洋军阀官僚的私人资本主义经济活动》,《近代史研究》1985年第2期。

③虞和平:《民国初年经济法制建设述评》,《近代史研究》1992年第4期。

④彭明:《北洋军阀(研究提纲)》,《教学与研究》1980年第5期。

新认为北洋军阀的特点:(一)采用外国兵制;(二)财政来源已不完全依靠封建经济,其饷源大宗往往来自关税、盐税、官办企业的收入(铁路、轮船局等)和发行公债、举借外债;(三)实行募兵制,兵源主要依靠招收破产农民或其他劳苦群众;(四)不断分裂,乃至发展为各成一派,各据一方,连年混战①。来新夏等则认为可以从以下几个特点来认识北洋军阀集团:第一,它以封建地主阶级为其主要的社会基础;第二,它以"中学为体,西学为用"思想为指导;第三,割据称雄,拥兵争霸;第四,各树派系,荣损与俱;第五,纵横捭阖,制造政潮;第六,卖国媚外,残民以逞②。不难看出,学者们在这一问题上的看法在很大程度上是相近的。但在进而如何给军阀下定义、立界说的问题上,意见分歧却比较大。李新在专门论述军阀定义的一篇文章中对军阀作了这样的诠释:军阀是一种特殊的军事集团,它拥有以个人为中心并由私人关系结合起来的一支军队。它通常据有一片固定的或比较固定的地盘,并在这块地盘上实行直接的军事统治。军阀政治是封建统治的一种特殊形式,凡实行这种形式的封建统治者,无论其大小乃至贵为天子的全国统治者,我们都可以称之为军阀③。这一关于军阀定义的论述可概括为私兵、地盘和武治(直接的军事统治)三条,其中是否实行武治是判别军阀与非军阀的最重要的标准。来新夏对此提出了异议,他认为私兵、地盘、武治只是作为军阀应具备的基本条件,而不是决定本质的东西。拿这三项和军阀特别是北洋军阀的现实情况相比量,往往有不相符合者。给军阀下定义固然应包含条件,但最终须取决于本质,而最能体现本质的是在一定思想指导下的行为,或说行动准则。基于这样的认识,他给军阀下了如下定义:"以北洋军阀为代表的近代军阀是以一定军事力量为支柱,以一定地域为依托,

①李新:《北洋军阀的兴亡》,《史学月刊》1985年第3期。

②来新夏等:《北洋军阀史稿》,湖北人民出版社1983年版,第5~12页、第3页。

③李新:《军阀论》,《史学月刊》1985年第1期。

在'中体西用'思想指导下，以封建关系为纽带，以帝国主义为奥援，参与各项政治、军事及社会活动，罔顾公义，而以只图私利为行使权力之目的之个人和集团。"[①]由于"军阀"这一称谓从其产生和使用情况看，只是用作贬义的政治性通俗名称，而非严格意义上的政治学概念，因此，要对它作科学的界定，殊属不易。但尽可能准确完整地表述它的含义，却是史学工作者义不容辞的责任。因为，它关系到人们对军阀本质的认识，更关系到诸多历史人物功过是非的评价。

对北洋军阀集团在辛亥革命前后各十六年活动的历史作用的评价问题，史学界曾经历了一个由简单地一概贬斥否定到对其中的某些方面给予适当肯定的发展过程。在建国后的相当一段时间里，对北洋军阀的认识与评判局限于阶级关系、阶级本质这一单一的角度，因此，"落后"、"腐朽"、"反动"也就成了该集团的冠词。在对北洋军阀反动本质的揭露方面，黄志仁所撰《北洋军阀对资产阶级民主制的摧残》和《北洋军阀破坏中国走现代化道路的史实》两篇文章有一定的代表性。他认为："北洋军阀摧毁资产阶级民主制，推行专制独裁统治，这是对历史发展的极大反动，给中国人民带来了无限的灾难。"[②]而北洋军阀破坏中国现代化道路、摧残社会生产力的罪行，主要表现在以下几个方面：(一)北洋军阀顽固地推行媚外政策，疯狂地出卖国家权益，极大地阻碍了民族经济的发展；(二)连年不息的军阀混战给国民经济带来了浩劫；(三)北洋军阀的横征暴敛，吞没了大量的社会财富，严重地破坏了工农业的再生产；(四)北洋军阀凭借反动政权竭力维护封建买办的生产关系，严重地束缚了社会生产力的发展[③]。就北洋军阀的本质而言，这

①来新夏：《论近代军阀的定义》，《社会科学战线》1993 年第 2 期。

②黄志仁：《北洋军阀对资产阶级民主制的摧残》，《厦门大学学报》(哲社版)1979 年第 1 期。

③黄志仁：《北洋军阀破坏中国走现代化道路的史实》，《中国经济问题》1980 年第 5 期。

些论述与评价应该说是切中了要害的。但如果不是从单一角度，而是尽可能全面地去审视该集团在近三分之一世纪的历史进程中所起的作用，则也很难说是一团漆黑，一无是处。80年代后，不少学者从多种视角对此问题进行了较为深入研究，提出了一些令人耳目一新或富有启发性的见解。如吴兆清、邓亦兵分别在各自研究北洋建军问题的文章中，对袁世凯用西方资本主义的军事制度改革腐朽落后的封建主义军事制度的举措在近代军事发展史上的占有的地位给予了充分肯定①。虞和平通过对1912年至1921年间北洋政府所颁布的四十多项经济法规的具体分析与综合考察，认为这些法规发挥了以下功能作用：第一，政府经济管理法制化和经济化；第二，企业和企业家法人化；第三，竞争的自由化和正规化；第四，融资渠道的社会化和国有化，并得出了“民初经济法制建设在中国经济近代化历程中具有不可忽视的意义和作用”的结论②。而袁继成、王海林两人则对中国参加第一次世界大战和巴黎和会这两个重大外交事件的是非得失进行了分析，并提出了与以往判然有别的观点，认为：冷静地把中国参加第一次世界大战和巴黎和会这两件事放到中国近代摆脱半殖民地半封建状态，争取国家独立、民主和社会进步斗争的长河里考察，就会觉得中国参战不是没有道理，中国在巴黎和会上是有失也有得③。这些论述反映了北洋军阀集团在一些具体事例或特定方面所起的不可抹煞的作用，那么，对这一集团在其整个兴衰存亡过程中所起的作用，究竟又该给予怎样的总体认识呢？来新夏对此提出了以下几点估计：(1)北洋军阀集团是维系晚清十余年统治的一个支柱；(2)北洋军阀集团是辛亥革命时期转移政权的主要军事力量；(3)北洋军阀

---

①吴兆清：《袁世凯练新军改军制及其历史地位》，《历史档案》1987年第1期；邓亦兵：《论袁世凯的建军实践》，《北方论丛》1988年第3期。

②虞和平：《民国初年经济法制建设述评》，《近代史研究》1992年第4期。

③袁继成、王海林：《中国参加第一次世界大战和巴黎和会》，《近代史研究》1990年第6期。

集团所把持的北洋政府是辛亥革命后统治中华民国的政权代表(含对外的国家代表);(4)北洋军阀集团为由统一走向再统一的过渡作了铺路工作;(5)北洋军阀集团使中国的军制摆脱了旧有的落后陈旧的状态[①]。需要说明的是:第一,这些估计按过去的观点似有涂脂抹粉之嫌,但应该说是历史真实情况的反映;第二,从中国近代化的全过程来看,北洋军阀在中国近代政治舞台充当主要角色的三十二年,是不容忽视的重要时期。虽然由于研究所限,目前对北洋军阀在其中的具体作用尚不甚明了,但有一点是可以肯定的,即这一时期所以能在中国近代化全过程中占据重要地位,应该说与当时政治舞台的主角北洋军阀有着密不可分的关系。

北洋军阀与帝国主义的关系问题是北洋军阀史研究中具有特殊意义的课题,长期以来受到史学界的关注。过去对这一问题的研究,多从北洋军阀与帝国主义相互勾结、狼狈为奸的角度立论,而且具有明显的程式化倾向,以致对它们间的关系作了帝国主义是北洋军阀的靠山、后台,而北洋军阀则是帝国主义的工具、走狗之类的简单描述;有的论者甚至还把充当帝国主义在中国进行统治的工具视为北洋军阀的一大特点[②]。之后,随着研究的不断深入,这种有失简单化的方法和片面性的结论逐渐得到扭转。不少论者注意到,卖国媚外并不是北洋军阀与帝国主义关系的全部内容,它们之间的关系是错综变幻的,不能采用一成不变的公式去硬套。有的军阀派系确是卖国求荣、甘奉帝国主义为自己主子的,如段祺瑞皖系军阀与日本帝国主义的关系即属于此种类型,不少论者曾专门撰书立说,以大量确凿可信的事实给予有力的论证[③]。

---

①来新夏:《北洋军阀史研究札记三题》,《民国档案》1985 年第 2 期。

②彭明:《北洋军阀(研究提纲)》,《教学与研究》1980 年第 5 期。

③章伯锋:《皖系军阀与日本帝国主义的关系》,《历史研究》1982 年第 6 期;裴长洪:《西原借款与中国军阀的派系斗争》,《河北学刊》1983 年第 4 期;庄鸿铸:《试论段祺瑞与日本帝国主义的勾结》,《新疆大学学报》1983 年第 4 期;章伯锋:《皖系军阀与日本》,四川人民出版社 1988 年版。

但也不能不看到，军阀有需要向帝国主义投靠求助的一面，又有利害矛盾的一面，笼而统之地称为帝国主义“走狗”、“工具”，不一定完全合乎实际情况，“其间关系往往是随时随地而有极多变化和复杂的内容”①。不少论者从具体史实的研究方面支持和证实了这一观点。如俞辛焞在《日本对直奉战争的双重外交》一文中，具体分析了日本外务省和军部对直奉战争采取不同态度的原因及其后果，提出了“实际上这是一种双重外交，或二元外交”、“外务省和军部互相配合，执行侵略政策”的观点，从而从一个侧面揭露了帝国主义侵华手段的诡诈多变②。车维汉《张作霖与郑家屯事件》一文评价了张作霖在郑家屯事件交涉中对日本的侵略行径所进行的抵制和斗争，并分析张在该事件交涉中所以对日采取强硬态度的原因道：“其一，随着张作霖地位的不断提高，逐渐滋生了维护统治权威，摆脱日本控制的自主欲。其二，受全国反日声势的震慑和影响。其三，与同日本统治集团内部反对派的矛盾有关。”③而娄向哲《直系军阀政权与英美关系初探》一文则从财政、军火等的支持与援助几个方面，对 1922 年 5 月至 1924 年 10 月直系军阀把持北京政府期间与英美帝国主义的关系作了初步考察，得出了英美对直系的支持并不明显的结论④。这一观点与英美是直系后台、直系是英美代理人的传统看法有着较大区别。北洋军阀与帝国主义这种既密切勾结、沆瀣一气，又各怀鬼胎、时起争斗的关系，贯穿了北洋军阀兴衰起落的全过程，并在当时政治、经济、军事、外交等各个方面都有各种不同形式的表现。但由于这一问题本身的复杂性，加上资料挖掘不够充分，研究成果又相对较少，且多拘于某一问题、某一片断、某一方面，因此，目前尚难于说清两者关系的

①孙思白：《论军阀史研究及相关的几个问题》，《贵州社会科学》1982 年第 6 期。

②俞辛焞：《日本对直奉战争的双重外交》，《南开学报》1982 年第 4 期。

③车维汉：《张作霖与郑家屯事件》，《近代史研究》1992 年第 5 期。

④娄向哲：《直系军阀政权与英美关系初探》，《天津师范大学学报》1986 年第 1 期。

全貌。

## (二)关于北洋军阀史事的研究

历史需要史实的编织,而史实又贵在翔实可靠。由于北洋军阀时期特殊的历史条件,使得流传下来的可资利用的各种资料极为丰富。但这些资料一方面比较分散,涉及历史档案、传记、专集、地方志、笔记杂著、资料汇编和报刊等诸多方面;同时在记载、反映某些基本史实时,各种资料又常常存有异说。这种情况无疑给研究工作带来了一定困难,但更重要的是也为广大研究工作者提供了广阔的驱策驰骋的天地。同时,利用方方面面的资料,对一系列个案问题进行专题研究,以澄清某些基本史实的真相,也就成为北洋军阀史研究成果最为丰硕的一个方面。

就专题研究的进展而言,五六十年代虽然有些具体的论述文章,但数量有限,论题范围也不广。"文革"期间北洋军阀史实际上成为革命史的陪衬,有关研究几成死角。80 年代后随着北洋军阀史在史学研究领域中独立地位的确立,专题研究的进展明显加快,成果明显增多,旧问题逐步取得一致,新问题不断提出,禁区逐个打破,空白次第填补。兹以北洋军阀集团的兴衰起落为线索,对一些争议相对较大或在北洋军阀史上占有重要地位的专题的研究情况,简述如下:

(1)北洋军阀的兴起、发展和形成时期。

从 1895 年袁世凯小站练兵至 1912 年他出任临时大总统,是北洋军阀逐步奠定军事、政治基础,并最终成为政治军事集团的重要时期。对这一段历史的研究,成果不是很多,分歧则主要集中在以下两个问题上:

①北洋军阀兴起与形成的时间问题。关于北洋军阀的兴起,大家比较一致的意见认为其发源应从 1895 年袁世凯小站练兵算

起，如乔志强《清末新军与“辛亥革命”》一文[①]等；另外章开沅主编的《辛亥革命》和来新夏主编的《北洋军阀史稿》也都持此观点，并专门叙述了其发生的原因和发展的过程。但对北洋军阀集团的形成时间却存有三说：来新夏等认为应以袁世凯任民国临时大总统为标志，理由是：北洋军阀正是以辛亥革命为契机夺取了对全国的统治权，从而由一个军事集团一跃而为统治全国的政治军事集团[②]。任恒俊认为从 1895 年小站练兵开始到 1905 年练成北洋新军六镇，北洋军阀集团遂告形成[③]。李新则认为从武昌起义至清帝退位，继而袁世凯出任临时大总统这一时期，是北洋军阀的形成阶段[④]。意见不一的关键不在于时间的早晚，而在于应该用什么样的标准来进行衡量，标准确定则形成时间问题自可迎刃而解。

②北洋建军过程及其评价问题。来新夏认为北洋建军过程大致经历了新建陆军、武卫右军、北洋常备军和北洋六镇四个阶段[⑤]。而邓亦兵认为袁世凯的建军实践分三个时期：第一是新建陆军时期，第二是武卫右军及其先锋队时期，第三是北洋陆军时期[⑥]。北洋建军过程的不同时期表现出不同的特点，对它的时期划分不能仅仅依据部队名称的变化，而主要应体现北洋军由一支一般意义上的清末新军（当时南方有自强军）而一步步发展成为军事集团的阶段性特点。对北洋建军的评价，学者们已突破了以往将北洋军阀的反动性与当时的军制改革混为一谈的认识局限，对两者作了理性的区分，给予了不同的评价。如吴兆清提出：不能将北洋新军的军制改革与北洋军阀祸国殃民的罪行混为一谈，不能以北洋新军的罪恶来认定以资本主义军事制度代替封建主义军事

①乔志强：《清末新军与“辛亥革命”》，《山西大学学报》1980 年第 3 期。

②来新夏等：《北洋军阀史稿》，湖北人民出版社 1983 年版，第 5～12 页、第 3 页。

③任恒俊：《北洋军阀成因浅探》，《河北学刊》1985 年第 4 期。

④李新：《北洋军阀的兴亡》，《史学月刊》1985 年第 3 期。

⑤来新夏：《北洋军阀的来历》，《文史知识》1983 年第 1 期。

⑥邓亦兵：《论袁世凯的建军实践》，《北方论丛》1988 年第 3 期。

制度的进步意义;而承认北洋新军的军制改革在我国军事发展史上应有的地位,也并不否定北洋新军的反动性质和它在历史上的反动作用①。邓亦兵、姜廷玉等人对此也基本持相同的观点②。

(2)北洋军阀的全盛时期。

从1912年袁世凯以大总统身份执掌对全国的统治权至1916年他因帝制自为而在全国一片反对声中自毙,是北洋军阀集团达到权力最高峰的大发展时期。对这一段历史,来新夏主编的《北洋军阀史稿》、李新、李宗一主编的《中华民国史》(第二编第二卷)以及李宗一《袁世凯传》、侯宜杰《袁世凯一生》与《袁世凯评传》、谢本书《袁世凯与北洋军阀》等专著均给予了较为全面、系统的介绍,反映了学术界对这一时期历史研究的总体水平。这方面的论文,以往由于思想认识上的局限主要集中在辛亥革命、"二次革命"、白朗起义和"护国运动"等几个方面,近年来则呈现出以下两方面特点:一是研究视野不断扩大。不少论者对一些以往未曾涉及或涉及不深的问题,如袁世凯统治时期的盐务和"盐务改革"、政治制度以及袁与帝国主义的关系、与议会的关系等进行了探讨③,揭示了这一时期诸多历史问题的真相。二是观点上有所创新。如对袁世凯取代孙中山出任临时大总统问题,过去一直以"窃国"骂名相加;90年代以来,有不少论者通过进一步挖掘材料,并经对当时中外多种政治力量、主客观多方面因素的综合考察与分析,提出了与之截然不同的观点。如常宗虎认为袁世凯所以能登上临时大总统宝座,是因为:①南京临时政府从筹备组建就期盼着袁的反正归来;②资产阶级共和国性质的临时政府是一个根本不可能存在下去的政

①吴兆清:《袁世凯练新军改军制及其历史地位》,《历史档案》1987年第1期。

②姜廷玉:《略述袁世凯的军事教育思想及实践》,《历史教学》1990年第11期。

③王仲:《袁世凯统治时期的盐务和"盐务改革"》,《近代史研究》1987年第4期;贺渊:《袁世凯时期的政治制度》,《中国行政管理》1991年第3期;庄鸿铸:《袁世凯与日本帝国主义的关系及其实质》,《新疆大学学报》1982年第4期;张华腾:《袁世凯与民初议会》,《殷都学刊》1996年第2期。

权，袁完全有能力将它置于死地，而无需“窃取”；③资产阶级和帝国主义这两个当时中国社会发展的主要因素选择了袁作为新政权的核心。由此他得出结论：袁世凯的临时大总统职位并非窃夺而来，而是历史机遇所赐，是资产阶级拱手让与的结果[①]。周彦则从孙中山在南北议和中活动的角度对这一问题进行了探讨，提出了“孙中山主动让位于袁世凯”的观点，并认为这是孙中山为了适应客观历史条件而采取的灵活斗争的策略，是其整个民主革命斗争的重要组成部分[②]。孙中山去位与袁世凯掌权实际上是一个问题(政权嬗递问题)的两个方面，不难看出，从这两方面对该问题所进行的研究，虽角度不同，但观点上有越来越接近的趋向。

(3)北洋军阀衰落时期。

从 1916 年袁世凯自毙至 1926 年 7 月国民革命军开始北伐，是北洋军阀集团由统一走向分裂、由极盛走向衰落的时期。揭示这一时期直、皖、奉等主要军阀派系各自的基本发展线索，并对他们之间及其各自内部所经常发生的矛盾冲突、纷争混战进行具体分析，是准确把握这一段复杂多变历史的关键，也是学术界研究这一段历史的重点所在。

皖系军阀在北洋各派军阀中资格最老、势力最大，并率先登场执掌对全国的统治权，因此，有关它的研究在各派军阀中是比较受关注的。关于皖系军阀的基本情况，黄征等人编著的《段祺瑞与皖系军阀》一书给予了比较完整的专门介绍；另外，单宝、莫建来、胡晓等人的文章也对皖系军阀的形成、发展、衰亡及其特点等问题进

①常宗虎：《试论袁世凯取得临时大总统职位的是非》，《人文杂志》1992 年第 1 期。
②周彦：《南北议和与孙中山让位问题之我见》，《学习与探索》1991 年第 5 期。

行了探讨[①]，勾勒出了这一军阀派系历史演进的基本轮廓。由于皖系军阀的历史与日本有着不解之缘，因此，弄清其与日本帝国主义关系的真相，是皖系军阀研究中难以回避的一个重要问题。章伯锋《皖系军阀与日本》一书以及有关这一问题的多篇论文，对此作了比较全面、深入的论述，基本理清了日皖关系的纷乱头绪。直系军阀作为北洋军阀集团中的“后起之秀”，其在政局发展中的作用与影响主要表现在直皖战争以后；直皖战争以前则由于高层领导不太得力以及阵营不甚稳固等原因而少有重要事迹可寻。这一特点决定了有关这一军阀派系的研究出现了前期历史研究相对薄弱、后期历史研究较为集中的不平稳状况。对冯国璋和吴佩孚这两位直系重要人物研究中所出现的畸轻畸重现象，即说明了这一点。近年来，随着有关资料的进一步发掘，对直系的研究特别是对其前期历史的研究有一定进展。陆续面世的公孙訇编《直系军阀始末》和吕伟俊、王德刚编著《冯国璋和直系军阀》等专著及一些论文，介绍了直系的一般梗概，从中可得到这一重要军阀派系发展的大致脉络。奉系研究依托东北地方史研究的荫庇，成果令人注目。对奉系的研究往往与对其首领张作霖的研究连在一起，如常城主编《张作霖》、陈崇桥主编《从草莽英雄到大元帅——张作霖》两书虽为评述人物之作，但从中可见奉系军阀产生和发展的基本轨迹。其论文则多偏于后期，且集中在以下两个方面：一是奉系内部矛盾，如对郭松龄倒戈，枪毙杨、常事件等，均有不少文章从不同角度

[①]单宝：《皖系军阀的兴衰和特点》，《历史教学》1984 年第 4 期；莫建来：《试论皖系军阀的形成》，《民国档案》1992 年第 1 期，《段祺瑞攫取统治权与皖系军阀的发展》，《江海学刊》1990 年第 3 期，《皖系军阀的特点及其评价》，《江海学刊》1992 年第 1 期；胡晓：《论北洋皖系集团的形成、发展与衰亡》，《合肥教育学院学报》1997 年第 2 期。

予以论述[①]；二是奉系与日本的关系，如潘喜廷、韩信夫、郑敏、习五一等人的文章[②]，对奉系与日本既勾结又争斗的关系作了较为深入的分析与研究。

对直、皖、奉各派军阀之间及其各自内部纷争混战问题的研究，是这一时期专题研究的重点，其中"张勋复辟"、直皖战争、两次直奉战争和"北京政变"等对北洋军阀集团的历史演进产生了重要影响的重大事件，尤为研究者所关注。

"张勋复辟"是一个为人熟知而又论述不够准确的老问题。60年代初章开沅等曾进行过较全面的评述[③]。80年代初焦静宜又旧题新作，对复辟的诸种原因进行了分析，认为这次复辟活动既有张勋本身顽固的封建观念，也有当时社会上封建势力的基础影响，以及各派军阀的争斗和帝国主义怂恿等方面的因素。在这种背景下的张勋复辟，就不再是历史给予这一介武夫的偶然机遇，而是使人由此透视到辛亥革命后的社会面貌[④]。

直皖战争是北洋军阀分裂后第一次大规模的军阀混战。这次战争"冷战"长达两三年，而"热战"不过五天时间，便以直胜皖败的结局而告终。这一戏剧性的结果引起了研究者的关注。王华斌从直皖人心向背和战略战术得失两个方面，具体分析了直系大胜、皖

---

①毛履平：《郭松龄事变的性质及其失败原因》，《学术月刊》1982年第5期；高红霞：《郭松龄倒戈失败剖析》，《学术月刊》1987年第12期；常城：《略论"东北易帜"与枪毙杨常》，《社会科学战线》1982年第3期；陈崇桥：《试论"杨常事件"》，《近代史研究》1986年第2期。

②潘喜廷：《张作霖与日本的关系》，《学术研究丛刊》1980年第2期；韩信夫：《张作霖皇姑屯被炸与张学良东北"易帜"》，《人民日报》1982年10月11日；郑敏：《略论日本干涉郭奉战争的原因》，《学术研究丛刊》1991年第3期；习五一：《"满蒙铁路交涉"与日奉矛盾激化》，《近代史研究》1982年第5期。

③章开沅、刘望龄：《民国初年清朝"遗老"的复辟活动》，《江汉学报》1964年第4期；刘望龄：《张勋与"丁巳复辟"》，《历史教学》1964年第6期；章开沅、刘望龄：《论张勋复辟的历史机缘和失败的必然性》，《新建设》1965年第3期。

④焦静宜：《论"张勋复辟"》，《学术月刊》1984年第6期。

系大败的原因[①]。而章伯锋认为造成皖系在战争中一败涂地的主要原因，是由于日本因迫于英美的压力而未公开支持皖系[②]。莫建来则从奉系军阀的角度对战争爆发原因与结局进行了论述，认为直皖战争虽是直皖两派军阀长期存在并日趋激化的矛盾和纷争的必然结果，但奉系军阀的居中挑拨、推波助澜以及直接出兵参战，对战争的发生及其结果无疑产生了相当大的影响[③]。至于这次战争的性质及其产生的社会后果，多数论者认为这是一场争权夺利的不义之战，战争给当时的中国社会带来了较大的经济损失，在政治上和军事上削弱了北洋军阀控制中国的大一统局面，外交上沉重地打击了日本对华的侵略政策，客观上一定程度地有利于中国社会的独立和进步[④]。这种分析应该说是符合客观实际的。需要补充说明的是，直皖战争使北洋军阀内部各派系之间，尤其是直皖两系间的力量消长发生了明显的变化，它标志了北洋军阀史上的一个时期即段祺瑞皖系军阀统治时期的基本结束。

发生于 1922 年的第一次直奉战争和 1924 年的第二次直奉战争，虽同为直系军阀与奉系军阀的军事较量，但战争结局却大不一样。不少论者对这两次直奉战争出现不同结局的原因进行了探讨。如苏有全从人心向背、军队素质、战略战术和外交背景四个方面，对第一次直奉战争出现直胜奉败结局的原因进行了论述[⑤]。而李军、娄向哲、郁慕湛等人则分别对第二次直奉战争中直系的败因问题作了具体分析[⑥]。其中李军的文章有一定的代表性，他认

①王华斌：《试论直皖战争直胜皖败的原因及其后果》，《学术月刊》1986 年第 1 期。

②章伯锋：《直皖战争与日本》，《近代史研究》1987 年第 6 期。

③莫建来：《奉系军阀与直皖战争》，《学术月刊》1989 年第 9 期。

④王华斌：《试论直皖战争直胜皖败的原因及其后果》，《学术月刊》1986 年第 1 期。

⑤苏有全：《论第一次直奉战争直胜奉败的原因》，《社会科学战线》1994 年第 5 期。

⑥李军：《第一次直奉战争中直系失败的原因》，《近代史研究》1985 年第 2 期；娄向哲：《论第二次直奉战争》，《史林》1987 年第 4 期；郁慕湛：《第二次直奉战争直系失败的政治原因》，《河北学刊》1987 年第 2 期。

为直系军阀在第二次直奉战争中惨遭失败，既有深刻的内在根源：①内部激烈的矛盾斗争与分化，②严重的财政危机，③武力统一政策的破产造成了有利于反直力量的客观形势；又有复杂的外部原因：①直系军阀残酷镇压人民运动和曹锟贿选等丑恶行径使其成为全国各界人民反对的最主要的敌人，②反直同盟的形成，③国际背景方面又处于不利地位。值得注意的是，有学者对这两次直奉战争进行了比较研究。如俞辛焞在《日本对直奉战争的双重外交》一文中，具体分析了日本军部和外务省在两次直奉战争中的不同态度与表现，由此对奉系军阀在两次战争中的不同结局作了颇具说服力的诠释[①]。而丛曙光《两次直奉战争结果迥异之剖析》一文，则对直、奉两大军阀在两次直奉战争中的政治得失、军事形势（包括战前准备、士兵士气、武器装备及军事部署等）、财政经济状况和国际环境等决定战争胜负的因素作了对比分析，得出了两次直奉战争不同结局的出现绝非偶然的结论[②]。同一交战双方两度交手，而结果迥异，这本身就是一个颇具研究价值的课题。这方面研究的深入，无疑有助于人们加深对军阀混战爆发原因、结局及特点等的认识。

"北京政变"是北洋军阀走向衰落的标志之一，一直是热门题目，但往往随政治气候的变化而有忽高忽低的评价。关于这次政变的性质，主要有以下三种分歧意见：①"首都革命"说。这是早期研究这次政变的一般观点。②武装政变说。这是80年代以后比较一致的看法，其中可以王宗华、赵晓天两人的文章为代表。王宗华认为从政变中冯玉祥提出的政治主张和实际行动来考察，这次政变既不是一次革命，又不是反革命的，而是具有进步意义的改良性质的武装政变[③]。赵晓天对这一观点作了进一步的引申，认为

---

①俞辛焞：《日本对直奉战争的双重外交》，《南开学报》1982年第4期。

②丛曙光：《两次直奉战争结果迥异之剖析》，《辽宁大学学报》1994年第4期。

③王宗华：《试论一九二四年北京政变》，《武汉大学学报》1983年第6期。

第二次直奉战争中冯玉祥班师回京的活动，既有倾向国民革命、采取激进行动的一面，也有软弱动摇和持有改良主张的一面，因此，其性质“应该说是一次带有民主主义色彩的改良性质的军事政变”①。③直系军阀内部权力斗争说。如有论者认为冯玉祥发动政变的原因既不是不满于曹锟、吴佩孚所实行的“大政方针”，也不是不满于军阀割据混战给中国社会带来的巨大危害，更不是受孙中山影响和革命形势推动而发动的，而是与曹、吴因权势利益分配不均产生矛盾而导致的必然结果，而第二次直奉战争前各种势力的联合反直及战争本身都给冯提供了发动政变的条件和机会。“那种把北京政变说成是冯玉祥受孙中山和国民革命影响和推动的一场推翻直系的进步运动的说法超越了一定的历史范围，不符合历史的真实”②。这一观点虽应者寥寥，但从冯玉祥思想发展和活动的全过程以及北京政变的历史条件来看，应该说有它一定的合理成分。关于北京政变的历史作用，多数论者给予了较高的肯定性评价，认为政变给当时最强大的直系军阀以沉重打击，削弱了根深蒂固的北洋军阀势力，造成了有利于革命的客观形势，对北方革命运动的发展以及日后的北伐战争起到了积极的推动作用，而驱逐溥仪出宫，则从根本上铲除了复辟祸根，使封建顽固分子的复辟梦想最终破灭③。但也有不尽一致的意见，如有论者在对冯玉祥武力驱逐溥仪出宫事件的评价上，就对“这一行动铲除了复辟祸根，打击了封建残余势力”的观点提出了异议，认为“这个评价不仅过高，而且完全忽视了这一事件所产生的恶果，即客观上为日本帝国主义提供了拉拢、利用溥仪的机会”。能否把溥仪后来投靠、依附于日本归咎于北京政变，显然还有进一步研究论证的

①赵晓天：《冯玉祥北京政变新探》，《西北大学学报》（哲社版）1988 年第 3 期。

②王红勇：《北京政变性质与原因新探》，《学术月刊》1986 年第 7 期。

③刘敬忠：《冯玉祥北京政变初探》，《河北大学学报》1986 年第 3 期；王宗华、赵晓天也基本持相同观点。

必要，但文章提出“当时中国的复辟祸根不仅表现在小朝廷的存在和仍居紫禁城中，更主要的是封建专制主义的旧思想还深存于人们的头脑中，这是复辟祸根的思想基础”，因此，“不能认为驱逐溥仪出宫就等于铲除了复辟的祸根”①，这一观点还是符合历史实际的。

(4)北洋军阀的覆灭时期。

从1926年7月北伐开始至1928年12月张学良宣布东北“易帜”，是北洋军阀集团的覆灭时期。关于北洋军阀覆亡的历史，一直没有一部专著予以全面、系统的阐述；间或有著作涉及这一段历史，亦多为叙述国民革命军之北伐而连带叙及北洋军阀的失败与灭亡。论文方面则有一些零散的成果，多少弥补了有关北洋军阀覆灭史研究几成空白的缺憾。韩信夫《二次北伐与东北易帜》(上、下)一文对这一时期的历史作了简要而系统的叙述，从中可得北洋军阀覆灭的梗概②。习五一《论一九二七年奉吴河南战争》一文通过对1927年春奉吴河南战争的具体研究，提出了值得重视的观点，认为这场战争虽然仍属军阀之间争权夺利的不义之战，但从全国战场上综合考察，仍有一定的历史作用，即它牵制了直鲁联军，使其不能全力以赴地支援孙传芳与北伐军在江浙战场的决战，减轻了当时北伐军主要战场上的军事压力，更重要的是它加速了北洋军阀的最后崩溃③。而刘曼容《北伐时期的国民军北方战场》一文则把北伐战争分为南北两个战场，即从广州誓师出发的国民革命军在东南沿海和长江流域进行作战的南方战场与冯玉祥国民军在西北地区和黄河流域进行作战的北方战场，并具体分析了国民军北方战场的发展进程及其在与南方战场呼应配合、推动北伐战争胜利进行方面的巨大作用，从而为研究国民革命军胜利进军或

①喻大华：《重评1924年冯玉祥驱逐溥仪出宫事件》，《学术月刊》1993年第11期。

②韩信夫：《二次北伐与东北易帜》(上、下)，《东北地方史研究》1990年第1期。

③习五一：《论一九二七年奉吴河南战争》，《历史档案》1988年第4期。

北洋军阀迅速崩溃提供了更开阔、更合理的思路①。1928年12月29日张学良宣布东北"易帜"标志着北洋军阀集团的最后覆灭，学术界基本肯定"易帜"在中国现代史上的地位，认为此举结束了奉系军阀武装割据的局面，使中国由南京政府统一起来，这对中国历史发展起到了良好的影响和进步作用②。也有论者认为此举在维护祖国统一的前提下维护了东北集团的利益，增强了张学良的权力地位③。

## （三）关于北洋军阀人物的研究

人物是历史长卷中的重要角色，也是历史研究中浓墨重彩的凝聚点之一。北洋军阀人物虽然在近现代政治舞台上只不过扮演了让世人唾骂的丑角而已，但由于他们曾一度居于历史制造者与拨弄者的地位，因此，在整个北洋军阀史研究中，北洋军阀人物的研究也是格外引人注目。

对北洋军阀创始人和总头目袁世凯的研究，曾经历了一个曲折发展的过程。80年代以前，袁世凯一直在"窃国大盗"的帽子下晃动。1980年李宗一著《袁世凯传》面世，虽然作者尚未完全摆脱传统成说，称袁是"近代中国历史上大地主大买办阶级的一个极其重要的代表人物，一个伪装维新的封建专制主义者"，但该书注重史料的发掘与运用，可谓是以基本史实研究、传述袁氏一生历史的开山之作。后来，又有胡柏立《袁世凯称帝及其灭亡》、谢本书《袁世凯与北洋军阀》等著作相继出版，为袁世凯的研究奠定了厚实的基础。这一时期的论文成果也较多，且呈现出以下两方面特点：一

①刘曼容：《北伐时期的国民军北方战场》，《近代史研究》1989年第6期。

②潘喜廷：《张学良将军与东北易帜》，《社会科学辑刊》1979年第1期。

③杜连庆：《东北易帜：南北妥协与对日战争》，《辽宁师范大学学报》1983年第3期。

是论题范围广，举凡袁世凯不同历史阶段的重要问题和细微末节均有专文予以具体论述和缜密考证，而且文章所探讨的问题已不再局限于政治、军事等方面，不少论者开始将研究视野扩展到财政、经济、交通等重要领域，并有一定突破①。二是对袁世凯的评价有一定变化。不少论者对袁世凯在内政方面的建树，如在晚清新政及民初政治、经济等方面的作用给予了某种程度上的肯定②，对其外交上的卖国行为，如与日本签订丧权辱国的"二十一条"等，也试图从"弱国无外交"的角度，给予合乎客观情理的解释③。如前所述，有论者对袁世凯"窃国"这一早已盖棺论定的问题重新进行了审视，并以大量事实为袁摘了帽，表明对袁的评价在思想上有较大突破。值得注意的是，还有论者对袁世凯的阶级归属问题提出了全新的看法，如韩明在《孙中山让位于袁世凯原因新议》一文中认为，袁世凯与孙中山、张謇一样，同属于中国资产阶级的范畴，只是在半殖民地半封建的社会条件下，"转变成资产者"的道路不同。其根据是："他们有共同的时代背景——外国资本主义侵略造成的民族危机；他们有共同的追求目标——救亡图存，使中国富强。这就使他们互相之间存在着或粗或细的共同利益纽带。但他们向资产阶级转化的程度和时序迥然各异，各自的社会地位也千差万别，使他们走上互相冲突的政治道路。这是资产阶级内部各层次的矛盾的运动基础。"④这一观点尚无多少人响应与支持，因为如果说北洋军阀时期历史舞台上的争斗只是资产阶级自身的矛

---

①沈家五：《从农商部注册看北洋时期民族资本主义的发展》，《历史档案》1984 年第 4 期；刘桂五：《"交通系"概述》，《社会科学战线》1982 年第 3 期；张学继：《论袁世凯政府的工商业政策》，《中国经济史研究》1991 年第 1 期；朱宗震：《袁世凯的币制改革》，《近代史研究》1989 年第 2 期。

②侯宜杰、任恒俊：《袁世凯"新政"评议》，《河北师院学报》1986 年第 3 期、1987 年第 1 期；参阅沈家五、刘桂五、张学继、朱宗震等人的文章。

③张神根：《对国内外袁世凯研究的分析与思考》，《史学月刊》1993 年第 3 期。

④韩明：《孙中山让位于袁世凯原因新议》，《历史研究》1986 年第 5 期。

盾运动,那么半殖民地半封建社会的中国在这一时期的革命力量和对象又将是什么呢?

段祺瑞是北洋军阀集团中仅次于袁世凯的角色,也是一位颇有争议的人物。其人专横独断,刚愎自用,特别是在祸国媚外方面较其他军阀尤为明目张胆。不少论者对段祺瑞执政期间与日本的关系问题作了较为深入的研究,并取得了基本一致的意见,认为段是"日本帝国主义在华代理人",充当了日本帝国主义侵华政策由武装侵略逐渐转变为政治拉拢和经济渗透的得力走卒①。近年来对段祺瑞的研究有进一步深化的趋势,新问题不断有人提出与涉及,老问题也每每有新的认识与评断。如对段祺瑞奠定了一生事业基础的参与北洋建军问题,过去没有专门文章予以探讨,莫建来《试论段祺瑞在北洋建军中的作用》一文对段在北洋建军中三个方面的主要活动,即督练北洋新军、主持各类军事学堂和厘定、编译各种练兵章制、操法、兵书等作了具体的论述,并给予了较为客观的评价,认为"如就中国的军制因此摆脱了过去落后而陈旧的状态而言,段祺瑞这三方面的活动的作用及其在北洋建军史上的地位,诚然应予肯定。但如就主要因军队的私有化所造成的民初政治的动荡和社会的阢陧不安而言,段祺瑞也实难辞其咎"②。对段祺瑞"三造共和"的评价问题,是常引起争议的焦点。单宝认为段祺瑞几次"能够在关键时刻主张共和、反对帝制,我们应当肯定,对他在当时所产生的影响,也应当承认,否则,是不公允的";并认为他在清末民初主张共和、反对帝制以及不参与洪宪帝制、反对张勋复辟等等,并非出于侥幸,而有其一定的思想基础③。丁贤俊对此也基本持肯定态度④。而李开弟、徐卫东等人则提出了相反的意见,认

①庄鸿铸:《试论段祺瑞与日本帝国主义的勾结》,《新疆大学学报》1983 年第 4 期;裴长洪:《西原借款与寺内内阁的对华政策》,《历史研究》1982 年第 5 期。

②莫建来:《试论段祺瑞在北洋建军中的作用》,《历史档案》1991 年第 1 期。

③单宝:《段祺瑞"三造共和"平议》,《安徽史学》1984 年第 5 期。

④丁贤俊:《论段祺瑞三定共和》,《历史档案》1988 年第 3 期。

为“三造共和”不过是段祺瑞的自我吹嘘与标榜，是他“在清末民初为个人的权势和独裁而采取的政治手段，毫无真正拥护共和可言”[①]。意见不一的关键在于双方采用了不同的价值尺度，不同的评判标准，即一方重主观动机，一方重客观效果。其实，历史是错综复杂的，历史人物也并非可简单地用一种标准来进行准确地把握的。全面辩证地分析段祺瑞在辛亥革命、“洪宪帝制”和“张勋复辟”这三个与“共和制”命运攸关的重要事件中的活动表现，则评价所得可能会更客观、更真实。对段祺瑞执政时期所积极推行的参战问题，过去曾简单地将它归结为“府院之争”而未能给予应有的重视；近年来有论者对此作了专门研究并提出了新的看法，认为“中国对德绝交和宣战是有理有利的”[②]，是顺应当时历史潮流，“出于现实和长远经济、政治利益”考虑而作出的“唯一必要的选择”[③]。史学界目前对段祺瑞的评价尚有较多分歧，说明研究正在进一步深入。

张作霖是富于传奇色彩的人物，在东北地方史研究中居于重要题材地位。80年代以前，看法基本一致，认为张作霖为了实现自己的政治野心，投靠日本帝国主义，大搞军阀混战，给中国人民带来深重灾难，因此，是一个“反动的军阀”[④]。80年代后，随着有关研究的深入，对张作霖的评价较以前有所变化。如对张作霖与日本的关系问题，就有人对张一味投靠日本帝国主义的观点提出不同看法，认为双方关系的真实情况是既有勾结利用的一面，又有矛盾冲突的一面[⑤]。更有论者认为张作霖在郑家屯事件交涉中对

---

①李开弟：《段祺瑞“三造共和”评述》，《安徽史学》1986年第1期；徐卫东：《段祺瑞“三造共和”之真象》，《复旦学报》1987年第3期。

②袁继成、王海林：《中国参加第一次世界大战和巴黎和会问题》，《近代史研究》1990年第6期。

③吕茂兵：《中国参加“一战”缘由新探》，《争鸣》1991年第1期。

④常城：《张作霖》，辽宁人民出版社1980年版。

⑤潘喜廷：《张作霖与日本的关系》，《学术与探索》1980年第2期。

日本提出的侵害我国东北主权的要求采取抵制与抗争态度，不论其主观动机如何，“这一行动在客观上却是有利于中国人民反抗侵略的正义事业”，对于他这种维护国家主权的表现，不应因人废事，而应“予以肯定的评价”①。另有论者认为张作霖不仅在镇压“宗社党”复辟、统一东北方面作出了贡献，而且在与日本关系问题上亦不是甘心当汉奸出卖东北，而往往采取拖延的办法，表面敷衍，因而引起日本的不满，他之不见容于日本侵略者而被害，“是应该得到人们谅解的”②。从张作霖后期与日本尖锐激烈的矛盾冲突情况来看，这一观点较之以往张是因失去利用价值而为日本抛弃的看法③，似更为接近历史的真实。张作霖早年寄迹草莽，这一经历对其一生发展以及特有的军阀个性的形成有着极大关系。潘喜廷根据地方档案资料与方志资料，比较系统地胪列了张氏自 1899 年至 1911 年间经营辽西十几年的概况，从而弥补了以往对张作霖早期历史发掘较为薄弱的不足④。

吴佩孚是北洋军阀集团的“后起之秀”，特别是 20 年代以后更是举足轻重的人物。对他的研究，除蒋自强等《吴佩孚》一书外，尚有多篇文章给予了专门介绍或论述。谢本书《吴佩孚与西南军阀的勾结》一文，对吴佩孚由北洋军的一员悍将而一变为西南军阀的“盟友”这一转变过程进行了研究。文章根据 1919 年吴与西南军阀签订的军事密约及对 1920 年西南军阀“联直制皖”策略的考察，认为吴提出“救国同盟条件”这一军事密约的目的，是要“北以共同对付皖系军阀，南以排斥孙中山，镇压革命”⑤。这一方面反映了吴佩孚的政治本质与政治野心，同时也说明他后来能成为“八方风雨会中州”的重要人物绝非偶然。蒋自强《从第一次直奉战争看吴

①车维汉：《张作霖与郑家屯事件》，《近代史研究》1992 年第 5 期。

②丁雍年：《对张作霖的评价应实事求是》，《求是学刊》1982 年第 5 期。

③常城：《张作霖》，辽宁人民出版社 1980 年版。

④潘喜廷：《张作霖在辽西的发迹》，《东北地方史研究》1985 年第 1 期。

⑤谢本书：《吴佩孚与西南军阀的勾结》，《贵州社会科学》1983 年第 5 期。

佩孚的军事谋略》一文,对吴佩孚在第一次直奉战争中的排兵布阵、指挥作战等作了专门研究,从一个侧面反映了吴颇著声名的军事谋略才能的一般情况①。而宋镜明《论吴佩孚的再起与直奉联合对国民军的进攻》一文,则具体分析了吴佩孚在第二次直奉战争后乘机再起的情况。当时控制北京政权的奉系已成为北方反动势力的大本营,因而遭到全国人民的一致反对,而吴佩孚再起后立即由联孙(传芳)反奉转向联奉反冯(玉祥),在英、日帝国主义策动下结成直奉军阀的反革命联盟,并以“讨赤”为名,联合发动了对国民军的进攻,致使国民军在河南、山东溃败②。这一段史实清楚地暴露了吴佩孚为达其目的而不惜投靠各种反革命力量的面目。在对吴佩孚的研究中,有关其晚节的评价曾一度引起争议。一种意见认为吴佩孚在日本的劝降面前没有出山,这一表现是“难能可贵的,也是值得称赞并应予肯定的”③。另一种意见则不同意吴佩孚“拒当汉奸保晚节”之说,认为吴是日本中意的对象,他之最后死于日本人之手,是因其讨价还价引起不满而被杀一儆百④。由于当时日本与吴佩孚间的接触都是在秘密状态下进行的,这就为弄清个中真相并给予恰当评价带来了一定困难,这是在此问题上出现意见分歧的主要原因所在。我们认为,对吴佩孚的晚节问题应注意以下两点:①吴最后没当汉奸是事实俱在,这应是评价其晚节的立足点。②吴受忠、孝、节、义等封建纲常伦理思想熏染至深,晚年更是醉心于《循分新书》、《正一道诠》、《明德讲义》等书稿的著述,试图以封建伦理道德挽救世道人心,这一思想认识基础在考察其

①蒋自强:《从第一次直奉战争看吴佩孚的军事谋略》,《军事历史研究》1987年第4期。

②宋镜明:《论吴佩孚的再起与直奉联合对国民军的进攻》,《武汉大学学报》1986年第1期。

③吴根梁:《日本土肥原机关的“吴佩孚工作”及其破产》,《近代史研究》1982年第3期。

④梁荣春:《“吴佩孚拒当汉奸保晚节”异议》,《学术论坛》1984年第2期。

晚节问题时应给以一定重视。

冯玉祥是北洋军阀内向往进步而逐渐摆脱旧营垒的人物，一直为史学界所注目；但在以往的研究中，由于冯有“民主将军”的美誉，更由于为贤者讳，因而对其早期历史不愿多所涉及，甚至希望他从一开始就很进步。其实，承认冯是由旧营垒杀出来而成为一位“民主将军”的事实，不但无损于其形象，反而会使他在人们心目中变得更高大。目前学术界对冯玉祥一生的总体评价，意见基本一致，认为他“是一生不断追求进步的爱国将领”，“也是同我们党长期合作的朋友”①；但在对其思想转化过程的认识上，尚存在一定分歧。1924 年冯玉祥发动“北京政变”，将所属部队改称国民军，正式从北洋军阀集团中分化出来。但同北洋军阀的决裂并不意味着他已完成从军阀到革命将领的根本性转变。有论者认为 1925 年发生的“五卅”惨案是冯玉祥政治思想发生根本性变化的转折点，他开始由一位军阀营垒中的爱国将领转变为革命将领②。另有论者认为，“北京政变”直至其后相当长的一段时间内，冯玉祥并未完全摆脱军阀的范畴，直到 1926 年南口战役时，在中国共产党的帮助教育下，才发生了根本性的变化，即由单纯地维护本派系利益而发展为以国民革命为目的③。还有论者认为 1926 年 9 月冯玉祥在五原誓师，“是在曲折奋斗中发生的第一次重大的革命转变，即由一个北洋军阀中分化出来的将领，转而公开正式参加国共合作的国民革命”④。其实，冯玉祥政治思想的转变并非是一朝一

①《人民日报》1982 年 9 月 11 日、9 月 15 日。

②高德福：《冯玉祥与国民军》，《南开学报》1982 年第 2 期；熊建华：《从〈民报〉看冯玉祥对“五卅”运动的态度》，《近代史研究》1986 年第 5 期；海振忠：《从基督将军到三民主义信徒——冯玉祥在大革命时期的历史转变》，《北方论丛》1989 年第 1 期。

③刘敬忠：《冯玉祥与南口大战》，《历史教学》1984 年第 3 期。

④刘曼容：《试论冯玉祥由北洋军阀参加国民革命的转变》，《武汉大学学报》1988 年第 2 期。

夕就实现的，而有一个逐步转变、不断提高的渐变过程。在相当长的一个时期里，两种矛盾的思想即救国救民思想和封建军阀思想在冯玉祥身上交织在一起，并交替对他产生影响，这也是他在政治上走过了一条呈“之”字形轨迹的曲折道路的主要原因所在。

除上述重要军阀外，对其他二三流军阀如冯国璋、曹锟、张勋、徐树铮、孙传芳、郭松龄、张宗昌、吴俊陞、杨宇霆等，也或多或少、或深或浅进行了一些研究，表明北洋军阀人物研究的整体水平有不断提高的趋势。

人物评论原来多重个体，从80年代后期起，始有群体研究之成果应世。辛培林编著《军阀列传》编列了袁世凯、冯国璋、段祺瑞、张作霖、曹锟、吴佩孚、张勋、孙传芳、张宗昌、吴俊陞等十位北洋军阀重要人物的传记，虽然各传独自成篇，但可收相互比较，从军阀人物个人成败窥知北洋军阀兴衰全貌的功效。杨大辛主编《北洋政府总统与总理》①系北洋政府历届总统与总理的评传之作，书中在详尽评述北洋时期七位总统、二十九位总理生平事迹的同时，也真实地再现了那个时期政争激烈、阁潮迭起、政权频频易手的政治景象。焦静宜所著《二十世纪初的遗老遗少》②将段祺瑞、张勋、吴佩孚等置于清末民初的过渡时期予以论述而别赋特色。

需要特别指出的是，近年来在北洋军阀人物的研究中，出现了一种为个别劣迹昭彰但也有一些善举的军阀如袁世凯、吴佩孚和徐世昌等人招魂翻案的风气。诚然，学术贵在创新，没有创新，学术就会失去生命力，但创新并不是刻意地去立异。因为一个真诚致力于学术的人是不能背离求真求实这一学术的根本宗旨的。学术如失去真实，也就不成其为学术了。就北洋军阀人物的评价而言，不顾事实地随意夸大他们的功德或掩饰他们的罪责，同过去极

---

①南开大学出版社1989年出版。

②科学出版社1990年出版。

“左”年代所盛行的全盘否认、一棍打死的治学风气一样,也是对历史的一种不负责任的扭曲。对此,李文海、梁溪人等人曾专门撰文提出了尖锐而中肯的批评意见①,值得引起重视。

# 七、北洋军阀史文献述略

北洋军阀史的文献,由于研究工作开展较缓,资料储存比较分散,致使搜求与使用有一定困难,给教学与研究工作带来了许多不便,我们在研究北洋军阀史的过程中曾接触了一部分文献资料,大体可分历史档案、传记、专集、地方志、笔记杂著、中外论著、资料汇编和报刊等八个方面。现述其大略,或可备参考。

## (一)历史档案

档案是历史的记录,它形成于机关、部队、学校、工厂、企业和某些个人的活动记录中。历史档案属于档案的重要部分。它具有涉及面比较广泛,内容比较罕见、新颖,而在一定程度上又比较可信的特点。

北洋军阀史的国内档案主要集存于中国第二历史档案馆。该处所藏档案数量浩繁,号称十万余件,包括有北洋时期的政治、经济、军事、外交、文教、群众运动、重要事件与人物等各个方面。早在1957年,该馆就编印了内部油印发行的《中国现代政治史资料汇编》,为北洋军阀史的研究工作打开了方便之门。其后一度停顿,直至70年代后期又重新开始。现已陆续出版与北洋军阀史有关的档案资料有两套:一套题为《中华民国史档案资料汇编》,共分

①李文海:《从“扬袁抑孙”想到学术创新》,《人民日报》1995年7月28日;梁溪人:《徐世昌怎样成了“推翻旧时代的先行者”》,《高校理论战线》1996年第7期。

五辑，自1979年起分辑出版，第一辑为《辛亥革命》(1911年)、第二辑为《南京临时政府》(1912年)、第四辑为《从广州军政府至武汉国民政府》(1917～1927年)，第三辑、第五辑分别按北洋政府、南京国民政府两个时期的政治、经济、军事、外交、文教、群众运动等大类分为若干册。另一套题为《中华民国史档案资料丛刊》，按重要历史事件、历史问题、历史人物和企事业机构等分专题编辑出版。现已出版的有《白朗起义》、《五四爱国运动档案资料》、《直皖战争》、《善后会议》、《北洋军阀统治时期的兵变》等等。

散藏在各地档案馆、博物馆的北洋军阀史资料也为数不少。如天津档案馆所藏商会档案从清末到解放保存得完整无缺，其中有与北洋军阀有关的资料，现已整理分册出版。天津历史博物馆藏有相当数量的北洋档案，如经过整理发表的《吴景濂函电存稿》①，是关于南北议和的南方文件，共367件，从中可看到南北双方对议和的基本态度，南北各派军阀、政客的内部斗争，滇桂军阀与北方军阀的勾结等等内容，尤以所附《人名录》、《字号索引》将函电和文件中的人名、字号都作了索引，对研究者使用所辑资料提供了方便。还有《秘笈录存》②一书是该馆所藏徐世昌的译电稿，涉及五四运动、华盛顿会议的有关资料。近年来更选编了《天津市历史博物馆馆藏北洋军阀史料》正式出版。其他如黎元洪等人尚有若干待整理的资料。

国外也有不少有关北洋军阀的档案，如日本外务省专设外交史料馆所保存的档案资料是研究北洋军阀史的重要宝藏，他如美国外交文书以及英、俄等国的档案已为不少学者所利用。特别值得注意的是美国哥伦比亚大学图书馆所藏的口述资料中，有一些与北洋军阀史有关人物的口述档案，虽需经甄考后才能确定其真正的史料价值，但它无疑为北洋军阀史的研究开辟了重要史源。

---

①《近代史资料》1980年第2期。

②中华书局1984年出版。

## (二)传记

与北洋军阀集团有关的人物传记,既是北洋军阀史的重点研究内容,也为全史的研究和撰写提供较多而集中的文献资料。过去有陶菊隐的《六君子传》、《吴佩孚将军传》、《蒋百里传》和坊间流行的《袁世凯》、《张作霖全传》等等。它们或失之粗略,或偏重于逸闻,而且现在也较难搜求。解放后,撰写传记工作有所进展,李宗一的《袁世凯传》、常城的《张作霖》、蒋自强的《吴佩孚》等等,都提供了一些资料,但尚缺一些与某些人物行事相称的大传;台湾学者虽然撰写了徐世昌、吴佩孚、段祺瑞等人物篇幅较大的传记,可惜对所引用的史料缺乏详细的注记,以致降低了应有的征信程度。海外学者的传记著述,如已出版的陈志让所著《袁世凯传》、加文·麦科马克所著《张作霖在东北》、薛立敦所著《中国军阀——冯玉祥的一生》等都可备参考。中外学者的传记著作虽已有一定的成绩,但从北洋军阀史的研究领域看,还很不够,有不少应有传记而无传记的人物犹待填补,或者已有传记而欠充实准确的则尚需增订提高。当事人回忆录是当事人对自己亲身经历见闻的回忆,有相当高的史料价值。这方面比较重要的有冯玉祥撰的《我的生活》、顾维钧撰的《顾维钧回忆录》、曹汝霖撰的《曹汝霖一生之回忆》、章宗祥撰的《东京之三年》及(日)西原龟三撰的《梦的七十年》、(美)芮恩施撰的《一个美国外交官使华记》等等。他如《近代史资料》和各地的《文史资料选辑》也收录了不少有关人物的回忆录,均有一定的参考价值。

作为传记另一种形式的年谱,过去数量比专传多,而且有些颇具文献价值,如由袁世凯幕客沈祖宪、吴闿生所编的《容庵弟子记》[①],是为袁世凯所编的年谱,记袁世凯练军经过甚详,可供研究

---

①容庵是袁世凯的书斋名。沈、吴自承是袁世凯的门下,所以将他们记录袁世凯言行的书题作《容庵弟子记》。

北洋军阀集团起源、形成等问题之参考。北京图书馆所藏，由贺培新所编的《水竹村人年谱稿》①抄本二卷，系为徐世昌所编，其下卷记有民初政局、洪宪帝制、对德宣战、军阀混战及阁潮等事。另一种由李文汉编的《蔡邵阳年谱》是为蔡锷编的，其中记云南反袁战争的决策经过为他书所不及。它明确记载对云南起义最后决策起主导作用的是中下级军官，这些人曾多次研究对待唐继尧的态度，后来唐继尧赞成起义方被拥戴为护国军总司令，而蔡锷是后来赶到的。其他如吴廷燮为段祺瑞撰《合肥执政年谱初稿》、李根源自撰的《雪生年录》及叶恭绰门生故吏所编的《叶遐庵先生年谱》等都颇有参考价值，特别是凤冈及门弟子所编《三水梁燕孙先生年谱》更为研究北洋军阀史所必需。梁士诒是与北洋军阀集团相终始而参与机密的重要内幕人物，各种重大历史事件和重要历史人物均在谱内有所记及，而记事之下，胪列资料甚丰，更便翻检使用。有些虽非重要人物或与北洋军阀集团无何关联的人物年谱中，也因生活于此时而记及北洋史事的。如天津图书馆所藏何葆麟所撰《悔庵自订年谱》稿本中，即记有赣宁之役冯国璋所部进入南京后的劫掠行为。近年来，年谱一体颇称兴盛，如《梁启超年谱长编》、《孙中山年谱长编》、《章太炎先生年谱长编》、《黄兴年谱》、《黄膺白先生年谱长编》等均有涉及北洋军阀史事者。

## （三）专集

著名人物的重要论著与撰述多汇集于专集中，成为研究工作中所当采择的重要文献之一。袁世凯的《养寿园奏议》清抄本原藏天津图书馆，是袁世凯编练新军的文件汇编，是研究北洋军阀集团兴起、发展与形成的重要文献资料，现已经人整理，题名《袁世凯奏议》，由天津古籍出版社正式出版，为研究北洋军阀史第一阶段提

①水竹村人是徐世昌的别署。此书为抄本，北京图书馆藏。

供了方便。这一奏稿早年曾刊行过一部《养寿园奏议辑要》，虽不如《奏议》完整，但因当时承担编辑者颇有才识，所以均能辑得其要，仍不失为一部得用的参考资料。名记者黄远庸的《远生遗著》有记民初政局及抨击袁世凯帝制自为的专论多篇；学者梁启超的《盾鼻集》内容多与护国战争有关，而所收《异哉所谓国体问题者》尤为脍炙人口的名篇，对反袁运动起过一定的作用。黄、梁二人为民初颇负文名者，所撰各文条畅可读，论述详晰，均为重要参考文献。袁世凯幕友张一麐久居袁幕，参与机密，并与各派军阀均有交往，所著《心太平室集》有《故代理大总统冯公事状》及记述直皖战争之作，足资参证。其他散见一般专集中的史料尚所在多有，可惜目前对民初专集底数尚未能全部了然。

近年以来，在北洋政府曾任要职或在当时有重大影响的人物之专集正陆续整理出版，如《孙中山全集》、《宋教仁集》、《黄兴集》、《章太炎集》、《蔡松坡集》、《张謇存稿》、《邵飘萍选集》、《熊希龄集》、《伍廷芳集》等，均有与北洋军阀集团史事有关之内容。河南有人整理编次《袁世凯全集》，后因故中辍搁置。台湾对专集工作也有所启动，如赵恒惕主持编辑的《吴佩孚先生集》。

## （四）地方志

地方志为一方之史，记事记人，详具始末，因覆盖面广，数量大，而具有一定的史料价值。据初步统计，河南从民初至 1949 年前共续修方志 78 部，山西在民国年间先后编修了 43 种，山东在 1929 年至 1937 年共修志 84 种。在这些民国志中往往记录了其他文献中所未涉及或语焉不详的史料。如河南、陕西等地的民国志，对民初白朗起义的资料多有记载，为现存史料较少的这次起义活动提供了若干情况。袁世凯实行帝制时，各地成立经界局，丈量土地以勒征捐税，河北省曾掀起过反经界斗争，易县山北村为反对袁世凯丈量土地、勒征捐税而发起组织了一个“山北社”，领导反抗斗争，得到冀中十几个县的响应。其具体行动经过即载于民国25年重修的《涿县志》第一编第二卷“正纪”中。又如河南《确山县志》记1927年4月马尚德(杨靖宇)领导当地农民武装起义，消灭驻军，活捉县长，解放县城，建立政权的史事。这次起义是当时一件有纲领、有领导、有群众基础的反军阀斗争的典型事例。地方志是颇有开发价值而有待大力开发的文献领域。

## (五)笔记杂著

笔记杂著所记人与事，颇有可资参证者，有些经过鉴别印证，具有较大的史料价值，有的记载还较为详细具体。陈夔龙是清末与袁世凯关系密切的大官僚，曾任直隶总督，对袁世凯创建新建陆军知之较多，所著《梦蕉亭杂记》中对袁世凯编练新军的记载是论述北洋军阀由来的资料，其余所写朝野故事也可作背景资料参考。刘成禺参加过辛亥革命活动，对清末民初政情知之较多，特别是辛亥革命后至北伐前，因旧识多为政要，闻见颇广，所著《世载堂杂忆》即记其亲历见闻之作，颇有参考价值。他如徐一士的《一士谈荟》与《一士类稿》、柴萼的《梵天庐杂录》以及近年出版的申君所撰《清末民初云烟录》等，虽都是以零篇短什记述旧闻杂谈，但对北洋军阀这样一个错综复杂、朝变暮幻、五光十色的历史现象，确有助于思考，不得以笔记杂著为小道摒而不采。

## (六)中外论著

关于北洋军阀通史的论著，迄今未见。解放前，在若干种中华民国史中都有所记述，如《中华民国史》、《民国史》、《民国政治史》、《民国十周年纪事本末》等等，但都叙述比较粗略，史料也欠准确而难以利用。唯学术价值较高的是李剑农所著《最近三十年中国政治史》[①]，这是一部首尾完整、资料丰富、条理清楚的重要论著。它对民初的政党分合、军阀混战等头绪纷繁的问题都叙述得比较明晰，足资参考。他如丁文江的《民国军事近纪》、文公直的《最近三十年中国军事史》，对军阀混战的历史现象和民国以来的兵力状况都采录了较丰富的资料，进行了系统的叙述。吴虬的《北洋派的起源及其崩溃》，简括地叙述了北洋军阀集团的兴亡。谢彬的《民国政党史》，综括了民初政党分合变幻、五光十色的特殊历史现象。张一麐的《直皖秘史》，记述了北洋军阀的由来、发展以及分裂成直皖两派的情况。费保彦的《善后会议史》，是把由段祺瑞导演，用来欺骗民众的"善后会议"从开始筹备到最后闭幕的原始文献汇编成书的资料性论述。白蕉的《袁世凯与中华民国》，则是以汇集当时报纸资料来叙述袁世凯的政治生涯。这些论著都是较有价值的参考用书。另外，还有一些当时坊间流行的，既类似宣传品，又具有揭露性的专题论述，如《洪宪惨史》、《袁氏盗国记》、《段氏卖国记》、《六月十三》、《贿选记》、《甲子内乱始末记实》、《复辟详志》、《癸亥政变记略》等等。数量较多，内容也还有些材料；但有不少是用来作派系斗争工具的，而且编次凌乱，印刷粗陋，质量不一，鱼龙混杂，使用时必须精心选择，旁征校验。这类书已有一些经过整理校注，收入《近代稗海》，则可用作参考。

近五十年来，通史性的北洋军阀史著作有三部：一是陶菊隐的《北洋军阀统治时期史话》，二是来新夏的《北洋军阀史略》，三是台湾学者丁中江的《北洋军阀史话》。陶、丁之作属于史话性质。来作则是一部史书，该书于60年代后期已由日本学者岩崎富久男教授译为日文，于1969年由桃源社正式出版，1989年再由光风社出版。1983年，《北洋军阀史略》又以原作者为主编重写为《北洋军阀史稿》。另外在一些中国近现代史著作和通俗小丛书中也对北

---

①此书于解放后经原作者修改，易名为《戊戌以后三十年中国政治史》，由中华书局1965年出版。

洋军阀史有所涉及。至于专题性著作，为数也不算太多。现已出版的如《直系军阀始末》、《北洋军阀军事经济史》等等。

西方学者偏重于撰写专题性论著，其对中国影响较大的是陈志让的《军绅政治》。他分析了 1912 年至 1928 年间“军绅政权”的性质以及这一政权对中国政治、军事、经济和社会各方面的影响。这是有关北洋军阀统治时期史的一本论纲性著作。他如派伊(Lucian wilmont pye)的《军阀政治：民国时期军阀的纵横捭阖》，分析了各军阀派系间的关系和军阀派系之争对整个社会的影响。齐锡生的《1916～1918 年中国的军阀政治》讨论了北洋军阀的实质，南北对峙局面的出现，各派军阀的作风和影响等问题。

日本学者对北洋军阀史的研究论著较多。他们很重视对袁世凯的研究，如渡边惇所撰《袁世凯政权的经济基础》、《袁世凯的新政》，贵志俊彦的《袁世凯政权对内蒙地区支配体制之形成》等论文。其次，他们也很重视与中国东北有关的问题，专著有西村存雄的《中国近代东北地域史研究》、水野明的《东北军阀政权史的研究》等。最有影响的一部专著是波多野善大的《中国近代军阀研究》，其内容虽超出“北洋”系统，但侧重点仍在北洋军阀集团，论述其产生背景、形成过程、没落和演变，而人物则涉及袁世凯、段祺瑞、冯国璋和张作霖等众多军阀首脑。

## （七）资料汇编

较早的是 1914 年初出版的《民国经世文编》，它汇集了民初有关政治、经济、军事、社会各方面的论述文章，为研究民初政局提供了若干有用的文献。孙曜的《中华民国史料》虽分量不大，但颇便利用。

近五十年，资料汇编工作是有成绩的，主要有四个方面：

一是 1959 年周恩来在全国政协会议上号召把近代亲身经历，所见所闻，丰富多彩的历史资料实事求是地记下来，于是从全国到各省、市、区政协都设文史资料委员会，分政治、经济、军事、文教等方面，广泛地征集史料，并从中选辑出版文史资料刊物，提供了大量口述性的文献资料。如全国政协的《文史资料选辑》中有《北洋军阀的建立》、《西原借款内幕》、《直皖战后直系势力的扩充》、《曹锟贿选总统始末》等等；《天津文史资料选辑》中有《张作霖处理郭松龄反奉事件的经过》、《官僚军阀祸国殃民见闻杂录》等等。其他各省、市、区也编印了类似的出版物，收录了许多内容丰富的篇什。这些大都属于回忆性的资料，在使用时应与文字记录资料相互参证考辨。

二是中国社会科学院近代史所为编纂《中华民国史》而编辑的《中华民国史资料丛稿》。它包括大事记、人物志、专题资料三种，现已以不同形式出版数十种，有撰稿、有译稿。每种资料都比较完整可用，如专题资料中的译稿《1895～1912 年中国军事力量的兴起》和撰稿《清末新军编练沿革》等两种，对于了解北洋军阀从兴起到形成的历史，颇有裨益。

三是中国第二历史档案馆从其极为丰富的馆藏中精选有史料价值的档案，编纂民国时期的各种档案汇编，其中如在本文论档案部分提到的 1980 年问世的《直皖战争》一书，分四个方面即：战前的直皖倾轧关系、战争爆发和皖军失败、战争区域的兵灾及战后政局等，共选入 263 个专题，371 件档案，对研究直皖战争及其背景、后果都提供了第一手资料。他如《北洋军阀统治时期的兵变》也是一种足资参考的文献汇编。

四是个人编纂北洋军阀史的资料汇编。《中国近代史资料丛刊》从鸦片战争起到辛亥革命止，已陆续出版了 11 套，在国内外产生了良好的影响，惟其殿后的一套《北洋军阀》历时三十余年，几经周折而犹有所待，直至 1987 年，始由上海人民出版社邀约来新夏等承担编纂之任，自 1988 年至 1993 年全稿陆续完成，分五册出版，三百余万字。该书前四册依北洋军阀自 1895 年小站练兵起至 1928 年覆灭止的兴亡历程分为四段，博采档案、传记、专集、杂著及报刊等资料；第五册为军阀人物传志、大事记、书目提要、论文摘要和附表等。这不仅为《中国近代史资料丛刊》补成全豹，更为北洋军阀史的教学与研究提供了系统资料。与此同时，章伯锋等也编辑出版了《北洋军阀》六册[①]，以事为类，可备翻检。但以1912年为上限，缺少北洋建军阶段的史料。另外，张侠等编《北洋陆军史料(1912—1916)》[②]及杜春和等从一些回忆录中甄选编辑的《北洋军阀史料选辑》二册[③]，也都便于参考。其个人译述的资料汇编有澳大利亚籍华人历史学家骆惠敏整理、翻译、出版的《清末民初政情内幕》两巨册[④]，是当年袁世凯的政治顾问、英国《泰晤士报》驻北京记者乔·厄·莫里循的书信集，全书达百余万字，涉及1895年至1920年间北洋军阀集团活动的珍贵资料。

这些资料合起来数量相当可观，可以称得起是研究北洋军阀史不可忽视的文献库藏。

## (八)报刊

近代以来中国报刊事业逐渐发展，清末至民国，尤见兴盛，其中颇多与北洋军阀史事有关者，如官办报刊就有《政治官报》、《君宪纪实》、《内阁官报》和《临时政府公报》、《政府公报》等，刊印法令规章、函电文告、军政动态和人事任免等。民办报刊如刊物有《东方杂志》、《人文月刊》、《新青年》、《独立评论》和《响导》等，报纸有《申报》、《时报》、《晨报》、《益世报》、《民国日报》和《大公报》等。它们所登载的论述和报导都反映了当时的若干历史现象。这些报纸有一些近年来已影印发行，给北洋军阀史的研究提供了一个重要

①武汉出版社1990年出版。
②天津人民出版社1987年出版。
③中国社会科学出版社1981年出版。
④世界知识出版社1986年出版。

的资料来源。

近五十年来，历史方面的专业性刊物如《历史研究》、《近代史研究》、《近代史资料》等，发表了很多与北洋军阀史有关的论文与资料。其中《近代史资料》刊出的有关赣宁之役、南北议和、张勋复辟、军阀与帝国主义关系、北洋军阀的私产状况等资料都甚有参考价值，如《一九一九年南北议和资料》、《徐树铮电稿》、《夏寿康往来电稿》、《冯国璋往来函电》、《张勋藏札》、《沈曾植电稿》、《吴景濂函电存稿》等函电稿以及《郑孝胥丙丁日记》、《退庐笺牍》、《憩园存稿》等私人笔记杂著。特别值得重视的是自1981年创刊的《历史档案》和后来出版的《民国档案》乃是专门公布中国第一、第二历史档案馆藏档的专业性刊物，如《一九一二年袁世凯被炸案》、《“二十一条”签订经过的史料一组》、《张敬尧在吴佩孚撤防北归期间致北洋政府的电报》、《杨宇霆破坏曹锟贿选与各方往来信函》等等，都为北洋军阀史的研究增添了丰富的史料。报刊资料比较分散，需要时可通过《中国近现代史论著目录》去检用。

## （九）工具书

这是一个常被忽视却很重要的问题。工具书目前数量尚少，但已开始引起学者们的重视。早期的如刘寿林编的《辛亥以后十七年职官年表》①便是一部检索北洋时期官制的好工具书，久为研究者案头所必备。80年代钱实甫所编《北洋政府时期的政治制度》②一书的问世，为这一领域提供了一部重要的工具书，这部书实际上也是一部研究北洋时期统治机构的著作。它记述了北洋军阀集团控制北京政府时的中央和地方行政、军政、司法等机关的机构和制度，并附录了有关资料目录、名词索引和简注等。这是一部

①中华书局1966年出版。

②中华书局1984年出版。

资料完备，检索方便的佳作。

年表和大事记是查阅重大事件和年次的工具书。二三十年代时出版的《中山出世后中国六十年大事记》，虽比较简略，但内容可靠便用。中国社会科学院近代史研究所民国史研究室所编《中华民国史丛刊》中的多册大事记，北洋时期已编印完成并分册出版，内容比较详细，是极便研究者使用的工具书。台湾传记家刘绍唐所编《民国史事日志》二册内容较丰富，可备参考。一些有关北洋军阀史的著作和资料汇编中也多附有大事记或年表。

人物方面的检索工具不多，来新夏编著的《近三百年人物年谱知见录》卷六记卒于民国之人物，颇多与北洋军阀有关的人物，对谱主事略、史料价值均有简要题录，便于使用。另有徐景星等曾编《北洋军阀人物索引》，由内部印行流传，收录 1927 年前曾任混成旅长及镇守使以上职务者百余人，著录姓名、职务、所属派系和简历等，后经改订增补，收入《北洋军阀史稿》附录二和《中国近代史资料丛刊・北洋军阀》第五册。

上述九个方面是极为简略的概述，仅仅只是向研究者提供一些线索，而远远不是对有关北洋军阀史的文献所作的较全面的介绍。

## 八、未来的展望

五十年岁月匆匆流逝，北洋军阀史的研究虽然迂回曲折，甚至有断流的时刻；但总的趋势仍是向前发展，特别是自 80 年代以来更显示出蓬勃向上的景象。但展望前景，尚有广袤园地等待着辛勤的耕耘。

北洋军阀史的总体研究虽已有几种著述初奠基础，但仍有较大的回翔余地。北洋军阀集团既不同于古代的封建军阀，也不同于近代的湘淮军阀。它是一个曾掌握中央政权达十六年之久的政治军事集团。因此，既要从军事角度，更要从政治、经济、思想意识诸方面统一考察其发展脉络和对中国近现代史进程的重要影响以及所应得的地位。这种宏观的整体研究可以给人们一种完整、系统的认识。但是，它还需要若干微观研究的成果来充实和支持，因而也不能漠视对大量具体事件、情况作深入、细致的研讨与论述。

北洋军阀集团主要以直、皖、奉三系为其基本支柱，而旁及地域性的军阀集团。因此，对各派军阀的单项研究将是非常必要的。近几年来，西南军阀的研究得到西南地区史学研究者的重视，对川、滇、湘、黔、粤、桂等地的地方派系进行了专门性研究，并获得成果，对整个北洋军阀派系的研究也有所启发。东北地区对奉系军阀的研究不仅过去比较有成绩，近年来更有新的发展。而直皖两系的研究则显得薄弱。直系从冯国璋中经曹锟而至吴佩孚，起源早，延续长，三次大规模的军阀战争都自居一方，与北洋军阀集团的兴亡相终始；皖系首脑段祺瑞为次于袁世凯的副魁，四任阁揆，一摄执政，对民初政坛影响甚巨，虽然在直皖战争后已难作为一个独立的派系与其他派系抗衡，但百足之虫，死而不僵，它仍时有所动。三大派系的自身发展和相互斗争，不仅显示着北洋军阀集团势力的消长，也对这一时期政治、经济和社会诸方面因素的变化产生着重要影响；不仅牵涉其割据与有关联的地区，也时时撼动着北洋军阀统治的全局。因此，对各派系的深入研究亟待进一步开展。

军阀割据是历史存在的现实。这种地域差异往往成为形成各种社会现象的一种因素。因此，开展地域性研究也是研究北洋军阀史所必需。西方一些学者自承受到中国“方志学”的启发而开展对中国的地域性研究，如贝克(Darid D. Back)关于济南的研究，埃尔文(Mark Elvin)关于两湖的研究，舍伯(Robert K. Sehoppa)关于浙江的研究，但他们多偏重于研究各地的社会集团和经济结构，直接从军阀统治的角度进行地域性研究的著述尚少。中国学者也只有个别的专门著述(如《北洋军阀与湖北》、《山东军阀史》、《西南军阀史》等)。对于战乱频繁，争夺激烈，派系人物主要麇集的地域如北京、天津、洛阳、郑州、长沙等地域，如能从研究军阀史的角度，揭示军阀们的所作所为，描绘各色形象，无疑将成为一幅光怪生动的画卷。丰富这一亟待开拓的新领域，这应是北洋军阀史研究的新方向。

人物研究应是今后北洋军阀史研究工作力求加强的方面，过去虽已有一定的成绩，曾出版过几种人物传记，但与这段历史所包容的人物相衡量则显然不够。就深度而言，多为一般传略和简要评述，尚缺资料翔实丰富的谱传；就广度而言，犹集中于少数几个首脑人物而忽略二、三流人物，致使历史失去了应有的动态。尤其是还未见写出一本像薛立敦所写的冯玉祥传那样的著作，通过剖析一个人物来阐述军阀特点和社会背景。人物研究是个值得开拓的领域。今后不仅要有优质的人物评传、大传，而且还能对北洋军阀集团内的人物作群体的计量研究。人物研究的最重要的依据之一是个人文献。因此，对重要人物别集的搜集整理、编次出版仍是当务之急。北洋军阀总首脑袁世凯奏牍文书数量不小，1987 年出版的《袁世凯奏议》收录了自 1898 年至 1907 年间奏片 800 篇，而袁氏最后十来年的文献汇编也很重要，所以，比较完备的《袁世凯全集》应当继续完成未竟而中辍的编纂工作。其他有关人物的文献编辑工作也应创议进行。

开发史源是推动史学研究的重要前提。北洋军阀的史料蕴藏量极为丰富，可惜开发不足。这些史源的开发渠道不外两条：一是抢救口碑，北洋当事人及有关人士虽凋落居多，然犹有存者。这些人虽难以明了全局，但提供具体细节颇多出于文字记载之外者，尤以有关人事变幻的错综复杂关系之叙述更有助于理解各种现象而得其实质，只要能慎思明辨，去伪存真，即可得补史之效，否则人亡史佚，曷胜可惜。二为公布档案，中国第一历史档案馆所藏档案偏重北洋建军时期，过去虽公布一定数量，但尚大可发掘；中国第二历史档案馆所藏档案原以北京收集之北洋军阀档案为基础，而成为北洋档案之宝山，近年颇多编研刊布；但愿能全部开放，裸呈于研究者面前，则档案的源头活水将为北洋军阀史的研究展现出无尽江山。在公藏档案之外，不容漠视的是私家档案。此类档案散置民间，不明价值者视片纸只字为废纸，而一电一稿，尺牍寸札抑或与重大人物、事件有所关联。对此广征博收，则文献幸获保存，史源将日益扩大，对研究者确为有益之支持。

北洋军阀史的研究，经五十来年的辛劳已经取得了一定的成绩，奠定了初步基础。加强北洋军阀史的研究工作已成势所必然。它对总结中国近代以来的历史经验，对促进近现代史研究的有机结合都将产生积极的作用。在这块肥土沃壤之中，行见奇花异卉之吐艳争芳。当21世纪即将来临之际，它必将与中国近代史领域中的其他课题一样，获得应有的地位。

# 第二章　北洋军阀集团的兴起

（1895～1912）

## 第一节　十九世纪末期的清王朝

### 一、内外交困的形势

清王朝从19世纪中期，整个社会进入近代时期始，内外交困的形势日益严重。1839年对英国所进行的反鸦片战争，1842年清政府以《南京条约》的城下之盟而终告失败，使中国陷入半殖民地半封建社会。1850年，太平军起义金田，直上武汉，沿江而下，夺取金陵，挥师北上，逼临京津，以致京师震动，咸丰北逃承德，举朝惶惶。捻军与西南的苗民、回民又纷纷起义。与此同时，1856年至1860年连续发生的英法联军战争，以签订丧权辱国的《天津条约》与《北京条约》为结局，致使全国呈现一片风雨飘摇、阢陧不安的严重局势。清朝原有的军事力量——八旗、绿营早已腐朽败坏，不堪一击。幸而先有曾国藩组织湘军，继有李鸿章编练淮军，支撑残局，镇压反抗势力，成一时之功。在满汉地主阶级的暂时合作下，清王朝取得泡沫式的"同治中兴"这一喘息之机。

但是，这种稳定并不真实，整个政局仍在动荡不已。

内而文恬武嬉，党争纠葛，财政危机尤见严重，民生益形凋敝。

清代后期的财政收入除田赋、盐税、关税外，又新创了厘捐，成为后期财政收入的四大来源。此外还有茶税、烟酒税、矿税、契税、当税等等杂税，但仍难敷支出。于是更采取捐纳、摊派和举借内外债等饮鸩止渴的方法来百般罗掘，把沉重的负担转嫁到人民身上。清政府的财政支出，主要用于皇室开支、政府经常费、内外战争的军事费和赔款等，支出可称浩繁。如光绪大婚即提取京饷银 550 万两[①]；军事费用上，仅“旗绿各营，岁饷约 2000 万，几去岁入之半”[②]。甲午战后，其财政收入已不敷支出，据当时任总税务司的赫德曾据其所掌握的材料列出当时清政府财政的岁出岁入表如次：

单位：两

| 岁出项目 | | 岁入项目 | |
|---|---|---|---|
| 各省行政费 | 20 000 000 | 地丁钱粮 | 24 000 000 |
| 陆军 | 30 000 000 | 同上 | 25 000 000 |
| 海军 | 5 000 000 | 各省杂税 | 1 600 000 |
| 京城行政费 | 10 000 000 | 各省杂税收入 | 1 000 000 |
| 旗饷 | 1 380 000 | 漕折 | 1 300 000 |
| 宫廷经费 | 1 100 000 | 同上 | 1 800 000 |
| 海关经费 | 3 600 000 | 盐课盐厘 | 13 500 000 |
| 出使经费 | 1 000 000 | 厘金 | 16 000 000 |
| 河道工程 | 940 000 | 常关税 | 2 700 000 |
| 铁路 | 800 000 | 关税：一般货物 | 17 000 000 |
| 债款开支 | 24 000 000 | 洋药 | 5 000 000 |
| 准备金 | 3 300 000 | 土药 | 1 800 000 |
| 共计 | 101 120 000 | 共计 | 88 200 000 |

资料来源：《中国海关与义和团运动》，第 65～66 页。

①刘锦藻：《清朝续文献通考》卷六三《国用考一》光绪十三年，商务印书馆十通本，考第 8195 页。

②刘锦藻：《清朝续文献通考》卷二〇三《兵考二・兵制》光绪四年，考第 9507 页。

对外赔款为数更巨，如《南京条约》2100 万两，《北京条约》1600 万两，《伊犁条约》600 余万两，《马关条约》及辽东"赎金"共 23000 万两。这些巨额的支出无疑都要由人民承担。

外而列强势力纷至沓来，中法战争和中日甲午战争相继发生，每次清政府都以失败告终，签订不平等条约，丧失了政治、经济、文化的种种权利，特别是中日甲午战争带来的后果更为严重。

日本向战败的中国索取赔款规平银 2 亿两，再加上赎辽费 3000 万两和威海卫日军守备费 150 万两，共 23150 万两，当时约合 34725 万日元。另外，还从中国掠夺了大量的战利品，包括舰艇、轮船、汽船、军港设备、机器、枪炮、弹药、金银和粮食等等，其价值也在 1 亿日元以上。当时日本年财政收入才有 8000 万日元。一下子飞来 34725 万日元的横财，相当于原年收入的 4 倍。也就是说，日本政府可以在四年内坐享其成。所以日本前外务大臣井上馨得意地说："一想到现在有三亿五千万日元滚滚而来，无论政府和私人都顿觉无比的富裕。"[①]这笔巨额赔款和前次所付出的各种赔偿，当然给清王朝带来了财政的枯窘，加重了人民的负担。

与清政府压榨的同时，在国内镇压反抗的战争中，暴发的湘、淮军将领们都以其抢掠侵吞的资财攘夺田产房舍，开设店铺，如"湘省自江南收复后，文武将领之冒饷致富者，行盐起家者，田宅之外，如票号、如当店，以及各项之豪买豪卖，无不设法垄断，贫民生计，占搁殆尽，实已不堪其苦"[②]。又如淮军首脑"李瀚章、李鸿章兄弟六人，每人平均约有十万亩，其在外县者更无论矣。兹查李鸿章所置田业，每年可收租稻五万石"[③]，田地面积当在 5 万亩以上。其他无不如是[④]。

①引自戚其章：《甲午战争九十周年纪念论文集》，第 19 页。

②李桓：《上王夔石中丞书》，《宝韦斋类稿》卷九三，清刻本。

③此系仓房管事员口报，实数决不止 5 万。

④李文治编：《中国近代农业史资料》第一辑，三联书店 1957 年版，第 182 页。

人民在人为的财政负担和军阀官僚掠取的重压之下，还要遭受天灾的侵袭。如光绪三年河南旱灾，“赤地数千里，卫辉尤甚，鬻田园，鬻子女，食草根树皮，饿殍载道”①。光绪十八、十九年各地连年灾荒，如光绪十八年张家口地区霜灾，致使“千苗枯萎，颗粒无收”，被灾村庄至二百余处之多，民间困苦流离，不堪言状②。光绪十九年夏，京津涝灾严重，李鸿章为此专折请赈，折中作了较详的报告说：

兹据各属陆续禀报被灾州县三十余处。顺属以大兴、宛平、良乡、涿州、通州、武清、香河、宝坻、东安、霸州、宁河、顺义为最，而房山、保定、文安、蓟州、永清、固安次之。直属以天津、静海、新城、雄县、蠡县、安州、滦州、高阳、玉田等处为最，而博野、定兴、任邱、肃宁、献县、青县、饶阳次之。此据文报已到者而言，其余驿路淹阻，尚未知被灾轻重。至各河漫口，如永定、大清、南运、北运、潴龙、潮白、子牙、凤河、滦河等处，堤岸冲缺，坝埽蛰陷，漫没多处，上下千数里，巨浸汪洋，几无干土。近日天虽晴霁，而盛张骤难宣泄，平地尚有水深丈余及数尺者。灾重地方，房屋坍塌，禾稼漂没，小民无地可种，无屋可栖，荡析流离，岌岌不可终日。③

在民国刊《续武陟县志》卷二四志余中载徐福垣所撰《荒年行》百韵，历述光绪三四年间河南旱灾以及所造成的民生困苦，其诗有云：

旱魃为虐几经年，目击流亡万万千，
秦晋饥馑苦不堪，豫省亦复难保全。

---

①王锡彤：《浮生梦影》，民国印本。

②《劝办察哈尔牛捐片》（光绪十九年二月初二四），见《李文忠公全集》册四八，奏稿七六，清刻本。

③《请准接办赈捐折》（光绪十九年七月初一日），见《李文忠公全集》册四八，奏稿七六。

丙子年来已歉收，丁丑无麦复无秋，
（注：丙子，光绪二年；丁丑，光绪三年）
自夏经秋少雨雪，赤地千里望悠悠。
中谷暵湿湿亦干，山川草木俱凋残，
鹄面鸠形随处是，糟糠藜霍望亦难。
粮乏远贩价屡迁，日昂一日几无边，
斗米千钱贵已极，今日何止倍千钱？
四民谁得安其生，士不读兮农不耕，
百工商贾无常业，流离转徙向远征。
乡村鸡犬寂不闻，牛马羊豕不成群，
试问六畜何处去，竞言祭得五脏神。
充饥几无物可餐，求死容易求生难，
依山毒草争采食，近水荇藻食亦完。
树皮草根食都尽，渐生凶恶不可问，
人食人兮已堪叹，骨肉相残真足恨。
更有边旬食不足，饱餐直当猪羊肉，
化为磷火与疠气，何怪后来转相毒。
天理丧尽天良没，生涯居然是鬼窟，
深闺岂只少红颜，僻壤到处多白骨。
鬻儿卖女忽成风，父子妻孥各西东，
流离死亡踵相接，惨看十室九成空。
腹枵骨瘦力亦穷，一仆俄顷命即终，
始犹有人相掩瘗，继则委弃沟壑中。
老病残疾不能奔，延颈待毙守荒村，
魂去尸干人不识，直以破屋作孤坟。
贫无资蓄固莫救，富有田产无人售，
相随都到鬼门关，何须菩萨紧箍咒。
触目惨伤皆如此，亲友相视立俟死，
欲将下情达九重，伊谁为民通一纸。

…………

自是愁冤结来久，运数到此逢阳九，
丁丑之冬戊寅春，疫疠沿门惊伯有。
（注：丁丑，光绪三年；戊寅，光绪四年）
伯有岂能为人疠，只缘饥荒少真气，
正不敌邪染病深，往往一病终于毙。
极目惨伤势莫支，天心岂无悔祸时，
戊寅初夏逢霖雨，人喜更生尚有期。
强抖精神向陇头，籽种如金转生愁，
兼之骡马多消折，更从何处觅耕牛。
纵或勉强能布置，人卧床褥马无力，
目前敷衍虽差可，仍是半荒与半植。
幸有雨泽几回施，人少秋多或可资，
孰意天心未厌乱，沁水暴涨疾如驰。
俄顷湍激溃堤根，汹涌澎湃似云奔，
两岸秋禾千万顷，都被支祁一口吞。
人声喧处浪声喧，不惟败屋更摧垣，
一片汪洋成泽国，怅望谁复识故国。
忧旱泪痕尚未阑，哭声旋又逐云端，
虽未尽随波臣去，难免啼饥更号寒。
奔流处处惊洪涛，波翻数县共哀号，
秋稼如云多淹没，较前光景更萧条。
水村求活几无门，平原尚望得生存，
禾半登场半在亩，又被大雨惊堕魂。
太平十日应一雨，今日一雨旬有五，
登场旋有蘖芽生，在亩溃烂浑如土。
釜仍缺米爨缺烧，拆屋毁椽尽入庖，
丁丁劚柴声不断，嗷嗷待哺悯儿曹。
哀哉斯民真可哀，迭遇艰辛理难猜，

旱灾未了水灾至，痨鬼虽去疟鬼来。

…………

这首长诗对当时的灾情民生刻划得淋漓尽致，令人不忍卒读。而农村生活复以外国经济势力之侵入而呈衰落，即偏远如广西贵县也受波及。民国《贵县志》曾记其事说：

清光绪中叶以前，衣料多用土货。县属比户纺丝，砧声四彻。（原注：梁志云妇女织布自染自舂，秋深村落砧声四起，丁东可听。）一丝一缕多由自给，于时以服。目织布为贵布，质密致耐用，平民一袭之衣，可御数载。光绪季年，衣料寖尚洋货，即线缕巾带之微，亦多仰给外人。适洋纱输入，而家庭纺织之工业遂渐消沫，今欲于乡村间货一纺车，几不可得矣。一般衣服，今仍以布帛为夥，但品类多属外来，居城市者间御纱绸呢绒。龙山、石龙诸处，服用自织布，习尚未改，第纱非由自纺耳。衣色尚黑，等次之。①

加以连年不断的所谓“内忧外患”的战争灾难，不仅民众涂炭，辗转于死亡线上，迫切期待一种新的生活，即使统治集团内部也希望有所变革。

中日甲午战争的惨败和战后的沉重负担更刺激了全社会，朝野上下推究其故，大多集目光于军事的衰朽上，而思有所改革振作。新式陆军的编练创意就是产生在这样一种社会背景之下的。

## 二、日趋腐朽的旧军

北洋军阀虽在军制上有所改革，但从清朝的军事力量来说，它是自八旗绿营、湘军淮军一脉相承而来的，所以有必要追述北洋军阀的历史渊源。

①《贵县志》卷二《社会生活状况》，1934年重修本。

### 1. 八旗和绿营

八旗兵是清朝入关前的军队。八旗制始建于满洲的户口编制之上。后来发展成为包括军、政、财、经等各方面的根本制度，是一种特殊的国家政权组织形式。清朝开国者努尔哈赤从明万历十一年(1583 年)起兵以后，随着征服各部落战争的顺利进行，队伍日益扩大；但当时尚无一定的军事编制。至明万历二十九年(1601 年)始将部众每三百人编一牛录，并设牛录额真统其众。牛录正式成为满洲兵民组织的基本单位。五牛录组成一甲喇，五甲喇组成一固山，当时以黄白红蓝四色旗为标识成立四固山，即四旗[①]。明万历四十三年(1615 年)，努尔哈赤统一了除叶赫部外的女真各部族，汉、蒙各族也多有降附，人口增多，原有四旗已难于统摄，于是在黄白蓝三色旗外边镶红边，红旗外边镶白边，增编了四个镶旗，与原有的四个整旗，合称为八旗。在明崇祯八年(1635 年)时，因蒙人增多，于是另立蒙古八旗，旗色与满八旗相同。至明崇祯十五年(1642 年)时又另编汉军八旗。所以清朝在入关时已是二十四旗，但仍惯称八旗。

八旗兵是从旗民十六岁以上男丁中按兵种挑补，称为额兵，另外有充武官随从的“随甲”，未挑补的称“余丁”，未满十六岁的犯法“幼丁”，可挑补作预备兵，即“养育兵”。八旗兵分为亲军、骁骑、前锋、护军、步军五种，并从各兵种中选拔神机、健锐、枪炮、藤牌等营作特种兵[②]。八旗兵大部集中在北京，称为“京营”。也有在各省的称为“驻防”兵。它的兵额总数是 225429 人。八旗兵在统一女真各部，推翻明王朝，建立清朝政权的过程中，起过应有的历史作用；但是，随着清王朝的建立和发展，八旗兵自以“从龙入关”的优越感而日渐萎靡和腐败了。连顺治皇帝也不得不公开承认当时八

---

①《清史稿》卷一三〇，中华书局 1977 年版，第 3860 页。

②《光绪会典》卷二五、八六、八七，清刊本。

旗兵已是“军旅隳敝，不及曩时”[①]。康熙十二年(1673年)“三藩”事件发生时，八旗兵已几乎不能打仗，而不得不仰仗于绿营兵了。

绿营，是清朝按照明代军制改编和新招募的汉人部队。入关后始建各省营制。它用绿旗，故称绿营兵或绿旗兵。它分布于北京和各省，按标、协、营、汛编组，有马、步、水师等兵种(据嘉庆十七年计算总兵额达66万余人)。它在平三藩中取代八旗兵的冲锋陷阵地位；但为时不久，绿营兵也腐败了。从雍正八年(1730年)以后，清王朝只好随事去招募“乡军”和“防军”，绿营兵已形同虚设，腐败情状，日甚一日。到鸦片战争时，已经是“兵不见将，将不见兵，纷扰喧呶，全无纪律”[②]了。而至太平天国革命发生前，则“将帅惟耽安逸，养尊处优，以营卒为厮役，不事操防，以空名冒钱粮，专事肥己”，平时根本没有训练，腐败到了极点。太平天国是败于湘军、淮军而不是绿营，自同治七年起，由时任直隶总督的曾国藩负责用湘军制度改造绿营，并推行到全国，所以绿营又称“练军”。“练军”是在整顿绿营和抵御外侮的要求下产生的。清政府也希望以这支练军来抗衡湘、淮的勇营，练军虽然装备上有所更新，数量也有所增加，但缺乏标准化，给训练、补给都造成了极大的困难，也影响了它的战斗力。结果在中日甲午战争中这些重整过的绿营练营仍然无用，遂促使清政府的编练新军。

八旗、绿营是清朝正规的“制军”，它的不足恃和蜕化，是封建地主阶级政权的武装力量在当权后的优越条件下必然走向衰落的一种现象。它们既不能对外“御侮”，也无力对内镇压人民反抗，于是清朝政府新的军事力量——湘军和淮军便应运而生。

### 2. 湘军和淮军

19世纪50年代，地主阶级专政的主要支柱——清军主力绿

---

①《世祖本纪》顺治十四年正月上谕，《清史稿》卷五，中华书局1977年版，第148页。

②《王廷兰致曾望颜函》，《中西纪事》卷六，申报馆小丛书本。

营,在外国侵略军的屡次进犯和太平天国以及各地群众起义的猛烈打击下已日趋土崩瓦解。咸丰三年(1853年)初,清廷曾任命湖南等十省在籍大官僚四十余人为督办团练大臣。这些人多是汉族大地主、大乡绅,做过总督、巡抚、尚书、侍郎、藩司、臬司等大官。因母丧在湖南湘乡原籍的礼部侍郎曾国藩,就这样被咸丰帝任命为帮同湖南巡抚办理本省团练事务的大臣。

曾国藩奉命后即从湘乡到长沙办理团练,即当时所谓的"湘勇",后来称之为"湘军"。它的军制依明戚继光成法,编制以营为单位,每营五百人,营辖四哨,哨辖八队,队设什长、正勇、伙勇十二或十四名。营官另有直辖亲兵六队。此外,每营还设有长夫一百八十名,担任运物杂役,大大地减轻了正兵的体力负担而增强了战斗力。湘军的编制实际上是绿营编制的改良[①]。不久,他又从长沙到衡州治水师,造炮船,并开始购买外国洋枪洋炮,建衡州船厂,又设湘潭分厂。次年初,"船厂毕工,成快蟹四十号,长龙五十号,舢板百五十号,拖罟一号,以为坐船。购民船改造战船者数十号,雇民船百数十号以载辎重。募水勇五千人,分为十营……在湘潭募水军四营,以褚汝航、夏銮、胡嘉垣、胡作霖为营官领之;衡州募六营,以成名标、褚殿元、杨载福、彭玉麟、邹汉章、龙献琛为营官领之……陆勇五千余人,则以塔齐布、周凤山、朱孙诒、储玫躬、林源恩、邹世琦、邹寿璋、杨石声及公弟国葆等领之。水路以褚汝航为各营总统,陆军以塔齐布为诸将先锋……合计员弁、兵勇、夫役一万七千余人"[②]。接着,曾国藩在湘潭发表了《讨粤匪檄》,集中叙述了地主阶级在一些根本问题上的立场,强烈地表达了镇压反抗的思想感情。这是一个敌视太平天国的政治宣言书,标志着经过一年多的时间,湘军已初步建成。

曾国藩鉴于绿营兵不能打仗,没有统一指挥,"彼营出队,此营

---

①罗尔纲:《湘军兵志》第五、六、八章,中华书局1984年版。

②《曾文正公全集·年谱》,光绪二年传忠书局刻本。

张目而旁观，哆口而微笑。见其胜，则深妒之，恐其得赏银，恐其获保奏；见其败，则袖手不顾，虽全军覆没，亦无一人出而援手，拯救于生死呼吸之顷者”①，又抨击它“当其调兵之时，东抽一百，西拨五十，或此兵而管以彼弁，或楚弁而辖以黔镇……此种积习，深入膏肓，牢不可破”②。这些情形，促使曾国藩在办湘军时必须采取另外一种方针。曾国藩办湘军的指导思想是：摒斥行伍出身、“官气”十足的旧官弁，实行乡土结合，建立严格的封建依附关系，物色“血性忠义”的儒生作为各级将弁。湘军的成军办法是由曾国藩直接物色水陆各军将领，各将领利用宗族、师生、亲友、同乡关系，各自去物色所属各“营官”，“营官”物色所属各“百长”，“百长”物色所属各“什长”，“什长”物色所属各“部卒”。这种层层隶属关系，使各军各营成了各级头目的“家兵”，整个湘军从总体上看自然成为“曾家军”了，但曾国藩也只能层层节制，不能越级指挥。实际上是将原来绿营的“兵为国有”改变为“兵为将有”。

湘军以募兵制代替了绿营的世兵制，主要招募湘乡人，大部分从至亲密友、门生故旧中挑选。湘军“悉以文员领之”，以“湘中书生”③为骨干组成军佐集团④。诸如湘军悍将江忠源、罗泽南、刘蓉、李续宾、李续宜、王鑫、刘胜鸣、蒋益澧、杨载福、彭玉麟、曾国荃以及左宗棠等人，他们平时大讲程朱理学于乡里，战时“墨绖（丧服）从戎”，自成魁首。这是一群在科举道路上失意，一心一意想借镇压农民起义为“军功”而求富贵的封建恶棍。士兵也都招募湖南人，最多的仍是湘乡人。所谓“以一族之父兄治一族之子弟，以一方之良民办一方之‘匪徒’”⑤，强烈地表明湘军是一支宗族的、土

①《曾文正公全集·书札》卷二，光绪二年传忠书局刻本。

②《曾文正公全集·书札》卷四。

③王闿运：《湘军志》卷一，光绪十二年刻本。

④据罗尔纲《湘军兵志》对湘军帮办以上官员 182 人的统计，在籍贯可考的 149 人中，湖南籍为 124 人，占可考人数的 83%，比例是很高的。

⑤《曾文正公全集·批牍》卷一。

著的封建地主武装。湘军以营官自招为原则的成军办法，从组织系统上保证了曾国藩在湘军中的牢固统帅地位和军队归他私人和部属所有的性质。他也正是在这一点上成为近代中国军阀的鼻祖。他的后辈李鸿章、袁世凯、段祺瑞、吴佩孚之流，无一不照搬那一套。湘军这支地主阶级武装在镇压太平军、捻军的罪恶活动中，为清朝所建立的"勋业"大大地超过了绿营和八旗兵。它也促成了"同治中兴"的昙花一现，所以近代军事学家蒋方震称之为"湘军，历史上一奇迹也"①。

曾国藩在其湘系集团的辖区内采取集军、政、财、人四权于一人的统治办法来保持湘军的稳定地位。湘军军饷不由户部拨付而自筹，主要途径一是捐纳，通过卖官照来敛财，1855年曾国藩在江西支用军饷百万，其中98%来自捐纳。二是厘金，厘金制度是咸丰三年由江北大营帮办大臣雷以諴所创立，即在各通商码头设卡抽厘，成为湘军军饷的主要来源。湘军对军饷的管理十分严格，严禁虚冒，而以充足的饷源作高额饷银。湘军弁兵平均月银6两多，较绿营多3倍，而营官以上另有公费，每一营官饷银50两，公费150两，月收入可达200两之多，收入不可谓不丰，这是使湘军稳定发展的重要因素。

咸丰十一年(1861年)，曾国藩命令其得意门生李鸿章到安徽原籍去举办团练，另募一支军队。曾国藩指示李鸿章办团练的原则是："汝宜先集汝所知人物能任将帅者，使各人往各地召募勇士。"②

于是，李鸿章将皖省的团练按湘军营制加以改编，于同治元年(1862年)二月组成另一支地主武装，号为"淮军"。湘、淮军当时统称勇营以与制兵相区别。淮军悍将张树声、周盛波、刘铭传、潘

①蒋方震：《中国五十年来军事变迁史》，见来新夏主编：《中国近代史资料丛刊·北洋军阀》(一)，上海人民出版社1988年版，第1039页。

②刘成禺：《世载堂杂忆》，中华书局1960年版，第118页。

鼎新、吴长庆以及李鹤章(李鸿章之弟)、李昭庆等麇集在李鸿章淮军旗下,与湘军同著恶名。整个淮军也就成了“李家军”。淮军将领,不是乡党、亲故,即系父子、兄弟。他们同恶相济,患难相依,缓急相恤,结成死党,与湘军一起取代八旗、绿营,成为清朝维护统治和镇压人民反抗的得力工具。

咸同之际,正当太平军向江浙胜利进军,席卷江南财赋之区的时候,曾国藩一方面向清政府建议,同外国侵略者“彼此互商,嘉其助顺,听其进兵”①,并对“借助西洋一事”,认为“舍此亦无善策”②,同时保荐李鸿章出任江苏巡抚;另一方面,在上海的大买办官僚、大地主、大商人的资助下,用英轮把李鸿章统率的“淮军”8000人从安庆运到上海前线,正式结成了中外反革命军事联盟,进行屠杀中国人民的罪恶活动。外国侵略者连续不断地向淮军提供巨额低息贷款,并通过所控制的中国海关,每月拿出十几万两白银作为淮军的军费使用;大批地提供洋枪洋炮和弹药;同时禁止本国商人运武器卖给太平军。淮军雇佣外国军官作“教练”,操练的内容,不仅“阵法用泰西”,就是“鸣角出令皆夷语”③。李鸿章更增添了他的前辈培植亲信时所没有的新途径,于光绪十一年(1885年)间开办了天津北洋武备学堂④,以利于在各营密布其心腹。北洋宿将段祺瑞、冯国璋、王士珍、段芝贵、陆建章、王占元、张怀芝、曹锟、李纯等都出身于此学堂。它为北洋军阀集团的建立、发展和形成起了准备基干力量的作用。淮军与北洋军的一脉相承关系也于兹可见。

淮军实际是由国际资产阶级出钱、出枪、出顾问、出教官,由中国的军阀、买办和地主阶级出人、筹粮筹饷、借兵借款,共同豢养、迅速武装、训练和扩编起来的中国近代第一支买办化军队。

---

①《曾文正公全集·奏稿》卷一八,光绪二年传忠书局刻本。

②曾国藩:《复薛觐堂中丞》,见《曾国藩未刊信稿》,中华书局1959年版,第27页。

③王闿运:《湘军志》卷一〇,光绪十二年刻本。

④《李文忠公全集·奏稿》卷五三、六〇,清刻本。

湘军和淮军，同它们的前辈八旗和绿营阶级本质相同，但它们所处的时代和所遇到的对手已经不同，所以又有各自的若干特点。

湘军在各地镇压太平天国和捻军的过程中，纵兵抢劫，鱼肉乡民，搜括资财，侵夺饷项。敛得钱财后，他们就回乡添置土地房产，充当大地主。如曾国藩的胞弟、湘军大帅藩国荃，“每克一城，奏一凯战，必请假还家一次，颇以求田问舍自晦”①，“卷东南数省之精髓，悉数入于湘军”②。

湘军将领不仅在经济上巧取豪夺，发财致富，而且在政治上飞黄腾达，官至极品，形成地主阶级实力派。各省军营里十多年保举的武职共十几万人，三品以上的超过一万人，提督、总兵以千百计算。

曾国藩、胡林翼、左宗棠、李鸿章被朝野称为“四大中兴名将”。他们网罗、保举自己的幕僚、亲信和爪牙，使多数地区的军政长官先后由湘、淮军将领充当。军阀官僚势力遍及各地，形成为满族亲贵既心存猜忌，又不能不加以倚重的地方实力派。

但由于清政府不甘心大权旁落和失去对地方的控制权，一时哄传曾国藩“兵权过重，利权过大”的社会舆论。清朝皇族权贵的忌妒，以及湘军将领的居功自傲、凶悍贪婪，迫使曾国藩不得不采取稍裁湘军，力扶淮军的方针，以掩人耳目。这就为淮军势力的日强开拓了道路。湘淮军属于“勇营”性质，在太平天国被镇压后，湘淮勇营屡被裁撤，命其分散驻防于较大城市和战略要地，称为“防军”，与“练军”并存，但也因本身的衰朽而遭到“练军”的同样命运。

李鸿章淮军势力的买办性强。他本人热衷于洋务，深受帝国主义者的宠信，颇适应半殖民地半封建社会的需要，所以很快就成为清朝真正的当权派和武装支柱。

淮军的编制以营为基础，营上编制不固定，自数营至数十营按

①曾纪芬:《崇德老人自订年谱》，1933年铅印本，第3～4页。

②谭嗣同:《仁学》三五，见《谭嗣同全集》(下)，中华书局1981年版，第345页。

统领能力统属营数。营以500人为定额，设营官一人，营下设前后左右四哨，各设哨官一人，每哨下分8队，各设什长一人。另有营官亲兵营6队。武器配备有劈山炮、抬枪、小枪、刀矛等冷热兵器。官弁待遇与湘军大体相同，比绿营等多数倍。

从19世纪70年代后，李鸿章特别积极地扩充淮军势力，筹建海陆军备，派遣留学生赴德、日学习军事。80年代后，他又接受英人戈登整顿陆军的建议，聘请德国军官教练陆军。光绪九年在天津设立北洋水师学堂；光绪二十一年(1895年)的中日甲午战争，是中国近代史上一个重要转折，帝国主义瓜分中国的狂潮骤起，使中国社会的半殖民地化进一步加深。战争的失败，卖国条约的签订，完全暴露了清政府及李鸿章淮军集团过去所办军备的腐朽性和中国海陆军的不堪一击。朝野上下在得出“湘淮旧军窳蔽不可用”①的议论的同时，指斥淮军尤甚，认为这已是一支“骄悍疲惰，军纪懈弛，每战必溃，万不可用”的军队了②。

于是，清政府在全国哗然的社会舆论压力下，为了延续自己的统治，不得不再一次从事军制的改革，为编练新军提供了前提。光绪二十三年(1897年)，清政府户部在一份奏折中曾概括了清朝入关后的军制改革，折中说：

> 我朝定鼎中原，当时所用仅止八旗劲旅，而已无敌于天下。其后，额设绿营制兵，多或六十余万，少亦五十余万，较之八旗，不啻倍蓰，乃粤匪、捻匪、川匪、回匪之乱，制兵竟不足恃。于是加饷挑练，而有练军；招募勇丁，而有湘军、楚军、淮军、毅军。及日本之役，练兵、练勇又不足恃，于是仿照西法，添设新军，而有袁世凯、聂士成军及湖北之洋操队、江南之自强军。③

①《张文襄公奏稿》卷二五，清刻本。

②李培元折，《光绪朝中日交涉史料》卷三〇，第2324页。

③刘锦藻：《清朝续文献通考》卷二〇《兵考二》，商务印书馆十通本，考第9510页。

# 第二节　新建陆军的建立

## 一、编练新军的呼声

改革旧军从60年代开始已经由一些具有维新思想的知识分子提出，如郑观应就曾在所著《练兵》一文中介绍西方编练水陆军的情况，要求中国实行军事改革①。不仅如此，满洲亲贵也已看到这一点，如恭亲王奕䜣在同治三年四月所上奏折中，就提到自强练兵的问题。他说："治国之道，在于自强，而审时度势，则自强以练兵为要。"②

当甲午战争尚在进行中，清政府已见到旧军之腐败而谋有所改进，于是在光绪二十年九月二十五日（1894年10月23日）将参与黄海之战的德国陆军军官汉纳根（Von Hanneken）召京，备总理衙门咨询③。九月三十日（10月28日）汉纳根在与翁同龢、李鸿藻诸人相见时，提出三点建议，其中之一即用洋人西械加练新军10万，全以新法教练④。十月初四日（11月1日）再次会谈具体办法，次日即上奏慈禧太后，并成立督办军务处，以恭亲王奕䜣为首，庆亲王奕劻为会办，李鸿藻、翁同龢、荣禄、长麟会同办理，负责整顿京畿旧军和改练新军，推动实施。十月十八日（11月12日）清政府谕令立即开办编军之事，并命胡燏棻会同办理⑤。所以，清末编

①《郑观应集》第六卷，上海人民出版社1982年版。

②《同治朝筹办夷务始末》卷二五。

③《大清德宗景皇帝实录》卷三五〇。

④翁同龢：《翁文恭公日记》，见中国史学会编：《中国近代史资料丛刊·中日战争》（四），上海人民出版社1957年版，第505页。

⑤《大清德宗景皇帝实录》卷三五二。

练新军之议，汉纳根应是始创议者。但是，汉纳根练军 10 万的建议遭到李鸿章、胡燏棻等人的反对，主要的理由是：一则需巨款；二则一支强大军队一旦由外国人掌握，恐难以控制；三则自镇压太平军后，军权一直操在汉族地方官吏手中，如建成十万现代中央军队，定会削弱汉族地方官吏实力。胡燏棻就是这部分人的典型代表。他多次上疏反对汉纳根的建议并例举唐代安史之乱，借回纥兵平定叛乱，导致回纥轻视唐朝，后又联兵侵唐一事，以为清廷借鉴。又以李鸿章借洋将华尔剿太平军得胜后桀骜不驯，赶紧遣散为证。清政府接受了这些意见，汉纳根的建议被否定，而由胡燏棻自行试办，光绪二十年十二月下旬，即在马厂编练定武军。

清政府在甲午战争中的失败，更明显地暴露了旧军已不堪一用的地步，于是朝野上下无不大声疾呼编练新军，一时形成“内外交章，争献练兵之策”的风气[①]。朝廷大臣也多认为：“现欲讲求自强之道，固必首重练兵，而欲迅期兵力之强，尤必更革旧制”[②]。当时的重臣、署两江总督张之洞即主张用西法练新军，他“愤兵事之不振，由固习之太深，非认真仿照西法，急练劲旅，不足以为御侮之资”[③]。清朝统治者也对“西法用兵实胜中法”[④]的观点深信不疑。一些帝国主义分子也别有用心地竭力鼓吹西法练兵。清政府的外交顾问福士达(John. W. Foster)就写了一份《整顿中国条陈》，开宗明义第一条就提出“中国目前急务，须先整顿陆军”，又说：“陆军未成，则不能使人遵守国家纪律”[⑤]，赤裸裸地表述了练新军的政

①刘锦藻：《清朝续文献通考》卷二〇三《兵考二》，商务印书馆十通本，考第 9509 页。

②沈祖宪等：《容庵弟子记》卷二，见来新夏主编：《中国近代史资料丛刊·北洋军阀》(五)，上海人民出版社 1993 年版，第 35 页。

③《张文襄公全集》卷三八，清刻本。

④《清光绪朝中日交涉史料》卷二七，光绪二十年十月初一日津海关道盛宣怀奏。

⑤中国史学会主编：《中国近代史资料丛刊·戊戌变法》(三)，上海人民出版社 1953 年版，第 269 页。

治目的。同时，英国驻华公使欧格纳（N. R. Oconer）也建议清政府选用“忠廉有才略大臣”，“练一支劲兵”①。于是，清政府为求维护与延续其统治，于光绪二十一年四月十四日，针对张之洞对战局分析的长篇奏议而下“自强诏”，诏中有云：

嗣后我君臣上下，惟期坚苦一心，痛除积弊。于练兵、筹饷两大端，实力研求，亟筹兴革。毋生懈意，毋骛虚名，毋忽远图，毋沿积习。务期事事核实，以收自强之效。②

隔了两天，光绪再一次下诏罪己，并重提了练兵、筹饷二事，期望认真施行说：

惟望京外文武大小各员，自今以后，深省愆尤，痛除积弊，咸知练兵、筹饷为今日当务之急。切实振兴，一新气象，不可因循废弛，再蹈前辙。③

## 二、编练新军的实验——定武军与自强军

北方“定武军”和南方“自强军”的编练是清末编练新军之始。

### 1. 定武军

在举国上下震惊中国惨败于蕞尔小国的日本时，连统治集团内也有不少人认为旧军已失去效用，军制改革已是当时的重大举措，于是纷纷议论，并向朝廷分析弊端，要求练兵，其中以为李鸿章操办洋务的要员胡燏棻表现最突出。

胡燏棻，字芸楣，“夙以谈洋务著称”，是李鸿章赏识的淮系官

---

①翁同龢：《翁文恭公日记》，光绪二十一年九月十四日，见中国史学会主编：《中国近代史资料丛刊·中日战争》（四），上海人民出版社1957年版。

②朱寿朋编：《光绪朝东华录》，中华书局1958年版，第3595页。

③朱寿朋编：《光绪朝东华录》，第3596页。

僚。历任广西按察使、总理各国事务大臣及邮传部侍郎。他在任广西按察使时就抨击募兵之腐朽而上奏说：

> 今各处所招之勇，急于成军，不暇选择，乞丐无赖，驱以赴敌，一经临阵，望风而遁，反以利器资敌，沿途更肆焚劫。日后又投别军，仍蹈前辙，以致屡战屡败。欲救其弊，必先由本籍地方官查取住址亲族，年在十六以上二十以下者方许入营当勇，以杜将来逃亡之弊。到营时，先验身材，不入格者，当即剔退。①

胡曾参与光绪二十年十月间与德国军官汉纳根争论如何编练新军问题，得到清政府与李鸿章的支持而得到练兵权。是年底，即受命在马厂练新军定武军3营，规模虽小而步骑炮工俱全，用费自较汉纳根建议为省，于是受到清政府的“颇见成效”的赞扬，并得到督办军务处的批准，扩充为10营5000人，包括步队3000人，炮队1000人，马队250人，工程队500人，实际人数为共4750人。这些兵士都先后由天津、山东等地招募而来，参用西法教练。

光绪二十一年(1895年)闰五月，甲午战争已告失败，时任顺天府尹的胡燏棻就其练兵思想结合局势危急上疏，论变法自强十事。第八事即为“创练新兵以资控驭也”。胡燏棻在这条建议中首先对战败的原因有所分析，他说：

> 此次东征，兵非不多，而一无足恃，则非兵之不任战，实由统将太多，每遇战事，往往心志不齐，互相掣肘。

他具体指出应痛改的积习四端，即：

> 一、统兵大将，骄奢淫佚，濡染已深，军需日增，勇额日缺，上浮开，下折扣，百弊丛生。兵之口粮，尚未能养赡一身，谁肯

①刘锦藻：《清朝续文献通考》卷二〇三《兵考二》，商务印书馆十通本，考第9508页。

效命疆场，以致万众离心，遇战纷纷溃败，此病一也。

二、先事一无培植，一闻招募，各营员皆以钻谋为能事，不以韬钤为实政，是兵官先不知战，安望教兵以战，此又一病也。

三、本地无著名之厂，件件购自外洋。承平之日，部臣以款绌为难，先事未能预备。及变起仓猝，疆臣各办乃事，但以购得军火为责，未能详求。以致同属诸军，而此营与彼营之器不同。前膛后膛，但期备数，德制粤制，并作一家。所由一旦临阵，号令不能画一，施放不能取准。此又一病也。

四、一切攻守之法，又沿旧习，湘楚各军，尚有以大旗刀矛为战具者，并有持新器而茫然不知用法者，犹复师心自用，以为昔年曾经战阵，即无不能御之敌，承讹袭谬，沿而不改。此又一病也。

胡燏棻在对积弊的认识基础上，对如何改革军制，编练新军提出四法：

一是训官之法："先在直省设立武备学堂，行取各州县武生武举，考其汉文通顺，年力精壮者，选令入塾，给以养赡，即聘洋员为之教习。三年后，由洋教习考给文凭，然后由堂分派入营，充当哨官。其学问尤杰出者，充当营官。"

二是练兵之法："必先由以本籍地方官，查取住址亲族，年在十六以上，二十以下者，方许入营当勇，以杜将来逃亡之弊。到营时先验身材，不入格者当即剔退。既成阵伍，先练步法手法，次练打准，并练行军操法，年满四十者，给以一年饷银，令归乡里。在营之年，三年给假，准其回籍，但一闻征调，虽在假内，即须立至。"

三是放饷之法："其统领、营、哨各官之薪水，欲杜其克扣之弊，必须从丰。兵勇之饷项，亦宜分别加增。由各省督抚设立粮台，按月由粮台点名给发，设粮台短发，准统领官申详告诉，以杜侵扣。成军之始，应发号挂、棉裤、皮衣等件，均不扣钱，恤其饥寒，方能得其死力。"

四是简器之法："新练各军，取用机器，宜因时制宜，改归一律。

就近年新制而论，步枪以曼里夏毛瑟小口径为佳，马枪以可尔脱为佳，炮、轻炮以克虏伯格鲁森为佳，快炮以拿登非尔哈乞开司为佳。”

在此四法的条件下，决定了新军编练的规模是：

> 北洋宜练兵五万人为一大枝，南洋宜练兵三万人，广东、湖北宜练兵二万人，其余各省，每省有万人，已敷调遣。务须扫除积弊，习练操法，统归一律，庶征调乃能得力也。①

胡燏棻的这份近万字的“万言书”，对晚清军制改革是一件重要文献，对破旧立新起到耸动视听的作用。

定武军于光绪二十年(1894 年)冬在山东、河南、口外、朝阳及京津附近招募兵勇开始编练时，屯驻马厂。光绪二十一年九月初，定武军因马厂营房不敷应用而移驻小站，开始了所谓“小站练兵”。“小站”，是距天津东南 70 里的一个小镇——新农镇。李鸿章镇压捻军以后，指令淮军周盛波、周盛传部(称盛军)在小站驻扎屯田。周盛传，字新畬，安徽合肥人，是淮军的重要将领。光绪元年受任天津镇总兵，驻军城东小站。因小站开通新河 90 里以达大沽海口，分辟小河十数支，上接南运减河，其减河左右开沟渠，俾农民易于引灌。又于小站下，开横河门，建桥闸 30 余处，分运河盛涨，下汇海潮，借淡刷咸，得稻田 6 万余顷。濒河两岸，田亩悉变斥卤之旧，民利赖之。至今小站犹有“周公祠”②。

盛军在此驻了二十多年，甲午战争中开赴前敌，因继任统帅卫汝贵临阵脱逃处斩，全军溃散。1894 年底，清政府接受李鸿章的军事顾问汉纳根关于编练新式军队的建议，经过议论考虑，决定建立一支由中国人自己主持的新式陆军，即派长芦盐运使胡燏棻在小站“招募开办”。胡燏棻把招募来的军队编为 10 营，名定武军。

①《光绪政要》卷二一，清印本。

②高凌雯：《天津县新志》卷一八《吏政》，民国印本。

各级军官大都是淮军将领，同时还选拔了天津武备学堂毕业生何宗莲(总教习)、吴金彪、曹锟、田中玉、刘承恩等担任教习或军官，购置西洋先进武器。又聘请德国军官沙尔等为教习，根据德国陆军操典进行训练。力求以新的装备，新的武器，新的训练，形成新的阵容。这支定武军于光绪二十一年十月二十二日为袁世凯所接管，成为"北洋新军"即"新建陆军"的前身。它是北洋军阀武装力量的直接奠基石。因而晚清首练新军的应是胡燏棻的定武军。

**2. 自强军**

光绪二十一年十一月十二日(1895 年 12 月 27 日)，张之洞在南京上奏，陈述旧军痼习，并以"惟有改以洋将带之，则诸弊悉除"，方能"舍旧图新"为理由，奏准在南京创练一支照洋法分为 13 营(步队 8 营、马队 2 营、炮队 2 营、工程队 1 营)共 2860 人的"自强军"(一称"南洋新军")。张之洞认为："非认真依照西法，急练劲旅，不足以为御侮之资。"所以，他完全仿德军营制，聘德国教官 35 人担任协、营、哨正职，"其带兵操练之权，悉以委之洋将洋弁"；而副职则从原来武职中"壮健有志，不染习气者"和天津、广东武备学堂毕业生中挑选。指挥权授予洋员，"约束惩责权，则专归华官"。全部装备是欧洲陆军类型①。光绪二十二年(1896 年)正月，自强军开始招兵。二月，在南京建立。

自强军的营制饷章是：设步队 8 营，每营 250 人，一营分 5 哨；马队 2 营，每营 180 骑，一营分 3 哨；炮队 2 营，每营 200 人，一营分 4 哨；工程队 1 营，为 100 人。共 13 营，实际共有勇丁 2860 人。江北人较强健，练为马、步各队；江南人较聪颖，练为炮法、工程各队。正勇饷银，每人月给官铸元 5 元(合库平银 3 两 6 钱)。勇目递加，其官给饭食衣履等费在外。而洋将洋弁薪水，每月需银

---

①《张文襄公奏稿》卷二五，清刻本。

9000余两①。

自强军与湘、淮军有所不同。张之洞不在自己的故乡——河北南皮招募士兵，不具有湘、淮军那种浓厚的乡土气。他在江苏、安徽离南京较近的府、州各招一营，但士兵必须“具族邻团董甘结，声明情愿效力十年，只准开革，不准辞退。凡城市油滑、向充营勇者一概不收”。随即对招来的士兵，“厚给饷糈，编为新军”②。这些招募来的士兵据说还有些文化。美国人拉尔夫·尔·鲍威尔在《1895～1912年中国军事力量的兴起》中说：“有一份革命党人方面的文件内说，所有应募者都能读会写。这点可能有些夸大。可是，几年以后，张氏在武昌训练的精锐军队中，许多人都有文化，则是事实。”③

光绪二十二年(1896年)初，张之洞由两江总督调任湖广总督，自强军由新任两江总督刘坤一续办。但数年间，刘坤一并没有扩建，营队和兵员数量都不及北洋军。

光绪二十七年(1901年)，清政府调自强军赴山东归袁世凯节制操练。不久，袁世凯继李鸿章之后，署直隶总督兼北洋大臣，即率军入直。后来，袁世凯在编练北洋陆军时将自强军编入北洋陆军第四镇。

所谓“新军”是和八旗、绿营、练勇、湘军、淮军等“旧军”相对而言的。它的特点是完全按照西方国家的营制编成，以洋人为教习，以洋操为训练内容，使用的是洋枪洋炮。它的出现是由于在“日本之役”后，感到“练兵、练勇又不足恃”④，而不得不另行换用“新”的镇压工具。它的练兵者的主观意图上和“旧军”并无二致；不过，在

①《清史稿》卷一三九《兵志》(十)，中华书局1977年版；《张文襄公奏稿》卷二五，清刻本；《刘坤一遗集·奏疏》卷二五，清刻本。

②《张文襄公奏稿》卷二五。

③《中华民国史资料丛稿·译稿》第一辑，中华书局1978年版。

④刘锦藻：《清朝续文献通考》卷二〇三《兵志》，商务印书馆十通本，考第9510页。

辛亥革命前夕,它提供了宣传新思潮的阵地,有些新军成员还在一定程度上对赞助和推动革命起了一些客观作用。

## 三、袁世凯与北洋新军的建立

### 1. 袁世凯的练军主张

袁世凯(1859～1916 年),字慰庭(亦作慰亭或慰廷),别号容庵,河南项城人,出身大官僚地主世家。叔祖父袁甲三、生父袁保中、堂叔袁保恒和嗣父袁保庆,都参与过镇压人民的反抗活动。袁世凯自幼受这种环境的熏陶,养成了一种善于投机钻营的"机智"。同治十二年(1873 年),他随袁保恒(官至刑部侍郎)到北京,一面读书,一面帮其办事,又谙熟了清末官场上一套虚伪、奸诈的作风。他曾两次应试均名落孙山。于是,他决心"以文弱诸生,谬厕戎伍"①,另选一条借"军功"而登仕途的道路。光绪七年(1881 年)五月,袁去山东,投靠在嗣父袁保庆的把兄弟、庆军统领吴长庆的幕下,谋求仕进之机,受到吴长庆的赏识,充当营务处会办。次年,朝鲜发生"壬午政变",袁随庆军开赴朝鲜,负责前敌营务处,表现颇有"才能",被吴长庆赞许为"应变良材"②。他在朝鲜协助吴长庆镇压了"开化党",自诩长于兵事而为朝鲜国王训练"新建亲军"。光绪十年,袁世凯更受到李鸿章的赏识,夸奖他"胆略兼优,能识大体"③。光绪十一年(1885 年)十月,保举他担任驻朝总理交涉通商事宜专员,办理中朝交涉事务。光绪二十年(1894 年),日本在朝鲜加紧挑衅,战祸一触即发,袁世凯十分恐惧,八天之内连发六个

---

①袁世凯:《请收回督练自强军成命折》(光绪二十七年七月初二日),《袁世凯奏议》上,天津古籍出版社 1987 年版,第 293 页。

②沈祖宪等:《容庵弟子记》卷一,见来新夏主编:《中国近代史资料丛刊·北洋军阀》(五),上海人民出版社 1993 年版,第 10 页。

③李鸿章:《派员接办朝鲜事务折》,《李文忠公全集·奏稿》卷五五,清刻本。

电报，请求速调回国，并准备“改装易服，搭乘美国商轮返国”。经过反复活动，恰好总理衙门希望听取关于朝鲜形势的报告，便奏准将袁召回。六月十七日袁世凯得电，便匆匆起程回国。回国后仍以温处道职务留京，充督办军务处差委。

当时，善于投机逢迎的袁世凯，一方面利用清朝旧军的连续败绩，内外臣僚纷纷交章上奏，争献练兵良策，迫切要求整顿武备、编练新军的强大社会舆论，向有实力的官僚建议练兵。光绪二十年十一月二十四日(1894 年 12 月 20 日)，他曾向盛宣怀建议：“公如筹有款，宜速延名教习，募学徒千人，教兵官认真研究西法，另改军制，为将来计。此军情决非老军务所能得手，枪炮全不知用，何能哉？倘为然，弟愿任监督，必有以报”[①]。另一方面，抓住清廷正鉴于旧式湘、淮军不足恃，急于速建新军，以维护其统治的心理，便在等候差使的间隙，抢先“招致幕友，僦居嵩云草堂，日夕译撰兵书十二卷，以效法西洋为主”[②]。上书督办军务处，陈述练兵办法及营制饷章。这些章制包括《练兵要则十三条》、《新建陆军营制饷章》和《募订洋员合同通稿》等，其中《练兵要则十三条》是袁世凯对编练新军的一种完整设想，举凡军律、饷制、器械、募兵、教育等方面均有涉及。这十三条是：

(1)军律不明则赏罚倒置，纪律亦因以废弛，故节制之师，必以申明军律为第一义。亟宜照兵律成宪，参订简明军律，刊发各营，使兵丁皆得持诵。并选派执法营务处，秉公纠查，毋许偏袒。庶人尽知法而竞于用命。

(2)新军饷项制造，不许营员经手，期可专用训练，绝念营私。每月届发饷之期，由粮饷局员调集各营司粮委员，按包秤准，掣签赍批，分往各营，俟操后架枪，会同营员按名点发。操演生疏者，查其是否顶替，缺额者扣发禀究。病假者验看是否属实，该员等均由

①袁世凯：《养寿园电稿》，光绪二十年十一月二十四日致盛宣怀电。

②刘成禺：《世载堂杂忆》，中华书局 1960 年版，第 134 页。

局员节制，随时甄别考查。倘涉舞弊，准各营员弁指控参追。

（3）各营器械均归一律。每五日，军械局员调集各营司械委员，掣签分往各营，逐一点查。如有生锈及损坏，未经报明者，兵丁则严予惩治，该管官则禀请记过申饬。该员等由军械局随时甄别，必须曾习械学者充当，遇有各国精造新式器械，为行军所必需者，亦由该局员查访考校，请示添购。

（4）各国兵学甚精，中国将领习者极少。亟宜创设学堂造就，分班出洋游历。一面先择曾经战事将弁内朴实耐劳及敦尚气节、能虚心受教者，均令躬亲历练，知用兵用械各法。再随时考择任使，亦可为目前捍御之选。

（5）兵力强弱在慎选于募兵之始。凡募兵，必须选派妥员，分赴风气刚劲各处，厚给口食，逐细挑选。身长限四尺八寸以上，力大限一百斤以外，每一时行走限二十里以外，年自二十岁至二十五岁，并取具保结。查注其住址、三代家口，附存册内。募足一队二百五十人，即分带来营，点名支饷。

（6）士卒须以忠国爱民为首务，全在为将者勤加教训。宜设听令公所，时集将弁为一处，分类讲训，令其分训所部。又按忠国、爱民、亲上、死长各义，编为四言文字，刊发各哨，令兵丁熟诵，随时考查。复令各哨书以兵法要旨，编为歌词晓讽士卒。

（7）练兵自以步法、手法、阵法、操法为要务。然其尤要者，在于听号令、便分合、知地势及枪炮用法之奥妙，行军攻守之变幻。每年春秋必须演习，行军于数百里外，或约会他军作对垒遇敌之状，使将卒习知战法，历练劳苦。遇有征调，立即拔队，不复有迁延遗误之虑。

（8）兵丁遇有请假、斥革及疾病退卯者，除在各营取保长夫内选补外，不许随地收补。宜将其截旷原饷，另存饷局，按季派员赴各处另募，即以截旷之项作为募费。

（9）兵丁在营三年，因事请假者，予假三个月，发给三个月本饷。官弁各减半给饷。逾期不回者开除。遇有军务，不准请假。

报病者须派员验实，酌量开除。

(10)官弁兵丁因劳成病及打仗受伤者，医局诊治给药，分等给赏，仍照旧支饷。在营病故者，兵丁给埋葬银十两，官弁给薪水三个月。其阵亡者，官弁兵丁均赏饷薪二年，抚恤家属，另支造报。

(11)新练陆军宜因材授事，不能拘定官阶，然遇有职衔太卑，或系白丁而才可擢用者，又恐难资表率，拟请：凡统千人以上者，准其暂戴三品顶带，帮统领官准戴四品，哨官准戴五品，哨长准戴六品。撤差离营时摘去。

(12)每届年终，择其操练勤能者，分别赏给五品以下功牌，送部注册。每计足三年，视其操练有成者，择尤请给奖鼓励。惟每百人只准保一人。凡官弁到营日期，均须随时报部，以杜浮滥。

(13)运用枪炮，必须衣服窄小，方能利便。拟另定军中衣制，分别等次，各列记号。凡至操场、战场及听令公所，自分统以下，概不准著长衣。平时统带均可任便，领官以下常著短服。

其营制饷章也按步、马、炮、工程等营以及督练处所属的官弁员额及饷额多少均作了比较详细的规定。而《募订洋员合同通稿》则是为聘请洋员时所规定的合同格式。除此以外还有许多编练新军的章制、禁令、训条及操法等。所有这些练兵文件，后来都汇编在光绪二十四年九月由袁世凯印行的《新建陆军兵略录存》之内。

袁世凯曾把他所编写的练军文字，遍向当朝显贵散发，以博取"知兵"的虚名，致使当时颇具能名的刘坤一、张之洞等封疆大吏也于光绪二十一年闰五月初三与六月十八日(1895 年 6 月 25 日与 8 月 8 日)先后上奏，一致认为他"年力正强"、"志气英锐"、"胆识优长"、"任事果敢"，是少有的"知兵文臣"；并先后上奏折，要求委派他编练新军①。袁世凯又层叠纳交，上下贿赂，终于走通了庆亲王奕劻、兵部尚书荣禄和军机大臣李鸿藻的门路。奕劻是执掌政权的满洲亲贵，他恫于甲午败战而谋加强军事力量，袁世凯到处鼓吹

①《刘坤一遗集·奏疏》卷四，清刻本；《张文襄公奏稿》卷二四，清刻本。

练兵要略，奕劻自然乐于网罗为己所用。荣禄是西太后的宠臣，又是军务处的实权派，袁世凯就投靠其门下。李鸿藻虽与李鸿章龃龉不合，但也在物色知兵者，袁世凯就在光绪二十一年四月十三日，专门致函李鸿藻，反复陈述练兵之道，以投其所好。他在信中大议甲午败战缘由，并提出整旧练新的计划说：

至此次兵务，非患兵少，而患在不精；非患兵弱，而患在无术。其尤足患者，在于军制冗杂，事权纷歧，纪律废弛，无论如何激厉亦不能当人节制之师……为今之计，宜力惩前非，汰冗兵，节糜费，退庸将，以肃军政。亟检名将帅数人，优以事权，厚以饷糈，予以专责，各裁汰归并为数大枝，扼要屯扎，认真整励。并延募西人，分配各营，按中西营制律令参酌改革，著为成宪。必须使统将以下均习解器械之用法、战阵之指挥、敌人之伎俩，冀渐能自保。仍一面广设学堂，精选生徒，延西人著名习武备者为之师，严加督课，明定官阶，数年成业，即检派夙将中年力尚富者，分带出洋游历学习，归来分殿最予以兵柄，庶将弁得力而军政可望起色……且此次赔输甚巨，开源节流，亟需整理，而养兵之费，向属繁巨。似应速派明练公正，真实知兵大员，除将著名骄饱疲懦诸军即须遣散外，仍将拟留各军认真点验，分别减汰，务期养一兵即得一兵之用，庶库帑无虚糜，捍卫有实效。统计奉直一带，如有精兵六七万人，分归二三名帅扼要驻扎，计可自守。①

李鸿藻认为他的整旧练新计划"有可取之处"，不久就奏调他到军务处差遣，以备顾问，使袁世凯顺利地正式踏上了执掌编练新军大权的阶梯。

①《袁世凯致李鸿藻函》(光绪二十一年四月十三日)，见中国史学会主编:《中国近代史资料丛刊·中日战争》(五)，上海人民出版社1957年版，第218～219页。

## 2. 袁世凯接管定武军

正在袁世凯跃跃欲试，待机而动的时刻，原来负责编练定武军的胡燏棻被调去督办津芦铁路，于是就在光绪二十一年十月二十二日由督办军务处亲王奕䜣、奕劻会同军机大臣李鸿藻、翁同龢、荣禄、长麟等联名奏请变通兵制，并保荐袁世凯编练新军。奏疏中说：

> 中国自粤、捻削平以后，相沿旧法，习气渐深，百弊丛生，多难得力。现欲讲求自强之道，固必首重练兵，而欲迅期兵力之强，势必更革旧制……臣等公同商酌，查有军务处差委浙江温处道袁世凯，朴实勇敢，晓畅戎机，前驻朝鲜，颇有声望；因令详拟改练洋队办法。旋据拟呈聘请洋员合同及新建陆军营制饷章，臣等复加详核，甚属周妥。相应请旨饬派袁世凯督练新建陆军，假以事权，俾专责任。现在先就定武十营、步队三千人，炮队一千人，马队二百五十人，工程队五百人以为根本，并加募步队二千人，马队二百五十人，共足七千人之数，即照该道所拟营制饷章，编伍办理。每月约支正饷银七万数千两。至应用教习洋员，最关紧要，应由臣等咨会出使德国大臣与德国外部选商聘订。其人数、银数，均按该道所拟合同办理。一切军械，即在去岁汉纳根购到大批军火内拨给……果能著有成效，尚拟逐渐扩充，悉裁无用之勇营，以供新军之饷糈。务期养一兵得一兵之力，庶足以裨时局而振颓风。①

袁世凯之获得练兵权主要是几年来奔走权门、投靠依附的结果。这次保荐起主导作用的是慈禧太后和恭亲王奕䜣所信任的权

---

①《督办军务处王大臣原奏》，《新建陆军兵略录存》卷一，见来新夏主编：《中国近代史资料丛刊·北洋军阀》(一)，上海人民出版社 1988 年版，第 37～38 页。

臣荣禄[1]。袁世凯在致其兄袁世敦的信中恬然地叙述说："正在侘傺无聊之时，忽遇契友阮君斗瞻（忠枢）愿作曹邱生，劝弟投其居停李总管（莲英，西太后宠幸的太监）门下，得其承介晋谒荣中堂（禄）。"[2]更足以证明袁之投靠荣禄。

同日此份保荐奏折很快得到光绪帝的批准，上谕称：

据督办军务王大臣奏，天津新建陆军，请派员督练一折。中国试练洋队，大抵参用西法。此次所练，系专仿德国章程，需款浩繁，若无实际，将成虚掷。温处道袁世凯既经王大臣等奏派，即著派令督率创办，一切饷章，著照拟支拨发，该道当思筹饷甚难，变法匪易，其严加训练，事事核实。倘仍蹈勇营习气，惟该道是问。懔之慎之！[3]

于是，袁世凯就在举朝上下给予信任的气氛中，制定了一整套军制规章，志得意满地到小站去接办胡燏棻创建的定武军。

### 3. 新建陆军的营制与人员

光绪二十一年十一月初一日（1895 年 12 月 16 日），"新建陆军"成立，袁世凯正式接练新军。袁世凯早自十月二十二日（12 月 8 日）奉命接统定武军后，当日即出都到小站接任，就根据原来拟定的聘请洋员合同与新建陆军的营制和饷章，开始了经营武装势力的活动。他将原有步队 3000 人，炮队 1000 人，马队 250 人，工程队 500 人，共 4750 人的定武军进行扩编，并在当年派副将吴长纯等分往淮、徐、豫等地，用新定章制，按照格式，选募丁壮 2250 人，分编为步队 2000 人，马队 250 人，又派都司魏德清等赴新民、

---

①《清史稿》卷一三二《兵三》："陆军新制，始于甲午战后，步军统领荣禄疏保温处道袁世凯练新军，是曰'新建陆军'。"可作明证。

②张国淦：《北洋军阀的起源》，见杜春和等编：《北洋军阀史料选辑》（上），中国社会科学出版社 1981 年版，第 5 页。

③《大清德宗景皇帝实录》，卷三六九、卷三七八。

锦州、昌图等地募骑兵300人(并购买马匹)[1],计7300人,定名为"新建陆军",正式奠定了北洋军阀的基础。又续聘洋员至十余人,诸如德人巴森斯参赞营务兼管教练事宜,伯罗恩担任德操教习,祁开芬担任炮队教习,曼德担任马队教习;又设立德文学堂,由慕兴礼、魏贝尔担任教习。同时,袁世凯又以"旧营底枪炮种类纷杂,请军务处拨给新式步枪、马枪、快炮,于是军用器械,始成一律"[2],并全部改用奥国造8毫米口径五响曼利夏连发步枪、马枪以及左轮手枪等,以求标准化,对部队的训练和后勤补给都给予方便,这就大大地增强了战斗力。

这样,袁世凯把原来只有4750兵员的定武军扩展为拥有7300人的新建陆军,并且完全由西式枪炮武装起来,从而奠定了他作为北洋军阀头子的基础。光绪二十四年(1898年)九月又添募新兵2000人,除补充各营外,在光绪二十五年(1899年)三月增编辎重兵一营,加强了新建陆军的战斗力。

这支军队仿照德国陆军建制,按镇、协、标、营、队、排编成;具有步、骑、炮、工各兵种;严格选募士兵,提高了部队素质;由军事学堂出身,具有当代军事知识的人充任军官;经过比较严格的训练和演习,与旧军面貌完全不同,这支命名为"新建陆军"的军队是中国近代新式陆军的开端,是对旧军制的一种改革;也正式奠定了北洋军阀的基础,但其祸国殃民的反动作用也较旧式武装为大。

新建陆军以督练处为领导机构。袁世凯自任督办,下设参谋、执法、督操三个营务处,以及中军、文案等官职:

参谋营务处总办徐世昌,

执法营务处总办王英楷,

①袁世凯:《养寿园电稿》,光绪二十年十一月二十日致张之洞电及二十二日致奉天将军电。

②沈祖宪等:《容庵弟子记》卷二,见来新夏主编:《中国近代史资料丛刊·北洋军阀》(五),上海人民出版社1993年版,第36页。

督操营务处总办梁华殿(后由帮办冯国璋接替),

提调陆建章,

中军官(相当于副官长或侍卫长)张勋,

文案(相当于秘书)阮忠枢、沈祖宪、陈燕昌、萧凤文、田文烈、言敦源、吴篯荪。

另附设粮饷局、军械局、转运局、洋务局、军医局、教习处等机构[①]。

值得注意的是,新建陆军有一套完整的后勤体制,从督练处到步、马、炮队都有专管后勤的供应机构与人员。在督练处下的粮饷、军械、军医、转运四局都有明确的编制与饷银。

粮饷局:

总办委员 1 员,各营管查粮饷委员均归调遣。

管理采买制造委员 2 员。

管理收发军米委员 1 员。

管理出入饷银核记账目委员 2 员。

文案 2 员,书识 6 名,护勇 10 名,长夫 20 名。

总办委员月支薪水银 50 两,公费银 100 两。委员 5 员,各月支薪水银 30 两。文案 2 员,各月支薪水银 20 两。书识 6 名,各月支薪水银 7 两。护勇 10 名,各月支工食银 5 两 5 钱。长夫 20 名,各月支工食银 3 两。

以上共计月支银 497 两。

军械局:

总办委员 1 员,各营管查军械委员均归调遣。

收发军械委员 2 员。

文案 1 员,书识 3 名,护勇 6 名,长夫 15 名。

总办委员月支薪水银 40 两,公费银 80 两。委员 2 员,各月支

---

①参见《新建陆军兵略录存》,见来新夏主编:《中国近代史资料丛刊·北洋军阀》(一),上海人民出版社 1988 年版,第 22～34 页。

薪水银30两。文案1员，月支薪水银20两。书识3名，各月支薪水银7两。护勇6名，各月支工食银5两5钱。长夫15名，各月支工食银3两。

以上共计月支银299两。

军医局：

正医官1员，须谙西法治伤诸科，各营医生均归调遣。

副医官1员。

文案1员，书识2名，长夫10名。

正医官月支薪水银80两，公费银80两。副医官月支薪水银40两。文案月支薪水银20两。书识2名，各月支薪水银7两。长夫10名，各月支工食银3两。

以上共计月支银264两（药费须另支报，各员夫遇有战事，酌量增添）。

转运局（行营时量设，仿泰西辎重营）。

侦探局（对敌时另设）。

粮饷、军械、军医各局员司等共计月支薪水、公费、工食银1060两①。

各队所属营均设有后勤人员，如军械委员、粮饷委员、正医生、副医生、马医生及草粮委员，都直接由督练处所属各局的总办及各医官调遣，构成上下沟通、直接指挥的体制，是新建陆军战斗力较旧军为强的一种重要变革。

新建陆军的编制：营制分为左翼、右翼（翼相当于旅），翼"设统领二人管辖。统领下设分统一人，分统训练步、炮、马队，工程各营。营设统带（相当于营长）一人，帮统一人，专辖约束。左翼步兵二营，炮兵一营；右翼步兵三营，骑兵一营，共七营。骑兵每营四队，炮兵三队。营下设队（相当于连），队下设哨；队设领官一人，哨

①参见《上督办军务处原禀》，《新建陆军兵略录存》卷一，见来新夏主编：《中国近代史资料丛刊·北洋军阀》（一），上海人民出版社1988年版，第33～34页。

设哨官或哨长(相当于排)。哨下设棚,棚设正副头目(相当于班)。计每营官弁46员,头目兵丁1008名,文案、委员各6员,正、副医生各1员,书识12名,护勇96名,号兵24名,伙夫72名,长夫282名。最高处设"总统一人",督率全军,此人就是袁世凯。

新建陆军还设有参谋职能、电讯联系和军乐队等,这也是旧式陆军所没有的。

新建陆军还在营规中规定了士兵在营期间请假、伤病给饷和阵亡赏恤的具体办法。

袁世凯还制定了《斩律十八条》,要士兵"谨守法度"。律令的主要内容有:"临阵回顾、退缩及交头接耳私语者斩;遇差逃亡,临阵诈病者斩;结盟立会,造谣惑众者斩;持械斗殴及聚众哄闹者斩;黑夜惊叫疾走乱伍者斩……"①

从1895至1899年袁世凯在小站督练新军,是为北洋军阀的胚胎时期。后来北洋军阀的许多头目,都与袁世凯在小站练兵最初拼凑的班底有深厚的渊源,而其中的核心人物主要是北洋武备学堂的学生。如段祺瑞、王士珍、冯国璋等都自北洋武备学堂毕业。冯国璋曾去日本,段祺瑞曾去过德国考察,学习军事,都是当时具有一定近代军事知识的人,被袁世凯重用,成为他的忠实爪牙。特别是谙习德国兵制,"为当时所推许为军事学第一"的段祺瑞,更是受到袁世凯的青睐与倚重,凡"教练新军之事,一以委诸"②。原定武军中的下级军官曹锟、卢永祥、段芝贵等也被袁世凯提拔,委任领官、统带等职务。另外还有张勋、倪嗣冲等旧军人前来投靠,愿为袁世凯效劳卖命,也受到任用。于是就形成一个无形而存在的小站集团。

---

①沈祖宪等:《容庵弟子记》卷二,见来新夏主编:《中国近代史资料丛刊·北洋军阀》(五),上海人民出版社1993年版,第36页。

②费敬仲:《段祺瑞》,广文书局1920年版,第11页。

## 附　新建陆军全军编制及长官表

- 新建陆军督办（袁世凯）
  - 执法营务处（路孝允、王英楷）
  - 稽查营务处
  - 督操营务处
    - 讲武堂（王士珍）
    - 学兵营（冯国璋、景启）
  - 参谋营务处（徐世昌、陈燕昌）
  - 
    - 炮兵第三营（段祺瑞）
      - 左队（商德全）
        - 左哨（每哨辖6至9棚，每棚正兵15人，长夫2人）
        - 中哨（同左哨）
        - 右哨（同左哨）
      - 右队（同左队）（田中玉）
      - 接应队（同左队）（张怀芝）
    - 炮兵学堂
    - 步队左翼（姜桂题）
      - 第一营（姜桂题 陆建章）
        - 前队（叶长盛）
          - 左哨（每哨辖6棚，每棚正兵15人，长夫2人）
          - 中哨（同左哨）
          - 右哨（同左哨）
        - 后队（同前队）（吴金彪）
        - 左队（同前队）（戴金标）
        - 右队（同前队）（张允泰）
      - 第二营（同第一营）（段芝贵）（张锡銮）
        - 前队（何宗莲）
        - 后队（王占元）
        - 左队（聂汝清）
        - 右队（李天保）
    - 步兵学堂
    - 步队右翼（龚友元）
      - 第一营（同左翼第一营）（龚友元、曹锟）
      - 第二营（同左翼第一营）（吴长纯、刘承恩）
        - 前队（马龙标）
        - 后队（杨善德）
      - 第三营（同左翼第一营）（徐邦杰　梁华殿）
        - 前队（张怀芝）
        - 后队（雷震春）
        - 左队（赵国贤）
    - 骑兵营（任永清）
    - 骑兵学堂（杨荣泰、王金毓）
    - 工兵营（王士珍）（辖修械、测绘、桥梁、地垒各队）（卫兴武）
    - 德文学堂
  - 行营中军（张勋）
  - 提调（陆建章）
  - 文案（袁忠枢、田文烈等）
  - 教习处（洋务局）（巴森斯）
  - 粮饷处（局）（刘永庆）
  - 军械处（局）
  - 转运局（在天津）（刘永庆）
  - 军医局

资料来源：见李宗一：《袁世凯传》，姜克夫：《民国军事史略稿》等。

至此，新建陆军大体建设完备，形成了北洋军阀这样一支武装势力。新建陆军不仅是袁世凯攫取权力的资本，而且为日后北方两大军阀派系——直系和皖系提供了领导层人员，同时为这两派系的形成开其端。

### 4. 新建陆军的特点

袁世凯所督练和亲自统率的这支新建陆军是与湘、淮军一脉相承的，而与淮军的关系尤为密切。它录用了部分淮军将佐僚属，吸收改编了淮军营伍，接管了部分淮军经营作为饷源的企业。这些都为新建陆军的迅速建成与发展提供了有利条件，也正是它得到"淮军余孽"称号的由来。然而，袁世凯并没有完全停留在接受"遗产"的守成地位。他在"公法非御人之具，铁血为经国之谋"的"军国主义"思想指导下[①]，对新建陆军苦心经营，增添了旧军所没有的内容，使之别具特点：

(1)重选募

袁世凯在开始编练新军时就认为，新军不仅要军容壮观，装备近代化，而且要训练有素。他指责旧军腐败，武备废弛，"固由于训练之无法，实始于选募之不精"[②]；"兵力强弱，在慎选于募兵之始。凡募兵必须遴派妥员分赴风气刚劲各处，厚给口食，逐细挑选"[③]，尤其不准招募曾经出入于防练各军的游勇溃卒，以杜绝旧军队积习的浸染。袁世凯公布《募兵告示》，明确宣示募兵的格式、饷章、规制、律令，其格式是：

①年限二十岁至二十五岁。

---

①张一麐：《心太平室集》卷七，民国三十六年印本，第 14 页。

②袁世凯：《拟定募练新章程请敕部立案折》（光绪二十八年正月十三日），《袁世凯奏议》（上），天津古籍出版社 1987 年版，第 435 页。

③《禀呈督办军务处练兵要则》，《新建陆军兵略录存》卷一，见来新夏主编：《中国近代史资料丛刊·北洋军阀》（一），上海人民出版社 1988 年版，第 44 页。

②力限平托一百斤以外。

③身限官裁尺四尺八寸以上。

④步限每一时行二十里以外。

⑤取具邻右保结。

⑥报明家口住址。

⑦曾吸食洋烟者不收。

⑧素不安分、犯有事案者不收。

⑨五官不全、手足软弱、体质多病及有目疾者不收。[①]

这一格式的规定表明袁世凯希望招募合格的士兵，以改变军队的素质。

(2)厚薪饷

袁世凯早在小站练兵时，就奏称："饷薄则众各怀私，丛生弊窦；饷厚则人无纷念，悉力从公。且威著于知恩，罚行于信赏。每届关饷，并简派妥员核实点发，营员不得经手，则上无侵蚀，下免纷纭，积习颓风，可冀力挽。"[②]过去清王朝只承担八旗、绿营的军费，而不承担后来新募湘、淮军的军费开支。但是这些"乡勇"部队，又是维护其政权所不可缺少的工具，所以只好允许湘、淮统帅们自行设法解决粮饷问题。因此湘、淮军头目们便采取办捐输、设厘金、抽货税或接受外省协助、私人捐款等权宜之计，来维护他们的军队。袁世凯的新建陆军与曾国藩、李鸿章的湘、淮军在这一点上大不相同，它的军饷根本不需自筹，而是由户部供应的，因此，没有财政上仰给于人和后顾之忧。

新建陆军的步队薪饷，在招募时规定：中选待齐之前，发小口

---

①《募兵告示》，《新建陆军兵略录存》卷一，见来新夏主编：《中国近代史资料丛刊·北洋军阀》(一)，上海人民出版社 1988 年版，第 46 页。

②《上督办军务处原禀》，《新建陆军兵略录存》卷一，见来新夏主编：《中国近代史资料丛刊·北洋军阀》(一)，第 22 页。

粮大钱每日100文。募齐开差后，小口粮每日发大钱150文，头目200文，有能粗通文意者，口粮照头目例；到营后，正头目月饷5两5钱，副头目5两；正兵4两5钱；伙夫3两5钱；长夫3两。米价在内，柴价在外①。其炮队、马队薪饷尚较步队为高。洋员(13人)月需4000两，翻译(13人)月需1000两。在旧军中，官弁层层克扣士兵薪饷，普遍引起士兵不满，甚至兵变。袁世凯很明白，要使军队忠于个人，主要是靠确实保障按月定期发给厚饷，再加之小恩小惠。他不许营员插手放饷，由饷局事先分别包好，按名册发放。发放时“传派营务官一二员前往各营监视发给，兵丁直接领饷”。袁世凯自以为这样可以“百弊不生”②。

袁世凯为了笼络军心，还在募兵告示中宣示了士兵伤病、死亡所能受到饷银的优遇，其规制是：

> 一、兵丁在营三年，因事请假者，给假三个月，并发三个月本饷。遇有征调，概不准假，俟差完补给。
>
> 二、兵丁积劳成病及打仗受伤者，医局诊治给药，分等优赏，仍支原饷。在营病故者，给埋葬银十两。阵亡者，赏恤二年本饷。③

袁世凯为了笼络部下，在新建陆军的章制中实行所谓“兼充制度”，即“统领以各分统兼充，分统以各营统带兼充，冀可省官节费”④，实际上袁氏却借此来控制其部属，凡是他认为顺从、可靠的将领便擢升兼充分统或统领。按照新建陆军章制，营统带兼充分

---

①《募兵告示》，《新建陆军兵略录存》卷一，见来新夏主编：《中国近代史资料丛刊·北洋军阀》(一)，上海人民出版社1988年版，第46页。

②沈祖宪等：《容庵弟子记》卷二，见来新夏主编：《中国近代史资料丛刊·北洋军阀》(五)，上海人民出版社1993年版，第36页。

③《募兵告示》，《新建陆军兵略录存》卷一，见来新夏主编：《中国近代史资料丛刊·北洋军阀》(一)，第47页。

④《新建陆军兵略录存》卷一，见来新夏主编：《中国近代史资料丛刊·北洋军阀》(一)，第22页。

统后，就可每月增加薪水银与办公费 284 两，分统兼充统领每月亦可增加薪水银与办公费 260 两。在新建陆军中，“标营排队诸长，虽干犯军纪，而阳撤其任，阴仍给以津贴，且得委为听差员，如遇出缺，仍得补还”①。由于各级军官的官禄升降都由袁世凯的喜怒而定，他们对朝廷的忠心很自然地转移到袁的身上，形成了对袁世凯个人的效忠和依附。

(3)育将校

培养新军将领，是清末编练新军的一大特征。新军编练前，李鸿章曾于光绪十一年(1885 年)，在天津创办北洋武备学堂，这是清末第一个新式陆军学堂。光绪二十一年(1895 年)，小站新建陆军吸收了一批武备学堂毕业生作为新建陆军军佐。

新军建立之初，全国创办的军事学堂，主要由袁世凯、张之洞、刘坤一等所把持。袁世凯在接练新军之始即上书军机大臣李鸿藻，提出“广设学堂，精选生徒，延四人著名习武者为之师，严加督课，明定官阶，数年成业”的建议②，于光绪二十二年(1896 年)在小站办起德文、炮队、步队、马队四所随营学堂，统称“随营武备学堂”。当年初，袁世凯在正兵内考取“粗通文字者二百三十余人”，以 80 人学炮兵，80 人学步兵，24 人学骑兵，50 人学德文，于四月初一日一律开学。各学堂均聘请德国军官担任总教习，由段祺瑞担任学堂总办兼炮科监督。规定学习期间两年，毕业生除学德文准备去德国留学外，其余都“选充官弁”。学生每季大考一次，监考官、阅卷官和巡查官都由袁世凯亲自派定，一切规矩如同科场，优等者加薪受奖。为了收买人心，袁还从自己每月的薪金中取出三分之一(200 两)作为奖学金。“随时发给，不再另请开支”③。从这

①漱江浊物编：《段祺瑞秘史》，信史编辑社 1923 年版。

②《袁世凯致李鸿藻函》(光绪二十一年四月十三日)，中国史学会编：《中国近代史资料丛刊·中日战争》(五)，上海人民出版社 1957 年版，第 218～219 页。

③《请设学堂原禀》，《新建陆军兵略录存》卷一，见来新夏主编：《中国近代史资料丛刊·北洋军阀》(一)，上海人民出版社 1988 年版，第 39 页。

四所学堂中，袁培养出一批军官，如靳云鹏、贾德耀、傅良佐、吴光新、曲同丰等。这些人后来都成为北洋政府的显要，而与主持学堂教务的段祺瑞始终保持一种密切的僚属关系。后来，从这批军官中又挑选一些人送到日本留学，其中著名者有孙传芳、张士钰、张树元、刘询、陈乐山、曾子彦等。

袁世凯还很注重官兵的在职教育，光绪二十二年(1896 年)五月初六日开办讲武堂，专门抽调在职的哨官和哨长学习，规定步队五营各哨官长三人，每日轮调一人来讲武堂“听讲行军攻守各法”，由王士珍、孙鸿甲等“认真讲解，切实考询”。另设学兵营集中练步兵操法，每期 1 至 3 个月。第一期选拔各棚正副头目。从第二期起，每期一营选送正兵 60 名入学，所挑学员“均须年在二十内外，性体灵敏结实，兼能粗识文字者为尤佳”，并在五月十四日前选竣。受训后仍回本营，备将来官弁头目之选①。

袁世凯随营学堂的教育思想，以洋务派的“中学为体，西学为用”为方针。学堂规定忠君、尊孔，禁止进步思想；军事上采用外国技术，照外国典章授以高等兵学，以仿日本、德国为主。

袁世凯编练新军，一开始就把培养将领和笼络死党放在特别突出的地位。他认为，“千军易集，一将难求”。他物色的将领，一部分是宿将，一部分是武备学堂毕业的学生，诸如姜桂题、杨荣泰、龚元友、吴长纯、徐邦杰、任永清、梁华殿等人，皆隶麾下；陈光远、王占元、张怀芝、何宗莲、马龙标、雷震春、王英楷、吴凤岭、赵国贤、田中玉、孟恩远、陆建章、曹锟、张勋、段芝贵等，均属偏裨；徐世昌、阮忠枢亦在幕中参谋营务，以及号称“龙”、“虎”、“狗”的北洋三杰：王士珍、段祺瑞、冯国璋也都乐于为他所用。

光绪二十八年(1902 年)至三十四年(1908 年)间，清政府仅向日本派遣的陆军学生就“不下一千人”。这些人毕业回国后被派到

---

①《讲武条规》、《重选学兵》,《新建陆军兵略录存》卷二，见来新夏主编：《中国近代史资料丛刊·北洋军阀》(一)，上海人民出版社 1988 年版，第 88、106 页。

新军充任高级军官或学堂教习。后来不少人成了军阀，个别人当了汉奸，也有些人参加了资产阶级革命。光绪二十八年，袁世凯从武备学堂第三届毕业生中选送55名学生派赴日本陆军学校深造。北洋新军以及山西、河南、山东等省新军的将领，绝大多数是袁世凯的学生，具有浓厚的北洋派系观念。

(4)精装备

袁世凯很注重新军的武器装备，如果仅仅加强士兵的素质教育而没有新式武器也是难以进行战斗的，所以新建陆军的武器，全部是由国外购进。炮兵装备德国克虏伯厂出的五十七厘米过山炮和七生特半陆路炮等。步兵使用奥国造的曼利夏步枪。骑兵使用曼利夏马枪和战刀。军官一律配带六响左轮手枪和佩刀。除规定装备的武器外，官兵均不准携带私人武器。并订立若干有关维护武器的规定。对各官及兵丁军衣鞋袜也作了具体规定：

> 一、领哨各官长凡到操场及因公出营，与兵丁服色均须一律黑色，不许参差。
>
> 二、领官、哨官不许着厚底靴鞋。纯用黑色，不许参杂。由各统带酌定官靴式样，均须一样。
>
> 三、哨长头目均须用黑色山底快靴鞋，概不许着官靴鞋，以资利便。
>
> 四、兵丁均须着长脸山底黑布靴，不许参用杂样杂色。着袜亦须一色。
>
> 五、在营军衣均须窄小，尤须大众一律。其有应行着带各件，均由各统带商同酌定，毋许参差。①

(5)严训练

袁世凯在固结派系核心力量的同时，对新军的训练也比较严

①《新建陆军兵略录存》卷二，见来新夏主编：《中国近代史资料丛刊·北洋军阀》(一)，上海人民出版社1988年版，第122页。

格，以求掌握一支在争夺权力过程中能发挥“强力”的武装。徐致靖在《密保练兵大员疏》中曾对新军的训练有过如下的描述：

> 臣闻新建军之练洋操也，精选将弁，严定饷额，赏罚至公，号令严肃。一举足则万足齐发，一举枪则万枪同声。行若奔涛，立如植木，而且设为两军伪攻，出奇诱敌之形，进退机宜，随时指授。故其兵士无日不经操练，无日不经讲究，虽在驻军，如临大敌。暇则取战阵形势，枪炮用法，以及激发忠义诸歌诀，俾各兵弁熟诵。①

这种记述固然充满夸大溢美之辞，但也说明袁世凯为培植将弁和统率私人武装势力用尽了心机。

同时，袁世凯还制订了一套森严的军法军纪。他在《募兵告示》中，宣布了新军的律令：

> 一、强奸民女者，斩。
> 二、擅取民物者，斩。
> 三、聚众哄斗为首者，斩。
> 四、沿途逃亡者，斩。
> 五、强买民物者，插耳箭。
> 六、行路离伍者，责。②

在入营后，又订立详尽律令，申明军纪，如《行军暂行章程》、《操场暂行章程》、《兵丁驻扎营内章程》、《简明军纪廿条》和《查拿逃兵法》等，涉及训练、行军、宿营各个方面；对“结盟立会，造谣惑众”和“遇差逃亡，临阵诈病”，都要问斩，逃兵一月无下落就追究家

---

①中国史学会编：《中国近代史资料丛刊·戊戌变法》(二)，神州国光社1953年版，第338页。

②《新建陆军兵略录存》卷一，见来新夏主编：《中国近代史资料丛刊·北洋军阀》(一)，上海人民出版社1988年版，第47页。

属。袁世凯用这种峻法严密地控制其队伍[1]。

袁世凯针对新兵多不识字的特点，特编制了《劝兵歌》，向士兵灌输封建忠孝思想，作为士兵的生活规范，歌词的内容如次：

谕尔兵，仔细听：
为子当尽孝，为臣当尽忠。
朝廷出利借国债，不惜重饷来养兵。
一年吃穿百十两，六品官俸一般同。
如再不为国出力，天地鬼神必不容。
自古将相多行伍，休把当兵自看轻。
一要用心学操练，学了本事好立功。
军装是尔护身物，时常擦洗要干净。
二要打仗真奋勇，命该不死自然生。
如果退缩干军令，一刀两断落劣名。
三要好心待百姓，粮饷全靠他们耕。
只要兵民成一家，百姓帮忙功自成。
四莫奸淫人妇女，那个不是父母生？
尔家也有妻和女，受人羞辱怎能行。
五莫见财生歹念，强盗终久有报应。
纵得多少金银宝，拿住杀了一场空。
六要敬重朝廷官，越分违令罪不轻。
要紧不可说谎话，老实做事必然成。
七戒赌博吃大烟，官长查出当重刑。
安分守己把钱剩，养活家口多光荣。
你若常记此等话，必然就把头目升。
如果全然不经意，轻打重杀不容情。

---

①《简明军律》，《新建陆军兵略录存》卷三，见来新夏主编：《中国近代史资料丛刊・北洋军阀》(一)，上海人民出版社 1988 年版，第 127～128 页。

一篇劝尔要紧歌，务必字字记的清。[1]

袁世凯在训练操法上，改变了旧的一套办法，而主张改用“洋法”、“练洋操”。他多次“劝谕将领讲习西法”[2]，然而他认为要练洋操，“非借用西官，则办理必仍有名无实，虽练一如未练也”。只有聘用西方人士，那才能在几年之内练成几支劲旅。因此，袁世凯通过中国驻德公使，聘用了十余名德国军官，充当新建陆军的教习，还专门成立了教习处(后改名洋务局)。教习处的头目巴森斯，负责全军的训练和作战演习。袁对他十分信任，言听计从，演习时和他各带一军，互相攻守。操场稽查施壁士和伯罗恩，负责操场训练，袁每至操场校阅，都依靠他两人指点。此外，礼节兼军械稽查魏贝尔、炮兵教习祁开芬、骑兵稽查兼教习坚固德、德文教习慕兴礼、号兵乐队总教习高士达等都各稽查一方面。由这些洋教习定出各种规章制度，又由他们监督实行。新建陆军的技术训练，主要就是在这些洋教习的指挥下进行，从而形成了新建陆军的生存、发展与西方列强在一定程度上具有一种依附关系。

(6)结团体

新建陆军和湘、淮军的政治思想基础是一脉相承的，但新建陆军的封建性达到了新的阶段。新建陆军将领的选用，更加赤裸裸地采用金钱收买、拜义父、讲师生、拜把兄弟、结儿女亲家、封官许愿、小恩小惠、安插亲信等种种手法，培植死心塌地的爪牙，造成“兵为将有”的事实。袁世凯网罗了根本不懂军事的自己的拜把兄弟徐世昌为第一号亲信，兼管营务处，任命武备学堂出身的王士珍、段祺瑞、冯国璋、何宗莲、杨善德、王占元、李纯等分别任马步炮工辎营哨各官。同时，又提拔了一批小站旧人，如曹锟、卢永祥、段

①《新建陆军兵略录存》卷四，见来新夏主编:《中国近代史资料丛刊·北洋军阀》(一)，上海人民出版社1988年版，第150页。

②《劝谕将令讲习西法》,《新建陆军兵略录存》卷四，见来新夏主编:《中国近代史资料丛刊·北洋军阀》(一)，第146页。

芝贵等,委任领官、统带等职务;对被“革职永不叙用”的甲午败将如张勋、姜桂题、倪嗣冲、田中玉、孟恩远等,也委为新军将领。这些人不全是什么军事家,只是“忠诚可靠”的奴才。新建陆军完全承袭并大大发展了私人军队的性质。吴虬在所著《北洋派之起源及其崩溃》一书中,曾指出其弊病,说:“北洋军人,多系卵翼于袁世凯,才质驽下者居多,对上只知服从,不敢有所主张,盖北人对长官之忠,非发于公的意识,全基于私的情感,服从之外,更有‘报恩’的观念,牢不可破。”①

袁氏练兵处广招封建文人,对弁兵讲述“经史大义”,灌输“忠君”、“尽孝”等封建思想。“凡兵丁入伍之初,必须择忠义要旨,编辑歌诀,由将弁等分授讲解,时常考问”②。灌输“袁大人是我们的衣食父母,我们要为袁大人卖命”。要求士兵守营规、勤操法、奋果敢、卫良民、怀国耻、惜军械、敬长官、崇笃实、知羞恶等等,核心就是要把士兵驯服成效忠舍命的工具和奴才。袁并指使其死党,在各营房里供设他的“长生禄位”,每天强命士兵叩头行礼,以养成“只知有袁宫保,不知有大清朝”的心理,把新建陆军的全体官兵固结在袁世凯的周围,形成一种以封建关系为纽带的特殊团体,也就是北洋军阀集团中一直盛称的“北洋袍泽”关系。

## 四、北洋三军的来历

### 1.“北洋”的由来

“北洋”一词在鸦片战争前即已出现,当时它与“南洋”并称,都是一种地域观念。嘉道时经世学者包世臣曾说:

---

①来新夏主编:《中国近代史资料丛刊・北洋军阀》(一),上海人民出版社 1988 年版,第 966 页。

②《大清光绪新法令》第十四册,清刻本。

出吴淞口,迤南由浙及闽粤,皆为南洋;迤北通海山东、直隶及关东,皆为北洋。①

但鸦片战争后,特别是19世纪60年代以后,"北洋"更具有特殊的含义了。从19世纪40年代到60年代之间,外国侵略者曾连续对中国发动两次鸦片战争,以求建立他们在中国的统治地位。但在第二次鸦片战争后,情况有所不同,"英、法、美各国皆一变其方针,咸欲为北京朝廷借兵力以助戡乱"②;清政府也向外国侵略者表示了进一步卖国投降的意向,不仅拱手让与各项权利,而且于咸丰十一年(1861年),在中央设立了专为外国侵略者服务的总理各国通商事务衙门,目的是为了适应半殖民地化形势发展的要求,任务是办理殖民外交。同时管理通商、海防、军务、关税、铁路、开矿、制造军火等务,实际上总揽了整个"洋务"事宜。又为了便于能就地为外国侵略者服务,而设立了"南洋"、"北洋"大臣。南洋大臣由两江总督兼任,掌管上海与长江各口以及闽、粤、浙三省;北洋大臣由直隶总督兼任,专管北方各省。所谓"南洋"、"北洋",实含有为外国侵略者服务的意义,是清政府统治机构半殖民地化的表现和明证。

二者之中,"南洋"虽然形成于以刘坤一为首的湘系军阀势力和以张之洞为首的自强军系军阀,但因清廷往往利用湘、淮两系以及自强系与湘、淮系之间的矛盾,以操纵平衡,表面上对各系的重要人物都加以重用,但作法上却屡次更换两江、湖广总督,不是由某一派系长期把持,所以"南洋"没能形成一种左右全国局势的集团势力。在北方,北洋大臣兼直隶总督的位置,近在京畿,地位重要,而从同治九年(1870年)至光绪二十七年(1901年)间,却一直由李鸿章担任,有三十余年没有变动。所以北洋军阀的历史,可以追溯到曾国藩、李鸿章为首的湘、淮系军阀。它们是近代地主阶级

---

①包世臣:《海运南漕议》,见《安吴四种·中衢一勺》,清刻本。

②梁启超:《李鸿章》,《饮冰室文集》卷四〇。

以办团练起家、镇压太平军和捻军的产物，充满了封建性；而在镇压农民起义中，又和外国侵略者勾结起来，从而带上了买办性。近代军阀的许多特点，湘、淮军阀已初步具备了。

太平天国起义失败后，外国侵略者在对清王朝进行侵略战争共同镇压人民起义的过程中，发现了一条新的侵略规律。他们开始认识到，在中国物色一个"强力"的人物作他们的代理人，加以扶植和支持，比自己直接进行侵略战争有利得多。于是他们的目光开始集中到像李鸿章、袁世凯那样具有政治和军事实力的人物身上。

当时英国人戈登曾推崇李鸿章是"中国近代最著名的政治家兼军事家"，主张"在李鸿章与其他满清官员竞争的时候，英国政府支持他将是最好的政策"①；由于帝国主义与清政府的特殊关系所构成的共同支持而使他得到实权，他的权力甚至已经达到"中外系望，声名在政府上"的程度②。从 19 世纪 60 年代到 90 年代，李鸿章便一直在外国侵略者扶植下，掌握着内政、外交和经济实权。他办了一些"洋务"来维护清朝的统治，同时也出卖了大量主权来报答帝国主义的扶植。

李鸿章所进行的"洋务"活动，在中法、中日战争中暴露了它虚弱的真相而宣告破产。他的政敌便利用战败为口实对他进行抨击，以动摇他的政治地位和权势。李鸿章淮系势力显然在趋向没落。帝国主义便毫不吝惜地抛开这个工具，去寻找新的接替人。在南方，他们已找到像张之洞一类的现成人物；在北方，恰好清政府准备要袁世凯督练新建陆军。袁世凯的政治机智和经历，已受到帝国主义的青睐（日本侵略者伊藤博文曾对他十分赞赏），帝国主义尤其看中了他手中掌握着一支新建陆军，便扶植他作为新的代理人。

甲午战争后，袁世凯接替胡燏棻，继续在小站地方，以天津北

①《戈登在中国》，见王崇武等译：《太平天国史料译丛》（四），神州国光社 1954 年版，第 161、245 页。

②《清史稿・李鸿章传》，中华书局 1977 年版。

洋武备学堂学生和小站旧人为官佐，按照外国陆军的操式进行练兵，适应了封建势力和帝国主义的需要，这就是北洋军阀的由来。

### 2. 新建陆军的归属

袁世凯接手新军编练事宜后，在帝国主义支持下，新建陆军发展很快，而袁世凯的个人地位权势也随着这支武装力量的发展而迅猛扩大。在不到十年的时间，袁世凯从一个中层官吏（道员）一跃而爬上与李鸿章前后媲美的地位，成为当时权倾中外的军事集团的首脑和帝国主义瞩目的人物，积极地进行着一系列发展一己、争夺权力的活动。而新建陆军一开始就为袁世凯的这种“事业”奠定了一块主要的基石。

当时与袁世凯同在京畿驻军的还有董福祥的“甘军”和聂士成的“武毅军”。

董福祥（1840～1908 年），甘肃固原人。同治初，拥兵十余万，参加陕甘回民起义，后归降左宗棠。光绪初年，在进军西北时，屡立战功。光绪二十二年（1896 年）调任甘肃提督，镇压回民起义。次年，率甘军调防北京。后因在义和团运动中受荣禄指使，制造杀死德、日外交官事件，被革职家居，抑郁以终。

聂士成（？～1900 年），安徽合肥人，淮军将领，曾参与镇压太平军、捻军。中法战争时曾率军赴台抗法。甲午战起，抗击日军有功，晋任直隶提督。光绪二十二年（1896 年），“聂士成于直隶驻防淮军内选练马步队三十营，仿德国营制操法，编为武毅军”①，防护京城。光绪二十六年（1900 年）在津抗击八国联军，血战牺牲。

光绪二十四年（1898 年）五月，慈禧太后为阻止光绪变法，扼杀维新运动，于十四日授荣禄为文渊阁大学士，次日即实授为直隶总督兼北洋大臣，兼管在京畿驻军的董福祥的甘军、聂士成的武毅军和袁世凯的新建陆军，统称为“北洋三军”，隶属于荣禄。北洋军

---

①《清史稿·兵志三》，中华书局 1977 年版。

阀所使用的“北洋”名称就从此开始。

### 3. 袁世凯在权力道路上的起步

袁世凯编练新军过程也并不是一帆风顺的。就在新建陆军成立刚几个月，“津门官绅啧有烦言，谓袁君办事操切，嗜杀擅权，不受北洋大臣节制”①云云。光绪二十二年(1896年)四月间，清廷以监察御史胡景桂参奏袁世凯“崇尚虚文，营私蚀饷，性情谬妄，扰害一方”②等等过错，特派兵部尚书荣禄驰津查办。袁世凯获悉自己被弹劾，清廷即将派人来查办的信息后，内心也异常惶惧，在致徐世昌的函中即说：“两旬来心神恍惚，志气昏惰，所有夙志，竟至一冷如冰。”③

荣禄奉谕查办袁案，即偕随员陈夔龙赴津。当时任直隶总督的王文韶，“传令淮、练各军，排队远迓，旌旗一色鲜明，颇有马鸣风萧气象”。等到驰往小站，“该军仅七千人，勇丁身量，一律四尺以上，整肃精壮，专练德国操。马队五营，各按方辨色，较之淮、练各营，壁垒一新，文忠(荣禄)默识之”。荣禄似乎已看到这支武装将是一张攫夺权力的王牌，有笼络袁世凯的意图，与陈夔龙反复研究，想“保全”袁世凯，终于决定上一道“乞恩姑从宽议，仍严饬认真操练，以励将来”的奏折④。

光绪二十二年五月十一日(1896年6月21日)，荣禄在其《据实复奏折》中不仅把胡景桂所参各款“查明均无实据，应请勿庸置议”，并吹捧袁世凯为：“查该道员血性耐劳，勇于任事，督练洋操，

---

①陈夔龙：《梦蕉亭杂记》卷二，见来新夏主编：《中国近代史资料丛刊·北洋军阀》(一)，上海人民出版社1988年版，第1028页。

②《大清德宗景皇帝实录》卷三八九。

③《袁世凯致徐世昌函》(光绪二十二年五月三十日)，见《近代史资料》1978年第2期。

④陈夔龙：《梦蕉亭杂记》卷二，见来新夏主编：《中国近代史资料丛刊·北洋军阀》(一)，第1028页。

选拔精锐，尚能不遗余力，于将领中洵为不可多得之员。”①

当天，清政府即根据荣禄的复查报告，对袁世凯慰勉有加，上谕中说：

> 新建陆军督练洋操，为中国自强关键，必须办有成效，方可逐渐推广。袁世凯此次被参各款，虽经荣禄查明，尚无实据。惟此事关系重大，断不准徒饰外观，有名无实，为外人所窃笑。袁世凯勇往耐劳，于洋操情形亦尚熟悉，但恐任重志满，渐启矜张之习。总当存有则改之，无则勉之之心，以副委任。至委员太多，则用费太滥，尤宜严加审择，勿涉虚縻。②

荣禄的这次庇护，对袁世凯的一生给予了极重要的机遇。慈禧与光绪甚至计划亲往天津检阅这支或可支撑危局的“劲旅”。光绪二十三年(1897 年)六月底，袁世凯被补授为直隶按察使，仍负责练兵事宜。从此，袁世凯一方面感戴荣禄的恩遇，并借他的庇荫而腾达；另一方面，他尽力追求洋人的赞誉，以抬高新建陆军的地位。袁世凯特意邀请一些外国侵略分子不断到小站“观操”，以博取声誉，“俄国、日本提督等官，前往观操，动色叹服，或诧其军容之盛，或共幸其兵数之单”③。光绪二十四年(1898 年)八月，英人贝思福(L. C. Beres Ford)以来华调查商务为名，实则奉命到京津各地调查军情。贝思福在观看了新建陆军的操练和演习后，在回国后所写的《保华全书》中，盛赞新建陆军“操法灵熟，步伐整齐，以及旗帜之鲜明，号衣之整洁，莫不楚楚可观”；并竭力吹捧袁世凯“以儒生而为名将，多学多能，亦廉亦勤，聪明胆识，兼而有之”，“忠君

①荣禄：《为尊旨查明督练新建陆军道员袁世凯被参各节据实复奏折》(光绪二十二年五月十一日)，见《军机处硃批奏折》。

②《大清德宗景皇帝实录》卷三九〇。

③徐致靖：《密保练兵大员疏》，见中国史学会编：《中国近代史资料丛刊·戊戌变法》(二)，神州国光社 1953 年版，第 338 页。

爱国之心，溢于言表”，等等①。袁世凯在海内外的佳评美誉下，更为顺利地向权力的高峰攀进。

# 第三节　武卫右军的组建

## 一、袁世凯与戊戌变法

### 1. 变法运动的兴起

19 世纪 60 年代以来，维新思潮兴起发展，出现了一些如《校邠庐抗议》和《盛世危言》等宣传维新思想的著述，但还停留在一般言论上。直至 80 年代后期，维新思想蓬勃发展，激励着一些代表资产阶级利益的改良派人物，开始采取正式行动。光绪十四年(1888 年)十月初八日，改良派首脑人物康有为，在中法战争屈辱失败，民族危机日益严重的历史条件下，向清朝政府第一次上书，提出了变法要求，阐述了变法的必要性，以达到“内修政事”的目的，可惜这次上书被朝廷顽固势力所阻格，未能上达，反而受到嘲笑和攻击。不过，康有为在这一次上书活动中开始与朝廷中倾向改革和变法的帝党人物有所接触，为日后的变法活动铺垫了道路。

清政府在甲午战争中的失败，使中国面临瓜分豆剖的危机，震惊了举国上下，特别是知识分子群，继承了中国知识分子强烈的忧患意识传统，纷纷发表了激烈言论，反割地、反订约的呼声遍及全国，如四川涪州人邹增祜在所写的《和约定议感慨》一诗中指斥说：

①《保华全书》卷三，1899 年上海广学会刊。

"元戎甘割地，上将竟投戈"，"向来无一策，富贵只求和"。①

像这类内容的诗文到处流传，后来有人集《普天忠愤集》一书时，略详于中日战争，从其诗文中，可以较完整地看到当时的民情激昂。

在这些反对声中，康有为的公车上书成为一桩轰动一时的大事。光绪二十一年（1895 年）是乙未年全国举人至京会试的年份。广东举人康有为在前此鼓吹变法的基础上，于四月初八日借各地举人赴京应试的机会，联合各省举人 603 人（关于公车上书的举人数说法不一，康梁的一些著述中都记为一千二三百人，甚至有 3000 人上书之说，均不确切，据《公车上书记》的正式题名者为 603 人），向清政府公开提出变法主张。

这次联合行动是各省举人的联合请愿，是康有为的第二次上书。因为习惯上举人上京多随着地方官署清报财务的交通工具赴京，所以把这次上书称为"公车上书"。"公车上书"提出了三项"权宜应敌之谋"，六项"富国之法"。权宜应敌之谋是"下诏鼓天下之气"、"迁都定天下之本"、"练兵强天下之势"。富国之法是钞法、筑路、制造机器、轮舟、矿务、铸银和邮政。这次上书提出了变法的具体要求，以后的几次上书，其中心内容都未出此范围。光绪二十一年（1895 年）五月初六日的《上清帝第三书》中提出了富国、养民、教士、练兵四项自强雪耻之策。特别强调了练兵之策，提出了六项具体措施，即：汰冗兵而合营勇、起民兵而立团练、练旗兵而振满蒙、募新制以振器械、广学堂而练将才和厚海军以威海外。

这份《上清帝第三书》得到了光绪帝的"御览"，使光绪帝为之动容，他命阁臣誊副三本：一送慈禧；一留乾清宫，备自己阅览；一发各省将军督抚议论。光绪帝的变法决策可能即定于此时，闰五

①鲁阳生（孔广德）：《普天忠愤集》卷一一，光绪二十一年石印本。

月初八日的《上清帝第四书》虽然又陈述多项变法措施，可惜受到旧势力的阻碍，未能上达。

康有为在上书的同时，在京沪等地积极开展维新变法运动。他组织"强学会"，作为推行变法的团体；又创办《万国公报》、《中外纪闻》、《强学报》等等，宣传鼓吹变法，制造变法舆论，推动变法行动。

光绪二十四年(1898 年)四月十三日、十九日，康有为先后代杨深秀、徐致靖、宋伯鲁等拟上《请定国是而明赏罚折》、《请明定国是疏》和《请讲明国是正定方针折》，他自己也上了《请告天祖誓群臣以变法定国是折》。接连的奏疏敦促光绪帝尽快决策变法。四月二十三日，光绪帝即据这些建议通过军机会议，"下诏定国是"，决定变法，并推行若干新政，史称"戊戌变法"。

### 2. 帝党后党的政争

甲午战前，清朝政府内部已存在帝党与后党两派政治势力；甲午战争时期，他们分别以主战主和的面目出现。战后，以光绪帝为首的帝党势力渐有骎骎乎凌驾以慈禧为首的后党势力之上。在推动变法运动时，两派的政见已明显分歧：帝党支持、推行变法，后党则阻碍、破坏变法。光绪二十四年(1898 年)，在整个变法过程中，两派进行了四次政治性的斗争。

第一次是四月二十七日(6 月 15 日)，帝党翁同龢的被黜退和后党荣禄的被引进。荣禄被任命署直隶总督，统率京畿军事力量：董福祥的甘军、聂士成的武毅军和袁世凯的新建陆军，统称为北洋三军，后党掌握了军事实权。

第二次是五月初二日(6 月 20 日)，帝党宋伯鲁、杨深秀奏劾后党礼部尚书、总理各国事务大臣许应骙"庸妄狂悖，腹诽朝旨"、"守旧迂谬，阻挠新政"。许应骙在回奏中，掩饰所参各节，肆意攻击康有为等，但遭到光绪帝应"与各堂官和衷商榷"的斥责。帝党取得了反击后党的胜利。

第三次是五月十九日(7 月 7 日)，后党御史文悌参劾康有为，并响应和支持许应骙对帝党参劾的言论，结果文悌遭到斥退，这是后党对帝党的一次反攻，但遭到失败。

第四次是七月十九日(9 月 4 日)，后党礼部尚书怀塔布、许应骙因奏劾帝党王照被革职，同时还有左侍郎堃岫、署左侍郎徐会沣、右侍郎溥颋、署右侍郎曾广汉四人，“均着即行革职”，一次有六大臣同时革职。次日，帝党杨锐等四人被引进。帝党取得显著胜利，后党一时表面上缄默①。

这四次斗争都在百日维新期间，看来变法活动在紧锣密鼓地推进，后党则暗地策划，积极准备，密谋政变，终于在八月初六日发动政变，囚禁光绪，杀害变法者，慈禧重出主政。从光绪二十四年四月二十三日(1898 年 6 月 11 日)诏定国是至八月初六日(9 月 21 日)间的“百日维新”，终于以后党发动政变而结束。戊戌变法以遭受血洗而失败。

### 3. 袁世凯对戊戌变法的两面手法

袁世凯的仕途阶梯，除“大奸大窃，其貌每大忠大信”这种标准的两面手段之外，其他的权术阴谋仍然是中国封建权贵的老一套，无非是平衡术、互相监视术、喜怒不测和翻云覆雨等等。

光绪二十一年(1895 年)五月，康有为、梁启超等改良派在北京进行维新变法活动，袁世凯曾阳借“赞助”之名，阴行控制之实，以便将维新运动纳入他攫取权力的范围之内，参加了康、梁发起的“强学会”。康有为的万言书，就是袁世凯为他代递督办军务处的，因荣禄不收而被退回。七月初，袁世凯同康、梁等人一起开强学会，“即席约定，各出义捐，一举而得数千金”②。袁氏也捐五百金入会。

袁世凯参加强学会，与康、梁等改良派接近，引起了顽固派对

---

①参阅汤志钧:《戊戌变法史》，人民出版社 1984 年版，第 411～415 页。
②《梁任公先生年谱长编初稿》(油印本)，第 26 页。

他的疑心。这也是由御史胡景桂出面参劾袁世凯，由荣禄到天津小站查办的原因之一。但因袁世凯出任新建陆军督练的实际“疏荐”人是荣禄，并且荣禄也看中袁世凯在争夺权力时的可利用性，所以查办的结论是“均无实据”，不仅如此，反受表扬。不久，袁即被提升为直隶按察使，专管练兵事宜。

袁世凯看到当时康、梁正在得势，便一方面与“强学会”拉关系，并派徐世昌四处活动，得到光绪的谕召，赏以候补侍郎衔；另一方面又遍访后党，向后党大臣刚毅、王文韶等人通风报信，取得后党谅解。

改良派误认为袁世凯及其新建陆军有可能作为自己的靠山，并借其武装谋杀荣禄，拥护光绪帝，以推行新政，于是派徐仁铸到小站试探。袁世凯当着徐的面吹捧康有为，并表示对光绪皇帝的“忠心”。于是，康有为便向光绪帝推荐袁世凯。光绪二十四年(1898 年)七月二十六日，袁奉上谕进京陛见。八月初一光绪帝召见，详询练兵事宜，夸奖几句，并以侍郎候补，以示笼络。袁探听风声，了解内情，断定光绪帝和改良派是软弱无力的，而西太后却是有力量的。第二天，光绪帝再度召见袁世凯，要他与荣禄以后各办各事，互不掣肘。言外之意，他完全可以不买荣禄的账了。初三日，由于形势对维新派人物愈益不利，光绪帝即命林旭送出密诏，要康有为等人迅即离京出走。康有为等人为谋挽救局势，决定由谭嗣同密访袁世凯，出示光绪帝密诏，通报政变计划，要求袁世凯在天津阅兵时发动政变，举兵勤王，杀荣禄，戮后党，恢复光绪帝的权力。袁世凯当面应允，但是，他观察了近畿已被慈禧、荣禄密布了近 14 万人的重兵，而自己兵不及万，羽毛未丰，而从小站起兵赴京，要经过重重阻碍，没有充分成功的把握，所以不敢轻易孤注一掷，而采取静观事变，保持缄默的态度。八月初六日晚，袁世凯从杨崇伊处获知慈禧将再出训政和准备捉拿维新派的消息后，惊恐万状，为保全自己并洗刷与维新派的干系，于是背信弃义，即通过荣禄向西太后告发，推波助澜，致使戊戌变法陷于惨重的失败。

袁世凯插足维新运动,又以叛卖手段,博得西太后的赏识,换取了功名富贵。荣禄为袁增兵两千酬功。这2000人经过训练后分补各营,袁的兵力至此拥有9300人,大大地增加了争逐的实力,北洋军阀的军事力量得到扩充。光绪二十五年(1899年),他又以"才堪大用"先被提升为山东巡抚,后又升署直隶总督兼北洋大臣。袁世凯由此开始飞黄腾达,成为近代中国社会政治舞台上横行达二十余年的风云人物。

## 二、武卫军的组建

### 1. 荣禄与武卫军

光绪二十四年(1898年)戊戌政变以后,慈禧为对荣禄与袁世凯酬功,给以优厚的"恩遇"。八月初十日,荣禄奉命晋京,商讨政事,乃命袁世凯暂行护理直隶总督及北洋大臣事务[①]。十三日,荣禄被任命为军机大臣,补授裕禄为直隶总督,兼充办理通商事务北洋大臣,但在上谕中特别著明:"所有北洋各军,仍归荣禄节制,并著裕禄帮办"。二十六日,又颁一道上谕,对荣禄的军权作了进一步的明确,上谕中说:

> 现当时事艰难,以练兵为第一要务,是以特简荣禄为钦差大臣,所有提督宋庆所部毅军,候补侍郎袁世凯所部新建陆军以及北洋各军,悉归荣禄节制,以一事权。该大臣务当统率有方,认真督练,随时稽复,毋稍疏懈,俾各军悉成劲旅,用副朝廷整饬戎行至意。[②]

至此,清政府的军政大权,集于荣禄一身,荣禄的权势炙手可

①《大清德宗景皇帝实录》卷四二六。
②《大清德宗景皇帝实录》卷四二八。

热，这就不能不引起袁世凯进一步投靠荣禄以谋求更大利禄的欲念。袁世凯遂以驻直隶的毅、甘、武毅、新建陆军四军互不统属，不能联络一气为理由，建议合编为武卫军，由荣禄统领，并由荣禄另募万人作为亲兵。十月，荣禄在实际的政争中也认识到军事实力的重要，于是决心把自己统率的几个军编练成武卫军。武卫军分前、后、左、右、中五个军。中军招募八旗旗丁1万人，组成后，驻扎北京南郊的南苑，由荣禄兼领。前军是直隶提督聂士成的武毅军，驻扎在天津附近的芦台，兼顾大沽、北塘，扼守北洋门户，兵额约有1.3万人，受到德国洋员的训练，武器装备也较好，只是军纪较差。后军为甘肃提督董福祥统率的甘军，多数为回民，约有1万人，驻扎蓟州，并担任通州一带防务。左军为四川提督宋庆统率的毅军，实际兵额约有万人，驻扎山海关内外，以防东路。袁世凯的新建陆军被编入"武卫右军"，名为7000人，实际上已由荣禄允准增募3000人，共有万人，是五支军队中最好的一支，驻防天津小站，扼西南要道。

武卫军的组织与军需机构模仿袁的新建陆军，根据德国制度而又作了某些改变。它的营制是，五军中的各军均各有八营——5个步兵营，另加骑兵、炮兵和工兵各1营。另外，每军还附设一训练营。每营有250人为一队的4个队，不过据说仅袁世凯的右军和荣禄的中军才照此编制。其他单位的绝大部分都保存着它们的老机构。由于新军现有的武器和军用物资不足，特令江南机器局拨给新式快枪3000支和一些快炮①。

武卫军不仅是一个特为保卫京畿和慈禧的中央集权而建立的兵团，而且它和地方军队不同，是由户部供给给养的。它的根据是光绪二十四年十月二十四日慈禧特发的"懿旨"，其中说：

所请将提督宋庆等所部，分为左右前后四军，扼要驻扎，

①文公直：《最近三十年中国军事史》第一卷第一章，上海太平洋书店1930年版；《清史稿·兵志三》，中华书局1977年版，第38页。

布置尚属周妥。其自请另募中军万人,择地安营,督率训练,均著准行。所有新军饷项,除将添练新建陆军饷银四十万两拨充外,不敷之数,准由各省拨解福建船厂经费项下动用。至宋庆等各军,拱卫近畿,所关至重,必使饷需无缺,方足以资饱腾。着户部仍按前指拨的款,严催各省关迅即如额协解,倘有任意延宕拖欠,即由该大臣指名严参。北洋、淮、练各军合计尚有三万余人,若任其窳惰,以有用之饷,养无用之兵,殊为可惜,即著裕禄体察情形,认真裁并,仍归荣禄督饬操练,随时调遣。现当时事艰难,以练兵为第一要务,该大臣责无旁贷,务当实心讲求,俾各军悉成劲旅,以副朝廷整军经武之至意。①

慈禧的这道"懿旨"非常重要,它是荣禄集中权力的依据。"懿旨"中规定武卫军的编练与经费,各军军费均由户部指拨,不足还可动用其他款项。武卫军以外北洋所属淮、练各军虽由直隶总督裕禄整顿,但仍归荣禄"督饬操练,随时调遣"。清政府核心地区的命运已全部掌握于荣禄之手。是时,袁世凯仍在不断鼓吹其练兵、筹饷、造械的主张,光绪二十四年十二月初一日,他在受慈禧垂询而"敬陈管见"一折中陈述说:

查自强首先练兵,而练兵以筹饷为本,以造械为用……综而计之,整军莫先于筹饷、强兵莫重于造械。②

武卫军虽然有着充足的粮饷和较好的装备,但军队素质并不理想。1898 年秋英国海军少将贝思福访问中国,参观了武卫军的几个军以后发表了他的看法,他认为:

按照西方标准,袁世凯的部队是大清帝国唯一装备齐全的军队。此外,他在中国军队中发现许多领导很差的事例,多

①《大清德宗景皇帝实录》卷四三二。

②袁世凯:《钦遵懿旨敬陈管见折》,《袁世凯奏议》(上),天津古籍出版社 1987 年版,第 15～16 页。

数情况是粮饷不足，除少数例外，全部缺乏纪律和训练。甚至装备较好的部队也往往因训练不足而失去价值。贝思福在士兵行列中数到十四种不同类型的枪，其型式之繁杂，几乎是从连发的温彻斯特枪和毛瑟枪直到前膛装子的抬枪。就连这种杂凑的枪也很少实弹射击。因为除袁世凯的士兵以外，军队极少甚或不作射击演习。

另一个在中国军队当过多年教习的瑞辛格少校也在 1899 年时批评过当时军队的弊病，他认为：

中国的军队领导弱，号令不统一，武器不划一，缺乏有效率的后方勤务系统，物资保管马虎。瑞辛格也注意到军官们不会把各兵种有效地协同使用。除了这些不健全之处以外，还要加上久已令人不满的贪污、徇私、吃空额和饷银过薄。①

从这些西方军事人员看来，只有袁世凯的武卫右军尚称得起是一支"达标"的劲旅。

### 2. 袁世凯率武卫右军移驻山东

新建陆军改编为武卫右军后，因其他各军尚为旧军编制，所以在一些文书中仍称之为新建陆军，继续在小站练兵。光绪二十五年(1899 年)二月二十日，清政府以袁世凯编练新军三年来，能"悉心擘画，按照泰西操法，训练精勤"，而且颇见成效，所以便以他"勤明果毅，办事认真"而交部"从优议叙"②。

光绪二十五年(1899 年)，山东地区爆发了义和团反帝爱国运动。山东巡抚毓贤镇压不力，帝国主义便压迫清政府撤换他，并指名任命袁世凯领武卫右军前往镇压。三月二十八日，袁世凯率所

①(美)拉尔夫·尔·鲍威尔著，陈泽宪、陈霞飞译：《1895—1912 年中国军事力量的兴起》，中华书局 1978 年版，第 62 页。

②《大清德宗景皇帝实录》卷四三九。

部武卫右军万余人自天津开赴山东德州一带，镇压义和团运动。五月初九日，袁世凯被实授为工部右侍郎，兼管钱法堂事务。九月十四日，袁世凯所部击散山东平原一带义和团朱红灯部。十一月初四日，清政府任命袁世凯署理山东巡抚。光绪二十六年二月十四日，袁世凯被实授山东巡抚，主持镇压山东义和团运动。

### 3.《训练操法详晰图说》的编写

光绪二十五年四月十一日（1899 年 5 月 20 日），袁世凯在率武卫右军从小站去山东时，曾向朝廷上奏，揭示练洋操的弊端及四项改正办法说："一则陋习必痛与扫除，一则将弁必讲习韬略，一则士卒忌惰游充数，一则器械忌参差不齐"。并请在全国范围内公布统一的军事规章，"参仿各国戎政，详拟兵法、操法、军规、器械，立定划一章程，请旨颁发各直省军营，一体遵照，认真训练，既不得有名无实，尤不可稍参成见"[①]。四月十五日，清政府秘密指示袁世凯草拟一份报告以备参考。袁世凯即于五月间亲自主持编撰《训练操法详晰图说》，参加纂校工作的有段祺瑞、冯国璋、王士珍以及阮忠枢、言敦源、吴镜荪、陆建章等 46 人，于七月十八日完成呈进[②]。

《训练操法详晰图说》继承和发展了湘、淮军的营规，成为清末编练新军的教科书。它在"训练总说"中陈述了袁世凯练新军的指导思想："训以固其心，练以精其技"，"兵不训罔知忠义，兵不练罔知战阵"；"训将要言"指出："受朝廷之禄位，当思所以图报"；"训兵要言"又强调："自顶至踵，何莫非朝廷之赐？尔不为兵，尚应图报，今且应募而来，坐食厚饷矣，不知效忠，何以对尔祖父？"《训练操法详晰图说》大量抄袭西方国家的军事操典，是"中学为体，西学为

①袁世凯：《时局艰危亟宜讲求练兵折》，《袁世凯奏议》（上），天津古籍出版社 1987 年版，第 28～29 页。

②《训练操法详晰图说》有清册二十二本、阵图一本、图说清单一件。袁世凯：《进呈练兵图册折》，《袁世凯奏议》（上），第 35 页。

用”在军事上具体运用的典型，集中说明了新建陆军的目标和阶级本质。它体现了半殖民地半封建社会的军队特征。

这部奉命编撰的训练图说于七月十八日完成后进呈，七月二十一日[①]即得到朝廷“留览”的批谕[②]。袁世凯在送呈图说的奏折中，反复申述自己练兵以来的练兵之道说：

> 臣抵军之始，即与将士申明约束，务期痛除积习，恪守营规。将则训以忠勇廉洁之大闲，兵则训以恭顺勤奋之要义，使皆知奉法循理，以端其志，而正其趋。至于技艺则由浅入深，循序递进。[③]

《训练操法详晰图说》印本为十二册，光绪二十九年(1903年)武卫右军印藏。它从训和练两方面详细记载了该军训练，攻守，驻扎，步队操法、枪法、阵法、战法，炮队操法、炮法，马队操法、阵法、战法，工程队操法及沟垒说、电雷说、测绘说，并练兵要则、格式、饷章、规则律令及条教等。图文并茂，通俗易解。

## 三、武卫右军的扩编

### 1. 武卫右军镇压山东义和团

光绪二十五年十一月初四日(1899年12月6日)，清政府任命袁世凯署理山东巡抚。二十四日(12月26日)，袁世凯到济南就任山东巡抚，次年二月十四日(1900年3月14日)被实授。袁世凯的主要任务是对山东义和团进行镇压。他颁布的《严拿拳匪暂行章程》八条，将义和团定性为“左道邪教”，主张“尽行剿绝”。

---

①沈祖宪等:《容庵弟子记》卷二作十月初一日蒇事。此据实录。

②《大清德宗景皇帝实录》卷四四八。

③沈祖宪等:《容庵弟子记》卷二，见来新夏主编:《中国近代史资料丛刊·北洋军阀》(五)，上海人民出版社1993年版，第39页。

他在章程中规定：以重刑督促官绅、吏役、保甲查拿拳民，提倡告密，“凡有练拳或赞助设立拳厂者杀无赦”，“父兄纵听子弟学习邪拳，除将子弟正法外，该父兄拿获监禁三年”，“窝留者与匪犯同罪”等等①。他并“与诸军约云：如‘匪’至即放炮，必不汝咎；若‘匪’至不痛击，则将领以下概正法”②。

与此同时，袁世凯还派得力悍将张勋、雷震春、孟恩远、曹锟、吴凤岭、倪嗣冲等在山东境内到处“兜剿”。鲁西北州县都遭到残酷镇压，许多义和团首领被杀害；在袁世凯“开炮轰洗”的命令下，有的村庄“所焚烧枪毙者，虽不计其数，至尸骸遍野，堆积犹存”③。难以计算的无辜者被淹没在血海中。

袁世凯在山东的镇压暴行引起了部分官僚的指责与参劾，先后有侍讲学士朱祖谋、福建道御史黄桂鋆、广东道御史史熙麟、江南道御史高熙哲、山东道御史许佑身、吏部给事中王培佑等人奏参。但是，他的残暴行为却得到帝国主义分子的喝彩。1900 年 5 月《万国公报》载联军统帅瓦德西致袁世凯的电报称：“敝国人民在山东省境内犹能始终保护，毫无危险，实为感佩。以故敝国军队决不赴境剿办，毋庸系念。”

### 2. 袁世凯军事力量的发展

袁世凯在疯狂镇压义和团运动中，拼命扩充实力，光绪二十六年(1900 年)三月初七日，袁世凯上《筹饷练兵酌拟办法折》，提出要再扩编一支军队。经荣禄奉旨审议，得到了“着照所请”的批复，并将这支新军定名为“武卫右军先锋队”，开始改编④。武卫右军先锋队 20 营，内有步兵 16 营、骑兵 2 营、炮兵 2 营。其步兵是由

①(日)吉田良太郎、清八禄楼永人合撰：《西巡回銮始末记》，光绪二十六年石印本。

②佐原笃介：《拳事杂记》，中国史学会主编：《中国近代史资料丛刊·义和团》(一)，上海人民出版社 1957 年版，第 254 页。

③《雷震春禀》(光绪二十六年八月七日)，见《山东义和团档案》。

④《大清德宗景皇帝实录》卷四六一。

登州府所属东字正军，登武、嵩武等军的12营中抽调7营，再将济南、东昌、莱州各府所属的9营全行拨调，共步队16营；改为武卫右军先锋步队，分前后左右四路，每路分前后左右四营。骑兵是将原有的“骧武”、“精健”马队两营改编为武卫右军先锋队中路马队，分左右两营。炮兵是新招募的两营，作为中路炮队。总计步、马、炮20营，集中在济南附近训练①。

另外，还把山东的地方军队整编，将曹州、济宁所驻“飞马”军等4营，改编为左翼防军，分前后左右4营；兖州、泰安所驻“济”字军等4营，改编为右翼防军，也分前后左右4营；登州所属“东”字军等5营，改编为沿海防军，分前后左右中5营，人数几达1.4万人②。

到光绪二十六年(1900年)六月底，军队改编完成。袁世凯当时的兵力已超过原来新建陆军的两倍以上。

### 3. 武卫右军实力的保存

光绪二十六年(1900年)五月，八国联军侵占大沽，闯入华北，一部分义和团和清军官兵同侵略军进行浴血奋战。清政府曾多次要袁世凯出兵增援，入京防卫。面对这一难题，在荣禄的支持下，袁表面上稍作应付，并声称他的队伍尚不足以防卫山东，但为了执行圣旨，他还是答应要派遣3000人(新近整编的)入京防卫，而随后又以训练不足为借口，压下了自己的命令，实际上他是按兵不动。袁世凯决不愿命令他的新军赴京，受联军和义和团夹攻而毁灭，相反，他暗中派人与青岛的各国领事相勾结，并达成协议，保护教堂和侵略者，伙同帝国主义镇压义和团。

①袁世凯：《归并东省各营改定营名，酌拟营制饷章折》(光绪二十六年四月十四日)，《袁世凯奏议》(上)，天津古籍出版社1987年版，第122～127页。

②武卫右军先锋队的人数各书说法不一，大致在万人左右。任恒俊所撰《论北洋军阀的起源和形成》(油印本)一文根据《兵部练兵处档》、《更换先锋马步炮二十营旗帜号坎添置鼓号等项器具报销清册》等，统计人数为13710人。

七月二十日，北京被八国联军侵占，荣禄的武卫军前、后、左、中四路几乎全部崩溃，聂士成战死，荣禄在军事上已不起作用。惟一没有受到损失而得到发展的就是袁世凯的武卫右军，它以两倍于前的实力发展起来，并出人头地了。所以李鸿章赞扬他的功绩是“幽燕云扰，而齐鲁风澄”，帝国主义嘉奖他的才干为理想中的“强人”。

袁世凯在逢迎帝国主义的同时，并没有摈弃慈禧太后。他对逃亡中的慈禧太后不断供应饷银、缎匹，并在八月初五日奏报：“臣仍当随时督同司道等赶筹巨款，源源接济，以期稍纾目前之急，借可仰慰宸廑于万一”①，以示效忠。当慈禧太后从西安返回北京时，袁世凯既派张勋带兵前往护驾，又派姜桂题去河南迎驾。袁世凯从政治上的考虑是何等周密！为换取清王朝的信任、倚重，又多么用心！

慈禧太后回銮后，由于武卫军的瓦解，使防卫京城的任务当然地落在这位亦军亦政的“强人”——袁世凯身上。

光绪二十七年(1901 年)，李鸿章死去，镇压义和团有“功”的袁世凯继李署任直隶总督兼北洋大臣。次年五月，他被实授直隶总督兼北洋大臣，继承了“北洋”的独特地位，成为各省督抚中最重要的人物。

①袁世凯：《派员赍饷奔赴行在以供度支折》，《袁世凯奏议》(上)，天津古籍出版社 1987 年版，第 204 页。

# 第四节　从北洋常备军到北洋六镇

## 一、北洋常备军的组建

### 1. 袁世凯继任直隶总督

《辛丑条约》签署后两个月，光绪二十七年九月二十七日(1901年11月7日)，袁世凯因李鸿章之死而被选拔来署任直隶总督兼北洋大臣。这个职位具有掌管华北地区的军权和外交事务的权力。八国联军击溃了武卫军的五分之四兵力，只有袁世凯所统率的、由山东带回且经过扩编的那部分武卫军，才有能力在京畿一带维持治安；又因他在山东处理问题的举措，既博得外国人的喜欢，又因效忠于慈禧太后的表现而得到了清廷的信任与礼遇。光绪二十七年十月十一日(1901年11月21日)，袁世凯离开山东巡抚任驰赴新任，十七日(27日)在保定就职视事。接着，清政府又对他赏加太子少保宫衔、赏穿黄马褂和紫禁城内骑马、赏福寿字等以示恩宠。袁世凯接任后，网罗了李鸿章的主要班底，如杨士骧、杨士琦、孙宝琦、赵秉钧、陈璧、胡惟德、朱家宝、吴重熹、齐耀琳等淮系官僚。他们对袁世凯感恩戴德，尽股肱之力，使北洋势力迅速膨胀。清末民初的政局中，这些人都得到过大小不一的座位，成为北洋军阀集团中一股重要的政治力量。

直隶总督这个职位的重要性，正如《1895－1912年中国军事力量的兴起》一书作者所说那样：

> 只有在袁世凯成为直隶总督之后，他才有可能来加紧他的军事扩张和军队现代化，从而建立起北洋军与北洋集团。北洋军构成中国陆军的核心，而北洋集团又产生民国时期的

大部分北方军阀。[①]

从光绪二十七年(1901年)到三十三年(1907年),袁世凯任直隶总督的六年间,一方面他对面临庚子以后的破败局面,处理善后,并对内政、经济、外交等大事创行了一些新政,如创办巡警、整顿吏治、提倡实业、兴办教育等,另一方面,他也改进和扩充了北洋新军,使他获得了政治和军事上的最大权力,成为当时清政府中炙手可热的大臣和慈禧太后的宠臣。

### 2. 袁世凯编练北洋常备军

辛丑条约以后,在一定程度上重又蒙上了甲午战后所曾有过的耻辱灰尘,同样刺激了朝野上下,而集中关注的焦点仍是练军问题。就在签约后不久,光绪二十七年正月,浙江巡抚恽祖翼即对整顿和改革练军提出了长篇奏议,其中说:

> 勇日练而日弱,盗日防而日多,而狃于发捻战功者,尚谓中国防营,捍外侮不足,平内患有余。臣愚以为长此不改,恐内患亦不易平,届时再谋整顿,嗟何及乎?[②]

他认为军队之腐败在于不能"临财廉,与士卒同甘苦",因此主张"治乱用重",要求"嗣后遇将弁赃证确凿者,分别轻重,严定参革、追缴、倍罚之例,通饬各省,军心庶为之一振,其于时局或稍有裨益"[③]。

清政府对这一呼声很重视,立即对恽祖翼的奏折加以批示,用很严肃认真的口吻训斥各地方长官说:

> 时局艰难至此,封疆大吏,若不激发天良,痛除积习,认真

---

①(美)拉尔夫·尔·鲍威尔著,陈泽宪、陈霞飞译:《1895—1912年中国军事力量的兴起》,中华书局1978年版。

②朱寿朋编:《光绪朝东华录》中华书局1958年版,第4634~4635页。

③朱寿朋编:《光绪朝东华录》第4634~4635页。

整顿，何以挽颓风而肃军政，著各直省督抚一律严查，如有缺额等项情弊，即行据实奏参，执法重惩，不准稍涉宽纵。倘各该督抚仍复瞻徇情面，扶同隐饰，别经发觉，定当一律从严惩处。①

接着，在七月底，清政府又正式发布上谕，强调编练新军的重要性，并作了具体部署，上谕中说：

前因各省制兵防勇，甚为疲弱，业经通谕各督抚认真裁汰，另练有用之兵。因念练兵必先选将，而将才端由教育而成，自应广建武备学堂，挑选练习，用储腹心干城之选。但学堂成效，既非旦夕可期，其各省之设有学堂者，学成之员，现尚不敷分调，惟有仍就原有将弁，择其朴实勤奋者，遴选折用。著各省将军督抚，将原有各营，严行裁汰，精选若干营，分为常备、续备、巡警等军，一律操习新式枪炮，认真训练，以成劲旅。仍随时严切考校，如有沾染旧习，惰窳废弛，即行严参惩办。朝廷振兴戎政在此一举。各该将军督抚，务当实力整顿，加意修明，以期日有起色，无负谆谆告诫之至意。所有改练章程及应如何更定饷章，著政务处咨行各省，悉心核议，奏明办理。②

在全国普练新军的声势下，袁世凯以武卫右军为基础，从光绪二十八年(1902 年)到三十年(1904 年)间在保定进行了“北洋常备军”的建设。

原在光绪二十七年十二月二十七日(1901 年 2 月 5 日)，清政府就批准袁世凯从顺直善后赈捐款项下提出 100 万两，作为练募新军的费用。光绪二十八年正月十三日，袁世凯针对旧军的衰朽，认为这些人都是“乌合之众”，“一旦有警，仓卒出征，兵刃未交，望风先靡，兽骇鸟散，不可收拾。又其甚者，失伍而后，恃众结伙，挟械持枪，到处扰民，乘便滋事，剽掠焚杀，无所不为 ，恣意横行，莫

①朱寿明编：《光绪朝东华录》，中华书局 1958 年版，第 4635 页。

②朱寿朋编：《光绪朝东华录》，第 4718～4719 页。

敢阻诘”,因此一定要提高士兵素质。于是,他请为新式军队的招募和训练制定章程,即《募练新军章程》十一条,并附《募兵格式》八条,共十九条①,这是参仿“各国征兵章程及汉代调兵、唐代府兵规制”等条款制定的,其中“募兵格式”最严。规定要求士兵的入伍资格必须是“年限在二十岁至二十五岁”、“力大限平举一百斤以外”、“身限官裁尺四尺八寸以上”、“步限每一时行二十里以外”、“报明三代家口、住址、箕头数目”、“曾吸食洋烟者不收”等,出身规定为“各该村庄庄长、首事、地保等酌量公举乡民数人。必须确系土著,均有家属,方准举充”,这种虽口说征兵但排除游民、要求注明地区责任的做法,实质上是强制征兵。尽管如此,与以往截然不同的是,这份募练新军章程中明确规定每月支付给头目 5 两、正兵 4 两 2 钱,等待编制成营人员,每名每日发给小口粮大钱 100 文,予以保证生活。照此建议,他请求增募 6000 名身强力壮的士兵,以加强实力。这 6000 人都必须是品行端正、身家清白的合格壮丁,并根据同章程规定,派武卫右军营务处候选道王英楷、王士珍等于光绪二十八年正月间去正定、大名、广平、顺德、赵州、深州、冀州等地募集,仿照所部武卫右军编制,创建了北洋常备军②。

光绪二十八年五月初四日(1902 年 6 月 9 日),袁世凯正式接任直隶总督兼北洋大臣后,立即起草了军制改革建议。首先,袁世凯认为营制饷章已经不适合部队的西式军事训练,若想改变各省不一样的军制、军器,组织建立统一的军队,必须建立新的军队组织。为此,袁世凯于同月十六日制定了《北洋练兵营制饷章》二十一条③。《饷章》是借鉴各国兵制制定的,并强调在军内另设常备军、续备军、后备军,同时成立粮饷局、军械局、军医局、军乐队等后

①《军机处录副奏折》,中国第一历史档案馆藏档,见来新夏主编:《中国近代史资料丛刊·北洋军阀》(一),上海人民出版社 1988 年版,第 750～754 页。

②袁世凯:《拟定募练新章程请敕部立案折》,《袁世凯奏议》(上),天津古籍出版社 1987 年版,第 435～439 页。

③《袁世凯奏议》(中),第 511～533 页。

勤机构。袁世凯又把部队主力，即常备军分成左右两镇，各镇由步兵 33 营、陆路炮队 2 营、过山炮队 1 营、马队 4 营、工程队 1 营、辎重队 1 营，计 19120 名人员组成。另外，一般兵士都是由各州县官吏推选来的当地健壮壮丁，这些人入队后领取工资，并作为常备军编入组织。其程序是常备军集训三年后，回原籍加入续备军，在续备军服务三年后编入后备军，进而再在后备军服务三年方可恢复平民身份。

光绪二十八年五月十六日（1902 年 6 月 21 日），袁世凯又借口“庶务殷繁，难并力一心专顾军事”，建议创设一个专门机构专司其事。这个参谋机构就是军政司，它不仅是成立于光绪二十九年（1903 年）末的练兵处的蓝本，也是光绪三十年（1904 年）后各省新立的督练公所的蓝本。

军政司是袁世凯在保定建立的北洋军政大本营，是为便于统一管理在直隶驻扎的各方军队。军政司的组织形式如下表①：

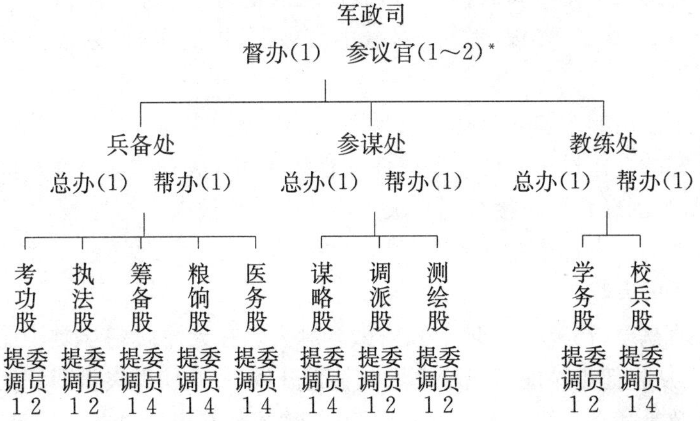


* 数字表示人数

①据袁世凯《直隶创设军政司拟定试办章程折》（光绪二十八年五月十六日）编制，见《袁世凯奏议》（中），天津古籍出版社 1987 年版，第 536～542 页。

同时,袁世凯提出了北洋常备军的营制饷章。他相应地建议要编练北洋常备军两个镇,并立即付之实行①。他还推荐安排亲信,担任军政司要职,以掌握北洋常备军的练兵实权。

军政司督办由袁世凯兼任。下设兵备、参谋、教练三处,各处主管名总办;每处下面又分股,各股主管名提调。

兵备处总办刘永庆。下分考功、执法、筹备、粮饷、医务五股。提调有言敦源、姜文熙等,总文案傅增湘,文案孟锡珏、管凤和。刘永庆去职后,由王士珍继任。

参谋处总办段祺瑞。下分谋略、调派、测绘三股,提调有靳云鹏、鄢玉春、吴昭麟等,文案徐树铮。

教练处总办冯国璋,帮办郑汝成。下分学务、校兵二股,提调有李纯、南元超等。

此外,还有营务处总办陈光远、吴镬孙;粮饷局总办陆嘉谷、袁乃宽;军械局总办徐华清、姜文熙等。

光绪三十年(1904 年)九月,袁世凯片请将直隶军政司改为督练处,仍分兵备、参谋、教练三处,由言敦源、段芝贵、何宗莲分任总办②。

军政司的主要人员都是袁世凯自小站练兵以来的旧属,他们在长期的合作过程中已经形成一种有共同利害关系的凝聚体。段祺瑞、冯国璋和后来接替刘永庆工作的王士珍被人誉称为"北洋三杰",他们三人都毕业于北洋武备学堂,是与袁世凯北洋建军事业相终始的人物:

段祺瑞(1865～1936 年),安徽合肥人。在天津武备学堂毕业以后,从担任小站的新建陆军炮队管带开始,一直协助袁世凯制定军事政策和有关章程等。在军政司时,他担任参谋处总办。后来,

①袁世凯:《北洋创练常备军厘订营制饷章折》(光绪二十八年五月十六日),《袁世凯奏议》(中),天津古籍出版社 1987 年版,第 508 页。

②袁世凯:《直隶军政司改为督练处片》,《袁世凯奏议》(下),第 1024 页。

在练兵处时期，又担任军令司正使，光绪二十九年（1903年）至光绪三十年（1904年）期间还任北洋陆军第四镇统制，光绪三十一年（1905年）九月任第五镇统制，同年十月担任了直隶省河间秋操的北军总统。光绪三十二年（1906年）任北洋陆军第四镇统制的同时，还兼任北洋武备速成学堂监督和军官学堂总办，这些都表现了段祺瑞在新军建军中的重要性。

冯国璋（1859～1919年），直隶河间人。毕业于天津武备学堂。在任军政司教练处总办时，为北洋军的发展做出贡献。及练兵处成立后，升任军学司正使。同时督办北洋陆军武备学堂，兼任北洋武备速成学堂和军官学堂督办，光绪三十二年（1906年）署理正黄旗蒙古副都统，兼任陆军贵胄学堂督办。该学堂是清廷专门为培养满蒙高级军事人才而设立的，其成员是王公世爵、四品以上的宗室以及现任二品以上满蒙文武大员子弟。冯国璋利用此机会结识了不少满蒙贵族，并赢得了清王朝的信任。

王士珍（1861～1930年），直隶正定人，是为袁世凯光绪二十二年（1896年）以来扩充军权做出贡献的主要人物。在北洋武备学堂毕业后，曾任山海关随营学堂炮队教习、小站工程学堂总办。光绪三十一年（1905年）北洋六镇编成时，王士珍以军学司正使署第六镇统制。第二年在直隶省河间进行秋操后，受到清廷奖叙，王旋改授练兵处军政司正使。不久，由于官制改革，练兵处与太仆寺并入兵部成立陆军部，王士珍以军政司正使署陆军部右侍郎。

北洋军阀集团的核心至此基本形成。

北洋常备军是由北洋大臣袁世凯直接督练并统率的，所以名叫“北洋常备军”。它的营制开始分左右两镇，合两镇为一军。平时编制以两镇为一军，每镇步队2协，每协2标，每标3营，每营4队；马、炮队各1标，每标均3营，每营马4队，炮3队；工程队1营，辖4队；辎重队1营，辖4队。步、炮、工每队皆3排，每排3棚。马队2排，每排2棚。辎重队2排，每排3棚。各种队伍，每棚目兵14名，计全镇官长及司书人等748名，弁目兵丁10436名，夫役1328名,共计12512名[①]。

北洋常备军右镇是最早编练的一镇。分左右两翼,各设翼长一人,具体人员编制是:

左翼翼长王士珍。步队第一营营长何宗莲,步队第二营营长鲍贵卿,步队第三营营长沈青山,步队第四营营长卢永祥,步队第五营营长王吉林,步队第六营营长张永成。

右翼翼长王英楷。步队第七营营长王占元,步队第八营营长王宾,步队第九营营长何丰林,步队第十营营长杨善德,步队第十一营营长曹锟,步队第十二营营长朱泮藻。

后又续编为5个镇和1个京旗常备军。其编练情况是:

(1)光绪二十八年(1902年)正月,袁世凯奏准从直隶善后赈捐项下拨款100万两作募练新军费用,派王士珍、王英楷等赴直隶正定、大名、广平、赵州选募6000人在保定训练,于次年七月编齐,称"北洋常备军左镇",按《北洋练兵营制饷章》规定形成步队12个营、炮队3个营、马队4个营、工程队1个营、辎重队1个营,合计21个营。北洋常备军左镇是全国和北洋新军最早编成的一镇。光绪三十年(1904年)七月改称北洋常备军第一镇。这就是后来的北洋陆军第二镇。

(2)光绪二十九年(1903年)初,袁世凯将保阳练军马队裁编为一标四营。次年二月又将元字淮军、北洋亲军马步各营改编为一协,并在直隶各地和山东、河南、安徽招募新兵编成步兵一协和炮、工、辎重各营队。三月间把这些队伍编成北洋常备右镇,七月改称北洋常备军第二镇。这就是后来的北洋陆军第四镇。

(3)光绪三十年(1904年)四月,袁世凯派人从河南、安徽、山东等省招募新兵编成北洋常备军第三镇,驻军保定。这就是后来的北洋陆军第三镇。

(4)光绪三十一年(1905年)二月,经练兵处奏准将驻京的武

---

①刘锦藻:《清朝续文献通考》卷二〇四《兵考三》,商务印书馆十通本。

卫右军、自强军及第三镇各标第二营，于三月间合编为常备军第四镇，各驻原地。这就是后来的北洋陆军第六镇。

(5)光绪三十一年(1905年)五月，袁世凯以山东武卫右军先锋队12营，又从第四镇抽拨步、炮6营，并从山东各地招募新兵，合编为北洋常备军第五镇，仍驻济南和潍县。这就是后来的北洋陆军第五镇。

(6)光绪二十九年(1903年)六月，袁世凯奉命编练京旗常备军3000人，次年成协，光绪三十一年成镇。这就是后来的北洋陆军第一镇。

袁世凯在编练北洋常备军过程中，除了凭借直隶总督的特殊地位外，光绪二十九年十月间北京成立练兵处时，袁世凯被任命为会办大臣，更是操纵实际权力的机遇，对袁世凯来说，可谓如虎添翼，所以很迅速地将北洋常备军练成，其中除京旗常备军系由慈禧太后认为应使一部分八旗兵现代化而编练外，其余五镇的实权都操在袁世凯为主的小站集团手中，可见附表：

**北洋常备军第一至五镇编练情况表**

| 番 号 | 成立年代 | 原来部队 | 驻屯地 | 统 率 者 |
|---|---|---|---|---|
| 北洋常备军第一镇 | 光绪三十年七月 | 北洋常备军左镇 | 永平及山海关附近 | 统制王英楷<br>第三协统领王占元 |
| 北洋常备军第二镇 | 光绪三十年七月 | 北洋常备军右镇、新兵17营 | 天津府附近小站、马厂一带 | 翼长吴长纯<br>第三协统马龙标<br>第四协统陈光远 |
| 北洋常备军第三镇 | 光绪三十年四月 | 募新兵 | 保定 | 统制段祺瑞<br>第五协统雷震春<br>第六协统张永成 |
| 北洋常备军第四镇 | 光绪三十一年三月(四月?) | 驻京之武卫右军、江南自强军 | 南苑等 | 统制王士珍 |
| 北洋常备军第五镇 | 光绪三十一年五月 | 陆军第二镇之一部、武卫右军先锋队、山东新兵 | 山东济南府、潍县一带 | 统制吴长纯(?)<br>第九协统马良<br>第十协统叶长盛 |

北洋常备军在编练的过程中,很注重武器装备的建设。根据袁世凯的奏报可以了解到北洋常备军第一、二、三镇和淮军、练军在光绪二十九年(1903 年)至光绪三十一年(1905 年)间的武器购入与装备情况,如下表:

## 北洋常备军军械购入及配备情况表

| 年次 | 购入单位 | 种　别 | 数　量 | 金　额 | 供给对象 |
|---|---|---|---|---|---|
| ~年 | （英国）费开士麦克心厂 | 7.5厘米口径过山快炮 | 12尊 | 行平银17万两 | 淮军、练军、武卫右军 |
| | | 子弹 | 6000颗 | | |
| | | 麦克心3.7厘米口径轻机快炮 | | 行平银1.8万两 | |
| | | 无烟药子弹 | 202000颗 | | |
| | | 德国88年式7.9毫米口径5响带刀头毛瑟快步枪 | 753杆 | 行平银1.3万两 | |
| | | 8厘米口径曼利夏无烟枪子 | 500万颗 | 行平银20.5万两 | |
| | | 德国格鲁森5.7厘米无烟炮弹 | 15000颗 | 行平银17.4万两 | |
| | | 克鹿卜8.7厘米30倍口径长子弹 | 800颗 | 行平银2.2万两 | |
| | | 快步枪零件等 | 51850件 | 行平银1.4万两 | |
| | | | 合计 | 库平足银59.4万两 | |
| 年1月 | （日本）三洋行 大仓洋行 | 6.5毫米口径5响新式步快枪 | 12000杆 | 38.9万元 | 北洋常备军第一镇 |
| | | 马快枪 | 2000杆 | | |
| | | 皮件、枪附属品 | 14000套等 | | |
| | | 无烟子弹 | 7万粒 | 29万元 | |
| | | 7.5厘米陆路炮 | 48尊 | 36.3万元 | |
| | | 连子药车、备件事等 | | | |
| | | 7.5厘米过山炮 | 16尊 | 4万元 | |
| | | 连随炮各种器具等 | | | |
| | | 各种炮弹 | 25856颗 | 34.3万元 | |
| | | 药筒 | 25600个 | | |
| | | 弹药箱 | 18对 | | |
| | | 新式手枪 | 650杆 | 1.9万元 | |
| | | 枪子 | 13万粒 | | |
| | | | 合计 | 银约120万两 | |
| 年3月 | （德国）瑞记泰来地亚士等洋行 信义洋行 | 德国88年式7.9毫米口径5响带刀头毛瑟快步枪 | 15130杆 | | 北洋常备军第二、三镇 |
| | | 无烟子弹等 | | | |
| | | 格鲁森7.5厘米14倍口径长新式管退快炮 | 72尊 | | |
| | | 子弹 | 43200颗 | | |
| | | | 合计 | 库平足银213.7万两 | |

注：千元、千两以下的金额舍去。

资料来源：（台）《袁世凯奏折专辑》（五），光绪二十九年十二月十五日，第1239～1241页。

《袁世凯奏折专辑》（七），光绪三十一年二月二十五日，第1812～1815页。

购买这些武器装备的经费是多方面的，其收入数与支付数持平。从下表可以看到其多方面的财源及具体金额：

| 年　次 | 经　费　来　源 | 金额(万两) |
|---|---|---|
| 1903年<br>1904年 | 天津海关(抽出二成商华税)<br>天津海关(抽出八分经费)<br>芦纲均价余利<br>银元局铸造差益 | 10<br>10<br>40 |
| | 小　计 | 60 |
| 1904年1月 | 天津海关(从出差费)<br>东海关(抽出四成洋税)<br>顺直善后赈捐<br>盐斤加价<br>协饷、商款 | 40<br>10<br>47<br>3<br>20 |
| | 小　计 | 120 |
| 1905年3月 | 户部、直隶省<br>商款 | 200<br>13 |
| | 小　计 | 213 |

资料来源：(台)《袁世凯奏折专辑》(五)，光绪二十九年十二月十五日，第1239～1241页。
《袁世凯奏折专辑》(七)，光绪三十一年二月二十五日，第1812～1815页。

### 3. 各类军事学堂的成立

由于湘、淮旧将缺乏训练与昏愦无知等弊端在甲午战争中的大曝光①，使清朝统治者对选拔和培养将才的重要性有了较为深刻的认识：造就有一定现代军事知识的将才的主要途径，就要设立

①1946～1947年以军事分析员身份在中国服役的美国人拉尔夫·尔·鲍威尔认为："中国的指挥官在基本的战略、战术和使用武器方面，显示出可悲的无知。把人送到这些为当权者提拔起来的、老而无用的指挥官手下作战，是一种犯罪行为。"见拉尔夫·尔·鲍威尔：《1895～1912年中国军事力量的兴起》，中华书局1978年版，第29页。

各类武备学堂。本着“设立学堂为练兵第一要义”[①]的宗旨，袁世凯在编练新军的同时，还为培植嫡系的基层骨干力量而兴办不同类型的军事学堂，最早是光绪二十二年(1896年)由参谋处和教练处分别主持。自光绪二十八年(1902年)至三十二年(1906年)间先后设立了北洋陆军武备学堂、北洋行营将弁学堂、陆军师范学堂、参谋学堂、测绘学堂、军医学堂、马医学堂、军械学堂、经理学堂、北洋军官学堂、北洋陆军讲武堂、宪兵学堂、电信信号学队、北洋陆军速成学堂等。

据一种统计，截至光绪三十二年(1906年)，中国的军事学校起码也有35所，其他9所海军学校和5所军医学校尚未计算在内[②]。受训的学生至少也有2072人。这些学堂根据军队的不同需要，隶属各有不同，采用不同的方式进行训练和教育。如由北洋军阀集团所创办的军事学堂就有如下多处：

行营将弁学堂建立于光绪二十八年(1902年)五月，隶属教练处，督办冯国璋、总办雷震春，主要抽调直隶淮、练各军营哨官弁为学员，“应选之员，以才识明敏，粗知大义，年力富强，并无嗜好及曾经带兵者为合格”，以教授“军制、战法、击法为主，并随时就地实演战击诸法”[③]，山东、山西、河南等省也选送官弁来堂肄业，所以又名“各省将弁学堂”，每期8个月，共办3期，毕业学员共545人。

北洋陆军武备学堂奉旨建立于光绪二十九年(1903年)二月间，始隶军政司教练处，冯国璋以教练处总办兼任该学堂总办。原分大中小三等，因“风气初开，根柢尚浅”，中学、大学只可从缓，遂先设陆军小学，并别设速成学堂，于九月间在保定正式开办，光绪三十一、三十二年均有毕业生。师范学堂和军械、经理学堂亦均附

①《请设学堂原禀》，《新建陆军兵略录存》卷一，见来新夏主编：《中国近代史资料丛刊·北洋军阀》(一)，上海人民出版社1988年版，第38页。

②王家俭：《北洋武备学堂的创设及其影响》，台湾师范大学历史学报第4期，1976年4月。

③《北洋行营将弁学堂章程》，见《北洋书牍类稟》卷一二《兵政》。

属其中。光绪三十二年(1906年),冯调任京职,段祺瑞出任该学堂督办。在冯、段两人的先后主持下,北洋速成学堂成效昭著,成为继天津武备学堂后又一所大型的军事学堂。前后三期共培养各种军事人才758人之多,比较著名的学生有王承斌、齐燮元、孙岳、李景林和孙传芳等。冯、段两人因此分别获得三代正一品封典的赏赐和以副都统记名的殊荣。同年八月,该学堂改称陆军速成学堂(一称改名为通国陆军速成学堂,或称陆军协和速成学堂)后,不但大大增加了学生的录取人数(每年考收学生1140人),而且学生来源也从原先北洋势力控制下的各省扩大到全国①。

参谋学堂、武备学堂、测绘学堂都是短训班性质,于光绪二十八年(1902年)五月间建立,属于参谋处,次年并入北洋武备速成学堂。它虽属短训班性质,但很受袁世凯重视,由参谋处总办段祺瑞兼任三校总办,也培养出一批知名人物,如陈调元、吴新田、杨文恺、熊炳琦、张联棻和师景云等人,后来都是北洋军阀中的重要人物。

军医、马医、经理、军械等四所专门学校成立于光绪三十一年(1905年)二月,学习3至5年,主要培养军医、军械和军需等方面的官员。

光绪三十一年(1905年)年初,从已经开办年余的北洋武备速成学堂中考录100名学生,加习师范课程,算作北洋陆军师范学堂,以冯国璋为督办,足见对这部分学员训练的重视程度,因为这些学员毕业后,将派往华北、西北和东北各省陆军小学堂充当总教习、教习和监督,与袁世凯企图控制全国兵权有根本性的关联。次年八月成立的宪兵学堂,由张文元任监督,从各镇排长或武备学堂毕业生中选拔50名学员,并考取150名兵目为学兵,均一年毕业,编组宪兵队用来维持各镇的军风纪,这是中国最早的宪兵队。

①袁世凯:《武备速成学堂在事出力文武各员请奖折》,《袁世凯奏议》(下),天津古籍出版社1987年版,第1460～1461页。

光绪三十二年(1906 年)五月间,在天津韩家墅又创办由蒋雁行任总办的陆军讲武堂轮训军官,每期 3 班,每班 60 人,每期 3 个月。先后办了 6 班,共毕业学员达 740 人。该堂还附设学兵营轮训士兵,为期一年,毕业后回原队,备选拔兵目之需①。

上述这些名色各异的学堂大多是短训班或临时轮训的教育机构,并不是十分正规的军事学堂。早在光绪二十九年(1903 年)二月底,袁世凯就制订过正规军事教育计划,他参考日本和西欧的军制写出《北洋陆军武备学堂拟定章程》,对学堂办法、职掌、条规、课程和经费都作了明确而详细的规定②;并以此章程为依据,准备建立中国近代化军事教育制度体系。按此章程制定的学堂组织系统大体如下图所示:

陆军大学堂(参谋学堂)　　50 名　(3 年)　定员 150 名
↑　(年龄25～28岁)
军事教练　　200 名　(2 年)　定员 400 名
↑　(年龄23～25岁)
陆军中学堂　　200 名　(3 年)　定员 600 名
↑　(年龄20～23岁)
——陆军速成学堂　(年龄18～25岁)
(从小学堂将毕业生中选取入学的临时性学堂)
陆军小学堂　　每学堂 200 名　(4 年)　合计 800 名
(年龄 17～20 岁)

从图示所见,袁世凯计划首先设立陆军小学堂 4 校和速成学堂,四年后,当这个小学堂的学生毕业之年,速成学堂改编为中学

①袁世凯:《北洋设立陆军讲武堂学兵营拟订试办章程折》,《袁世凯奏议》(下),天津古籍出版社 1987 年版,第 1328～1337 页。

②《袁世凯奏议》(中),第 750～770 页。

堂，设在保定。就其教科内容来看，小学堂四年间和中学堂三年间学习经义策论，另以两年时间进行以实践为主的军事训练。最后到大学堂学习三年。袁世凯认为经过这12年过程，必能造就一批“将才”。不过根据当时国情，他认为这一计划难以全系统展开，所以“为今之计，惟有赶紧兴办小学，以为造端之基，并拟别设速成学堂一所，以为救时之用”①。光绪二十九年(1903年)九月间，根据这一设想，在保定和姚村开办两所陆军小学堂，总办为廖宇春，每年招生100名，以补充下级军官。同时，在保定开办了北洋陆军速成学堂，从现存的《北洋陆军速成学堂同学录》(1919年印本)看，该校由冯国璋、段祺瑞任督办，郑汝成任总办，教练官中有曲同丰，教习中有金绍曾，师范班学员中有张国镕、刘玉珂、刘询等人，头班步兵科学员中有杨文恺、孙传芳等，头班炮兵科学员中有周荫人、孙岳等，二班步兵科学员中有王承斌、陈嘉谟等，二班炮兵科学员中有齐燮元等，二班东文科学员中有唐之道等。这些人员后来都麇集在北洋军阀集团并成为其中的干将。

光绪三十二年(1906年)，袁世凯为了培养“指挥调度悉合机宜”的高级军官，在保定设立军官学堂，入学资格必须系国内讲武堂和类似层次学校以及国外陆军士官学校毕业者，学习“高等兵学行军奥义”，有速成与深造两科，前者一年半毕业，后者三年毕业，是一座“造就高级军官总汇之所”②。宣统二年(1910年)，军官学堂正名为陆军大学堂，迁往北京，入民国后在该校旧址另建陆军军官学校，即保定军校。保定军校为造就初级军官之所，专收各兵科军官候补生，教以“初级军官必修之教育”③。这所学校从1912年

①《袁世凯奏议》(中)，天津古籍出版社1987年版，第750页。

②《军官学堂章程》，中国第一历史档案馆藏档，见来新夏主编：《中国近代史资料丛刊·北洋军阀》(一)，上海人民出版社1988年版，第773～774页。

③《保定陆军军官学校条例》，《政府公报》命令第170号，1912年10月18日。

10月正式开办到1923年9月结束，历时11年，共招生9期[①]。

袁世凯按不同需要开办的各类学堂，其门类之多，规模之全均为前此所未有，这是对中国军事近代化改革的一大贡献。他使北洋军阀集团中绝大部分官弁，都接受过不同的军事教育。以上情况也使人们改变以往认为北洋军阀人物是一群目不识丁的赳赳武夫这一误解。

据一种著述推算，从1904年至1907年北洋军事学堂的入学人员和卒业人员的数字如下表：

单位：人

| 名称 ＼ 人数 ＼ 时间 | 1904年 | 1905年 | 1906年 | 1907年 |
| --- | --- | --- | --- | --- |
| 北洋行营将弁学堂 | 110<br>(110) | 110<br>(110) | 110<br>(110) | 110<br>(110) |
| 讲武堂 | | ? | 150—60 | 150—60<br>(150—60) |
| 陆军小学堂 | | 600 | 800 | (200?) |
| 北洋陆军武备学堂 | 100 | 100<br>(50) | 100<br>(50) | 100<br>(50) |
| 速成学堂 | 500—600? | 500—600?<br>(150) | 500—600?<br>(150—200 | 1400<br>(300+) |
| 马医学堂 | | | 170 | 170<br>(170) |
| 军医学堂·北洋医院 | | | 350? | 350 |
| 测绘学堂 | 200?<br>(100?) | 200?<br>(100?) | 200?<br>(100?) | 200?<br>(100?) |
| 随营学堂 | ?<br>(150?) | 500<br>(300?) | 500<br>(300?) | 750?<br>(500?) |
| 合　　计 | (400) | (600—700) | (600—700) | (1,000) |

注：(　)内是卒业推定人数。

资料来源：S. Mackinnon, *Power and Polotics in Late Imperial China*, p. 132

①9期学员名单见邓红：《论保定军校与"保定军校生现象"》附录一，见《民国档案》1999年第4期。

袁世凯通过编练和培训两条渠道来汇成一股集团势力，并以自己为中心把这些力量纠合在一起。这是袁世凯继承李鸿章组编淮军的传统而又有所发展。

## 二、清政府设立练兵处

### 1. 日俄战争的形势

20世纪初，清政府不但要“悉索敝赋”以医治八国联军所造成的创伤，而国际形势也迫其不得不加大改革军制和编练新军的力度。当时国际形势对中国的影响，集中表现在日俄侵略者不仅在争夺在华利益方面日益严重对峙，而且将在中国领土上点燃起战火。袁世凯面对这种局势，认为必须以“自强”来“自保”，所谓“自强”则是以练兵、筹饷为主要内容。他曾在光绪二十九年九月二十七日（1903年11月15日）致徐世昌的私函中表述这种想法说：“总之不能自强，嗣后步步荆棘，不堪设想。所谓‘自强’者，非凑饷百十万，募兵数千人之谓也。必须放手经营，筹饷数千万，练兵数十万，然后可语‘自保’，否则已矣！”①

光绪二十九年（1903年）冬，清政府已经意识到日本与俄国之间的军事冲突之不可避免。作为直隶总督兼北洋大臣的袁世凯必然要考虑对策。他于十一月初四（12月22日）和初九（12月27日）两次向外务部提出在日俄战争爆发时应采取的“局外中立”立场。十一月二十四、二十五日（1904年1月11日、12日），日俄彼此宣战，形势顿异。十一月二十八日（1月15日），清政府即通过军机处向各督抚发出当前形势的通知云：

> 俄日相持益急，如竟决裂，中国势处两难，自当妥筹办法，

---

①《袁世凯致徐世昌函》，见北洋军阀史料编委会：《天津历史博物馆藏北洋军阀史料》袁世凯卷(1)，天津古籍出版社1992年版，第369页。

除奉直边要各地方，应由北洋筹办布置，派兵严防外，所有沿海、沿江、沿边各口，务须加意扼防，慎固封守。各省匪党游勇，伏莽孔多，诚恐妄造谣言，乘机作乱，致别国藉口，复生他变，尤宜预为防范，并饬属认真保护洋人财产、教堂，倘有奸徒煽惑，即行严拿惩办，勿稍疏虞……①

十二月初一日（1904 年 1 月 17 日），清政府召开御前会议，“商俄争，即命袁世凯整军筹饷，以备防守”②。次日，又谕军机处，重申前此对督抚通知的内容③。初三日，袁世凯即上《密陈遵照传谕统筹布置防守情形折》，向清政府报告“统筹布置情形”，同日，袁世凯又向清政府上《密陈局外应担责任片》，将日本驻天津总领事伊集院彦吉所告知的中国应担责任，“大要本于局外公法”的说法上奏，并附上局外公法摘要译文呈进，此片被“留中”④。初八日，清政府批示，“着户部迅速筹拨的款”⑤。二十七日，清政府正式宣告对日俄战争持“局外中立”态度称：

现在日俄两国，失和用兵，朝廷轸念彼此均系友邦，应照局外中立之例办理，着各省将军督抚通饬所属文武，并晓谕军民人等，一体钦遵，笃邦交而维大局。毋乃疏误，将此通谕知之。

并在通告中附发《局外中立条规》⑥。对于这次日俄战争的结局，袁世凯于光绪三十年二月初六日（1904 年 3 月 22 日）致徐世昌函中曾有预测说：“日俄各增兵备，姑无大战。大约月内当有一战也。

①《袁世凯奏议》（中），天津古籍出版社 1987 年版，第 875 页。

②郭廷以编著：《近代中国史事日志》（下），中华书局 1987 年版，第 1195 页。

③朱寿朋编：《光绪朝东华录》，中华书局 1958 年版，第 5132 页。

④《袁世凯奏议》（中），第 877～880 页。“留中”是指将折片保留在宫中，不加批复。

⑤《袁世凯奏议》（中），第 875～877 页。

⑥朱寿朋编：《光绪朝东华录》，第 5145 页。

日巧俄拙，不待战而胜负可决矣。”[1]光绪三十一年八月初七日(1905 年 9 月 5 日)，日俄双方果然以日胜俄败并签署《朴茨茅斯条约》以结束战争，使日本获取到侵略中国的有力条件。

日俄之间的对立侵犯了中国的主权，对清政府的政治有所刺激，但对袁世凯却带来了趁机进一步攫取权力的机遇。统一军事领导机构的练兵处正是在这样一种形势下设立的。

### 2. 练兵处的设立

光绪二十九年十月十六日(1903 年 12 月 4 日)，清政府鉴于当时国际形势上日俄两国在中国领土的对峙危机以及军队的领导不统一，装备不划一，平时不能集中训练，战时也不能有效统一指挥等原因，决定在北京设立练兵处，以改变上述情况。上谕说：“前因在各直省军制操法器械，未能一律，迭经降旨，饬下各省督抚认真讲求训练，以期画一。乃历时既久，尚少成效，必须于京师特设总汇之处，随时考查督练，以期整齐，而重戎政。着派庆亲王奕劻总理练兵事务。袁世凯近在北洋，着派充会办练兵大臣，并着铁良襄同办理。该王大臣等受恩深重，务当任劳任怨，认真筹办，副朝廷力图自强之至意。”[2]乍看起来，练兵处的设立虽似有利于清政府集中兵权和满族贵族掌握兵权，但实际权力仍在袁世凯手中。

练兵处的原型就是光绪二十八年(1902 年)袁世凯在保定设置的军政司。练兵处同保定的军政司具有同样的机能，下设军政司、军令司、军学司。第二年练兵处制定了《办理简章》、《分设司科章程》。练兵处的地位凌驾于兵部。在练兵处的领导下，清朝开始了军事装备和军事组织的改革，同时中央政府也想借此统一军权。

---

①《袁世凯致徐世昌函》，见北洋军阀史料编委会：《天津历史博物馆藏北洋军阀史料》袁世凯卷(1)，天津古籍出版社 1992 年版，第 376 页。

②朱寿朋编：《光绪朝东华录》，中华书局 1958 年版，第 5108 页。

### 3. 袁世凯操纵练兵处

北京练兵处的设立，本是袁世凯提出的建议。他既要集中兵权于己之一身，又要避过清政府对他兵权过重的疑忌，故极力推举被他收买了的奕劻作总理大臣，而自己则退居会办大臣的角色，但却安排亲信于实权部门。这是一种欲取先与的策略。果然，清政府接受了他的意见，于光绪二十九年十一月初九(1903年12月27日)下谕正式任命练兵处的主要人员[①]，任练兵处总提调的徐世昌是袁的得力幕僚，下设三司：

军政司：正使先后由刘永庆和王英楷担任，由陆嘉谷任副使。有考工、搜讨(下设制度、步队、炮队、马队、工队等职)、粮饷(下设支发、军需、建造等职)、医务、法律和器械等科。

军令司：正使段祺瑞，副使冯国璋(仍督理保定各学堂)。有运筹、向导、测绘、储材等科。

军学司：正使先后为王士珍和冯国璋，副使是陆建章。有编译、训练、教育、水师等科[②]。

掌握练兵处实权的可以说全都是袁世凯的忠实党羽，这些人的军事能力和对袁世凯的忠诚都无可挑剔。由于他们担任练兵处的要职，使练兵处成为能直接反映和贯彻袁世凯方针政策的军事机关，袁世凯也自然地获得了北洋军阀集团首脑的权势。

光绪三十年(1904年)，清政府提出在全国扩编新军三十六镇的庞大计划，其办法是对旧军逐渐淘汰，对新军逐步扩充，最后以新军代替旧军。袁世凯即利用他主持的清政府练兵处，准备统一全国新军的编制番号，制定章则法令，从编制、官制、训练、装备、薪

①朱寿朋编：《光绪朝东华录》，中华书局1958年版，第5118页。

②《北洋建军档案·练兵处机构章程清单》(光绪二十九年十一月初六日)，见来新夏主编：《中国近代史资料丛刊·北洋军阀》(一)，上海人民出版社1988年版，第477～480页。

饷、级衔等方面，对清政府直辖的各省练军、防军和八旗、绿营等旧军，进行一番改革，以集中统一兵权。为此，袁世凯拟定了一个《练兵处简要章程》，其中规定主要条款有：

(1)“提、镇以下各武职，遇有玩抗号令，训练不力，或狃于积习，纪律不严者，由臣处查明先行撤差，一面奏参惩办，其有缺额蚀饷者，尤当从重治罪”；

(2)“地方督抚以下各文员，遇事掣肘，迁延贻误，或别存意见有意阻挠，均足败坏戎政，即由臣处据实奏参”；

(3)“遇有才具出众，堪资任使各人员，由臣处不拘阶途，奏请破格擢用”；

(4)“原拨新练各军饷项，暨续筹专饷，均解由臣处饷局收放”，“其续筹各专款由臣处督催经理”；

(5)“各省原设制造军械各局厂……应统由臣处督饬妥办”；

(6)“各省新练各军，必须时常派员前往考查督练”，“每届秋季由臣处遴选明练大员开单奏请钦派”。①

这样，袁世凯就把全国的兵权集中到练兵处，而练兵处的实权又操在他和其亲信之手。

练兵处成立后，一面直接编练新军，一面逐步改革八旗、绿营和各省的旧军。

### 4. 统一全国军制

从光绪三十年(1904年)至三十一年(1905年)，正当日俄形势紧张并危及中国主权时，给袁世凯带来了某些机遇，袁世凯一面对外实行局外中立，一面采取了不少措施，以便集中他的兵

①《北洋建军档案·练兵处办事简要章程清单》(光绪二十九年十一月初六日)，见来新夏主编：《中国近代史资料丛刊·北洋军阀》(一)，上海人民出版社1988年版，第480～481页。

权，扩大北洋势力。其中最重要的一项是在光绪三十年夏拟定了一套《陆军营制饷章》，包括立军、督练、设官、募兵、军令、训练、校阅、奖惩、恤赏、薪饷、营舍、军器等，都有明确规定[①]。这是在清朝末年为陆军现代化奠定重要基础的一个条例，但是后来并未能完全实现。

《饷章》就总义、立军、分军、续备军、设官、补官、募兵、入伍、军令、训练、校阅等问题，从军事组织到兵士的构成及至设备的环境等多方面内容制定了详细规定，这是中国军事史上最早最全的一套体系章程。在《饷章》的总义中开宗明义地阐述兵制必须改革的道理说：

> 自古无久而不敝之法，而兵制尤与时会变迁，故一代有一代之兵制，一时又有一时之兵制，未可泥古剂以疗新疾，居夏日而御冬裘也。[②]

章程还规定在各省设立督练公所，以便管理一切军政事务，将军以及督抚兼任督办外，还要设参议官等职管理兵备、参谋、教练各处事务。总之，袁世凯上述对北洋军政实行的统一思想推广到全国，成为统一管理的标准，由此也易于理解晚清的军制改革实情。

关于陆军营制，规定各省设督练公所，负责编练新军。新军编制以军为单位，每军下辖两镇至三四镇、每镇辖步兵 2 协，马队、炮队各 1 标，工程、辎重各 1 营，军乐 1 队。每协步兵 2 标，每标 3 营，每营分前、后、左、右 4 队，每队 3 排，每排 3 棚，每棚目兵 14 名。一军总定员将校 1595 人，士卒 23760 人，每军有马、骡 4469 头，大炮 108 门[③]。其组织形式如图：

---

①全篇刊于《东方杂志》第 2 卷第 2 号。

②刘锦藻：《清朝续文献通考》卷二〇四《兵考三》，商务印书馆十通本，考第 9517 页。

③《东方杂志》第 2 卷第 2 号。

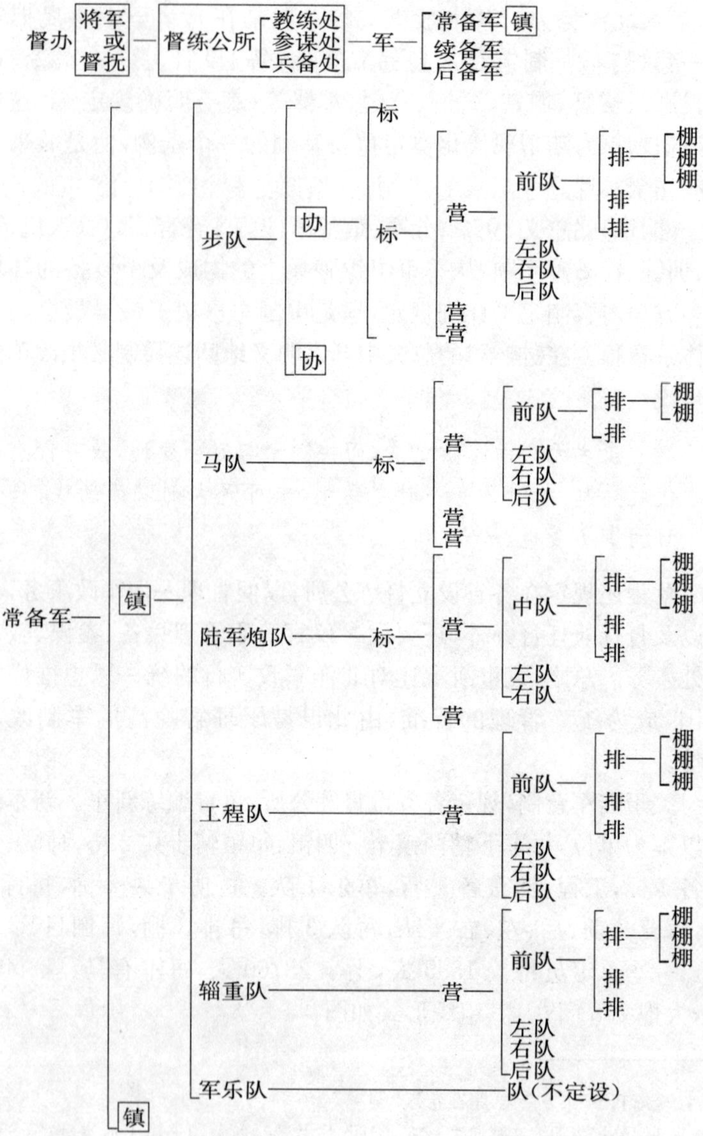


资料来源:《大清光绪新法令》第 14 册。

从这套组织来看，它分常备、续备和后备三个层次，类似后来的现役与预备役的意思。常备军包括步队、马队、炮队、工程队和辎重队等五个兵种。军队以棚为最基层单位，往上顺次为排、队、营、标、协、镇，而以镇为最高单位。

镇大体相当于后来的师，协相当于旅，标相当于团。军的首领称为总统官，镇为统制，协为统领，标为统带，营为管带，队为队官，排为排长。北洋军只在会操时才临时编组军的建制，平时仅有镇的番号。

北洋军的服役年限，常备军与续备军为 3 年，而后备军则为 4 年。袁世凯对营制的设计非常满意，并且期待着“六七年后续备后备均已有人，则以五千人之饷可养二万候调之兵，永无仓卒召集乌合成军之弊，于军政良有裨益”。从中可以看出，这部营制饷章考虑到削减军费和提高士兵质量等重要问题，是一部准备用以改革全国军制的依据与规范。因此，它是近代军制改革中一份有价值的文献。

统一官制，统一饷章，是两项重要的措施，袁世凯竭力提高军官的级衔，规定优厚的薪饷，用以维系这支武装力量。光绪三十年(1904 年)，由练兵处和兵部会奏拟定《陆军队员任职等级补官体制章程》[①]，规定陆军官佐为三等九级：

高等第一级：正都统、提督，为从一品，任职为军的总统；

第二级：副都统、总兵，为正二品，任职为镇的统制；

第三级：协都统、副将，为从二品，任职为协统领、总参谋官。

中等第一级：正参领、参将，为正三品，任职为统带官、卫队参领、正参谋官、总军需官等；

第二级：副参领、游击，为从三品，任职为一等参谋官、中军官等；

第三级：协参领、都司，为正四品，任职为管带、教练官、三等参

①《东方杂志》第 3 卷第 1 号，第 12～14 页。

谋官、参军官等。

次等第一级:正军校、守备,为正五品,任职为督队官、队官、三等参谋官、执行官等;

第二级:副军校、千总,为正六品,任职为排长、掌旗官等;

第三级:协军校、把总,为正七品,任职为司务长、司号长等。

光绪三十一年(1905 年)又为新军官制增正一品官阶。凡正都统著有卓异成绩者,赐以大将军或将军名称和封号,阶正一品。

饷章规定:总统官薪水银 600 两,公费 1000 两;统制官薪水银 400 两,公费银 600 两;统领官 200 两,公费 300 两;统带官 200 两,公费 200 两;管带官 100 两,公费 140 两;督队官 50 两;排长 25 两;司务长 20 两;弁目 10 两 5 钱;正目 5 两 1 钱;副目 4 两 8 钱;正兵 4 两 5 钱;副兵 4 两 2 钱;备补兵 3 两 3 钱。

练兵处的再一项重要措施是统一武器规格。经过多次酝酿,最后于光绪三十二年由清廷核准练兵处提出的枪炮程式为:

快枪口径六密里八,枪筒长一百十五倍口径,初出枪口速率六百五十密达。

陆路炮口径七生的五,身长二十八倍口径,炮身推闩三百六十启罗,炮架高一密达,两轮相距一米达三;子弹用开花、子母、葡萄三种,子弹初速率须五百密达以上,击远须五千密达以上,仰度十六度,俯度六度,快效速数每分钟十五出。

过山炮口径七生的五,身长十五倍口径,炮架高六十四生的,两轮相距八十生的,炮架最重之件不得超过一百一十启罗,子弹用开花、子母、葡萄三种,子弹初速率须三百密达以上,打击远须三千五百密达以上,炮仰度二十度,俯度十度,快放速数每分钟十五出以上。①

练兵处“分别札饬各局厂遵照此新定式样,购机遵制。其旧造各式,悉令停止”,并希望在五年内做到中等程度的划一。

---

①《东方杂志》第 3 卷第 12 号,第 191 页。

再一项重要措施，是光绪三十一年(1905年)奏准的《变通武备章程》，其中规定：

(1)王公大臣子弟肄习兵学，开办贵胄学堂。并为王公世爵专设一所贵胄讲习所，随时到堂研究兵学。

(2)绿营引见人员一律改习枪炮，京补各旗及东三省各旗都照办。

(3)皇帝出入，由陆军各执新式枪械，前后护卫。原来扈从各官去掉弓矢，改为佩刀。

(4)守卫宫禁的亲军营、前锋营、护军营分别考验淘汰。另从已练成各镇挑选官兵组成扈卫军代替。

(5)侍卫选择各镇军官及陆军学堂毕业的世袭世职人员担任。

(6)今后挑选旗兵一律试枪炮，并试以文字。

(7)满汉世爵世职奏准承袭后，均应入陆军学堂肄习兵学。凡未入学堂者，虽已袭职，只以减半给俸，不准补官。

这一措施，使清朝军制改革深入到宫禁宿卫制度，并涉及王公大臣子弟仕途出路等方面。

此外，还在北京、天津、湖北、陕西、江苏等地设立武备学堂；通令各省兵弁剪发易服；通令各省改变营制，改习日本操法；通令各省分绘一统舆图，等等。

## 三、北洋六镇的成军

### 1. 北洋六镇的编练

清政府在全国编练新军三十六镇的计划，直到清王朝被推翻也没有完全实现。至武昌起义前夕的宣统二年(1910年)，只编练了11个镇，步16个协，又4个标，又3个营。马1个标，又8个营,又4个队。炮1个标,又11个营,又8个队。工2个营,又11个队。辎2个营,又5个队,又1个排。军乐6个半队。但袁世凯却利用这一合法编练计划,采用招募与改编相结合的办法,早于光绪三十一年(1905年)正月二十二日,即奏报将“所有常备军镇拟即一律改为陆军各镇”①:

(1)原京旗常备军改称为北洋陆军第一镇,由凤山任统制。驻京北仰山洼。

(2)原北洋常备军第一镇改称为北洋陆军第二镇,由王英楷任统制。驻永平及山海关附近。

(3)原北洋常备军第三镇改称为北洋陆军第三镇,由曹锟任统制。驻保定。

(4)原北洋常备军第二镇改称为北洋陆军第四镇,由吴凤岭任统制。驻马厂。

(5)原北洋常备军第五镇改称为北洋陆军第五镇,由吴长纯任统制。驻山东济南、潍县。

(6)原北洋常备军第四镇改称为北洋陆军第六镇,由王士珍任统制。驻南苑。(详见附表)

---

①袁世凯:《北洋常备军拟一律改为陆军各镇片》,《袁世凯奏议》(下),天津古籍出版社1987年版,第1090页。

## 北洋陆军六镇情况表

| 镇名 | 统率者 | | | 驻扎地点 | 成立经过 | 备注 |
| --- | --- | --- | --- | --- | --- | --- |
| | 官名 | 人名 | 年月 | | | |
| 近畿陆军第一镇 | 统制 | 铁良 | | 京北仰山洼 | 光绪二十八年十二月，谕：现在八旗挑练兵丁，着先派三千人，交袁世凯认真训练。袁世凯奏：请派内阁学士铁良为京旗练兵翼长。又奏：此项旗兵，拟请名为京旗常备军。二十九年六月，成第一镇。 | 光绪二十九年末改统制，以前称翼长，凤山初任京旗第一协营务处处长，时曹锟为协统，其下有两标统：李纯、李奎元。 |
| | | 凤山 | | | | |
| | | 何宗莲 | 宣统三年三月 | | | |
| | 第一协统领 | 曹锟 | | | | |
| | | 李奎元 | 宣统三年三月 | | | |
| | 第二协统领 | 何宗莲 | | | | |
| | | 朱泮藻 | 宣统三年三月 | | | |
| 直隶陆军第二镇 | 统制 | 王英楷 | 光绪二十九年 | 直隶永平府暨附近山海关一带 | 光绪二十八年正月袁世凯奏：在正定各属挑选土著壮丁六千人分左右两翼，各六营，又炮马队各三营，名新练军。是年五月，袁世凯奏：按照新订营制，创练常备军一镇，俟今秋明春，饷项稍裕，添练一镇，合成一军。 | 此项常备军——新练军，即直隶第一镇。因所练京旗定为第二镇，所谓添练一镇即直隶第二镇，编为第四镇。 |
| | | 马龙标 | 宣统三年三月 | | | |
| | | 张怀芝 | | | | |
| | | 王占元 | 宣统三年十月 | | | |
| | 第三协统领 | 王占元 | 宣统三年三月 | | | |
| | 第四协统领 | 鲍贵卿 | 宣统三年三月 | | | |
| 近畿陆军第三镇 | 统制 | 段祺瑞 | 光绪三十年五月，练兵处军令司正使兼。三十一年正月，调第四镇统制 | 直隶保定府暨奉天锦州府一带。光绪三十三年三月调驻长春、奉天。宣统三年十月，开回北京。 | 光绪三十三年□月，陆军部奏：陆军第三镇，系于光绪年间当局外中立之时仓猝成军，无暇招募土著，因于直隶省而外，在山东、河南、安徽等省选募。 | |
| | | 段芝贵 | 光绪三十一年正月 | | | |
| | | 段祺瑞 | 光绪三十二年正月，由第六镇统制调 | | | |
| | | 曹锟 | 光绪三十二年□月 | | | |

（续表）

| 镇名 | 统率者 | | | 驻扎地点 | 成立经过 | 备注 |
| --- | --- | --- | --- | --- | --- | --- |
| | 官名 | 人名 | 年月 | | | |
| | 第五协统领 | 雷震春 | 调通永镇总兵 | | | |
| | | 徐占凤 | 调江北协统 | | | |
| | | 卢永祥 | 宣统三年三月 | | | |
| | 第六协统领 | 张永成 | 调山东第五镇 | | | |
| | | 徐万鑫 | 宣统三年三月 | | | |
| | | 陈文运 | 宣统年□月 | | | |
| 直隶陆军第四镇 | 统制 | 吴长纯 | 光绪二十年 | 直隶天津府附近马厂小站一带 | 光绪三十一年五月，袁世凯奏：现在留京各营，改统陆军第四镇，分驻南苑一带。（此军系以抽调各镇营编成，如第三镇马队第一营） | |
| | | 段祺瑞 | 光绪三十一年正月由第三镇调 | | | |
| | | 吴凤岭 | 宣统三年三月 | | | |
| | | 王迂甲 | 宣统三年九月 | | | |
| | | 陈光远 | 宣统三年十月 | | | |
| | 第七协统领 | 杨善德 | 光绪三十二年□月 | | | |
| | | 王迂甲 | 宣统三年三月 | | | |
| | 第八协统领 | 陈光远 | 宣统三年三月 | | | |
| 近畿陆军第五镇（武卫右军先锋队） | 统制 | 吴长纯 | | 山东济南府暨潍县一带 | 光绪二十六年三月，袁世凯奏：查山东省现有各营，先分别裁调二十营，仿照武卫前左各军营制，拟集成新兵二十营，依次编伍，增立一军。谕：着即名为武卫右军先锋队二十营，系臣世凯抚东时编练，拟将该军抽六七成，照新章编练成镇。 | 宣统三年□月山东假独立，贾宾卿以协统为副都督，取消后亡去。 |
| | | 张怀芝 | | | | |
| | | 张永成 | 宣统三年三月 | | | |
| | | 张树元 | 宣统三年□月 | | | |
| | 第九协统领 | 洪自成 | 宣统三年三月 | | | |
| | | 马　良 | | | | |
| | 第十协统领 | 贾宾卿 | 宣统三年三月 | | | |

（续表）

<table>
<tr><th rowspan="2">镇名</th><th colspan="3">统　率　者</th><th rowspan="2">驻扎地点</th><th rowspan="2">成立经过</th><th rowspan="2">备注</th></tr>
<tr><th>官　名</th><th>人　名</th><th>年　月</th></tr>
<tr><td rowspan="10">近畿陆军第六镇</td><td rowspan="6">统制</td><td>王士珍</td><td>光绪三十年五月，练兵处军政司正使兼</td><td rowspan="10">宿街宫门并南苑海淀一带，后驻保定。辛亥革命，第十一协改编二十一混成旅，由李纯率往汉口；吴禄贞率第十二协至石家庄。</td><td rowspan="10">光绪三十一年，练兵处奏：京畿一带，曾调有武卫右军，分扎巡防，并有该军千人，宿卫宫禁，拟将该军调集南苑屯扎，益以南洋自强军两千数百人，照新章并编一镇。袁世凯奏：查江南自强军马步炮队共十一营，自调防畿辅，经练兵处于上年十二月间奏准将该军二千数百人，又以武卫右军七千余人，改编北洋第六镇，已于三十一年二月初一编定。</td><td rowspan="10">宣统三年九月，吴禄贞在石家庄被刺。</td></tr>
<tr><td>段祺瑞</td><td>光绪三十一年八月，由第四镇调</td></tr>
<tr><td>赵国贤</td><td>光绪三十二年十一月，调潮州镇总兵</td></tr>
<tr><td>段祺瑞</td><td>宣统元年九月二年十一月，调江北提督</td></tr>
<tr><td>吴禄贞</td><td>宣统二年十一月</td></tr>
<tr><td>李　纯</td><td>宣统三年九月</td></tr>
<tr><td rowspan="2">第十一协统领</td><td>陆建章</td><td></td></tr>
<tr><td>李　纯</td><td>宣统三年三月</td></tr>
<tr><td rowspan="2">第十二协统领</td><td>周符麟</td><td>宣统三年三月</td></tr>
<tr><td>吴鸿昌</td><td>宣统三年□月</td></tr>
</table>

资料来源：据张国淦：《北洋军阀的起源》附表。

北洋六镇的军事装备，虽胜于旧军，但仍然相当庞杂，装备来源也不一，“自编练成镇以来，所用军械，或购于比、德，或购于日、英，或制造于南洋，或制造于湖北，全国故难期其划一，即各镇，亦互有异同”①，而且各镇待遇亦不一样，常是第二、四、六镇不用的武器拨给第三、五两镇用。

北洋六镇编练所耗的军费是相当可观的，可由下表说明其军费及财源之概况：

①故宫陆军部档1061号。

## 北洋陆军六镇军费

单位:银两

| 光绪三十一年七月以降 | 再编、改称前 | 光绪二十九年 | 光绪三十年 | 光绪三十一年 | 光绪三十二年 | 光绪三十三年 | 备考 |
|---|---|---|---|---|---|---|---|
| 北洋陆军第一镇 | 京旗常备军 | | | 150万 | 150万 | 150万 | 户部 12.5×12个月 |
| 北洋陆军第二镇 | 北洋常备军第一镇<br>北洋常备军左镇 | 162万 | 164万 | 164万 | 164万 | 164万 | 淮军旧军费中抽60万<br>练军旧军费中抽20万<br>绿军旧军费中抽20万<br>连军新增分(包括长芦盐斤加价)中抽24万<br>烟酒税中抽28万～40万 |
| 北洋陆军第三镇 | 北洋常备军第三镇 | | 130万 | 150万 | 150万 | 150万 | 户部 12.5×12个月 |
| 北洋陆军第四镇 | 北洋常备军第二镇<br>北洋常备军右镇 | | 130万 | 150万 | 150万 | 150万 | 户部 12.5×12个月<br>光绪三十三年一月起流用一部分陆军第六镇的军费 |
| 北洋陆军第五镇 | 北洋常备军第五镇<br>山东武卫右军先锋队等 | | | 103万 | 150万 | 150万 | 山东武卫右军旧军费(山东善后局)中抽60万<br>户部抽出90万 |
| 北洋陆军第六镇 | 北洋常备军第四镇<br>武卫右军、南自强军、新练新军 | | | 146万 | 150万 | 150万 | 武卫右军旧军费(山东藩库)中抽116～120万<br>江南自强军旧军费(金陵支局)中抽21～22万余<br>新练前军旧军费(淮军银钱所一永平盐务余利)中抽9～10万余<br>光绪三十三年一月起户部 12.5×12个月 |
| 合计 | | 162万 | 424万 | 863万 | 914万 | 914万 | 户部　负担540万(59.1%)<br>直隶省负担173万(18.9%)<br>他省　负担201万(22.0%) |

资料来源:(台)《袁世凯奏折专辑》,第1321、1666、1910、2379～2380页;《东方杂志》第2卷第7号,1905年(财政),第125～127页。

### 2. 袁世凯势力的膨胀

至此，北洋军阀的武装已由七千余人增长到八九万人，成为清王朝新军的劲旅。袁世凯即以此北洋六镇兵力作政治资本，成为声势显赫，权倾内外，继曾、李而起的又一军阀集团的首脑。他不仅拥有了强大的军事实力，而且在政治权位上也占据要津，曾一身而兼八大臣①。在袁世凯权力迅速膨胀的过程中，已经引起一些官僚的猜忌，并进行了公开的抨击。光绪二十九年(1903 年)，御史王乃徵在其奏疏中抨击袁世凯已是“爪牙布于肘腋”，“腹心置于朝列”，“党援置于枢要”，“欲举吏、户、兵、工四部之权一人总摄，群情骇异，谓疑于帝制自为，倚信至斯，可谓古无今有”②。这种看法在当时已具有一定的代表性。

光绪三十一年(1905 年)北洋六镇的建立，标志着作为军事集团的北洋军阀开始形成。它的总头目袁世凯已经凭借这支武装攫夺了清政府一定的政治权力，但从掌握政权的实际情况看，生杀予夺的专制权力仍然在清统治者手中。他们可以随意调动袁世凯的职任，也可以足疾为名“罢黜”他回籍休致。如果不是革命声势风起云涌，咄咄逼人，造成袁世凯以弄权为契机，袁世凯还不能较快地攫夺最大的政治权力。而只有在辛亥革命之际，他既打倒了清廷，又篡夺了革命成果而爬上统治全国的权力地位时，才真正形成为一个具有政治、军事特性的北洋军阀集团的首脑。

---

①八大臣是：参预政务大臣、会办练兵事务大臣、办理京旗练兵大臣、督办电政大臣、督办山海关内外铁路大臣、督办津镇铁路大臣、督办京汉铁路大臣和会议商约大臣。见袁世凯：《恳准开去各项兼差折》，《袁世凯奏议》(下)，天津古籍出版社 1987 年版，第 1418 页。

②刘锦藻：《清朝续文献通考》卷二一九，商务印书馆十通本，考第 9659～9660 页。

## 第五节　北洋军阀军事政治集团的形成

### 一、编练新军三十六镇计划的破产

清政府为挽救国势的衰落，力求加强政府的军事力量，因而极力推行编练新军三十六镇的计划，但直到清政府被推翻，这一计划并没有完全实现，中国第一历史档案馆所藏《北洋建军档案》中所保存的《宣统二年全国新军一览表》即有力地说明三十六镇编练计划的破产。这是一份内容相当完备而能一览可得的重要参考资料。现从该表摘取北洋六镇外全国各地新军基本情况如下：

| 督练省份 | 应编镇数 | 编足期限 | 宣统二年已成部队 | 奏报咨报日期 | 驻扎地点 | 摘要 |
|---|---|---|---|---|---|---|
| 直隶 | 一混成协 | 宣统三年 | 步两营 | 宣统二年十二月咨报 | 天津廊坊 | |
| 山东 | 一镇 | 宣统二年 | 步第四十七协 | 宣统二年十二月奏报 | 步第九十三标驻高密县丈岭，步第九十四标驻济南东关 | |
| 江苏 江宁 | 两镇 | 宣统二年 | 第九镇 | 光绪三十四年十月奏定成镇 | 江宁省城内 | |
| 江苏 苏州 | | | 步第二十三协、马炮各二队、工辎各一队、军乐半队 | 光绪三十年十一月咨报 | | |
| 江北 | 一镇 | 宣统三年 | 步第十三协、炮二营、马工辎各一营 | 光绪三十年七月具奏 | 清江老黄河滩 | |
| 安徽 | 一镇 | 宣统三年 | 步第三十一协、马炮各一营、工辎各一队、军乐半队 | 光绪三十四年七月具奏 | 省城内外 | |

（续表）

| 督练省份 | 应编镇数 | 编足期限 | 宣统二年已成部队 | 奏报咨报日期 | 驻扎地点 | 摘要 |
|---|---|---|---|---|---|---|
| 江西 | 一镇 | 宣统三年 | 步第二十七协、马炮各一营、工辎各一队、军乐半队 | 宣统元年十二月奏报 | 步一标三营驻扎九江协司令处，步二标三营马炮两营工辎两队军乐半队均驻扎省城内外 | |
| 河南 | 一镇 | 宣统三年 | 步第二十九协、马炮各二营、工二队、军乐半队 | 光绪三十四年八月咨报 | 协司令处步第五十七标本署及第一营第三营左右两队，步第五十八标第二三两营马第一营均驻省城内外，五十七标第二营驻修武第三营前后两队驻陈州，五十八标第一营驻沈邱马第二营驻裕州 | |
| 湖北 | 两镇 | 宣统二年 | 第八镇第二十一混成协 | 光绪三十四年十月奏定成镇光绪三十三年八月具奏 | 武昌城内该混成协除步第四十二标驻汉阳兵工厂及汉口镇与京汉铁路一带，其余均驻扎武昌 | 按度支部册第二十一混成协经费拟由湘支给，故鄂省册中概行删而湘省预算册中亦无此款 |
| 湖南 | 一镇 | 宣统三年 | 步一协、炮一营、工两队、马辎各一队、军乐半队 | 宣统元年三月具奏 | | 度支部册载湘抚允将混成协经费减十万两 |
| 浙江 | 一镇 | 宣统元年 | 第四十一混成协、第四十二步队协（少两营） | 宣统二年十一月电报 | | 该省营队若干因未奏咨无凭查核，应俟报部立案后再行添注 |
| 福建 | 一镇 | 宣统元年 | 步二协、马一队、炮二队、工二队、辎一排 | 宣统元年九月奏报 | 步三十七标驻长门，三十八标驻省城南校场，步三十九标出防，四十标驻延平府属，马一队驻省城南门城楼，炮二队工二队辎一排均省驻省城南校场 | |

(续表)

| 督练省份 | 应编镇数 | 编足期限 | 宣统二年已成部队 | 奏报咨报日期 | 驻扎地点 | 摘要 |
|---|---|---|---|---|---|---|
| 云南 | 两镇 | 宣统四年 | 第十九镇 | 宣统元年五月咨报 | | |
| 贵州 | 一镇 | 宣统四年 | 步一标、过山炮一队 | 光绪三十三年十一月咨报 | 省城大南门外南校场 | |
| 广东 | 两镇 | 宣统四年 | 步一协、炮一标、工辎各一营 | 宣统二年十月具奏规复混成一协 | | |
| 广西 | 两镇 | 宣统四年 | 步两标、炮一营 | 宣统二年七月咨报 | 步两标驻南宁,炮一营驻龙州 | |
| 四川 | 两镇 | 宣统二年 | 第三十三混成协 | 光绪三十三年十二月具奏 | 协司令处及步两标驻凤凰山,马队工辎均驻省城内南校场 | 该省原定三镇,光绪三十四年军咨处拨一镇移归广西 |
| 山西 | 一镇 | 宣统二年 | 步第四十三协、马炮各一营、工辎各一队、军乐半队 | 宣统元年十月十五日具奏 | | |
| 陕西 | 一镇 | 宣统二年 | 步一协、炮一队 | 光绪三十二年七月具奏 | 长安府省城西关外 | |
| 甘肃 | 两镇 | 宣统四年 | 步一协、炮一队 | 光绪三十二年正月具奏 | | |
| 新疆 | 一镇 | 宣统二年 | 步第六十九标、马第十八标、炮一营、工一队 | 宣统元年正月具奏 | | |
| 热河 | 一镇 | 宣统三年 | 步队一标、过山炮一队 | 宣统二年十二月奏报 | | |
| 奉天 | 一镇 | 宣统元年 | 第二十镇 | 宣统元年十二月十五日奏报成镇 | 镇司令处驻奉天南关,步第二十九协第七十七标驻奉天西关外,步第七十八标驻锦州东八家子,步第四十协驻新民府,马第二十标第一营驻新民府,第二三两营驻奉天西关外,炮第二十标第一营驻奉天西关外,第二营驻新民府,第三营驻奉天南关,工辎均驻新民府 | 队有第三镇步第五协司令处及第十标与第二混成协均属近畿军队之内,其第一混成协改编于该省第二十镇之内 |

（续表）

| 督练省份 | 应编镇数 | 编足期限 | 宣统二年已成部队 | 奏报咨报日期 | 驻扎地点 | 摘要 |
|---|---|---|---|---|---|---|
| 吉林 | 一镇 | 宣统元年 | 第二十三镇 | 宣统二年二月奏报成镇 | 步第八十九标二营驻宁安府，步九十标分驻延吉珲春敦化等处，其余均驻吉林东关外 | 近有第三步镇第六步协步第九标马第三标一二营工辎各一营均属近畿军队之内 |
| 黑龙江 | 一镇 | 宣统元年 | 步马各一营过山炮一队 | 宣统二年十一月初八日具奏 | | |
| 附记 | 一、宣统二年成立部队，计十一镇。步十六协，又四标、三营；马一标，又八营，又四队；炮一标，又十一营，又八队；工二营，又十一队；辎二营，又五队，又一排；军乐六半队。<br>二、宣统三年，各省应添练部队俟奏咨有案，再行随时添入。<br>三、各省新军系按编练已成部队奏咨有案者列入，以符名实。<br>四、各省新军驻扎地点系按呈报有案者列入，其未经呈报者，俟呈报到部，再行随时添入。 | | | | | |

资料来源：《宣统二年全国新军一览表》，见来新夏主编：《中国近代史资料丛刊·北洋军阀》(一)，上海人民出版社1988年版，第721～722页附。

从这份表中可以看到三十六镇练军计划并未能完成，只有未列入表内由袁世凯督练的北洋陆军六个镇已陆续编成。这是因为清政府一向把北洋陆军作为中央直辖的主力部队，保卫京师，驻防直隶，给予特殊的重视；但清政府已无财力完成三十六镇的编练。据一种统计，北洋六镇年需款9042000余两①，如三十六镇全部编练则年需款5400万两，已非清政府年收入八九千万两所能承担。而袁世凯则凭借直隶总督、北洋大臣兼练兵大臣的职务和六镇的实权，竭力谋求扩充实力，以进一步加强自己的政治资本。接着，他建议于光绪三十一、三十二年在直隶河间与河南彰德举行两次会操（亦称北洋秋操）。

当时，清政府鉴于在全国编练新军三十六镇的计划一时尚难实现，练兵处曾计划在各地编组巡防队作为过渡体制。光绪三十

①文公直：《最近三十年中国军事史》，上海太平洋书店1930年版，第48页。

二年(1906年),陆军部曾提出具体试办巡防队的建议:

> 各省旧有之防、练各营以及杂项队伍,原定规制,彼此纷歧。积习相沿,殆非一日,而各该省防务紧要,原设营队,大都分扎已久,一时未便议裁。前经练兵处奏明,统改为巡防队,使其名实相副,与新军有所区别。此项营队果能认真整饬,则无事之时可以缉获盗贼,为地方捍卫;有事之时,可以协力守御,为陆军声援,于军事、防务,两有裨益。①

次年,清政府正式颁布了《巡防队试办章程》十一节二十四条,对编制、分路、驻扎、官长、责任、会防、会操、器械、服色和饷项等都作出了明确的规定,正式实施其改造地方旧军的计划。其具体实施办法择述如下:

各省巡防队应分为步、马二项组成,均自第一营起,次第排列。其"步队全营,额设官弁兵夫三百零一员名,马队全营额设官弁兵夫一百八十九员名,马一百三十五匹"。

巡防队兵丁挑选年龄在20至35岁之间,身体强壮的人充当。"该队之官长应以会带勇营,立有战功者,酌量委充。其绿营裁缺各员,资望较深或年富力强者,亦准酌量借充斯职"。

巡防队的任务是"遇陆军攻守之事,当协力辅助,以为声援","遇有巡警缉捕盗贼逃犯,当协同缉拿","遇有地方人民作奸犯禁,妨害治安,或聚众械斗暨盗贼滋扰,土匪潜伏,当随时随地分别弹压、解散、捕剿、拘拿"②。

巡防队和新军是两个不同系统,新军是中央直属部队,装备精良,训练严格;巡防队由旧军改造而来,编制不整,装备过时,为地方保安部队,只能驻扎本省。虽然如此,但二者构成清朝最后十年维持政权的军事力量。巡防队的设立自有其一定的历史意义。

---

①刘锦藻:《清朝续文献通考》卷二〇四《兵考三》,商务印书馆十通本,第9525页。

②刘锦藻:《清朝续文献通考》卷二〇四《兵考三》,第9525~9526页。

## 二、两次会操与陆军部的设立

新军曾于光宣时进行过四次秋操以炫耀军威，即光绪三十一年(1905 年)的河间秋操、三十二年的彰德秋操、三十四年的太湖秋操和宣统三年的永平秋操。但太湖秋操时因光绪帝与慈禧太后相继死去，熊成基又在安庆起义，而草草收兵；永平秋操已做好准备，因武昌起义的发生而"著即停办"。所以这里只以河间、彰德两次秋操为例，以阐述北洋新军的兵力状况。

### 1. 河间会操

六镇编成后，光绪三十一年(1905 年)九月，清政府拟在直隶(河北省)河间县举行一次会操。早在八月十九日(9 月 17 日)，清廷已派袁世凯、铁良负责认真校阅。

这次会操，调动驻马厂的第四全镇，驻迁安第二镇内抽编的第四混成协，驻山东第五镇内抽编的第九混成协，共一个镇两个混成协组成南军，派统制王英楷暂充总统官。驻保定的第三镇全镇，京旗第一镇内抽编的第一混成协，驻南苑第六镇内抽编的第十一混成协，也是一个镇两个混成协合编北军，派统制段祺瑞暂充总统官。在河间，预先设立阅兵处，"以为挈领提纲之所"，派军学司正使冯国璋为总参议，帮助袁世凯等"发号司令，运筹决策"；阅兵处下分设评判、综理、递运、传宣、执法、接待和信号等七处。

九月二十三日(10 月 21 日)，南军齐集交河，北军齐集南阳，南攻北御，以河间为会战之区。二十六日两军接战，二十七日演习结束，二十八日举行阅兵式，并邀中外随观人员暨本军将佐在河间宴会。总计参加演习的官兵 46000 余人，马 5800 余匹，车 1500 余辆，战线长 20 余里，各国来观操者 33 人，各省各处观操者 200 余人。关于此次会操情形，据袁世凯等事后奏报称：

……此次会操非第以齐步伐、演技击、肆威容、壮观瞻而已，盖欲以饬戒备、娴战术，增长将士之识力，发扬军人之精神，熟悉于进退攻守之方，神明于操纵变化之用……此一役也，仿列邦之成规，创中国所未有，虽未极灿然大备之隆轨，要使在伍之将士，人人知担其责任，平日所授习，一一实见诸施行，作战之计划种种悉求其赅备，而师行所过，秋毫无扰，风声所播，暴戢良安，亦足以化闾阎之猜忌，导国民以尚武。且各该镇协成军之先后不齐，训练之久暂亦异，一旦调集会演，已骎骎乎有整齐划一之观。将来推之各省，行之通国，但使教育普及，又何难万众一致，积健为雄，以畅皇威，而张国力。①

这次会操的影响很大，它一方面向清朝廷作实战汇报，表明几百万练兵经费没有虚掷，而更重要的是另一方面，是使那些应邀的外国观操者如军事观察家、新闻记者等，认为袁世凯所拥有的军队是中国最好的部队，是最能维护外国在华利益的军队。指挥这支军队的是袁世凯最信任的部属，对袁世凯的集中权力起到重要的作用。

**2. 彰德会操**

光绪三十二年(1906 年)九月，清政府拟定在河南彰德再次举行会操，即彰德会操，也早在七月二十四日(9 月 12 日)派定，由铁良与直隶总督袁世凯会同认真校阅。此次观操人员中外共 487 人。其各国观操洋员，有英、美、俄、法、德、义、奥、和、比等军官共 26 人，另有各国记者 42 人②。

---

①《练兵大臣袁世凯为陈校阅陆军会操情形事奏折》，中国第一历史档案馆藏军机处档，见来新夏主编：《中国近代史资料丛刊·北洋军阀》(一)，上海人民出版社 1988 年版，第 564～569 页。

②《校阅本年陆军会操大略情形折》，中国第一历史档案馆藏军机处档，见《袁世凯奏议》(下)，天津古籍出版社 1987 年版，第 1388～1414 页；又见来新夏主编：《中国近代史资料丛刊·北洋军阀》(一)，第 788 页。

其南北两军的编成如下：

北军一军，由段祺瑞充总统官。从驻山东第五镇内抽拨步兵1协，马队1标，工程队1营，从驻南苑第六镇内抽拨步队1协，在驻直隶第四镇内抽拨炮队1标，合编为混成第五镇；又在京旗第一镇内抽拨步兵1协，马、炮队各2营，工程队1营，编作混成第一协。合计1个混成镇，1个混成协。

南军一军，由张彪暂充总统官。调驻湖北的第八镇和驻河南的第二十九混成协合编。计1个镇，1个混成协。

两军官佐弁兵夫役33900余名。九月初九（10月26日），开始在河南汤阴的十里铺，彰德的二十里镇、南马官屯、钟官屯一带，实战演习三天，初八举行阅兵式，并举行宴会。袁世凯对这次会操的评价是："此次复举数省已编之军队，萃集一处而运用之，使皆服从于中央统一号令之下，尤为创从前所未有，系四方之瞻听"，"以视去年河间一役，规模闳远，殆为过之"①。

这两次会操表明：不仅每年开支饷银900余万两的北洋六镇早已在袁世凯直接掌握之中，现在又使"数省已编之军"都服从于袁世凯的"统一号令之下"。袁世凯的权势达到了新的高峰，这支北洋军在国内政局中已成为举足轻重的筹码。

两次会操（又称北洋秋操）正是袁世凯十年来拼命抓枪杆子，培植个人势力取得初步成果的一次大展览；也是在六镇编成不久，北洋军阀集团羽翼丰满，袁世凯所组织的两次炫耀实力的大示威。以袁世凯为首的北洋军阀军事集团，至此已经形成了。

### 3. 陆军部的设立

袁世凯自建立六镇，并两次会操以后，权势日重，但是他并不

---

①《复陈校阅陆军会操详细情形折》，中国第一历史档案馆藏军机处录副档，见来新夏主编：《中国近代史资料丛刊·北洋军阀》（一），上海人民出版社1988年版，第789～793页。

以此为满足，又乘设巡警部之机，推荐死党徐世昌、赵秉钧任尚书、侍郎，并和首席军机大臣奕劻内外勾结，总揽一切，“觊操朝政”。恰在这时，军机大臣瞿鸿机迎合一部分满族亲贵的猜忌心理和朝野舆论，建议朝廷将北洋新军的统率权收归中央。光绪三十二年九月二十日(1906 年 11 月 6 日)，清政府宣布中央官制的改革，其中合兵部、练兵处与太仆寺为一，而设立了陆军部，负责全国练兵事宜，使“所有各省新军，均归该部统辖”，其职权所及包括“各省应练之兵，应筹之饷，如何扩张，如何储备，以及裁汰学堂，兴立学堂等事宜”[①]。陆军部的构成是由奕劻管理部务，铁良任尚书，寿勋、荫昌分任左右侍郎，王英楷署右侍郎。其下设承政、参议二厅，军衡、军乘、军计、军实、军制、军需、军学、军医、军法、军牧等十司[②]。这是清朝政府从中枢机构上对旧军制的一次改革，也是对袁世凯权势的一次打击。

陆军部为了更有效地集中权力，注意到北洋陆军速成学堂的重要性，它规定：以后各省的学生必须从这些学生中选派，不得“另自选送，以昭画一”。此外，该学堂还设有留学生预备班，留学生必须在此学习后，经考核合格，才能派遣出国。这就使陆军速成学堂有可能在向全国输送大批军事人才的同时，又培养了一批才学俱优的留学人员，蒋介石、杨杰、张群、王柏龄等都是在该学堂上完预备班后留学日本的。显然，陆军速成学堂在培养军事人才的数量和质量等方面，较之于它的前身北洋速成武备学堂，都有很大提高，不过以学堂督办身份总司实际事务的仍是袁世凯的心腹段祺瑞。

---

①朱寿朋编：《光绪朝东华录》，中华书局 1958 年版，第 5600～5601 页。

②故宫陆军部职员造册档。

## 三、袁世凯政治军事权力的集中

### 1. 袁世凯与清政府的争夺军权

袁世凯的权势欲与清政府的皇室集权发生了十分尖锐的矛盾，这个矛盾在日益表面化。

北洋六镇的建成和两次会操，说明在中国真正指挥着军队的不是朝廷，而是袁世凯。其个人势力的迅速膨胀，自然成为满洲贵族的众矢之的。尽管他一贯注意减少清政府的猜忌，如在山东任巡抚时，他曾奏请旗籍道员荫昌“佐赞军务”；在署理直隶总督时，他也挑选了三千八旗子弟增加新军训练，并奏保旗籍道员铁良为京旗练兵翼长，参预训练新建陆军；在京畿成立督练新军处，他推举奕劻为督练大臣而自愿居其次，巧妙地利用这些人作掩护来扩充自己的势力。但现在，他也像当年的曾国藩一样，确实意识到自己的“权势”已引起了疑忌，将会遭到“中伤”，从而不利于今后的再扩张。所以，不如采取主动，在光绪三十二年十月初三日（1906 年 11 月 18 日）他宣称自己所担负的职务过多，上奏请“开去各项兼差以专责成而符新制”，辞去了八大臣的兼差，作出了某种礼让姿态，清政府于初七日很快作出了反应：“着照所请，开去各项兼差。”①同时，他还在附片中请求将第一、第三、第五、第六镇移交给新设的陆军部。然而，他不能放弃嫡系部队，所以要求保留第二、第四两镇的指挥权。但是，由于各镇的将领都是袁的忠仆，以袁世凯为轴心的北洋势力却是无法移交的。

与清政府的统制手法一样，在北洋军阀的扩编过程中，袁世凯的猜疑心也是极重的。各镇统制经常调来调去，如段祺瑞先后担任过第三、第四、六等镇的统制，其目的是防止在他手下造成另一

①《袁世凯奏议》（下），天津古籍出版社 1987 年版，第 1417～1418 页。

系统或集团势力。

光绪三十三年(1907年)三月,袁世凯的死党徐世昌授任东三省总督,奏准调第三镇和两个混成协随他赴东三省,北洋军阀势力也随之伸展至东北各省,并由此将在北洋军阀集团中增加奉系这一派系势力。

### 2. 袁世凯被罢黜

光绪三十二年(1906年)九月开始,历时一年的中央和地方官制的改革及北洋六镇中四镇的交出,对袁世凯来说是一种严重的裁抑,表面上的礼让抑制不了内心的愤懑。光绪三十三年六月十九日(1907年7月28日),袁世凯借预备立宪之机进行挑战,上赶紧实行预备立宪折,密陈十事:一昭大信(亲诣太庙昭告立宪)、二举人才、三振国势、四融满汉、五行赏罚、六明党派、七建政府(采内阁合议制)、八设资政院(州县设议事会,省设谘议局)、九办地方自治、十行普及教育。在振国势一事下,对设立陆军部及铁良、凤山等掌握兵权的满族亲贵大加抨击,希图挽回其失去的兵权,但没有收到应有的效果,反而引起清政府的不满。七月二十七日(9月4日),袁世凯被免去直隶总督兼北洋大臣,内调为外务部尚书、军机大臣,"阳虽重用之,而阴实预防之也"①。虽然官高,但无实权,袁世凯深明这种明升暗降的奥妙,再三要求收回成命,未得慈禧太后允准,只得怏怏赴任,所幸继任直督的杨士骧仍是袁世凯的夹袋中人物。

光绪三十四年十月二十一、二十二日(1908年11月14、15日),光绪皇帝、慈禧太后相继死去;宣统继位,并由光绪的兄弟载沣摄政当权。载沣掌权后,因袁在戊戌变法时出卖过光绪,立意要杀他。事前,载沣曾征求奕劻和张之洞的意见。张建议,时局危急,袁在军队中有影响,如果严惩,恐生他变,宜镇静宽大为好,"王

---

①《神州日报》1907年11月27日。

道坦坦，王道平平，愿摄政王熟思之，开缺回籍可也”①。奕劻也以军情不稳为虑，力保袁世凯。于是清政府只好在十二月十一日发布罢黜袁世凯的上谕：“袁世凯现患足疾，步履维艰，难胜职任，袁世凯着即开缺，回籍养疴”②，把袁放回原籍。

袁回河南后，即遁居在彰德北门外洹上村的养寿园，还特拍摄披蓑戴笠乘小舟垂钓小照，名曰《蓑笠垂钓图》，示人以归隐之意。袁表面上在籍闲居，但实际上仍为北洋军的幕后遥控指挥者，不但京豫间常有人来往，袁还在家中设有电报处与各地音信联络，儿子袁克定与旧部徐世昌、段祺瑞、冯国璋、杨士琦等，经常传送京内情报，有的还亲至养寿园探视策划。袁世凯表面上虽然失势，但他培养起来的政治势力根深蒂固。御史江春霖在弹劾奕劻的奏章中即指出这一现象说：“我皇上御极，首罢世凯。奕劻恭顺以听，而其党亦栗栗危惧，中外相庆，以为指日可致太平矣，既而窥见朝廷意主安静，异派无所登庸，要津仍各盘踞，而农工商部侍郎杨士琦、署邮传部侍郎沈云沛，复为画策……邮传部尚书徐世昌，则世凯所荐；两江总督张人骏、江西巡抚冯汝骙，则世凯之戚……而阴相结纳者尚不在此数。”③随着清政府政局的不稳，袁党制造各种鼓吹袁世凯再起的舆论。袁世凯则对于朝廷中枢的举动了如指掌，等待东山再起的时机。

### 3. 武昌起义与袁世凯重被起用

1911年10月10日（清宣统三年八月十九日），由于1905年“同盟会”成立后积极推动民族民主革命的发展和遍及全国的抗捐抗税、抢米风潮等自发斗争的酝酿，武昌新军终于在“共进会”、“文学社”等革命组织的努力准备下，发动了武昌起义。一天之内即占

①刘成禺：《世载堂杂忆》，中华书局1960年版，第128页。
②金毓黻编：《宣统政纪》卷一，中华书局1987年影印本。
③金毓黻编：《宣统政纪》卷三〇。

领了武昌,取得了首义的胜利,在黄鹤楼和蛇山上竖起了革命军用十八颗星代表十八行省的临时国旗。

武昌起义爆发后,清政府的湖广总督瑞澂逃上了"楚豫号"军舰遁脱,第八镇统制张彪躲进日本领事馆里,第二十一混成协协统黎元洪也匿身在黄土坡谢国超管带的家里不出。10月11日,首义士兵群众聚集,准备建立革命军政府。他们没有觉悟到要把军政府的权力掌握在自己手里,错误地认为需要"推戴"社会上有名望地位的人出面组织政府。于是,"立宪派"头目、湖北谘议局议长汤化龙潜入革命,窃取了湖北军政府民政部长的职务;顽固守旧的封建军阀官僚黎元洪被"迫"出任大都督。他日后谈到当时的形势时曾称:"……洪当武昌变起之时,所部各军,均已出防,空营独守,束手无策。党军驱逐瑞督出城后,即率队来洪营,合围搜索。洪换便衣匿室后,当被所执,责以大义。其时枪炮环列,万一不从,立即身首异处,洪只得权为应允。"①这些原来是革命的敌人,就这样轻而易举地窃取了军政府的军政要职。紧接着便是一大批投机的官僚政客和立宪派人物跟着混进政权组织内部来。当时在武昌的革命党人,一方面由于事件的突发,对于胜利的迅速到来毫无准备,而一些重要党人也在起义前夕离开了武昌;但另一方面,革命党人错误地认为革命党与立宪党之间,只是采取的政治手段不同而已,现在革命既已成功,便自卑地认为自己"资望浅",而建立政权是"责任重",因而被立宪党人和封建军阀在社会上的那种"威望"所慑服,幼稚地幻想由这些人来主持革命局面。因此,一部分革命党人就和官僚军阀妥协,更有不少的革命党人,竟参加了这个封建官僚集团,这样便注定继革命胜利而来的必是妥协。

武昌起义的消息传到北京,举朝震恐。由于南方新军大部倒向革命,清廷只有把希望寄托在北洋军身上。清廷先是派陆军大臣荫昌率第一军立即南下"讨伐叛乱",又派萨镇冰率领海军舰队

---

①章裕昆:《文学社武昌首义纪实》,三联书店1952年版,第55~56页。

溯长江而上，由水路进攻。同时指派军谘使冯国璋将第五镇和第五、第三十九混成协编成第二军，听候调遣。但是北洋军的将领多是袁世凯的旧部，荫昌虽然与北洋军有密切联系，仍然指挥不灵。北洋军停留在信阳与孝感之间，并不认真执行荫昌所发布的进攻汉口的命令，行动非常缓慢；再加上武昌前线军事的连续失利，而各省接连宣布独立，使清政府感到情势日呈不稳。

武昌起义给袁世凯带来了一种“机缘”，奕劻及内阁协理大臣那桐、徐世昌等深感局势严重，一致主张起用袁世凯，以“挽救”清廷危局。起用袁世凯不仅是一部分亲贵的主张，也是帝国主义列强向清廷施加压力的结果。开始，帝国主义者不愿清廷倒台，尤其是贷款于清廷的美、英、德、法四国银行，他们对武昌起义枪声的惊恐并不下于清政府。英国驻华武官在他的报告中沮丧地说：“以兵法观之，(清政府)似无可望。”[①]俄国外交总长表示：“对于中国时局十分悲观。据该处所传来之一切消息，清室命运实已完全告终”，“英国方面对于援助北京政府之举”也“不久即行放弃”[②]。帝国主义列强急需物色一个能为他们服务、至少能维护其利益的人物，而袁世凯正是当时最适合的人选。四国银行团的美方代表司戴德就公开扬言“如果清朝获得像袁世凯那样强有力的人襄助，叛乱自得平息”[③]。英国公使朱尔典、美国公使嘉乐恒也多次会见摄政王载沣，表示希望起用袁世凯。

在革命与反革命矛盾尖锐的时候，满汉地主阶级那种争权夺利的矛盾已日渐消弛。中、外反动势力在任用袁世凯来扼杀革命这个问题上，意见趋向一致了。

于是，一时门庭冷落的养寿园顿时成为人所瞩目的地方：清政

---

①《陆军上校欧特白报告湖北起事情形》，见中国史学会编：《中国近代史资料丛刊·辛亥革命》(八)，上海人民出版社1957年版，第332页。

②王光祈译：《辛亥革命与列强态度》，见中国史学会编：《中国近代史资料丛刊·辛亥革命》(八)，第434、452页。

③李宗一：《袁世凯传》，中华书局1980年版，第172页。

府"皇族内阁"的总理大臣奕劻函请袁来"挽回危局",内阁协理大臣徐世昌和陆军大臣荫昌,更亲至彰德劝袁出山。载沣也无奈于1911年10月14日(宣统三年八月二十三日)被迫起用袁世凯为湖广总督,督办剿抚事宜,除节制湖北军队外,荫昌所率各军及水陆援军亦得会同调遣。但是,现在的袁世凯已对这些权力不屑一顾了。为要借机获取更大的实权,他一面与北洋旧部暗通声气,幕后操纵行止;一面又以"足疾未愈"为借口,佯作壁上观。袁世凯既不南下督师,北洋军在前线也就作战不力,形势日趋危急。10月20日(宣统三年八月二十九日)徐世昌奉命微服至彰德谒袁,力劝出山,袁世凯在忸怩作态之余,最后提出了六项条件:

(1)明年即开国会;

(2)组织责任内阁;

(3)宽容参加此次事变之人;

(4)解除党禁;

(5)须委以指挥水陆各军及关于军队编制的全权;

(6)须与以十分充足的军费。

这六项条件的前四项是当时为人注目的一般性政治条件,而后两条则是实实在在地讨价还价,指挥权和财政保证是袁世凯收拾局面之必需,而实际上,他就是要集军权、政权、财权于一身,以达到既能控制清政府的实权,又能诱致革命向他妥协的目的。清政府开始还有些犹豫,但是在各方面的压力之下,不得不向袁世凯让步,于10月27日(宣统三年九月六日)连发四道上谕,使湖北前线的军权完全转入袁的手中。四道上谕是:一、调荫昌"回京供职";二、授袁世凯为钦差大臣,"所有赴援之海陆军并长江水师,暨此次派出各项军队,均归该大臣节制调遣",并保证"此次湖北军务,军谘府、陆军部不为遥制,以一事权";三、拨出内帑银100万两为湖北军费;四、第一军交冯国璋统率,第二军由段祺瑞接任总统。载沣等亲贵虽进行过抵制,但革命局势迅猛发展,各省纷纷独立,清政府对军事指挥失灵,不得不向袁世凯屈服。当袁世凯答应出山后，武汉情势丕变，北洋旧部都表示效命，以供驱使，其原因就在于“前敌军士，多小站出身，闻袁再起，颇为欣悦，不似前之离心矣，且素知袁以严肃为事，亦稍有戒心，故以前骄纵怠惰之习，于焉一变。李(纯)奉命后，即申诫军士，略谓吾辈前日之所以观望者，以统帅非人，不可谓吾辈无斗志也。今袁宫保既不辞劳瘁，出受是任，吾辈当一革初心，与逆军一决，苟得歼兹丑类，亦足以对宫保，庶不负小站宫保栽培之至意。于是即派兵前进……连夜占据龟山，冯(国璋)统大军随后进发。民军既失龟山，汉阳亦不能支，于是重镇复归清廷”①。宣统三年九月十一日(1911 年 11 月 1 日)，清廷授袁世凯为内阁总理大臣，仍节制派往湖北的陆海军。至是，袁世凯已集政权与军权于一身，可以无所忌惮地操纵政局了。

## 四、南北议和与清帝退位

### 1. 袁世凯的拨弄武力

袁世凯被授为内阁总理大臣后，以原北洋军事实力为奥援，很快便控制住北方局势。然而，他的真正目的并不在此，对清王朝，他有过取而代之的意图，曾派亲信密访美国驻京使馆进行摸底②，也通过其长子袁克定向英国公使朱尔典探听过意向③，但都没有得到他所希望的支持。所以开始便打算先维持一种“虚君共和”的局面，而由他掌握实权。袁世凯明知对他的起用，主要是在全国革命形势迅速发展，清廷已难收拾局面的特定条件下的不得已之举，

①赵仁卿：《李纯全史》，上海宏文图书馆印本。

②当时的美国驻华代办卫理(E. T. Williams)在其著作《中国之今昔》(*China's yesterday and today*)第 564 页记载此事，见夏良才：《袁世凯谋取共和国总统的最初一次活动》，《近代史研究》1982 年第 4 期。

③美驻华公使嘉乐恒 1911 年 11 月 22 日致国务卿电，《美国对外关系文件》1912 年，第 53 页，见夏良才：《袁世凯谋取共和国总统的最初一次活动》。

但他也不愿清政府垮台太快而失去这个掩人耳目的道具，因此不得不做出姿态，在复梁鼎芬的信中表示："……奋此愚忠，战彼群魔，但求皇统之能保存。"对他人也曾言称："余深荷国恩，虽时势至此，岂忍负孤儿寡妇乎？"①

就当时形势而言，已有十四个省宣布独立，革命势力虽然在推翻清政府的封建统治方面态度是坚决的，但从武昌起义后的举措看来，他们在政治上是幼稚的，对迅速到来的胜利并没有成熟、果断的主张和一致的步伐。外部帝国主义势力则赞成维护清朝统治，辛亥革命发生后，德国驻华公使向其国务总理报告说："大部分东亚德侨，尤其是寓居北方者，对于清室政府表示同情之心，实较对于革命党人为多。"②英国公使朱尔典以"此后中国宜建立君主共和立宪政体"为出面调停的说词③，甚至在清廷覆没之后，美国人古德诺还认为："向使满清非异族之君主，为人民所久欲推翻者，则当日最善之策，莫如保存君位，而渐引之于立宪政治……"④袁世凯见势头如此，便设法稳定清政府。他破坏了入关举行秋操的原驻奉天的新军第二十镇在滦州的"兵变"，又派人在石家庄刺杀了同盟会员、第六镇统制吴禄贞。这一做法，使清朝政府完全接受了他提出的条件。当他在清政府方面达到目的后，又以此作为向革命方面讨价还价的底本，到前线进行一打一拉的活动。

袁世凯作为北洋军阀集团的首脑，他的杀手锏当然还是手中的军队。炫耀武力可以达到一石二鸟之目的：一方面，集中力量给予南方首义地区以打击，造成军事压力，迫使南方革命势力让步；另一方面，向清廷显示他的实力，以进一步换取更大的权力。因

①白蕉：《袁世凯与中华民国》，人文月刊社 1936 年版，第 11 页。

②王光祈译：《辛亥革命与列强态度》，见中国史学会主编：《中国近代史资料丛刊·辛亥革命》（八），上海人民出版社 1957 年版，第 433 页。

③渤海寿民：《辛亥革命始末记》，1912 年刊本，第 139 页。

④古德诺：《共和与君主论》，白蕉：《袁世凯与中华民国》，人文月刊社 1936 年版，第 171 页。

此，在他与清廷谈判出山条件的同时，即保荐王士珍襄赞军务，奏请清政府任命冯国璋为第一军总统，段祺瑞为第二军总统。以此作为与南方革命势力较量的班底，并随即将首要目标定于南方首义的中心地区——武汉。

10 月 30 日（宣统三年九月初九日），即袁世凯被授予军事全权的第三天，他便从河南彰德启程南下，亲自督战。11 月 1 日抵湖北孝感。

当时，袁世凯已调集兵力 1 万多人，而且配备了机枪、大炮等重型武器，欲予革命军以重创。果然，袁世凯到孝感的当日，冯国璋统率的第一军即向武汉三镇之一的汉口发起进攻。由于遭到革命军的英勇抵抗，冯国璋下令纵火烧城，把汉口的繁华市区变为一片火海，竟燃烧了三天三夜。冯国璋向袁世凯报告双方交战的情形称："十一日黎明，西北风暴作，汉镇火愈烈，我军接续攻扫，节节巷战，每攻一段，冒火蹈险，又为匪暗击，艰苦不可言状。"①清军的暴行，遭到内外人士的强烈谴责，但袁世凯在给冯国璋的密电中却称："该兵士等奋勇苦战，颇为各国嘉许。"②在清军的重创之下，汉口军政分府被迫撤退，清军占领汉口。

清军占领汉口后，袁世凯立即命令各军停止前进，对清廷假称兵力不足③，而暗中则致信当时已任湖北军政府大都督的黎元洪，作出协商议和的姿态，表示望其"务宜设法和平了结"，并许以"不独不咎既往，尚可重用"④。这种以军事优势为前提的议和，是袁世凯惯用的把戏，无怪乎其动身南下之前，英国驻华公使朱尔典便对其行动有所预料，认为："他在近几天内将动身前往汉口，他的任

---

①《袁世凯致清内阁请代奏电》，《近代史资料》1954 年第 1 期，第 66 页。

②清陆军部档案，见中国第二历史档案馆编：《中华民国史档案资料汇编》第一辑，江苏古籍出版社 1991 年版，第 207 页。

③清陆军部档案，见中国第二历史档案馆编：《中华民国史档案资料汇编》第一辑，第 204～205 页。

④《时报》辛亥年九月二十四日。

务虽然带有军事的性质，但人们却认为是调解性质的。”[1]事态的发展正如其所料。武汉方面在军事压力下很快作出反应，黎元洪在给袁的复信中则进一步表示：“公果能与吾徒共扶大义，将见四百兆之人，皆皈心于公。将来民国总选举时，第一任之中华共和大总统，公固不难从容猎取也。”[2]但是，这个表态在袁世凯看来还难以代表湖北军政府方面的意见，而且此时在军事方面清军也还未完全压倒对方，因此并不急于有所允诺，于是在不放弃武力进攻的前提下，于11月11日派出代表刘承恩、蔡廷干到武汉议和。这是南北议和的第一次正式接触。

袁世凯与湖北军政府的初步接触带有很大的试探性。他派出的代表刘承恩职任道员、蔡廷干为海军正参领，并非要员显宦，只能作为转达袁世凯意见的代表。11日下午，双方会见伊始，刘、蔡二人即表态：“我辈要求改革，无非为达真立宪之目的，今朝廷已宣布实行立宪，且开党禁，是则吾辈之目的已达”，并要求“除民主国体外，无论何种意见皆可代达袁项城代奏，请朝廷采择实行”[3]。当时在座的革命党人孙武、吴兆麟、张振武对君主立宪一条表示了激烈反对的态度，对袁世凯的所谓居间调停进行了强烈斥责，使刘、蔡二人“惟红涨两颊，默坐静听而已”，只得以“谓立宪主义与共和政治不能相容，屡经会议，民军要人力致驳诘”复命[4]，袁世凯与民军方面的接触未获结果。

11月13日（宣统三年九月二十三日），袁世凯抵京，仍一再表示效忠清室。19日，袁世凯内阁在北京成立，其阁员组成如下：

外务大臣　梁敦彦（胡惟德署）

民政大臣　赵秉钧

---

①《朱尔典爵士致格雷爵士函》，《英国蓝皮书有关辛亥革命资料选译》上册，中华书局1984年版，第60页。

②张国淦：《孙中山与袁世凯的斗争》，《近代史资料》1955年第4期，第125页。

③《袁世凯尚敢言和乎》，《民立报》1911年11月20日。

④《袁世凯尚敢言和乎》，《民立报》1911年11月20日。

度支大臣　严　修(绍英署)
学务大臣　唐景崇
陆军大臣　王士珍(寿勋署)
海军大臣　萨镇冰(谭学衡署)
司法大臣　沈家本
农工商大臣　张　謇(熙彦署)
邮传大臣　杨士琦(署)
理藩大臣　达　寿

至此,袁世凯已在清廷获取了包括军权在内的最大的政治权力。

虽然袁世凯表面上仍作出以"君主立宪"为宗旨的姿态,实际上,他正在组织一次更大的军事行动——攻取汉阳。对于汉阳的战略地位,袁世凯的麾下大将冯国璋分析得十分透彻。他认为:"汉阳之大别(即龟山)诸山,俯瞰武汉,如釜底一丸,下掷则全城瓦碎,不待攻而自破矣。为今之计,唯有先取汉阳,为攻心之上策。"①正因如此,武汉军政府方面在汉口失陷后也为保卫汉阳作了全面的部署:当时革命军第一、四、五协和第四标及炮队、工程队,约为1.3万人②,相当于四协兵力,再加上新到的湖南援军,共有2万兵力。由于清军在汉口的恣意掠杀,激起当地民众的极大义愤,因此保卫汉阳的士气十分高涨。尤其在这段时间内,全国形势正在发生急剧的变化,继湖南、陕西、江西、山西之后,南方的广大地区如上海、浙江、江苏、贵州、广西、广东、福建等省市又纷纷宣告独立,高涨的革命形势给予湖北军民以有力的声援和支持。清军方面从实力分析,袁世凯集结了北洋军第四镇的全部、第二镇和

①王树枏:《武汉战纪》,见中国史学会主编:《中国近代史资料丛刊·辛亥革命》(五),上海人民出版社1957年版,第234页。
②金毓黻编:《宣统政纪》卷四三,中华书局1987年影印本,第14～15页。

第六镇的各一个混成协的兵力，约 3 万余人[1]，在兵力和装备上占有一定优势，但在士气方面却远远不及对手。

这次汉阳之战的指挥者仍是冯国璋。他接到袁世凯的命令后，立即将第六镇统领李纯所部分为两队，准备从两侧向汉阳进攻。11 月 17 日（宣统三年九月二十七日），冯国璋向李纯部下达了进攻命令。19 日、20 日，清军分别占领蔡甸和舵落口，从襄河两侧逼近汉阳。21 日开始，在三眼桥、美娘山、三道桥、磨子山、扁担山等处遭到革命军的顽强抵抗，但由于军事实力的悬殊和革命军战略上的失误，清军在双方的较量中屡屡得手。26 日，革命军全线溃退。27 日下午，汉阳终告陷落。这次汉阳之战，先后有 3300 多名革命军官兵伤亡[2]，而且给汉阳人民带来巨大损失，据当时报载："武昌城外，由江中捞出之死尸陈列堤上，不计其数。内有未死而呻吟者；有妇人抱子，母死而子苏，啜泣索乳者。血溅江边，死者相枕藉。"[3]而这次兵燹的主要责任者冯国璋却得到清廷的传谕嘉奖，赏其二等男爵。28 日，北洋军干将段祺瑞抵达汉口，接任署理湖广总督，武汉的江岸一侧已被清军控制。袁世凯以军事实力在与革命军的第二次较量中获胜。

汉口、汉阳得手后，前线指挥冯国璋本欲乘胜渡江，攻取武昌，但被袁制止。袁世凯此时陈兵江岸的目的有二：一方面，每天仍从龟山用重炮隔江向武昌轰击，迫使革命军放弃军事对抗，屈从他的意旨；另一方面，以止兵不动为变相示威，向清廷索取更多的权力。形势发展的复杂变化使袁世凯不能不作多重考虑：汉阳之战已使武昌危在旦夕，且革命军战时总司令黄兴在汉阳失陷后离去，革命军内部又发生意见分歧，似乎袁世凯在军事上已胜算在握。然而，

---

①邹鲁：《中国国民党史稿》第三篇（乙）第一章，商务印书馆 1947 年版，第 920 页。

②李廉方：《辛亥武昌首义纪》，1947 年武昌版，第 184 页；引自薛君度：《黄兴与中国革命》，湖南人民出版社 1980 年版，第 119 页。

③《民立报》1911 年 12 月 1 日。

这仅是局部的形势。当时全国已有十四省宣布独立,民主革命的潮流已成不可阻挡之势。随着12月初江浙联军攻克南京,资产阶级革命党人建立全国统一的中央政权的活动正在酝酿之中,尤其北方近畿一带,局势不稳。在北方的革命党人联合起来,以天津为根据地,成立了以胡鄂公为会长的"北方革命协会",坚持发动起义,以配合南方的斗争。武昌起义不久即在直隶发生第二十镇统制张绍曾发动的"滦州兵谏",通电要求清廷改革政治,实行立宪,接着,作为袁嫡系部队的北洋陆军第六镇统制吴禄贞与张绍曾密谋起义,断然截留北洋军运向湖北的军火,并电奏朝廷,要求停战,后吴虽遭袁世凯杀害,但说明北洋军内部已有嫌隙。而当时清军主力全被牵制在京汉铁路一线,根本无法应付全国瞬息万变的形势。由此可见,袁世凯依仗武力镇压在军事上获得的仅是表面上的、局部的主动,但从全国大局看,实际上是处于被动地位的。

这种被动的危险性在于可能随时会带来封建王朝的覆灭。本来,"虚君共和"并非袁世凯所情愿,况且,通过他复出后的拨弄武力,无疑已加重了他向清政府和革命势力讨价还价的砝码。形势的发展极大地刺激了袁世凯的政治野心,当他了解到"挽救"帝国已是不可能的时候,便改变了原来的计划,把功夫下在利用革命方面,因而采取了如下的方针:对于革命方面,以使用武力进攻,勾结革命内部的反革命派和唆使部下通电反对共和等各种不同方式,求得未来最高领导地位的切实保证;对于清政府方面,则利用革命声势,凭借帝国主义列强和立宪派的声援与支持,并唆使部下通电赞成共和等方式,以迫使清政府让出政权。

袁世凯要在清廷和革命势力之间政治赌博,最需要的外力是列强的支持。在双方激烈交战之时,各国领事馆便时有议和的传言,俄国领事敖康夫、英国驻汉口总领事等均有出面调停的表示,尤其是经济利益主要在长江流域的英国,更是密切注视事态的发展。由武昌起义而在全国范围内爆发的革命浪潮已使封建王朝处于大厦将倾之势,使各国甚至认为"所有一切武力行为,以期恢复旧观，断无可望”[1]，逐渐由扶持清廷转而看好拥有军事实力的袁世凯。就在武昌起义不久，英国外交大臣格雷便说过这样的话：“我们对袁世凯怀着极友好的感情和尊敬。我们希望看到，中国在革命后将建立一个足够强健的政府，它能够公正地处理对外关系，并能维持国内秩序及为发展贸易创造有利的条件。这样的政府将会得到我们能够给予它的一切外交上的支持。”[2]因此，当袁世凯在取得军事优势的前提下作出和谈的姿态后，英国的反应最为迅速和主动。英国驻华公使积极联络北京各国使团，出面斡旋停战。12 月 1 日，英国驻汉口代理领事葛福根据朱尔典的电示，到武昌洪山总司令部说明已同清军商议的条件后，与革命军方达成停战三天的协议。12 月 3 日，双方停战。期满后，在英国领事的斡旋下一再延期，终使战事暂告停顿。

近邻日本对中国的变动十分关注，日本政府于 11 月 28 日(宣统三年十月初八日)决定了“对时局的基本方针”，竟提出要各国为“维护各自的利益而采取相应的措施”，进而“各国共同干涉”[3]。由于没有得到其他国家的首肯而作罢。

袁世凯止兵不动的策略对清廷果然奏效。隆裕太后连发懿旨，授予袁更大、更多的权力。12 月 6 日(宣统三年十月十六日)又颁发懿旨，准监国摄政王载沣退归藩邸，不再预政，可以说是清除了袁在人事、行政上的所有滞碍。接着，袁世凯任冯国璋为第二军总统，负责京畿一带和海防防务，并兼充禁卫军总统官，轻而易举地转移了清室手中直接掌握的武装力量。12 月 7 日，再颁懿旨，任命袁世凯为全权大臣，并“由该大臣委托代表人驰赴南方，切

---

①《英使朱尔典致英外交部葛垒文》，见中国史学会主编：《中国近代史资料丛刊·辛亥革命》(八)，上海人民出版社 1957 年版，第 336 页。

②《英国蓝皮书关于中国事务文书，1912 年中国一号》第 58 号，第 40 页。

③日本外务省编：《日本外交年表及主要文书》上卷，第 353 页。

实讨论,以定大局”[①]。于是,袁即委任唐绍仪为全权大臣总代表,严修、杨士琦为代表,汪兆铭、魏宸组、杨度为参赞,在京每省有一人为各界代表参加。8 日,袁世凯会见和谈代表,仍高唱“君主立宪”的论调。据当时湖北代表张国淦所记,及至此时袁仍作态称:“君主制度,万万不可变更,本人世受国恩,不幸局势如此,更当捐躯图报,只有维持君宪到底,不知其它。”[②]虽然袁世凯大作表面文章,但他的真正用心早已被其心腹徐世昌窥视得十分清楚,他认为:“以项城才略经历,自属过人,其对于时局,言剿改而言抚,言抚进而言和,纯出于项城之主持。汉口、汉阳以兵力威胁南方,攻占以后,决定不再进兵,只清理河淮南北一带,以巩固北方,即南京亦不派重兵往援。所有谕旨,均从宣布德意着笔,而资政院迎合民意,亦供项城之利用。经此酝酿,乃促成南北议和之局。”[③]

### 2. 南北议和

“南北和谈”自 1911 年 12 月 17 日(宣统三年十月二十七日)始,至翌年 2 月 5 日“优待清室条件”确定止,为时近 50 天。出席和谈的北方总代表为袁世凯委派的唐绍仪,南方总代表为由十一省军政府公举的伍廷芳。会议共进行了五次。

12 月 17 日,南北议和代表在上海英租界内市政厅举行第一次会议。主要讨论了军队停战的具体措施。20 日举行第二次会议,即进入对未来中国国体是君主立宪抑或民主共和的实质性讨论。此次会议双方达成意向并经清廷同意,克期召集临时国会,对政体问题“付之公决”[④]。又经 29、30、31 日的三次会议,已确定了

①《照录北京袁世凯咨唐绍仪文》,见中国史学会主编:《中国近代史资料丛刊·辛亥革命》(八),上海人民出版社 1957 年版,第 71 页。

②张国淦:《辛亥革命史料》,上海龙门联合书局 1958 年版,第 289 页。

③张国淦:《辛亥革命史料》,第 269 页。

④《宣统三年十一月初九日懿旨》,见中国史学会主编:《中国近代史资料丛刊·辛亥革命》(八),第 155 页。

双方停战、召开国民会议确定国体、优待退位后的清室等关键事项。对确定国体问题，双方商定条件为："开国民会议，解决国体问题，从多数取决。决定之后，两方均须依从。"①其实对袁世凯来说，无论是立宪，还是共和，都不过是他手中的一柄向革命派和清政府讨价还价的双刃剑。

在决定中国前途命运的时刻，国内外政治势力都作出了相应的反应。和谈所在地上海是资产阶级上层和立宪派的活跃场所，其代表人物张謇、赵凤昌等的介入对和谈结果的影响举足轻重。这些人既看到民主共和的浪潮不可遏止，同时又希望由像袁世凯这样的实力人物稳定政局，因此在和谈过程中不仅幕前、幕后活动频繁，还与袁世凯暗通声气，告诉袁"环观世界，默察民心，舍共和无可为和平之结果"②，以促其速下决心，把握局势。在舆论上起着推波助澜和与北方唱和呼应的作用。在革命党人中有相当一部分人对袁世凯持激烈反对的态度，指出其议和的阴谋，是"阳以施其延宕展缓之技，实阴以遂其捭阖纵横之效"③；更有警言呼吁："和议难信，人心惶惶，万勿为袁所惑而误大局"④。但革命党人中也一直存在着一股妥协倾向，这些人对袁世凯的本质缺乏认识，对民众的力量估计不足，所以既对袁的武力恐吓心存畏惧，又对袁的和谈把戏抱有幻想，甚至作为革命派重要军事指挥者的黄兴也这样认为："袁世凯是一个奸黠狡诈、敢作敢为的人，如能满足其欲望，他对清室是无所顾惜的；否则，他也可以像曾国藩替清室出力把太平天国搞垮一样来搞垮革命。只要他肯推翻清室，把尚未光复的半壁河山奉还汉族，我们给他一个民选的总统，任期不过数年，可使战争早停，人民早过太平日子，岂不甚好。如果不然，他会

①《会议条件》(十一月初十日)，见中国史学会主编：《中国近代史资料丛刊·辛亥革命》(八)，上海人民出版社 1957 年版，第 84 页。

②张謇：《张季子九录·政闻录》，中华书局 1931 年版。

③《辟袁》，《申报》1911 年 12 月 25 日。

④《沪军政府致各省都督等电》，《民立报》1911 年 12 月 14 日。

是我们的敌人，如不能战胜他，我们不仅得不到整个中国，连现在光复的土地还会失去也未可知。”[①]

帝国主义列强始终在干预形势的发展。武昌起义不过十天，集中在武汉江面和外国军舰即达16艘之多；至11月中旬，侵入中国领水和领海的外国军舰竟达51艘；驻在各口岸租界和北京使馆区的侵略军队也陡然增加，并且还分别侵占京、津、沪等地的交通据点[②]，形成武装干涉的阵势。及至南北议和，英、俄、日、美、德、法六国驻华使节不仅多次力促尽快达成协议，而且向双方发出照会，表示：“中国目前的战事如继续进行，不仅使该国本身，而且也使外国人的重要利益和安全，容易遭到严重的危险。”[③]同时，还以同文照会方式，胁迫革命党人“必须尽可能迅速地达成足以停止目前冲突的协议”[④]。不仅日本政府表示“非照采取君主立宪之条件，不能担任调停”[⑤]，英国政府更直言不讳，中国“应由袁世凯组成一个临时政府”[⑥]；而袁世凯则心领神会地答称：“一旦唐绍仪交涉无效，不得已，只好借助于各国调停。”[⑦]

从上述情况分析，事态的发展已逐渐向袁世凯预定的目标靠近。然而，由于孙中山从海外归来，形势发生急骤变化。以至南北和谈也由此而发生转折。

---

①李书城：《辛亥革命前后黄克强先生的革命活动》，《辛亥革命回忆录》(一)，湖北人民出版社1957年版，第200页。

②引自章开沅：《辛亥前后史事论丛》，华中师范大学出版社1990年版，第89页。

③《朱尔典爵士致格雷爵士电》，《英国蓝皮书有关辛亥革命资料选译》上册，中华书局1984年版，第167页。

④《英国蓝皮书关于中国事务文书，1912年，中国一号》第128号，第116页，见《辛亥革命在上海史料选辑》，上海人民出版社1966年版，第1187页。

⑤王芸生：《六十年来中国与日本》第六卷，大公报社1933年版，第4页。

⑥《英国蓝皮书关于中国事务文书，1912年，中国三号》第83号，见《辛亥革命在上海史料选辑》，第1208页。

⑦1911年12月17日伊集院驻清公使致内田外务大臣电，转引自李新主编：《中华民国史》第一编(下)，中华书局1982年版，第486页。

武昌起义后,随着南方各省的纷纷宣告独立,成立资产阶级民主共和国已成为革命形势的需要,但由于革命党人内部没有合适的人选可以肩负起领导全国革命运动的重任,因此在组织领导机构的问题上陷于被动的地位。孙中山是众望所归的革命领袖,12月25日他从海外归来,29日即被十七省代表会议在南京选举为中华民国临时大总统。尽管孙中山当天就致电袁世凯,表示他仅是暂时担任组织政府之责,仍望袁早定大计,但此事毕竟出乎袁氏意料之外,于是他突然转变态度,以唐绍仪与南方代表“会议各条约,未先与本大臣商明,遽行签订,本大臣以其中有必须声明及碍难实行各节”①为由,迫使北方总代表唐绍仪辞职,而由他自己直接与南方对话。实际上,这是袁世凯出尔反尔,变相推翻了唐绍仪承其意旨与南方已达成的协议。

由于黎元洪、黄兴等曾向袁世凯许诺,一旦袁氏赞成共和,即拥立其为大总统,因此,袁世凯对孙中山的出任临时大总统极为敏感。对此事虽然张謇曾事先向袁世凯密电加以说明,谓:“南省先后独立,事权不统一,秩序不安宁,暂设临时政府,专为独立各省,揆情度势,良非得已”②;而且对未来形势还作出有把握的估计说:“甲日满退,乙日拥公,东南诸方,一切通过。”③袁世凯还是不能放心,他甚至直接致电南方总代表伍廷芳,诘问“选举总统是何用意?设国会议决君主立宪,该政府及总统是否亦即取消?”④并进一步探询清帝退位后举袁为总统“有何把握”⑤。与此同时,他又打出

---

①《北京袁世凯来电取销唐代表》,见中国史学会主编:《中国近代史资料丛刊·辛亥革命》(八),上海人民出版社1957年版,第102页。

②《近代史料藏札》,见章开沅:《辛亥前后史事论丛》,华中师范大学出版社1990年版,第359页。

③张謇:《张季子九录·政闻录》,中华书局1931年版。

④袁世凯1月4日致伍廷芳电,见观渡庐:《共和关键录》,著易书局1912年版,第60页。

⑤观渡庐:《共和关键录》,第71页。

北洋王牌，唆使姜桂题、冯国璋、张怀芝等北洋将领联名通电，声称“不惜以干戈相见”，“誓不承认”中华共和制度[①]。孙中山对袁世凯的疑虑作了明确的答复：“如清帝实行退位，宣布共和，则临时政府决不食言，文则可正式宣布解职，以功以能，首推袁氏。”[②]

虽然革命党人以大总统之位向袁世凯作出了许诺，但在“实行共和”这个原则问题上却从未让步，甚至袁世凯曾提出清政府与南京临时政府同时解散，由他另立统一的共和政府的主张，也遭到了南京临时政府的拒绝。从立宪到共和，是革命党人对袁世凯的考验，也是他最难逾越的鸿沟，但是，在做满清臣子与中华民国大总统之间，他还是选择了后者。于是，袁世凯立即施展各种手段，对清廷实行逼宫，迫使清帝退位。

袁世凯被重新起用并由其组阁以后，已最大限度地从清廷攫取了权力，虽然清廷已成为一只空壳，但在清帝退位的问题上还是遭到了顽固势力，尤其是一些王公亲贵组成的宗社党的激烈反对。如资政院议员毓善等联名致函袁世凯，称“诚恐君位一去，大乱斯起”[③]；以东三省陆防全体军人名义发给袁内阁的电报则谓“国家不可一日无君”，否则将“预备开拔，赴汤蹈火”[④]。这是袁迫使清帝退位的最大障碍。正在这时，在北京发生宗社党首领、军谘使良弼被革命党人投弹炸死一案，使宗社党人大为恐慌，袁世凯趁机大造舆论，并指使北洋文武官吏，通电请愿，要求清帝退位。外有出使俄国大臣陆征祥、出使义国大臣吴宗濂、出使日本大臣汪大燮等

①观渡庐：《共和关键录》，著易书局 1912 年版，第 39 页。

②黄季陆编：《总理全集》下册，《文电》第 8 页。

③军机处电报档，见中国史学会主编：《中国近代史资料丛刊・辛亥革命》(八)，上海人民出版社 1957 年版，第 155～157 页。

④军机处电报档，见中国史学会主编：《中国近代史资料丛刊・辛亥革命》(八)，第 170 页。

分别致电外务部，请代奏清廷“明降谕旨，慨允共和”①；内有各路军人急电促请共和，山西巡抚张锡銮、武卫右军统领总兵王汝贤等电奏，请清廷“下诏南北罢兵，速组共和”②，署理直隶总督张镇芳、署理两江总督张勋、署理两湖总督段祺瑞、署理山东巡抚张广建、安徽巡抚张怀芝、署理山西巡抚李盛铎、吉林巡抚陈昭常联名上奏，对清廷“共和问题迁延未定，逊让政权之明诏延久未颁”表示失望，要求“速降明谕，宣布共和，悉以政权公诸国民”③。其中段祺瑞与袁世凯配合甚为默契，在清廷举棋未定的关键时刻，他于 1 月 23 日、25 日连续电告内阁军情不稳，“近来将领颇有勃勃不可遏之势”④，“昨闻恭王、泽公（恭亲王溥伟、辅国公载泽——引者注）阻挠共和，多愤愤不平”⑤。1 月 26 日，段祺瑞又领衔以湖北前线四十六名北洋军将领名义联名电奏朝廷，报告军事形势“饷源告匮，兵气动摇，大势所趋，将心不固”，“而默察人心趋向，恐仍不免出于共和之一途”，因此，“恳请涣汗大号，明降谕旨，宣示中外，立定共和政体”⑥。这一通牒性质的电报加速了清廷被迫接受清帝退位优待条件。

---

①宫中电报档，见中国史学会主编：《中国近代史资料丛刊·辛亥革命》(八)，上海人民出版社 1957 年版，第 170～171 页。

②宫中电报档，见中国史学会主编：《中国近代史资料丛刊·辛亥革命》(八)，第 176 页。

③宫中电报档，见中国史学会主编：《中国近代史资料丛刊·辛亥革命》(八)，第 181 页。

④军机处电报档，见中国史学会主编：《中国近代史资料丛刊·辛亥革命》(八)，第 171 页。

⑤军机处电报档，见中国史学会主编：《中国近代史资料丛刊·辛亥革命》(八)，第 172 页。

⑥吴廷燮编：《合肥执政年谱初稿》，见来新夏主编：《中国近代史资料丛刊·北洋军阀》(五)，上海人民出版社 1993 年版，第 122 页。

### 3. 清帝退位与孙中山辞职

在失去军队支持的情况下，清廷终于接受了《清室优待条件》[①]，内容如下：

甲　关于大清皇帝辞位之后优待之条件：

今因大清皇帝宣布赞成共和国体，中华民国于大清皇帝辞退之后优待条件如左：

第一款：大清皇帝辞位之后，尊号仍存不废，中华民国以待各外国君主之礼相待。

第二款：大清皇帝辞位之后，岁用四百万两，俟改铸新币后改为四百万元，此款由中华民国拨用。

第三款：大清皇帝辞位之后，暂居宫禁，日后移居颐和园，侍卫人等照常留用。

第四款：大清皇帝辞位之后，其宗庙陵寝永远奉祀，由中华民国酌设卫兵妥慎保护。

第五款：德宗崇陵未完工程如制妥修，其奉安典礼仍如旧制，所有实用经费均由中华民国支出。

第六款：以前宫内所用各项执事人员可照常留用，惟以后不得再招阉人。

第七款：大清皇帝辞位之后，其原有之私产由中华民国特别保护。

第八款：原有之禁卫军归中华民国陆军部编制，额数俸饷仍如其旧。

乙　关于清皇族待遇之条件(略)

丙　关于满蒙回藏各族待遇之条件(略)

---

①军机处折包档，见中国史学会主编：《中国近代史资料丛刊・辛亥革命》(八)，上海人民出版社1957年版，第185～186页。

1912年2月12日，清室颁发了退位诏书。诏曰：

今全国人民心理，多倾向共和。南中各省既倡议于前，北方诸将亦主张于后。人心所向，天命可知。予亦何忍因一姓之尊荣，拂兆民之好恶。是用外观大势，内审舆情，特率皇帝，将统治权公诸全国，定为共和立宪国体。近慰海内厌乱望治之心，远协古圣天下为公之义。袁世凯前经资政院选举为总理大臣，当兹新旧代谢之际，宜有南北统一之方。即由袁世凯以全权组织临时共和政府与民军协商统一办法。总期人民安堵，海宇乂安，仍合满汉蒙回藏五族完全领土，为一大中华民国。①

至此，统治中国268年的清王朝宣告结束。

2月13日，袁世凯致电南京临时政府，声明赞成共和，电称：

共和为最良国体，世界之所公认，今由弊政一跃而跻及之，实诸公累年之心血，亦民国无穷之幸福。大清皇帝既明诏辞位，业经世凯署名，则宣布之日，为帝制之终局，即民国之始基。从此努力进行，务令达到圆满地位，永不使君主政体再行于中国。②

2月13日，孙中山履行诺言，向南京参议院提出辞职，并在推荐袁世凯的咨文中称："此次清帝逊位，南北统一，袁君之力实多，发表政见，更为绝对赞同，举为公仆，必能尽忠民国。"③15日，参议院举行临时大总统选举会，与会的十七省议员，每省一票，一致选举袁世凯为临时大总统。在当日发给他的电报中竟称誉说："查世界历史，选举大总统满场一致者，只华盛顿一人，公为再见，同人深

①清内阁法制院档案，见中国第二历史档案馆编：《中华民国史档案资料汇编》第一辑，江苏古籍出版社1991年版，第217页。

②《临时政府公报》，1912年2月14日。

③《临时政府公报》，1912年2月20日。

幸公为世界之第二华盛顿，我中华民国之第一华盛顿。”①这当然是袁所求之不得的。次日，袁世凯便通电全国，对推举其任中华民国临时大总统欣然接受，并分别致电参议院和孙中山，表示要“始终国利民福为归”，“勉尽公仆义务”②。

于是，袁世凯便由清朝的总理大臣一变而为南京临时政府的大总统，取得了资产阶级共和国的最高领导权。从而，以全面掌握中央的政治、军事权力为标志的北洋军阀政治军事集团终于形成。

## 五、北洋军阀集团形成的原因

### 1. 晚清社会的转型

一股政治力量——一个政治派别或一个军事集团，其形成确实不是偶然的。我们在寻求这个问题时，往往是从它的社会条件和历史条件去考虑的。根据这样一种思路，北洋军阀集团的形成是否可以认为在19世纪末期，历史发展进程到了这样一个时代，就需有这样一个政治力量来维持这样一个局面。那究竟是什么样的一些历史要求呢？

从军事力量的发展来看，原来的旧军经过了实践的考验，证明它们已经腐败了，如湘、淮军队经过镇压太平天国和以后各次对外战争的实践证明确是腐败而不可用了。这一点作为湘军首脑的曾国藩、淮军首脑的李鸿章和他们部下的某些将领都承认要改变旧状态。淮军比湘军买办性更强一些，得到外国资助更多一些，改善了一些装备，但没有从军制上进行改革。所以，它面临实战就难经

---

①《参议院为选定临时大总统致袁世凯电》（1912年2月15日），见中国第二历史档案馆编：《中华民国史档案资料汇编》第二辑，江苏古籍出版社1991年版，第83页。

②中国第二历史档案馆编：《中华民国史档案资料汇编》第二辑，江苏古籍出版社1991年版，第85～86页。

一击，必然溃败。但是，清朝这个政权要想继续存在，需要有一支能够保护和维护其统治权的军队。所以，它在批复张之洞反对订约奏议所下的练兵自强诏中就明确表态说："嗣后我君臣上下，惟期坚苦一心，痛除积弊，于练兵筹饷两大端实力研求，亟筹兴革，毋沿旧习，务期事事核实，以收自强之效。"①这就是北洋军阀集团形成的历史要求之一。

清代末期所面临的问题，不仅是维护统治，更须挽救和稳定阢陧不安的危局。因此不仅要有镇压工具，还要有欺骗手法。清朝最后十年的所谓维新运动正应此需。它的内容有很多，改革军制是其中重要的一项。因此编练一支新式装备、进行新式训练的军队，就成为清末十年维新活动中的一个中心任务。从清政府主观愿望来说，编练新军是为维护自己的统治，但实际上却给北洋军阀集团的兴起创造了一个合法的土壤和条件。从北洋军阀发展的整个过程看，袁世凯就是利用这一时机，钻了全国编练新军的空子，发展了北洋军阀集团的势力。这就是北洋军阀集团形成的历史要求之二。

另一点，当时有一种社会思潮，即改革的思潮。这种改革思潮自从维新运动以来一直在发展，不仅影响一些知识分子，而且一些官僚也为迎合这种思潮，纷纷进行了一些所谓改革的活动。如张之洞、刘坤一、盛宣怀等都有些改革姿态。"改革"几乎是朝野之间的共同语言，无论是在朝的掌权者或在野的知识分子都想改一改，因为不改不得了，日子过不下去。这种改革思潮，一方面是它本身要维系衰落的统治；另一方面正是针对着当时资产阶级民主革命思潮的兴起。这时的改革思潮与19世纪末期的维新思潮不一样。19世纪末期的维新思潮是值得肯定的，而清朝末十年的改革思潮是为抵制资产阶级民主革命思潮而掀起的。它在军事方面就体现在建立新军。同时，20世纪初民族资本主义的发展也为建立一支

①朱寿朋编：《光绪朝东华录》，中华书局1958年版，第3594页。

新式军队提供了物质基础。这就是北洋军阀集团形成的历史要求之三。

这些历史要求从内部作为北洋军阀集团形成的背景条件，是形成的内因，也是主要的原因。当然还要考察外因。

### 2. 列强侵华政策的变化

外因主要是国际侵华政策的改变。帝国主义对华侵略已经历了六十余年。他们先后采取过炮舰政策、共同瓜分政策。从鸦片战争到中日战争，它们都实行炮舰政策。19 世纪末期又采取共同宰割中国的瓜分政策。但这些政策在实践中证明不大容易行得通：一是中国地域广大，用炮舰来完全占领实际上不可能；另是瓜分势必引起分赃不均的问题，各国之间会造成新矛盾而相持不下；再一是中国人民在遭受侵略欺侮情况下逐渐觉醒而崛起反抗，开展爱国运动。因此，在 20 世纪初期，帝国主义一变初衷，开始物色代理人，并通过代理人攫取所需权益，以袁世凯为主脑的北洋军阀军事政治集团适当其选。这就是北洋军阀集团形成的外因。

### 3. 袁世凯的个人作用

考察内外因固然重要，但也不能漠视某些历史人物的个人作用。袁世凯对北洋军阀集团的形成就起了重要作用，由于袁世凯掌握一定的封建权势而便于组织力量。他先组织核心力量，包括王士珍、段祺瑞和冯国璋等人，又以这个核心力量为主不断融合其他旧军势力，如把姜桂题、张勋等吸收过来。袁世凯把组练工作作为他获取更大权势计划中的重要组成部分。他制定成套编练制度，有详细的章程办法，层层训练，使嫡系军队强大并有向心力，使非嫡系军队也能按照他的设计和轨道来改造。袁世凯以这支武装为基础，充分施展权术，善于利用矛盾，抓住时机，使这支武装日益发展壮大。

统治阶级运用权术是不足为怪的，袁世凯便是一个善于利用时机的权术家，善于抓住战机来壮大自己。列宁在《中国的民主主义和民粹主义》一文中，就深刻地揭露了袁世凯的面目：他“最善于变节：昨天害怕皇帝，匍伏在他面前；后来看到了革命的力量，感觉到革命民主派就要取得胜利，就背叛了皇帝；明天则可能为了同什么旧的或新的‘立宪’皇帝勾结而出卖民主派”①。袁世凯一生的历史行程，完全证实这个估计是极为恰当的。他可以背信弃义于戊戌变法，可以用屠杀政策镇压义和团，可以勾结清朝亲贵，可以收买旧军。他在辛亥革命中一手打倒革命，一手打倒清廷，达到夺取政权的目的。北洋军阀集团正是在一定历史要求下加上某些人物的个人作用而逐渐兴起、发展和壮大的。

---

①《列宁全集》第十八卷，人民出版社 1959 年版，第 153 页。

# 第三章　北洋军阀集团的发展及其统治地位的确立

（1912～1916）

## 第一节　袁世凯政权的建立

### 一、袁世凯继任中华民国临时大总统

#### 1. 迁都之争与京保津兵变

建都南京或北京，是当时革命党人看作有极重大意义的问题。为了“巩固民国，图谋民生幸福”[①]，孙中山建议建都南京。他的本意是要袁世凯离开其根深蒂固的巢穴，把建都南京作为约束袁世凯的一种办法。他强调说：“惟临时政府地点，仍须设立南京。南京是民国开基，长此建都，好作永久纪念，不似北京地方，受历代君主的压力，害得毫无生气，此后革故鼎新，当有一番佳境。”因此，在他向临时参议院提出的辞职咨文中，附加了三个条件，即：

（1）临时政府地点设于南京，为各省代表所议定，不能更改；

①《临时政府公报》第17号，1912年2月20日，见中国第二历史档案馆编：《中华民国史档案资料汇编》第二辑，江苏古籍出版社1991年版，第80页。

(2)辞职后,俟参议院举定新总统亲到南京受任之时,大总统及国务各员乃行辞职;

(3)临时政府约法为参议院所制定,新总统必须遵守颁布之一切法制章程。①

根据以上建议,南京参议院经过两次辩论,通过了设临时政府于南京的决议案。

袁世凯当然不愿意离开其北洋军阀势力盘踞的北方而南下,早在南北议和期间,他便已向唐绍仪交底:“惟政府地点,决不可移易。”②但表面上却表示要“始终以国利民福为归”,“勉尽公仆义务”③,同时借口“北方秩序不易维持,军旅如林,须加布署”而不能立即启程④,暗中则设法抵制革命党人利用民主制度对他的约束。1912年2月21日,他致电孙中山,正式表态拒绝南下。在电文中强调他不愿离开北方的理由是:“北方军民,尚多分歧,隐患实繁,皇族受外人愚弄,根株潜长,北京外交团向以凯离此为虑,屡经言及。奉、江两省,时有动摇,外蒙各盟,迭来警告,内讧外患,递引互牵,若因凯一走,一切变端立见,殊非爱国救世之素志;若举人自代,实无措置各方面合宜之人,然长此不能统一,外人无可承认,险象环集,大局益危。反复思维,与其孙大总统辞职,不如世凯退居……今日之计,惟有由南京政府将北方各省及各军队妥筹接收以后,世凯立即退归回里,为共和之国民……”⑤袁世凯以去就拒绝南下,可以看出他与北方军阀互为依存的关系;其动以帝国主义之意见相要挟,也反映了袁世凯对帝国主义的依附态度。

①《临时政府公报》第17号,1912年2月20日。

②观渡庐:《共和关键录》,著易书局1912年版。

③《袁世凯致孙文铣电》,见中国第二历史档案馆编:《中华民国史档案资料汇编》第二辑,江苏古籍出版社1991年版,第86页。

④《临时政府公报》第15号,1912年2月14日。

⑤白蕉:《袁世凯与中华民国》,人文月刊社1936年版,第24页。

孙中山把“争都”问题看作是严重的政治斗争，不但多次敦促袁世凯南下就职，而且一再坚持“以新总理接事为解职期”①。南京临时政府也没有改变决议，依然按照2月18日的决定，派教育总长蔡元培为迎袁专使，偕同宋教仁、汪精卫等八人前往北京“专迎大驾”②。迎袁专使到京后，曾布告全国，申明袁氏南下就职之必要，强调：“袁公当莅南京就临时大总统职，为法理上不可破之条件。盖以立法行政之机关与被选大总统之个人较，机关为主体，而个人为客体。故以个人就机关则可，而以机关就个人则大不可，且当专制共和过渡时代，当事者苟轻违法理，有的个人凌躐机关之行动，则涉专制时代朕即国家之嫌疑，而足以激起热心共和者之反对。”③

袁世凯在这个他认为是重大的问题上，又施展其训练有素的政治“机智”，他一面盛礼欢迎专使，并“始终无不能南行之语”④，且在27日会见专使时当面允诺：“一俟拟定留守之人，即可就道。”⑤还装作准备立即南下的样子，甚至把南下的路线都规划出来了；一面密令他的亲信部队在京、保、津等地发动兵变，制造暴乱，以证实他所宣布的不能离开北京的理由。

2月29日晚8时，袁世凯的亲信部队——北洋陆军第三镇在北京发生兵变，北京城内多处遭到浩劫。

当晚，先由朝阳门一带的第三镇第九标炮队、辎重队滋事，先

---

①《临时政府公报》第17号。

②《临时政府公报》第20号。

③《蔡专使元培代表布告全国文》，见中国史学会主编：《中国近代史资料丛刊·辛亥革命》(八)，上海人民出版社1957年版，第124页。

④《蔡专使元培代表布告全国文》，见中国史学会主编：《中国近代史资料丛刊·辛亥革命》(八)，第124页。

⑤《蔡专使等致孙大总统电》，见来新夏主编：《中国近代史资料丛刊·北洋军阀》(二)，上海人民出版社1993年版，第249页。

是大肆劫掠,“果摊食铺,无有存者”①;然后突进朝阳门,而门已闭,变乱兵弁竟动用大炮轰击,城内之兵闻听枪声后起而相应,一时城内外枪声四起,乱氛蔓延。变兵入城后抢掠达旦,商民被害者数千家。西河沿、大栅栏、珠市口、骡马市等处,“凡金店、银钱店、蜡铺、首饰楼、钟表铺、饭馆、洋广货铺以及各行商铺,十去九九”②。东四牌楼一带“各家窗户上子弹所穿之小孔如列星”③,可见兵燹之惨烈。变兵不仅抢掠,而且在东安市场一带纵火,灯市口以北,金鱼胡同以南,锡拉胡同、乃兹府附近受创最烈。另外,还有土匪乘机兴乱,百姓惨遭涂炭。据当时人所记:“火彻夜不绝,枪声隆隆不能断,居民惶恐震骇欲避而不可得,富商藏金于窖而不得免,一时叫者叫、号者号、哭者哭、幼者呼爸爸、老者呼瘖瘖,妇寻其夫、兄觅其弟,慈父以为不能保其子、孝子以为不能有其亲,哀声动天地,惨语泣鬼神”,“然而乱兵土匪,气焰益张”④。甚至连内城巡警总厅暂存于各银号的薪饷、经费等银 5376.64 两也遭到洗劫⑤。最为严重的是,变兵竟闯入迎袁专使的住所,“殴门而入”,将“行李文件等掳掠一空”⑥,蔡元培等幸以身免,仓皇避入各国大使馆所在地东交民巷的六国饭店。

这次兵变虽同以往兵变一样大肆焚掠,却也有可疑之处。如兵变不同于前的变乱:“兵之行劫也,予以金银不杀人焉,途中行人

①杨捄炎等编:《北京兵变始末记》,见来新夏主编:《中国近代史资料丛刊·北洋军阀》(二),上海人民出版社 1993 年版,第 186 页。

②杨捄炎等编:《北京兵变始末记》,见来新夏主编:《中国近代史资料丛刊·北洋军阀》(二),第 187 页。

③杨捄炎等编:《北京兵变始末记》,见来新夏主编:《中国近代史资料丛刊·北洋军阀》(二),第 190 页。

④杨捄炎等编:《北京兵变始末记》,见来新夏主编:《中国近代史资料丛刊·北洋军阀》(二),第 188 页。

⑤北洋政府内务部档案,见中国第二历史档案馆编:《中华民国史档案资料汇编》第二辑,江苏古籍出版社 1991 年版,第 100 页。

⑥高平叔:《蔡元培年谱》,中华书局 1980 年版,第 28 页。

不加害焉，枪虽放皆向空际虚发”，也有人“亲见无数军人率无赖流氓东冲西突，军人以手指挥，无赖瞻其指而行，或燃火毁房屋，或撞门劫财物”，而“各处站岗巡警纷纷鸟兽散”①，不予干涉；达官贵人的居所如前清醇、庆各亲王等府，翠花胡同姜桂题之住所等并未受变兵所扰，“其附近之商贾皆不及于难”②。因此有云：“是夜之变，兵匪所过劫掠，其得免于劫者，皆有所备也。”③也有人窥出蛛丝马迹，得知兵变的“三镇之军乃袁总统旧部，所为腹心爪牙者乃竟如此”，而“冯男爵总统禁卫军，十二夜之变，不敢令禁卫军出发，可想见矣”④。

接着，保定、天津又发生类似事件。3 月 1 日，京师兵变消息传至保定，市面不稳，乱兵以煤油将城门烧毁后一拥而入，到处劫掠，纵火焚烧，火光熊熊烛天。当时，“城内各军，肆行抢劫，毫无忌惮”，甚至“卫生医院及临时陆军病院养病之兵皆入城搜掠，满载而归”⑤，届时，“满城枪声如竹爆，哭声载路，各处之火，彻夜不熄”，城内百姓纷纷出城逃难，“沿途男女老幼哭泣之声不绝于耳”⑥。这次兵燹的结果，“四街各处繁盛，皆成焦土，绅商之家，无不惨遭抢掠，痕痍满目，瓦砾如山，啼饥号寒之声，比比皆是”⑦。不仅如

①杨掞炎等编：《北京兵变始末记》，见来新夏主编：《中国近代史资料丛刊・北洋军阀》(二)，上海人民出版社 1993 年版，第 188、189 页。

②杨掞炎等编：《北京兵变始末记》，见来新夏主编：《中国近代史资料丛刊・北洋军阀》(二)，第 190 页。

③杨掞炎等编：《北京兵变始末记》，见来新夏主编：《中国近代史资料丛刊・北洋军阀》(二)，第 190 页。

④北洋政府总统府档案，见中国第二历史档案馆编：《中华民国史档案资料汇编》第二辑，江苏古籍出版社 1991 年版，第 91 页。

⑤杨掞炎等编：《北京兵变始末记》，见来新夏主编：《中国近代史资料丛刊・北洋军阀》(二)，第 209 页。

⑥杨掞炎等编：《北京兵变始末记》，见来新夏主编：《中国近代史资料丛刊・北洋军阀》(二)，第 209 页。

⑦杨掞炎等编：《北京兵变始末记》，见来新夏主编：《中国近代史资料丛刊・北洋军阀》(二)，上海人民出版社 1993 年版，第 209～210 页。

此，保定附近州县邳、博、蠡、清、定、望都、唐县、满城、深泽、束鹿、饶阳、高阳等均遭波及。更不可思议的是，乱兵除掳掠钱财外，还将保定东关子药库所储存快枪7万余支及大量子弹抢劫一空。

天津兵变发生于3月2日，开始乱兵约有2000余人，由京陆续到津后，组织颇为有序：当晚，第一次鸣铜管线枪为号；第二次鸣铜管，即砸抢各商店；第三次鸣铜管，将细款一律抢齐，便夺火车往东北方向而去。后来兵匪勾结，边抢边烧，当晚10时，天津镇守使张怀芝所部发生兵变。天津驻军巡防营"响枪出动"，这些乱兵不扰租界，不伤外人，在天津的繁华区旧城内外，兵分三路，分头抢劫：一路窜往河北大经路、西窑洼一带，一路窜往西关街、如意庵、太平街等处，另一路窜往河北大街、北大关、北门内外。至夜，甚至流氓歹徒和保安队趁机加入抢劫。这次兵变，天津较京、保两地损失尤烈，共有3100多家店铺被抢，损失白银1280多万两，3人被枪杀①。乱兵主要恣虐于繁华商业区，抢劫对象往往是大商号、银号和当铺等，如河北洋元厂被火，被抢劫现银达20余万，裕通银号被抢银元1万有余。据统计，仅估衣街一处就有兴义号广货铺等105家大小店铺遭火，河北大街亦有恒丰首饰店等87家被烧②，其他损失，更难于估算。

兵变发生，南京临时政府曾准备从汉口、浦口和烟台等处调兵北上，帮助恢复北京秩序，但遭到袁世凯的断然拒绝。袁对兵变不但没有进行及时、有力的镇压，反而故作姿态地表示：虽"极愿南行"，"不期变生仓猝，京师骚扰，波及京津"，以致北方商民愈不欲其南行，"函电吁留，日数千起"③。在社会动荡，民怨沸腾之时，袁

①涂晓原等：《辛亥革命后天津兵变发生的缘起及影响》，《天津史志》1998年第4期。

②据《北京兵变始末记》第四编所列店名统计，见来新夏主编：《中国近代史资料丛刊·北洋军阀》(二)，第206～208页。

③《临时政府公报》第33号。

世凯嫡系的北洋系统的军事将领则联名通电，要求临时政府必须设在北京，由袁世凯在北京组织统一政府。进而有舆论称："袁总统尚未离北京，已经闹得这个样子，若真离去，恐酿大乱。"①甚至有人致函迎袁专使蔡元培，竟称："首都不定，国会未开，政府无统一之机关，大总统无操纵之权力，项城拥此虚位，势处危疑，各行政长官，皆同赘疣，庶务废弛，财力窘乏，人民瞻顾，罔所适从……纵以诸公来此，名为欢迎专使，总统南行与首都南迁之意，日腾于报章，人心愈摇，奸宄思逞，卒至一朝溃裂，竟出自项城最信任、最爱重之军人。使项城威令能行于民军逼迫、国体变迁之时，而不能行于共和宣布之后，岂非争执都会地点，成此无政府之现状有以致之哉?"并进一步推论说："夫建都开会之宜于北而不宜于南，稍识时务者均能言其利害，仆亦不必覙缕。即以兵变而言，使因都会地点之争久持不决，恐将来东南各省兵变之祸更有甚于北方者。"②

帝国主义列强在建都问题上显然站在袁世凯一边。此问题刚一提出，英国驻南京总领事威勤逊就向南京临时政府外交总长王宠惠蛮横地表示：迁都南京在外国公使看来是一种"过分的要求"，因为一则临时政府首都只是临时的，二则在南京也"没有适合公使馆用的房屋设备"③。在北京、保定、天津接连发生兵变后，各国公使在3月2日举行外交团会议，提出三项条件："(一)交通机关断绝最属危险，当令停泊芝罘之日舰迅在京、津、沽间用无线电联络。(二)各国限各派军队二百名来京。(三)为维持北京秩序，俾各国

①高平叔：《蔡元培年谱》，中华书局1980年版，第28页。

②《贺良朴致南京专使蔡元培君书》，见来新夏主编：《中国近代史资料丛刊·北洋军阀》(二)，上海人民出版社1993年版，第245～246页。

③《英国蓝皮书关于中国事务文书，中国第二号》，第205页，转引自李新主编：《中华民国史》第一编(下)，中华书局1982年版，第492页。

现驻军队巡察街衢，以资弹压。”[1]据上决议，日本在烟台军舰调至天津大沽，各国兵士700余名在英使馆集中，天津、保定不但增加了军队，而且还补充了武器弹药。列强在作出武装干涉姿态的同时，并放出空气：“况此无政府现象，尤非袁不能挽回也。”[2]

对于列强的支持，袁世凯给予积极的回报。兵变发生后，他立即向各国公使发出密函，“力陈此次兵变，决无政治与国际上之关系，只有承认继续满清缔结各约之保护”[3]；3月4日，又派颜惠庆等分赴各使馆慰问，并“致谢各国军队协同弹压之事”[4]；同时又派赵秉钧、姜桂题、曹锟、王占元等通知部下，谓“外国军队来京系专为保护使馆及各本国商民，并无他意，嗣后各军人相见，总须互相友爱，倘有不法行为，定以军法从事”[5]，对列强极力安抚、联欢。而迎袁南下的专使也被列强的姿态所迷惑，于3月2日向南京报告：“北京兵变，外人极为激昂，日本已派多兵入京，设使再有此等事发生，外人自由行动，恐将不免，培等睹此情形，集议以为速建统一政府，为今日最要问题，余尽可迁就，以定大局。”[6]

有列强作为后盾，兵变又发生在北京，袁世凯操纵事态发展得心应手，向南京临时政府作出如下解释：

昨夕驻城内之第三镇两营，误信谣言哗变。城内外街市，

①杨掞炎等编：《北京兵变始末记》第六编“外交”，见来新夏主编：《中国近代史资料丛刊·北洋军阀》(二)，上海人民出版社1993年版，第219页。

②《远东通讯社丛录》第三编第三卷，民国元年三月，转引自章开沅：《辛亥前后史事论丛》，华中师范大学出版社1990年版，第364页。

③杨掞炎等编：《北京兵变始末记》，见来新夏主编：《中国近代史资料丛刊·北洋军阀》(二)，第220页。

④杨掞炎等编：《北京兵变始末记》，见来新夏主编：《中国近代史资料丛刊·北洋军阀》(二)，第220页。

⑤杨掞炎等编：《北京兵变始末记》，见来新夏主编：《中国近代史资料丛刊·北洋军阀》(二)，第221页。

⑥马震东：《大中华民国史》，中华书局1932年版，第108页。

纵火焚烧，肆意抢掠，已经弹压，秩序恢复。蔡专使所驻法政学堂，适在变乱区域，亦遇抢掠之灾。蔡专使等均行逃避，幸未及难，今已移寓于六国饭店。事出仓猝，又系夜间，以防范未周，不胜抱歉，并派员照料一切，严惩乱兵，希勿听谣言。①

另一方面，又于3月2日布告北京市民，称此次兵变系“第三镇炮辎两营因事哗乱，哨兵附之，土匪继之”，“该兵丁等误会谣传，不能恪守纪律，实由鄙人镇抚无术，未能事先防范之所至”，对商民之损失，将详细查明，“筹给抚恤”②，用以邀买人心。北洋嫡系诸将立即呼应，禁卫军军统冯国璋公开发表上大总统书，称历经变乱而“政躬无恙，秩序旋复，两宫如恒，各公使衙署及南洋诸代表均庆安全，皆我公从容坐镇，指挥有定之赐也”，并以保证“惟有恪遵军纪，静心待命”，表示对袁的支持③。而京城百姓对这场突如其来的杀伤焚掠痛心疾首，乱定之后，亟思安定，因此又有舆论说：“袁总统尚未离北京，已经闹得这个样子，若真离去，恐酿大乱。”④京师董事会、北京商务总会、共和实进会等纷纷上书，要求袁世凯尽快恢复秩序，安定人心。有河南王祖斌者上书袁世凯献策，其中第二条即“临时政府定都北京，迅速正式成立，布告内外，以资镇摄而消各项隐患”⑤。甚至还有直接致书蔡元培等，要求“请速电南方，谆告孙大总统、黎副总统等，定议国都，仍在北京，速迅召集国会，使政府成立，大总统之威令克行。北方诸镇本未尝反对政体，必能

①马震东：《大中华民国史》，中华书局1932年版，第107页。

②《大总统布告京师市民》，见来新夏主编：《中国近代史资料丛刊·北洋军阀》（二），上海人民出版社1993年版，第221页。

③《禁卫军军统冯国璋率领全军军佐目兵上袁大总统书》，见来新夏主编：《中国近代史资料丛刊·北洋军阀》（二），第233页。

④高平叔：《蔡元培年谱》，中华书局1980年版，第28页。

⑤《河南王祖斌上袁大总统书》，见来新夏主编：《中国近代史资料丛刊·北洋军阀》（二），第247页。

帖然就范，而不复有变乱之虞”[①]。在上述氛围之下，迎袁专使难免受到蒙蔽，3 月 2 日，蔡元培等即向南京政府电告北京局势。3 月 6 日，蔡元培等又向孙大总统报告称：“北京兵变，扰及津保，连日袁君内抚各处军民，外应各国驻使恢复秩序，镇定人心，其不能遽离北京，不特北声呼吁，即南方闻之，亦当具有同情。”[②]通过这场兵变，使支持袁世凯的舆论甚嚣尘上，连南方各省也纷纷附和妥协的主张，上海的《时报》、《申报》、《民立报》、《天铎报》、《爱国报》等联合请求：“亟就北京组织安全政府，建立国都。”[③]直至北洋将领发表通牒式的联合通电，称：“临时政府必须设立于北京，大总统受任暂难离京一步，统一政府必须旦夕组定。”[④]似乎已成为不容协商的定论。在内外各方面的压力之下，南京临时政府不得不作出让步。孙中山提请参议院通过决议，“电允袁总统在北京受职”[⑤]。这样，袁世凯如愿以偿，仍然留在他的巢穴——北洋军阀的发祥地京津一带。

对这场兵变的发生，当时报章曾提出怀疑：“北方之军队，随袁而左右，此记者听耳熟闻之者也。前月十九夜之变故，特第三镇中一部分之兵士为之尔，其他驻扎北京之军队尚夥也，使于事起时，有一千动员，即足以枪毙抢劫之兵士而有余，而吾人所举之大总统也者，反释此不为，岂其智不足以及此耶？抑别有其他之隐衷，方利用之耶？”[⑥]也曾有人认为兵变并非袁直接操纵，只不过是他利用了这一偶然时机，但这一观点被后来的不少记叙所否定。如据

①《贺良朴致南京专使蔡元培君书》，见来新夏主编：《中国近代史资料丛刊·北洋军阀》(二)，上海人民出版社 1993 年版，第 246 页。

②《蔡专使等致孙大总统电》，见来新夏主编：《中国近代史资料丛刊·北洋军阀》(二)，第 249 页。

③《临时政府公报》第 33 号。

④《北京三军统之危言》，《申报》1912 年 3 月 10 日。

⑤《临时政府公报》第 33 号。

⑥永言：《问》，见来新夏主编：《中国近代史资料丛刊·北洋军阀》(二)，第 266 页。

时任第三镇参谋官的杨雨辰回忆，兵变前一星期，袁世凯之长子袁克定即召集姜桂题、曹锟等，煽动他们将南方迎袁专使“吓回去再说”。随后，曹锟即曾召集第三镇标统、管带及参谋长会议进行了布置①。袁之亲信唐绍仪的记叙更印证袁世凯是这场兵变的导演。他说：“当时兵变发生，南代表束手无策，促予黎明访袁。予坐门侧，袁则当门而坐。曹锟戎装革履推门而入，见袁请一安，曰：报告大总统，昨夜奉大总统密令，兵变之事已办到矣。侧身见予，亦请一安，袁曰：胡说，滚出去。予始知大总统下令之谣不诬。”②正如事后时人所评：“嘻嘻吁，奇乎怪哉！人人所不及料也。岂特人人不及料，即袁大总统及军官等亦不及料。然人人之不及料，理也；袁大总统及军官等之不及料，非理也。何则？知兵莫如将，知将又何如总统也！”③由此可见，在这次迁都之争中，北洋陆军仍是袁世凯的杀手锏。

### 2. 袁世凯在北京就任临时大总统

3月10日下午3时，袁世凯在北京石大人胡同前清外务部公署就任中华民国临时大总统。他以着军服、佩长剑的形象出现在中外宾客面前，其誓词称：“世凯深愿竭其能力，发扬共和精神，涤荡专制之瑕秽。谨守约法，依国民之愿望，祈达国家于安全强固之域，俾五大民族同臻乐利。”④蔡元培以参议院代表身份参加了袁世凯的就职仪式，并代表孙中山致祝词。

在袁世凯就职的次日，孙中山公布了由南京参议院经过三十二天讨论后通过的《临时约法》。其中《附则》明确规定：“宪法未实

---

①杨雨辰：《壬子北京兵变真相》，《辛亥革命回忆录》（八），中华书局1961年版，第438～440页。

②刘成禺：《世载堂杂忆》，中华书局1960年版，第171～172页。

③豸公：《谁为祸首》，见来新夏主编：《中国近代史资料丛刊·北洋军阀》（二），上海人民出版社1993年版，第269页。

④徐有朋编：《袁大总统书牍汇编》卷首，上海广益书局1914年版。

行之前，本约法之效力与宪法等。”因此，可以说《临时约法》是一部具有国家宪法性质的文献，是旧民主主义革命理想和制度的宣言，是辛亥革命的一个重要成果。《临时约法》规定：“中华民国由中华人民组织之”，“中华民国之主权属于国民全体”。还规定中国人民有人身、居住、财产、言论、出版、集会、信仰等自由，有选举、被选举、诉讼、请愿等权利。这些都说明《临时约法》具有很大程度的旧民主主义的民主精神。但不容忽视的是，《临时约法》是资产阶级革命派在与以袁世凯为首的北洋军阀集团围绕着政权问题而展开的复杂斗争中产生的，因此，反映了当时的历史条件和斗争形势的需要。《临时约法》中规定改总统制为责任内阁制，扩大了参议院的权力，以防范和限制袁世凯的擅权和独裁专制。以孙中山为代表的资产阶级革命派曾幻想依靠《临时约法》束缚袁世凯的权力，进而实现资产阶级民主，发展资本主义。但这只能是孙中山这些人一厢情愿的主观愿望而已。

在孙中山公布了《临时约法》以后，便在4月1日正式解除临时大总统职务。4月5日，参议院议决迁都北京，南京临时政府结束。从此，袁世凯“合法”地建立起新的反动统治政权。

## 二、整顿军队，加强军事实力

袁世凯攫取中华民国大总统的职位，亦即代表着北洋军阀集团开始建立了对中国的统治。他首先要抓住军队，因此，3月31日即其就任大总统仅二十天，就发布了《训勉军人令》，要求所有陆海军人必须服从他的“统一命令”。当时全国的军事实力约为三十几个师及五十余个旅，连同地方巡防营等杂项军队，其兵力约120万左右，其中袁世凯北洋嫡系军队及依附于袁的其他军队约占一半以上[1]，其主要占据的地点也在长江以北的直、鲁、皖等处。而此

①张侠等编：《北洋陆军史料(1912—1916)》，天津人民出版社1987年版，第31页。

时南方革命势力还拥有十几万军队及苏、皖、浙、闽、粤等七八个省的地盘。另外还有一些尚无统属的地方势力也很大，如仅广西一省即有防军7军、官兵37260名及新军步兵团官兵2000余人[①]。因此，袁世凯要巩固他的统治地位，就必须扩大政治实力；而作为一个军事政治集团的首脑，必须把扩充军队、利用武力放在首要地位。

**1. 调整军事机构**

袁世凯一向把军事实力作为政治斗争的依托，因此在他就职大总统以后，立即调整军事机构，安置亲信，以达掌握军队和直接控制军队之目的。早在南北统一的北京中央政府尚未成立之前，他即在北方设立的两个办事机构中，将"军事参议处"作为其中之一。在组织总统府的过程中，又于1912年4月22日将军事处与秘书厅并列为总统办事机关，同时撤销原来的临时筹备处和军队参议处[②]。军事处以禁卫军军统冯国璋兼任总长，傅良佐为次长，田文烈为秘书长，均为袁在北洋系之亲信或幕僚。对于南京临时政府原设的参谋本部，中央政府北迁后袁仍将之列为总统直辖机关，参谋总长一职因黄兴未就而由临时副总统黎元洪遥领(其间徐绍桢未任)[③]。并于10月30日公布《参谋本部官制》，规定其职权为掌管全国国防用兵事宜；统辖全国参谋将校，并监督其教育；管辖陆军大学、海军大学、陆军测量；监督各国驻扎武官，掌办军事交通等[④]；并进一步明确凡关于国防用兵的一切计划和命令，须呈请大总统认可后，方能分别咨行陆军部、海军部办理。他甚至不顾南方革命党人的反对，将原巡防队、武卫右军改编成一支拥有35个营的拱卫军，并由段芝贵任总司令，袁乃宽为军需长，受总统府直

①南京临时政府档案，见中国第二历史档案馆编：《中华民国史档案资料汇编》第二辑，江苏古籍出版社1991年版，第263～264页。

②钱实甫：《北洋政府时期的政治制度》(上)，中华书局1984年版，第76页。

③钱实甫等：《北洋政府职官表》，华东师范大学出版社1991年版，第4页。

④钱实甫：《北洋政府时期的政治制度》(上)，第151～152页。

接节制。

第一届内阁组成，陆军部、海军部为国务院所设十部之中的军事机关，依民元7月18日公布的《各部官制通则》和陆续公布的各部官制，陆军部的职权应为管理陆军军政，统辖陆军军人、军属，监督所辖官署①。海军部职权亦同。由于当时以陆军为主，因此无论权限或设置均较侧重陆军部。该部的建置基本沿袭前清旧制，设总长一，次长一，参事四，秘书三，副官十四；下辖八司，分别为军衡司、军务司、军械司、军学司、军需司、军医司、军法司、军马司，各司设司长一人，司副官八人；并由财政部每年拨付经费137.4万余元，为日常支用②。虽然当时全国军队有中央军和各省地方军之别，且编制统属复杂，但作为最高军事机构，其"管理全国陆军行政事务"的职掌仍使之具有统掌全国军事的大权。

地方陆军军事机关按不同建置在各省区设置。民国初年各省设置都督，都督府为一省军政总枢，1913年1月8日公布《现行都督府组织令》，明确其职权，各省陆军由都督节制。特别区域或次要之省份特设护军使署，该设置是一种临时措施，由中央视各地需要派遣，据1913年12月19日公布的《护军使暂行条例》，护军使分作两种：一设于无军政长官的省区，直属中央，并节制全省军队；一设于有军政长官的省区，其所辖范围另行决定。各省重镇地方设置镇守使署，负绥靖地方之责，原属临时措施，设置并不普遍，1913年9月5日公布《镇守使署条例》后才逐渐制度化。镇守使一般多由师长、混成旅长、旅长等充任，根据各地情况不同，职权各有侧重，编制亦不相同。绥远、察哈尔、热河等特别行政区则特设都统署③。地方军事机关设置繁复，其目的，即藉此从军政方面强

①钱实甫：《北洋政府时期的政治制度》(上)，中华书局1984年版，第89页。

②《陆军统计简明报告书》，见张侠等编：《北洋陆军史料(1912—1916)》，天津人民出版社1987年版，第7～8页。

③《陆军行政纪要》，见张侠等编：《北洋陆军史料(1912—1916)》，第2～3页；钱实甫：《北洋政府时期的政治制度》(上)，第256～261页。

化中央集权,控制地方割据。

2. **更新军队编制**

在强化军事机构的同时,袁世凯又对军队的编制进行了调整。1912 年 9 月 15 日,袁世凯以大总统名义发布命令,称:"惟自客岁军兴以来,各省军队或沿袭旧称,或便宜编制,殊于统一军政之旨不相符合。应即通行各省凡沿用镇、协、标、队名称之军队,查照新订军队名称一律更改,藉免纷歧。"①此即所谓"改镇为师"。编制及名称改后如下表:

| 新订编制(官称) | 前清编制(官称) |
|---|---|
| 师　(师长) | 镇　(统制) |
| 旅　(旅长) | 协　(统领) |
| 团　(团长) | 标　(统带) |
| 营　(营长) | 巡防营　(管带) |
| 连　(连长) | 队　(队官) |
| 排 | |

随后公布的《陆军平时编制条例》,对陆军部队的基干单位——师一级的编制进行了调整。按此条例,陆军每师步军二旅,骑、炮兵各一团,工、辎兵各一营编成。其中步兵每旅辖二团,每团以四连编成之三营,并机关枪一连组成;骑兵团分为甲乙两种,甲种四连编成,乙种三连编成,视驻地之情形而定;炮兵团以三连编成之三营组成,各连均为六尊;工兵营、辎重营均以三连编成;机关

①《政府公报》,1912 年 9 月 16 日。

炮连的士兵不另征集，而由所属团内士兵轮流教练[①]。这次调整不仅是在旧军基础上名称的变更，而且编制的统一和明确使这一时期的军队向近代化管理迈进了一步。其编制系统如下表[②]：

**陆军一师编制系统表**

- 步兵第几旅
  - 步兵第几团
    - 第一营
      - 第一连
      - 第二连
      - 第三连
      - 第四连
    - 第二营
      - 第五连
      - 第六连
      - 第七连
      - 第八连
    - 第三营
      - 第九连
      - 第十连
      - 第十一连
      - 第十二连
    - ………………机关枪连
  - 步兵第几团（营以下与前同）
- 步兵第几旅
  - 步兵第几团
  - 步兵第几团

①陆军部档，见张侠等编：《北洋陆军史料（1912－1916）》，天津人民出版社 1987 年版，第 27～28 页。

②《陆军法规》，见张侠等编：《北洋陆军史料（1912－1916）》，天津人民出版社 1987 年版，第 29～30 页。

- ……………骑兵第几团
  - …………第一连
  - …………第二连
  - …………第三连
  - …………第四连
- ……………炮兵第几团
  - 第一营
    - 第一连
    - 第二连
    - 第三连
  - 第二营
    - 第四连
    - 第五连
    - 第六连
  - 第三营
    - 第七连
    - 第八连
    - 第九连
- ………………………工兵第几营
  - 第一连
  - 第二连
  - 第三连
- ………………………辎重第几营
  - 第一连
  - 第二连
  - 第三连

民国元年改镇为师后的陆军师建置如下①：

| 序 列 | 师长 | 参谋长 | 原 属 | 驻 地 |
|---|---|---|---|---|
| 近畿陆军第一师 | 何宗莲 | 董式梃 | 清近畿陆军第一镇 | 保定、张垣及多伦、归化 |
| 近畿陆军第二师 | 王占元 | 何佩瑢 | 清近畿陆军第二镇 | 保定、迁安、卢龙 |
| 近畿陆军第三师 | 曹 锟 | 萧耀南 | 清近畿陆军第三镇 | 南苑 |
| 近畿陆军第四师 | 杨善德 | 唐国谟 | 清近畿陆军第四镇 | 天津小站 |
| 近畿陆军第五师 | 靳云鹏 | 孙擢先 | 清近畿陆军第五镇 | 山东青州、潍县 |
| 近畿陆军第六师 | 李 纯 | 丁效兰 | 清近畿陆军第六镇 | 南苑 |
| 近畿陆军第七师 | 雷震春 | 赵景清 | | 河南 |
| 近畿陆军第十四师 | 许崇智 | 余定华 | 清新军第十镇 | |
| 近畿陆军第十六师 | 王廷桢 | 李竟成 | 清禁卫军改编 | |
| 近畿陆军第十九师 | 刘之洁 | 赵福海 | 清江北陆军第十三协等改编 | 江苏镇江 |
| 近畿陆军第二十师 | 卢永祥 | 夏鸿均 | 清陆军第二十镇 | 辽阳、新民、锦县 |
| 近畿陆军第二十三师 | 孟恩远 | 高士傧 | 清陆军第二十二镇改编 | |

除以上十余个陆军师外，湖北、浙江、江苏等地方陆军师亦在北洋军阀控制之下；当时还没有陆军混成旅的编制，系因民国初年尚未形成规模。另有一部分军队如定武军、安武军、毅军等虽未列入统一编制，但仍由与北洋军阀有各种渊源的张勋、倪嗣冲、姜桂题等人统率。据当时陆军部统计资料，民国元年军队为 96 万人，分布各省情况如下②：

①据中国第二历史档案馆研究室编《北洋时期中央军队序列和职官表》，见来新夏主编：《中国近代史资料丛刊·北洋军阀》（五），上海人民出版社 1993 年版，第 839～863 页；《陆军各师概况》，见张侠等编：《北洋陆军史料（1912－1916）》，天津人民出版社 1987 年版，第 61～131 页。

②陆军部档，见张侠等编：《北洋陆军史料（1912－1916）》，第 32～33 页。

**民国元年(1912)各省现有兵数饷数单**

| 省别 | 人数 | 饷数(元) | 摘　　要 |
|---|---|---|---|
| 直隶 | 101464 | 9978427 | |
| 山东 | 42236 | 5625173 | |
| 山西 | 21500 | 1641788 | |
| 河南 | 21500 | 2551242 | |
| 安徽 | 26176 | 2781600 | 查安徽原有兵数 38676 人,现据该省电报,约裁 12000 余人,饷数即按裁减后人数计入。 |
| 湖北 | 80000 | 14836050 | |
| 江苏 | 33500 | 7300000 | 查江苏原有兵数 69500 名,饷数 7800000 元,现据该省电报,裁汰 34700 余名。除水师不计外,实存兵数 33000 余名,月需饷数 60 余万元。 |
| 浙江 | 38316 | 4557240 | 查浙江省原列有 18000 人,饷 2172000 元,现据该省视查员报告,现有 38316 人,月饷 379770 元,暂按此数填列,俟裁并实行后,再照一师一旅计算。 |
| 福建 | 33500 | 2720000 | |
| 广东 | 59000 | 7440000 | |
| 广西 | 36500 | 2269710 | |
| 湖南 | 51000 | 6109000 | |
| 四川 | 54750 | 5010939 | |
| 云南 | 39500 | 2940500 | |
| 江西 | 20136 | 3698599 | |

（续表）

| 省别 | 人数 | 饷数(元) | 摘　　要 |
|---|---|---|---|
| 贵州 | 27643 | 1584000 | |
| 陕西 | 50500 | 4440000 | |
| 奉天 | 41350 | 4824000 | |
| 吉林 | 17050 | 2300800 | |
| 黑龙江 | 9550 | 1178160 | |
| 甘肃 | 30000 | 2083200 | |
| 新疆 | 15000 | 1887216 | |
| 热河 | 5955 | 513406 | |
| 塔尔巴哈台 | 500 | 22654 | |
| 乌里雅苏台 | 220 | 9977 | |
| 科布多 | 200 | 8137 | |
| 绥远城 | 214 | 15419 | |
| 西藏 | 110 | 13300 | |
| 伊犁 | 6500 | 827640 | |
| 川边 | 4418 | 308234 | |
| 察哈尔 | 892 | 52674 | |
| 毅军 | 13257 | 924093 | |
| 禁卫军 | 14000 | 1956113 | |
| 各省炮台 | 400 | 50886 | |
| 拱卫军 | 15657 | 1956113 | |
| 备补军 | 13314 | 1676567 | |
| 南京归并各军 | 34000 | 6760000 | 此项按照现拟裁并后数目计入 |
| 合计 | 959808 | 103752860 | |

由上述举措分析，袁世凯强化军事机构和调整军队编制的目的在于加强中央军事集权，并通过机构的严密统属和编制的改革，进一步控制地方军事力量，以军事实力为后盾，实现北洋军阀集团的政治统治。

## 三、袁世凯操纵下的阁潮

依照《临时约法》第五章规定，国家政体实行责任内阁制。因此，国务总理为实际的行政首长，大总统只惯例地居于国家元首的地位，总统提出法律案、公布法律及发布命令，必须经国务员副署，方能生效[①]。因此，袁世凯十分重视对内阁的控制，他任用亲信，制造阁潮，以达到破坏民主制度的目的。

### 1. 干预内阁，破坏责任制

内阁制是革命党人为防范袁世凯专制独裁而采取的一种政治制度，而袁世凯却要将之变为其手中的政治工具。因此，国务总理及内阁人选至为关键。革命党人提出必须由同盟会员担任，袁世凯则提名唐绍仪为阁揆人选。唐绍仪（1860～1938 年），字少川，广东香山（中山）县人，曾留学美国，与袁结识于袁世凯驻朝鲜总理交涉通商事务期间，得到袁的赏识。袁继任直隶总督兼北洋大臣后，特荐唐为津海关道，开始成为袁的亲信。1910 年一度任邮传部尚书。武昌起义后，作为袁内阁的全权代表参加南北议和，与革命党有过良好的接触，其出任国务总理已是大势所趋。后经折衷，中华民国第一届内阁总理由唐绍仪担任，但同时唐加入同盟会。

对内阁成员的职任，袁世凯对陆军总长一职格外重视。尽管曾任南京临时政府陆军总长的黄兴为众望所归，而且唐绍仪也赞成由黄担任，但袁世凯仍坚持让段祺瑞出任陆军总长，遭到革命党

①《临时政府公报》第 35 号。

人的坚决反对，南方革命军将领通电指出："陆军总长非中外著闻、富有才学威望者，决难维系南北军心而谋全国幸福。黄总长兴缔造民国，苦心经营，尤为全球所钦服……现在国基未固，全国军队正在易动难静之时，再四思维，足以从容镇抚、措置裕如者，黄君而外，实难其选。"①而袁世凯非但寸步不让，北洋将领也以"军界统一会"名义致电参议院，竟提出如不任段为陆军总长即"要求大总统另行组织政府"②，以耸视听。经由赵凤昌等人出面调和，终由段祺瑞任陆军总长，黄兴为参谋长；袁世凯向革命党人开列的交换条件是成立南京留守处，由黄兴留任并统率南方各省军队，并由王芝祥任直隶总督。3 月 30 日，袁世凯以大总统名义任命各部总长，外交总长陆征祥、内务总长赵秉钧、财政总长熊希龄及陆军总长段祺瑞等重要职任均由其亲信担任；革命党方面，则由蔡元培、王宠惠、宋教仁、陈其美等出任教育、司法、农林、工商各部。同时，任命黄兴为参谋总长并统辖两江军队，黄兴不接受任命，袁世凯又改任徐绍桢，因遭到南京部分驻军的反对，遂由黎元洪领参谋总长事。当时革命党人虽然尚拥有南方七八个省的地盘和十几万军队，但袁世凯通过组阁把持了军权，使革命党人丧失了在中央政权中的军队领导权，而北洋军阀军事集团在中央政权中占据了统治地位。

第一届责任内阁(1913.3.13～6.27)③组成成员如下：

国务院总理　唐绍仪

外交部总长　陆征祥

内务部总长　赵秉钧

财政部总长　熊希龄

陆军部总长　段祺瑞

海军部总长　刘冠雄

---

①《顾忠琛致袁世凯等电》,《民立报》1912 年 3 月 18 日。

②《新政府成立之种种》,《正宗爱国报》1912 年 4 月 1 日。

③刘寿林编:《辛亥以后十七年职官年表》,中华书局 1966 年版,第 149 页。

司法部总长　王宠惠
教育部总长　蔡元培
农林部总长　宋教仁
工商部总长　陈其美
交通部总长　唐绍仪(兼)
参谋部总长　黄　兴

第一届责任内阁成立后,袁世凯只将其视为手下的办事机构,对唐绍仪则"如身使臂,如臂使指"[①],因而常常无视责任内阁之责任,干预其权力的实行。而唐绍仪就任后本有一番政治抱负,且又被所谓"责任内阁"的招牌所迷惑,"事事咸恪遵约法"[②],事事强调责任,遂与袁世凯的意见多有不容。为了压制唐绍仪,袁世凯先是唆使内务总长赵秉钧和陆军总长段祺瑞对他进行抵制,使国务院的工作不能正常进行。不久,在向西方六国银行借款的问题上,因唐不肯接受列强的苛刻条件而损害了袁与帝国主义之间的"友谊",于是唐、袁矛盾激化。恰于此时,又发生了任命王芝祥为直隶总督的事件,成为唐内阁倒台的导火线。

王芝祥为直隶人,辛亥革命时以广西藩台响应革命,被推为桂军援鄂司令,由广西经湖南开往汉阳助战。南北议和时从湖北调至南京,后由黄兴介绍加入同盟会。在唐绍仪组阁时,袁为使段祺瑞出任陆军总长一职,曾允诺以由王芝祥任直隶总督为交换条件,然而直隶环卫京畿,易生肘腋之患,袁有此后顾之忧,便一再出尔反尔。于是,王芝祥5月26日到京后即遭到北洋将领的抵制,冯国璋、王占元等以非有"声威兼著,在直隶有年,感情甚孚,及军界所仰望者,难资镇慑"[③]为由,反对王芝祥督直,袁世凯遂以军队反

①陈旭麓主编:《辛亥革命前后——盛宣怀档案资料选辑之一》,上海人民出版社1979年版,第265页。
②冯自由:《唐少川之生平》,《革命逸史》第二集,第302页。
③《旧军官攻王芝祥》,《太平洋报》1912年6月4日。

对为借口，改委王为南方军队宣慰使。唐绍仪认为不能因军队的反对而失信于民，力图挽回，但袁世凯竟不顾程序，直接发表了为唐绍仪所拒绝签署的改派王芝祥的命令，并交王往南京赴任。这种公开破坏责任内阁制的行为，使唐绍仪忍无可忍，于6月15日出走天津，中华民国首届内阁由此倒台。这件事表明，袁世凯是多么轻易地就破坏了《临时约法》中国务总理须副署命令的规定！袁世凯对民主制度的挑衅激起了革命党人和南方各省军民的愤慨，《民权报》的评论尖锐地指出："此次之举动，非推翻同盟会之国务员也，直欲推翻此中华民国耳。"[①]袁十分心虚，在6月27日的《时报》上发表通电称："……当共和宣布之日，即经通告天下，谓当永远不使君主政体再见于中国。就职之初，又复沥忱宣誓，皇天后土，实闻此言……"但两天之后，便正式任命唯袁之命是从的陆征祥为总理，代替了曾听信其"誓言"而恪守内阁责任的唐绍仪。

### 2. 从"责任内阁"到"御用内阁"

6月29日，经参议院多数通过，袁世凯任命陆征祥为国务总理。陆征祥(1871～1949年)，自1892年始即长期在俄、荷等国任外交官员，武昌起义爆发时，曾和其他中国公使从国外联合通电，吁请清帝退位；宣统退位后，又电贺袁世凯，表示愿受民国政府调遣[②]；1912年3月入唐绍仪内阁任外交总长。因当时党派林立，政见不一，而陆征祥无党无派，袁便以"超然内阁"标榜这届新内阁。但出袁所料的是，由于同盟会阁员蔡元培、宋教仁等遵照同盟会决议以辞职拒绝入阁，共和党、统一共和党为争入阁而愤愤不平，遂出现因陆征祥发言失体未获参议院通过及袁世凯所提名六阁员一律被否决的风潮。为压服党派势力，袁世凯再次唆使军人干政，于

①天仇：《政治之恶潮》，《民权报》1912年6月23日。

②(美)包华德主编、沈自敏译：《民国名人传记辞典》第六、七、八分册(下)，中华书局1986年版，第123页。

是先有北京军警联合会指责参议院“挟持党见，故作艰难，破坏大局”[①]；继而又有北洋派军人纷纷通电，攻击同盟会等党派“只知有党，不知有国”[②]；湖北四镇统制邓玉麟等甚至以武力相胁，表示“虽受破坏立法机关之痛骂，亦所不计”[③]。在此情况下，袁世凯第二次提出阁员补充名单。这一次，军警界对参议院的干涉更加直接，更加露骨。参议院投票的前一日，毅军总统姜桂题、拱卫军司令段芝贵、直隶提督马金叙和军政执法处处长陆建章等军警要人“招待”参议员及政界委员、新闻记者等，“劝告诸君舍内而对外，移缓以就急”[④]。同盟会和共和党虽然对军警威胁参议院的丑恶行径进行了一定的揭露和抵制，但该两党多数议员还是屈从了袁世凯的压力，在第二次投票中投了赞成票，袁的目的达到，这场风潮才暂告平息。但陆征祥无力提挈起全面事务，因而受到失职的弹劾。他遂称病住院，并一再请假，不理政事。9 月 22 日，袁世凯令准陆征祥辞职，任命赵秉钧为国务总理。

赵秉钧(1859～1914 年)，警务出身，清末曾受袁世凯委托创办巡警，为袁所赏识，保荐其任巡警部右侍郎。袁世凯被罢黜后，赵亦被免职。清廷被迫起用袁世凯组织责任内阁，赵任民政部大臣。南北和谈期间，赵秉钧曾代表袁世凯列席御前会议，为袁逼宫起了重要作用，是袁的忠实走卒。陆征祥称病离职期间，赵奉袁命代理。其间，赵秉钧为骗取信任，竟加入同盟会，在参议院得以通过。届时同盟会已改组为国民党，赵组阁后，袁放出空气说：赵秉钧是国民党的党员，国民党所主张的政党内阁已经实现了。而时人则评之为“临时现凑的政党内阁，不驴不马，人多非笑之，谓此非

---

①《亚细亚日报》1912 年 7 月 23 日。

②《徐宝山致袁世凯等电》，《申报》1912 年 7 月 31 日。

③黄远庸：《陆总理演说后之政界》，《远生遗著》第二卷，商务印书馆 1920 年版，第 74 页。

④黄远庸：《三日观天记》，《远生遗著》第二卷，第 78 页。

'政党内阁',乃'内阁政党'"[①]。10 月 3 日,赵秉钧到参议院宣布政见,宣称"以维持现状为主义",不久,竟把国务会议移到总统府召开,唯袁世凯之命是从。由此可见,赵秉钧将是袁世凯进一步扩大权力破坏民主制的得力工具,因此,推出赵秉钧内阁是袁世凯的真正意图。也可见当初抛出陆征祥是作为政治上的缓冲,陆阁的流产正加速了袁世凯意图的提前实现。此后,中华民国的"责任内阁"就变为地地道道的"御用内阁"了。

责任内阁制的被破坏,一方面标志着袁世凯对资产阶级民主制度有意识地进行践踏的开端,同时也表明《临时约法》本身的软弱无力。然而,《临时约法》虽未能起到孙中山所预期的作用,但它在中国毕竟是前所未有的,它所显示的具体内容,具有资产阶级共和国宪法的性质,是有进步意义的。

## 四、袁世凯政权下的政党分合

辛亥革命前后整个政局变幻的过程实质上是革命、立宪、反革命之间分合变幻的过程。中国社会在政治、思想上的激烈动荡代表着各阶级利害的根本冲突,此时期的政党分合恰是这种斗争实质的表现。至北京政府成立后,党派则更成为政治斗争的工具。

### 1. 辛亥革命前后政党林立的局面

立宪派代表民族资产阶级上层的利益,他们大部分是由官僚地主和买办转化而来,在经济和政治上同帝国主义、封建主义有着密切的联系,因而软弱性和妥协性也最大。立宪派主张进行某种改革,以便参与政权,保护既得的政治、经济利益;但他们反对革命,唯恐革命使其财产、地位遭受损失。他们在政治上成为立宪派,是由其阶级地位决定的,他们有时可能成为革命的同路人,但

①黄远庸:《远生遗著》第二卷,商务印书馆 1920 年版,第 153 页。

更多地是革命道路上的绊脚石。武昌起义前，立宪派向清政府要求权利，以阻止革命，结果失望。武昌起义爆发，立宪党便“联合”革命，反对清政府，以延续自己的政治生命。但是革命对于他们终究损失太大，因此当袁世凯政权一建立，立宪派即与之组成联合阵线，攻击和反对革命，以巩固和扩大自己的权利。时人高一涵曾评论立宪派说：“这党宗旨在和平改革，无论什么年代，只要容许他们的活动，他们都可俯首迁就；到了他们不能活动的时期，也可偶然加入革命党；但是时局一定，他们便仍然依附势力，托庇势力之下以从事活动。”①确实如此，在革命派与反革命派的斗争中，他们一向处于因利乘便的地位。

在政局变幻的过程中，作为革命团体的同盟会和立宪派的一些政团也产生出种种离合的变化。同盟会本来具有资产阶级革命政党和各阶级反清联合阵线的双重性质，它有统一的组织、纲领和行动计划，在辛亥革命前曾做过大量的宣传和组织民众的工作。但是它的内部很不一致。武昌起义后，它失去了原有的革命气味，许多同盟会会员在进行涣散和瓦解组织的活动；有些人出于反满立场，以为清帝逊位等于革命成功，便宣传“革命军起，革命党消”的论调，来否定所有革命组织继续存在的必要性，“当时这种言论的意气，充塞四围，一倡百和，牢不可破”②；许多人反对孙中山的革命方略和革命主张，讽刺孙中山的“理想太高”，甚至当南北议和时，孙中山有所主张，重要党员中竟有责备孙中山“恋栈”的③；有些人脱离了组织，或者消沉下去，或者参加到立宪派的组织中去谋求利禄；有些人则幻想去实行“政党政治”，放弃必要的实际斗争。与此同时，立宪党人为向革命派争权，也插足于政局而开始此分

①转引自李剑农：《最近三十年中国政治史》，上海太平洋书店 1930 年版，第 249 页。

②《孙中山选集》上册，人民出版社 1956 年版，第 430 页。

③邹鲁：《中国国民党史稿》第二篇，商务印书馆 1947 年版，第 493 页。

彼合。

另外,还有一种类型的社团,受当时国际上各种思潮影响而标新立异,独树一帜,涉足政治活动。如中国社会党与中华民国工党即是。中国社会党是江亢虎于1911年11月5日在上海所创立。它标榜"社会主义",主张"废除世袭遗产制度"①;认为普及教育是消灭社会不平等的根本途径,鼓吹无宗教、无国家、无家庭的"三无"世界;虽然中国社会党的刊物《社会世界》也曾介绍过马克思主义,但该党的所谓社会主义,却是反对用革命暴力打碎旧的国家机器和建立无产阶级的政治统治,不改变生产资料私有制的性质并消灭雇佣劳动和剥削制度,无须消灭阶级②。其实这一套主张完全是资产阶级改良主义、无政府主义、空想社会主义和第二国际右倾机会主义的大杂烩。其参加者以学界和商界人士为多,还有一些下层失业者参加。中国社会党成立伊始,即把"赞同共和"作为党的头条纲领,孙中山从海外归来,中国社会党也曾表示热诚的欢迎。民国成立后,袁世凯篡夺了政权,中国社会党便积极投靠袁世凯。江亢虎曾先后向袁世凯、黎元洪、赵秉钧等上书,反复强调该党属于"和平派","凡事均在社会一方面着手,不欲琐琐干预政府之行为,更无取而代之之野心。对执政者,亦不存成见"③,以消除袁世凯等的疑虑,在党务活动上也极力把中国社会党引向当政者需要的轨道。1912年7月,江亢虎谒见袁世凯,劝袁信仰"社会主义",并向袁吹嘘他已有党员二十万人,是社会上一种政治势力,如果政府实行国家社会主义,该党也要"力为声援"。据说"袁氏闻之,颇为动容"④。在后来的二次革命时,江亢虎竭力反对武力讨袁,他作出不偏不倚的姿态,发表言论说:"最近宋案之发生,政党

①《中国社会党纲领》,《社会党月刊》第4期。

②参见曾业英:《民元前后的江亢虎和中国社会党》,《历史研究》1986年第6期。

③1912年5月江亢虎致袁世凯书,转引自曾业英:《民元前后的江亢虎和中国社会党》,《历史研究》1986年第6期。

④《大总统与社会党》,《社会杂志》第9期。

方面不免稍有意见，本党处超然地位，应本人道主义之眼光，发表一种独立不挠之言论。”①甚至还抛出了一个“本党对于宋案借款两事反对武力解决宣言”②，但下层多数党员反对他的所谓超然立场，有的还直接参与了反袁活动，因此被袁下令禁止活动。

中华民国工党由青年知识分子徐企文联合工厂主朱志尧等在1912年1月21日成立于上海。它是一个反映民族资产阶级利益的资产阶级政党，领导成员主要是资本家、工厂主、小资产阶级知识分子乃至绅士一流人物。它在东南亚的华侨中有一定的影响。因为它打着“工党”的旗号，所以也有一部分工人，特别是手工业工人参加。该党宗旨是“促进工业发达”，“开通工人智识”，“消除工人困难”，“提倡工人尚武”，“主持工界参政”③。中华民国工党强调劳资合作，阶级调合，对袁世凯的统治抱有某些幻想，认为“我国政体既共和，社会平均，民生主义将日昌明，人人皆劳动家，人人皆资本家，阶级破除，障害全消”④。中华民国工党当时对政争本无甚作用，但在1913年5月28日，其首领徐企文仍因反对袁世凯的反动统治而被捕杀。中华民国工党也随之瓦解。

从武昌起义到袁世凯政权建立（1911年10月至1912年4月）这一时期里，大大小小的政团约达三百多个，出现了政党林立的局面。其中著名的有四大政团：

(1)以黄兴、宋教仁为首的“同盟会”⑤。同盟会早在武昌起义前就出现了组织分裂和派别活动的现象，到推翻清廷，许多革命党

①《中华民报》1913年4月8日。

②《中华民报》1913年5月5日。

③《中华民国工党简章》，《太平洋报》1912年7月1日。

④《中华民国工党宣言书》，《民主报》1912年1月28、29日。

⑤当时同盟会之名已为人所滥用。黄远庸在《铸党论》中写道：“其在湖南则有政界同盟会、平民同盟会之别；其在湖北则有官印同盟会、台甫共和党、别号统一共和党之谣；其在四川则有统一同盟会、共和党同盟会之团体。”见《民国经世文编》正编，政治三，第六册，上海经世文编社1914年版。

人的思想向右转化，包括其重要领袖在内，对孙中山原提出的革命方略几已抛弃，而热衷于政党政治，使同盟会原来高擎的三民主义旗帜逐渐黯然失色。随着革命运动的进展和深化，革命党人遭到困难和挫折，再加上内外敌人的瓦解活动，使同盟会已经难以保持一个统一的组织形式。

(2)由同盟会分裂出来的以章太炎为首的“中华民国联合会”和以张謇为首的立宪派团体“预备立宪公会”联合组成的“统一党”。章太炎原为同盟会要人，辛亥革命前就曾与孙中山发生过矛盾，1910 年 2 月与陶成章在日本东京成立“光复会”总部，任会长，与同盟会公开分裂。南京临时政府成立，章被任为总统府枢密顾问，但他却与程德全、张謇、陈三立、赵凤昌等旧官僚、立宪派于 1912 年 1 月 3 日在上海成立“中华民国联合会”，拥戴黎元洪。“预备立宪公会”是辛亥革命前具有代表性的立宪团体，张謇、孟昭常分任正副会长，汤寿潜、许鼎霖、周廷弼等为其骨干，曾为清政府的假预备立宪尽犬马之劳。这两个组织在 1912 年 1 月联合后改称“统一党”，以张謇、章太炎、程德全、熊希龄等为理事，以“巩固全国统一，建设中央政府，促进共和政治”的宗旨相标榜，实际上就是拥护由袁世凯统一全国。

(3)由清末立宪政团宪友会重要成员孙洪伊、汤化龙发起的“共和建设讨论会”。这是一个根据自己的利害为袁世凯政权服务的御用组织。

(4)以黎元洪为首的“民社”。1912 年 1 月在上海成立，有黎元洪的亲信、旧官僚、旧军官张伯烈、孙发绪、谭延闿参加，并拉拢了同盟会会员孙武、蓝天蔚、张振武、刘成禺等。孙武等人自恃在武昌首义中劳苦功高，却未能在南京临时政府中谋得职位，便打出“为民请命”的旗号，谋求个人升官发财。该组织标榜卢梭的《民约论》，针对孙中山的三民主义提出“瀹民智、正民德、储民力为三大主义”①，反对南京临时政府，主张建都武昌，甚至拥护袁世凯取代孙中山为大总统并为之张目。民社成立后，积极扩展，其势力主要集中在长江中下游地区，号称“支部遍十余省，党员过万人”②。后因正、副社长黎元洪、孙武之间的矛盾及党内分化，于4月取消原名，并入共和党。

此外，能举出名目的还有：“统一共和党”(谷钟秀、吴景濂等)、“国民共进会”(陈锦涛、王宠惠、徐谦)、“民国公党”(岑春煊)、“共和实进会”(晏起、董之云、许廉)、“国民协进会”(范源廉、黄远庸、蓝公武)、“国民公会”(黄群、籍忠寅)、“国民党”(温宗尧、潘鸿鼎，与同盟会改组成的国民党不同)、“宪政党”(梁启超)以及“社会党”、“共和俱进会”、“共和促进会”和“国会进政社”等等，此时期的党团此消彼立，政见各异，如同千奇百怪、五光十色的万花筒③。

### 2. 北京政府成立后的政党分合

1912年4月，袁世凯政权建立后，参议院迁至北京，政党活动进入另一阶段，原有大小政团随着政争的激烈进行而逐渐分合。当时在北京参议院中有三个主要政党：

(1)“共和党”。1912年5月5日，“统一党”为对抗“同盟会”起见，联合“民社”、“国民协进会”、“国民公会”、“国民党”和“国民共进会”等共六个政团，组成“共和党”。其组织成分有君主立宪派(如张謇、汤化龙)、旧官僚武人(如程德全、黎元洪)、同盟会分子(如章炳麟、张伯烈)等，推黎元洪为首领。这是为袁世凯服务的政党，后来在北京参议院中与“国民党”并称两大政党。共和党的政纲是：①保持国家统一，采取国家主义；②以国家权力，扶持人民进步；③应世界之大势，以和平实利救国。共和党拥护袁世凯集中权

---

①《民生日报》1912年2月21日。

②《民声日报》1912年4月22日。

③参阅谢彬：《民国政党史》，上海学术研究会1925年版。

利,甘心为之驱使,鼓吹“国家主义”,并以“国权党”自居。该党以反对同盟会为职志,对尚存革命精神的同盟会的攻击不遗余力,竟标榜中国革命之功“黎氏创其始,袁氏终之也。除此二君成功之外,国民不与焉”[①]。共和党成立不久,章太炎又从中分裂出去,仍旧保持其统一党的旧称,在北京参议院中进行活动。

(2)“国民党”。共和党成立后,使同盟会受到一定影响,同盟会中的负责人黄兴、宋教仁等始终抱有“政党政治”的幻想。1912年3月,袁世凯就任临时大总统后的第一届内阁,因有同盟会的蔡元培、宋教仁参加,加之国务总理唐绍仪也刚刚被拉入同盟会,便被称为“同盟会内阁”。这就使他们更热心于扩大组织,争取席位,从而实现“责任内阁”,想在“拥袁”的前提下实现欧美式的资产阶级政治制度。宋教仁所说:“为今之计,亟须组织完善政府,欲政府完善,须有政党内阁”[②],“欲取内阁制,则舍建立政党内阁无他途,故吾人第一主张即在内阁制也”[③],就是这一思想的代表。于是,在“新旧合作”、“朝野合作”的口号下,联合“统一共和党”、“国民共进会”、“民国公党”、“共和实进会”等政团,在1912年8月25日组成国民党,推孙中山担任理事长,但实权操在代理事长宋教仁手中。这次改组遭到同盟会一些党员的反对,有许多人在听到改组消息后痛哭,并准备保留同盟会的名义。宋教仁等抛弃原来的纲领,提出了国民党的五项政纲,即:保持政治统一,发展地方自治,励行种族同化,采用民生政策,维护国际和平[④]。这个含糊不清的政纲把同盟会秘密时期的“平均地权”改为“采用民生政策”,取消了同盟会公开后的“男女平等”的主张,并把具有斗争意义的“力谋国际平等”改成不敢冒犯帝国主义的“维护国际和平”。改组了的

①马震东:《大中华民国史》,中华书局1932年版,第149页。

②宋教仁:《国民党湘支部欢迎会演说辞》,见陈旭麓主编:《宋教仁集》(下),中华书局1981年版,第445页。

③《国民党沪交通部欢迎会演说辞》,陈旭麓主编:《宋教仁集》(下),第460页。

④邹鲁:《中国国民党史稿》第一篇,商务印书馆1947年版,第125页。

国民党丧失了同盟会的革命色彩，已和同时期的其他党派没有多大区别，而是以政治上的妥协作为主要特色了。国民党为争取未来国会选举中的胜利而追求数量的增加，这样国民党在表面上规模增大了，山西、陕西、江西、安徽、湖北、湖南、四川、广西各省，从政党关系看都已是国民党的势力；在1912年12月到1913年2月的国民选举中，国民党果居大多数席位，成了第一大党。然而，这种滥事扩充，必然造成了国民党内部成分的复杂，它包括有君主立宪派（如谭延闿）、旧官僚（如唐绍仪）与原同盟会成员（宋教仁、黄兴）共容其中，而孙中山则被视为脱离实际的理想派而处于失势地位。这种情形连《中国国民党史稿》的作者也不得不承认这是"龙鱼杂处，真伪不分"的"大弊"[①]。袁世凯对这个与他为敌的政党十分注意，利用各种手法瓦解其组织。在他的利诱和威胁下，国民党人孙毓筠、胡瑛等很快堕落为醉心利禄的政客，他们徒有革命党人的虚名，而实际上成为国民党内的拥袁派，加之国民党的方针是一方面力求用向袁世凯妥协的办法来扩大自己的权力，一方面又想用资产阶级的民主制度对袁的权力给予某些限制，这种自相矛盾的策略使国民党便成为一个拥护袁世凯而企图分享其权力的政党，一个不反对袁世凯的在野党。

(3)"民主党"。这是一个由立宪派组成、被袁世凯用以与国民党抗衡的政党。其首脑梁启超这时已成为图谋权利的政客，为急于出山，便不计戊戌政变的旧怨，与袁世凯勾结，并幻想依附袁来实现自己的政治抱负。他曾致函袁献策道："今后之中国，非参用开明专制之意，不足以奏整齐严肃之治"；"善为政者，必暗中为舆论之主，而表面自居舆论之仆"；如要做到这一点，就必须"访集国中有政治常识之人，而好为政治上之活动者礼罗之，以为己党而已"[②]。在袁的支持下，经梁氏策动，以汤化龙为首的"共和建设讨

①邹鲁：《中国国民党史稿》第一篇，商务印书馆1947年版，第142页。

②丁文江、赵丰田编：《梁启超年谱长编》，上海人民出版社1983年版，第617页。

论会”与“共和统一党”、“共和俱进会”、“共和促进会”、“国民新政社”、“宪政党”等于 1912 年 11 月组成“民主党”，由汤化龙担任理事长，骨干有林长民、孙洪伊等，而以梁启超为幕后首脑。民主党的政纲是：①普及政治教育，②拥护法赋自由，③建设强固政府，④综核行政改革，⑤调合社会利益。[①] 其目的是想把自己形成为在共和党、国民党两党之外的第三党来扩大势力，以猎取政治地位。

从当时各政党的纲领上看，国民党和共和党、民主党相差无几，所不同的主要是对袁世凯的态度：国民党主张分袁的权力而加一定的监督，共和党和民主党则对袁的独裁不加反对。这些党在北京参议院中展开激烈的政争，使民初的政治舞台格外活跃。

从武昌起义到第一届国会开幕前，这些政党的离合，并没有严格的原则根据，也没有什么政见根据，更缺乏社会威信，时人讥评它们较高尚的“或臭味相投，或意气相孚”，而下焉者是“权势的结合”、“金钱的结合”[②]。这些政党由于没有各自明显区别的政纲，其成员也多是“暮楚朝秦，宗旨靡定，权利是猎，臣妾可为”[③]，很多人往往身跨数党，因此其本身并无群众基础，只是一些政治投机团体。它们总的目的只是为了“聚徒党，广声气，恃党援，行倾轧排挤之惯技，以国家为孤注”而已[④]。这些评论真可谓入木三分。

---

①阙名：《论民主党》，《民国经世文编》正编，政治三，第六册，上海经世文社 1914 年版。

②参阅谢彬：《民国政党史》第一章第二节，上海学术研究会 1925 年版。

③邹鲁：《中国国民党史稿》第一篇，上海商务印书馆 1947 年版，第 316 页。

④参阅谢彬：《民国政党史》第一章第二节。

# 第二节　赣宁之役

## 一、袁世凯裁遣南军与“军民分治”

### 1. 以“战后裁军”削弱南方军事力量

袁世凯掌握中央政权以后，资产阶级革命党人虽然已处于被动地位，但由于辛亥革命成果的延续，手中还掌握着部分行政权和立法权，对袁世凯尚有一定的制约作用，而且南方各省还有大量军队，仍掌握在革命过程中推举出来的都督手里。对于前者，袁世凯以破坏约法、制造阁潮等种种手段进行抵制和对抗，而作为北洋军阀集团的首脑，他尤其看重后者对其统治的威胁。

战后裁撤军队，本是势所必然，袁世凯正好利用这一时机，竭力削弱革命党人在南方的军事力量。1912 年 4 月，他就以减轻民众负担为借口呼吁：“近日军队复杂，数逾常额几倍，消耗过巨，阎间何以堪此?”①意在裁减非嫡系部队。5 月，又召集高级军事会议，冠冕堂皇地提出裁遣军队的理由说：“支持目前之财政，恢复地方之秩序，俱须从遣散军队下手。”②鉴于战后兵多饷绌的局面，参议院对裁军之议持支持态度，多次进行讨论。至于具体裁军方案，陆军总长段祺瑞在参议院的发言中说：“今于无标准之中定一标准，即姑以各省原有之军额、饷额为依据，越于原额之兵裁之，越于原饷之额节之。如因实际不得不增于原额者，由该省都督叙明理

①《袁世凯在参议院之演说词》，见中国史学会主编：《中国近代史资料丛刊・辛亥革命》(八)，上海人民出版社 1957 年版，第 141 页。

②《遣散军队及优待军官之办法》，《申报》1912 年 5 月 21 日。

由，经财政、陆军、参谋三部允准，亦可酌增。"[①]依当时情况，南方各省在辛亥革命中招募的军队即非"原额之兵"，均属裁撤对象；而于"不得不增于原额"的部分，则自然可在袁系把持下的财政、陆军、参谋三部的"允准"之下无限制地扩充，这又给北洋军阀集团扩大军事实力留下了余地。

对于南方革命党人来说，当初同意南京成立以黄兴为留守的留守处而让出陆军总长之职，本是革命党人企图为保存军事实力的权宜之计；但实际上，袁世凯仅把它当作一个暂时的军事善后机构，虽然表面上委以"维持整理南方各军及南京地面之责"[②]，实际却不予经费支持，"款项奇绌，计兵授粮，时虞不继"[③]，加之战事甫定，各省财政更加困难，以致军队无法维持。无奈之下，只好在"裁兵节饷"的口号下自行整编裁遣。此前，在黄兴主持下，已先后将驻苏、皖、浙、闽的军队编为5个军，即柏文蔚的第一军、徐宝山的第二军、王芝祥的第三军、姚雨平的第四军和朱瑞的第五军。5月，对原驻南京的赣军、桂军、浙军等分别进行了裁撤，而且准备将江苏驻军缩编三分之一。至6月，江苏裁遣军队已达七八万人，至12月人数已不足4万；广东陆续裁兵11万余；湖南原有5师2旅，于9月间裁遣5个师，仅余1.1万余人；安徽先后裁汰3万余人，取消官长2000余人，按陆军部规定仅剩1师1旅；首义之区湖北原有军队8师，陆军部仅允保留3师，因裁撤困难，不得不要求编为5师[④]。在大裁军过程中，仅江西拒绝了陆军部将赣军缩编为1师1旅的要求，在都督李烈钧的主持下，在裁汰旧军的同时，通过整肃军纪，补充了力量，编为两师。其他如福建、贵州、广西等

①《优待军人办法之大决定》，《申报》1912年6月21日。

②《临时政府公报》1912年4月14日。

③《致袁世凯呈》，见湖南省社会科学院编：《黄兴集》，中华书局1981年版，第234页。

④参见李新主编：《中华民国史》第二编第一卷（上），中华书局1987年版，第127页。

虽有裁撤，但变动较小。尤为可惜的是，在此期间，黄兴屈于财政困难和种种矛盾，主动放弃了南京留守的职任，于 6 月 14 日通电解职，南京留守府由袁世凯所派程德全接收。这样，南京临时政府残存下来的军事指挥中枢从此宣告结束。

### 2. 以“军民分治”削弱革命党人兵权

在缩减南方各省军队数量以后，袁世凯的下一步骤，即削弱各省都督手中的军政权力。辛亥革命时期先后独立的南方各省一般均由革命党人出任都督，执掌军政大权，这是特殊时期的产物。北京临时政府成立后，袁世凯不得不承认这一既成事实，正式承认了他们的地位，但这种军政合一的地方政权的建置，对中央政权具有很大的独立性，是袁世凯欲行集权的障碍，因此，他要从各省都督手中分权，特别要将军权分离出来，纳入北洋军阀集团统辖之下。由于当时处于政权交替时期，出现了一些混乱现象，故而舆论多有指责。针对民心求治的心理，以黎元洪为代表的一些人认为，流弊之源在于“军人柄政”，主张“将军务、民政划为二途”①。此即“军民分治”之肇始。黎元洪的主张立即被袁世凯所用，由此大张“军民分治”的旗号，并立即付诸实施。

中华民国建立后，虽然有些革命党人在军事上逐渐放松了经武备战的思想，但有一部人对袁世凯的阴谋仍保持着一定的警惕性。针对袁强调以“军民分治”为治乱措施的论调，他们根据孙中山关于“军政、约法、宪政”三阶段的观点，认为时局需要以“兵权保秩序”。始由江西都督李烈钧于 4 月 18 日率先反对，认为都督一官“目前不能骤废”②；继有广东都督胡汉民明确提出“不宜行军民分治”③，并秘密联络各省，共同抵制，因而形成轰动一时的江西风

①汪钰孙编：《黎副总统政书》卷九，上海广益书局 1914 年版，第 11～13 页。

②《李烈钧通电》，《时报》1912 年 4 月 22 日。

③《中华民国新文牍汇编》卷二，上海广益书局 1913 年版，第 17 页。

潮。李烈钧抵制“军民分治”的立场得到孙中山的支持，他指出：“中央集权，地方分权，本来不成问题……盖须相因而行，不能执一”。并再次强调：“民权为天经地义，专制恶风，断难久存于二十世纪”①。这不啻是对袁世凯野心的揭露和批判。

袁世凯为尽快实行独裁，对革命党人的反对不仅充耳不闻，反而对李烈钧等更加步步进逼。在暗中指使兵变而未达目的的情况下，又强派江西民政长就任，遭到李烈钧所部的拒绝；接着，袁又借口李烈钧从日本私购军械并强行扣留，后因涉及列强经济利益，未获得逞。虽由黎元洪出面调解，李烈钧不但仍坚持强硬态度，而且还做了军事抗争的准备，与此同时，江西民众同仇敌忾，使袁陷于被动。在此期间，袁不顾《临时约法》规定，未经参议院通过即公布了《划一现行各省地方行政官厅组织令》等官制官规，并强令执行，已引起社会舆论的强烈指责；而且为推行集权而草拟的省制方案提交参议院讨论时均遭到强烈反对，可见袁世凯急于削弱民党实力，进而在全国范围内建立独裁统治的企图已逐渐暴露，引起革命党人和广大民众保卫共和国最后一点革命成果的警觉，因此，他的“军民分治”不得不草草收场。

## 二、“宋教仁案”

袁世凯对南军裁撤的实际后果，是加大了北洋军阀集团在当时军事实力中的比重，使之在政权的运用当中更加有恃无恐。北京临时政府内阁总理在 1912 年 2 月至 9 月的六个月间三次换马，即说明了这一问题。但与此同时，作为资产阶级革命党人斗争形式和理想追求的“政党政治”观点却在日益高涨，1912 年 8 月应运而生的国民党虽然带有天生的弱点，对袁世凯的政治统治仍是一种公开的威胁。

---

①《孙先生游赣记》，《民立报》1912 年 11 月 2 日。

### 1. 袁世凯制造和平假象和孙黄应邀入京

袁世凯出任临时大总统以后，面临的政治形势是复杂而严峻的。从国会的席位主要由几大政党所据这一现实，使袁世凯看到政党组织是最可利用的工具。当时派系林立，鱼龙混杂。对于那些官僚政客、投机党派，袁氏早已深窥其心，自信能够将他们玩弄于股掌之上；对于据有多数席位而尚未能掌握内情的国民党大党派，则娴熟地运用其政治权力，窥伺时机来压倒他们。

国民党是被袁世凯视为头号劲敌的，但他仍企图通过制造和平假象来拉拢其主要领导人。他首先发出邀请，欢迎孙中山、黄兴等革命党人入京会谈（同时被邀的还有黎元洪，黎因公开陷害张振武、方维，正遭各方责难而不敢入京）。袁世凯之所以这样做，一方面是想麻痹革命党人；另一方面也用以蒙骗舆论，表示自己与各方面的融洽关系。而更重要的是借此掩盖他自窃国以来所实行的专横独裁统治和杀戮革命党人的罪恶事实。

1912 年 8 月 24 日，孙中山挈随员十余人到京，袁世凯以迎接总统的隆重礼仪相待，还使用了他自己所乘坐的金漆朱轮马车。25 日，袁世凯宴请孙中山及其随员，并邀京内文武官员作陪，颇极一时之盛。席间，袁世凯致辞说："今次前大总统孙中山君来京，予之寸衷，不胜欢喜。值此好机，听孙君伟大经纶，以补予施政之不足。孙君创立民国，功绩赫赫，垂名后世，予不肖承乏其后，窃虑难堪其任，今夕相会，益当为民国努力，勿背孙君初志。"①孙中山被袁世凯的口蜜腹剑所麻痹，一时失去了应有的警惕，即表示"自想国家永久之生命，富强之由来，惟铁路是赖。既可发达产业，又可输入文化，一旦有变，并可济军务之急。大总统出身武官，关于练兵有专门智能，大总统若在位十年，五百万精兵，予信可训练成军。予虽不肖，若使经营全国铁路之任，假以十年之期，二十五万里铁

①马震东：《大中华民国史》，中华书局 1932 年版，第 163 页。

路，定敷设完成。希诸君为国家发奋努力，与袁大总统共讲富强之道。”①嗣后，袁世凯派梁士诒每天赴孙处谈铁路事，并亲与孙中山会谈，谈话时总是“谆谆以人民国家为念”②，表面看孙袁之间很投契，似乎以前的争议都已云消雾散。袁称孙“光明正大，绝无私意，所恨相见之晚”，孙评袁“雄才大略，当世无可与代之人”③。9月2日，孙中山先后在北京报界欢迎会和铁道协会欢迎会上讲述了建设铁路的问题，认为“今日修筑铁路实为目前唯一之急务，国民之生死存亡系于此举”④，并自愿承担经营全国铁路的责任而尽让政权于袁氏，并表示“不追究张案”，还为袁世凯辩解杀害张振武、方维是因被黎元洪所迫，甚至电促黄兴入京，“则南方风潮亦止息，统一当有圆满之结果”⑤。9月9日，袁世凯更顺水推舟，特授孙中山以“筹划全国铁路全权”的虚衔⑥。

11日，黄兴应孙中山电召，偕陈其美等八十八人到京。黄兴是一个幻想实行“政党政治”的资产阶级政治家，他入京后便发表政见说：“予希望大总统组织政党内阁，政党内阁之弊害虽多，而其利足以偿之。是以列国争组政党内阁，予很悉大总统反对纯粹政党内阁，于大总统最近对国民党之主张证明之。予虽主张纯粹政党内阁，并非强大总统之反对者实现之。予对于大总统与国民党之间取调停态度，其办法即阁员之半数，请大总统竭力劝其入国民党，大总统若果实行劝导，岂啻于一人满足，即国民党全体亦所欣

①马震东：《大中华民国史》，中华书局1932年版，第164页。

②见李宗一：《袁世凯传》，中华书局1980年版，第229页。

③马震东：《大中华民国史》，第165页。

④广东省哲学社会科学研究所历史研究室等编：《孙中山年谱》，中华书局1980年版，第150页。

⑤《国父全集》第四卷，台湾1957年版，第223页，转引自薛君度：《黄兴与中国革命》（中文本），湖南人民出版社1979年版，第141页。

⑥袁世凯特授孙中山“筹划全国铁路全权事”，《孙中山年谱》记为1912年9月11日，《三水梁燕孙先生年谱》及《黄兴年谱》均作9月9日。

喜不置者也。"[①]袁世凯对黄兴也是采取了对孙中山的一套办法，一方面在其入京前的9月7日即授黄为陆军上将[②]，另一方面在其入京后也作为高宾款待，赞扬黄兴"光明磊落，一片血诚"，他们几乎每两天都要作一次长谈。黄兴认为，成立不久的中华民国正朝着自己的目标不断前进，无需对外国的不承认过分担忧。在内政方面，他认为最重要的有两件事：一件是他希望通过发展工业和采矿业、特别是采煤工业来实现中国的现代化；第二件是他期望说服袁世凯赞成内阁制，特别是由议会多数党组织政府的原则。他认为，民国需要有一个强有力的中央政府，为此，就得有一个强有力的政党作支柱。为了建立一个有力量的内阁政府，他希望袁世凯劝说他的部长们加入国民党；并表示愿意运用自己的影响，在国民党与政府之间从事斡旋[③]。他一再强调："中华民国今日尚未完全成立，尤当有极大之政党以维持之。国民党于此时能大加扩张，成立一极大政党，使国家日趋巩固，是则鄙人之最所希望者也。"[④]因此，他到处拉人参加国民党，并错误地认为只要阁员都挂名党籍，则内阁就毫无疑问变成国民党内阁。他甚至劝袁世凯来作国民党领袖，但是遭到了讥讽和拒绝。即使这样，黄兴依然积极奔走，最后终于使赵秉钧为首的内阁人员除海、陆二长外，全都加入了国民党。黄兴等主张的所谓"政党内阁"的理想，虽然很轻易地得到了"实现"，但是，这种所谓政党内阁实际正如当时社会上所讽刺的那样，应当说是"内阁政党"。

孙中山、黄兴等在北京停留一个月，与袁世凯先后会晤了十三次，9月25日，临时大总统秘书厅通电公布了大总统与国民党两

①马震东：《大中华民国史》，中华书局1932年版，第166页。

②《致袁世凯电》，见湖南省社会科学院编：《黄兴集》，中华书局1981年版，第257页。

③薛君度：《黄兴与中国革命》（中文本），湖南人民出版社1979年版，第142～143页。

④《在北京国民党欢迎大会上的演讲》，见湖南省社会科学院编：《黄兴集》，第261页。

领袖孙中山、黄兴经过会谈后拟定的八大政纲：

(1)立国取统一制度；

(2)主持是非善恶之真公道，以正民俗；

(3)暂时收束武备，先储备海陆军人材；

(4)门户开放，输入外资，兴办铁路矿山，建置钢铁工厂，以厚民生；

(5)提倡资助国民实业，先着手于农林工商；

(6)军事、外交、财政、司法、交通，皆取中央集权主义，其余斟酌各省情形，兼采地方分权主义；

(7)迅速整理财政；

(8)竭力调合党见，维持秩序，为承认之根本。

这样，袁世凯就在全国人民面前被打扮成为“联合各政党魁杰，捐除人我之见，商榷救济之方”①的颇有政治家风度的人物了。

孙中山返沪以后，对此行颇感满意，袁世凯通过这样一次活动达到了麻痹革命党人的目的。这个结果在政治上的表现是：临时参议院停止了对政府的抨击，政局暂时得到稳定。10月15日，英国《旁观者》发表驻北京记者的通讯说：“此间情势已有惊人的进步，民众对国民政府深为满意，对临时大总统的反对声浪也沉寂下去了。”同一天的上海英文周报《国民评论》报道说：“黄兴到北京后，继续致力于消除党派之间的猜忌和纷争，其结果无疑是加强了政府的力量。在孙文博士和黄兴将军到京以前，这些猜忌和纷争已危及民国的生存。”②面对这种“安定”，国民党人盲目地认为将

①《总统府秘书厅通电》，见凤冈及门弟子编：《三水梁燕孙先生年谱》(上)，1946年铅印本，第125～126页。按：据湖南省社会科学院编《黄兴集》1912年9月24日《致袁世凯书》中称：“昨承示内政大纲八条，关系民国前途，极为重要。”广东省哲学社会科学研究所历史研究室等编《孙中山年谱》称：“该‘政纲’系袁擅自拟订，事先并未与孙、黄商酌。”

②外刊资料引自薛君度：《黄兴与中国革命》(中文本)，湖南人民出版社1979年版，第144页。

与袁世凯进入一个和平合作的宪政时期，于是便更加积极地推行“政党政治”的活动。

### 2.“政党政治”与国会席位之争

“政党政治”是国民党在其成立宣言中就已标举出来的政见之一，它的主张者和活动家之一宋教仁曾任南京临时政府法制院院长，临时政府北迁后被任为农林总长，不久辞职而投身于政党活动；同盟会改组为国民党后，他被选为理事，并代理理事长。宋教仁在清朝政府被推翻后，便认为革命已告成功，他说：“以前，是旧的破坏时期；现在，是新的建设时期。以前，对于敌人，是拿出铁血的精神，同他们奋斗；现在，对于敌党，是拿出政治的见解，同他们奋斗。”①对民国初年的政治局面，他强调法制，参加了《临时约法》的制订工作。袁世凯攫取政权后，他更为制订一部完整的、有权威性的宪法而努力。他认为：“宪法者，共和政体之保障也。”②在具体施行上，他把实现“政党内阁”作为他的政治抱负和革命的最终目的。在这种思想指导下，他靠着吸收立宪派分子和旧官僚组成一个庞杂的政党——国民党，来积极进行政党活动，他的具体主张是把正式总统让给代表旧势力的袁世凯，而内阁必操之于代表新势力的当时第一大政党——国民党。

由于袁世凯对资产阶级民主制度的虚伪姿态，使资产阶级各派系对在中国实现议会民主政治更充满了幻想。民元春季，“国内人士纷纷组织政党，一时风起云涌，政团林立，总计大小将近二十团体”③。为取得即将召开的国会的多数席位，各党派纷纷改组、合并，大为活跃，而众参两院的议员则一时成为各党派的争夺对象。当时北京有东、西两车站，在国会选举前夕，为迎接到京议员，

①蔡寄鸥：《鄂州血史》，龙门联合书局1958年版，第225页。
②陈旭麓主编：《宋教仁集》(下)，中华书局1981年版，第460页。
③丁文江、赵丰田编：《梁启超年谱长编》，上海人民出版社1983年版，第637页。

除内务部主管部门为议员到京设有招待所、并派员在站迎候议员下车外，各党派也都设有招待所，并派人持旗帜到站迎候。每见一议员下车，则招待人员蜂拥而上，彼拉此扯，各以能拉回到自己的招待所为胜利。因为某一议员的党籍即以其住入何党派招待所为定。而议员则又视利之所在，朝秦暮楚，颇有已住甲招待所，改日或一二月后复移位乙招待所者。各派之间的"民主政治"，一片乌烟瘴气！[①]

靠着宋教仁的"造党"和奔走，国民党在国会选举的政争中，获得压倒共和党、民主党、统一党各党的胜利，由其得票数字可见：

在众议院，众议员 596 人，各党得票如下：国民党 269 席，共和党 120 席，统一党 18 席，民主党 16 席，跨党者 147 席，无所属的 26 席。

在参议院，参议员 274 人，各党得票如下：国民党 123 席，共和党 55 席，统一党 6 席，民主党 8 席，跨党者 38 席，无所属的 44 席。

在全部 870 个席位中，除去跨党者以外，国民党占 392 席，国民党党员占代表总数的 45％强，也就是说国民党有绝对票数可以影响众参两院。宋教仁满意于这种胜利，自己也俨然以未来的内阁总理自命。他立即周游湘、鄂、皖、宁、沪各地，到处发表政治性演说，批评时政，表明抱负，指责袁世凯主持的北京政府是一个无能的、不符民意的、退步的政府。在上海，他旗帜鲜明地宣称："欲取内阁制，则舍建立政党内阁无他途，故吾人第一主张，即在内阁制也。"[②]在湖南，他更有明确的阐述："为今之计，须亟组织完善政府，欲政府完善，须有政党内阁。今国民党即处此地位，选举事若得势力，自然成国民党政府。"[③]在湖北，他乐观地坦言："我们此

①参阅梁漱溟：《有关民国初年政治的见闻纪实》，《文史资料选辑》第一辑。

②《国民党沪交通部欢迎会演说辞》，陈旭麓主编：《宋教仁集》（下），中华书局 1981 年版，第 460 页。

③《国民党湘支部欢迎会演说辞》，陈旭麓主编：《宋教仁集》（下），第 446 页。

时，虽然没掌握着军权和治权，但是我们的党是站在民众方面的。中华民国政权属于人民。我们可以自信，如若遵照总理孙先生所指示的主义和方向切实进行，一定能够取得人民的信赖。民众信赖我们，政治的胜利一定属于我们。”①宋氏的言论风采，赢得了人心，“所至欢迎，大有倾倒一时之概”②。他满怀信心地说：“国民党在全国的选举都已胜利，已占国会的绝大数，大局已定，政党责任内阁制一定可以成功”，并表示返京后即组织第一届责任内阁③。

宋教仁的这种活动，毫无疑问地不能见容于要集中权力于一身的袁世凯。袁早已认定宋教仁是国民党的“灵魂”，是其倒行逆施的“最大障碍物”④。当时，他自恃握有兵力，不怕国民党以暴力夺取政权，却耽于国民党以合法手段取得政权，迫其于无权无勇位置之上。因此，他对崭露头角的宋教仁所积极进行的合法斗争活动表示了极大的诧异和敌视，谓：“噫！宋教仁意欲组织政党内阁耶？抑何相逼之甚也。”⑤至此，袁世凯深知宋教仁“非高官厚禄所能收买，乃暗萌杀意，密令心腹赵秉钧谋之”⑥。

袁世凯为了抵制宋教仁“逼人”的活动，也以政党政治还击政党政治。他于善后大借款内拨 160 万元，支持在国会选举中失败的三个政党合并，组成一个“进步党”⑦，认为“三党合并，则其丛聚

①《国民党鄂支部欢迎会演说辞》，陈旭麓主编：《宋教仁集》（下），中华书局 1981 年版，第 456 页。

②谭人凤：《石叟牌词》，《近代史资料》1956 年第 3 期，第 68 页。

③仇鳌：《辛亥革命前后杂忆》，《辛亥革命回忆录》（一），中华书局 1961 年版，第 451 页。

④刘厚生：《张謇传记》，龙门联合书局 1958 年版。

⑤邹鲁：《中国国民党史稿》第二篇，商务印书馆 1947 年版，第 535 页。

⑥温楚珩：《辛亥革命实践记》，见《辛亥首义回忆录》（一），湖北人民出版社 1957 年版，第 58 页。

⑦《论民主党》，荣孟源、章伯锋主编：《近代稗海》第六辑，四川人民出版社 1985 年版，第 193 页。

之势力，必能抵制国民党，以助袁氏”①。

这个进步党是在袁世凯的授意下，于1913年5月29日由民主党、共和党、统一党合并而成，以梁启超、汤化龙、林长民为三巨头。它的成立包含着一笔肮脏的政治交易。据梁启超1912年11月1日致其女儿的信中说：“项城月馈三千元，已受之……党成后，项城许助我二十万，然我计非五十万不办，他日再与交涉也。”②进步党成立后，为扩张党势，揭橥国权主义的宗旨，与国民党的民权主义大唱反调，以至“凡旧官僚中不满意国民党的人多数加入”③。梁启超于9、10月间向袁献策说：“古之成大业者，挟天子以令诸侯。今欲戡乱图治，惟当挟国会以号召天下，名正言顺，然后所向莫与敌也。”④其交换条件，是“党费竭蹶……亦惟大总统速图之”⑤。二者之关系，于此可见。进步党标举的政纲有三条：(1)“采取国家主义，建议强善政府”；(2)“尊重人民公意，拥护法赋自由”；(3)“顺应世界大势，增进和平实利”⑥。这类徒托空言的政纲，毫无实际价值，而袁世凯本意也只不过为揭大党之名以凑国会人数，固不问其主张若何。除进步党之外，公开或暗中接受袁世凯资金而组成小党群以分化国民党势力的还有政友会、相友会等组织。

尽管如此，国民党在国会中的势力仍是不容忽视的力量，正如宋教仁所说：“民国政党，唯我独大，共和党虽横，其能与我争乎？”⑦如果国民党在国会中获胜，那么当时作为国民党代理事长的宋教仁便自然成为责任内阁的阁揆，而袁经多次试探证明宋教仁又难以收买。为了翦除这一最大的威胁，袁世凯对宋教仁采取

---

①《进步党破裂之可怜》，《民谊》第九号。

②丁文江、赵丰田编：《梁启超年谱长编》，上海人民出版社1983年版，第658页。

③华觉明：《进步党和研究系》，《文史资料选辑》第十三辑，第113页。

④丁文江、赵丰田编：《梁启超年谱长编》，上海人民出版社1983年版，第685页。

⑤丁文江、赵丰田编：《梁启超年谱长编》，第686页。

⑥参阅韩玉辰：《民初国会生活散记》，《文史资料选辑》第五十三辑。

⑦见陈旭麓主编：《宋教仁集》序，中华书局1981年版。

了卑鄙阴险的血腥手段。

### 3. 宋教仁被刺与革命党人的觉醒

1913年3月20日晚10时，当宋教仁准备乘火车去南京时，突然在上海车站遇刺，就近送入靶子路沪宁铁路医院后，当晚手术取出有毒的子弹，伤势非常严重，于22日上午身死，年仅三十一岁。仅在一个月前的2月1日，宋教仁在国民党鄂支部的欢迎会上即已指出："现在接得各地的报告，我们的选举运动是极其顺利的。袁世凯看此情形，一定忌尅得很，一定要钩心斗角，设法来破坏我们，陷害我们。我们要警惕，但是我们也不必惧怯。他不久的将来，容或有撕毁约法背叛民国的时候。我认为那个时候，正是他自掘坟墓，自取灭亡的时候。到了那个时候，我们再起来革命不迟。"[①]说明宋教仁对袁的破坏有所预感，只是没有料到来得如此迅速和狠毒。然而，这个资产阶级革命领袖至此仍没有丢掉对"政党政治"的幻想，他在致袁的遗电中说："望总统开诚心，布公道，竭力保障民权，俾国会确立不拔之宪法，则仁虽死犹生。"[②]宋教仁确为中华大地实现民主共和贡献了宝贵的生命，诚如他自己所说："脱不幸余被刺死，或足以促进吾党之奋斗而缩短项城之命运。"[③]

宋案发生以后，袁世凯一面散布谣言，说宋教仁之死系国民党内部争权的结果，以惑乱人心；一面故作姿态，致电江苏督军程德全和民政长应德闳，要"穷究主名，务得确情，按法严惩"。正当袁为如此轻易地去掉了一个政敌而自以为得计的时候，宋案凶手武士英（吴福铭）及谋杀犯应夔丞（应桂馨）被捕获，并从应的家中搜获了手枪、密电、函件等。宋案的真相大白于天下。根据江苏都督

①《国民党鄂支部欢迎会演说辞》，陈旭麓主编：《宋教仁集》（下），中华书局1981年版，第456～457页。

②《致袁世凯电》，陈旭麓主编：《宋教仁集》（下），第496页。

③蔡寄鸥：《四十年来闻见录》，汉口《震旦民报》1921年版，第59页。

程德全、民政长应德闳后来制版公布的刺宋凶手铁证，完全可以证实：杀人的主使者是大总统袁世凯，同谋者是国务总理赵秉钧，担任联络的是内务部秘书洪述祖，布置行凶的是上海大流氓应桂馨，直接行凶的是失业军痞武士英。

袁世凯阴谋刺杀宋教仁，是他对国民党政党政治的一次正面打击，也是对国民党的一次政治性示威。袁世凯在这个问题上对资产阶级民主制度施展了肆无忌惮的手段。

宋案发生后，全国舆论大哗，各地国民党系统的报刊以大量篇幅连续报道事件的真相，揭露袁世凯指使部属行刺国民党领袖的内幕，揭露袁世凯调兵遣将，企图以武力实现其独裁的野心。其中以北京的《国风日报》、《国光新闻》、《民国报》，上海的《民立报》、《中华民报》，长沙的《长沙日报》等几家报纸最为激烈。《民国报》在宋教仁被刺的第二天，就明白指出："击宋君者非亡命之暴徒，乃吾人之政敌也"①。《国风日报》发表社论，指责袁政府"谋叛，暗杀，卖国"②。《国光新闻》在社论中，怒斥"政府杀人"，"政府暗杀人"③。《民立报》从宋案发生的第二天起，每天都在要闻版以整版篇幅刊登有关宋案的报道，对宋案的经过、凶手的供词、从凶手处搜获的袁党秘密策划刺宋的往来函电，都作了详细介绍，以确凿的事实，证明袁世凯是刺宋的元凶。有文章深刻指出："夫袁、赵之杀宋，志不仅在于杀宋也，所以去平民政治与政党内阁之主张者，藉以放胆历行专制，为变国体之张本也。"④《中华民报》自称"自出版以来，讨袁之声无日或断"⑤，所刊《叛逆之政府》、《利害拼一掷耳》、《我看还是违命好》等评论，对宋案前后袁世凯的倒行逆施作

①1913年3月23日时评《宋君教仁遇害感言》。

②1913年4月29日社论《政府之罪状》。

③1913年4月29日社论《宋案之第一次宣布》。

④《宋教仁被刺及袁世凯违法大借款史料》，见罗家伦主编：《革命文献》第四十二、四十三合辑，台湾1968年版，第295页。

⑤定夷：《本报一周年之回顾》，《中华民报》1913年7月20日。

了进一步揭露。《长沙日报》发表孔昭绶等人所撰的文章，详尽地列举了袁世凯的二十四大罪状，昭告天下。此外，还有广州的《讨袁报》，是以反袁为中心内容的专门报纸。汪兆铭、蔡元培、张继、吴敬恒等撰述《公论》，代表了“民党对于最近国事临时所发布之意见”，每晚出铅印四开一小张，随《民国新闻》等几个报纸免费分送[①]。这些报纸都极力鼓吹武装讨袁，从而壮大了反袁声势，给各地反袁军事行动以舆论上的声援。

随着宋案事实真相的逐渐暴露，全国斥责袁世凯罪恶行径的舆论更加尖锐，以至其本人也觉得事态已严重到无以自解了，于是，他索性揭下伪装的面具，积极准备对国民党的战争。国民党反袁的所谓“二次革命”已经是不可避免的了。

宋案发生后，使孙中山对袁世凯的幻想完全破灭，他坚决认为“非去袁不可”。但是，国民党内部却对这个问题出现了三种不同意见：

(1)反抗派。以孙中山、李烈钧等为主，主张对袁兴师问罪。孙中山指出：“事已至此，只有起兵。因为袁世凯是总统，总统指使暗杀，则断非法律所能解决。所能解决者，只有武力。”[②]并提出了“联日”、“速战”的具体对策。联日的理由，是袁世凯既掌握政权，便有调动军队的便利，国民党则非用极迅速的手段来先发制人不可。这种主张，由于党人的阻止未能实现。但是，从“联日”问题上看，依然反映着当时资产阶级革命派在这种起而应战的场合下对于帝国主义也还有一定的求靠心理。

(2)怀疑派。以黄兴、陈其美等为代表，对于本身的武装力量有怀疑，认为兵都没有经过训练，军饷军械也不充足，无信心取胜。同时又认为“有国会，有司法，可依法处置”，主张依法解决，不赞成反抗派的主张。在袁世凯已积极备战的情况下，黄兴在答复黎元

①《公论》告白，《中华民报》1913年7月20日。

②《孙中山选集》下册，人民出版社1956年版，第477页。

洪5月9日的来电时尚称："兴对于宋案，纯主张法律解决。"[①]但由于反袁舆论的推动和袁世凯的磨刀霍霍，终使黄兴认识到袁世凯的"豺狼之性，终不可移"，并"深悔待时留决之非"[②]，转而支持孙中山武力讨袁的革命主张。

(3)国会派。其成员是在北京国会中的一部分国民党议员。他们在袁世凯的武力和金钱的要弄下，醉心于议会"万能"，更舍不得国会中的席位，幻想联合进步党根据法律进行活动，以使自己立于左右逢源的地位。

三派意见既不一致，行动也就无法统一。国民党内部的意见分歧和争论不休，给袁世凯造成了充分准备的时机。在战争问题上，袁世凯采取了断然态度，早在4月7日，他就制定了作战计划，并密令局部动员。至26日善后大借款已成，财政上不虞匮乏，他的挑衅更为变本加厉。5月24日，他发表了"传语国民党人"的谈话，公开辱骂和威胁孙中山等说："现在看透孙、黄除捣乱外无本领。左又是捣乱，右又是捣乱。我受四万万人民付托之重，不能以四万万人之财产生命听人捣乱！自信政治军事经验、外交信用，不下于人；若彼等能力能代我，我亦未尝不愿，然今日诚未敢多让，彼等若敢另行组织政府，我即敢举兵征伐之；国民党诚非尽是莠人，然其莠者，吾力未尝不能平之！"[③]袁世凯的这段谈话，充满了杀机，他已经明白表示要与国民党兵戎相见。换言之，就是要把国民党现有的势力加以驱逐，甚至消灭，代之以纯粹的北洋军阀的势力。

孙中山在袁世凯这种咄咄逼人的进攻面前警觉了，他表示了反对袁世凯的坚决态度。但是，这时的国民党已失去了同盟会时期的那种革命精神，它已被官僚政客利用为攘权夺利的政治工具，在人民群众中间已失去威信，因此它不可能作为这次反袁斗争的

---

①薛君度：《黄兴与中国革命》(中文本)，湖南人民出版社1979年版，第153页。

②《民立报》，1913年7月18日专电。

③《时报》1913年5月24日。

领导力量，发动群众和组织群众进行斗争。“二次革命”也只能是很无力地还了一下手就很快地失败了。

## 三、善后大借款

### 1. 善后大借款的披露

早在熊希龄担任财政总长与六国财团谈判破裂后，总统府内曾设立了财政委员会，主持“另辟借款途径，觅求借款对象”的事务。袁世凯的政治顾问英人莫理循即曾透露：“袁总统需款甚急，不惜答允任何条件，他以为如能有五百万磅，他就可以使他的地位稳固，并控制军队。”①当时北京政府内政最严重的问题莫过于财政问题了。唐绍仪在任时已是罗掘俱尽，非借款无法维持；至唐下台，周学熙出任财政总长时，便成为名副其实的借债总长，不得已仍求助于六国财团的门下。袁世凯为了筹划战争经费，指派赵秉钧、陆征祥、周学熙等以“善后”为名，与英、法等各国银行团协商大宗借款。在磋商过程中，美国中途退出，所以这笔善后大借款是与英、法、德、日、俄五国银行团达成的。

银行团是帝国主义垄断资本集团1909年因湖广借款而组成的国际金融组织，它自成立之日起，就开始了对华借款权的疯狂争夺，各国政府更是站在银行团一边。对袁世凯政府的借款要求，当时五国银行团的态度十分强硬，虽是财政借款，却都暗中接受各国政府的指示，怀有不可告人的政治目的——希望通过借款来维持各国在华均势和监督中国的财政。由于北京政府对借款的依赖，使帝国主义对中国的内政干涉也愈加专横。按《辛丑条约》规定，中国以其盐税收入担保《辛丑条约》的赔款。当时中国的盐税收入仅1200万两，而民国初年的全国盐税收入已达4750余万两，除其

①《莫理循日记》，转引自台湾《传记文学》第29卷第1期。

中的1200万两支付《辛丑条约》赔款外，中国政府对余款自应有权支配。而这时帝国主义驻京外交团为了给中国政府施加压力，于1912年10月30日对中国以余款作为向英国克利斯浦公司单独借款的担保一事提出抗议，认为“盐政一切收入不能充为他项之用”。正在往返交涉之际，上海发生了宋教仁血案，国民党在南方揭起了“二次革命”的旗帜。在这种形势下，大借款对袁政府已是求之不得的急救药。袁世凯为了维持自己的统治，不惜以出卖国家权益获取了这笔借款。合同规定借款数目为2500万英镑；年息5.95％，净收额不下于84％；年限为47年。借款的担保有三项：

(1)中国盐务收入之全数；

(2)关税中除应付款项外的余款；

(3)直隶、山东、河南、江苏四省所指定之中央税款。

借款的用途用附件形式加以限定，即：中国政府到期债款，裁遣军队，整顿盐务和行政费等项。这次借款除了照例经济性的榨取外，还附有政治性条件，根据合同规定主要有三项：

(1)将来以盐税担保而借款，或与此款相同用途之借款，银行团有优先权；

(2)在审计处设洋稽核员，凡关于借款款项之领款凭单须有洋稽核员会同签押；

(3)在盐务署内设稽核总所，除中国总办外，有洋会办一员，共同主管所有发给引票，汇编各项收入之报告及表册各事。各盐区设稽核分所，有华经理和洋协理各一人，共同担负征收存储盐务收入之责任。凡稽核总所系统的华洋人员的任免，由华洋总会办定夺。盐区之盐纳税后，须经华洋经理协理会同签字后方能放行，盐务进款存于指定银行，非有稽核总所总会办会同签字之凭据，不能提用[①]。

---

①参见《中国政府善后借款合同》，见周叔媜：《周止庵先生别传》，1948年印行，第81～110页；王铁崖编：《中外旧约章汇编》第二册，三联书店1959年版，第867～874页。

从此，继海关税之后，盐税也被银行团控制。关、盐两税向为旧中国财政收入的大宗，至此其管理支配权已尽落外人之手。

4月26日，袁世凯不顾国会及各省各界的强烈反对，同五国银行团签订了《中国政府善后借款》合同。5月21日，为数2500万英镑的“善后借款”开始在伦敦、巴黎、柏林、圣彼得堡和东京发售债券。

英、法、德、日、俄五国财团代表的银行是英国汇丰银行、法国东方汇理银行、德国德华银行、日本横滨正金银行、俄国华俄道胜银行。借款总额2500万英镑，换算各国货币是：德国51025万马克，法国63125万法郎，俄国23675万卢布，日本24490万元。借款的利息是五厘，发行价格九扣，实收八四扣。借款的数额看上去很大，可是除去折扣，实际借到不过2100万英镑，再扣除四国、六国、比国以前的各项垫款，以及五国银行团、各国银行所借的款，共600万英镑，加上各省向五国银行所借的280万英镑，以及革命期间各国损失赔款200万英镑，真正拿到手的借款不过是债面的40%①。“此项借款，除清还外债、裁遣军队，整理盐务各项用款外，其堪以留供行政费者，止三百数十万镑，不过敷六个月之支柱耳。”②这笔借款47年的利息共合4285万英镑，本利合共6785万英镑。由此可见，袁世凯之进行善后大借款的目的：一是与列强实现一笔政治交易，即通过“洋人”一手出一手进的方式，把过去的欠款、赔款由袁世凯政府正式承受下来，列强则通过借款来操纵中国政局，由袁而开此先例；二是借“善后”之名得一笔借款来解决就要发动的战争所急需的军费。伦敦《经济学家》杂志就订立借款合同一事写道：“把钱借给袁世凯是为了帮助改组政府，并且毫无疑问，债权人对于这些钱如何花费不会作过于细致的监督。可能有必要

①凤冈及门弟子：《三水梁燕孙先生年谱》(上)，1946年铅印本，第135页。

②《布告善后借款情形文》(1913年5月)，见周叔媜：《周止庵先生别传》，1948年印本，第109页。

摆脱竞争者，并且，如果孙中山的某些幻想的主张被那些知道自己应该如何办的认真的人们所消灭的话，我们也是不会感到奇怪的。”①帝国主义的轻描淡写不会冲淡袁世凯镇压革命的血腥味，他确是用了这笔借款来屠杀革命党人的。

帝国主义列强通过这次大借款不仅获得经济上的优厚利益，而且还掌握了中国财政上的一个重要命脉——盐务。这次借款对于中外反动势力在政治上的反动性更为严重。列宁当时就在《落后的欧洲和先进的亚洲》一文中指出："借给中国的新的公债被用于反对中国的民主派：'欧洲'拥护准备实行军事独裁的袁世凯。""整个欧洲的当权势力，整个欧洲的资产阶级，都是与中国所有一切中世纪反动势力实行联盟的。"列宁还预见到帝国主义"就会出动大炮，并与那个野心家，卖国贼，反动势力的朋友袁世凯联合起来扼杀'落后'亚洲的共和制度！"②

### 2. 南方的倒袁准备

虽然袁世凯敢于"玩国民于股掌，视议会如寇仇"，但毕竟有国会存在，不会使袁随心所欲。自民国成立以来，政府所有对外借款都须经过参议院审核通过，方能生效。袁世凯自知善后借款的苛刻条件在国民党占多数的国会中是通不过的，竟未经国会议决，径行签字。4 月 24 日，北京《顺天时报》发表了借款消息，时任参议院正副议长的国民党人张继、王正廷闻讯，即于 25 日夜 12 时亲赴总统府求见，被拒。张、王又以议长名义函袁，阻止签押合同，袁以合同大纲曾在去年（1912 年）12 月经参议院通过为理由而拒绝。张、王又往见五国银行团代表及外交团，想声明此项借款未经国会通过故不能承认之意，却遭银行团拒见。于是张、王因来不及开

①耶·马·茹科夫：《远东国际关系史》（中译本），世界知识出版社 1959 年版，第 235 页。

②《列宁全集》第十九卷，人民出版社 1959 年版，第 83 页。

会，乃用个人名义发表了反对的通电，根据《临时约法》中有关签订契约的规定，指责袁政府“擅自签押，违法专行”，呼吁全国人民设法挽救危机①。

借款签字之前，孙中山即曾通电各国银行团，反对违法的善后借款，重申了事态的严重性。借款成立，本已舆论哗然，“反对气焰，布满南中……上海新闻界尤著论攻讦，不遗余力。各省议会各法团，亦群起响应，慷慨悲歌之言，借款亡国之论，宣言通电，弥满全国。”②加之张、王通电发出后，立即得到南方国民党势力所在地区的响应，于是黄兴及安徽、江西、湖南、广东四省都督群起通电询问，指斥这次借款的违法性质，抨击袁世凯政府“私借巨金，弁髦议会”，态度激烈地表示：“财权先亡，国本随之，陷民国为埃及之续，以前清专暴所未敢出者，竟见诸民国之政府。海内外烈士前仆后继，躬冒万死，缔兹民国，而政府甘以断送于借款之下，凡有血气，孰不发指眦裂!”广东都督胡汉民和护军使陈炯明甚至联名通电称：“粤省兵力雄厚，械亦精利，军心固结，谁为祸首，破坏共和，当共弃之。”③北京国会内部也展开斗争，大多数国民党议员以鲜明的态度表示反对；号称稳健派的共和党则仅指摘政府手续违法，议会存在，不经协商而直行签字，殊属不合，至于借款，并不反对；而依附袁世凯的进步党因从大借款中分肥自润而支持袁世凯，反对国民党，并由进步党人丁世峄为首的八十四人发表通告，证明张、王通电“纯属个人私电，与参议院无涉”，直接否定了国民党势力在国会中的作用。

在反对借款的一些通电陆续发表后，借款问题已引起社会上的注意，袁世凯对付这个问题采取了两种办法：一方面由财政部一再发布通告，说明此案曾于去年 12 月经临时参议院通过，并且夸

①《盐政杂志》第六期，1913 年 6 月。

②马震东：《大中华民国史》，中华书局 1932 年版，第 214 页。

③《亚细亚日报》1913 年 4 月 19 日。

张事实以说明借款的必要[1]。副总统黎元洪则在此时出来帮腔，为说明此次借款的合法性并为其卖国行径进行辩解，甚至危言耸听地说："纵政府止渴饮鸩铸兹大错，亦惟本共衷之念，筹救济之方，内定人心，外全国体。若遽尔飞檄四布，全案推翻，其危言义愤固属可钦，然债务不清，兵祸相继，能保外人不实行瓜分乎？"[2]另一方面，袁世凯亲自出马威吓反对者说："本大总统，受国民付托之重，在职一日，即应尽一日之任；断不能如胡都督东电所称临时政府不日消灭，遂视为垂尽之政府，置诸不问，贻害无穷。况值兹邦本未固，各地不逞之徒，包藏祸心，群思借端煽惑，倾陷我四万万人民共有之民国，该都督有保障人民，维持治安之责；正宜主持公论，力挽狂澜，不意竟有此随声附合之言，淆惑观听，殊堪骇诧！"[3]同时指使他部下的北方军阀以发表通电的形式混淆视听，竟斥责国会反对借款是"不顾大体，无理取闹"[4]。在内外压力之下，国会的合法斗争逐渐软弱，反对善后借款的浪潮被平息下去。

宋案证据的公布和善后大借款的违法签字，使革命党人对袁世凯的义愤达到了高潮。在血的教训面前，孙中山决心必须以武力反抗袁世凯的独裁统治。他认为，当时的局势和对策是："袁世凯手握大权，发号施令，遣兵调将，行动极称自由。在我唯有出其不意，攻其不备，迅雷不及掩耳，先发始足制人"，且"宋案证据既已确凿，人心激昂，民气愤张，正可及时利用"[5]。4 月和 5 月，他在上海先后召集了两次秘密军事会议，虽然革命党人内部对武力讨袁

---

①《政府公报》，1913 年 5 月 16 日命令；《财政部鱼电》，《中国政府善后借款合同案据汇编》，转引自李新主编：《中华民国史》第二编第一卷上，中华书局 1987 年版，第 264 页。

②汪钰孙编：《黎副总统政书》卷二〇，上海广益书局 1914 年版，第 3 页。

③《政府公报》，1913 年 5 月公电。

④《豫都张镇芳东电》，见周学熙辑：《中国善后借款合同案据汇编》，1913 年印。

⑤中国社科院近代史所中华民国史研究室等合编：《孙中山全集》第三卷，中华书局 1984 年版，第 165 页。

意见不一，但仍"议定进行全面布置的准备工作"①。军事会议之后，革命党人在军事上做了相应的准备，皖、赣两省均有所动作。如临淮关一旅和安庆省城的军队，以剿匪为名向皖北前线开进，强烈主战的赣都李烈钧在九江上游瑞昌县属临江的码头镇屯扎重兵，部署炮兵阵地，以控制长江。与此同时，还有以何海鸣为团长的"铁血监视团"及湘籍革命党人组成的"中国军界联合会"等组织，准备起兵反袁。

在革命党人中，与武力讨袁的主张并存的还有以黄兴为代表的相当一部分人有所顾虑，认为"袁世凯帝制自为的逆迹尚未昭著，南方的革命军又甫经裁汰，必须加以整备才能作战"，因而"主张稍缓用兵，以观其变"②，又有革命党元老谭人凤及副总统黎元洪等出面调停，因此武力讨袁迟迟未能付诸行动。然而，随着政治形势的跌宕起伏，更由于此时宋案真相暴露，袁世凯在已无转圜余地的情况下，却已暗中部署军队，做好了武力镇压的准备，因此态度反而愈加强硬。5 月 18 日，当谭人凤等进京调停时，不料碰了钉子，袁称："并非南北有意见，乃地方不服中央，中央当然惩治，无调停可言。"③可见袁世凯与革命党人兵戎相见时已在即。

## 四、赣宁之役的经过

### 1. 袁世凯备战和罢免三督

随着南方反袁情绪的高涨，袁世凯也加快了备战步伐。4 月 30 日，袁世凯在中南海海宴堂召集秘密军事会议；5 月 6 日，又召

①周震麟：《关于黄兴、华兴会和辛亥革命后的孙黄关系》，《辛亥革命回忆录》(一)，中华书局 1961 年版，第 338 页。

②周震麟：《关于黄兴、华兴会和辛亥革命后的孙黄关系》，《辛亥革命回忆录》(一)，中华书局 1961 年版，第 338 页。

③《时报》1913 年 5 月 23 日。

开第二次秘密军事会议，决定了作战总方略，重点首先在江西、江苏、安徽、湖南一带，要求："有攻击南方敌军任务之北军，第一期对于湘、赣、皖、苏作战，利用京汉、津浦两路线集中，以鄂省为主要策源地，并以海军策应沿岸，兼妨害敌军之集中。"①于是北洋嫡系李纯于5月中旬奉密令开始行动，其所部第六师自原驻地河南信阳全数开至湖北蕲春、武穴、田家镇、兴国一带分段驻扎，以控制九江及安徽方面。之后，北洋第二师于5月底自保定南下，进驻湖北孝感，为第六师之后援并监控湖北形势。另外，驻上海一带的海军舰队被北调烟台。至此，在完成了作战的兵力调配后，袁世凯决定先发制人，以军事镇压再给革命势力一次重创。

由宋教仁案到善后大借款，袁世凯的步步进逼已使武力冲突势所难免。尽管革命党人内部意见不一，但早在善后大借款签订前，孙中山就已发出了武力倒袁的信号。他在对英国汇丰银行上海代表的声明中说："如果借款不经国会批准而签订，则扬子江以南各省及陕西与山西将起而对抗北方，并以武力抗议袁世凯这样的专断行为。"②在战争空气弥漫之际，上海方面的资产阶级立宪派仍在幻想调和。6月15日张謇致电袁世凯，一再强调"正式总统选举在即，未选之前，须先显示全国人民有稳静一致之态，庶见总统信用之广，即以见国民心理之同，对内对外，俱有极大关系"③。而袁世凯对张却作出一副无奈的姿态，以自报委屈的口吻复函称："自共和成立以来，待遇伟人(指孙、黄)，倾诚结纳；即有以过于将顺来相诮责，在所不顾，方谓敬人者人恒敬之耳。其依附伟人诸辈，气焰熏灼，俨同贵胄；亦不惜屏声忍气，曲予优容。而经年以来，彼党执拗，动辄骂人，肆意诬蔑；凡与鄙人稍有情感者，莫不

---

①《中华民报》1913年6月5日。

②《德国外交文件有关中国交涉史料选译》第三卷，第378页。

③《赣宁之役史料辑录》，见章开沅：《辛亥前后史事论丛》，华中师范大学出版社1990年版，第496页。

吹求痛击，体无完肤。然且抱定不校之心，隐忍迁就，以冀其悔悟，非有所畏也；特以国计民生，不堪再扰，故降心相从耳。不意国会将开，党争剧烈，适有变故，借为大题。北伐乍闻，逢人辄告；煽乱之使，日有所闻；以及军事会议，暗杀分途，种种奇闻，现于沪上。调人络绎，各曰维持，而暴烈进行仍不住手，无非甘心鄙人，破坏民国。即不为一身计，宁不为一国计？为公为私，退无余地，惟有行吾心之所安而已。”然最后“倘伟人果肯真心息兵，我又何求不得。如佯谋下台，实则猛进，人非至愚，谁肯受此”[①]一句，才显露了袁世凯的真正用心。至 5 月下旬，其公之于报章的“传语国民党人”中的狂言，更使人们闻到了强烈的火药味。

1913 年 6 月 9 日，袁世凯以“不称厥职”、“不孚众望”为由，悍然下令撤免李烈钧江西都督职，14 日撤免胡汉民广东都督职，30 日撤免柏文蔚安徽都督职。借口是三都督反对借款，不服从中央。李、胡、柏三督是当时国民党握有实力的三个重要人物，袁世凯撤免三都督是正式向国民党进攻的开始。于是以此为导火线，革命党人武力倒袁的“二次革命”全面爆发。因此次战役的主要战场集中在江西、南京一带，故亦称“赣宁之役”。

### 2. 湖口起兵

李烈钧(1882～1946 年)，原名烈训，字协和，号侠黄，江西武宁人。1905 年赴日本学习军事，1907 年参加同盟会，1910 年毕业回国，在新军任职。武昌起义后任安徽都督，民国初年任江西都督。在袁世凯借“军民分治”裁撤南方军队之时，李烈钧为保存革命实力已与袁进行过较量，是比较坚决反袁的军事将领，因此，袁世凯此次军事行动的首要目标是江西。但由于革命党人内部对武力倒袁意见不一，军队难以协调，因此反应较为迟缓。至 6 月底，

---

①《赣宁之役史料辑录》，见章开沅：《辛亥前后史事论丛》，华中师范大学出版社 1990 年版，第 497 页。

孙中山在上海召集的军事会议上再次力促起兵，加之江西军队反袁士气高昂，遂使李烈钧下决心首先发难。7 月 8 日，李烈钧到达湖口，部署起兵事宜。他调集了两个团和辎重、工程两营为基干部队，在湖口建立了讨袁军司令部。11 日，李烈钧提出具体作战方案，将部队分为左右两翼，任命林虎为讨袁军左翼司令，指挥一、二、七团攻击沙河、十里铺一线敌军；任命方声涛为右翼司令，指挥三、九、十团攻击九江城南金鸡坡炮台敌军；任命何子奇为湖口守备司令。在李烈钧到达湖口的当日（7 月 8 日），北军前锋李纯所部北洋第六师第十一混成旅抵达九江，占领了入赣的战略要地；11 日，推进到沙河一带，距赣军第一旅林虎所部仅数里之遥。继之袁又增派段芝贵、冯国璋率军南攻。7 月 12 日上午，双方在沙河镇南交战，南军林虎部兵力为步兵一团、机关枪两连、大炮八尊，北军约有兵力一师以上，交战十分激烈，双方均有伤亡。初次接战，北军李纯部已感“左撑右持，危险万状”①。

在袁世凯的军事攻势下，李烈钧于 7 月 12 日在湖口宣布独立，组织“讨袁军”，发布讨袁通电，列举袁世凯“乘时窃柄，帝制自为，灭绝人道，暗杀元勋，弁髦约法，擅借巨款。金钱有灵，舆论公道可收买；禄位无限，任心腹爪牙之把持。近复盛暑兴师，蹂躏赣省，以兵威劫天下，视吾民若寇仇，实属有负国民委托”等种种罪行，号召国民“急起自卫，与天下共击之”②；并宣布约法三章：“一、誓诛民贼袁世凯；二、巩固共和国体；三、保障中外人民生命财产。”③李烈钧的坚决态度得到所部拥护，被推为江西讨袁军总司令。14 日，李烈钧等再发表《讨袁军宣言》，内称战况为：“首战瓜

①陆军部档案，中国第二历史档案馆藏，见中国社会科学院近代史研究所中华民国史研究室主编：《民初政争与二次革命》下编，上海人民出版社 1983 年版，第 547 页。

②《江西讨袁军总司令檄文》，见《李烈钧将军自传》，三户图书社 1944 年版，第 28 页。

③《李烈钧将军自传》，第 24 页。

子岭，再捷沙河，袁军歼者以千数计。”同时指出：“赣省之战，为巩固共和战，为表示国民反对专制战，是非赣省一部分之责任，全国国民共同之责任也”；号召全国人民“奋袂群起，敌忾同心，登高一呼，众山皆应，馘彼妖孽，恢我民权”[①]。

15 日，黄兴在南京强迫程德全宣布江苏独立，被推为江苏讨袁军总司令。接着安徽、广东、福建、湖南、四川各省及上海纷纷独立响应，赣宁战事全面展开。但是，赣军虽然旗开得胜，但未及巩固，北洋军便在增援后大举猛攻。16 日，张敬尧部调步兵五营、山炮一营、机关枪一连，在金鸡坡、八里坡一带，与南军展开激战，以机关枪猛烈射击，经近一日战斗，北军依仗兵力优势取胜，南军伤亡三百余人[②]。其间，为增强兵力，袁世凯于 16 日正式任命段芝贵为陆军第一军长并江西宣抚使[③]。经充实兵力后，段芝贵于 23 日下令以主力进攻“二次革命”的大本营湖口。

湖口之战的北军司令部设在金鸡坡炮台，由段芝贵亲自指挥，兵分左、右司令统辖。右司令为浔口留守司令官，负责整肃后方一切事宜。左司令所属兵力如下：

**左司令所属兵力及战斗区域之分配**

一、左司令部

混成第十二旅

步兵第十二旅

机关枪第五三八连

炮兵第六团本部

炮兵第六团第三营

炮兵第二十团第二营五连

---

①周元高等编：《李烈钧集》（上），中华书局 1996 年版，第 166～167 页。

②《李纯报告金鸡坡炮台防卫战电》、《张敬尧记金鸡坡之战》，见《民初政争与二次革命》下编，上海人民出版社 1983 年版，第 555～556 页。

③《政府公报》1913 年 7 月 17 日。

炮兵第二团野炮二尊
卫生队二分之一
电话兵
输送队三连
混成第五团
步兵第五团(少第二营)
步兵第五团机关枪第六连
炮兵第二团第三营第七连
电话兵
输送兵二连
混成第四团(由奉天混成第二旅□□)
步兵第四团(少一营)
山炮一连
混成第二十二团
步兵第二十二团
机关枪第一连及第四连之半连
炮二十团第二营本部及第六连
电话兵

二、攻势地区兵力
步兵二十二团
山炮四尊
机关枪一连半
步兵二十一团
山炮四尊
机关枪二连
步兵第八团
山炮六尊
机关枪一连半

步兵第七团①

段芝贵进攻湖口的兵力部署可见其7月23日发布的进军令：

一、据密探报告，南昌匪人不多。

南康方面亦有少数匪人。

湖口似有匪人千余名。

二、本军拟明日以主力进攻湖口。

三、左司令为守势地区司令官，由邱书阁通南康大道，经十里铺通莲花洞大道，越沙河镇、洗心桥之线内，择定固守阵地，掩护我军右侧后方。

四、马旅长须率混成二十一团由八里坡经过马宿岭、狭市向姑塘方面竭力扫除障害前进。但须与左翼进击队连击动作，以免遗误。

五、混成二十二团团长张敬尧率所部由金鸡坡出发，经过新港，向灰山、回峰矶进击，相机占据西炮台，掩护陆战队容易上陆。

六、鲍旅长应率陆战先遣队准备出发，须借海军掩护，照预定地点登岸，以速行进占湖口东炮台为任务。

七、右司令为浔口留守司令官，整肃后方一切事宜。

八、军长在九江战斗开始后到金鸡坡炮台司令部。②

南北两方军队相持十余日，中经灰山、新港、姑塘等数次战斗，北军以优势兵力攻击南军，据段芝贵向袁世凯的报告中称，在战地所见“各将士面目黧黑，绽肤焦发，即素习之人，并难辨识”，而南军“极力抗拒，甚为猛悍”③。25日下午，段芝贵部陆军与汤芗铭亲自

①中国社会科学院近代史研究所中华民国史研究室主编：《民初政争与二次革命》下编，上海人民出版社1983年版，第559～560页。

②中国社会科学院近代史研究所中华民国史研究室主编：《民初政争与二次革命》下编，第558页。

③《袁世凯政府电存》，《近代史资料》1963年第2期。

指挥的海军对九江实行水陆夹击，南军奋力抵抗，但遭到北军的“连炮痛击”，“海陆两军于酷暑烈日之中，分道前进，经一昼夜始将炮台克复”①。加之湖口要塞司令陈建训被收买，于7月24日晚令炮兵反击赣军，致使赣军前后受敌，不得已放弃湖口，李烈钧虽戮力抵抗，但要塞已失，江西已无险可守。北军一路急进，8月18日，南昌也失陷了。

面对汹汹战事，世间舆论极为愤慨，参议院内也纷纷反对，议长张继愤然于袁的一意孤行，发表宣言指出：“立法机关云乎哉，实袁世凯之猪羊竞卖所而已。推此意而广之，今中华民国之政府，乃袁氏之豺狼孳息场；中华民国之军队，乃袁氏之鹰犬饲养处。”②而这时的国民党并没有因面临反革命的挑战而同仇敌忾，在北京的国民党议员大都对法律解决“宋案”抱有幻想，及至“二次革命”爆发时，仅有少数议员决然南下讨袁，大部分仍坐在国会大厅里从容论道。只因袁世凯欺骗说，这场战争仅仅是要讨伐黄兴、李烈钧等几个叛乱分子，并非要消灭国民党；国民党支部长吴景濂便将黄兴、李烈钧等除名，甚至还登报声明称：按照规定，开除黄兴等人要经大会决议，但因政府所给期限太短，无法召开大会，惟有遵照总统命令予以开除。直到江西的枪炮声传到上海国民党总部时，国民党领导人仍然意见纷纭，没有统一的对策。

7月22日，袁世凯以政府公报形式发布了一个千余言的《平叛通令》，宣布“讨伐令”，诬李烈钧等“勾煽叛兵，僭窃土地，擅行宣布独立，破坏民国之统一，扰害地方之治安”，“实系乱党”；并言称：“湖口、徐州等处暴徒倡乱，政府为整肃纪纲，维持国本起见，不得不以兵力勘定，迭经先后布告。本大总统躬承国民付托之重，值此变出非常，荡平内乱，责无旁贷，耿耿此心，当为我国民所共谅，各

①汪钰孙编：《黎副总统政书》卷二四，上海广益书局1914年版。

②《民立报》1913年7月16日。

友邦所悉知。”[①]当袁向南方大举用兵之时，孙中山发表主张迫袁辞职的宣言，称：“愿全体国民一致主张，令袁氏辞职，以息战祸。”[②]并致电袁世凯，对袁的种种借口给予有力的揭露，电文说：“文于去年北上，与公握手言欢，闻公谆谆以国家人民为念，以一日在职为苦。文谓国民属望于公，不仅在临时政府而已，十年以内，大总统非公莫属，此言非弟与公言之，且对国民言之……何图宋案发生以来，证据宣布，愕然出诸意外，不料公言与行违至于如此，既愤且澧；而公更违法借款，以作战费，无故调兵，以建战祸，异己既去，兵衅仍挑，以致东南民军，荷戈而起，众口一辞，集于公之一身。”[③]并再次强调指明：“公今日舍辞职外，决无他策；昔日为任天下之重而来，今日为息天下之祸而去，出处光明，于公何憾！……若公必欲残民以逞，善言不入，文不忍东南人民久困兵革，必以前此反对君主专制之决心，反对公之一人，义无反顾。”[④]同时向北京参议院、众议院、国务院，各省都督、民政长，各军、师、旅长等发出通电：“……大势至此，全国流血之祸系于袁氏之一身，闻袁氏决以兵力相待，是无论胜败，而生民涂炭，必不可免……诸公维持民国，为人民所攸赖，当此人民绝续之际，望以民命为重，以国危为急，同向袁氏劝以早日辞职，以息战祸！倘袁氏执拗不听，必欲牺牲国家人民，以成一己之业，想诸公亦必不容此祸魁！文于此时，亦惟有从国民之后，义不反顾。”[⑤]在孙中山的坚决主张下，江苏、南京的革命党人加入了武力反袁的行列。

### 3. 江苏战场和南京之战

江苏是赣宁之役的另一主战场，南京曾作为中华民国临时政

①《政府公报》1913 年 7 月 22 日。

②《民立报》1913 年 7 月 22 日。

③《民立报》1913 年 7 月 22 日。

④《民立报》1913 年 7 月 22 日。

⑤《民立报》1913 年 7 月 22 日。

府的所在地，而驻南京的第八师又是革命党人手中的精锐部队，所以孙中山极力主张在南京起兵。7月15日，黄兴在南京组织江苏讨袁军，并亲任总司令，江苏都督程德全等宣布江苏独立，进兵淮北。

袁世凯于7月19日和23日分别任命张勋为江北镇抚使、冯国璋为江淮宣抚使。张勋已屯兵徐州，冯国璋受命后即于次日率部自天津南下，增援江苏。7月26日，袁世凯亲自下令攻取南京。密电中要求其“督率全军由水道取道清、扬，会合该处军队，进攻镇江。第二军则由铁路速取临淮，以分皖势，再趋浦口，与武卫军联络，恢复南京”①。

由于双方实力悬殊，加之起兵仓促，战争开始时黄兴就信心不足，在其发表的声明中即曾有流露：“我军饷糈械弹均缺，或当不免一败。虽我方有各省响应，同具决心，可破全国，非袁世凯所能抵御；然兴以此实不徒无益，而且有害。我如奋斗到底，将使大好河山遭受破坏，即获胜利，全国亦将糜烂，且有被列强瓜分之虞。”②在冯、张两军的联合进攻下，终因战斗较为激烈艰苦及革命党内部军事力量的涣散，以致战争失利。黄兴于7月29日乘日轮离宁赴沪，转赴日本③。翌日，代理江苏民政长蔡寅、第八师师长陈之骥、代江苏第一师师长周应时等宣布南京取消独立。随后藉病避沪的原任江苏都督程德全返回南京，表示效忠袁世凯。

南京取消独立后，南军士气严重受挫，讨袁形势急转直下。8月4日，当广州兵团和辎重营叛变，陈炯明仓皇出走之际，广东第二师师长苏慎初随即宣布取消独立。8月7日，安徽第一师师长胡万泰率部发动兵变，驱逐都督柏文蔚，宣布取消独立，使南京顿

①《冯国璋收电簿》，《近代史资料》1962年第1期。

②薛君度：《黄兴与中国革命》（中文本），湖南人民出版社1979年版，第157页。

③毛注青：《黄兴年谱》，湖南人民出版社1980年版，第238页；按：薛君度《黄兴与中国革命》（中文本）作7月28日离宁。

失藩卫。湖南都督谭延闿施展圆滑的政治伎俩，以讨袁为借口把革命党人掌握的军队调出长沙，待调入亲信军队后，于 8 月 13 日宣布取消独立。随后，福建的讨袁战事也相继告终。

当袁世凯在军事上取得主动以后，在政治上便相应强硬起来，不但在报纸上发表通令，要求各地传讯国民党干事人员，并限于三日内表明态度，否则以法相待①。而且在南京取消独立后，还一再指令北军“凡遇有自称取消独立之军队，必勒令缴械，给资遣散，诛其渠魁”②，这种极端政策激起革命党人的再次抗争。

8 月 8 日和 11 日，革命党人何海鸣先后两次宣布南京独立，以武装反抗做为最后的抗争，即为赣宁之役中著名的南京保卫战。

此时，冯国璋部前锋抵达浦口，张勋部前锋已至龙潭。与南京讨袁军的交战自 14 日始，前期主要作战部队为张勋所部武卫前军。当日拂晓，武卫前军偕江苏第四师突袭紫金山，由于驻守部队叛变，不战而克；但南军第八师所部迅即组织反攻，紫金山被南军夺回。

16 日，张勋部又以佯攻雨花台而实突天保城，旋得旋失。投降北军的张宗昌第三师一部偷渡长江，潜入下关，被守军歼灭大半。宁城内外，皆成战场。《民权报》报道当时情形说：“太平门方面枪声大作，浦口之北军炮队与狮子山对攻，下关一带弹如雨下。”③冯国璋部曾拟渡江攻宁，除第三师一部攻占老虎山之外，计划未获成功，但从冯所发布之命令，可见其兵力部署状况：

## 第二军命令

八月十六日午后七时于花旗营发

一、叛军约一师有余，现据南京。

张军已于十五号晚占领紫金山，现正向天保城、朝阳门一

---

①白蕉：《袁世凯与中华民国》，人文月刊社 1936 年版，第 58 页。

②《冯国璋收电簿》，《近代史资料》1962 年第 1 期。

③《民权报》1913 年 8 月 21 日。

带攻击。

我第三师一部(步兵第十二团、骑兵三连、炮兵一连)已于十六号渡江,现已占据幕府山。

二、军拟今晚渡江,实行向神策门至太平门攻击前进。

三、第三师所余之部队(欠第十团)今晚十时于卸甲甸渡江,登岸后向神策门至锺阜门一带攻击前进。

四、第五师(以前所属该师之野炮及重炮仍归第四师原有序列)俟第三师渡毕,即于卸甲甸继续渡江,登岸后沿第三师左翼向太平门攻击前进,并须援助张军攻击天保城。

五、第四师之步队第十五团(欠一营),机关枪四支,山炮两尊,第三师之第十团归何旅长指挥,率领赴老西江口,警戒军之右翼,并须佯作渡江。

六、第四师所余之部队,固守浦口城至枚管营之线,于每日夜间(自明十七号午后二时起)以炮火扰乱敌人,并须于沿江岸及后方之炮兵阵地,构筑坚固工事。

自老西江口浦口一带之部队,均以杨师长为司令官,并监督三、五两师后路。

七、江部队之给养须带二日之携带粮秣,以后由后方运送。

八、予在滁州车站。①

八月二十二日午后四时于芦席营发

一、据探报称,叛军现盘踞南京,城门已经关闭。城内叛军大肆抢掠,我张军今夜实行攻击雨花台至天保城之线。

我混成第八旅已至老西江口,拟于该处渡江。

二、军拟于明早拂晓实行攻击。

三、第三师务于今夜开始运动,于明早午前四点钟以前占领上元门至黄家卫之线,于明早(二十三日)午前五点开始以主力攻击神策门,以一部向下关小东门一带扰乱。

---

①陆军部档案,中国第二历史档案馆藏。

四、第五师务于今夜运动，于明早四点以前占领天保城至佛国寺之线，于明早（二十三日）午前五点钟开始向太平门实行攻击。

五、第四师所属之炮队务于明早四时以前准备完毕，于五点钟开始炮击，须射击仪凤门、狮子山、下关一带，均受米炮兵长之指挥。

六、予在芦席营。

注意：

一、各师旅攻开城之后先行整队，第三师务与第五师取联络，第五师务与张军取联络。

一、第三师攻开城之后，一部胁制富贵山，一部占领狮子山。

一、占据各地或城墙之上，迅速安插红旗，以便我军认识而免误会。

一、第五师进城之后占领北极阁、练兵场、水晶合一带。

一、第三师进城之占后领陆师学堂、实业学堂、劝业会场、白子亭一带。

一、各师进城之后务按以上之注意占据确实，集合兵力，听候以后之命令为要。并保护外人之房屋及各国领事署。①

19 日，张勋部再次对南京发起猛烈进攻，先后三次向太平门、洪武门一带发动进攻。退至芜湖的安徽讨袁军总司令柏文蔚于当日率军一千余人应援到达南京，并被推举为江苏都督兼第八师师长，指挥战斗，南京军民士气大张，致使张勋部严重受挫。天保城得而复失，失而又得，经过五次争夺，于 21 日终落入张勋之手。

在南北两军殊死交战之际，冯国璋除命炮兵向狮子山、老营盘

①陆军部档案，中国第二历史档案馆藏。

等南军阵地进行炮击以外，该部在隔岸未作较大举措[①]，直至24日袁世凯亲自下令海军总长刘冠雄派舰“护渡”[②]，其所部才过江正式参战。

26日，北军全力攻城。张勋部马队突入朝阳门，张宗昌第三师一部攻入神策门，均遭火力抵抗，被迫退出城外。冯国璋拟实行包抄战略，认为“尽据城外要隘，方足制其死命”，要求“南岸各营队，并约会海军，联合张军，分投力攻，以期匪下”[③]。但与此同时，芜湖上游要地荻港、下游要地东梁山先后被北军占领，28日，倪嗣冲率部攻占芜湖，南京顿失屏障。

29日，南京城已在北军包围之下：张勋、徐宝山部攻朝阳门，第三师攻神策门，第五师攻太平门，雷震春第七师及杨善德第四师一部协攻雨花台，四师另一部扼守通向芜湖及秣稜关的要道，海军则负责控制江面。

31日晨，北军发起总攻击。9月1日晨，由于讨袁军卫队队长叛变，张勋所部乘机用地雷炸开太平门、朝阳门之间的城垣。北兵入城后，兵分三路：“一路先占富贵山，并将太平门内匪军所叠沙袋夹城设法轰开，以迎五师及本军、杨军各队入城。一路向南先将朝阳门、洪武门夹城轰开，以迎本军及雷军各队。一路由诸统领、旅长、团长统率向各方面进攻”[④]。中午，第三师、第五师等分别由神策门、太平门攻入，与何海鸣率领的讨袁军在钟鼓楼、内桥、鸽子桥一带进行巷战，迫使何海鸣退守雨花台。9月2日晨，北军与何海鸣所率残部进行了最后一战。

---

①《第二军炮兵处阵中日记(关于炮兵长受授命令及报告事项)》，《民国档案》2000年第1期。

②《冯国璋收电簿》，《近代史资料》1962年第1期。

③陆军部档案，中国第二历史档案馆藏，见中国社会科学院近代史研究所中华民国史研究室主编：《民初政争与二次革命》下编，上海人民出版社1983年版，第642页。

④《张勋报告占领南京电》，《时报》1913年9月5日。

北军在 9 月 1 日入城后，对这座古城大肆劫掠，“商民之家，无一能免，甚至有劫三五次者”①。更据《时报》载路透社报道南京被劫一空的惨状：“家具什物，亦搬运全尽，各等人民皆体无完衣，家无一餐之粮。”②更为甚者，张勋率身穿蓝袍、头梳长辫的武卫军入城后怪像百出：“至今不悬国旗，红旗但见张字。见人礼节称谓，局署名称，悉照前清。用人则以前清曾办某事作弊者，今令仍办某事，其居心实不可测”③。如此种种，不仅“人民之怨愤焦忧非可言喻”④，甚至英国政府对借款诸事也在改变态度，因此赵凤昌致电内阁总理熊希龄叹曰：“内失人心，外失信望，皆张勋一人酿成之也。”⑤

南京之战的结局，除了讨袁军内部的原因外，一个重要的因素还在于双方军事力量的悬殊。江苏讨袁军的主力是第八师、第一师的部分官兵。其实，第八师的中坚力量仅为第二十九团、第三十二团、炸弹队的部分力量；第一师坚持战斗者仅第三团以及第一团、第二团之一部分。在保卫战进行过程中，又组建了新编第五师、第六师，该两师名为师的建制，实不及团级规模，且有大量新募士兵，缺乏军事训练和作战经验。柏文蔚由安徽带来的卫队、宪兵亦只千人左右。上述部队，加上参加守卫南京的常寿昆部，总数近万人。

可是，进攻南京的袁军，其兵种和数量却远远超过江苏讨袁军。攻击南京的主力为张勋率领的武卫前军，共 23 个营，超过 1 个师的建制，约 1 万余人。由冯国璋任军长的第二军，辖第三、第四、第五等 3 个师。冯部虽曾隔江观战，投入战斗较晚，但因该军实力雄厚，取随时准备参战状态，不能不对讨袁军构成严重威胁。

---

①何葆麟：《悔庵自订年谱》（稿本），天津图书馆藏。

②《时报》1913 年 9 月 9 日。

③《赣宁之役史料辑录》，见章开沅：《辛亥前后史事论丛》，华中师范大学出版社 1990 年版，第 506 页。

④《赣宁之役史料辑录》，见章开沅：《辛亥前后史事论丛》，第 506 页。

⑤《赣宁之役史料辑录》，见章开沅：《辛亥前后史事论丛》，第 506 页。

自8月下旬起，该军直接投入攻击南京的战斗，更增加了对讨袁军的压力。此外，还有雷震春所部第七师和徐宝珍所部江苏第四师。上述各部共达6个建制师，其兵员数倍于讨袁军，而且尚有海军配合行动。8月下旬，海琛、应瑞、楚有、永丰4舰即于大胜关附近掩护冯国璋部渡江，其“上游舰队不时攻清泉山、仪凤门暨城内西南部，下游舰队日夕攻狮子山东西岸暨城内东北部”①。

由于讨袁军在军事上的失利，原来宣布独立的各省又相继宣布取消独立，随着南昌失守和南京被袁军攻占，以江西、南京为主要战场的讨袁之战至此告终。

### 4. 赣宁之役的后果

赣宁之役是在突起中突落，从7月12日湖口起事到9月1日南京失陷，前后不到两个月。通过这场酷烈的军事镇压，暴露了袁世凯军事独裁的面目，使其威信丧失殆尽。袁世凯对南方用兵伊始，十七省议会联合会即曾向其发出“最后忠告电”，劝阻其倒行逆施②；广东省议会则发出声讨通电，胪列袁氏十二大罪状，指斥袁世凯“假共和之面具，行专制之威权，迹其罪恶，罄竹难书”③。袁世凯在通电中屡次表示“躬承国民付托之重”，而实际上，却仅做到了“务使各外国人之身命财产不致内乱事稍受危险”④，广大民众则深受战火涂炭。

这次战争被革命党人标举为“二次革命”，是民国成立后以孙中山为首的资产阶级民主革命派为挽救资产阶级民主共和制度进行的第一次南北战争。虽然南京之役以讨袁军的失败而告终，但

①《刘冠雄报告海军攻守情形电》(1913年9月2日)，《政府公报》1913年9月10日。参见孙宅巍：《试论二次革命中的南京保卫战》，《辛亥革命与近代中国》，江苏人民出版社1993年版，第165～166页。

②《民立报》1913年7月17日。

③《民立报》1913年7月21日。

④《袁世凯平叛通令》，《政府公报》1913年7月22日。

还是沉重地打击了袁世凯的军事力量。据统计，在此战斗中北军之死散、损失兵员为：张勋部20余营、雷震春部5营、刘冠雄部200余人、徐宝珍部2旅、冯国璋部1营①。战争结束后，除冯国璋部尚较完整外，其他各部均大量缺员。赣宁之役是以袁世凯为首的北洋军阀集团在掌握中央政权后，对资产阶级革命派进行的第一次公开的镇压，它的军事实力依恃政权的力量在战争中获得了胜利，消灭了国民党仅有的一些地方实力，因此这次战争直接的恶果是：一方面，在政治上制造了名正言顺地征伐革命党人以巩固其独裁统治的事实和舆论。如赣宁之役期间，在袁世凯的庇护下，熊希龄出任内阁总理，进步党政客联袂入阁，梁启超被任命为司法总长，汤化龙出任众议院议长。以此作为交换，进步党人为袁世凯镇压革命党人的“合法性”进行了舆论上的支持。1913年6月16日，梁启超发表了《革命相续之原理及其恶果》一文，痛诋革命之非，鼓吹“革命只能产出革命，决不能产出改良政治。改良政治，自有其涂辙，据国家正当之机关，以时消息其权限，使自专者无所得逞。”②进步党议员还利用国会提案权，提出对国民党的声讨案，以抽象的国家概念为袁的政权辩护，将革命党人的武装反抗诬为“称戈倡乱”，是反抗中华民国，因此“促令政府迅速戡乱，以保统一而遏祸机”③。另一方面，是使北洋军的势力伸张到长江流域，除了广西、贵州、云南、四川外，其他大多数省份都成了北洋军或其附属军的征服地。桂、黔、滇、川四省之所以未被北洋军侵入，一来是这四省都督不属国民党系，而更主要的是鞭长莫及，需要暂待时机罢了。地盘的扩大，刺激了北洋军的大举扩充，北洋军的番号也越来越多了。

---

①《民权报》1913年9月7日。

②李华兴等编：《梁启超选集》，上海人民出版社1984年版，第640页。

③《时报》1913年7月23日。

## 五、北洋军阀军事实力的进一步扩充

辛亥革命后，袁世凯统属的北洋各军亟需调整和增补，袁世凯出任临时大总统后，更感到军队对稳固其统治的支持作用，然而当时北洋各军缺额严重，第二镇仅官兵6000人，第三镇为4000人，第四镇3000人①，因此，扩充、整备军事实力成为当务之急。

### 1. 征募兵员

1912年8月，袁世凯即严令各军统制“一律招足十成，不准缺少一名”，对招募来的兵员，继续按北洋传统进行封建宗法教育。当时作为共和制度下的大总统府军事参议处，对各镇初级以上军官所发的传谕竟称：“北方各军官源于小站，故袁总统为北军之父母，今我北方军互约之事，从者签名，不从者用武力对付：一、袁总统为北方各军之父母，无论何人，有与袁总统反对者必出死力与之抵抗；二、大总统有统辖海陆军全权，凡我军人，只知有总统，不知其他；三、凡我军人当绝对的服从总统命令。”②由于根据约法而制定的征兵法未能实行，北京政府又以“改良旧日召募之积习，以为完全征兵之先导”为由，“根据前清练兵处所定营制饷章，略为变通”，暂行募兵制，于1913年7月拟定暂行陆军征募条例③，并由陆军部分区设征募局，初期在河北、河南、山东等北方省份招募兵员。按规定，征集之现役兵及补充兵额，经大总统核定后，由陆军总长分配于各师征兵区；师长将陆军总长所分配之现役兵及补充兵额，分配于各团区司令部，复分配于各征集区④。但从实行看，

---

①黄远庸：《远生遗著》第二卷，上海商务印书馆1920年版，第35页。

②《袁总统之军事秘密》，《民国新闻》1912年8月19日。

③《陆军行政纪要》，见张侠等编：《北洋陆军史料(1912—1916)》，天津人民出版社1987年版，第187页。

④《征兵事务条例》，见张侠等编：《北洋陆军史料(1912—1916)》，第191页。

各部为扩大实力，往往以各种理由临时招募。经一年多的扩编、整补，袁世凯的北洋军总兵力，已大致相当于15个建置师，超过15万人。

### 2. 调配兵力

袁世凯在充实兵力的基础上对军队重新调配和部署，目的是在防备南方的前提下巩固北方。袁世凯的南方防线在华东一线，他置第六师（1912年9月镇改称师）于河南信阳，由师长李纯任豫南镇守使；将溃退兖州的张勋所部江防军扩编至1万余人，约23营，改称武卫前军；由辛亥革命期间招募的武卫军左翼倪嗣冲部屯驻颍州，兵力扩至10营，于1913年初改编为武卫右军。为稳固北方，袁世凯又任雷震春为护军使，驻兵郑州；任刘询为直隶混成旅旅长，驻扎廊坊。对政权中枢，他将武卫右军右翼25营扩编成5路30营，为拱卫军，任段芝贵为总司令，分驻北京、彰德两地。袁世凯可以直接指挥的军队有：第一师（师长何宗莲）驻张家口；第二师（师长王占元）、第三师（师长曹锟）、第四师（师长杨善德）驻京畿、直隶，加上由冯国璋统率的前禁卫军，作为护卫京师的嫡系部队；第五师（师长靳云鹏）驻山东；第二十师（师长先为潘矩楹，后为卢永祥）驻奉天新民；中央第二混成旅（旅长吴庆桐）驻奉天旺官屯。袁世凯又将毅军（军统姜桂题）的主力派驻热河，一部由赵倜统带驻豫西，另一部由马金叙（直隶提督）统带在直隶一带；另外还有倪嗣冲的安武军和张勋的定武军。至1914年10月，陆军部所辖各师旅的调配已基本就绪，情况如下①：

①陆军部档，见张侠等编：《北洋陆军史料（1912—1916）》，天津人民出版社1987年版，第34～35页。

## 民国三年(1914)陆军部直辖军队番号及驻地

三年十月二十三日

| 机关 | 长官姓名 | | 所在地点 |
|---|---|---|---|
| 第一师 | 师长 | 蔡成勋 | 张家口 |
| 第二师 | | 王占元 | 湖北武昌 |
| 第三师 | | 曹　锟 | 湖南岳阳 |
| 第四师 | | 杨善德 | 江苏松江 |
| 第五师 | | 张树元 | 山东历城 |
| 第六师 | | 马继增 | 江西南昌 |
| 第七师 | | 张敬尧 | 南苑 |
| 第八师 | | 李长泰 | 直隶清苑 |
| 第十师 | | 卢永祥 | 北苑 |
| 第二十师 | | 吴光新 | 奉天新民 |
| 江南留鄂第一师 | | 黎天才 | 湖北江陵 |
| 陆军第一混成旅 | 旅长 | 施从滨 | 镇江 |
| 陆军第二混成旅 | | 吴庆桐 | 南阳 |
| 陆军第三混成旅 | | 张敬尧 | 南苑 |
| 陆军第四混成旅 | | 伍祥祯 | 衡州 |
| 陆军第五混成旅 | | 刘　询 | 清江浦 |
| 陆军第六混成旅 | | 王金镜 | 信阳 |
| 陆军第七混成旅 | | 唐天喜 | 彰德 |
| 陆军第八混成旅 | | 徐占凤 | 鲁山 |
| 陆军第九混成旅 | | 丁效兰 | 南昌 |
| 陆军第十混成旅 | | 唐国模 | 厦门 |
| 陆军第十一混成旅 | | 王　麒 | 福州 |
| 陆军第十二混成旅 | | 黄国梁 | 太原 |
| 陆军第十三混成旅 | | 孔　庚 | 包头 |
| 陆军第十四混成旅 | | 董崇仁 | 运城 |
| 陆军第十五混成旅 | | 贾德耀 | 西安 |
| 陆军第十六混成旅 | | 冯玉祥 | 西安 |
| 陕西步兵团 | 团长 | 陆承武 | 西安 |
| 陆军骑兵第一旅 | 旅长 | 苑尚品 | 开封 |

**(续表)**

| 机　　关 | 长官姓名 | 所在地点 |
|---|---|---|
| 陆军骑兵第二旅 | 吴俊陞 | 辽源 |
| 陆军骑兵第三旅 | 张九卿 | 张家口 |
| 陆军骑兵第四旅 | 英　顺 | 龙江县 |
| 吉林混成旅 | 裴其勋 | 长春 |
| 浙江第四十九旅 | 周凤岐 | 宁波 |
| 绥远第八十混成团 | 团长　徐廷荣 | 归绥 |
| 绥远第一混成旅 | 旅长　孟效曾 | 归绥 |
| 江苏第七十四混成旅 | 赵俊卿 | 南京 |
| 江苏第七十五混成旅 | 方更生 | 南京 |
| 江苏第七十六混成旅 | 张仁奎 | 扬州 |
| 四路要塞步兵第一旅 | 龚青云 | 镇江 |
| 湖北陆军步兵第五团 | 团长　卢金山 | 武昌 |
| 塔尔巴哈台陆军混成团 | 郑巨川 | 绥靖 |
| 伊犁混成团 | 团长　陈金胜 | 伊犁 |

### 3. 充实军备

从北洋陆军建成后，中国即逐渐扩大军备进口。民国初年军队编制更新后，军械更新即为时势所趋。而当时国内生产能力很差，主要军械制造厂仅有上海制造局、汉阳兵工厂、钢药厂、德县兵工厂、四川兵工厂、广东兵工厂、金陵机器局等，所产枪支弹药不敷消耗，且由于设备落后，以致开支巨大，可谓得不偿失。1912 年 5 月，陆军部曾通电各省，强调“各省每有自由购买军火之事”，因此规定今后“必须由中央陆军部核准，发给凭照，不许私购私运致生危险”①，即已说明当时通过各种渠道购置外国枪械现象已难控制。同年底，参议李廷玉曾草拟《简练劲兵迅筹军实九策》，供李纯

①陆军部档，见张侠等编：《北洋陆军史料(1912—1916)》，天津人民出版社 1987 年版，第 375 页。

提交中央军事会议，得到袁世凯和段祺瑞的首肯，使进口军备的规模更名正言顺地急骤扩大。1912 年 4 月至 8 月的四个月间，仅据所见资料，大宗枪械进口即有①：

| 时间 | 省份 | 进口商 | 购入军械 | |
|---|---|---|---|---|
| 1912 年 4 月 | 浙江 | (德)瑞记洋行 | 枪 750 支 | 弹 15 万发 |
| | | 永兴洋行 | | 弹 12 万发 |
| | 福建 | (日)物产公司 | 枪 500 支 | 弹 15 万发 |
| | | | 机关炮 10 支 | 弹 15 万发 |
| | | | 刀 200 支 | |
| | | (德)礼和洋行 | 手枪 1562 支 | 弹 17.4 万发 |
| | 江苏 | 地亚士洋行 | 快炮(枪)1000 支 | 弹 150 万发 |
| | | 戴大利臣洋行 | 枪 5000 支 | 弹 50 万发 |
| | 贵州 | 戴大利臣洋行 | 枪 840 支 | 弹 8 万发 |
| | 湖南 | 戴大利臣洋行 | 枪 10000 支 | 弹 500 万发 |
| 5 月 | 陆军部 | (德)瑞记洋行 | 步枪 500 支 | 弹 15 万发 |
| 7 月 | 陆军部 | 逸信洋行 | | 弹 1000 万发 |
| 8 月 | 四川 | (德)捷成洋行 | 步枪 5000 支 | 弹 100 万发 |
| | | | 马枪 500 支 | |
| | | 比利时 | 手枪 1000 支 | 弹 20 万发 |
| | | 禅臣洋行 | 步枪 300 支 | 弹 6 万发 |
| | | | 手枪 160 支 | 弹 5.4 万发 |
| | | | 马枪 160 支 | 弹 4.8 万发 |
| | | 美国 | 步枪 400 支 | 弹 20 万发 |
| | | | 手枪 100 支 | 弹 3 万发 |
| | | | 机关枪 2 尊 | 弹 4 万发 |

赣宁之役军备耗费巨大，尤其参战的中央陆军部队亟待补充，如陆军第六师混成第二十二团张敬尧部自 1913 年 7 月 16 日至 8

①此表据张侠等编《北洋陆军史料(1912—1916)》第 407～415 页所载陆军部档案编制。

月 18 日期间，经八里坡、尤家岭、新港、灰山、回峰矶、黄老门、建昌、二里半、乐化街、章河西岸诸战，除人员、军械损失外，仅子弹即消耗 471370 发，炮弹 448 发①。加之北洋嫡系急欲乘机扩大实力，因此购入军械大量增加，所用经费随之急骤上升。如 1913 年 8 月赣宁之役期间，仅时任陆军部军马司长的徐树铮曾通过德国捷成、礼和等洋行一次即拟购外国军火共步枪 1.02 万支、马枪 7000 支、机关枪 4 尊及各类子弹，需款：银 24 万、马克 289 万、日元 62 万②；10 月又向德国逸信洋行订购步枪 6000 支、子弹 60 万发，共价银 53232 两③；12 月再与德国瑞记洋行签订合同，购炮 30 尊、各种炮弹 1.8 万发④。1914 年 6 月，由陆军部总长段祺瑞亲自经手，从德商捷成洋行购买各种炮弹总价值 821845 马克⑤。除此之外，北洋系统的地方军阀也纷纷筹款以各种名目向外国军火商购置武器。1913 年 8 月至 1914 年 4 月间较大宗的地方军火买卖，如湖南都督汤芗铭即汇入逸信洋行银 243928 两订购军械⑥；吉林巡按使齐耀琳则分别向德国荣华洋行订购枪 1 万支、子弹 500 万发，向逸信洋行订购子弹 330 万发⑦。另有海关统计，仅天津口岸输入的军火价值，1912 年为 272 万两，1913 年则增为 490 万两⑧。

庞大的军费开支只能使主政的北洋军阀集团一再举借外债。1912 年至 1913 年，北京政府向德国瑞记洋行进行了三次军事借

---

①据张敬尧：《赣征纪略》战斗详报统计，见来新夏主编：《中国近代史资料丛刊·北洋军阀》(二)，上海人民出版社 1993 年版，第 383～403 页。

②大总统府档，见张侠等编：《北洋陆军史料(1912－1916)》，天津人民出版社 1987 年版，第 417 页。

③陆军部档，见张侠等编：《北洋陆军史料(1912－1916)》，第 418 页。

④陆军部档，见张侠等编：《北洋陆军史料(1912－1916)》，第 420 页。

⑤统率办事处档，见张侠等编：《北洋陆军史料(1912－1916)》，第 422 页。

⑥陆军部档，见张侠等编：《北洋陆军史料(1912－1916)》，第 419 页。

⑦陆军部档，见张侠等编：《北洋陆军史料(1912－1916)》，第 424 页。

⑧徐义生编：《中国近代外债史统计资料》，中华书局 1962 年版，第 241 页。

款,共350万镑,其中相当大部分按规定购买了德国军火[①]。当然,"善后大借款"的目的更是作为直接对付革命势力。列强利用借款攫取极高的利润并往往附带十分苛刻的条件,如自1913年5月至1915年10月间银行团通过借款给北京政府,所获年息最高竟达12.5%[②],但是袁世凯为了充实军备,扩展北洋实力,不得不采取这种饮鸩止渴的办法。

## 第三节　袁世凯的卖国独裁统治与白朗起义

### 一、袁世凯的卖国外交

清季以来,中国已处于列强环伺之下;民国肇始,情形未得好转,尤其在共和与专制的较量中,帝国主义屡屡插手。袁世凯上台后,财政空虚,政局不靖,"至于外交,棘手尤甚。中俄协约难成,而库伦独立,尚未取消,西藏交涉,至今而英人不肯让步"[③]。面对内外窘状,袁世凯在强化独裁统治的同时,在外交上承袭了前清故伎,不惜以主权换取列强在经济上的援助,进而寻求政治上的支持;而英、美、日、俄诸国在中国中央政权转移过程中,也看好"据有军事实力的袁世凯"为"理想人选",认为可以通过袁"在中国能保持一个政府,一个基本行政机构,一个庞大、丰富的市场"[④],从而双方在利益互动的基础上逐渐达成默契。

民国初年,南京临时政府颁布了许多有利于振兴实业的法令

①徐义生编:《中国近代外债史统计资料》,中华书局1962年版,第241页。
②见李海军:《略谈民初国债问题》,《文史杂志》1991年第4期。
③徐有朋编:《袁大总统书牍汇编》卷首,上海广益书局1914年版,第31页。
④李约翰:《清帝逊位与列强》,第329页。

措施，从而解除了封建统治的束缚，为民族工业的发展扫除了障碍。北京政府农商部成立后，也曾制订了一系列经济法律和条例。据统计，1912 年至 1916 年间公布的有关发展实业的条例、章程、细则、法规等有 86 项之多①，对促进当时工商业的发展起了一定的推动作用，以至“几乎每天都有新公司注册”②。然而这一时期的工商企业，大量的是中小资本和工场手工业，还没有出现大资本的迅猛聚集和发展，也就是说，中国民族资产阶级还没有雄厚的财力、物力进行经济垄断，因此它也就没有左右政治的能力。在这种情况下，北洋军阀集团所需要的大量行政和军备费用，除了国内赋税收入之外，举借债款成为其重要来源。

民国初年，中央财政十分拮据，库空如洗，不得不赖借款度日。南京临时政府和袁世凯统治下的北京政府借债数额惊人，从 1912 年至 1916 年募举内债 7467 万元③。而外债则达 62 次，总额 54937 万元，实收额为 32955 万元④；在袁世凯统治时期，外债数额最高的 1913 年竟占北京政府收入的 39.32%⑤，其外债中用于军政费开支和战争赔款占 77%以上，在实收数额中也达 68%以上⑥。尤其经过赣宁之役和其后北洋军备的扩大，所需甚巨。1912 年至 1913 年，用于中央军政开支的外债约为 1.5 亿元，其中 1912 年所耗外债为 3600 万元，1913 年即达 1 亿多万元⑦；而 1912 年至 1913 年一年多的时间内，中央政府从国内征集到的财政收入

---

①据农商部参事厅编纂：《农商法规》统计，转引自李新主编：《中华民国史》第二编第一卷上，中华书局 1987 年版，第 371 页。

②汪敬虞：《中国近代工业史资料》第二辑（下），科学出版社 1957 年版，第 849 页。

③千家驹：《旧中国发行公债史的研究》，《历史研究》1955 年第 2 期。

④徐义生编：《中国近代外债史统计资料》，中华书局 1962 年版，第 126～128 页。

⑤见刘海军：《略谈民初国债问题》，《文史杂志》1991 年第 4 期。

⑥见刘海军：《略谈民初国债问题》，《文史杂志》1991 年第 4 期。

⑦见李新主编：《中华民国史》第二编第一卷（上），中华书局 1987 年版，第 434～435 页。

不过 2000 万元左右[①]。这样,北洋军阀统治集团更需仰赖列强的支持。

民国初年的外债是列强向半殖民地半封建中国的高利贷款,是外国资本(帝国)主义资本输出的方式之一,同时带有强烈的政治色彩。几乎每一次借款都要向中国提出交换条件,其苛刻程度甚至连袁世凯的政治顾问莫理循(G. E. Morrison, 1859~1939,澳大利亚人)都认为是“任何有自尊心的中国政府决不肯接受的”[②]。但袁世凯政府宁愿饮鸩止渴,不惜承受 12.5%年息的高利剥削,向银行团多次进行包括善后借款在内的大宗借款,竟使政府每年须偿还的外债本息达 1.5 亿元左右[③],导致中央财政危机在恶性循环中无以自拔。

帝国主义列强借款给中国,既是它们对华投资的重要内容,又是要达到从经济上控制中国政府,进而在政治上获取更多权益的手段。以铁路权益为例,袁世凯为急于筹款,几乎将中国的铁路主权丧失殆尽。1912 年袁世凯上台不久,即与比利时财团订立陇海铁路借款合同,与法比铁道公司订立同成铁路借款合同,与中法实业银行订立钦渝铁路借款合同。英国先后与袁世凯政府订立浦倍、沙兴、宁湘铁路借款合同,并觊觎西藏境内的筑路权益。德国为向长江流域、华北内地扩张势力,也向袁世凯政府迫取了高徐、济顺两种营筑权益。俄国取得了投资滨黑铁路的权益,除在我国东北地区外,还取得华北、华中等地的铁路权益。从 1912 年至 1915 年,列强从袁世凯政府攫取的路权,以长度计算达 11550 公里,范围遍及黑龙江、蒙古、甘肃、山西、河北、河南、山东、湖北、四川、江苏、浙江、福建、广东、云南、贵州等十八个省区[④]。随着帝国

①见李新主编:《中华民国史》第二编第一卷(上),中华书局 1987 年版,第 433 页。
②乔·厄·莫理循:《清末民初政情内幕》(下),知识出版社 1986 年版,第 27 页。
③贾德怀:《民国财政简史》上册,商务印书馆 1941 年版,第 12 页。
④见宓汝成:《中国铁路百年史略》,《文稿与资料》1983 年第 3 期。

主义路权的扩大，其势力也逐渐深入中国各地。这一次帝国主义掠夺路权高潮使中国所遭受的损害，较之19世纪末列强对中国的利权争夺战有过之而无不及。

俄国从19世纪末叶以来，即把外蒙古看作自己的势力范围，素怀侵略野心。早在1911年8月4日，俄国内阁总理大臣斯托雷平召开的"远东问题特别会议"专门讨论了外蒙古问题，会议记录暴露了沙俄支持外蒙古独立的野心，其中说："诚然，在蒙古问题上发生的危机，并不出我们的意料，因为很久以来我们一直给予蒙人支持和庇护，我国一些驻蒙代表在颇大程度上促使蒙人确信，若要与中国脱离关系，他们可以指望得到俄国的援助"，"中国在蒙古拟实行的新政，中国农民在邻接我国边界地带进行垦殖，用铁路把这条边界附近的居民与中国行政中心连接起来，以及中国军队的部署，尤其在紧靠近我国领土的地区，中国军队的大量出现，不能不使我们忧虑。因此，蒙古问题对我们具有重大意义，支持蒙人反对上述中国政府计划的愿望完全符合我国利益"①。因此，在辛亥革命前夜，俄国曾照会中国政府要求撤废中国驻外蒙古地方的军备，清廷未允。武昌起义爆发后，沙俄乘机策动外蒙古于1911年底宣布"独立"，号称大蒙古帝国，"活佛"哲布尊巴自称日光皇帝。同时，俄国还要求清廷承认它在外蒙古有筑路权，承认外蒙古"自治"。当时清廷自顾不暇，未予答复。后来，俄国又与英、日帝国主义就所谓中国问题达成协议，便更加确定了它在外蒙古的地位。1912年7月，俄国与日本订立第三次《日俄密约》，瓜分南北满及外蒙古；9月，与英国订立秘密条约，瓜分蒙藏；10月，直接与"活佛"哲布尊巴订立《俄蒙协约》，规定俄国承认蒙古之自主，扶助其练兵，不准华兵入蒙境地，而俄人独能享受种种特权。这样外蒙古虽然脱离了清朝的统治，却使沙皇制度的影响强化了，而封建主阶级又从其狭隘的阶级利益出发，实行了反动的对内对外政策。

①《沙俄攫取蒙古——俄国外交文件选译》，《近代史资料》1978年第2期。

1912年11月3日，签订了《俄蒙协约》及附约《俄蒙商务专案》。这个条约把蒙古经济命脉交给俄国，军队的编练和蒙古的国防也落到帝俄手里，受其监督。此后，俄国积极进行迫使中国正式承认的活动。民国成立后，曾声明不承认《俄蒙协约》，几经交涉。但是袁世凯却别有怀抱，于1913年5月订立《中俄协约》，草约经国会否决，但国会旋即解散。袁世凯急欲俄国承认其合法地位，并期待着帝俄给予援助，所以在1913年11月5日签订了《中俄声明文件》，向俄国承认了外蒙古的自治权①。

在沙俄策划外蒙古"独立"的同时，俄国还觊觎我国黑龙江省的呼伦贝尔地方。沙俄对这一地方早就怀有侵略野心，趁1911年辛亥革命之际，认为时机已到，在策划外蒙古"独立"的同时，又策划并插手呼伦贝尔武装叛乱。对中国政府派遣军队平定叛军一事，俄国政府对中国内政进行了粗暴干涉，不但无理地向中国政府提出"抗议"②，而且俄国外交大臣沙查诺夫还向边防军外阿穆尔军区司令发出指示，"必须阻止中国军队进驻海拉尔"③。及至中国政府与占据呼伦贝尔地方的巴尔虎人谈判过程中，俄国方面虽以调停人的面目出现，但俄国驻北京公使库朋斯齐根据俄国政府的意见，仍向俄驻海拉尔副领事吴萨谛发出指示："以武力使呼伦贝尔屈服，过于侵害俄国利益，我们对此不能漠然置之。"④并在谈判中设置了种种障碍。俄国的目的，即是要"尽力设法巩固俄国商民及企业主近来在呼伦贝尔所取得之利益，而要在中国人那里获

①参阅《沙俄侵略我国蒙古地区简史》，内蒙古人民出版社1979年版。

②《外交大臣沙查诺夫致内阁总理大臣科科弗采夫函》(1912年5月16日)，引自《1912—1915年中俄呼伦贝尔交涉史料选译(上)》，《历史档案》1989年第2期。

③《外交大臣沙查诺夫致内阁总理大臣科科弗采夫函》(1914年1月28日)，引自《1912—1915年中俄呼伦贝尔交涉史料选译(上)》，《历史档案》1989年第2期。

④《驻北京公使库朋斯齐致海拉尔副领事吴萨谛公函》(1914年1月7日)，引自《1912—1915年中俄呼伦贝尔交涉史料选译(上)》，《历史档案》1989年第2期。

得将十分困难"①。经长期交涉，迫于俄国的压力，中国政府于1915年11月6日与俄政府签署了《中俄呼伦条约》。在此条约中，规定"海拉尔为直属中华民国中央政府之特区"；另外在军事方面规定，如中央政府向该地派兵，要"预先知照俄国"；条约中第七条明确规定："将来如在海拉尔铺设铁路，需要外国资本，中华民国政府应首先向俄国政府请借资本"②。

西藏历来是中国的领土，但英国自清末以来即在西藏进行侵略活动。辛亥革命以后，英国更加紧活动，力图将其侵略合法化。英国曾乘辛亥革命的机会，唆使由它训练过的藏军驱逐清政府的驻藏官员，并供给藏军军火，围攻闻风而起响应辛亥革命的驻军，提出"西藏独立、西藏自治，不驻汉官、不驻汉兵"的口号。同时，还在幕后操纵藏军出兵堵截川边东路，不准汉人往还，进而又攻陷嘉玉桥、硕督、里塘等地，当地官兵仓皇逃走；不久西康全省除康定等十一县外，都被藏军攻陷。不仅如此，英国还策动西藏地方政府宣布"独立"。英国的这个阴谋，是想乘机使革命军因逐清军而不能进入西藏，也使驻军无法响应起义，以便乘此把西藏从中国分割出去。1912年7月，滇督蔡锷和川督尹昌衡分路反攻，连攻藏军于川边区域，克复数地。在"西藏独立"的阴谋将要失败的时候，英国乃进一步出面公开干涉，逼迫中国政府同意召开所谓中、英、藏三边会议，企图通过订立条约的形式来迫使中国政府承认西藏的"独立"。8月17日，由驻华英使朱尔典致送袁政府的备忘录中提出了四项无理要求：

(1)不许中国干涉"西藏的内政"；

(2)不能容许中国在拉萨或西藏保持无限制的军队；

(3)要求根据以上各点订立协议，作为承认中华民国的条件；

①《驻北京公使库朋斯齐致外交大臣沙查诺夫电》(1914年1月24日)，引自《1912—1915年中俄呼伦贝尔交涉史料选译(上)》，《历史档案》1989年第2期。

②王铁崖编：《中外旧约章汇编》第二册，三联书店1982年版，第124～125页。

(4)在订立协议前将对中国人封闭一切经往西藏的交通。[①]

英国复以承认“中华民国政府”为要挟。而袁世凯正急于得到列强的承认和支持，于是在9月中旬即命川滇军停止向西藏进军。本来川滇军可乘胜前进，直抵拉萨，以期永固西陲，但由于袁的妥协而留下后患。1913年10月13日，袁世凯政府在英国的威胁和压力下，在印度西姆拉召开了有中、英、藏三方代表参加的会议，讨论西藏问题。袁世凯政府以西藏宣抚使陈贻范为代表。开议之初，藏方代表便在英国支持下提出所谓“中藏边界”一案；英国代表更提出了“内藏”、“外藏”的名目，几将川边诸地及青海全境划归西藏管辖。陈贻范则强调指出，西藏原本中国领土，殊无划界之必要，如西藏意在自治，则以清末赵尔丰边军兵力所及之地为限，江达(孜)以西听任西藏自治。双方争执不已。至1914年2月27日，英国代表主张划分内藏、外藏，又于3月11日提出调停案十一条，限中国委员一星期内答复，并以宣告会议破裂相胁；驻京英使朱尔典几次亲自出面通牒袁政府，声称《西姆拉条约》是解决西藏问题的惟一法案，如中国政府拒绝签字，则“三方会议”所定之利益，中国不能享有等等。在英国的压力下，袁政府的代表在条约草案中向英国承认了“外西藏”自治，而所谓西藏内外之界，却是由当时的西藏地方当局在英国的胁迫利诱下背着袁政府私下划定的。这个条约后来未被袁政府正式批准而成悬案。英帝国主义者日后虽以此作为侵略西藏的借口，但一直未能奏效。

日本帝国主义者也是对华的积极侵略者。在1912年2月23日给美国政府的照会中就明显地暴露出它欲以承认袁政府来胁取特权的野心，其中说：“列强承认新政府时，须得到承认一切权利利益及特权之保证，同时应向新政府取得借用外债之预约”，因之提议“列强采取共同行动主义，以上述为承认任何新政府之条件”。

①《中华人民共和国政府官员和印度政府官员关于边界问题的报告，第二项议程，条约和协定；传统和习惯》，中华人民共和国外交部1961年3月。

日本的侵华政客大隈重信甚至公然表示，侵略中国是“日本国民之天职”①。日本帝国主义者当时的侵华方针是从容拨弄于两种势力之间，而坐收渔人之利。例如“二次革命”后，孙中山等逃亡日本，日本帝国主义者一方面容留他们，并允许他们进行政治活动；另一方面又正式向袁政府表示“日政府确有‘取缔’乱党之意”，只要袁政府有“交换利益”，即可满足“希望”。袁世凯很嫉视孙中山等在日本的活动，于是“二次革命”刚刚解决，他便派孙宝琦、李盛铎为特使访问日本，表示愿出“相当报酬”，请求日本政府承认“中华民国”，取缔国民党在日本之活动，并公开宣称：“今日国家外交以近交政策为要，其第一即亲日。”②孙、李在日的秘密卖国外交活动，主要内容是关于日本帝国主义者所提出的满蒙五路要求。由于袁世凯的蓄意卖国，这项秘密交涉进展很快，1913 年 10 月 5 日即由日本驻华公使与袁政府外交总长进行秘密换文，即《满蒙五路借款修筑预约办法大纲》。日本根据这个秘密换文取得了满蒙五路的特权。五路是：

(1)开海铁路：起于开源，经西丰、西安、东丰至海龙，全长 123 哩；

(2)四洮铁路：四平街至洮南，全长 230 哩；

(3)长洮铁路：长春至洮南，全长 180 哩；

(4)洮热铁路：起于洮南，经开鲁、赤峰至承德，全长 470 哩；

(5)吉海铁路：吉林至海龙，全长 110 哩。

日本根据秘密换文取得了前三路的借款权和后二路的优先借款权，二者文字上虽有不同，实际上获得了五路的全部承筑权，不过是把掠夺步骤分成前后罢了。四洮路于 1917 年部分修成(四平街至郑家屯之间)通车，其余四路均未动工。

这次秘密交涉内容，双方相约守密，一直到欧战结束后才由日

①许家庆：《日本对于英德关系与中国处分》，《东方杂志》第 9 卷第 4 号。

②黄远庸：《远生遗著》第三册，上海商务印书馆 1920 年版，第 81 页。

方公布。

日本获得五路承筑权后，如同把一束吸血管插在满蒙心脏，畅所欲为地吮吸着中国的资源，所以当时日本驻瑞典公使说，日本获得五路承筑权是“获得万里长城以上之金城铁壁在满蒙之野”[①]。由此可见日人的重视了。袁世凯由于出卖五路承筑权而获得日本帝国主义者的支持。

美帝国主义者则是这些国家中采取隐蔽、伪善的方式而进行阴险侵略的一个国家。辛亥革命以后，以美国为首的六国银行团，先以支持袁世凯政权为条件进行借款活动，展开以控制中国金融财政为目的的经济性掠夺。六国银行团的作用，正如当时列宁在《中华民国的巨大胜利》一文中所揭露的，它是“力图使中国破产，以便削弱和破坏共和国”[②]。1913 年 3 月，威尔逊继塔夫脱任美国总统，由于各帝国主义国家之间的矛盾，美国退出了银行团。这一举措，并不像它自己所说的那样善良——“是怕影响中国主权”，而是别有用心，正如威尔逊在退出银行团的宣言中所说：美国政府“愿以合法方法，援助美国商人、工厂、建筑家及工程师，给以必须之银行及其他财政的便利”[③]。换言之，美帝国主义者是要借此摆脱银行团的束缚，以便乘第一次世界大战前夕紧张的国际局势，独立地对中国进行各种经济侵略。果然，美国在退出银行团后，即以“导淮借款”、“满洲农业开发计划”、“海军借款”等等名目，进行各方面的经济掠夺。其中“海军借款”则是实现它自清末以来所筹划的一个经济侵略阴谋。

原来清政府在其末年为实行“皇族集权”，加强中央的兵力，曾于 1910 年 8 月派载洵到美国“考察海军”。载洵也在这时代表清

---

①予觉氏：《满洲忧患史》第六篇第一章，天津益世报馆 1929 年版，第 106 页。

②《列宁全集》第十九卷，人民出版社 1959 年版，第 9 页。

③*China Treaties and Agreements*，Ⅱ，P. 1025，见王芸生辑：《六十年来中国与日本》第六卷，天津大公报社 1933 年版，第 11 页。

政府与美国海军部所支持的伯利恒钢铁公司进行了一桩罪恶勾当,初步拟定了"海军借款"的计划。次年秋,伯利恒钢铁公司经理哇泊来华作进一步的磋商。不久,武昌起义爆发,美国资本家不仅没有停止活动,反而以更快速度促其实现,1911 年 10 月 21 日(武昌起义后第十一天),双方正式签订"海军借款"秘密合同。合同规定,美国代中国制造兵船,并派军官教练中国海军。随着清政府的覆灭,这个计划只好暂时搁置起来。1913 年秋,正当袁世凯镇压了"二次革命",积极图谋建立独裁统治的时候,美国伯利恒钢铁公司副经理詹司敦又到北京进行活动,企图使这个计划死灰复燃。这时袁世凯正需要美国的支持,所以很快就在当年 12 月 27 日正式承认了这个合同有效,接着又经过实地调查和具体磋商,在 1914 年 3 月 9 日双方签订了一个新的合同。内容要点如下:

(1)借款用于由美国伯利恒钢铁公司负责修建三都澳军港、船厂,包括护港的重炮炮基。

(2)借款总额为 3000 万美元,年利五厘,实收九二,偿还期 35 年,以福州(马尾)船厂全部财产为担保。

(3)本合同签字三个月内,公司先付给中国政府 1000 万美元,其余 2000 万美元则专充修建三都澳军港、船厂之用。

(4)修建工程只限于聘任美国工程师及使用美国材料;中国海军部如用他国工程师及他国材料,则当付给伯利恒钢铁公司一定数额之罚款。①

这个合同的签订使袁世凯得到 1000 万美元,美国则买到三都澳军港和马尾船厂的"修建"特权。

由于这个合同的内容牵涉日本的势力范围——福建,因此日本极力地反复向美国和袁世凯政府抗议,使美国和袁世凯政府又不得不暂时搁置这个计划。

---

①见孙毓棠:《美帝国主义攫占三都澳阴谋与所谓"海军借款"》,《历史研究》1954 年第 2 期。

袁世凯在窃夺政权以后，连续向英、俄、日、美帝国主义列强承认多项特权的目的，是为了博得它们最大的支持和对其军阀政权的承认。美国是这些国家中最早承认袁世凯政府的国家，它在1913年5月2日即违背列强一致行动的约定，首先正式承认了袁世凯政府。这种“外交信用”一方面表现了美国与这个卖国政权的亲密关系和对它的热烈期待，同时也增强了袁世凯进攻南方革命势力的“信心”。日本在取得满蒙五路特权的次日(1913年10月6日)即承认袁政府，10月7日英、俄等国相继承认，其余各国也都随后表态。

袁世凯向列强国家出卖主权，不但获得列强的共同支持，并被看作在华的共同代理人。1911年11月15日，葛雷在给英国驻京公使的电报中把帝国主义支持袁世凯的原因说得十分明白：“我们开始十分友好而尊敬地对待袁世凯……我们希望看到革命能产生一个十分强有力的政府，以致它能够对所有外国采取同样的行动，能够维持国内秩序以及为发展贸易创造有利的条件。这样的政府将会得到我们能够给予它的一切外交上的支持。”①不言而喻，列强实指望袁世凯能保证向它们提供更大的侵略便利，袁世凯没有负其所望，在他当政的几年里，据不完全统计，签订的不平等条约达一百多个。这也是他能够在列强的支持下暂时维持一个表面的、比较“统一”的局面的原因所在。

## 二、袁世凯的独裁内政

### 1. 玩弄党派，逼选正式大总统

中华民国成立后，袁世凯最大的政治欲望就是获取正式大总

①耶·马·茹科夫：《远东国际关系史》(中译本)，世界知识出版社1959年版，第234页。

统职位，将军政大权集于一身。但根据《临时约法》的规定，中华民国采行责任内阁制，大总统只是居于虚位的国家元首，而非实际的行政首长。经与责任内阁较量后的袁世凯，已不满足于通过内阁控制政权的形式，而要求真正握有实权。可是按《临时约法》规定，组织政府的程序应是先产生临时总统和临时政府，然后由临时总统根据参议院所制定的国会选举法和组织法，在十个月内召集和选举出正式国会，由正式国会制定出宪法后，再根据宪法，最后产生正式总统和政府。这对袁世凯是一个很大的约束，因此他对资产阶级的国家政体十分厌恶，但他又深知，在当时的社会潮流下仅以武力难以征服人心，而民主共和是最耀眼的招牌，政党组织则是最可借用的工具，特别是后者。当时派系纷杂，鱼目混珠，对于那些官僚政客、投机党派，袁世凯早已深窥其心，只要将他们玩于股掌之上，就等于铺就了登基的阶梯。

国民党一直是袁世凯处心积虑谋求翦除的政治势力。在赣宁之役期间，袁世凯就采取血腥镇压的手段，先后下令逮捕、通缉多名坚持讨袁的国民党议员，并动用军警，以“勾结乱党，谋叛民国”等罪名将国民党议员伍汉持、宪法起草委员徐秀钧逮捕后先后杀害。在其举行正式大总统就职仪式后的第五天，就发布通缉令，孙中山、黄兴均被列为“二次革命”的祸首，南下参加武力讨袁的参议院议长张继也被列在通缉名单之内。但国民党毕竟是国会中举足轻重的第一大党，若一时取缔，势必造成国会不够法定人数，从而无法产生总统的尴尬局面。即使国民党不能为其出力，却可以由于国民党的存在而使国会尚可发挥选举总统的职能，所以袁世凯在这一时期一反常态，表现得十分宽容大度——他把赣宁之役的责任完全推在国民党领袖和独立省区的国民党系军人的身上，而表示仍容忍国民党在国会中的存在，并让国民党议员照常出席国会，以作自己玩弄权术的工具。

袁世凯为抵制和削弱国民党在国会中的势力，采用了以“政党政治”还击“政党政治”的手法。由于进步党在镇压“二次革命”过程中扮演了“帮闲”的角色，而袁世凯也有意笼络资产阶级上层，所以在“二次革命”即将失败时，袁就提议由进步党人所推举的熊希龄组阁。这一方面是由于进步党在国会中占有优势地位；另一方面，当时南北战争还在进行，南方讨袁军的败势渐明。国民党因战败而失势，为了继续维持在国会中的地位，只得对熊阁表示赞同，所以袁的提议很顺利地被通过了。经过进步党的奔走活动，终于在1913年9月11日组成内阁。那些号称“第一流人才”的梁启超、张謇等，都连翩入阁，所以熊希龄内阁被时人称为“第一流人才内阁”。

这个所谓“第一流人才内阁”与过去那个“同盟会中心内阁”有着异曲同工之妙：这些所谓“第一流人才”也只被安置于教育、司法、工商等闲曹，而有实权的外交、内务、陆军、海军等部，仍在袁世凯嫡系军阀和官僚手中。新任国务总理兼财政总长熊希龄面对的最大国务，无非是财政即借款问题。1913年底和1914年初的旧历年期间，需用的支出为770万元。如照预计，向京奉、京汉两路商借250万元；收江西、浙江、陕西、山东、江苏、河南各省国税所解款，每省多则40万元，少则15万元，根据各省呈报，总额有240万元。两项合计共近500万元。其余尚差200余万元，即以将发行之六厘、八厘公债略为通融，勉强可渡过难关。但实际情况是，各省解款到京，合计仅110万元，不到预期的半数；另加五国银行团年底预垫借75万两(折合约100万元)，收入和支出相差甚巨。至于京奉、京汉线的收入，则交通部声称将以支付借款本利及保险费，因此不肯通融。财政总长熊希龄面对困境一筹莫展。在政争中，“名流内阁”虽然十分依顺袁氏，但袁对进步党的信任还是有限的，他嫌这些人太斯文，不能直接了当地满足其独裁统治的各种需要，便人为地制造种种困难，使熊希龄最后不得不辞职下台，由孙宝琦代理。这样，进步党在完成了镇压“二次革命”的帮闲作用后，便如敝屣般被丢弃了。

尽管当时的国民党已很软弱无力，进步党对袁也是亦步亦趋，但袁世凯还是觉得不如搞一个由他亲手操纵的党更为得心应手——需要时只要信手拈来，无需作什么表面文章。因之，在“二次革命”后，即命令他的亲信、时任总统府秘书长的梁士诒出面，用金钱和地位直接在国会中收买一部分议员，于大总统选举前夕的9月18日组成一个近百人的“公民党”，以梁士诒为首、叶恭绰为副。因系御用，很多目光短浅的政客、官僚纷纷加入，凡议员入其党者，即按月发给二百元津贴，使这个党一时大有与进步党、国民党三足鼎立之势。公民党是袁世凯在国会中的打手党，由于担负着把袁世凯捧上正式大总统宝座的任务，所以该党成立后即议决“以正式总统选举为本党政策之第一步”①，开始在国会内外大肆活动。

与此同时，袁世凯还不惜重金，另组小党群。在国会中，国民党的优势地位已丧失，不少人“朝进党而暮脱党，暮进党又朝脱党，朝秦暮楚，一人一日数变，恬不为怪，党德、政德，荡然无存”②。不仅如此，袁世凯又趁此机会采取分化瓦解的办法削弱国民党的实力，如利用国民党议员孙毓筠、景耀月组织“政友会”，拉走两院国民党议员近三十人；出资五十万元利用唐绍仪、刘揆一组织“相友会”，拉走两院国民党议员近二十人；利用国民党华侨议员朱桂莘组织“集益社”，网罗粤籍国民党议员多人；利用国民党人郭人漳、夏同和组织号称第三党的“超然社”，拉走国民党议员二十多人。这些由趋逐利禄的国民党人组成的投机小团体，被当作选举机器来使用。所谓的最高权力机关——国会，在袁世凯的威逼利诱之下，成为其独裁统治的点缀品。

专为大总统选举而拼凑起来的公民党成立后，即遵照袁的意旨，在国会中主张先举总统，后定宪法。但是，《临时约法》已有明确的程序规定。为应付舆论的谴责，袁世凯打出他的武力王牌——让全国十九省区的军事长官发表联名通电，并以黎元洪领

---

①杨幼炯:《中国政党史》，上海商务印书馆1936年版，第75页。

②《潘怡如自述》，《辛亥革命回忆录》(三)，中华书局1961年版，第41页。

衔,胁迫参众两院“将一切议案概从缓议”,先“从选举总统入手”①,甚至限令“浃旬之间,期于竣事”②。这时的黎元洪因杀张振武一案已有把柄在袁之手,一切均按袁的意旨照办,先选总统已为势所必然。另外,当时一些议员还存在幻想,认为正式宪法将比《临时约法》更有效力,会迫使袁不得不走法治之路。在这样的情况下,即产生了一个折衷方案,即把总统选举法从宪法中首先提出来,由国会中的宪法起草委员会予以制定,并提交两院联席会议公布,以便选举总统。

9月5日,参众两院通过了先选总统案,10月4日,由国会公布了一个由宪法起草委员会久拟未定的大总统选举法。又因袁世凯急于在双十节前就任正式总统,于是决定于10月6日根据这个总统选举法选举总统。袁世凯终于如愿以偿。

中国历史上第一次正式的“民主”选举竟是这样一次荒唐绝伦的奇观。其实当时全国并无人出面与袁竞选,但他为保险起见,下令京师警察厅和拱卫军派出几千名便衣军警、侦探、兵痞和自称“公民团”者万余人包围会场,纷纷攘攘,并声称:“非选出属望之总统,不许议员出门”。当天两院议员共到759人。根据总统选举法,“总统选举以选举人总数三分之二以上之列席,用无记名投票行之。得票满投票人数四分之三者为当选。但两次投票无人当选时,就第二次得票较多者二人决选之,以得票过投票人数半数者为当选。”当时有部分议员愤于袁以武力威胁国会的行动所给予的难堪,不肯投袁的票,使第一、二次投票都无法选出,到第三次袁世凯与黎元洪决选时,袁才以507票勉强当选。选举自早晨开始至夜10时结束时,两院议员方获自由,而此时门外的流氓地痞在领赏

①黎元洪:《致参众两院请速编宪法选举总统》,见易国干编:《黎副总统书牍汇编》第四卷,上海广益书局1916年版。

②黎元洪:《致两院议员请速行选举盛典》,见易国干编:《黎副总统书牍汇编》第四卷。

后也一哄而散。次日，黎元洪又被选为副总统。

10月10日10时10分，在清朝皇帝登基的太和殿举行大总统就职仪式，袁世凯乘八人抬大彩轿，并有金盔蓝服持戟的卫队240人为前导，志得意满地在侍从官的簇拥下登台就职，俨然是一副封建帝王的气派！

袁世凯在就任正式大总统的时候，发表了莅位宣言书，宣布他的“政见”。在表示“愿极力设法使人民真享共和幸福，以达于乐利主义之目的”之后，他说：“……惟余所切切于心者，海陆军人以服从命令为义务，以保护人民为天职，各将领谁不知之？而此二者，颇为近日风潮所鼓荡，未能完全收效，是余统率之责，有未尽也。”[①]他提出要“修明法度，整饬纪纲”，以“忠信笃敬”作为道德标准[②]，并对列强公开允诺：“本大总统声明所有前清政府及中华民国临时政府与各外国政府所订条约、协约、公约，必应恪守，及前政府与外国公司、人民所订之正当契约，亦当恪守。又各外国人民在中国，按国际契约、及国内法律、并各项成案成例已享之权利并特权豁免各事，亦切实承认。以联交谊而保和平，凡我国民，当知此为国际上当然之理，盖我有真心和好之证据，乃能以礼往来也。”[③]当天下午，袁世凯在段祺瑞、王士珍等北洋将领的陪同下登上天安门，举行了有2万官兵组成的阅兵式，规模堪称盛矣。

袁世凯当选后，立即得到英、日、俄、德等国的承认，上海英文《字林西报》还就此发表社论说：“中国长期生活在旧制度下，现在需要有一个强有力的政府和固定的领袖。列强支持明智的官方。”[④]看来，列强虽看好袁世凯，但还需要他付出更多的“明智”，才能换取列强的支持。

---

①白蕉：《袁世凯与中华民国》，人文月刊社1936年版，第68页。

②白蕉：《袁世凯与中华民国》，第62页。

③白蕉：《袁世凯与中华民国》，第66页。

④《字林西报》1913年10月11日，引自李新主编：《中华民国史》第二编第一卷（下），中华书局1987年版，第485页。

### 2. 政治会议与袁记“新约法”的酝酿

按《临时约法》规定，国会兼具立法、民意、制宪三种性质，而且除了立法权和制宪权之外，同时享有弹劾权和同意权，而且又规定国会在法律上是不被解散的。如果施行这些规定，那么对企图实行独裁的袁世凯来说，国会就如同一把悬在头上的利剑，如稍有越轨，就将受到被弹劾的惩罚。毫无疑问，袁世凯对此是十分清楚的。他对《临时约法》、国会和内阁的作用以及与己身的关系必然有所权衡：《临时约法》在当时作为根本法是资产阶级民主共和政体的法律依据，反映了广大民众的民主要求，因而得到了普遍拥护，是难以撼动的；责任内阁执掌实际权力，是袁世凯觊觎的主要目标；横亘在约法与内阁之间的则是国会，它上承《临时约法》的原则精神，下握立法大权，对袁世凯是直接的威胁。因此，在袁世凯当上正式大总统后，废弃约法和破坏国会成为其实现独裁而进行的下一个步骤。

10 月中旬，国会宪法起草委员会制定的宪法草案脱稿（即“天坛宪法草案”），提交宪法会议审议，其中袁世凯最关注的有两点：一是大总统任免国务员有无得国会同意的必要，二是大总统对于国会有无解散权。“天坛宪法草案”没有直接达到这两点要求，于是他便在 10 月 16 日向国会提出“增修约法案”七案①：

（1）总统得宣战媾和，与外国缔结条约，无庸经参议院之同意。

（2）总统得制官制官规，任用国务员及驻外使节，无庸经参议院之同意。

（3）实行总统制。

（4）宪法由国会以外之国民会议制定。

（5）关于公民权之褫夺与恢复，总统得自由行之。

（6）总统有紧急命令之权。

---

①参见马震东：《大中华民国史》，中华书局 1932 年版，第 354 页。

(7)总统有紧急处分财产之权。

他并以千余言陈述理由说:“查临时约法,原为临时政府而设,自公布实行以来,于兹已二十阅月矣,其于国家之根本组织,固系因约法施行之结果而粗具规模,然于国家之政治刷新,要亦因约法施行之结果而横生障碍。综计临时期内,政府左支右绌于上,国民疾首蹙额于下。而关于内治外交诸大问题,利害卒以相悬,得失仅以相等,驯至国势日削,政务日隳,而我四万万同胞之憔悴于水深火热之中者且日甚。凡此种种,无一非缘约法之束缚驰骤而来……本大总统证以二十阅月之经验,凡从约法上所生障碍,均有种种事实可凭。窃谓正式政府之所以别于临时政府者,非第有一正式之大总统,遂可为中华民国国际上之美观而已也。必其政治刷新,确有以餍足吾民之望,而后可以收拾乱极思治之人心。顾政治之能刷新与否,必自增修约法始……故本大总统之愚,以为临时约法第四章关于大总统职权各规定,适用于临时大总统已觉有种种困难,若再适宜用于正式大总统,则其困难将益甚……本大总统一人一身之受束缚于约法,直不啻胥吾四万万同胞之身命财产之重,同受束缚于约法!本大总统无状,尸位以至今日,万万不敢再博维持约法之虚名,致我国民之哀哀无告者,且身受施行约法之实祸。查临时约法第五十五条所定大总统有提议增修约法之权,兹特于受任伊始,将约法内应行增加修正之处,汇提一增修案,并逐条附具理由,俾资讨论。”①18日,袁世凯又向宪法会议争“宪法公布权”,提出“所有之法令,均须经大总统公布,始能有效”②。实质上是要把国会内宪法起草委员会的“制宪”工作最后决定权掌握在自己手中。为了达到这个目的,袁世凯出尔反尔,根据《临时约法》第三十条中临时大总统有“公布法律”之权的规定,竟指摘国会在10月4日颁布“大总统选举法”为违背约法。袁世凯既反对《临时

①白蕉:《袁世凯与中华民国》,人文月刊社1936年版,第69～73页。

②白蕉:《袁世凯与中华民国》,第69页。

约法》,却又以《临时约法》来攻击国会;袁世凯迫使国会先通过"大总统选举法"并据此而攫取正式大总统职位,却又以此来作为攻击国会违法的口实,这也正是袁世凯所施展的两面政治手腕的一种最典型的表现。

宪法会议对于袁世凯的要求未能正面答复,而只以宪法正在起草尚未完成为理由相敷衍。袁世凯当然不能满足于这种答复,遂于10月22日采取了挑衅步骤,派施愚、顾鳌、饶孟任、黎渊、方枢、程树德、孔昭焱、余启昌等八人为代表列席宪法会议,并要求在会上陈述增修约法的理由。按宪法起草规则所规定,除两院议员外,其他机关人员不但不能出席会议,连旁听亦不许可。因此,宪法会议拒绝了袁的代表列席会议。当袁世凯知道所制定的宪法仍采取责任内阁制时,更加不满。于是他通电各省军民长官,反对宪法草案。虽然此时的国民党在与袁的斗争方面已很软弱无力,但他还是把矛头直指国民党,谓"民党议员,干犯行政,欲图国会专制"①,于是,各省应声而起。29日,直督冯国璋致电参众两院,攻击宪法起草委员会"仍系国民党人所主持,其破坏行为,未得志于南方,今又肆毒宪法,又谓得志南方……夫国民党之破坏主义,足以危害国家,荼毒生灵",最后以威胁的口吻说:"南北未统一、列国未承认以前,大总统对于蟊贼,已以兵力解决之。今南北已统一、列国已承认以后,大总统对于蟊贼,或曲意优容,为四百兆人民国家前途计,势必以起草委员会之故,激动举国纷争,或意外之变,而宪法永无成之日,国家有倾覆之虞,亡国灭种,在于目前。"②随后此种文电一时达数十百封。更有甚者,苏督张勋竟把赣宁之役的起因嫁祸于国民党,于30日电请中央解散国民党,称:"去年选举时期,国民党以宁、皖、湘、粤、赣之民脂民膏分投贿赏,威迫利诱,众目昭彰,故陈其美、居正、田桐之徒,遂占多数,卒酿成第二次革

①白蕉:《袁世凯与中华民国》,人文月刊社1936年版,第75页。
②马震东:《大中华民国史》,中华书局1932年版,第318~319页。

命……勋与(韩)国钧受命南来,目击人民受祸之惨状,追痛前事,近顷皆谓该党党魁,既犯内乱罪,该党议员不明顺逆,恃党为扶持举动,当然失去人民代表资格,非从速铲除该党,以定国本,则显违人民心理。应请大总统速发命令,将该党本支部,一律解散,并严诫两院,毋令一党专横,以害全局。一面察看该党国会议员,如迹涉嫌疑者,即依法究治,以伸国宪,以断祸根。"①

袁世凯见各省军阀对他的阴谋已心领神会,便以查获国民党议员曾与李烈钧"勾结谋乱"的电报为口实,下令解散国民党。其解散国民党并取消国民党籍国会议员的命令,口吻十分严厉,已露出欲兴刀斧的苗头。11 月 4 日发布由国务总理副署的命令后,当天派出军警数百人包围国民党北京支部,连夜追缴国民党籍议员证书、徽章。凡自湖口动兵之日起,挂名于国民党籍的议员都在追缴之列,共 350 余人。由于除此 350 名议员外,两院犹足法定人数,尚可开会,所以又补行追缴 80 余人,就连跨党的国会议员,在湖口动兵以前已宣告脱离国民党的,也都被追缴,共计 438 人。5 日,两院开会时,袁世凯派军警手持被追缴议员证书的名单守在入口处,凡到会议员,无不受到盘查,这样一来,因不能达到法定人数,致使国会陷于无法开会的窘境。众参两院剩余的议员中,除公民党以外,对袁世凯的暴政十分愤慨,分别联名向政府提出质问。而国务院的态度十分傲慢,搁置二十天后才复书,不但未对议员们的质问给予正面回答,就连议员们的质问权竟以"政府为尊重国会起见,对于不足法定人数之议员,非法所提出之质问书,应不负法律上答复之义务"而被否认②。这便是袁世凯"名为撤销国民党国会议员,实则无形销灭国会"的阴谋。

国会虽然曾是袁世凯攫取权力的障碍,但没有国会,袁也就失去了招牌,因此他需要再制造一个"合法"工具。于是,11 月 5 日,

①马震东:《大中华民国史》,中华书局 1932 年版,第 319～320 页。

②白蕉:《袁世凯与中华民国》,人文月刊社 1936 年版,第 95 页。

袁世凯发布了一个政治会议召集令。政治会议原是一种行政会议,他的借口是召集中央和地方长官代表来讨论熊希龄内阁所提出的改革省制计划,实际上却要乘机把这个会形成为一个抵制国会的机关。26 日,袁又发表政治会议组织命令,规定会议的成员除各省及内阁各部代表外,尚有大总统指定八人,曾任清末云贵总督的李经羲遂被袁指定为议长;会议的任务是讨论国家的“根本大计”,“以免内外隔阂,俾得共济时艰”①。政治会议俨然成为暂行中止议事的国会的代理机关。12 月 15 日政治会议开幕,全体议员在“恭听”了袁世凯的一番说教之后,便做袁的驯服工具去了。

政治会议组成后,国会随即无形解散。当时尚有一部分非国民党议员不断和国务院纠缠,于是就有黎元洪等地方军阀官僚提出资遣残余议员之议。袁世凯便也借口国会因人数不足,自身不能行使职权而顺势交给政治会议去讨论。1914 年 1 月 10 日,政治会议即议复,主张应请大总统俯纳各都督民政长之议,宣布停止两院现有议员职务,并每人发旅费四百元,饬令回原籍。就在同一天,袁世凯即据此正式命令解散国会。这样,国会自 1913 年 4 月 8 日成立至正式解散,前后经过九个月而告终。这是自民国成立以来北洋军阀以非法手段解散国会的第一次。

国会是辛亥革命的成果之一。它正式宣告封建专制体制的结束而向全国民众昭告资产阶级民主制在中华大地上的确立,构成了中华民国完整的政治体制。更值得注意的是,这一资产阶级政体的建立使人们的观念产生了重大变化,那就是一切政令法规必须通过代表民意的国会(前为参众两院),否则即不合法。这一观念也使饱经封建专制思想浸染的袁世凯不得不加以重视。袁世凯具有极为机智的政治敏感,他看到辛亥革命后的变化,又感受到环宇之内的潮流,所以他要把国会这个有用的工具抢到手中,利用它而攫取到民国总统的合法地位,向国民昭示自己是法统所在,从而

①孙曜:《中华民国史料》第三,上海文明书局 1929 年版,第 15~16 页。

消除了若干夺取权力的障碍。当然，他得隙于民初社会过渡时期的混乱和新体制的稚嫩，可以纠集各种旧势力来破坏、改造国会，使之更得心应手。民初国会在袁世凯翻云覆雨的玩弄下显然已经变形。民初国会对袁世凯所产生的微弱的约束力说明，辛亥革命后资产阶级民主制曾产生过一定的作用，袁世凯终究不敢完全丢掉国会这块招牌，也证明由于资产阶级民主思想的深刻影响，使其不能不有所顾忌而一度保存这一被扭曲的民主制度，直到"洪宪帝制"才完全抛弃。

在国会解散后，袁世凯又向地方自治机关和省议会进攻：2月3日，袁世凯根据各地民政长的一批经其授意而发来的电文，给各省自治会加上"把持财政，抵制捐税，干预词讼，妨碍行政"、"滥用刑罚，集怨酿变"、"把持税务，非法苛捐，冒支兼薪"等种种罪名，命令"立予停办"①。28日，袁世凯又利用各省都督、民政长请停止省议会议员职务的电文，通过政治会议讨论，认为"省议会不宜于统一国家，统一国家不应有此等庞大地方会议"，将各省议会"一律解散"②。

袁世凯曾企图把政治会议直接变为造法的工具，而政治会议本身却不敢冒此天下之大不韪，便于1914年1月9日，根据袁世凯特交的增修约法程序案议决，要设立一个以改造民国国家根本法为目的的造法机关。24日，政治会议议复袁世凯，将这个造法机关定名为"约法会议"，其职权以讨论大总统交议的增修约法案为限。仅此一点，就可以看出这个约法会议的性质和目的了。26日，又公布了组织条例，于是袁世凯的造法机关——约法会议便由此产生了。

为了使袁的意志得逞，在各省区名额的分配和选举人、被选举人的条件上都作了规定。按约法组织条例规定，议员共六十人，其

①白蕉：《袁世凯与中华民国》，人文月刊社1936年版，第109页。

②白蕉：《袁世凯与中华民国》，第112页。

中京师四人，每省二人，蒙、藏、青海联合选举八人，全国商会联合选举四人。其实这不过是把戏而已，实际上这些议员大都是由袁指定或各省都督保荐又经他同意的。至于选举权，规定具备以下条件者才能享受：曾任或现任官吏通达治术者，曾由举人出身声望素著者，曾在高等专门以上学校三年以上毕业、科学有研究者，有万元以上之财产热心公益者①。这个规定完全剥夺了一般公民的选举权。3 月 18 日，约法会议在北海团城开幕，走了一番"选举"过场。孙毓筠被选为议长，施愚为副议长，袁指派总统府机要秘书王式通为秘书长。孙毓筠是一个变节的国民党员，早在辛亥革命发动前，他曾在南京策动新军起义，失败后就向清朝官吏端方写供词，叛卖革命，并表示要去当和尚，只要能保全他的生命，"妻儿财产一无所恋，任何党派概不预闻"②。把这个孙毓筠提上约法会议的头把交椅，又是袁世凯的"政治机智"，意在向人们说明：袁世凯不是约法会议的独家老板，而是有革命党参加的。在会上，袁世凯亲致颂辞，他不遗余力地反对《临时约法》，认为"临时约法为南京临时参议院各省都督指任参议员所议决，无论冠以临时之名，必不适用于正式政府也，即其内容，规定束缚政府，使对于内政外交及紧急事变，几无发展伸缩之余地"，"若长守此不良之约法以施行，恐根本错误，百变横生，民国前途，危险不可名状"③。因此，他主张另立新法。20 日，袁世凯向约法会议提出《修改约法大纲》：

(1)《临时约法》昧于主权不可分割的原则，至流于多头政治之弊，亟应修改，以求主权统一。

(2)《临时约法》规定大总统制定官制官规，须交议会议决，任命国务员、外交官及缔结条约，须得议会同意，使政府用人行政无活动之余地，亟应修改。此外，大总统紧急命令及紧急财政处分均

①马震东：《大中华民国史》，中华书局 1932 年版，第 344～345 页。

②陶菊隐：《六君子传》，中华书局 1947 年版，第 23 页。

③孙曜：《中华民国史料》第三，上海文明书局 1929 年版，第 43～44 页。

须增加之。

(3)《临时约法》以国务员特为一章外，更设国务院单行法，是不啻以国务员为政府，应予删除。

(4)《临时约法》参议院权限失之过泛。立法机关其权限应以狭小之规定，方为合宜。

(5)应增设谘询机关。

(6)会计应增专章。

(7)《临时约法》规定民国宪法由国会制定，其实国会应产生于宪法，不应先有国会。民国宪法自应另有造法机关制定。[①]

由上述可见，袁世凯欲将《临时约法》规定的资产阶级民主制度破坏殆尽，而将其进行独裁所需的特权以法律的形式给予肯定，无怪乎时人评价这部袁记新约法是“假总统政治之名，而行独裁政治之实”[②]，可谓切中要害。

### 3. 强化军事机构与军警统治

新约法公布以后，袁世凯依照他的统治需要，对政府机构进行了重大改组，同时根据新约法中关于大总统“为陆海军大元帅，统帅全国陆海军”的规定，对各级军事机构进行了强化和调整。

首先，于 1914 年 6 月 8 日下令成立“陆海军大元帅统率办事处”，作为全国最高军事机关，用以掌握全国军队的最高指挥权。

陆海军大元帅办事处设在总统府内前清军机处旧址，但它比军机处的集权更进了一步。统率办事处组织章程规定，办事处由大总统袁世凯亲自主管，下设之办事员“由参谋总长、陆军总长、海军总长、大元帅特派之高级军官及办事处总务厅长担任”。据此，袁世凯任命荫昌(侍从武官长)、王士珍(北洋骨干)、段祺瑞(陆军总长)、刘冠雄(海军总长)、萨镇冰(海军司令)、陈宧(参谋次长)六人为办事

---

①《庸言》第 2 卷第 4 号。

②汪馥炎:《中华民国约法摘疑》,《中华杂志》第 1 卷第 6 号。

员。另有参议八人:程璧光、陈仪、蒋方震、姚宝来、姚鸿法、张一爵、谭师范、唐宝潮,他们都是军事要员。下设军政、军令、军械三所,各有主任主持其事。唐在礼为总务厅长。平时办事员轮流值日,以王士珍实任常务。陆海军大元帅办事处代替了原大总统军事处的职能,却又集陆军、海军、参谋三部的大权于一体,所有命令文件均以大元帅名义发出,使袁世凯名正言顺地将军权独揽手中。

其次,编练模范军,作为培养新嫡系势力的基础。

赣宁之役后,随着北洋军阀势力的扩大,其内部派系也日趋膨胀和扩张,袁世凯决定在统率办事处直接领导下编练模范军,以培植嫡系骨干,防止军权旁落。1914 年 10 月,由袁世凯亲任团长的第一期"模范团"成立。模范团相当一个混成旅的编制,抽调各师下级军官为士兵,中高级军官为该团下级军官。每期为半年,计划每期培训两个师的军官,该团的训练计划由著名军事家蒋方震拟制,采用德国教法。结业后派赴北洋嫡系部队任职。11 月 11 日,袁世凯以大元帅名义颁布《军人训条》十条,其中第一条即要求军人"效命国家,忠事元首,坚心定志,切诫妄听邪言"①。接着,又命令供奉关羽、岳飞为"武圣",处处强调"尽忠"。模范团的第一期官兵即在团副陈光远的亲自率领下到关帝庙宣誓,以表对袁的孝忠。袁世凯成立模范团的目的,就是要排除派系的干扰,巩固他的轴心地位。但这时的段祺瑞等北洋将领羽翼渐丰,已不完全听从他的摆布,所以当袁世凯派其长子袁克定任模范团第二期团长的时候,就遭到了段祺瑞等人的抵制。

第三,削弱地方兵权,裁撤各省都督而改设将军名称。

民国以来,各省都督总揽地方军政大权已为既成事实,赣宁之役后,北洋军势力扩及南方诸省,形成军政一体的地方权限过重,已构成隐患。袁世凯曾企图借军民分治解决之,未能奏效,因此在颁布新约法后实行新官制的过程中,以裁撤各省都督而设立将军

---

①《政府公报》1914 年 11 月 12 日。

诸名号的手段，再次实行军政分权。1914 年 6 月 30 日的命令详述其缘由称："都督之称，肇自汉魏。武昌起事，仓猝定名。其时兵事初兴，人心未定，类晋齐之雄长，似楚汉之剖分。民国纪元，未遑变置，黎副总统首倡军民分治，所陈十害三无之弊，刿目怵心，海内贤达，咸表同情。方今大难削平，主权统一，各省都督皆深明大义，恪守准绳。若复因仍方镇之名词，无以移易军民之耳目，即欲实行省制，而窒碍殊多。应将各省都督一律裁撤，于京师建将军府，并设将军诸名号。有督理各省军务者，就所驻省分开府建牙，俾出则膺阃寄，入则总师屯，内外相维，呼吸一气。"①随后，即行任免安置。凡留在京师供职或被解职的都督被冠以"威"字将军，如段祺瑞称建威上将军，他如蔡锷称昭威将军、张凤翙称扬威将军、蒋尊簋称宣威将军等，可入京将军府"安富尊荣"；凡受一省军务实任者，则在本省设立行署及参谋机构，"督理本省陆军"，授"武"字将军名号，"有特殊功勋者"授上将军，并划定了统辖范围：如定武上将军张勋兼长江巡阅使，镇安上将军张锡銮督理奉天军务兼节制吉林、黑龙江军务，宣武上将军冯国璋督理江苏军务，彰武上将军段芝贵督理湖北军务，振武上将军龙济光督理广东军务，昭武上将军姜桂题兼热河都统督理热河军务。其他如山东靳云鹏、吉林孟恩远、浙江朱瑞、江西李纯、湖南汤芗铭、陕西陆建章、四川胡景伊、广西陆荣廷、云南唐继尧等都冠以"武"字，督理本省军务；直隶朱家宝、河南田文烈、甘肃张广建、新疆杨增新等则以巡按使加将军衔督理本省军务；贵州刘显世、福建李厚基则仍任护军使，督理本省军务；绥远潘矩楹和察哈尔何宗莲仍任都统，管本地区军政民政事务。这些被委任的各省将军或为北洋嫡系，或为袁的亲信。

通过这一次中央军事机构的强化和地方军事长官的调整，使袁世凯巩固了从中央到地方的军事大权，但相应地，由于北洋军阀军事集团自上而下实行的是军事统治，因此袁世凯要分割地方军、

①《政府公报》1914 年 7 月 1 日。

政权力的企图是难以实现的。

袁世凯在清末首创警察制度，进入民国时期后，他不仅直接控制警务系统，而且增设特务机关，对革命党人和广大民众施行军警统治。

北京政府内务部警政司为全国警务领导机构，各省及大城市设有警察局，各县设警察事务所，虽有统属，但管理比较混乱，因此滥捕滥杀、草菅人命，屡见不鲜。北京为全国政治中心，军警四布，机构多重。有步军统领衙门，沿袭前清机构，由江朝宗担任统领，"京师每有意外事，警力不敷弹压，则步军出而维持秩序"①；有京师警察厅，1913 年由原警察机构改设，王治馨、吴炳湘先后任总监；还有京畿军政执法处、京师一带稽查处、京师宪兵营、拱卫军司令部执法处等，这些亦警亦军的机构都是袁世凯施行军阀统治的鹰犬。

这些军警、特务机构首先是血腥残杀革命党人的工具。1912 年 8 月间，袁世凯与黎元洪共谋陷害了在武昌起义中建立了功勋的革命党人张振武和方维等。他们先计诱张、方入京，然后给他们加上"蛊惑军士、勾结土匪、破坏共和、图谋不轨"的罪名，于 8 月 15 日逮捕了张、方二人。张、方被捕后，袁世凯一面装出"爱既不能，忍又不可"的面孔，一面又指使其特务组织——军政执法处判处张振武以"反对建设，破坏共和"、方维以"同恶共济"的罪名，在当天夜里杀害了张、方二人，造成民国成立后的第一大冤狱。

赣宁之役后，军警统治更加猖獗，甚至连农商总长张謇的亲信在 1914 年 1 月给赵凤昌的私人信件中都抱怨："北京寄信极不易，因时时须防检查。"②可见当时上上下下已经是警网密布。1914 年 3 月 2 日，袁世凯公布《治安警察条例》和《军械使用条例》，5 月 20

①见李新主编：《中华民国史》第二编第一卷（下），中华书局 1987 年版，第 524 页。

②《辛亥革命后张謇与袁世凯的关系——介绍部分张謇未刊函电》，见章开沅：《辛亥前后史事论丛》，华中师范大学出版社 1990 年版，第 327 页。

日公布《地方保卫团条例》，11 月公布《易笞条例》、《惩办盗匪法》，1915 年 6 月 22 日公布《惩办国贼条例》等等，依恃这些法令，革命党人被诬为“乱党”、“暴民”，公开予以镇压，无数革命志士惨遭毒手。北京各监狱因人满为患，不得不分批到保定监狱“寄禁”[①]；汤芗铭在长沙破获“革命党机关”，前后有二百余人遇害[②]；倪嗣冲在安庆设探访局，两年之内杀害革命党人五百七十余名[③]。军警机关还以十万元悬赏缉捕黄兴等革命党领袖，甚至派人到海外阴谋暗杀孙中山。诸机构中以京畿军政执法处手段最烈。该机关原址在宣武门头条胡同，设置于民元改造之初。陆建章主于前，雷震春继于后，在他们屠刀下丧生的革命烈士和无辜百姓数以千计，如著名的四川会党领袖张百祥、辛亥革命时期南京革命军正参谋曹锡圭、山东同盟会支部长徐镜心、四川民政长张培爵、北京《民主报》主编仇亮、南京临时政府交通部司长林逸民、河南革命军参谋余国桢、湖北军政府北伐学生军队长方亚凡等，多以诱捕、诬陷等手段入狱后惨遭杀戮。时人曾言及当时的残虐状况说：“恶探横行，机阱密布，凡有功民国诸君子，往往以莫须有三字骈首西市，而其科刑之酷，冤狱之多，尤以京畿军政执法处为最著。”[④]以上均为见诸文字记载者，及至百姓，则惨遭冤案者当更不在话下。由此而见袁世凯的统治可概乎曰：“袁氏之时，淫刑以逞，廉耻道丧”，“构党狱以残异己，布鹰犬以箝舆论，巧聚敛以尽奢侈，扩军队以防违抗”[⑤]。

## 三、各地的抗暴斗争和白朗起义

随着袁世凯独裁统治的逐渐深化，北洋军阀集团更加重了对

①《爱国白话报》1914 年 5 月 6 日。
②王健：《癸丑失败后湘中革命党史概略》，《近代史资料》1963 年第 2 期。
③见李新主编：《中华民国史》第二编第一卷(下)，中华书局 1987 年版，第 527 页。
④王建中：《洪宪惨史》序，京兆商会联合会 1925 年印。
⑤王建中：《洪宪惨史》序。

广大民众的残暴镇压和搜刮，引起普遍反抗，全国各地接连发生兵变和反军阀暴政的活动。兵变是当时军阀克扣军饷、压迫士兵所激起的一种反抗形式，在北洋军阀统治时期，每年发生的次数很多，而且地区也很广。根据不完全统计，1912 年至 1914 年在山东、奉天、湖北、江西、安徽、河南、江苏、甘肃、山西、陕西等地发生兵变二十余起①。山东省城兵变的原因，是因“该营久未得领全饷”，奉天省城兵变是因“官长指派国民捐”，其中尤可注意的是江西景德镇兵变中还有窑工参加②。反军阀暴政的活动在各地农村中也迅速发展。自从袁世凯政权建立以后，连年天灾兵祸，农业生产停滞，农民的赋税日益加重。以江苏南通的地租率为例，设 1905 年为 100，到 1914 年，上等田增至 147%，中等田增至 157%，下等田增至 174%③。袁世凯政府不仅恢复了前清的旧税制，而且又增加了诸多苛捐杂税，其“横征暴敛，摧残民生，较清朝为尤甚”④，因之民不聊生，纷纷起事反抗。1912 年，曾在山东栖霞县爆发宋金榜“聚众抗验契税”的斗争⑤，山西浮山爆发陈采章领导的“红汉军”起义。1913 年福建闽南爆发黄濂等领导的多股农民起义。1914 年 3 月孟县发生抗税暴动⑥等。当时规模最大的一次是白朗领导的农民起义。

白朗(1873～1914 年)，河南西部宝丰人，他“性豪爽，善驭人，疏财仗义”⑦，深受群众爱戴。他领导的军队，行动迅捷，作战勇

---

①参见中国第二历史档案馆编:《北洋军阀统治时期的兵变》，江苏人民出版社 1982 年版。

②《东方杂志》第 9 卷，中国大事记。

③陶直夫:《中国地租的本质》，见冯和法编:《中国经济论》，上海黎明书局 1934 年版，第 266 页。

④乔叙五:《记白狼事》，《近代史资料》1963 年第 3 期。

⑤中国第二历史档案馆藏陆军部档案，转引自张宪文主编:《中华民国史纲》，河南人民出版社 1985 年版，第 62 页。

⑥《东方杂志》第 11 卷第 4 号，中国大事记。

⑦乔叙五:《记白狼事》，《近代史资料》1963 年第 3 期。

猛，遂被当政者蔑称为“白狼”。

白朗领导的农民起义发动于豫西南一带，这一带是河南省封建剥削关系严重的地区。白朗初期活动的信阳、罗山、光山、固始、商城等地便是“大地主较多，田权集中的程度很高”的地区，如信阳城内最大的地主有好田1.2万亩，罗山地主刘楷堂有农田数万亩，其他尚有“公产”、“庙产”等占有形式。地主对农民进行地租、押租、力役等各种形式的剥削：如信阳所实行的分租，一般规定“好地则地主得六成，坏地则佃户得六成，有时佃户负担种子的全部”；押租则每石田(合6亩左右)有高达40元者；力役也非常多，有各种不同名目，镇平的一个农民在一年中为地主服役四五十天，那是常有的事[①]，农民生活困苦可以想见。民国初年，苛捐杂税的负担也很沉重：如信阳一县之地，即需负担国家税、省税、县税三大项，每项之下又各有不同名目。仅以民初信阳的杂税为例：国家税项下有买契税、契纸税、烟酒税、烟酒牌照税、当契税、印花税、牙帖税、屠宰税、包裹税等等，共洋62640元，钱786串；省地方税有补助捐钱、契税附收水利费等等，共洋27596元，钱13846串911文；县地方税有教育款，契税附收自治费、地丁附捐、契纸捐、房地捐、车站包捐、蛋捐、妓捐、戏捐、百货捐、门捐、店捐、小车捐等等，共洋2612.8元，钱68850串。三项合计共洋92848.8元，钱83482串911文[②]。其他各地，亦多类此。这些负担都直接或间接地加于农民身上。

此外，河南又是一个人所熟知的连年有灾的省份，如1913年的记载：“豫省六月不雨，二麦未曾播种，旱灾已成。南、汝、光、彰、怀、卫、河、洛各属被灾尤重，省垣饥民麇集，时疫流行。”[③]1914年的记载说：“豫境夏初缺雨，二麦本已减收，嗣据各属先后报灾，或

---

①伪行政院农村复兴委员会编：《河南省农村调查》，第1、4、70～71页。

②《重修信阳县志》卷十《食货杂税》，1936年版。

③《东方杂志》第9卷第11号，中国大事记。

遭风患，或遇雹击，或罹水厄，或被虫伤，统计灾区达四十五县之多，尤以邓县、方城、泌阳、南阳、淅川、遂平、潢川、息县、西平、确山、南召、罗山等十二县被灾最重。”①

所有这些情况都足以促成农村暴动的不断发生。因而在白朗正式领导起义之前，河南局势已呈所谓“千百成群，揭竿起事”，有“日益猖獗，几成燎原”之势。据毗邻白朗军活动地区的江西都督李纯报告，在白朗活动的郏县、宝丰地区，正式有姓名可考者就有白朗等五大支，即“郏县则有白朗、李风朝等聚集千余人，盘踞高皇庙；刘朝栋、郭营等聚集数百人，盘踞大石桥；常建福、王大庆等聚集千余人，盘踞任寨；宝丰则有杜西宾聚集千余人，盘踞四山坡；秦椒红聚集千余人，盘踞梁洼漫流寨。他若大营、西大岭、大店头、观音堂等处，或为匪党久占之区，或为匪党集会之所，各不下数百余人”②。白朗起义就是在这种情况下爆发的。

白朗军最早活动于河南的临汝、鲁山、宝丰、郏县一带。1912年夏，攻破河南的禹县，标志着起义的正式开始，随后即扩展到南阳、汝宁、信阳、襄阳一带，引起了北洋军阀政府的注意。白朗在1912年攻破禹县而正式起义时，即提出“打富济贫”的口号，后来“所至之处，均能实行”③。因此，当时民间曾流传着一首动人的歌谣说：“老白狼，白狼老，抢富济贫，替天行道，人人都说白狼好，两年以来贫富都匀了。”④这首歌谣有说是白朗军自己编的，但是不论编者为谁，既在当时能为人所传诵并流传下来，那么毫无疑问，它是有一定的群众基础的。同时，白朗军又由于经过了辛亥革命的洗礼，而使其具有了某种程度的民主主义色彩，在其发布的文告中曾一再地表露了对北洋军阀统治的不满，并指斥了北洋军阀的

①《东方杂志》第11卷第3号，中国大事记。

②《政府公报》1912年10月27日。

③乔叙五：《记白狼事》，《近代史资料》1956年第3期。

④陶菊隐：《六君子传》，中华书局1947年版，第178页。

暴政。白朗军在六安所贴之告示中，有“余欲为官吏，奈余不善于钻营；余欲为议员，奈余不善于运动”①等语，表示了对民初腐败政治的不满。在西安附近之布告中又指斥了北洋军阀政府是“神奸主政，群凶盈廷”，因而才造成“民苦虐政，人无斗志”的结果②。在陕西郃县曾以“公民讨贼军”的名义发布文告，“大意以指斥袁世凯的盗窃民国，帝制自为，摧残民气，残杀青年，而声讨之为主旨”③。在甘肃洮州所见的布告中更提出了七项具体的政治主张，即：

> 第一条逐走□□□。第二条设立完美之政府。第三条拒之者受害，乃自取其咎不得怨人。第四条劝民附和。第五条联络日本举事。第六条举岑春煊为总统。第七条选某某等经略各地。④

这张布告显然是经过删改的：其第一条的空白，是为“袁世凯”三字而讳。其七条有一说是袁世凯所加以攻击其政敌岑春煊的⑤。其署名“白狼”显非原署。但是，即从这张经过删改的文告中也可略窥白朗反对袁世凯统治，希望建立新政府的政治主张了。

由于白朗军在政治上有明确的口号和主张，在行动上抗击军阀的暴政和打击地主武装⑥，因而获得广大群众的同情和支持。白朗军经过地区的穷苦人民，不堪于北洋军阀的暴政，在白朗的“打富济贫”的号召下响应和参加了白朗军。如在豫东一带，“附从日众”，“贩夫牧竖，尽为‘匪人’耳目”⑦；在枣阳至固始之沿途，“附

①闲云：《白狼始末记》，《近代史资料》1956年第3期。

②闲云：《白狼始末记》，《近代史资料》1956年第3期。

③乔叙五：《记白狼事》，《近代史资料》1956年第3期。

④闲云：《白狼始末记》，《近代史资料》1956年第3期。此布告之下署“白狼”二字，未盖印。

⑤陶菊隐：《六君子传》，中华书局1947年版，第180～181页。

⑥参见《枣阳县志》卷二〇《武备志》附《民国兵事纪略》，《重修信阳县志》卷一八《兵事》，天津《大公报》1913年5月1日、6月30日。

⑦《白狼之真相》(一)，《庸言》第2卷第4号。

和者不下数万人"[①];在信阳一带,"裹胁日多,势益盛"[②];在豫南、鄂、皖周边地区,"各地'痞徒'闻风响应"。在攻光川时,"半皆近地盗匪"[③]。在攻英山时,"'内匪'蜂集,潜与通约"[④]等等,都说明了白朗军得到民众的拥护,并日益壮大。

还有一些原军队中的士兵也参加了起义队伍。这些士兵一部分是辛亥革命后被裁的士兵,另一部分是不堪长官克扣饷银、压迫而反叛的变兵。据河南护军使雷震春的报告中说,白朗初起时的汝州便是"各省兵变,叛勇溃卒,麇集于兹"的地方[⑤]。白朗军进攻南阳时,南阳镇守使郭文魁的部下"投归白狼者甚多",而"旧湖北第八师即季雨霖部下之兵多归之"[⑥]。其攻潢川之白朗军,即"内多曾经驻扎潢川之湖北所调之陈得龙军队",于"去岁在潢遣散者"[⑦]。其进攻老河口时,白朗军中即"多鄂军退伍兵",并通过这些军士,将驻防老河口之"宁军"说动,因而使老河口不战而得[⑧]。他如荆紫关巡防队十三营之一律参加,陕西凤翔"叛兵"的加入,以及被裁之退伍兵和各地之"土匪","或闻风归附,或遥为附和"[⑨]。他们的参加更加强了白朗军的声势。

此外,尚有一些反袁人士和国民党人参加。"二次革命"失败后,很多人"往归白朗"。曾经响应"二次革命"的原陕西陆军第一师团长王生岐即率全团官兵加入了白朗军,使起义军人数最多时达 2 万人以上。随着起义军成分的变化,他们还打出了"中原扶汉军"和"公民讨贼军"的旗号,到处发布文告,使其反袁的目标更加

①《枣阳县志》卷二〇《武备志》附《民国兵事记略》。

②《重修信阳县志》卷一八《兵事·民国兵事》。

③闲云:《白狼始末记》,《近代史资料》1956 年第 3 期。

④《英山县志》卷五《兵防志》,1920 年刊行。

⑤《政府公报》1912 年 12 月 18 日。

⑥闲云:《白狼始末记》,《近代史资料》1956 年第 3 期。

⑦《白狼之真相》(一),《庸言》第 2 卷第 4 号。

⑧《东方杂志》第 10 卷第 10 号,中国大事记。

⑨《东方杂志》第 10 卷第 9 号,中国大事记。

明确。这正如袁世凯于1914年7月17日申令中所说:"……溯自白匪肆扰,海外乱党潜与勾结,并遣党羽投入匪内,为之主谋,专以扰乱地方为目的……"[①]袁世凯的这个申令,固然在于加罪于国民党,但证以其他记载,至少也反映白朗与国民党之往来关系。

白朗军初起阶段,势如破竹,所向披靡。使"许多追剿的正式部队受到很大损失,甚至全军覆没的也很有几部分"[②]。豫督曾派兵进攻白朗军,但并未生效,白朗势力继续发展。当时活动地区有河南的禹县、长葛、唐河、泌阳、方城、鲁山、桐柏、邓县、新野、南阳、正阳、罗山、光山、潢川、固始等地,湖北的随县、枣阳等地,安徽的六安等地,其声势足以与南方资产阶级领导的讨袁势力相互呼应。时任江苏讨袁军总司令的革命党人黄兴还在1913年7月20日致书白朗,盛赞其"丰功传烈,可以不朽于后世"。要求白朗在占领鄂豫之间后,"相机进攻","窥取豫州",并"多毁铁道,使彼(袁)进路阻碍"。希望白朗"义不苟取,师出以律",以达到"士兵乐服,响从者众"之目的。黄兴还派专人与白朗取得联系[③]。这二者的呼应联系,形成了对袁世凯政权的威胁。

1914年初,白朗军在原有活动地区的基础上,又先后到过河南商城、安徽霍山和湖北英山等地。这时,北洋军阀也加强了镇压措施。河南都督张镇芳和护军使赵倜曾因"剿匪"无能而被革职留任,陆军总长段祺瑞受命亲自出马到开封代理河南都督,统一指挥。当时仅豫、鄂、皖三省的正规军已达2万人以上。为了扩大声势,他还动用了一架列强提供的飞艇,在一名沙俄飞行员的驾驶下,飞临战场侦察和投弹;在北京的英、俄帝国主义使馆武官,经袁世凯同意也到信阳协同指挥。

白朗军有较正规的军事编制和适应具体状况的战术。白朗参

---

①闲云:《白狼始末记》,《近代史资料》1956年第3期。

②冯玉祥:《我的生活》第十七章《剿白狼》,黑龙江人民出版社1981年版。

③湖南社会科学院编:《黄兴集》,中华书局1981年版,第343页。

加过军队并接受过军事训练，所以他将起义军按正式军队加以编制，“分为步、马、炮、工、辎，扎立营寨，放哨巡逻，悉如军队”①。白朗军拥有大炮快枪等新式武器，作战时既勇敢而又能独立行动，与官军之畏缩依赖迥不相同。在枣阳抵抗鄂军进攻时，白朗军“肉袒奔阵，毙鄂军团长李俊”②。当时任许昌县知事的卢懋功在其呈当道文中曾说：“匪与兵遇，多存决死之心；兵与匪战，恒怀畏葸之念……是故匪常胜而兵败”，“匪则人人皆能独立，兵则人人恒多依赖，匪焰每盛而兵威易挫”③。白朗军又针对敌我特点，灵活地采用了巧妙的战术，它根据敌人用大量兵力包围追剿而自己兵力比较单薄的特点，采用流动性极大的作战方法，所谓“倏忽无定，善于声东击西，神出鬼没”的战术，往往“一日夜能行二三百里”，然后“出其不意，以行奇袭”④。因此常常使追剿军队“不惟人不得食，即饮马之水也不可得”，其结果“虽幸获胜，已劳顿不堪”⑤。另外，白朗军还针对北洋军队的贪鄙而采取了用财物诱敌以取胜的战术：“官军进则委弃财帛于地而退，官兵贪财则弃械弹以争取财物；白朗军反攻，官军则贪财惜命而逃。如是的一进一退，即得到大批的军实补充。”⑥白朗军之军事技术也非常熟练，每与官军接仗，则全军分散，保持一定的间隔距离，然后“伏地蛇行而前”，其射击则“不能命中不发枪也，故官军有时相继为所击毙，不知敌在何处，以致胆怯而逃”⑦。

白朗军势力的迅速发展，使北洋军阀政府感到极大的震动，于是决定采取鄂、皖、豫、鲁四省“会剿”的办法，并派张勋“助剿”，以

①《随县匪乱详情》，天津《大公报》1913年5月14日。

②《枣阳县志》卷二〇《武备志》附《国民兵事纪略》。

③《白狼之真相》(一)，《庸言》第2卷第4号。

④乔叙五：《记白狼事》，《近代史资料》1956年第3期。

⑤闲云：《白狼始末记》，《近代史资料》1956年第3期。

⑥乔叙五：《记白狼事》，《近代史资料》1963年第3期。

⑦《白狼之真相》(一)，《庸言》第2卷第4号。

防白朗军势力向长江流域发展。又先后任命了北洋军阀集团中的“战将”段祺瑞、赵倜、陆建章、张敬尧、王占元等负责“督剿”，动员了二十余万兵力来围击。白朗军在这种情况下，乃决定向西北发展。一面集结散在各地之所部，一面于3月13日攻占豫、鄂、陕边境的荆紫关，以开辟进入西北的道路。白朗军自入陕以后，又相继在商南、山阳、商县、周至、武功、乾州、醴泉、三原、永寿、邠县等地与官军作战。4月中旬，白朗军更由陕入甘、在泾川、平凉、灵台、崇信、秦州、徽县、礼县、阶州、成县、岷州、伏羌等地与北洋军阀系统的官军作战。6月初，白朗军因北洋军的尾追包剿和本身兵力在长途进军中损耗而削弱，乃复突围经陕西而谋东归河南。6、7月间便继续在河南的南召、方城、叶县、临汝、鲁山、郏县、宝丰一带苦斗两月，然而在袁多次指令“迅行殄灭”[①]的团剿之下，重要领导人员先后战死，白朗也因在甘肃“临阵负伤”而病逝于鲁山石庄附近。

白朗领导的农民起义，从1912年夏正式爆发到1914年8月初失败止，历时两年余，纵横于豫、鄂、皖、陕、甘五省，屡败北洋军阀的军队，其规模不可谓不大，势力不可谓不强。袁世凯除派去直属军队外，又动用了川、甘、陕、晋、冀、鲁、豫、鄂、皖各省兵力共二十余万，才把这次起义镇压下去，足以说明北洋军阀手中的军队在维系袁世凯政治统治中的重要作用。白朗起义虽被镇压下去了，但反军阀暴政的斗争在整个北洋军阀统治时期从未间断过，而且日益丰富着它们的斗争内容。

---

①《统率办事处复段芝贵电》(1914年7月10日)，见中国社会科学院近代史研究所中华民国史研究室主编:《中华民国史资料丛稿·白朗起义》，中国社会科学出版社1980年版，第204页。

# 第四节 “洪宪”帝制与护国战争

## 一、袁世凯复辟帝制的准备

### 1.《中华民国约法》的公布与袁世凯集权

辛亥革命以后，作为资产阶级民主制度的两个重要标志——“国会”和《临时约法》，在1914年5月以前都先后遭到袁世凯的摧残而完全被破坏了。袁世凯为了集中权力，从1914年3月开始，先利用他所召集的“政治会议”产生出一个“约法会议”，然后再由“约法会议”来讨论拟定符合袁世凯意旨的新约法。

5月1日，根据袁世凯《修改约法大纲》制定的《中华民国约法》正式公布，同时废除《临时约法》。相对于《临时约法》，这个约法后来被称为“新约法”。

《中华民国约法》共十章六十八条，主要内容为改内阁制为总统制，并赋于总统至高无上的权力。如拥有召集或解散立法院、公布法律、任免官员、宣告和战、缔结条约、统率全国海陆军等大权。“新约法”改变了《临时约法》关于国家统治权由参议院、临时大总统、国务员、法院共同行使的规定，而在第十四条中改定为“大总统为国家元首，总揽统制权”。在“新约法”中，国会没有弹劾总统的权力；相反地，总统却有解散立法院的权力。“新约法”取消了国务院和内阁总理，使代替内阁总理的国务卿成为附属于总统府的一个工作人员，此项变动为将来的帝制出现作了准备。“新约法”还规定立法机关采取一院制，除立法院外，另设“参议院”为总统的咨询机关，这就把资产阶级政治民主的形式完全推掉了。总之，袁氏“新约法”的特点有三：(1)行政权（换言之总统的权力）无限度地扩张;(2)立法权及行政监督权极力缩小;(3)废责任内阁制,采取总统制。不难看出,这个所谓"新约法"已经成为袁世凯由总统向皇帝过渡的桥梁。这个约法杂抄了美、日、法、德的宪法条文而成。来自美国的法学博士古德诺则是主要的指导者,正如《中国与世界战争》一书的作者惠勒所说:"被任为宪法顾问的古德诺教授,对于这一文件的规定,是起了很大作用的",而在这个约法颁布后,"中国看来已趋向于一个在民主外貌下的专制政府"①。

袁世凯"新约法"的公布标志着袁世凯集中权力的过程进入到一个更高的阶段,他不仅要扫除那些横亘在他集中权力前的障碍,而且要直接建立高度的集权独裁。袁世凯并不讳言他要集中权力的意图,因为在他看来这已是理所当然,无足为怪的了。袁世凯在公布增修约法经过的布告中就说明了这个目的:"方今共和成立,国体变更,而细察政权之转移,实出于因而不出于创,故虽易帝国为民国,然一般人民心理,仍责望于政府者独重,而责望于议会者尚轻,使为国之元首而无权,即有权而不能完全无缺,则政权无由集中,群情因之涣散,恐为大乱所由生。"②因此必须增修约法,以"力谋国权之统一,以期巩固国家之基础"③。换言之,就是要通过增修约法,使袁世凯能具有完美无缺的"权",只有把国家权力"统一"在袁世凯手中,那么国家才能巩固,谁要反对袁世凯的这种"统一",谁就是反对国家的巩固。这是何等重大的罪名!又是何等荒唐的逻辑!

在制定"新约法"之时,约法会议全体议员曾在"增修约法之意见"中强调:"查民国元年大总统就职宣言,曾经郑重声明,不使帝政复活,皇天后土,实鉴苦心。以后关于政务进行,但能挈总揽之实权,企国家于强盛,应请大总统远觇国势,俯察舆情,毋庸自远嫌

①参见胡绳:《帝国主义与中国政治》,人民出版社1978年版,第134页。

②孙曜:《中华民国史料》第三,上海文明书局1929年版,第58页。

③孙曜:《中华民国史料》第三,第57页。

疑，稍涉顾忌，此尤本会议于约法增修后馨香祷祝而为我四万万同胞请命不遑者也。”[①]但实际上，从袁制“新约法”的主要内容看，已经把大总统的职权规定得和专制皇帝差不多了，因此可以说，所谓《中华民国约法》的公布可以看作是袁世凯复辟帝制的前奏曲。正如一位当时在华的美国历史学家后来所评论的那样：“由于这个约法，总统成为权力之源泉，事实上无异是独裁者。一个间接选举的、单院式的、每年仅仅举行四个月会议的立法机构，只具有一些有名无实的权力。国务院由总统任命，对总统负责。总统的任期现在由五年延长到十年，可以无限制连任。袁世凯现在已经成为独裁者，回到君主政体显然只是迟早更换一下名义的问题而已。”[②]

袁世凯根据所谓《中华民国约法》，在大总统的名义下开始进行皇帝排场的改革：

“新约法”第三十九条规定：“行政以大总统为元首，置国务卿一人赞襄之。”据此，袁世凯在这个“新约法”公布的当天，就通令全国，废国务院，设政事堂。5 月 3 日又公布了大总统府政事堂组织令，在大总统府设政事堂。政事堂置国务卿一人，下面分设法制、机要、铨叙、主计、印铸五局及司务所等机构。袁世凯设政事堂的目的，是要暗示其臣属，他要做皇帝。臣属都已有了皇帝时代的官职，那么主上又何能没有皇帝的名称呢？

5 月 20 日，袁世凯又进行了另一项皇帝排场的改革，他成立了一个更能运用自如的参政院，代行立法院职权，任命副总统黎元洪兼院长。设立这个机构的目的，主要是为了修改大总统选举法。经过几个月的炮制，1915 年元旦，《大总统选举法》通过并公布了。这个新的选举法有这样几项值得注意的内容：

---

①凤冈及门弟子编：《三水梁燕孙先生年谱》，见来新夏主编：《中国近代史资料丛刊·北洋军阀》(二)，上海人民出版社 1993 年版，第 761 页。

②马士、宓亨利：《远东国际关系史》(中译本)下册，商务印书馆 1975 版，第 531 页。

(1)大总统任期改为十年，连任也无限制。

(2)总统继任人，应由现任大总统推荐于选举会，其名额以三名为限。被推荐者的姓名，由现任大总统在选期前预先书于嘉禾金简上，钤盖国玺，然后藏之"金匮石室"。临选时，始行取出，交付选举会进行选举，人们只能照单选举。

(3)凡属改选之年，参政院参政如"认为政治上有必要时"，得以三分之二以上之同意，议决现任大总统留任，而选举时，除对被推荐者三人投票外，对现任大总统亦得投票。

这个选举法虽列有十三条之多，但总起来说只有一点，那就是：只要袁世凯愿意做下去，任何情况都不会使他失去这一地位；即使他不愿做下去的话，他也可以指定一定的人来继任①。这样一来，不仅袁世凯自己成了终身总统，而且袁氏家族尚可世袭罔替，"中华民国"实际上就要变成"袁氏帝国"了。

6月30日，袁世凯为了实现集权独裁，下令裁撤各省都督，在京师特设将军府，遣派将军督理各省军务。7月18日，公布《将军府编制令》，有冠以"武"、"威"虚衔的上将军和将军等不同名号。7月28日公布了文官官秩令，把"官"和"职"分开，有的是有官有职，有的是有官无职。文官分为三等九秩：上卿、中卿、少卿，上大夫、中大夫、下大夫，上士、中士、下士。国务卿徐世昌授上卿。

只有总统选举法和中央机构的改革，袁世凯还嫌不够，他又进行了地方官制的变动。1914年5月23日，袁世凯公布省、道、县官制，改省民政长为巡按使，改道观察使为道尹，县称县知事。6月2日，公布各省所属道区表。7月6日，公布《都统府官制》，改绥远城将军为都统，与热河、察哈尔取得一致，成为特别行政区。10月4日，又公布《京兆尹官制》，改顺天为京兆，设京兆尹，正式

①洪宪帝制失败后，徐世昌谈及此事时也不得不承认："项城以约法会议改造新约法，又修改大总统选举法，着着皆为帝制预谋之阶梯。"见张国淦：《洪宪遗闻》，《文史资料选辑》第一辑。

成为一特别行政区。这样，以袁世凯为代表的北洋军阀势力从中央到地方便得到了进一步的巩固。

在这样的既成事实面前，袁世凯甚至连他的心腹大将冯国璋也毫不透露半点真情。6月22日，冯国璋到京晋见袁世凯时，曾谈及外间风传帝制一事，袁一直矢口否认。总统府为此还发表了谈话记录以“辟谣”。记录中说：“冯言：帝制运动，南方谣言颇盛。袁言：华甫（冯国璋字——引者注）！你我多年在一起，难道不懂我的心事？我想谣言之来，不外两种原因：第一，许多人都说我国骤行共和制，国人程度不够，要我多负责任。第二，新约法规定大总统有颁赏爵位之权，遂有人认为改革国体之先声；但满、蒙、回族都可受爵，汉人中有功民国者岂可丧失此种权利？这些都是无风生浪的议论。稍停，袁又言：华甫！你我是自家人，我的心事不妨向你说明。我现有地位与皇帝有何区别，所贵乎为皇帝者，无非为子孙计耳！我的大儿身有残疾，二儿想做名士，三儿不达时务，其余则都年幼，岂能付以天下之重？何况帝王家从无善果，我即为子孙计，亦不能贻害他们。冯言：是啊！南方人言啧啧，都是不明了总统的心迹。不过中国将来转弱为强，则天与人归的时候，大总统虽谦让为怀，恐怕推也推不掉。袁勃然变色言：什么话！我有一个孩子在伦敦求学，我已叫他在那里购置薄产，倘有人再逼我，我就把那里做我的菟裘，从此不问国事。”[①]袁对他的亲信、时任政事堂机要局局长的张一麐也有过类似的谈话谓：“从来无不亡之朝，帝王末路有求为平民而不可得者。余老矣，将营菟裘于海外，外间纷纭，滋非余意。苟相迫者，余当乘桴浮于海。”[②]这些昧心灭己的堂皇谎言，适足以说明帝制的准备工作虚实并进，而袁世凯则是道道地地的两面派。

①张国淦：《洪宪遗闻》，《文史资料选辑》第一辑，第143～144页。

②张一麐：《心太平室集》附录，1947年印，第2页。

### 2. 尊孔复古逆流的泛滥

民国肇始，在民主革命潮流的冲击下，人们的思想从孔孟之道的封建枷锁下得到了一定的解放，“湘鄂之野，吴越之区，百粤之地，蜀滇之中，秦晋之间，无工商，无士庶，莫不现一种自由之风，共和之气”①。这一记载反映了当时社会的新气象，令人鼓舞。但是，由于专制主义的思想体系根深蒂固，旧势力难以扫除尽净，因此社会上的复旧思想乃至复辟行动从未间断。袁世凯正是利用这种腐朽势力，为其帝制活动制造理论根据和舆论环境。

早在1912年9月，袁世凯即发布了《通令国民尊崇伦常文》，倡导“中华民国以孝悌忠信礼义廉耻为人道之大经”，申明“政体虽更，民彝无改”，甚至故作儆言地称：“本大总统痛时局之阽危，怵纪纲之废弛，每念今日大患，尚不在国势而在人心。”②1913年6月，又发布《通令尊崇孔圣文》，将尊孔作为恢复旧礼教，提倡封建传统伦理道德的招牌。及至袁世凯图谋帝制自为的时候，孔圣、孔教的精神偶象地位便随之死灰复燃。他更指使徒党所操纵的“宪法委员会”，妄图把“以孔教为国教”的提案订入宪法，为帝制复活作准备。一时间，“孔教会”、“孔圣会”、“崇道会”等频频出现，《孔教会杂说》、《不忍杂志》纷纷出笼，封建余孽、军阀政客无不侧身其间，顽梗不化的张勋竟出任为孔教会总干事。反之，袁世凯对于妨碍其独裁的舆论，则利用手中的军警为工具，以箝制手段实行文化专制。1914年2月3日，下令停办各省地方自治会；3月2日，命令公布《治安警察条例》，禁止秘密结社；4月2日，公布《报纸条例》，严格控制各种报刊和宣传品。

在这场复古浪潮中，还有一批外国文化掮客参与其间。美国

---

①《大中华民报》1912年7月14日。

②徐有朋编：《袁大总统书牍汇编》卷二，上海广益书局1914年版，第17、18页。

传教士李佳白发表文章，认为孔孟之道是“人类共通之原理”[①]；袁世凯的日籍顾问有贺长雄提出，在宪法中应明确规定“孔教为国家风教之大本”；俄人盖沙令在抛出的《孔教乃中国之基础》、《中国之新命必系于孔教》二文中，不仅鼓吹孔教是“中国独一无二之根本”，甚至公开言称，只有将孔教发扬光大，人心才不至“皆为革命所颠倒”[②]，他们的用心已昭然若揭。

当袁的帝制活动进入实质性的准备阶段后，当时社会上已到处涌动着一股以尊孔、祀孔为表现形式的复辟逆流。祀典活动是封建礼制的组成部分，它已由一种礼仪习俗而演化为对人们的思想和社会生活进行教化作用的礼仪制度。在我国最早的有关礼俗的记载中，便有“礼俗以驭其民”之说[③]，最明白地表达了它的社会功用。祀孔是封建社会里最高形式的祭祀活动之一，孔子被历代统治者尊为“至圣先师”，被装扮成传统道德的思想代表和精神偶像。1914 年 9 月和 12 月，袁世凯先后正式颁布了祀孔、祭天令，公开恢复前清的祀孔、祭天制度，并亲自到孔庙和天坛顶礼膜拜，他的一番表演，将尊孔复古之风推向高潮。

不言而喻，这些尊孔复古活动是袁世凯实施帝制的准备，但也不可避免地为一切复辟势力提供了思想武器。由于袁世凯欲坐金銮的蛛丝马迹逐渐暴露，加之袁的御用文人、亲信门生的推波助澜，使社会上的风言不断，似乎袁世凯缺少的只是皇帝的尊号和黄袍加身了。事情的发展正如鲁迅先生后来所说：“从二十世纪开始以来，孔夫子的运气是很坏的，但到了袁世凯时代，却又被从新记得，不但恢复了祭典，还新做了古怪的祭服，使奉祀的人们穿起来，跟着这事而出现的便是帝制。”[④]

---

①李佳白：《孔教窥见之一斑》，见《孔教外论》。

②见《孔教外论》。

③《周礼・王官》。

④鲁迅：《现代中国的孔夫子》，《鲁迅全集》第六卷，人民文学出版社 1973 年版，第 252 页。

### 3. 军事力量的调配

袁世凯的帝制准备之所以在民主共和的国家政体之下如此猖狂地进行，其中最重要的原因是有北洋军阀集团的军事力量为其后盾。赣宁之役后，由于北洋军阀军事实力的扩充，1916 年全国军队已号称(川、滇、黔、粤等省军除外)“共计陆军三十三师，混成旅及步骑兵旅九十七旅，混成团及步骑兵团三十三团，此外巡防各军约四百二十八营”①，而由已编成 14 个陆军师和 15 个混成旅及 2 个近畿陆军旅②，构成北洋军阀的基本军事力量。在经过大量购买外国军械将这些嫡系部队进行了近代化的装备与训练后，北洋系统的军事实力达到了空前强大的阶段。同时，在北洋嫡系势力利用赣宁之役之机大举南下的过程中，袁世凯通过段祺瑞掌握的陆军部对全国兵力进行了调整和部署，以保障其统治的稳固，至帝制实施前夕，军队的调配已基本定局。1915 年各省军队人数及驻地情况如下③：

**民国四年(1915)各省军队人数及驻地**

| 省别 | 队　次 | 人　数 | 驻在地 |
|---|---|---|---|
| 近畿 | 第七师 | 6200 | 南苑 |
| | 第十师 | 11000 | 北苑 |
| | 禁卫军 | 5900 | 西苑 |
| | 拱卫军 | 14000 | 西苑及三海等处 |

①陆军部档，见张侠等编：《北洋陆军史料(1912—1916)》，天津人民出版社 1987 年版，第 47 页。

②陆军部档，见张侠等编：《北洋陆军史料(1912—1916)》，天津人民出版社 1987 年版，第 137 页。

③根据张侠等编：《北洋陆军史料(1912—1916)》第 36～46 页所载陆军部统计表改制。

（续表）

| 省别 | 队次 | 人数 | 驻在地 |
|---|---|---|---|
| 直隶 | 第八师 | 9200 | 清苑县 |
| | 宪兵营 | 100 | 天津 |
| | 第一路巡防队 | 2200 | 冀南等处 |
| | 第二路巡防队 | 1400 | 蓟榆一带 |
| | 第三路巡防队 | 3000 | 多防等处 |
| | 第四路巡防队 | 2200 | 赤峰一带 |
| | 第五路巡防队 | 1600 | 宣化等处 |
| | 第六路巡防队 | 1200 | 正定 |
| | 右冀巡防 | 1600 | 朝阳县 |
| | 第八路巡防队 | 1600 | |
| | 巡防营 | 400 | 古北口 |
| 山西 | 陆军第十二混成旅 | 4800 | 太原 |
| | 陆军第十三混成旅 | 5000 | 包头 |
| | 陆军第十四混成旅 | 4400 | 运城 |
| 河南 | 陆军第九师 | 9500 | 开封县 |
| | 陆军第三旅 | | |
| | 第二混成旅 | 5300 | 南阳县 |
| | 第六混成旅 | 3300 | 信阳县 |
| | 第七混成旅 | 5700 | 郑县 |
| | 第八混成旅 | 5700 | 鲁山县 |
| | 右路巡防 | | |
| | 右路巡防兼武卫军右营 | 3300 | 商邱等处 |
| | 西路巡防马步两营 | 1400 | 邓县等处 |
| | 镇嵩军 | | |
| | 毅军十营 | | |
| | 警察游击队 | 154 | 开封县 |
| | 新练巡防队 | 997 | 省城及巩县等处 |
| | 亲军左右营 | | |
| | 备补营 | | |

**(续表)**

| 省别 | 队　　次 | 人　　数 | 驻 在 地 |
|---|---|---|---|
| 四川 | 陆军第十五师 | 5600 | 重庆等处 |
| | 陆军第二师 | 7400 | 成都等处 |
| | 汉军南路前五营 | 1200 | 越嶲白泥湾 |
| | 汉军南路左五营 | 2200 | 建昌 |
| | 汉军南路右六营 | 1700 | 泸县 |
| | 汉军南路后五营 | 1200 | 屏山县 |
| | 汉军南路前五营 | 1200 | 松潘厅 |
| 江西 | 第六师 | 8800 | 南昌等处 |
| | 步兵第一团 | 1500 | 萍乡宜春等处 |
| | 步兵第二旅 | 3400 | 赣县 |
| | 宪兵营 | 200 | 南昌 |
| | 机关枪连 | 500 | 南昌 |
| | 第九混成旅 | 5500 | 南昌等处 |
| 浙江 | 陆军第六师 | 6560 | 杭县嘉兴等处 |
| | 陆军第四十九旅 | 2960 | 宁波镇海等处 |
| | 宪兵连 | 400 | 宁波 |
| | 陆军补充第一团 | 1620 | 杭县 |
| | 机关枪四连 | 500 | 杭县 |
| | 陆军补充第二团 | 1720 | 杭县 |
| | 守备队 | 600 | 杭县 |
| | 陆军巡防中路 | 2500 | 余杭衢县等处 |
| | 陆军巡防前路 | 1500 | 嘉兴长兴等处 |
| | 陆军巡防左路 | 2700 | 宁波镇海等处 |
| | 陆军巡防右路 | 2400 | 台属临海等处 |
| | 陆军巡防后路 | 2800 | 温县平阳等处 |
| | 省防游击队 | 1200 | 杭县海宁等处 |
| | 绍兴游击队 | 300 | 绍兴萧山等处 |
| | 暂编巡防队 | 600 | 杭县城外各处 |
| | 暂编游击队 | 400 | 嘉兴县 |
| | 沿海要塞 | 700 | 镇海淀海南湾海门等处 |
| | 水上警察 | 6200 | 杭县镇海嘉兴吴县等处 |

(续表)

| 省别 | 队次 | 人数 | 驻在地 |
|---|---|---|---|
| 湖南 | 第三师 | 4700 | 岳阳县 |
| | 模范营一营 | 500 | 省城 |
| | 守备队第一区 | 2900 | 湘潭永县等处 |
| | 守备队第二区 | 2200 | 宝庆衡县等处 |
| | 守备队第四区 | 2900 | 澧县永定等处 |
| | 守备队第五区 | 3200 | 洪江通道等处 |
| | 守备队第六区 | 2100 | 水渡宁远等处 |
| | 巡防队(绿营改编) | 8800 | 凤凰永绥等处 |
| 江北 | 第十九师 | 5100 | 清江浦等处 |
| | 第五混成旅 | 4000 | 清江浦 |
| | 湖河水巡团 | 400 | 湖河一带 |
| 福建 | 第十混成旅 | 3500 | 省城及厦门等处 |
| | 第十一混成旅 | 4000 | 省城及各县 |
| 江苏 | 第七十四混成旅 | 5200 | 南京六合等处 |
| | 第七十五混成旅 | 2900 | 南京瓜洲等处 |
| | 第七十六混成旅 | 2800 | 扬州等处 |
| | 第一混成旅 | 4100 | 江阴镇江等处 |
| | 第二师 | 10000 | 南京常州等处 |
| | 第四师 | 10000 | 松江 |
| | 四路要塞 | 10400 | 省城城处等处 |
| | 扬州游击队 | 1500 | 苏州及高邮等处 |
| | 禁卫军步两团及骑炮工辎各营连 | 5500 | 南京 |
| | 武卫前军 | 27000 | 铜山县 |

（续表）

| 省别 | 队　　次 | 人　　数 | 驻在地 |
|---|---|---|---|
| 湖北 | 第二师 | 10000 | 武昌及各县 |
| | 湖北第一师 | 7400 | 荆州一带 |
| | 陆军第九师 | 7400 | 郧襄一带 |
| | 第五团 | 1900 | 武昌县 |
| | 第四混成旅 | 4700 | 宜昌 |
| | 将军行署卫队及机关枪连 | 200 | 武昌县 |
| | 宪兵营 | 200 | 汉川分水嘴等处 |
| | 荆州镇守使署暨新建营 | 1400 | 荆州等处 |
| | 汉口镇守使署暨巡缉营 | 400 | 夏口县 |
| 贵州 | 第一师 | | |
| | 省防国民军 | 1200 | 省城等处 |
| | 东防国民军 | 1800 | 镇远县等处 |
| | 南防国民军 | 1800 | 黎平县等处 |
| | 西防国民军 | 2400 | 兴义县等处 |
| | 北防国民军 | 3300 | 遵义县等处 |
| | 陆军步兵第一、二营 | 1000 | 省城 |
| | 陆军炮兵第一营 | 300 | 省城 |
| 奉天 | 第二十师 | 12000 | 新民辽阳等处 |
| | 第二十七师 | 8600 | 奉天铁岭等处 |
| | 第二十八师 | 7500 | 北镇锦州等处 |
| | 宪兵连 | 100 | |
| | 右路巡防 | 3300 | 凤凰城等处 |
| | 后路巡防 | 5500 | 洮辽一带 |
| | 骑兵第二旅 | 1400 | 洮辽一带 |
| 吉林 | 第二十三师 | 12400 | 省城及沿江一带 |
| | 吉林混成旅 | 3000 | 长春等处 |
| 黑龙江 | 陆军第一师 | 9000 | 省城及各县 |
| | 骑兵第四旅 | 5000 | 绥化县及太平镇等处 |
| | 宪兵营 | 100 | 省城及呼兰等处 |

（续表）

| 省别 | 队　　次 | 人　　数 | 驻在地 |
| --- | --- | --- | --- |
| 甘肃 | 提标巡防步队 | 600 | 甘肃 |
| | 陇南巡防步队 | 300 | 天水等处 |
| | 中路巡防马步各营 | 400 | 庆阳平远等处 |
| | 南路巡防步队 | 590 | 临洮一带 |
| | 将军行署工兵 | 400 | 兰州 |
| | 军政处工兵 | 100 | 兰州 |
| 山东 | 第五师 | 10000 | 潍县 |
| | 四十七旅 | 3700 | |
| | 前路巡防 | 6300 | |
| | 左路巡防 | 2300 | |
| | 右路巡防 | 5400 | |
| | 后路巡防 | 3100 | |
| | 新防营 | 2000 | |
| | 警卫营 | 1300 | |
| | 直隶第七路巡防队 | 700 | 德县 |
| | 直隶左翼巡防队 | 5000 | 德县 |
| 陕西 | 第十五混成旅 | 2900 | 西安 |
| | 第十六混成旅 | 6000 | 西安 |
| | 步兵团 | 2000 | 西安 |
| 安徽 | 武卫军步十五营 | | |
| | 马一营炮二队 | | |
| 广东 | 陆军一师 | | |
| | 混成旅 | | |
| | 两混成旅 | | |
| | 警卫军七十九营 | | |
| | 新军六营 | | 省城 |
| 广西 | 陆军第一师 | 2800 | 桂林 |
| | 陆军第二师 | 2900 | 龙州南宁等处 |
| | 步兵一百零三连 | 15000 | 全省各县 |

**(续表)**

| 省别 | 队　　次 | 人　　数 | 驻在地 |
|---|---|---|---|
| 新疆 | 中路巡防马步队 | | 迪化 |
| | 镇东步队四队 | | 迪化 |
| | 镇东步队一队 | | 托克逊 |
| | 治安步队一队 | | 迪化 |
| | 定边步队一队 | | 元湖 |
| | 新军靖南步队一队 | | 库车 |
| | 新军步队一队 | | 吐鲁番 |
| | 新军镇东马队一队 | | 鄯善县 |
| | 新军定边马队一队 | | 胜金口 |
| | 新军镇南马队一队 | | 库尔勒 |
| | 陆军混成团 | 1000 | 喀什噶尔 |
| | 陆军马队七连 | 1200 | |
| | 古城满营六旗 | | |
| | 治安义备备补护防 | | |
| | 卡伦各杂项队伍 | | |
| 云南 | 陆军两师 | | 分驻省城腾越临安蒙自大理及黔属交壤一带 |
| | 防营 | 15000 | |
| 热河 | 第一团 | 1300 | 围场一带 |
| | 第二团 | 1700 | 林西一带 |
| | 毅军 | 14000 | 热河 |
| | 骑兵营 | 290 | 围场锥子山一带 |
| | 炮兵连 | 100 | 开鲁县 |
| | 中路巡防 | 1200 | 丰宁县等处 |
| | 东路巡防 | 1200 | 平泉县等处 |
| | 北路巡防 | 1200 | 开鲁县等处 |
| | 游击马队 | 700 | 林西等处 |
| | 巡防马炮队 | 580 | 经棚一带 |

（续表）

| 省别 | 队　次 | 人　数 | 驻在地 |
| --- | --- | --- | --- |
| 察哈尔 | 第一师 | 11000 | 张家口 |
| | 骑兵一团 | 800 | 张家口 |
| | 两翼巡防马队 | 800 | 张家口 |
| 绥远 | 混成第二团 | 3000 | 归绥等处 |
| | 第八十混成团 | 2300 | 归绥等处 |
| | 宪兵连 | 100 | 绥远 |
| 塔尔巴哈台 | 陆军混成团 | 1000 | 绥靖等处 |

原注：一、是表系照各省三年春夏间报部文件，摘列其军队名称及驻扎地点之变更，凡有案可稽者均经改正。

一、表内所列人数有据各省所报者，有照编制算出者，有查自各项文电者，其无从查悉者仍暂缺乏。

一、表内所列驻扎地均系司令部所在地，至各营连多分驻于附近一带。

附注：四川省队次栏作记汉军各营，疑有误处，但无其他资料可征，姑存待考。

## 二、列强对帝制的态度与“二十一条件”交涉

### 1. 英、美等国的态度

袁世凯政府替代清政府，在帝国主义列强看来，只不过是换了一架统治中国的新工具而已，这架新工具可能比旧工具更得力、更“强”，更能为它们的利益而统治中国。在辛亥革命时，欧洲列强把袁世凯视为“一强健有为之大政治家”，如能成为“将来中国之真主人”，那就是“外人之大幸也”[①]；并且满怀信心地认为袁世凯是当

①《欧报对于中国革命之舆论》（正月四日）其三，见中国史学会主编：《中国近代史资料丛刊·辛亥革命》（八），上海人民出版社 1957 年版，第 497～498 页。

时惟一“于大局最有希望”，“得操最后之胜利，以底定中国者”①。日人也认为袁世凯之于中国，“确有绝对之势力”②。美国更是“坚持认定”袁世凯是为“中国人所能懂得的‘强’的人”。既然袁世凯是被帝国主义所赏识的“强人”，所以“他们总是愿意在贷款、武器装备、军队训练各方面给以充分的帮助，使他充分地强有力，来为他们的利益而统治着中国”③。自袁世凯窃夺政权以来，帝国主义列强对他所作的各种“援助”事实，完全可以说明这样一个道理。

早在 1913 年 5 月，列宁即曾在《落后的欧洲与先进的亚洲》一文中尖锐地指斥了中外反动势力的这种勾结。他说：“在亚洲，到处都有强大的民主运动在增长、扩大和加强。”“而‘先进的’欧洲呢？它掠夺中国，帮助中国民主、自由的敌人！”“‘欧洲’拥护那准备实行军事独裁的袁世凯。”并且概括了这种勾结说：“整个欧洲的当权势力，整个欧洲的资产阶级，都是与中国所有一切中世纪势力实行联盟的。”④

不过，这些帝国主义国家由于对中国的了解和估计有所不同，因而它们利用中国的政策也还有不相同之处：日本是制造纷乱以从中取利，因之对各种对立势力往往同时操纵；英、美则常扶植中国一个对它们最有利的代表人物及其政府，因之它们对于帝制的问题也就抱有不同态度。

英国希望袁世凯能建立起一个为英国所需要的殖民地政权，对于帝制是表示赞成和支持的。英使朱尔典在欧战爆发前的几个月，曾在一次密谈中，向袁世凯表示了他和美国驻华公使柔克义、嘉乐恒都主张中国实行君主立宪的意见。但在帝制实行前，朱尔

①《欧报对于中国革命之舆论》（二月十日）其一，见中国史学会主编：《中国近代史资料丛刊·辛亥革命》（八），上海人民出版社 1957 年版，第 508 页。

②浮田和民：《支那之将来》，《东方杂志》第 9 卷第 9 号。

③拉铁摩尔：《亚洲之分裂》，引自胡绳：《帝国主义与中国政治》，人民出版社 1978 年版，第 127 页。

④《列宁全集》第十九卷，人民出版社 1959 年版，第 82～83 页。

典却示意袁“若国中无内乱，则随时可以实行”。这种意见，既可以说明英国是为袁世凯复辟帝制作过一番很周详的考虑的，也说明英国担心会因此而有内乱。因为一旦中国发生内乱，英国由于欧战难于顾及，而日本必乘乱扩张在华势力，这对英国是不利的。

美国在辛亥革命时也如英国一样是主张君主立宪的，并且它比英国更热心些，袁世凯的政治顾问、帝制策划者之一便是美国的法学博士、哥伦比亚大学教授古德诺（F. J. Goodnow，1859～1939年）。古德诺对于“洪宪”帝制作出了极大的“贡献”，他在1915年8月发表了一篇为袁世凯所需要的《共和与君主论》，他的这篇“论文”在论述、比较了英美等国的政治制度以后，首先从“理论”上说明，“民智低下之国，其人在平日未尝与知政事，绝无政治之智慧”，要这种国家“率行共和制，断无善果”。然后他又具体“讨论”中国问题，侮辱中国人民说：“中国数千年来，狃于君主独裁之政治，学校阙如，大多数之人民智识，不甚高尚，而政府之动作，彼辈绝不与闻，故无研究政治之能力。四年以前，由专制一变而为共和，此诚太骤之举动，难望有良好之结果者也。”并下结论说：“然中国如用君主制，较共和制为宜，此殆无可疑者也。盖中国如欲保存独立，不得不用立宪政治，而从其国之历史习惯、社会经济之状况、与夫列强之关系观之，则中国之立宪，以君主制行之为易，以共和制行之则较难也。”甚至威胁说，如果不按照他的意见去作，则“外人之干涉恐将不免”①。古德诺的这种荒谬的理论，并没有为中国人民所接受，但却被袁世凯等引以为金科玉律般的“理论根据”，袁世凯则经常以古德诺的这些“著述”赠人，名为征求意见，实为扩大影响。同时，美国还借给袁世凯五六千万美元，这很明显是有着政治借款与投资利益双重目的。

日本自始即反对中国的共和，1911年12月19日辛亥革命爆

①古德诺：《共和与君主论》，见全国请愿联合会编：《君宪纪实》，1915年9月，北京法轮印书局1915年版。

发后不久，日本驻华盛顿代办在致美国国务卿的节略中就表示不相信中国能采用和实行共和制度；在南北议和时，日本仍以中国“采取君主立宪”作为调停的条件。1914 年 9、10 月间，日本的右翼团体黑龙会在其秘密文件中认为，中国实行共和政体，对于中日“提携”，“必为一大障碍”，主张中国“变革其共和政体，使为立宪君主政体”。同时，尚派日本首相大隈重信的亲信、东京帝国大学法学教授有贺长雄(1860～1921 年)担任袁世凯的顾问，他作为帝制策划者之一，抛出了《共和宪法持久论》一文，认为中国人民不适合共和政体，而应效法日本，实行君主立宪，集权于袁世凯，国家才不致分裂。但是，日本这种怂恿和鼓励，只是其侵华政策的一方面。在另一方面，它也深知中国人民经过辛亥革命洗礼之后，民主共和潮流的不可逆转，复活帝制是不会得到全国人民容许的。为了左右逢源而无往不利，日本在支持袁世凯的同时又暗中扶助反袁的力量。在后来的反袁运动中，日本与中华革命党、进步党、宗社党以及云南、山东的反袁势力的一些关系，充分地说明日本侵华政策的这一特点。究其目的，就是为了制造中国的纷乱以从中取利，而这种阴谋手段，恰使袁世凯更加难以应付。

### 2. 日本提出“二十一条件”及其交涉

正在袁世凯实现独裁统治并走向帝制自为的过程中，1914 年 6 月，欧洲帝国主义国家之间为争夺市场和殖民地而爆发了第一次世界大战，并先后形成以英、法、俄为核心的协约国和以德、奥为核心的同盟国两大帝国主义集团。随着战争范围的扩大，几个主要帝国主义国家被深深地卷入战争的漩涡，对远东已无暇顾及，暂时放松了对中国的侵略。由此，给日本加紧侵略中国造成了可乘之机。

1914 年 8 月 2 日，即战争刚爆发后不久，日本即表示了它对这次战争爆发后国际关系变化的极大兴趣。它以英日同盟为理由，宣称要履行同盟义务，采取必要的措施。8 月 6 日，中国政府宣告中立，发布大总统令称："我国与各国均系友邦，不幸奥塞失和，此外欧洲各国亦多以兵戎相见，深为惋惜"，"本大总统欲维持远东之平和与我国人民所享受之安宁幸福，对于此次欧洲各国战事，决意严守中立"[①]。并在总统府政事堂内设中立办事处，公布局外中立条规二十四条[②]，希望能借此不卷入帝国主义间的争斗。中国政府自知并无实力保证"中立"，则分别向日、美两国求助，遭到拒绝。这时，日本俨然以保护者自居，谴责中国不该直接向美国请求帮助。不仅如此，日本首相大隈重信还明目张胆地说明它们企图进攻山东的计划说："德虽与日不表敌意，青岛舰队难免与英、法冲突，日以英国同盟关系，如东方有战，日本不能中立，总须东方德舰灭尽，海面方告和平。"[③]日本之所以重视山东，即如当时《东京朝日新闻》社论所透露，山东既埋藏着未开发的资源，又是通往北京的"捷径"[④]。可见，占领山东是日本企图独占中国的一个重要步骤。

8 月 15 日，日本即对德国提出最后通牒[⑤]：

(1)立即撤退在日本及中国海上之一切德国军舰，不能撤退者立即解除武装。

(2)在 9 月 15 日以前，将全部胶州湾租借地无偿无条件交付于日本帝国官宪，以备将来交还中国。

通牒限 23 日正式答复，至期，德国未复，于是日本对德国正式宣战。同一天，德国代办马尔参向袁政府表示，德国愿将胶州湾租

---

①《东方杂志》第 11 卷第 3 号。

②《东方杂志》第 11 卷第 3 号。

③驻日使馆档案，见王芸生辑：《六十年来中国与日本》第六卷，天津大公报社 1933 年版，第 47 页。

④《东京朝日新闻》1914 年 8 月 16 日，引自郎维成：《日本的大陆政策和二十一条要求》，《东北师大学报》1984 年第 6 期。

⑤*China Treaties and Agreements*，II，P. 1167，见王芸生辑：《六十年来中国与日本》第六卷，第 50 页。

借地无条件地交还中国，但袁政府不敢接受，却电请美国政府代为接受，然后转交给中国。不料，尚未得到美国答复，日本已向胶州湾采取军事行动——派出海军封锁胶州湾了。

日、德在中国领土上交战，无疑是对中国的侵略和蹂躏。对于日本政府的逼人态势，袁世凯政府竟然自动解除武装，拱手相让。9月3日，又按照日俄战争时期的老办法，划定战区，供日、德交战。袁政府照会各国使节："此次欧洲战争，所有各交战国均系本国友邦，故本政府决意宣告中立，竭力奉行。兹先后据山东官吏报告，德国军队在胶州湾一带有行军战略各形状，日、英联军在龙口及胶州湾莱州附近一带，亦有军事行动等情，查本国与德、日、英三国，同居友邦，不幸在中国境内有此意外之举动，实属特别情形，与千九百〇四年日、俄在辽东境内交战事实相仿。惟有参照先例，不得不声明在龙口莱州及接连胶州湾附近各地方，确实为各交战国军队必须行用至少之地点，本政府不负完全中立之责任。此外各处仍悉照业经公布之中立条规完全施行。但以上所指各地方内所有领土行政权及官民之身命财产，各交战国仍须尊重。"①袁世凯作为北京政府的首脑，不仅握有全国军政大权，更有其统驭下的北洋军阀嫡系势力，但此时却不惜将国土、人民交付于列强，无异于送入虎口。日军从9月2日开始在山东半岛龙口登陆，相继攻占莱州、平度、潍县等地，并沿胶济线进攻，10月进占济南，占领了胶济路全线。它虽一再声明对中国毫无野心，而事实上则俨然以战胜国自居，在占领区内干下了许多令人发指的暴行。

日军在山东的侵略范围，事实上已经越过中国政府所划定之区域，即如潍县、济南以及胶济全线均不在划定区域之内，当时中国政府曾经作过几次无力的抗议，而日本则恃强狡辩，说占领胶济铁路是其行军计划之一部分，同时却又表示"极愿维持中国中立"。其自相矛盾之处，一望可知。中国的抗议，卒无结果，而日军的占

①《东方杂志》第11卷第4号。

领，仍然继续。

日军在占领胶济铁路沿线各地后，即开始进攻青岛。10 月 31 日，日、英联军对青岛进行总攻击，经数日之激战，于 11 月 7 日攻占青岛。这次战争的结果，是德国在山东的势力范围最后失去，日本成为新的“主人”，而中国则遭受了不少的损失。根据一种统计，中国在战区内的损失有：（甲）生命损失：死者共 97 人，伤者 238 人；（乙）财产损失：动产共值 379590 余元，不动产共值 648940 余元，而青岛租借地以内之损失尚不计在内[①]。

日、英联军攻占青岛后，日军在山东的军事行动即告结束，中国也拟废除中立区域，要求日军撤兵。中方事先征求日本政府意见，未得结果。1915 年 1 月 7 日，北京政府外交部乃照会日、英两国，将中立区域“声明取消，回复原状”[②]。10 日，日使照复称：“中国政府即不取消此通告，日本军部之行动施设，于必要存留期间，依然存继，不能因此通告受何等之影响，亦不能因此而受拘束。”[③]中国政府虽于 16 日仍然作文字争辩，未料日本人于 18 日提出了“二十一条件”，如一石激水，在中日关系之间又掀起巨大波澜。

“二十一条件”是一个不仅要肯定日本既得的利益，而且是要独霸中国进而实行灭亡中国的计划，是日本经过长期的酝酿而形成的侵华政策的最集中的体现。

早自 1905 年日、俄战后，由于俄国对日本转让了“南满”权益，增强了日本的贪欲，从而萌发了它把侵华作为重点的思想。1908 年 9 月，日本政府在《对外方针政策决定》中便确定了日本在满洲的“特殊地位”[④]。1911 年 10 月，当日本政府再次确定“对华政策”

---

①白蕉：《第一次世界大战中青岛日德之役与外论》，《人文月刊》第 7 卷第 2 期。

②驻日使馆档案，见王芸生辑：《六十年来中国与日本》第六卷，天津大公报社 1933 年版，第 77 页。

③驻日使馆档案，见王芸生辑：《六十年来中国与日本》第六卷，第 78 页。

④日本外务省：《日本外交年表及主要文书》上卷，原书房 1972 年版，第 306 页。

时，不仅要确立“在满州的地位”，而且要更进一步确立在“中国本部”的优势地位[①]。1913年，日本外务省在其《对华外交政策纲领》文稿中，就把这种侵华政策的思想具体化了。该纲领不仅把满蒙地区作为侵华重点，而且进一步强调：“特别是华中及华南，人口稠密，物资丰富，因而列强竞争激烈，要谨慎周到地推进我之步伐，巩固地盘”，“福建和我台湾（当时为日本所侵占）的关系，更是不容他国觊觎”[②]。同时，日本的军方人物也提出了更无理而狂妄的要求，如参谋本部第二部部长福田雅太郎于1914年8月7日向外务省政务局长小池张造提交的《日华协约方案纲要》，其中列举中日“共同防卫”，中国承认“南满及内蒙自治”，“委任日本改善（中国）军政、民政和币制”，“中国让与外国权利或借款时预先照会日本”[③]。8月16日，参谋本部次长明石元二郎致函陆相冈市之助，要求中国“尊重日本政府在南满、内蒙的优越权”，“委任帝国改善（中国）行政军事”和“中国让给外国利权或借款时，要预先征得帝国政府同意”[④]等等。

至此，日本的侵华政策已日趋成熟与具体，它比较完整地包含在一个名为黑龙会的右翼团体的一个秘密文件中。

黑龙会把欧战看作是侵华的“百年不易再得之大有为的机会”，并在秘密文件中提出了所谓中日《国防协定私案》，其中列举：“中国将南满及内蒙的统治权委任给日本”，“日本占有德国所占有的铁路、矿山等全部利益”，“将福建省沿岸的要港，作为日本海军基地；将福建的铁路敷设权、矿山采掘权给与日本”，“中国委任日本进行陆军改革及教练”，“中国委任日本进行海军建设及教练”，

---

①日本外务省：《日本外交年表及主要文书》上卷，原书房1972年版，第356～357页。

②日本外务省：《日本外交年表及主要文书》上卷，第371～376页。

③臼井胜美：《日本与中国——大正时代》，原书房1972年版，第56页。

④北冈伸一：《日本陆军的大陆政策(1906—1918)》，东京大学出版会1978年版，第167～168页。

“中国委任日本进行财政整顿及税制改革”,“日本教育家任教育顾问,在各地设置日语学校”,“中国与外国借款、租借割让领土,与外国宣战、讲和等均得日本同意”①。这些内容实际上已具备了翌年向中国提出的“二十一条件”的初稿形式。此文件是黑龙会在1914年9、10月间提出来的,在“二十一条件”被迫签订八个月后被揭露。

黑龙会在秘密文件中也谋划了日本对华应采取的政策,认为袁世凯是以“权谋术策为外交之秘诀,虽将表面好意表示于我,而其实恃援列国之势力”,由此得出一个政策性的结论——鼓动革命党、宗社党和其他不平党,“使其到处蜂起”,使中国“必陷于混乱之状态,而袁政府必因之瓦解”,然后“由四亿民众择其最有信用、最有声望者援助之、拥护之,使成就政府改造,国家统一之业,我军队代复其安全秩序,保护其国民之生命财产,使彼人民悦服其政府,自可信赖于我,而后国防条约之缔结,乃可容易贯彻其目的也”。黑龙会甚至在秘密文件中主张变中国的“共和政体为立宪君主政体”,并指责日本政府的外交政策被动和保守,主张积极进行侵华活动②。这个侵略计划,指导了以后日本的侵略活动。在护国战争、护法运动和各派系军阀的混战中,日本都采取了扶植两个敌对势力,制造混乱以从中取利的政策。

1915年1月18日,日本公使日置益晋见袁世凯,以违背外交习惯的手段,径自向袁面交了旨在灭亡中国的“二十一条件”。从而引起中国近代以来最严重的外交交涉。

“二十一条件”共分5号21条。内容如下③:

---

①《日本外交文书》大正三年,第二册,第604号文件。

②以上见《日本黑龙会对支那问题解决意见书》(油印本),中国社会科学院近代史研究所藏。

③日本公使日置益向袁世凯面交的“二十一条件”汉文本原件存于台湾中央研究院近代史研究所藏“外交部档案北二〇二四号原档甲”,此转引自李毓澍《中日二十一条交涉》(上)第219～223页,台湾中央研究院近代史研究所1982年编印。

第一号

日本国政府及中国政府，互愿维持东亚全局之平和，并期将现存两国友好善邻之关系益加巩固，兹议定条款如左[①]：

第一款　中国政府允诺，日后日本国政府拟向德政府协定之所有德国关于山东省依据条约或其他关系对中国政府享有一切权利利益让与等项处分，概行承认。

第二款　中国政府允诺，凡山东省内并其沿海一带土地及各岛屿，无论何项名目，概不让与或租与他国。

第三款　中国政府允准日本建造由烟台或龙口接连胶济路线之铁路。

第四款　中国政府允诺，为外国人居住贸易起见，从速自开山东省内各主要城市作为商埠，其应开地方，另行协定。

第二号

日本国政府及中国政府，因中国向认日本国在南满洲及东部内蒙古享有优越地位，兹议定条款如左：

第一款　两订约国互相约定，将旅顺、大连租借期限并南满洲及安奉两铁路期限，均展至九十九年为期。

第二款　日本国臣民在南满洲及东部内蒙古为盖造商工业应用房厂，或为耕作，可得其需要土地之租借权或所有权。

第三款　日本国臣民得在南满洲及东部内蒙古任便居住往来，并经营商工业等各项生意。

第四款　中国政府允将在南满洲及东部内蒙古各矿开采权，许与日本国臣民，至于拟开各矿，另行商订。

第五款　中国政府应允关于左开各项，先经日本国政府同意而后办理：

(1)在南满洲及东部内蒙古允准他国人建造铁路，或为建造铁路向他国借用款项之时。

---

①原件自右向左竖行书写，故其下内容在左侧。下同。

(2)将南满洲及东部内蒙古各项税课作抵,由他国借款之时。

第六款　中国政府允诺,如中国政府在南满洲及东部内蒙古聘用政治、财政、军事各顾问、教习,必须先向日本国政府商议。

第七款　中国政府允将吉长铁路管理经营事宜,委任日本国政府,其年限自本约画押之日起,以九十九年为期。

第三号

日本国政府及中国政府,顾于日本国资本家与汉冶萍公司现有密接关系,且愿(日本文本有“增进”二字——李毓澍原书注)两国共通利益,兹议定条款如左:

第一款　两缔约国互相约定,俟将来相当机会,将汉冶萍公司作为两国合办事业。并允如未经日本国政府之同意,所有属于该公司一切权利产业,中国政府不得自行处分,亦不得使该公司任意处分。

第二款　中国政府允准,所有属于汉冶萍公司各矿之附近矿山,如未经该公司同意,一概不准该公司以外之人开采。并允此外凡欲措办无论直接间接对该公司恐有影响之举,必须先经公司同意。

第四号

日本国政府及中国政府,为切实保全中国领土之目的,兹订立专条如左:

中国政府允准,所有中国沿岸港湾及岛屿,概不让与或租与他国。

第五号

一、在中国中央政府,须聘用有力之日本人充为政治、财政、军事等各项顾问。

二、所有在中国内地所设日本病院、寺院、学校等,概允其土地所有权。

三、向来日中两国屡起警察案件，以致酿成轇轕之事不少，因此须将必要地方之警察，作为日中合办，或在此等地方之警察官署，须聘用多数日本人，以资一面筹划改良中国警察机关。

四、由日本采办一定数量之军械（譬如在中国政府所需军械之半数以上），或在中国设立日中合办之军械厂，聘用日本技师，并采买日本材料。

五、允将接连武昌与九江南昌路线之铁路，及南昌杭州、南昌潮州各路线铁路之建造权，许与日本国。

六、福建省内筹办铁路矿山，及整顿海口（船厂在内），如需外国资本之时，先向日本国协议。

七、允认日本国人在中国有布教之权。

以上内容充分暴露了日本欲将全部中国沦为其附属国的狰狞面目。

日本在提交“二十一条件”时，一面恫吓袁世凯，说中国革命党与“日本政府外之有力日人有密切关系，除非中国政府给以友谊证明，日本政府直不能阻止此辈之扰乱中国”，又说“日本人民类皆反对袁总统，彼等相信总统为有力之排日者，其政府亦采远交近攻之政策。总统如接受此种要求，日本人民将感觉友好，日本政府从此对袁总统亦能遇事相助”[①]；一面用“二十一条件”作为诱饵，日使日置益当面暗示袁世凯可以此交换对其帝制的支持。

日本在“二十一条件”提出以后，知道这些条件会触及到列强的利益，而且也将不容于中国人民，所以一面威胁袁世凯答应守密，一面采取种种措施，力促“二十一条件”早日签订[②]。对于日本

①凤冈及门弟子编：《三水梁燕孙先生年谱》，见来新夏主编：《中国近代史资料丛刊·北洋军阀》（二），上海人民出版社 1993 年版，第 776 页。

②中国社会科学院近代史研究所译：《顾维钧回忆录》第一分册，中华书局 1983 年版，第 122～123 页。

方面无端提出的条件，袁世凯已意识到其性质的严重性，因此深感十分“为难”①，尤其面对全国上下的反日义愤，更是不知所措。但是，由于日方的压力和帝制野心的驱使，袁世凯还是派出外交总长陆征祥和次长曹汝霖为全权代表，同日本公使进行秘密谈判。曹汝霖在向参政院报告时说：“政府兢兢业业，既不敢意存挑拨以速危机，又不敢轻言让步，自丧国权，惟苦请日使速行开议而已。”②

1915年2月2日起，中日交涉完全采取秘密会议的形式进行，至4月26日，双方共进行了25次正式接触。在双方的第一次会议时，日使日置益即提出：日本政府对于这次谈判，主张力求从速进行，要求中国政府不需作何讨论，只要对某号某条表示“是否同意”，态度十分蛮横；同时，日本又向东北三省、山东、津沽一带增兵进行威胁。5月7日，日本政府令驻京日使向中国外交部提出最后通牒，限于5月9日午后6时为止，给予满意之答复。这时，英国公使朱尔典出面危言耸听地说：“目前中国情形，至为危险，各国不暇东顾，为目前计，只有忍辱负重，接受要求，以避危机……我想大总统明白大势，知己知彼，决不轻自启衅。”③其余各使也来劝告，希望中国答应日本的要求。8日，袁世凯在其主持的有副总统黎元洪、国务卿徐世昌及左右丞、参谋总长、各部总长、各院院长、参政院议长等参加的决策会议上正式表态：“我国国力未充，目前尚难以兵戎相见……为权衡利害，而至不得已接受日本通牒之要求……”④5月9日午前，以袁世凯为首的北京政府，不敢也不能抵抗地屈服了——除第五号中各条言日后协商外，其余完全依照日

①《外交部致陆宗舆密电》，1915年1月20日，引自李新主编：《中华民国史》第二编第一卷（下），中华书局1987年版，第558页。

②马震东：《大中华民国史》，中华书局1932年版，第465页。

③凤冈及门弟子编：《三水梁燕孙先生年谱》，见来新夏主编：《中国近代史资料丛刊·北洋军阀》（二），上海人民出版社1993年版，第780页。

④凤冈及门弟子编：《三水梁燕孙先生年谱》，见来新夏主编：《中国近代史资料丛刊·北洋军阀》（二），第781页。

本政府的意旨予以承认。13日，袁世凯发布命令称："嗣后中国所有沿海港口湾岸岛屿，无论何国，概不允租借或让与"①，以履行第四号之要求。25日，又与日订约二件，换文十三件，将其余各号要求内容分别加以正式肯定。"二十一条件"是日本帝国主义以吞并中国为目的而强加于中国的单方面的条件，完全违背了国际关系的根本原则，严重损害了中国的主权。

袁世凯做贼心虚，深知接受如此卖国条件要遭到全国人民的强烈反对，必然直接影响其帝制的实现，所以在"二十一条件"签订后给各省官长一密电，表示对此深知其害，但又万般无奈，妄图为自己开脱罪责。其密电称："……此四者(指'二十一条件'中第一、二、三、四号——引者注)直以亡韩视我！如允其一，国即不国。牛马奴隶，万劫不复。予见此四条，曾向在京文武重要各员，警以予一息尚存，决不承诺，即不幸交涉决裂，予但有一枪一弹，亦断无听从之理，具此决心，饬外交部人员坚持磋商……予以保全国家为责任，对外则力持定见，终始不移，对内则抚辑人民，勿令自扰。将及四月，持之益坚，彼遂以最后通牒迫我承认。然卒将最烈四端，或全行消灭，或脱离此案，其他较重之损失，亦因再三讨论，得以减免，而统计已经损失权利颇多！疾首痛心，愤惭交集。往者已矣，来日方长。"②还传说袁将签订"二十一条件"交涉经过请人写成小册子，密藏起来，待日后公布于世，为其洗刷。然而无论如何，袁世凯亲批同意接受卖国条件的铁证是推不掉的。正如梁启超有所评曰："袁氏乃纯以个人利害为本位，而不知国家社会为何物……袁氏则以虚荣为性命，以谎言作日用饮食，以为国内外人皆可运小术以舞弄之，而不知以术乘时者，卒还以术自败。"③

①史俊民：《中日关系史》，北京同文印书局版，第126页；王芸生：《六十年来中国与日本》第六卷，天津大公报社1933年版，第332页。

②王芸生辑：《六十年来中国与日本》第六卷，第334页。

③梁启超：《袁世凯之解剖》，见《饮冰室合集》文集之三十四，中华书局1989年版，第10页。

对日本提出的“二十一条件”，以英美为代表的帝国主义列强为维护各自在华的利益迅速作出反映。在此必须指出美国对“二十一条件”的态度，从一开始，驻华美使芮恩施即“始终与闻此事之机密”，5 月 11 日，即袁世凯政府接受“二十一条件”的第三日，美国国务院又发出致中、日两国内容相同的照会：“凡关于损害美国之条约权利及旅华美国人民权利，与中华民国之政治权或领土权，并关于在华之国际政策（指门户开放政策——引者注）等结约或允许，无论已成未成，美国政府绝不承认。”这个照会看起来好像对日本要求之条件不加承认，实际上是向袁政府谋取与日本有同等利益的一个伏笔。时人谈及第一次世界大战后日、美在太平洋利益之冲突时，曾作过比较深刻的分析说：“原来日本是太平洋之主人自居者，是盛唱所谓大亚细亚主义者。日本若果如此，则欲分肥于太平洋及中国之美国，岂不是过屠门而空嚼？美国之所以处心积虑，必欲限制日本势力之发展者，即是欲打倒此太平洋之日本主人，打倒其大亚细亚主义，而代替以美国帝国主义也。”[①]果然，美国国务卿于 15 日又对驻中、日两国公使发出训令，明确了美国的意图，他在训令中说：“对驻在国政府声明，美国政府兹特声明，现在交涉中之条约，其中任何条款经中国政府承认而对在华外人之地位有所变更者，在最惠国待遇之下，美国政府亦将享有其利益。”[②]美国要求与日本利益均沾的真实面目于此就暴露无遗了。

在对日交涉过程中，袁世凯想利用日本与欧美列强在华利益的矛盾而牵制日本，所以一直看重英国。这时，英国见日本取消了在其势力范围长江流域修筑铁路的要求，便改变了原来“深表遗憾”的态度，英使朱尔典竟然还劝告袁世凯忍辱负重，接受要求。袁世凯见祈求欧美干涉的愿望已落空，更不敢再得罪日本，从而加

①张民生：《近代外交史》，上海民智书局 1933 年版，第 236 页。

②*Foreign Relations of United states*，1915，p. 147，见王芸生辑：《六十年来中国与日本》第六卷，天津大公报社 1933 年版，第 331 页。

速了接受日本通牒的过程。由此可见，各帝国主义国家完全是以保全自己的利益为出发点，它们在中国问题上的斗争完全是以牺牲中国为代价的讨价还价。

“二十一条件”签订后，立即遭到全国人民的强烈反对，正在日本筹划反袁斗争的孙中山尖锐地指出，承认“二十一条件”是袁“乘间僭帝而求助于日本”，是“甘心卖国”的罪恶行为①。而袁世凯为了转移人民的视线，在 1915 年 5 月 29 日发布了取缔革命党令，企图把卖国的罪名转嫁于人，内称：“欧战事起，我国宣言中立，举国一致，求得自卫。不图二三暴徒，天性好乱，辛亥革命，诬为自己之功，大言欺人，不顾人民之涂炭。亡命海外，日久不能逞志，私愤之结果，借外国之力，以起内乱，图卖国求荣之举，私与外人订结密约，或结托外国，捣乱本国，或以本国人民之权利，抵借巨款，垂首下心，奉献他族，以求自家须臾之欲望，其丧心病狂，至于此极，于是等乱党中之卖国行为，严行治罪。”②但谎言岂能蒙骗人民，群众的呼声直指袁世凯：“参政院非驴非马，不认其为民意机关，殊我国之今日，总统制施行中，元首代表国家，负其责任，故袁氏须负外交失败之责。”③中国人民为了捍卫民族和国家的利益，在全国各地掀起排除日货、反对卖国的浪潮，全国教育联合会决定将每年 5 月 9 日定为“国耻纪念日”，各省市人民纷纷举行抗议集会，誓不承认“二十一条件”，并要求惩办卖国贼。例如：在汉口屡次发生散发传单、抵制日货、砸毁日店等情事④。段芝贵急忙由武昌抽调军队前往协助日本军队进行镇压，他还向袁密报说：“武汉三镇人心颇形不靖，街谈巷议多属仇外之言”，“人人脑精中隐蓄一番愤激”，恐

---

①《总理为袁世凯承认日本二十一条复北京学生书》，见罗家伦主编：《革命文献》第六辑，台湾 1978 年版，第 51 页。

②马震东：《大中华民国史》，中华书局 1932 年版，第 488～489 页。

③马震东：《大中华民国史》，第 487 页。

④见 1915 年 4 月 4 日汉口镇守使杜锡钧函徐又铮、5 月 13 录事田森玉上徐又铮的报告(电稿)，中国社会科学院近代史所藏。

“再有特别事故发生”[①]。在烟台商人相戒不卖货物给日人；在厦门有禁用日人通货之檄文散布各处；在福州则早自3月26日起，台湾银行发行之支票，市场一概不交易，又散发排斥日货之印刷物，对于日本人绝对不贷借房宇等[②]。在国外，留日、留法学生到处奔走呼吁，向国内发回电报，坚决反对签订“二十一条件”[③]。旧金山、纽约等地也都准备筹款来支援，爱国华侨蔡自强提回外国银行存款600万元，又拟变卖不动产凑足1000万元捐为军费，乞请政府与日决一死战[④]。除此之外，我们也可以从袁政府的官方文件中看出中国人民的反抗情绪，袁世凯在5月26日曾申令全国，说明这些反抗运动只是因为“有倡乱之徒早已甘心卖国，而于此次交涉之后，反借以为辞，纠合匪党，诪张为幻，或谓失领土，或谓丧主权，种种造谣，冀遂其煽乱之私”；因之命令各省文武各官，“倘各该地遇有乱徒藉故暴动，以及散布传单，煽惑生事，立即严拿惩办”[⑤]。甚至还贼喊捉贼地于6月22日公布《惩治国贼条例》，规定：“本国人民勾结外国人之行为者为国贼，治以卖国罪”，“私与外国人订立契约，损害本国国家之主权者”为卖国罪，“犯卖国罪之国贼处死刑”。这些命令，一方面表现了袁世凯企图利用暴力以镇压反抗，另一方面也反映出当时反抗“二十一条件”的群众运动已不是一城一地，而是遍及全国。自此开始，袁、曹、陆卖国贼的丑像已经是十目所视、十手所指，为全国人民所唾弃，“废除二十一条件”成为全国人民一致的信念。由于中国人民持续的一致反对，“二十

---

①《段芝贵致王士珍函》(1915年5月17日)，引自李宗一：《袁世凯传》，中华书局1980年版，第316页。

②黄远庸：《新闻日记》1915年4月9日，《远生遗著》卷四七，上海商务印书馆1920年版。

③毕公天：《辱国春秋》，上海辱国春秋社1915年印，第180～181页；阿英：《近代外祸史》，上海潮锋出版社1947年版。

④吴玉雨：《纤悉无遗》乙卯二月二十一日条(稿本)，南开大学图书馆藏。

⑤白蕉：《袁世凯与中华民国》，人文月刊社1936年版，第147页。

一条件”的要求终于没有能够实行。

## 三、“洪宪”帝制丑剧的出台

### 1. 袁氏徒党的“劝进”活动

“二十一条件”交涉的过程，充分暴露了袁世凯为一家一姓和军阀集团的利益而不惜丧权辱国的面目，遭到全国人民的反对。虽然袁世凯身背骂名，但他仍一意孤行，坚持将帝制的实行推入了“劝进”阶段。相应地，袁氏徒党也渐渐分成三类：

第一类是以“筹安会”名义进行活动的一些政客。

8 月 23 日，立宪党政客杨度纠合一些政客、叛徒组织的“筹安会”在北京成立。在由杨度亲自起草的“筹安会”成立宣言中攻击共和政体说：“我国辛亥革命之时，国中人民激于情感，但除种族之障碍，未计政治之进行，仓猝之中，制定共和国体，于国情之适否，不及三思，一议既倡，莫敢非难。深识之士，虽明知隐患方长而不得不委曲附从，以免一时危亡之祸。故自清室逊位，民国创始，绝续之际，以至临时政府正式政府递嬗之交，国家所历之危险，人民所感之痛苦，举国上下，皆能言之，长此不图，祸将无已。”宣言还以南美各国内乱的恶例，证明共和制度之不适用，并以袁世凯的洋顾问古德诺的理论为根据，标明该会“以筹一国之治安”为目的[①]。在成立启事中更标举该会宗旨是“专以理学之是非与事实之利害”来研究君主和民主“二者以何适于中国”[②]。筹安会的主要人物除杨度外，还有孙毓筠、严复、刘师培、李燮和、胡瑛等六人，他们有的是立宪党人，有的是革命的叛徒，被世人谑称为“筹安六君子”。筹安会的成立标志着袁世凯的帝制已进入到一个公开推行的时期了。

---

①《筹安会成立宣言》，见全国请愿联合会编：《君宪纪实》，1915 年 8 月 23 日，北京法轮印书局 1915 年版。

②《筹安会启示》，见全国请愿联合会编：《君宪纪实》，1915 年 8 月 23 日。

杨度在筹安会成立之后，发表了一篇洋洋洒洒题为《君宪救国论》的大文，在这篇文章中，主要阐述了两大论点：其一是反对共和立宪，其二是主张君主立宪，而归结在袁世凯必须称帝这一点上。他首先用许多荒谬的例证形式地说明共和既不能富国，又不能强国，进而申言共和种种不可，于是下一结论说："富强、立宪之无望，皆由于共和"，而"富强无望，由于立宪无望，立宪无望，由于共和"。因此他提出的主张是"今欲救亡，先去共和"，"非立宪不足以救国家，非君主不足以成立宪；立宪则有一定之法制，君主则有一定之元首，皆所谓定于一也。救亡之策，富强之本，皆在此矣"①。袁世凯对于杨度这种似是而非的可笑逻辑是极表欢迎的，因为在古德诺的外国货以外，又出来杨度这一种"土产"，足见帝制一事，已是中外一致的舆论要求，这就无怪乎袁世凯赞叹杨度为"旷世逸才"了。

筹安会的这班人物进行活动的目的，是想更进一步接近政权，以便能在将来的新朝享有高官厚禄。他们在袁世凯"研究自由"的庇荫下，"自由"地鼓吹帝制，这与共和国的存在是极不相称的，因此当时有些在政治上幼稚或不了解内情的人，或者请求惩治，或者起来询问，肃政厅为此还曾呈请取消筹安会，呈文说："自筹安会成立以来，虽宣言为理学之研究，然各地谣言蜂起，大有不可遏抑之势。杨度身为参政，孙毓筠曾任约法议长，彼等唱此异说，加以函电交驰，号召各省军政两界，各派代表加入讨论，无怪人民惊疑……应恳请大总统迅予取消，以靖人心。"②但是袁对待这个问题与以前处理复辟谣言问题的态度不同，所以内务部也就逢迎其意旨，呈复说："该会发起人，皆学识宏通，声望卓著之才，于此项讨论界说范围，亦已郑重声明……倘认为有扰乱秩序之虞，及其他秘密之行为，警察官吏，职有专司，自当加以干涉"③。口气十分缓

①《东方杂志》第12卷第10号。

②白蕉：《袁世凯与中华民国》，人文月刊社1936年版，第244页。

③马震东：《大中华民国史》，中华书局1932年版，第550页。

和，并没有强加限制。有人请诛倡言复辟的筹安会分子，袁世凯即以筹安会是绩学之士研究君主、民主制优劣的组织，与政治无关作答复，这就无形中承认了筹安会的合法存在。由此事实上筹安会的性质和用途也就昭然若揭了。筹安会对袁也确实极尽效忠之心，他们向各省将军、巡阅使、巡按使、都统、护军使等地方军事长官和各省商会连发通电，鼓动“废除共和，改立君主”①；他们大施文人之所长，进行各种宣传，尤其是以诋毁国民党来抬高袁的地位和声望。筹安会还斥资悬赏征文，撰《国贼孙文》、《无耻黄兴》二书，每书印行10万册，发布全国。袁世凯也印过为自己吹嘘的“政治小说”《袁世凯》，说他在驻朝鲜时期就富有民族革命思想，并力诋孙、黄②。筹安会原订计划是先电请各地派代表来讨论国体问题，讨论好即向参政院请愿。后来，时势发展太快，于是取消讨论，改采投票决定国体，但各省代表尚未到齐，票决也来不及了，便索性由筹安会用各地旅京人士名义起草请愿书，于9月1日参政院开会前就匆匆投递进来，于是参政院就假戏真做地审查这些请愿书了。纵然如此，袁世凯还是嫌筹安会的步伐赶不上他想当皇帝的急切心情，因此不到一个月，筹安会便因另一个推行帝制的团体——“全国请愿联合会”的积极活动，而失去了它的作用。最后筹安会不得不改称“宪法促进会”来扮演为帝制摇旗呐喊的配角。实际上这一撮丑类在完成了鼓吹帝制号筒的作用之后，便被冷落在一旁了。

第二类是握有武装实力的一些军阀。

袁世凯本是北洋军阀集团的首脑。他从清末以来，就靠北洋新军收集了一大批大小文武爪牙。随着北洋军阀集团统治的发展，其左膀右臂占据了中央要津，重要部属也分布到各省占有一定

---

①《筹安会议决君主制通电》，见全国请愿联合会编：《君宪纪实》，1915年8月14日，北京法轮印书局1915年版。

②阿英：《袁世凯的反革命文艺宣传》，《光明日报》1962年4月26日。

的地盘，这些人构成了袁世凯手下握有兵权的实力派。他们由于地位不同，对袁世凯的帝制持不同的态度。地位高的如徐世昌、段祺瑞和驻在南京、为南方重镇的冯国璋，论资历和权势，都自认有继袁之位的可能，如果实行帝制，不但这种可能完全失掉，而且还要向袁世凯的子孙称臣跪拜，于心实有不甘，所以对于帝制虽然尚未公开反对，但并不热心。然而那些分布在地方上的军阀段芝贵、倪嗣冲等，他们知道自己不可能取得最高地位，因此只要保住地盘，巩固既得利益，那么共和也好，帝制也好，都能无所可否。所以在袁世凯"轰轰烈烈"进行帝制时，他们便积极通电拥护，公开支持，甚至危言威吓，谁敢出来反对，他们就要"首先起问其罪，担当诛锄，以去异己"①；段芝贵并联合十四省将军以武力为后盾，拥袁登位②。袁世凯所重视的是后者，因前者"功高主忌"，袁世凯还在想法削弱他们的势力呢！

这里需提及全国闻名的帝制派张勋。他始终拥护帝制，反对共和。然而他所拥护的是旧皇帝而不是新皇帝，这个辫子军的领袖在袁的帝制将要成熟的时候还打电报给袁世凯，要他保护清帝、诸妃及财产，守护陵寝等等。袁世凯只给予表面应付，急欲冠冕登极的袁世凯对这个怪物早已经不屑一顾了。

第三类是以"全国请愿联合会"名义进行活动的一些官僚。

当杨度积极谋取权利的时候，袁世凯手下的旧官僚梁士诒、朱启钤、周自齐、张镇芳等，眼看帝制问题日益凸显，帝制的活动也日益嚣张，为了使自己继续在新朝获得显宦地位，他们不失时机地组织了一个"全国请愿联合会"，用了许多"代民请命"的口吻，发表了发起宣言："民国肇建，于今四年，风雨飘摇，不可终日，父老子弟，

---

①《吉林孟将军电》，见全国请愿联合会编：《君宪纪实》第一册"函电"，北京法轮印书局 1915 年版，第 34 页。

②十四省将军是：广东龙济光、湖北王占元、陕西陆建章、河南赵倜、山西阎锡山、云南唐继尧、浙江朱瑞、湖南汤芗铭、江西李纯、安徽倪嗣冲、山东靳云鹏、四川陈宧、吉林孟恩远、黑龙江朱庆澜。

苦共和而望君宪，非一日矣……二十二行省及特别行政区域暨各团体……其所蕲向，则君宪二字是已……同人不敏，以为我父老子弟之请愿者，无所团结，则有如散沙在盘，无所榷商，则未必造车合辙，又况同此职志，同此目标，再接再厉之功胥以能否联合进行为断，用是特开广座，毕集同人，发起全国请愿联合会……此后同心急进，计日成功，作新邦家，慰我民意。”[①]这一类人物对于袁世凯的内心了解得最为深刻，所以对帝制表现得尤为激进，他们发起三次所谓“全国”性的请愿，吁请袁世凯“应天顺人，早正尊位”[②]。他们在制造民意，加速帝制的实现方面，用了很大的心计，因此，“全国请愿联合会”很快成为帝制实际行动的领导者，取筹安会地位而代之了。随着“全国请愿联合会”的出现，又有各种请愿团闻风而起，其中有“乞丐请愿团”、“妓女请愿团”等等名目，更有所谓直隶、河南等省的孔教徒组织孔社，也纷纷恭请“早定君主立宪”、“复尊君亲上之本”[③]，使这场帝制闹剧更显得光怪陆离，五光十色。

可笑的是，还有一批清室遗老，他们对帝制尤有癖好，误以为喧嚣一时的帝制潮是复辟旧朝的时机，如曾在庚子年上书请取缔“拳匪”的吴桥县令劳乃宣，早在辛亥革命后不久就写过一篇《共和正解》，大意据周代故事，谓君幼不能行政，公卿相与和而修政，故称共和，因而目前所谈的共和，应该是君主政体而非民主政体，并历言中国不能行民主之制。这篇“正解”一直没有发表，到了民国3年6月，劳乃宣在帝制狂潮中又写了《共和续解》，以表示自己对帝制早有预见，并说袁世凯会像伊尹那样辅佐清室幼主复辟。他将正续二解合印为《正续共和解》，还声言曾由袁世凯过目，自以为为袁世凯找到了帝制根据。但这位遗老昏聩而可怜地引经据典所

①白蕉：《袁世凯与中华民国》，人文月刊社1936年版，第255～256页。

②《全国请愿联合会呈文》，见章伯锋、李宗一主编：《北洋军阀》第二卷，武汉出版社1990年版，第980页。

③全国请愿联合会编：《君宪纪实》第一册，北京法轮印书局1915年版。

作的皇皇大文，不仅太违悖时势，而且也批了袁世凯的逆鳞，这就无怪乎袁世凯对他做了一回“交内务部查办”的官样文章。

由于袁世凯的徒党做好了应有的准备，“洪宪”帝制的帷幕即将正式揭开了。

1915年9月1日，参政院开始审查由筹安会代办而呈递进来的请愿书。6日，开会讨论国体问题时，袁世凯派政事堂左丞杨士琦到院发表宣言谓：“……本大总统之地位本为国民所公举，自应仍听之国民……改革国体；经纬万端，极应审慎，如急遽轻举，恐多窒碍……如征求多数国民之公意，自必有妥善之上法。”①暗示需采取利用所谓“民意”的办法。20日，参政院即议决两种办法：或“召集国民会议，为根本上之改决”，或“另筹征求民意妥善办法”。袁世凯同意了前者。但是帝制活动中的官僚派却认为国民会议的召集未免过慢，于是就由梁士诒主使“请愿联合会”再次请愿，要求立即议定召集征求民意机关之办法。28日，参政院又开会议论，梁士诒又以参政身份主张制定国民代表大会组织法。院外主持请愿的是梁士诒，院内提出主张的仍是这个梁士诒。自唱自和正是“洪宪”帝制的特色之一。10月2日，参政院即拟定了《国民代表大会组织法》，8日，袁世凯即将其公布，使“洪宪”帝制就有了一个“合法”的统一指挥机构。至此，“洪宪”帝制的准备工作大体告成。

在这时候，“请愿联合会”发挥了它的积极作用，它在向参政院请愿的同时，又向各地发电，指示各地监督长官如何操纵利用公民大会，如何利用各种名义，如何向代表疏通意见，甚至把推戴书中的字样也加以规定。这些电文，后来在反袁的护国战争中被一些独立省区揭露出来，于是袁世凯制造民意的真相大白于世。这里仅引四个电报便可窥其一斑：

10月7日朱启钤发出的电文中一再叮嘱：“国体投票解决后，应用之国民推戴书文内，有必须照叙字样曰：国民代表‘谨以国民

①白蕉：《袁世凯与中华民国》，人文月刊社1936年版，第257页。

公意，恭戴今大总统袁世凯为中华帝国皇帝，并以国家最上完全主权奉之于皇帝，承天建极，传之万世'。此四十五字万勿丝毫更改为要。再，此种推戴书在国体未解决之前，希万分秘密。"①

同日朱启钤等十人发出电文说："国民代表大会推戴电中须有'恭戴今大总统袁世凯为中华帝国皇帝'字样，委托参政院为国民代表大会总代表电，须用各省国民大会名义，至商、军、政各界推戴电签名者，愈多愈妙，将来宣诏登极时，国民代表大会及商、军、政各界庆贺书亦请预拟备用。"②

10 月 11 日朱启钤等十人发出电文说："每县初选当选人来省报到，必须设招待员，或派员疏通意见，再由监督官以谈话、宴饮为名，召之至署，将君宪要旨及中国大势，并将拟定充选之人名示之，须用种种方法，总以必达目的为止。"③

11 月 11 日国民会议事务局发出电文说："京外官署往来密商之件，实为治乱安危所系，设或稍有泄露，转蹈事机不密之嫌，而事关国本，密件若传于道路，尤恐贻政治历史之污。此节对内对外，动关国家威信，务望特派亲信人员，严密保管。"④

帝制的准备工作在紧锣密鼓地进行之中，袁世凯却又担心操之过急而泄露"天机"，故意于 11 月 23 日发表了一篇复辟运动惩制令："……岂知现当国基未固，人心未靖之时，似兹谬说流传，乱党将益肆浮言，匪徒且因以煽惑，万一蹈瑕抵隙，变生意外，势必至妨害国家者。倾覆清室，不特为民国之公敌，且为清室之罪人，惟大总统与人以诚，不忍遽为诛心之论，除既往不究外，须知民主共和，载在约法，邪词惑众，厥有常刑，嗣后如有造作谣言，或著书立说及开会集议，以紊乱国宪者，即照内乱罪，从严惩办，以固国体，

①《朱启钤等致各省请于推戴书中照四十五字并嘱秘密电》，见《民意征实录》，云南政报发行所 1916 年版，第 3 页。

②李剑农：《戊戌以后三十年中国政治史》，中华书局 1965 年版，第 209 页。

③李剑农：《戊戌以后三十年中国政治史》，第 209 页。

④李剑农：《戊戌以后三十年中国政治史》，第 210 页。

而遏乱萌。”①此种作态明眼人一看便知，这不过是一出经过巧妙安排的政治双簧而已。

### 2.“国民代表大会”及其选举

在“国民代表大会组织法”公布后，从10月25日起，全国各地即开始选举国民代表和进行国体投票，到11月20日全部告竣。如此神速的进展，令人不可想像。事后曾有报纸揭露各省运作投票的内幕称：“犹忆某君谈及某省国民代表投票情形，谓当时各地代表齐集省城，即有军民两署派员前来接洽，嘱以必赞成帝制，必举袁世凯为帝。及投票之日，军署自大门以至投票处，军警夹道，背枪荷戈，各代表于刀枪林立之中，鱼贯而入，其心已不能无惧。及入场，所谓将军者，又戎服登坛，慷慨以谈帝制之有利于中国，投票纸上又仅有君主立宪字样，并非谓帝制与共和并列，此反对二字，遂愈觉下笔为难矣。投票已毕，即有职员捧出预定之推戴书，各代表哄然聚观，职员又厉声谓，诸君何必纷扰，一言以蔽之，举袁世凯为皇帝而已，为时已晚，望诸君从速签名，不然者，恐今日将不及出门矣。诸代表无法，遂一一遵教，到底未尝知推戴书中如何措词也。签名既毕，又有职员发起高唱‘大皇帝万岁’三声，然当时众志不齐，声口不一，竟有误呼‘中华民国万岁’、‘大总统万岁’者，职员大怒，谓这回不算，卒另选六七人于室隅，重唱‘大皇帝万岁’三声而罢……且闻浙江直隶二省代表确有当场明明书反对字样而一转瞬间竟变为赞成票者。”②全国各省的这种活动与中央有着一条看不见的黑线联贯着，它们彼此间的一牵一引的关系推动了“帝制”的日趋成熟。梁启超曾经有一段很具体生动的文字描写了这种牵线关系。他说：“自国体问题发生以来，所谓‘讨论’者，皆袁氏自讨自论；所谓‘赞成’者，皆袁氏自赞自成；所谓‘请愿’者，皆袁氏

①马震东：《大中华民国史》，中华书局1932年版，第403～404页。

②《惩办罪魁之协议结果》，《申报》1916年7月13日，见《人文月刊》第5卷第6期。

自请自愿；所谓‘表决’者，皆袁氏自表自决；所谓‘推戴’者，皆袁氏自推自戴……此次皇帝之出产，不外右手挟利刃，左手持金钱，啸聚国中最下贱无耻之少数人，如演傀儡戏者然。由一人在幕内牵线，而其左右十数嬖人蠕蠕而动，此十数嬖人者，复牵第二线，而各省长官乃至参政院蠕蠕而动，彼长官等复牵第三线，而千七百余不识廉耻之辈，冒称国民代表者，蠕蠕而动……”[①]这就是“洪宪帝制”活动的一幅图画！

1915 年 12 月 11 日，参政院开会汇查选举结果：全国国民代表共 1993 人，得主张君主立宪票 1993 张，并都附有同样文字内容的推戴书：“恭戴今大总统袁世凯为中华帝国皇帝”。于是参政院即以国民代表大会总代表的名义上书“劝进”。袁世凯仿照过去篡夺政权的那些皇帝的样子，当天退回劝进书，并咨文答复参政院表示谦让，要求人们“谅解”他不愿做皇帝的“心意”，理由是：“民国初建，本大总统曾向参议院宣誓：愿竭能力发扬共和，今若帝制自为，则是背弃誓词，此于信义无可自解者也。本大总统于正式被举就职时，固尝掬诚宣言，此心但知救国救民，成败利钝不敢知，劳逸毁誉不敢计，是本大总统既以救国救民为重，固不惜牺牲一切以赴之……尚望国民代表大会总代表等，熟筹审虑，另行推戴，以固国基。”[②]当日，参政院又开会决定“再劝进”，于是又在 15 分钟内“草成”了长达两千余字的第二次劝进书，当晚进呈。第二次劝进书极尽歌功颂德之能事，自袁小站练兵发迹始，列述了袁镇压义和团、任官北洋、出任总统、镇压“二次革命”、勾结列强、庇护清室等行为为大恩大德，最后称曰：“我皇帝惟知以国家为前提，以民意为准的，初无趋避之成见，有何嫌疑之可言？而奚必硁硁然守仪文之信

①梁启超：《袁世凯伪造民意密电书后》，《盾鼻集》卷二《论文第四》，商务印书馆 1916 年版。

②马震东：《大中华民国史》，中华书局 1932 年版，第 528 页。

誓也哉！要之我皇帝功崇德茂，威信素孚，中国一人，责无旁贷。"[1]第二次劝进书呈上后，袁世凯便没有古圣先贤那种一让再让的修养，不能再忍耐了。次日即承认接受帝位。

12月13日，袁世凯公开接受朝贺并大加封赏，同时申令禁止反对帝制。回想5、6月之交他曾对美报记者宣言："吾之国体，既同于美，以后惟有奋力前进，以期发展真正共和之精神。"又日本喧传帝制风潮时，袁曾明确表示："第一次革命之际，清皇族中，曾议以帝位让余，而余不受，胡今忽欲取之。果其取之，是欺人孤儿寡妇，不仁不义，余何忍为。且由中国历史观之，帝王数代必逢革命，子孙绝灭，贻祸无穷。即曰君主立宪，亦终不能不依君主其人以为兴替。余若为皇帝，是自绝其似续，而无益于国家，人虽至愚亦不至此。"[2]仅事隔半年，便一切皆非，当时《申报》译载《字林西报》的北京通讯中曾有这样一段讥讽深刻的评论说："……政界中握权者，诚有愿袁世凯为皇帝之人，兹固无待疑问，所异者，袁氏偏于此时表示不赞成帝制之意……袁总统实有种种不可作皇帝之理由，方清廷促其出山，授以大权时，袁矢誓效忠满室，后清廷自知人心已去，遂以组织共和政府之权付诸袁氏之手；今袁氏可以取退位宣统帝之宝座而无愧色乎？袁氏对此问题，已自辩其无他。袁又曾宣誓效忠民国，必不违背共和精理；今袁氏可以自食其言乎？袁氏又自谓决不食言矣。总统命令中煌煌然谓：自束发从师以来，即醉心共和；今袁氏可以废除其幼年即已信仰之共和，而使其身为天下笑骂之的乎？袁既从事清廷，又倾向共和，今若改其素志，卒践帝位，殊无以自解矣！"[3]

《中华新报》也于1915年10月12日发了一篇题为《所谓正确之民意》的评论，对袁世凯玩弄的"民意"揭露得极为深刻，其中称：

---

①马震东：《大中华民国史》，中华书局1932年版，第529～533页。

②李剑农：《戊戌以后三十年中国政治史》，中华书局1965年版，第203页。

③白蕉：《袁世凯与中华民国》，人文月刊社1936年版，第246～247页。

"所谓正确之民意，即寄之于国民代表大会，而国民代表之选举，即寄之于各军民长官严加干涉，非赞成帝制者，不使与之列。与其谓之'民意'，不如谓之'官意'；与其谓之'官意'，不如谓之'帝意'。盖正确云者，乃以兵力正定名，确乎其不可拔，遂负人民之公意而趋也。"

### 3. 袁世凯接受帝位

1915年12月12日，袁世凯正式申令承认帝位，在申令中又节据参政院的奏文，把残害人民及投靠帝国主义等许多罪行说成是有"经武"、"匡国"、"开化"、"靖难"、"定乱"、"交邻"的六功，并把自己过去的宣誓共和辩解为"民国元首循例之词"和"就职仪文之一"，现在"国体已变，民国元首之地位，已不复保存，民国元首之誓词，当然消灭"①。袁世凯把心理障碍洗刷干净，然后便心安理得地去做皇帝了。请愿联合会在完成了"推戴"活动后，向各省发出的通电却又露出了马脚，其中说：

> 各种公文，无论若何秘密，仍将流为一种永久的记录。且一旦为外人所知，则我人不能逃严厉之评论及剧烈之攻击，而使新朝历史开篇留一污点。中央政府，思维再四，决将各种公文，分别焚毁之；俾非必要之记录，及种种缺憾，尽行掩灭。职是之故，务请君等捡出各种官私文件书札，不论接自北京或各省，除依例登入记录者外，亲临监视而焚毁之。②

19日，早已准备好的大典筹备处公开了③。以朱启钤为处长，梁士诒、周自齐、张镇芳、杨度、孙毓筠为处员，这班人马，为袁世凯的上台极尽其悖谬之能事。其实自11月开始，内务部已通知各省

①白蕉：《袁世凯与中华民国》，人文月刊社1936年版，第283页。

②白蕉：《袁世凯与中华民国》，第273页。

③《政府公报》1915年12月20日。

将军、巡按使及镇守使，宣称袁氏登极将“融贯中外”，“成一朝之盛典”[①]，而各省文电此时已经对袁世凯改称“大皇帝陛下”了，前称官职也均改称“臣”。大典筹备处公开后，首先对袁手下的得力亲信四十九人封爵，并定于次年5月前举行学绩试验之道试及京兆属县试。22日，申令“革除太监名目，内庭供役改用女官”，加衍圣公孔令贻“郡王”衔，中华门改称“新华门”，中和殿改名“礼元”，由朱启钤亲自派人监督各宫殿的修造工程。年号、国旗、朝服，以及册立皇后、皇储典礼暨皇帝临事一切之仪仗都在加紧进行。12月31日，大典筹备处又通告各部，自1916年1月1日起，“所有奏咨，一切文牍只署洪宪元年某月某日”[②]。即使这样，袁世凯还急不可耐，曾面谕“如有疑难不易解决之事，可以随时面请训示，勿用公文奏请，以免周折”[③]。

典礼的筹备规格极为奢侈，如御用冠服、宫内铺陈，极求美备。御座早经招工雕镌，12月中旬完竣，值40万元；袜一双，值80元；金质御宝五颗，价60万元；玉质国玺一方，价12万元；御用銮仪借自清室，修理添置之费，亦在数万元以上，皆由财政部支付[④]。关于“洪宪”帝制的费用，根据后来护国军开列的媾和条款所列，数目约在6000万元，但有账可查的约在3000万元。其中仅筹安会运动费约二三百万元，用于收买报馆、收买名士文章，各代表恩给金，杨、孙之报酬金等，秘密用出的则不得详数。这笔费用的由来，有借款，有救国储金，有各种税款及鸦片专卖之类[⑤]。全国请愿联合会的发起人、当时正任全国税务督办的梁士诒，亲自为帝制筹款，

---

①内务部档案，中国第二历史档案馆藏档，引自陈长河：《关于袁记“大典筹备处”成立时间问题》，《史学月刊》1989年第1期。

②北洋军阀史料编委会：《天津历史博物馆藏北洋军阀史料》袁世凯卷(2)，天津古籍出版社1992年版，第922页。

③大同学会：《中华民国革命建国史》卷三，上海新光书店1929年版，第96～97页。

④大同学会：《中华民国革命建国史》卷三，第96～97页。

⑤黄毅：《袁氏盗国记》，上海国民书社1916年版，第138～139页。

他以禁烟为名，征收港、沪关栈所存印土6000箱，每箱值4500元，计可得巨款2000余万元，用作帝制经费①，由此也可见帝制运动的龌龊肮脏了！

袁世凯称帝前夕的一项重要举措，就是对维持其统治的支柱——北洋军阀集团的一大批文武官吏给予封赏，多是各省将军、巡按使、护军使、镇守使及师、旅长等，按公、侯、伯、子、男次第授予爵位。一等公有龙济光、张勋、冯国璋、姜桂题、段芝贵、倪嗣冲。二等公有刘冠雄。一等侯有汤芗铭、李纯、朱瑞、陆荣廷、赵倜、陈宧、唐继尧、阎锡山、王占元。一等伯有张锡銮、朱家宝、张鸣岐、田文烈、靳云鹏、杨增新、陆建章、孟恩远、屈映光、齐耀林、曹锟、杨善德、雷震春。一等子有朱庆澜、张广建、李厚基、刘显世、陈光远、米振标、张文生、马继曾、张敬尧。二等子有倪毓棻、张作霖、萧良臣。一等男有许世英、张怀芝、徐邦杰等37人。二等男有王祖同、王怀庆、刘存厚、周骏等19人。三等男有何丰林、臧致平、马福祥、李长泰、杨以德等30人。袁世凯颁布的"锡爵令"申明这些将吏"或屡建殊勋、或力勘变乱、或防守边塞、或保护地方"，总之，为北洋军阀集团的统治曾建树"劳绩"，是该集团的骨干力量，受其嘉奖，今后当更会为其尽效犬马之劳。

经过这一番准备，12月31日袁世凯下令改次年为"洪宪"元年，准备正式登极。

## 四、护国战争

### 1. 反袁联合阵线

在袁世凯积极推行帝制的同时，中华革命党、国民党温和派、进步党和发动护国战争的西南军人，在反对袁世凯的共同目标下，

①周志俊：《袁世凯帝制活动与粤皖系之争》，《文史资料选辑》第十三辑。

结成了联合阵线。但他们在反帝制斗争中却包含有不同的态度。

中华革命党是“二次革命”失败以后，孙中山在日本集合了国民党中的激进派而组织起来并有别于国民党的一个政党，它成立于1914年7月8日。目的是在“二次革命”之后继续进行倒袁活动，重新建立革命政权，并力图恢复同盟会的革命精神。但是，这时的中华革命党不仅在群众中已经没有辛亥革命时同盟会所具有的那种威信，而且本身也存在相当严重的弱点：它鉴于过去内部分裂的教训，而使自己成为一个狭隘的秘密结社性质的组织。它不仅没有提出与党外人士合作的办法，而且还在党员中划分了严格的等级，如在党章中规定：“凡在革命未起义前进党者，名为首义党员；凡于革命军起义之后、革命政府成立以前进党者，名为协助党员；凡于革命政府成立之后进党者，名曰普通党员”；这些名目不同的党员日后将成为不同名目的公民，而享有不同的权利，如“首义党员，悉隶为元勋公民，得一切参政执政之优先权利；协助党员，得隶为有功公民，能得选举及被选举权利；普通党员，得隶为先进公民，享有选举权利”①。这种用个人利益来吸引党员的做法，不仅造成政党与人民群众分离，同时也造成政党内部的不一致。它在组织问题上，强调直接服从孙中山个人，即所谓“附从孙先生再举革命”②，把是否服从孙中山看作是革命的标尺；并在入党手续上采取了会党的很多落后而具有强迫性的办法，因之使得一部分原来的国民党党员拒绝参加，其中有些则跑去为进步党摇旗呐喊。它在党章上虽然规定了反袁的纲领，但却没有提出反对袁世凯等所依附的帝国主义的纲领。这些都是中华革命党本身所存在的弱点。中华革命党在反袁的实际行动上也有一定的缺点：它一方面相信军事冒险，而不是真正地深入组织民众；另一方面又把战胜袁世凯的希望寄托在列强操纵中国的政策上，主要是想依靠日本。中华革命党先

①邹鲁：《中国国民党史稿》第一篇，商务印书馆1947年版，第162页。

②邹鲁：《中国国民党史稿》第一篇，第159页。

后于1914年6月至10月在苏、浙各地起义，1915年12月又组织上海肇和军舰的起义，结果都失败了。同时派往山东、陕西、四川、云南、广东、江西各省活动的党员也多侧重于联络军队，没有广泛地发动群众。中华革命党无论是纲领、政策以及它的实际行动，都没有明确的代表民众利益的东西。因此，它的背后也就缺乏可靠的支持力量，而只能成为资产阶级和小资产阶级代表人物的小团体。在反袁斗争中，中华革命党虽然态度相当坚决，为护国运动作出了可贵的贡献，但终究未能成为反袁联合战线中的领导力量。

国民党温和派的主要人物有李根源、钮永建、陈炯明。他们也是在国民党被解散后逃至日本的，但是他们在中华革命党的组织过程中，因反对其中的某些规定，而站在中华革命党之外。他们没有什么正式组织，对于反袁世凯不主张“急进”，而主张“缓进”。后来，他们以“欧事严重，集同人人讨论”为名，组成所谓“欧事研究会”的组织，其中有些人是想借此作为日后政治活动的基础，也还有人主张拥护与革命不相干的岑春煊来作领袖。在袁世凯帝制完全公开进行时，欧事研究会渐向国内活动，与国民党残留在国内的国会派和进步党联合，参加了反袁联合战线。如李烈钧出任护国军第二军总司令，熊克武、陈炯明等也参加了反袁的武装斗争。

进步党原来是袁世凯的帮闲党，他们本是忠心耿耿于袁世凯统治的，在袁攫取大总统宝座和镇压“二次革命”中都是奔走效劳者。他们对于帝制并不反对，甚至是赞成“开明”专制的，对于袁世凯的帝制曾从侧面提出过更为“稳妥”的办法，但却已不能为急不暇待的袁世凯所接受，而当筹安会出现后，他们看到反袁声浪日高，帝制成功希望渺茫，在民族资产阶级上层与袁世凯封建专制矛盾的利害冲突下，以梁启超为首的进步党从拥袁转向反袁。1915年8月20日，梁启超的《异哉所谓国体问题者》一文首在《大中华》杂志上发表。由于帝制的不得人心和梁启超在社会上已有的声望，遂使此文传诵一时，产生广泛影响，梁启超也一变而为反袁健将。他在文章中表明的态度是：“生平持论，无论何种国体皆非所反对，惟在现行国体之下，而思以言论鼓吹他种国体，则无论何时皆反对之。”又说：“吾侪立宪党之政治家，只问政体，不问国体”，“故以为政体诚能立宪，则无论国体为君主为共和，无一而不可也；政体而非立宪，则无论国体为君主为共和，无一而不可也”①。这就是进步党所希望的“以共和之名，行专制之实”的主张。但是袁世凯在这时要的是“名实相符”，要的是皇冠龙袍，当然不会赞成进步党这种需要“稍假岁月”的办法。进步党意料到袁世凯的操之过急，会有人起而反对的，也意料到国民党是会反对的。尤其进步党已从民元以来所遭到的屡被遗弃的臣妾命运中开始“觉悟”了。梁启超检讨了过去的“曾无尺寸根据之地，惟张空拳以代人呐喊，故无往而不为人所劫持，无时不为人所利用”，如果在现在全国反袁势力高涨时“不自树立”，那将会被别人占先，届时“我为牛后，何以自存”②！对中华革命党的一些做法和主张，在进步党看来，终究还是过激了些，因此为免于再蹈覆辙，为人“牛后”，不如乘势以控制反袁局面而自求“树立”。于是，便联络西南军人，积极策动军事倒袁，以力争反袁联合战线中的领导地位，虽然梁启超的活动推动了各派反袁力量的大联合，但它并没有达到这一目的。所谓“进步党”或梁启超发动和领导护国战争的观点，很大程度上是由于梁启超所做舆论的错觉。

“二次革命”之后，各种政治势力的斗争更加错综复杂。作为资产阶级和小资产阶级政治代表的革命派，在斗争中表现了软弱性，他们没有明确地代表人民利益的东西，故而便逐渐失去了人民的信任。虽然他们也在反袁斗争中起过一点积极的作用，但无力作为广大人民群众的代表站在斗争的前列。当时的无产阶级虽然在逐步壮大，但还未形成政治斗争的领导阶级。于是，这场反袁斗

---

①梁启超：《异哉所谓国体问题者》，《盾鼻集》卷二《论文第四》，商务印书馆 1916 年版。

②梁启超：《致籍亮侪、陈幼苏、熊铁崖、刘希陶书》，《盾鼻集》卷二《函牍第二》。

争便出现了这样的情形：运动既是广泛的，却又缺乏真正革命的力量的参与。它在反对袁世凯破坏共和、复辟帝制方面，是有积极进步意义的，是一次挽救资产阶级民主革命和维护革命成果的斗争。

针对北洋军阀窃取辛亥革命的成果，进而复辟帝制的现实，作为资产阶级、小资产阶级激进民主主义者的一些知识分子，也曾发出了呐喊。他们极力抨击封建制度，宣传资产阶级民主政治。他们指出，民主与君主不能两立，自由与专制不能并存，他们怒斥当时的“筹安之徒”与“复辟之辈”是“国家之叛逆、国民之公敌”，对于这样的丑类，必须毫不妥协地“诛其人，火其书，殄灭其丑类，摧拉其根株，无所姑息，不稍优容”①。当然，他们的这些活动在当时是显得微弱的，但在反对北洋军阀统治的斗争中也加入了一份力量。

### 2. 护国战争的爆发

正在袁世凯雄心勃勃地进行帝制的时候，全国各地反对帝制的运动也在逐渐高涨，终酿成以“护国军”为旗帜的护国运动于1915年12月25日在云南爆发。

自帝制发动以来，袁世凯虽然对各省军民及重要人物的行动一直非常注意，常派侦探严密伺察，但他的注意力主要还是集中在几个外国主子的承认和与几大军阀派系分配权力的问题上，而轻视了在国内人民中间日益增长的反帝制反卖国的高涨情绪和中下级军官的政治动向。他初闻云南军界不稳，也只是又使用原来许以高官厚禄的老办法了事。在袁看来，即使有人敢于起而反对，也随时可以像赣宁之役打垮国民党那样将之一鼓荡平。

云南起义是经过滇军中下级军官长期酝酿而发动的。滇军中的中下级军官很多人参加过辛亥革命，有比较浓厚的民主思想基础。自“筹安会”发生后，滇军中级军官如邓泰中、杨蓁、董鸿勋、黄永社等“愤慨异常，屡向唐继尧探询主张，以观进止”。当时唐的态

①李大钊：《民彝与政治》，见《李大钊选集》，人民出版社1959年版，第56页。

度颇为犹豫，对反袁要求不置可否，他认为“滇逼强邻，黔则汤芗铭扼驻于湘”，蜀则“陈宧逼己”，因而“不可轻露，先行灭己”[①]。但滇军中的中下级军官已在积极酝酿行动。据日人吉田作造所著《第三革命后之支那》一书中谈到，滇军最初发动者为黄毓成、罗佩金、赵又新、邓泰中、杨蓁等。初未使唐知，谈定后由黄、邓、杨三人为代表请于唐。召开军事会议五次，决定四项出路由其选择：(1)于适当时期要求唐氏表示态度；(2)如唐氏反对帝制，则仍拥其为领袖；(3)如中立则将彼送往安南；(4)如赞成帝制则杀之。可见那个表面上主持讨袁的云南将军唐继尧之宣布独立，“实非唐之本意”[②]。他只不过是大势所趋而不得不从的一个人物，这也就决定了后来他在反袁斗争中的态度。

护国运动的领导者之一是辛亥革命时一位著名的军事家蔡锷。蔡锷(1882～1916 年)，原名艮寅，字松坡。青年时曾入长沙时务学堂，从梁启超问业，受改良主义思想教育。戊戌政变后赴日留学，开始参加反清活动。武昌起义爆发后，在滇响应独立，被推为都督。当时蔡对袁世凯还抱有很大幻想，而袁世凯对这个响应过辛亥革命的新派军人则很不放心，1913 年调蔡入京羁縻。1915 年袁世凯接受“二十一条件”并称帝登极，使蔡很受震动，决心策划滇军起义，反对帝制。但在袁世凯及其爪牙的监视下难以脱身，于是 11 月以治病为名，潜赴天津。12 月初，又易服变名，乘日商船山东丸东渡日本，再乘轮经台湾直航香港，后辗转入滇。12 月 19 日，蔡锷至滇，经过一系列的组织工作，并联合掌握云南军政大权的唐继尧，做好了武力反袁的军事准备。

23 日，以开武将军督理云南军务唐继尧、云南巡按使任可澄的名义致电北京，请袁取消帝制，惩办祸首，以坚决的态度表示“谨

①参见邓之诚：《护国军纪实》，邓氏玉石斋 1937 年刻印本；白之瀚：《云南护国军简史》，新云南丛书社 1946 年版。

②参见李文汉：《蔡邵阳年谱》，嵩明县教育科石印本；《赵国勋致桿臣函》，见《近代史资料》1957 年第 7 期。

率三军，翘企待命”①。24 日，蔡锷亲电袁世凯，认为当时已呈“自筹安会发生，演成国变，纪纲废堕，根本动摇”，“驯至五国警告迭乘，辱国已甚，人心惶骇，祸乱潜滋”之势，要求袁世凯“于滇将军、巡按所陈各节，迅予照准，立将段芝贵诸人明正典刑，并发明令，永除帝制”②。这是对袁世凯的最后警告，但未得答复，可见袁氏已顽冥不化。于是 25 日向全国发出通电，宣布云南独立，并申明以武力讨袁，反对帝制。通电指斥袁世凯“蔑弃约法，背食誓言，拂逆舆情，自为帝制”，为“背叛民国之罪人”，宣言“所保护者，为固有之民国也，匕鬯不惊；所驱除者，为叛国之一夫，天人同庆”③。袁世凯对此电仍未有所答复，于是当日即宣告独立。1915 年 12 月 25 日，以云南宣布独立标志着反袁护国战争的爆发。滇省宣布独立后，废去将军、巡按使名义，恢复民国元年都督府制，作为护国军政首脑机关；并召集省议会，推唐继尧为都督，任留守，蔡锷等统护国军出征。此次兴师是以护卫共和国为号召，因此出征军定名为“护国军”，而这次反袁斗争则被称为“护国运动”。

12 月 31 日，由唐继尧等九人联名发出的《声讨袁逆并宣布政见之通电》宣布了护国军的政治主张，其中第一条即“与全国民戮力拥护共和国体，使帝制永不发生”④。次日，蔡锷等人又发出《誓告全国申明护国宗旨书》，宣布护国军的宗旨，再次强调“国人职责，惟在讨袁”⑤。由于袁世凯的倒行逆施早已被人民所深恶，讨袁斗争一开始立即得到人民群众的广泛支持。云南宣布独立后，整个昆明“全城悬旗结彩，爆竹之声不绝于耳，士民则欢声雷动，军中则士气奋腾”⑥。1916 年元旦，护国军在昆明校场誓师，发布讨

①白蕉：《袁世凯与中华民国》，人文月刊社 1936 年版，第 302 页。
②曾业英编：《蔡松坡集》，上海人民出版社 1984 年版，第 851 页。
③中国第二历史档案馆藏档，见《历史档案》1981 年第 4 期。
④庚恩旸：《云南首义拥护共和始末记》上册，云南图书馆 1917 年版，第 90 页。
⑤白之瀚：《云南护国简史》，新云南丛书社 1946 年版，第 74 页。
⑥中华新报馆：《护国军纪事》，1916 年版，第 71 页。

袁檄文，历数袁氏十九大罪状，号召中华民国之国民“翊卫共和，誓除国贼”①。军容极为整肃，士气十分高昂，“出征之将校皆预戒家属，此行期必死，勿望生还”。群众踊跃参军，决心效死战场，据当时报纸报道：“未编入出征军者，多恳求出征，有泣求数次而不得者，有以去就争者，亦足以觇士气矣，此十日内退伍兵之纷纷投到者不下五六千人，后此尚源源而来。”②孙中山在日本两次发表了讨袁檄文和宣言，指出：“袁贼妄称天威神武之日，即吾民降作奴隶牛马之时，此仁人志士所为仰天椎心，虽肝胆涂疆场、膏血润原野而不辞也。”③给了国内的斗争以有力的声援。南洋华侨共和维持会、美国波士顿中华公所、留日学生和华侨纷纷致电国内，声讨袁世凯，南洋华侨还捐集巨款给予物质支持。一场反对帝制的护国战争正式开始了。

袁世凯面临云南起义和各地的反帝制浪潮，不得不起而应付，先是急令政事堂、参政院、陆海军大统率办事处发布通电，企图掩盖帝制丑行。参政院还给蔡锷、唐继尧等罗列了“构中外之恶感”、“违背国民公意”、“诬蔑元首”三大“罪状”④；继而鼓动北洋系统骨干表态示威，有些地方军阀依违其间，继续置袁世凯于炉火之上，不啻为袁世凯注射强心剂。如四川的陈宧于1月14日电致北京各部，转达四川国民代表的要求说：“奏请宣布唐继尧、任可澄等罪状，克日兴师致讨，剪除凶顽，固我国本。”“我皇上圣神文武，功德岿巍，亟应早登大宝。”⑤陕西陆建章电称：“细察陕省民意，渴望我皇上御宸之恳挚已达极点，民无变乱之可虞……用再吁恳皇上早赐口吉，举行登极之典，以安反侧而副民望。”⑥段芝贵则更明确表

①白蕉：《袁世凯与中华民国》，人文月刊社1956年版，第303～312页。

②中华新报馆：《护国军纪事》，1916年版，第71页。

③《孙中山选集》上册，人民出版社1956年版，第99页。

④《政府公报》命令，1915年12月30日。

⑤中国社会科学院近代史所藏档；中国第二历史档案馆藏电稿。

⑥中国社会科学院近代史所藏档；中国第二历史档案馆藏电稿。

示"愿率所部将士驰赴云南，殄此顽凶"[①]。而袁氏自恃手中据有仅直属陆军即达 12 个师 25 万人以上的北洋系统兵力，对帝制更是一意孤行到底的。

1915 年 12 月 29 日，袁世凯下令将唐继尧、任可澄、蔡锷褫职查办。1916 年 1 月 5 日又颁布了讨伐令，对云南护国军正式用兵，同时在新华宫内设立了征滇"临时军务处"，亲自主持布置三路进兵云南的计划，准备以泰山压顶之势一举打垮护国军。三路大兵是：

(1)派虎威将军第三师师长曹锟、第七师师长张敬尧、第八师师长李长泰所部入四川，作为正面攻滇的主力。兵力约为 4.5 万人(曹锟的第三师原驻岳州，张敬尧的第七师原驻南苑，李长泰的第八师原驻保定)。

(2)派第六师师长马继曾、第二十师师长范国璋、第七混成旅旅长唐天喜入湘西，兵力包括由南昌调动的马继曾所属第六师、由河南调动的第七混成旅，以及由奉天调动的第二十师一部分。兵力约 2.6 万人。

(3)派粤军第一师师长龙觐光由广西入贵州，另由安徽调倪毓棻所属的安武军由湘西入黔，从侧面攻击。同时任命曹锟为川、湘两路征滇军的总司令，由曹锟统一指挥川、滇前线的战争。

护国军共分三军，是在原仅有两师一旅、兵力约 2 万人的滇军基础上扩充而成。由蔡锷、戴戡、李烈钧分统。分为三路：蔡军攻四川，戴军经贵州攻湘西，李军经滇南攻广州。与此同时，贵州的黔军加入了武装倒袁的行列，不仅稳定了云南外围，鼓舞了护国军的士气，而且直接援助了前线作战部队。

交战伊始，护国军声威逼人，虽然袁世凯把这次战争的赌注全部压在了北洋军身上，北洋军不仅在兵力上占绝对优势，而且不断封爵赏俸，补足给养；而护国军人数不多，粮饷也不足，唐继尧又不

---

①中国社会科学院近代史所藏档；中国第二历史档案馆藏电稿。

积极加以补充，但在困难中仍然获得进展。1月21日，叙府（宜宾）护国军第一梯团第一、二两支队在邓泰中、杨蓁带领下，浴血奋战，攻克位于长江上游的川西南重镇叙府，取得出师讨袁的第一个重大胜利。2月中旬，护国军与敌军在泸州、纳溪一带进行了一场恶战，给曹锟师吴佩孚旅等以重创。

由于双方兵力悬殊，护国军后备不继，粮弹匮乏，使形势数度出现危机。蔡锷所统的护国军共分六梯团，兵额总共3130人，所带饷糈不够两个月的伙食津贴之用。蔡锷与戴戡所率领的滇、黔饥卒数千人和曹锟、张敬尧所部袁军数万人苦战于叙州、泸州、綦江之间，2月21日，蔡锷曾致电唐继尧乞援说："我军激战兼旬，耗弹颇多，炮弹现只存二百发，枪弹除原领者悉数用罄外，纵列弹药亦耗三分之一。各部队纷纷告急，请予补充。逆料在川境内，尚有数场恶战，务乞饬兵站速配炮弹三千颗，枪弹每支加发三百发，赶运来泸，不胜祷切。"①24日，蔡锷又致电催问补给，电中说："我军现额实不足四千，其中义勇队近千人，战斗力尤弱……所最苦者，弹药未能如时到手，每难收战胜之效……务望蓂公（唐继尧字蓂赓——引者注）将每枪所储弹药千发，悉数饬解，分存毕、永，并每月拨送补充兵五百乃至千人，则逆援虽重，不足平也。"②但是，坐镇后方的唐继尧仍不积极支援，不仅对前方坐视不顾，反而以余款扩充自己的实力，致使两军"旷日相持"，而"敌能更番休息，我则夜以继日；敌能源源增加，我则后顾难继"。尽管如此，护国军仍能"士气坚定，上下一心，虽伤亡颇众，昼夜不能安息"，但"风餐露宿，毫不为沮"③。后来成为无产阶级革命家的朱德同志当时就在蔡锷所部的护国军第一军第三梯团第六支队任步兵第十团团长（护国第一军下辖三个梯团，每梯团又辖两个支队）。朱德向以"勇敢

---

①曾业英编：《蔡松坡集》，上海人民出版社1984年版，第924页。

②李有明：《护国战争在川始末》，《四川文史资料选辑》第十四辑。

③曾业英编：《蔡松坡集》，第931页。

善战，称于滇省”①，在进攻泸州保卫纳溪的艰苦战斗中，从2月19日到3月7日，朱德率领部队在棉花坡一带与北洋军进行了十六个日日夜夜的背水之战，在战斗中守则固，攻必克，成为护国军中的一支英雄劲旅。在第二次进攻泸州时，朱德支队面对号称北洋“精锐”的张敬尧部，冲破层层防守长驱百里，所向披靡，像尖刀一样直插张敬尧的大本营泸州。在护国军的打击下，张敬尧部惊恐万状，形成“泸州方面万分紧急”②的状态，朱德等护国军支队退兵多日，他还不敢行动。护国军与北洋军的这场战斗虽然没有达到夺取四川的目的，而曹、张也未能有所进取，这不能不说是滇黔护国军浴血奋战的结果。

在战争中，惯于搜刮、抢掠的北洋军阀到处作恶，人民视之如洪水猛兽。当时四川诗人吴芳吉描述四川人民被北军蹂躏、强拉兵差的苦状说：

> 棘为鞭，铁为链，破柴门，行调遣。母伏林头避，妇惊灶下窜。缚手弃家赴兵站，老者运粮，少者肩弹。肩弹最要速，运粮不妨慢，危岩千寻，狭路如线……鸟飞绝，人迹乱，军令严，谁能怨？夜无住宿，日食餐饭，老男呕血死，瘦男骨折断，壮男独笑言，背地指天叹：愿娘勿念妻勿恋，今生已矣来生见。③

在湘省，袁军“因沿路地方居民避之若鹜，均不肯充当行军夫役，遂致运送军械军需万分困难，不能前进”。抵宝庆后，将该府中小女子各学校占据暂作兵房，使各学校纷纷停学。“其军队亦径入民家，恣行骚扰，全城商铺旅馆，有歇业者，有迁避者，附近一带青年壮士，亦恐被差使，均闻风他适。”④可见，袁世凯帝制自为的倒

①《云南倡义纪闻》，《中华新报》1916年1月29日。

②《王汝勤致统率办事处等电》（1916年3月20日），引自李希泌等：《护国战争时期的朱德》，《近代史研究》第2期。

③《四川文史资料选辑》第三辑。

④中华新报馆：《护国军纪事》，1916年版，第117页。

行逆施及其军队的胡作非为已大失民心，使北洋军阀的统治处于岌岌可危之境。

不久，形势发生变化。由于军阀内部的矛盾和全国形势所趋，广西军阀陆荣廷于 3 月 15 日在柳州宣布广西独立讨袁，改称广西都督兼两广护国军总司令，任命梁启超为总参谋。原来袁氏企图对川、滇、黔的护国军采取包围形势，一面令曹、张等率大军由川攻滇，令马继曾所部由湘入黔；一面令龙觐光率粤军与桂联合，由桂省的百色进攻滇南。没料到陆荣廷、刘显世等竟联名宣告独立，并迫使龙军缴械投降。这不仅使袁的围攻计划破产，而且使云南、贵州、广西连成了一片，直接威胁着广东、四川和湖南。护国军声势较前为振，战情出现转机。这时候，以日本为主的列强对袁表示不支持和爱莫能助的态度。同时，本被袁世凯倚为心腹的一些地方军阀如冯国璋、李纯、靳云鹏、朱瑞等出于各自利益又密电请取消帝制。这些地方实力派的反目，更使袁世凯陷于四面楚歌之中。1916 年 6 月 6 日袁世凯恚死，这场反袁护国战争乃自行中止。

护国战争是各派反袁力量在全国民众支持下的一次以武力反对封建专制制度复辟、捍卫民主共和制度的政治斗争。这场斗争遏制了袁世凯的倒行逆施，是对北洋军阀统治的致命打击。随着袁世凯的恚死，这个强大的政治军事集团开始出现分裂的征兆。

## 五、“洪宪”帝制的失败

### 1. 列强对帝制态度的变化

随着“洪宪”帝制的公开化和反袁形势的日益高涨，列强对于帝制的态度也有所变化。

英国本是袁世凯政权的积极支持者，不过在欧战发生后，已把大部分力量投入到战争中去，无暇顾及东方。因此它对帝制始终怀着矛盾的心理：在帝制将实行时，它担心会否发生内乱，如果没有“内乱”，则帝制随时可以实行①；在反袁形势开始滋长时，它又担心帝制会使时局反因此而愈恶②。在日本于1915年10月、12月先后两次提出劝告时，英国虽然参加了共同行动，但所抱目的却与日本有所不同，它希望袁世凯能停止帝制，如果不能停止，也希望袁世凯能安稳地实现帝制。总之，英国希望中国最好在这个时候不发生变乱，那么日本的势力便不会过快扩张，自己在华的利益也不致损失太大。

美国在支持袁世凯政权的问题上，比英国表现得坚决。它一直积极支持帝制，拒绝参加日本对袁世凯提出劝告的行动，理由是帝制不妨害外国在华利益，所以不应“干涉”。换言之，帝制与美国的在华利益乃是一致的。在举国上下反对复辟，而袁世凯不得已宣布延缓帝制时，美国于1916年4月7日又与袁政府的驻美大使顾维钧签订了一项500万元的借款合同，想使袁世凯得以苟延一时。美国对于袁世凯中途延缓帝制的做法，是深表遗憾和惋惜的。当时的美国公使芮恩施在后来出版的《一个美国外交官使华记》一书中，批评了这个延期决定是错误的，他说：“假如袁和他的谋士们在这时敢于大胆地公布帝制，那么列强中有好些国家的承认是可能跟着而来的。”③当然，这仅是美国的愿望而已。

德国方面，袁世凯通过德驻华使馆及德国在青岛的总督的关系早已获悉对其帝制表示同意的态度，1913年其长子袁克定在德疗伤期间，也得到了德方关于支持“中华帝国称霸东亚”的许诺④。但临近帝制实行时，由于第一次世界大战正酣，德国已无力干预。

日本对帝制态度的变化是最出袁世凯意料之外的。它对于帝制一直是采取两面政策的。这在第一次世界大战开始时的《黑龙

①凤冈及门弟子编：《三水梁燕孙先生年谱》(上)，1946年铅印本，第297页。

②白蕉：《袁世凯与中华民国》，人文月刊社1936年版，第248～249页。

③引自胡绳《帝国主义与中国政治》，人民出版社1978年，第139页。

④唐在礼：《辛亥以后的袁世凯》，见杜春和等编：《北洋军阀史料选辑》(上)，中国社会科学出版社1981年版，第128页。

会备忘录》中有一段很能说明日本朝野这种对华政策和阴谋的记载，其中说："中政府之保持共和形式，乃中日同盟前途之障碍。何则？共和之主旨，乃其人民社会上道德上之目的，与君宪国绝然不同；其行政与法律，亦相抵触。若日本作中国之监护人，而中国一一模仿日本，则两国遂可彼此尽力解决远东问题，而无不一致不同意之处。故为再建中国政府起见，为保持远东永久和平，及为实现日本帝国政策之成就起见，我日当利用目前时机，变中国共和政府为君主立宪，使与日本之君宪一致，而与他国各不相同为起点……变更中国政体，实再建中国时所当采用唯一之主义。且现时亦为我日鼓励革党及其他不满于中政府之人物，在中国起事之良机。现时此等人不能肆志之原因，乃因资本之不足。若帝国政府能利用其资本之不足，假以借款，唆以起事，则中国全国，大乱立见，我日于此，乃可起而干涉并整理之。吾人当容纳中国革命党、保皇党，及其他不满中政府之人物，以扰乱全中国之地。其全国既扰乱，而结果乃推翻袁政府。"①在这个阴险目的的指导下，日本在袁世凯帝制进行的过程中，一面对袁闪烁其词地做些似是而非的暗示以鼓励和怂恿帝制，一面又密谋扶植敌对势力以乘机掠取权利。1915 年 9 月间，帝制已公开实行，日本即表示要干涉，并决定向袁政府提出三点询问，即：(1)究否改制，(2)是否可保平和，(3)与日本如何提携。袁世凯为向列强表示自己的忠诚和能力，曾在 25 日、27 日先后向日本及英、俄、法、美各国密告实行帝制。主要说明"此次改变，出于全国人民一致之意愿，政府顺从民意，秩序必不至扰乱，据各省文武官吏文电，均谓体察地方情形，必可维持治安，全国人民期望，不过为长治久安之利乐"②。

28 日，日本又邀请英、俄两国公使，共向袁政府提出口头询

①白蕉：《袁世凯与中华民国》，人文月刊社 1936 年版，第 291～292 页。

②驻日使馆档案，见王芸生辑：《六十年来中国与日本》第七卷，，天津大公报社 1933 年版，第 8 页。

问，其中说："……今观各地之情势，外观虽似各地对于帝制之实现反对不甚激烈，实则反对之感情广为酝酿，不安之形势弥漫于各地……兹对中国政府先告以中国今日之情况最堪忧虑，敢问果自信不致发生异变而得平稳实现帝制耶……劝告大总统善顾大局，延缓其变更国体之计划，以防患未然，而巩固远东之和平，此乃最为贤明之措置。"①这种公开而正式地表示干涉，是既隐伏了日后向袁世凯索取权利的余地，又可借此博取反袁派的好感，以待事机。袁世凯在 11 月 1 日对这种劝告作了答复，他说："……当国体讨论甚形猛烈之际，政府恐因是发生事端，深为忧虑，再三电询各省文武官员，能否保持地方秩序，各省复电，每谓苟从民意解决国体问题，则各省皆可负地方治安之责……今各省特加注意，十分防范，断无可虑之事。其本国法权不到之处，尚望各友邦政府协力取缔，如斯则亦无造乱之余地。"②但日本则把这种答复视为对其劝告的拒绝，深为不满，而干涉之意也日益明显。11 日，袁政府再次向四国表示："万一在本国突出意外之事变，无论何时，本政府之权力，足随时消除之。"③12 月 15 日，是袁世凯承认接受帝位后的第四天，日本忽又邀请英、法、意、俄共同作第二次警告，口气比第一次严厉，但是袁世凯的帝制活动依然没有停止。

12 月 25 日云南护国起义的消息传出后，反袁形势颇为紧张。这个时候袁世凯已经意识到事态发展的严重性，更感到日本在中国问题上超越列强的特殊地位，如不给日本更多的满足，就难以换得皇帝梦的实现，于是他决定一面"戡乱"，一面拟派农商总长周自齐为特使赴日本祝贺日皇加冕，以赠勋为名，去出卖主权。据说周氏去日就带有取缔在日革命党及商议早付郑四铁道借款之任务，

①《支那关系条约集》第 734 页，东京外交时报社本，见王芸生辑：《六十年来中国与日本》第七卷，天津大公报社 1933 年版，第 9 页。

②《支那关系条约集》第 735 页，东京外交时报社本，见王芸生辑：《六十年来中国与日本》第七卷，第 12～14 页。

③驻日使馆档案，见王芸生辑：《六十年来中国与日本》第七卷，第 20 页。

而且袁世凯请求日本承认帝制所提出之交换条件，也已由国务卿、外交总长示意于日本，其内容如下：(1)吉林全省割归日本，(2)奉天司法权让与日本，(3)津浦铁路北段割归日本，(4)天津、山东沿海一带海岸线割归日本，(5)中国财政聘用日本顾问，(6)中国军队统归日人教练，(7)中国枪炮厂由中日合办①。以上只待日本政府许可后，便可签字。不料由于中方与大隈密谈的安排败露，引起英、俄等国不满，使日本大为恼火，于是突然于1月15日拒绝中国特使赴日。据驻日公使陆宗舆电告外交部，当时日本各报纸披露被拒的理由是："中政府扬言，俟周使归国，实行帝政，颇启列国猜疑，中国南方亦有卖国使节之目，日政府甚深迷惑。二谓将废弃之共和国勋章，未便再赠日皇。"②这种拒绝意味着日本已将放弃对袁世凯的支持，引起袁世凯政府内亲日势力的恐慌，当时负责对日交涉的曹汝霖赶忙写文章向日本献媚，竟无耻地说："中国与日本有如少年之情人，在最初时期则互相恋爱，继则龃龉，至成为夫妇之时，则所有误会之点皆扫除净尽，而得愉快和平之家庭焉。现两国已经过第一时期，若以相当之方法消除双方之误会，则两国将来必能开诚布公，融合意见，互相提携联络。故吾人宜竭力增进两国和好关系，庶远东之和平可永建于不朽之基础焉。"③但是，日本仍于21日正式通知袁世凯政府驻日公使陆宗舆，谓："……原来贵政府欲改帝制，本系保证无乱，今明明云南有乱，竟于此时断行帝制，无视友邦劝告，则中政府之责任甚大，日政府当然不能承认。"④此外，日本同时又在中国扶植各种反袁势力。日本外务大臣后藤新平在其所著《日支冲突之真像》一书中称："……各事件如中国革命党在上海企图夺取肇和巡洋舰事件、山东举兵事件者，均可视为我

①王芸生辑：《六十年来中国与日本》第七卷，天津大公报社1933年版，第20页。

②由云龙：《护国史稿》，《近代史资料》1957年第4期。

③见李宗一：《袁世凯传》，中华书局1980年版，第355页。

④驻日使馆档案，见王芸生辑：《六十年来中国与日本》第七卷，第37页。

政府鼓动中国反袁运动政策之证据……我帝国政府既欲拥护肃王正满洲大位，并利用宗社党在满洲起事以推倒袁世凯……”[①]其说虽不无夸大炫功之嫌，然制造敌对势力以纷扰中国之事实，却由此可见。其他又如帮助梁启超由申入桂[②]，在山东操纵中华革命党之反袁军[③]，等等事实，都足以说明日本这种两面政策。袁世凯原认为日本是唯一可乞援的主人，但他逐渐发现日本为自身利益，在其帝制问题上埋设了重重陷阱。日本对帝制态度的变化，对袁世凯是一个沉重的打击。

### 2.“洪宪”帝制的失败及袁世凯恚死

全国人民的反帝制浪潮和帝国主义列强的反目，使“洪宪”帝制丑剧无法进行下去，袁世凯本想于 1916 年 5 月 1 日召集立法院再演一套民意决定来取消帝制。这样，一面争取列强的同意，一面与护国军方面协商斡旋，暂可弥缝一时，以作周旋余地。他先把筹备登极的机构宣布取消，表面上似要取消帝制，实际上是推延时日，观察一下形势变化再定。现在，形势发展已经不允许他这样做了。2 月 23 日，他诡诈而无奈地宣布：“现值滇黔倡乱，惊扰间阎，湘西、川南一带因寇至荡析离居者耳不忍闻，痛念吾民，难安寝馈，加以奸人造言，无奇不有。以予救国救民之初心，转资争利争权之借口，遽正大位，何以自安？予意已决，必须从缓办理。”[④]随后通知各国使馆，告知云南事平之前决不登极。3 月 21 日，袁世凯又召集会议，提出立即取消帝制之议；22 日，正式公布取消帝制之命令，废除“洪宪”年号，仍改民国五年，自称大总统，以徐世昌为国务卿，并焚毁关于帝制之公文八百数十件；4 月 4 日，又将政事堂改

---

①王芸生辑：《六十年来中国与日本》第七卷，天津大公报社 1933 年版，第 59 页。

②梁启超：《从军日记》，《饮冰室文集》卷五六。

③《新青年》第 1 卷，第 4、5 号。

④《政府公报》命令，1916 年 2 月 24 日。

为国务院。

袁世凯在宣布撤销帝制后,并不甘心于自己的彻底失败。他在撤销承认帝位一案的申令中宣称:“今承认(帝制)之案业已撤销,如有扰乱地方,自贻口实,则祸福皆由自召,大总统本有统治全国之责,亦不能坐视沦胥而不顾也。”[①]他仍然迷梦于总统位置的延续,希图通过黎元洪、徐世昌、段祺瑞向南方的反袁势力谋求妥协,拟定了以下议和条件:(1)大总统无辞职及退位之必要;(2)速召集正式国会;(3)罢斥祸首;(4)南北军队即日息战;(5)滇、黔、桂三省即日取消独立,归中央统辖;(6)滇、黔、桂三省独立首领,不得任意提出他项权利之要求;(7)滇、黔、桂三省军队除正额外,其独立后招募者解散之;(8)速行修正宪法[②]。其目的显而易见,不外是皇帝没有做成,回过头来想再当总统。

袁世凯在种种谴责声中仍不肯下台,激起了广大人民群众的愤慨,当时有《十九省公民否认袁世凯冒称总统书》称:“……欲民国而长治久安乎?非有真正共和国家之精神不可!如何而表示真共和之精神?必自今日于国法上能裁判袁世凯之罪案始……故曰袁逆不死,大祸不止,养痈蓄疽,实为乱基!愿国人速以决心,再接再厉,扑杀此獠,以绝乱种!”[③]海外华侨也纷纷发出通电,声讨袁世凯,要求将袁“执行国法”[④]。孙中山也连续发表讨袁宣言,号召人民要“除恶务尽”,坚定地表示“保持民国,不徒以去袁为毕事”,“决不肯使谋危民国者复生于国内”[⑤]。这一切都表示人民群众中蕴藏着反对北洋军阀集团的专制统治、保卫民主共和制度的强大力量。

虽然袁世凯已表示取消帝制,但反袁护国的浪潮方兴未艾,随

①孙曜:《中华民国史料》第三,上海文明书局1929年版,第78~79页。

②马震东:《大中华民国史》,中华书局1932年版,第582页。

③白蕉:《袁世凯与中华民国》,人文月刊社1936年版,第339~341页。

④黄毅:《袁氏盗国记》下篇,上海国民书社1916年版,第31~32页。

⑤《孙中山选集》,人民出版社1981年版,第112、114页。

着广东在4月6日、浙江在4月12日相继独立，洪宪帝制的失败已不可逆转。袁世凯在万般无奈之下，于22日请段祺瑞出任国务卿，宣布恢复责任内阁制，一方面表示对南方让步，一方面笼络已渐与其离心离德的段祺瑞为自己出力。但是南方反袁势力却在5月8日由护国军军政府联合了滇、黔、两广各省反袁势力成立了以唐继尧、岑春煊为正副抚军长的军务院，形成了以进步党和西南地方军阀势力为主的反袁联合战线。这种联合表明了这些地方军阀和官僚政客照抄了辛亥革命时的老办法，要利用人民中的反袁情绪来获取自己的权力。这样，以反对洪宪帝制为目的的护国战争也在唐、岑诸人偷换内容的手段下进入尾声。

在南北双方僵持的局面下，北洋军阀中的实力派冯国璋、张勋、倪嗣冲召集一些尚未宣布独立的省份于5月18日召开了南京会议，然而他们三人却是各有目的：冯想利用这个会议给自己造成一种可以操纵于南北之间的政治势力；张勋想做这个会议的盟主，为复辟清室创造条件；倪嗣冲则完全是效忠于难产的"洪宪"王朝。这个会议除了一些争吵之外，没有什么实际作用。正在会议期间，5月22日四川陈宧宣布独立，29日湖南汤芗铭也宣布独立。陈、汤原来都是袁世凯倚重的亲信，如今也叛而独立，给袁世凯一个相当沉重的打击。袁世凯在29日宣布了帝制议案始末，企图推卸责任①，但是一切已经无法挽救。

袁世凯在反对的怒潮中，既失欢于帝国主义列强，又受到徒党的背离，尤其是遭到全国人民的普遍反抗，他虽然竭尽最大的"智慧"，用遍他所独具的各种政治"机智"，但是一切终归无效，1916年6月6日，袁世凯在无奈和焦虑之中在北京病故。

袁世凯死后，国务院立即急电各省将军、巡按使，要求各地方"共维秩序，力保治安"②，说明北洋军阀统治下的北京政府已处于

①孙曜：《中华民国史料》第三，上海文明书局1929年版，第80～83页。

②辽宁省档案馆编：《中华民国史资料丛稿（电稿）·奉系军阀密电》第一册，中华书局1984年版，第192页。

岌岌可危之中。护国军之所以能达到去袁的目的,不仅在于它本身的力量,而且因为这个行动配合了全国人民对袁世凯反动统治的憎恶和反对帝制的浪潮。当时反袁力量已在全国人民中间普遍地滋长起来,这主要是由于北洋军阀统治集团倒行逆施所造成的。尤其在赣宁之役后,全国工农商各业均形凋敝。如1912年全国各种工业的职工总数是661784人,1913年为630890人,1914年为624521人,而至1915年则减退至619729人[①]。农户总数1914年是59402315户,而1915年则减至46776256户。荒地面积则从1914年的19127万余亩增至1915年的22946万余亩[②]。商业则由于"十里一卡,二十里一局,剥削留难,无所不至"而造成凋零衰敝,使"商人无生活之希望,而置诸死地矣"[③]。最为严重的是,北洋军阀统治依恃政权的力量大肆扩充军事实力,养兵蓄械,黩武征战,虚耗国帑。据北京政府明文公布,每年军费开支约1.5亿元,占财政收入三分之一以上[④],大量秘而不宣的军事开支尚无法查考。以下仅从陆军的历年开支预算就可以看出军费逐年急骤上升的状况[⑤]:

**1912～1916年陆军费岁出预算表**

单位:元

| 科　　目 | 1912年 | 1913年 | 1914年 | 1916年 |
|---|---|---|---|---|
| 陆军部及各军事机关经费 | 25961714 | 55793751 | 40852737 | 50628307 |
| 参谋本部及附属各处经费 | | 2190618 | 1216570 | 1830644 |
| 京兆陆军费 | | 172839 | 41872 | 42643 |

①马场明男:《支那政治经济年表》,庆应书房版,第144页。

②金冲及:《云南护国运动的真正发动者是谁——兼论护国运动的社会背景与性质》,《复旦学报》1956年第2期。

③《生活日报》1914年5月1日。

④张侠等编:《北洋陆军史料(1912—1916)》,天津人民出版社1987年版,第438页。

⑤据张侠等编:《北洋陆军史料(1912—1916)》第434～437页"历年陆军费岁出预算表"改制。

(续表)

| 科目 | 1912 年 | 1913 年 | 1914 年 | 1916 年 |
|---|---|---|---|---|
| 直隶陆军费 | 4284922 | 4315634 | 4471163 | 4392621 |
| 奉天陆军费 | 7432602 | 4589550 | 6203276 | 6245169 |
| 吉林陆军费 | 3479799 | 2840593 | 3244205 | 3010379 |
| 黑龙江陆军费 | 1247073 | 2566738 | 2932580 | 2935988 |
| 山东陆军费 | 2128478 | 4986158 | 4292023 | 5140396 |
| 河南陆军费 | 2100481 | 3989868 | 4777033 | 5637596 |
| 山西陆军费 | 536368 | 3804648 | 3171740 | 2339000 |
| 江苏陆军费 | 10281263 | 7867364 | 4862800 | 4850108 |
| 安徽陆军费 | 1591342 | 2358286 | 3845566 | 3835567 |
| 江西陆军费 | 2939448 | 2729778 | 3240848 | 2379868 |
| 福建陆军费 | 2196205 | 2054099 | 1879537 | 1888652 |
| 浙江陆军费 | 2808046 | 3358161 | 3275415 | 3264012 |
| 湖北陆军费 | 4493157 | 7040146 | 5123782 | 5233720 |
| 湖南陆军费 | 1283826 | 2148207 | 3154431 | 3147955 |
| 陕西陆军费 | 1847732 | 3061137 | 3629930 | 3624036 |
| 甘肃陆军费 | 1186268 | 1843809 | 1731593 | 1731593 |
| 新疆陆军费 | 1598682 | 5579534 | 3398586 | 3388318 |
| 四川陆军费 | 6141342 | 7043832 | 5293021 | 6024078 |
| 广东陆军费 | 5802185 | 12335230 | 7538683 | 7614864 |
| 广西陆军费 | 1987755 | 4363554 | 4253652 | 3860109 |
| 云南陆军费 | 4233375 | 6162229 | 3106288 | 3106288 |
| 贵州陆军费 | 1056223 | 1586200 | 1248326 | 1251790 |

（续表）

| 科　　目 | 1912 年 | 1913 年 | 1914 年 | 1916 年 |
|---|---|---|---|---|
| 热河陆军费 | 914028 | 3351120 | 1218183 | 1218183 |
| 绥远陆军费 | 398252 | 1131846 | 609788 | 809788 |
| 归化陆军费 | | 28294 | | |
| 察哈尔陆军费 | 501046 | 371505 | 337326 | 405899 |
| 西宁青海陆军费 | | 23548 | | |
| 川边陆军费 | 390045 | 3591556 | 1623600 | 1623600 |
| 阿尔泰陆军费 | 190958 | 411560 | 298951 | 298951 |
| 塔尔巴哈台陆军费 | 104792 | 8414 | 154578 | 143189 |
| 伊犁陆军费 | 1424509 | | | |
| 西藏陆军费 | 1237905 | 103500 | 130000 | 130000 |
| 库伦陆军费 | 556689 | | | 132016 |
| 乌里雅苏台陆军费 | 10378 | | | 29132 |
| 科布多陆军费 | | | | 29132 |
| 恰克图陆军费 | | | | 29132 |
| 总　　计 | 102402180 | 163775012 | 131158083 | 142252713 |

巨大的开支使北京政府债台高筑，在 1912 年至 1916 年的四年期间，长短期外债累积达 15 亿元之多，同期在国内以各种名目发行的公债亦有 1 亿余元[①]。为筹划帝制所需，1916 年举借内外债更达到疯狂的程度，据当年 9 月 30 日北京日文报纸《新支那》载“中国现在外债”一文所记，对英、德、法、俄、日、美、比等国所借外

①见张侠等编:《北洋陆军史料(1912—1916)》，天津人民出版社 1984 年版，第 428 页。

债为 17190.6 万镑，地方借款为 1428.9 万镑[①]。内外交困，民生涂炭，致使人民心存时日曷丧之感，而不得不起而反抗。

在各地蜂起的反抗中，特别值得注意的是 1916 年 5 月间在冀中一带由“山北社”领导进行的长期反袁斗争的行动。山北社是河北易县山北村因反对袁世凯政府丈量土地勒征税收而发起的一个抗捐组织，由于他们所反对的正是一般民众身受其苦的苛政，因此很快得到冀中十几县人民的响应，并且由反对验契而扩大成为反对封建剥削的斗争，据《涿县志》载其事称：

> 五年，易县山北社因抗杂捐，竟挟该县县长来涿，声言赴京起诉。涿县人民附合之，并乘势将由涿试办之经界局在事人员全行驱逐，迟则殴辱以随其后。两县人民填塞街巷。嗣易县电请保定道尹许元震来涿，会同驻涿之守备队营长陈长青及本县绅士尚廷弼等往返说合，其事遂寝。[②]

这次反抗斗争的情况，还在当时报刊上得到反映，如《大中华杂志》二卷六号报道说：

> （民国五年）五月五日，直省各知事收捐纳款，至为苛细。一般劣绅，从中渔利，人民颇有反抗之意。近日涿县纷纷告变，联络涞（涞水）、广（广昌，今改名涞源）、定（定兴）、固（固安）诸县群起攻击各处经界局，经界局人员闻风四窜，并每村每家各出代表一人，集于涿县，共同来京，要求政府停止地捐、果木捐及一切杂捐，惩办营私舞弊之官吏，为数不下二十万人。易县起因由于果木捐，涿县起因由于包办经界事宜云。[③]

这次斗争的结果，终于迫使袁世凯下令“将近畿清丈和清查各事宜暂行停止”，将“各省有奉前令举办清丈清厘田赋者亦著一律

---

①北京政府外交部编译处译件（未刊稿），天津历史博物馆藏。

②《涿县志》（民国二十五年重修）第一编第二卷《正纪》。

③刘世霖：《一九一六年冀中山北社的抗捐活动》，见《大公报》1952 年 7 月 3 日。

从缓办理”。6月间，袁世凯在人民反袁声浪中死去，但这个反抗活动中心一直持续到8月间才渐停止活动。这次斗争由于地主阶级的破坏和军阀政权的镇压，最后又因内部不一致而未能发挥更大的作用，但它终究表明了人民群众反抗军阀统治、不甘缄默的态度，而广大民众的反抗浪潮正是袁世凯注定要失败的根本原因。

在这次反袁斗争过程中，值得注意的是当时已成为革命民主主义者的李大钊对袁世凯帝制本质的深刻揭露和在思想理论上的批判。袁帝制自为的准备期间，李大钊正在日本留学。1916年初，他特地由日返沪，准备联络各方面的力量，投入反袁斗争的洪流，他撰写并发表的《民彝与政治》一文，分析了袁世凯帝制自为的原因和背景，认为，在民主共和代替封建专制的社会变革之际，“忧乱思治之切者，骇汗奔呼，祷祀以求非常之人物出而任非常之事业。从而歌哭之，崇拜之，或曰此吾国之拿破仑也，或曰此吾国之华盛顿也，或曰此内圣外王，尧、舜、汤、武之再世也，吾民宜举国权而托诸其人也。神奸悍暴之夫，窥见国民心理之弱，乃以崛起草茅，作威作福，亦遂蒙马虎皮，炫罔斯民曰，吾将为汝作拿破仑也，吾将为汝作华盛顿也，吾将为汝作尧、舜、汤、武也。炫罔之犹以为未足，更为种种羁縻延揽之术，以迎垢纳污，府聚群恶”，一些“趋承缘附”之徒，“颂言斯人为‘神武’”，而“‘神武’之人，兹世亦安有是物，特一群心理，以是相惊，伯有之厉，遂为黎丘之鬼，而‘神武’之势成，而生民之祸烈矣”①。同时，他揭露袁世凯的帝制自为过程是“躬演盗国欺民之魔术”，却“靦颜以白于众曰，此民意也，此国情也，此长治久安之道也，此救国救民之心也”②。李大钊针对民国成立以来反袁斗争的实践深刻地指出，民主制度的施行，不能仅仅追求它的表面形式。他说：“代议政治之施行，又非可徒揭橥其名，而涣汗大号于国人之前，遂以收厥成功者。必于其群之精神植一

①《李大钊文集》，人民出版社1984年版，第165页。

②《李大钊文集》，第157页。

坚固不拔之基”，而“厥基维何？简而举之，自由是已”①，因此，对于“敢播专制之余烬，起君主之篝火者”，应“一律认为国家之叛逆，国民之公敌”②。这种从思想和理论上的深刻论述，正是对袁世凯复辟帝制之历史教训的重要总结。

①《李大钊文集》，人民出版社1984年版，第159页。
②《李大钊文集》，第175页。

# 第四章　北洋军阀集团的派系纷争(上)

(1916～1920)

## 第一节　皖系军阀统治的确立

### 一、袁世凯死后的国内政局与段祺瑞组阁

1916 年 6 月 6 日袁世凯在全国人民的一片唾骂声中恚死后，黎元洪以副总统资格接掌总统职位，段祺瑞以北洋集团内仅次于袁世凯的二号人物身份出任国务总理。由于黎元洪庸懦暗弱，又无兵无势，因此，北京政府的大权实际操纵在段祺瑞手中。与此同时，北洋集团在袁世凯死后因失去了唯一有资望与能力统摄全局的人物而趋于分裂，出现直、皖、奉系军阀三雄鼎立、轮流执政，其他地方军阀偏安一隅、力求自保的局面。从 1916 年 6 月袁世凯去世至 1920 年 7 月直皖战争爆发的四年时间里，中央政权主要控制在段祺瑞皖系军阀手中。在北洋军阀史上，一般把这一时期称为皖系军阀统治时期。

#### 1. 各方争夺中央统治权的斗争

袁世凯的猝然去世使原先阢陧不安的国内政局更形迷离复杂。南北间长期争讼不决的袁世凯的去留问题虽因袁的去世而无

形消失,但接踵而来的一系列新的棘手问题,旋又成为弥缝双方裂痕的难点;同时,北洋集团内部也因解决这些问题的意见分歧而频起内讧,呈现分裂之势。6 月 18 日的大阪《每日新闻》对此种情状作了如下报道:“约法之复旧,议员之召集,内阁之改造,财政之处理,帝制派之处分,此外尚有必须解决之焦急燃眉问题,不胜枚举。非惟因其处理之如何而有扩大分裂趋势之虞,而且乘此难题分错之间,将行举事,而欲自为中心势力之竞争者,正复不少。”[①]特别是由谁接替袁世凯权位的问题,更成了各方明争暗斗的焦点。

还在袁世凯帝制濒临破产之际,江苏将军冯国璋就接连发表通电,提出自己对时局的主张。5 月 18 日,他更是召集未独立各省代表二十三人莅会南京,对外称是商讨如何维持袁世凯的总统地位等问题,而实际上却暗藏着他个人的“美满目的”,那就是“假托此会笼络未独立各省结一大团体,以为将来提出条件,效辛亥项城之故事,向南方议和”[②]。说得透彻些,那就是“意在利用袁与护国军对立局势,由彼造成第三种势力,进而取得临时总统”[③]。其实,冯的此种居心在他 5 月 1 日为召集南京会议而发表的通电(“东”电)中,就已经充分暴露出来了。该通电不但反对西南各省提出的由黎元洪接任总统的主张,而且内容上也不仅仅限于焦急燃眉的时局问题,如袁世凯的去留等南北争执的主要问题,而是涉及国会、宪法、经济、军队、官吏、帝制祸首及党人等诸方面。这一份“东”电的发表,在当时引起了不少人的猜疑。5 月 10 日的英文《京报》曾就此发表社论,认为“此通电不类商请磋议解决之电文,直一新政府之大政方针之宣言书,冯殆宣布其政见,以为候选总统之准备乎?”[④]这确是切中肯綮之论。

---

①《黎元洪任总统时中日关系资料》,见《近代史资料》1981 年第 3 期,第 151 页。

②《申报》1916 年 5 月 15 日。

③曾毓隽:《忆语随笔》,见杜春和等编:《北洋军阀史料选辑》(下),中国社会科学出版社 1981 年版,第 151 页。

④《申报》1916 年 5 月 15 日。

盘踞于徐州的长江巡阅使张勋自认为资格不在段、冯之下，手中又拥有二万人的“辫子军”，因此也积极展开活动。袁世凯死后的第三天，即6月9日，他就邀集了参加南京会议的各省代表在其老巢徐州召开了第一次徐州会议，“外表以固结团体，拱卫中央为辞，实则组织北洋各省军事攻守同盟，用以对抗西南护国军，挟制北京政府，保全个人权力地位。张个人则利用此形势，取得北洋各路诸侯大盟主地位”①。

与此同时，一些官僚、政客也都蠢蠢欲动，“此詈彼以阴谋，彼讦此以诡计，所注视者何物，惟‘权’而已”②。一时函电交驰与报端喧腾的，不是提议唐绍仪出来组阁，就是推崇李经羲有充任内阁总理的资望，闹得乌烟瘴气，不可开交。

争斗的结果如前所述，副总统黎元洪入主总统府，段祺瑞则以国务总理身份实际掌握了北京政府的军政大权。那么，作为这场争权斗争的事实上的赢家段祺瑞，又有些什么资本并使用了哪些手段呢？

段祺瑞（1865～1936年），原名启瑞，字芝泉，安徽合肥人。他出身于淮军将领家庭。祖父段珮为刘铭传军三营统带，驻防江苏宿迁。段早年的学习生活即在祖父军营中度过。1885年，段考入同邑李鸿章创办的天津武备学堂。1889年又奉派与商德全等五人赴德国深造。翌年回国后，先后在北洋军械局和威海随营武备学堂供职。1895年，始辅助袁世凯练兵小站，此后即追随袁氏左右，成为袁手下最得力的干将之一，曾先后担任新建陆军炮队统带，军政司参谋处总办，练兵处军令正使，第三、四、六镇统制，署江北提督等职，武昌起义爆发后，更官至署湖广总督、第二军军统。

①曾毓隽：《忆语随笔》，见杜春和等编：《北洋军阀史料选辑》（下），中国社会科学出版社1981年版，第267页。

②《李大钊文集》，人民出版社1984年版，第190页。

除编练新军外,素有“军事学第一”[①]之誉的段祺瑞还长期主办各军事学堂,从而使得北洋军界的多数将领,不是他的部属,就是他的门生,袁世凯自己就说:“现在陆军营队,所用得力学生,亦半皆受其(指段祺瑞)陶熔。”[②]上下级和师生关系的纽带,将段祺瑞与这些将领紧紧地结合在一起。入民国后,段连续担任了几届内阁的陆军总长一席,并曾两度代掌阁揆。在当时宦海波诡云谲、内阁总理呈走马灯式更替的形势下,段确实可称得上是政坛上的“不倒翁”了,因此,在不少军阀看来,投靠段祺瑞不啻是求得发迹或巩固自身地位的良途,于是争相夤缘攀附,甚或直接投其幕下,这就使段不但能“在一定程度上控制住军队——民国初年最重要的因素”[③],而且还隐然在北洋集团内部培植了以他为首的势力派别——皖系军阀,从而大大增强了自身的实力。

如仅就在北洋集团中的地位和实力而言,冯国璋与段祺瑞相较并不逊色,“两人一内一外,确均有掌握大局之资格”[④]。冯自己也并非没有入主中枢的野心,他曾作过借南京会议来扩大声势,进而达到左右时局之目的的尝试。但因他当时正坐镇江表,对发生于京城的瞬息万变的政治风云不能及时把握,因而给段祺瑞占了先机。同时,冯在声望方面明显地输段一筹,“国璋首鼠依违,唯好财货,非复赳赳本色,故同侪恒非笑之”[⑤]。既失地利,又违人和,冯国璋在中央政权的争夺战中当然只能败下阵来。

以孙中山为首的国民党虽有较高声誉,但实力羸弱;而且也没有确定倒袁成功后所应努力的政治目标,“他们几乎一点也不考虑,一旦袁走了他们怎么办,他们现在完全失去了主动,惶惶无所

---

①沃丘仲子:《段祺瑞》上编,广文书局1920年版,第6页。

②《袁世凯奏议》下册,天津古籍出版社1987年版,第1465页。

③乔·厄·莫理循:《清末民初政情内幕》下册,知识出版社1986年版,第570页。

④张国淦:《北洋军阀直皖系之斗争及其没落》,见杜春和等编:《北洋军阀史料选辑》(下),中国社会科学出版社1981年版,第41页。

⑤沃丘仲子:《当代名人小传》卷上,上海崇文书局1926年版,第20页。

措手足”[1]。除了从北洋军阀中择取像段祺瑞那样一位关系还算融洽的人物加以推戴外，他们实在很难有其他作为。

相比之下，段祺瑞不但实力雄厚，而且在“地利”、“人和”因素方面也有过人之处。他长年置身于北京这一政治运作的中心，因而能及时地洞察并把握各种政治风云的变幻；同时，长期担任要职的他素有清廉、质直并富于责任心的美誉，这在当时官场中可谓凤毛麟角。时任美国驻华公使的芮恩斯在谈起段祺瑞其人时说：“段将军所以有那么大的影响，在于他的品德……尽管他的确很懒惰，但他的才智，他的基本诚实以及他处处保护部下和勇于承担责任的精神，使这位沉静谦逊的人成了中国军界最杰出的领袖。”[2]当时的名记者邵飘萍也评价“段君虽为武人，头脑朴素而好处亦正在乎此”[3]。尤其是段祺瑞领衔通电赞成共和、迫使清帝逊位及抵制洪宪帝制的毅然之举，更使他赢得了共和国缔造者与捍卫者的美誉。袁世凯帝制濒临破产之际，段又力任艰巨，出面收拾残局。当时一些帝制派人物“颇有孤注一掷，牺牲国家之意”[4]，京中形势因之大乱。6 月 10 日的《申报》报道袁世凯死讯传出后北京的混乱状况说：“京城市面，一时顿形动摇，官吏之私行逃走者，项背相望……商民疑有乱作，于是争先闭门。丹桂、吉祥等戏团，顿亦将戏止住。于是秩序大乱，游人争奔而出。”[5]6 月 16 日的英文《北京日报》也有类似报道：“大局殊形危急，迁赴天津者甚众，赴津火车，乘客三倍平昔，临时加车，亦不敷用。京中外人所开客寓，几有人满之患，皆华人之避居者也。华人且群以金银及贵重物件移入东

①乔・厄・莫理循：《清末民初政情内幕》下册，知识出版社 1986 年版，第 573 页。
②保罗・S. 芮恩斯：《一个美国外交官使华记》，商务印书馆 1982 年版，第 187～188 页。
③《申报》1916 年 8 月 11 日。
④游悔原：《中华民国再造史》，上海民权出版社 1917 年版，第 156 页。
⑤《申报》1916 年 6 月 10 日。

交民巷……中国及交通二银行，亦以存款移寄东交民巷之内。”①巨变之祸，大有山雨欲来之势。这一危急累卵局面最后得以底定，虽与军警的极力维持是分不开的，但“使非公(段祺瑞)坐镇于上，默系人心，军警虽力，问将何所秉承?”②美国传教士李佳白事后也评论道：“当袁氏骤逝之际，设非有段氏之力任艰巨，偕徐世昌敦劝黎总统继任，则淡泊自甘之黎氏必不出，而北京之大乱一起，全局无难瓦解。中国危险，孰过于是，以一人支撑大局，是不可谓非段氏一人之力也。”③由于消弭了一场潜发的祸乱，段祺瑞的声誉更著，以至连国民党方面“亦称其贤”④。孙中山在6月23日给段祺瑞的电报中就坦陈其对段的“倾服”之情道：“民国元年，曾亲教诲，伟人丰采，至今不忘。盖当南北议和之际，惟执事为军人领袖，赞成共和，始终不变，求之当世，诚拔萃而寡俦。而今天下汹汹，扶危定倾，又惟执事是赖。此文所以倾服不置也。”⑤进步党党魁梁启超更是告诫陆荣廷、李烈钧、蔡锷等人说：“收拾北方，惟段是赖，南省似宜力予援助，毋令势孤，更不可怀彼我成见，致生恶感。”⑥急于在华寻找新的代理人的帝国主义列强，也因段的出色表现而对他大加赞赏。6月8日，段赴外交部会晤公使团，各国公使一致表示：“京师治安既由总理负责，本使等极为满意，并愿一致赞助。”⑦显然，在北洋系诸要人中，段祺瑞可以说是唯一能为各方接受的人物。

为了达到控制中央政权的目的，段祺瑞及其手下还不失时机地展开了多方面的争权夺利活动。1916年3月22日，袁世凯在

①参见《黎元洪任总统时中日关系资料》，《近代史资料》1981年第3期，第145页。

②《徐树铮电稿》，中华书局1963年版，第73页。

③李佳白：《中国国势与国务院良否之衡量观》，《东方杂志》第14卷第2号，第162页。

④沃丘仲子：《当代名人小传》卷上，上海崇文书局1926年版，第30页。

⑤《孙中山全集》第三卷，中华书局1984年版，第311～312页。

⑥《申报》1916年6月9日。

⑦《申报》1916年6月9日。

内外交困之下被迫宣布撤销帝制，并敦请徐世昌、段祺瑞两人分别出任国务卿和参谋总长，以期收拾残局。段紧紧抓住这一应邀出山的机会，极力扩张自己一方的势力。先是以不赴部就职相要挟，迫袁接受“和平解决南事”、“暂缓扩大模范军”和“恢复参谋部事权”三项要求，并对替袁卖力的徐世昌大加排斥，迫使他辞去国务卿职务[①]；继而又以便于与南方交涉为由，向袁建议将帝制气息颇浓的政事堂改为责任内阁，国务卿改为国务总理。袁因一心指望段能替他化解危机，只得于 4 月 21 日宣布：“委任国务卿总理国务，组织政府，树责任内阁之先声，为改良之初步。”[②]并任命段祺瑞为国务卿。嗣后又于 5 月 8 日发布申令，正式取消政事堂，恢复国务院和总理名称。之后，段祺瑞为了达到由国务院总揽内外大权的目的，一方面以责任内阁制相诘难，要袁世凯裁撤总统府机要局、陆海军大元帅统率办事处和京畿军政执法处三大机关，以削弱总统府的事权；另方面又想方设法在国务院内安插自己的亲信，其中最突出的就是为徐树铮谋取国务院秘书长这一重要职位。这一要求遭袁世凯拒绝后，段愤恨之极，竟“决心与西南通电，互谋对袁”[③]。5 月 18 日，冯国璋、倪嗣冲等主战将领在南京集会，一时主战声浪甚嚣尘上。段祺瑞表面上虽说将把和战问题交由南京会议讨论决定，但同时又以后方各省局势“已不似从前之十分稳固”、“纸币停兑后金融状况危机四伏”以及“北省军队未敢期其可操必胜之券”三个方面，向袁世凯申明了“续筹备战之困难情形”[④]，从而给南京会议和想借该会声势延保总统地位的袁世凯等人泼了一

①徐世昌事后谈起他辞职的原因时有点无可奈何地说：“段气焰逼人，亦非退让不可。”参见张国淦《中华民国内阁篇》，杜春和等编《北洋军阀史料选辑》(上)，中国社会科学出版社 1981 年版，第 198 页。

②《政府公报》1916 年 4 月 22 日。

③张国淦：《中华民国内阁篇》，见杜春和等编：《北洋军阀史料选辑》(上)，第 200 页。

④《大公报》1916 年 5 月 20 日。

盆冷水。为了对袁世凯及帝制派施加更大压力，段祺瑞还以拱卫京师名义，将直接听命于他的蔡成勋第一师从张家口调回北京，分驻南苑和北苑；同时密派亲信干将曲同丰赶赴陕西，唆使陕南镇守使陈树藩驱逐了陕西将军陆建章(袁世凯的党羽)，并联络山西将军阎锡山一起反袁。"袁以腹背受敌，气焰顿挫"①；而段祺瑞则通过这些讹诈、要挟手段，权势大增。实际上，袁世凯去世前夕，北京政府的大权几已完全落入段的手中，因此，袁世凯一死，他就成了唯一有能力担当维持时局重任的人物，也是有关各方酝酿组织新政府时不能不首先加以考虑的人选。

不过，段祺瑞并没能继承袁世凯的总统职位，在新政府中，他的身份只是国务总理；而且，即使是从袁世凯旧政府的属僚到新政府的合法总理这看似极平常的一步，他也竟踟蹰了将近一个月的时间。这是因为，南方独立各省及其他势力派别对段的支持并非是无条件的，而段自己也并不甘心在新政府中只充当二号人物的角色(尽管只是名义上的)。各自利害关系的触发，终于酝成了南北间持续近一个月的所谓新旧约法之争，段祺瑞内阁的组建也因此受阻，呈现难产之势。

### 2. 南北新旧约法之争

袁世凯死后，以北洋军阀集团把持的北京政府为一方，西南军阀控制的军务院以及国民党、进步党等党派为另一方，在黎元洪出任总统的法律根据问题上，展开了近一个月的激烈争执，史称新旧约法之争。

"旧约法"是指孙中山等于民国元年制定、公布的《中华民国临时约法》，包括在此基础上修订而成并于 1913 年公布的《大总统选举法》；而"新约法"是指袁世凯一手炮制，于 1914 年 5 月公布的

---

①张一麐:《直皖秘史》，见来新夏主编:《中国近代史资料丛刊·北洋军阀》(三)，上海人民出版社 1993 年版，第 18 页。

《中华民国约法》，包括同年12月公布的《修正大总统选举法》。这两个约法的先后存在，特别是它们所采用的政体以及在总统选举、任期、权限等方面的规定又有很大差异，就势必会促使南北双方围绕各自的利害关系，在适用何种约法的问题上展开争斗。

其实，南北间早在袁世凯在世时，就已经在“法统”问题上展开了交锋。当时，南方护国军为抵制已被迫撤销帝制的袁世凯复任总统，援引《临时约法》中的有关条文，指斥袁犯有“谋叛大罪”，总统资格业已丧失，主张由副总统黎元洪继承袁“所遗未满之任期”①。而冯国璋等北洋将领则借口“袁大总统以清室付托组织共和政府，统治民国，授受之际本极分明”，“民国四年后大总统固已失其地位，副总统名义亦当同归消灭”，反对黎元洪继任总统；并对《临时约法》大加诋毁，说该《约法》条文中“确有不合中国国情及今日之现势者”②。其目的正如英文《京报》社论所揭露的：“实欲屏弃临时约法而另创一新情势，等于辛亥年南北和议未成之时局耳。”③即企图以袁氏政权受之于清室为由④，从根本上否认《临时约法》的法律效力。护国军方面洞烛其奸，梁启超当即致电冯国璋，申明《临时约法》存在和应由黎元洪出任总统的理由，严正指出：“项城虽自犯于约法，而约法未尝因此而损其毫末也……约法岿然存在，副总统名义谁得而消灭之？项城因犯罪缺位，黄陂当然继位。”⑤不久，袁世凯猝然死去，黎元洪无可争议地成了总统职位的唯一合法的继承人。但北洋集团内的段祺瑞等人并不甘心接受

①《护国军军政府第二号宣言》(1916年4月18日)，《军务院考实》第一编《通告》，商务印书馆1916年版。

②《申报》1916年5月15日。

③《申报》1916年5月15日。

④1912年2月22日颁布的清帝退位诏书中，袁世凯授意汪宝荣加上了“由袁世凯以全权组织临时共和政府与民军协商统一办法”一句，以说明袁氏政权受之于清室。冯国璋据此遂有“袁大总统以清室付托组织共和政府”之言。

⑤《大公报》1916年5月23日。

这个事实,他们又利用两个约法的差异,从自身的利益出发,在黎出任总统的法律根据问题上大做文章,结果酿成了南北间更为激烈的争斗。

1916 年 6 月 6 日袁世凯死去的当天,段祺瑞抛出了一份《大总统告令》。这一份实际上由段和徐世昌两人拟定的《告令》,以袁大总统遗令的形式宣布:“依约法第二十九条大总统因故去职或不能视事时,副总统代行其职权,本大总统遵依约法宣告,以副总统黎元洪代行中华民国大总统职权。”①同天,段又以国务院名义通电全国,略谓已经按遗令并遵照约法第二十九条的规定,宣告由副总统黎元洪代行中华民国大总统职权。

上述《告令》和通电中所指的“约法”并非民元旧约法,而乃袁记新约法。但段祺瑞也并没有完全遵依新约法的精神。因为,作为新约法一部分的《修正大总统选举法》中规定:大总统任期未满因故去职时,由副总统“代理”,参政院和立法院应于三日内各互选五十人,组成大总统临时选举会,就前大总统所推荐的三位总统候选人投票表决,选定其中一人为总统。但由于参政院久处星散状态,而立法院又一直没有成立,因此,大总统临时选举会代表的互选工作根本无从措手,三日内选出大总统则更属天方夜谭。从当时情形看,段祺瑞等并没有在三日内举行总统大选的打算,黎元洪行使“代理”总统的职权也显然不像是三天即告结束的意思,而这种事实上的无限期“代理”在新约法中是找不到根据的。段祺瑞自己也觉得难于自圆其说,因而在次日以国务院名义发布的通电中,不得不含糊其辞地说:“本月七日黎副总统遵法接任中华民国大总统职权。”②

而新任大总统黎元洪一方面是对南北双方都有所顾忌,“若依新约法就任,既恐南方不承认,若依旧约法又恐启北方之争端”③;

①《政府公报》1916 年 6 月 7 日,第 152 号。

②《申报》1916 年 6 月 8 日。

③《大公报》1916 年 6 月 11 日。

另一方面则因新旧约法对自己各有利弊,旧约法实行的是责任内阁制,觉得“总统权力太小,颇欲乘机”扩张[1],而新约法中总统的权力虽形同皇帝,但因只能是“代行”,又恐难安于位,因此,对约法问题更是采取了模棱两可的态度。6月7日上午10时,黎在北京东厂胡同私邸举行就职宣誓,前面既说:“……当依据民国元年颁布之《临时约法》接任大总统之职权。”后面又言:“并誓于代行大总统职权之时,确守国宪。”[2]忽而说自己是依旧法“接任”,忽而又说是“代行”,企图以这种模糊法律界限的做法,周旋、依违于南北之间。此后黎在致电唐绍仪、张謇等南方人士时,对其出任总统的法律根据问题也是有意闪烁其词,不作明确表态[3]。

段祺瑞等将新约法作为黎元洪出任总统的依据,究竟抱有何种目的呢?孙中山在1917年10月3日的《明正段祺瑞乱国盗权罪通令》中曾予以揭露道:段之用意“无非觊觎新任大总统之任,而欲以兵力劫持国民之选举”[4]。征诸当时的实际情形,孙中山的指责应该说是有一定根据的。从实力和资格等方面而言,段祺瑞完全可以接任大总统职位;而且,他自己也并非没有这方面的野心,北洋阵营中敲打边鼓催他登场的也大有人在。还在袁世凯病危期间,就曾有人向段祺瑞提议:“项城病势既剧,似可先行请假,一切由内阁代摄。”[5]袁世凯的死讯刚传出,在京的一些军阀头目和军事代表又齐集国务院,一致反对非北洋系的黎元洪出任总统,准备拥段继位。6月8日,段祺瑞的亲信张敬尧更是假托蔡锷等三十一位前线将领的名义,拍发了一份大肆为段吹捧的长电(“庚”电),宣称“当今之世,具有总统资格,道德经济足以威服天下,为全国所

①曾毓隽:《宦海沉浮录》,《近代史资料》总62号,第28页。
②谢振民:《中华民国立法史》,南京正中书局1937年版。
③《申报》1916年6月10日、15日。
④《孙中山全集》第四卷,中华书局1985年版,第207页。
⑤《黎大总统就任前之个中会议》,《申报》1916年6月9日。

爱戴，在京巨公，段芝老外，别无其人”[①]。这一则肉麻之至的通电并没有找准时机，因为黎元洪已前此一日宣誓就任总统之职，但它却道出了段祺瑞等人的心声。

既然段祺瑞等对总统职任不无觊觎之心，那么他们后来又何以把黎元洪扶上了总统宝座呢？一种颇具代表性的观点是，段想“把总统独裁制变为‘责任内阁制’，把黎扶在傀儡总统的位置上，自己却以内阁总理形成另一种形式的个人军事独裁……利用责任内阁之名，以行军事独裁之实”[②]。诚然，段祺瑞是有集军政大权于一身的企图，但令人置疑的是，新约法在政体上采用的是总统制，而并非责任内阁制，既然大总统“总揽统治权”，而国务卿只起“赞襄”作用[③]，则段又如何实行“独裁”统治呢？其实，段祺瑞将总统职位让给黎元洪，乃是迫于无奈。因为，第一，西南方面早经揭橥宣言，力主黎元洪继任总统职位，并将此作为南北议和的先决条件。段若一意孤行、当仁不让地坐上总统宝座，势必会遭致它们的激烈反对，南北统一因此也就无法实现。第二，黎元洪在当时是唯一合法的接任总统职位的人选[④]，段若强行攫夺，必然会有损其一生的令名。第三，列强对黎元洪出任总统普遍较为满意。6月6日晨，日、英、法、俄、意、比六国驻华公使因袁世凯病情恶化，在日本使馆筹商对策，最后一致认为袁死后宜由副总统黎元洪继任。午后一时，六国公使又一起拜见段祺瑞，向他表明了这一意向。7日，日本内阁阁议决定，只要黎元洪放弃袁世凯政府的排日政策，

---

①《申报》1916年6月20日。

②陶菊隐：《北洋军阀统治时期史话》上册，三联书店1983年版，第452页。

③《中华民国约法》第14条、39条，见《申报》1914年5月4日。

④作为“旧约法”重要组成部分的《大总统选举法》第5条规定：大总统因故去职或缺位时，由副总统继任，至原任大总统任满为止；而“新约法”第29条规定：大总统因故去职时由副总统代行其职权。两个约法在新任总统的产生方式上虽存在“继任”与“代行”的区别，但都规定副总统是唯一有此资格的人选。

"则日本不辞援助黎氏"[①]。此后,日本驻华公使又曾多次与英、俄、法等国公使会商,并最终在"对于黎大总统极力与以好意的助援"[②]方面达成了一致意见。既然列强对此问题已作明确表态,段祺瑞当然不便再持异议。但将总统职位拱手让给既无实力又鲜资望的黎元洪,段祺瑞确实有些不甘心,于是就抬出了袁记"新约法",企图让黎在"代理"名义下当一段时期的过渡总统,待到时机成熟时,自己再取而代之。

段祺瑞热衷于袁记"新约法",除了为谋取大总统职位外,还包藏着更险恶的用心,那就是以此"推翻南方为国民战争之目的"[③],从而从根本上否认西南军阀存在的"合法性"。而西南军阀所以极力推黎元洪出任总统,其目的也不像有的论者所分析的那样,是"希望一个与南方有一定关系的人出任总统",以"反对北洋系继续独霸中央政权"[④]。因为,黎元洪在任湖北军政府都督时的懦弱表现,尤其是他在袁世凯当政时期始终未能以副总统身份在国事中发挥任何实际作用的事实表明,寄厚望于这样一位无勇无谋且又为北洋势力挟制的人物,显然是极不现实的,对此西南方面不会不有所认识。1916 年 3 月,梁启超在香港与李根源等人谈起总统人选问题时,道出了根据《临时约法》推举黎元洪继任总统的真正用意:"一则可以息争,二者可以明护国军之兴,为拥护国体而起,非为争权夺利而起,袁氏无词可非难护国军,又无术可离间护国军。"[⑤]由于西南各省联合的基础相当脆弱,内部存在一定矛盾,仅在推举总统人选问题上,就有属意于岑春煊、唐继尧及蔡锷等多种意见,无论哪一派的意见获胜,都会遭致其他派别的反对,因此,突

①《申报》1916 年 6 月 17 日。

②《大公报》1916 年 6 月 14 日。

③英文《京报》1916 年 6 月 27 日。

④黄征等编著:《段祺瑞与皖系军阀》,河南人民出版社 1990 年版,第 44 页。

⑤吴贯因:《丙辰从军日记》1916 年 3 月 12 日,见丁文江、赵丰田编:《梁启超年谱长编》,上海人民出版社 1983 年版,第 763~764 页。

破狭隘的地域观念,推举虽非西南同道中人,但又能为各省各派接受的黎元洪出任总统,对于消除内部纷争,防止北洋军阀的离间与利用,不失为一步上上之棋。尤其是西南方面一再表白,他们兴师的目的是为了维护共和,捍卫遭袁世凯践踏、废弃的《临时约法》,如5月11日发布的军务院第一号布告就宣称:“此次兴师,其大义在拥护国法。”①同日发布的军务院第二号布告又重申:“此次举义之真精神,一言蔽之曰:拥护国法而已。”②而推举非西南人士的黎元洪出任总统,并在黎之总统地位究竟是“继任”抑或“代行”这一与自己并无多大利害关系的问题上不作丝毫让步,又无疑是向世人表明他们的此种心迹、树立“护法神”形象的极有效的手段。既然他们是“为拥护国法而起,非为争权夺利而起”,则师出有名,存在也就有了“合法”的根据。西南方面拥黎继位的真正目的如此而已。然而,承认西南军阀的“合法”地位,实际上意味了将承认他们所拥有的武力、地盘以及在政治上的发言权。这在有着“北方军人才是国族中坚的偏见”③,并一心想实现北洋集团对全国的统治的段祺瑞等人看来,是绝对不能接受的。为此,他们极力主张将袁记新约法定为“国宪”,企图借此斩断西南军阀赖于“合法”存在的根据—— 民元旧约法,从而为日后对南方的“讨伐”埋下引线。

恢复旧约法必然会引发一连串的棘手问题,这也是段祺瑞等颇所顾忌的。首先是旧国会的恢复问题。这一问题实际上是约法问题的延伸,因为旧国会是依据旧约法而产生的,如果恢复旧约法,当然同样应当恢复旧国会。西南军务院早在5月11日就发布了筹备规复国会的通电,称国会为“约法上最主要之机关,且为一切法律所从出”,若不速事规复,则庶政无由推行,因此,要求各省

①《大公报》1916年5月26日。

②《大公报》1916年5月26日。

③吴铁城曾评价段祺瑞其人道:段“胸襟偏狭而不失其质直,爱惜才干而不辨贤佞,易为群小包围而不贪鄙,主观的公忠体国,而有北方军人才是国族中坚的偏见”。转引自章君谷:《段祺瑞传》下册,台湾中外图书出版社1978年版,第311页。

国会议员“迅速筹其开会秩序及地点，俾一切问题得以解决，各种法定机关得以成立”①。此后，李烈钧、方声涛等护国军将领纷纷发表通电，均以“保障国会”相号召，并把它视为“拥护约法”的一个不可分割的组成部分②。但段祺瑞等心里很清楚，这个国民党议员占据优势地位的国会一旦恢复，势必会对他们的独裁统治造成“诸多掣肘”③，这是他们所深感忧虑的。段在会晤美国驻华公使芮恩斯时就曾谈及他对国会的看法说：“我并不期望从恢复国会中得到很多好处，党派斗争和与政府作梗的情况将会层出不穷。但是，至于这种通过清谈进行的古怪的现代方法，我基本上看不出它有什么优点。”④足见他对国会的抵触心理。其次是内阁改组问题。西南方面根据《临时约法》的有关规定，认为国务院“非俟大总统任命经国会同意后不能组织”⑤，而段祺瑞内阁是由因帝制自为而丧失了总统资格的袁世凯任命的，又因国会已遭袁解散而未能经国会同意，因而是非法的，必须加以改组。然而，如果内阁按照西南方面的意图进行改组，势必会使一些非北洋系的势力渗透到中央政府中来，从而危及北洋集团对中央政权的独霸地位，这也是段祺瑞等所极为担心的。再次是帝制祸首的惩治问题。早在护国军起义前夕，即 1915 年 12 日 23 日，唐继尧、任可澄两人就曾联名致电袁世凯，要求把杨度、孙毓筠、严复、刘师培、李燮和、胡瑛、段芝贵、朱启钤、周自齐、梁士诒、张镇芳、袁乃宽这十二位帝制要犯“即日明正典刑，以谢天下”⑥。护国运动爆发后，唐继尧等又通电

---

①中国第二历史档案馆、云南省档案馆合编：《护国运动》，江苏古籍出版社 1988 年版，第 367 页。

②《中华新报》1916 年 6 月 13 日。

③曾毓隽：《宦海沉浮录》，《近代史资料》总 62 号，第 28 页。

④保罗·S. 芮恩斯：《一个美国外交官使华记》，商务印书馆 1982 年版，第 158 页。

⑤《唐继尧等公布为设置军务院以指导军事筹备善后宣言通电》，中国第二历史档案馆、云南省档案馆合编：《护国运动》，第 358 页。

⑥由云龙：《护国史稿》，《近代史资料》1957 年第 4 期。

全国,重申了这一要求。但由于这些人与北洋派有着较深的渊源关系,有的本身就是北洋集团内的重要人物,因此,从感情上说,段祺瑞等根本不愿将他们绳之以法;特别是这些人都是当时军政各界的有头有脸的人物,如不谨慎从事,就很可能会引火烧身,不但危及政局稳定,而且还可能动摇北洋集团统治的基础,这种结局更是段祺瑞等所不希望看到的。

由于有以上这几方面原因,段祺瑞等当然希望将新约法定为"国宪"。但正如上文所分析的,适用何种约法对西南军阀也同样是利害攸关,因此,尽管段祺瑞的手法相当隐蔽,没有专门就这一问题公开表态,而只是在通告黎元洪接任总统职位时轻描淡写地附上了一笔,但他们还是敏锐地识破了段的这一花招,并立即予以揭露和辩驳,与之展开了激烈的交锋。

6月8日,军务院抚军副长岑春煊致电抚军长唐继尧等人,率先对段祺瑞援引新约法之举提出异议,指出当前的新旧约法问题为"生死存亡之点","不仅于义军信誓有关,而大局或因此别生纷扰",建议西南各省急速就此问题进行磋商,以便"斟酌尽善,使中国不至在袁死后濒于危亡"①。唐继尧随即征求贵州、广西等省的意见,并于6月10日以西南各省的名义致电大总统黎元洪,提出解决时局的四项主张:

(1)国家根本法以国会解散以前公布者为准。

(2)大总统任期根据1913年10月公布的《大总统选举法》,至前大总统任满之日止。副总统由国会另选。按照约法及国会组织法组织正式国务院,交由国会同意。即行召集前参、众两院议员,齐集天津,克日开会。

(3)凡因抵御护国军所遣之各军队,应即悉行撤回原驻地点。

(4)令各都督或将军派军事代表齐集沪上,召开军事特别会

①《中华新报》1916年6月20日。

议,议决军事重要问题。①

稍后,陆荣廷、岑春煊、蔡锷等也纷纷就时局问题发表通电,均力主恢复旧约法和旧国会②。

在西南军阀因约法问题而对段祺瑞北京政府鸣鼓而攻的同时,国民党、进步党等党派及旧国会议员也从各自的政治利益出发,通过通电及派人活动等多种形式,在上述争执问题上明确表明了自己的立场。

作为资产阶级共和制度的缔造者,孙中山、黄兴等国民党人士当然不能容忍自己手订且已成为共和制重要象征的《临时约法》再遭践踏。6 月 9 日,也即袁世凯死后的第三天,刚从日本回到上海的孙中山发表了《规复约法宣言》,严正指出:恢复旧约法、尊重民意机关为解救目前时局的"唯一无二之方,无所用其踌躇者",表示要与全体国民一起"共荷监督之责,不使谋危民国者复生于国内"③。同日,黄兴也发表通电,指责段祺瑞援引新约法是"以伪法乱国法",主张明令规复旧约法,从速召集旧国会,组织合法内阁,严惩帝制祸首④。而于右任更是严词告诫段祺瑞:"今日万目睽睽,视公真能尊重约法与否,卜国家前途安危",国民流血所争者在恢复旧约法,其能否与国民推诚相见者亦在此,"望公自爱爱国,幸勿再酿战祸"⑤。他如唐绍仪、孙洪伊等国民党重要人物也纷纷痛切陈辞,都将恢复旧约法视为解决时局的"第一要著"⑥。

进步党因与西南军阀有着携手反袁的密切关系,因此,在这场

①《中华新报》1916 年 6 月 18 日。

②《中华新报》1916 年 6 月 12 日、20 日,7 月 10 日。

③《中华新报》1916 年 6 月 9 日;《孙中山全集》第三卷,中华书局 1984 年版,第 305~306 页。

④《中华新报》1916 年 6 月 12 日。

⑤《申报》1916 年 6 月 8 日。

⑥《大公报》1916 年 6 月 12 日、15 日;《黎元洪藏函电稿》,见来新夏主编:《中国近代史资料丛刊·北洋军阀》(三),上海人民出版社 1993 年版,第 88~89 页。

新旧约法争执中很自然地站在了西南军阀一边。该党党魁梁启超一方面频频致电黎元洪、段祺瑞、冯国璋等人,要求他们“恪遵国法”[①];同时又积极向西南方面出谋划策,密授机宜。唐继尧 6 月 10 日的通电发表后,梁以其争攘权利的色彩太明显,不足以体现军务院历次宣言中所一再强调的“为国法而战”这一“举义之真精神”,因此,立即于次日致电西南各省,建议对时局提出六项条件,即除唐所开列的四项外,再增加惩治帝制祸首和把将军、巡按使官制改称都督二项,以增添反帝制色彩[②]。而当他看到蔡锷的态度太过强硬,有可能影响南北军阀间的妥协时,又马上给蔡去电,提醒他注意以下几端:“复旧约法,召旧国会,已成舆论,宜一致主张,勿立异”;“惩祸首当严重要求”,但胁从者应免于追究,“以安反侧”;“临时阁员勿挑剔,但求著名帝孽勿用便得”[③]。该党的另一位党魁汤化龙也从上海致电黎元洪说:今日之局“非声明遵守《临时约法》,无以昭大信而慰众望,请我公即日明令宣布,俾群情冰释,一切自可迎刃而解”[④]。而林长民、张国淦、黄群、籍忠寅等进步党骨干则分头在北京、南京等地活动,出入于黎元洪、段祺瑞、冯国璋等北方军政界的权要人物之门,就恢复旧约法与旧国会之事力为游说、疏通,其中林、张二人出力尤多[⑤]。

对旧国会议员来说,采用何种约法关系到他们今后的政治前程,因此,其反应之敏感强烈更是可想而知。6 月 10 日,在上海的旧国会议员以全体旅沪国会议员的名义发表宣言,指斥段祺瑞通告黎元洪就任总统职位的电文援引袁氏新约法实属“违反国宪”,因此“万难承认”;要求迅速颁布明令,恢复民国元年《临时约法》及

---

①丁文江、赵丰田编:《梁启超年谱长编》,上海人民出版社 1983 年版,第 789 页。

②梁启超:《盾鼻集》,上海商务印书馆 1916 年版,第 56～57 页。

③李希泌:《护国运动资料选编》下册,中华书局 1984 年版,第 703 页。

④《黎元洪藏函电稿》,见来新夏主编:《中国近代史资料丛刊·北洋军阀》(三),上海人民出版社 1993 年版,第 93 页。

⑤丁文江、赵丰田编:《梁启超年谱长编》,第 789 页。

民国二年国会所制定的《大总统选举法》，将民国二年十一月四日以后所有袁世凯自造新制悉行废除；并声明：如不采纳这一要求，则北京政府"嗣后不依国法之一切行动，举不能视为有效"[①]。6月15日，他们又致电黎元洪，重申了这一要求，并剀切告诫道：政府方面若不迅速在约法问题上作出顺应民情的抉择，则"从前讨逆战争，将一变而为约法战争，大局前途，窃恐愈难收拾"[②]。与此同时，不少议员还以个人名义或几人联名的形式致电黎元洪、段祺瑞等人，或婉言规劝，或严词诘责，大有不达目的决不罢休之势。

值得注意的是，北洋集团内部也有人对段祺瑞援引新约法之举提出了异议，发出了类似南方各派的呼声。6月8日，河南将军赵倜、省长田文烈发表通电，认为新约法"就已往论，初无成立之确据，就现在论，尤为必不可能之事实"，大总统职权应根据1913年10月《大总统选举法》的规定，由黎元洪"正式继任"[③]。6月15日，江苏将军冯国璋、省长齐耀琳也致电黎、段说："国家根本大法，不可无一，不能有二。新约法为总统制，今日已不适用。当时制定，又未按照定程修改，在民国法系，为非正统。"所以，"此法早已应归无效"。新约法既已失效，则"现在舍《临时约法》外，别无根本之法；舍恢复《临时约法》外，即别无可以造法之道，此节似已无待再计"。约法既应复旧，"则由该法发生之国会，势不能不相因而复"[④]。

面对全国各方的一致反对，段祺瑞不得不作出了"约法决复旧"[⑤]的承诺。但在恢复的手续问题上，他又主张慎重从事，提议先令各省长官分别通知各该省旧国会议员，各举代表三人赴京会

---

①《中华新报》1916年6月11日。

②《中华新报》1916年6月16日。

③《大公报》916年6月12日。

④《黎元洪藏函电稿》，见来新夏主编：《中国近代史资料丛刊·北洋军阀》(三)，上海人民出版社1993年版，第102～103页。

⑤李希泌：《护国运动资料选编》下册，中华书局1984年版，第683页。

议,对此详加研究,俟有了稳妥办法后再行恢复。段祺瑞之意,无非是借慎重之名,行迁延之实,以得“一时之便利”①,因此,他的意见一经表露,又立即招来了有关各方的一片反对之声。

6月16日,岑春煊致电黎元洪,语气颇为强烈地说道:“旧约法之必须恢复已成铁案,断无疑意,其中纵有困难之处,亦当以敏捷手段成之。”并告诫说:若再因循观望,犹豫寡断,“不惟统一之效难收,且恐又起极大波澜”②。同日,梁启超在给其赴京代表黄群的指示电文中,驳斥段的上述提议道:各省选派国会代表赴京会议之举大可不必,而且也难以办到,政府只要发一则简单的申令,宣布将新约法废止就可以了,这样做并非“以命令变更根本法,不过将已成事实依法宣言”③罢了。6月19日,孙中山也致电黎元洪,就恢复旧约法的手续问题争辩道:“约法停废,国会解散,俱系前人越法行为,今日宣言承认遵守,不过以适法之命令变更不法之命令,其间毫无疑义。”④同日,莫理循、有贺长雄、韦罗璧三位在黎元洪总统府任职的外国顾问,因担心事态扩大,局面一发不可收拾,给黎递交了一份备忘录,敦促他尽速恢复旧约法与旧国会,内中说道:“我们强烈主张,阁下立即发布一份由国务总理和国务委员副署的公告,南京约法业已确认具有完全的法律效力,并声明将遵照旧约法,尽可能迅速召开国会,以便依法制定必要的法律,并为制定永久宪法采取行动。”⑤稍后,冯国璋、倪嗣冲、张勋、张怀芝四将军又联名致电段祺瑞,告诫他说:“恢复旧约法之主张,全国人心已归一致,若再迟疑莫决,政府之价值难免因而亏损,应请迅将元年民定约法删去临时二字,先行颁布,藉定人心。”⑥

---

①曾毓隽:《宦海沉浮录》,《近代史资料》总62号,第28页。

②《大公报》1916年6月17日

③《中华新报》1916年6月17日。

④《中华新报》1916年6月17日。

⑤乔·厄·莫理循:《清末民初政情内幕》下册,知识出版社1986年版,第578页。

⑥《大公报》1916年6月23日。

迫于舆论的强大压力，段祺瑞不得不于6月22日通电各省，就如何恢复旧约法的问题征询意见。他声称自己对旧约法并无成见，只是一时找不到正当的办法，所以才没敢贸然恢复；并振振有词地反驳南方各派提出的以大总统令形式恢复旧约法的主张道："三年约法所以不餍人望者，谓其起法之本根于命令耳，而何以元年约法独不嫌以命令复之乎？……如谓法律不妨以命令复也，则亦不妨以命令废矣！今日命令复之，明日命令废之，将等法律于何物？"他甚至还强词夺理地为新约法申辩道："三年约法履行已久，历经依据以为行政之准，一语抹杀，则国中一切法令皆将因而动摇。"①不难看出，手续问题仅仅是段祺瑞的一种借口，"行使新约法为适宜"②才是他在通电中所要表达的真正意思。

段祺瑞的通电发表后，在上海的旧国会议员和梁启超、唐绍仪等人纷纷致电驳复，语气更为激烈。旧国会议员在通电中对新约法是不是法律的问题作了辩析，尖锐指出："三年约法会议其组织及程序既与临时约法五十五条所载不符，则其所增修者自不得称之为法律，实属违宪行为……今日以命令废止三年约法，乃使从前违宪之行为归于无效，更无所谓以命令变更法律。"③而梁启超、唐绍仪两人在给段祺瑞的一则联名通电中，更是从法理、事实及政治作用等方面，对段通电中的观点作了痛快淋漓的驳诘④。于是，南北双方又形僵持。

正在此时，李鼎新领导下的海军宣布独立。6月25日，驻沪海军司令李鼎新、第一舰队司令林葆怿、练习舰队司令曾兆麟联合发表宣言，宣布"非俟恪遵元年约法，国会开会，正式内阁成立后，北京海军部之命令，概不承受"⑤。这一突发性的事件，使南北间

①《政府公报》1916年6月24日。

②沃丘仲子：《段祺瑞》中编，广文书局1920年版，第54～55页。

③《中华新报》1916年6月26日。

④《军务院考实》第四编，商务印书馆1916年版，第55～59页。

⑤《东方杂志》第13卷第8号。

的新旧约法之争出现了戏剧性的转机。当时,中国海军共有三支舰队,其中第一舰队“势力最厚”,为海军主力。它的独立,不但严重威胁北洋派势力所及的东南沿海各省及南京、安庆、武昌、南昌等长江沿线重要城镇①,而且护国军很可能会利用海军运兵北上,因而使北方地区也受到威胁。段祺瑞深感事态严重,无可奈何地接受了南方的主张。

6月29日,黎元洪以大总统名义就约法、国会问题发表如下申令:“宪法未定以前,仍遵行中华民国元年三月十一日公布之临时约法,至宪法成立为止。其二年十月五日宣布之大总统选举法,系宪法之一部,应仍有效。”又申令:“兹依临时约法第五十三条,续行召集国会,定于本年八月一日起继续开会。”②持续了近一个月的新旧约法之争至此终于告一段落。

### 3. 段祺瑞内阁的产生

南北间的“法统”问题解决后,组织合法内阁的问题便提上了议事日程。在此前后,段祺瑞为了调和与南方的关系,从而使得以他为首的新内阁能为南方各派所接受并顺利通过于国会,曾在肃清帝制影响、恢复共和制度方面采取了一些措施。6月10日,他裁撤了类似清代军机处的陆海军大元帅统率办事处,将其职权分归陆军部、海军部和参谋本部。嗣后,又陆续裁撤了京畿军政执法处、参政院、肃政厅等帝制机构③,废止了《颁爵条例》、《惩办国贼条例》、《附乱自首特赦令》、《报刊条例》等一系列与帝制有直接或间接关系的法律、法令及条例④,并撤销了政治犯通缉案⑤。7月6

①沃丘仲子:《段祺瑞》中编,广文书局1920年版,第55页。

②《政府公报》1916年6月30日,第130号。

③《政府公报》1916年6月11日、22日、30日。

④《政府公报》1916年7月7日、10日、17日、19日。

⑤《政府公报》1916年7月13日

日，将袁世凯时代的将军、巡按使官制分别改称督军、省长①。7月14日，又以大总统黎元洪的名义，对帝制祸首的惩治问题发表如下申令：“自变更国体之议起，全国扰攘，几陷沦亡，始祸诸人，实尸其咎，杨度、孙毓筠、顾鳌、梁士诒、夏寿田、朱启钤、周自齐、薛大可，均著拿交法庭，详确讯鞫，严行惩办，为后世戒。其余一概宽免。”②由于段祺瑞的这些举措只是为了取悦南方，因此很不彻底。如省一级地方官制的改革，只是将原将军、巡按使称呼改为督军、省长，所有署内组织及职权均一仍其旧③；而且人员上也只做了极个别的变动，一些曾向袁世凯输诚的帝制罪犯仍赫然出现在新任命的各省军政大僚的名单之中。再如帝制祸首的惩治，申令中公布的帝制祸首只有八人，一些极重要的帝制罪犯如袁克定、倪嗣冲、段芝贵、曹锟、张敬尧、张作霖、吴炳湘、雷震春、张镇芳等却均被宽免；而且，即使对以上八人，也是“通而不缉”④，致使惩办令实际上成了一纸空文。

然而，就消除南北对抗、赢得南方独立各省及进步党等党派的信任与支持而言，段祺瑞的这些措施还是很有成效的。出于对段的好感，同时也是对其实权地位的默认，岑春煊、蔡锷、梁启超等南

---

①此次任命的各省督军、省长是：奉天督军兼省长张作霖；吉林督军孟恩远，省长郭宗熙；黑龙江省长兼督军毕桂芳；直隶省长兼督军朱家宝（9月16日又特任曹锟为直隶督军）；山东督军张怀芝，省长孙发绪；河南督军赵倜，省长田文烈；山西督军阎锡山，省长沈昌铭；甘肃省长兼督军张广建；新疆省长兼督军杨增新；江苏督军冯国璋，省长齐耀琳；安徽督军张勋，省长倪嗣冲；江西督军李纯，省长戚扬；福建督军李厚基，省长胡瑞霖；浙江督军兼省长吕公望；湖北督军王占元，省长范守佑；四川督军兼省长蔡锷；陕西督军兼省长陈树藩；广东督军陆荣廷，省长朱庆澜；广西督军陈炳焜，省长罗佩金（19日又以陈炳焜兼署）；云南督军唐继尧，省长任可澄；贵州督军刘显世，省长戴戡。

②《政府公报》1916年7月15日，第190号。

③《政府公报》1916年7月7日，第182号，命令。

④由于段祺瑞等事先透露风声，这些人在惩办令发布前就已逃之夭夭，只有顾鳌一人在车站准备乘车离京时被捕；惩办令发布后，北京政府又未采取切实措施，将他们缉拿归案。

方重要人物纷纷发表通电，支持段出来组阁。岑春煊在给段的一则电文中说:“段公老成重望，海内所崇，以魁台阁，允当其选。”①蔡锷虽主张根据法律程序重新组织责任内阁，但又认为时事多艰，内阁总理一职“非芝老莫胜此任”②。梁启超更是特意致电南方独立各省，为段祺瑞的出台组阁大敲边鼓，称“此公宅心公正，持躬清直，维持危局，非彼莫属”，要求各省“分致一诚恳之电，劝其勉任巨艰。且言万事愿与协商，俟内阁改组后，必力为拥护”③。驻沪海军宣布独立后，段祺瑞见事态扩大，一度曾有辞职之意。梁启超又立刻给他去电，极言“以现状论之，公若不忍辱负重，此国便将瓦解”，力劝他勿萌退志④。尤其是段祺瑞接受了恢复旧约法与旧国会的条件后，南方独立各省中的一些人如浙江督军吕公望等，更是认为段已作了很大让步，因而主张提前裁撤军务院，以示“交相让步，顾全大局之意”⑤。关于军务院的撤销时间，军务院组织条例第10条明文规定:“军务院至国务院依法成立时撤废之。”⑥所谓“依法成立”，是指国务院的组织应经由大总统任命和国会同意这一《临时约法》所规定的程序。当时，国会尚未召集，正在组建中的段祺瑞内阁日后能否顺利通过国会，应该说还是个未知数。但梁启超等人却急欲与北京政府妥协，以便带着进步党议员赶回北京，“参预于新国会”⑦，因此，极力附和吕公望等人的主张。经梁启超

①《申报》1916年6月19日。

②《蔡锷六项主张电文》,《申报》1916年7月1日。

③梁启超:《盾鼻集》,上海商务印书馆1916年版，第70页。

④梁启超:《盾鼻集》,第50页。

⑤丁文江、赵丰田编:《梁启超年谱长编》,上海人民出版社1983年第版，第791页。

⑥中国第二历史档案馆、云南省档案馆合编:《护国运动》,江苏古籍出版社1988年版，第359页。

⑦《北洋德华日报》1916年6月17日。

等人多方疏通与斡旋[①]，军务院众抚军对提前撤销军务院皆无异议。7月14日，唐继尧即以全体抚军名义通电全国，宣布撤销军务院。军务院的撤销，标志了南北对立状态的结束。段祺瑞的组阁已不再有 什么大的障碍了。

其实，段祺瑞新内阁的组织早在军务院宣布撤销的半个月前就已着手进行。6月29日，黎元洪颁布命令，特任段祺瑞为国务总理。由于黎、段二人事先已就阁员人选问题进行磋商并达成了一致意见[②]，因此，次日黎即以大总统令形式公布了新内阁阁员名单：唐绍仪为外交总长（唐到任前由陈锦涛兼署），许世英为内务总长，陈锦涛为财政总长，程璧光为海军总长，张耀曾为司法总长（张到任前由张国淦兼署），孙洪伊为教育总长，张国淦为农商总长，汪大燮为交通总长，陆军总长一职由段祺瑞自己兼任；同时免去交通总长兼署外交总长曹汝霖、内务总长王揖唐、海军总长刘冠雄、司法总长兼署农商总长章宗祥、教育总长张国淦的职务[③]。

---

①为了达到尽快撤销军务院的目的，梁对唐继尧、陆荣廷、岑春煊等军务院要人做了不少说服、鼓动工作，1916年7月4日他在给岑春煊的一则电文中就陈述撤销军务院"现在实为适当时机"的理由道："今各省各军皆无见粮，捐借之路两绝，非与政府协商曷由接济结束，而政府仰屋，亦同于我，终不能不乞灵外债。南北不统一，外债决无成立之望。论者或谓以此窘蔸中央，自夸妙策。夫袁既倒，而必欲更窘蔸黎、段，是否为国家之福，且勿深论，曾亦思窘蔸中央需一月者，未半月而我先已自窘蔸耶。"见梁启超：《盾鼻集》，上海商务印书馆1916年版，第59页。

②段祺瑞曾自己拟定了一份阁员名单，由汪大燮任外交总长，许世英任内务总长，陈锦涛任财政总长，段自兼陆军总长，刘冠雄任海军总长，章宗祥任司法总长，范源濂任教育总长，张国淦任农商总长，曹汝霖任交通总长。其中除范源濂一人为新任外，其余均系原内阁成员。这一名单呈送黎元洪审定时，黎认为章、刘、曹三人为帝制余孽，名声太坏，恐难为南方接受，要求从名单中剔除，并建议延揽唐绍仪、孙洪伊、程璧光三位南方人士入阁。参见张国淦：《中华民国内阁篇》，杜春和等编：《北洋军阀史料选辑》上，中国社会科学出版社1981年版，第201页。

③吴廷燮：《合肥执政年谱初稿》，见来新夏主编：《中国近代史资料丛刊·北洋军阀》（五），上海人民出版社1993年版，第129页。

不难看出，在内阁人选的安排方面，段祺瑞是颇动了番脑筋的。为了使新内阁确实给人以耳目一新的感觉，他欣然接受了黎元洪的建议，没有过多地任用原内阁的成员，在新公布的阁员名单中，除张国淦、陈锦涛两人外，其余都是新任命的；而为使新内阁能尽快得到各种势力尤其是在旧国会中占据多数议席的国民党的认可，他不仅设法在阁员名单中罗致北洋军阀、国民党、进步党、旧派官僚和帝制余孽等各种势力的代表，同时又对国民党方面作了较大的让步。但出乎段祺瑞意料的是，这一阁员名单公布后，仍遭到了来自南北各个方面的非议。南方许多人不满意，是因为帝制余孽张国淦和旧派官僚许世英、汪大燮那样的人物也竟备位内阁之中；一些北洋派和进步党人物因见阁员中国民党人占得太多，所以也有意见；而唐绍仪、孙洪伊等新命阁员则因事先没有征求他们本人的意见，同时对所分掌的部务也各有打算，更是以不赴京就任相抵制。在这种情况下，黎元洪、段祺瑞不得不分别致电有关各方，就内阁人选问题力为疏通，并派张继、王正廷赶赴上海，敦请唐绍仪、孙洪伊二人迅即北上就任；同时对阁员名单作了些调整、变动。7 月 12 日，黎元洪颁布大总统令，改任孙洪伊为内务总长(孙未到任前由许世英兼署)，范源濂为教育总长，许世英为交通总长①。次日，令准交通总长汪大燮辞职②。8 月 1 日，又特任谷钟秀为农商总长，张国淦改任黑龙江省省长③。至此，段祺瑞新内阁的组织基本就绪，就待交付国会同意，以完成法定手续了。

8 月 1 日，旧国会依据《临时约法》第 53 条的规定在北京复会，称国会第二期常会。当天上午 10 时，在北京众议院举行开会式，参、众两院议员共 457 人出席了会议，大总统黎元洪、国务总理段祺瑞偕同程璧光、许世英、陈锦涛、范源濂等在京阁员列席了会

①《政府公报》1916 年 7 月 13 日，第 188 号。
②《政府公报》1916 年 7 月 14 日，第 189 号。
③《政府公报》1916 年 8 月 2 日，第 208 号。

议。黎元洪在会上致祝词，并依《大总统选举法》第4条的规定，补行了大总统就职宣誓。

国会召集后，最重要的任务按说应是制定宪法，以确立共和国家的宪政基础；但当时大多数议员对政治问题的热衷远远超过法律问题。众议院议长汤化龙就公开表示："国人所仰望于国会者，皆在制定宪法。此固国会应有之职务，国人应有之希望，但目下我国困难问题果法律所可解决乎？恐政治问题不先解决，则法律之效力亦无由而生。"①国会开会后所面临的第一大急需解决的政治问题，就是讨论内阁同意案。

为使新内阁顺利通过国会追认这最后一关，黎元洪、段祺瑞等对两院议员可以说是推崇备至、礼让有加。在8月1日国会开会式上的祝词中，黎元洪就极诚恳地对议员们表示："方今时局艰危，正赖贤豪补救，望诸君子一心一德，无党无偏，以法治为指归，立宪政之基础。国运昌隆，政象清明，皆将以诸君子是赖。"②8月10日，黎元洪又在迎宾馆举行茶话会，招待两院议员。在会议致词中，黎更是明确表露了愿与议员诸君开诚布公、合作共事的心迹道："自民国三年国会停滞后，与议员诸君渴别久矣。今者两院重开，诸君远道而来，谬承不弃，时相过从，饫闻教益，良深荣幸……现在大乱初平，一切应兴应革事宜，待商于诸君子者甚多，自当陆续交议，静候公决。而当开幕伊始，国人所最殷殷属望者，首在组织内阁。元洪薄德，当此重任，昼夜惶惶，深恐量德选材不足应时势之要求，满国人之希望。然默察于两月以前，屡更于任命之后，纵非组织尽善，未尝不别具苦衷。盖共和再造，既由各方面之势力所构成，故组织政府亦不能专就一方面之人才为限断。用之期于各当，取之不出一途，变乱纷纭之后，要以定人心、安全局为先图，不宜对一人一事而有偏倚。元洪即本此意，为今次内阁之组织。

---

①《北京特别通讯(八)》，《申报》1916年9月11日。

②(日)佐滕三郎：《民国之精华》，1916年版，第39～40页。

切望诸君共体时限,将来征求同意时,勿以鄙见为过虑,务以严格相纠绳,俾得收共济之效果,有以利大政之进行,是则国家之福,亦诸君之所赐也。至于民生国计,经纬万端,随时筹商,诸劳伟画。议项有暇,更望时常接洽,俾得疏通,免生隔阂。元洪不敏,惟一与诸君子相见以诚,以期戮力同心,共匡大局,幸诸君子有以教我。”①这篇充满了对国会议员敬重与厚望情意的演说词,在全体与会议员中激起了强烈的反响。不少议员在痛苦地回顾了袁世凯当政时期政府与国会交恶的情状后表示:希望今后与政府方面“同心戮力,开诚布公,共策进步”②。另有一些议员更直接就黎元洪所担心的内阁同意案问题表明态度道:“大总统以诚意相孚,吾辈亦以诚意报之。”得到了议员们肯予合作的答复后,黎元洪遂于8月17日将《特任段祺瑞为国务院总理咨请同意案》提交国会参、众两院,征求同意。

8月21日,众议院举行会议,对《特任段祺瑞为国务院总理咨请同意案》进行表决。黎元洪的代表黎澍出席了会议,并在会上陈述任命段祺瑞为国务总理的理由道:“清帝让位,一切筹画,段公与有力焉,是为创造共和之功。迨帝制议起,段公持反对态度,屹不为动,是为保障共和之功。及袁逝世,人心浮动,段公力维秩序,匕鬯不惊,是为保持共和之功。云南事成,民国再造,各项要政,急待维持,而贵院尚未开会,不得已特先任命为总理。且段公自民国元年历任军政首长,二年兼代国务总理,皆符人望。民国改造,襄助尤多。对南北又极融洽,其政治经验亦可概见,兹特提出,请求贵院同意。”③投票结果,在出席会议的414名议员中,有407人投了同意票,以绝对多数获得通过。23日,参议院开会投票,又以同意票187票对不同意票7票的绝对多数通过。嗣后,众、参两院又先

①《大总统与议员之茶话会》,《申报》1916年8月14日。
②转引自沈云龙:《黎元洪评传》,台北文海出版社1972年版,第88页。
③《新青年》第2卷第2号,国内大事记,第3页。

后于9月1日和4日对内阁其他成员分别进行投票表决，结果各人所得同意票均超过半数，一一获得通过。至此，段祺瑞内阁正式成立[①]。10月底，国会又补选江苏督军冯国璋为副总统。冯怕丢掉其地盘，没有入京任职，而是在南京接受了这一职务。这样，北京政府的实权就完全处在段祺瑞势力的控制之下。

段祺瑞是在袁世凯帝制破产以后，因时际会，逐渐成为北京政府的实权人物的。在蓬勃高涨的反帝制运动的威慑与社会舆论的强大压力下，段不得不恢复了《临时约法》与国会，并相应地在肃清帝制影响、复活共和制度等方面采取了一些措施，从而使一直处于严重对立状态下的南北关系渐趋缓和，并一度出现了袁世凯当政时期从未有过的融洽合作的气氛，段自己也因此被人们誉为再造民国的"功臣"。但这只是一时的表面现象，段祺瑞作为袁世凯的直接继承人，实际上就是袁的一个化身。在他看来，本集团与个人的利益是第一位的，而约法、国会等只是进行专擅权势活动的工具或手段，因此，当他取得了合法地位并稳定了北方局势后，就必然会步袁后尘，走上封建专制统治的老路。这就表明，导致袁世凯败亡的各种矛盾依然存在，且有再度激化的可能。段祺瑞企图在这一矛盾的活火山上构建北洋军阀集团的独裁统治，其结局也就可想而知了。

## 二、黎(元洪)段(祺瑞)府院之争

继袁世凯之后的北京政府，虽暂时缓和了与南方的紧张关系，但其内部总统府与国务院两派势力，却旋即在权力分配及对德外

①内阁成立后，除唐绍仪外，其他阁员均就职视事。唐初无参加段内阁之意，但经黎元洪一再敦请，只得勉强由沪北上，准备入京就职。孰料张勋等北洋系将领怀疑唐意在谋夺总理职位，因而对他大肆攻讦，致使唐被迫辞职。唐辞职后，黎元洪曾先后提名陆征祥、汪大燮为外交总长，但均遭众议院否决。直至11月3日，经国会同意，才特任伍廷芳接任该职。

交等问题上大动干戈,展开了剧烈的争斗。院方自恃有北洋系军阀这一强劲后盾,又有日本的扶植与支持,因而根本不把大总统放在眼中;而府方则不甘沦为“盖印机器”,也积极以国会为依托,藉美国为奥援,对院方专擅权势的活动竭力予以抵制。双方针锋相对,各不相让,争斗愈演愈烈,最后竟直接引发了民国历史上的第二次帝制复辟事件——张勋复辟。

1. **府院权限之争**

府院之争的府方主帅是黎元洪。黎元洪(1864～1928 年),字宋卿,湖北黄陂人。早年入天津北洋水师学堂学习。1896 年后随张之洞编练湖北新军。1903 年编成暂编湖北常备军两镇,黎任第二镇协统兼护第二镇统制官。1906 年清政府练兵处将湖北常备军编制由两镇改为一镇(第八镇)一混成协(第二十一协),黎任混成协协统。1911 年 10 月 10 日武昌起义爆发后,并不赞成革命的黎在起义新军的胁迫下,出任中华民国军政府鄂军都督。1912 年 1 月南京临时政府成立,黎被选为副总统,仍兼湖北都督职,坐镇武汉。袁世凯当政后,黎为巩固其地位,与袁互相勾结,共同对付革命党,曾联手制造了诛杀革命元勋张振武、方维的重大政治谋杀案。1913 年“二次革命”时,黎又充当了袁世凯剿灭革命势力、推行独裁统治的帮凶。但黎毕竟不是北洋中人,他的上述政治表现并没能消除袁世凯对他的疑忌心理。1913 年 12 月,袁指使其心腹大将段祺瑞,用近乎绑架的手段将黎从武汉押至北京,地位、实权兼而有之的黎氏自此失去了在国家重要事务中的发言权和决断权,而实际上沦落为袁世凯的政治俘虏。这一事件对黎元洪来说无疑是一个痛苦的回忆,他与段祺瑞的关系也因这一次不愉快的交往经历,而留下了一道难以弥缝的裂痕。袁世凯死后,段祺瑞在黎元洪出任总统的问题上又持消极、迟疑态度,其亲信张敬尧复假托蔡锷等前线将领的名义发表通电,吹捧段是接掌总统职位的最佳人选，这更不能不引起黎元洪的疑忌与不安[①]，其不能与院方共济"艰难"实在意料之中。

府院之争的院方主帅是段祺瑞。段认为自己资历远在黎元洪之上，前清时期，他曾当过统制、军统和提督，还一度署理湖广总督，而黎不过是一个小小的协统；入民国后，他在袁世凯政府中又是左膀右臂式的重要人物，而黎则是徒拥虚位、并无实权的政治俘虏，因此，他觉得对黎根本没有假于辞色的必要。他甚至认为定期向黎汇报公务有失自己的身份，所以，"恒匝旬不一晤总统，惟见有秘书长来往传达于其间"[②]。

由于黎、段两人同床异梦，各怀戒心，因此，从接印视事的第一天起，他们就在人事任命及惩办帝制祸首等问题上频频发生摩擦与冲突。黎元洪深感自己"在京别无依据，徒恃法律上名义建立于北洋派之上"[③]，而这一法律保护伞的法力又极其有限，根本抵挡不了段祺瑞这样的跋扈军阀对其总统权位的觊觎与侵凌，因而上任伊始，他就急遽图谋应付之道。一方面千方百计地在总统府等部门内安插亲信幕僚，营造以其本人为中心的势力网，一时哈汉章、蒋作宾、金永炎等黎任湖北都督时的旧人充斥于总统府秘书厅和军事处，以致当时舆论将这两大机关戏谑地称为"湖北会馆"[④]；另一方面则极力结交国会与西南各省，意在赢得两院议员和西南各省地方实力派的同情与支持。为了迎合南中各省各派，也为在国务院内部造成对段祺瑞的制衡力量，并打击地方上的段派势力，

①张国淦在《中华民国内阁篇》中回忆道："由于张某者（指张镇芳）与军事处人员言：'项城殁时，大众在春耦斋讨论继任问题，东海首先主张副总统继任，合肥尚踌躇。'其离间者复加以蜚语，黎至此始信徐而疑段。"参见杜春和等编：《北洋军阀史料选辑》（上），中国社会科学出版社 1981 年版，第 202～203 页。

②《申报》1917 年 2 月 27 日。

③张国淦：《中华民国内阁篇》，见杜春和等编：《北洋军阀史料选辑》（上），第 203 页。

④张国淦：《中华民国内阁篇》，见杜春和等编：《北洋军阀史料选辑》（上），第 202 页。

黎元洪不但力主严办包括段派健将倪嗣冲在内的帝制祸首，而且在审定段祺瑞一手拟定的阁员人选名单时，以帝制余孽太多，恐难为南方接受为理由，从中剔除了曹汝霖、章宗祥、刘冠雄三位段氏夹袋中人物，而提议延揽唐绍仪、孙洪伊、程璧光三位南方人士入阁。这些举措虽在一定程度上打击了段祺瑞等人的气焰，但由于黎性情温懦，缺乏魄力，加上手腕又远没有段祺瑞高明，因此，在与段的斗法中丝毫没能占据上风。对帝制祸首黎虽主严办，但面对段的一意敷衍，他却毫无办法，致使惩办令实际上成了一纸空文。延揽南方人士入阁牵制段氏，则又因段玩弄"阳从命而阴反对"[①]的花招，迫使资望较他尤高、威胁也更大的唐绍仪废然辞职，这一招术的效用也就大打折扣。

然而，府院间的纷争远没有到此为止，随着徐树铮、丁世峄、孙洪伊等重要角色的相继登台亮相，这场对台戏愈演愈烈，最后竟闹到难于收场的地步。

徐树铮(1880～1925 年)，字又铮，江苏萧县人。光绪二十七年(1901 年)被段祺瑞延聘为记室。段认为此人"性刚正，志忠纯，重责职，慎交游"[②]，而且办事干练，因而对他宠信有加，视为股肱心腹。宣统二年，段赴署江北提督任，徐被派为军事参议，"领袖群僚"[③]。辛亥年，段署湖广总督，徐又被任命为总参谋，"赞襄帷幄"[④]。入民国后，段长陆军，徐被任为军学处处长，旋调任军马司司长兼管总务厅事，后又升任陆军部次长。袁世凯帝制自为，因段不肯就范，曾试图用罢撤徐陆军次长职任的方式向段施加压力，段当即以去就相争。帝制破产后，袁任段为国务卿，以图收拾残局。

---

①韩玉辰:《政学会的政治活动》,《文史资料选辑》第四十八辑,第 179 页。

②段祺瑞:《陆军上将远威将军徐君神道碑》,《徐树铮电稿》,中华书局 1963 年版,第 382 页。

③段祺瑞:《陆军上将远威将军徐君神道碑》,《徐树铮电稿》,第 382 页。

④段祺瑞:《陆军上将远威将军徐君神道碑》,《徐树铮电稿》,第 382 页。

段以“徐树铮相处有年，文笔甚佳”[①]为言，拟起用徐为秘书长。遭袁拒绝后，段竟愤然“与西南通电，互谋对袁”[②]。袁、段关系以此彻底破裂。袁死黎继，段重又提出任徐为院秘书长的要求。对徐的霸王作风早已有所领教的黎元洪一开始曾竭力予以抵制抗争[③]，但无奈段此次是志在必得，态度极为强硬，黎最后不得不隐忍让步，答应了段的请求，并于6月13日发布了对徐的任命令。这一任命对原来就已经极形恶劣的府院关系来说，无疑是雪上加霜。

徐树铮就任国务院秘书长后，自以为才具过人，又恃有段祺瑞为他撑腰，大有拔剑击柱、不可一世之概。对院内同僚动辄横眉竖目，擅加训斥；与府方人员打交道则更是气使颐指，盛气凌人。入府向黎元洪汇报公务或呈送公文，他也“事事以己意为段意，指挥黎氏画诺”[④]。黎偶有询问，他也不耐稍作解释，而每每以“事经阁议、内阁负责为对抗”[⑤]，甚或以辞职相要挟。有些在国务会议上讨论决定的重要事情，他根本不向黎汇报。如派遣曹汝霖赴日赠勋之事，是关乎中日两国邦交的大事，外交部早在1916年10月就已经告知日方，而黎元洪却一直被蒙在鼓里，直至11月“尚未尽知”此事。国务院与驻日公使章宗祥就此事往复磋商的电函，徐树铮也“未一呈阅”[⑥]。更有甚者，徐树铮还一手制定公布了《府院权

①张国淦：《中华民国内阁篇》，见杜春和等编：《北洋军阀史料选辑》(上)，中国社会科学出版社1981年版，第199页。

②张国淦：《中华民国内阁篇》，杜春和等编：《北洋军阀史料选辑》(上)，第200页。

③1916年5月1日冯国璋提出解决时局办法八条，徐世昌、王士珍等均表赞成，并拟给冯复电。为了让黎元洪也在复电上署名，以加重复电份量，徐树铮曾两次赴黎府第，对黎加以种种威胁。参见张国淦《中华民国内阁篇》，杜春和等编：《北洋军阀史料选辑》(上)，第202页。

④吴虬：《北洋派之起源及其崩溃》，见来新夏主编：《中国近代史资料丛刊·北洋军阀》(一)，上海人民出版社1988年版，第975页。

⑤《申报》1917年2月27日。

⑥《申报》1917年2月27日。

限节略》与《国务院兼办总统府收发》两大通告[①]，试图越俎代庖，包揽总统府的事权，并把总统府置于国务院的监督之下。这种专权擅势、有意挑衅的行为势必激起黎元洪及总统府其他人员的极大愤恨，“此时府方空气，无人不以院方为敌人”[②]。府、院之间由是俨同敌国，关系极端紧张。

8月1日，一直在府院间左右弥缝、充当和事佬的总统府秘书长张国淦因深感调解乏术而辞职，由丁世峄接任府秘书长职务。丁系参议院议员，又是京中“报界三杰”(黄远生、刘少少、丁世峄)之一，在舆论界有较大影响，平时颇有几分霸气，常以“表同情于弱者”自诩。他的登台亮相，意味了府院冲突这台戏高潮的到来。当然，这台戏高潮迭起，丁世峄的出场只是其中之一潮而已。

丁世峄认为府院问题的病根“在隔阂壅蔽，在内阁不知责任为何物，在国务总理不与总统论议国事”[③]。他痛论大总统大权旁落的情状道：“国务会议以前无议事日程，会议以后无报告，发一令总统不知其用意，任一官总统不知其来历……大总统无见无闻，日以坐待用印为尽职。”[④]为了一改这种大总统徒拥虚位，有类监印的状况，他提出了《府院办事手续草案》，其要点是：(1)大总统得出席阁议，发表意见，但不得参加表决；(2)大总统对国务得自由行使其职权，如用人不同意，得拒绝盖印；(3)阁员须随时向总统面陈要政；(4)国务会议前须将议事日程向总统呈报，会后呈阅议事记录；(5)凡属重大紧急机密事件，由国务员直接面陈总统，次要者可由府、院秘书长传达；(6)阁员通过之事，主管部长应先行副署，然后再呈送总统盖印；(7)反对由国务院兼办总统府之收发[⑤]。丁世峄

①《申报》1917年2月27日。

②张国淦：《中华民国内阁篇》，见杜春和等编：《北洋军阀史料选辑》(上)，中国社会科学出版社1981年版，第203页。

③《申报》1917年2月27日。

④《申报》1917年2月27日。

⑤《申报》1916年9月3日、4日。

认为第一条是解决府院问题的关键，如若能够实现，则“元首与国务员间之壅隔全消，而府内各项机关一举可废也”[①]。

丁世峄的《府院办事手续草案》一经提出，立即遭到了院方的鼓噪攻击。他们指责府方是要破坏《临时约法》规定的责任内阁制，而想推行总统制。特别是徐树铮，因《草案》中的多数规定是直接针对他而提出来的，因而对丁世峄更是恨之入骨，痛骂其为“府中四凶”（丁世峄、哈汉章、金永炎、黎澍）的首凶。段祺瑞见到《草案》后，也认为自己的内阁总理没法当了，气得一连请了好几天的病假。直到8月26日，经交通总长许世英等人的一再劝慰挽留，他才销假视事。

到院当天，段祺瑞即摆出一副解决府院摩擦的姿态，给徐树铮下了如下一道训令：“本院呈请总统核阅文件，应责成秘书长躬自递呈，印后赍回。无论风雨黑夜，不得假手他人，以昭慎重而免歧误。”[②]同时又呈报黎元洪说：“……逐日文件，均由徐树铮躬递。该员伉直自爱，不屑妄语，其有面对时凡有声明为祺瑞之言者，祺瑞概负全责。”[③]这明显又是公然为徐树铮张目。段祺瑞这种对徐树铮既训诫又袒护的做法，无非是想表明这样一种态度，即日后府院之间的沟通主要还得经由院秘书长这一桥梁。

府方经段祺瑞请假一闹，不免有些怯意，生怕再在大总统有权列席国务会议等敏感问题上纠缠下去，段会进而以辞职相威胁，因此，态度有些松动。后经双方数度讨价还价，终于达成如下五条折衷协议：(1)国务会议前向大总统呈报议程安排，会后呈阅议事记录；(2)国务会议议决事项，会后公推一国务员入府报告；(3)每逢周五国务员齐集总统府会商政务；(4)大总统对国务会议议决案有疑义，有权命总理及主管部阁员申明理由，如仍认为有问题，国务

①《申报》1917年2月27日。

②《政府公报》1916年8月29日，第235号。

③《政府公报》1916年8月29日，第235号。

会议得复议一次;(5)未经国务会议议决之命令,大总统有权拒绝盖印。府院权限经此划分与规定,双方不复有何异言,彼此间的冲突遂稍趋缓和。

孰料一波未平,一波又起。府院政潮才趋低落,国务院内部徐树铮与内务总长孙洪伊之间又展开了白热化的争斗。后来总统府与国会方面也因种种原因卷入冲突,使得这场争斗更加复杂化和尖锐化。

孙洪伊是宪政商榷会(由旧国民党中的客庐、丙辰俱乐部及从原进步党中分化出来的韬园系三派势力结合而成,为国会中的第一大党)中韬园系的领袖人物,在国会中有很大的潜势力。他是国会至上论的竭力鼓吹者,曾一再宣称:“国会不可能只限于进行它的主要工作即完成宪法的制定,它还必须控制国民政府。”[①]与此同时,他与黎元洪的关系也相当密切。袁世凯帝制时期以及后来的南北新旧约法之争中,他曾积极替黎出谋划策,对黎的进退取舍有较大影响;而他之能够加入段祺瑞内阁,则又有赖于黎的延揽[②]。由于两人之间有这层关系,因此,孙洪伊名义上虽膺任段内阁的内务总长,但实际上却是身在院内 ,心系府中。他自己对此也从不避讳,平时“无日不至公府,参与庶政”[③],俨然以黎的“高参”自居。凭借与国会及总统府方面的这种特殊关系,孙有恃无恐,“在国务会议上每每抗声击刺”[④],与段祺瑞、徐树铮等展开正面交锋。院方上下无不为之侧目,讥刺他是“民党总长”[⑤]。

孙洪伊与段祺瑞、徐树铮之间的矛盾冲突,虽有人事安排上的

---

①保罗·S. 芮恩斯:《一个美国外交官使华记》,商务印书馆 1982 年版,第 159 页。

②陈功甫:《中国最近三十年史》,商务印书馆 1928 年版,第 168 页。

③陈功甫:《中国最近三十年史》,第 168 页。

④韩玉辰:《政学会的政治活动》,《文史资料选辑》第四十八辑,第 180 页。

⑤吴虬:《北洋派之起源及其崩溃》,见来新夏主编:《中国近代史资料丛刊·北洋军阀》(一),上海人民出版社 1988 年版,第 976 页。

意见扞格等多方面因素[1],但最直接的原因却仍是徐树铮的擅势跋扈、滥用职权。早在7月12日的第一次内阁会议上,在讨论广东龙(济光)李(烈钧)军事冲突问题时,孙洪伊与徐树铮两人即因意见相左而展开舌战。孙与多数阁员主张去电调解,而徐则有意偏袒龙济光(其时已投靠段祺瑞),主张派兵讨伐李烈钧。两人唇枪舌剑,争辩不休。根据国务院职权规定,院秘书长只能列席国务会议,并无发言权,更无表决权。而徐树铮却依仗段祺瑞的暗中支持,不但在会上夸夸其谈,而且会后又置孙洪伊等多数阁员的反对意见于不顾,在未经黎元洪盖印的情况下,就擅自以国务院名义拍发了令福建、广东、江西、湖南四省派兵会剿李烈钧的密电。及至江西督军李纯的复电到京,称江西兵力单薄,只能担任防御,不能越境进攻[2],众阁员才知事情真相。内阁上下顿时为之哗然。孙洪伊获知此事后,怒不可遏,当面指摘徐树铮侵越职权;而徐也不甘示弱,反诬孙私通报馆,泄漏院中机密[3]。两人自是积不相能,常常在大庭广众之下互相丑诋。孙洪伊因见段祺瑞一意袒护徐树铮,更是愤愤不平,"日在总统府指挥一切"[4],对院方呈送府中用印的公文,不是横加指摘挑剔,就是率意删改批驳[5];徐树铮则以《公言报》为喉舌,"每日以骂孙伯兰为日课,嬉笑怒骂,无微不至"[6]。政见之

---

①据时任总统府秘书的韩玉辰回忆,孙洪伊"甫就任内务总长,提出何成濬(旧国民党成员)为京师警察总监,何与哈汉章、金永炎为日本士官学校同学,又为鄂人,府方完全支持,而段以吴炳湘(段之亲信,时正担任京师警察总监一职)保卫京师治安有成绩,不能易人,孙、段不相能自此始。"见韩玉辰:《政学会的政治活动》,《文史资料选辑》第四十八辑,第180页。

②《申报》1916年9月2日。

③沃丘仲子:《段祺瑞》中编,广文书局1920年版,第59页。

④曾毓隽:《黎段矛盾与府院冲突》,见杜春和等编:《北洋军阀史料选辑》(上),中国社会科学出版社1981年版,第261页。

⑤沃丘仲子:《段祺瑞》中编,第59页。

⑥吴虬:《北洋派之起源及其崩溃》,见来新夏主编:《中国近代史资料丛刊·北洋军阀》(一),上海人民出版社1988年版,第976页。

争于是变成了无休止的意气之争。

至8月中下旬,孙洪伊与徐树铮之间的争斗更因以下两个事件的触发而趋于白热化。根据当时官制,荐任职以上官员的任用,须由国务会议讨论通过,再交由大总统以命令形式公布。但任郭宗熙为吉林省长的命令,却是徐树铮在没有经过国务会议的情况下私自拟定并送府中盖印的。另外,参议院部分议员提出的对福建省长胡瑞霖劣迹的质问案,徐也是未经国务会议讨论,更没有征询主管部总长孙洪伊的意见,便擅自拟具咨文,以国务院的名义咨复参议院。这相继发生的两件事,不但严重违反制度,而且直接侵越内务总长孙洪伊的职权。孙于是忍无可忍,当面向段祺瑞提出质问,并于8月30日呈请辞职,以示抗议,表示:"苟无正确办法,无返任理。"[①]段祺瑞也觉得徐树铮这两件事办得太荒唐,不得不派交通总长许世英赴孙宅退回辞呈,以为转圜。与此同时,黎元洪也以"时局艰危,需贤共济"为言,劝孙洪伊勿萌退志[②]。9月1日,黎又特将孙召进府中,当面加以慰留。

孙洪伊因辞职而得势,更是不依不饶,对徐树铮展开凌厉攻击,提出了旨在限制院秘书长职权的国务院办事办法五条,作为其复职的条件。这五条是:(1)凡答复国会之质问书须由主管部起草;(2)颁布命令须由国务员副署;(3)院令须经国务会议通过;(4)国务会议议决之案秘书长不得擅改;(5)各项法令非经总理及主管部总长副署,不得发布[③]。段祺瑞预感到再争持下去只会使自己陷于更加不利的境地,因此,被迫答应了这些要求。孙洪伊于是重返内务部供职。

但这场争斗并没有就此结束。徐树铮遭此重创,对孙洪伊更是恨之入骨。与此同时,段祺瑞与孙洪伊之间的矛盾也在急遽激

---

①《申报》1916年9月2日。

②《政府公报》1916年8月31日,第237号。

③陶菊隐:《督军团传》,上海中华书局1948年版,第27页。

化。段越来越痛切地意识到，不挖去孙洪伊这一颗扎在内阁要害部门的钉子，非但内阁将永无宁日，而且自己的权势与威信也必定会大受影响，因此，“去孙之意甚决”[①]。从表面看，他对孙作了一定的让步，但实际上这只是其身处不利形势下的一种以退为进的手段而已。这就预示，双方间空前激烈的殊死较量已是箭在弦上，待时而发了。

9月中下旬发生的内务部与平政院之间的争执案，为段祺瑞、徐树铮的发难反击造成了机会。事情是因孙洪伊在内务部裁汰员司而引起的。被裁汰者祝书元、于宝轩等二十八人，以孙的做法不符合文官任免规定为由，向平政院提起控诉[②]。平政院裁定：“撤销内务部原令，准被解职人员仍回内务部供原职。”[③]但孙洪伊认为：“平政院编制令与行政诉讼法，系根据袁氏之新约法总统制而来，非由正当之法定机关发生，则该院是否依法设立尚属疑问，安有受理诉讼之余地！”[④]故而对平政院的裁决置之不理。内务部与平政院之间的争执，为段祺瑞、徐树铮借题报复孙洪伊提供了机会。两人经过一番商议，决定运用行政强制手段，迫使孙洪伊屈服。徐树铮为此急急拟就了一道执行平政院裁决书的命令，呈送府中盖印。而孙洪伊则以该命令未经国务会议讨论通过为由拒绝副署，并呈请黎元洪将此案提交国会审议，试图凭借自己在国会中的势力，与段、徐一决高下。黎元洪自然是站在孙洪伊一边，拒绝在执行令上盖印。在此后的十多天时间里，府、院双方即在执行令的盖印问题上展开了极尖锐的争执。府方坚持“交院再议”，而院

①曾毓隽：《黎段矛盾与府院冲突》，见杜春和等编：《北洋军阀史料选辑》(上)，中国社会科学出版社1981年版，第262页。

②一说祝、于等人上诉平政院系徐树铮所指使。参见吴虬：《北洋派之起源及其崩溃》，见来新夏主编：《中国近代史资料丛刊·北洋军阀》(一)，上海人民出版社1988年版，第976页。

③《晨钟报》1916年9月22日。

④《时报》1916年9月28日。

方则认为总统必须盖印,否则就是不信任内阁、破坏责任内阁制的一种表现。这起政潮于是波及府院,演变成平政院与内务部、内务部与内阁、府与院的多边冲突。

此案一直争持到10月中旬仍毫无结果。段祺瑞与徐树铮再也沉不住气了,遂撇下此案,直接向黎元洪提出了罢免孙洪伊内务总长职务的要求。从10月18日起的六七天时间里,徐树铮为此先后四次进府,纠缠黎元洪在"孙洪伊着即免职"的命令上盖印,但均遭到黎的断然拒绝。

与此同时,孙洪伊也摆出一副誓与段、徐抗争到底的架势,扬言:"政治家要硬干,无论若何牺牲,决不辞职!"①他一方面与总统府秘书长丁世峄等联络一气,频"作倒阁攻势"②,另一方面则极力争取国会的支持。10月24日,众议院议员王玉树等遂就罢免孙洪伊职务的合法性问题向内阁提出质问案。他们根据《临时约法》的有关规定,提出国务总理与各部总长均系国务员,地位平等,其任命须经国会同意,免职亦必由国会弹劾,从无大总统或国务总理不经由国会就可擅将国务员免职的法律,要求内阁方面就擅自决定罢免孙内务总长职务的有背法律的做法,向国会作出解释③。内阁与国会之间于是也处于对垒交锋的状态。这起政潮的波及面更加扩大。

当时,舆论对于这起政潮的主要拨弄者孙洪伊与徐树铮,一般是同情前者,责难后者。冯国璋、许世英等政界要员的态度也概莫例外。冯曾专门就廓清政潮办法问题致电段祺瑞,劝他"阻遏国务院秘书长之活动,并以徐氏宜即罢斥为言"④。许在官场向以圆滑

①张国淦:《中华民国内阁篇》,见杜春和等编:《北洋军阀史料选辑》(上),中国社会科学出版社1981年版,第204页。

②张国淦:《中华民国内阁篇》,见杜春和等编:《北洋军阀史料选辑》(上),第204页。

③参见《时报》1916年10月26日。

④《申报》1916年10月6日。

著称，“对于府院，对于内阁，对于党派，对于国会，面面俱到，时为排难解纷之鲁连”，此时因见政潮愈演愈烈，也致函段祺瑞，建议他立即摈退徐树铮，“谓徐树铮累及总理，与梁士诒害及袁氏无异”①。显然，从当时情形看，罢免徐树铮当是平息这起政潮的实质性步骤。但段祺瑞却坚持认为，应该罢免的不是徐树铮，而是孙洪伊。

由于徐树铮接连几次进总统府均不得要领，段祺瑞遂亲自出马，于10月24日入府（这在段是少有的事情）敦促黎元洪在免孙命令上盖印。黎元洪开始仍予拒绝，嗣经段以辞职相威胁，不得不改变了态度。但他又担心径下免职令会招致孙洪伊的怨恨，因而提出了由孙主动辞职的折衷办法。孰料孙洪伊丝毫没有想让步的意思，宣称除非总统下令免职，自己决不主动辞职，并抗声争辩道：“国务员对大总统有连带责任，国务总理如至总统之亲任官——总长必须免职之地步，即系总理之责任，故此次问题以内阁全体辞职为至当，无余单独辞职之理由。”②黎元洪见孙洪伊不肯辞职，又继而提出了其他二条退路供孙选择：一是以专使名义出洋考察，二是调任他职（出任全国水利总裁或外放省长）。但仍为孙所断然拒绝。黎元洪的调停走进了死胡同。

段祺瑞见孙洪伊不辞职、不出洋、不外调，更是愤恨之极，扬言要采取集体辞职的方式给孙以难堪与打击。与此同时，韬园系议员数十人也于11月7日在国会提出查办徐树铮案，列举徐“蒙蔽总理”、“侮蔑元首”、“伪造文书”、“擅发院令”、“擅专军令”等七大罪状③，还酝酿要对段祺瑞提出弹劾。于是，政局益形阢陧不安。

面对眼前这一场时局危机，黎元洪自己显然已告束手，只有另请“高人”代为收场了。

---

①《申报》1916年10月6日。
②《时报》1916年10月26日。
③《申报》1916年11月9日。

11月16日，袁世凯死后一直“隐居”在卫辉老家的北洋元老徐世昌，在黎元洪的迎请专使王士珍(时任参谋总长)的陪同下来到北京，充任排难解纷的“高人”角色。徐来京之前，府方策士曾向黎元洪进以徐代段之策。黎早就受够了段的扼制之苦，因而对这一建议颇为动心，于是特派王士珍前往卫辉，与徐面商此事。一时“徐内阁”之说成了京内外各大报纸争相披露、报道的热点新闻。与此同时，段派人物则极力散布徐决不入政界的空气，冀以打消徐出山的念头。段祺瑞自己在谈及此事时则耐人寻味地表示：“徐果肯再出山，我当退避贤路。”①乍一看段的姿态挺高，细细品味却大有文章。当时的名记者邵飘萍一针见血地揭露段恋栈不去的心迹道：“……细一思之，实为滑稽之甚。盖徐氏出山与否，当以段氏愿退与否为前提。段氏既无去志，徐又安有出入可言?”②徐世昌见段祺瑞根本没有虚位让贤的意思，自然不敢再做“徐内阁”之梦，遂声明：不入政界，拥护元首，维持段内阁③。由于徐只答应以时局调停人的身份赴京，黎元洪改组内阁的计划遂遭搁浅。

徐世昌到京后，经与黎元洪、段祺瑞两人分别晤商，最后提出了一个兼顾府院双方威信的调停方案，即孙洪伊、徐树铮两人同时免职。黎元洪既无拒绝徐世昌意见的勇气，自己也根本提不出其他更妥善的办法，同时孙洪伊等包揽把持府中，“日久黎亦有难受之处”④，因此，对这一调停方案率先表示赞同。段祺瑞虽对罢免徐树铮的建议很不以为然，但他“又不愿长期僵局”⑤，也只好勉强接受了徐世昌的意见。11月20日，黎元洪下令免去孙洪伊内务

①《申报》1916年11月25日。

②《申报》1916年11月25日。

③《时报》1916年11月18日。

④张国淦：《中华民国内阁篇》，见杜春和等编：《北洋军阀史料选辑》(上)，中国社会科学出版社1981年版，第204页。

⑤张国淦：《中华民国内阁篇》，见杜春和等编：《北洋军阀史料选辑》(上)，第204页。

总长职务，以次长谢远涵代理部务。22日，又令准徐树铮辞职，以张国淦继任院秘书长。

但孙洪伊、徐树铮的免职并没能使政潮一廓而清。孙洪伊回到国会后（孙被免职后恢复了议员资格），仍然不断利用国会中的势力打击段祺瑞。国会第一次否决任可澄的内务总长同意案，第二次否决张国淦兼任内务总长案，以及对内阁弹劾案的频频提出，都是孙洪伊等反段派议员对段的报复手段。而段祺瑞的回敬手段则更加卑劣，竟于1917年1月14日命步军统领江朝宗派兵到羊肉胡同孙洪伊住宅搜查，指控孙宅藏有危险分子八人，孙有“阴蓄死士进行暗杀”的嫌疑。孙洪伊事先得到消息，仓皇逃往南京，托庇于冯国璋幕下。孙洪伊脱逃后，段祺瑞又把矛头指向了总统府秘书长丁世峄。他认为孙洪伊的免职纯系院方内部之事，不能视为府方的让步，既然院秘书长徐树铮已经去职，则府秘书长丁世峄也应一并去职才算公平。黎元洪正想拒绝段的要求，忽然接到张勋等人痛斥丁世峄的电报，态度便软化下来。1917年2月25日，丁世峄向黎元洪递交了一份长达五千余字的辞呈后，即愤然离去。黎改任夏寿康为府秘书长。

### 2. 对德外交风波与段祺瑞被免职

张国淦继任国务院秘书长后，吸取了“府院两方曩所以时有扞格者，不在法律而在感情，不在权限而在意气”[①]的教训，比较注意府院间的感情联络与意见沟通，府院关系一度趋于缓和。段祺瑞每每将政务假手于人的作风有所改变，“亲与总统见面之事渐多”[②]。黎元洪更是刻意迁就院方，“证之于事实，则如有以何种事

①张国淦：《中华民国内阁篇》，见杜春和等编：《北洋军阀史料选辑》（上），中国社会科学出版社1981年版，第205页。

②《申报》1917年1月8日。

情求总统者,总统每交国务院而不赞一词"[①]。但由于双方的积怨甚深,特别是导致双方冲突的根本问题即权力分配问题一直没有得到解决,因此,府院间这种相互"礼让"的关系并没能维持多久。1917年2月以后,府院之间又因对德外交问题而重起争端,展开了较前一阶段更为剧烈的争斗。

1917年2月1日,德国为挽回其在第一次世界大战中的败局,宣布实行无限制潜艇战略。这种对交战国和中立国船只不事区别、一并攻击的政策,使一直处于中立国地位的贸易大国美国的海上贸易受到严重威胁。2月3日,美国以德国违背国际公法、蹂躏人道为理由,宣布对德绝交,同时照会包括中国在内的中立各国,要求它们与其采取一致行动。次日,美国驻华公使芮恩斯即秉承本国政府的训令,向北京政府外交部递交照会,劝中国仿美国之例,与德国绝交[②]。远离战争硝烟与纷扰的中国于是卷入了这一场帝国主义战争的漩涡。

北京政府接到美国的照会后,立即召集特别国务会议,商讨对策。与会者除全体阁员外,还特邀了陆征祥、王宠惠、梁启超等深谙外交的名流参加讨论[③]。2月9日午后6时,北京政府外交部即根据连日来特别国务会议和公府联席会议的决定,向德国提出严重抗议。抗议书末后声明,如抗议无效,中国政府将不得不与德国"断绝现有之外交关系"[④]。同日,外交部又照复美国驻华公使芮恩斯,声明中国政府赞成美国2月4日照会的宗旨,故毅然与美国"取一致行动",向德国提出了严重抗议,并口头表示:"倘德国政府有何举动,使美国政府认为足与德国政府宣战之理由时,则中国政府最少应与德国断绝外交关系。"[⑤]显然,在对德外交问题上,北京

①《申报》1917年1月8日。

②北京政府外交部编:《外交文牍——参战案》,1921年7月版,第3页。

③平佚:《对德绝交经过》,《东方杂志》第14卷第4号,第12页。

④北京政府外交部编:《外交文牍——参战案》,第2页。

⑤北京政府外交部编:《外交文牍——参战案》,第3页。

政府一开始亦步亦趋，走的是一条美国路线。

对德抗议提出后，德国政府迟迟未作答复。于是，与德绝交并进而对之宣战便提上了议事日程。当时国内在这一问题上很明显地分为赞成与反对两派：赞成者，政府方面以国务总理段祺瑞主张最力，在野名流以梁启超最为积极，国会中的研究系、政学系、益友社等党派均持此种主张；反对者，政府方面以大总统黎元洪、副总统冯国璋为代表，在野名流有孙中山、唐绍仪、康有为、温宗尧等人，国会中的丙辰俱乐部等党派都持极端反对态度①。这种意见分歧，特别是北京政府内部府院两方在此问题上的严重对立，与日、美两国对华政策的变化有着莫大关系。

北京政府向德国提出抗议前五小时，曾电令驻日公使章宗祥先期通知日本。日本外相本野一郎很明确地向章宗祥表示日本政府对此事的意见道："仅提抗议，于中国地位似非得计，不如即行宣布断绝国交，并不必俟抗议回答。"同时，他又对北京政府事先未与日本商议，而只作形式上之提前通知的做法表示不满说："此次抗议，深惜事前未与接洽，现两国力谋祛除隔阂，深冀中国政府熟考。"②2月11日，本野更进一步向前去探询意见的章宗祥表明日本方面的态度道："前日个人谈话主张即行断绝国交，即可作为日本政府正式之意见；惟为中国有利起见，深望断绝国交后，再进一步加入联合战团。"③日本这种极力怂恿中国对德绝交、宣战的态度，与以前可谓大相径庭。1915年11月，协约国一方的英、俄、法三国鉴于日本在华势力的日益扩张，曾向中国提议"参战"。日本政府闻讯后，即视为重大问题，认为中国参战不利于日本对华侵略政策的推行，因而极力反对。当时袁世凯正急谋称帝，极希望获得日本方面的支持，不愿因参战得罪日本而影响帝制进行，因此，参

①李剑农：《中国近百年政治史》下册，商务印书馆1947年版，第490页。
②章宗祥：《东京之三年》，《近代史资料》1979年第1期，第24页。
③章宗祥：《东京之三年》，《近代史资料》1979年第1期，第24页。

战问题最后未成事实。

为什么1915年时日本竭力反对中国参战，而到1917年又转而持积极赞成态度呢？其主要原因，就是由于所处的情况已有很大的变化。1915年时，日本在华地位尚未稳定，与其他帝国主义国家之间尚在争夺之际，当时执政的大隈重信内阁的对华政策侧重于政治侵略，同时提议中国参战的又不是日本，因此百般阻挠。1917年的情形则完全不同：(1)这一年2、3月间，日本利用协约国方面急切希望中国参战的心理，通过秘密外交，先后与英、俄、法、意四国签订密约，四国答应在战后和平会议上支持日本"割让德国战前在山东及太平洋赤道以北各岛屿之领土及特殊利益"的要求①，作为交换条件，日本允许中国对德绝交、宣战。由于五国间有此牺牲中国权益的"谅解"，因此，日本对中国参战后是否会危及其在华侵略利益的问题，"可免怀忧虑也"②。(2)1916年10月上台的寺内正毅内阁，吸取了其前任大隈内阁由于过分采用直接的政治侵略，因而招致中国人民极大反感的教训，调整了对华侵略政策，即将以前赤裸裸的政治掠夺一变为以经济渗透为主的较为隐蔽的侵略方式。由于中国自身财力极度匮乏，参战后势必要仰求国外的财政援助，这就为日本实现对华经济侵略提供了千载难逢的机会。(3)中国对德绝交、宣战后，德国在华的最惠国待遇将被废除，经济上必将遭受沉重打击，这对日本来说，不啻是为它"排除或者牵制了一个极其可怕的欧洲竞争对手"；而且，德国在中国海关及盐务稽核所等机构中所拥有的职位将被剥夺，"日本无可争议

---

①王芸生辑：《六十年来中国与日本》第七卷，三联书店1981年版，第73页。

②《黎元洪任总统时中日关系资料》，《近代史资料》1981年第3期，第200页。

的有权利要求填补这个空缺”①。(4)日本既担心德国把中国拉走②,更不希望美国在促使中国参战方面占据主导地位。美国为把中国的对德外交置于它的影响之下所进行的种种活动以及所取得的成效,“对日本是有点感染力的”③。因为日本很清楚,如果挟有雄厚经济实力的美国以中国的对德外交为突破口,将势力触角伸向中国,则其在中国的优势地位必将面临严重危机。寺内的亲信西原亀三在谈起当时中国的对德外交时,曾异常焦虑地说:“欧战渐渐发展成为世界大战,中国尚在犹豫观望,若想保持目前的现状直到战争结束,已经不可能了。若任其站到德国方面去,当然是一件很坏的事;但若坐视其被美国拉进协约国方面来,也会使好容易打下的一点点日中亲善的基础发生裂痕。”④既然形势的发展已使中国不可能再守中立,则日本除了比美国更积极地鼓动中国参战外,实无其他更可行的确保其在华侵略权益的办法了。因为只有这样,日本才能把中国的对德外交从美国的影响下解脱出来,而纳入它的轨道,这也是它为什么对北京政府事前未与之协商就对德国提出抗议的做法大为不满的原因所在。

在中国的对德外交问题上,美国除了怀着与日本同样的目的,希望乘中国参战之机从中取利外,它还想以此为契机,与日本争夺在华的优胜地位,所以美国政府也积极怂恿中国参战。2月4日,美国驻华公使芮恩斯向北京政府外交部递交了希望中国对德绝交的照会后,即晋谒黎元洪和段祺瑞,除说明美国政府对其训令的意旨外,更密陈一小时三十分钟,“申说美国所以处此态度之诚意,以

---

①乔·厄·莫理循:《清末民初政情内幕》下册,知识出版社1986年版,第588页。

②寺内内阁的大藏相胜因主计曾说:“熟察欧洲形势,德奥与协约国孰胜,颇难预测,若德国引诱现守中立之中国,以利用其资源及劳力,则大战前途,殊是悲观,此时居于极有利地位之日本,不可不努力使中国加入协约国。”参见许田:《对德奥参战》,《近代史资料》1954年第2期,第52页。

③乔·厄·莫理循:《清末民初政情内幕》下册,第595页。

④西原亀三:《西原借款回忆》,《近代史资料》1979年第1期,第135页。

求得我国政府之同情”①。次日，芮恩斯又谒见黎元洪，许诺道：“中国若能与美国取同一态度，关于此事(指参战事)之一切困难问题，美国必与实力的援助。”使黎元洪颇为所动②。此后芮恩斯又不止一次地表示：“为避免日本控制中国，予以相当数量的支持是必要的。”③充分暴露了美国欲与日本争逐对华控制权的居心。但美国在参战问题上的态度变化也是以其自身利益为转移的。当日本通过采取所谓“对华亲善”政策和对西方国家进行秘密外交，争得了中国对德外交的控驭权后，美国认为继续支持中国参战只会有利于日本，因此其态度立即由积极转为消极。3月2日，美国国务卿兰辛电令芮恩斯向中国方面表示，目前欧洲战局尚不需要中国参战，中国政府在与美国协商之前，“不要采取进一步的行动”④。4月5日，美国外交部又对中国驻美公使顾维钧表明了希望中国慎重从事、不要急于参战的态度道：“鄙意为中国计，为全局计，中国宜先从容布置，待时而动，即如美国此次与德决裂，事前经煞费布置。”⑤由此可以认识到，日、美两国在中国对德外交问题上的分歧，实质上反映了它们对中国领导权与控制权的激烈争夺。这种争夺对中国政局所造成的直接影响，就是导致了新一轮府院冲突的发生。

在对德外交问题上，黎元洪与段祺瑞两人所奉行的路线明显地存在着亲美与亲日的分野。黎元洪因受美国驻华公使芮恩斯、总统府美籍顾问福开森、英籍顾问莫理循以及外交总长伍廷芳(留美博士)等人的影响，同时他自己也有假外援与日本支持的段祺瑞相抗衡的考虑，因而坚持与美国取一致立场，随着美国对华政策的

①《申报》1917年2月12日。

②《美国公使对华之誓约》，东京《国民新闻》1917年2月9日。

③《美国对外关系文件》，1917年2月26日芮恩斯致国务卿电。

④《美国对外关系文件》，1917年3月2日兰辛致芮恩斯电。

⑤《美国对中国参战的态度》，《近代史资料》1979年第1期，第183页。

调整，其在参战问题上的态度于是也经历了由积极赞成[①]到极力反对的极富戏剧性的变化过程。段祺瑞则早在对德外交问题发生之前，就已与日本方面达成了所谓“中日亲善”的默契（1917 年 1 月第一次交通银行借款合同的签订即是明显例证），因此，其外交取向自然是唯日本之马首是瞻。起初，段因参战问题出自美国提议之故，在国务会议上力主“稳慎”，“不主张目下有所举动”[②]；但当他探听到日本并不反对中国参战，而只是要求按它的旨意行事的消息后，又立即“弃其固有之主张”[③]，摇身变为北京政府中持参战主张最坚决的人物。这就表明，黎元洪与段祺瑞之间的参战问题之争，其关键不在于是否参战，而在于由谁主持参战，以便借机获取帝国主义的支持，扩大自己的政治、军事势力。

从 2 月 9 日提出对德抗议开始，黎元洪与段祺瑞之间的这种斗争日渐明显与尖锐。

段祺瑞执意把参战马车拉上日本所指定的路线，因而加紧了与日本方面的接触。2 月 11 日，段致电驻日公使章宗祥说：“我与日本同处东亚，若对德断绝国交，即不啻与日本取同一之态度，此后一切进行，非诚意接洽不能收互相联络之效。”指示他就对德绝交事探询日本方面的意见[④]。14 日，段又以国务院名义致电章，谓政府已决定对德绝交，要他进一步密探日本对“酌加关税及将庚子赔款缓解或延长年期”这两项要求的意见[⑤]。17 日，章给国务院复电说：经与日本外相本野接谈，日本方面对增加关税与缓解赔款两事无异议，并答应俟中国对德绝交后，向其他各国“代为周旋”[⑥]。在此前一日（16 日），日本寺内首相的密使西原龟三抵达北京，直

①黎元洪曾派熊希龄赴南方，对坚决反对参战的孙中山、康有为等人进行疏通。
②《申报》1917 年 2 月 11 日。
③《申报》1917 年 2 月 18 日。
④章宗祥：《东京之三年》，《近代史资料》1979 年第 1 期，第 26 页。
⑤章宗祥：《东京之三年》，《近代史资料》1979 年第 1 期，第 27 页。
⑥章宗祥：《东京之三年》，《近代史资料》1979 年第 1 期，第 29 页。

接与段祺瑞本人及曹汝霖、梁启超、陆征祥、汪大燮等院方"高参"商议参战条件问题[1]。通过这些你来我往的幕后交易,段祺瑞终于在"与日本推诚合作","参加协约国对德国宣战"问题上与日本方面达成了默契[2]。

但由于日本以往曾多次侵略中国,造成了极严重的后果,因此,当时舆论普遍认为,日本会利用诱使中国参战的机会进一步干涉中国内政,而中国在参战问题上追随日本的结果,必定是失去外交上的自主权[3]。黎元洪既担心掉进日本的圈套,更不愿接受由段祺瑞主持参战的事实,因此也极力附和此种观点,宣称:"欧战未了,协约国中在东方,日本是有力者,参加协约,偶一不慎,即倒在日本方面"[4],主张在参战问题上持"慎重"态度。2 月 26 日,黎元洪召集段祺瑞、徐世昌、王士珍、梁启超等在总统府开会,讨论对德绝交问题。黎开始仍持"慎重主义",后在段祺瑞、梁启超等的胁迫下,态度稍有松动,表示:"处于责任内阁制度之下,只须阁议决定,国会同意,余个人之意见可以牺牲"[5]。次日,黎在接受英文《京报》记者采访时又表明其态度说:中国是否参战应由人民决断,不能取决于"中央政府中之少数人及一切公私之顾问"[6]。其用意很明显,就是想利用国会与内阁的恶劣关系,达到否决参战案的目的。

3 月 3 日,在段祺瑞主持下,国务会议通过了对德绝交案,并拟就致日本政府的节略,准备电令驻日公使章宗祥向日本政府提出,请日本切实赞助中国参战后希望获得的三项权利。次日上午 10 时,段偕同众阁员到总统府,请黎元洪在提交国会的对德绝交

①西原龟三:《西原借款回忆》,《近代史资料》1979 年第 1 期,第 135～137 页。

②西原龟三:《西原借款回忆》,《近代史资料》1979 年第 1 期,第 135～137 页。

③西原龟三:《西原借款回忆》,《近代史资料》1979 年第 1 期,第 138 页。

④张国淦:《中华民国内阁篇》,见杜春和等编:《北洋军阀史料选辑》(上),中国社会科学出版社 1981 年版,第 206 页。

⑤《申报》1917 年 3 月 4 日。

⑥《中华新报》1917 年 3 月 3 日。

案咨文上盖印，并签署致章宗祥的密电。黎元洪认为未经国会同意就与协约国方面商议参战条件，有违宪法精神，因此拒绝拍发致章密电。双方于是发生严重争执。段愤激之下，当天下午即宣布辞职，并挂专列离京赴津。内阁其他成员均表示与总理同进退，也纷纷呈请辞职，北京政府于是陷于瘫痪状态。

段祺瑞出走天津后，黎元洪在哈汉章、金永炎等府中幕僚的鼓动下，曾有乘机改组内阁的打算。5 日，黎邀请徐世昌、王士珍和专程赶到北京磋商外交问题的副总统冯国璋入府商议对策。他请徐世昌和王士珍分别出任国务总理和陆军总长，但徐、王两人都力辞不就。而冯国璋则宣称："此时能收拾时局者，除段祺瑞外，别无他人。"[①]主张维持原内阁，并自请赴天津劝段祺瑞复职。在此前后，政学会、研究系、益友社等政团纷纷派代表入府陈述意见，认为当此外交紧迫之际，"不宜更动内阁"[②]；北洋各省督军也接连打来电报，力主挽留段祺瑞。黎元洪在各方压力下，不得不放弃逐段计划，于 6 日上午派冯国璋赴津挽留段，并答应以下三个让步条件：(1)外交方针此后悉依国务会议处决，毫不参以己见，尊重内阁责任；(2)凡经国务会议通过之事项，一一照准；(3)凡关行政之公电、公文，立与印发[③]。段祺瑞见黎元洪已告屈服，当晚即随冯国璋返回北京。次日，段以胜利者的口吻密电各省，称总统已同意内阁之对外方针，国务依旧进行，希望各省军民长官"抱定一致对外之精神"[④]。当晚，他又给章宗祥拍发密电，令他向日本外相本野一郎面呈《致日本政府节略》。这份《节略》的具体内容是：

第一，庚子赔款，德奥方面永远撤销；协约国方面之赔款，希望以援助中国之好意，十年内展缓偿还，十年后仍照原有金额按年递

---

①西原龟三：《西原借款回忆》，《近代史资料》1979 年第 1 期，第 137 页。

②《申报》1917 年 3 月 7 日。

③《申报》1917 年 3 月 8 日。

④《申报》1917 年 3 月 10 日。

付,不另加利息。

第二,中国政府希望以援助中国财政之好意,承认中国即时将进口关税额增加五成,并由中国政府陆续改正关税价表,改正后即按实价值百抽七点五征收。至中国政府将厘金裁撤后,即实行光绪二十八年、二十九年、三十年与日英诸国所订商约,将关税加至实价值百抽十二点五。其复进口之子口半税,亦即于正税加至十二点五之时废止。

第三,辛丑条约及附属文书中,有妨害中国防范德人行动之处,如天津周围二十里内中国军队不能驻扎,又使馆与沿铁路各军队等类,希望解除。

至于中国对协约国应负之义务,至下列两端为止:(1)原料之资助,(2)劳工之资助。①

8日,章宗祥复电报告日本方面对《节略》的态度,大致谓:顷与日本外相本野晤谈,他答称日本政府对中国的上述要求必以好意研究,尽力协助,但中国为表示自己的诚意,也为取得协约国方面的谅解,应该先行宣布对德绝交,而不宜遽提条件②。同日,协约国各国驻京公使向北京政府递交复牒③,声称:"各该国政府对于中国政府之请求,主义上一致赞成,至详细办法,极愿讨论",作为交换条件,"中国与德奥绝交后,当取适当之扩张"④。很明显,日本与其他协约各国在中国的参战要求问题上有意玩弄了虚与委蛇、连唬带骗的花招,虽然它们都摆出一副积极合作的姿态,但实际上它们的答复除了"必以好意研究"、"极愿讨论"之类的搪塞之词外,没有丝毫实质性的东西。

但段祺瑞等得到这些空洞无物的答复后,却满以为所提条件

①王芸生辑:《六十年来中国与日本》第七卷,三联书店1981年版,第89页。

②章宗祥:《东京之三年》,《近代史资料》1979年第1期,第33～34页。

③2月28日段祺瑞命陆征祥以其代表名义,前往协约国各国驻京使馆,就中国的参战条件问题探询各国的意见。3月8日,各国公使向北京政府递交了复牒。

④章宗祥:《东京之三年》,《近代史资料》1979年第1期,第33页。

已有兑现保障,因而更加快了对德绝交的步伐。接到章宗祥复电的当天,段即将对德绝交案咨文提交国会。嗣后,他又连日在国务院和石大人胡同迎宾馆等处举行两院议员谈话会,为使该案顺利通过于国会进行疏通。10 日,众议院召开外交秘密会议,对对德绝交案进行投票表决,结果以赞成票 331 票对反对票 87 票的绝对多数获得通过。11 日,参议院也进行投票,并以赞成票 158 票对反对票 35 票的多数通过该案①。同一天,德国驻华公使辛慈向北京政府递交了对中国 2 月 9 日抗议照会的复照。该复照措词颇为强硬,略谓:中国所提抗议迹近恫吓,前此中国人民被害,系自冒战争危险,应作战争预备人员看待,"德国碍难取消封锁战略"②。这样,北京政府在对德外交问题上已没有回旋余地,只有抗议文中所申明的如抗议无效即行断绝国交这一条路可走了。14 日,大总统黎元洪发布对德绝交布告,宣布自即日起,中国与德国"断绝现有之外交关系"③。

对德绝交案公布后,参战问题又接踵而来,成为府院、内阁与国会间斗争的焦点。段祺瑞等早在对德国提出抗议之时,就已经把参战预定为对德外交的必行步骤,并就参战后的权利和义务与日本等国进行了秘密商议;对德绝交后,他们更是把参战准备由暗中转到明处,参战案成了国务会议议事日程中最主要的议题。为了尽快实现参战目的,段祺瑞还采纳梁启超的建议,在国务院组织了临时国际政务评议会,他与伍廷芳分任正、副会长,聘请王士珍、熊希龄、陆征祥、汪大燮、曹汝霖、张国淦等人为评议员,专门研究有关参战的各种具体问题,为内阁决策提供依据。但由于当时国内舆论普遍反对参战,加上协约国方面出尔反尔,拒不履行先前所许下的同意接受中国参战三条件的承诺,段祺瑞的参战马车最后

①平佚:《对德绝交经过》,《东方杂志》第 14 卷第 4 号;《申报》1917 年 3 月 12 日。
②北京政府外交部编:《外交文牍——参战案》,1921 年 7 月版,第 3 页。
③北京政府外交部编:《外交文牍——参战案》,第 4 页。

陷入了难于自拔的泥淖。

就在段祺瑞等紧锣密鼓地进行参战准备的同时,国内各方面的反战空气也比以前更加浓厚。孙中山、康有为等在野名流及各地的商会、学联等团体纷纷发表通电,反对参战。国会参、众两院虽均以绝对多数通过了对德绝交案,但对是否应进一步采取宣战步骤的问题,也颇持怀疑甚或否定态度,这是因为:第一,国际形势的急遽变化。3 月 17 日,也即北京政府宣布对德绝交后的第三天,俄国爆发了资产阶级革命(即“二月革命”)。当时盛传革命后的俄国将与德国单独媾和,这就给大战前途投下了一片阴影。不少议员于是认为,中国此时尚不必急于参战,“总以视察俄最近举动为上策,如俄国确有单独媾和之确信,则外交上必有变更,我国自应慎重出之”①。第二,参战条件的毫无保障。段祺瑞在向国会提出对德绝交案咨文时向议员们报告,协约国方面对中国的参战条件已表赞同,只要中国宣布对德绝交,这些条件即能兑现。但对德绝交案公布后,中国提出的要求全成了画饼,各国只答应停付德、奥两国的庚子赔款,其他各条均遭否决。议员们大有被捉弄的感觉,因而愤慨异常,邹鲁等七十余位议员为此对内阁提出质问案道:“今绝交既久,三种条件茫无头绪,总理出席国会之言,丝毫不能实践,国务员是否应负责任?”②很显然,参战条件若无切实保障,参战案获得国会通过的希望极为渺茫。与此同时,北京政府内部在参战问题上也存在很大的意见分歧。大总统黎元洪极力反对参战,当段祺瑞、梁启超等逼迫他作赞同表态时,他即以服从舆论多数相驳难③;阁员之中,“主张急进者,固大有人,而从消极立论主张缓进,或竟以为今日已可以止者,盖非少数”④。如海军总长

①《申报》1917 年 5 月 9 日。

②《申报》1917 年 5 月 1 日。

③许田:《对德奥参战》,《近代史资料》1954 年第 2 期(总 2 号),第 68 页。

④《申报》1917 年 4 月 2 日。

程璧光即曾专门就参战问题呈文黎元洪,从“对外政策之疑义”与“海军困难之情形”两方面申明了其对参战的疑虑态度,并表示:“如虚料敌人之万不能至而空言宣战,以博美名,璧光至愚,万万不敢出此。”①更使段祺瑞感到棘手的是,不少北洋系军阀如副总统兼江苏督军冯国璋、长江巡阅使兼安徽督军张勋、安徽省长倪嗣冲等,因害怕抛弃地盘和安逸的生活,而领兵跋涉重洋到遥远的欧洲去打仗等原因,也接连致电北京政府,反对进一步采取对德宣战的步骤。冯国璋在美国刚向中国提出照会时即曾“连电政府,力主仍守中立”②。到北京后经段祺瑞当面开导(冯应段之邀于 2 月 23 日入京商议外交问题),他一度放弃自己的主张,同意对德绝交,但在随即而来的参战问题上,他又公开与段唱起反调,宣称:“今日能不加入则最善矣。然或者至于不得已而必欲加入,则非先提条件(指参战条件)妥议之后,万万不可。”③美国对德国宣战后,他提出了不加入协约国而与美国取一致行动的主张,认为只有这样才不致于丧失外交自主权④。张勋与倪嗣冲对参战政策更是持极端反对态度。北京政府宣布对德绝交的当天,张勋即驰电反对道:“我国际此正宜置身局外,观变待时,将来战局告终出任调停,较此随人俯仰,宁不自荣!”⑤此后他几乎是每日一电,“电中主旨均系反对宣战一事”⑥。倪嗣冲则在 3 月 15 日给北京政府的一则电文中

①《黎元洪藏函电稿》,见来新夏主编:《中国近代史资料丛刊·北洋军阀》(三),上海人民出版社 1993 年版,第 415~416 页。

②《冯国璋拟中德绝交始末及其利害意见书稿》(1917 年 3 月 18 日),中国第二历史档案馆编:《中华民国史档案资料汇编》第三辑《政治》(二),江苏古籍出版社 1991 年版,第 1175 页。

③《冯国璋拟抗德绝交意见书稿》(1917 年 3 月),中国第二历史档案馆编:《中华民国史档案资料汇编》第三辑《政治》(二),第 1187 页。

④《冯国璋关于不加入协约国与美一致行动致朱庆澜电稿》,中国第二历史档案馆编:《中华民国史档案资料汇编》第三辑《政治》(二),第 1190 页。

⑤《申报》1917 年 3 月 15 日。

⑥《申报》1917 年 4 月 11 日。

表明自己的反对意见道:“不必邦交断绝,以全交谊,而弭衅端。至加入战团,则期期以为不可,仍应守局外中立,为自全之策。”[①]他甚至还对极力鼓吹参战的梁启超大加丑诋,痛骂其为“亡国文妖”。面对这种朝野上下普遍反对参战的形势,段祺瑞仍一意孤行,竟照搬了袁世凯的老办法,“乞援于实力派”[②],企图利用地方军阀的势力顺利达到参战目的。

4月25日,段祺瑞假借“军事会议”名义,在北京主持召开了有各省督军及督军代表参加的会议,商议对德宣战问题。出席会议的督军(包括省长、都统)共十一人,他们是:直隶督军曹锟、山东督军张怀芝、山西督军阎锡山、河南督军赵倜、江西督军李纯、湖北督军王占元、福建督军李厚基、吉林督军孟恩远、绥远都统蒋雁行、察哈尔都统田中玉、安徽省长倪嗣冲。云南、贵州、甘肃、奉天、湖南、浙江、江苏、新疆等省督军则各派代表列席会议[③]。这就是喧嚣一时的“督军团会议”。

段祺瑞将各省督军邀集北京的目的很明显:一是疏通地方军阀的意见分歧,将他们由推行参战政策的阻力变为助力;二是利用地方军阀的联合声势威胁总统与国会议员,迫使他们在参战问题上就范。督军们对段祺瑞的用心自然心领神会,当他们了解了对德宣战实际上是宣而不战,各省不但无需派兵远征欧洲,而且还可以从日本等国允诺提供的参战借款中分得杯羹的真相后,态度立即来了个一百八十度的大转弯,由参战政策的极端反对派变成力主参战的急先锋。会议开幕的当天,督军们即急不可待地就内阁对德外交方针进行表决。结果,与会督军及督军代表共二十五人,“赞成政府方针者十七人,余从多数”,参战案在督军团会议上获得“全场一致通过”[④]。

---

①《申报》1917年3月15日。

②张国淦:《中华民国内阁篇》,见杜春和等编:《北洋军阀史料选辑》(上),中国社会科学出版社1981年版,第207页。

③《新青年》第3卷第3号,1917年5月1日。

④章宗祥:《东京之三年》,《近代史资料》1979年第1期,第39页。

紧接着,督军们即开始胁迫总统与国会同意向德国宣战。5月1日,国务会议正在讨论对德宣战问题时,倪嗣冲、张怀芝、孟恩远、李厚基等督军及督军代表二十余人,气势汹汹地闯进会场,要求以军界代表身份列席会议,并公然纷纷发言,主张无条件加入协约国,"即日宣布对德宣战"①。当时出席国务会议的只有海军总长程璧光、农商总长谷钟秀和司法总长张耀曾三人,因慑于督军团的淫威,他们都没有提出不同意见,参战案就这样算是在国务会议上通过了。会议一结束,段祺瑞便偕同与会阁员赴总统府呈请黎元洪核准。次日,倪嗣冲、张怀芝、李厚基等以督军团代表名义入府谒见黎元洪,陈述参战意见。黎元洪被逼无奈,答应将参战案提交国会讨论,一俟国会通过,他即发布宣战令。这样,对德宣战问题又转移到国会,两院议员的态度成了决定参战案命运的关键。

当时,国会中反对参战的势力占有明显的优势,段祺瑞担心参战案遭国会否决,因而在将该案提交国会讨论前做了一番疏通工作。5月3日,国务院在外交部迎宾馆邀请两院议员举行茶话会,段到会演说,陈述了必须尽快实现对德宣战的理由,希望议员们予以合作。次日,倪嗣冲、李厚基、孟恩远等又奉段旨意,以督军团全体督军与督军代表名义,在迎宾馆设宴招待两院议员,到会议员四百余人。李厚基代表各督军致招待词,极力劝说议员们在宣战问题上与政府"归于一致"②。7日,段祺瑞将参战案提交众议院咨请同意。8日,众议院开秘密会议讨论参战案,由于各派争持不下,会议决定将该案提交全院委员会审查。

5月10日,众议院举行全院委员会审查参战案。当天清晨,众议院门前象坊桥一带忽然麇集了数以千计的所谓请愿者,这些人成群结队,分别隶属于各色名目的团体之下,有"海陆军人请愿团"、"五族公民请愿团"、"政学商界请愿团"、"学军商界请愿团"、

---

①许田:《对德奥参战》,《近代史资料》1954年第2期。

②《新青年》第3卷第4号,1917年6月1日。

“北京学界请愿团”、“北京市民请愿团”等,他们手执小旗,散发传单,宣称必须于当天通过对德宣战案,否则将对国会和议员采取激烈手段。到下午1时会议快开始时,他们将众议院团团围住,大肆喧哗起哄,并强行向前来赴会的议员散发传单,“其有不接或接之稍迟者,则群起殴之”①,田桐、邹鲁等十多位议员被当场打伤。自称“公民代表”的张尧卿、白亮等六人还闯进会场,威胁议员说:对德宣战案若不能通过,议员们休想走出众议院大门一步。“公民团”的恶劣行径激起了全体与会议员的极大愤慨,他们当即一致决定,暂不讨论对德宣战问题,将全院委员会改为全体议员大会,请国务总理与内务、司法两总长到会接受质问。下午5时,兼署内务总长范源濂来到会场,但他既说服不了“公民团”,也根本指挥不动前去“维持秩序”的军警,议员们只得接连用电话向段祺瑞告急,请他赶来收场。大约晚上7时,段祺瑞与京师警察总监吴炳湘才姗姗到会。议员们一致要求严惩肇事者,而段祺瑞却主张对“公民团”温语开导,声称:“彼等亦系国民一分子,来院请愿,情亦可原,不能不予以和平劝导,如果用兵力解散或致伤害人命,恐怕还有人说话。”②他命吴炳湘与“公民代表”交涉,但毫无结果。直到晚上9时,一些“公民”向会场内投掷砖瓦石块,打伤了一位日本联合通讯社的记者,段怕引起外交麻烦,才命吴炳湘调拨马队将“公民团”强行驱散。

“公民团”围攻众议院事件,是段祺瑞的心腹傅良佐、靳云鹏、王揖唐等人所密谋策划的。国务院参议陈绍唐与陆军部咨议刘世钧、刘文锦、张光卿等人则直接参与了组织“公民团”围攻、冲击国会的活动。所谓的公民代表,也大都是国务院与陆军部的在职官员;而打着各界旗号的“公民”,则是陈绍唐等人以铜元七八枚到银元半元不等的价钱,从北京城内的地痞、流氓、乞丐、车夫等无业游

①《暴民包围众院始末记》,《中华民国史事纪要》(初稿)1917年5月10日条。

②《申报》1917年5月13日。

民中雇佣来的[①]。有论者认为,国会中对参战案持反对态度的只有国民党系的丙辰俱乐部一派,研究系当然赞成,政学会与益友社也会同意,故若不是“公民团”威逼国会,遭致议员愤怒,该案获得国会通过恐不成问题。段祺瑞收买“公民”,包围国会,反而是弄巧成拙[②]。其实这种说法是缺乏根据的。当时,国会中除宪法研究会、宪法讨论会和中和俱乐部三个党派赞成对德宣战外,其余各个党派基本上都是持反对态度的[③],如益友社和政学会曾先后于5月7日、9日就宣战问题进行表决,结果都是反对者占绝对多数。显然,段祺瑞及其左右所以会效法袁世凯四年前在选举正式大总统时所采用的伎俩,对国会施以强硬手段,制造“公民团”围攻议员的事件,决非政治手腕拙劣一语所能简单概括。事实上,这是他们预感到众议院全院委员会审查肯定不会有预期结果而玩弄的政治赌博。如若合法途径尚有一线希望,段祺瑞等当不会轻于出此下策。

“公民团”事件发生后,全国舆论哗然。孙中山、唐绍仪、岑春煊等纷纷发表通电,要求严惩聚众肇事的主犯。冯国璋则以指责的口吻致电北京政府道:“国家成立之要素,惟以法律为制裁,苟有出于法律范围之行动,则政治将蒙其影响,人心易于动摇。”[④]阁员之中,教育总长范源濂主张立即请总统下一命令,对此事件彻底追究查办,认为非如此办理则政府威信将扫地以尽;而外交总长伍廷芳、农商总长谷钟秀等则提议内阁全体辞职,以表示政府与这一事件无关。但段祺瑞既无意认真追查此事,更无心拱手交出大权,因而对上述意见全然不予理睬。11日,伍廷芳、程璧光、张耀曾、谷钟秀四位阁员相继呈请辞职,伍廷芳递上辞呈后还悄然离开了北京。这一届内阁阁员包括段祺瑞共八人,财政总长陈锦涛、交通总

---

①《宣战案与政潮》,《新青年》第3卷第4号,1917年6月1日。

②李剑农:《中国近百年政治史》下册,商务印书馆1947年版,第492页。

③《申报》1917年5月9日。

④《申报》1917年5月20日。

长许世英早因贿案免职，继任财长李经羲一直没有到任，伍、程、张、谷四位总长辞职后，阁员中就仅剩段祺瑞与范源濂(范于20日也呈请辞职)两人，国务院例会于是再也无法召集，内阁实际上已陷于瘫痪状态。

黎元洪见段祺瑞因“公民团”事件而陷入困境，不免有些幸灾乐祸。他决定冷眼旁观，坐待事态的进一步发展。事件发生后，一些议员入府谒黎，要求他对时局状况“以积极的手段有所纠正”；而黎却不愿过早插手，推辞道：公民滋扰事件已由段总理弹压解散，以后如何办法，“段总理自有一定之把握，故余乃信任段总理到底”。当有议员问及各总长相继提出辞呈，总统对此将如何处置时，他又回答道：“凡有递辞呈者，皆批‘交院’两字，一听段总理处置，余并无成见。”[①]黎的用意很明显，就是迫使段祺瑞知难而退，自动下野。

但段祺瑞并不甘心就此罢休。11日，他在府学胡同私邸召集亲信共商对策。国务院秘书长张国淦建议段辞职，另组熔合国民党二人、研究系二人、北洋系二人于一炉的“国防内阁”，以稳定政局[②]。段起初有些动心，吩咐秘书起草辞呈，准备辞职，但经徐树铮、靳云鹏、傅良佐等人极力劝阻，他又立即打消了辞意。在京的督军团各督军得到段将辞职的消息后即联袂谒段，“力言其不可”[③]。他们还自告奋勇，分别以同乡关系或地方长官的身份，对国会议员进行疏通、劝解，要求支持段内阁并通过对德宣战案。一些未赴京参加督军团会议的北洋督军也纷纷打来电报，给段输血打气。如奉天督军张作霖即于16日致电段，声称：“我总理当代灵光，舍身救世，进退之际，全局攸关，与其瓦全而未必能全，作霖不

①《申报》1917年5月14日。

②丁文江、赵丰田编：《梁启超年谱长编》，上海人民出版社1983年版，第820页。

③《申报》1917年5月19日。

才，愿随海内豪杰执鞭弭乱，以从公后。”①日本政府对段的去留问题也极为关注，14日，寺内首相派亲信西原龟三向中国驻日公使章宗祥面授机宜道：“大局全赖段总理主持，参战后一切事业，必总理地位巩固，始克进行，万勿因急于图成，牺牲自己地位。”②在督军团与日本的支持下，段更增强了勉力支撑危局的信心。他每天仍照常赴国务院办公，并接连于15、16、18日三次咨请众议院从速议决对德宣战案。18日他在接受英文《京津时报》驻京记者祁尔斯采访时，对应付时局危机显得信心十足，答称：“各部总长虽纷纷辞职，而政府之职务，并不因以停顿，盖其辞职之准否尚未核覆，各位总长于未经奉复之先照常供职，至国务会议如总长不出席，次长亦可代行列席，其各部事务现亦照常处理。”至于对德宣战问题，“今更不容稍有游移”③。

但遭受了“公民团”近十个小时围攻屈辱的国会议员，显然不是几桌丰盛的宴席和几句花言巧语所能疏通的。19日，众议院复议对德宣战案，议员褚辅成提出动议：“阁员辞职者众，不能行责任内阁之实，不如暂行缓议，俟内阁全体改组，再行讨论。”④经投票表决，这一动议以多数议员的赞成而获得通过。对德宣战案于是被搁置。

国会搁置对德宣战案，实际上已构成对内阁的不信任。段祺瑞既无不行其志便飘然下野的政治家风度，便只有冒大不韪强行解散国会了。19日下午，督军团在京召开紧急会议，商议对策。徐树铮与研究系骨干籍忠寅等参与了督军团的策划。由于国会缓议参战案理由充分，无懈可击，督军们便决定按徐树铮“訾议宪法”的计策行事，撇开参战案，另以国会正在草定的宪法为突破口，向

①《申报》1917年5月20日。

②章宗祥：《东京之三年》，《近代史资料》1979年第1期，第40页。

③《申报》1917年5月23日。

④顾敦鍒：《中国议会史》，苏州木渎心正堂1931年版，第255页。

国会发难[1]。当晚,督军团各督军与督军代表共二十二人,由孟恩远领衔联名呈文黎元洪,指摘国会宪法会议二读会及审议会所通过的一些宪法条文将导致“议会专制”,要求立即予以修改,否则“即将参众两院即日解散,另行组织”[2]。黎元洪无力应付督军团,只好求助于美国驻华公使芮恩斯。在得到了芮恩斯“允为后盾”[3]的答复后,他的态度立即趋于强硬,声称自己将坚持“三不”原则,即不违法,不怕死,不下令[4]。正在这时,北京英文《京报》揭露了段祺瑞以允许日本训练中国军队和控制兵工厂等为条件,向日本借款一亿日元的卖国交易,激起全国人民的极大愤慨。黎便决定利用人民的反段要求,断然改组内阁。21 日,他批准了谷钟秀、程璧光、张耀曾三人的辞职请求,却留下伍廷芳的辞呈未发,准备以伍暂时代理内阁总理。同一天,他又在总统府召见孟恩远、王占元两位督军团代表,申饬他们切勿超越宪法行事,并剀切说明:问题的症结在内阁而不在国会,而且《临时约法》也未赋于大总统以解散国会的权力,因此,解决时局的关键唯有请段总理“稍事休息”,另行组建新阁[5]。孟、王两人在黎的严词训诫下,未敢再作争辩,答应回去后将此意转告督军团各督军。督军团得到黎准备改组内阁的消息,意识到局面已经无法挽回,他们怕继续留在北京会对己不利,决定立即出京。当晚,倪嗣冲、王占元、李厚基等直奔徐州,找宣称愿当督军团后盾的张勋密商对策,其他人则急急赶回各自任所。

段祺瑞唯恐黎元洪采取行动,故而在黎令准程、谷、张三人辞职的次日(22 日),急忙拟定了一个补充阁员名单:外交总长高尔谦,内务总长范源濂,交通总长汪大燮,财政总长李经羲,海军总长

---

①张国淦:《中华民国内阁篇》,见杜春和等编:《北洋军阀史料选辑》(上),中国社会科学出版社 1981 年版,第 208 页。

②《申报》1917 年 5 月 22 日。

③许田:《对德奥参战》,《近代史资料》1954 年第 2 期。

④丁文江、赵丰田编:《梁启超年谱长编》,上海人民出版社 1983 年版,第 822 页。

⑤《申报》1917 年 5 月 24 日。

萨镇冰，教育总长蔡元培，农商总长夏寿康，司法总长王宠惠，陆军总长段自兼①。当晚，他即派张国淦入府面呈黎元洪。

黎元洪对采取罢免段祺瑞这一激烈举措本来就有不少顾虑，此时见段在补充阁员名单中罗列了一些自己平素较有好感的人物，觉得事情尚有通融余地，免段决心遂有些动摇。但府方策士们认为这是段的缓兵之计，极力怂恿他仍按原计划行事，其意始决。23日，黎元洪以大总统名义发布三道命令：免去段祺瑞国务总理兼陆军总长职务，特派外交总长伍廷芳暂代国务总理；委派陆军部次长张士钰暂代陆军总长；任命王士珍为京津一带临时警备总司令，江朝宗、陈光远为副司令②。同时，黎又通电各省，说明免段"苦衷"和准备敦请徐世昌、王士珍两位北洋元老出山维持时局的打算，希望各督军对此能予体谅与支持③。24日，黎即派吴笈孙、饶汉祥赴天津，促徐出山；为徐所拒后，又转请王士珍出组内阁，黎并于25日亲赴堂子胡同王宅苦苦相劝，也不得要领。在徐、王均不愿出来趟府院间混水，"强力内阁"告成无望的情况下，黎不得不退而请曾做过前清督抚和洪宪旧臣，"与皖系军人有些关系"的合肥籍老官僚李经羲出来组阁，"幻想以淮系老辈虚声压住北洋实力"④。25日，黎向国会提出了以李经羲为国务总理的咨文。27

①《申报》1917年5月24日。许田《对德奥参战》所记与此有异，即：内务夏寿康，司法饶汉祥，海军汤芗铭，财政孙宝琦，农商庄蕴宽，交通汪大燮。此说似不太可信，因为：(1)邵飘萍曾于23日就阁员名单事询诸段之亲信左右，证实《申报》所记"一一认为真确"(《申报》1917年5月26日)；(2)《顺天时报》(1917年5月23日)、《晨钟报》(1917年5月23日)等主要报纸所记与《申报》相同；(3)段是补充阁员，而非改组内阁，内务、财政两部既未出缺，当不会更动，外交一席虽不出缺，但因伍年事已高，又早有辞意，故易人；(4)许田(张国淦)虽为当事人，但所记为事后回忆，有所失实并非不可能。

②《公府秘书厅奉黎元洪令免段祺瑞职由伍廷芳代理通电》(1917年5月23日)，中国第二历史档案馆编：《中华民国史档案资料汇编》第三辑《政治》(二)，江苏古籍出版社1991年版，第1207页。

③《东方杂志》第14卷第7号，中国大事记，第196页。

④韩玉辰：《政学会的政治活动》，《文史资料选辑》第四十八辑，第187页。

日、28日,国会众、参两院先后开会讨论该项咨文,并均以绝对多数予以通过。28日,黎即发表了任命李经羲为国务总理的命令。

段祺瑞接到免职令,立即偕随从离京赴津。临行前,黎元洪派总统府侍从武官长荫昌到车站送行并加以抚慰,大略谓:“政象纠纷已极,长此迁延,愈无了局,故万不得已而有此举,并非与君有何种不惬之处,望君勿以介怀。”①但段祺瑞并不甘心忍气吞声地了却此事。到津后,他就仍以国务总理名义通电各省道:“……查共和各国责任内阁制,非经总理副署,不能发生效力。以上各件(指黎发布的任免职命令),未经祺瑞副署,将来地方国家因发生何等影响,祺瑞概不负责。”②这一通电的用意极为露骨,就是唆使各省督军起来造反。

24日,张勋率先自徐州来电,指斥免段令为非法,并威胁说:“今中央既首先破坏法律,则各省惟有自由行动。”③29日,倪嗣冲通电宣布与中央脱离关系,并扣留津浦线四十余辆列车,扬言要运兵北上。紧接着,奉天督军张作霖、河南督军赵倜、浙江督军杨善德、山西督军阎锡山、陕西督军陈树藩、直隶督军曹锟、山东督军张怀芝、福建督军李厚基等也纷纷宣布独立。6月2日,独立各省在天津设立军务总参谋处,推雷震春为总参谋长,宣称将另立“临时政府”与“临时议会”④。各省督军公然称兵叛乱,给黎元洪造成了极大的压力。由于自己根本无力化解眼前这场干戈,黎只得四处求援,仰赖他人调停。他曾先后要求徐世昌、梁启超等出面调解,但都没有结果。就在黎一筹莫展之际,一直躲在督军团幕后的张勋自告奋勇,表示愿进京充当“调停人”角色。黎需要的就是这样

---

①《申报》1917年5月28日。

②《中华新报》1917年5月27日。

③《申报》1917年5月27日

④《申报》1917年6月6日。

一位肯于出任“艰巨”的人物，于是迫不及待地于6月1日明令张勋入京，并派专人往徐州迎迓。6月7日，张勋即堂而皇之地率“辫子军”五千余人由徐州出发，进京“调停”时局。

## 三、张勋复辟

张勋应召入京后，并没有像黎元洪所祈盼的那样致力于时局的调停，而是与其他麇集京城的复辟势力一起，抬出前清末代皇帝溥仪，上演了一出复辟帝制的丑剧。因这一年是旧历丁巳年，故有些史书将此次复辟称为“丁巳复辟”；但由于这出为帝制招魂的丑剧主要是由张勋策划与导演的，所以人们一般称之为“张勋复辟”。

### 1. 张勋其人与复辟的内外气候

张勋(1854～1923年)，字绍轩，又作少轩，江西奉新县人。小商贩出身，早年曾在绿林谋生。1884年在长沙投军，后转入广西提督苏元春部，历任都司、把总、守备、游击、参将等职。1895年转而投靠袁世凯，任新建陆军中军官兼工程队帮带。1899年随袁赴山东镇压义和团，充武卫右军先锋队头等先锋官兼巡防营管带。1902年奉命赴陕西迎请、护送慈禧太后与光绪帝回京，之后即率所部宿卫紫禁城端门。1906年调任奉天巡防翼长，嗣又改授云南提督、甘肃提督，均未赴任。1910年，接任江防大臣，统率江防营；次年8月又升任江南提督。辛亥革命爆发后，张率部在南京负隅顽抗，曾在雨花台与前来攻城的革命军展开激战，溃败后窜逃至徐州。清廷嘉奖其“孤军奋战”之功，擢拔他为江苏巡抚兼署两江总督、南洋大臣等显职。进入民国后，张勋虽在袁世凯的卵翼下继续做民国的官，但内心却念念不忘“故主之恩”。他和他的军队一直留着标志清朝统治意识的发辫，因而所部“定武军”番号反为“辫子军”的惯称所取代，他本人的“上将军”头衔也被“张大辫子”、“辫帅”的诨名所代替。与此同时，张勋还摆出一副封建卫道士的姿态,不但平时见客要行前清的跪拜大礼,而且提倡尊孔读经,主张定孔教为国教,并自任孔教会总干事。1912 年春张率所部移驻兖州后,又专门派兵守卫曲阜“圣地”,并极力反对政府“给奉衍圣公而悉收其祭田”①的做法。更有甚者,张勋还顽固地虔心于“藉手规匡,复伸其志”②即所谓“重整”清室的反动事业。他利用镇抚使、都督、巡阅使等等民国官衔的合法地位,以徐、兖为巢穴,用最快的速度把一支仅有一千余人的辫子军,扩编成六十营计二万多人的反动武装,使之成为复辟的工具;并曾几次与前清的遗老旧臣等复辟势力相勾结,密谋把复辟之举付诸实施。1912 年夏至 1913 年春,他经过与在青岛的溥伟、刘廷琛等人反复密商,确定了“癸丑三月戊午朔(1913 年 4 月 7 日)……自兖举兵,图袭济南”的计划,并起草了复辟告示、檄文等。③ 这次“济南复辟”由于为袁世凯侦悉而中途流产,但张勋并没有因此而死心。1913 年 7 月“二次革命”爆发后,他又利用袁世凯与国民党矛盾激化的机会,暗中联络冯国璋等北洋将领,企图以“按兵不动”的消极态度,“以要袁氏复辟”④。但这一计划又因冯的不肯合作而告失败。袁世凯死后,张勋不但没有从洪宪帝制的失败中吸取教训,反而视当时政局的阢陧动荡为复辟的有利时机,“慨然披露腹心”,并频频与刘廷琛、温肃等人“密相计议”⑤,复辟活动更形露骨、猖獗。在前清遗老旧臣的心目中,张勋俨然成了他们“所恃以定乾坤”⑥的“徐州王”和“武圣”一类的人物;其巢穴徐州更是成了各种复辟势力麇集的大本营和复辟阴谋的策源地。

---

①张勋:《松寿老人自叙》,民国十一年刻本。

②陈三立:《张忠武公墓志铭》,《散原精舍文集》。

③陈毅:《郇庐诗集》,转引自申君:《清末民初云烟录》,四川人民出版社 1984 年版,第 88 页。

④冷汰:《丁巳复辟记》,《近代史资料》总 18 号。

⑤冷汰:《丁巳复辟记》,《近代史资料》总 18 号。

⑥胡思敬:《致魏斯逸书》,《退庐笺牍》卷二,民国南昌退庐刻本。

张勋的特殊的个人经历和顽固守旧的思想，决定了他在随后上演的复辟丑剧中必定会充当重要角色。但张充其量不过是称雄一方的地方军阀而已，若不是“内有各派政客之运筹，外有国际阴谋之牵线，中有各军阀之布局与投机”①，他是很难将此丑剧搬上北京的政治舞台的。

首先，封建复辟思潮的泛滥和复辟势力的存在，为张勋复辟准备了社会基础和基本力量。辛亥革命结束了中国封建专制统治的漫漫长夜，开创了资产阶级共和制的新时代。但由于革命本身的不彻底性，特别是革命政权旋为北洋军阀所篡夺，致使民初社会出现了这样的怪现状：一方面，共和思想日渐深入人心；另一方面，帝制的阴魂始终不散。辛亥以来时起时伏并逐渐由隐蔽走向公开的复辟舆论，无疑为张勋复辟起到了招魂作用。

早在袁世凯当政并图谋帝制自为的时候，孔子、孔教的精神偶像地位也随之死灰复燃。1913年袁更指使其党徒所操纵的“宪法委员会”，企图把“以孔教为国教”的条文订入宪法，为实行帝制作准备。一时间“孔教会”、“孔圣会”、“崇道会”等相继出现，《孔教会杂说》、《不忍》杂志等纷纷出笼，封建余孽、军阀政客无不厕身其间，张勋也成了孔教会总干事。这些尊孔复古在袁世凯看来是为帝制自为制造舆论，但也不可避免地为一切复辟势力提供了思想武器。因而，当1916年洪宪帝制刚刚失败，以前清遗老、王公贵族、反动将弁以及幕僚门客、反动文人等为骨干的复辟派，便假宪法审议会即将召开之际，仍以要求定孔教为国教作借口，掀起了一股尊孔读经的逆流，用以抵制“护国运动”以后出现的共和浪潮。他们不仅撰著文章，发行刊物，还串联勾结，成立组织，使社会上的复辟声浪甚嚣尘上。那个曾经为袁世凯实行帝制高唱“纲常名教，中国数千年相传之国粹，立国之大本。有之则人，无之则兽，崇之

---

①凤冈及门弟子编：《三水梁燕孙先生年谱》(上)，1946年铅印本，第380页。

则治，蔑之则乱”①的封建余孽劳乃宣，此时又宣扬只有以崇孔子为“教主”的孔教做“国魂”，才能“为天地立心，为生命立命，为往圣继绝学，为万世开太平矣”②。由维新派蜕变为保皇党的康有为这时也鼓吹尊孔，倡言复辟，甚至还痛心疾首地忏悔当年所进行的戊戌变法说：“今以举中国万里之土地，四万万人之治安，甘舍数千年先圣之宪章而受命于金钱势力之选举，相詈相殴之无赖，呜呼，危哉！何倚相殴相詈之无赖之重，而视中国五千年之国土四万万人之身命若是之轻也！何重为欧美宪法之所缚，而甘自卖其国也，其愚亦甚矣！此其愚谁先之乎有若我也。当戊戌之时，吾实为首倡宪法之先导者，而实未阅乎制宪之非人而误迷欧美之盛治而误为之也，嗟乎，吾过矣，吾过矣。”③曾任清末安徽布政使的沈曾植更公然叫嚷：“无君臣则无尊卑，无上下，无秩序，无纪律，以为当道谋，除复辟不足自存。”④

这些复辟分子还利用各种组织进行活动。曾为洪宪帝制立过汗马功劳的孔教会及其各地支会，此时又活跃起来，通过定期的演讲活动，大造尊孔复辟舆论⑤。1916 年底成立的以王士珍为社长的道德学社，既有前清御史赵炳麟、侍郎檀玑参加，也有当时的步军统领江朝宗、警察总监吴炳湘和参众两院议员及各部职员参加。王士珍在开社仪式上宣称：“……我国现在人心败坏，世道衰微，徒以势力整饬之，彼仆此起，必然无救，甚或愈求整饬而愈败坏。欲至不趋于败坏之途，舍讲求功德而尚有他哉！”⑥说明此组织不仅是以宣扬旧道德为其特色，而且新官旧吏欣然共处，可见当时社会倾向之一斑。在复辟势力的奔走活动下，以孔教为国教的问题终

---

①《桐乡劳先生遗稿》卷一，1927 年桐乡卢氏校刊。

②《论孔教》，《桐乡劳先生遗稿》，1927 年桐乡卢氏校刊。

③《康南海制宪法论》，《大公报》1917 年 2 月 6 日。

④《沈曾植函稿》，《近代史资料》总 35 号。

⑤《大公报》1916 年 8 月 30 日。

⑥《大公报》1917 年 1 月 9 日。

于被提上宪法审议会，并在宪法草案中列入以孔子之道为修身大事一条[①]。虽然当即遭到各界反对，但仍有各地复辟分子滥用公民名义致电参众两院，一时函电交驰，令人眩目。这种颇具声势的歪风，给张勋复辟做了舆论准备。

各种复辟势力不仅是封建思想的卫道者，而且还是复辟活动的策划者和组织者。在1916年至1917年张勋复辟酝酿的过程中，前清京师大学堂监督刘廷琛、梁鼎芬的门生陈毅等奔走于青岛、大连、徐州、天津等地，进行串联；刘廷琛、陈宝琛等也与清室阴谋策划。不仅如此，复辟分子还把复辟计划付诸行动。1916年，升允与善耆接受日本的经费和大量军械，将满蒙武装改编为复辟武装——“勤王军”，并与张勋约定于来年春南北呼应，“拥戴宣统复辟”。此次“丙辰复辟”流产后，升允又将残余武装重新收编，为“鼓行入京”即再次发动复辟准备力量。

其次，北洋军阀内部的矛盾纷争，特别是徐世昌、冯国璋、段祺瑞、张作霖等北洋派头面人物在复辟问题上所持的姑息、纵容乃至支持的态度，也为张勋复辟制造了机会。

袁世凯死后，北洋集团因内部的权力纷争而迅速趋于分裂。北洋元老徐世昌，实权人物冯国璋、段祺瑞等人，无不想继承袁的地位，并把攘权希望寄托于“复辟”这一点上。还在袁氏舆榇运回彰德时，一些北洋军阀的头面人物即借前往致祭的机会，在徐世昌的主持下密议了此事。当时冯国璋自恃年资最高，以为能接替袁的地位，故也积极参与其间。他不仅草拟了鼓动张勋复辟的密电说：“项城长逝，中原无主，义旗北指，此正其时，公若锋车先发，弟当布置所部以继其后”[②]；而且还表示对徐州会议的复辟活动“尤

①《大公报》1916年9月12日。

②恽宝惠：《复辟闻记》（未刊稿），转引自刘望龄：《张勋与丁巳复辟》，《历史教学》1964年第6期。

深赞许"，使张勋感到"吾道不孤"[①]。段祺瑞虽然对复辟心存疑虑，对一心想充当北洋盟主的张勋更无好感，但随着他与总统黎元洪及国民党占多数议席的国会间矛盾冲突的日趋激烈，他觉得张勋尚有利用价值，因此对张勋等人的复辟活动也采取了姑息、纵容的态度。张作霖则出于往关内扩张势力的考虑，对张勋等人的复辟活动更是抱积极支持态度。当参议院议员赵炳麟因提出"请政府明令禁止武人干涉议院建议案"而招致张勋、倪嗣冲等人通电诟斥时，张作霖即致电黎元洪，表示对张勋的通电"深为赞同"[②]，给了正在组织复辟力量的张勋以舆论上的声援。此后，他与倪嗣冲一起，成了北洋军阀中对复辟"赞成最力"[③]的人物，而且实际上也成了复辟阴谋的主要策划者。

再次，列强各国出于争夺在华权益的目的，也曾以不同的态度和方式给予张勋复辟以种种影响。其中影响最大的当推德国和日本。

德国对中国复辟帝制一贯持支持态度。早在1912年秋德皇威廉二世之弟亨利亲王来华时，就对清室亲贵溥伟表示："他的皇兄陛下和他本人将竭力支持清朝的复辟。"[④]1913年"二次革命"爆发后，德国不但是镇压反袁力量的帮凶，而且还自青岛运送枪械弹药接济张勋。张勋率所部进攻南京时，德国陆军大尉梭司文曾随军前往[⑤]。张勋拥兵徐州后，与德国的关系更形密切。此时，德国表示："愿以德华银行资本"来支助复辟[⑥]，并向张勋提供了不少枪炮；同时又声称，若复辟实现，则"承认帝国新政府"，交换条件是

①北洋政府大总统府档案，中国第二历史档案馆藏。

②北洋政府大总统府档案，中国第二历史档案馆藏。

③《盛京时报》1917年7月5日。

④孙瑞芹译：《德国外交文件有关中国交涉史料选译》卷三，见《新建设》1965年第3期。

⑤张戆庵：《复辟详志》，1917年版，第227页；文艺编译社：《复辟始末记》卷上，上海文艺编译社1917年版，第29页。

⑥《张勋藏札》，1917年3月10日金永致张勋函，《近代史资料》总35号。

"新政府成立后，首宜开复中某(德)国交，仍严守中立"[①]。1917年3月北京政府宣布对德绝交后，德国把维持其在华既得利益的唯一希望寄托于张勋复辟之上，因而更加紧了对张勋的拉拢与支持。

日本在袁世凯死后也对张勋等人的复辟活动给予了极大的支持。袁死去第三天(1916年6月8日)，日本即向北洋集团内的地方实权人物冯国璋、张怀芝暗示："冯国璋、张怀芝如能举义旗，倘复辟，当以盐政余款二千万为兵饷。"[②]之后，内阁首相寺内正毅更公开宣称："如果有强有力的人物坚决实行复辟，也是和我们的理想相符的。"[③]嗣经多方调查、分析，他们确认张勋是死心塌地的复辟派，"就对张勋抱有更大的期望，从而下定援张复辟的决心"[④]。在华的日本侵略分子为此积极活动起来，往来穿梭于徐州、青岛、大连等复辟分子麇集的地区，密为穿针引线、传递信息。从复辟派核心人物郑孝胥的日记中可以看到，在1916年至1917年间，他曾先后与二十多个日本侵略分子有过来往。日本方面不仅给复辟派出谋划策，还给他们提供了巨额款饷和其他具体援助，如提供日本海军的无线电台给复辟分子使用等[⑤]。在获知张勋复辟的准备情况后，又立即催促在日的复辟派主将升允回国，协助张勋进行活动，并由宗方小太郎经手向复辟派接济了巨款[⑥]。在复辟活动进入高潮的1917年春，日本又接连派恒山立功和田中义一来华。前者先后到大连见善耆、到青岛见溥伟、到天津见铁良游说，最后由张作霖介绍到徐州会见了张勋；[⑦]后者则首先到徐州与张勋进行密谈，随后又到南京见江苏督军冯国璋(其时冯已任副总统)，到杭州

---

①《郑孝胥丙丁日记》，1917年6月3日。

②《郑孝胥丙丁日记》，1917年6月8日。

③《张勋与信佃夫》，《近代史资料》总35号。

④《张勋与信佃夫》，《近代史资料》总35号。

⑤《郑孝胥丙丁日记》，1917年1月9日。

⑥《胡嗣瑗致冯国璋函》，《近代史资料》1958年第1期。

⑦《张勋藏札》，1917年3月24日阮忠枢致张勋函，《近代史资料》总35号。

见浙江督军杨善德，到武汉见湖北督军王占元等，经过一系列密谋后回国[①]。两人几乎在同一时间分别以两条路线串联了南北方的复辟势力，但都以张勋为策动的重点，由此不难看出日本的用心。

上述利于复辟的内外气候，打消了张勋等人的顾虑。在他们看来，复辟已是人心所向、大势所趋，剩下的问题就是如何把复辟计划付诸实现。

### 2. 四次徐州会议与复辟丑剧的上演

张勋的复辟企图是通过四次徐州会议一步步地付诸实现的。

1916年6月9日，张勋趁冯国璋召集南京会议之后，邀约北方各省与会代表到他的大本营徐州开会，此为第一次徐州会议。会议由张勋主持，议决大纲10条：(1)尊重优待前清皇室各项条件；(2)保全袁大总统家属生命财产及身后一切荣誉；(3)要求政府依据正当手续，速行组织国会，施行完全宪政；(4)催促滇、黔、桂、粤、浙、蜀、陕、湘各处取消独立，倘若固执成见，仍以武力解决；(5)绝对抵制迭次倡乱一般暴烈分子参与政权；(6)严整兵备，保卫各省区地方治安；(7)抱持正当宗旨，维持国家秩序，设有用兵之处所需军旅饷项，仍当通力合筹；(8)拟俟国事稍定，联名电请政府罢除苛细杂捐，以苏民困；(9)嗣后中央设有弊政足为民害者，务当合力电争，以尽忠告之义；(10)中央实行减政，固结团体，遇事筹商，对于国家前途取同一态度[②]。此次会议虽并未标明"复辟"，但仅从会议纲要第一项看来，就已有不忘清室之意；张勋本人更是在会上高谈阔论，"缅怀大清朝深仁厚泽"[③]，而且与会人员中也不乏具有复辟思想者。当时北京发行的法文《政闻报》曾载文对与会者有过

---

①陈文运：《复辟之役马厂誓师亲历记》，见杜春和等编：《北洋军阀史料选辑》(上)，中国社会科学出版社1981年版。

②《申报》1916年6月19日；《复辟始末记》卷上，上海文艺编译社1917年版，第5页。

③曾毓隽：《忆语随笔》，见杜春和等编：《北洋军阀史料选辑》(上)，第267页。

如下的分析：

“考核会议中可分二派：一曰反对国会者，一曰赞成国会者。而反对国会者，又可分二部：一曰出于新学校之人物，一曰出于旧学校之人物。若王占元(湖北)、若曹锟(直隶)、若李纯(江西)、若杨善德(上海)、若张敬尧、若陈宧……均系新学校人物，而直接属于段氏者也。若张勋(徐州府)、若倪嗣冲(安徽)、若张怀芝(山东)、若张作霖(奉天)、若赵倜(河南)、若姜桂题辈皆系旧学校人物，而较为自由者也。近来外间谓，旧学校诸人物，颇有复辟之思想，与宗社党之铁良及肃亲王二人，不无关系云。”①

这一分析并不十分准确，但社会上已把张勋之流看作复辟人物，可见他们的复辟阴谋已是司马氏之心，路人皆知了！当时上海、南京、北京等地的报纸纷纷登载消息，揭露张勋等人假徐州会议进行复辟的阴谋。寓居天津的在野名流熊希龄也发表通电，从财政、外交、军政和民生四方面阐述复辟的危害②。面对社会上的一片反对之声，张勋深感复辟时机尚不成熟，于是急忙出来“辟谣”说：

“勋素以国家为重，万不肯以一毫私见羼于其间……今者国家不幸，变出非常，勋适邀集北方各省代表到徐州集议，并有谣传谓勋实有主张复辟之意，然于昨日开会时，当众宣言证明实无其事，并经通电各省，切勿听信谣言，妄相揣测。”③

这种苍白无力的辩词，并没能消除人们的疑虑。6月10日的《申报》曾刊载《告张勋》一文，予以驳诘道：“张勋亦知有国家耶？国家有国体，今日之国体为共和国体，不容稍有背于共和之行动也；国家有国家之主权，今日国家之主权属于国民，不容稍有反乎民意之思想也；国家有国家之法律，今日国家之法律，全国遵守，不

①《中国之政党》，北京《政闻报》(法文)1916年10月15日。

②《申报》1916年6月9日。

③《申报》1916年6月15日；《复辟始末记》卷上，上海文艺编译社会1917年8月版，第5页。

容一人违抗者也。张勋而知此始可言国家。”[①]这一驳斥对毫无国家观念、只有满脑子“忠君”思想的张勋来说，可谓一针见血、切中要害。

1916年9月21日，张勋又邀集鲁、奉、吉、黑、豫、直、浙、苏、鄂、赣、绥、察、热等省区督军代表至徐州，召开了第二次徐州会议。参与此会的初为九省，后增至十三省区。会议制定了章程12条，并成立了一个所谓“十三省区联合会”的组织，公推张勋为“盟主”。此次会议的目的“不仅对抗国会与国民党，以及西南各省之军事同盟，且防止北京政府之集权”[②]，而主旨则在于组织一个军事性攻守同盟，从而为日后的干政和复辟打下基础。

段祺瑞虽洞悉张勋等缔结军事同盟蕴藏着与中央政府相抗衡的目的，但为了实现其独揽中央政权的政治野心，他对徐州会议采取了姑息甚至怂恿的态度。如果说段祺瑞与第一次徐州会议尚无明显瓜葛，那么，第二次徐州会议可以说是他及其亲信人物直接活动的结果。会前，国务院秘书长张志潭曾到徐州与张勋密谈[③]；会议开始后，段又派亲信曾毓隽赴会，并命其携带反对唐绍仪出任外交总长的通电，交由张勋等人拍发[④]。张勋等拍发该通电的次日(9月26日)，大总统黎元洪发布“禁武人干政令”，措词极为严厉，内中谓：“惟有少数之人，每囿一偏之见，或阻众集议，凌越范围；或隐庇逋亡，托名自固；甚且排斥官吏，树植党援，假爱国为名，实召亡之渐。”并警告说：若张勋等仍不顾大局，一意孤行，则“本大总统为捍卫国家计，不能不筹所以善其后也”[⑤]。三天后，即29日、30日，段祺瑞才假惺惺地以国务总理及陆军总长名义，分别向各省督

①《申报》1916年6月10日。

②曾毓隽：《忆语随笔》，见杜春和等编：《北洋军阀史料选辑》(上)，中国社会科学出版社1981年版，第267～268页。

③《张勋藏札》，1916年8月29日徐树铮致张勋函，《近代史资料》总35号。

④曾毓隽：《忆语随笔》，见杜春和等编：《北洋军阀史料选辑》(上)，第268页。

⑤《政府公报》1916年9月30日。

军、都统和有关师旅长发出通电，一方面对张勋等人越职干政的行为予以训斥，另一方面又竭力替他们开脱罪责，将他们这种严重违反国法的行为说成是为“热情所激”①。这种不痛不痒的所谓“禁令”，其结果只能是形同具文。对此，当时有人曾撰文进行揭露与抨击道：

“然观于段内阁之态度，则有令人不能无疑者。彼定武将军张勋召集之十三省督军会议，其连日所议者，无非藐视《约法》，蹂躏国会，侮辱政府。表面虽以拥护中央为名，其实不过拥兵自卫，目无国法，于人民之休戚，毫不顾念。更进而干涉内阁之进退，甘冒破坏宪法之大不韪。又有散布传单及报纸于京、津之间，历数唐氏之十二大罪者，并于唐氏现住之天津，特开所谓公民大会，以排斥唐氏。此等肆无忌惮之行动，可谓全然暴露无政府、无纪律之状态。乃政府置若罔闻，既不禁止徐州会议，又不押收散布之传单，一若武夫之跋扈，奸人之跳梁，而视为无足介意者，诚不知政府是何居心。无怪近日谣言四起，谓徐州会议、天津公民大会，均为段总理及其部下与帝制余孽协力压服民党之作用，此说不可谓全然无据。若政府与此等有害国家之集会毫无关系，胡不设法禁止耶？况徐州会议更显然违反《约法》，政府不加禁阻，尤令人不得其解矣。”②

在段祺瑞的百般庇护与纵容下，张勋等人的复辟活动更形猖獗。1917年1月9日，张勋、倪嗣冲又借各省纷纷派代表赴南京给冯国璋祝寿的机会(1月3日为冯之六十寿辰)，在徐州召集了第三次徐州会议。会议目的是统一北方各省的思想，为“还政清室”作准备。段祺瑞的亲信徐树铮、靳云鹏参加了此次会议，并在实际上起到了操纵会议的作用。会上着重讨论了府院冲突问题，并议决如下五项所谓解决办法：(1)请总统罢斥佞人；(2)取缔国

---

①《政府公报》1916年10月2日。

②《顺天时报》1916年9月27日。

会;(3)拥护段总理;(4)淘汰阁员;(5)促成宪法①。从中不难看出段祺瑞及其左右欲“假手督军代表会议,推倒总统,解散国会”②的用心。但为了掩人耳目,段在会议开始的当天晚上又煞有介事地连发三电,一致副总统冯国璋,以府院关系“现极圆满,可期渐举责任内阁之实”,“解散国会约法法律均无此项规定,政府无行此举之权”为言,请冯“就近劝告各代表从速打消会议”;一致各省督军、省长,令他们“从速撤回各代表”;一致靳云鹏,“责其不应预闻其事,并饬其早日回京”③。这三通急电措词看似严厉,但究系做给局外人看的表面文章,其效果也就可想而知。第三次徐州会议照开不误,直到1月14日才告闭会。

1917年4月25日,段祺瑞在北京召集了意在威逼总统和国会赞同对德宣战的督军团会议。在预拟的与会人员中,以“北洋派盟主”自居的张勋自然是不可阙如的一大关键人物。但尽管段一再“悬一军事会议以待之”④,并接连派靳云鹏、田中玉等专程赴徐州促驾⑤,张勋却迟迟不肯就道,最后只派了徐海道尹李庆璋前往列席。张勋对督军团会议采取此种消极的态度,除了不愿替段作嫁这一层原因外,更重要的是想坐待局势的进一步发展,以便将来做自己的文章。此后不到一个月,张勋所期待的时机终于来临了。

5月21日,参加督军团会议的督军及代表二十余人,因强行通过对德宣战案的计划受挫而于当晚联袂坐火车赴徐州,找张勋商议对策。次日,在张勋主持下,众督军及代表在徐州召开会议,

①《申报》1917年1月13日。

②曾毓隽:《忆语随笔》,见杜春和等编:《北洋军阀史料选辑》(上),中国社会科学出版社1981年版,第268页。

③《申报》1917年1月12日。

④《申报》1917年4月27日。

⑤《申报》1917年4月24日。

这就是第四次徐州会议[①]。段祺瑞的代表曾毓隽与冯国璋的代表胡嗣瑗也参加了会议。众督军初到徐州时,竭力要求张勋与他们采取一致行动,“解散国会,维持段阁”。但张勋显然自有盘算,因而“以兹事体大,宜先往南京商之副总统为诿卸”。23日,段祺瑞被免职的消息传至徐州,各督军相顾愕然,“欲致电总统收回成命”;而张勋却提出反对意见道:“芝泉既倒,实无维持之必要,且亦不易挽回,此时惟有请东海出山组织内阁,吾辈自当协力赞助。”[②]当晚,倪嗣冲、朱家宝等人被免职的种种谣传如雪片般飞来,众督军既惊且怒,均不自安,纷纷表示“愿意追随少公(张勋字少轩)之后”,于是正式商定了复辟计划,大致分三步进行:(1)解散国会,(2)迫黎退位,(3)复辟[③]。复辟计划商定后,倪嗣冲、李厚基等即各回本省布署军事,嗣又先后于29日、30日宣布独立,并调兵遣将,摆出准备“直捣京师”的阵势。

面对各省督军纷纷叛乱的形势,张勋一方面频频与这些督军暗通声气,如5月31日他致密电于奉天督军张作霖说:“皖省军队现已进至德州,豫省军队亦已进至彰德。贵军既经预备,应请即行进发,暂以榆关为限,俟大局发展,敝处军队出发有期,再行电闻,同时并进,以期一致。”[④]另一方面,为“不战而达其目的”[⑤],又摆出一副

①关于此次徐州会议的召开,有张勋密函邀请和冯国璋秘密通知两种说法(见苏锡麟《我在复辟之役中的亲身经历》,杜春和等编:《北洋军阀史料选辑》上,第294页)。从当时情形看,第一种说法似较可信。5月19日,众督军联名呈文黎元洪要求解散国会、改制宪法后,曾分别致电冯、张征求意见。冯复电谓:“以民国副总统之地位,决不能赞成解散国会。”而张则表示支持,声称“勋虽无似,敢不力持正义,以盾诸公之后!”(《申报》1917年5月24日)。众督军在所提要求被黎拒绝后所以联袂赴徐,显与张勋的态度有莫大关系。

②《申报》1917年5月30日。

③冷汰:《丁巳复辟记》,《近代史资料》总18号;申君:《清末民初云烟录》,四川人民出版社1984年版,第96页。

④章伯锋主编:《北洋军阀》(三),武汉出版社1990年版,第118~119页。

⑤《申报》1917年6月4日。

不偏不倚的“中立者”姿态。在众督军抵达徐州的第二天(5 月 23 日),张即以“局外人”的身份致电黎元洪,大致说:各省督军及代表二十余人于昨晚偕同莅徐,以宪法问题就商。旋奉公府秘书厅“漾”电,内开国务总理段祺瑞着免本兼各职等因。咸谓民定之制适用责任内阁制度,凡任免官吏,非经总理副署,不生效力,今中央既首先破坏法律,则各省惟有自由行动等语。“事关法律问题,理由极为充分,如无持平办法,必将激生他变,谨飞电直陈,立候钧裁。”①张勋急着给黎元洪通风报信,无非是想借此博取黎的信任,从而争得“调停人”的资格。他在稍后给黎的另一份电报中就不加掩饰地表露了此种心迹道:“段氏不去,国家不安,总统英断,实所赞同,督军如有不尊明令,袒段反抗者,勋当力为调解,自能消患于无形。”②5 月 29 日,即倪嗣冲等宣布与中央脱离关系的当天,张又致电黎氏,表示“颇愿执调停之役”,并派专人送去亲笔信一封,“函中颇仍以调停为有望,而希望亲来北京,陈解决时局之法”③。张勋的这一建议,对正走投无路的黎元洪来说无疑是颇具诱惑力的。特别是已被黎元洪任命为国务总理的李经羲也竭力为张勋北上敲打边鼓。这位以“淮军前辈”自居的继任总理,由于慑于叛乱督军的势力,遂“极力与张勋结合”,将张视为自己的护官符,声称必须邀张北上,“方肯偕同到京就职”④。在这种形势下,黎元洪不得不于 6 月 1 日电召张勋入京,内称:“……安徽督军张勋,功高望重,至诚爱国,盼即迅速来京,共商国事,必能匡济时艰,挽回大局,跂予望之。”⑤

1917 年 6 月 7 日,张勋带领辫子军步、马、炮兵共十营约五千人及随员一百四十余人,由徐州启程北上。临行前,他给北方独立

①《申报》1917 年 5 月 28 日。

②《复辟始末记》卷上,上海文艺编译社 1917 年版,第 19 页。

③《申报》1917 年 6 月 3 日。

④张国淦:《中华民国内阁篇》,见杜春和等编:《北洋军阀史料选辑》(上),中国社会科学出版社 1981 年版,第 212 页。

⑤《政府公报》1917 年 6 月 2 日。

各省发出了一则密电，内称："此次各省独立，诸公激于公愤，同德同心，共扬义帜，声威所播，海内景从，毅力热心，超越侪辈。现在义师北集，渐近畿疆，戡定之功，期诸朝夕，自应抱定原议宗旨坚决进行，集中而发，万变不挠。"①从中不难看出，张勋的所谓调停时局，不过是实现其"原议宗旨"即复辟计划的一个幌子。

8日晨，张勋一行抵达天津。让黎元洪大感意外和震惊的是，张勋抵津后不但没有立即入京"调停"，反而发来了限三天内解散国会的通牒，声称"如不即发明令，即行通电卸责，各省军队自由行动，势难约束"②。黎遭此棒喝，方如梦初醒，意识到自己招引来的并不是什么"调停人"，而是一个复辟狂。但此时他除了吞咽自酿的苦酒，听任张勋的讹诈与要挟外，已经别无选择。12日，黎在伍廷芳、李经羲、王士珍等人都不愿副署的情况下，竟让步军统领江朝宗以代理国务总理的名义行使副署权，发布了解散国会令。于是，在民国成立后的短短六年间，国会遭致了第二次被解散的厄运。

14日，达到了解散国会目的的张勋终于由津抵京。但是，他并没有真正担负起黎元洪委托的调停责任，而是明目张胆地进行起复辟活动。入京后次日，他就变本加厉地向黎提出了"实行责任内阁制"、"另议宪法"、"国会改用一院制"、"清室优待条件列入宪法"、"惩办公府佥壬"等要求③，意在为复辟扫清道路。16日，他又以两江总督职衔入宫谒见溥仪，以国体改共和后"政治芜秽，变乱数起，国势飘摇，民不聊生"为言，奏请溥仪"悯生灵之愁苦，复亲大政，以救中国"④。麇集在张勋周围的复辟分子万绳栻、胡嗣瑗等更是在幕前幕后加紧活动，煞费苦心地计议所谓的"出题"之法，最后一致商定："密电各省，令反对李经羲内阁，利其纠纷不解，以为

①《申报》1917年6月10日。

②《民国日报》1917年6月14日。

③《申报》1917年6月28日。

④冷汰：《丁巳复辟记》，《近代史资料》总18号。

复辟之机。”[①]与此同时，天津、上海等地的复辟分子也趁时而动，纷纷致函或致电张勋，敦促其当机立断，早定大计[②]。张则信誓旦旦地表示：“俟中外部署略已就绪，便当径入正文，决不敢稍涉因循，致举国拳拳责望。”[③]并派陈曾寿专程赴沪，邀请沈曾植、康有为、郑孝胥、李季高、沈瑜庆等沪上复辟分子赴京共商大计。28日，这些复辟分子联袂抵达北京。有着“文圣”之称的康有为甚至还带着十几道自拟的所谓诏书。当时有人曾预言：“文圣与武圣握手，必有一番惊天动地之事业。”[④]

复辟的催场锣鼓已经敲响，首先登场亮相的是这一台戏中的跑龙套角色李经羲。16日、18日，张勋先后致电独立各省，就支持李经羲组阁及各省取消独立、撤回军队两事进行“疏通”；并放出风声说：“勋俟部署初定，亦即率队回徐。”[⑤]独立各省对张勋的“调停”很快作出了反应。17日，江苏、浙江、湖南、河南、山东、湖北等十省赞成李内阁的电报“已如雪片飞来”[⑥]。19日，安徽、直隶、河南、陕西各省宣布取消独立，其他独立省份旋也纷纷响应。21日，天津总参谋处也宣布撤销。这一戏剧性的形势变化，给人以绵延经月的政局阴霾已经廓清的假象。24日，因督军团反对而一直没敢走马上任的李经羲发表通电，宣布自己将担任三个月的国务总理。同一天，黎元洪任命了李内阁的各部总长：陆军总长王士珍，海军总长萨镇冰，财政总长李经羲自兼。29日，又任命江庸、李盛铎、龙建章分别署理司法、农商、交通三部总长。30日晚，李经羲在宴请各政党重要人物时犹以维持现状、拥护共和自任，并颇为自得地夸耀道：“予才疏学浅，对于民国，毫无大功，只此次使复辟不

---

①冷汰：《丁巳复辟记》，《近代史资料》总18号。

②申君：《清末民初云烟录》，四川人民出版社1984年版，第109～110页。

③申君：《清末民初云烟录》，第109～110页。

④《申报》1917年7月3日。

⑤《申报》1917年6月24日。

⑥《申报》1917年6月22日。

至实现，区区劳绩，聊堪自夸。”[①]岂料就在黎元洪和李经羲或暗自庆幸、或自鸣得意之际，这一台戏的主要角色张勋粉墨登场了。

7月1日凌晨，张勋身穿朝珠蟒服，率领康有为、王士珍、江朝宗、吴炳湘、陈光远、刘廷琛、沈曾植、劳乃宣、阮忠枢等文武官员数十人，同入清宫，奏请溥仪复辟，宣称：“臣等反复密商，公同盟誓，仅代表二十二省军民真意，恭请我皇上收回政体，复御宸极，为五族子臣之主，定宇内一统之规。”[②]于是，十二岁的溥仪又当上了“大清帝国”皇帝。当天，张勋等就复辟事通电全国，申明所以复辟的理由，要求各地“接电后应即遵用正朔，悬挂龙旗”[③]。溥仪也发布“即位诏”，宣称自即日起“临朝听制，收回大权，与民更始”[④]；并恢复宣统年号，改民国六年七月一日为宣统九年五月十三日。同时，还颁布了若干早已准备好的“上谕”，对有关人员进行封官赏爵。复辟的头号“功臣”张勋被封为“忠勇亲王”，并被授予议政大臣、直隶总督兼北洋大臣显职。其他主要复辟分子也都沐猴而冠，分别出任议政大臣、阁丞、尚书、侍郎等官职[⑤]。在复辟“上谕”中，

---

①许指严：《复辟半月记》，荣孟源、章伯锋主编：《近代稗海》第四辑，四川人民出版社1985年版，第101页。

②《张勋等奏请复辟折》，《内阁官报》第二号。

③白蕉：《宣统复辟》，《人文月刊》第6卷第7期。

④《复辟诏》，《内阁官报》第一号。

⑤张勋复辟后中央与地方官员的任命情况大致如下：中央设内阁议政大臣，以张勋、王士珍、陈宝琛、梁敦彦、袁大化、张镇芳充任。以胡嗣瑗、万绳栻为阁丞。外务部尚书梁敦彦，左侍郎高而谦；度支部尚书张镇芳，左侍郎杨寿枏，右侍郎黄承恩；陆军部尚书雷震春，左侍郎田文烈，右侍郎崔祥奎；民政部尚书朱家宝，左侍郎吴炳湘，右侍郎张志潭；学部尚书沈曾植，左侍郎李瑞清，右侍郎陈曾寿；海军部尚书萨镇冰；法部尚书劳乃宣，左侍郎江庸，右侍郎王乃徵；农工部尚书李盛铎，左侍郎钱能训，右侍郎赵椿年；邮传部尚书詹天佑，左侍郎阮忠枢，右侍郎陈毅；理藩部尚书贡桑诺尔布。徐世昌、康有为为正、副弼德院院长，王士珍为参谋部大臣。地方上除以张勋为直隶总督兼北洋大臣，冯国璋为两江总督兼南洋大臣，陆荣廷为两广总督外，其余各督军皆改授巡抚。参见冷汰：《丁巳复辟记》，《近代史资料》总18号。

还专门有“自宣统九年五月本日以前，凡与东西各国正式签订条约及已付债款合同，一律继续有效”一条[①]，意在换取列强各国对复辟政权的承认与支持。

在一片复辟声中，各地的封建“逸民”、军阀中的新旧官僚、洪宪帝制的余孽也都趁时而动。北京早已被用作装殓死尸的朝冠朝靴、花衣蟒袍，虽每套从二十元一下子涨到一百二十余元，但也被那些“新贵”们抢购一空。街上更有拖着假发辫、头戴红顶花翎的人招摇过市。据记载，当时前门外有些铺子的生意大为兴隆，“一种是成衣铺，赶制龙旗发卖；一种是估衣铺，清朝袍褂成了刚封了官的遗老们争购的畅销货；另一种是做戏装道具的，纷纷有人去央求用马尾给做假发辫”[②]。福建督军李厚基得悉复辟的消息后，当即下令拨款五千元，赶制千面龙旗分发，以表示对复辟的拥护。张勋的巢穴徐州更是喧嚣一时，“其一般亡国大夫，宗社余孽，俳优蔑片，赌棍流氓，皆趋附焉”。而张勋也“藉此以为固结人心之计，今日保送一知事，明日指委一要差，甚至中将少将之职，等于烂羊。”[③]

张勋拥溥仪复辟的当天，曾派清朝遗老梁鼎芬赴总统府劝黎元洪附和复辟；嗣又捏造上谕，称黎有奏请归政的举动。黎当即通电声明，予以否认：“闻本日清室上谕，有元洪奏请归政等语，不胜骇异。吾国由专制为共和，实出五族人民之公意。元洪受国民付托之重，自当始终民国，不知其他，特此奉闻，藉免误会。”[④]7 月 2 日，黎为免遭不测，偕蒋作宾、唐仲寅及秘书刘钟秀等仓促出府，移居法国医院，旋又逃入日本使馆避难。当天，黎发表通电公开反对复辟，号召各省出兵讨逆；同时签署了两份命令：一是令准李经羲辞职，复任段祺瑞为国务总理，一是电请副总统冯国璋代行大总统

①大同学会:《中华民国革命建国史》，上海新光书店 1929 年版，第 220 页。

②溥仪:《我的前半生》，中华书局 1977 年版，第 100 页。

③文艺编译社:《复辟始末记》卷下，1917 年版，第 20～21 页。

④许指严:《复辟半月记》，见荣孟源、章伯锋主编:《近代稗海》第四辑，四川人民出版社 1985 年版，第 107 页。

职权，并秘密派人携带至天津拍发。

3. **各地群起反对复辟与段祺瑞兴师“讨逆”**

张勋的倒行逆施，遭到了全国人民的强烈反对。在“辫子军”盘踞的北京，一些外国人开办的报纸如《顺天时报》、《益世报》、《英文京报》等，都“痛言张勋为逆贼，斥复辟为狂举”；《晨钟报》、《公言报》、《国民公报》等十几家报纸则一律“停版不刊”，以示抗议，其他出版者亦持论中立，“无恭维复辟之辞”；“至血性健儿，多有不避鼎镬，执笔痛叱者”；有的人还冒着生命危险，拒挂龙旗，甚有扯碎弃于当途者。上海、天津、武汉等地的报纸也无不“口诛笔伐，痛斥叛国”①。上海各报纷纷连载《普天同愤录》，发表各方面声讨复辟的通电。广东各界则发起“国民哭临大会”，到会者无不“异常愤激”②。湖南长沙也召开了拥护共和、声讨复辟的大会，有人当场断指血书——“护法讨贼”、“斩妖贼，复民国”等字样③。江西张勋的族人则痛斥张为破坏共和的“不肖子孙”④。

复辟的消息传到上海，以孙中山为代表的资产阶级革命派立即召开会议，予以声讨，并发表《讨逆宣言》，表示“此次讨逆之战，匪特为民国争生存，且为全民族反抗武力之奋斗”⑤；还制定了兴师北伐，“扫穴犁庭”的军事计划，准备派军舰三艘，星夜开往秦皇岛，迎请黎元洪南下组织政府，以反对复辟⑥。

当时作为激进民主主义者的李大钊也撰文警告“顽迷的旧势力”，指出“专制之不可复活，民权之不可复抑，共和之不可复毁，帝

①张戆庵：《复辟详志》，见来新夏主编：《中国近代史资料丛刊·北洋军阀》(三)，上海人民出版社1993年版，第692页。

②文艺编译社：《复辟始末记》卷下，第33页。

③湖南《大公报》1917年7月5日。

④《全赣张氏同宗通告》，长沙《国民日报》1917年7月29日。

⑤邵元冲：《总理护法实录》，《建国月刊》第1卷第3期。

⑥《时报》1917年7月4日。

制之不可复兴”,如果有人要复兴帝制、复活专制,那么“必撄国民之怒,折之愈甚,抗之愈力,终以激成险烈可怖之变动”①。

面对全国人民强烈反对复辟的形势,急欲东山再起的段祺瑞又趁机充当起“伐罪吊民”的角色,揭橥“讨逆”大旗,出来争夺权力。

还在张勋拥溥仪复辟之前,段祺瑞就密派徐树铮至蚌埠,对倪嗣冲进行拉拢②。张勋宣布复辟的当天,段又连夜派靳云鹏驰赴济南,运动山东督军张怀芝反对复辟,以阻止徐州辫子军的北上增援③;他自己则坐镇天津,筹谋对策。但由于直隶省长朱家宝等人倾向复辟,对段出兵讨逆的建议“置之不理”④,段遂于次日偕梁启超、汤化龙等赴马厂运动李长泰第八师,并终于说服该部与冯玉祥第十六混成旅、曹锟第三师聚集到其麾下。7月3日,段在马厂誓师“讨逆”,自任“讨逆军”总司令,以段芝贵和曹锟分任东、西路司令,并发布“讨逆”通电和布告说:“祺瑞罢斥以来,本不敢复与闻国事,惟念辛亥缔造伊始,祺瑞不敏,实从领军诸君子后,共促其成,既已服劳于民国,不能坐视民国之颠覆分裂,而不一援。且亦曾受恩于前朝,更不忍听前朝为匪人所利用,以陷于自灭。”“今晨开军官会议,六师之众,佥然同声,誓与共和并命,不共逆贼戴天……祺瑞用是剑及履及,率先勇进,以为民国去此蟊贼。”⑤次日,两路“讨逆军”即开始了“讨逆”的军事行动:段芝贵东路军自马厂出发,经天津转赴北仓,驻扎落垡、廊坊一带;曹锟西路军则自保定北上,进驻涿州、良乡,占领卢沟桥一带。“辫子军”盘踞的北京已处于“讨逆军”的钳形攻势之下。

①李大钊:《俄国大革命之影响》,《李大钊选集》,人民出版社1959年版,第82页。

②曾毓隽:《忆语随笔》,见杜春和主编:《北洋军阀史料选辑》(上),中国社会科学出版社1981年版,第276页。

③《新青年》第3卷第6期(1917年8月)。

④徐樱:《先父徐树铮将军事略》,《天津文史资料选辑》第四十辑,第99页。

⑤《东方杂志》第14卷第8号;《中华新报》1917年7月7日。

在“讨逆军”政治、军事攻势的影响下，特别是慑于全国人民反复辟斗争的强大威力，原来赞成复辟的军阀都不敢轻举妄动了，有的更是因风使舵，摇身变成复辟的激烈反对者。如倪嗣冲原来是与张勋臭味相投的复辟狂，但在得到段祺瑞“除逆贼张勋外，一无所问，凡我旧侣，勿用以胁从自疑”①的承诺后，就发表反对复辟的通电，声称“复辟事关系甚为重大，非与各督军省长等详细研究，不敢表示赞同”；并主动请缨，“愿以北伐自任”②。冯国璋原来也是张勋的支持者，此时也以副总统身份对张“声罪致讨”。7月3日，冯发表声讨张勋复辟的通电，斥责张“不义”、“不智”、“不仁”、“不信”，声称要“誓扫妖氛，恭行天罚，刻日兴师问罪，殄此元凶”③。4日，他又与段祺瑞联名发表通电，历数张勋的八大罪状，表示将率师“肃清畿甸，犁扫贼巢”④。他甚至还与倪嗣冲、张怀芝一起，商定了“攻取徐州，以覆巢穴”的军事计划，大致是：冯、倪分别攻击驻扎在浦口和蚌埠的定武军，待达到目的后，再与南下的张怀芝部一起会攻徐州，“如斯则徐州三面受敌，其陷落可立待也”⑤。南方的陆荣廷表示“张逆妄为，誓扫妖孽”；北方的张作霖更是发出讥讽嘲笑且措词尖刻的通电：“绍轩于复辟事前，未能先事通知，作霖之输诚表贺，尚须稍缓，乞绍轩曲谅。”把自己洗刷得干干净净，一尘不染。就连张勋的部将、留守徐州的定武军镇守使张文生也“弃暗投明”，致电张勋，要求速即“取消复辟，杀康有为、万绳栻、梁鼎芬以谢天下，否则断绝关系”⑥。

手中不握政柄、且并无直辖军队的段祺瑞能在如此短的时间

---

①白蕉：《宣统复辟》，《人文月刊》第6卷第7期。

②许指严：《复辟半月记》，见荣孟源、章伯锋主编：《近代稗海》第四辑，四川人民出版社1985年版，第108页。

③白蕉：《宣统复辟》，《人文月刊》第6卷第7期。

④白蕉：《宣统复辟》，《人文月刊》第6卷第7期。

⑤许指严：《复辟半月记》，见荣孟源、章伯锋主编：《近代稗海》第四辑，第113页。

⑥《复辟之始末》首卷，1917年7月7日天津电。

内拉起一支几万人的“讨逆军”，在徐州会议上共同商定了复辟计划的各省督军这么快就失信背盟，是张勋事先所没有料想到的。7月1日，他在接受某外国记者采访时尚对形势作了乐观分析道：复辟事“决非为予个人之名誉，且予力极微，此事亦非一人所敢擅举，京内外赞成颇居多数。如冯(国璋)、陆(荣廷)已互相联络，故两广及江苏方面已不足忧；余若山东、直隶、山西、河南亦赞成。黎总统虽不愿辞职，然彼已得一等公爵，当无何等施为。仅段祺瑞反对此举，然毫无兵力，不足悬念。”①之后，随着段祺瑞“讨逆”大军的压境和各地指斥复辟通电的纷至沓来，张勋才意识到事态的严重性，遂一面积极调兵遣将，周密布防，并派兵拆毁了京津铁路廊坊至万庄段铁轨，以图阻止“讨逆军”的进攻；一面指派外务部尚书梁敦彦与日本驻华公使林权助频繁接触，意在谋取日本的支持。但日本此时一则是看到了中国国内复辟与反复辟两种势力的明显消长，同时“又受段氏运动”②，因此非但没有向张勋伸出援助之手，反而成了其政敌段祺瑞的有力支持者。段祺瑞用于组织“讨逆军”的一百万日元军费，就是由日本的三菱、正金两家银行提供的。京津间交通因战事而阻断后，“讨逆军”主要是“由日本方面以通消息”③。而且，“讨逆军”总司令部得以于7月5日由马厂移驻天津，也是林权助与各国驻华公使疏通的结果(《辛丑条约》规定中国在天津周围二十里内不得采取军事行动)。与此同时，日本还对“辫子军”破坏京津铁路的军事行动进行了干涉，警告说：“停止京津间之交通机关，为昔年条约所不许。若有胆敢出而遮断交通之行动者，则当以兵力施保护交通机关之行动。”④张勋见内外形势日见穷蹙，不得不于7月6日向清室辞去内阁议政大臣及直隶总督兼北洋大臣

①许指严：《复辟半月记》，见荣孟源、章伯锋主编：《近代稗海》第四辑，四川人民出版社1985年版，第99页。

②冷汰：《丁巳复辟记》，《近代史资料》总18号。

③张国淦：《对德奥参战》，《近代史资料》总2号。

④许指严：《复辟半月记》，见荣孟源、章伯锋主编：《近代稗海》第四辑，第121页。

各职，并将有关情形电告各省说：此次复辟之事，“凡我同袍各省多与其谋，东海、河间尤深赞许，信使往返，俱有可证。前者各省督军聚议徐州，复经商及，列诸计划之一。嗣以事机牵阻，致有停顿，然根本主义，讵能变更。现以天人会合，幸告成功，民不辍耕，商不易市，龙旗飘漾，遍于都城，万众胪欢，咸歌复旦。使各省本其原议，多数赞同，何难再见太平？不意二三政客，因处地不同，生门户之见，于是主张歧异，各趋极端，或故违本心，率以意气相向；或反持私见，而以专擅见规，遽启兵端，集于畿辅，人心惶恐，辇毂动摇。勋为保持地方治安起见，不能不发兵抵御……惟念此次举义之由，本以救国济民为志，决无私毫权利之私搀于其间。既遂初心，亟当奉身引退。”①张勋原打算请徐世昌出来替他收拾残局，他自己则“一俟诸事解决之后，即行率队回徐”②，重新当他的安徽督军。但徐世昌一方面是对张勋复辟后只授予他“位尊而无实权”的弼德院院长心怀怨恨，另一方面是他此时已与段祺瑞勾联一起，其亲信陆宗舆、汪大燮等人则“均附于段而助之画策矣”，因此，对清室让他入京“以太保组织内阁”的“谕旨”置之不理③。与此同时，段祺瑞也根本无意于放虎归山。7月7日，段在天津“讨逆军”总司令部接受《申报》记者邵飘萍采访时就明确表示：“张勋逆贼，余誓必彻底肃清之。彼无廉耻无气节之奴隶（张勋出身仆隶），今尚作取消复辟带队回徐之梦呓，彼若削发薙发，装为乞丐，则一人或可逃其生命。若欲带队出京，则余四路已有布置，被擒必矣。”④当天，“讨逆军”一举攻占丰台。“辫子军”退入京城，屯驻天坛一带，并密布炮位于天安门、景山、西华门、南河沿等处，谋作困兽之斗。9日，驻京各国公使出面调停，劝张勋解除武装，以免京城糜烂，“张执不

①白蕉：《宣统复辟》，《人文月刊》第6卷第7期。

②白蕉：《宣统复辟》，《人文月刊》第6卷第7期。

③冷汰：《丁巳复辟记》，《近代史资料》总18号。

④《中央特别通信（九一）》，《申报》1917年7月11日。

允”[①]。12日凌晨,“讨逆军”五万余人兵分三路,对北京发起总攻。“辫子军”在“讨逆军”飞机、大炮的轮番轰击下,纷纷弃械投降或溃逃。可称为奇观的是,战场上除大量被遗弃的枪械外,还有满地的辫子,这是“辫子军”为便于逃命而剪下丢弃的。在“辫子军”败逃的同时,复辟的主要人物也都纷纷自逃生路。张勋逃匿于荷兰使馆,溥仪发表了一则极力为自己与清室洗刷罪责的声明并宣布退位后逃入英国使馆[②],康有为托庇于美国使馆。12天的复辟丑剧至此落下帷幕。

7月14日,段祺瑞以“三造共和”的功臣姿态,在一片“军乐欢迎之声”[③]中回到北京。在此之前,段祺瑞已于7月5日根据黎元洪特任他为国务总理的命令,在天津就任国务总理之职,并着手组阁;到京以后,他先后于7月15日、17日分两次公布了内阁成员名单,组成了北洋军阀与研究系、新交通系的混合内阁[④]。冯国璋则于7月7日在南京宣布代行大总统职权,但他因忙于自固藩篱即布置巩固其在长江下游的势力地盘事宜,直至8月1日才正式赴京就职。新政府成立以后,虽也曾下达过严缉复辟祸首的命令,但给人的感觉是:雷声不大,雨滴更小。不但倪嗣冲、张怀芝等重要的复辟分子没有被列入通缉名单之内,而且,即使是对康有为、刘廷琛、万绳栻、梁敦彦、胡嗣瑗等所谓的“复辟祸首”,也是通而不缉,从而使他们得以长期逍遥法外。这说明,段祺瑞等所标榜的“讨逆”,不过是他们用来争权夺利的政治口号,一旦目的达到,这

①白蕉:《宣统复辟》,《人文月刊》第6卷第7期。

②溥仪在声明中谓:“……六载以来,备极优待,本无私政之心,岂有食言之理。不意七月一号,张勋率领军队入宫盘踞,矫发谕旨,擅更国体,违先朝懿训,冲人深居宫禁,莫可如何。此中情形,当为天下所共谅。”把自己洗刷得一干二净。参见白蕉:《宣统复辟》,《人文月刊》第6卷第7期。

③《北京特别通讯(九二)》,《申报》1917年7月19日。

④这一届内阁的阁员构成情况是:外交总长汪大燮,内务总长汤化龙,财政总长梁启超,陆军总长段祺瑞(兼),海军总长刘冠雄,司法总长林长民,农商总长张国淦,交通总长曹汝霖,教育总长范源濂。

一口号也自然会因失去功用而被弃置一边。

## 第二节　皖系军阀统治的强化

### 一、南北战争

段祺瑞再次出任国务总理后，自恃实权在握，在对外政策方面又将对德宣战问题提上了议事日程。这一曾迁延不决达四五个月之久并引发了巨大政治风波的问题，此时由于黎元洪的辞职及国会遭解散等原因而畅行无阻。1917 年 8 月 6 日，国务会议议决将国际政务评议会改组为战后国际事务委员会，专门研究对德宣战后的应办事宜。14 日，北京政府以大总统布告形式宣布："自中华民国六年八月十四日上午十时起，对德国、奥国宣告立于战争地位。所有以前我国与德奥两国订立之条约、合同、协约以及其他国际条款、国际协议属于中德、中奥两国间之关系者，悉依据国际公法及惯例，一律废止。"①布告中不明言"宣战"而曰"立于战争地位"，是颇为耐人寻味的。其实，段祺瑞等虽亟谋通过对德宣战案，但根本无意于出兵欧洲，在他们看来，内政问题，尤其是与南方各省的矛盾冲突问题的解决，较之外交问题更是刻不容缓。

#### 1. 南北关系的恶化

督军团叛乱与张勋复辟事件的触发，使得原本就已貌合神离的南北关系更恶化为公开的对抗。当时，孙中山以其鲜明的民主主义立场，对督军团叛乱与张勋复辟进行了坚决斗争。1917 年 6 月 6 日，孙中山鉴于北洋各省督军在段祺瑞唆使下纷纷叛离中央

①北京政府外交部编：《外交文牍——参战案》，1921 年 7 月版，第 6 页。

的严峻形势，致电两广巡阅使陆荣廷、云南督军唐继尧等，吁请他们“共起讨逆救国”①。6月8日，他又致电西南各省督军、省长及省议会，略谓“国会为民国中心，宪法为立国大本，公等既忠诚爱国拥护中央，即应以拥护国会与宪法为唯一任务。今日法律已失制裁之力，非以武力声罪致讨，歼灭群逆，不足以清乱源、定大局”，希望他们“主持大义，克日誓师，救此危局，作民保障”②。7月4日张勋复辟的消息传至上海后，他又立即邀集唐绍仪、孙洪伊、章炳麟、萨镇冰等人商讨对策，议决迎请黎元洪南下继续行使总统职权，督促全国讨逆；并发表沉痛宣言说：“此次讨逆，匪特为国民争生存，且为全国民族反抗武力之奋斗”③。鉴于上海方面外交牵制过多，孙中山于7月6日偕朱执信、章炳麟、陈炯明等人离开上海，赴广东开辟护法根据地。

对于孙中山“讨逆救国”的主张，西南军阀很快便作出了反应。6月9日，云南督军唐继尧致电黎元洪等人，规劝各方一致主张，速就时局作正当之解决，并警告说：“若必弁置国家大局于不顾，妄逞武力，肆意横行，则继尧惟有倾此行枕，贯彻初旨。大义所在，性命以之。”④6月11日，李烈钧与广东督军陈炳焜、广西督军谭浩明联名致电黎元洪、冯国璋，宣布将联合西南各省“兴师讨逆”，如果叛国者怙恶不悛，肆意胁迫，则只要一息尚存，决难坐视，“唯有效命疆场，以求最后之解决”⑤。陈炳焜甚至还与广东省长朱庆澜商定了出师北伐的具体部署，即“由江西、湖南、福建三路出兵，张开儒率滇军十营向江西前进，莫荣新率桂军十营向福建前进，方声涛

①邵元冲:《总理护法实录》,《建国月刊》第1卷第3期。

②《孙中山全集》第四卷，中华书局1985年版，第102页。

③邵元冲:《总理护法实录》,《建国月刊》第1卷第3期。

④中国第二历史档案馆编:《中华民国史档案资料汇编》第三辑《政治》(二)，江苏古籍出版社1991年版，第1212页。

⑤中国第二历史档案馆编:《中华民国史档案资料汇编》第三辑《政治》(二)，第1272页。

镇守赣南，以为策应”[①]。6 月 12 日，也即黎元洪被迫宣布解散国会的当天，驻粤滇军第三师师长兼韶连镇守使张开儒发表誓保国会通电，表示坚决“拥护国会，诛讨祸首”[②]。6 月 22 日，陈炳焜、谭浩明在两广巡阅使陆荣廷授意下，通电宣布两粤“自主”，“在国会未恢复前，两粤军民政务悉行自主，其重大事件径秉承总统办理，不受非法内阁干涉”[③]。7 月 3 日，唐继尧发表声罪致讨张勋复辟的通电，宣称已将所部编成“靖国军”，即日挥师北上，“誓将扫清妖孽，还我共和”[④]。嗣后，贵州督军兼省长刘显世、陈炳焜、谭浩明、潮梅镇守使莫擎宇等也纷纷发表通电，反对复辟，倡言北伐[⑤]。湖南督军谭延闿更是明令湘军第二师北进，兵锋直逼岳州。南北间的战事犹若箭在弦上，大有一触即发之势。

西南军阀对“兴师讨逆”如此热衷，其实蕴藏着假“讨逆”之名乘机扩张地盘与实力的目的。但段祺瑞对此早有防备，他在坐镇天津指挥“讨逆”战事的同时，又于 7 月 6 日以国务总理名义通电各省，宣称“大局即可解决，各省军队非奉副总统及本总理命令不得擅离原驻地，并不得另立名目添募军队”[⑥]。并飞电已奉命率部北上“讨逆”的长江上游巡阅使吴光新，令其火速回防岳州，以防备湘军乘虚而入，抢占这一有湘省门户之称的军事重地。对于段祺瑞的遏制政策，西南军阀进行了激烈的抗争，如湘军第二师师长陈复初于 7 月 8 日分别致电段和陆军部次长傅良佐，诘责道：“此中

①邵元冲：《总理护法实录》，《建国月刊》第 1 卷第 3 期。

②中国第二历史档案馆编：《中华民国史档案资料汇编》第三辑《政治》(二)，江苏古籍出版社 1991 年版，第 1246 页。

③邵元冲：《总理护法实录》，《建国月刊》第 1 卷第 3 期。

④中国第二历史档案馆编：《中华民国史档案资料汇编》第三辑《政治》(二)，第 1274 页。

⑤中国第二历史档案馆编：《中华民国史档案资料汇编》第三辑《政治》(二)，第 1276 页。

⑥温世霖：《段氏卖国记》，见荣孟源、章伯锋主编：《近代稗海》第四辑，四川人民出版社 1985 年 10 月版，第 524 页。

究竟,索解殊难,岂尚或有所疑贰于初者耶?"①谭延闿也一再与段、傅函电交涉,声称:"此间民情愤恨,军气激昂,誓奋前驱,难甘中止,强为遏抑,虑启猜疑。"②但由于张勋复辟不旋踵即以失败告终,南北军阀间的"讨逆"问题之争也就不了了之。

张勋复辟被平定后,南北之间并没有因"讨逆"问题的解决而重归于好,相反,双方又很快在新的问题即如何产生国会的问题上展开激烈争斗,最后竟发展到武力相向的地步。

当时,南北各方虽都认为"共和"复活后"少不得要一个国会"③,但在如何产生国会的问题上却存在严重分歧。孙中山等人从捍卫《临时约法》的民主主义立场出发,坚决主张恢复在张勋复辟中遭非法解散的国会即旧国会;西南军阀和不少旧国会议员出于维护自身权利的考虑,也赞同孙中山的主张,要求恢复旧国会。而段祺瑞皖系军阀则意在推行独裁统治,对恢复不受其摆布的旧国会不感兴趣。因在平定张勋复辟一役中给段祺瑞以大力支持而获段青睐,有多名成员被罗致入阁的研究系,一则与皖系军阀有共同的利害关系,再则想借机实现"政党政治"也即操纵国会、左右政局的政治目的,因此,也不希望恢复国民党占据多数议席的旧国会,而提出了重起炉灶改造国会的建议。这一解决国会问题的方案,既符合研究系的党派利益,更满足了段祺瑞皖系军阀制造御用国会、实行独裁统治的政治野心,因此,在皖系与研究系把持的内阁会议上很快获得了通过。9 月 29 日,北京政府由冯国璋以代理大总统的名义发布参议院组织令。于是,新国会的改造开始进入正式实施的阶段。

北京政府拒绝恢复旧国会、执意改造新国会的行径,立即遭到

①中国第二历史档案馆编:《中华民国史档案资料汇编》第三辑《政治》(二),江苏古籍出版社 1991 年版,第 1294 页。

②中国第二历史档案馆编:《中华民国史档案资料汇编》第三辑《政治》(二),第 1292 页。

③《北京特别通讯(九四)》,《申报》1917 年 7 月 21 日。

了孙中山等国民党人士的强烈反对。7月17日，孙中山一行抵达广州。在当晚广州各界于黄埔公园举行的欢迎会上，孙中山发表慷慨激昂的演说，对段祺瑞等“执共和国政之人，以假共和之面孔，行真专制之手段”的卑劣行径，进行了彻底揭露与严厉抨击，并明确指出：“今日变乱，非帝政与民政之争，非新旧潮流之争，非南北意见之争，实真共和与假共和之争。”[①]19日，孙中山致电段祺瑞，以“总理一职，既无同意，亦无副署，实为非法任命”[②]为言，反对段出任国务总理。当天，他又通过上海、天津的各大报馆向旧国会议员们发出邀请，动员他们南下护法。他在电文中揭露北洋军阀间的纷争是“以叛讨叛，以贼灭贼”，约请广大议员“自行集会于粤、滇、湘各省，择其适当之地，以开议会，而行民国统治之权。如人数不足，开紧急会议亦可”[③]，并派专人北上迎接。24日，孙中山致电两广巡阅使陆荣廷，指出段祺瑞等的所作所为实际上是“以伪共和易真复辟，其名则美，其实尤窳”，国会维系着民国的命脉，“彼数人既不利于国会，我护法者必当拥护之”，敦请陆“协力主持”[④]。同一天，孙在另一则给西南各省将领的电文中，也向他们发出了协力“靖国护法”的呼吁[⑤]。

对于孙中山的护法主张，西南军阀以其大有政治利用价值而表示支持。7月17日，云南督军唐继尧率先发表通电，拒不承认段祺瑞内阁的合法地位，认为张勋复辟“即由段氏所酿而成，事实上安能再居总理之位。黎总统以非法解散国会，又误引张勋入都，以致复辟，业已违法失职；且在孑然一身，颠沛流离之际，遽下命令

①《孙中山全集》第四卷，中华书局1985年版，第114页。

②《民国日报》1917年7月29日。

③《民国日报》1917年7月25日。

④《民国日报》1917年7月20日。

⑤《民国日报》1917年8月4日。

以任命总理，在法律上尤难认其有效”①。8月11日，唐又通电宣布拥护旧约法、旧国会，否认非法内阁，指出“在宪法未成立以前，《约法》为民国惟一之根本法”，“国会非法解散，不能认为有效，应即召集国会”，“国务员非得国会同意，由总统任命，不能认为适法”②。两广巡阅使陆荣廷也一再致电冯国璋，表示若不速定国会问题，则其对于西南各省无法调停。广东督军陈炳焜、省长朱庆澜则更是与孙中山频繁接洽，具体商讨“护法”事宜。

除西南军阀外，不少旧国会议员也积极响应孙中山的“护法”号召。7月14日，在上海的旧国会议员联名发表宣言，昭告中外：“段祺瑞虽自称政府，于我立国之根本大法及诸友邦承认我国家之原则，全然相反。譬如盗贼之窃据堂奥，不过一时强力所侵夺。所有段祺瑞伪政府一切对内对外之行动，譬如强盗处分事主之财产，吾人誓死不能承认。”③嗣后各地的旧国会议员即纷纷南下“护法”。与此同时，驻沪海军第一舰队众将士也在孙中山的感召下，鲜明地表明了誓以铁血拥护共和的立场。7月21日，海军总长程璧光、第一舰队司令林葆怿率第一舰队由吴淞开赴广东，并发表慷慨激昂的宣言说：“夫我海军将士，既以铁血构造共和，即以铁血拥护之……必使已僵之约法，回其效力；已散之国会，复其原状；元恶大憝为国蟊贼者，依法惩治，然后解甲。自约法失效、国会解散之日起，一切命令无所根据，当然无效；发此命令之政府，当然否认。”④旧国会议员和海军将士加入护法斗争，使得护法阵营的声势和实力大增。

---

①温世霖：《段氏卖国记》，见荣孟源、章伯锋主编：《近代稗海》第四辑，四川人民出版社1985年版，第524页。

②《东方杂志》第14卷第9号；凤冈及门弟子编：《三水梁燕孙先生年谱》(上)，1946年铅印本，第383页。

③《申报》1917年7月24日。

④温世霖：《段氏卖国记》，见荣孟源、章伯锋主编：《近代稗海》第四辑，第527～528页。

8月25日，陆续到达广州的120余位旧国会议员，根据孙中山的提议，在广州召开国会非常会议，商讨护法大计。会议决定成立护法军政府，并于8月31日通过了《中华民国军政府组织大纲》13条。该《大纲》确定了军政府的唯一职责是“戡定叛乱，恢复临时约法”①。9月1日，非常国会选举孙中山为中华民国军政府大元帅，次日又选举唐继尧、陆荣廷为元帅，负责行使军政府职权。9月10日，孙中山宣誓就任军政府大元帅。在就职布告中，他慨然表示：将“荷戈援枕，为士卒先，与天下共击破坏共和者”②。至此，南北间又出现两个政府分庭抗礼、对垒相攻的局面。

### 2.忽战忽和的南北战争

军政府成立后，以广东、广西、云南、贵州四省为中心，掀起了声势浩大的护法运动；与此同时，湖南、四川、湖北、河南、陕西、浙江、山东、安徽、福建等省区的护法活动，也大有星火燎原之势。段祺瑞北京政府自恃有实力雄厚的北洋系军阀的支持，决定用武力扑灭这一席卷全国十数省区的护法烽火。

早在1917年7月下旬，北京政府鉴于南北关系迅速恶化的形势，就已经秘密地进行了武力统一西南各省的准备工作：一方面密电福建、江西、湖北、江苏、浙江各省速作军事准备，“荀南方风云日急，以备随时调遣”；另一方面又急召长江上游巡阅使吴光新入京，向他面授对西南用兵的机宜③。军政府成立后，北京政府的“武力统一”政策更是由隐蔽而趋公开化，除明令通缉孙中山、吴景濂等军政府和非常国会要员外，又大举调兵南下，对西南各省进行“征讨”。但有趣的是，由于北洋军阀集团内部存在着主战的皖系军阀

①《国会非常会议纪要》，1917年至1918年广州印本；《军政府公报》第一号，1917年9月17日。

②《军政府公报》第一号《大元帅就职之布告》。

③《中华新报》1917年7月31日。

与主和的直系军阀的矛盾争斗，护法阵营中的各势力派别在“护法”问题上的态度和表现也不尽一致，因此，使得此次南北战争呈现出忽战忽和、和中有战、战时有和的特点。

从南北战争的交战区域看，它是以四川和湖南两省为主要战场而展开的。特别是湖南，因地处北洋军南下“征讨”西南四省的前沿，又是护法军北上讨段的必经之地，因而战事尤为激烈。兹分述如下：

四川战况。四川自1916年9月第一任督军兼省长蔡锷因病离任后，便因川、滇、黔军阀都卷入该省的地盘之争而成为冲突不断、战事频发的地区。1917年4月中旬，刘存厚(川军第二师师长)所部川军与罗佩金(滇军将领，时任四川督军)所部滇军在省城成都展开激战。段祺瑞北京政府对此不问是非曲直，下令将刘、罗二人俱行免职调京，并命省长戴戡(黔军将领)暂行兼任督军一职。这种有意扩大事态的处理办法，使得川中局势更形恶化，不但川、滇军阀间的冲突未能平息，反而还酿成了川、黔军阀间的更大规模的厮杀。1917年7月5日，刘存厚所部川军与戴戡所部黔军又在成都激战，黔军不支，退出成都，戴战死军中。事件发生后，段祺瑞北京政府先是任命川军第一师师长周道刚暂行代理川督一职，命罗佩金、刘存厚两人遵奉前令迅速入京，所部交由周道刚统辖，并命滇、黔二省立即撤回驻川省的军队；嗣又委派吴光新为长江上游总司令兼四川查办使，率北洋军入川“查办”。其实，所谓“查办”不过是掩人耳目的幌子，段祺瑞等的真正目的在于利用西南军阀内部川、滇、黔军阀间的矛盾冲突，乘机把四川纳入北洋军阀的势力范围。西南军阀自然极力反对北洋军阀染指川省地盘，云南督军唐继尧为此接连发表措词相当激烈的通电，拒绝撤回驻川滇军，并组织了总兵力约四万人的“滇黔靖国联军”大举入川，向刘存厚所部川军发起进攻。而北京政府则采取“以川御滇”①的政策，于10

①邵飘萍:《北京特别通讯(一二日)》,《申报》1917年10月20日。

月 31 日命周道刚、刘存厚所部川军“分路进讨”滇黔联军，并下令通缉顾品珍、赵又新、黄毓成等滇军将领[①]。但由于吴光新接受任命后没敢贸然率北洋军入川，而是在宜昌逡巡经月后才只带小部军队进驻重庆，故而延误了联合川军抵御滇黔联军进攻的战机。12 月 4 日，滇黔联军攻占重庆，吴光新仓皇出逃，周道刚败走合川。段祺瑞北京政府的征川计划于是以失败告终。

湖南战况。“湘省屏障粤桂，毗连川黔，欲谋经略川黔粤桂，不得不先居衡湘。”[②]湖南所处的重要战略地位，决定了该省势必成为南北战争中的主战场。

1917 年 8 月 6 日，段祺瑞北京政府为全面夺取对湖南的控制权，以“湘人治湘”为幌子，任命隶籍湖南的陆军部次长傅良佐为湖南督军，原督军谭延闿改任省长[③]；同时调派驻马厂的王汝贤第八师、驻保定的范国璋第二十师北洋军开赴湖南，以为震慑。北京政府这种擅自更换湘督并以大兵压境的举措，特别是傅良佐莅湘后所采取的极端高压与排斥异己的政策，激起了部分湘军将领的强力反对。9 月 18 日，零陵镇守使刘建藩、湘军第一师第二旅旅长林修梅通电“自主”，宣布“与段政府脱离关系，一切军务政务，均与海军、两广、云南各省一致进行”[④]。刘、林所部湘军的独立，使一直在“沉机观变，伺衅而动”[⑤]的段祺瑞北京政府终于找到了对湘军大动干戈的借口。次日，段祺瑞便向傅良佐下达了如下密令：

①吴廷燮：《合肥执政年谱初稿》，见来新夏主编：《中国近代史资料丛刊·北洋军阀》(五)，上海人民出版社 1993 年版，第 151 页。

②温世霖：《段氏卖国记》，见荣孟源、章伯锋主编：《近代稗海》第四辑，四川人民出版社 1985 年版，第 539 页。

③9 月 3 日，谭延闿接受湘籍名流熊希龄的建议，主动辞去省长职务。北京政府嗣任命周肇祥为湖南省长。

④《军政府公报》第二号，1917 年 9 月 21 日。

⑤《国务院致傅良佐密电》(1917 年 9 月 4 日)，北京政府陆军部档案。

“刘、林倡乱,明令申讨,已无调和之地,岂有宣慰之理。”①傅接此密令,即率大军前去“申讨”。刘、林所部湘军虽进行了顽强抵抗,但终因实力相差悬殊,衡山、宝庆等战略要地相继失守。

湖南战事刚爆发时,桂系军阀陆荣廷虽在湘桂边界布置了重兵,但并无出兵援湘之意;等到湘南告急,战火很快就要烧到他的家门口时,他便再也不能作壁上观了。10月2日,陆在南宁召开军事会议,提出反段援湘的主张,并推举广西督军谭浩明为两广护国军总司令,组织两广援军入湘作战。10月20日,谭浩明通电就职,嗣即率由五个军组成的两广援军进入湘南,配合刘建藩、林修梅所部湘军,与北洋军展开激战。

桂系军阀介入湘南战事,迫使段祺瑞北京政府调整了原定的作战计划。当时,段政府向日本方面商借的各项借款正在陆续到手,因此有恃无恐地决定将征湘、平粤、伐桂、讨滇同时进行,企图一举扫平西南各省,完成“武力统一”的“大业”。在湖南战场,段祺瑞除投入原有的第八师、第二十师等兵力外,又先后从各地抽调大批北洋军如安武军二十营、山西商震旅、直隶阎相文旅等部驰赴湘南,欲以优势兵力彻底击溃湘桂联军。徐树铮为此还致电傅良佐,向他出谋划策道:“我军宜以衡山为中路,击衡州。另一军由长株铁路趋醴陵为左路,击攸县,走耒阳,夺雁峰,以拊其背,并由耒阳分一旅趋常德,以攻永州之左。以宝庆为右路,正面捣永州,另派军驻防宝庆,令朱旅(湘军第二师朱泽黄旅)取道祁阳,以攻零陵。逆军四面受敌,成功至易。”②然而所谓“成功至易”,不过是段祺瑞、徐树铮等人的盲目乐观而已。事实上,上述“武力统一”政策在实际推行中,由于遭到西南军阀的顽强抵抗,更由于北洋集团内部以冯国璋为首的直系军阀采取了不予合作甚至极力抵制的态度,

①《徐树铮转达段祺瑞对刘、林独立态度电稿》(1917年9月19日),北京政府陆军部档案。

②《徐树铮关于对南作战策略密电稿》(1917年11月6日),北洋政府陆军部档案。

因而其进展可谓一波三折，极不顺利。

直、皖系军阀虽同脱胎于北洋军阀集团这一母体，但由于双方都想居于执政坛牛耳的地位，因此，明争暗斗不断。在西南问题上，双方如同在其他问题上因各蓄异心而时起纷争与冲突一样，也展开了激烈的斗法。以段祺瑞为首的皖系军阀积极奉行“武力统一”政策，企图凭借武力优势翦除西南军阀与其他“叛逆”势力，实现对全国的独裁统治；而以冯国璋为首的直系军阀则极力主张通过和平途径解决西南问题，意在把西南军阀作为其对付皖系的一种制衡力量。由于皖系自身并无“讨伐”西南各省的足够兵力，它必须借助于直系的军事力量才能将“讨伐”付诸施行，因此，直系的拒不合作，也就成了“武力统一”政策前景黯淡并以失败告终的主要原因。

11 月 14 日，在冯国璋指使下，王汝贤、范国璋两位直系将领率先在湘南前线发表主和通电，呼吁南北停战息争，并不待北京政府同意便自行停战撤兵。王、范的这一行动，打乱了北洋军在湖南的全盘计划，当晚，湖南督军傅良佐和省长周肇祥见局势难于控制，仓皇逃离长沙。湘南北洋军群龙无首，仅短短二三日，宝庆、衡山、衡阳、湘潭等地相继为湘桂联军所攻占①。

王汝贤、范国璋的通电主和，不但使湘南北洋军的阵脚猝然大乱，而且也动摇了主战的段祺瑞内阁的根基。但段祺瑞并不甘心就此放弃其“武力统一”政策。11 月 15 日，段愤而向冯国璋递交了辞呈，意在以辞职相威胁，迫冯就范。次日，他又发表了一则对王、范大加斥责的通电（“铣”电），指责他们通电主和是“为虎作伥，饮鸩而甘”，并痛论北洋派分裂的危害道：“环顾国内，惟有我北方军人实力，可以护国护法。果能一心同德，何图不成？何力不就？辛亥、癸丑之间，我北方军人人数不及今日三之一，地利不及今日三之一，所以能统一国家者，心志一而是非明也……北方军人分

①旅沪湖南善后协会编纂：《湘灾纪略》第一卷第一篇《战事》，民国八年一月上海出版。

裂,即为中国分裂之先声;我北方实力灭亡,即为中国灭亡之朕兆。”[①]由于日本政府公开站在段祺瑞一边,声称“欧战未定以前,希望中国政局不见屡屡之变动”[②];北洋元老徐世昌则惟恐北洋集团统一体发生分裂,也认为不能听任段祺瑞内阁的瓦解,在这内外双重压力下,冯国璋不得不以支持“武力统一”政策为条件,“驳回”了段祺瑞的辞呈。

11月16日,段祺瑞通电各省表示“照常任事”[③]。18日,段为扭转湖南战场上的不利局面,很不情愿地颁布二道命令:一是将擅离职守的傅良佐、周肇祥撤职查办;一是命王汝贤以湖南总司令代行湖南督军职务,督同范国璋负责长沙防务,并告诫说:“王汝贤等当深体中央弃瑕录用之意,严申约束,激励将士,将在湘逆军迅予驱除,以赎前愆,倘再退缩畏葸,贻误戎机,军法俱在,懔之慎之。”[④]但王汝贤等直系将领不但不体谅段祺瑞的这一份“苦心”,反而掀起了更大的波澜。就在段颁布上述命令的当天,王汝贤拱手将长沙让给了湘桂联军,而直隶督军曹锟、江苏督军李纯、湖北督军王占元、江西督军陈光远四位直系主将则联名发表通电,要求从即日起停战撤兵,并声称愿充当调停人[⑤]。段祺瑞的“武力统一”政策于是又被逼进了死胡同,他自己也不得不于20日再度提出辞职请求。这一次,冯国璋没有再作虚情假意的挽留,而以“呈词恳挚未便坚留”[⑥]为言,于22日下令免去了段的国务总理职务,任命外交总长汪大燮兼代国务总理一职。

段祺瑞下野以后,以冯国璋为首的“主和派”在北京政府内一

①上海《中华新报》1917年11月20日。

②邵飘萍:《北京特别通讯(一二六)》,《申报》1917年11月23日。

③上海《中华新报》1917年11月20日。

④吴廷燮:《合肥执政年谱初稿》,见来新夏主编:《中国近代史资料丛刊·北洋军阀》(五),上海人民出版社1993年版,第153页。

⑤《东方杂志》第14卷第12号,第212页。

⑥邵飘萍:《北京特别通讯(一二七)》,《申报》1917年11月30日。

度占据了上风。11 月 30 日，冯特任其直隶同乡且“素偏向冯，亦好言和平”[①]的北洋元老王士珍为署国务总理，以增强自己一方的势力。为了便于议和的进行，冯还对西南方面作了一定程度的让步，于 12 月 7 日重新任命谭延闿出任湖南督军一职；同时又私下授意江苏督军李纯具体主持与西南的议和活动。对此，西南的滇、桂系军阀很快便作出了积极反应。西南军阀本无护法的诚意，也缺乏与北洋军持久抗衡的勇气，因而在争得了有限的一些政治、军事权益后，便急于通过和平途径解决争端，以稳固其在西南地区已有的统治地位。于是，唐继尧、陆荣廷、谭浩明等纷纷背弃孙中山的护法主张，或表示听命中央，或饬令所部停战，准备与北京政府谋求妥协。冯国璋满以为“和平统一”的大功伟业可望告成，遂于 12 月 25 日发布弭战布告，略谓：“政见不同，各国恒例。然苟有他道焉可以息争，则宁避武力而平和……国璋夙以平和为主旨，久拟警告同胞，早弭战祸，徒以荆、襄忽又自主，潮、汕攻击不休，以故迟尚未发。近日上将军陆荣廷、云南督军唐继尧、广西督军谭浩明等，均有遵饬所属各军停止战争之表，陆荣廷且有劝告桂粤取消自主之宣言。此天心厌乱之机，即人事昭苏之会，中央与各省均应表示同情。深愿察纳劝告，解息纷纭，于军事上既得各方之结束，于政事上乃徐图统一之进行。”[②]但这一所谓的弭战布告并未能真正消弭南北间的矛盾。由于冯国璋在议和问题上缺乏诚意，特别是段祺瑞主战派的极力阻挠与破坏，使得南北议和根本不可能有任何实质性的进展。

冯国璋虽独树一帜，提出“和平统一”的主张，但这只是他用以抵制段祺瑞“武力统一”政策的手段，并不意味他真的想通过和平途径解决南北争端。“以调停为手段，以击破段派雄视北部、中部，

---

①张国淦：《中华民国内阁篇》，见杜春和等编：《北洋军阀史料选辑》(上)，中国社会科学出版社 1981 年版，第 223 页。

②《东方杂志》第 15 卷第 2 号，第 207～208 页。

控制全国为目的,此冯派最初之计划也。”[①]既然议和只不过是一种政治手段,也就谈不上什么诚意了。实际上,冯国璋在和战问题上采取的是忽而主和忽而主战、对南言和对北言战的投机态度。一方面他命江苏督军李纯出任调停人,并力邀“素主和平”[②]的王士珍出任国务总理,摆出准备与西南议和的姿态;但另一方面又认为议和必须以武力作后盾,“必能战而后能和”[③],并于11月17日发表通电(“筱”电),斥责王汝贤、范国璋两人通电主和是“不顾羞耻”,使“我军人面皮丧尽矣”,宣称“愿自带一旅之师,亲自督战,先我士卒,以雪此羞”[④]。而且,在王士珍内阁中还兼容了“在段内阁中最以主战名者”[⑤]的曹汝霖。这种依违两可、摇摆不定的态度,对南北议和所造成的消极影响是可想而知的。

段祺瑞此时虽已下台,但仍隐身幕后发纵指使,密为布置,以图东山再起,继续推行“武力统一”政策。其心腹干将徐树铮、靳云鹏、曾毓隽等人更是走南串北,播煽战火。在徐树铮看来,段祺瑞的被罢免非但不是坏事,反而“正是大好进取之机,相荡相磨,必有佳兆”[⑥],大可不必为此扼腕叹息。经其多方活动,1917年12月3日,直隶督军曹锟、山东督军张怀芝和奉天、黑龙江、陕西、山西、河南、福建、浙江诸省及热河、察哈尔、绥远三特别区、上海护军使署等各省区的代表在天津集会。这实际上是徐州会议后督军团的复活,而阵容和声势比徐州会议要大得多,除“长江三督”外,北洋军阀控制下的各省区几乎都派代表参加了会议。会议名义上是商议段祺瑞下野后的国内政治军事形势,而真正用意实是对西南军阀

①邵飘萍:《北京特别通讯(一四一)》,《申报》1918年1月21日。

②张一麐:《直皖秘史》,见荣孟源、章伯锋主编:《近代稗海》第四辑,四川人民出版社1985年版,第32页。

③《民国日报》1917年11月21日。

④《民国日报》1917年11月21日。

⑤《申报》1917年12月4日。

⑥章伯锋主编:《北洋军阀》(三),武汉出版社1990年版,第477页。

的武力恫吓及对冯国璋“和平统一”政策的抗议示威，因此，与会代表很快就在主战与支持段祺瑞等问题上达成了一致意见。会议期间，冯国璋曾两度派段芝贵、一度派田文烈赴津疏通，既对曹、张等的行动表示赞同，誉之为“有备无患”；又解释其对西南的方略是“先礼后兵”①，而不是一味乞和，以示他与主战派之间尚有共同语言，并许诺“将来如有借重之处，必以曹、张为司令”②。但主战派根本不予理睬。12 月 6 日，曹锟、张怀芝、张作霖、倪嗣冲、阎锡山、陈树藩、赵倜、杨善德、卢永祥、张敬尧又联名致电北京政府，要求立即颁发讨伐西南的命令。在主战派的威逼下，冯国璋不得不于 12 月 16 日以参谋部、陆军部名义发布出兵命令，任命曹锟为第一路军总司令、张怀芝为第二路军总司令，各率所部“援应鄂、赣两防”③。18 日，又任命段祺瑞为参战督办，段芝贵为陆军总长。

曹锟、张怀芝所部北洋军的大兵压境，尤其是主战派首领段祺瑞、段芝贵的窃据要津以及龙济光的出兵攻粤④，极大地刺激了西南军阀，认为这是北京政府在议和问题上“毫无诚意之确证”⑤。为此，他们一方面接连发表言辞极为激烈的通电，痛斥两段和龙氏⑥；另一方面又调兵遣将，作再战准备，并对北洋军重兵把守的岳州等战略要地发起进攻，连陷岳州、郧城、通城、蒲圻等地。与此同时，北洋军阀势力控制下的一些省区也出现不稳局势。1917 年 12 月 1 日，湖北第一师师长石星川在荆州宣布自主；16 日，襄阳镇

①《民国日报》1917 年 12 月 22 日。

②《申报》1917 年 12 月 14 日。

③《国务院等为大总统特派曹锟张怀芝为一二两路总司令密电》(1917 年 12 月 15 日)，北洋政府陆军部档案。

④1917 年 11 月 26 日，段祺瑞内阁任命驻兵琼州(今海南岛)的两广矿务督办龙济光为两广巡阅使，令其率所部“济军”攻粤，以牵制粤、桂联军的北上援湘。12 月 10 日，龙通电就职，嗣以“派兵分道巡视”为借口，率部由琼州内犯广东。

⑤《申报》1918 年 1 月 5 日。

⑥温世霖：《段氏卖国记》，见荣孟源、章伯锋主编：《近代稗海》第四辑，四川人民出版社 1985 年版，第 542～543 页，第 548～549 页。

守使黎天才宣告自主;21 日,郭坚在陕西凤翔宣布独立,自称陕西护法军西路总司令;1918 年 1 月 4 日,王天纵在河南通电自主;25 日,陕西陆军第一混成旅第二团团长胡景翼在三原宣布独立,等等。在这种形势下,主战派遂以"衅自彼开"、"调和无望"为口实,更加疯狂地发起战争鼓噪,一方面要求中央立即颁发"讨伐"明令,并索要巨额军饷;另一方面又密谋倒王(士珍)排冯(国璋)、攫夺直系"长江三督"的地盘。冯国璋深知,一旦战端重开,无论胜败结果如何,都将使自己陷于不利地位,"若往援之兵幸而果胜,攻取衡湘,此时奏凯旋师勋名煊赫,鄂督、赣督、苏督皆可要求易人,冯之长江根据去矣。不然,一战而败,武汉失守,冯派之长江三督亦不能不去其一,而西南之要求愈大,北派之责备纷至,冯之地位亦可动摇矣"①。因此,尽管主战派的气焰极为嚣张,他仍竭力与之周旋,始而虽命曹锟、张怀芝率北洋军南下,却迟迟不下达"讨伐"明令;继则又声称对西南"若令彼全部尽就范围,势难急切办到,不得不先从一部分着手"②,企图把主战派叫嚣的"全面讨伐"缩小为湖北省内的"局部讨伐",即集中力量进攻荆州、襄阳的"自主军"③。而李纯、陈光远等更是几次发表通电,拒绝北洋援军过境。但随着南方局势的进一步恶化,特别是南方军队连克几座北洋军控制的重要城镇后,冯国璋的"议和"这出文戏就再也唱不下去了。1918 年 1 月 26 日,也即岳州城破的前一日,冯假借巡视名义乘坐专列由津浦路南下,准备赴南京与李纯密商对策,但车至蚌埠,遭安徽督军倪嗣冲挡驾,只得怏怏返京。1 月 30 日,冯被迫发布"讨伐令",任命曹锟为两湖宣抚使、张怀芝为湘赣检阅使、张敬尧为前敌总指挥,各率所部进兵湘、鄂,对湘粤桂联军及荆襄"自主军"进行

---

①邵飘萍:《北京特别通讯(一五一)》,《申报》1918 年 2 月 18 日。

②《冯国璋陈述对西南用兵意见密电稿》(1917 年 12 月 22 日),北洋政府大总统府档案。

③《顺天时报》1918 年 1 月 16 日。

“讨伐”。

北洋军的作战计划是:张敬尧所部第七师由湖北通城向湖南平江进攻,直指长沙;张怀芝所部第五师由江西萍乡向湖南醴陵进攻,对长沙形成包围之势;曹锟、吴佩孚所部第三师由湖北襄樊经荆州、监利向湖南岳州进攻,与第七师、第五师会师长沙①。但就在段祺瑞等踌躇满志等待从湘鄂前线传来捷报之际,奉命援湘的直系将领冯玉祥在率所部第十六混成旅行抵武穴后即屯兵不前,并于2月14日通电主和。冯在通电中称此次南北战争是“最无意思、无情理者”,交战双方“既无不共戴天之私仇,又无非我种类之公怨”,诚属兄弟阋墙,坚决要求“迅速罢兵,以全和局”②。18日,冯又致电冯国璋和王士珍,痛陈发动内战只能带来亡国灭种的严重后果,敦请冯、王两人“贯彻初衷,力全和局”,以使“民气早申”、“时局早定”③。冯玉祥武穴主和的消息传至北京,段祺瑞主战派“赫然震怒,视十六旅如同叛逆,调集大军四面包围”④,并下令将冯撤职查办。与此同时,为了确保此次对南“讨伐”计划的顺利进行,主战派还策划了旨在打击主和派、夺取中央政府控制权的秦皇岛截械事件。

2月25日,徐树铮运动张作霖所部奉军在秦皇岛截劫了北京政府从日本购置的军械。次日,张作霖通电解释截劫军械的原委说:“讨伐令下,敝军亟应南征,只因缺乏军械未能早发,呈请则需时日,运京而复运奉更费周旋,不得已留用而后呈报。”⑤其实,截械是徐树铮与张作霖之间达成的一笔交易。这批军械原系段祺瑞任总理时以参战名义向日本订购的,共有步枪27000余支,除一部分应拨归山西、陕西两省外,其余的将分批运京,由参陆办公处会

①张联棻:《1918年北洋军在湘作战经过》,《文史资料选辑》第二十六辑。

②《冯玉祥自传》,军事科学出版社1988年版,第56～57页。

③《冯玉祥自传》,第57～59页。

④《冯玉祥自传》,第59页。

⑤《申报》1918年3月2日。

同陆军部调配。徐树铮担心这批军械运京后，冯国璋、王士珍会划拨给直系军队，故图谋中途截劫，考虑到自身力量有限，他遂运动奉系军阀张作霖，联合在秦皇岛制造了这起截械事件。徐树铮给张作霖开列的条件与要求是："奉军本有六旅人在关内，这可以让奉军再进来六旅，截得之军械，四分之三给奉天，徐得四分之一。奉军则由孙烈臣率领沿京奉路到天津廊坊一带威胁现政府。"[①]张作霖久有扩军打算，惟苦于军械匮乏；同时经过多年的经营，他已基本确立了在关外的一统地位，极欲将势力伸进关内，因此，在截械问题上与徐树铮一拍即合。秦皇岛截械后，张作霖一方面积极扩编军队，先后增编了一个师(暂编第一师)和五个混成旅[②]；另一方面，又以南下"讨伐"为借口，大举挥师入关，并密布兵力于天津廊坊及北京丰台一带，对北京政府形成直接威胁之势。3 月 12 日，更在军粮城设立奉军总司令部，张自兼总司令，徐树铮为副司令，代行总司令职权。面对这一突如其来的危机，冯国璋已无化解能力，不得不请出段祺瑞替其收拾危局。3 月 23 日，冯令准王士珍辞职，复任段祺瑞为国务总理。

段祺瑞复出前，北洋军即已分路对南方军队发起进攻，并先后攻占了羊楼司、天岳关、岳州、平江等地。段再次出山后，北洋军的攻势更盛，仅短短一个月时间，又一路陷长沙，克衡山，占衡阳，大有直捣军政府所在地广东之势。段祺瑞为此信心十足地与倪嗣冲谈起其誓将收复广东的决心道："粤乱不平，则政府无由存在，故无论如何困难，必先戡定粤省，一息尚存，此志不渝。"[③]徐树铮更是声称不打到广州，决不罢兵；并制定了三路攻粤的军事计划，即以张怀芝为中路司令、李厚基为左路司令、吴佩孚为右路司令，分别

①张国淦：《中华民国内阁篇》，见杜春和等编：《北洋军阀史料选辑》(上)，中国社会科学出版社 1981 年版，第 227 页。

②丁文江：《民国军事近纪》上册，上海商务印书馆 1926 年版，第 17 页。

③《倪嗣冲致北洋各督电》(1918 年 4 月 19 日)，见《中华民国史事纪要》(初稿)。

率部由江西、福建、湖南三路进攻广东①。为了鼓舞前线将士的士气，消除“长江三督”的疑虑，以赢得他们对“武力统一”政策的支持，段祺瑞于4月20日乘火车由京汉路南下“犒师”②。25日，段在汉口会晤了曹锟、张怀芝、王占元等人，就湘南、鄂西的战事及川、粤两省的进军计划等达成了一致意见。26日，段乘兵轮前往南京，途经九江时会晤了陈光远。27日晚抵达南京后，又会晤了李纯、倪嗣冲及上海护军使卢永祥等人。28日，段在一路会晤了上述要员后返回北京，等待从前线传来的捷报。

但南方前线传来的消息使段祺瑞大失所望。在湘东战场，张怀芝所部第二路军由于苏、赣两省拒绝假道及冯玉祥武穴主和等因，迟迟未能到达战略指定地点，因而贻误了战机；同时，张部北方人居多，不服南方水土，致使军中疫病流行，战斗力大为削弱。南军乘机进攻，大败张军，张仓皇逃至汉口，嗣因担心鲁督易人，借口剿匪遁回山东。在湘南战场，曹锟所部第一路军虽一度摧城拔寨，连连获胜，但自4月23日攻下衡阳后，战争形势也呈胶着状态。曹一则不愿为他人作嫁，二则恐直督易人，自己失去地盘，因而将所部交由吴佩孚统带，于5月底称病返回天津。而吴佩孚则因未能获得湘督一职，更是牢骚满腹，屯兵衡阳，不思进取。5月27日，段祺瑞派徐树铮驰赴衡阳，劝说吴佩孚进攻广东，并谓：“此举不但为统一南北，且为团结北洋团体……君若服从合肥政府，目下即不为督军，可先畀予带衔将军，与督军同等资格。”③6月3日，段果然特任吴为“孚威将军”。6月12日，段又派倪嗣冲赴津，对曹锟、张怀芝等进行疏通、劝解④。6月20日，段任命曹锟为四川、广东、湖南、江西四省经略使，张怀芝为援粤军总司令、吴佩孚为副司

①《民国日报》1918年4月16日。

②《东方杂志》第15卷第6号，第206页。

③曹汝霖：《曹汝霖一生之回忆》，台北传记文学出版社1970年版，第134页。

④张国淦：《中华民国内阁篇》，见杜春和等编：《北洋军阀史料选辑》(上)，中国社会科学出版社1981年版，第228页。

令,要他们尽快发起攻粤战事。但曹锟仍是稳坐津门,根本无意南下“经略”;张怀芝虽于6月26日宣告就职,并于7月1日在汉口成立援粤军总司令部,但他因前有湘东溃败的教训,深知南军并非易与,所以再也不敢贸然出击;吴佩孚则非但按兵不动,反而还与湘军谭延闿、赵恒惕的代表秘密谈判,并擅自于6月15日与谭、赵签订了停战划界协定①。与此同时,吴还发起了一个通电请罢内战的“和平运动”。8月7日,吴致电李纯,公然指责段祺瑞的“武力统一”政策是一种亡国政策。21日,他又通电全国,吁请息争御侮,并要求冯国璋“颁布通国一体罢战之明令”②。吴佩孚作为一名晚辈学生、区区师长,竟敢违抗中央命令,并痛批前辈师尊、内阁总理段祺瑞的逆鳞,使段大为震怒。8月22日,张宗昌从湘南前线致电北京政府,密报吴佩孚与湘军签订停战协定事,“段祺瑞阅电大愤,开参陆临时会议商议办法,北方重要军官多列席,相视无语”③。8月24日,段致电吴予以申饬道:“该师长军人也,当恪遵军人应尽服从之天职,不然尔将何以驭下!”并以老师的身份教训说:“尔从吾有年,教育或有未周,余当自责,嗣后勿再妄谈政治也。”④与此同时,张敬尧、倪嗣冲、张作霖等人也纷纷发表通电,对吴佩孚大加指责。但吴佩孚毫不示弱,据理力争,与主战派展开了

---

①该停战协定内容如下:一、驻在湘南之南北两军,因酷暑疫生,认为有停战之必要,故由双方将领提议协定之。一、就各军原驻阵地,划定东西南北界线,各守各地,无相诈虞,其界线经双方代表测勘绘图,另立标帜。一、停战期内,两军均以保境安民为职志,如界线中发生匪乱,宜即协同防剿,但不得藉口误会,致生冲突。一、择界线要点设立检察所,双方派员驻所监视,不得于界线之外,暗施军事之动作,违者当受背约之处罚,其罚则另定之。一、停战期限协定两个月,自六月十五号起至八月十五号止,期满后宣告废约,各谋对待。如继续展限,须得双方之同意。参见旅沪湖南善后协会编纂:《湘灾纪略》第一卷第一篇《战事》,民国八年一月上海出版。

②《东方杂志》第15卷第10号,第206页。

③旅沪湖南善后协会编纂:《湘灾纪略》第一卷第一篇《战事》。

④上海《时报》1918年8月29日。

一场火药味极浓的电报战。在 8 月 24 日的通电中，吴斥责张敬尧等人“是有意穷兵黩武”，威胁要把前线各军迅速撤归本省，湖南防务则交由湘督自行派军队接管①。26 日，吴又通电反驳了段祺瑞的责难，并反唇相讥道：“学生此举，乃仿效我师在孝感时通电共和之宣布也，实系由我师教育而来，并非节外生枝。”②从当时社会舆论的反响来看，摆出一副为民请命、解民倒悬的“救世主”姿态的吴佩孚，显然在这一场电报战中占据了上风。

为了从根本上扭转此种不利局面，段祺瑞主战派又转而在政治上大做文章，图谋制造新国会，另立新总统，给冯国璋主和派以致命一击。但冯、段鹬蚌相争的结果，却落得个两败俱伤，渔翁得利。10 月 10 日，冯、段分别辞去代理大总统和国务总理职务，在北洋集团中一直处于清客地位的徐世昌，不费吹灰之力，即登上了权力的最高峰。

徐世昌就任大总统后，出于自己的政治目的，以“文治总统”相标榜，极力谋求与西南方面的妥协，不但于 10 月 25 日下令停战，而且还派出代表赴上海与西南方面议和。南北战争的枪炮声于是日渐稀落，并最终为南北议和代表们讨价还价的争吵声所淹没。

## 二、从“西原借款”到《中日共同防敌军事协定》

段祺瑞利用张勋复辟的机缘二度获取政权以后，为建立以他为首的皖系军阀的军事独裁统治，除对内积极致力于推行“武力统一”政策外，对外又极力奉行亲日的外交政策，与日本签订了一系列丧权辱国的条约和协定，沦为完全适应日本帝国主义侵华需要的工具。

---

①《民国日报》1918 年 9 月 2 日。

②旅沪湖南善后协会编纂：《湘灾纪略》第一卷第一篇《战事》；《中华民国史事纪要》（初稿），1918 年 8 月 26 日条。

### 1. 亲日外交政策的确立

段祺瑞并非素来亲日，相反，在日本强行出兵山东及逼迫袁世凯签订灭亡中国的“二十一条”时，他曾极力反对，甚至声称不惜与日本兵戎相见①。但1916年6月他继袁世凯掌握北京政府的实权以后，却放弃了清末及袁世凯时代所一贯奉行的“远交近攻”的外交政策，摆出一副愿与东邻捐弃前嫌、修睦结好的姿态。6月22日，日本驻朝鲜总督寺内正毅的私人代表西原龟三来华了解动向，段向其表白心迹道：“日本因为我留学德国，故认为和德国有着特殊关系，这诚然是多余的顾虑。据说寺内先生长期在法国，并没有人说他与法国有何特殊关系。我所想的只是中国和东方。”②为了让日本相信他的诚意，6月30日，段任命有明显亲日倾向的章宗祥为驻日公使。稍后，他又拟派另一名亲日派人物曹汝霖赴日，名义上是向日本天皇赠勋，“而实际则是借此机会向日本表白段的真意，以促进两国政府的接近和亲善”③。段祺瑞再度当政后之所以如此急切地希望改善与日本的关系，与当时国内外局势的变化有着很大关系。

当时，第一次世界大战正在激烈进行之中，西方列强忙于战事，未遑他顾，“东亚时局，悉任日本处置”④。列强在华格局的这种变化，促使中国政府上下对日本的态度有了明显转变。1917年1月29日的东京《国民新闻》曾就此载文评论道：“目下中国全境均有愿与日本握手之倾向”，具体而言，“南方派多受教育之人，颇知世界大势，亲日主义为其素日所标榜”；段祺瑞、冯国璋等北方派“原多属袁世凯之部下，故多抱排日之思想”；属中立派的熊希龄、

①曹汝霖:《曹汝霖一生之回忆》，台北传记文学出版社1970年版，第99页。

②(日)北村敬直:《梦の七十年——西原龟三自传》，平凡社1975年版，第73页。

③《天津驻屯军司令官致参谋次长电》(1917年1月16日)，章伯锋主编:《北洋军阀》(三)，武汉出版社1990年版，第744页。

④《东方杂志》第13卷第12号，第17页。

唐绍仪及梁启超等人以前也都屡有排日之举动，“而今日则皆认中日有亲善之必要”①。大总统黎元洪曾向总统府军事顾问坂西利八郎表明其对日本的态度说：“我曾三次游历贵国，对贵国颇有了解，因而自信比其他更能为两国亲善而努力。”②冯国璋当选为副总统后也公开表示，“作为副总统他将为消除过去中日两国间的一切误解、建立新的亲善关系而积极努力”③。梁启超曾就处理新亲（美国）和近邻（日本）的关系问题致书段祺瑞，认为“今日之局，能生我者，新亲也；能死我者，近邻也。必近邻消释其死我之心（暂不动手），然后生我者乃有所用力……若令近邻窥见我有挟新亲以自重之意，恐外交上之盘根错节方从此起，新亲为我解结，解之不了也”。因此，为今之计，“对于近邻亟宜继续表示特别联络”。梁并拟定了对日本进行“特别联络”的6条办法④。曹汝霖更是向段祺瑞提议：“将中国关于农工商矿有价值的开列出来，同日本商量，何者中国自办，何者中日合办，何者让日本人办。一方面日本帮助中国，一方面日本亦获得利益，不必枝枝节节，遇事麻烦，以达中日亲善之目的。”⑤作为北京政府的实权人物，段祺瑞比其他人更深切感受到了新形势下调整对日外交政策的必要性和紧迫性。他曾向新任驻日公使章宗祥面授机宜道：“中国对于各国宜取一律看待主义，彼以诚意来，我亦以诚意往。至远交近攻之策，自不适用于今日。现阁方针如是，幸君善为之。”⑥这表明段祺瑞已决定放弃传统的“远交近攻”的外交政策，诚心诚意地与近邻日本亲善往来。

---

①《黎元洪任总统时中日关系资料》，《近代史资料》1981年第3期，第188页。
②《坂西大佐致参谋次长电》（1916年12月13日），章伯锋主编：《北洋军阀》（三），武汉出版社1990年版，第42页。
③《冯国璋对六月以后时局的态度和关于将来的观察》（1916年11月21日），章伯锋主编：《北洋军阀》（三），第711页。
④李华兴、吴嘉应：《梁启超选集》，上海人民出版社1984年版，第713页。
⑤许田：《对德奥参战》，《近代史资料》总2号。
⑥章宗祥：《东京之三年》，《近代史资料》总38号，第6页。

但段祺瑞一开始尚无一味亲日之意,在“远邦”与“近邻”之间,他采取的是“一律看待主义”也即一视同仁的政策。为此,他一方面尽力改善与日本的关系,另一方面又积极谋与美国接近,不但在参战问题上与之同趋步调,而且还与芝加哥银行进行了500万美元借款的秘密谈判。由于当时美国正准备加入欧战,既无暇顾及中国,更不想因为与中国的关系而使日本产生不快,从而影响其在华的既得利益,因此,段祺瑞的对美外交未获实质性的进展。在日本的要求下,美国政府不但责令芝加哥银行中止与中国的借款谈判,而且还于1917年11月与日本签订了《蓝辛—石井协定》,承认日本在中国的特殊地位①。美国的这种态度对段祺瑞北京政府的外交走向产生了极大影响。时任美国驻华公使的芮恩斯认为,正是由于美国对华政策的失误,才使得段祺瑞投入了日本的怀抱。他说:“那时我们只要稍稍注意一下中国的意见以及我们方面的支持和努力,则整个情况就会改变。但当我们给予欧洲那些最不重要的国家千百万元巨款的时候,却没有给中国送来一分钱。我们对中国没有支援,就驱使段祺瑞及其追随者投入亲日派的怀抱。我们给中国的不是支援,而是蓝辛—石井协定。”在谈到这一协定的影响时,这位公使又说:“这个协定已经在中国外交部被看着是美国的重要让步,并夸示了日本在外交上的胜利……协定对中国政府产生了直接的影响,中国高级官员们觉得要从美国得到积极帮助以解决国内困难是没有什么指望了。”②显然,段祺瑞主持的北京政府除了仰赖日本外,已无其他外交出路。

段祺瑞所以奉行亲日外交,还有其内政方面的考虑。段再度当政后,将以武力消灭国民党和西南军阀这些反对势力的所谓“武力统一”政策定为基本国策。但从当时的形势来看,这一政策若得

①王芸生辑:《六十年来中国与日本》第七卷,三联书店1981年版,第103～105页。
②保罗·S.芮恩斯:《一个美国外交官使华记》,商务印书馆1982年版,第280、236、240页。

不到日本的谅解与支持，就很难付诸施行。因为：其一，国民党与日本的关系一度相当密切，在袁世凯执政时期，日本曾公开支持国民党的反袁活动。段继袁掌权以后，虽对不肯听命臣服的国民党早有铲除之心，但因恐日本出面干预，所以迟迟未敢有所动作。1917 年 1 月 15 日，段的妻弟吴光新在走访日军天津驻屯军司令官石光真臣时就曾露骨地说道："国民党的专横跋扈已达极点，如果任其自然发展，则国家将四分五裂而不可收拾。段屡次拟采取非常手段，但由于过去各种关系，对日本有所顾虑，未能采取坚决态度，而隐忍至今"①。段要想对国民党"采取非常手段"，就必先求得日本的谅解。其二，当时北京政府的财政状况可谓捉襟见肘，度日如年，根本无力承担推行"武力统一"政策所需的庞大的军费开支。1916 年 7 月 21 日《字林西报》曾报道北京政府的财政窘况说："各省协济几已完全停止，铁路盈余又复尽为纸币，而盐税余款又仅敷外债之需……外国银行团无资可借，且非俟调查中交两行内容及中国政局安宁后，并不愿作借资之想也。"②9 月 10 日，《申报》刊载的一篇文章对北京政府 1916 年下半年的需款数目作了粗略估计，认为"至少必另筹九千万元巨款，乃能渡此难关"，并颇为当局的筹款之道担忧道："现在大借款断难刻日告成，零星借款亦有杯水车薪之势，不知我财政当局者将何法以善其后也。"张勋复辟后，北京政府的财政状况更趋恶化，"政府事实上是靠发行纸币过日子"③。当时，一般舆论都将举借外债视为解救财政燃眉之急的不二法门，"借款二字，在五年前之中国人闻之，多趋而反对者；今则不惟无人反对，且稍有接近之消息，即群相走告，既祝其得成事实，又虑其或有他梗，一似非此即无以生活者"④。而有能力向

---

①《天津驻屯军司令官致参谋次长电》(1917 年 1 月 16 日)，章伯锋主编：《北洋军阀》(三)，武汉出版社 1990 年版，第 744 页。

②《申报》1916 年 7 月 26 日。

③乔·厄·莫理循：《清末民初政情内幕》下册，知识出版社 1986 年版，第 655 页。

④《申报》1916 年 9 月 11 日。

中国提供借款的只有美国和日本两国。美国由于前述各种原因，没有将对华政策置于足够重要的地位，致使北京政府“甚难得其实惠”[①]。这样，段祺瑞就只有将“武力统一”成功的希望寄托于日本的援助，并因此而死心塌地地走上亲日的外交之路。

段祺瑞目光东注，奉行亲日外交，还与日本方面的积极引诱与拉拢有着莫大关系。1916年10月，日本内阁换届，原日本驻朝鲜总督寺内正毅接替大隈重信出任内阁总理大臣。寺内当政后，一改其前任所推行的对华“威压”、“排挤”政策，极力鼓吹中日两国的“亲善”和“提携”。1917年1月(大正六年一月)，寺内在日本第三十八届国会上宣布：“对于中国专顾念东洋大局，贫富相倚，有无相助，以中国之余，补帝国之不足，以期益敦邻谊。”[②]外务大臣本野一郎也声称：“帝国希望在华发展，故希望与中国亲善，中国为发达其将来而图改革，帝国不惜予以援助，帝国政府为使中国信任帝国，当讲最善之方法。”[③]大藏大臣胜田主计则在国会、地方官会议、全国股票交易所大会及关西银行大会等重要场合频频发表演说，“鼓吹对华经济发展，促进彼我合办事业，奖励我国对华投资及办企业，助长对华贸易关系，支配中国金融机关”[④]；并拟定了《对华借款方针》，提出日本今后的对华借款应遵循这样的指导思想：“避免过去那种以获取权利为主、赤裸裸地强迫中国接受的态度。先以稳妥条件提供贷款，在增进邦交亲善的同时，采取促其主动向我提供有利权益的手段。”[⑤]

其实，寺内内阁对华政策的侵略本质与大隈内阁并无二致，只是采取了较为隐蔽的手段，即以扶持中国的经济为幌子，通过各种名目的借款，将日本的经济势力渗透到中国的交通、金融、林矿、电

①章宗祥：《东京之三年》，《近代史资料》1979年第1期，第6页。

②胜田主计著，龚德柏译：《西原借款真相》，上海太平洋书店1929年版，第9页。

③胜田主计著，龚德柏译：《西原借款真相》，第10～11页。

④胜田主计著，龚德柏译：《西原借款真相》，第10～11页。

⑤《西原借款资料选译》，《近代史资料》1981年第2期。

信、邮政等重要领域，借以操纵中国的经济命脉，并进而达到控制全中国的目的。对于日本的这一险恶居心，当时就曾有人予以揭露道："二十世纪之时代，一经济战争之时代也。图人之国，不用政治之方法，而施经济之政策，发展自国经济势力，握获人国之事业，制人死命于不知不识之间，其方略可谓尽善也。东邻岛国，谋我之心蓄之已久，近来乘我危况，速投资金，以噉吾国，岂非欲以经济政策，垄断我权利，操纵财政，扼拊我命脉，窃握我政权，陷吾国于破产之地位，化吾民为埃及之遗族也。"①寺内内阁改变传统的侵华政策，并选定段祺瑞作为其扶植的对象，主要有以下几方面原因：

首先，寺内内阁吸取了其前任大隈内阁对华政策的教训，认识到对华实行赤裸裸的、明火执仗的侵略政策，虽可达到一定目的，但只能得逞于一时。因为这种政策势必会激起中国人民的强烈反对，中国的当政者也会由对日本的忌惮而渐渐与之疏远，投入其他列强的怀抱，而且"列强亦必群起而议其后，欧洲和议一定，势必出而干涉，或有甚于还辽之举者"②。在大隈内阁后期，日本统治集团内部的一些人就开始对内阁的对华政策提出尖锐批评，主张趁袁世凯暴病而终的机会尽快改善与中国的关系。寺内内阁成立后，"日华亲善"更是成了日本朝野上下的一致呼声。政界元老松方正义、山县有朋等人认为应强调中日两国的"共同利益"和"利害纽带"，以实现两国的亲善与合作。1916 年 11 月，山县在会晤政友会总裁原敬时说："关于对华问题，过去从未谈及，是很不得当的，寺内必须设法改善，余深以为然。此问题已成为国家当然突出的急务。"③陆军参谋本部第一部长宇垣一成提出，应使中国成为"对抗西方的屏障"。而参谋次长田中义一则"三天两头"地拜访胜田主计大藏相，与他谈论时局，并"热心地"打听对华实行经济援助

---

①刘汉杰：《最近中国财政与借款》，民铎杂志社 1918 年版，第 109～110 页。

②伧父：《外交曝言》，《东方杂志》第 14 卷第 1 号。

③胜田主计：《确定对中国借款方针》，《近代史资料》1981 年第 2 期，第 197 页。

的有关情况[①]。中日“亲善”、“提携”也成了当时日本舆论界的热门话题。《中央公论》刊载的《论中日提携》一文论述中日“提携”的必要性和重要性道:“我辈所以主张与中国提携,欲得与中国民族共同开发其大富源之特权者”,中国不但与日本同文同种,“且其广大之土地,凡日本人之生活必需品均生产之,例如铁如棉如羊毛如石油如肥料,求之中国不难获得”,所以,“保全中国领土与中国人提携,开发其富源,不特中国领土可以保全,日领之台湾、朝鲜及关东州,亦可连接,且为日本国家确立生存权,完成其对于世界文明大使命之基础条件也”[②]。另有不少人认为,中日两国只有相互提携,才能完成互助共存的目的,“设为不祥之言,万一中国处于分割之悲运,其受最大之打击者,莫若我国,或竟使危及我国之存在也”[③]。日本朝野的这些议论,对寺内内阁调整对华政策无疑产生了极大影响。

其次,寺内内阁执政时期,日本的经济因受第一次世界大战的刺激等原因而呈现极旺盛的景象,国内工商业发展迅猛,对外贸易也连年出现巨额顺差。1915 年至 1918 年间,日本的外贸顺差达到 28 亿日元。在国际借贷方面,日本也由外债达 12.24 亿日元(1913 年)的债务国一跃成为拥有 13.7 亿日元外资(至 1918 年)的债权国[④]。日本银行的现金储备,战前不过 3.4 亿日元,1917 年初已激增至 7 亿日元[⑤]。据当时日本的一些银行家调查,“大正四年(1915 年)溢于市廛所需之金货,都二亿圆,而大正五年所溢之额几五亿圆,设大正六年战事犹未熄,则必逾七亿圆之巨矣”[⑥]。资本大量过剩,必然会造成严重的通货膨胀。至 1917 年 2 月,日

①《西原借款始末》,《近代史资料》1983 年第 1 期,第 211～212 页。

②《东方杂志》第 15 卷第 6 号,第 19～20 页。

③《日本人之支那问题》,日本实业之日本社 1919 年 7 月版,中华书局编译所译,甲编第 6 页。

④胜田主计:《确定对中国借款方针》,《近代史资料》1981 年第 2 期,第 189 页。

⑤《李大钊文集》,人民出版社 1984 年版,第 278 页。

⑥《东方杂志》第 14 卷第 8 号,第 55 页。

本56种主要商品中已有30余种日见腾贵,“彼其地方农民乃至中流社会,与此傥来之黄金,了无关系,但受物价昂贵之压迫而已”[①]。基于稳定国内局势和维护大财阀利益的考虑,日本政府必须寻求和开辟广阔的海外投资市场。资源丰富,国力羸弱,地理位置又邻近的中国,自然成了日本“最适宜之投资地”[②]。

但从战后的形势分析,中国“将来必为世界各国商战之战场”[③]。英、法、德等国由于相互间的混战厮杀,必将大伤元气,尚不足虑;但向交战双方出售军火、粮食等物品,从而大发了战争财的美国,战后必定会挟其雄厚的经济实力,在中国与日本展开角逐。美国经济的高速发展,使得日本朝野极感震惊和忧虑,“以最近之调查,计其开战以来新兴或扩张诸工业如制油、瓦斯、汽船、兵器弹药及染料等,不过数种,而其新兴资本,合计已达九亿五千九百万弗,易以日(币)约十九亿万元,只以此计,已倍于我国现在工业资本金矣”[④]。显然,日本如想在战后继续保持其在中国的侵略权益,而不至于因美国的挑战而日朘月削甚或完全丧失,最稳妥的办法就是乘欧战的有利时机,一方面要挟欧美各国承认其在中国的特殊地位和利益;另一方面则以中日“亲善”、“提携”为幌子,谋取在华的政治、经济优势地位,并诱使中国成为一意听命于它的附属国。只要能造成“日华亲善”的特殊关系,日本就可以仿效美国在美洲所推行的“门罗主义”政策,将中国乃至整个东亚宣布为它的势力范围。

由于中国国内形同一盘散沙,不但南北关系势如水火,而且还存在南与南争、北与北斗的复杂现象,因此,日本要实现所谓的日华“亲善”与“提携”,就必须在各势力派别中选择有能力统一全国

①《李大钊文集》,人民出版社1984年版,第278页。
②《东方杂志》第14卷第2号,第198页。
③《东方杂志》第14卷第2号,第198页。
④《东方杂志》第14卷第6号,第49页。

的理想对象,并帮助其完成“统一大业”。经过一番分析比较,日本最后把目光投注到国务总理段祺瑞身上。段系北洋元老,又实际掌握着北京政府的军政大权,比其他军阀和政客更具优势,因此,在日本政府看来,自然是“援段较为贤明”①。但日本方面认为段祺瑞的实力不够强大,日本若“对此毫无秩序之国家,即未能统一国内之北京政府为外交之谈判,当然不收何等之效果”,所以当务之急“莫若准日华亲善之大义,尽力建设中国强有力之政府之为愈也”②。为此,日本政府明确表示了对段祺瑞“武力统一”政策的支持态度。寺内的亲信西原龟三遂向北京政府驻日公使章宗祥透露日本政府的这一态度道:“寺内渴望中国有一个坚强的人能够担负起统一全国的责任,这个人就是段祺瑞,段现任总理,正在筹划南北统一,要做这件事,第一要有相当的武力和充分的财力,这两点段现在还很不够,日本如果从这点进行,于段必极有利。”③田中义一希望有“财神”之称的梁士诒在“武力统一”问题上与段祺瑞“分任其事”④。寺内本人也对梁士诒表示:“关于南北统一事,如须其协助,必特别尽力。”⑤热衷于“武力统一”并为此而积极寻求外援的段祺瑞,很难想象能抵御日本的此种诱惑。共同的利害关系的纽带,终于将段祺瑞北京政府与日本帝国主义紧紧地绑在了一起。

### 2.“西原借款”真相

段祺瑞与日本间的许多幕后交易,是经由寺内正毅的私人代表西原龟三往返奔走、密为穿针引线促成的。西原龟三(1872～

---

①王芸生辑:《六十年来中国与日本》第七卷,三联书店1981年版,第134页。

②《黎元洪任总统时中日关系资料》,《近代史资料》1981年第3期,第175～176页。

③章宗祥:《任阙斋回忆录》(稿本),见杜春和等编:《北洋军阀史料选辑》(下),中国社会科学出版社1981年版,第202页。

④凤冈及门弟子编:《三水梁燕孙先生年谱》(上),1946年铅印本,第394页。

⑤凤冈及门弟子编:《三水梁燕孙先生年谱》(上),第396页。

1954年)可谓是个神秘人物,他在寺内内阁中并未担任任何职务,但寺内和胜田主计大藏相却对他言听计从,极为倚重,他不但"在大藏省内可以随便命令指挥胜田的幕僚"①,而且还直接参与了寺内内阁对华政策的制定,并实际充当了日段勾结牵线人的重要角色,以致在当时就有"日本私设公使"②的谑称。1916年6月22日,西原龟三受时任朝鲜总督的寺内正毅之命首次来华。他此行除多方搜集了意在攻击大隈内阁对华政策的材料外,还拟订一份所谓以日华亲善为核心内容的对华政策纲要,即《在目前时局下的对华经济措施纲要》③,为日后寺内内阁对华政策的制定提供了重要依据。与此同时,他还在北京拜会了段祺瑞、曹汝霖等政界权要,极力就"日华亲善"的必要性及步骤、前景等进行游说。在此后寺内内阁执政的近两年时间里,西原又先后五次来华,以寺内私人代表的身份,就"日华亲善"的方方面面的问题与段祺瑞等进行接洽、交涉,并直接参与了中日间多项借款的磋商与合同订立。由他经手与中国方面达成的借款称"西原借款"④,这些借款的基本情况如下表⑤:

①周叔廉:《西原借款》,见杜春和等编:《北洋军阀史料选辑》(下),中国社会科学出版社1981年版,第201～202页。

②《申报》1918年8月17日。

③《西原借款回忆》,《近代史资料》1979年第1期,第118～120页;王芸生:《六十年来中国与日本》第七卷,三联书店1981年1月版,第188～190页。

④"西原借款"一词系日本国会议员向内阁提起质问时所用的简称,指由西原龟三经手借给中国的款项。由于当时中日两国政府对此均秘而不宣,报章所披露的也只是些零星片段的消息,加上西原只在幕中牵线,姓名不著录于借款合同,因此,有关这些借款的内幕可谓众说纷纭,真相莫辨。近年来,随着中日两国有关档案的陆续公布以及当事人回忆录的相继面世,这一问题基本上得到了澄清,即"西原借款"共8项,1.45亿日元。

⑤本表系根据王芸生《六十年来中国与日本》、章宗祥《东京之三年》、西原龟三《梦的七十年》、王铁崖《中外旧约章汇编》等资料整理而成。

| 借款名称 | 借款金额 | 签约日期 | 借款条件 |
|---|---|---|---|
| 交通银行第一次借款 | 500万日元 | 1917年1月20日 | 陇海铁路债券、中国政府国库券、中国政府对于交通银行债务证书共772万余元 |
| 交通银行第二次借款 | 2000万日元 | 1917年9月28日 | 中国政府国库券2500万元 |
| 有线电讯借款 | 2000万元 | 1918年4月30日 | 中国政府全国有线电报之一切财产及其收入 |
| 吉会铁路借款 | 1000万日元 | 1918年6月18日 | 现在及将来吉会铁路所属之一切财产及其收入;甲非得乙之承诺,不得以前项财产或收入为担保提供给他人 |
| 吉黑两省金矿及森林借款 | 3000万日元 | 1918年8月2日 | 吉黑两省之金矿及国有森林,由前项金矿及国有森林所生之政府收入 |
| 满蒙四铁路借款预支款 | 2000万日元 | 1918年9月28日 | 现在及将来满蒙四铁路所属之一切财产及其收入;政府非得借款银行之承诺,不得以前项财产或收入作为担保或保证物提供给他人 |
| 济(南)顺(德)、高(密)徐(州)两铁路借款预支款 | 2000万日元 | 1918年9月28日 | 现在以及将来上述二铁路所属之一切财产并其收入;政府非得借款银行之同意,不得以前项之财产收入作为担保或保证物提供于他人 |
| 参战借款 | 2000万日元 | 1918年9月28日 | 中国政府将来整理新税之收入 |

西原龟三自称是“王道主义”的忠实信徒,并将上述借款的实现视为“王道”精神的集中体现。而事实上,这与他所讽刺的“霸道

主义”,即大隈内阁以武力威胁赤裸裸攫夺权益的对华政策,并无实质性的区别,只是所采用的侵略手段有所不同罢了。

首先,从借款的内容来看。与近代中国外债史上的其他借款相比,“西原借款”有着低利息、无回扣、少担保的特点。一些研究中日关系史的学者遂有“西原借款大体上不失为差强人意者”、“诚借款条件之优者矣”①的评价;作为借款当事人的曹汝霖、章宗祥等人更是据此竭力为自己的卖国罪责进行开脱。如曹事后在《民初外交回忆录》一文中争辩道:“夫借款必有抵押品,中外皆同,而抵押品之轻重则大有不同。西原借款为日金一亿元,与善后借款英金二千五百万镑相比,数目虽差,亦不能谓为小借款。然一则以生命线之盐税作抵,按期还本付息,本利无亏;一则以电线、森林等有名无实作抵,等于空头支票,一无用处,至今分文未还。合同载明实足交款,不折不扣,方以为开外债未有之先例,岂知直皖战争皖方失败,合肥下野,吴子玉遂以此为罪,遽命政府通缉,为世诟病,真始料所不及矣。”②章也在记述其担任驻日公使之经历的回忆录《东京之三年》中说道:“所谓西原借款,以交行借款为起源,照合同所载及其经过情形,实无甚可议。此后关于铁路各种借款,用途情形不同,而不收回扣,实足交款之条件,则始终如一。曹(汝霖)尝自诩,谓可谓借款之模范。”“余以职务上之关系,有时居间传达,或奉命接洽,当时进行之内幕,颇有外人所未知者。时事变迁,已成陈迹。然就事论事,当局者破除旧例,竭力为国家争回利权,当时亦费尽苦心也。”③实际上,曹、章所罗列的“西原借款”的这些所谓的“优厚”条件,不过是日本为从段祺瑞北京政府手中谋取更多更大的侵略权益而有意投下的诱饵;而且,这些条件“优厚”的借

①王芸生辑:《六十年来中国与日本》第七卷,三联书店 1981 年版,第 109 页。
②周叔廉:《西原借款》,见杜春和等编:《北洋军阀史料选辑》(下),中国社会科学出版社 1981 年版,第 205 页。
③《近代史资料》1979 年第 1 期,第 22、77 页。

款合同背后，都无不包藏着险恶的侵略目的。就拿两次交通银行借款来说，交通银行“是与中国银行一同管理中国政府国库的金融机关；它拥有纸币发行权，在全国各地设有支行七十余处，是国有铁路的机关银行。其事业范围，较之中国银行尤为广泛”①。控制了交通银行，日本就能轻易地操纵中国的财政、金融及交通命脉。为此，西原龟三率先将交通银行的借款问题提上议事日程。他利用交行因库存告罄而被迫停兑的机会，提出了“中日合办”该银行的建议，并运动日本兴业、朝鲜、台湾三家银行，于1917年1月和9月分两次向该行提供2500万日元借款，充作该行的兑现基金和业务整顿费用。根据借款合同的规定，三家日本银行派遣藤原正文为交行的顾问，负责监督该行的营业情况。这样，“交通银行在名义上虽没有实行中日合办，实际上已受了日本三银行的控制”②。他如吉黑两省金矿及森林借款、吉会铁路借款和满蒙四铁道借款等，从前表“借款条件”栏内不难看出，实际都隐藏了侵吞掠夺中国林矿资源与铁道权益的野心。虽然由于中国人民的强烈反对等多方面原因，合同中所载明的那些担保条款最后成了有名无实的空头支票，但这丝毫不能否认这几项借款所具的侵略本性。如果说上述几项借款对中国利权的掠夺与损害尚不十分突出，那么，济顺、高徐两铁路借款可谓极为露骨和严重了。

济顺、高徐两铁路的敷设权原系德国从袁世凯政府手中攫得的。一战爆发后，日本借驱逐德国在远东的势力为名强行派兵进入山东。为了从根本上取代德国在山东的地位，日本千方百计地想迫使中国签订一项条约，以便“合法地继承”德国在山东的权益。1915年中日“二十一条”交涉时，日本曾对上述两铁路的敷设权归属提出要求，但未能得逞。1917年8月14日，北京政府对德宣战，按理德国在华的侵略权益包括两路敷设权应由中国收回，但段

①《西原借款回忆》，《近代史资料》1979年第1期，第131页。

②徐义生：《中国近代外债史统计资料》，中华书局1962年版，第144～145页。

祺瑞等经不住西原所抛出的2000万日元借款的诱惑，竟于翌年9月24日命驻日公使章宗祥与日本外相后藤新平进行了出卖两路敷设权的换文。当天，双方还就山东问题进行了换文[①]。这一同样是由西原“拟成方案”[②]并斡旋促成的换文，从表面看似“比较与中国有利”[③]，而实际上却是其害无穷：第一，以正式换文的形式肯定了日本军队占领济南和青岛的合法性；第二，变相承认了日本对胶济铁路的控制权，只是在形式上把以日本军队驻守改由日人指挥下的“中国巡警队”担任警戒而已；第三，为日本独占胶济铁路的经营权大开了方便之门；第四，为日本在一战后继续占据山东提供了口实，并直接导致了巴黎和会上中国对日外交的失败。由此可见，西原所谓的“王道”、“亲善”和“提携”，不过是鲸吞、掠夺中国利权的另一种表述而已。

其次，从借款的性质来看。“西原借款”虽多以兴办电信、交通、金融、林矿等实业的名目出现，却无一例外地带有浓重的政治色彩。这些借款所以非由日本政府的外交部门出面联络交涉，也非由参加四国银行团的正金银行出资承借，而是由寺内首相的私人代表西原龟三暗中牵线促成，并由日本兴业、台湾、朝鲜三家特种银行及“中日合办”的中华汇业银行联合担任，实是日本政府为掩盖其对华借款的真相，从而免遭银行团其他成员国干涉的特意

①该换文的主要内容是：(一)胶济铁路沿线之日本国军队，除济南留一部队外，全部均调集于青岛；(二)胶济铁路之警务可由中国政府组成巡警队任之；(三)右列巡警队经费由胶济铁路提供相当金额充之；(四)右列巡警队本部及枢要驿并巡警养成所内应聘用日本人；(五)胶济铁路从业员中应采用中国人；(六)胶济铁路所属确定以后归中、日两国合办经营；(七)现在施行之民政撤废之。参见王铁崖：《中外旧约章汇编》第三册，三联书店1982年版，第1409～1410页。

②《西原借款回忆》，《近代史资料》1979年第1期，第167页。

③王芸生辑：《六十年来中国与日本》第七卷，三联书店1981年版，第166页。

安排,而并非真的出于实业上的考虑①。借款的实际用途及对中国的内政所造成的至大影响,充分说明了这一点。

关于"西原借款"的实际用途,当时的一些报刊曾予以揭露道:"前总理段祺瑞,屡次企图用武力压服西南,财政部于是日日以筹款为事,多多益善,以供军事之用……不幸军费之大部,均入私人囊橐。"②"寺内内阁不为何等相当之监督,致无监督之结果。彼段内阁将此款如何处分,不难想象而得之,即彼用以充南方讨伐费是矣。"③有的论者甚至认为,"西原借款"遭致世人诟病非议的根本原因,就在于"此种钱大都拿来消耗于内争,未尝用于利国福民之途"④。

作为借款当事人的章宗祥、曹汝霖、陆宗舆事后追忆这段历史时,虽竭力掩饰自己的卖国罪行,但在借款用途等方面还是供出了一些史实,透露了个中真相。章宗祥在谈到借款去向时曾惺惺作态地说:"所惜者,军事不停,需费无算,得款即无形消去。"⑤曹汝霖则回忆道:当时中央政府的军政费用"每月约需二千万元,而财政部可靠之收入,每月只余关余、盐余(海关税、盐税抵押外债,每月付本息所余者)、烟酒税、印花税、所得税等等,合计不足一千二百万元,尚缺八百万元,则藉借款为弥补"。并举例说:款额为三千

①根据1913年英、德、法、日、俄五国银行团与中国政府订立的协定,中国不得向五国银行团以外的任何一国进行政治借款,也不得单独向五国中之一国进行政治借款。日本深恐单独进行对华借款会遭到其他银行团参与国的反对,故除秘密办理外,又有意避开了参加银行团的正金银行,而由兴业、台湾、朝鲜三银行联合出资承借(三银行均为特种银行,兴业银行专营长期投资业务,又有发行债券的特权;朝鲜银行在朝鲜和中国东北部享有金票发行权;台湾银行在华北、华南有不少分支机构),从而给人们以实业借款的假象。1917年8月,经日方提议又成立了中日合办的中华汇业银行,专营中日间的汇兑业务,并代表日方出面签订一些条件苛刻的借款合同,其用意也无非是为了避免列强和中国国内的反对。

②《东方杂志》第16卷第3号,第215~218页。

③《东方杂志》第15卷第12号,第39页。

④王芸生辑:《六十年来中国与日本》第七卷,三联书店1981年版,第109页。

⑤章宗祥:《东京之三年》,《近代史资料》1979年第1期,第77页。

万日元的有线电信借款，中日双方“彼此心照，不用于电信方面”，除五百万日元拨归交通部作修理海底电线之外，“余者全挪为政费”；而且不到半年，“所借之三千万即将用罄”[①]。西原龟三对这笔借款的用途说得更为具体：“所谓电信借款，就其用途而论，亦可谓参战准备借款，主要是充作建军费用。”[②]电信借款的真相如此，其他各项借款的实际情形又怎样呢？陆宗舆曾披露吉黑两省森林金矿借款的内幕说：“一日舆为合肥所招，谓曹锟师将北溃，苟无大借款以撑此局面，则政局将生绝大波澜，除将三千万日金借款令汇业代转合同，以期速得款项救急之外，绝无其他办法。谓若不签字，无异与当局同人相仇视。合肥语甚沉痛，时在旁之田焕亭（田文烈，时任农商总长）、徐又铮及段（芝贵）吴（光新）诸公同声相劝。田且谓我农商总长已允盖印，君仅为银行总理，何不乐做此生意，岂非有意作难。舆义不容辞，而允为即签。”[③]陆的这段话虽不无推诿罪责之嫌，但证诸 1918 年 7 月 14 日徐树铮给奉天督军张作霖的密电（“寒”电），内中所述借款是为救济前方军事急需之言，还是可信的。徐在“寒”电中说：“上次吉黑林矿借款，委以中央财政困难，罗掘俱穷，前敌军事又不容稍缓，各省解款毫无，势不得不仰给外债。”[④]另据一些“安福国会”议员透露，二千万日元的济顺、高徐两铁路借款金额中，有一千七百余万元耗费于“安福国会”的选举[⑤]。而参战借款的举借完全出于政治军事目的，从不加任何掩饰的借款名称就不难看出。对此，代表中方在该借款合同上签字的章宗祥也直言不讳地说：“参战借款由两方军事人员参预，更是

①曹汝霖：《民初外交回忆录》，《近代史资料》1979 年第 1 期，第 174 页。按：有线电讯借款款额实际为二千万日元，曹汝霖回忆有误。

②王芸生辑：《六十年来中国与日本》第七卷，三联书店 1981 年版，第 219 页。

③陆宗舆：《五十自述》，参见《近代史资料》1979 年第 1 期，第 178 页。

④《徐树铮电稿》，中华书局 1963 年版，第 295 页。

⑤《安福祸国记》上篇，民国九年九月一日印，第 75～76 页。

另一种性质,与当初经济提携的用意,全属两事。"[①]"西原借款"用途的名实不符,在日本也引起了不少人的关注。1918年7月13日,日本驻华公使林权助致电本野一郎外相,报告"西原借款"的用途说:"中国政府企图压服南方……最近藉实业借款为名,所借日款,实际上几乎都流用于政治上军事上的目的。"[②]在1919年1月28日日本众议院第41次预算委员会会议上,宪政会的望月小太郎曾就"西原借款"的用途质询道:"当时段祺瑞每月征伐南方费用为一千五百万日元,我一年间一亿几千万日元之借款悉数为之用光。"[③]1925年3月,日人冈部三郎根据北京政府财政部的有关档案,对有线电信、吉会铁路、满蒙四铁路、吉黑林矿及济顺、高徐二铁路等五项共一亿元借款的具体开支情况作过一番统计,据此可知,上述借款被段祺瑞北京政府直接用作行政费、军费、购买军械、内债本利(这分部钱也被挪作军政费用)、议院经费等军政用途的近五千万日元,约占借款总额的50%,占实际开支总额的70%强[④]。

正是由于有"西原借款"源源不断地"输血",段祺瑞北京政府才有可能将"武力统一"的实施和"安福国会"的选举一一付诸行动。因此,从某种意义上说,"西原借款"对中国各派军阀间的纷争混战和政局的长期动荡不定起到了推波助澜的恶劣作用。英国泰晤士报驻华记者莫理循曾对此评论道:中国的军阀们"今天正被我们的那个一心只想消弱中国的东方邻居所利用。他们被人用连同中世纪也从未产生过的阴险黑暗的外交权术和阴谋所愚弄而自相厮杀。他们在别人的财政资助下,彼此攻击,混战不休,以致到处苦难达于极点,正如我们当初用鸦片政策加深中国的苦难一样"[⑤]。应

---

①周叔廉:《西原借款》,见杜春和等编:《北洋军阀史料选辑》(下),中国社会科学出版社1981年版,第203页。

②转引自《民国档案》1988年第3期。

③(日)铃木武雄:《西原借款资料研究》,东京大学出版社1972年版,第254页。

④(日)铃木武雄:《西原借款资料研究》,第489～490页。

⑤乔·厄·莫理循:《清末民初政情内幕》下册,知识出版社1986年版,第750页。

该说这一评论切中了“西原借款”的要害。

再次，从西原龟三对华借款的计划及活动来看。“西原借款”并不是孤立存在的，它既是寺内内阁“以投资手段使中国殖民地化”①的经济侵略政策的产物，又与西原龟三对华借款的计划及种种借款活动密切相关。西原作为寺内内阁对华政策的重要决策者和执行者，其借款计划浸透了对华经济侵略的野心，种种借款活动也是围绕这一目的而展开，是不难想象的。对此，西原自己也供认不讳，他事后曾谈起对华借款的真实意图说：“我之所以活动于订立所谓西原借款的最大目的”，就在于“使中国的资源由日本人来开采，以补日本原料的不足，同时由资源的开采，提高中国人民的购买力，日本便可以提供廉价的商品”②。这就是说要把中国变为日本的原料供应基地和日货的倾销市场。

1916 年 6 月西原龟三第一次来华时所拟定的《在目前时局下的对华经济措施纲要》，其要旨就是以借款为手段，达到操纵中国财政经济命脉的目的。内中除提出以京张、张绥铁路为借款担保及应聘用日人担任财政部与各省财政厅、银行的顾问等苛刻条件外，还特别就改革中国的币制、确立日华货币混合使用的金本位制问题作了详细说明，认为这是确保日本在华经济优势地位的唯一途径。西原在该《纲要》附注中解释道：“日本之财力远不如欧美各国雄厚，以此薄弱之财力，与欧美各国角逐，确保在华之经济优势，其唯一途径，实为日华货币之并用流通并辅以王道主义之贯彻实行。”并胸有成竹地表示：“若此举得以实现，则日本之在华经济势力当可自然发展，以至百世不衰。”③经过与北京政府财政总长曹汝霖等人的往来接洽与磋商，西原于 1918 年 8 月炮制了《中国税制及币制改良论》一文，提出了税币制改革的设想。其中关于币制

①王芸生辑：《六十年来中国与日本》第七卷，三联书店 1981 年版，第 109 页。
②樋口弘著、北京编译所译：《日本对华投资》，商务印书馆 1959 年版，第 154 页。
③西原龟三：《西原借款回忆》，《近代史资料》1979 年第 1 期，第 117～118 页。

改革部分的主要内容是:中国直接采用金本位制;由中国、交通两银行发行与日元同等单位的金兑换券,以票面值流通市场;中央及地方政府的一切支出、交通机关运费的收纳与支付,以及租税的免纳等,均使用金券;设立经营输出入贸易的公司,以助金券交易之发达,等等①。这一改革方案意在“把中国币制完全变为日金的附庸”②,可谓昭然若揭。但段祺瑞等却贪图西原许下的几千万日元的币制改革借款,竟自甘饮鸩止渴,于 8 月 10 日公布了《金券条例》和《币制局官制》,准备按照西原的方案改革币制。《金券条例》一出台,立即遭到了全国人民的强烈反对,美、英、法、俄等国也纷纷向北京政府提出严重抗议,西原龟三的币制改革计划于是搁浅。

在西原龟三对华借款计划的夹袋中,还有几个没能实现而侵略性丝毫不比上述币制改革借款逊色的借款项目。1918 年 4 月西原第五次来华期间,就中日间进一步“合作”问题与曹汝霖商订了一份备忘录。此项备忘录在签字时,就连以亲日著称的陆宗舆也不免胆战心惊,“害怕将来被诽谤为卖国贼,在战战兢兢中署了名”③,可见其损害中国权益的严重程度。双方互换备忘录后,西原即匆匆赶回东京,就备忘录中的重要项目诸如庚子赔款的交还以及铁和铁路问题的处理等等,“向寺内首相以及有关方面人士进行说项”④。5 月 22 日,寺内根据这个备忘录拟定了一份名为《借款问题及其他》的材料,“列记了对华交涉的各项经济案件,以及解决山东问题的重点”,命西原即速返华,“努力促其实现”⑤。材料中除列有吉会铁路借款、吉黑两省森林金矿借款及山东问题、币制

①北京政府财政部编:《币制汇编》第七篇,第 352～362 页,转引自中国人民银行总参事室编:《中华民国货币史资料》第一辑,上海人民出版社 1986 年版,第 465 页。

②徐义生:《中国近代外债史统计资料》,中华书局 1962 年版,第 145 页。

③《西原借款回忆》,《近代史资料》1979 年第 1 期,第 153 页。

④《西原借款回忆》,《近代史资料》1979 年第 1 期,第 154 页。

⑤《西原借款回忆》,《近代史资料》1979 年第 1 期,第 155 页。

问题等的交涉要领外，还包括以下内容：(1)烟酒专卖借款问题。其目的是想像控制中国的盐税那样控制中国的烟酒经营权和烟酒税。(2)国营钢铁厂借款问题。意在掠夺中国的钢铁资源，并向长江流域扩张其势力。(3)组织中国铁道资本团及铁道建设计划问题。企图借此垄断中国的铁路修筑权，并将日本的势力伸向中国的各个角落。(4)退还庚子赔款问题。这实际上是想以退还庚子赔款为诱饵，并以开发中国的实业为幌子，控制中国的棉花、羊毛和矿藏资源。西原将此项使命视为其"一生之荣誉"[1]，迫不及待地于5月24日踏上了第六次赴华的旅途。在此后的两个多月的时间里，他频繁地出入段祺瑞、曹汝霖、田文烈(时任农商总长)、吴鼎昌(时任财政次长)等政要之门，进行游说、交涉，并以其老练的外交手腕，通过签署正式合同或交换议定书的形式，逐项落实了上述条款。很显然，若不是中国人民的强烈反对，美、英等国的出面干预，以及寺内内阁的旋即倒台等原因，从而使烟酒专卖借款、国营钢铁厂借款等功亏一篑，则"西原借款"的规模肯定比现在要庞大得多[2]，

---

①《西原借款回忆》，《近代史资料》1979年第1期，第157页。

②西原亀三计划中的对华借款除前述8项、1.45亿日元外究竟还有多少，目前仍不甚明了。胜田主计在事后撰写的《菊分根》小册子中说，因事态急遽变化，借款未经过第一期即行中止；林权助则谓：寺内下台前夕行将成立之借款"尚未知其数也"(周叔廉《西原借款》，《北洋军阀史料选辑》(下)，第208～209页)。日本学者胜田龙夫曾对此作过一番统计："在西原借款里，除前述八宗外，原来还预定有炼铁厂借款一亿日元……如果把这部分借款追加金额二亿二千七百万日元(吉会铁路五千万日元，满蒙四铁路一亿三千万日元，山东二铁路四千七百万日元)都合算在一起的话，那'西原借款'按整体来说就是一个达到四亿七千二百万日元的庞大构想了"(《近代史资料》总51号，第202～203页)。而王芸生则认为："西原等议而未立者，尚有地租借款一万万元，凤凰山铁路借款一千万元，龙关矿砂借款一千万元，东陵森林借款一千万元，京奉铁路盈余借款二千万元，七年公债债券借款二千万元，印花税借款二千万元，闽沪船厂借款二千万元，广东矿山借款五百万元，苏皖制铁所借款三千万元等，均因内阁之倒而未实现。"(《六十年来中国与日本》第七卷，第170页)可见，西原亀三原定对华借款计划比后来实现者要庞大得多。

对中国造成的危害自然也要严重得多。

日本帝国主义欲壑难填,“按照灾难性的条件,大方地借钱给中国”;而段祺瑞北京政府则是有求必应,“忙不迭地用两只手一把一把地将种种权利奉送给日本”①。在寺内内阁执政的近两年时间里,除前述“西原借款”外,双方还订立了第二次善后借款垫款、四郑铁路借款、吉长铁路借款、无线电台借款、加入中美运河借款、陕西实业借款、直隶水灾借款、军械借款等借款合同,对华借款总额增长到三亿八千六百万日元(包括“西原借款”),相当于寺内刚上台时对华借款金额一亿二千万日元的3倍。与此同时,双方还秘密进行了一项更严重的掠夺——出卖中国主权的交易,那就是《中日共同防敌军事协定》的秘密签订。

### 3.《中日共同防敌军事协定》的秘密签订

1917年11月7日(俄历十月二十五日),俄国爆发“十月革命”,建立了世界上第一个社会主义国家。为了将新兴的苏维埃政权扼杀在摇篮之中,美、英、法等帝国主义国家悍然对它进行武装干涉。急于夺取帝俄在华的侵略利益,并进而向苏俄境内扩张其势力的日本也趁机出兵,充当了武装干涉苏俄的急先锋。

日本借口防止德奥势力经西伯利亚东侵,向北京政府提出了签订中日共同防敌军事协定的要求。企图以中日“共同防敌”为烟幕,诱使中国与之共同出兵,并将中国划出行军区域,“借此一方握中国于其掌握,以便予取予求;同时据北满,煽外蒙,占西伯利亚,以发挥其囊括东亚大陆之野心。其用心之尤为深刻者,在借此握得中国之中央军权”②。1917年11月段祺瑞派靳云鹏、曲同丰以观操为名赴日,暗中接洽军械借款。期间适值“十月革命”爆发,在

①乔·厄·莫理循:《清末民初政情内幕》下册,知识出版社1986年版,第730页。
②王芸生辑:《六十年来中国与日本》第七卷,三联书店1981年版,第240页。

日本方面的提议下，双方曾就军事合作问题进行了初步商议①。苏俄与德国单独媾和后，日本方面更是加紧活动。1918年2月5日，日本参谋次长田中义一走访中国驻日公使章宗祥，危言耸听地说："微闻德国已有阴谋，一面从西伯利亚侵入东方，一面在甘肃、新疆一带鼓动回教徒肇事。中国国防吃紧，即日本国防吃紧……从军事上着想，两国国防实非迅谋共同行动不可。"②与此同时，日本驻华使馆人员以及北京政府的日籍顾问青木宣纯等，也纷纷就缔结军事协定事向大总统冯国璋等人进行游说、鼓动③。当时段祺瑞已因"武力统一"政策受挫而辞去国务总理职务，继任的王士珍内阁不敢拂逆日本的旨意，又怕激起全国人民的反对，因而提出了一种变通主张，即中国境内的"防敌事宜"由中国自行处理，境外的"防敌事宜"可与日本共同处理。

日本方面对此很不以为然。2月23日，日本外相本野一郎极为不满地对前来向他转达北京政府上述意见的章宗祥说：中、日两国既然以共同防敌为目的，就应当消除猜忌与畛域，"设中国仍不免怀疑，则共同声明等于形式"④。26日，田中义一在走访章宗祥时也颇为不悦地说："中日两国既以协力防敌为必要，应专就战略着想，不宜涉及政略……若仍泥守分界之说，则共同目的无以达到。"他提出两个方案，供中国方面选择：一是先由两国外交当局缔结共同行动之协约，再由两国军事当局商议军事布置；二是先由军事当局商定军事布置，外交当局仅予认可，俟情势需要再订协约。并表示为了消除中国方面的顾虑，可预先发表声明，将来中国境内

---

①温世霖：《段氏卖国记》，荣孟源、章伯锋主编：《近代稗海》第四辑，四川人民出版社1985年版，第543～544页。

②北京政府外交部编印：《外交文牍——中日军事协定案》，1921年8月版，第1页。

③王芸生辑：《六十年来中国与日本》第七卷，三联书店1981年版，第242页。

④北京政府外交部编印：《外交文牍——中日军事协定案》，第1～2页。

的日军一律撤退,中国境外仍由中日两国军队共同防御[①]。

北京政府原则上同意田中的第二种方案,但又提出此项协商仅系准备步骤,"非至必要时,万不轻于用兵"[②];并坚持"此次商定各节,其有效期自以欧战期内为限"[③]。对此,日本一方面指责中国缺乏诚意,并散布一种空气说:"日本应行其自卫权利出兵,无须与中国共同"[④],以此恫吓北京政府;同时又派西原龟三赴华活动,以支持段祺瑞再度出山组阁。

3月23日,段祺瑞再次出任国务总理。段内阁复活后,立即加快了中日军事协定谈判的步伐。25日,经日本方面的提议,中、日两国互换了共同防敌公文,商定"凡两国陆海军对于此次共同防敌战略之范围应行协力之方法及其条件,由两国当局官宪协定之,该当局官宪,对于相互利害问题互相慎重诚实随时协议,并由两国政府核定,俟时机实行"[⑤]。当天,日本驻华使馆向北京政府外交部递交了日本方面参与谈判的军事委员会成员名单:陆军委员长斋藤季治郎,委员为宇垣一成、本庄繁、川崎吉五郎、山田健三;海军委员长吉田增次郎,委员为伊集院俊、桦山可也。与此同时,中国方面也派出了参加谈判的军事委员会成员,其中陆军委员长为靳云鹏,委员为童焕文、曲同丰、刘嗣荣、田书年、江寿祺、丁锦、刘崇杰、张济元、陈鸿逵、秦华;海军委员长为沈寿堃,委员为吴振南、陈恩焘、吴光宗。随后,两国代表即开始就军事协定的有关问题在北京进行谈判。

5月16日,靳云鹏与斋藤季治郎在北京签订了《中日陆军共

①北京政府外交部编印:《外交文牍——中日军事协定案》,1921年8月版,第2页。

②北京政府外交部编印:《外交文牍——中日军事协定案》,第3~4页。

③北京政府外交部编印:《外交文牍——中日军事协定案》,第4~5页。

④北京政府外交部编印:《外交文牍——中日军事协定案》,第6页。

⑤王芸生辑:《六十年来中国与日本》第七卷,三联书店1981年版,第251页。

同防敌军事协定》12 条[1]。19 日,沈寿堃与吉田增次郎又在北京签订了《中日海军共同防敌军事协定》9 条及《中日海军共同防敌军事协定说明书》[2]。29 日至 30 日,中、日两国互换照会,正式承认上述两项军事协定。这两项军事协定的主要内容是:中、日两国协同军事行动,利害与共,平等相待;中国地方官吏对军事行动区域内的日军须尽力协助,日军则须尊重中国主权及地方习惯;欧战结束后,中国境内日军一律撤退;根据情势需要,可由两国协同向中国境外派遣军队;在协同作战期间,双方军事机关应派职员往来联络,相互提供陆海运输和通讯便利,以及兵器、军需原料,互相交换军用地图及情报,等等。9 月 6 日,徐树铮与斋藤季治郎又在北京签署了《关于中日陆军共国同防敌军事协定实施上必要之详细协定》7 条,对行军区域、兵器及军需品供给、联络员派遣等具体问题作了规定[3]。

协定从字面上看是平等互利的,但实质上却为日本控制中国军队提供了方便,并赋予了日本驻兵北满及由中国境内出兵西伯利亚的"合法"权利。正如有些日本学者所评述的:"军事协定虽然披着互利主义的外衣,但是,正在中国驻扎军队的日本军方,却通过提供武器和交换情报,迈出了使中国军队隶属化的第一步,并且为已在策划中的出兵西伯利亚确保了在中国境内调动军队的权利。"[4]

军事协定签订不久,日本即源源调遣军队开赴中国境内,并于 8 月 2 日发表出兵西伯利亚宣言[5],15 日又发表出兵满洲里宣

①北京政府外交部编印:《外交文牍——中日军事协定案》,1921 年 8 月版,第 12～14 页。

②北京政府外交部编印:《外交文牍——中日军事协定案》,第 14～17 页。

③王芸生辑:《六十年来中国与日本》第七卷,三联书店 1981 年版,第 259～260 页。

④(日)信夫清三郎:《日本外交史》,第 287 页。

⑤《东方杂志》第 15 卷第 9 号,第 214 页。

言①,从而开始了所谓“共同防敌”的军事行动。北京政府也于8月24日发表出兵海参崴宣言②,并派第九师魏宗瀚部二千余人赴海参崴助战。但日本方面根本没有与中方协同行动的意思,为了造成占有中国北满的既成事实,8月中旬,日本未与中方协商即强行出兵中国满洲里,并以驻满洲里中国军队兵力过单,不足担任防务为由,迫令中国驻军撤出营地,交由日军驻防。8月19日,日本又擅自派兵分驻中东铁路各站,借口它曾与俄国临时政府订有中东路转让密约,强行接管了长春至哈尔滨段铁路。与此同时,中国的西北地区也成了日本觊觎的目标,“察哈尔一带,日人来往络绎不绝,向无日人足迹之处,今亦触目皆是”③;库伦、新疆等地也常有日本军人的踪迹。由此可见,段祺瑞北京政府与日本签订共同防敌军事协定,不但没有起到防敌的作用,反而是引狼入室,给自己带来了无穷后患。

中日签订军事协定的消息经报章披露后,全国舆论为之哗然,反对之声响彻云霄。但段祺瑞等却一意孤行,不但没有适时废止协定,反而于一战结束后又应日本的要求,先后于1919年2月5日和3月1日与日本签订了《关于陆军共同防敌军事协定战争终了之协定》和《关于海军共同防敌军事协定战争终了之协定》,延长了两个协定的有效期。然而,历史是无情的,段祺瑞等在卖国的道路上走得越远,其败亡也就来得越快。1920年7月皖系军阀在直皖战争中败北,段祺瑞逃到天津日租界当了寓公,中日军事协定也旋踵于1921年1月27日被废止。

①台湾近代史研究所编印:《中俄关系史料——出兵西伯利亚》,第261～262页。

②《政府公报》1918年8月25日,第928号。

③温世霖:《段氏卖国记》,见荣孟源、章伯锋主编:《近代稗海》第四辑,四川人民出版社1985年版,第559页。

## 三、安福俱乐部与“安福国会”

### 1. 临时参议院的召集

张勋复辟失败后，段祺瑞又以“三造共和”的功臣姿态出组内阁。由于国体重新回归“共和”，作为“共和制”重要标志的国会自然不能付诸阙如，因此，如何产生国会的问题便成了有关各方争执的焦点。孙中山等多数国民党人士坚决主张恢复遭张勋解散的旧国会，并为此毅然南下广东，掀起了轰轰烈烈的护法运动；西南各省军阀和不少旧国会议员出于自身利益的考虑，也祭起“护法”的大旗，要求尽速恢复旧国会。但段祺瑞一则顾虑他此次组阁“系发生于黎大总统之命令，若恢复旧国会，是即视改选国会之命令为无效；改选国会之命令无效，则改选国会命令下后之一切命令皆将无效，现政府不免从根本上动摇”[①]；更重要的是他对旧国会一再与其作梗一直耿耿于怀，根本不愿再见旧国会的复活，以免因此束缚自己的手脚，所以断然拒绝了孙中山等人的意见。在段祺瑞看来，研究系的梁启超、汤化龙等人提出的改造新国会的建议无疑更合乎自己的心意。

研究系因本党议员在旧国会中仅占少数，难以发挥太大的影响力，因而早有借军阀之力以解散旧国会、另行改造新国会的图谋。1917 年 3 月 8 日，梁启超曾专门为此致书段祺瑞，提议道：“新国会选举，此时必须著手筹备。此次胜败，即国家存亡所由分也（明年选举元首系此一著），谓宜乘副座在都时，速商定种种办法，作速进行。”[②]督军团叛乱后，梁启超等人敏感地意识到颠覆国会的时机已经来临，因而向叛乱督军出谋划策道：“1、此次内部纷

---

①邵飘萍：《北京特别通讯（九四）》，《申报》1917 年 7 月 21 日。
②李华兴、吴嘉应：《梁启超选集》，上海人民出版社 1984 年版，第 711 页。

争应称为‘宪法革命’,不采用独立字样;2、如称此次纷争为革命,各省以不承认现行的约法为上策,倘承认约法,彼等即成叛逆;3、如废除现行约法,总统、副总统、国会及其属下之一切机关,均将因革命而在法律上失效,必须如1911年的南京,全部改组;4、各省自行选出四至五人,在北京组成国民大会,一如参议院于1911年在南京,为中华民国制定临时约法……”①特别是梁启超、汤化龙、林长民等研究系党魁,因在平定张勋复辟中助段有功而被罗致入阁,分别担任了新一届段内阁的财政、内务和司法总长后,研究系上下更是备受鼓舞,决定抓住这一难得的机会发展该党势力。1917年7月29日,梁启超在研究系大会上信心十足地表示,他们此次入阁的主义“在树政党政治模范,实现吾辈政策”②。为了实现所谓的“政党政治”,也即达到操纵国会、左右政局的目的,梁启超、汤化龙等人再次向段祺瑞提出了改造新国会的主张。他们宣称:“中华民国既经一度之复辟推倒,即成已死蜕化过去之中华民国;现在复生之中华民国,乃由段祺瑞手造之中华民国,非复从前之中华民国,是旧国会断无恢复之理。况旧国会不良,由于国会组织法不善,倘不先组织一种过渡机关,将国会组织法修改,仍用旧法选举新国会,未有不蹈旧国会覆辙者。”③并将当时情形与民国初建时混为一谈,提议“仿照第一次革命先例,召集临时参议院,重定国会组织法及选举法后,再行召集国会”④。梁启超还大谈其国会不能复旧、不可改选,召集临时参议院为“无上上策”的所谓理由道:“各省既以全力打破国会而使之解散,今忽恢复,政治上将生莫大之反动”;“纵使对于各督可以疏通,使勿反对,但彼等国会恢复而后,是否果能速定宪法,是否可以一改从前之态度,则无论何人不敢为之

①乔·厄·莫理循:《清末民初政情内幕》下册,知识出版社1986年版,第645页。
②《申报》1917年7月30日。
③南海胤子:《安福祸国记》,见荣孟源、章伯锋主编:《近代稗海》第四辑,四川人民出版社1985年版,第338页。
④李剑农:《中国近百年政治史》下册,商务印书馆1947年版,第502页。

担保”。而改选议员非但“必需相当之时日，盖以严格的法律言，则改选亦无根据，而又不能去国会组织不良之弊。如是之国会，再过三年，国家不更危险乎！”至于召集临时参议院，则“有改良组织之利，而约法上亦可以勉强比附，似三者之中可行而比较有利者，莫若此也”①。梁、汤等人这一撇开旧国会、另起炉灶造就新国会的建议很合段祺瑞的胃口。这是因为：其一，段从此再也无需顾忌旧国会的作梗留难了；其二，前临时参议院的参议员是由地方当局指派而非由选举产生的，段可援例将其在各地的亲信人物安插进入参议院内，从而将立法权牢牢控制在自己手中。因此，该提议一经提出，很快便在内阁会议上获得了一致通过。

7月24日，北京政府国务院发出了一则由梁启超起草的通电（“敬”电），征求各省对召集临时参议院的意见。电文中宣称：“国体新复，政府初成，国会既解散，宪法尚未成立。今日仍为适用约法时代，虽行政、司法组织粗完，而未有立法机关。揆之约法第四条，中华民国以参议院、临时大总统、国务员、法院行使其统治权之文，不相符合。则组织立法机关实为最急之务。”旧国会既经明令解散，断无重行召集之理；而且“凡最高机关能行使其职权者，全赖人民信仰之心”，但旧国会自被解散后，已完全失去了它的威信，“威信既失，精神不存，假令恢复，徒滋纷扰”，因此，恢复旧国会于理于势必不可行。而改造国会议员不但手续烦难迂曲，难于克奏肤功；而且因人数过多，权限不明，规制未善，难免会在日后引起纷争，因此也非长久之计。今日既为遵行约法之时代，则合法之立法机关无过于约法上所规定的参议院，“夫国会之职权，乃由约法上之参议院递嬗而来，有参议院行使立法职权，即无异于国会之存在，是与约法精神、共和本旨皆不违背，且人数无多，选派由地方自定，依据约法，可以迅速成立，救时之图，计无逾于此者。”总之，依据约法召集临时参议院，并按约法所规定的参议院的职权，解决制

①邵飘萍：《北京特别通讯（九七）》，《申报》1917年7月25日。

宪、修正国会组织各问题,“则事事守法以行,于政治上能得平允,于法律上不生矛盾”①。

段祺瑞在通电中实际上已表明了自己的态度,所谓“征询多数意见”,不过是一种形式而已。隶属于北洋派的各省督军对此自然心领神会,因此,立即桴鼓相应,通电附和。当天,奉天督军张作霖致电国务院,声称:“共和重光,海内喁喁望治,立法机关不容久虚,新国会既无召集之可能,旧国会复无恢复之余地,惟有依照《约法》组织参议院,庶几于法理事实均无窒碍。救时之策,无善于此,作霖深表赞同。”②28 日,安徽督军倪嗣冲密电内阁,谓“国会喧扰,信用全失,既以明令解散,自无再行恢复之理。而改选改组又非旦夕所能观成,穷则返本,惟有神明于《约法》之中,组织国会所出之参议院,以济无法之穷,庶几法律事实,双方得以并顾。嗣冲对此政策,极端赞成。”③8 月 3 日,直隶督军曹锟也致电国务院:“民国建谋,首重大法。旧国会既已解散,新国会急难成立。为尊重国体,维持现状,惟有依据《约法》召集参议院,至为适当。钧院策划,锟极表赞同,敬乞早日实行,至为翘盼。”④他如湖北督军王占元、浙江督军杨以德、福建督军李厚基、陕西督军陈树藩、河南督军赵倜、山西督军阎锡山、热河都统田中玉、吉林督军孟恩远等也纷纷来电表示赞成。9 月 29 日,北京政府即根据这些地方军阀的“一致要求”,以大总统令的形式发布了临时参议院组织令,令文中说:“国会组织法暨两院议员选举法,民国元年系经参议院议决咨由袁前大总统公布。历年以来,累经政变,多因立法未善所致,现在亟应修改。著各行省蒙藏青各长官,仍依法选派参议员,于一个月内到京组织参议院,将所有应行修改之组织、选举各法开会议决,此外

①邵飘萍:《北京特别通讯(九九)》,《申报》1917 年 7 月 30 日;《东方杂志》第 14 卷第 9 号,第 108 页。

②《政府公报》1917 年 8 月 3 日

③《政府公报》1917 年 8 月 3 日

④《政府公报》1917 年 8 月 5 日

职权，应俟正式国会成立后，按法执行，以示尊重立法机关之至意。”[①]同日，又令内务部按照民国元年筹备国会事务局办理事宜，迅速筹备，预备选举[②]。

北京政府擅自决定组织临时参议院的非法之举，激起了南方护法阵营的强烈反对。10月3日，孙中山以护法军政府大元帅名义发表通电，指斥北京政府重新召集参议院、另行组织新国会“背叛约法，逆迹昭然”，“与袁世凯之以另召国会，欺蒙全国，而自造袁氏之参议院，修改约法，如出一辙”[③]。广州非常国会也发表通电，反对重新召集临时参议院，谓：“约法第二十八条规定，参议院于国会成立之日解散。民国国会久已成立，人民与政府亦久已承认，今于国会非法解散后召集参议院，尚靦然依据约法自欺欺人，又将谁信！”[④]云南督军唐继尧则在通电中反诘道：“查临时约法，明明规定国会成立，则参议院废止，今国会已成立数年，何以倒行却走，而复返于临时之日，此不可解者一。临时参议院蜕为国会，是二是一，既筹备国会选举，何必同时召集参议院？此不可解者二。国会组织法，参议院可以修正，何以国会独不可以修正？此不可解者三。”[⑤]由于段祺瑞等此时已决意用武力征讨南方，因而对孙中山等人的反对意见根本不予理睬，仍一意孤行地进行临时参议院的筹备工作。结果，至10月底，除西南各省外，其他各省区均分别选派参议员到京。

11月10日，临时参议院在北京正式开幕。代理大总统冯国璋、内阁总理段祺瑞出席了开幕式，并先后致辞祝贺。冯在祝词中

---

①《政府公报》1917年9月29日；钱端升：《中华民国政制史》上册，上海商务印书馆1946年版，第124页。

②吴廷燮：《合肥执政年谱初稿》，见来新夏主编：《中国近代史资料丛刊·北洋军阀》（五），上海人民出版社1993年版，第149页。

③《军政府公报》1917年10月3日，第10号。

④《军政府公报》1917年10月8日，第11号。

⑤上海《中华新报》1917年11月3日。

说明了召集临时参议院的原委并勖勉参议员诸君道:“……国璋慨往昔立法之不良,而民意机关之不可一日缺也,乃令各地方依法派参议员组织参议院,属以修改国会组织选举两法之任。盖民主国主权属于国会,国会之行使其权而当也,斯国本立,反是者乱。今组织选举两法之斟酌损益在诸君,诸君一言一字之出入,今后国家千百年之治乱系焉。所望经此次修正以后,国会成,宪法定,而国家不复见立法机关之纷更,岂独国璋得躬与太平之幸,而诸君之盛德大业,将永为国人所颂祷不止矣。”①段的祝词意思大同小异,大略谓:“中国六载以来,事变相循,国会再蹶,为祺瑞等所痛心,论者探究原因,咸谓组织法选举法未能尽善有以致之……诸君子更定良法,使三权永剂于平,则凡百设施,归于轨道,若金在范,若土在陶,以此图治,则四百兆人之禔福,可以坐致,共和前途,实利赖之。”②14日,临时参议院进行选举,皖系政客王揖唐、那彦图分别当选为正、副议长,王印川为秘书长。

临时参议院成立后,首先提上议事日程的就是如何修改民国元年制定的有关国会的各种法案,以便迅速过渡到“正式国会”。当时,研究系虽在竞选临时参议院议长一役中败下阵来,但并没有因此放弃其确立国会中的多数党地位、进而实现政党政治的既定目标。梁启超为此就修改国会组织法和两院议员选举法问题发表政见道:“中国地广人众,每议员一人代表公民四十万,安能代表真正民意?而在议会,在嫌其多,人言庞杂。旧国会参众两院,达九百人,今修正国会组织法,应将两院缩为五百余人,易收意志统一之效。”③12月14日,冯国璋即根据梁的建议,提请临时参议院对国会组织法及两院选举法进行修改。临时参议院受命后仅用了短

①黄季陆主编:《革命文献》第四十九辑《护法与护法军政府史料》,台湾1969年12月版,第98页。

②黄季陆主编:《革命文献》第四十九辑《护法与护法军政府史料》,第98~99页。

③凤冈及门弟子编:《三水梁燕孙先生年谱》,见来新夏主编:《中国近代史资料丛刊·北洋军阀》(三),上海人民出版社1993年版,第981页。

短两个来月的时间即完成了此项“使命”。1918 年 2 月 17 日,冯国璋以大总统令形式公布了临时参议院议决的《修正中华民国国会组织法》、《修正参议院议员选举法》、《修正众议院议员选举法》三个法案[①]。

修正法与旧法比较,有许多内容作了不同程度的修改,而较显著的则有以下三方面:一是减少两院议员的名额。参议员由原来的 274 人减为 168 人,众议员由原来的每人口满八十万选出一人改为每人口满一百万选出一人,总名额则由原来的 596 人减至 408 人。二是参议员不再像以前那样由各省省议会选出,而改由各省区地方选举会选举产生。三是提高了取得选举权和被选举权的资格。参议员的选举权和被选举权主要如下:凡参加地方选举会的,须有下列条件之一才能成为初选人或初选当选人:一是曾在高等专门以上学校毕业或具备相当资格而任事满三年者,或曾任中等以上学校校长、教员满三年者,或有学术著述及发明并经主管部门审定者;二是曾任荐任以上官满三年,或曾任简任以上官满一年,或曾受勋位者;三是年纳直接税百元以上或有不动产值五万元以上者。凡参加 中央选举会者,则须具备下列条件:曾在国内外大学毕业并以其所学任事满三年者,或曾任国立大学校长、教员满三年以上者,或有学术著述及发明并经主管部门审定者;退职大总统、副总统、国务员及曾任特任官一年以上或曾受三等以上勋位者;年纳直接税一千元以上,或有一百万元以上财产,经营农工商业经主管官厅证明者;有一百万元财产的华侨经驻在国领事馆证明者;满洲、回部王公具有政治经验者。众议员选举权和被选举权的资格主要如下:一是年纳直接税四元以上者;二是有一千元以上不动产者;三是小学以上毕业者;四是有小学以上毕业之相当资格者[②]。很显然,北京政府修改国会组织法及参众两院议员选举法

①《东方杂志》第 15 卷第 3 号。

②参见钱实甫:《北洋军阀时期的政治制度》上册,中华书局 1984 年版,第 35 页。

的主要目的，在于将国会选举限定在一个狭小的范围内，以便于操纵选举，把持国会。

2月18日，也就是公布上述三个法案的次日，北京政府即明令内务部着手筹办国会选举事宜。3月6日，又发布了两院议员复选日期令，规定各省区众议员复选于6月10日举行，参议员复选于6月20日举行。各省区随即依据上述修正法和政府命令的要求，进行了参、众两院议员的"选举"。

当时，不少军阀、官僚和政客都将新国会的召集视为自己谋取政治权利的绝好机会，因而积极参与其间。曹锟、张作霖等人不但联名拍发了为新国会擂鼓助威的通电，而且还慨解腰囊，支助两院议员的选举[①]。急欲扶正为正式总统的冯国璋深知新国会与下届总统的产生有着莫大关系，因此在操纵选举方面也不甘人后，除专门派女婿陈之骥、总统府庶务处处长张调辰为其奔走活动外，又竭力支持与其颇有渊源关系的研究系参加竞选；"唯好货财"的他甚至还拿出四十万元私款，交给研究系用作竞选经费。研究系此时更是悉心投入，为了力争在竞选中获胜，他们除一如既往地谋求冯国璋的支持外，还对段祺瑞皖系军阀采取一味迁就的态度，该系健将林长民曾直言不讳地对张国淦说："我们此次上台的唯一目的，要在选举争取多数，故而对段不惜多方迁就，如因反对浦厂(指中日合办浦口铁厂的计划)而使段感觉不快，则我们满盘计划不能实现，岂不白来一趟。"[②]与此同时，皖系军阀也极尽包办选举之能事，图谋把新国会牢牢控制在自己手中，以便在即将到来的总统选举中将头号政敌冯国璋驱赶下台。为此，他们一脚踢开了一直来为他们摇旗呐喊而又抱着很大政治野心的研究系，另行组织了自

---

①南海胤子：《安福祸国记》，见荣孟源、章伯锋主编：《近代稗海》第四辑，四川人民出版社1985年版，第437页。

②张国淦：《中华民国内阁篇》，见杜春和等编：《北洋军阀史料选辑》(上)，中国社会科学出版社1981年版，第221页。

己的御用政党安福俱乐部。

## 2. 安福俱乐部的产生

安福俱乐部又称安福部，是皖系军阀为操纵国会、把持政权而组建的御用政党。其正式成立时间是1918年3月，而酝酿与筹备则早在一年以前就已经开始了。

段祺瑞继袁世凯掌握北京政府的实权后，虽迫于各方压力而不得不恢复了旧约法和旧国会，但随着府院以及内阁与国会间矛盾争斗的日趋尖锐激化，他就开始萌生"组织一个统一的大政党"，以"充分占有议会的多数席位"，从而达到操纵国会目的的想法[①]。1917年3月，段祺瑞的心腹干将徐树铮在与人谈起组建御用政党操纵国会的问题时曾直言不讳地说："自民元以来，政府为国会操纵，闹得天翻地覆，曷若自个组织，简直和编军队一样，我有子弟，则操纵在我。"[②]3月25日，经段的另一位得力干将靳云鹏等人的奔走联络，皖系军阀的"纯粹御用党"[③]中和俱乐部终于出笼了。中和俱乐部由平社、澄社、宪法协议会、宪政会、苏园、新民社、衡社、友仁社、尚友社 、静庐、正社等十一个小政团合并而成，它可以说是安福俱乐部的前身。中和俱乐部在国会中虽占据了一些议席，但与拥有四百多个议席的国民党相比可谓小巫见大巫，势难匹敌，因而在国会中的影响力有限，更谈不上操纵、左右国会了。在对德宣战等问题上几经碰壁、受挫后，段祺瑞等遂决定效法袁世凯的故伎，密谋解散国会，并终于借助于张勋之手，毫不费力地达到了这一目的。

1917年11月临时参议院在北京开会期间，皖系政客王揖唐、

---

①章伯锋主编：《北洋军阀》(三)，武汉出版社1990年版，第39页。

②张国淦：《中华民国内阁篇》，见杜春和等编：《北洋军阀史料选辑》(上)，中国社会科学出版社1981年版，第221页。

③谢彬：《民国政党史》，见荣孟源、章伯锋主编：《近代稗海》第六辑，四川人民出版社1987年版，第61页。

曾毓隽、光云锦等人为了招待各地到京的参议员，并便于各方面有关人员的联络接洽，在西单安福胡同租赁了一所较宽大的房舍，名曰梁宅(梁式堂宅)。起初，梁宅聚会并无专人召集、主持，"不过参加的这些人在晚间无事的时候，随便到那里坐坐，或三五人，或十数人，彼此闲谈。有时也涉及政治问题，但没有任何会议形式，仅仅是同仁交换政见、联络感情而已"①，后来参加者日渐增多，娱乐器具也随之添设，如棋类、麻雀牌等等，于是在一般的聚会之外，又兼具俱乐部的性质。但那时对外仍只用安福胡同梁宅名义，因而政治意味并不很浓，在社会上也没引起多大的注意。及至1918年2月修正国会组织法及参众两院议员选举法公布之后，为了商讨有关国会选举的问题，皖系及亲皖系的官僚、政客在梁宅的聚会次数越来越频繁，人数也越来越多，"于是安福胡同内，车如流水马如龙，人如蚁赴门如市，极一时之盛，俨然一党之机关部"②。3月7日晚，王揖唐、曾毓隽、王印川、光云锦、郑万瞻等人又在梁宅开会。大家一致认为日后到各地方去经营选举，必须有一个足资号召的具有政党性质的组织，方好开展工作。但考虑到党派名目在当时很为人们所不齿，已成争权逐利的代名词，所以，经反复商议，他们决定不采用党名，而是因地定名，将这一组织命名为安福俱乐部，并将3月8日作为正式成立日。

关于安福俱乐部的成立经过及命名情形，1919年3月8日王揖唐在该部成立周年纪念会上作了如下追述："自前年段合肥马厂誓师扑灭复辟后，恢复共和，中华民国死而复生，共和国家斯不可以无国会，又鉴旧选举法、组织法不良，于是根据约法召集参议院修正两法，本部同人彼时在参议院者，对于两法有所商榷而为一种

①刘振生:《安福系的形成及其内幕》，见杜春和等编:《北洋军阀史料选辑》(上)，中国社会科学出版社1981年版，第59～60页。

②南海胤子:《安福祸国记》，见荣孟源、章伯锋主编:《近代稗海》第四辑，四川人民出版社1985年版，第339页。

结合，在安福胡同始觅房屋，因委托梁式堂筹办一切。开始之初，假定梁宅以为收发函件之标帜，又经徐树铮君极力赞成，遂告成立。此为本部筚路蓝缕之起点也。去年三月七日晚，本部开会，经郑万瞻等提议正名为安福俱乐部，虽因地而定名，实有安国福民之宗旨也。于是安福俱乐部自去年三月八日起成立。"①名噪一时、声威煊赫的安福俱乐部就这样出笼了。但它给国家和人民带来的并不是什么"安福"，而是祸殃。

安福俱乐部表面上奉王揖唐为党魁，而幕后的实际操纵者却是徐树铮，骨干人物则有曾毓隽、王印川、光云锦、刘恩格、黄云鹏、田应璜、康士铎、汪立元、乌泽声、于宝轩、克希克图、郑万瞻、吴文翰、解树强、江绍杰等人。初时，该部成员只有临时参议院中亲皖系参议员数十人；嗣后其组织逐渐扩大，人员也不断增多，势力几乎遍及北洋军阀控制下的各个省区。由于安福胡同梁宅房舍不敷使用，遂又在太平湖清醇亲王府旧邸设立了一个分部，故有时也叫太平湖俱乐部。但因安福胡同系其发祥地和本部所在地，"安福"一词又带有一定的政治欺骗色彩，且已声名在外，成为人们的习惯称呼，因此，一般仍称安福俱乐部。

安福俱乐部虽被时人目为皖系军阀的御用政党，但实际上它连形式上的党纲、党章都没有，更无任何主义信仰之可言；其组织机构也极不健全，除在北京设有一个总部和一个分部外，各省市均没有设置分支机构，基层组织更无从谈起；而且除了一意网罗议员外，从未招收、发展过一名党员，因此，严格而言，"称之为政党，未免过于抬举矣"②。同时，安福俱乐部的成员构成也极为复杂，而并非由青一色的皖系人物所组成，许多非皖系的军阀、官僚和政客出于各自的政治目的，或直接混迹其间，或与之多有接触，关系甚

---

①《公言报》1919 年 3 月 9 日。

②南海胤子：《安福祸国记》，见荣孟源、章伯锋主编：《近代稗海》第四辑，四川人民出版社 1985 年版，第 241 页。

密;而皖系要员中像段祺瑞、靳云鹏那样没有加入该组织的也不乏其人,即便如该组织的灵魂人物徐树铮,在人前人后尚自称属陆军部,而不属安福部。安福不全是皖系、皖系不尽为安福的现象表明,不能把安福俱乐部与皖系军阀等同看待。当时曾有人揭露安福俱乐部的内幕说:安福部"本无党纲,也非有政策主义之号召结合,只以三数军人政客,欲增长一部分势力,慷慨解囊,制造多数议员,谋运用新国会之便利,以逞其雄踞政权之野心。王揖唐主持于外,曾云沛主持于内,拥戴徐树铮指挥一切,如斯而已。""其扩张也,私人团体势力之扩张耳,非党务之扩张也。"①由此可见,所谓安福俱乐部,不过是皖系军阀出于争权夺利之目的而纠合组成的一个政治集合体或政治派系,因此,当时的一些进步人士又斥之为安福系。

### 3."安福国会"的选举活动

安福俱乐部成立后,即派遣骨干分赴各省活动,全力投入国会的选举。为了达到包揽选举的目的,徐树铮从"财神"梁士诒处筹措了三百万元巨款,并利用自己身任奉军副司令职务的便利,挪用奉军军饷二百余万元,全部交给王揖唐支配使用;而且,他还在紧张地运筹对南方战事的同时,亲自指挥了这一场另一种意义上的"战事",除与山西督军阎锡山、陕西督军陈树藩等人频频密电往来筹商有关对策外,还亲手拟定了参众两院议员候选人的名单。

6 月 7 日,徐树铮就山西省参众两院议员候选人问题致电阎锡山:"此次选举,顷由一堂(王揖唐)、誉甫(叶恭绰)诸兄,约同田君文琮(田应璜)、李君芬圃(李庆芳)公同商酌,就贵省人才,各举所知,备兄参考:'参',拟田应璜、贾耕、祁景颐或曾纪纲、陈钰或刘懋赏、解荣辂或张端,候补拟梁万春、张友桐、冯司真、樊振声、兰承荣。'众',拟冀宁道属:李庆芳、祁景颐、郭象升、吴淞、冀贡泉、常

①南海胤子:《安福祸国记》,见荣孟源、章伯锋主编:《近代稗海》第四辑,四川人民出版社 1985 年版,第 241 页。

赞春或李友莲、裴宝棠，候补王学伊、林孚、赵丙燮、任应春。雁门道属：耿臻显、狄麟仁、邢殿元、蓝钧、刘棫或梁济，候补马晋、庞士俊、穆郇、陈毓沂、兰承荣。河东道属：郭德修、高时臻、杨柏荣、李道在或庞全震、刘培泽或张集义，候补许喆、郭沛、仇元琦、张承绪、王禄勋。各员乡望素孚，宗旨纯正，特请鉴定，惠予揄扬。如蒙鼎力扶持，幸得入彀，于国于晋，两俱裨益也。"[①]同日，徐又致电陈树藩，要陈"植兰刈艾"，对赵世钰、李述膺、于右任等国民党人"千万严切防闲，勿令有一选"，而按他与王揖唐等人所拟定的名单进行选举，谓崔云松、谭湛、张蔚森等十二人"宗旨纯正，若得入选，利国匪浅，极盼揄扬，俾获一当"[②]。

除竭力排斥国民党人当选外，徐树铮还一再告诫各地的亲信党羽，要他们在选举中严密监视曾一度是皖系军阀政治盟友的研究系的活动，以防该党成员渗入。在6月7日给陈树藩的电文中，他就特意叮嘱陈："又闻研究中人近在陕勾结老派，大肆煽惑，确与雪(刘镇华)有勾连，乞相机防制。"[③]7月17日，他又针对研究系在湖北的活动致电湖北督军署参谋长何佩瑢："顷闻研究拟加入数人，该党野心不死，万不可引狼入室，至坏全局，祈严加注意，勿为所惑为要。"[④]这充分暴露了皖系军阀企图通过安福俱乐部包办选举、独占国会的野心。

在徐树铮等人的指使下，各地的安福系党徒随即活动起来，采取官宪干预、高价买票、抽帮换底、移花接木等非法手段，上演了一幕幕令人作呕的"选举"丑剧。

黑龙江省参众两院议员定额各为十名，全省分成龙江道和绥兰道两个复选区，各复选区监督按规定应由各道道尹担任。当时

①《徐树铮电稿》，中华书局1963年版，第205页。
②《徐树铮电稿》，第205～206页。
③《徐树铮电稿》，第206页。
④《徐树铮电稿》，第227页。

担任黑龙江督军的鲍贵卿一意投靠段祺瑞皖系军阀,对安福系在该省的选举活动予以全力支持。而绥兰道道尹谷芝瑞则是直系军阀曹锟方面的人,这对安福系一手包办该省选举无疑是一大障碍。于是,在选举前夕,北京政府以晋京有所咨询为由,将谷调赴北京,并任命一切听命于鲍贵卿的该道首县县长常谷香代理道尹和复选区监督之职。"安福系挟官府之权威,加以金钱的补助,哪有不获全胜之理,结果二十名议员无一外人,全被囊括而去。"①

安福系在山东省的选举活动因有该省督军张怀芝这一皖系健将撑腰,所以更形猖獗。在 6 月 10 日举行济南区众议院议员复选时,监督张仁涛故意拖延时间,只设一张写票桌写票,致使当日未能开票。当时已取得初选当选人资格的刘甲一、胡立峰、田允青等人根据国会选举法的有关规定,几次提出派员监守票匦的要求,以防违法舞弊事端的发生,但均被张仁涛拒绝。结果第二天开票后发现,不少选票已被暗中抽换,如刘甲一等四十二人都投了章邱县农会会长王逢源的票,而开票结果,王仅得有效票二十二张;胡立峰等三十九人均选举省议会副会长王宷迁,而开票后发现王仅得有效票二十六张;田允青等四十三人都票投济南总商会会长张肇铨,但实际上张仅得有效票二十五张。一时舆论哗然,群情激愤。刘甲一、胡立峰、田允青等人除通电声讨,要求取消选举结果,另行依法改选外,还向法庭递交了诉状,予以告发②。

江苏省为直系军阀的地盘,冯国璋经营既久,预示了在该省的选举中他所支持的研究系与安福系之间必有一番激烈的较量。众议院议员选举结果,安福系稍占上风,在淮扬、沪海、苏常、徐海、金陵诸道中共占 14 个名额,而研究系仅占 7 名。安福系首战告捷,

---

①刘振生:《安福系的形成及其内幕》,见杜春和等编:《北洋军阀史料选辑》(下),中国社会科学出版社 1981 年版,第 61 页。

②南海胤子:《安福祸国记》,见荣孟源、章伯锋主编:《近代稗海》第四辑,四川人民出版社 1985 年版,第 356～357 页。

急欲在参议院议员选举中一鼓作气击败研究系，因而特派段书云携带巨款，赴该省活动。研究系则不甘示弱，也派健将蓝公武坐镇该省，指挥一切，以图挽回不利局面。双方各施阴谋，各显神通，竞争异常激烈。参议院议员初选之日，担任监督的江宁知事孙某受各方面运动，故意将天字匭、地字匭、玄字匭等票匭设置一处。由于票匭未能显加区别，再加上管理员、监察员维持不力，致使投票时连连发生错投和哄抢选票的现象，场中秩序因此大乱，叫骂声响成一片。管理员见状不妙，赶紧弃匭躲避，选票遂洒落满地，票匭也在混乱中被捣毁。

湖北省因战乱之故，选举活动受到一定影响。安福系决定趁乱包办该省选举，特派王印川、郑万瞻两位重要人物携巨资南下，赴该省活动。武昌府众议院议员选举前一日，郑万瞻公然纠合安福系党徒四五十人，气势汹汹地闯入府衙储票房，企图强行取走选票。由于管票人有事外出，郑等四处搜寻一番后，才愤愤离去。在选举过程中，安福系为了保证同党中人多多当选，一方面极力施展金钱魔力，以每张四百、八百、一千元不等的价格拚命购进选票；同时又采用抽帮换底手段，肆意抽换选票。据初选人自行调查，研究系的阮毓崧在众议院选举中实际得票数应为四十八票，而开票后仅得二十票；熊辑五实际应得四十票，开票后仅得二十六票，其他数十张选票均被安福系暗中调换。通过这些卑劣手段，安福系终于如愿以偿地包揽了湖北省的全部众议院议员名额。

黑龙江、山东、江苏、湖北四省的情形如此，其他各省也大同小异，“总之，无省不作弊而已”[①]。通过上述种种黑幕勾当，安福系犹如赛马场上杀出的一匹黑马，在全国参、众两院议员的选举中一马当先，取得了骄人的战绩。6 月 29 日，徐树铮就选举结果致电各省督军，颇为得意地说：“各省区参、众选举已揭晓，其成绩以奉、

---

①南海胤子：《安福祸国记》，见荣孟源、章伯锋主编：《近代稗海》第四辑，四川人民出版社 1985 年版，第 349 页。

皖、黑、晋、热、察、中央各部及蒙、藏为全胜，吉、豫十之九，京、绥五分四，鲁、苏四分三，直、赣、浙三分二。以上选员得人，为国称庆，吾兄闻之当亦为之快慰也。其延期省份，俟得续报，再行奉闻。”①至7月底，选举结果全部揭晓，共选出参议员147名，众议员325名，两院合得472名(根据临时参议院议决的《修正中华民国国会组织法》，此届国会参众两院议员总额应为576名，但因西南护法各省抵制选举，故实际选出者不足此数)。其中，安福系独占鳌头，议员总数达330余名，成为唯一能左右国会的多数党；新旧交通系次之，共有议员100多名；研究系则惨遭失败，仅占20余名。

此次国会选举得以进行，研究系无疑也是始作俑者之一。该系企图凭借军阀这一特殊势力实现其政党政治的夙愿，因而对北洋军阀特别是掌握北京政府实权的段祺瑞皖系军阀极尽巴结示好之能事，甚至甘愿为虎作伥，利用其在舆论界的执牛耳地位，为北京政府召集临时参议院、修改国会组织法和两院议员选举法等种种违法之举的实施出谋划策、鸣锣开道。这种与虎谋皮的行为只能说明研究系政治上的幼稚，其最后遭致兔死狗烹的下场也是情理之中的事。

7月12日，冯国璋以大总统令形式发布了召集国会令，略谓：“现在国会议员，既经依法选出，自应克期齐集，以期修明法令，缔构宏纲，共济时艰，永维国本。兹定于民国七年八月一日以前，所有此次当选之参议院议员众议院议员，一律齐集京师，定期开会，用副国家尊重立法之至意。”②8月12日，国会在北京正式开幕，临时参议院以已完成自己的政治使命而宣布解散。在随后进行的国会参众两院正副议长选举中，旧交通系的梁士诒、朱启钤分别当选为参议院正副议长，安福系的王揖唐、刘恩格则分别当选为众议院正副议长。这个国会自命是赓续“第一届国会”而堂而皇之地以

①《徐树铮电稿》，中华书局1963年版，第253页。

②黄季陆主编：《革命文献》第四十九辑《护法与护法军政府史料》，台湾1969年12月版，第100页。

“第二届国会”自居，但由于它是安福系一手包办制造而成的，安福系议员在国会中又占绝对多数，因此，一般称之为“安福国会”。

与第一届国会即旧国会相比较，安福国会虽在议员人数上有所减少，但其内部机构臃肿、人浮于事的状况不但无丝毫改观，反而更形严重。在王揖唐任议长的众议院，仅秘书厅一个部门的职员就多达五百余人，比该院议员总数尚高出五分之二。这些职员绝大多数是王揖唐等安徽籍安福系大小头目的亲朋故友，因此，“合肥人土话之声，随处皆是”。为了安置这些人，秘书厅内设立了文书、议事、速记、会计、庶务五个科，每个科的职员多达四五十人，但仍有二百余人未能容纳，于是又添设了编译、缮校两个处。由于这些人大多没有受过行政方面的专门训练，因而工作纪律极为松弛，上班时间争抢座位、调侃笑骂等丑态百出，以致各科科长不得不央求他们每天不必前来上班，但坐家中领取干薪。对于安福国会的此种怪象，当时有人曾讥讽道：“年来引起风云扰攘之国会问题，政府一再曰旧国会组织不良，修改组织法，减少人数。乃新国会成立，秘书厅怪象如此，其果较旧国会良耶否？”①

与此同时，国会中各拥山头、互争雄长的现象也极为突出。从表面看，安福系在国会中拥有多数议席，但实际上议员中有不少是各省督军、省长的亲信，只不过出于依托权势显赫的段祺瑞、徐树铮等人以求得发迹或捞取其他政治利益的考虑，才“各遵本省军民长官之嘱，都在安福俱乐部挂上了名字”②；而多数议员则纯为贪图高额津贴才投到安福系麾下的③。这种由利害纽带编织而成的

①南海胤子：《安福祸国记》，见荣孟源、章伯锋主编：《近代稗海》第四辑，四川人民出版社 1985 年版，第 365～366 页。

②刘冰天：《关于徐树铮和安福俱乐部》，《文史资料选辑》第二十六辑，第 116 页。

③徐树铮等为了笼络安福系议员，以供他们驱使，每月从陆军部截旷项下拨出约三十万元款项，作为这些议员的津贴，一般议员每月三百元，一些重要议员尚不止此数。参见曾毓隽《忆语随笔》，杜春和等编：《北洋军阀史料选辑》（上），第 274 页；南海胤子：《安福祸国记》，《近代稗海》第四辑，第 364 页。

多数,其结合力的脆弱以及内部的分裂是不难想象的。围绕着政治权利的分配等方面问题,安福系议员中大致出现了四个派别:"一、克希克图派,联合蒙藏议员康士铎、乌泽声等属之。二、周渤派,合湖南、湖北两省议员为一团体,其中坚人物为郑万瞻等。三、刘恩格派,由东三省议员,因督军团之关系,勾结田应璜,收吸山西议员之一部。四、王印川派,以河南议员为根据,而安福部首领之亲信附之。"①国会刚开幕,这四派同处于安福系大纛下的议员即在众议员副议长选举中大动干戈,展开了激烈的争斗。当时在酝酿参众两院正副议长人选时,交通系的梁士诒、朱启钤因曾对安福系的选举活动颇多资助,更重要的是交通系在国会中共占有一百多个议席,是一支不可忽视的力量,极有必要加以笼络,因此,大家对他们两人出任参议院正、副议长都无异议;而王揖唐则以安福系名义上的党魁与临时参议院议长资格,又无疑是众议院议长的最佳人选。于是,众议院副议长职位就成了各派争相角逐的唯一目标。多数议员属意于曾任临时参议院秘书长的王印川,王自己也满以为"副议长一席可与王揖唐同蒂而生"②,岂料克希克图一派议员康士铎等人从中作梗,极力反对;奉天籍议员刘恩格更是乘机运动奉系军阀张作霖对国会施加压力,以图获得这一职位③。结果,安福系不得不提名刘恩格出掌该职,而将王印川改任为秘书长。

参众两院正副议长选定后,总统选举问题便提上了议事日程。段祺瑞等组织安福俱乐部、制造安福国会的最直接的政治目的,无非是利用冯国璋代理大总统任期即将届满的机会,"另选总统为根本倒冯之计"④,以便利于"武力统一"政策的推行。因此,国会开幕不久,安福系议员便鼓动进行新一任总统的选举。

①南海胤子:《安福祸国记》,见荣孟源、章伯锋主编:《近代稗海》第四辑,四川人民出版社1985年版,第364页。

②南海胤子:《安福祸国记》,见荣孟源、章伯锋主编:《近代稗海》第四辑,第364页。

③南海胤子:《安福祸国记》,见荣孟源、章伯锋主编:《近代稗海》第四辑,第365页。

④沃丘仲子:《段祺瑞》中编,广文书局1920年版,第75页。

当时有资望作为总统候选人的，有冯国璋、段祺瑞、徐世昌三人。冯国璋被认为是对连任“最具热心”[①]之人，他由雄踞一方的“诸侯”而入京就任临时大总统，“区区之忱，实希扶正，故远交桂、粤，厉兵秣马，与段派树对垒之麾”[②]。但当他看到段祺瑞等已通过安福俱乐部把持了国会，自己决无“扶正”希望后，便打消了竞选的念头，并于8月12日国会开幕的当天通电表白自己的告退决心道：“今距就职代理之日，已逾一年，而求所谓统一平和，乃如梦幻泡影之杳无把握。推原其故，则国璋一人，实尸其咎……所足以自白于天下者，惟是自知之明，自责之切，速避高位，以待能者而已。今者摄职之期，业将届满，国会开议，即在目前。所冀国会议员，各本良心上之主张，公举一德望兼备，足以复统一而造平和者，以副《约法》精神之所在，则国本以固，隐患以消……若谓国璋有意恋栈，且以竞争选举相疑，此乃局外人之流言，岂知局中之负疚？盖国璋渴望国会之速成，以求时局之大定，则有之，其他丝毫权利之心，固已洗涤净尽矣。”[③]从电文中不难看出，冯国璋宣布不参加总统竞选是以继任总统应是“足以复统一而造平和者”为前提条件的，这实际上是明摆着在跟段祺瑞叫板：他若不当总统，段也休想做总统梦；他若告退，段也必须同时下野。

段祺瑞一方虽一致主张驱冯下台，但在举谁为继任总统的问题上，意见却并不一致。一种意见主张拥戴段祺瑞出任总统，认为“我们费尽气力，办成新国会，应当选举我们的首领当大总统；而且想要搞政治，就得亲自去搞，不能假手他人”[④]。另一种意见则提议迎请徐世昌出山主持大局，理由是：“北洋派已经分为直、皖两系，现在直系首领冯国璋以副总统代理总统职务，假如举段不举

①邵飘萍：《北京特别通讯（一六八）》，《申报》1918年6月11日。
②沃丘仲子：《段祺瑞》中编，第76页。
③《政府公报》1918年8月13日。
④刘振生：《安福系的形成及其内幕》，见杜春和等编：《北洋军阀史料选辑》（下），中国社会科学出版社1981年版，第61页。

冯,势必迫使两系之分裂益形变化;徐世昌为北洋元老,无人反对,他既有实力,而又接近我们,必能为我们所用。”[①]段祺瑞自己虽不无跃登权力极峰之意,但由于担心与冯国璋直系军阀的矛盾会因此而进一步加剧,甚至过早地发生火并;更重要的是他当政后因一意孤行地推行穷兵赎武、卖国媚外的政策而大遭舆论攻击,民心尽失,因而不能不有所顾忌;加上他“对于政治重在权不在位”,“私以为徐为总统,己为总理,必能合作大行其志 ”[②],因此,权衡再三,他决定采纳后一种意见,退出总统竞选,而一意推举徐世昌出任总统。

徐世昌作为北洋元老,资历尤在冯、段之上,其对总统之位也早有觊觎之心,而且“其部下之活动亦殊强烈”[③]。但老奸巨猾、善于玩弄权术的徐此时却玩起了欲擒故纵的把戏,表面上对总统问题装出一副极为冷淡的态度,即使冯、段两人均有让贤之表示,他也推三阻四,不肯爽快答应。其实,徐并非不想出山,也不是有意谦让,而是不愿接受段祺瑞等为他安排的傀儡总统的角色。当时曾有评论分析徐的此种心态道:“盖此次操纵选举之多数者,与武人联合之安福派也。安福派今日诚可以自夸曰:我欲以总统与东海,则东海便是总统耳。然以东海之老成,负惟一资格之盛望,岂能无‘赵孟所贵,赵孟能贱’之觉悟。又自知其现在所处地位,高出北洋之侪辈。若有总统我,而同时傀儡我者,则决不领受其情。此东海近日之心理,即其意气消沉之原因也。然则内阁方针无转变之法,冯、段冲突无缓和之方,东海即不能为自动之总统,虽选票一致,其肯出乎?”[④]在各方面的一再敦请促驾下,徐世昌遂提出了既

①刘振生:《安福系的形成及其内幕》,见杜春和等编:《北洋军阀史料选辑》(下),第61页。

②张国淦:《中华民国内阁篇》,见杜春和等编:《北洋军阀史料选辑》(上),第229页。

③邵飘萍:《北京特别通讯(一六八)》,《申报》1918年6月11日。

④邵飘萍:《北京特别通讯(一八一)》,《申报》1918年7月29日。

能不当傀儡又可缓和冯、段冲突的所谓出山条件:“冯段同时下台,冯段两派的人也同时去职”①。段祺瑞既遭冯国璋逼迫于先,又受徐世昌要挟于后,也就不好再作恋栈之想了。8月31日,他通电宣布愿意辞职:“往岁滇、黔诸省,挟持私意,独立自主,理谕情感,言使无功。祺瑞忝秉国钧,义难坐视,仰承明令从事讨伐……惜祺瑞襄赞无方,未能早纾国难,上负总统知人之哲。今幸国会告成,已议决组织大总统选举联合会,实为我国第一次改选大典。元首改任时,即政局重新之会,祺瑞自应及时引退,遂我初服。”②在得到了冯、段同时下野的保证后,徐世昌觉得出山条件已经成熟,便不再推辞了。

9月4日,安福国会举行总统选举会,到会参众两院议员共达436人,结果徐世昌以425票当选为中华民国第二任大总统。次日,国会又进行副总统选举,两院议员到会者仅88人,因不足法定人数而流会。本来,有资格竞选副总统的有冯国璋、段祺瑞、张作霖、曹锟四人,但冯、段两人已有同时下野之承诺,张也已先期表示自动放弃,于是副总统人选就只剩曹锟一人了。但交通系的梁士诒等人并不想将副总统这一职位拱手交给曹锟,而是出于笼络西南从而促成南北和平统一局面的考虑,有意将该职位暂时空缺,以留待西南方面的合适人选。于是,曹锟出任副总统之事终于功亏一篑,未能美梦成真。

10月10日,徐世昌在京宣誓就任中华民国大总统,同时与冯国璋行新旧总统交接典礼。当天,徐发表上任后的第一道命令:准予免去段祺瑞内阁总理职务,由内务总长钱能训暂行代理。这样,北京政府最终实现了冯国璋和段祺瑞同时下野,徐世昌上台主政的局面。

---

①张国淦:《中华民国内阁篇》,见杜春和等编:《北洋军阀史料选辑》(上),中国社会科学出版社1981年版,第229页。

②《顺天时报》1918年9月2日。

冯国璋与段祺瑞鹬蚌相争的结果，冯在事实上困倒了段，段在法理上击败了冯，可谓两败俱伤，而一直来处于清客地位的徐世昌则坐收渔人之利，唾手取得了大总统职位。然而，冯、段两人的同时下野，并没能消除直皖两大军阀派系间的固有矛盾，相反，由于权力再分配上始终未能协调，致使冲突有日益激化、不断升级的趋势。公开决裂的暗潮已在涌动，大规模的战争即将爆发。

## 四、皖系嫡系军队——参战军、西北军的编练

### 1. 段祺瑞出任参战督办与督办参战事务处的成立

段祺瑞利用平定张勋复辟的机会再次登台组阁、掌握北京政府的实权后，除积极组织安福俱乐部和制造安福国会，培植自己的政治势力外，又假借参战名义，并极力谋取日本方面的资金、军械援助，拼命发展起自己的军事势力，先后编练了参战军、西北军等嫡系军队。应该说，段祺瑞积极发展嫡系军事势力，是由其军阀的本性所决定的。正如毛泽东在《战争和战略问题》一文中所分析的那样："外国的资产阶级政党不需要各自管领一部分军队。中国则不同，由于封建的分割，地主或资产阶级的集团或政党，谁有枪谁就有势，谁枪多谁就势大。"所以，"辛亥革命后，一切军阀，都爱兵如命，他们都看重了'有军则有权'的原则。"①段祺瑞作为北洋军阀集团中的重要一员，自然跳不出膜拜武力、拥兵称雄的怪圈。但他对"有军则有权"这一原则的认识，是在几经挫折、有了切身感受后才幡然醒悟的。

首先，府院冲突中段祺瑞的突被免职和借助于外力(直系的武力和日本的财力)才平定张勋复辟这两个事件，给段祺瑞以相当大的震动。"段氏身居北京，虽曰可以指挥近畿诸军，然当黄陂免其

①《毛泽东选集》第二卷，人民出版社 1952 年版，第 534 页。

总理职时,近畿诸军均无拥护之表示,反让倪嗣冲等外省宣布独立,遥为声援。"①张勋拥溥仪复辟后,段虽倡言讨伐,并自任讨逆军总司令,但他只是个光杆司令,并无直接统属的军队。"段氏心目中能供给兵源的直隶省长朱家宝和警察厅长杨以德,都是见风使舵的人,认为段祺瑞失势,而置之不理。"②时任美国驻华公使的芮恩斯也说:"段祺瑞那时的确是一个平民,既无政权,又无军权。"③最后,段祺瑞是靠梁启超帮助从日本借了100万日元巨款,运动了驻马厂的李长泰第八师和驻廊坊的冯玉祥第十六混成旅两支直系军队,才侥幸平定了张勋复辟。这两个事件使段祺瑞"深悟无军队实权之不能有所展布也"④,开始认识到自己要稳固地位、谋取权势,没有嫡系军队是万万不能的。

其次,如前所述,段祺瑞再次当政后积极推行以武力征服南方的所谓"武力统一"政策,但由于直系军阀的极力抵制,对南战事可谓一波三折,极不顺利。段祺瑞由此清楚地意识到,没有完全听命于自己的嫡系军队以供驱策,而一味依赖直系军队效命疆场,"武力统一"决无成功的可能。特别是随着直、皖两大军阀派系因在对南方和战问题上的意见分歧而关系日益恶化,以及大战的不可避免和日益临近,更迫使段祺瑞不能不未雨绸缪,事先在增强自己一方的军事实力方面有所准备⑤。

---

①张一麐:《直皖秘史》,见来新夏主编:《中国近代史资料丛刊·北洋军阀》(三),上海人民出版社1993年版,第24页。

②徐樱:《先父徐树铮将军事略》,《天津文史资料选辑》第四十辑,第99页。

③保罗·S.芮恩斯:《一个美国外交官使华记》,商务印书馆1982年版,第213页。

④张一麐:《直皖秘史》,见来新夏主编:《中国近代史资料丛刊·北洋军阀》(三),第24页。

⑤韩世儒在其回忆性文章《参战军与直皖战争概述》一文中即认为,"参战军的成立,就是直皖两系争权夺利,针锋相对的具体表现";并回忆当时参战军第一师各高级军官在讲话中常有直皖两系间的"仗是一定要打的,练军队原来就是为打仗,现在就要准备好"这一类言辞。参见杜春和等编:《北洋军阀史料选辑》(下),中国社会科学出版社1981年版,第69～70页。

如果说上述两方面因素为段祺瑞等发展嫡系军事势力奠定了思想基础，那么，第一次世界大战的激烈进行，南北战争的烽烟不断，各派军阀尤其是直皖军阀间的比权量力、明争暗斗，则又为他们提供了合适的外部条件。段祺瑞皖系军阀的两支嫡系军队参战军和西北军，正是这内外两方面因素共同作用下的产物。

1917 年 8 月 14 日，北京政府以大总统布告形式宣布与德、奥两国“立于战争状态”。根据事先与协约国方面达成的协议，中国参战后无需派军队赴欧洲作战；同时，段祺瑞等也根本无意于出兵欧洲，而只想挥师南下，以武力统一南方护法各省。于是，当时北京政府的内外政策出现了对内战而不宣、对外宣而不战的奇特现象。但及至 11 月俄国爆发“十月革命”，欧洲战场形势顿起变化，远东格局也因日俄同盟瓦解而为之一变，中国的参战随之也开始面临新的形势。当时，直、皖两派正因对西南和战问题上的意见分歧而闹得不可开交。主战的内阁总理段祺瑞由于直系军阀的抵制，致使“武力统一”政策受挫而被迫于 11 月 22 日辞职下野；而主和的代理大总统冯国璋因皖系军阀旋即策动十二省区督军代表在天津召开督军团会议，一致要求主战而陷于极为狼狈的境地。参战前景的扑朔迷离，北京政府中“参战失策”的风声四起，使冯国璋不能不“有点心惊胆战”①；而直皖矛盾的日趋激化，更使他寝食难安。为了摆脱这种内外交困的不利处境，12 月 18 日，冯国璋又重新启用段祺瑞，任命他担任参战督办，全权负责有关参战的各项事务。冯的动机不外有二：一是将参战难题留给段祺瑞，“因为段一向主张参战，令段负责，既可卸过又可卸责”②；二是借此打破僵局，缓和直皖两派的矛盾。但冯并不想让段插手内政，而是要把他

①曾毓隽：《忆语随笔》，见杜春和等编：《北洋军阀史料选辑》(上)，中国社会科学出版社 1981 年版，第 275 页。

②曾毓隽：《忆语随笔》，见杜春和等编：《北洋军阀史料选辑》(上)，中国社会科学出版社 1981 年版，第 275 页。

的权力限制在对外军事问题上，因此，对军事又特意作了如下分工："对内军事由总统府参陆办公署专职办理，对外军事交参战督办统管。"①

从表面上看，参战督办的权力有限，但段祺瑞还是欣然接受了任命。这是因为，段对这一职位有他自己的看法：第一，参战督办看似权力不大，但由于他不隶属于内阁，而参战事务又涉及到政府的各个部门，这就使得他实际上拥有可随意向内阁各部下达指令的权力，对内可以发号施令调动军队，对外可以插手外交，取得外援。这些权力的灵活运用，就可把内阁玩于股掌之上，从而轻易地达到左右政局的目的。第二，更为重要的是，可以利用参战督办的合法身份，以编练参战军为幌子，将发展自己嫡系军队的计划顺利付诸实施。正因为此，参战督办任命令一下，段祺瑞便立即走马上任。

冯国璋任命段祺瑞为参战督办的命令发布后，西南方面反应甚为强烈，云南督军唐继尧、广西督军谭浩明等纷纷发表通电，表示反对，要求撤销该项任命。唐在电文中驳诘道："查约法大总统统帅海陆军，又宣战媾和为大总统之特权。今参战何事，大总统实宣告之，是大总统即参战之主任，更何得又有督办？有参战督办，将焉用大总统？以督办参战，尚成何国家。此等不伦不类之名词，对内则适形其凌逼，对外愈见其轻率。"②谭则在通电中表示："特段祺瑞之为人，既非全国所信仰，而必付以全国对外之兵权，万难承认。"③西南军阀反对段祺瑞出任参战督办的真正原因，实是怕这位主战派首领重新被启用后，北方又会对西南开战。但他们所举的参战督办全权办理参战事务有违《临时约法》精神的反

①《坂西少将致参谋次长电》(1918年2月2日)，章伯锋主编：《北洋军阀》(三)，武汉出版社1990年版，第962页。

②温世霖：《段氏卖国记》，见荣孟源、章伯锋主编：《近代稗海》第四辑，四川人民出版社1985年版，第548～549页。

③温世霖：《段氏卖国记》，见荣孟源、章伯锋主编：《近代稗海》第四辑，四川人民出版社1985年版，第548～549页。

对理由,却无疑是切中了问题的要害的。冯国璋作为北京政府的代理大总统,自然不会不清楚《约法》所赋予他的权力,但由于有前述不得已的苦衷,对西南方面的反对之声他也就只好听之任之了。

1918年2月25日,北京政府公布督办参战事务处组织令,内容共有七条:

第一条:参战督办直隶于大总统综理国际参战事务。

第二条:本处置参谋长一人,承督办之命佐理一切事务。

第三条:本处酌置参议,由督办分别聘委。

第四条:本处设左例各处:参谋处、军备处、机要处。除参谋处由参谋长兼领外,各处设处长一人,由督办遴派,掌理应办事宜。

第五条:本处酌置处员,由督办遴派,承长官之命,分长各处事务。

第六条:本处设副官长一人,视事务之繁简设副官。

第七条:本处办事细则由督办另定之。[①]

3月1日,督办参战事务处正式成立。段祺瑞依据组织令规定,任命靳云鹏为参谋处处长,张志潭为机要处处长,卫兴武为副官长;并聘各部总长为参赞,各部次长为参议[②]。参战处成立后,段祺瑞等便着手进行组建参战军的准备工作。

### 2. 参战军的编练

在参战处成立之前,日本方面以苏俄与德国单独媾和、威胁到远东为借口,向中国提出了签订中日两国共同防敌军事协定的要求。段祺瑞作为参战督办,主持并亲自参与了与日本方面的秘密谈判。在日本提供饷械帮助中国编练参战军等条件的诱惑下,段

---

①《政府公报》1918年2月26日。

②《东方杂志》第15卷第4期;吴廷燮:《合肥执政年谱初稿》,见来新夏主编:《中国近代史资料丛刊·北洋军阀》(五),上海人民出版社1993年版,第153页。

全然置国家的领土主权于不顾，从一开始就对日本方面的提议表现出极大兴趣。2月26日，他在会见总统府日籍顾问坂西利八郎时，曾明确表白其在此问题上的态度道："我所担任的互相协作的军事行动一经开始，事实上不致对日军予以任何不便。例如贵国军队对西伯利亚作战而使用北满乃理之当然，在外交上应无任何障碍。"①而已被段祺瑞内定为督办参战处参谋长的靳云鹏更是奉命就参战军的军费与武器供应等问题，与日本方面负责谈判的陆军少将斋藤季治郎进行了具体磋商②。参战处成立后，特别是3月23日段祺瑞重新出掌内阁后，中日两国更加快了签订共同防敌军事协定秘密谈判的步伐，并终于于5月16日、19日先后签订了《中日陆军共同防敌军事协定》和《中日海军共同防敌军事协定》。"协定"签订后，日本方面即根据段祺瑞等人的要求，以共同防敌需要为名，派遣大批军事人员来华，并提供相当数量的武器装备和军费援助，开始帮助段祺瑞编练参战军。

8月，成立参战军训练处，负责处理参战军的指挥、训练、经理、卫生和补给等方面事宜，地点设在北京定安门外黄寺，由参战处参谋长靳云鹏兼任督练。不久，又成立了参战军军官教导团和参战军军士教导团，"目的是通过训练造成师生关系，以便成为与段祺瑞有直接关系的派系势力"③。军官教导团团长为陈文运，地址设在北京定安门外黄寺，抽调保定军官学校毕业生中比较优秀且接近皖系的初级军官加以训练，时间为三个月，训练结束后即分派到参战军各部担任初级军官。军士教导团团长为曲同丰，地址设在北京北苑，由接近皖系的北洋各师选调优秀军士前来受训，

---

①《坂西少将致参谋次长电》(1918年2月26日)，章伯锋主编:《北洋军阀》(三)，武汉出版社1990年版，第963页。

②《斋藤少将致参谋总长电》(1918年2月27日)，章伯锋主编:《北洋军阀》(三)，第965页。

③韩世儒:《参战军与直皖战争概述》，见杜春和等编:《北洋军阀史料选辑》(下)，中国社会科学出版社1981年版，第66～67页。

共编为六个营,人数约三千二百人,时间也是三个月,受训结束后即分拨到参战军各部充当军士。两个教导团的教育科目以精神讲话为主,“灌输服从命令、遵守纪律以及参战军和个人发展前途等思想”①。

12月,两个教导团的训练工作结束,随即派人分赴安徽、山东、河南等省招募新兵,筹备扩编成师。在对新招募来的三万余名士兵经过短时间的编队、训练后,1919年1月参战军终于正式成立,共编成三个师,即第一师师长曲同丰,驻北京北苑;第二师师长马良,驻山东济南;第三师师长陈文运,驻北京南苑。

参战军是通过大量的日本借款编练起来的,其中依据两国《陆军共同防敌军事协定》之宗旨而于1918年9月28日订立的参战借款,更是纯为编练参战军即借款合同中所谓的能与日本方面“完全协同动作之国防军队”②的目的而商洽成交的。关于此项借款订立的内幕情况,作为借款中方当事人的章宗祥事后在《东京之三年》一文中如是回忆道:“此议(指参战借款问题)起于七年三月,订约于九月,而实行付款则在十一月底参战军具体成立之时。”初始商议时,因日本驻华公使林权助和外务省方面主张与四国银行团商办,“因是迁延数月,未有成议”。其时参战军亟待成立,需款孔急,“乃以参战督办名义,直接与日本陆军大臣商办”。参谋次长田中义一“颇赞成此举”,并提出以下建议与要求:“先由中国定一编练新军队之计划,概示需若干师团,若干军器,日本方可筹划经费”;至于借款能否成立,则应以“此项新军队须有国家性质,将来可备中央自由调遣为断”。田中所谓“此项新军队须有国家性质”云云,不过是一种冠冕堂皇的说辞,目的在于掩盖参战借款的实际用途,而并非有意给段祺瑞等出难题。段祺瑞等对此自然心领神

①韩世儒:《参战军与直皖战争概述》,见杜春和等编:《北洋军阀史料选辑》(下),中国社会科学出版社1981年版,第66～67页。

②王芸生辑:《六十年来中国与日本》第七卷,三联书店1981年版,第167页。

会，因而立即由督办参战处会同外交部发表声明，谓“参战军专为防御外侮及巩固中央之用，完全为国家性质，归中央调遣”；并按田中要求拟具了编练参战军的计划：“编练三师，每师约合四百万元，再加教育各机关经费，约共需一千四百万元，合日金约二千万元”。日本陆军大臣大岛健一得到中国方面的声明与计划书后，“答言前订军事协定时，本有实行后通融军费之言，中国现既急需，自当尽力，当即与大藏大臣接洽办理”，并赶在寺内内阁届满卸任的前一天即9月28日由朝鲜银行出面，与中国签订了二千万日元的参战借款合同。由于当时段祺瑞也即将下野，日本方面“深虑此款移作别用，因又附约声明本借款应交付于直接主管国防军队所属之经理主任”；其后付款，也是“每次由参战军训练处督练及军需课长会同署名盖印，始能领取”①。日本对参战军军费上的大力相助，于此可见一斑。

与此同时，参战军使用的武器和装备也“全部购自日本”②。参战军训练处所直辖的炮兵营不但一切兵器装备均来自日本，而且“就连马匹也使用日本的”③。参战军第一师全师使用的武器除山炮是日本六式山炮外，其余“全部是日本三八式”④，相当精良。段祺瑞就任参战督办后，北京政府曾以陆军部名义先后于1917年12月30日和1918年7月31日两次与日本泰平公司签订了总额为三千二百多万日元的军械借款。两次借款都是以军械形式交付。这些军械不但品种繁多，而且样式先进⑤，当是参战军武器装

---

①章宗祥：《东京之三年》，《近代史资料》1979年第1期，第85～86页。

②韩世儒：《参战军与直皖战争概述》，见杜春和等编：《北洋军阀史料选辑》（下），中国社会科学出版社1981年版，第67页。

③韩世儒：《参战军与直皖战争概述》，见杜春和等编：《北洋军阀史料选辑》（下），第66页。

④韩世儒：《参战军与直皖战争概述》，见杜春和等编：《北洋军阀史料选辑》（下），第68页。

⑤黄季陆主编：《革命文献》第四十九辑《护法与护法军政府史料》，台湾1969年12月版，第60～74页。

备的主要来源。

此外,参战军在训练上也完全是采用日本式的训练方式。如参战军训练处下设的参战军教导团,“内分步兵、炮兵、工兵和劈刺等科,课目和教育方式完全按照日本各专门学校办理”①。参战军第一师将全年的训练分为三期:自第一周至第十四周为第一期,完成连的基本教练和战斗教练、实弹基本射击和劈刺体操的基本动作;自第十五周至第三十八周为第二期,完成营、团的基本教练和战斗教练,营以下的对抗演习和射击、劈刺的应用动作;自第三十九周至第五十周为第三期,除补习第一、二两期的课目外,主要课目有连、营攻防对抗演习,团、旅、师的野营演习,班、连基本战斗射击和炮兵联合战斗射击。除上述术科外,每天另有两小时的学科,课目为精神讲话和典范令的讲解。这一整套训练方式也“完全是按照日本的教育方式实施的”②。为了把参战军训练成日本陆军式的劲旅,段祺瑞等还效法“日本当时用德人梅尔格之例”③,专门成立了一个由坂西利八郎为首领的参战军顾问团,并聘请了一百多名日本的军事人员担任参战军各部的教官,以指导参战军的日常训练工作。据当时有人调查,仅参战处聘用的日本顾问和教官就有总参议坂西利八郎、副官获原秋藏、交通教练所所长近藤金房、要塞教练所所长下原信城、军需教练所所长鱼住一郎等二三十人④。在日本方面的全力支持下,参战军很快在北洋军队中崭露头角,成为在装备、待遇和军官素质等方面“皆为全国之冠”⑤,因

①韩世儒:《参战军与直皖战争概述》,见杜春和等编:《北洋军阀史料选辑》(下),中国社会科学出版社 1981 年版,第 66 页。

②韩世儒:《参战军与直皖战争概述》,见杜春和等编:《北洋军阀史料选辑》(下),第 68 页。

③章宗祥:《东京之三年》,《近代史资料》1979 年第 1 期,第 86 页。

④温世霖:《段氏卖国记》,见荣孟源、章伯锋主编:《近代稗海》第四辑,四川人民出版社 1985 年版,第 569 页。

⑤刘凤翰:《直皖二系兵力的消长》,《中华民国初期历史研究会论文集》(上),台北 1984 年版,第 82 页。

而令人刮目相看的“王牌军”。

参战军刚组建编练时，第一次世界大战已临近尾声。1919 年 1 月参战军编练成立后不久，巴黎和会召开，“和平”成了世界潮流的主流，“参战”名义显已不合时宜。段祺瑞等遂将参战军改称国防军，后又改称边防军，他自己也由参战督办摇身变为边防督办。2 月下旬，北京政府和护法军政府也各派代表在上海举行和平会议，就如何实现南北和平统一问题进行会谈。虎视眈眈的参战军（边防军）的存在对南北和平统一的实现来说，无疑既是障碍，又是隐患，因此，和会一开始，应否取消这一支军队的问题就立刻成了南北双方代表拼命力争的焦点。但段祺瑞视参战军（边防军）为自己的命根子，根本不容他人打它的主意。从维护自身权势地位的目的出发，他不但不同意取消参战军（边防军），反而又让徐树铮另行编练了四个混成旅约二万余人的西北边防军，以图进一步加强自己的嫡系军事势力。

### 3. 西北军的编练

西北军的缘起可追溯到 1918 年 2 月发生的秦皇岛截械事件。2 月 23 日，徐树铮等为胁迫冯国璋主战，运动奉系军阀张作霖在秦皇岛截劫了北京政府陆军部从日本购置的一批军械，并引奉军入关强行进驻津京一带。张作霖在军粮城设立了关内奉军总司令部，自兼总司令，以徐树铮为副司令代行总司令职权。徐随即利用所截军械，组建了五个旅的后备军，准备应援已先期开赴湘南前线的张景惠、孙烈臣所部奉军。这五个旅是：奉军补充第一旅（驻河南信阳），旅长王永泉；奉军补充第二旅（驻洛阳），旅长于珍；奉军补充第三旅（驻洛阳），旅长李如璋；奉军补充第四旅（驻洛阳），旅长宋邦翰；奉军补充炮兵旅（驻河北廊坊），旅长宋子扬①。后徐树铮挪用奉军军饷事发，与张作霖关系

①何千里：《张作霖与徐树铮》，《吉林文史资料选辑》第四辑，第 229 页。

破裂,遂辞去奉军副司令职务,改任参战处参谋长。其所建五个旅的军队则经段祺瑞出面斡旋,与张作霖达成以下解决办法:“除以一步旅移驻岳州训练预备加入战线外,余均划入参战处,半以防边,半以援川。”①

徐树铮与奉系分道扬镳后,开始全力经营西北。当时,外蒙地区的局势由于受“十月革命”的影响而出现了一些新的动向。由于沙俄政权的倾覆,“实际上完全听从俄国之指挥”②的外蒙自治政府失去了靠山;而原沙俄军官谢米诺夫则在中国西北边境纠集了一帮匪兵,企图把中国的内外蒙分裂出去,建立所谓独立的蒙古国,并不断派兵袭扰蒙边。外蒙统治集团一方面一致拒绝把外蒙从中国分裂出去,并向北京政府紧急求援;同时其内部黄、黑两派即掌权的剌嘛派与失势的王公派之间又存在严重的矛盾,王公派为夺回执政权,表示愿意撤销自治。北京政府于是决定以外蒙撤治为突破口,趁势收复外蒙。身为边防督办的段祺瑞对这一自己职责范围内之事不敢大意,深知“外蒙横亘俄疆五六千里,傥入俄人彀中,国事将不堪言”;而自己作为边防督办,将更是无法向国人交代,因而嘱徐树铮“条陈边务,冀谋挽救”③。具有敏锐政治嗅觉的徐树铮早就注意到外蒙地区局势的变化,认为正是自己大显身手,建功立业的绝好机会,因而慨然应命。1918 年 10 月 20 日,徐“奉令设西北边防筹备处,筹备新队”④。他遂即派员到河南淮阳、商水、西华、上蔡、新郑、舞阳、襄城、禹县、沈邱等处及安徽涡阳、蒙城、太和、凤台、寿、亳等县招募新兵;并对已划归参战处的四个奉军补充旅重新加以整编,除原驻信阳的第一旅改编为第二十四混成旅由旅长王永泉带往福建应援闽浙联军外,余皆归入新编之军,

①《徐树铮电稿》,中华书局 1963 年版,第 317 页。
②《中俄关系史料——外蒙古》(民八),台湾 1959 年版,第 471 页。
③段祺瑞:《陆军上将远威将军徐君神道碑》,《徐树铮电稿》,第 382 页。
④《徐树铮电稿》,第 373～374 页。

组建成共有四个混成旅的西北边防军，即边防军第一混成旅（驻兖州），旅长宋邦翰；边防军第二混成旅（驻天津），旅长宋子扬；边防军第三混成旅（驻库伦），旅长褚其祥；边防军第四混成旅（驻洛阳），旅长张鼎勋。1920 年 2 月，又成立了边防军第五混成旅（驻南京），旅长李如璋。1919 年 6 月 13 日，北京政府特任徐树铮为西北筹边使；24 日，又命其兼任西北边防军总司令。手拥重兵的徐树铮于是在西北蒙疆找到了新的政治出路，也为皖系军阀开辟了一块新的地盘。

参战军和西北军两支皖系军阀嫡系军队的建立，使段祺瑞手中除安福国会之外，又多了一张王牌，凭借这文武两张王牌，段虽辞去了国务总理职务，但仍能轻易地操纵内阁、左右政局，继续实行皖系军阀的独裁统治。直到 1920 年皖系在直皖战争中战败，这两支军队才与皖系军阀的统治一起，结束了自己的命运。

## 第三节　皖系军阀统治的削弱

### 一、南北议和

徐世昌就任总统以后，在内政方面率先提上议事日程并极力推行的一个重要举措，就是谋求与南方停战议和，实现南北统一。1919 年 2 月下旬，南北双方经过四五个月的酝酿与准备，各自派代表在上海举行所谓的和平会议。这次会议最后虽不欢而散，但却曾喧腾一时，对当时的政局也产生了相当大的影响。南北之间由交战双方一变为谈判对手，绝不是偶然的，而是当时国际背景与国内局势都有明显变化并交相作用的必然结果。

### 1. 南北议和的国内外背景

随着第一次世界大战的临近结束,欧美列强特别是美国又开始把目光投注于中国,并挟其雄厚的政治、经济、军事实力,与日本展开了激烈争夺在中国的霸权地位的竞争。除积极筹组四国新银行团,以打破日本在对华借款方面的垄断地位以外,还对日本在中国的政治优势地位,即通过扶植亲日的段祺瑞皖系军阀而取得的对华政局的支配地位提出了强劲挑战。其所采用的手段,一是全力支持与皖系军阀既是北洋袍泽更是政治竞争对手的直系军阀,以改变中央政权基本上由皖系一家主宰的局面。《中国国民党第二次全国代表大会宣言》对此曾作了一定披露道:“八九年以后,欧战终了,各国恢复其远东势力,则又相与痛抑日本,助曹锟、吴佩孚,以推倒段祺瑞。其各种借款,为额之巨,至今尚未能知其确数。”①二是与日本支持段祺瑞推行“武力统一”政策针锋相对,提出了和平解决南北争端的对策,并向南北当局频频提出和平劝告。1918年9月9日,英国驻华公使朱尔典拜访北京政府外交总长陆征祥,就和平解决南北争端问题进行调停。他说:“贵国近来情形愈趋愈下,南北问题若不早日解决,长此以往,必有分裂灭亡之惨。现时前敌将士均不愿战,人人皆知,自外人观之,实无十分必战之理由。中央政府屡借外债,举凡国家所有可以抵押者均已抵押殆尽。此款尽充军费,而未收丝毫实效,万非长久之计。西南声称彼等实愿和平了结,因中央政府向无诚意,此说真假不可得而知。惟伍君廷芳曾向本国驻奥领事声明数次,托其向本公使转探中央政府口意,大约实有调停之余地。”在谈话中,朱尔典还很婉转地对段祺瑞一味推行“武力统一”政策提出了批评,认为段为人有一定不易之宗旨固可钦佩,“惟时势变迁,有万不能坚持到底者,即当设法

①中国第二历史档案馆编:《中华民国史档案资料汇编》第四辑(一),江苏古籍出版社1991年版,第352~353页。

转圜，以顾全大局”；并提出警告道：“总而言之，此事若不早日解决，贵国将来地位实有不堪设想者。”[①]10 月 10 日徐世昌宣誓就任总统的当日，美国总统威尔逊发来贺电，规劝中国南北早息争端，实现和平统一。略谓：“今贵大总统就任之日，正贵国各派首领以爱国为怀，牺牲一切息争之时，更宜和衷共济，力谋国民幸福，统一南北，而于各国际公会中亦占有其应有之地位。”[②]同日，各国使节到总统府祝贺新总统就任，推朱尔典以领袖公使身份代表全体致辞，重申了各国希望中国南北早日实现统一的态度。10 月 18 日，美国驻华公使芮恩斯又专门拜谒徐世昌，就南北停战议和问题提出非正式之劝告[③]。

在欧美势力东渐，并极力促成中国南北和平统一之局的同时，日本的对华政策也相应地作了较大调整。1918 年 9 月，段祺瑞皖系军阀的靠山寺内内阁倒台，继起执政的原敬内阁鉴于其前任内阁的对华政策在国内遭到普遍反对，在国际上又遭致欧美各国的严重不满，因而上任伊始，便调整了对华政策。一方面“废止了寺内内阁时代的援段政策，凡有助长中国南北争乱之虞的借款及其他财政援助，一律停止，给国内外以日本政策改变的印象”[④]；同时在促成中国南北和平统一问题上与欧美各国取一致态度，并俨然以最合适的调停者自居，主动请缨，愿司调停之职，“对于南北两方通告：谓需外力调停，则日本不辞其劳。对于英美通告曰：必要从中调停，则帝国有为先锋之责任”[⑤]。日本在中国南北和平统一问题上表现得如此积极，目的是不想让欧美方面独擅其功，而试图由自己掌握主动权，从而既可显示其在远东包括在中国的特殊地位，

①叶恭绰：《一九一九年南北议和之经过及其内幕》，见杜春和等编：《北洋军阀史料选辑》(下)，中国社会科学出版社 1981 年版，第 22～23 页。

②《申报》1918 年 10 月 19 月。

③《申报》1918 年 10 月 20 日。

④《近代史资料》1983 年第 1 期，第 215 页。

⑤《一九一九年南北议和资料》，中华书局 1962 年版，第 44～45 页。

又便于从中渔利。

东西方帝国主义在和平解决中国南北争端问题上达成共识后,便开始共同对南北双方进行逼和活动。11 月 19 日,美、英、法、意、日五国驻广东领事一起向广东军政府递交了一份劝告南北停战息争的照会,略谓:“兹法英意日美诸国政府对于中国大总统解决内乱之所设施,深滋冀望。对于南方各要人之态度,亦乐观其有欲和平了结之志趣。是以各该政府就此声明,对于北京政府及南方各要人,愿各废除私见及泥守法律之意念,一面谨慎从事,免除一切阻碍议和之行为;一面迅以慷慨和合态度,根据法律暨维护中国国民利益之热心,寻一两造和息之路,始克使华境内以平安统一。此各国政府之所殷盼也。”[①]针对督军团极力反对与南方进行对等和谈等情况,美、英、法、意、日五国驻华公使又于 12 月 2 日联袂晋谒徐世昌,以五国政府名义致送劝告南北议和的照会。略谓:“各国正进行组织世界和平与其公理之实现,而中国内部之纷争,仍然不止,使各国组织和平及公理之实现顿生困难……欲求解决此纷争,南北宜各捐除私见,抛去法理具文,开妥协会议,根据法律,以中国国家之幸福,共谋和好,此中国境内统一之急务,且须谨慎将事,以免为世界和平之阻碍。五国政府趁此时期,对于中国南北之妥协,表示以最恳切之同情。”[②]

东西方列强对北京政府和南方军政府的迫和活动,为南北议和准备了外部条件;而中国国内和平运动的空前高涨,则为南北议和准备了内部条件。

皖系军阀统治时期,由于段祺瑞等竭力推行讨伐西南的所谓“武力统一”政策,南北间的战事连年不断,致使湖南、四川等战区

①凤冈及门弟子编:《三水梁燕孙先生年谱》,见来新夏主编:《中国近代史资料丛刊·北洋军阀》(三),上海人民出版社 1993 年版,第 999～1000 页。

②黄季陆主编:《革命文献》第五十辑《护法战役与南北议和史料》,台湾 1970 年 3 月版,第 603 页。

省份的人民遭受了莫大的灾祸。1917年北洋军进入湖南，督军傅良佐允许军队“得侵入家宅”，公开进行烧杀抢掠。1918年皖系军阀张敬尧在湖南平江县宣布“三日不封刀”，纵令其军队血洗该城。湖南醴陵县几经兵燹，所遭祸害尤为惨重。1918年4月27日夜，北洋军于醴陵一战后，“首将城中财货钱帛，掳掠一空，复将房屋桥梁，烧毁略尽；杀伤遍地，血肉成丘，日暗天昏，神号鬼哭”。5月9日，北洋军在醴陵又“重燃劫火，大肆诛屠”，结果是“万家无雉堞之遗，四处有焦伤之骨”。据统计，醴陵县在军阀混战中被灾的有47901户，死伤24459人，其中被杀的有22542人。1918年7月醴陵的士绅们在请求救济的一个呈文中，曾概括地叙述了地方遭受荼毒的惨状道：“……所有庐舍，大半被毁，财物金帛，靡有孑遗，掘地及泉，室无完土，即所不欲，必毁碎而弃掷之，田畜家禽，不遗飞走，摘瓜尽蔓，采葵连根。乡民久习太平，畏见兵革，逃亡无所，转徙莫从，猝闻枪声，竞窜山谷，搜牢所及，幸免者稀。且杀掠之余，继以淫逼，夫踣于侧，气未绝而尚见其妇之衔冤，子哭于旁，声已嘶而无救于母之被玷，岂独深闺弱质，入地含羞，更有垂老穷嫠，因奸毙命。且也，见丰碑之旧冢，疑有金珠，睹黄土之新坟，谓藏枪弹，遂至轰其棺椁，取彼裳衣，男骸女骨，惨狼藉于丘山，故鬼游魂，空悲啼于冥漠。他若遮路以劫客，临田而夺牛，践稼以苦农，勒买以欺贾，虽亦骇闻，尚不足计……”①这不过是皖系军阀统治时期所制造的一系列惨绝人寰的战争祸殃的一个事例！在连年内战的情况下，各派军阀都拼命地扩充军队，补充军火，以致军费迅速膨胀，大批人民的膏血被输入军阀的血管，其数额之大，为前所未有。1910年清政府军费开支为1.02亿元；皖系军阀统治时期军费直线上升，1916年为1.53亿元，1918年更猛增到2.03亿元②。这些军费开支仅是中央政府的开支，还不包括地方军阀的开支在内。

①傅熊湘：《醴陵兵燹纪略》，1918年印本，第6～12页，附录1～2。

②章有义：《中国近代农业史资料》第三辑，三联书店1957年版，第608页。

段祺瑞等为了应付这笔庞大的军费开支,只得靠举借内外债度日。与前述举借外债的情形相比,段祺瑞等在举借内债方面的疯狂程度毫不逊色。1912年北洋军阀政府发行内债624.846万元(不包括地方军阀自行举办部分),1919年增至2835.87万元,而1918年段祺瑞以各种名目发行的内债竟达13936.376万元,是北洋军阀统治时期内债发行额最高的一年[①]。除此之外,还发行了国库券586.7267万元。当时中国的关税、盐税等大宗收入都掌握在帝国主义手中,因此,北洋政府各种苛捐杂税便花样百出,有增无减。据统计,1912年至1919年,田赋增加7倍,盐税增加3倍,烟酒税增加3倍,印花税增加6倍;有的地方军阀更任意强征捐税,多的竟预征到了二十年后的田赋。不难看出,段祺瑞皖系军阀的穷兵黩武、残民以逞,已经把全国特别是湖南、四川等战区省份的人民逼上了绝路。广大人民再也无法在这种战乱频仍的恶劣环境下生活下去了。

随着第一次世界大战的结束,中国人民终于迎来了和平的一线曙光。1918年下半年以后,在世界和平局势的影响下,中国国内的和平运动也呈现空前高涨之势。“欧洲大战以后,学者见武力强大之德,不免丧师割地,为城下之盟,素称民治主义之美,方且执持大陆牛耳,以支配未来世界变化之局,以为兵不足恃。于是去兵之说,大扬其波,云奔浪涌,一倡百和,一若太古深噩之世可以立跻,全世界皆将放马归牛,以玉帛易干戈者。我国频年祸乱,民不聊生,方伯干城,拥兵败政,邦人疾首蹙额,畏兵如虎,去兵之说,更甚于时”[②]。多年来饱受军阀割据与混战之苦的中国人民,自然渴望过上和平安宁的生活,因此,强烈要求南北双方顺应世界潮流,立即罢兵停战,实现和平统一。刚刚在大战中获得初步发展的中国民族资产阶级,很希望战后有一个能利于他们继续发展的和平

①千家驹:《旧中国公债史资料》,财政经济出版社1955年版,第10页。

②《东方杂志》第17卷第9号,第87页。

安定的环境，也积极投入到和平运动的潮流之中。天津、汉口、北京等地的总商会以及张謇、蔡元培等各界知名人士纷纷发表通电，痛陈南北战争的祸害，呼吁南北双方罢兵停战，实现和平统一。北京、上海、天津、南京、长沙、武汉、广州、江苏、湖北、江西等省市还纷纷成立和平促进会、和平期成会、和平联合会等团体，以反映民意要求、促进和平统一为职志，并通过各种途径，疏通、联络南北两方政要，以促成和平之局。这些和平团体一则具有广泛的代表性和群众基础，再则其发起与主持者如熊希龄、蔡元培、梁士诒、张謇、王宠惠、孙宝琦、谷钟秀等人，又多是名动南北，颇具政治或社会影响力的人物，这就既壮大了和平运动的声势，又加快了南北议和的进程。

在国内外和平局势的影响下，北洋集团内部直、皖两系在解决西南问题上的"和"、"战"之争，终于初步分出了胜负高下，它们的势力也随之发生了明显的消长。作为"主战派"的皖系军阀因遭受和平运动的沉重打击而明显处于劣势；作为"主和派"的直系军阀则利用人民的反皖浪潮乘机扩充势力，并得到了新任总统徐世昌的支持，开始占据上风。

皖系军阀虽然一直主战，反对议和，但在国外和平劝告与国内和平运动的双重压力下，不得不有所收敛而另作打算。徐树铮在议和问题上的态度在皖系军阀中很具有代表性。1918 年 9 月 22 日，徐致电同为"主战派"的皖系将领陈乐山（"祃"电），一方面痛论议和之非，认为"我辈一开口言和，则将来气难再振，必陷逆党之计，他日即及转舵，亦不免反复之迹，非我辈所应出"；同时又无可奈何地哀叹："今日之局，和为必不可能，明眼人皆知之，而不许人言和，又为情理所不宜。惟我辈主战之人，只好姑从默尔。"但皖系军阀并不甘心坐视南北议和的实现，因此，徐在"祃"电中又提出了"切整军实，专蓄战力，预作扶危定倾之备"的应对策略①。此后，

①《徐树铮电稿》，中华书局 1963 年版，第 351 页。

皖系军阀在极力破坏议和的同时，开始加紧编练参战军，以图从根本上挽回其不利处境。

直系军阀从一开始就极力反对对南方用兵，而主张通过和平途径解决南北争端。早在 1917 年 11 月，在直系首领冯国璋的指使下，正在湘南前线指挥作战的王汝贤、范国璋两位直系将领与直系“长江三督”曾先后通电主和。这一来势凶猛的主和浪潮不但使皖系军阀的“武力统一”政策遭到重创，而且还掀翻了段祺瑞内阁这艘战船。此后，直、皖两系的“和”、“战”之争愈演愈烈，双方的矛盾冲突也日趋激化。1918 年 4 月直系将领吴佩孚率军攻占衡阳后，便屯兵不前；嗣又与西南湘桂系军阀签订停战协定，并多次联名发表主和通电，形成了南北军阀的公开合流。直系的另一位重要人物江苏督军李纯则利用其地处南北中间位置的独特条件，“因其形势，出而调停”[①]，主动扮演起南北之间牵线人的角色。直系军阀提出“和平统一”虽有其政治目的，但在客观上对皖系军阀“武力统一”政策的推行起到了牵制甚至瓦解作用，有利于全国和平运动的发展。

号称“文治派”的徐世昌接替冯国璋出任北京政府大总统以后，也顺手从冯手中接过了“和平统一”的大旗，“欲趁国际和平空气高涨，国内人民企望南北统一的机会，积极进行和谈的准备”。[②]其目的主要有二：一是借此提高自己的声望，以摆脱各派军阀特别是皖系军阀的挟制；二是对南方投其所好，以换得他们对其总统地位的承认。10 月 10 日，徐世昌在就职宣言中就南北问题发表政见道：“世昌以救国救民为前提，窃愿以诚心谋统一之进行，以毅力达和平之主旨。”[③]为使这一“和平统一”的大政方针得到有效贯

①今云：《国内和议之回顾》，《东方杂志》第 16 卷第 12 号。

②叶恭绰：《一九一九年南北议和之经过及其内幕》，见杜春和等编：《北洋军阀史料选辑》(下)，中国社会科学出版社 1981 年版，第 2 页。

③凤冈及门弟子编：《三水梁燕孙先生年谱》，见来新夏主编：《中国近代史资料丛刊·北洋军阀》(三)，上海人民出版社 1993 年版，第 987 页。

彻,徐世昌一上台便委任自己的亲信钱能训为代理国务总理(后实任),以接替段祺瑞的职位。10 月 23 日,钱能训致电军政府主席总裁岑春煊等人,正式向南方军政府提出了协商解决南北纷争的建议。次日,徐世昌以大总统名义下令尊重和平,内称:“况吾国二十余省,同隶于统治之权,虽西南数省,政见偶有异同,而休戚相关,奚能自外?本无南北之判,安有畛域之分?试数上年以来,几经战伐,罹锋敌(镝)者孰非胞与,糜饷械者皆我脂膏,无补时艰,转伤国脉,则何不释小嫌而共匡大计,蠲私忿而同励公诚,俾国本系于苞桑,生民免于涂炭。”[①]11 月 16 日,徐世昌又下令前线军队停战退兵。这样,北京政府在谋求南北议和的道路上迈出了关键性的一步。

在北洋集团内部发生分裂的同时,军政府内部孙中山与西南军阀的矛盾也日益尖锐。

孙中山作为军政府大元帅,除了拥护他的一部分海军外,并没有其他可依靠的武装力量。军政府所在地的主要兵力操持在桂系军阀陆荣廷和莫荣新手中,孙中山不但不能调动他们来护法,还要不时遭到他们的袭击。1918 年 2 月,孙中山的追随者、军政府海军总长程璧光被刺身亡,表明了孙中山仅有的一点点海军力量都不为地方军阀所容。

孙中山坚决主张将护法运动进行到底,反对与北洋军阀作无原则的妥协。而西南军阀与多数旧国会议员虽厕身于护法阵营,但并无护法的诚意,更无护法到底的决心。他们不过是假借“护法”之名来维护自身地位或谋求升官发财,因此,对于北京政府也不像孙中山那样直指其为非法,而是采取了区别对待的态度,即仅不承认“主战”的段祺瑞任国务总理,而并不反对“主和”的冯国璋任大总统。其目的是想通过拉拢冯国璋来分化北洋军阀集团,以

①凤冈及门弟子编:《三水梁燕孙先生年谱》,见来新夏主编:《中国近代史资料丛刊·北洋军阀》(三),上海人民出版社 1993 年版,第 989～990 页。

削弱甚至瓦解北洋军对南方的攻势,从而求得一时的偏安。于是,军政府内部就分裂为"真护法"与"假护法",也即"主战"与"主和"两大阵营。当时北方派到西南进行游说的政客周廷励曾密报军政府内部的这种分裂状况说:"岑(春煊)、陆(荣廷)为主和派,政学会及中立派议员属之;孙(中山)、伍(廷芳)为主战派,过激国民党员属之。其余如海军及滇、黔与其他各群捣之代表,则主张不定……而岑、陆为实力派,孙、伍为言论派,驱岑、陆和则孙、伍派无所附丽。"①为了扫除议和道路上的障碍,西南军阀极力排斥孙中山,先是密谋成立意在与军政府对抗的西南联合会议,计划流产后,又勾结旧国会议员,于1918年5月对军政府进行了改组,将大元帅制改为政务总裁制,选举唐绍仪、伍廷芳、孙中山、唐继尧、林葆怿、陆荣廷、岑春煊七人为总裁,并推政学系头子岑春煊为主席总裁。孙中山由此对军阀的本质有了更深刻的认识,得出了"南与北如一丘之貉"②的结论,意识到依靠西南军阀决不可能取得护法运动的胜利,遂通电辞去军政府大元帅一职。不久,他便离粤赴沪。西南军阀攫取军政府大权以后,便开始紧锣密鼓地进行议和的各种准备活动,除与直系将领吴佩孚订立停战协定,在湘南前线实行停火以外,还通过英国驻粤领事等渠道以及通电主和等形式,向北京政府递送议和秋波。

继11月16日徐世昌发布停战命令后,军政府也于11月23日下令停战。于是,南北军阀从互争权利、兵戎相见的"南北战争"阶段,进入到彼此分赃、讨价还价的"南北议和"阶段。

### 2. 上海和会的召开与破裂

1919年2月20日,南北和会在上海德国总会正式开幕。南

①《一九一九年南北议和资料》,中华书局1962年版,第47页。
②《孙中山全集》第四卷,中华书局1985年版,第471页。

北双方全体代表出席了开幕式①，南方总代表唐绍仪和北方总代表朱启钤先后致词。唐绍仪在演说中对和会前途颇抱乐观地说道："民国成立以来，国家政权多握于武力派之手，故战争纷乱，迄无宁岁耳。迩者时势所趋，潮流相迫，将化干戈为玉帛，换刀剑为犊牛，一切干羽戈矛，皆应视为过去陈旧之骨董，后此战争当无从起。"②朱启钤在演说中也信心十足地表示："迩年以来，内争扰攘，迄于今日，国民希望和平，有如饥渴……今者两方代表团聚一堂，捐除畛域，共谋国是，自当有解决办法，以慰内外之望。"③但和会拉开帷幕后的情形表明，和会并没有像两位总代表所预期的那样既能顺利召开，又可致满意结果。实际上，和会是在充满着浓烈的火药味，"南与南不和，北与北不合，南北复不合"④的氛围中跌跌撞撞地进行的。

自 2 月 20 日和会拉开帷幕至 5 月 13 日双方代表辞职，和会宣告破裂，这一次上海和会历时不到三个月。如果再除去 3 月 2 日至 4 月 9 日和会曾告中断的时间，则实际开议时间仅一个半月。其间共举行了八次正式会议，二十余次非正式谈话会，都是吵吵嚷嚷，毫无结果。

2 月 21 日、22 日、24 日、26 日、28 日，双方代表相继举行了五

---

①南北双方代表团成员及其所代表的党派或方面如下：
北方总代表：朱启钤（"安福国会"参议院副议长），分代表：吴鼎昌（代表安福系）、王克敏（代表直系）、方枢（代表安福系）、汪有龄（代表安福系）、施愚（代表直系）、刘恩格（代表安福系与奉系）、李国珍（代表研究系）、江绍杰（代表安福系）、徐佛苏（代表研究系）；南方总代表：唐绍仪（军政府总裁），分代表：章士钊（代表岑春煊，政学会）、胡汉民（代表孙中山，国民党）、缪嘉寿（代表云南唐继尧）、曾彦（代表两广陆荣廷）、郭椿森（代表广东莫荣新）、刘光烈（代表四川熊克武）、王伯群（代表贵州）、李述膺（代表陕西）、饶鸣銮（代表福建及海军）、彭允彝（代表湖南）。

②黄季陆：《革命文献》第五十辑《护法战役与南北议和史料》，台湾 1970 年 3 月版，第 363 页。

③黄季陆：《革命文献》第五十辑《护法战役与南北议和史料》，第 365 页。

④《一九一九年南北议和资料》，中华书局 1962 年版，第 8 页。

次会议,会议主要议题是陕西问题和军事外交问题。

所谓陕西问题,就是陕西督军陈树藩等所部北洋军拒不执行停战命令,仍假借"剿匪"名义向于右任等人领导的护法军即靖国军大举进攻的问题。还在和会开幕以前,南北双方即已就这一问题进行过多次交涉,后经江苏督军李纯从中斡旋,提出五条具体解决办法①,南方军政府才同意派代表赴上海参加和会。但这五条办法于2月13日由北京政府以命令形式公布后,陕西的战事并没有沉寂下来,北洋军对靖国军的攻势丝毫未见减弱。于是,这一问题又成了和会上南北双方代表激烈争论的焦点问题。关于陕西问题,前三次会议双方代表主要讨论了两军划界、派张瑞玑赴陕西监督停战、撤销陕西督军陈树藩等具体问题,其中停战划界问题尤为双方所关注。南方代表提出两军划界应以1918年11月16日徐世昌下令停战之日为依据,意在收复此日后落入北洋军之手的失地;而北方代表认为应以1919年2月13日解决陕西问题五条办法公布之日作为 划界依据。由于划界标准问题直接关系到南北两方在陕西的地盘分配,因此,双方代表都各执一词,互不相让,以致虽经几次会议反复讨论,仍毫无结果。第四、五两次会议,双方代表间的会谈重点集中到撤换陕西督军陈树藩这一问题上。南方代表从于右任的迭次来函中获知,陕西每日均有战事发生,而且北洋军的攻势较以前更为猛烈,因此,在第四次会议上再次提出了撤换陈树藩的要求,认为"非即将陈树藩撤换,北京命令必不能行,陕战亦无解决之法"②。为了向北京政府施加压力,南方代表还中止

①李纯所提五条办法是:(1)闽、陕、鄂西双方一律实行停战;(2)援闽、援陕军队即停前进,担任后方剿匪任务,嗣后不再增援;(3)闽、鄂西、陕南由双方将领直接商定停战区域办法,签字后各呈报备案;(4)陕西内部由双方推德望夙著者前往监视,以杜纠纷;(5)划定区域,各担任剿匪卫民、毋相侵越,反是者国人共弃之。参见《申报》1917年2月8日。

②黄季陆主编:《革命文献》第五十辑《护法战役与南北议和史料》,台湾1970年3月版,第378页。

与北方代表进行任何其他问题的谈判，声明："此刻除每日到会静候撤陈树藩，余事均暂不议。"[1]在随后进行的第五次会议上，他们更进而限令北京政府于四十八小时内向南方作出"圆满之答复"[2]，否则将通告外交团中止和会。徐世昌在和会开幕前曾就撤换陈树藩问题向南方表示："和平会议如主张撤消，则我当将他撤消。"[3]这表明他并非没有去陈之心。但及至南方代表在和会上真的提出这一要求，并以中断和会相逼迫时，他又犹豫不决了。因为，陈树藩毕竟是皖系军阀的重要党羽，其所以敢抗命中央，拒不执行停战命令，背后实大有人在。这是徐世昌不能不有所顾忌的。于是，和会因撤换陈树藩问题而陷入严重危机。

在前三次会议上，南北双方代表还就军事外交问题进行了一番交涉。所谓军事外交问题，实即裁撤参战处与国防军(参战军)，公布中日间签订的密约，停支参战借款等问题。不难看出，这一问题是直接针对段祺瑞皖系军阀的，它较之陕西问题更为敏感，难度也更大，因而更不可能有任何实际结果。

3月2日，南方代表提出的四十八小时的最后期限已到，但北京政府依然没有将陈树藩撤职，开议尚不到十天的和会于是宣告中断。

和会停顿以后，全国各界人士"函电纷驰，呼救力竭"[4]，一致要求南北两方重开和会。3月22日，上海五十三个商业公团联合会召开紧急会议，并致电南北政府及两方代表，提出他们的请求道："商民切望和平统一，得立于国际平等、税法平等之地位。设再决裂，万劫不复，国随以亡。就此转圜，尚未为晚……请于七日内，

①黄季陆主编：《革命文献》第五十辑《护法战役与南北议和史料》，第389页。

②黄季陆主编：《革命文献》第五十辑《护法战役与南北议和史料》，第392页。

③黄季陆主编：《革命文献》第五十辑《护法战役与南北议和史料》，台湾1970年3月版，第373页。

④《民国日报》1919年3月23日。

续开和议,以定人心,而维大局。"①一些华侨商业团体也纷纷发表通电,认为"今日和局停顿之原因,仍系黩武派有外援款械之希望,而阻力横生",因此,倡言与接济款械之国"断绝商业上之往来,以达促和之初旨"②。同时,美、英、法等国驻华公使又几次开会,"关于吾国和议事件,有所协议"③,并准备提出第二次劝告。直系"长江三督"也发表联名通电,提出了"一面开议一面查办陕事之主张"④。迫于中外各方的压力,南北两方代表在中断和谈一个多月后,不得不又回到了谈判桌前。

4月9日,南北双方代表举行了和会开幕以来的第六次正式会议。为了避免再次出现前几次会议那样因纠缠于某一具体问题,以致未能对其他问题展开充分讨论的情况,双方总代表在会上提出了各自的全部议案。南方代表所提计承前续议问题六项,新提出者十三项;北方代表所提计大纲两项,节目八项。经过讨论,双方所提议案合并为"国会案"、"财政案"、"军事案"、"政治案"、"善后案"、"承前续议案"六项⑤。此后,双方代表即围绕着这六项议案展开讨论。

从4月9日和会重新开议至5月13日和会最后破裂,南北双方代表共举行了三次正式会议。由于双方在诸多问题上意见相去甚远,特别是在国会问题上更是绝无调和余地,因此,续开和议的结果,"仍虚糜三十余日之时间,而一无所成"⑥。其中,5月6日举行的第七次会议,虽然讨论的议题(山东问题)与南北议和无关,但

①黄季陆主编:《革命文献》第五十辑《护法战役与南北议和史料》,第568页。

②《民国日报》1919年3月23日。

③黄季陆主编:《革命文献》第五十辑《护法战役与南北议和史料》,台湾1970年3月版,第574页。

④今云:《国内和议之回顾》,《东方杂志》第16卷第12号。

⑤叶恭绰:《一九一九年南北议和之经过及其内幕》,见杜春和等编:《北洋军阀史料选辑》(下),中国社会科学出版社1981年版,第10~12页。

⑥今云:《国内和议之回顾》,《东方杂志》第16卷第12号。

却是整个和会期间唯一可资记述的一次会议。会上议决以双方总代表名义致电中国出席巴黎和会代表团,“主张须容纳中国主张,方予签字”;同时分别致电大总统徐世昌和国务总理钱能训,“力主保持学生爱国精神”,“凡此皆足以表明南北一家对内对外皆有一致之主张,而于代表二字,尚可差告无罪于国人者也”①。

在5月13日举行的第八次正式会议上,南方总代表唐绍仪提出了八项条件,即:(1)对于欧洲和会所拟山东问题条件,表示不承认。(2)中日一切密约宣布无效,并严惩当日订立密约关系之人,以谢国民。(3)立即裁废参战军、国防军、边防军。(4)恶迹昭著,不洽民情之督军、省长,即予撤换。(5)由和会宣布前总统黎元洪六年六月十三日命令无效。(6)设政务会议,由和平会议推出全国负重望者组织之。议和条件之履行,由其监督;统一内阁之组织,由其同意。(7)其他已经议定及付审或另行提议各案,分别整理决定。(8)由和会承认徐世昌为临时大总统,执行职权,至国会选举正式总统之日止②。在会上,两位总代表还主要就第五条即恢复旧国会问题进行了争辩。朱启钤表示:贵总代表如绝对主张恢复旧国会,则“北方对于时局现状,实无回旋之余地”。唐绍仪则声明:如第五条不能解决,“则其他各案,不必讨论”③。由于双方都不愿作任何让步,和会破裂的风波遂又轩然而起。

此次上海和会从其开幕以至破裂的全过程来看,不过是南北军阀、政客间的一次分赃会议,根本不可能给国家和人民带来真正的和平。当时的报刊《每周评论》上曾载文揭露和会的真相道:“此次会议,处处标题曰南北,果属南方之民意与北方之民意缔结和好之会议耶?亦不过特殊势力之少数武人朋分权力而已。就武人而

①今云:《国内和议之回顾》,《东方杂志》第16卷第12号。

②《南北议和第八次会议记事录》,黄季陆主编:《革命文献》第五十辑《护法战役与南北议和史料》,台湾1970年3月版,第400～401页。

③《南北议和第八次会议记事录》,黄季陆主编:《革命文献》第五十辑《护法战役与南北议和史料》,第402～404页。

论，南与北如一丘之貉……国利民福，岂此分赃会议所能顾此哉！”①和会所讨论的主要议题，“不外‘地盘’、‘势力范围’、‘位置’、‘军费’、‘借款’、‘分摊’……等事。若解剖出来，‘地盘’、‘势力范围’、‘位置’是一个权字的基础。‘军费’、‘借款’、‘分摊’是一个利字的化身。归根一句话，不外乎权利两个大字罢了。关门会议也好，闭户会议也好，横竖是没有代小百姓说话的。”②《新青年》主编陈独秀在五四爱国运动爆发的当天发表《两个和会都无用》的短文，揭露上海和会与同期举行的巴黎和会的分赃会议实质道：“上海的和会，两方都重在党派的权利，什么裁兵废督，不过说说好听做做面子，实际上他们哪里办得了。巴黎的和会，各国都重在本国的权利，什么公理，什么永久和平，什么威尔逊总统十四条宣言，即成了一文不值的空话……这两个分赃会议，与世界永久和平人类真正幸福，隔得不止十万八千里。”③

正因为如此，所以此次和会呈现出停顿之日多，开议之日少；枝节之争议多，根本之解决少的奇异特点。双方代表只知为自己一方的利益讨价还价，往返争吵；其各自内部各代表之间又因代表着不同的势力派别，以致意见杂出，时起争斗，总代表实际上徒拥虚名，毫无“全权”可言④；再加上皖系军阀的从中阻挠与破坏，“力

---

①《真正民意之表示》，《每周评论》第十七号，1919 年 4 月 13 日。

②《上海议和的情形》，《每周评论》第十八号，1919 年 4 月 20 日。

③《每周评论》第二十号，1919 年 5 月 4 日。

④当时有人即明言：“唐氏在西南毫无实力……其总代表名称虽然取得，以西南内部之万分复杂，唐氏何能代表？”(《一九一九年南北议和资料》，中华书局 1962 年版，第 283 页。)朱启钤的情况较唐绍仪更有过之，“甚至有的分代表在公开场所明言朱总代表不能代表分代表意见”。朱自己事后也慨叹：“此事病根实在代表权之不能统一。盖南北既各有总代表又各有分代表，各代表既分别代表某一方面，自必负有听命于其所代表的一方面之责，且有时或须听命于其所代表的一方面中之某有力者。而各代表复有时各别自有其目的与行动，其中参差矛盾，早已先天不足。”(叶恭绰：《一九一九年南北议和之经过及其内幕》，杜春和等编：《北洋军阀史料选辑》(下)，第 8 页，第 26 页。)

往决裂一方做去”[①]，这样，和会也就只能是在毫无结果的情况下不欢而散了。

自5月13日和会破裂后，南北议和虽仍有余波回荡，但“除却南北政府装腔作势之外，国民方面，反比前次冷淡许多”，人们已“不把这和会放在意中了”[②]。及至北京政府改派臭名昭著的安福系首领王揖唐为北方总代表的消息传出，全国舆论为之大哗。上海各界群众更是以同声斥骂的独特方式来“欢迎”王揖唐的到来，“传单四起，张贴于大街通衢之间，甚至以‘卖国代表’等徽号加于王氏，花样翻新，愈出愈妙”[③]。西南方面所派出的总代表温宗尧也因王揖唐实在名声太臭，拒绝与之会晤。乘兴而来的王揖唐没想到会陷入如此尴尬的境地，为自找台阶下台，他竟于10月19日派人在其哈同花园住所安置炸弹，造成有人欲行暗杀的假象，然后灰溜溜地返回北京[④]。至此，南北议和终于戏剧性地收场了。

## 二、五四爱国运动

### 1. 巴黎和会的召开与中日山东问题交涉

1918年11月，第一次世界大战以协约国一方的最后胜利而告结束。为了瓜分德、奥等战败国在世界各地的侵略权益，并商讨构建战后国际关系新秩序的有关问题，1919年1月，由美、英、法、意、日五大国发起并主持，在法国巴黎凡尔赛宫举行了所谓的和平会议。中国作为协约国的成员国，也应邀派代表出席了巴黎和会。

---

①叶恭绰：《一九一九年南北议和之经过及其内幕》，见杜春和等编：《北洋军阀史料选辑》(下)，中国社会科学出版社1981年版，第17页。

②《每周评论》第二十二号，1919年5月18日。

③《国民公报》1919年10月18日。

④叶恭绰：《一九一九年南北议和之经过及其内幕》，见杜春和等编：《北洋军阀史料选辑》(下)，中国社会科学出版社1981年版，第14页。

在一次大战中迅速增强了自身国力的美国，极欲在战后确立其世界霸主地位，因此，对和会的召开以及战后国际关系秩序的构建提出了一系列的设想与原则。还在大战结束前的1917年11月11日，美国总统威尔逊即就停战议和及战后和平保障问题发表了著名的十四条宣言，内容包括“公开之和平条约，以公开之方法决定之。此后无论何事，不得私结国际之盟约。凡外交事项，均须开诚布公执行之，不得秘密从事”；“确定约章，组织国际联合会。其宗旨为各国交互保障其政治自由及土地统辖权。国无大小，一律享同等之利权”[①]。翌年9月27日，他又就此问题在纽约发表演说，“要旨谓此次战争非国际政客之战，系人民之战。将来议和，应以无偏无倚之公道为原则，以组织万国协会为维护公道之法”；并提出了万国协会的组织与运作所应遵循的五条大纲[②]。美国提出这些构建战后国际关系新秩序的原则与规定，决非是想在未来世界中以“公理”取代“强权”，而不过是企图借此打破各类政治密约的束缚，把整个世界纳入由少数几个大国操纵控制的国际联盟这一新范畴之中。但由于这一真实目的是掩饰在“平等”、“公道”的神圣外衣之下的，带有很强的欺骗性，因此，当时不少国家特别是包括中国在内的众多弱小国家，对威尔逊的言论反应极为热烈。

中国因多年来深受强权政治之苦，更是盛赞威氏的“仗义执言”，并对即将召开的世界和平大会寄予了极大期望，以为几十年来列强强加于中国的各种不平等条约，特别是日本以军事恫吓手段强迫中国签订的条约，有望借助于美国的支持而在和会上全部宣告废止。因此，当美国方面照会北京政府，提出“望中国政府对于威总统所拟办法，视为合适保障之意，并愿与美通力合作”的建议时，北京政府立即复照响应，表示在和会上将“以威总统历次演

---

①天津市历史博物馆编：《秘笈录存》，中国社会科学出版社1984年版，第28～29页。

②天津市历史博物馆编：《秘笈录存》，第30页。

说要旨为根据，尤愿力助”[①]。国务总理钱能训在众议院演说中国今后的外交方针时，更是直言不讳地说：“我国所主张，即以美国威大总统所主张为主张，亦即以世界人类共同之主张为主张。此次战后外交情形迥异曩者，凡损人利己之外交一定失败，且凡阴谋诡密之外交，亦无良好结果。”[②]为了在和会上与美国同趋步调，北京政府还特意派出了主要由有亲欧美倾向或有欧美背景的人员构成的议和代表团。代表团中的五位全权代表，除膺任首席代表的外交总长陆征祥以外，其他四位即驻美公使顾维钧、驻英公使施肇基、驻比公使魏宸组、南方军政府代表王正廷，都是早年曾留学欧美，又在欧美各国驻节有年，因而与欧美方面颇有渊源的“欧美派”外交家。其中驻美公使顾维钧在外交界虽年轻望浅，但由于他是“与美国代表团保持密切接触的当然人选”[③]，因而更是深受北京政府的倚重[④]。他如驻法国公使胡惟德、驻丹麦公使颜惠庆、驻意大利公使王广圻等代表团主要成员，也多与欧美方面有着程度不同的公交私谊。而驻日公使章宗祥等“亲日派”外交家则没能过多地与闻和会事宜，章还为此对外交总长陆征祥大为不满，指责陆对像他这样“向来与本问题有关系者”没能“密授机宜”[⑤]。

1月18日，巴黎和会正式开幕。会议推举法国总理克雷孟梭为主席，美国国务卿兰辛、英国首相劳合·乔治、意大利总理奥兰多、日本首席代表西园寺公望侯爵四人为副主席；并议决由美、英、法、意、日五国各派代表二人组成“十人会”，作为和会的最高决策机构，对一切问题作出初步决定，然后提请大会表决。各国出席大

①天津市历史博物馆编：《秘笈录存》，第46页。

②《众议院速记录》1918年11月2日。

③顾维钧：《顾维钧回忆录(缩编)》(上)，中华书局1997年版，第48页。

④北京政府最初任命的全权代表依次为陆征祥、顾维钧、王正廷、施肇基、魏宸组，因与陆征祥先期开单送会的名次(陆、王、施、顾、魏)不一，为免引起内部纠纷，遂又致电声明全权次序以送会名单为准。

⑤章宗祥：《东京之三年》，《近代史资料》1979年第1期，第54～63页。

会的代表,规定大国为五席,中小国家一至三席不等。中国不但没有资格参加“十人会”,而且出席大会的代表也只有二席。从巴黎和会拉开帷幕的一瞬间就不难看出,大小国家在和会上毫无“平等”可言,美、英、法、意、日五大国掌握了和会的大权,而包括中国在内的众多弱小国家则不过是点缀门面的陪衬而已。这些弱小国家意欲通过这样的会议来替自己主持“公道”,伸张“正义”,不啻是异想天开。

1月27日,五大国“十人会”讨论德属殖民地的处置办法。日本代表居心叵测,竟乘机将并非属于德国殖民地而只是租界地的山东青岛的处置问题提交大会讨论,“要求各大国同意”。美国总统威尔逊以该问题与中国直接有关,提议请中国代表列席会议。大会遂临时通知中国代表团,派代表出席当天下午的会议。下午3时,“十会人”继续讨论青岛问题,中国代表团派顾维钧、王正廷两位全权代表出席了会议。会议一开始,日本代表牧野伸显男爵便在会上宣读了日本政府的宣言书,要求将胶州湾租借地以及铁路并德国在山东的所有其他权利无条件让与日本,至于“交还中国一层,一字不提”①。为了使这一侵略要求在大会上获得通过,牧野一方面陈述其所谓理由道:“日本为铲除德国势力,牺牲不少”,因此,“日本对德要求,实为正当而又公平者也”②;同时宣称日本已于1917年2月与英、法、俄、意四国在上述问题上达成秘密谅解,而且与中国也订立了有关协议。由于中国代表团事先并未专门准备山东问题的意见书,因此,当牧野在会上提出该项要求时,顾维钧、王正廷两人感到极为突然,对五国谅解之说更是“颇为惊愕”③。顾当即提请大会另行安排时间听取中国代表陈述理由,然后再对该问题审查定议。大会主席克雷孟梭表示同意,决定次日

①天津市历史博物馆编:《秘笈录存》,中国社会科学出版社1984年版,第72页。
②王芸生辑:《六十年来中国与日本》第七卷,三联书店1981年版,第263页。
③王芸生辑:《六十年来中国与日本》第七卷,第263页。

听取中国代表的发言。

当晚，中国代表团在驻地连夜开会商议山东问题的具体应对办法，这也是中国代表团抵达巴黎后第一次专门开会讨论山东问题。本来，北京政府包括段祺瑞等重要人物对解决山东问题并不十分在意，以为日本既然一再声明交还中国，谅不至食言[①]。因此，它对中国出席巴黎和会代表团的训令中从未提到过山东问题，而只涉及了废除治外法权，撤走外国驻军，关税自主等问题[②]。在这一外交方针指导下，中国代表一开始也没有把这一问题放在很重要的位置。1918 年 12 月 9 日，中国代表团首席代表陆征祥在赴法国途中曾在日本作了短暂停留，并拜会了日本外相内田康哉。当时日本内阁会议已议决一定要在和会上取得胶州湾租借地的自由处分权[③]，因此，内田在谈及山东问题时曾明确告知日本政府的态度道："日政府将来必照前定交还中国之精神进行，惟照法律手续，形式上须俟日本向德国取得后，再行交还中国"[④]。陆对此虽没有明确表态，但从他抵达巴黎后一直没有就此问题与代表团其他成员进行磋商，更没有准备反映中方要求的意见书来看，他对于在中日两国所订协议的框架内来解决山东问题似并无异议。及至日本代表在和会上提出领有德国在山东一切权利之要求，而于归还中国一层全然不提，中国代表团才意识到问题的严重性。原定先将德国在山东的权利交付日本，再由日本归还中国的解决山东问题方案，即间接交还法，因日本根本没有归还中国的诚意而已失去实际意义。中国代表团为此必须另谋解决之道。经反复讨论，代表们在当晚会议上议决以下两条意见：一是在明天的"十人会"上表明中方态度，要求将德国在山东的一切权力直接交还中国；二是鉴于

---

①日本外务省编：《日本外交文书》，大正八年第三册上卷，第 200 页。

②曹汝霖：《曹汝霖一生之回忆》，台湾传记文学出版社 1970 年版，第 146 页。

③日本外务省编：《日本外交文书》，大正七年第三册上卷，第 635 页。

④章宗祥：《东京之三年》，《近代史资料》1979 年第 1 期，第 63 页。

中日间订有济顺、高徐铁路借款合同以及山东问题换文中有中日合办胶济铁路的约定，在谈判中不易翻案，因此提议政府“将此合同提交议会，与议员接洽，令勿通过，以民意为政府后盾”，这样，“将来争辩时或易于措词，即某国(指美国)帮助亦较易为力”①。

28日，“十人会”听取中国代表顾维钧关于山东问题的发言。顾维钧在发言中明确表示中国要求直接收回德国在山东的一切权利，并从历史、人种、宗教、风俗、语言、文化、国防、经济等方面陈述理由道：“三千六百万之山东人民，有史以来，为中国民族，用中国语言，信奉中国宗教”；“如就地势论之，胶州为中国北部之门户，亦为沿海直达国都之最捷径路也，胶济铁路与津浦铁路相接可直达首都，于国防上中国亦断然不容他国之争执也。以文化言之，山东为孔孟降生中国文化发祥之圣地。以经济言之，山东以二万五千英方里之狭地，容三千六百万之居民，人口既已稠密，竞存已属不易，其不容他国之侵入殖民，固无讨论之余地。是以如就本会承认之民族领土完整原则言之，胶州交还中国，为中国当有之要求权利”。日本帮助中国驱逐了山东的德国势力，对此中国当竭诚申谢，“然割让中国人民天赋之权利为报酬，而播将来纷争之种子，为本全权所不得不力争也”。最后，顾维钧郑重声明：“本全权绝对主张，大会应斟酌胶州租借地及其他权利之处置，尊重中国政治独立，领土完整之根本权利，且相信中国可谓有和平之诚意也。”在会上，顾维钧还与日本代表牧野展开了一场舌战。牧野对顾维钧的发言很不以为然，他从既成事实和有约可依两个方面，陈述不能将德国在山东的权利交还中国而应由日本领有的理由道：“日本占领胶州湾后，迄至今日，事实上已为领属；然而中日两国间，已有交换胶州湾交还之约，并关于铁路亦有成约，此等之公文，对于四国间，亦认为有注意之价值也。”美国总统威尔逊听说中日两国在山东问题上订有密约，立即问牧野：“日本代表将前项公文，于会议时有无

①王芸生辑:《六十年来中国与日本》第七卷，三联书店1981年版，第263～264页。

提出之意向?”意思是要求公布中日密约,因为其十四条宣言中的第一条就是不得私订密约,“凡外交事项,均须开诚布公执行之,不得秘密从事”[1]。牧野面露难色,答道:“日本政府对于此事,决不至于反对,惟须待请训。”顾维钧觉察到牧野语涉迟疑已明显引起威尔逊等人不满,因而不失时机地表示:“中国政府极愿提出。”意在通过和会废止中日密约。大会主席克雷孟梭于是宣布:“中日两国务须将交还青岛之条件向大会声明。”顾维钧和牧野心里都很明白,中日密约一旦向大会公布,结果无非有两个:一是密约经大会议决无效,德国在山东的权利直接交还中国或交由国际共管;二是密约被认定有效,德国在山东的权利先由日本领有,然后再按密约由日本交还中国。牧野自然不希望出现第一种结果,因而声明:“如本国政府许可后,必将公文提出,惟与此案有关之土地,事实上在日本手中,日本于交还前,从德国方面愿得自由处分权。至于获得胶州湾后之办法,于中日两国间业已商定完毕。”顾维钧深知要避免第二种结果的出现,必须从根本上否认密约的合法性和有效性,因而据理辩驳道:关于德国在山东权利的归还手续,“我中国愿取直接办法,盖此事为一步所能达,自较分二步为直捷。日本代表所提出之约定办法,想系指一九一五年二十一款要求所发生之条约及换文而言。当时情形,谅诸君尚能记忆,中国所处地位极为困难,此项条约换文,经日本送达最后通牒,中国始不得已而允之。即舍当时成立之情形而言,此项约章既为战事所发生之问题,在中国视之至多亦不过为临时暂行之办法,仍须由和平会议为最后之审查解决。纵令此项条约换文全尽有效,而中国既向德国宣战,则情形即大不相同。根据 Rebus Sic Stautibus(意为维持现状)之法理言之,亦为今日所不能执行……且中国对德宣战之文,业已显然声明中德间一切约章,全数因宣战地位而消灭。约章既如是而消灭,则中国本为领土之主,德国在山东所享胶州租借地及他项权

①天津市历史博物馆编:《秘笈录存》,中国社会科学出版社 1984 年版,第 28 页。

利,于法律上已经早归中国矣”[1]。辩论至此,会议结束。

顾维钧的陈述措词切当,声情并茂,极富感染力;辩论则理由充足,气势磅礴,具有很强的说服力。因此,会议一结束,威尔逊、劳合·乔治、兰辛等人都纷纷前来道贺,称赞“这一发言是对中国观点的卓越论述”[2]。日本代表在会上的表现则相形见绌,他们的发言不但没有产生类似的轰动效应,反而因过于强词夺理而遭到与会各国代表的普遍谴责。不难看出,中日两国代表在这一回合的舌战中,中方明显占据了上风。

日本侵吞山东权利的计划在巴黎和会上受阻后,便转而向北京政府施加压力。2 月 2 日,日本驻华公使小幡酉吉奉命向北京政府代理外交总长陈箓提出抗议,谓中国代表在和会上事先未与日本代表接洽,就遽告新闻记者可随时将中日密约公诸于世,这种做法既漠视日本之体面,也违反外交之惯例,“兹奉本国政府之训令,嘱唤起贵国政府之注意,一面并请以此意电知贵国代表”。陈箓对日本这种蛮横干涉中国代表发言权的行径非但没作任何抗辩,反而乞求谅解道:“本部所得电报,亦知二十八日会议席上顾、王两氏与贵国珍田、松井两氏颇有辩论,当须呈明大总统。大总统注重两国邦交,已嘱外部电令该代表等勿得过于激烈。今贵使既来谈及此事,本国政府当更注意。”小幡得“理”不饶人,仍紧紧抓住顾维钧表示愿意公布中日密约的事情不放,扬言“顾氏欲假外国势力以抑压日本,殊予日本以不快之感”,并加以种种恫吓。陈箓对此唯唯诺诺,不敢稍加辩驳;他甚至还极力洗刷政府方面与此事的关系,宣称:“中国政府并无定须发表前项文件之意,因如欲发表则早已发表矣,何必待至今日?”并媚态十足地讨好道:“日前将会议情形报告大总统时,大总统尚不知会议之详情,即言中日两国邦交

①关于 1 月 28 日会议的大致情况,参见王芸生辑:《六十年来中国与日本》第七卷,三联书店 1981 年版,第 264～276 页。

②顾维钧:《顾维钧回忆录(缩编)》(上),中华书局 1997 年版,第 54 页。

素笃，万不可因此会议伤及两国之感情。足见大总统甚注重两国之邦交。”小幡听罢陈箓这一番低声下气的表白，知道自己的外交讹诈已产生预期效果，遂拿出济顺、高徐铁路借款合同等日本方面准备提交和会的密约，假惺惺地征求中国政府同意，然后“极为满足”地回使馆向本国政府致电复命①。

小幡向北京政府提出抗议并施以种种恫吓的消息经报章披露后，“全国舆论，大为愤激”②。全国人民一方面一致痛斥日本在和会进行之际竟敢蛮横干涉中国代表的发言权，同时对北京政府在对日外交上的庸懦软弱极为不满，并进行了猛烈抨击。正在巴黎和会上折冲樽俎的中国代表团也于 2 月 5 日致电总统府和国务院，郑重告诫道：“日本在会相形见绌，因而向我国内设法恫吓……此事关系我国存亡，千钧一发，如在会稍有退让，则爱我者必将鄙我，即使幸安数月，恐不可思议之问题不久即将发生。务请持以决心，是所切祷。”③与此同时，美国驻华公使芮恩斯、英国驻华公使朱尔典均赴外交部质问日本抗议的内容④，并对北京政府屈从于日本的淫威，不敢全力支持中国代表团的怯懦表现颇有微词。迫于中外各方的压力，北京政府不得不于 2 月 10 日以外交部名义发表声明，向外界披露当日陈箓与小幡晤谈的经过情形。声明一方面极力掩盖事实真相，否认日本曾有恫吓；同时又以不痛不痒的措词“表示他国不得干涉中国代表发言之意”道：“各国代表在巴黎会议席上顾本国之利益为正确之主张，为今日国家独立自存应有之主义，他国绝无干涉之理。”⑤

从 1 月 28 日中日两国代表在“十人会”上展开舌战后的一个

---

①以上小幡对陈箓之质问，参见王芸生辑：《六十年来中国与日本》第七卷，三联书店 1981 年版，第 267～270 页。

②王芸生辑：《六十年来中国与日本》第七卷，第 271 页。

③天津市历史博物馆编：《秘笈录存》，中国社会科学出版社 1984 年版，第 76 页。

④天津市历史博物馆编：《秘笈录存》，第 77 页。

⑤天津市历史博物馆编：《秘笈录存》，第 77 页。

半月时间里,和会主要忙于起草对德和约和讨论成立国际联盟的问题,山东问题暂时被搁置起来。但中国代表团仍在会下作了诸多努力,除派代表分头联络威尔逊、劳合·乔治、克雷孟梭、奥兰多等和会巨头,就收回山东权利等问题积极进行疏通外,还相继向和会提出了几份书面报告。2 月 15 日,中国代表团向和会提出了山东问题的说帖。这是中国代表团向和会提出的第一份也是最重要的一份文件,内容主要包括山东问题的背景介绍以及中国要求直接收回山东权利的理由陈述,并备有十九个附件,主要是中德、中日间历年来签订的涉及山东问题的密约及换文等。3 月 8 日,提出对德和约中应列条件的说帖。4 月 15 日,提出废除 1915 年中日协定的说帖。稍后,又提出希望条件的说帖。这是中国代表团向和会提出的又一个重要文件,内容包括舍弃外国在华势力范围,撤退外国军警,裁撤外国邮电机关,裁撤领事裁判权,归还租借地,归还租界,关税自主等七个方面。应该说,中国代表团所提的这些要求都是正当而合理的,但由于操纵和会的各大国根本无意真正帮助中国挽回利权,因此,中国代表团所作的种种外交努力很难会有满意的结果。对此,陆征祥在 4 月 7 日给北京政府的一份密电中深有感触地说:“国际对我情形,今日更殊畴曩……列强领袖在会访问接洽之艰难,各界人物对华议论观察之轻慢,种种情况江河日下。关于我国山东问题,除某国善意维持外,各国要人对我态度虽无不表示同情,然每以种种事实之关系,口吻多欲吐而仍茹。总之,强权利己之见,决非公理正义所能摇,故协群力以进行,犹恐九鼎之难举。”①

4 月 16 日,五国会议重新讨论山东问题。美国国务卿兰辛在会上提出一个折衷方案,即将德国在山东的一切权利先交由和会暂时接管,俟中国将青岛等山东省内的重要地区按要求开辟为商埠后,再归还中国。对此,日本代表牧野极力反对,英、法、意三国

①天津市历史博物馆编:《秘笈录存》,中国社会科学出版社 1984 年版,第 117 页。

代表则缄默不语，兰辛的方案遂遭搁浅。次日，美国代表又在对德和约会议上提出了一个变通办法，即将德国在山东的权利由和会接管改为由五大国共同处置。牧野又以“日本在中国有特殊利益”为言，表示不能接受。美国代表声色俱厉地表示：“中国问题与世界有关，美国原无单独处置之意，亦不能任他一国独为处置。”嗣经提交五国外长会议讨论，终于通过了该方案①。

4 月 22 日上午，美、英、法、意四巨头召开最高会议，意大利总理奥兰多因对阜姆领土的要求未能如愿，忿而离会，和会顿时陷入僵局。日本代表乘机向和会施加压力，宣称已奉到本国政府训令，如果山东问题不能满意解决，日本即不在对德和约上签字，必要时也可像意大利代表那样退出和会；并要求在对德和约上将山东问题单列条款，以确认日本在山东的特殊地位。显然，日本如真的步意大利后尘退出和会，则巴黎和会势必破产，美、英、法等国利用和会分赃掠权、主宰世界的如意算盘也会随之落空。在这种情况下，美国的天平开始向日本倾斜，决定在山东问题上置中国的利益于不顾，而向日本让步。

当天下午，美、英、法三国续开最高会议，邀请陆征祥、顾维钧两位中国代表参加，就已与日方达成共识的解决山东问题的方案向中方摊牌。威尔逊首先发言，他摆出一副爱莫能助的姿态说道：经查山东问题情形甚为复杂，“中国日本既有一九一五年五月之条约换文于前，又有一九一八年九月之续约于后，而英法等国亦与日本协定条件，有维持其继续德国在山东权利之义务，此次战事本为维持条约之神圣”②，在这种情况下，目前所能找到的解决山东问题的最佳方案是“日本将获有胶州租借地和中德条约所规定的全部权利，然后由日本把租借地归还中国，但归还之后仍享有全部经

①天津市历史博物馆编：《秘笈录存》，中国社会科学出版社 1984 年版，第 131 页。
②王芸生辑：《六十年来中国与日本》第七卷，三联书店 1981 年版，第 306 页。

济权利,包括胶济铁路在内"①。顾维钧当即起而争辩,谓1915年之约是日本最后通牒下的产物,而1918年之约是根据前约而来。威尔逊反诘道:"一九一八年九月,当时协约军势甚张,停战在即,日本决不能再强迫中国,何以又欣然同意与之订约?"②对此,顾维钧的答词显得有些苍白,他只诉说了日本"威逼"的一面,而对其"利诱"一面,特别是当时北京政府为贪图二千万日元的借款而甘愿饮鸩止渴,对日本开列的侵吞山东权利的交换条件表示"欣然同意"并与之订约的实情,则无法在会上陈明。劳合·乔治接着发言,他一方面承认"当时所允让日本之价,未免稍贵",但同时又强调所谓"条约神圣",宣称"既然有约在先,究不能作为废纸"③。他以不容商量的口吻问中国代表:"中国是愿意接受中日之间早先制订的那个方案呢?还是于深思熟虑之后决定采纳刚才所谈的新方案?"④意思是中国只能在这两个方案中作非此即彼的选择。顾维钧明确表示两个方案中国都不能接受,并对欧美方面未能为中国主持公道深表失望。威尔逊见未能说服中国代表,又画了一张大饼(尚未正式成立的国联)给中国充饥,宣称:"欧美并非不欲主持公道,无如为先时种种条件所束缚,现幸国际联盟会议成立,该会宗旨专为维持各国独立及领土完全,中国现为会员之一,将来如再有强力欺凌中国者,在会各国自有援助中国之义务。"⑤劳合·乔治与克雷孟梭也随声附和,并没等中国代表再作什么申辩,便急急忙忙地宣布散会。

4月24日,中国代表团向和会另致说帖,提出四条解决山东

---

①顾维钧:《顾维钧回忆录(缩编)》(上),中华书局1997年版,第60页。

②王芸生辑:《六十年来中国与日本》第七卷,三联书店1981年版,第306页。1918年9月24日中日两国就山东问题互换公文,日本外相后藤新平在给中国驻日公使章宗祥的照会中,就山东问题提出七条处理意见。章宗祥在给后藤的复照中则表示:"中国政府对于日本上列之提议,欣然同意。"威尔逊此言即是针对这一换文而说的。

③王芸生辑:《六十年来中国与日本》第七卷,第306页。

④顾维钧:《顾维钧回忆录(缩编)》(上),中华书局1997年版,第60页。

⑤王芸生辑:《六十年来中国与日本》第七卷,第307页。

问题的办法:(1)德国在山东的权利先由五国暂时接收,将来再交还中国;(2)日本须于对德和约签字后一年内交出上述权利;(3)中国愿偿还日本攻占青岛的军费,具体数额由四国决定;(4)胶州湾全部开辟为商埠。这一方案明显迎合了美国的意旨,也作了相当大的让步,但由于三大国更倾向于通过讨好日本来获取更大的利益,因而对该方案不屑一顾。

4 月 30 日,三国会议在事先没有征求中国代表同意的情况下,对山东问题作出最后裁决,决定将德国在山东的一切权利让予日本,并在对德和约中单列条款予以规定(后列入"凡尔赛和约"第一五六、一五七、一五八条)。至于日本须将山东权利交还中国的问题,由于日本代表坚持只作口头承诺,反对在和约内予以明文规定,因此上述三条款对此只字未提。不难看出,这一解决山东问题的方案是完全按照日本的意愿作出的,而中国维护自身权益的正当要求则丝毫未受尊重。

中国代表团在得知三国会议对山东问题作出了向日本一边倒的裁决后,于 5 月 4 日向三国会议提出强烈抗议:"三国会议欲维持和会不生破裂,竟以中国为殉。是中国运命反因参加联合国之故,而为联合国之利益交换品。此种不信不义之处置,实属万难缄默。"[①]但美、英、法三国对中方的抗议置若罔闻,仍按原定计划于 5 月 6 日公布了对德和约(即凡尔赛和约)。至此,中国在山东问题上的交涉完全失败,剩下的只是在和约上签字与否的问题了。

列为战胜国之一的中国,在巴黎和会上竟和战败国一样,成为任人宰割的俎上鱼肉,这是对和会所标榜的"公理"、"正义"的极大讽刺,充分暴露了和会是帝国主义分赃会议的实质。中国人民在残酷的现实面前,开始从"公理战胜强权"的神话中清醒过来,并把对巴黎和会的极度失望和对卖国政府特别是直接经手签订中日密约的曹汝霖、章宗祥、陆宗舆等亲日派的极大愤恨,像火山一样喷

---

①凤冈及门弟子编:《三水梁燕孙先生年谱》(下),1946 年铅印本,第 40 页。

发了出来。一场规模空前并在中国近现代历史上具有划时代意义的爱国运动——五四运动爆发了。

### 2. 五四爱国运动的爆发

5月4日下午1时左右,北京大学、法政专门学校、高等师范学校、中国大学等十几所大专院校的三千余名学生,手持各色旗帜,上书"誓死争回青岛"、"头可断,青岛不可失"、"诛卖国贼曹汝霖、章宗祥、陆宗舆"等标语,从四面八方齐集天安门。北京政府派京师警察总监吴炳湘前去解散,不许学生集会游行,学生们置之不理。学生们在天安门集会后,开始游行示威。游行队伍一路高喊口号,散发传单,于2时40分左右行抵东交民巷使馆区,准备向各国驻华公使提出抗议。因当天是星期日,各国公使都不在馆内,学生们遂派代表向美国使馆递交了一份抗议书,随后经由王府井大街、东单牌楼,向东城赵家楼胡同曹汝霖住宅进发,意在对曹有所质问。

当游行队伍到达赵家楼胡同时,曹宅门户紧闭,且有三四十名警察严加把守。学生们见此情形,都极为气愤,一时怒骂声、口号声和撞门声响成一片,大有不找到曹汝霖决不罢休之势。当时曹宅内除曹汝霖及其家人外,尚有回国述职的驻日公使章宗祥、参战处军法处长丁士源和日本记者中江丑吉三人。他们听到学生砸门,知道凶多吉少,吓得赶紧找地方躲藏起来。曹汝霖后来回忆当天的情形时仍心有余悸地说:"我于仓猝间,避入一小房(箱子间),仲和(章宗祥字)由仆引到地下锅炉房(此屋小而黑)……我在里面,听了砰然一声,知道大门已撞倒了,学生蜂涌而入,只听得找到曹某打他,他到哪里去了……我想即将破门到小屋来,岂知他们一齐乱嚷,都从窗口跳出去了,这真是奇迹。"①学生们见找不到曹汝霖,愤恨之下,当即纵火焚烧曹宅。躲在锅炉房的章宗祥见学生放火,生怕被烧死,赶紧跑出来往后门逃去,正好让学生发现并被认

①曹汝霖:《曹汝霖一生之回忆》,台北传记文学出版社1970年版,第153页。

出，于是给围住痛打了一顿。警察总监吴炳湘率大队人马随即赶到，驱散了学生队伍，并当场逮捕了三十二名学生。

当天学潮中被捕的三十二名学生，经各方面出面营救，于5月7日全部获释。但受到学潮直接冲击的段祺瑞皖系军阀并不想就此了结学潮问题，他们一方面鼓噪并责令北京政府严惩“滋事学生”，同时扬言：“当兹社会主义思想输入，民情易于激动之际，一任血气未定之青年为此无意识之纷扰，教育当局实不能不负相当之责任也。”①大有要拿教育界开刀之势。5月9日，北京大学校长蔡元培被逼无奈，悄然离京出走。同时，教育总长傅增湘也因同情学生运动而被迫提出辞职。北京政府于5月15日命教育部次长袁希涛暂行代理部务，并准备提名安福系骨干田应璜出掌教育总长一职。

蔡元培、傅增湘两人相继被迫去职，在北京教育界激起了巨大风潮。5月9日，北京大学学生决定以“停课待罪”的方式来挽留自己的校长。同时，北京各大专学校校长也宣布全体辞职，以示与蔡元培同进退。5月19日，北京中等以上学校学生实行总罢课，同时发表罢课宣言，提出拒签对德和约，惩办卖国贼，挽留傅、蔡两公，撤除对学生的警戒等要求，声明这些要求获得满足以前决不复课。北京学生宣布罢课以后，各地学生纷纷响应，上海、天津、杭州、南京、苏州、太原等地学生都先后卷入罢课风潮。北京政府虽被迫部分答应了学生们的要求，如5月14日发布挽留蔡元培的命令，嗣又悄然撤销对田应璜的任命，但同时又秉承段祺瑞等人的旨意，公然下令挽留已提出辞职的曹汝霖、陆宗舆两人，并决定对学生运动大开杀戒。5月21日，北京政府任命有“屠夫”之称的王怀庆为步军统领，替换了镇压学生运动不力的李长泰。5月25日，又对学生运动下达一道措词严厉的命令，禁止学生集会、游行、演说、散发传单，否则就要实行镇压。令文说：“着责成京外该管文武长官剀切晓谕，严密稽察，如再有前项事情，务当悉力制止。其不

---

①《公言报》1919年5月5日。

服制止者,应即依法逮办,以遏乱萌。”①禁令发布后,北京政府即开始对“不服制止”的学生进行“依法逮办”。6 月 3 日,北京各校学生组成四五十个演讲队上街演讲,北京军警当局出动马队强行驱散了演讲学生,并逮捕了一百七十余人。次日,更多的学生走上街头演讲,又被警方逮捕七百余人。由于警厅收容不下,遂把北大法科、理科辟为临时监狱,以拘押被捕学生。军警当局还派大批军警占领北大校园,设帐宿营,并在周围地区架设大炮,对过往行人进行盘问检查。但学生们并没有被武装镇压所吓倒,5 日,又有五千多名学生一路高呼口号,前往北大法科声援被拘押的学生。就在爱国学生与反动军警紧张对峙的时候,上海方面霹雳一声,传来学生罢课、工人罢工、商人罢市的“三罢”消息,北京政府惊慌失措,急忙命令军警撤出北大,并全部释放了被捕学生。

北京政府疯狂镇压学生运动的暴行激起了全国人民的极大愤慨。6 月 5 日,上海工商学各界群众为声援北京学生,掀起了声势浩大的罢工、罢课、罢市的“三罢”斗争。紧接着,京奉路唐山、京汉路长辛店的铁路工人以及长江轮船的码头工人先后卷入罢工浪潮,而江苏、浙江两省以及天津、安庆、芜湖、厦门、九江、济南、武汉等城市的商人则纷纷关门闭店,实行罢市。轰轰烈烈的全国性爱国运动即六三运动终于爆发了。六三运动把五四运动推到了一个新的更高的阶段,以往单纯的学生运动已发展成为社会各界广泛参与的全国性的爱国运动,而且,工人阶级这支最具革命彻底性的队伍在运动中崛起,并在运动中越来越发挥其不可替代的重要作用。

面对全国性爱国运动风起云涌、势不可挡的形势,一些地方军政首脑出于平息事态、维持地方治安的考虑,也向当局提出了罢免曹、章、陆的要求。6 月 8 日,目睹了上海“三罢”斗争情形的淞沪护军使卢永祥致电徐世昌等人道:“现在罢市业经三日,并闻内地如南京、宁波等处,亦有罢市之说,星星之火,可以燎原,失此不图,

①《政府公报》1919 年 5 月 26 日。

将成大乱……永祥等伏查上海为东南第一商埠，全国视线所集，内地商埠无不视上海为转移。现上海学界既坚以曹、陆、章三人去职为开市条件，商界亦曾有电请求，民心向背，即时局安危，亦不敢壅于上闻。可否查照上海总商会前电所呈，准将三人一并免职，明令宣示，以表示政府委曲求全。”①迫于各方面的压力，北京政府不得不于6月10日上午令准曹汝霖辞去交通总长一职。但天津等地的各界群众并不就此罢休，当天下午，天津总商会急电北京政府："本日仅准曹汝霖辞职，以此可以谢国人乎？……查栖息于津埠之劳动者数十万众，现已发生不稳之象，倘迁延不决，演成实事，其危厄之局，痛苦有过于罢市者。”②天津总商会的急电，使北京政府极为震惊。因为津京间近在咫尺，如果那里的几十万工人大罢工，势必直接威胁北京。在这种形势下，北京政府急忙于当天又补发两道命令，准免章宗祥驻日公使、陆宗舆币制局总裁职务。

罢免曹、章、陆无疑是五四运动所取得的一个巨大胜利，但运动并没有就此结束，各界群众又乘胜把斗争目标集中到要求拒签对德和约的问题上。

巴黎和会于5月6日正式公布对德和约后，中国直接收回山东权利的希望完全破灭。但中国代表并不甘心就此签字，于是又提出了一个"保留签字"的新方案，即中国可以在和约上签字，但必须加入对山东问题的解决办法不能承认的保留意见。此后，中国代表团即围绕着这一方案，在和会上下展开了艰难的交涉。"最初主张注入约内，不允；改附约后，又不允；改在约外，又不允；改为仅用保留字样，又不允；不得已改为临时分函声明，不能因签字而有妨碍将来之提请重议云云，又完全被拒。"③这样，中国在对德和

①《申报》1919年6月10日。

②《晨报》1919年6月13日。

③外交部编：《巴黎和会关于胶澳问题交涉纪要》(1919年7月22日)，见中国第二历史档案馆编：《中华民国史档案资料汇编》第三辑《外交》，江苏古籍出版社1991年版，第424～425页。

约问题上除了无条件签字或拒绝签字外,已别无选择。

北京政府在这一问题上的态度是:先争取保留签字,如保留实在办不到,则只有无条件签字。其理由是签字与不签字对中国都有危害,而不签字的危害更大一些,两害相较取其轻,因此决定签字。5月23日,北京政府致电中国代表团,训令他们照此决定办理。次日,国务院又致电各省,通告政府签约的决定,并陈明理由,意在取得各省的支持。电称:“政府熟筹利害,草约签字,不难拒绝,后对日各约依然存在,一切义务仍不能有所解除或减轻,是日本之主张不能推翻,而于其余各项,先自明示放弃,殊为失算。且与协商各国邦交及国际地位,均有妨碍……经熟思审处,第一步自应力主保留,以俟后图。如保留实难办到,只能签字。”①当日,段祺瑞也致电各省军政长官,就政府决定签约之事进行疏通。他陈述不能不也是不得不签字的理由道:“青岛问题,顾、王两使争执直接交还,国家有力,未尝不是……以英、日现在之国力,我欲一笔抹煞得乎?”“欧约如不签字,国际联盟不能加入,所得有利条件,一切放弃。”他还攻击学生运动是“借爱国以祸国也”,并警告道:“常尽心求学,养为成材,将来鼎新政治、工商实业,以强国本则可,受人愚弄,徒长嚣张之气,误己误国则不可”②。

相反地,全国人民坚决反对在对德和约上签字,并为此掀起了声势浩大的要求拒签和约的请愿浪潮。6月18日,山东各团体派出一百多名代表赴京请愿,向北京政府提出拒签和约、废除济顺高徐铁路借款合同、惩办卖国贼等要求。北京、天津两地的学生和归国留学生也派代表到总统府请愿,要求徐世昌当面作出不签字的保证。各地的群众团体和海外华侨还纷纷致电中国代表团,力劝他们别在对德和约上签字。在对德和约签字前的短短几天内,代

①《公言报》1919年6月8日。

②温世霖:《段氏卖国记》,见荣孟源、章伯锋主编:《近代稗海》第四辑,四川人民出版社1985年版,第565～566页。

表团就“接到国内各公众团体拒绝签字电四百余通、国外华侨电五百六十余通”①。而在巴黎的中国留学生、华侨等更是“每日必往中国代表团总部,不断要求代表团明确保证,不允保留即予拒签。他们还威胁道,如果代表团签字,他们将不择手段,加以制止”②。与此同时,手拥重兵的直系将领吴佩孚等人出于收买民心、打击皖系军阀的目的,也频频发表措词颇为激烈的通电,表示坚决支持学生的爱国运动,反对在对德和约上签字,声称:“与其一日纵敌,不若铤而走险;与其强制签字,贻羞万国,毋宁悉索敝赋,背城借一。军人卫国,责无旁贷,共作后盾,愿效前驱。”③

在全国各界的强烈反对声中,北京政府没敢再坚持签约主张,而是把难题抛给了巴黎的中国代表团,由外交部去电说:“国内局势紧张,人民要求拒签,政府压力极大,签字一事请陆总长自行决定。”④而中国代表团则在全国人民的督促和全国性爱国运动的激励下,于和约签字前的最后一刻毅然作出了拒签的决定。

6月28日下午3时,巴黎和会在凡尔赛宫举行对德和约即凡尔赛和约的签字仪式。中国代表团函告大会主席将不派代表出席,同时对外发表宣言,略谓:“中国代表团既多方调和而不可得,复鉴于一切可保国家体面之迁就办法无不见拒,则惟有遵循其对于国家及对于国民之义务,与其因画押之故而承受所视为不合正义公道之第一百五十六、七、八各条,则不如不往画押。中国代表不得已而为此举,致似有伤于联盟共事各国之团结,颇以为憾。然无奈除此以外,实无一可保中国体面之途径。故此举责任不在于我,而在于人之不合公道。平和会议既于山东问题之解决,未与中国以公道,复于本日使中国非牺牲其正义公道与爱国之义务不得

---

①温世霖:《段氏卖国记》,见荣孟源、章伯锋主编:《近代稗海》第四辑,四川人民出版社1985年版,第567页。

②顾维钧:《顾维钧回忆录(缩编)》(上),中华书局1997年版,第64页。

③上海《大公报》1919年7月2日。

④顾维钧:《顾维均回忆录(缩编)》(上),第64页。

签画和约。中国政府愿陈其原委,以俟世界之公论。”[①]7 月 10 日,徐世昌以大总统令形式将中国代表拒签和约的原委通告全国。至此,五四运动的两个直接目标,即“内惩国贼”(罢免曹、章、陆)与“外争主权”(拒签对德和约),都胜利实现了。

五四运动是在民族危机日益加重的情况下,中国人民自动发起的一场伟大的爱国运动。它粉碎了帝国主义列强借巴黎和会大肆侵吞中国领土主权的梦想,并沉重地打击了皖系军阀的统治。此后,皖系军阀犹如人人喊打的过街老鼠,惶惶不可终日,其最终败亡的日子已经不远了。

## 第四节　直皖战争

### 一、北洋军阀集团的分裂与纷争

直皖战争是北洋军阀集团内部直皖两大派系之间所进行的一场争权夺利的不义之战,也是北洋军阀历史上第一次大规模的军阀混战。这次战争的爆发可谓冰冻三尺非一日之寒,是北洋集团内部派系纷争,特别是直皖两大主要派系之间经年累月且日趋激化的矛盾争斗的必然结果。

#### 1. 北洋军阀集团分裂割据局面的形成

袁世凯死后,北洋军阀分裂为许多派系。其中势力最大的是以段祺瑞为首的皖系,以冯国璋、曹锟为首的直系和以张作霖为首的奉系。这三大军阀派系因各自首领段祺瑞、冯国璋、张作霖分别是安徽合肥人、直隶河间人和奉天海城人而得名。直皖战争以前,

---

①天津市历史博物馆编:《秘笈录存》,中国社会科学出版社 1984 年版,第 224 页。

它们的地盘分布情况大致如下：皖系军阀控制了山东、山西、安徽、浙江、福建、陕西、甘肃、新疆八省与热河、察哈尔两个特别行政区及淞沪护军使所辖区域；直系军阀控制了直隶、河南、湖北、江西、江苏五省与绥远特别行政区、宁夏护军使所辖区域；奉系军阀控制了东北三省，并开始将势力触角伸向关内。除了直、皖、奉三大军阀派系鼎足而立以外，各地还有许多小军阀分别进行割据。他们或者割据一省（称为督军），或者割据一省中的某一地区（称为镇守使），拥有一定势力，时分时合，变幻莫测，在割据地区殃民祸国。

北洋军阀分裂割据局面的形成，主要有以下几方面原因：

首先，是由于中国当时的半殖民地地位。从 19 世纪末开始，列强各国相继在中国划定了自己的势力范围，并实行政治干预和经济掠夺政策，当中国有一个顶“强”的人时，它们就共同加以支持以巩固和发展自己的势力，这就是袁世凯所以能实现一时之统一的原因所在；袁世凯垮台以后，帝国主义各国失去了侵略中国的共同工具。曾长期担任袁世凯总统府顾问的坂西利八郎在谈起袁死后的此种形势时说：“袁死后失去了掌权的第一流人物，剩下的二三流人物，如果其中之一当了大总统，其余的人就不服气，因而也就不太服从，对之也无计可施。总之，袁以后的大总统或总理大臣，难以服众，有名无实，因此，工作也无法有秩序地进行。”①由于没有一个最“强”的人继起，列强各国就十分需要分别扶植新的代理人，加以支持，使之成为自己势力范围内的理想看管人。它们物色好对象后，就不惜从各方面特别是武器方面给予援助，因为武器对于“有枪就有势”的军阀尤具特殊意义；而各地方军阀在失去了袁世凯这一共同的首脑之后，也都要各自寻找靠山，依靠帝国主义的支持，互相争斗，以达到偏安一隅或发展自己势力的目的。正如毛泽东指出的：“中国内部各派军阀的矛盾和斗争，反映着帝国主义各国的矛盾和斗争。故只要各帝国主义分裂中国的状况存在，

---

①《青木宣纯与坂西利八郎》，《天津文史资料选辑》第三十辑，第 180 页。

各派军阀就无论如何不能妥协，所有的妥协都是暂时的。今天的暂时的妥协，即酝酿着明天的更大的战争。”①因此，帝国主义支持下的各派军阀的割据混战，成为半殖民地半封建中国的特征之一。

其次，是由于中国社会经济的落后性。当时的中国，地方农业经济尚占有一定的优势，地主阶级在广大地区进行着封建剥削。军阀不仅因得到地主阶级的支持而成为它的政治代表，而且其本身就是占有大量土地的大地主，例如皖系军阀段祺瑞、直系军阀冯国璋、奉系军阀张作霖等都是占有数万亩土地的大地主。1916年，奉系军阀张作霖强迫开放了达尔汉旗辽河南北沃土四千余方(每方四十五垧，每垧十亩)，张与鲍贵卿、冯麟阁等分割了其中的千余方；而吴俊陞的土地更是几乎遍及黑龙江全省。直系军阀王占元在任湖北督军期间即搜括民财八千万元，并以此抢买土地，成为占有其老家山东四个县土地的大地主②；曹锟家族仅在天津及近郊就占地二千余顷，还有大片苇地、盐滩地等③。皖系军阀张敬尧在天津小站地区占有土地三百六十余顷，佃户近四百户④；而倪嗣冲则仅安徽阜阳一地便霸占了七八万亩土地。因之，军阀势力很自然的可以就地获得地主阶级的多方面支持，而地主阶级的剥削也依靠军阀的统治而存在。同时，更由于地主阶级的残酷剥削和社会经济的衰落，使大量的农民从土地上游离出来成为游民，这又为军阀开辟了兵源。即便当时没有游离出来的农民，军阀们还可以通过地主阶级在农村中“派差”、“抓丁”等手段，以达到他们的目的。军阀从帝国主义手中得到金钱和枪械，从地主阶级手中得到金钱和兵源，这样，便可以毫不费力地组成军队。有了军队，他

①《中国的红色政权为什么能够存在》，《毛泽东选集》第一卷，人民出版社1966年版，第49页。

②以上资料参见章有义：《中国近代农业史资料》第二辑(1912～1927)，三联书店1957年版，第14～20页。

③参见《曹锟家族对人民的经济掠夺和压榨》，《天津文史资料选辑》第一辑。

④参见《近代史资料》1982年第3期，第219页。

们就有了称雄割据、争抢地盘的资本。

再次,北洋军阀内部各势力派别的存在及其相互间矛盾的激化,是导致该集团分崩离析,形成割据混战局面的直接原因。北洋军阀是一个以私人关系为纽带、利害关系为基础结合而成的政治军事集团,其兴起、形成与发展的过程,既是总头目袁世凯的个人权力不断强化以至登峰造极的过程,也是袁的部将特别是段祺瑞、冯国璋两人的势力日视坐大的过程。段、冯两人从小站练兵开始便一直追随袁世凯左右,是袁手下最得力的两员干将。他们凭借自己出类拔萃的军事学识与练兵才干,深得袁的赏识与重用,在北洋集团中和民初政坛上拥有显赫的地位与权势。这一方面为他们培植效忠于个人的派系势力提供了便利条件,同时,在派系政治盛行,地域观念重于民族观念,个人或集团利益高于国家利益的时代,他们也很容易成为众星所拱的中心。不少执掌地方军政大权的都督或民政长(省长),统兵的师旅长或镇守使,以及形形色色的官僚、政客等,为求得发迹或巩固自身地位,都主动与段、冯两人接近,或争相攀附结纳,或直接投归门下,这样,无形中在两人周围形成了一股虽无派系之名而有派系之实的势力。

段、冯两人由于性情、志趣迥异,段属"阳刚",冯属"阴柔",再加上袁世凯有意使他们互相制衡,以便驾驭控制,因此,两人关系在袁世凯在世时就很不融洽。"迨袁既为总统,段任第一任内阁之陆军总长,以迄民国八年下野,始终兼任(中间惟王士珍暂为兼署,及王内阁时以段芝贵为短时期之陆长而已)。冯统禁军,在未改编以前,遇事向不关白军部。及民元秋,冯任直隶都督,仍兼统禁军,与段亦向无联络。"①"二次革命"后,冯出任江苏将军(后改督军),段仍任职中枢,两人间的交往更少,隔阂也更深了。但在袁世凯推行帝制以前,由于袁统治有术,加上北洋集团正处于上升期,各种

①张国淦:《北洋军阀直皖系之斗争及其没落》,见杜春和等编:《北洋军阀史料选辑》(下),中国社会科学出版社 1981 年版,第 39～40 页。

矛盾尚未明显暴露,因此,尽管段、冯两人时常闹一些门户之见,意气之争,但还能听命于袁氏的驱策,为北洋集团的整体利益奔走效命。及至袁因权力欲的极度膨胀而帝制自为,他与段、冯在权力分配方面产生直接的利害冲突,关系骤然恶化。袁以段、冯反对帝制而对他们密为设防,大加摈斥,"内则严侦祺瑞之行动,而外则假换防为名,调陆军第四师、第十师屯驻上海,调第五师之一旅驻扎苏州,调安武军之第一路驻扎南京,所以防段氏与冯内外结应者,无微不至"①。段、冯对袁则不复唯命是从而开始渐怀携贰。段始而"杜门谢客,弗预国事","以为遵时养晦之计"②;继而利用袁请其复出收拾残局的机会,对袁极尽拆台之能事。一方面授意奉命率部南下征讨护国军的心腹张敬尧"顿兵不进"③,以瓦解北洋军的攻势;另方面又在袁的后方制造不稳态势,密嗾亲信陈树藩驱逐了竭力效忠袁的陕西将军陆建章,并拉拢山西将军阎锡山,以向袁施加压力,"袁以腹背受敌,气焰顿挫,而段之权力则大张"④。冯则与段遥相呼应,"暗约鄂督王占元、赣督李纯,不奉洪宪之命",纵然袁临以重兵,"仍不能压抑冯氏反对帝制之气势也"⑤。不难看出,在袁世凯统治的后期,由于帝制事件的直接触发,北洋集团内部已明显地出现裂痕,派系分化的暗潮正在涌动之中。

袁世凯死后,北洋军阀集团失去了唯一有资望与能力统摄全局的人物,"群雄失驭,乃互植势力,各昵所亲"⑥,内部分裂更是愈

---

①沃丘仲子:《段祺瑞》中编,广文书局 1920 年版,第 45 页。

②沃丘仲子:《段祺瑞》中编,第 44 页。

③沃丘仲子:《段祺瑞》中编,第 49 页。

④张一麐:《直皖秘史》,见来新夏主编:《中国近代史资料丛刊·北洋军阀》(三),上海人民出版社 1993 年版,第 18 页。

⑤张一麐:《直皖秘史》,见来新夏主编:《中国近代史资料丛刊·北洋军阀》(三),第 18 页。

⑥张国淦:《北洋军阀直皖系之斗争及其没落》,见杜春和等编:《北洋军阀史料选辑》(下),中国社会科学出版社 1981 年版,第 37 页。

演愈烈。特别是段祺瑞与冯国璋两人,本来就积不相能,"素不相容"[①],此时更是公开对立。段俨然以袁世凯衣钵传人和北京政府真正主人自居,大有目无余子、不可一世之概,"视黄陂如傀儡,即对于同派要人若徐世昌、冯国璋等,亦有鄙薄之意"[②]。冯国璋则"以段之雄踞燕京,其势力足以笼罩北方诸省也,益联结长江诸督,更与民党通声气,而为南部盟主焉"[③]。与此同时,其左右亲信也积极活动,其中河北同乡组成了一个拥冯排段的"成城团","他们这个团体,在北方军界里面有一定的力量,对段祺瑞攻击非常激烈"[④]。两人一南一北,各拥一派势力,为争夺北洋集团中的霸主地位而展开角逐。从此,冯、段分离,"遂有直派、皖派之名"[⑤]。

### 2. 直皖奉军阀的角逐

北洋军阀集团既已分裂为直、皖两大派系,"则互争地盘,扩张势力,是固难免之事耳"[⑥]。两派的地盘与权势之争,在张勋复辟以前就已殊形激烈。段祺瑞为了"掣冯之肘","减削冯氏之势力"[⑦],一方面极力拉拢坐镇蚌埠的安徽省长倪嗣冲,使之成为自己的铁杆势力;同时利用浙江督军吕公望在内哄中被驱赶下台的

---

①张国淦:《中华民国内阁篇》,见杜春和等编:《北洋军阀史料选辑》(上),中国社会科学出版社 1981 年版,第 216 页。

②张一麐:《直皖秘史》,见来新夏主编:《中国近代史资料丛刊·北洋军阀》(三),上海人民出版社 1993 年版,第 19 页。

③张一麐:《直皖秘史》,见来新夏主编:《中国近代史资料丛刊·北洋军阀》(三),第 19 页。

④张联棻:《一九一八年北洋军对湘作战经过》,《文史资料选辑》第二十六辑,第 91 页。

⑤张一麐:《直皖秘史》,见来新夏主编:《中国近代史资料丛刊·北洋军阀》(三),第 19 页。

⑥张一麐:《直皖秘史》,见来新夏主编:《中国近代史资料丛刊·北洋军阀》(三),第 19 页。

⑦张一麐:《直皖秘史》,见来新夏主编:《中国近代史资料丛刊·北洋军阀》(三),第 19 页。

机会,将其亲信杨善德由淞沪护军使调任浙江督军,从而既获得了皖、浙两省地盘,又对冯国璋造成南北钳制之势。张勋复辟失败后,黎元洪引咎辞职,冯国璋以副总统代行总统职权。段祺瑞等把冯国璋北上就任代理总统视为挟制冯氏并瓦解直系"长江三督"联盟的极好机会,因此,"一面电冯,促其就职",并派心腹靳云鹏赴南京促驾[①];同时准备指派亲信段芝贵接任江苏督军。但冯国璋窥破了段祺瑞等人的计谋,因此"迟迟吾行,密为自固藩篱之计"[②]。一方面举荐江西督军李纯接任江苏督军,绥远都统陈光远接任江西督军,以保持直系在长江流域的地盘,"盖树声援于外省,庶不至坐困于中朝也"[③]。同时"又畏段祺瑞之刚毅专断,一旦只身入围城,恐为段所制,故于抵京时随带十五师为拱卫军,十五师者,冯之嫡派师旅,专藉以御段者也"[④];嗣又将与其颇有渊源的第十六师(由禁卫军改编而成,师长王廷桢)收归自己直接指挥。段祺瑞等见难于插足直系长江势力区域,便转而图谋湖南、四川两省地盘,提出傅良佐督湘、吴光新为长江上游总司令兼四川查办使的任命要求,作为同意李纯督苏、陈光远督赣的交换条件。经徐世昌出面斡旋,上述四人的任命令始得于 1917 年 8 月 6 日"在交换条件之下同时发表"[⑤]。从直、皖两系"各私其力,互相防闲"的情形不难看出,"其思想及权势之冲突,已由暗中斗争而渐趋表面化了"[⑥]。

冯国璋入主总统府以后,很快在对西南的和战问题上,与段祺

---

①张国淦:《北洋军阀直皖系之斗争及其没落》,见杜春和等编:《北洋军阀史料选辑》(下),中国社会科学出版社 1981 年版,第 44～45 页。

②沃丘仲子:《段祺瑞》中编,广文书局 1920 年版,第 67 页。

③张一麐:《直皖秘史》,见来新夏主编:《中国近代史资料丛刊·北洋军阀》(三),上海人民出版社 1993 年版,第 19 页。

④沃丘仲子:《段祺瑞》中编,第 67 页。

⑤张国淦:《中华民国内阁篇》,见杜春和等编:《北洋军阀史料选辑》(上),第 217 页。

⑥张国淦:《北洋军阀直皖系之斗争及其没落》,见杜春和等编:《北洋军阀史料选辑》(下),第 45 页。

瑞执掌的国务院之间展开了剧烈争斗，府院政潮于是又轩然大作。与从前黎、段冲突不同的是，当时“段握有实力，黎不过政客利用而已，尚是以虚击实”；而现在“冯、段既各具相当力量，则是以实碰实”①。双方势均力敌，旗鼓相当，争斗的结果只能是两败俱伤，而且势必使北洋集团的整体利益受到严重威胁。对此，段祺瑞在1917年11月16日的正密“铣”电中深有感触地说道：“环顾国内，惟有我北方军人实力可以护国护法，果能一心同德，何图不成，何事不就……我北方军人分裂，即为中国分裂之先声；我北方实力消亡，即为中国消亡之朕兆。”②徐树铮在1918年5月23日给段祺瑞的一则电文（“漾”二电）中更是提出“忠告”道：“窃惟分派之说，去岁曾详陈数次，以为直人布置直派，是直之自杀直人。若皖人布置皖派，以为抵直之计，是皖之自杀皖人……我总理为国家之总理，非皖人之总理。直人果自成派，是自外于国家也……闻之立法自近，甚愿我总理有以正己而正人也。”③但说归说，双方在倾轧争斗时却是各走极端，不留余地。及至1918年10月冯国璋与段祺瑞同时宣布下野，直、皖两系在西南问题上的和战之争才暂时告一段落。

在北洋军阀集团渐趋分裂，直、皖两大军阀派系相与争锋的过程中，关外的奉系军阀异军突起，成为北洋集团中与关内直、皖两系鼎足而立的重要派系。奉系军阀首领张作霖（1875～1928年），字雨亭，奉天海城人。早年曾寄身草莽，后受清政府招安，成为东北旧军军官。1907年清廷任命徐世昌为钦差大臣、东三省总督兼管三省将军事务。奉天、吉林、黑龙江三省各设巡抚，以唐绍仪为奉天巡抚，朱家宝为吉林巡抚，段芝贵以道员赏布政使衔署理黑龙江巡抚。督、抚四人皆北洋集团中人，东三省遂成为北洋军阀的势

①张国淦：《中华民国内阁篇》，见杜春和等编：《北洋军阀史料选辑》（上），中国社会科学出版社1981年版，第216页。

②《民国日报》1917年11月21日。

③《徐树铮电稿》，中华书局1963年版，第179～180页。

力天下。徐世昌赴任时随带北洋第三镇出关，并以该镇为基础扩建东北新军。至清末，东北新军的兵力在吉林有一镇，黑龙江有一混成协，在奉天有一镇和一混成协。辛亥革命以后，袁世凯的党羽张锡銮、段芝贵两人相继担任奉天都督，又进一步扩充了东北新军，同时将由张作霖、冯德麟、吴俊陞、马龙潭等人统领的东北旧军计八路四十营也改为新军编制。张作霖所部旧军改编为陆军第二十七师，仍驻防奉天，张亲任师长。从此，张作霖以这支军队为资本，在东北的势力日增，奠定了割据东三省的基础。因此，东北地区的军队从历史发展的渊源来看，应当算作是北洋军阀系统下的一支武装力量。

1916 年 4 月间，张作霖利用袁世凯因称帝而陷入严重政治危机的机会，驱逐了奉天将军段芝贵，攫取了奉天盛武将军督理奉天军务兼奉天巡按使的职权，成为名副其实的奉省最高统治者。后地方官制改革，张作霖改任奉天督军兼省长，一手掌握了奉天的军政大权。袁世凯死后，张作霖趋附掌握北京政府实权的段祺瑞，成为督军团中的一员主将。督军团宣布“独立”期间，张作霖乘机招兵买马，扩大实力，新编了第二十九师，任命吴俊陞为师长。不久，他又抓住与其作对的二十八师师长冯德麟因参与张勋复辟而被捕入狱的机会，轻而易举地将该师收归已有。至此，张作霖不但已拥有三师之众，而且奉天全省也成了他的一统天下。

张作霖在完全控制了奉天地盘后，便开始积极向周边吉、黑两省及关内扩张其势力。1917 年 7 月，张作霖趁黑龙江军队内哄之际，向北京政府推荐其儿女亲家鲍贵卿为黑龙江督军，并派兵护送鲍赴黑就任，夺得了黑龙江地盘。1918 年初，张作霖与徐树铮暗相勾结，在秦皇岛截劫了北京政府从日本购置的军械；嗣又大举派兵入关，并在军粮城设立奉军司令部，开始把势力触角伸向关内。同年 9 月，北京政府任命张作霖为东三省巡阅使，总揽东北三省军政大权。翌年 7 月，北京政府根据张作霖的意见，下令免去孟恩远吉林督军之职，任命张的亲信鲍贵卿为吉督、孙烈臣为黑督。至此，东北三省全都纳入奉系地盘，张作霖也因此成为割据称雄东三省的“关东王”。

## 二、直皖矛盾的激化与直皖战争的酝酿

1918年10月冯国璋与段祺瑞同时去职，标志了直皖两系在西南问题上的和战之争暂时告一段落。但由于导致双方矛盾的根本因素并没有消除，即双方在权力与地盘的分配上始终未能协调，因此，它们之间的冲突非但没有缓和，反而不断激化，一场大规模的军阀混战正在酝酿之中。

### 1. 徐树铮西北“筹边”与安福系肆意倒阁

段祺瑞去职以后，看似离开了北京政府的中枢，但由于他仍担任着参战督办，手中拥有参战军与安福国会两张王牌，因此“其实力雄厚，人人心目中但知有段督办”①。段自己也根本没有把大总统徐世昌和国务总理钱能训放在眼里，仍置身幕后操纵着北京政府，“其关于重要问题，大半一意孤行，有时府方亦不得不勉强对付之。如钱阁者，更不在其心目中也”②。

为了巩固皖系军阀的独裁统治，段祺瑞继续从政治军事各方面来增强自己的实力。

在军事上，他的参战军已因大战结束而失去了“参战”的借口，于是始而改名为“国防军”，继而又改称“边防军”，并派其心腹徐树铮主管。然而，不管名称如何变更，这支军队仍然是由日本负责训练、装备、指挥和严加控制的段祺瑞的私人军队。皖系军阀把这支

①张国淦：《中华民国内阁篇》，见杜春和等编：《北洋军阀史料选辑》(上)，中国社会科学出版社1981年版，第233页。

②张国淦：《中华民国内阁篇》，见杜春和等编：《北洋军阀史料选辑》(上)，第231页。

军队看作私产,其高级军官固不待言,即团营长以下军官也都由皖系军阀的爪牙和心腹来充任。皖系军阀就凭借这支武装来排除异己,扩大派系实力。

徐树铮是段祺瑞的得意门生和主要幕僚,具有强烈的个人野心,为其他派系所嫉视。大总统徐世昌也颇不满他的作为,但又怵于段祺瑞的威势,而不能不有所顾忌。因此,当皖系军阀为占据蒙疆地盘而整编边防军准备西北筹边,并由徐树铮主持其事的时候,徐世昌立刻极力赞成,于 1919 年 6 月 13 日顺水推舟地任命徐树铮为西北筹边使,24 日又命徐兼任西北边防军总司令,督办外蒙善后事宜,让他到西北筹边,远戍外蒙,陷身于外蒙所谓"自治"的漩涡之中。7 月 18 日,徐世昌以大总统令形式批准公布了徐树铮提出的"西北筹边使官制"。其主要内容是:(1)政府因规划西北边务,并振兴各地方事业,特设西北筹边使。(2)西北筹边使由大总统特任,筹划西北各地方交通、垦牧、林矿、硝盐、商业、教育、兵卫事宜,所有派驻该地各军队,统归节制指挥。关于前项事宜,都护使应商承筹边使筹助一切,其边事长官佐理员,应并受节制。(3)西北筹边使办理前条事宜,其有境地毗连,关涉奉天、黑龙江、甘肃、新疆各省,及其在热河、察哈尔、绥远各特别行政区域内者,应与各该省军政最高长官及各都统妥商办理。(4)西北筹边使办理第二条各项事宜时,应与各盟旗盟长扎克萨妥商办理。(5)西北筹边使设置公署,其地址由西北筹边使选定呈报。(6)西北筹边使公署之编制,由西北筹边使拟定呈报①。从这一官制看,西北筹边使拥有相当大的权力,除东三省为张作霖范围外,其余"热河、察哈尔、归绥、晋、秦、甘、新各省及内外蒙古之一切政权,并所谓筹款

①刘安邦:《徐树铮办理外蒙撤治经过》,《徐树铮传记资料》(二),台湾天一版,第 77 页。

权、用人权、采矿权、筑路权、军事权,俱归小徐一人之掌握”①。这一官制案一经提出,便遭到直奉、军阀的反对。特别是张作霖,早将蒙疆地区视作自己理所当然的势力范围,因此授意东三省议员投票反对。但结果这个官制案仍获通过,不过皖系与直奉军阀间的矛盾从此更深了。徐树铮到库伦后不久,未动干戈就完成了使外蒙取消自治的任务,博得了声誉。这时的徐树铮手握边防军三师四混成旅的强大兵权,其声势之大,凌驾于其他派系之上。这无疑给这位号称“西北王”的徐树铮增添了目空一切、飞扬跋扈的资本,加以他对于直、奉二系又制造种种使人难堪的事件,如悍然处死直系将领陆建章,收买直、奉将领,对资深望重的“东北王”张作霖及直系首脑曹锟也都不屑一顾等,因此,派系矛盾日益加深,促使直奉的接近而集怨于皖系,尤其是徐树铮更成为直奉反皖的焦点。

在政治上,段祺瑞当时虽然已不是内阁总理,但仍利用安福国会,操纵政柄,制造阁潮,俨然居于总理之上而颐指气使。继段祺瑞之后执掌国务总理职权的是徐世昌的亲信钱能训。钱上任后便致力于南北议和,但由于南北双方只知争权夺利,缺乏议和诚意,特别是皖系军阀极力从中阻挠与破坏,上海和会于 1919 年 5 月 13 日宣告破裂。这对于把实现南北和平统一定为内阁基本政策的钱内阁来说,无疑是一个沉重打击。与此同时,段祺瑞等还利用五四运动,指责钱内阁应付学潮软弱无力,并授意安福系议员进行倒阁活动。在这种情况下,钱能训不得不于 6 月 10 日宣布辞职。13 日,徐世昌令免钱能训国务总理职务,命财政总长龚心湛暂行代理。徐世昌本来打算提名自己的另一位亲信人物周树模继起组阁的,但段祺瑞不同意;段提出由王揖唐组阁,徐亦有异议。在正式内阁一时难于产出之际,政治背景属于皖系但与徐世昌又有雅谊旧情的龚心湛便成为支撑一时的过渡人选。龚心湛代掌阁揆

①温世霖:《段氏卖国记》,见荣孟源、章伯锋主编:《近代稗海》第四辑,四川人民出版社 1985 年版,第 568 页。

后，虽有段祺瑞、徐树铮为之撑腰，但在内政外交以及各派势力相互倾轧的矛盾漩涡中，显得无能为力，“一无展布”①，以致才做了三个月的过渡总理，便不得不在各方的一片责难声中提出辞职。9月24日，徐世昌令准龚心湛辞去本兼各职，命陆军总长靳云鹏代行国务总理。

靳云鹏是皖系军阀段祺瑞的股肱干将，奉系军阀张作霖的儿女亲家，直系军阀曹锟的结盟兄弟，在当时北京政局阢陧纷争之际是比较容易为各方面接受的理想人选。大总统徐世昌对靳云鹏出组内阁也极表赞同，其目的是“利用段(祺瑞)袒护徐(树铮)靳(云鹏)心理，并利用徐靳仇嫉心理，以靳组阁，表面上推崇段，由靳挟段以制徐，再以靳联直奉以制皖，必扶植靳，以倒徐而压段，造成皖直奉平衡势力，以巩固总统之地位”②。在各方面的一致推戴下，靳云鹏于11月5日正式出而组阁。

靳云鹏(1877～1951年)，字翼青，山东济宁人。北洋武备学堂毕业。1902年任北洋常备军军政司参谋处提调。1909年经段祺瑞推荐，调任云南新军督练公所总参议。民国成立后，任陆军第五师师长，驻扎山东。1913年升任山东都督。袁世凯死后，靳追随段祺瑞，在段手下“四大金刚”中列居首位。为了争夺地位与权力，靳与段祺瑞手下的另一位重要亲信徐树铮积怨甚深。不但彼此之间倾轧争斗极为激烈，而且平日行事也每每以意见相左为快。“对德绝交，武人主持最先者，厥为云鹏”③；而徐树铮则“意为不然”④。1918年2月的秦皇岛截械事件系徐树铮主谋，靳云鹏却大

①谢彬：《民国政党史》，见荣孟源、章伯锋主编：《近代稗海》第六辑，四川人民出版社1987年版，第125页。

②张国淦：《中华民国内阁篇》，见杜春和等编：《北洋军阀史料选辑》(上)，中国社会科学出版社1981年版，第233页。

③张一麐：《直皖秘史》，见来新夏主编：《中国近代史资料丛刊·北洋军阀》(三)，上海人民出版社1993年版，第44页。

④《徐树铮电稿》，中华书局1963年版，第382页。

讳其说。在钱能训内阁时代，靳云鹏担任陆军总长，为打击徐树铮的气焰，他公开倒向徐世昌一边，主张停止对南方用兵，以致被徐树铮等人斥为“反叛行为”。1919年2月，徐世昌利用外交团方面要求北京政府取消参战军的机会，要徐树铮把参战军移交陆军部管辖，靳云鹏对此积极响应。但徐树铮把参战军视为扩大皖系势力的基本武装，自然不会同意拱手相让，因而搬出段祺瑞出面反对，靳、徐两人以此更是势同水火。靳云鹏出任总理后，便极意讨好段祺瑞，以图凭借段的支持，在同徐树铮的较量中占据上风。为此，他不但秉承段的旨意，将李思浩、朱深、曾毓隽三位安福系中坚人物罗致入阁，分别执掌财政、司法、交通三大重要职位，而且还“极意奉承段，每日问起居，所有阁务，必请示而后行”①。但由于靳云鹏的政治关系相当复杂，而徐树铮的政治背景则比较简单，其唯一的靠山即是段祺瑞，因此，段对靳不能不有所怀疑和戒备，对徐则深加信任②。虽然靳一再表示效忠，“而段左右亦攻徐之短，但段并不以此亲靳而疏徐也”③。及至徐树铮完成外蒙撤治任务凯旋而归，“段以徐建不世之功，自是愈重徐”④。在这种情况下，靳云鹏不得不另外寻求保护伞，于是内而投靠徐世昌，外而联络直奉军阀以为奥援。为了争取徐世昌特别是直奉军阀的支持，靳不惜与皖系军阀公开决裂，在豫督更易、山东问题直接交涉、吴佩孚衡阳撤防等问题的处理上，明显偏袒直奉军阀的利益。而段祺瑞、徐树铮也唆使安福系议员大肆制造倒阁风潮，迫使靳云鹏不得不四次提出辞职。这样，在靳阁去留问题上，段祺瑞又内而与徐、靳中枢政权相对立，外而与曹、张地方实力派相对立。

---

①张国淦：《中华民国内阁篇》，见杜春和等编：《北洋军阀史料选辑》(上)，中国社会科学出版社1981年版，第234页。

②谭志清：《我所知道的靳云鹏和靳云鹗》，《文史资料选辑》第三十五辑，第229页。

③谭志清：《我所知道的靳云鹏和靳云鹗》，《文史资料选辑》第三十五辑，第234页。

④谭志清：《我所知道的靳云鹏和靳云鹗》，《文史资料选辑》第三十五辑，第234页。

## 2."救国同盟条件"的签订与七省反皖同盟的缔结

皖系军阀的主要对手是直系军阀。直系首领冯国璋自1918年10月宣布辞去代理总统后,真正做了下台总统,不久他便退居河间老家,基本上不再与闻政治。一年以后,即1919年12月28日,这位"北洋三杰"中的"狗",在病痛中寂寞冷落地结束了自己的一生。冯国璋去世后,曹锟取代其地位,成为直系首领。而曹锟又得力于他的心腹爱将——北洋军阀中的"后起之秀"吴佩孚。当时吴虽只是一名师长,但由于他身处南北战争的前线,因而其一言一行颇已引人注目。他的权力所及也已不仅限于第三师,尚有若干直系部队接受他的指挥,如:

(1)直隶陆军第一混成旅,旅长王承斌,所部共有步兵两团,机枪、炮队各一营,马兵两连,工程、辎重各一连。此为吴部之精锐。

(2)直隶陆军第二混成旅,旅长阎相文,人数与第一旅相等。

(3)直隶陆军第三混成旅,旅长萧耀南,人数与第一、二旅相等。

(4)直隶陆军第四混成旅,旅长曹锳,人数较他旅为多。

(5)直隶陆军第五混成旅,旅长商德全,由巡防营改旅,枪械不甚完整。

(6)直隶陆军第一补充旅,旅长龚汉治,有步兵两团,机枪两连,兵额皆六成,每营不过三百人。

(7)直隶陆军第二补充旅,旅长李荣殿,人数、枪械均与补充第一旅同。

(8)直隶陆军第三补充旅,旅长彭寿莘,人数、军械亦与补充第一、二旅相同。

(9)直隶陆军第四补充旅,旅长王用中,人数、军械与一、二、三旅相同。

以上所列五混成旅、四补充旅兵力,除曹锳与吴氏有隙外,其余都唯吴命是听。

吴佩孚在奉命对南方作战中曾耍弄他独具的政治手腕，始而驱兵疾进，所向无敌，继而陈兵不战，通电主和。从1918年8月初起，他连续发出“罢战主和”的通电，痛斥段祺瑞亲日卖国，谴责段祺瑞的“武力统一”是“亡国之政策”[①]，揭露安福国会是以重金大施运动，排斥异己，援引同类，所选议员半皆恶劣。吴佩孚所运用的种种政治权术博得了南北军阀对他刮目相看。随着曹锟在直系军阀中地位的提高，吴佩孚也逐渐成为直系中名至实归的首领。

吴佩孚的“罢战主和”乃是借此反击段祺瑞对他的防范与钳制，并用以扩充个人和派系势力的一种手段。自从吴佩孚进兵湖南攻占长沙后，即以破竹之势，连战连捷，向南疾进，其声势也随之日增。这不能不引起段祺瑞的疑惧。段祺瑞深恐这一异派人物得手湖南而兼有四省地盘，这将对其个人和皖系势力的发展都很不利，乃命嫡系部下张敬尧以援吴名义，率第七师入湘。这样，一则可对吴暗中监视，二则可避免吴独据战功，三则张敬尧可坐取湘督席位以扩充皖系地盘。段祺瑞等还陆续将在湘的范国璋师、李奎元师、田树勋师等划归张敬尧节制以增强皖系兵力。吴佩孚原自以为血战长(沙)岳(阳)，战功赫赫，湘督一席唾手可得，却不料张敬尧不仅督湘俨若内定，且又厚集兵力，形势咄咄逼人；加之冯国璋屡电致吴，暗通声气，劝说他适可而止，勿为人作嫁。吴佩孚为保全权位、地盘和护持直隶根本之地，遂决定罢战主和，并与南军通款携手。1918年6月，吴佩孚未经北京政府同意，便擅作主张，派代表与湘军代表订立了湖南停战协定。此后，他与西南军阀之间不仅密电往还，信使不断，而且还联名通电，共表主张。可以说，此后凡有重大事件发生，吴佩孚与唐继尧、陆荣廷、谭延闿等人皆有密电往来，并均取一致或接近一致的立场。8月31日，吴佩孚更是向西南方面提出了签订一项旨在共同对付皖系的军事密约即“救国同盟条件”的建议，并通过谭延闿将其拟具的“救国同盟条

①武德报社撰:《吴佩孚》，北京武德报社1940年版，第92页。

件"草约转致唐继尧等人,征求意见。这一密约的内容如下:

第一条　总纲:本约为永息内争,力谋统一,合力对外起见,并非有党见性质。

第二条　宗旨:军人以卫国保民为天职,无论何时,国内争战,不得牵动武力。惟须弭患无形,以尽保民之责务,并须保全现在之主权,兼收回已失之主权,为卫国之主旨。

第三条　条目:(甲)对内主旨:查近世以来,国内政事,牵动武力,其咎不在政客善于鼓动,而实在军人程度过于卑劣。自定草约后,如再有此等情事发生,凡在约军人,均应起而理喻之,排除之,决不为政党所利用,如有未在约军人盲从者,亦应理喻之或铲除之……(乙)对外主旨……(丙)附件……

第四条　结论:(一)此项军约,因中央政府不良,元首大权旁落,深恐群奸盘据,延宕和局,实行其困惫南北征人之计划,故不可稍事迁延,以期组织良好政府,安内攘外。(二)自签约之日起,如一月内,和局仍无解决之望,或和议敷衍完结,及取消非法机关诸目的未能达到,应先由同盟军预定办法,暨进行手续,另定副约。秘密签字,以期一致行动,贯彻始终。(三)上列对内对外各条,团结一致,好恶同之,有渝此盟,神明殛之①。

西南各省对吴佩孚的提议极表赞同。11 月 22 日,滇、黔两省代表率先在密约上签字;稍后,粤、桂、湘、川四省代表也在密约上签字。密约签字后,吴佩孚与签字各方代表在衡阳举行了衡州会议,"议决促进和平办法五条"②。紧接着,双方便按预定计划开始具体实施联合反皖的行动。

在吴佩孚与南方军政府互通款曲的同时,曹锟与张作霖也密为接触,谋划反皖。约在 1919 年秋冬之间,直系四督(直督曹锟、

①瀨江浊物:《吴佩孚正传》,上海中央国史编辑社 1925 年版,第 27～29 页。

②《政务会议密电》(1920 年 1 月 10 日),中国第二历史档案馆编:《直皖战争》,江苏人民出版社 1980 年版,第 2 页。

苏督李纯、赣督陈光远、鄂督王占元)与奉系三督(奉督张作霖、吉督鲍贵卿、黑督孙烈臣)就结成了七省反皖同盟,但他们因段祺瑞资深望重不欲直接反段以留有余地,遂采用封建时代的“清君侧”,集矢于徐树铮。但是,段祺瑞决不因外来压力而弃置徐树铮。因为段、徐之间不仅是主幕关系、嫡系亲信关系、上下级隶属关系的结合,而且更重要的是政治得失、权势地位、个人野心的结合。段祺瑞新编“边防军”三师四混成旅的兵力,是徐树铮一手建立起来的“段家鹰犬”;而在幕后牵线操纵安福国会的,实际上也是徐树铮。段如果失去徐,等于失去了足以控制军队和安福国会的得力助手,因此徐树铮的去留实际上成为直、皖战争的导火线。段祺瑞不能接受七省同盟的共同要求——“清君侧”,即剪除作为段祺瑞羽翼的徐树铮,于是局势就恶化到不可收拾的地步——七省同盟由反皖言论发展到倒皖行动。

### 3. 吴佩孚衡阳撤防与直皖战争风云乍起

把七省同盟的“清君侧”付之于行动的,是直系的“后起之秀”吴佩孚。吴佩孚早从1918年8月间,在频频发表通电,制造“罢战主和”舆论的同时,就向北京政府提出了撤防北归的要求。8月21日,吴佩孚鉴于湖南督军张敬尧反对其通电主和,又发表了一则通电,指斥张“是有意穷兵黩武,实非国家之福”,声称“惟有请曹经略使转恳中央,将湘南防务,饬令湘督自行派队担任。师长等军队,一律撤回本省,既重防务,亦将御外侮也”①。24日,段祺瑞致电吴佩孚,予以严厉斥责。但吴佩孚并没有因之屈服,又于26日致电段氏,进行抗辩、驳诘。1920年1月初,吴佩孚根据在衡州会议上与西南同盟各省达成的协议,正式向北京政府提出了撤防北归的请求。吴佩孚提出撤防北归的要求,主要有以下两方面动机:一是借此向皖系军阀示威。当时安福系议员为驱赶已倒向直系的靳云

①旅沪湖南善后协会编纂:《湘灾纪略》第一卷第一篇《战事》,民国八年上海出版。

鹏下台，置直系的反对意见于不顾，肆意制造倒阁风潮，“吴遂撤兵北归，任南军进攻长、岳以示威”[1]。二是加强直系在北方地区的实力。“迨直皖两派暗潮激荡，曹锟以保定兵力单薄，恐皖派乘虚而入，遂密令吴佩孚率师回直。于是驻扎衡阳一带之直军决计撤防，虽经各方面竭力挽留，终无效力。”[2]段祺瑞集团仔细地研究了吴军撤防问题，认为吴军一撤，南军乘虚直入，皖系即无可用之兵，自然会引起严重后果。吴军撤回保定后，对北京政府也将构成很大威胁，直、皖两系势必形成短兵相接的局面，因此，段氏集团决定阻止吴军北撤。

1920年2月中旬，段祺瑞为了“杜绝吴佩孚班师北归之通路”，“打破直曹与长江三督之联络”，同时与驻镇蚌埠的安徽督军倪嗣冲遥相呼应[3]，决定夺取河南地盘，逼迫内阁总理靳云鹏撤换河南督军赵倜，改派其内亲吴光新继任，并派安福国会众议院秘书长王印川继任河南省长。吴佩孚因河南是回师北上的必经之地，所以反对段的这种部署，29日遂致电徐世昌、靳云鹏反对吴光新督豫，认为此种行动，将导致“中原涂炭”，“大局破坏”，质问“持是政策者果何恃而若是坚决耶?”[4]把反对的矛头直指皖系。段祺瑞对这一部署自以为得计，但却把原任豫督赵倜逼上梁山。赵本是淮系将领姜桂题的部下，他在直皖两系争权夺势的斗争中，一直持中立态度。但当他获悉吴光新准备率师来接任豫督的消息后，感到自己的权力即将被剥夺，便借口“保境自存”而参加了反段阵线，

---

①张一麐:《直皖秘史》,见来新夏主编:《中国近代史资料丛刊·北洋军阀》(三),上海人民出版社1993年版,第52页。

②张一麐:《直皖秘史》,见来新夏主编:《中国近代史资料丛刊·北洋军阀》(三),第52页。

③张一麐:《直皖秘史》,见来新夏主编:《中国近代史资料丛刊·北洋军阀》(三),第52页。

④《吴佩孚反对皖系更易豫督诉诸武力电》,中国第二历史档案馆编:《直皖战争》,江苏人民出版社1980年版,第75页。

对段采取了对抗行动。7 月 19 日,赵倜终于发表通电,表示站在直系一边①。于是,七省同盟变成了八省同盟。

赵倜的行动得到了河南省议会的支持。省议会明确声明反对段更易豫督,并请将吴光新所部撤出豫境。省议会在给北京政府的电文中说:"立饬吴光新军队撤出豫境,勿令奸党把持,贻误大局。否则,非我河南不服中央命令,是中央先自绝于我河南也。吾豫人民为自卫起见,一息尚存,誓难忍受。"②

八省同盟成立后,直系气焰大张,"由是直派之势视昔尤见雄厚,自黑省直贯至鄂,包含京奉、京汉两大干路,而于兵略上实占优势焉"③。段祺瑞集团一方面指使安福系密谋破坏八省联盟,另方面作了一系列军事部署。据当时报载称:"近日段派以八省联盟声浪愈唱愈高,若不早日设立破坏,则若辈督军以维持自己势力地盘关系,以致团结日坚,于己派操纵政权上诸多不利。近撤赵倜之未能如愿者,即由同盟各省作梗所致。故特于前日在段宅召集秘密会议,讨论破坏同盟之策,遂决定遣派明敏能干者三百余人,辇大宗现金分赴同盟各省,以离间为目的……现段派赴各省者,计每省二十余人。"④为了达到瓦解八省反皖同盟的目的,段祺瑞还亲自出马,于 3 月 18 日赴保定对曹锟进行拉拢,"谓吾辈小站老兄弟,团体不可涣散,尤不可为非小站旧派中人(指张作霖)所利用……陈说与张作霖合作之不利"⑤。皖系各省甚至还结成了所谓的十一省联盟,以抵御八省同盟,"然零星散处,未免虚张声势,故其实

①《赵倜宣布反皖附直通电》,中国第二历史档案馆编:《直皖战争》,江苏人民出版社 1980 年版,第 149～150 页。

②《河南省议会反对更易豫督并请令吴光新部撤出豫境电》,中国第二历史档案馆编:《直皖战争》,第 68 页。

③张一麐:《直皖秘史》,见来新夏主编:《中国近代史资料丛刊·北洋军阀》(三),上海人民出版社 1993 年版,第 20 页。

④《民国日报》1920 年 3 月 10 日。

⑤《申报》1920 年 3 月 25 日。

力不逮直派远甚”[1]。

3 月 27 日，张作霖借做寿名义，在沈阳召开同盟各省会议，商讨对策。4 月 9 日，曹锟又借追悼在湘阵亡将士为名，在保定召开八省同盟会议，决定了三条办法，即：

(1)拥护新内阁而不反对段合肥；

(2)各省防线之军队，一律撤回原防地，但须南军保证不乘机前进；

(3)宣布安福系罪状，通电政府，请求解散安福俱乐部。

与此同时，吴佩孚坚请自湘南撤防的电报如雪片似地飞往北京，而且措辞越来越激烈，大有不达目的誓不罢休之势。对于北京政府不得擅自行动的电令，吴根本不予理睬，仍我行我素地做撤防的准备工作，电示湘督张敬尧迅即派兵前来接防。段祺瑞等见吴佩孚北撤之意已决，不得不于 5 月 17 日以参陆办公处的名义发电，同意了吴的撤防请求。5 月 20 日，吴佩孚率所部第三师及王承斌、阎相文、萧耀南三混成旅撤出湘南防线，水陆兼控，迅速北归。31 日，吴军行抵武汉，鄂督王占元接济军饷六十万元，吴佩孚向全体官兵发饷三个月以振士气，并宣告中外：“顺国人之公意，本正义之主张，撤防湘南，集中武汉，以清除奸慝，促进和平，力争外交，以维国体，一俟军队运输告终，即日挥戈北指。”[2]这几已成为对段祺瑞、徐树铮的宣战书。吴佩孚的军队在武汉稍事休整，于 6 月 5 日继续北上，9 日抵达郑州，遂即在直豫之交分布驻扎。至此，吴佩孚撤防完成，并将所部布置到保定至高碑店的京汉铁路沿线，摆开了与皖系军队作战的架势。与此同时，张作霖所部奉军也借口北京防务空虚，必须“拱卫京师”，于 6 月上旬将驻在独流的四个营开往廊坊。京津地区已呈“山雨欲来风满楼”的形势。

---

①张一麐：《直皖秘史》，见来新夏主编：《中国近代史资料丛刊·北洋军阀》(三)，上海人民出版社 1993 年版，第 20 页。

②得一斋主人编：《吴佩孚战史》，1922 年 6 月版，第 39 页。

吴佩孚所部直军撤出湘南后，湘军立即挥师北上，抢占战略要地，并与前来争夺防区的张敬尧所部北洋军在湘南一带展开了激战。在湖南人民所发动的"驱张运动"的配合下，湘军一路势如破竹，于6月中、下旬连克省城长沙和湘北重镇岳州。张敬尧所部第七师伤亡惨重，溃不成军。其残部一部分退入鄂境，接受鄂督王占元的改编节制；另有一部分退入赣境，为赣督陈光远缴械遣散。6月29日，北京政府下令将张敬尧撤职查办，改任吴光新为湖南督军兼省长。张敬尧所部第七师的瓦解，使皖系军阀如折羽翼，失去了一支重要军事力量。这对行将与直系一决高下的皖系来说，显然不是一个好兆头。

鉴于直皖关系日趋紧张，战争阴影骤然密布，徐世昌于6月7日、14日、18日连发三电，敦请张作霖、曹锟、李纯三人迅速来京筹商解决时局的办法。曹锟与李纯因忙于作战前的准备，没有应召入京，只是派代表赴京以为敷衍。张作霖则早有问鼎中原、觊觎中央政权的野心，因而在接到徐世昌的求助电报后，便慨然整装就道，晋京充当"调人"。6月19日，张作霖抵达北京。20日、21日，张两次谒见徐世昌，提出挽留靳云鹏，撤换安福系三总长，补提外交、农商、教育三总长的调停方案。22日下午，张作霖携部属王乃斌、张景惠和江苏督军公署参谋长何恩溥、江西督军公署参谋长李竟成及河南、湖北、绥远、察哈尔、新疆等省区督军代表由北京南下保定，表面上是疏通曹锟、吴佩孚等人的意见，实则共商对付皖系的办法。曹锟设盛宴招待，吴佩孚及联盟各省代表参加。席间讨论时局时，吴佩孚发言最多，也最"沉痛"，略谓："佩孚身为军人，食国之禄，保国之责，义所难辞。部下之兵，虽不敢为久经训练节制之师，但亦颇知大义。设何党何派，不顾国家，以破坏大局为事，佩孚虽能容忍，诚恐部下义愤，亦难压抑。"张、曹二人闻言，"均为动容"①。结果决定提出调停政局办法五条：

①濑江浊物：《吴佩孚正传》，上海中央国史编辑社1925年版，第26页。

(1)解散安福系；

(2)靳云鹏复职；

(3)撤换北方议和总代表王揖唐，取消上海和议，由中央与西南直接谈判；

(4)内阁局部改组，罢免安福系三总长，补提外交、农商、教育三总长；

(5)解除徐树铮之兵权，撤销筹边使官制，边防军改编后改归陆军部直辖。[①]

6月23日，张作霖即返京去团河拜见段祺瑞，说明保定会谈所提条件。段祺瑞表示个人毫无政治野心，并暗示张作霖可取得副总统地位，借以换取奉张的支持；但他对保定所议条件则多表示异议，尤其对解除徐树铮兵权一条，表示更有困难。虽经奉张居间反复折衷，终以皖段坚持己见而无甚进展。6月29日，大总统徐世昌在邀请张作霖、段祺瑞到京进一步会谈保定会议条件后，又提出了一些折衷性意见，当时段祺瑞未表示反对意见，但在次日皖系要员会议上，遭到徐树铮等人的强烈反对，主张除将边防军改归边防督办直辖外，其他条件概不接受。双方态度都比较强硬，形势益形紧张，会议已成破裂。7月1日，直系曹、吴公开发布反皖通电。6日，张作霖又受徐世昌之托作最后一次调停，未获实效。次日，张作霖即悄然离京去军粮城，一面虚伪地发表“局外中立”宣言，一面则以军粮城为中心，在天津、北仓一带部署重兵，以示支持直系。直皖战争已是剑拔弩张，无可挽回了。

①《晨报》1920年6月25日。

## 三、直皖战争的爆发与皖系的失败

### 1. 直皖双方的备战活动

直皖战前，直、皖、奉三系军阀，文电交驰，互相攻讦，展开了一场互揭阴私、争取舆论的电报战。这可以说是直皖战争的序曲。这些电文洋洋洒洒，冠冕堂皇，无非是暴人之短，扬己之长。这是过去所没有的纷争方式，也是辛亥革命后民主观念深入人心的另一种表现，以致连封建军阀也不得不假借民意粉饰本派行为以骗取视听。其中具有代表性的是1920年6月间由吴佩孚操纵发布的两个文电，即《直军全体将士宣布徐树铮六大罪状檄》和《直军全体将士为驱除徐树铮解散安福系致边防军西北军书》。前者声讨了徐树铮祸国殃民、卖国媚外、把持政柄、破坏统一、以下弑上和以奴欺主等六大罪状；后者强调“全国本属一家，焉有南北之界？北洋原系一体，何有皖直之分？”而追根祸乱之起，则缘于“安福系跳梁跋扈，殆甚于阉宦貂珰；而指挥安福祸国者，惟徐树铮一人”①。直系在电报战中的突出的特点是把矛头指向徐树铮，而将段祺瑞置于受宵小包围蒙蔽的地位，这对争取北洋集团军人有一定作用，而徐树铮及安福系的罪恶已为举国共见，直斥其非又可骗取舆论的同情。这是吴佩孚在兵戎相见以前布置的一场政治战。这场政治攻势是直系在直皖战争中迅速获取胜利的重要因素之一。

面对直系强大的政治攻势，皖系决定在军事上还以颜色，因此，积极进行备战活动。5月17日，段祺瑞在团河召开军事会议，商讨对付吴佩孚撤防的办法，决定迅将徐树铮从库伦调回北京，并将边防军调至北京附近待命，以应付时局。段并准备亲自出马，在郑州设立总司令部，派兵入豫阻断直军归路。他认为在河南平原

①中国第二历史档案馆编：《直皖战争》，江苏人民出版社1980年版，第84～88页。

与直军作战,既可保证北京根据地不受威胁,又利于山东、安徽的皖系军队侧击直军。这一作战计划在直军的正面抵制和奉军的腹背牵制下落空后,段祺瑞又指使边防军各部以营房不足为借口,拒绝吴佩孚所部移驻北京;同时下令将京汉线车辆调集于北京、汉口两处,以阻止直军顺利北上。6 月 17 日,徐树铮由库伦返回北京后,皖系的备战活动更是紧锣密鼓,极为活跃。徐以吴佩孚挥师北上来者不善,“大有非战不能之势”,遂连续召集旅、团长以上军官会议,讨论应付时局的办法,经讨论议决数条:“一、持镇静态度,以避其峰(锋);二、暂取守势,以待动静;三、密令驻洛阳西北军两混成旅,牵制吴军;四、密电吴光新调队信阳,遥为声势;五、密令吴光新坚辞湘督,任南军扰鄂、侵赣,以分其势;六、遇事请示段督办,以资服从而免遗恨”①。

战争打响之前,皖系还有意放出了准备任命第十五师师长刘询为直隶督军、边防军第一师师长曲同丰为河南督军的风声,其用意无非有二:“一方面许以西路前线两师以两省的地盘,是使两师的全体官兵努力作战,有了地盘,就能有很大的发展前途;一方面也表现出段祺瑞认为参战军实力雄厚,有不战则已、一战必胜的气概。”②

7 月 4 日,徐世昌在总统府举行特别会议,商讨解决时局的办法,作出三项决议:

(1)特任徐树铮为远威将军。

(2)徐树铮现经任为远威将军,应即开去西北筹边使,留京供职。西北筹边使著李垣暂行护理。

(3)西北边防总司令一缺,着即裁撤,其所辖军队由陆军部接

---

①《关于直皖战前徐树铮迭召军官会议讨论对待办法情报》(1920 年 7 月 5 日),中国第二历史档案馆编:《直皖战争》,江苏人民出版社 1980 年版,第 91～92 页。

②韩世儒:《参战军与直皖战争概述》,见杜春和等编:《北洋军阀史料选辑》(下),中国社会科学出版社 1981 年版,第 70 页。

收办理。

段祺瑞看到这三项命令，愤怒之极，安福议员也极为激愤。7月5日，段祺瑞以边防督办名义命令边防军紧急动员。8日，段祺瑞自团河回到北京，在将军府召开阁员及军政首脑联席特别会议，发出声讨曹锟、吴佩孚等通电，呈请总统褫夺曹锟、吴佩孚、曹锐三人官职，交段祺瑞亲自拿办①。徐世昌对此颇有难色，不敢签署。段祺瑞遂派重兵围困总统府，迫徐依允，宣称："大总统任免黜陟，不能为一党一派所挟持。关于徐树铮、张敬尧免职，余不过问。惟湖南问题，四省经略使曹锟，任吴佩孚自由撤防之罪，不可不问。余为维持国家纲纪计，必兴问罪之师。"②并由边防军放出风声，宣称"如免曹、吴令候至八日夜不下，则琉璃河方面当于九日上午首先开火"③。徐世昌身处重围，受此威吓，不得不于9日将惩办曹、吴令盖印发出，将吴佩孚"开去第三师师长署职，并褫夺陆军中将原官，及所得勋位、勋章，交陆军部依法惩办……曹锟督率无方，应褫职留任，以观后效"④。

这样，直皖战争已处在战云密布的前夜了。当时双方准备投入战争的兵力，"在段派一面，计有边防军一、三两师各为万一千人，第九师魏宗瀚之部六千人，十三师李进才部八千人，刘询之十五师八千人，边防军训练之学生队约三千人，西北军宋子扬一混成旅八千人，共五万五千人。复急调在库伦之褚其祥一混成旅回京，并马良之一师一旅亦在山东应战。直派方面则为吴佩孚之第三师万一千人，第一、二混成旅合万六千人，补充旅六千人，曹之卫卒三千人，直隶警备队二十六营约万三千人，曹锳之第四混成旅八千

①《段祺瑞声讨曹锟、吴佩孚等通电》，中国第二历史档案馆编：《直皖战争》，江苏人民出版社1980年版，第93～95页。

②李剑农：《戊戌以后三十年中国政治史》，中华书局1965年版，第302页。

③张一麐：《直皖秘史》，见来新夏主编：《中国近代史资料丛刊·北洋军阀》(三)，上海人民出版社1993年版，第59页。

④《大总统处分曹锟、吴佩孚令》，中国第二历史档案馆编：《直皖战争》，第97页。

人,合共五万六千人。又,商德全之一旅,则在德州”[①]。从直、皖双方的兵力情况来看,可谓势均力敌,旗鼓相当。

### 2. 皖系军阀的溃败及其统治的结束

7月9日,徐世昌发出惩办曹、吴令的当天,段祺瑞以“兴师讨逆”为名,将近畿皖军改称“定国军”,在团河设立总司令部,自任总司令,派徐树铮为总参谋,段芝贵为第一路司令官兼京师戒严总司令,曲同丰为第二路司令官兼前敌司令,魏宗瀚为第三路司令官,傅良佐为总参议,并命边防军第三师陈文运部开赴廊坊,第一师曲同丰部与陆军第九师魏宗瀚部、第十五师刘询部等开往长辛店、芦沟桥、高碑店一线,“分路进攻”[②]直系军队。

直系方面获悉北京政府发布惩办曹、吴令后,“军心愤激,一意主战,更无回旋之余地”[③],当即以直系全体将士名义发布了早已拟就的《驱除安福系宣言书》和《为讨伐徐树铮告全国各界书》[④];曹锟并亲赴天津举行誓师大会,将所部定名为“讨贼军”,设大本营于天津,设司令部于高碑店,派吴佩孚为前敌总司令兼西路总指挥,蓟榆镇守使兼直隶第四混成旅旅长曹锳为东路总指挥,直隶第一混成旅旅长王承斌驻郑州为后路总指挥。前线直军开始进入战备状态,吴佩孚以“讨贼军”前敌总司令名义发表了通电,并宣言“将亲率三军,直向神京,驱老段,诛小徐”[⑤]。

---

①张一麐:《直皖秘史》,见来新夏主编:《中国近代史资料丛刊·北洋军阀》(三),上海人民出版社 1993 年版,第 26 页。

②张一麐:《直皖秘史》,见来新夏主编:《中国近代史资料丛刊·北洋军阀》(三),第 59 页。

③张一麐:《直皖秘史》,见来新夏主编:《中国近代史资料丛刊·北洋军阀》(三),第 60 页。

④中国第二历史档案馆编:《直皖战争》,江苏人民出版社 1980 年版,第 99～102 页。

⑤张一麐:《直皖秘史》,见来新夏主编:《中国近代史资料丛刊·北洋军阀》(三),上海人民出版社 1993 年版,第 60 页。

与此同时,张作霖调集奉军第二十七、二十八两师大举入关,在京奉路、津浦路以及马厂、军粮城一带布防。7月12日,张作霖与曹锟、王占元、李纯、陈光远、赵倜等联名发表声讨段祺瑞的通电;次日,他又发表派兵入关通电,宣称奉军入关的目的在于"扶危定乱","其与我一致者,甚愿引为同胞;其敢于抗我者,即当视为公敌"①,将助直倒皖的意向明告海内。

从7月11日开始,直、皖两军在前线已有小规模的冲突。段祺瑞等原以为奉系在直、皖之间会保持中立,因而对战胜直系颇具信心,制定了"以九十六小时(计四昼夜)为此战场战斗之结局"的作战计划②。但出乎他们意料的是,张作霖在"调停"直皖冲突失败后,竟然立即作出了派奉军入关加入直军一方作战的决定,这就打乱了皖系的全盘计划。段祺瑞等于是慌了手脚,当即派曹汝霖、傅良佐往谒徐世昌,要求颁发停战令,意在有所转圜。7月14日,徐世昌以大总统名义发布停战令,"严饬双方军队,退回原防,不得轻启衅端"③。但段祺瑞等又觉得情势发展到这种地步,已是骑虎难下,"非出于一战,不足以保存地位"④,因此,又于当天下午紧急召集特别军事大会,作出了与直系开战的决定,并当即下达了总攻击令。直皖战争于是正式启幕。

直皖两军的战区,分东、西两路。东路在京奉铁路沿线,西路在京汉铁路沿线。双方兵力部署与作战计划如下:

皖军西路由段芝贵担任总指挥,率曲同丰所部边防军第一师、陈文运所部边防军第三师之第五旅、刘询所部陆军第十五师、魏宗瀚所部陆军第九师之两营、李进才所部陆军第十三师之辎重营等,

---

①中国第二历史档案馆编:《直皖战争》,江苏人民出版社1980年版,第111~112页。

②中国第二历史档案馆编:《直皖战争》,第116页。

③张一麐:《直皖秘史》,见来新夏主编:《中国近代史资料丛刊·北洋军阀》(三),第60页。

④张一麐:《直皖秘史》,见来新夏主编:《中国近代史资料丛刊·北洋军阀》(三),第60页。

在涿州、固安和涞水一线摆开阵势。边防军第一师为主力，集中于良乡—琉璃河—涿州一线；左翼为边防军第三师；右翼为陆军第十五师。东路由徐树铮担任总指挥，率宋子扬所部西北军第二混成旅、边防军第三师之两个团及陆军第九师之一部，在廊坊、落垡一带布阵。其作战计划：西路主力部队夺取保定并乘胜追击南下，长江上游总司令吴光新率所部由湖北北上，驻洛阳的宋邦翰所部西北军第一混成旅、张鼎勋所部西北军第四混成旅同时东进，三军会合，围歼直军主力于中原；东路皖军全力夺取天津并乘胜南下，驻济南的马良所部边防军第二师沿津浦路北上，夹击并歼灭东路直军。

直军西路以吴佩孚为总指挥，率所部第三师及阎相文所部直隶第二混成旅、萧耀南所部直隶第三混成旅等，在易县、涞水、涿州、固安一线摆开阵势；东路以曹锳为总指挥，率所部直隶第四混成旅、董政国所部直隶第二补充旅及直隶守备大队二十个营，驻守杨村。其作战计划：西路直军主力沿京汉线北攻，与皖军主力展开决战，并命李奎元所部陆军第十一师监视并阻止吴光新部北上，再以驻郑州的直军和驻洛阳的奉军(原许兰洲旅)包围洛阳的西北军，以摆脱三面受敌的不利局面；东路在京奉线上与皖军对阵，并派商德全所部直隶第五混成旅防守德州，阻止马良所部边防军北进，以保天津城池不失。

西路是双方的主力战场。14 日晚，皖军以边防军第一师和陆军第十五师为先锋，向吴佩孚督率的直军第三师发动进攻，直军不支，退出高碑店。同日，东路皖军由梁庄、北极庙一带向杨村直军进攻，直军在杨村站吊桥两旁架设大炮还击，双方互有伤亡，胜负一时未决。16 日，由天津开来一支日本“护路队”，借口维护铁道交通，强迫直军移走大炮，并退到铁路二英里之外。于是，直军防线被打开一个缺口，皖军乘虚而入。直军放弃杨村，退守北仓，京津铁路因此不能通车。

从 14 日至 16 日，三天打了两仗，都是直军败北。

17日，直皖战争东西两战场形势突变。在西路战场，吴佩孚主动退出高碑店，亲率一部直军，绕出左翼，向涿州、高碑店之间的松林店突击。这是皖军前敌司令部所在地。由于猝不及防，几乎没有进行抵抗，皖军主将曲同丰和司令部全体高级将领都做了吴佩孚的俘虏。这一路皖军边防军第一师、第三师及陆军第九师、第十三师、第十五师各部，群龙无首，军心动摇，斗志全失，像山倒堤崩一样从高碑店败退下来。当天，直军占领涿州，并乘胜向长辛店追击前进。刘询所部陆军第十五师原属直系，是冯国璋的卫队。冯死后被陆军部收回。由于与直系有这一层渊源关系，因此，此次直皖战争中该部虽奉命前来参战，但并不愿意真的与直军交战。战斗打响以前，“就有刘询不稳之说”①；及至皖军在西路遭受重创，该部便不战而退，大部分投降，小部分逃回北京。

曲同丰被俘后，吴佩孚将他送至保定，交由曹锟发落。曹锟对曲优礼有加，使曲大为感动，答应归顺直系。19日，曲密电段祺瑞，指斥段“纵恶养奸，数年于兹，以致国事日非，大局破裂”，要求他速将徐树铮等六人依法严惩②；同时致电边防军第二师师长马良、第三师师长陈文运，规劝他们“与曹一致，共讨小徐”③。曲同丰是段祺瑞所赏识并得到重用的弟子之一，所受宠遇不亚于小徐，今竟倒戈相向，对皖系势力特别是对前线皖军士气是一沉重打击，致使皖军一溃而不可收拾。

段芝贵身为皖军西路总指挥，却以火车为司令部，在麻将桌上指挥作战。败讯传来，他便开动火车，直逃北京。“自是西路统率

①韩世儒:《参战军与直皖战争概述》，见杜春和等编:《北洋军阀史料选辑》(下)，中国社会科学出版社1981年版，第73页。

②《曲同丰不满段祺瑞纵恶养奸并请依法惩办徐树铮电》(1920年7月19日)，中国第二历史档案馆编:《直皖战争》，江苏人民出版社1980年版，第145页。

③张一麐:《直皖秘史》，见来新夏主编:《中国近代史资料丛刊·北洋军阀》(三)，上海人民出版社1993年版，第62页。

无人,兵士益无斗志,一遇直军,非降即逃"①。20日,直军占领长辛店。

随着皖军在西路战场的大败,东路战场的形势也急转直下。东线战斗打响后,皖军因得到日本"护路队"的相助,进展颇为顺利,前锋已逼近天津。天津是直军总司令部的所在地,又为"保定粮站后路,若取天津,则保定不战自乱矣。再由汽车路截保定后路,岂不全军失败矣"②。但就在皖军准备乔装成警察队(因军队不能进入租界)潜入天津城时,传来了西线皖军大败的消息,同时奉军正式出兵参战,与直军一起向皖军发动猛攻。皖军东路总指挥徐树铮无心恋战,由廊坊逃回北京。东路皖军群龙无首,或溃或降,至20日后,京奉线一带已无皖军踪影。

段祺瑞迭接败耗,知大势已去,无可挽回,遂于18日请求徐世昌下了一道停战令,以阻止直、奉军进攻北京;同时派傅良佐赶赴天津,与直系具体商谈停战事宜,并主动提出了惩办徐树铮,解散边防军、安福俱乐部和安福国会等项,作为停战议和的条件。19日,段又通电引咎辞职,以应付败局。但已完全掌握战场主动权的直系并不想就此罢手。23日至24日,直、奉两军以胜利者的姿态进入北京分别接管了南、北苑营房。直皖战争至此即告结束。

直皖战争结束后,北京政府在直奉军阀的支配下,接连发布了许多道命令,以处理军事善后事宜,清除皖系军阀的势力。7月23日,特派王怀庆督办近畿军队收束事宜。24日,准免"安福系三总长"李思浩、朱深、曾毓隽分别担任的财政、司法、交通总长职务;派田文烈署交通总长,财政、司法两部部务暂由次长代理;准免京畿卫戍司令段芝贵职。26日,撤销对曹锟、吴佩孚等的处分;令准京

①张一麐:《直皖秘史》,见来新夏主编:《中国近代史资料丛刊·北洋军阀》(三),上海人民出版社1993年版,第62页。

②汪德寿:《直皖奉大战实记》,见荣孟源、章伯锋主编:《近代稗海》第四辑,四川人民出版社1985年版,第578页。

师警察总监吴炳湘辞职，派殷鸿寿继任。28日，准免段祺瑞督办边防事务兼管理将军府事务各职；裁撤督办边防事务处，撤销西北军名义，官兵给资遣散。29日，下令通缉查办皖系祸首徐树铮、曾毓隽、段芝贵、丁士源、朱深、王郅隆、梁鸿志、姚震、李思浩、姚国桢等十人。8月4日，下令解散安福俱乐部。8月7日，下令通缉安福系党魁王揖唐及骨干人物方枢、光云锦、康士铎、郑万瞻、臧荫松等人。

与此同时，各地的皖系军队也相继被直、奉军阀收编或遣散。驻济南的边防军第二师马良部，在直皖战争正激烈进行时，曾奉段祺瑞密令北上进攻德州，借以牵制直军后方，并一度打败直军第五混成旅商德全部，攻占德州。后商德全部在奉军支持下反攻，将马良部逼退至济南一带。直皖战争结束后，该部被裁并为山东第七混成旅。驻洛阳的西北军第一混成旅宋邦翰部和第四混成旅张鼎勋部，战后在直系强行接收时发生哗变，官兵大部溃散，不复成军。原驻宣化的西北军第五混成旅李如璋部，兵败后逃窜至南口、居庸关一带，为察哈尔都统王廷桢派兵包围，并被解除武装。吴光新长江上游总司令部所属共有六个旅的兵力，是皖系的一支重要军事力量。7月上旬直皖战争即将发动之际，吴光新奉段祺瑞密令，调驻宜昌、沙市所部集中于汉口，以便出兵攻击直军后路。7月16日，湖北督军王占元借在武昌设宴之机，扣留了吴光新。吴所部除驻信阳的赵云龙、陶云鹤两旅稍作抵抗，即为李奎元第十一师包围解决外，他如驻沙市的刘文明旅、驻武穴的刘耀龙旅各部，均为王占元接收改编。

直皖战争，漫天风云，扰攘中外，双方“冷战”长达二三年之久，战前互相攻讦的电报战也有一个多月，但真刀实枪的“热战”不过五天时间而已，便以直胜皖败的结局而告终。皖系军阀经此一战，军事和政治势力遭到毁灭性的打击，特别是段祺瑞、徐树铮等苦心经营数年，花费巨大代价建立起来的边防军和西北军，只经过短短数天时间，几个回合的较量，即告全军覆灭，这是段、徐等人所始料不及的。

直皖战争中直胜皖败结局的出现，主要有以下几方面原因：

第一，段祺瑞皖系军阀统治期间极力奉行亲日的卖国外交与穷兵黩武的国内政策，遭到了全国人民的强烈反对，从当时的民心向背来看，全国舆论几乎都在直系一边，都指望直系的军队获胜，并给予切实的支持。如吴佩孚率直军从衡阳撤防北归时，沿途各界群众都争相迎送；当人们看到日本有暗中助段的趋向后，又立即致电外交团，“要求主持公道”[①]。直系正是利用了人民对皖系军阀统治的强烈不满，和全国人民反日爱国运动蓬勃发展的有利政治形势，在与皖系的舆论战中占据了上风，并终于取得直皖战争的胜利。第二，在直皖矛盾激化及双方诉诸武力的整个过程中，日本由于中国国内不断高涨的反日反皖浪潮的压力和美、英等国在华势力的牵制，被迫采取所谓的“中立”态度。7 月 14 日，也即直皖正式开战的第一天，日本驻华大使小幡酉吉奉本国政府训令，发表声明，公开否认助皖。一直靠日本的支持才得以维持统治的皖系军阀，突然失去日本的鼎力相助，不啻大厦失去支柱，其立见崩塌也就不足为奇了。第三，皖系军队虽装备精良，但成军不久，既缺乏训练，更未经任何阵仗；其军官多由保定军校的教官和毕业不久的学生充任，只会纸上谈兵，毫无实战经验，“这样一个学生班子的军队，一遇情况发生，头脑不够冷静，缺乏明确的判断，若遇复杂而困难的局势，更缺适机的处置”[②]。而直系军队则“训练有素，屡经战役”[③]，战场经验丰富，战斗力较强；直系将领吴佩孚更是以能征善战著称，“用过去的标准衡量，他可以说是个第一流的军人”[④]。

---

①李剑农：《戊戌以后三十年中国政治史》，中华书局 1965 年版，第 302 页。

②韩世儒：《参战军与直皖战争概述》，见杜春和等编：《北洋军阀史料选辑》(下)，中国社会科学出版社 1981 年版，第 74 页。

③张一麐：《直皖秘史》，见来新夏主编：《中国近代史资料丛刊·北洋军阀》(三)，上海人民出版社 1993 年版，第 26 页。

④《顾维钧回忆录》第一册，中华书局 1983 年版，第 269 页。

显然，直皖战争中直胜皖败结局的出现，与直、皖两军自身素质的高下优劣有着极大关系。第四，在直、皖两军激战正酣、胜败难分之际，奉系军阀出兵助直攻皖，立即使战场形势出现了一边倒的局面，直军“声威大振”，而“段军一蹶不振”，“着着后退”①，直皖战争于是不可逆转地迅速朝着直胜皖败的方向发展。

直皖战争虽然是北洋军阀集团内部直、皖系军阀之间的一场争权夺利的不义之战，给当时的社会带来了较大的经济损失，但在政治上和军事上都削弱了北洋军阀的反动统治，标志了北洋军阀史上一个时期即皖系军阀统治的基本结束；在外交上则使日本失去了一个多年扶植的侵华代理人，这对日本扩大在华的侵略势力，无疑是一大挫折。

直、奉军阀联合打败皖系军阀后，共同成为北京的主人。尤其是直系首脑曹锟，更是以胜利者的姿态，步段祺瑞后尘，坐镇保定发号施令，俨然成为北京政府的太上皇。但直、奉军阀共同主宰北京政府的局面并没能维持多久，由于双方在权力与地盘分配等方面存在着难于调和的矛盾，因此，昔日的盟友很快便公开反目，成为新一轮军阀派系纷争与混战的敌手。

---

①张一麐：《直皖秘史》，见来新夏主编：《中国近代史资料丛刊·北洋军阀》(三)，上海人民出版社 1993 年版，第 61～62 页。

中国文库
史学类

# 北洋军阀史

（下）

来新夏等 著

中国出版集团
東方出版中心

# 第五章　北洋军阀集团的派系纷争(下)

(1920～1924)

## 第一节　直奉军阀的权力角逐

### 一、直奉军阀的妥协与矛盾

#### 1. 直奉两派军阀的暂时“联合”

在1920年7月的直皖战争中，由于直奉两系的联合作战，结果直胜皖败，段祺瑞只得自请辞去一切勋位、勋章及其职务，撤销了“定国军”名义，宣告下野，从而也就结束了长达四年之久的皖系军阀统治时期。战后，随着北京中央政权的易主，皖系军阀失去了往昔的骄横气焰，代之而起的是直奉两大派系共同控制北京政权。也就是说，这时的北京政府已由过去皖系单独支配的局面改由直奉两方操纵共管：一是曹锟，这位直系首脑人物，以胜利者的姿态，步段祺瑞之后尘，坐镇保定，遥控北京政权；一是奉系首领张作霖，自居在战争中有“举足轻重之地位，有拔刀相助之功”①而飞扬跋扈，抱着扩张势力的野心，坐镇奉天，对北京政府颐指气使。自此

① 台湾中华书局编辑部:《吴佩孚传》，台湾中华书局1983年版，第41页。

之后，以大总统徐世昌为首的北京政府要想干成任何一件大事，均须征得双方的同意，否则断难施行。而且，这两大集团投靠、依恃的英、美和日本帝国主义，在中国的势力范围又各不相同，致使直奉两系之间矛盾重重。但是，由于战争甫定，为了避免发生新的冲突，直奉两大军阀又需要相互勾结利用，于是直曹结好于奉张，奉张亦交欢于直曹，进而曹张在把兄弟的基础上，又结为儿女亲家。开始，一些重大事件均由野心勃勃的张作霖出面主持，曹锟则遇事妥协退让。因此，引起直系实权人物吴佩孚的不满，但因他还是偏裨后辈，只有师长的职位，在当时的政治舞台上还不能起主导作用。

在奉直军阀的共同支配下，从7月22日至8月7日，北京政府接连发布命令，如特派王怀庆督办近畿军队收束事宜；准免安福系曾毓隽、李思浩、朱深三总长职；准免段芝贵京畿卫戍总司令职，并派王怀庆代理；撤销战前发布的对曹锟、吴佩孚的处分令；准督办边防事务兼管理将军府事务段祺瑞辞职；撤销边防事务处及西北边防军名义，并由陆军部收束遣散；通缉查办皖系祸首徐树铮、曾毓隽、段芝贵、丁士源、朱深、王郅隆、梁鸿志、姚震、李思浩、姚国桢以及担任北方议和总代表的王揖唐和安福系议员方枢、光云锦、康士铎、郑万瞻、臧荫松、张宣等人；解散安福俱乐部；褫夺吴炳湘官位、勋章并免吴光新职；褫夺曲同丰、陈文运、魏宗瀚、刘询、李进才、张树元军官、军职，并交由陆军部惩处等①。至于皖系军阀首脑段祺瑞，由于徐世昌以及张作霖等人为其开脱罪责并进行包庇，只允其辞职而未作任何处置。曹锟亦不便坚持己见，也就不了了之。

8月9日，内阁代理总理萨镇冰辞职，徐世昌几经考虑再次任

①凤冈及门弟子编：《三水梁燕孙先生年谱》，见来新夏主编：《中国近代史资料丛刊·北洋军阀》(三)，上海人民出版社1993年版，第1027页；中国第二历史档案馆编：《直皖战争》，江苏人民出版社1980年版，第187～199页；《大总统令》，《晨报》1920年8月8日。

命靳云鹏为国务总理。

靳云鹏(1877～1951年),字翼青,又作翼卿,山东济宁人,生于邹县。18岁到天津小站入"新建陆军"当兵,后升排长。1898年入随营武备学堂学习,毕业后留任教习。1902年任北洋军政司参谋处提调。1909年由段祺瑞举荐到云南任新军第十九镇总参议。辛亥革命时,蔡锷发动云南新军起义,靳抗拒革命,后兵败潜回北京。入民国后,受段祺瑞重用,1913年被段保荐任第五师师长,9月署理山东都督,次年授泰武将军,督理山东军务。1915年12月,被袁世凯封为一等伯爵。1916年5月,调将军府将军,6月授果威将军。1917年12月,冯国璋为总统时任为侍从武官长。1918年3月,任北京政府参战督办事务处参谋处处长。1919年1月任陆军总长,9月兼代国务总理,11月任国务总理。1920年8月,在萨镇冰辞职后出任国务总理兼陆军总长。

徐世昌认为,靳与张作霖是儿女亲家,而曹锟与张作霖亦结成亲家,用这种连环的亲家关系,易为曹、张二人所接受。于是,为了均衡直奉间的关系,徐裁去四省经略使的职位,并于9月任命曹锟为直鲁豫巡阅使,吴佩孚为副使,与张作霖之东三省巡阅使的地位相埒。同时,徐邀请曹锟、张作霖共同协议四项办法:

(1)直鲁豫巡阅使和东三省巡阅使对管辖省份中的用人行政大权"得便利行事",即曹、张各具有"自由行动"的权力。

(2)更换疆吏(如督军等人)必须共同协商,"以期内外如一",即给予曹、张对中央用人行政的决策权。

(3)巩固(靳云鹏)内阁,不得已而更换时,应"共相示知",即内阁人选须征得曹、张之同意。

(4)中央如有重大事件,需共助办理。

这是中央和直奉两大派系之间在权力分配上临时达成的一种协议,直奉双方在实力一度相对平衡的情况下,在短暂的时间内曾出现"和平"的局面。但对许多重大问题,如对南方的和战问题、国会问题、选举问题等等均未涉及,因此他们之间只是在这一短暂时期内有了一个临时性的协议,并没有解决根本问题,派系间的矛盾仍在酝酿、滋生和发展之中。何况其中还有英、美、日帝国主义之间错综复杂的矛盾。

### 2. 洛吴势力的上升和直奉关系失衡

直皖战后,皖系的失败使日本在华势力遭到沉重打击,而直系的胜利也给英美势力在第一次世界大战后的卷土重来并进而打破日本在华的独占优势创造了有利条件。但这并不意味着日本势力的完全失败,因为日本帝国主义者并不甘示弱,就在皖系日益遭到中国人民唾弃和痛恨的时候,它已经在物色另一个北洋军阀集团的头目——奉系军阀张作霖作为自己的工具,以便维护已获得的权益,并继续实施扩大势力范围的步骤;而张作霖为了扩充自己的势力,也必须依靠日本帝国主义才能达到目的。两者之间为了各自的需要,便紧密地勾结起来了。于是,张作霖积极与日本打交道,他向日本关东军司令官立花小一郎表达了要问鼎中原的愿望,还提出愿意维护南满铁路日本势力的意向①。9月,张在会见日本贵志少将时更公开表示对日政策:"今后必须实行真正之亲善主义。外国人宣传:亲日之段祺瑞已没落,余将取而代之。既然如此,莫如承认之,索性将一贯依靠日本之态度,彻底公布。余将对徐大总统、靳国务总理、曹锟等,阐明与贵国之关系,尔后发表亲日通电。因此,今后在东三省,包括长江以北地区,坚决抵制排日思想之传播"②。11月,张又派他的亲信于冲汉去日本进行活动,并很快地受到日本内阁首相原敬等人的接见。同时,日本还对于冲汉表示了"可以予张以相当待遇"③的态度,原敬首相对发展与张

①原奎一郎编:《原敬日记》第9卷,乾元社1950年版,第24页。

②章伯锋主编:《北洋军阀》(四),武汉出版社1990年版,第27页。

③日本外务省档案:外务省调书,MT161411,135~141,内田外相致小幡公使电,1921年1月6日。

的关系定下了“融洽相处,使其安心”[1]的对策基调。对此,《原敬日记》曾记载说:“张是想依靠日本伸张势力,而我们在东三省的发展,必需要好好对待张,我们双方的利益是不谋而合的。”[2]这一中的之言,道出了两者之间的相互关系。既然直奉两系军阀的后台老板不同,他们在战争中形成的这种联合也只能是暂时的,何况他们在占领地盘、收编残兵,尤其是对北京政府的控制上,斗争异常激烈。所以,这种暂时的联合不久便随着矛盾的日益扩大而呈现危机。矛盾主要表现在张作霖和吴佩孚之间,而曹锟因与张有姻娅之谊,一时还不便闹翻。

吴佩孚(1874～1939 年),字子玉,山东蓬莱人,清末秀才,后来流落到京,无正当职业。1898 年到天津投入淮军聂士成部当兵。1906 年升任北洋军曹锟所部管带。辛亥革命期间,他在山西娘子关一带参加镇压革命军。袁世凯称帝时,曾率军入川镇压护国军。1918 年春,以旅长代理第三师师长兼前敌总指挥,在湖南攻打护法军。1919 年末冯国璋死后,曹锟成为直系的首领,吴佩孚为其手下得力干将,资历虽浅,却能征善战,深得曹锟的倚重。曹深知他能有今天这样煊赫的地位,与吴佩孚有很大的关系,所以常说:“子玉是我最大的本钱。”[3]而吴佩孚经曹的不次提拔,累官至直鲁豫巡阅副使,成为“直系势力的灵魂”[4],与曹并称为直系的领袖人物。

直皖战争后,吴佩孚因屡立战功,名声大噪而不可一世。此时,他既不买张作霖的账,对曹锟也不完全驯服。加之英美等国在华势力又看中吴佩孚是可资利用的工具,在报章上把他吹捧成中国唯一的“英雄”,使得吴佩孚自己也颇为自负而有“舍我其谁”之

①原奎一郎编:《原敬日记》第 9 卷,乾元社 1950 年版,第 135～136 页。

②原奎一郎编:《原敬日记》第 9 卷,第 138 页。

③陶菊隐:《吴佩孚将军传》,中华书局 1941 年版,第 26 页。

④胡绳:《帝国主义与中国政治》,人民出版社 1952 年版,第 292 页。

感。尤其他对直皖战争中奉系作用的看法而对张作霖颇有触怒。张作霖认为,直皖战争如果没有奉军参战,直军就不可能取得胜利,因此奉军的倒向是这次战争孰胜孰败的决定因素。吴则认为,奉军参战投机取巧,坐观成败,这次战争决胜负的关键一战是松林店一战,而这一仗是他的汗马功劳。因此,他对张作霖在战后抢夺大批辎重武器及财物,且"将战时所获军用品,装车百辆运奉"①的举动,尤为"愤懑不平,几欲动兵截击奉军"②。吴又认为,既在军事上取得胜利,在政治上应当有极大的发言权,而他的政治主张理应受到全国各方面的特别重视。应当说,吴佩孚不仅懂得军事战,喜用策略,而且也颇谙政治战,善抓题目。还在他驻兵衡阳时,就曾有取消南北两个政府,另立新政府的野心。所以,当美国议员访华团团长芮恩斯向大总统徐世昌提出召开国民大会以解决时局的建议时,吴佩孚立即抓住这一时机,企图制造一个政治工具来实现他的个人野心。于是,他立即大造舆论,趁英美记者访问他时,在关于时局的问题上,便提出了召开国民大会解决国是的意见。他说:"国号共和,以民治国,欲求真正和平之解决,唯有组织国民大会,提交会议,此乃民治之真精神。"③进而又于1920年8月1日发出通电,提出召开国民大会的具体办法,胪列大纲八条:

(1)定名为国民大会;

(2)性质由国民自行召集,不得用官署监督,以免官僚政客把持;

(3)宗旨取国民自决主义,凡统一善后及制定宪法与修正选举方法及一切重大问题,均由国民解决,地方不得藉口破坏;

(4)会员由全国各县农、工、商、学会各会各举一人,为初选所举之人,不必以各本会为限。如无农工商学会,宁缺勿滥。再由全

---

①《申报》1920年8月11日。

②李剑农:《中国近百年政治史》(下),上海商务印书馆1947年版,第556页。

③中外新闻社编:《吴佩孚全传》,上海世界书局1922年版,第10页。

省合选五分之一为复选,齐集天津或上海,成立开会;

(5)由省县农工商学各会长互相监督,官府不得干涉;

(6)事务所先由各省农工商学总会共同组织,为该省总事务所,再由总事务所电知各县农工商学会各会,克日成立各县事务所,办事细则,由该所自订;

(7)经费由各省各县自治经费项下开支;

(8)限期三个月内成立,开会限六个月,将第三条所列诸项议决公布,即行闭会。

同时,他主张将南北新旧国会一律取消;南北议和代表一律裁撤,所有历年一切纠纷,均由国民解决①。他企图利用这种所谓"国民大会"的办法,恢复为北京政府所解散的旧国会,驱逐由皖系所扶植的大总统徐世昌,另建一个以他为中心的中央政府。但是,按照吴佩孚规定的办法选出的"国民代表"不可能代表人民的意志,而"国民大会"也只能是军阀专制统治下的一个装饰品。

吴佩孚召开国民大会的主张,得到不少团体和个人的响应和赞同,如上海为此就成立了国民大会筹备会、国民大会策进会等团体,易宗夔则专题写了致国务总理靳云鹏的信说:"南北分裂,帝制和复辟的发生,谁不是借着民意来作恶?以至于互相倾轧,互相讨伐;得胜的便乘机占夺地盘,失败的便投降仇敌以保持利禄;财用匮乏了,便借外款,加赋税……去年'五四'、'六三'运动,就是真正民意第一次的表现;今年的安福部失败,就是真正民意第二次的表现……所以吴师长极力主张开国民大会就是明白这种趋势了。"②然而,吴的主张却遭到徐世昌、靳云鹏、张作霖等的强烈反对。特别是张作霖,他认为吴佩孚不过是曹锟手下的一个师长,所以对他

①沈云龙:《徐世昌评传》,台湾传记文学社印行,第596～597页;吴佩孚先生集编辑委员会编:《吴佩孚先生集》下编,台湾传记文学出版社1960年版,第348～349页。

②北洋政府步军统领衙门档案,见中国第二历史档案馆编:《中国现代政治史资料汇编》第十辑第三册,第222～224页。

甚为轻视。当记者询以对吴的印象时，他毫不隐讳地说："我只知向曹使商谈大事。吴是区区师长，全国师长有好几十个，我手下也不少，倘人人预闻政治那成什么话！"并在接见日本记者时又强调"国民大会是吴子玉个人的主张"①。为此，张作霖还当面质问曹锟，而曹当即表示他并不赞成这个意见，同时表示负责叫吴予以撤销。事后，曹锟通电声明：吴佩孚的通电未征得他的同意，"应予撤回"。后来，由于日本的干预和张作霖等人的坚决反对，特别是直系内部意见也不一致，吴佩孚炮制的"国民大会"的计划未能实现。

### 3. 直奉矛盾冲突下的北京政府

吴佩孚与张作霖之间的恶感在日益加深，曹锟与张作霖之间争权夺利的严重矛盾也时隐时现，北京政府夹在直奉两系军阀之间更是无所适从，而面临的一些迫切的问题又急待解决。如国会问题，战后除广州有一个旧国会（即非常国会）外，新国会（即安福国会）已自动宣布停会。北京政府为此通令各省根据旧选举法进行国会改选，亦无人响应，且遭到皖系军阀、浙江督军卢永祥的反对。因此，北方长期陷于无国会的状态中。在内阁问题上，双方的矛盾也逐渐显露出来。对于由靳云鹏组阁，因靳与张作霖是亲家，与曹锟是结拜兄弟，又与吴佩孚是山东同乡，所以直奉双方一致同意靳出任阁揆，但在内阁成员的安排上却出现了意见分歧。后几经协商，内阁成员才确定下来，他们是：

外交总长　颜惠庆
内务总长　张志潭
财政总长　周自齐
陆军总长　靳云鹏（兼）
海军总长　萨镇冰
司法总长　董　康

①台湾中华书局编辑部：《吴佩孚传》，台湾中华书局 1983 年版，第 40 页。

教育总长　范源濂
农商总长　王迺斌
交通总长　叶恭绰

其中,只有张志潭属于直系,王迺斌属于奉系,而周自齐、叶恭绰以及内阁总理靳云鹏都倾向奉系。由于内阁中奉系势力雄厚,北京政府在处理直奉间利益的问题上,往往偏向奉系,常常引起直系的强烈不满。内阁外而因直奉两系的大小军阀为权力地位的分配闹得不可开交,内而因旧交通系首脑梁士诒企图取代阁揆进行倒阁活动,更是一筹莫展。加之,1921 年 2 月 4 日外蒙古再次宣布独立,当地驻军被迫退出库伦,边防吃紧,北京政府虽然拨发了一批军饷给奉系军阀张作霖,令其派兵"援库",然而张得款后却按兵不动。总之,成堆的问题有待北京政府解决。为此,1921 年春,内阁总理靳云鹏迫于形势的发展,决定邀请曹锟、张作霖到京举行会议,以便解决面临的这些重大问题。当时,湖北督军王占元继李纯逝后成为长江三督的领袖,并已取得"壮威上将军"和"两湖巡阅使"的头衔,俨然已成为一个大军阀,故亦在被邀请之列。

经过靳云鹏的再三邀请,4 月 15 日张作霖来到天津,随后曹锟于 16 日亦抵津,两人建议会议改在天津举行,对此,靳云鹏只得迁就,于 18 日自京赶赴天津与会。王占元因河南发生战事,火车不通而受阻,未能及时赶到,直到 25 日才抵津门。于是,会议便于是日在曹锟的住宅曹家花园举行。这次天津会议又称"巡阅使会议"或"北方四巨头会议",实际上这是一次张作霖、曹锟进行争夺地盘和权力的政治分赃会议;而王占元因其实力远在张、曹二人之下,所以只是忝参末议,无足轻重。

会议首先遇到的是南北统一问题,因为北京政府正企图实现"统一",以便向四国银行团进行大借款,好渡过财政难关。如果西南"自治"各省归附北方,剩下广东一省,统一问题就易于解决。当时,直奉两系都主张援助桂系反攻广东,或者拉拢陈炯明来拆孙中山的台。张作霖更直截了当地提出帮助桂系"讨伐"孙中山,并建议任命张勋为苏皖赣巡阅使，负责“讨伐”任务，因为张勋的旧部新安武军尚有40余营计2万余人在江苏、安徽两省，这样可为奉张“伸手长江流域”①预作准备。曹锟没有正面回答张的建议，而提出先解决“援库问题”，曹、王并提议派张勋为“征库总司令”，后遭张作霖否决，而靳云鹏亦惮于全国之反对，不敢遽以苏皖赣许张勋。但起用张勋，为奉张全力所争之事，故而又为其谋巡阅热察绥一职，亦未通过。4月27日，遂决定联名发一电报，谴责广州非常国会另组政府，选举孙中山为非常大总统，破坏统一，但只字未提“讨伐”之事。电报除曹、张、王列名外，又拉南北一些督军、省长充数。可是，电报发出后，皖系军阀卢永祥、李厚基、何丰林等都声言事先未征求他们的同意而代为列名，并对此深表不满。至于“援库”问题，曹、张二人未能取得一致意见，而王占元却自告奋勇地表示愿意由湖北出兵两师，然而他的真实意图是想把异己势力第七、八师从湖北调走。在谈到这个问题时，还演出了一场闹剧：就是奉张为援库征蒙已从北京政府领得军饷200万及开拔费100万，直曹仅索得欠饷50万元，列席会议的曹锟之弟、直隶省长曹锐很不服气，当场与内阁总理靳云鹏发生冲突，以至靳愤而提出辞职。后经张作霖、王占元再三劝慰才平息下来，并由曹、张、王三人联名于4月28日发出一个拥护内阁的通电，谓“靳揆自上年安福倒后，重组内阁，身膺艰巨，措施国务，殚精竭虑，裁兵减政，积极进行，功绩甚伟。近因财政竭蹶，内政纷扰，致萌退志。锟等默察大势，际兹国家濒危，内政外交，非靳莫属。业于沁晚会议决定：拥护靳阁，勿使遽去，以维大局。除经电劝慰外，各省同袍咸具爱国热忱，请一致主张，拥护靳阁，以奠邦本，不胜祈祷。”②这样，总算挽回了靳的面子，平息了全国的舆论，靳才不再提出辞职。自此以后，会议开得更为松散，“四巨头”每天打麻将、叫堂差、征歌选色、饮酒取乐，

①《申报》1921年5月6日。

②《申报》1921年5月3日。

偶尔抽时间讨论一下军国要事,也是意见歧异。5月5日后,三巡阅使应徐世昌邀请赴京,在公府举行联席会议,协商分配权力和地盘问题,直到5月下旬,三巡阅使方散会离京。

总之,天津会议经过一个多月讨价还价的争吵,终于达成了妥协,大体结果是:直系取得了陕西的地盘,并使奉系撤走了驻河南、陕西的驻军;而奉张达到了兼署蒙疆经略使的目的,并在关外三省及热、察、绥三个特别区内扫清了奉系以外的势力。尽管如此,奉张对垂涎已久的长江流域,因已多属直系,一时难以伸张,仍感到不能满足。5月,靳内阁为排斥旧交通系分子而提出总辞职,但这个夹在直奉系间的烂摊子又无人敢接。14日,靳云鹏又受命重新组阁,阁员为:

外交总长　颜惠庆
内务总长　齐耀珊
财政总长　李士伟
陆军总长　蔡成勋
海军总长　李鼎新
司法总长　董　康
教育总长　范源濂
农商总长　王迺斌
交通总长　张志潭

齐耀珊、王迺斌接近奉系,蔡成勋是吴佩孚的把兄弟,又将旧交通系分子周自齐、叶恭绰排挤出阁,直奉之间暂时取得了妥协。然而,“自此奉、直两系各尽力以图本系势力之扩大,而每经一度之发展,两方即不免暗中有一次之冲突,结果则各得相当之交换,以维持其势力,而暗中更各竭力相斗”,“靳云鹏方执中央政柄,遇事以保持各方均势为务,使两系利害,不致过于冲突”①。这就是当

①张梓生编:《直奉战争纪事》,见来新夏主编:《中国近代史资料丛刊·北洋军阀》(四),上海人民出版社1993年版,第8页。

时靳云鹏依违于两大之间，以维持其内阁之位置的写照。

毛泽东曾经指出：“中国内部各派军阀的矛盾和斗争，反映着帝国主义各国的矛盾和斗争。故只要各帝国主义分裂中国的状况存在，各派军阀就无论如何不能妥协，所有妥协都是暂时的。今天的暂时的妥协，即酝酿着明天的更大的战争。”①直奉军阀在直皖战争中的“联合”，正是这种“暂时的妥协”，而就在他们“联合”的时候，即已开始孕育着新的战争。而且，张作霖为了对付直系，这时便同皖系的残余势力以及广东的孙中山加强联系，为日后结成反直联盟奠定了初步基础。

直皖战后，张作霖为准备对直战争，更加积极地乞求日本的援助。1922 年 1 月 8 日，张即派日本顾问町野中佐向驻华公使小幡转达自己的意旨：“我（张作霖）没有和吴（佩孚）合作之意。当此之际，有两种途径：一、暂时静观形势，等待吴积极行动，消极防卫；二、我全然积极行动。日本政府的意见如何？”②当时，日本政府有两种不同意见：小幡公使等主张采取静观态度；陆军方面则主张援张，他们认为：“英、美和直派合作，力图驱逐日本在华势力，使帝国丧失对中国的权威，使我对华尤其是满蒙政策有从根本上被推翻而不可挽回之虞。”③因此，“当此之际，（帝国）应支持张作霖压制吴的野心，打破英、美以吴为傀儡的阴谋，相信这是为了维护帝国地位不可避免地采取的正当防卫手段”④。1 月 19 日，内田外相在一封密电中则说：“如援张，日本则冒很大风险。提供武器之事，不

---

①毛泽东：《中国的红色政权为什么能够存在？》，见《毛泽东选集》第一卷，人民出版社 1966 年版，第 47～48 页。

②美国国会图书馆复制：《日本外务省档案》（缩型胶卷）MT137 卷，MT161411，第 241～258 页。

③美国国会图书馆复制：《日本外务省档案》（缩型胶卷）MT137 卷，MT161411，第 530～533 页。

④美国国会图书馆复制：《日本外务省档案》（缩型胶卷）MT137 卷，MT161411，第 328～329 页。

会不在外部泄露……如此事被揭露,日本不仅召来张的政敌,而且召来中国国民和世界舆论的非难和反对,影响我国外交立场。英美方面为对抗日本对张的援助,又援助吴佩孚,进而出现日、英对峙的形势。有必要甘冒这种风险而援张吗?”①

4月21日,日本外务省正式起草了一个《帝国政府对直奉战争引起的中国局势的方针》三条②:

第一条,“为目前中国局势的安定,召回张作霖的顾问贵志少将、町野大佐、本庄大佐。如召回有困难时,至少他们作为张作霖的顾问,在(军事行动)只限于中国的情况下,不要干预张的任何军事行动”。

第二条,“以适当的方法与吴佩孚进行联系,努力使他对我方针不致于误解,以便使他谅解我国的公正不倚的态度”。

第三条,“在北京,按着既定方针,尤其是《九国公约》的宗旨,由我方主动采取措施,使英公使和外交使团在协商的基础上对中国时局采取共同措施”。

这就是说,在第一次直奉战争中,日本没有采取积极援张的方针,是因为第一次世界大战后,欧美列强又重新回到亚洲,打着“门户开放”的口号,订立了《九国公约》,建立起共同侵略中国的新体制。而且,日本对奉张的态度,已预兆着直奉战争对奉系不妙的前景。

直奉军阀共同把持北京政府,事实上就是英、美、日为北京政府的共同主人。但是,每一个帝国主义国家都想主宰中国,这就必定要排斥另一个对手,这样,也就决定了它们之间矛盾不断恶化和必须采取分裂中国而加紧扶助各自势力的策略。从这个意义上

①美国国会图书馆复制:《日本外务省档案》(缩型胶卷)MT137卷,MT161411,第408～422页。

②美国国会图书馆复制:《日本外务省档案》(缩型胶卷)MT139卷,MT161411,第2083～2093页。

看，直奉军阀的“联合”，本质上只能是暂时的妥协和“联合”，而矛盾的不断恶化乃至分裂则是必然的结果。

## 二、直系军阀势力的扩展与“联省自治”运动

### 1. 吴佩孚练兵备战

1920年直皖战争后，各派军阀势力又经历了一次新的组合，直、奉两大派系既成为共同控制中央政权的合作伙伴，又成为争权夺势、互相排斥的对手。直系在击败实力雄厚的皖系后虽然未能独操中央政府的权柄，但在政治、军事上都占优势，再加上英、美势力的舆论倒向，使直系势力迅速膨胀。奉系则乘直皖战争之隙扩展了实力，而且已经把触角伸延到关内，皖系败后，历史把它推上了与直系军阀成为直接对手的地位。但就军事实力而言，奉系稍弱于直系。为了与直系抗衡，奉系军阀首领张作霖急于联络各方面的反直力量以壮大声威，于是才有孙、段、张三角联盟的出现。面对奉系的幕后活动，直系军阀特别是吴佩孚深知奉张的用意，何况，所谓奉、直斗争，实际上就是张、吴的斗争，这就促使吴要趁机发展军事实力，以便在中央政权中压倒奉系，最后以武力“统一”全国，形成“直系即中央”的一统局面。

吴佩孚在提出召开国民大会的主张之后，立即遭到北京政府和奉系军阀的一致反对，甚至连曹锟也没有予以支持，使吴佩孚意识到，他自己支配北京政权的条件还远未成熟，也就是说他的实力还不能左右当时的政治局面，迫使他下决心扩充自己的力量。于是，他把自己统率的第三师全部撤回其盘踞的洛阳，以示“不问朝政”，并决定在此埋头练兵，扩大实力。

洛阳素有“九朝故都”之称，关帝庙位于城南7公里处，是我国三大关公庙之一，据说三国名将关羽之头颅就埋于此。吴佩孚崇拜关羽，并以“关公”自况，他认为洛阳为十省通衢，四通八达，地理适

中，在此驻兵，则居中可御外，宜于武力统一全国，况且“洛阳居天下之中，最便于发号施令以抚缉四方”①，而巩县兵工厂就在近旁，武汉、南京兵工厂有京汉、津浦、陇海铁路运输，武器弹药供应方便。可是，当时河南的督军是赵倜，在直皖战前，赵是反皖八省同盟之一，战后他一无所获，而河南却成了直系的屯兵场所：冯玉祥驻兵信阳，萧耀南驻兵郑州，吴佩孚驻兵洛阳。尤其吴好大喜功，获得直鲁豫巡阅副使的头衔后，建立庞大的使署，颐指气使，俨然成了赵倜的顶头上司。在这一情势下，赵倜为了对付直系，转而投向了奉系。

吴佩孚以直鲁豫巡阅副使的名义，除由他直接统辖的第三师外，还有由直隶第一混成旅扩充的王承斌的第二十三师、张福来的第二十四师，由直隶第二混成旅扩充的萧耀南的第二十五师以及阎相文的第二十师，总计约有5万人的兵力隶属于他的麾下。他在大练兵时大体做出如下举措：

(1)扩充师旅，补充兵员。吴将随他南征北战的一大批军官逐级提拔，他所属的大多数旅长晋升为师长，如王承斌、萧耀南、阎相文、张福来等人。这些人的官升了而兵不足，于是他大量招兵买马，补足各师兵员。

(2)参照古今中外战史、兵法，推行以步兵为主，以连为单位进行操练；努力提高中下级军官的军事素养，讲授战地指挥、兵器使用、构筑工事等军事科目，培养军官、士兵吃苦耐劳的精神，所谓“凡为将之道，冬不披裘，夏不衣葛，暑不挥扇，寒不围炉，必与士卒同甘苦，共患难，方足以得人心”②。吴佩孚不仅从制订大纲到具体作业都事必躬亲，而且还亲自授课，大讲孔孟之道，向官兵灌输封建伦理道德，以使他们树立忠于他本人的思想，诸如“军之宗旨，尤贵服从，将之御士，尤贵同心，务使将兵一体，如身臂相依，指挥

①吴佩孚先生集编辑委员会编：《吴佩孚先生集》上编，台湾传记文学出版社1960年版，第282页。

②武德报社编：《吴佩孚》，北京武德报社1940年版，第80页。

灵便，动作迅速，方足以建奇功”[①]之类的内容。

(3)他把练兵的重点放在他直辖的第三师上，不仅配以新式武器、重武器，加强装备，还设置铁甲车队、炸弹队、航空队等，使该师在武器、训练和装备上都远胜过其他部队。

吴佩孚的练兵，在北洋军阀中享有盛名，他不仅成立教育处，具体负责练兵事宜；还编练学兵队及幼年兵团，提高部队的身体和文化思想素质；并建立军官教导团轮训将佐及各师旅部队。吴佩孚此次练兵取得很大效果，也使一些北洋将领自愧不如。时任两湖巡阅使的王占元有一次取道京汉路回鄂，车过郑州时，吴派学兵队莅站欢迎，正巧下了一阵急雨，青年学兵鹄立滂沱大雨中，“一个个胸脯挺直，仪容异常整肃”[②]，王回到湖北对吴的军队大加赞扬。经过洛阳练兵，吴佩孚的军队在数量和素质上都较其他军阀部队胜过一筹，在随之即来的与奉系军阀的征战中发挥了很大的作用。

在练兵的同时，吴佩孚为了最大限度地扩充自己的势力和取得帝国主义的支持，“坚持向英、美官员和民间人士讨好，以便在他取得最高权位的时候，赢得他们道义上和物质上的支持。他做出各样的努力去结交到中国的下述四方面的外国人：外交官、商人、新闻界和传教士”[③]。他的外交手段包括：正式声明保护外人的生命财产；直接同外国政府和商业团体接触，求取财政上的支持；暗中从外国私商手中获得武器弹药；以及通过会见和社交活动，结交外国的外交界，特别是陆海军人士、外国报界、传教士和一些有地位的人，以扩大直系及他本人的影响。

直奉两系为了扩充自己的实力，在直皖战后不仅在结束军事、处置皖系势力等问题上发生争执，而且在扩展地盘特别是在把各自的势力伸展到长江流域的问题上也争斗激烈。如在对待安徽督

---

①武德报社编：《吴佩孚》，北京武德报社 1940 年版，第 80～81 页。

②台湾中华书局编辑部：《吴佩孚传》，台湾中华书局 1983 年版，第 51 页。

③陈玉玑译：《吴佩孚与英美》，《近代史资料》1983 年第 2 期，第 80 页。

军的人选上，奉张保举张勋，而直系李纯则提出由张文生充任，结果，北京政府慑于直系的实力，于1920年9月任命张文生为安徽督军，李纯升为长江巡阅使。但李知道这是个有名无实的虚衔，坚辞不受，10月初，北京政府任命李纯为苏皖赣巡阅使。直系势力实际上控制了长江流域。

1920年10月李纯自杀身亡后，直奉两系加剧了在长江流域的地盘之争。李纯在冯国璋为大总统时是长江三督的领袖，而在徐世昌主政时，又是主和派的重要人物。冯死后，李纯与曹锟代表了直系两大势力，然而李在实力上远不如曹，曹有吴佩孚南征北战，势力大增；而李虽身为长江三督之首领，后又实授苏皖赣巡阅使，但他驾驭不了鄂督王占元、赣督陈光远，他的实力只限江苏一省而已，然他终归属于直系，在反对皖系之时他同曹、吴步调一致。李死后，江苏省议会议决废除督军一职，并拟同各省联合开展废督运动，然而北京政府却于此时派时任帮办江苏军务、苏皖赣巡阅副使的齐燮元代理江苏督军。于是，江苏地盘立即成为直奉争夺的目标。奉张推荐张勋出任江苏督军兼苏皖赣巡阅使的人选，但复辟狂人张勋的名声太臭，遂遭到江苏各界的一致反对。直曹要比奉张策略些，他推荐北洋元老王士珍继任苏皖赣巡阅使、齐燮元继任江苏督军。当时还有不少人都想插手此事，如陈光远就希望王占元调任江苏督军，他调任湖北督军这一要职，而让齐燮元或吴佩孚去江西任督军。时大总统徐世昌为了抵制奉张保荐的张勋，也主张王士珍出任苏皖赣巡阅使，可是隐居原籍的王士珍坚辞不就，而此时江苏军官为了维护自己的切身利益派出代表去京疏通，终使北京政府于是年12月任命齐燮元署理江苏督军，并于次年9月又予以真除。直奉两系在江苏督军任用上或谓在争夺江苏地盘上，直系又告胜利。

1921年春，直系吴佩孚又把触角伸向陕西。时陕西由皖系军阀陈树藩为督军，其人能力薄弱，号令几不出省城，直皖战后，颇不自安。北京政府承吴佩孚的意旨，派吴之嫡系将领第二十师师长阎相文及第十一师冯玉祥、第七师吴新田等部开进陕西。直系随即与以于右任为首的靖国军达成驱陈的协定，并于5月25日由北京政府发布阎相文署理督军的命令。在此形势下，陈树藩要求北京政府发清欠饷，将其所部改编为四师三混成旅作为去职的条件，并准备与直系军队进行对抗。但第七师吴新田部很快由荆紫关进占武关，第十一师冯玉祥部由潼关直趋渭南，而这时陈树藩部将亦发生了反叛，迫使陈树藩率残部败退陕南，旋又为吴新田击散，7月7日，阎相文正式入省接任督军。不料，这个上任还不到两个月的督军忽于8月24日吞食鸦片自尽。25日，北京政府又任命冯玉祥继任陕西督军，陕西遂入直系。

直系曹吴为了扩充势力，可谓无所不用其极。如闽督李厚基，本来是段祺瑞的爪牙，在段的提携下任闽督兼省长，但自直皖战争后皖系一蹶不振，而曹、吴声势日隆，李为保全自己的地位计，愿转而归附直系，曹、吴正可藉此把势力扩展至东南。

另外，吴佩孚收买海军温树德、收编桂军沈鸿英，更可见吴之手段的老辣。

温树德，山东人，原任校官，追随孙中山在海军服役。1920年孙中山回广州，鉴于护法舰队内部有闽、外两派的分歧，影响海军的发展，便决心整顿海军，解决闽系盲目排外、不听指挥的宗派行为。他决定采取军事行动，夺回领导权，并密任护法舰队海军参议温树德为改革舰队临时总指挥。在夺回海军领导权后，孙中山任命温树德为海军司令兼“海圻”号舰长。经此整顿和改革，海军舰队面目一新，成为孙中山护法运动的得力部队。1922年5至6月间，吴佩孚派人到香港，拉拢这支护法舰队，策动舰队离开广州加入直系。温树德认为，舰队官兵多为北方人，在广东政治动荡不安、社会不稳的情况下，思乡心切，且各舰在粤日久必致锈蚀，遂率舰北上投靠直系。先后有“海圻”、“海琛”等6艘舰，由温率领自汕头抵青岛，并将舰队更名为“渤海舰队”。吴佩孚不仅开大会欢迎舰队的归顺，并且按月拨给经费，直接控制了这支海军，使直系又增加了海上作战实力。在吴的指挥下,这支舰队后来参加了直奉战争①。

沈鸿英,原为桂系军阀陆荣廷的部下,1920 年秋,任粤桂边防第三路军总司令。1921 年广州政府大总统孙中山下令讨伐陆荣廷,以解除北伐后顾之忧,沈即逼陆荣廷下野,自称援桂军总司令,兵败后率部由粤桂边境退入湖南,被湘省收编为"援鄂"第三军,赵恒惕令其打着湘军旗号,飞速开往醴陵、浏阳一带布防。而当吴佩孚与赵恒惕签订湘直停战条约时,吴劝赵不要收容沈鸿英,认为沈背叛陆荣廷,反复无常,不宜接近。沈军在"援鄂"失败后先移驻新化兰田,后又移驻茶陵、攸县一带,拟投奔江西督军陈光远。吴又致电陈不要收容沈军。10 月底,沈军已入江西境内,因陈拒绝收容,又退回茶、攸。时广东陈炯明也电请赵恒惕消灭沈军,为此赵派兵攻沈,以便将其逐出境外。于是,沈又向吴佩孚请求收编,在吴未答复前,沈在湘赣边境漂泊不定,后吴指定平江为沈军驻防地,并于 1922 年 6 月将沈部改编为陆军第十七师,委沈鸿英为师长。这样,直吴不仅将平江划入势力范围,也扩充了自己的力量。

### 2. 湘鄂战争

1921 年 7 月至 10 月间,两湖地区又发生了战争,习称"湘鄂战争",亦称"援鄂战争"。这次战争虽然表面上是因属于直系的鄂督王占元引起的,但实质上是湖北地方势力、湖北人民与王占元矛盾不可调和的结果,也是湘、川、直军各派军阀力图通过这场战争来解除各自内部矛盾的产物。

王盘踞鄂省多年,串通军官朋分军队空额兵饷,复又以北京政府欠饷为名,拖欠士兵应发的月饷甚多,于是在 1920 年 3 月至 1921 年 6 月间,湖北省内钟祥、宜昌、沙市、武昌、富池口等地连续发生二十余起兵变,其中以宜昌、武昌两次兵变为害最烈。1921 年 6 月 3 日,驻宜昌第二十一混成旅孙建屏一团哗变,四出抢掠,

①张墨、程嘉禾:《中国近代海军史略》,海军出版社 1989 年版,第 372～375 页。

外商亦遭波及。旋经第十八师师长孙传芳、第二十一混成旅旅长王都庆督队弹压，变兵始告溃散。而"宜昌孙团之变，焚掠廛市，波及外商，甫经戢定，不意武昌省会要地复有兵队变动，放火肆劫，并焚毁官钱局、造币厂情事"①。8 日，驻武昌陆军第二师以欠饷兵变，纵火烧杀抢掠，城内损失甚巨。经王占元派兵弹压，变兵始各回本营。因即勒令缴械，随后由宪兵用火车押送出境，并密电驻孝感第四旅旅长刘佐龙中途堵截，悉数就地正法。兵变给湖北人民的生命财产带来巨大的损失，于是引起各阶层人民的普遍不满，咸谓王占元吞饷致激兵变，又无统驭之能力，且贪财好色，横征暴敛，立即掀起"驱王"自治运动。

湘鄂两省毗连，关系密切，曾有联防条约之规定。时鄂省名流李书城、孔庚、蒋作宾等，联袂赴湘，主张湖北自治，请湖南军阀赵恒惕出师援鄂，并由湖北旅湘同乡会推蒋作宾为"湖北自治政府临时总监部"的"临时总监"，孔庚为"政务院院长"，在湘之鄂人夏斗寅为"湖北自治军前敌司令"充开路先锋。赵恒惕本来为高唱"联省自治"之人，至是以为借助鄂省自治之名，可行殖兵于邻之实，为计甚得。此时粤军入桂，北伐之酝酿正烈，湖南处境渐趋危险。如果占领湖北，既能消弭"内争"，又可使"外患"转危为安。湘省将领亦多主张出师攻鄂，借以促成联省之基。于是赵派代表访问王占元，略谓湘省筹备联省自治，鄂省不表赞同，宗旨未免相左；且鄂省军队，时有侵入湘省情事，湘省碍难承认湘鄂联防条约。同时，召集湘省军官会议，决定出师援鄂，由赵恒惕任援鄂总司令，第一师师长宋鹤庚为援鄂总指挥兼第一军总司令，第二师师长鲁涤平为第二军总司令。此时王占元也积极备战，分三路布防，任命孙传芳为中路前敌总司令，刘跃龙为左路司令，王都庆为右路司令；同时急电北京政府及直系曹、吴求援。

①《1921 年 6 月 10 日国务院致王占元密电》，见中国第二历史档案馆编：《北洋军阀统治时期的兵变》，江苏人民出版社 1982 年版，第 210 页。

7月28日,湘鄂战争正式爆发。湘军分三路进攻,中路在岳州方面,左翼在常、澧方面,右翼在平江方面。鄂军也分三路应战。三路中以中路打得最为激烈。事后,鲁涤平谈及作战情况时说:"我们事前没有估计到王占元手下竟有孙传芳这样一个肯打硬仗的战将,从7月28日打到8月5日,足足跟我们拚了八昼八夜,他的人马死伤过半,后面援兵不至,才给我们打跑了","我们虽然打了胜仗,却也死伤了二千多。"①

湘鄂开战前,尽管王占元请求曹、吴援鄂,然而曹、吴决定援鄂不援王,且在接到王的请求时,吴佩孚又闷声不响。直到湘军下总攻击令的前夕,吴才派直军第二十五师师长萧耀南为"援鄂总司令",率靳云鹗之第八旅、豫军赵杰之一混成旅、鲁军张克瑶之第二混成旅开往孝感,后又继续开往汉口。在双方喋血鏖战的时刻,尽管火线上急如星火地需要援军接应,王占元一日数电呼号求援,萧耀南在汉口兀自稳坐钓鱼台不动,王占元这才明白援助他的直军比打他的敌人更可怕。在湘军鲁涤平部及自治军夏斗寅部的猛攻下,鄂军望风而逃,于是羊楼司、赵李桥相继为湘军占领,左右两路鄂军亦复败退。王占元知大势已去,于8月5日通电辞职。北京政府遂以王氏无维持治安之能力为由,于9日改任萧耀南为鄂督,吴佩孚为两湖巡阅使,孙传芳为长江上游总司令。

吴佩孚在洛阳接到北京政府的任命后,亲率第三师于8月12日赶到武汉,立派代表与湘军交涉撤兵事宜。而此时湘军正联络川军,拟乘胜夺取湖北。于是吴佩孚一面命萧耀南与赵恒惕代表进行谈判,以为缓兵之计;一面调兵遣将,布置设防。一待备战完毕,吴的态度转为强硬,立即向赵恒惕提出湘军退出湖北,惩办湘军师长宋鹤庚、鲁涤平等人,同时扣留了谈判代表。吴又宣传说:"今湘军甘冒不韪,进占湖北边境,我建议谈判,解决争端,他们又

①陶菊隐:《记者生活三十年》,中华书局1984年版,第61～62页。

不以为然。既然如此，那就彼此兵戎相见，一决胜负好了。”[1]还说：“湘借自治之名，行侵略之实……惟有武力制止之一法。”[2]随即下总攻击令，用5万余兵力，以直军第二十四师师长张福来为前线总指挥分三路开始攻湘。从此，湘鄂战争一变为湘直战争。鄂军声势，亦为之一振。

湘、直两军在咸宁、汀泗桥、官埠桥等处进行了激烈的战斗。同时，吴佩孚密令各军将金口上游小沙湖之磁矶堤决开，淹死湘军数百人，辎重损失尤巨，平民百姓千八百户，尽被淹没[3]。于是，左翼湘军在决堤的流水中立不住脚，从簰州、嘉鱼退往临湘，牵动正面湘军退往赵李桥，而左翼湘军则退往通城。第二舰队司令杜锡珪率海军亦参加了战斗，以强烈炮火猛轰岳阳城，掩护步兵登陆。在陆海军的协作下，湘军无力抵抗，节节败退，8月28日，直军攻下湘北重镇岳阳。岳阳是湘军总部所在地，仅有两连卫队驻守。赵恒惕刚由前线赶回，在一片战火中落荒而逃。前方湘军因后路被截断也像潮水般溃退下来。而且，自28日直军占领岳阳起，湘军前后方失去联络，赵恒惕不知去向，湘军内部陷于混乱。30日，赵绕道平江回到长沙。

吴佩孚在攻陷岳阳之后，即在当日召开军事会议，讨论对湘方针，结果一致同意致书赵恒惕，劝其举行谈判，并令其解散自治军。是时，赵亦在长沙召集湘军将领会议，议决直军先退出岳阳，以此地为缓冲地，再商其他问题。湘军的提议当即遭到直吴的拒绝。后经英国驻汉领事出作调解人，并取得吴佩孚的保证，在直军不进攻长沙的条件下，赵前往岳阳与吴当面议和。9月1日，赵恒惕乘英舰抵达岳阳，吴佩孚乘中国兵舰江贞号先到。随同吴前来者有张绍曾、蒋百里、张一麐等。吴特地请来两个中证人——张绍曾代

①张方严：《1921年直军援鄂的经过》，见《文史资料选辑》第四十一辑，第109页。
②得一斋主人编：《吴佩孚战史》，1922年印行，第63页。
③贾逸君：《中华民国政治史》，北平文化学社1929年版，第231页。

表直方,蒋百里代表湘方——一同参加赵恒惕和吴佩孚议定的暂时停战办法九条即湘直和约的签订仪式。至此,湘鄂战争遂告一段落。由于其时四川攻鄂之军也已发动,吴佩孚乃留张福来镇守岳阳,他自己则率师西向以防川军进攻宜昌。

自从湘军出动“援鄂”以来,吴佩孚就安排了一环扣一环的整个战略,先是利用湘军驱逐了王占元,继而亲自指挥,水陆并进,前后夹攻,把湘军打得首尾不能相顾,然后请英帝国主义出面调停,订立停战条约,以便迅速结束这场战争,再腾出手来对付侵入鄂西的川军。何况,此时张作霖也在大喊大叫要出兵“援直”讨伐南方,实际上是“假途伐虢”之计,也迫使吴佩孚在湖南问题上必须采取“速战速决”、“速和速决”的方针,以免造成四面受敌之势。

就在湖南问题未解决时,守宜昌的直军已危在旦夕,驻宜的英、美两国领事借口保护外侨为名,出面调停川直之战,以缓和川军对宜昌的攻势。待湘直和约甫告成立,吴佩孚立即抽调直军主力第三师之一部开往宜昌,并又一次利用海军炮轰长江两岸川军阵地,击退了川军,挽救了直军的颓势。由于四川地势易守难攻,而奉张这时已剑拔弩张,通过英美帝国主义的调停,吴与川军总司令刘湘签定了川直和约,川军退出鄂西,吴佩孚遂派孙传芳率领直军第二师进驻宜昌,川直战争亦告结束。

湘川两军“援鄂”战争的失败,关系“联治运动”的盛衰。湘军逐走鄂督王占元后,联治派在汉口组织第三政府的声浪曾一时又有所高涨,而吴佩孚取胜之后,“联治运动”又转入低潮。通过湘直、川直两次战争,吴打败了湘川两省军队,他为了争城夺地,不惜残民以逞,决堤淹没良田、房屋,使沿江数十万人民流离失所,而英、美帝国主义在两次战争中扶植直系军阀,干涉中国内政的用心,更加暴露无遗。

实际上,这场由湖北地方势力和湖北人民发起的驱逐鄂督王占元的自治运动因被西南军阀利用,而演变成为一场纯粹的军阀混战,因此有学者认为:“从整体看,援鄂战争的政治形态表现为,以吴佩孚为代表的主张‘武力统一’的北洋中央军阀为一方，以赵恒惕、刘湘为代表的主张‘联省自治’的西南军阀为另一方，这两大政治力量之间的一次军事上的较量。”①

战事结束后，吴佩孚授意张绍曾发起“庐山国是会议”，讨论制定国宪和全国裁兵等问题。吴鉴于以前发起“国民大会”的倡议为张作霖等人反对，所以这次更名为“庐山国是会议”，吴本人不出面而在幕后进行策动。吴佩孚发起这次会议的目的，是为抵制联治派所提倡的“联省会议”和风靡一时的各省自治运动，并欲假裁兵之名，取得控制全国军队的大权；同时还想通过会议，拟取消南北两政府，另行组织全国统一的“合法”政府。但事与愿违，这个提议像“国民大会”一样，遭到西南各省和奉皖两系的一致反对而胎死腹中。

### 3.“联省自治”运动的兴起及其发展

北方自直皖战争，南方自粤军回粤以后，两方都失去了统一的中枢势力，从此中国便进入南北各军阀的混战时期。此时护法的旗帜虽未消失，但已不为人们所注意；所谓“联省自治”运动，于是应时而兴。这一运动在1920年至1923年间曾喧嚷一时，为北洋军阀统治时期的一件大事。当时一些人看到南北两方都没有一种可以统一全国的力量，认为不如采用联邦制②，或可摆脱军阀割据的状态，而达到全国统一的希望。

联治运动，虽然到1920年以后才风行一时，但这种思想并不是偶然产生的。在清末维新变法时，无论是立宪、革命两派的志士，便曾有将来仿效联邦制度的观念。到辛亥革命时，这种思想尤为显著，如山东在宣布独立时，谘议局就向清朝政府提出：“宪法须注明中国为联邦政体”；“官制、地方税皆由本省自定，政府不得干

①邓野：《援鄂战争之史的考察》，见《近代史研究》1984年第2期，第247页。

②联省自治，简称“联治”，其意是仿效欧美的联邦制。

涉";"谘议局章程即为本省宪法,得自由改定之";"本省有练兵保卫之自由"等。革命临时政府组织的发起,也公开声明:"美利坚合众国之制,当为吾国他日之模范";代表的选派应以省、区为单位进行;《临时政府组织大纲》亦须省、区代表制定通过;临时政府总统的选举投票,以每省一票为限。可见联邦思想在革命时的势力。但自临时政府成立后,为求统一巩固,中央集权的思想,逐渐压倒了联邦制的主张。然而民国初年一些著名学者如张东荪、丁世峄、章士钊、潘力山等均著文对联邦论予以热烈的争论。后来,随着对武力中心主义失去信仰,人们对中央集权渐生怀疑。直皖战争以后,南方军政府瓦解,联治运动遂积极的开展。

此时的所谓联治运动,含有两方面的含义:一是容许各省自治,由各省自己制定一种省宪或者自治根本法,依照省宪自组省政府,统治本省;在省宪范围内,非但可以免去中央的干涉,便是省与省之间,也可免去互并的纠纷,什么大云南主义、大广西主义,都应该收拾起来。二是由各省选派代表,组织联省会议,制定一种联省宪法,以完成国家的统一——这就是确定中国全部的组织为联邦制的组织;如此既可以解决南北护法的争议,又可以将国家事权划清界限,借此把军事权收归中央,免去军阀割据之弊。①。

此次最早提出"联省自治"这个口号的是湖南军阀谭延闿、赵恒惕。可以说,湖南是联治运动的急先锋。湖南人民在南北战争中饱尝兵祸的痛苦,厌恶外省军阀的统治,尤其反对皖系军阀、湖南督军兼省长张敬尧的残暴统治及其部下军队的累累罪行,促使湖南人民提出自治的要求。所以在吴佩孚从南方撤兵以后,湖南人民于 1919 年 12 月立即发动了驱逐张敬尧的运动。张去后,湖南树起自治的旗帜,主张将湖南超然于南北政争之外,南北双方均

①参见李剑农:《戊戌以后三十年中国政治史》,中华书局 1965 年版,第 309～312 页;张玉法主编:《中国现代史论集》第五辑《军阀政治》"联省自治"一节,台湾联经出版事业公司 1980 年版,第 315～352 页。

不许加兵于湘境。此时湖南由谭延闿以湘军总司令的名义主持一切，谭于1920年7月22日发表“祃”电，宣布湖南自治的宗旨，表示要“采民选省长制，以维湘局”，是为“联省自治”之首倡。

湖南的倡议立即得到反响。旅居京沪各处的湖南名流，对于谭的通电群起响应，熊希龄等在京请梁启超代行拟就了一部《湖南省自治法大纲》寄回湖南，督促谭延闿首先在湖南实行。到11月，谭因内部军心不附去职，赵恒惕继任湘军总司令，省议会选举第十二区司令林支宇为省长，正式宣告自治，由军、民两署协商制定《湖南省自治根本法筹备章程》，实际上就是湖南省宪法，交省议会议决施行。依此章程制定的制宪程序为：

(1)由省政府聘请具有专门学识及经验的13人，组织起草委员会，起草章程草案，政府当局概不过问；

(2)由湖南各县县议会等团体推举代表150余人，组成省宪审查委员会，审查已定之草案，并享有修正权；

(3)经审查委员会审查修正后，交由全省公民总投票复决，然后公布施行。

湖南在筹备章程公布后，按程序于1921年3月起草委员会在岳麓书院正式开会，4月中旬完成草案的制定工作，随后审查委员会开谈话会，制定审查规则并继续开预审会，开了三个月，及至援鄂战争湘军败讯传来，因怕再受北方军阀宰割，才于8月下旬通过审查会，11月经全省人民复决，12月上旬以多数票获得通过，1922年元旦公布施行。同时又发出“联省自治”通电，派人到四川等地联络，企图在北京政府和广州政府之外，再建一个全国性的联省自治政府。是年12月依省宪成立新政府，约半年后便发生护宪战争，直到1924年下半年又将省宪修改后施行。不过湖南省宪施行两三年，徒具形式，于湖南政治的实际情况相差甚远，亦未发生成效。到1926年北伐军入湘，也就寿终正寝了。

谭延闿、赵恒惕提出的“省自治”和“联省自治”的口号，先后得到四川、云南、贵州、广东、广西、浙江和奉天等省地方军阀的响应，形成一个规模很大的要求自治和联省自治的高潮。其中浙江一省在制宪过程中花样最多。1921年6月初，浙江督军卢永祥通电主张自行制宪，组织省宪法起草委员会，随后即着手运作，旋由省议会选出55人并与各县县议会选出1人组成省宪法会议进行议决，于9月9日公布，名曰“九九宪法”，同日又公布了一个施行法，仿佛真是要实行的样子。但两法公布后，卢永祥始终不愿意执行，直到1922年浙江省议会因“九九宪法”未经全民投票复决，便议决再由省民自行提出宪法草案，并将“九九宪法”作为草案之一。这些草案即由各草案提案人选举审查员组成审查委员会进行审查。时共计收受省民提出的草案有百种，选出审查员110人，于1922年11月初开审查会，归并审查的结果，议定草案三种，以红、黄、白三色识别，名曰“三色宪法草案”，预定于1923年8月1日将“三色草案”交由公民总投票，采决一种。后此项总投票的程序届时也未能举行。所谓“三色宪法草案”与“九九宪法”均为一纸空文。浙江制宪搞的这些花样，终未实行的原因，并非民众不热心，而是卢永祥根本没有诚意，一旦实行起来，其军阀统治必定受到拘束而不能使自己专权，实际上他只不过是想借制宪自治为名，以抵抗直系的压迫而已。

除浙江外，四川、广东也组织了宪法起草委员会，并起草了宪法草案。云南、广西、贵州、陕西、江苏、江西、湖北、福建等省，或由当局宣言自治，或由省民进行制宪，联省自治的潮流可谓激荡全国。但在军阀势力统治之下，除湖南实行省宪两三年外，其他各省均未发生实效，只是徒具形式而已。在直系军阀吴佩孚推行以武力统一全国的局势下，各省军阀高唱“自治”实际上是为维护地盘和统治权而提出的一种政治主张，以图割据自保。比如广东军阀陈炯明标榜“联省自治”，是为了阻挠北伐，并蓄谋发动反对孙中山的军事政变，以建立地方封建割据政权；江西军阀陈光远，则利用“联省自治”的口号以摆脱困境，以便与陈炯明建立秘密的“联防”；浙江督军卢永祥原属皖系，直皖战后，他深感势孤力单，为巩固他在浙江的统治，用自制省宪等办法，抵制直系的侵入，以图自保。在地方军阀推行“联省自治”的过程中，社会上出现了一些团体，比如“各省区自治联合会”、“自治运动同志会”、“旅沪各省区自治联合会”等，在一些团体的章程中也反映了资产阶级和某些进步人士的一些民主要求，这些都是应当予以肯定的。至于“联省自治”运动，哄闹了一场，却没有什么实际的效果，尽管它是这一时期资产阶级改良派的一种政治主张，其思潮属于资产阶级改良主义范畴，但这一口号却被军阀所利用，成了他们制造纷争的幌子，以致在全国范围内掀起了一股政治逆流。

## 三、直奉矛盾的激化

### 1. 靳云鹏内阁的困境

主政的直奉两系军阀矛盾加深的直接后果，对政局产生了更为不利的影响，尤使在夹缝中的靳云鹏内阁的日子更不好过。因为靳云鹏是在皖系失败后，由直奉双方共同抬举上台的，在这种背景下只能对双方都极力保持不偏不倚、唯命是从的态度。而在直奉两系之外，靳还要照顾到与大总统徐世昌的隶属关系。这样，靳内阁惨淡经营了一年左右的时间，适逢援鄂战争之后直奉双方互持敌意的态势加剧，且又面临着比以前历届内阁更为艰窘的财政困难，使靳内阁逐渐处于“两姑之间难为妇”的局面。

1921 年 5 月 14 日靳云鹏第三次组阁，实际上这次组阁是以全体阁员总辞职的形式改组而成。靳原与皖系军阀一些人有私愤，因而对内阁中与皖系有关系的交通系官僚不协，于是假天津会议为名，将交通系之财政总长周自齐与交通总长叶恭绰排挤出内阁。这次靳内阁又颇有亲直疏奉之倾向，然而，虽时任财政总长的李士伟也接近直系（在其未到任的 5 月至 10 月间由次长潘复代理部务），但财政潜势力仍握在交通系手中。靳云鹏内阁的最大危机是财政空虚。据当时被排斥去职的交通总长叶恭绰所记:“内债除旧有之爱国公债实发一百万余元之外,其他如南京政府所发之军需公债七百余万元,中央财政部所发之元年公债一万二千五百余万元,三、四年公债各二千六百万元,储蓄票一千万元,五年公债二千万元,七年短期公债四千八百万元,长期公债四千五百万元,均由政府发行,截至十年止,合计总额超出三万万元,历年本息积压甚巨。”[①]1921 年又是多事之秋,内有援鄂战争,外有华盛顿会议,都多用饷款;加之各地灾情不断,亦需救赈。据记久遭黄河之患的直鲁地区遭“数十年未有之奇灾”[②],山东财政向来入不敷出,这样一来,更是拆东补西,敷衍度日。湖南地区已遭兵燹,却又两月不雨,米价涨至每升 320 文,“二十余万灾黎,生活根本断绝”,“地方一空如洗”[③]。原来富庶地区的江浙地区也遭水灾,地方军阀乘机向北京政府要求赈济,言则以“十万元”[④]计。在这样困难的情况下,北京政府无计可施,只好在 1921 年内四次更换财政总长,而历任财政总长上台伊始,便是四处借贷,八方罗掘。但由于以往借贷太多,可用的抵押品几已告罄,故而难举外债。新四国银行团更以“南北尚未统一,国内战争未了”为借口拒绝投资,甚至公开宣称:“现在中国每年开支,在六亿五千万元,而收入仅四亿五千万元。即以南北军队(其数目依上海和会之档案)共为一百四十万人,每年不械斗,尚需三亿之养兵费,一有械斗,直接间接损失尤多,北京政府本年尚可将零星物品典卖,可以混过一年,至明年六月,将一宗抵押品无有矣”;甚至预言至民国十四年元月中国财政将破产[⑤]。北京政府滥发内债更达到了惊人的地步,到 1921 年止,共

①遐庵年谱汇稿编印会同人编:《叶遐庵先生年谱》,1946 年铅印本,第 177～178 页。

②《直鲁两省之黄河水患》,见《民国日报》1921 年 9 月 3 日。

③《湖南辰溪哀鸿嗷嗷》,见《民国日报》1921 年 9 月 7 日。

④《苏当局请赈济水灾》,见《民国日报》1921 年 9 月 3 日。

⑤《中国的四年破产之说明》,见《民国日报》1921 年 8 月 11 日。

发行内债“四万万元以上”[①]。而无论内外债，则多赖盐余为抵押，使盐税收入难以支撑局面。据路透社报道：1921年北京政府的盐税，除供行政费外，付与银行团之净数，共计77989838元，较诸1920年减少1076265元，较诸1919年减少2618665元，除应付盐税为抵之各项义务外，1921年付与政府之盐余，共70474331元[②]。就是这样越来越少的盐税收入，还被大小军阀所垂涎，以各种名目截留。仅以协款名义截留的，如“奉省每月二十万，年计二百四十万；闽每月十八万，年计二百十六万；鄂每月十万，年计一百二十万；直每年一百五十万；甘每年二十万。除此以外尚有可详考者。则此项协款，总数又七百四十六万矣”[③]。北京政府政费仅赖于此，却根本入不敷出，致使“不但目前之盐余抵押净尽，且又预行抵押至十二年、十三年”[④]。财政部为了解决这些繁重的内外债务，于1921年11月专门设立了“债务委员会”，由总、次长分别兼任会长、副会长[⑤]。但借外债则被新银团垄断，借内债因“各银行饱受旧债之累，不复能承受”[⑥]。北京政府的财政已达到走投无路的境地，无怪乎有人担扰：“设湘鄂战争再延长，蒙古仍需进兵，陕事善后再用巨款，财政前途，不堪设想，而北京大局，亦将受绝大影响”[⑦]。

当时，北京政府让经费问题闹得焦头烂额，常年政费、军饷亦发生了困难，一时间出现了一阵被时人所耻的“闹穷风潮”。截至1921年11月1日，共欠各项军政费用达14573万余元，而当时可能之收入，仅有400余万[⑧]，相差甚远。靳云鹏内阁每天接到各省

①千家驹：《中国的内债》，北京社会调查所1933年印行，第8页。

②《去年盐税入多余少》，见《民国日报》1922年2月18日。

③《北庭浪费盐税之调查》，见《民国日报》1921年10月20日。

④《北庭浪费盐税之调查》，见《民国日报》1921年10月20日。

⑤《东方杂志》第18卷第24号，第125页。

⑥遐庵年谱汇稿编印会同人编：《叶遐庵先生年谱》，1946年铅印本，第178页。

⑦《北京官僚将枵腹从公》，见《民国日报》1921年8月15日。

⑧《北庭穷斯滥矣》，见《民国日报》1921年11月10日。

催发军饷的电报不计其数,仅据报载,即有湖北直军欠饷100万,冯玉祥军50万,曹锟索饷80万,甘肃请发遣散俄党及军饷30万,绥远欠饷15万,江西请发之防粤军费100万,安徽新旧安武军欠饷70万,山东军饷15万,海军催发100万,步军统领衙门及警察厅军警索饷共计600余万[①];甚至新任海军总司令蒋拯因军饷已欠六个月未发,海军部下级军官生活无着、态度强硬而不敢接任。总之,各地军人索饷事件连日不断,只能以"存饷"的办法来搪塞[②]。北京政府积欠薪俸更为严重,致使久坐机关的职员已忍无可忍,1921年11月14日教育部因"薪金积欠未发"[③]又催促无效的情况下,举行罢工;11月17日,司法部全体厅员因"俸给不能依时支发"[④]而呈递总请假书;参谋部甚至为借薪竟发生了斗殴事件[⑤]。这样,闹得主持部务的总长因部下索薪而无法到部工作。海军总长李鼎新、陆军总长蔡成勋、司法总长董康、教育次长马邻翼等无奈而要求辞职。与此同时,官费留日学生"因政府久不给款,难以支持"[⑥],只得中断学业,返回国内。

正当靳云鹏内阁在国内的财政窘境中难以自拔的时候,帝国主义列强为在华盛顿会议召开之前和在即将到来的会议上压服中国就范又制造了新的混乱。

先是美国提出催还烟酒借款问题。中国政府曾两次向美国芝加哥银行借款,共计1000万美元,以烟酒税担保[⑦],1921年11月1日借款到期,北京政府无款归还,美国芝加哥银行协理阿卜脱专程到京催债,提出要求以借新债还旧债的办法解决,拟与中国方面筹

①《北庭财政已走向绝路》,见《民国日报》1921年11月4日。
②《长沙退伍军人索饷已和缓》,见《民国日报》1922年1月20日。
③《东方杂志》第18卷第23号,第136页。
④《东方杂志》第18卷第24号,第124页。
⑤《科员要钱打科长》,见《晨报》1921年7月30日。
⑥《东方杂志》第18卷第24号,第124页。
⑦《东方杂志》第18卷第21号,第136页。

商以下几点办法:(1)再借新债1600万美元,用以偿还全部旧债及其利息66万美元;(2)新债利息周年七厘,以九一折交款;(3)担保品仍为全国烟酒税;(4)扣除还两次借款本利外,所余500余万元,另由中国政府指定提出,协商用途①。同时,还要设立烟酒稽核所,以美国人为稽核员。甚至还提出,要中国政府承认美国在欧战发生时从德国人手中收买而战后已经无效的湖广铁路债券130万元,而且纳入烟酒借款②。由于条件太苛,中国政府表示难以接受,财政总长高凌霨与美方代表多次接洽,终未成功③。这时,距华盛顿会议时间已近,美国便抓住这一题目大作文章,美国驻京的通讯社制造新闻称:"接许斯(美国务卿)11月1日电训令,通知北京政府对于芝加哥借款之本利不克应付,有损中国在美国之财政上及政治上信用,并害及会议中之机会。中国不克允美国银行家更新借款之条陈,美政府将视为难以继续承认北京为合宜之政府"④。北京政府闻此大为恐慌,立即于11月6日以财政总长的名义致函美驻京公使,表示"必尽力急速成就一双方满意之还债借款",并"甚愿按照1919年芝加哥银行及太平洋发展公司合同大概情形,与芝加哥银行继续谈判,以便保存办理之统系,并免除公众反对及国际纠纷"⑤。同时,外交部还致电驻美公使施肇基,请其向美国政府"深致不安"之情,希望美国国务院"婉劝银行表示让步"⑥。北京政府一阵恐慌之后,美国务卿竟声明,"谓北京消息,'信用有损及会议中中国机会有害'等语,均属不确"。其所言者,当系"如借款不偿,犹继续若为不知也者,则其结果当损及信用并

①《东方杂志》第18卷第21号,第136~137页。

②《烟酒借款是成因结果》,见《民国日报》,1921年11月12日。

③《高凌霨依恋烟酒借款》,见《民国日报》,1921年11月6日。

④《驻美施公使电》,见天津市历史博物馆编:《秘笈录存》,中国社会科学出版社1984年版,第370页。

⑤《外交部致施公使电》,见天津市历史博物馆编:《秘笈录存》,第370页。

⑥《外交部致施公使电》,见天津市历史博物馆编:《秘笈录存》,第371页。

害及会议之机会”[1]。尽管美方作了更正，但当时报纸仍在某些国家的鼓动下喧嚣一时，其结果是“不特美银行界颇多訾议，即普通舆论对我亦多责备，他方面遂亦乘机努力鼓吹监督财政、国际管理等谬说”[2]。而北京政府为扭转华盛顿会议前的不利舆论，尽力筹措款项，在烟酒借款一案尚未解决的情况下，又以盐税余款担保，向(美)哈连忒公司借 1500 万佛朗款，向(英)汇理银行商借 300 万元两大宗借款[3]，这些显然又成为列强攻击中国的口实。

烟酒借款的风波在北京政府的上层人物中间刚刚平息，继而随着日本在华盛顿会议开幕前提出的山东问题解决办法未能如愿，便又有“国际共管”之说鼓噪一时。关于其起因与风源，中国与会代表施肇基、顾维钧、王正廷给北京政府的报告已经分析得很清楚：当时欧美舆论暨多数代表团“均以中国政局日见纠纷，殆已无自治能力。近于少数借款逾期不偿，更属失信。而某某方面，遂乘机鼓吹对华共同管理及组织国际警察等说。多数美资本家于监理财政一层，尤表赞同”[4]。

“国际共管”的论调在国内造成极大恐慌，其中最严重的是从 11 月 16 日开始的中交两行的挤兑风潮。这场风潮几乎将中国的金融界推向崩溃的边缘。中国银行和交通银行是当时国内最大的银行。在各地设有分支机构，是北京政府财政金融的支柱。国际共管中国财政的谣言传来以后，各商家深惧政局有变而影响自身利益，市面顿起恐慌。在北京，“存户及持有该两行钞票者，纷纷前往兑换现款”[5]，仅 16 日当天午后至深夜闭门，共兑付纸币数十万

---

①《驻美施公使电》，见天津市历史博物馆编：《秘笈录存》，中国社会科学出版社 1984 年版，第 370 页。

②《美京施、顾、王代表电》，见天津市历史博物馆编：《秘笈录存》，第 371 页。

③中国第二历史档案馆藏档，北二十四(2)39。

④《美京施顾王代表电》，见天津市历史博物馆编：《秘笈录存》，第 392 页。

⑤《北京发生兑现风潮》，见《民国日报》，1921 年 11 月 18 日。

元[①],甚至“外国银行以及各商店,皆不收中交钞票”[②],这一迹象无异更加推波助澜。在天津,“惟兑现人太多,拥挤异常,有本区警察及保安队维持秩序,所有兑现者,令依次序之先后,排列一字形,由该行门首,直至东门城隅”[③]。在汉口,“凡储有中交票者,首以交钞分途兑汇,惟恐或后”,据传挤兑之原因,是由“英税务司现将中行所存之二十余万两,概行提尽之所致”,两日之间,便“兑出现洋各五六十万元”[④]。在上海,由于受北京、汉口等处谣言的影响,“各银行争先恐后购买现洋,上午钱庄洋价,开盘七钱五分,至十时许始缩小至三分半,收盘钱拆六钱”[⑤]。在济南,由于地区的影响,从17日起,“突有许多商民持该行钞票兑现,迨至午后及18日更有加无已。该两行之分兑所,亦人山人海,拥挤异常”[⑥]。为维持银行界信誉,银行公会于16日下午即特开紧急会议,协商解决办法。认为“中交两行,关系自身,更非一致维持不可”[⑦],并分两途解决:(1)由银行公会协助中交两行,各商业银行“一律收存中交钞票,作为现金定期存款”[⑧]。(2)要求北京政府赶拨关余,指定专作纸币兑现用途,并由银行公会,总商会监督兑现[⑨]。第一项办法,协议后即行实施,中交两行从各地调运现洋,以保障兑现,安定人心。但仅靠国内金融显然难以应付,唯再加拨放关余一策,方更稳妥。第二项办法,提出后,北京当局即向外交团接洽,经外交团18日会商,一致应允提前拨放关余600万两,并责成总税务司安格联

①《突现之中交兑现潮》,见《民国日报》1921年11月17日。

②《东方杂志》第18卷第24号,第123页。

③《天津挤兑风潮渐平》,见《民国日报》1921年10月20日。

④《汉口中交挤兑之原因》,见《民国日报》1921年11月20日。

⑤《本埠金融受谣言影响》,见《民国日报》1921年11月18日。

⑥《山东中交两行亦挤兑》,见《民国日报》1921年11月22日。

⑦《中交兑现中之办法》,见《民国日报》1921年11月19日。

⑧《东方杂志》第18卷第24号,第123页。

⑨《本社专电》,见《民国日报》1921年11月18日。

办理[①]。安格联平时曾明言:“关余现已有一千二百万两,收至年底,则约有一千四百万两,则应拨还有千余万两”[②]。而此时安氏竟藉关余属整理公债之担保品为由,以强硬态度拒绝拨付。他在给上海县商会等六团体的复电中称:“关税除偿还外债赔款外,所余之款,业已奉中国政府明令为内国公债基金之一部分,并令委由总税务司保证持券人之利益,现如将关余挪为维持市面之用,则总税务司将违持券者之信托,来电所嘱办法,势难同意。”[③]这样,拨用关余一途成为泡影。后经金融界、商界等竭力维持,加之美英等国否认有“共管”之说,人心才渐渐安定下来。

正当华盛顿会议上中国问题被提上日程的关键时刻,北京政府内部又发生了政潮,其原因表面上是由人事更动引起,而实际上是徐世昌与靳云鹏长期矛盾的结果。靳内阁是由直奉双方为维持均势而被举上台的,并为结欢双方而效力;然徐世昌当年是由段祺瑞扶植上台的,与安福系关系较深。靳利用改组内阁排除了属于交通系的周自齐和叶恭绰,致使掌握国内金融的交通系对其怀恨在心。恰自援鄂战争中吴佩孚获取两湖巡阅使的职位后,张作霖对靳云鹏的芥蒂日深,徐遂欲与奉张结成联盟以自固。同时,徐又看到直奉之间矛盾日益尖锐,而徐对吴佩孚的骄横早已心怀不满,特别是在皖系失败后,吴乘全胜之势,首倡召开国民大会,即有另举总统之意,于是他便倒向奉系一边,以图利用直奉矛盾而巩固其总统的地位。

徐世昌的逐靳活动早在9月间阁潮发生时便已进行。当时靳云鹏提出辞职,徐世昌曾先后请他在清末民初时的老部下朱启钤、周树模继靳组阁[④],但朱、周未肯轻于一试。随后,因更动烟酒事

①《中交兑现中之办法》,见《民国日报》1921年11月19日;《维持中北京中交两行》,见《民国日报》1921年11月21日。

②《安格联不肯放关余》,见《民国日报》1921年11月20日。

③《安格联复六团体电》,见《民国日报》1921年11月23日。

④《阁潮尚起伏未定》,见《大公报》1921年9月20日。

务署督办张寿龄及财政次长兼盐务署署长潘复一事成为引起徐世昌和靳云鹏之间公开冲突的导火线。张寿龄是徐世昌的私党，为靳所不满，因此靳借口张税收账目不经审核，无视内阁，拟请罢免张寿龄职。潘复则为靳云鹏的亲信，亦不受直吴的喜欢。按过去的成例，烟酒事务署有提交总统府秘密费用10万元供其自由支取之说，时任督办的张寿龄亦按成例照开无误。然靳总理循潘复之请，主张更换张寿龄，遭到府方的强烈反对。后经总统之弟徐世章等人的调停，以接近直系的汪士元继张，由属于直系的高凌霨长财政，以接近奉系的钟世铭为盐务署署长。这样，徐靳的人事纠纷，才勉告结束。但自此之后府院之间有了裂痕。而交通系被排挤出阁后，积愤不平，时时心怀报昔日一箭之仇，此时正有机可乘，遂谋以京津停兑为倒阁之策。在征得府方同意后，他们提出中交银行准备金不足，要求政府下令京津行停兑，以此扰乱金融，使政府财政更趋困难。对此，靳深知其危险而不敢坚持停兑，而府方又催促进行。在此情势下，支持靳内阁的直系军阀曹锟，由其时任直隶省长的胞弟曹锐出面，于11月29日致府院一电以解院方燃眉之急，电云："近闻中交两行有停兑之谣，爰召集中交两行行长面询真相。据中行卞行长面称，津行准备金足资周转；交行林行长言词闪烁。当派员赴该行盘查库存，津行存款超过发行钞票额甚巨，诚恐另有作用。并据密报，主使中交停兑之人，即在北京暗中策动。似此扰乱金融、危害国家之元恶，应请密饬京师卫戍司令、步军统领严密查获，依法严惩。"①靳云鹏接到此电后，立即密派军警监视交通系要人，而总统府方面亦派人秘密示意叶恭绰尽快出京。靳内阁在交通系制造的财政困难面前所表现的束手无策，必然要在扶植他上台的奉直军阀面前失去其利用价值。这一点，上海《民国日报》的《时评》讲得很深刻：靳内阁"本来着实为难，近更失欢于奉，照表

---

①以上引文见张国淦：《中华民国内阁篇》，见杜春和等编：《北洋军阀史料选辑》（上），中国社会科学出版社1981年版，第237～238页。

面看上去,应该奉不助靳,直必助靳,其实奉直都用不着什么内阁不内阁,他们目光中,看做靳氏是奉直的大账房,正要他一天天混下去,才可以伸手要钱……所以无论如何,他的位置,在从前因均势而维持,现在却因为便于索饷而维持了"①。日本驻华公使小幡酉吉在致东京外务省的电报中对靳内阁的命运也预言说:"综合各种报告关于朱启钤组阁之事,似可证实今靳阁已陷于财政困难之极度,万难维持,前靳阁改组而交通系即用猛烈之手段,使之困于财政,以致前途有种种悲观,近因两湖问题未能如愿进行,辞意再三泄露,而徐总统不能不注意继任人物。"②而交通系要人叶恭绰在出京之后,即由京赴奉面见张作霖,力言:"总统(徐世昌)本有去靳之意,因靳召集新国会,实为曹谋,如张入京去靳,以梁士诒组阁,则国会召成,张当然被选总统。"对叶的蛊惑之言,张为之心动,遂于12月14日贸然进京。曹锟闻讯,即由保定到京与张作霖会晤。在徐世昌、张作霖、交通系三方面的夹攻之下,加之财政困难重重,又无法解决,靳终于18日提出辞职。至此,靳云鹏内阁宣告垮台,内阁总理由外交总长颜惠庆暂代。

徐靳相讧之结果,以靳内阁的倒台而告一段落,而事态的发展决非至此结束,12月19日上海《民国日报》曾在《时评》一栏道其实质说:"因徐靳相讧,而张作霖去干涉,因张作霖入关,而曹锟也从保定到北京。从徐靳之讧,变为曹张之讧;徐靳之讧是唾余,曹张之讧是精粹。"这真是中的之言。而随后奉直两系军阀争斗的必然趋势,预示着一场不可避免的武力冲突。

### 2. 奉张支持梁士诒组阁

靳云鹏下台后,徐世昌物色的对象是旧交通系的首领梁士诒,而这一选择对交通系来说也正中下怀,他们极力怂恿张作霖推倒

---

①《说内阁》,见《民国日报》1921年8月13日。

②中国第二历史档案馆藏档,北二十四(2)39。

靳内阁的目的，除了报仇雪恨之外，更为重要的是拥其首领梁士诒取靳位而代之。梁与徐世昌早有过从，当年交通系和安福系把徐世昌捧上大总统宝座，梁即为出力者之一。欧战结束后，美、英帝国主义为遏制日本支持皖系军阀的“武力统一”政策，在中国政局问题上高唱“和平”论调，徐世昌为乘机使自己的总统地位得到南方的承认，也极力倡言南北妥协，梁士诒与徐持同一论调。徐世昌看到此时梁士诒稳踞旧交通系魁首的地位，又有帝国主义支持的背景，是政界颇有影响的人物，较靳云鹏任内阁总理期间事事与徐相左，且财政困境更甚于以往，以至对其大总统地位形成威胁，不如以梁代靳。在靳阁倒台前，徐世昌就曾屡次征求梁士诒出山的意见，但正在香港坐观时局发展的梁看到当时条件还未成熟，特别是掌握北京政权的直奉军阀还没有明确表态，所以不愿贸然出山，便借口“北方则两大军阀对峙，中部则长江各督不一致，西南又另立总统，此时出而问政，殊非易易也”①，表示婉谢。待到 1921 年秋冬之间，在华盛顿会议及财政困难等原因引起的政潮冲击下，北京政局几难维持，徐世昌趁机联络直曹、奉张及各方军阀，怂恿易阁，加之叶恭绰的暗中活动，得到了张作霖的支持后，梁士诒见时机成熟，方于 11 月 10 日离港北上。

对于北京发生的政潮和奉张的动态，在洛阳的吴佩孚早已悉心观察，特别是他得知梁士诒北归的消息后，便已窥到梁欲入阁的用心，于是立即联络各方，企图阻止梁与奉张的结合。他先密电卢永祥，声言“前此梁士诒赴粤，与陈炯明接洽，亦与孙文有所晤结，此次拟出组阁，将合粤皖奉为一炉，垄断铁路，合并中央，危及国家，殊堪懔慄。第恐奉张不察，深受其愚，则梁阁实现之日，即大局翻腾之时。”又电曹锟，声称“燕孙组阁，长江各督均不赞成，并望聘老担任，如不就，则以颜久代”②等语。但事态发展之迅速未及曹

①凤冈及门弟子编:《三水梁燕孙先生年谱》(下)，1946 年铅印本，第 177 页。
②凤冈及门弟子编:《三水梁燕孙先生年谱》(下)，1946 年铅印本，第 177 页。

吴所料,靳云鹏竟不及旬日即被免官。此时外间关于交通系组阁之说极盛,并传闻张作霖已“确保叶恭绰回交通总长任”[①]等等。尚未离任的交通总长张志潭是旧日靳云鹏的亲信,也是接近直系的政客,颜代总理后,张于次日晚赶赴保定,向曹锟陈述京中一切[②]。曹锟开始坐观时局的发展,对吴佩孚的电报未予重视,此时则终于按捺不住了,在徐世昌和张作霖的再三邀请下,由保入京,企图左右时局的发展。

其时,奉张与徐世昌等所策划由梁士诒组阁的大局已定,曹锟前来已无法扭转局面,只得认可。于是,1921 年 12 月 24 日,北京政府根据张作霖的鼎力推荐,梁士诒出任内阁总理。

梁士诒(1869～1933 年),字翼夫,号燕孙,广东三水人。早年就学于佛山书院。21 岁中举人,1894 年 26 岁时中进士,次年授翰林院编修。后经同乡唐绍仪介绍与袁世凯相识,从而结纳北洋,并逐步成为重要官僚。1905 年任督办铁路总文案。1907 年起任邮传部京汉、沪宁等五路提调处提调兼交通银行帮理、铁路总局局长。1911 年 11 月在袁世凯内阁任邮传部副大臣、署理大臣,参与袁胁迫清帝退位的活动。1912 年 3 月任袁世凯总统府秘书长,5 月兼交通银行总经理,1913 年 5 月署理财政部次长兼代部务,1914 年改任税务处督办。为旧交通系的首领。后积极参加拥袁称帝活动,袁逝后,于 1916 年 7 月被列为帝制祸首之一,遭北京政府通缉而避走香港。1918 年初,在皖系军阀的活动下被特赦回京,并于 6 月出任交通银行董事长。8 月任安福国会参议院议长。1921 年 12 月,由张作霖的鼎力推荐,继靳云鹏之后出任阁揆。

梁内阁成员如下:

外交总长　颜惠庆

内务总长　高凌霨

①《本社专电》,见《民国日报》1921 年 12 月 14 日。

②《改组之中北内阁》,见《民国日报》1921 年 12 月 20 日。

财政总长　张　弧

陆军总长　鲍贵卿

海军总长　李鼎新

司法总长　王宠惠

教育总长　范源濂(12 月 25 日免。黄炎培任,未就。由齐耀珊兼署)

农商总长　齐耀珊

交通总长　叶恭绰

这届内阁是在奉系军阀张作霖的推荐下组成的,所以奉系入阁的有鲍贵卿、齐耀珊,而且历来长陆军者均为北洋正统派,这次鲍贵卿以奉系加入,可谓创格之举。直系入阁的有高凌霨、张弧,而张严格说来属于准交通系。交通系入阁者,为其主干叶恭绰。内阁的重心在张和叶,尤以叶为主。显而易见,新旧交通系的卷土重来,使本届内阁的财政大权握在亲日派手中,也正是在这个基础上交通系与奉张结合起来了。

应当说,入民国后,梁士诒在北京政坛上是煊赫一时的人物,不仅深得袁世凯之倚重,握有全国铁路之实权,有"五路财神"或"梁财神"之称,又多年经手对外借款,其个人亦拥资甚多,况且他在理财方面也确有一套本事,虽自 1916 年因洪宪祸首受到通缉而退居幕后,但他在外交、财政、交通上仍有相当大的潜势力,既与日本帝国主义暗结,又掌握了交通、盐业等银行,并和南北军阀、官僚都有密切关系。而对梁士诒的组阁,北方各省军阀先后附和致电祝贺,唯独吴佩孚无任何反映。南方政府则发表了大理院通缉徐世昌、梁士诒的电令,称:"查徐世昌与梁士诒均属从前袁世凯叛国称帝之谋臣,兹复沆瀣一气,公相号召,叛乱民国,罪证确凿,自应严拿治罪,以彰国法。"[①]这对踌躇满志的新总理无异当头一棒。

---

①《本社专电》,见《民国日报》1922 年 1 月 1 日。

梁士诒此次出任阁揆,曾自诩抱定三大宗旨:“一、树立外交政策。二、活动金融经济。三、消弭内战。”①那么,他上台伊始又做了哪些事呢?

首先是调整人员,安插亲信。1921年12月31日,国务院秘书厅秉承梁的旨意裁去空缺佥、主事上任事及办事员180余人,次日即复调用40余人,加之以前已调的人员计达130余人。与此同时,交通系直接掌握的要害部门,如财政部等又以“大裁冗员”为名安插亲信。当时上海《民国日报》曾载文揭露说:“梁士诒登台之所谓裁员者,不过为调剂私人手段耳。”②尤其不得人心的是,梁士诒为拉拢新交通系竟然起用在“五四”时期早已名誉扫地的曹汝霖、陆宗舆,一个作了“实业专使”,一个作了“北京市政督办”,甚至还要让复辟狂人张勋出任长江巡阅使,让王占元或张怀芝取代田中玉为山东督军,让许兰洲取代陈光远为江西督军,这些举措和迹象可以看出梁士诒不仅为皖系泄愤,替奉张扩张势力,也是想控制苏、皖、赣三省,包围直、鲁、豫,分裂直系,束缚曹吴。但是,由于公众的强烈反对,梁士诒的打算并没有完全获得成功,比如卖国贼曹汝霖只得以“老父病重”③为由,不敢上台。

其次是大赦安福战犯。梁士诒这位当年被通缉的帝制祸首对直皖战后被通缉并已“褫夺官勋,免职讯办”的安福系人深怀同情。1922年元旦伊始,便串通徐世昌上演一出双簧剧。先由参谋总长张怀芝呈报大总统,称被查办各员“多自北洋小站练兵出身,或劳勤卓著,或治军有声,民国肇造,均能戮力辅翼,勋绩灿然,功在国家,未可湮没”,而且“年余以来,该员等闭门愧悔,思盖前愆”,故而应“念其勤劳”,“宽其既往”,并以“或以误会而盲从,或以嫌疑而牵涉”的轻描淡写将这些安福党人在皖系军阀统治时期助纣为虐的

①凤冈及门弟子编:《三水梁燕孙先生年谱》(下),1946年铅印本,第179页。
②《借裁员安插党羽》,见《民国日报》1922年1月4日。
③《民国日报》1922年1月8、9日。

罪行予以开脱[①]。徐世昌接呈报后立即批复"免于通缉讯办"，并交参、陆两部及直鲁豫巡阅使曹锟"随时察看"[②]。徐的一纸命令，使前辅威上将军段芝贵、前谦威将军张树元、前边防军第一师师长曲同丰、前边防军第三师师长陈文运、前陆军第十五师师长刘询、前陆军第九师师长魏宗瀚等人释然如故。梁士诒为了表示对首犯段芝贵的关切，特于1月5日以国务院名义通知下属各部，将"查封段芝贵房产器具按照所载数目点交该员，所占房屋一律腾让"[③]。其实北洋政府历次通缉祸首都不过是通而不缉的官样文章，不久即可被赦免并能重返政治舞台，梁士诒故技重演，不过是取悦于亲日派，获得对其出任阁揆的支持罢了。

第三是继续举债。北洋政府的历届内阁总理的任期长短主要看能否得到各派系军阀的支持，而各派系军阀支持的交换条件在于其筹款的能力如何。靳云鹏在一片闹穷的风潮中颓然下野，而被称为"财神"的梁士诒对财政窘况的解决办法无非是制定更为庞大的借贷计划。1921年北京政府的财政是在"度支奇绌"的情况下向国内外借贷才勉强渡过。新阁上任后面临的处境仍是一片索薪要饷声，教育部已罢工月余仍未领到欠薪[④]，甚至北京公立小学因经费无着而一律停课[⑤]。新上任的交通总长叶恭绰更是叫苦不迭，称："铁路经济困难万状，几呈破产之现象"，"本部仅恃各银行借贷勉力支持，至今日已属计穷罗掘"[⑥]。转瞬时届旧历年关，政府必需的款项总数计在1200万元以上，按社会习惯，诸事必在年底如期归结，财政总长张弧无奈，只得四处求借，一方面欲以全国

①《老徐狐埋狐搰》，见《民国日报》1922年1月3日。

②《老徐狐埋狐搰》，见《民国日报》1922年1月3日。

③中国第二历史档案馆藏档。

④《北京教工全体算粮》，见《民国日报》1921年12月20日。

⑤《八校学生空言索经费》，见《民国日报》1921年12月20日。

⑥遐庵年谱汇稿编印会同人编：《叶遐庵先生年谱》（下），1946年版铅印本，第186页。

印花税等为抵押品向银行团进行借款交涉;一方面派人向金城、盐业、北京、商业等银行、银号协商借款,并预定数目为 300 万元①。不意北京银行公会因北京政府“无确立财政整理之计划,惟以滥借为能事,以致各银行、银号因之资金空乏,受累无穷”,而召集与盐余有债财关系的各银行、银号,组织一“盐余借款联合团”,议决:“自民国十一年一月十三日起,凡在本议决案签字之各银行号,不再承受政府指盐余作抵之借款,并请求政府呈请大总统,宣布不得再以盐余向中外各银行号及无论何处抵借款项,或充作担保,一面由本团体与财政部妥筹每月将应拨盐余按数摊拨,并声明此后不再以盐余另指用途。”②签名于此项议决案者,有交通、中国、盐业、金城、新华、中国实业、边业、劝业、懋业等三十一家银行,这实际上就阻断了梁士诒向国内举债的出路。当时对梁阁的威胁不仅是内外债务的信用扫地,更急迫的是由于财政支绌,致使日常政务都难以维持。在这种情况下,梁士诒便有了继续求借外债的借口。

梁内阁任上最大的财政举措即是“九六公债”的发生。当时财政部呈报大总统称:“近年来政府以盐余作抵,向国内外各银行订借短期借款,为数甚巨,至民国十一年初,其尚未偿还者,计达一万零四百万元。仅利息一项,每月须付一百七十八万元,盐余收入,每月平均有四百万元,除去整理公债及一四库券等基金外,所余者不过一百余万元,而军政各费,又尚需赖此以为挹注,故各项短期借款之本息,遂无着落。遂于是日(19 日)呈准大总统妥筹清理办法,由盐余有关系各银行号会同组织盐余借款联合团,与政府磋商发行债券办法。”③此项总额为 9600 万元的“偿还内外短期债八厘

①《张弧到处张罗》,见《民国日报》1922 年 1 月 17 日。

②《国内盐余借款团成立》,见《民国日报》1922 年 1 月 22 日。

③凤冈及门弟子编:《三水梁燕孙先生年谱》(下),1946 年铅印本,第 195～196 页。

债券"[1]于1月26日与银行团签字,内容概括为:(1)利率周年八厘;(2)每年分两次付息;(3)每年还本两次,用抽签办法,分六年还清;(4)由盐余项下偿还本息,俟关税实行值百抽五之日起,改由所增关余项下拨充,不足,仍以盐余补充;(5)每五百元实收九十元。[2]"九六公债"表面上称为偿还内外短期公债,但其中百分之四十系日本债务,而且"条件及利率均极优厚",除此之外,其余部分之担保并不能给予切实保证,致使"成千上万的无辜持券人和存心投机分子,后来均同陷于悲惨境界"[3]。这就是梁士诒三大宗旨中的所谓"活动金融经济"的主要内容。从中亦可以看出梁士诒的亲日态度,尤其是当时华盛顿会议正在讨论山东问题,梁不能顺从民意自行筹款收回胶济铁路,竟允许日本要求借日款赎路,并将该路改为中日合办,显然会遭到全国舆论的强烈反对。

### 3. 华盛顿会议上的山东问题交涉

华盛顿会议实际上是在梁士诒组阁之前一个月,即1921年11月12日由美国发起在华盛顿召开的以协调海军军备和对华关系为主题,进行重新瓜分势力范围的国际会议。参加会议的有美、英、法、日、中、意、比、荷、葡共九国,故又称九国会议或太平洋会议。北京政府经过积极争取并在美国政府的首肯下,得到中国代表"与各国代表地位平等"的许诺,国内南北双方即北京政府与南方军政府经过一番折冲之后,决定派出以施肇基(时任驻美公使)、顾维钧(驻英公使)、王宠惠(大理院院长)和伍朝枢(时任南方军政

---

①对此次公债称谓不同,大致为四种:(1)称"偿还内外短期债八厘债券",是为条例上的 正式称谓,此指其性质用途而言;(2)称"九六公债",指发行总额为九千六百万元;(3)称"盐余公债",因原债与新债均系以盐余作抵之故;(4)称"关余公债",因条例中规定将来以关余作抵,因而财政部通电中又径称"关余公债",以避争执盐余之意。

②《东方杂志》第19卷第4号,第137页。

③姚崧龄译:《颜惠庆传》,台湾传记文学出版社1973年版,第115页。

府外交次长)四人为出席会议代表(伍并未就任)。实际上当时参加中国代表团的有130余人之多,在大会内外协助代表工作。会上,美、英等国为限制日本在亚洲和太平洋地区的扩张及在中国的独占局面,进行了激烈的争辩,也为各自的利益,进行了某些妥协。远东问题是会议的重要议题之一,它实际上就是中国问题,其焦点是列强争夺远东的霸权。

从11月23日以后,中国代表先后向大会提出了中国关税自主、山东问题、废除"二十一条件"、撤销领事裁判权、交还租借地、取消各国势力范围、撤退外国军警、撤除外国在华邮局及无线电台、尊重中国战时中立权及解决中国铁路权问题等要求。其中山东问题是中外瞩目的争议中心,而由于与日本利害攸关,尤被关注。当时,中国民众一直密切注视着华盛顿会议的进程,遂使列强难以公开重施巴黎和会时强制中国人民忍受屈辱的故技,而阴谋玩弄使中国不将山东问题提交大会解决的诡计。日本活动特别积极,它始而散布中日关系缓和的空气,继而制造舆论鼓吹直接交涉。日本这些自鸣得意的做法激起了中国民众的反对,舆论界首先作出强烈的反响,纷纷表示反对直接交涉,各地民间团体开展各种活动,如全国学生联合会曾为反对直接交涉而联络各地学生组织,京沪学生联合会立即响应,各派代表二名,准备向国务院请愿①。留日学生也推举代表回国与各界联系,讲述"日本对付太平洋会议办法及我国关于鲁案在太平洋会议应取之手段",呼吁"对于鲁案之直接交涉,必力争到底,力主提出太平洋会议"②。作为山东问题的直接受害者,山东人民不仅要求彻底交还山东,而且更以山东省议会名义,通电反对日本提出的关于胶济路撤兵后合办路警的要求。

中国人民反对直接交涉的态度十分明确,日本企图强奸中国民意的阴谋试探遭到了应有的失败,于是又改变了手法,即以外交

①北洋步军统领衙门档案,中国第二历史档案馆藏。

②《留东学界代表至北京》,见《民国日报》1921年8月30日。

手段多次向北京政府提出直接交涉山东问题的要求，但北京政府怵于民众运动的声势而未敢接受。日本企图诱迫北京政府实现直接交涉的第二步阴谋也未能得逞，出现了僵持局面。美、英两国与日本在中国问题上既有互相竞争的一面，也有共同利益的一面。正是出于彼此共同利益的目的，美国首席代表休士（Charles Evans Hughes）、英国首席代表贝尔福（Arthur James Balfour）联袂与日本首席代表加藤友三郎接触后，即向中国代表正式提出山东问题在会外另行组织会谈的建议，使之成为大会的“边缘”。

会外交涉的另一议题是胶济路权问题。日本企图以向中国贷款赎路为钓饵，以中日合办铁路为名，行控制中国铁路之实，为中国代表所拒绝而形成僵局，英、法代表又出面调停，提出了强词夺理的袒日建议：

> 由于山东以前一直是德国的势力范围，胶东与山东省的领土权应当归还中国，而日本应继续德国的一切经济权利，不仅是铁路，而且包括整个山东省的经济权利。①

这种分割我国经济权利与领土的建议显然是维护帝国主义的侵略政策，再次遭到中国民众的反抗。而日本为满足其政治与领土的贪欲而坚持己见，于是经过 17 次无进展的谈判后，最终日本遂以停止交涉相威胁。

华盛顿会议上的争论必然对国内政局发生影响。在山东权益问题未决而日方又百般刁难之际，为奉系军阀与日本所支持的梁士诒新内阁竟然不顾后果，表示以“借款赎路”为其解决山东问题的新政策。这一消息在国内立即引起了讨梁声浪。一方面是民众采取了针锋相对的不同立场，提出了自行筹款赎回路权的主张；另一方面，则成为直系军阀反对梁内阁的口实。恰巧出席华盛顿会

①中国社科院近代史研究所译:《顾维钧回忆录》第一分册，中华书局 1983 年版，第 227 页。

议的中国代表施肇基、顾维钧、王宠惠有电报到来，揭露梁士诒打算秘密直接交涉山东问题的阴谋，施肇基同时又接到外交总长颜惠庆陈述梁内阁措置乖谬的电文。于是，吴佩孚借此就大作文章，并在 1922 年 1 月 5 日发出措词激烈的反梁通电。17 日，全国商会联合会联合京师总商会、京师农会、北京教育会、全国报界联合会、全国学生联合会共同成立“救国赎路基金会”，并发布宣言，呼吁“于六个月内集得三千万巨款”，“愿随我全国父老兄弟勉力以赴之者也。现在各省关于赎路运动均已集会结社，共策进行。北京为首善之区，救国之举岂宜居人之后，爰集同志发起兹会，所愿邦人君子当仁不让，急起直追，共矢移山填海之诚，冀奏挽日回天之效。”[①]同日，山东各界推举代表赴京请愿，要求罢免梁士诒，设立“赎路筹款会”。23 日“北京学界赎路集金会”成立，蔡元培任会长，李大钊、祝春年分任宣传，带领学生上街演讲，散发传单，“俾众周知胶济路之待款自赎，以便集股而挽主权”[②]。北京大学学生还刊行了《社会运动》半月刊，每期出 3000 张，分寄各地学校[③]。在风起云涌的民众运动中，天津的民众运动也颇为激烈，于 22 日成立“天津国民赎路集金会”，议定集金章程 11 条；26 日，天津商界又成立“中华民国赎路自办集金会”，严范孙被推为正干事长[④]。特别值得注意的是根据天津的口岸特点，采取了提倡国货、抵制日货的行动，从 1922 年元旦起就有民众 5 万多人为抵制日货在意、法、英各租界游行，进而发展为商界的一致行动，并相互约定：各洋货庄已批定之日货暂存日本，不能入中国；未定之货一律停止；各商号中原存日货详列清册交归商会备查，以资淘汰；如私自批买日货，准其受罚。他们提出了“不买日本货，不卖日本粮，人人能如

①中国第二历史档案馆藏档。

②中国第二历史档案馆藏档。

③中国第二历史档案馆藏档。

④中国第二历史档案馆藏档。

此，中国必不亡”的口号。这些轰轰烈烈的行动显示出巨大的威慑力量，日本驻津领事为此曾七次向直隶省长提出质问。尽管全国上下民情激昂，严正抵制，但北京政府仍屈从于列强胁迫之下，于2月4日与日方签订了《解决山东悬案条约》11款28条，使日本获得贷款赎路的优先权。

废除“二十一条件”也是全国民众企待华盛顿会议外解决的问题，虽几经周折，但最后只是把日本的宣言和中美两国的声明和发言在大会宣读并载入会议记录，并没有获得废约的结果。其他如领事裁判权问题、撤销各国在华邮局及无线电台问题、关税自主问题、撤退外国在华军警问题等等，均未收到预期的结果。华盛顿会议在1922年2月6日闭幕，这次会议使中国进一步陷入半殖民地的地位，也为美国在远东和太平洋地区的扩张提供了有利条件。会上所签订的关于中国问题的《九国公约》，其实际效果是“又使中国回复到几个帝国主义国家共同支配的局面”①。

华盛顿会议的结局使中国民众进一步认清了帝国主义的真实面目和北洋军阀统治下的北京政府的卖国实质。在国内民众的正义舆论中，《中国共产党第二次全国代表大会宣言》发出了不同凡响的呼声，指出：

> 华盛顿会议给中国造成一种新局面，就是历来各帝国主义者的互竞侵略变为协同的侵略。这种协同的侵略将要完全剥夺中国人民的经济独立，使四万万被压迫的中国人都变成新式主人国际托拉斯的奴隶。因此最近的时期是中国人民的生死关头，是不得不起来奋斗的时期。

### 4. 吴佩孚力倒梁阁

直皖战后，吴佩孚在直系中的地位迅速上升，因而也为英美帝

①毛泽东：《论反对日本帝国主义的策略》，见《毛泽东选集》第一卷，人民出版社1966年版，第129页。

国主义所关注,不时对吴大加吹捧,其实这种关系正如孙中山所分析的:吴佩孚在"推倒了段祺瑞之后,口头上虽然以民党自居,总是说北京政府腐败,要开国民会议来解决国事,心理上还是想做袁世凯第二。外国人考察到了他的这种真相,以为可以利用,便视为奇货可居,事事便帮助他,自己从中取利"①。吴佩孚自恃倒皖的军功显赫,又有英美帝国主义的吹捧,对于张作霖对他的蔑视态度一直耿耿于怀,此时见梁上台后一味袒奉,并对直系的扩张时时加以扼制更加不满,便伺机予以报复。

奉张深知吴佩孚在洛阳整军经武的野心,便把吴视为最危险的对手,时刻加以戒备。直奉间矛盾随着时间的推移逐步加深,奉系在不断扩大自己营垒的同时,更加投靠日本帝国主义。1921 年 5 月,日本内阁会议再次确定了"援助掌握满蒙实权的张作霖,以此来确保我国在满蒙的特殊地位"的方针②,而后日本驻京公使馆武官及驻奉天的总领事都力持支持张作霖的态度,希望他能掌握北京政权,成为左右中国政局的关键人物。正是在日本帝国主义的大力支持下,张作霖才敢于抛开直系,鼎力支持梁士诒组阁,且在梁受到直系吴佩孚的攻击之时,以一种不屑一顾的态度,向梁做出"一切问题自有本帅作主"③的保证。

梁士诒上台时,华盛顿会议已开始月余,中日鲁案交涉正进入最困难的阶段。日本为继续控制胶济铁路,乘中国财政困难之时,提出种种无理要求,然中国代表据理力争,提出以偿还贷款来收回胶济铁路的办法。当时国内各阶层人民基于对日本帝国主义的民族义愤和强烈的爱国热情,对胶济铁路赎回自办之议给予了有力的声援和积极的支持,从而在国内形成一个以筹款赎路为号召的爱国运动。恰在此时,由国外传来梁士诒面允日本驻华公使小幡

①转引自胡绳:《帝国主义与中国政治》,人民出版社 1952 年版,第 185 页。

②日本外务省编:《日本外交年表及主要文书》上卷,原书房 1972 年版,第 524 页。

③陶菊隐:《吴佩孚将军传》,中华书局 1941 年版,第 61 页。

西吉以“借日款赎路”的消息。这在激起全国人民强烈反对的同时，也给吴佩孚造成了推倒梁阁的一个极好的时机。

实际上，吴佩孚对梁士诒的一举一动早就开始注意，梁由香港北上之时，吴即电请各方主张防止梁士诒组阁，及至后来徐世昌明令梁组阁已成事实，吴即在梁上台伊始对他大肆攻击。梁士诒以长于外交、财政自负，于是吴佩孚便专以外交问题攻击他，以财政问题压迫他。当然，实际的原因是由于梁内阁为奉系支持并以日本为其后台，和直系自然有距离。吴抓住当时华盛顿会议正在讨论山东问题的时机，针对梁士诒为取得日本财政的支持，令中国代表对日本表示退让，允许日使借款赎路的要求而大作文章。随后，又以“电报战”的形式，向梁士诒发起猛烈攻击。

关于梁与日使洽谈借款事，当时报章已有揭露，且事后公牍私札均可证实①。这一丑行被吴佩孚抓住后，不待华盛顿会议闭幕，即在梁士诒上台刚满旬日的1月5日便发出“歌”电，公开肆骂。电称：“害莫大于卖国，奸莫甚于媚外……自‘鲁案’(按，指山东铁路等与山东问题相关的中日间交涉)问题发生，辗转数年，经过数阁，幸赖我人民呼吁匡救，幸未断送外人。胶济铁路，为‘鲁案’最要关键，华会开幕数月，我代表坛坫力争，不获已而顺人民请求，筹款赎路……果能由是赎回铁路，即与外人断绝关系，亦未始非救急之策……梁士诒投机而起，突窃阁揆，日代表忽变态度，顿翻前议……由东京训令驻华日使向外交部要求借日本款，用人由日推

①在徐世昌主持下，由其秘书长吴世缃主编的《秘笈录存》一书，是将徐任北京政府大总统时期秘书厅归档后的电报编纂而成的一部书稿，它辑录了有关巴黎和会及华盛顿会议的大部分重要文件。其中，有1921年12月31日北京政府外交部致出席华盛顿会议的中国代表团电文，亦谈到“小幡二十九日访晤梁揆，切询胶济办法，告以拟定借款自办”的态度(见天津市历史博物编辑：《秘笈录存》，中国社会科学出版社1984年版，第483页)。另，曾任北京政府总长又了解政坛内幕的张国淦在《中华民国内阁篇》一文中曾作了详细的记述(见《近代史资料》1979年第3期)。

荐。外部电知华会代表,复电称请俟与英、美接洽后再答。当此一发千钧之际,梁士诒不问利害,不顾舆情,不经外部,径自面复,竟允日使要求,借日款赎路,并训令驻美各代表遵照,是该路仍归日人经营,更益之以数千万债权,举历任内阁所不忍为不敢为者,今梁士诒乃悍然为之,举曩者经年累月人民所呼吁,与代表之所争持者,咸视为儿戏。牺牲国脉,断送路权,何厚于外人,何仇于祖国,纵梁士诒勾援结党,卖国媚外";并以民众代言人的身份号召"我全国父老兄弟亦断不忍坐视宗邦沦为异族,祛害除奸,义无反顾"①。电报发出后,梁士诒作贼心虚,于7日发出一通颠倒日期的"微"电(即5日电)为自己表白,内称:"内阁成立,对于华府会议,一守前此方针,业经通告代表转知各国。目下急待解决者,为鲁案中之胶济铁路问题,前此迭经在美磋商,我均主筹款赎回自办。至筹款办法,或发债票、或发库券,不论向国内外筹款,均以截清先后界限,申明该路收回自办性质为要义。"②7日又发另一通电,申辩并无直接与日议谈判一事,说是因吴佩孚"睽隔传闻",才发生误会,并发表对外宣言,声明:"关于山东问题之中国地位,新内阁完全赞成中国代表团在华会之宣言,致各悬案,凡曾有不良之影响于邦交者,以公正的办法解决之。"同时又向列强表白:"至于中国国内情形,现仍在过渡时代,务期从速整理,以期适合于新潮流。"③

不料,这种偷梁换柱的做法反而授人以柄。8日,吴佩孚再发"庚"电,揭露梁士诒怕遭到全国的声讨,才于虞日(7日)发出倒填日期的"微"电(5日),目的是"故作未接'歌'电(5日)以前发出,预为立脚地步,以冀掩人耳目,而免攻击,设计良狡",而其结果"殊不

①吴佩孚先生集编辑委员会编:《吴佩孚先生集》,台湾传记文学出版社1960年版,第355页;李剑农:《戊戌以后三十年中国政治史》,中华书局1965年版,第322页;《吴佩孚大骂梁士诒》,见《民国日报》1922年1月7日。

②凤冈及门弟子编:《三水梁燕孙先生年谱》(下),1946年铅印本,第183页。

③凤冈及门弟子编:《三水梁燕孙先生年谱》(下),第181页。

知欲盖弥彰，无异自供其作伪”[①]。在吴佩孚发电之后，紧接着，直系军阀中的地方督军陈光远、齐燮元、萧耀南、刘镇华等先后通电，声援吴佩孚，反对梁内阁。吴氏在得到直系干将的响应后，气势更强，他反梁、斥日的通电，隔三五日即披诸报端，且一发而不可收。先是每日一通，连发三电，形成攻梁的第一个高潮。“蒸”电(10日)指责梁士诒外以借款卖国，内而起用曹陆，其中称“如有敢以梁士诒借日款及共管铁路为是者，则其人甘为梁之谋主，即属全国之公敌”一语，显然是对尚未表态的奉系张作霖的警告。“真”电(11日)则以帝制祸首之前嫌攻梁，内称：“职权既居百僚之首，才略必冠群伦之右，自问无以过人，畴则请君入瓮。在天下本未尝有斯人之不出之叹，在公又何必自负舍我其谁之感。洹上之土未干，五路之案犹在，于人何尤，躬自悼矣。”并明确表示了欲驱梁下台的态度：“各省疆吏及各界团体既皆请公为去位之表示，公亦不肯拂逆疆吏与民意，而恋栈贻羞。今与公约，其率丑类迅速下野，以避全国之攻击，三日不能至五日，五日不能至七日，七日不能，是终不肯去位，吾国不乏爱国健儿，窃恐赵家楼之恶剧，复演于今日，公将有折足灭顶之凶矣，其勿悔！”[②]“文”(12日)电更历数梁士诒上台后种种劣迹，最后以煽动的口吻呼吁：“燕啄皇孙，汉祚将尽，斯人不去，国不得安，倘再恋栈贻羞，可谓颜之孔厚。请问今日之国民，孰认卖国之内阁！”[③]吴佩孚的讨梁电报发出后，立即得到直系军阀的响应，其中以萧耀南的电报为代表，称吴佩孚的歌电“词严义正，遐迩同钦”，“原非对于梁氏之个人有意攻击，实以大局攸关，国本所系，其言为国民所欲言，亦国民所不敢言者，乃不得不代表而言之也”；并请大总统徐世昌“罢斥违反民意之梁氏，另简贤能，组织

---

①凤冈及门弟子编：《三水梁燕孙先生年谱》(下)，1946年铅印本，第186页。

②凤冈及门弟子编：《三水梁燕孙先生年谱》(下)，第189页。

③凤冈及门弟子编：《三水梁燕孙先生年谱》(下)，第192页。

内阁,以维民心,而挽国运”[1]。

吴佩孚及其直系军人的电报连篇累牍,使梁士诒难以招架。梁为拉拢吴佩孚,又想出以金钱收买的办法。梁在上台前为得到直系的支持,并平衡直奉间的关系,曾作出过为直系筹划军饷300万元的许诺[2],然在上台后便翻弃前议,不肯交足,此时在吴佩孚的连连攻诘下,立即凑得现款50万元,由财政部急电吴,请即派人领取[3]。这种做法未免过于露骨,因此上海《民国日报》当日以“两日五十万”为题发表评论说:“吴佩孚两个电报,吓得梁阁赶紧凑集五十万,请吴快领走,在梁阁以为治病治心,只有这一帖药可救狂病。”[4]然而,区区50万元之数早不在吴佩孚的眼中,此计未得其售。无奈之下,12日梁士诒以个人名义通电全国,对吴佩孚的攻击作了较全面的申辩。为混淆视听,他把吴佩孚等人的攻击故意轻描淡写地称为“流言”、“误会”,并表示对筹款赎路要“誓当破釜沉舟,毁家纾难,力图共济!以棉力所及,尽当担任筹措国内款项三百万元,以为倡始”[5]。但这样的申辩显得苍白无力,自解私囊也扭转不了已经形成的社会舆论。而吴佩孚深知民心可用之一着,所以在电报中以爱国军人为民请命的面目出现,使他一时获得了舆论的支持,在与梁士诒的第一次交锋中占据了优势。

在奉天的张作霖开始坐观形势的发展,他对吴佩孚的攻梁意图十分明了,当梁士诒已面临困难之处境而在事实面前又难以辩解的情况下,只得出面进行调停。张作霖首先致电徐世昌,要求其“下令宣布梁士诒组阁经过,及外交现状,免军人造谣”[6]。随后,吴佩孚的通电又连连传来,特别是庚电中所表示“如有敢以梁士诒

---

①《鄂赣攻梁之电来矣》,见《民国日报》1922年1月11日。
②李剑农:《戊戌以后三十年中国政治史》,中华书局1965年版,第322页。
③《本社专电》,见《民国日报》1922年1月11日。
④《民国日报》1922年1月11日。
⑤凤冈及门弟子编:《三水梁燕孙先生年谱》(下),1946年铅印本,第191页。
⑥《本社专电》,见《民国日报》1922年1月12日。

借款及共管铁路为是者，即其人既甘为梁士诒之谋主，即为全国之公敌。凡我国人，当共弃之。为民请命，敢效前驱”①，并宣称“有袒护梁氏者，即为吾人之公敌，当誓死杀尽，以除国奸”②，这显然是影射梁之后台奉系张作霖，使张不得不亲自出面，以应吴佩孚的挑战。张作霖致电总统，首先表白自己促成梁阁出于“诚以华会关头，内阁一日不成，国本一日不固，故勉力赞襄”；继而又为梁士诒进行辩护，称“微日通电，亦不过陈述进行情况，而吴使竟不加谅解，肆意讥弹；歌日通电，其措词是否失当，姑不具论，毋亦因爱国热忱迫而出此。国事何望，应请钧座主持正论，宣布国人，俾当事者得以从容展布，克竟全功”③，态度虽然平缓，但立场显而易见。

由于张作霖的出面应战，促使吴佩孚把攻梁倒阁的活动推向第二个高潮。15日，吴佩孚发表“删”电，直言请梁士诒下野，其电对梁极尽讥讽，并引各国通例，称“凡内阁为人民不信任者，即自请辞职，以谢国人”，因此，“公应迅速下野，以明心地坦白”④。此电一出，便又有一批直系军政要员起而攻梁。16日，萧耀南、刘承恩通电指摘梁氏“此次登台，实抱一假公济私维持其大本营交行而来。内债不行，则仰给外债，欧美不及，则先借日本。其抱负不凡之理财政策，质言之，则利归一系，害及全国”。赵倜、张凤台通电要求梁氏去职，并表白：“倜等与梁氏虽有一日相知，绝无恩怨可溯，只以就事论事，固有一言决之曰，舍梁氏引咎辞职外，别无第二法门也。”⑤另外，更有领衔为援鄂前敌陆军第二十四师师长张福来等21人联名通电，指斥梁士诒起用曹、陆，允借日款赎路等罪行，称：“存亡之机，间不容发，福来等分属军人，为国除贼，乃其天

①凤冈及门弟子编：《三水梁燕孙先生年谱》（下），1946年铅印本，第188页。

②中国社科院近代史所中华民国史组编：《中华民国史资料丛稿·大事记》第八辑，中华书局1978年版，第6页。

③《奉天保护梁士诒之原电》，见《民国日报》1922年1月14日。

④凤冈及门弟子编：《三水梁燕孙先生年谱》（下），第193页。

⑤《直系武人不绝的攻梁声》，见《民国日报》1922年1月19日。

职,前方将士,义愤填膺,讴《无衣》之诗,枕戈待命,惟义是从。”[1]大有兴师讨伐之势。

吴佩孚的攻梁确实是在有计划和有武力准备的情况下进行的。在掀起倒阁活动之前,便调动在鄂直军,以备战事之虞。“歌”电发出后,吴具体制定了倒梁计划,约为六项:(1)致电华府,所有外交事件,一律悉由公决,梁氏训令,一概无效;(2)梁氏未去以前,所有事件,一律悉由公决,梁氏训令,一概无效;(3)所有国内新任官员,非经各省区督军省长承认,不能发生效力;(4)各省应解北京之款,应即停止,以充各省军费,至改组内阁时为止;(5)在梁氏未去之前,各省军队仍需配备齐全,以防不虞;(6)此条件至梁阁下野时销废。[2] 以上计划除第二项由萧耀南通知驻武汉各领事外,并将(3)、(5)两项通知各军政机关。同时,吴佩孚为提防奉系的干涉,还直接在所驻防区域内调兵遣将。他先密电直省之岳州(阳)防务军总指挥张福来迅速返岳,“将前敌各军竭力整顿,听命待发”;又令第二师师长孙传芳,“将鄂西各部队整理齐全”[3]。并于15日下临时特别戒严令,在“武汉方面严力防范,以杜奸宄”,武昌、汉口、汉阳及长江方面责令专人负责,“所有夜间要隘,均需满布步哨,至十二时以后,非有特别口号,不得通过”[4]。同日,又以“洛阳防务空虚”为名,电令鄂督署,“令其转令步兵第十二团及骑兵第三团,迅速返洛”[5],同时又有驻岳阳之第四师及第二十四师之第四十七旅先后受吴令向洛阳开拔[6]。据估计,自歌日通电后,吴佩孚已陆续将自己直接管辖的军队调赴洛阳,北上直军已在二

①《公电》,见《民国日报》1922 年 1 月 17 日。

②《直系倒梁之六大计划》,见《民国日报》1922 年 1 月 20 日。

③《吴秀才更调动湖北军队忙》,见《民国日报》,1922 年 1 月 16 日。

④《吴佩孚调兵与武汉戒严》,见《民国日报》1922 年 1 月 20 日。

⑤《吴佩孚调兵与武汉戒严》,见《民国日报》1922 年 1 月 20 日。

⑥《本社专电》,见《民国日报》1922 年 1 月 17 日。

三万人以上[①]。另外，为保证后援，吴佩孚还以两湖巡阅使名义，训令湖北盐务稽核所，截留全部盐税，以充军饷[②]。

在吴佩孚力倒梁内阁的同时，随着华盛顿会议关于鲁案问题的讨论，广大民众怀着誓夺国权的爱国精神，以各种形式筹集资金，强烈反对梁阁借日款赎路的卖国行为。吴佩孚虽然在指斥梁氏的电报中义正词严，但民众早已看清其"慷慨陈词"后面的阴谋，并不被其所利用。1922年1月15日旅沪川湘公民的通电就十分尖锐地指出："吴佩孚素以责人卖国为钓名之伎俩，然吴氏十年来之军饷，何一非卖国之外债乎？须知吴佩孚前日之讨安福，非为国人讨也；今日反对梁氏外交失败，亦非为祖国存亡反对也。讨安福为个人之发展，反对梁氏为挽回决堤杀人已去之民心。"[③]国是讨论会的通电把吴佩孚的虚伪面目揭露得更加淋漓尽致，通电说："溯其往事，即知其人。昔在湘南痛骂徐世昌，不称总统而呼先生，并电西南促其北伐，有'民贼不两立，西南小偏安'之语，而今则恭顺总统竭力拥戴矣。当直皖战后，吴痛骂督军制之不良，誓不争权不为督军，而今则巡阅两湖，尚不肯弃直鲁豫巡阅副使之号矣。当王占元督鄂时，鄂人求自治，吴力赞其事，迨鄂军驱王，吴则率师压境，并决湘江之水淹杀自治人民矣"；痛斥吴佩孚其人的品性是"反复小人，难与共事，一得权利，顿改初衷"；并指出此次阁潮，全系分赃不均，而吴佩孚攻梁则是"利用国民，借题报复"而已，因此警告民众"应察其言行，勿为所惑"，对卖国之梁氏"吾同胞当自决，设法处置，勿供军阀之利用"[④]。17日，全国救国赎路基金会成立。人民群众的爱国立场和实际行动与军阀间的互相攻讦形成了鲜明的对照。

---

①《湖北特约通信》，见《民国日报》1922年1月16日。

②《民国日报》，1922年1月20日。

③《揭破吴佩孚奸谋公电》，见《民国日报》1922年1月16日。

④《国民勿为吴佩孚所蒙》，见《民国日报》1922年1月15日。

吴佩孚既已造成攻势,便一发不可收拾,而一意孤行下去。19日,他联合苏、赣、鄂、鲁、豫、陕六省督军、省长,由其领衔联名致电大总统徐世昌,正式提请将梁士诒免职。这次通电,表面上对徐世昌的态度还算客气,称梁士诒上台是“前阁解组之日,正华会折冲之时,我大总统不追往罪,付以中枢”,而梁却“上负元首知遇之明,下违亿兆期望之切”,请大总统“立罢梁士诒以谢天下”,或“请解吴佩孚等之职以谢梁士诒”①,却又以如不俯从“民意”即与梁阁断绝关系相要挟,向北京政府施加压力。同时,吴佩孚还联电驻京的外交使团,声称“凡梁士诒内阁任内所有对外私订条约,概不承认有效”②;同日,在答复中美通讯社询问的电报中又表示其倒阁的决心:“梁士诒卖国殃民,国民以保全国家主义为惟一目的,奔走呼号,一致要求惩罚梁氏,予代表人民公意,屡次通电,声讨梁氏罪恶,非至推翻梁氏,予誓无反顾,予之为此,用遵民之所爱之民之所恶之之古训,绝无个人爱憎之见,故予对于政府国家态度,无非尊重民意而已”③。吴佩孚内外夹攻的目的,就是要迫梁尽快离职。

徐世昌对直系军阀吴佩孚倒梁的用心早已窥破,因此曾派亲信徐邦杰、刘凤梧分赴直、奉进行游说,又派王芝祥赴保定对曹锟作转圜工作,以图疏通阁潮,然皆无成效④。这时,北京国民外交联合会、北京各界联合会、北京各省区自治联合会等四十余团体发布了联合通电,宣布梁士诒十大罪状⑤,梁阁已然威信扫地,更使梁士诒处于内外交困的局面,无法再安于位,于是25日在徐世昌的授

①北洋政府热察绥巡阅使署档案,见中国第二历史档案馆编:《中国现代政治史资料汇编》第一辑第二册,第184页;中国第二历史档案馆藏档,一〇二一(2)52。

②中国社科院近代史所中华民国史组编:《中华民国史料丛稿·大事记》第八辑,中华书局1978年版,第60页。

③《吴佩孚定要倒梁》,见《民国日报》1922年1月21日。

④《北阁夭殇消息》,见《民国日报》1922年1月19日。

⑤《东方杂志》第19卷第4号,第136页;刘绍唐主编:《民国大事日志》第一册,台湾传记文学出版社1978年版,第206页。

意下,托病告假,暂时避往天津。同日,徐世昌再请颜惠庆代阁。31日,梁士诒假满一周,徐世昌派人赴津请其回任,但梁以再续假一周为辞,以观事态的发展。阁揆请人暂代毕竟不是长久之计,何况关于政局前途的种种传说与猜测又很多,而处于华盛顿会议紧要关头,内阁命运却飘忽不定,于是使北京政府的内外威信更加降低。

虽然梁士诒已告假离任,但其参与制定的发行偿还内外债八厘债券一案于1922年1月26日公布。财政总长张弧为免各界攻击,特发表发行债券理由书,强调举债为势所必然,声明"此项公债,论其作用,系从整顿财政,以救济金融;论其效用,系由活动金融,以维持财政。倘能积极进行,国事尚有可为。且所有盐余抵款,均为弧履任以前所订借,此发行公债,能否有成,关系弧一人之功罪者小,关系财政、金融之利害者大,故不得不为曲突转薪之谋,务望各界谅解,共济艰难!"[①]然而,梁士诒举借"九六公债"之日正是山东问题在华盛顿会议上达成妥协之时。26日,外交部训令我国代表签字,并交付全权证书,争持已久的山东问题即以此告终。与此形成鲜明对照的是,此时国内民众为挽救外交失败而发起的筹款赎路运动正如火如荼,各地银行公会、各界商会、农会、教育会等团体踊跃筹款,在这种形势下,甚至一些军阀为表白爱国也纷纷捐募[②]。民心所向,显而易见。这样,吴佩孚又借此为题掀起倒梁的第三次高潮。

奉张捧梁士诒组阁的目的是使之为其服务,但梁上台伊始便屡遭攻击,以致假满后经徐世昌几次催促仍不敢回任。直吴其势汹汹,用心显然不在梁阁而在奉张,如其计得逞,继任者必以直系意旨为是,这对奉张是最大威胁。于是,张作霖于30日发表通电,名为致徐世昌,实则替梁士诒辩解,对吴佩孚攻梁借款赎路一事极表不满,内称:"事必察其有无,情必审其虚实,如果实有其事,加以

---

①凤冈及门弟子编:《三水梁燕孙先生年谱》(下),1946年铅印本,第200页。

②《官僚武人赎路之热度》,见《民国日报》1922年2月4日。

严谴,梁阁尚有何辞;倘事为子虚,或滋误会,则锻练周纳,以入人罪,不特为有伤钧座之威信,其何以服天下之人心。况国务之有总理,为全国政令所从出,事繁责重,胜任为难,钧座特简贤能,当如何郑重枚卜,若进退之间,同于传舍,使海内人民视堂堂揆席,一若无足重轻,则国事前途,何堪设想。"最后以强硬态度表示:"作霖疾恶素严,当仁不让,亦必随贤哲之后,也为吾民请命也。"①这是吴佩孚倒梁以来张作霖的第一次公开表态。2 月 1 日,又有浙江督军卢永祥的通电为梁辩解,甚至提出设有梁阁欲借日款赎路的卖国行为,"不惟梁总理个人应负责,即全体阁员亦应公同负责",要求徐世昌"将总理梁士诒经过鲁案赎路情形迅饬查明,详为宣布"②。其口吻与奉张如出一辙。卢永祥原为皖系势力,直皖战后据浙一省,为控制长江流域的直系军阀所压制,此时奉张正谋与卢及南方政府联合以制直,使卢逐渐接近奉张,卢永祥在这时作如此表示,实际就是对奉系的响应。

张作霖的表态使直奉两方已公开对垒,事态的发展愈发严重。颜惠庆忽于 2 月 4 日下午请辞代阁,徐世昌在竭力挽留的同时,又派人请梁士诒回京视事,但梁仍一再续假,使徐益加窘急。梁之所以持不走不辞的态度,关键还在于背后有奉张的支持,拥梁一派的意图也十分明显,即极力为梁士诒开脱,使之尽快复任为己所用。但在吴佩孚攻击之下,早已力不能支的梁士诒只得处于奉直两系的夹缝中间进退两难。

2 月 6 日,华盛顿会议闭幕。15 日,北京政府外交部将关于中国问题的各项决议择要宣布。为避免直奉两系再起波澜,徐世昌特于 25 日向全国发出自责通电,认为国内形势是"统一未成,百政牵滞,国势岌岌不可终日,而财用匮竭,尤为眉睫之患";自诩"于人才进退之际,内维责任所在,外审时势之所宜,但期有利国家,初衷

①《张作霖出头说话了》,见《民国日报》1922 年 2 月 1 日。

②《浙督请宣布鲁案赎路情形》,见《民国日报》1922 年 2 月 4 日。

毫无成见，所幸太平洋会议期内，内阁虽屡有更迭，而对外政策始终以图贯彻，并经国民之呼吁，代表之磋商，各友之赞助，以有今日之决议"；并表示"天下大事宜静不利于动，而望治厌乱，尤为人民心理所同，能体全国之民心，则邦本以宁，人才景附……所望我内外文武同僚，平实说理，坚苦任事，务其远大，贯以精心"①。这种不痛不痒的说教对于已经剑拔弩张的军阀来说根本不会发生作用，他们也从未把这个傀儡政府看在眼里，尽管徐世昌竭力调停，但无法控制事态的发展，直、奉两军阀仍然各行其事。

奉系在表面上看比较冷静矜持，但其背后正酝酿着一场更大的倒直计划。一方面，奉张的代表多次奔走于皖段与南方政府之间，企图联合三方；另一方面以此奉皖粤的力量推翻不可一世的直系以代之。在"三角同盟"未成熟之前，以徐世昌作为挡箭牌，尽量延宕梁内阁的生命，以待时机的到来。

直系从公开与梁阁对垒之后，态度一直比较激烈，吴佩孚利用中国在华盛顿会议上失利的机会大攻梁阁颇能奏效，使梁士诒上台月余便已威信扫地，但欲倒梁阁，一方面要制造更强大的攻势，另一方面还要注意梁士诒的后台——奉系头目张作霖的态度。这样，吴佩孚便从两方面入手，企图置梁阁于死地。首先，吴佩孚加强了军事戒备。自吴佩孚以反对"九六公债"为借口掀起第三次攻梁高潮后，吴的军事部署除已调兵遣将外，还专门召开军事会议，就对付奉系的问题作专门研究②。本来曹锟对奉系的态度远比吴佩孚平和，对倒梁之举也并不十分热心。但吴利用电报战有意激怒张作霖，使之作言词激烈的表态后，外国舆论便盛传奉直将以兵戎相见的消息。同时，关于2月初截留湖北盐税以充军饷的举动，使外交团提出抗议③，这样促使曹锟对倒梁一事不得不认真对待。

①《徐世昌对付奉直之末着》，见《民国日报》1922年2月28日。

②《吴佩孚急急备战》，见《民国日报》1922年2月7日。

③中国第二历史档案馆藏档，北二十四(2)39。

曹锟曾召吴佩孚赴保定,力图调和吴与张的关系,其结果就有3月10日吴佩孚的通电声明发表:"(1)元首提梁士诒组阁,张曹两使均赞成之,佩孚反对梁氏乃反对其媚外政策,根本不牵涉他方。(2)佩孚服从曹使,对于张挟同一之观念,既服从矣,其不反对也明甚。(3)共和国家,内阁失败,国会得而弹劾之,人民得而攻击之,不能因佩孚反对梁氏,疑为奉直间别有问题。(4)奉直譬之人身之元气,而内阁股肱也,不能因股肱有疾而自戕元气。(5)张曹两使遇事和衷,初无芥蒂,表面虽有奉直之名,内容实无畛域之见。"[①]其实这样的表面文章并不能束缚吴佩孚的倒梁计划。

其次,吴佩孚直接指挥了"盐余借款大参案"事件。财政部在2月9日为发行"九六公债"特作四点声明,解释政府举债的种种情由,意在表白"今者政府取财政公开主义,已将从前所欠各债债权者字号债额及订立合同日期,逐日登载《政府公报》,俾众周知"。同日,又由北京银行公会宣布公债内容及与财政部所订合同[②],其用意是使二者相互印证,说明借款各项绝无弊端。然而,吴佩孚仍穷追不舍,再抛"杀手锏",于13日发出通电,指责"九六公债"是"名为减息,实则竭源",抨击尤力。为此,大总统徐世昌于2月17日下令成立性质为监察机构的"偿还内外短债委员会",以董康为委员长(一称会长),任务为审核有关债券各项内容[③]。但使北京政府难堪的是,审查结果揭露出种种黑幕。其中以盐余抵押之内外短债数逾1亿元,与财政部公开所称9600万元之数不符,而且债务纷杂,也与张弧所称"除清理盐余债务外,决不指作别用"[④]等等说法相背,且多有弊端。董遂据以纠参。"九六公债"由财政总长专司其事,这样,在吴佩孚直接策划的倒梁浪潮中,时任财政总

①《东方杂志》第19卷第7号,第132页。

②凤冈及门弟子编:《三水梁燕孙先生年谱》(下),1946年铅印本,第200～202页。

③《民国日报》1922年2月16日、18日。

④凤冈及门弟子编:《三水梁燕孙先生年谱》(下),第199页。

长的张弧又成为众矢之的。

董康将所查各情具文提交国务会议，主张呈请颁令严行究办历次营私之各当事者[①]，并提出审查重点。25日，吴佩孚为此通电全国，历数财政总长张弧发行“九六公债”之弊窦，提出将张“立即罢黜，交诸法庭”[②]。3月12日，京师各机关又酝酿筹组“国民财政大会”，派代表赴盐务署调查盐余实际情况[③]，并以国民财政大会名义起诉张弧、潘复、卢学溥等人[④]。如若按董康提出各项审查，并在民众监督下提交法庭，那么历届财政当局的黑幕一定会大白于天下，借发行“九六公债”而受惠的在任官僚的丑恶面目也会暴露无遗。可以说，查账一案直接关系着梁士诒内阁的命运。因此，张弧以辞职表示坚持反对查账案。随后又闻司法部总检察厅即将传讯他到庭审问，3月7日张便逃往天津。

此次经济参案可谓史无前例，而且历届财政当局积弊甚多，与此有牵涉者亦不乏人，因此张弧逃津后，财政部事乱如麻，不可收拾，办事人员见此十有八九不到部，间有到者，也是心中惶惶，缩头藏颈[⑤]。张弧走后，北京政府即令财政次长钟世铭暂代部务，然钟当即表示只代理几天，并再三声称，在代理期间“不欲有所表见”[⑥]。这样，财政部只能日捱一日，实际上已处于瘫痪状态。

吴佩孚欲倒梁阁而后快，因此对查账案，持坚决支持的态度，他以通电的形式极力鼓动董康“再接再励，务期始终贯彻，以慰海内期望之殷，勿避宵小怨嫌，但问历史之褒贬”[⑦]。董康在直吴的

①《董康大发戆劲》，见《民国日报》1922年3月8日。

②中国社科院近代史所中华民国史组编：《中华民国史料丛稿·大事记》第八辑，中华书局1978年版，第26页。

③中国第二历史档案馆藏档，一〇二四286。

④《国民财政大会的电报》，见《民国日报》1922年3月18日。

⑤《北京财政部大演空城计》，见《民国日报》1922年3月10日。

⑥《钟世铭只肯维持几天》，见《民国日报》1922年3月20日。

⑦《董康爷何去何从》，见《民国日报》1922年3月18日。

支持下,对奉张支持的梁内阁坚持强硬态度,又以发现"九六公债"票内有重号300余万元、空白债票300余万元为由,于3月22日特交检查厅审查①。接着,北京税务司安格联也称市面发现有伪造三四年公债,于3月26日登报声明②。代理部务的钟世铭见形势日逼,难以应付,于当日提出辞呈,然无人愿代,他只好又勉为其难,暂时敷衍下去。在此期间,查账案成为吴佩孚倒梁的有力武器,也成为直奉矛盾的焦点。4月5日,偿还内外短债委员会报告仅审查完竣者,已发现作弊即有四十一案之多③,后又向徐世昌作第一次审查情况的报告,揭露举借"九六公债"中的五大弊端④。所指诸弊端均属要害问题,作为内阁总理并谙熟财政金融的梁士诒和亲自经手此事的财政总长张弧均负有不可推卸的责任,纵有张作霖在背后鼎力支持,也难于挽救梁士诒内阁摇摇欲坠的命运。

此时大总统徐世昌面临这样的困境:梁士诒四次续假,不辞不走;颜惠庆屡上辞呈,不肯再代;阁员东拼西凑,十个总长中有两个(教育、司法)不肯到任,由他人暂代。难怪上海《民国日报》发表评论说:"此种体无完肤之内阁,历史上之怪现象,亦世界上之怪现象也。"⑤徐世昌曾企图疏通直奉双方,但双方表面上都以堂皇的言辞敷衍搪塞。随着阁潮的起落,直奉关系日益紧张的传说越来越多,尽管直奉都声明决无战意,但徐世昌惟恐直奉发生战争将殃及他的大总统宝座,所以也在积极准备改组内阁。他曾请王士珍出山,也拟请鲍贵卿组阁,但都未能如愿。从形势发展看,去梁会激惹奉张,保梁更难成功,徐在面临此种形势下,还是自保为佳,便以去梁平息直吴的不满,以任用同属交通系的周自齐代梁讨取奉张

①刘绍唐主编:《民国大事日志》第一册,台湾传记文学出版社1978年版,第208页。

②《安格联关于公债之警告》,见《民国日报》1922年3月27日。

③《董康查出此案觉得有弊》,见《民国日报》1922年4月13日。

④《董康审查内外债报告》,见《民国日报》1922年4月12日。

⑤《奇哉三人内阁》,见《民国日报》1922年4月9日。

的欢心。这样，4月8日，周自齐便被任命为署理内阁总理，梁士诒终于在直系的反对声中下台。

5. **直奉关系日趋紧张**

吴佩孚在进行舆论大战的同时，他并没有放松军事上的准备。1922年初，吴一方面趁川鄂停战条约甫定之机，立即抽兵沿京汉路北上[①]，并接连增加兵额，调动防务。命曹锳所部之五十二旅守卫辉，王承斌所部之四十六旅守新城，其余河南、河北二省的重要车站均派部队扼守[②]。至1月中旬，北上直军已有二三万人[③]。对这一用意昭然的军事行动，大总统徐世昌曾急电直系军阀首领曹锟，请其劝阻，以免引起不靖。而吴佩孚不仅充耳不闻，我行我素，于1月12日电令豫、陕、鄂、赣等省，要求一致讨奉[④]，甚至为忙于京汉路的军事部署而托疾不去16日在保定召开的直系首脑会议[⑤]。至1月底，吴佩孚对直鲁豫各处要区均已布置周密，除湘鄂前敌各军均撤回外，所有直鲁豫三省之直军队伍，均驻扎于京汉路沿线，并且对黄河各口隘南北岸又在原驻防部队外添加兵力[⑥]。2月下旬，吴还在洛阳召集军事会议，与甘、陕、鄂、赣、苏、鲁、豫、直八省督军代表取得一致意见，即"对奉坚持到底"；同时对南方军政府提出希暂缓北伐，否则将调拨一部分驻鄂直军归由赵恒惕指挥，以防御孙中山。随后，便有驻武汉第二十五师炮队奉令准备赴岳阳，又有张福来部移驻湘阴的防御性部署，企图遏止南方军政府势力的北进。另一方面，吴佩孚千方百计筹措军费，以备战时之需。他以强硬的口吻数次急电中央，催索军饷，要求阴历年内付军费

---

①《申报》1922年1月4至5日。
②《民国日报》1922年1月14日。
③《民国日报》1922年1月16日。
④《民国日报》1922年1月10日、13日、17日。
⑤《民国日报》1922年1月17日。
⑥《申报》1922年2月1日。

300万元[①]，又以攫取湖北官产、强提路款、截留盐税、擅加盐捐等手段谋取巨款[②]；而且据当时《民国日报》透露的来自东京《日日新闻》的消息说，直系与驻山海关的意军正在订结密约，以商品交易为名，将意军在山海关库存枪弹15万发、炮弹2万发，在天津的来福枪15000支、大炮和机关炮约31尊提供给直军使用[③]。

奉系军阀张作霖对吴佩孚的军事准备和屡屡通电早已知道这是"项庄舞剑，意在沛公"，倒梁阁意在反奉。张作霖曾亲自出马来为梁士诒内阁辩护，然而，梁阁确有劣迹，授人以柄，致使奉系对直系的挑战亦陷于被动局面。但是，当梁士诒被吴佩孚逼迫离京之时，张作霖不得不再次出面表态，他于1月30日致电徐世昌，借以表白："愿钧座采纳卢督(永祥)所陈'卖国在所必诛，爱国必以其道'二语，不致令'为国除奸'为名，反为巧宦坐机会"，同时也声明"倘彰瘅不明，是非不辨，则作霖必随贤哲之后，为民请命"[④]，磨刀霍霍的弦外之音，已不言自明。2月1日，关内奉军总司令部召开紧急会议研究对策。不过，这时奉军相对于直军的备战还是采取以防为主的策略。上旬，张作霖再次召集高级军官会议，令关外的第二十七师五十二旅、卫队混成旅、第二混成旅、第八混成旅、第一骑兵旅、第六旅等整理军装、军备和军火，进行野战操练，并要求听候动员，令下即刻出发；巡署军需处领饷5万元，添备军粮5万余石，督军署军需课领饷2万元，添备军粮5000余石、柴草2000余车，并由军械厂点拨大宗枪炮子弹分发各军；关内的驻军也相应频频调遣[⑤]，甚至关内军官的眷属亦"须连夜收拾行李，发给免票，一律回奉"[⑥]，备战的气氛已很紧张。在这期间，张作霖主要的是静

①《申报》1922年1月3、5、7日；《民国日报》1922年1月18日。

②《民国日报》1922年1月20日；《申报》1922年1月10、12日，2月1日。

③《民国日报》1922年2月21日。

④陶菊隐：《北洋军阀统治时期史话》第六册，三联书店1978年版，第99页。

⑤《申报》1922年2月5日。

⑥中国第二历史档案馆藏档。

观形势的发展,同时等待广东方面发动北伐。2 月 27 日,广东北伐军在桂林大本营举行誓师典礼,北伐军前沿部队业已开始行动。张作霖根据事先达成的默契,对直系的态度逐渐强硬起来。

3 月初,徐世昌派蒋雁行赴保定曹锟处和洛阳吴佩孚处为鲍贵卿进行说项,协商重新组阁问题。吴佩孚先是提出以停发"九六公债"、免梁士诒职为条件,同意鲍贵卿组阁[①];继于 3 月 17 日致电徐世昌,又增加了免去财长张弧之职,并交法庭,按律惩治,严追各款等条件,意欲造成更大的政治影响,彻底摧垮梁内阁。由于吴佩孚的屡次通电,引起了全国各界的关注,迫使徐世昌在舆论的压力下,责成以董康为首的查债委员会,请地方检察厅传讯与此案有关的潘复、张弧、张仁晋等人。此举立即得到吴佩孚的大力支持;而张作霖却不仅致电徐世昌力请张弧回任[②],而且还借中美通讯社采访之机表示:"组阁一事本是大总统特权,非本使所能干预。况政治问题,尤非本使所能干涉。对于中央阁务,本使不赞一词也。"[③]言语中影射吴佩孚干预阁事,而对鲍贵卿组阁事未置可否,采取冷处理的方法。

届时,徐世昌和直曹虽各抱有不同目的,但都属意鲍贵卿组阁,且鲍本人也有意接任,于是三方皆以此运动奉张。徐派鲍亲自探察张作霖的态度,曹锟亦借为张作霖祝寿之名派其弟曹锐前往奉天了解张的意向,但都碰了张作霖的软钉子[④]。张坚持主张请梁士诒销假回任[⑤],仍要维持梁内阁。在他的支持下,梁于 3 月 12

①中国社科院近代史所中华民国史组编:《中华民国史资料丛稿·大事记》第八辑,中华书局 1978 年版,第 30 页。

②中国社科院近代史所中华民国史组编:《中华民国史资料丛稿·大事记》第八辑,第 31 页。

③《申报》1922 年 3 月 12 日。

④《申报》1922 年 3 月 9 日、14 日。

⑤中国社科院近代史所中华民国史组编:《中华民国史资料丛稿·大事记》第八辑,中华书局 1978 年版,第 31 页。

日再续假二十天，以示不肯辞职，并派其代表于15日赴奉面见张作霖与之多次密谈[①]。就是被直系攻击的张弧，此时在张作霖的支持下也变得强硬起来，竟于13日受到传讯后致电董康，声言："鄙人受任两月，经手收支各款，无一文私弊，检厅如欲见问，请以公缄寄天津鄙寓，自当逐款奉答"；"倘不问情由，先行传拘，蹂躏人权，心存成见，则鄙人绝对不能服从"[②]。随后，竟公开避走奉天，托庇于奉张。在这种情势下，徐世昌既不敢得罪吴佩孚，又不敢激怒张作霖，虽然张弧派人送来辞呈，他也只好以再给假十日并由钟世铭暂代部务的办法敷衍下去。

大总统徐世昌迫于无奈更换内阁，调停无效，说明直奉矛盾在政治交锋中正逐渐升级，当政治谈判解决不了问题的时候，军事冲突便成为不可避免之势。

## 第二节　第一次直奉战争

### 一、帝国主义与直奉军阀

华盛顿会议虽然以尽量满足列强各方的要求而达成表面上的妥协，但在实际利益方面，显然是美国更大程度地达到了预期目的——限制日本在太平洋地区的扩张而扩大自己的在华势力。因而从这个意义上说，华盛顿会议并未能解决美、日之间的矛盾，反而使"中国回复到几个帝国主义国家共同支配的局面"[③]，而且又使

---

①《申报》1922年3月16日。

②《董师爷何去何从》，见《民国日报》1922年3月18日。

③毛泽东：《论反对日本帝国主义的策略》，见《毛泽东选集》第一卷，人民出版社1966年版，第129页。

“日美冲突弄得更加明显”[①]。这一后果的表现之一，就是美日各自扶植中国的政治军事力量，争夺中央政权。第一次直奉战争正是在华盛顿会议结束不久爆发的。

直皖战争以后，各派军阀势力又经历了一次重新组合，它们之间的矛盾随着皖系的倒台而使直奉两大派系成为矛盾的两方，而这种派系的对立正为帝国主义势力的操纵控制提供了方便，于是英美帝国主义与直系、日本帝国主义与奉系之间的扶植、依赖关系也日益明朗化。

直系军阀在与帝国主义的交往中较多地求靠于英美两国，但由于国内民众对帝国主义的警觉和帝国主义之间的复杂矛盾，所以直系军阀与英美帝国主义的交往比较隐蔽。至20年代初，由于日本帝国主义始而支持皖系，继而扶植奉系，从而促成英美两国与直系的关系日益密切并明朗化。当时，直系已经掌握了中央政权，而自直皖战争获胜后更力谋扩充实力，便急于寻求政治上的支持，于是加紧与英美两国的联系，直系首脑曹锟为此特聘保定基督教青年会总干事罗伯特为顾问兼翻译，直系“灵魂”人物吴佩孚则聘英国人葛林·马立师和美国人甘露德·侯雅信为顾问。这些人不仅参加直系对国内外重大问题的决策，而且是沟通与英美关系的牵线人。英美势力尤其看重吴佩孚在直系军阀中举足轻重的地位和作用，特别是经过直皖战争和倒梁阁的检验，使历经诡谲政治风云的外交使团的公使们都对他产生了好感并备加称道，甚至号称“中国通”的总税务司安格联也多次对其大加褒奖宣扬[②]。吴佩孚对奉系的咄咄逼人的攻势使奉系迭遭挫折而失利，在英美帝国主义看来，这无异是对支持奉系势力的日本帝国主义的严重打击；加之吴平时“对于欧美人士倍极恭维，对于欧美新闻记者尤形拉

---

①《中国共产党第二次全国代表大会宣言》，《中国问题指南》第二册。

②《民国日报》1922年1月16日。

拢"[1],因此,在直奉战争前,英美帝国主义的政客与舆论不断制造"非吴不能救中国"的舆论。吴佩孚的顾问、美国人甘露德甚至鼓吹吴佩孚是"正在为清除中国的伪军国主义而战斗,并且开始了一个能使民主政治得以顺利试行的新时代"。甚至著名哲学家杜威在评论直皖战争时曾说:"记住胜利者方面首脑中一个人的名字,那就是他的军队打了一个以寡敌众的特殊战争的唯一人物。这个名字就是吴佩孚。至少,他不是为了直系而去攻打安福系。他一开始就宣布他是为国家消除军队对文官政府的控制,为反对向外国人出卖祖国的卖国贼而战的。"[2]

这些舆论导向不仅使英美帝国主义政府对吴备加青睐,而且还与吴频繁接触。1922 年 2 月,当直奉矛盾初起,吴佩孚对奉作战已有所准备之际,"英美两馆即曾派人至洛,外间且传有干涉京奉运兵之声"[3]。4 月,直奉两系对峙局面形成,外间对双方实力议论纷纷时,美国记者米兰到洛,与吴晤谈数次后,吴之态度遂而安然起来[4]。接着,吴佩孚的美国顾问解而培到粤,谒见广东各方重要人物,为吴佩孚游说[5]。直至直奉战争前夕,吴佩孚将赴保定请命之际,还有美国《大陆报》记者霍尔赶赴洛阳,旋又随吴北上,并在途中赶写通讯,发布吴佩孚赴保的消息[6]。

英美对直系的军事支援进行得比较隐秘,多是由军火商直接与直系交易,但这种支援往往是在直系亟待补给的关键时刻,如 1922 年直系的备战物资中,有 4.5 万支步枪和 7 万发子弹便是自英国方面购得,另有 6 架"科蒂斯"式飞机也由美国方面提供[7]。

---

①《民国日报》1922 年 1 月 16 日。

②陈玉玑译:《吴佩孚与英美》,见《近代史资料》1983 年第 2 期,第 121、122 页。

③《申报》1922 年 4 月 12 日。

④《申报》1922 年 4 月 3 日。

⑤《民国日报》1922 年 4 月 18 日。

⑥《申报》1922 年 5 月 2 日。

⑦《密勒氏评论报》1922 年 5 月 13 日。

英美方面还比较注意使用自己的军队作为威慑力量，达到间接支援直系的目的，如在直奉两方调兵遣将之时，美国政府派贺伦号舰开抵秦皇岛，又派巡洋舰两艘开抵长江各口岸防护①，从其地理位置看，很显然是对奉系的防范和对直系的保护。1922 年 1 月，英国公使照会中国外交部，声明因京奉路“有英款关系及保障辛丑条件，无论如何，军队不准输送”。其用意十分明显，就是阻止奉系向关内运兵。另外，在天津、秦皇岛等地还有美国的密探以其特殊身份直接为直系提供情报，他们“将敌军（按：指奉军）情形屡次详报”，使直系感到“甚为得力”②。

英美与直系的暗中勾结，早已被作为对立一方的日本所察觉。到直奉战争之前，英美与直系关系的进一步发展已经使日本方面感到对其在华利益的威胁，尤其在日本军界，他们甚至认为：“英美和直派合作，力图驱逐日本在华势力，使帝国丧失对中国的权威，使我对华尤其是满蒙政策有从根底上被推翻而不可挽回之虞。”③当时，日本驻北京公使馆的副武官和关东军的特务直接提出：“为了打破英美的阴谋，维护帝国的地盘，必须采取必要的正当防卫手段。”④在这个意义上说，日本出于对英美的防范，必然支持奉张。然而事态的发展并非如此简单。

奉系与日本的关系一直比较密切，尤其在皖系战败后，日本便对奉系采取公开支持的政策，内阁首相原敬认为：“张是想依靠日本伸张势力，而我们在东三省的发展必须好好对待张。我们双方的利益是不谋而合的。”⑤因而在 1921 年 5 月 16 至 25 日由原敬首相主持召开的有包括关东军司令、驻中国公使及奉天总领事出席

---

①中国第二历史档案馆藏档。

②中国第二历史档案馆藏档。

③美国国会图书馆复制：《日本外务省档案》，MT137 卷，MT161411，第 307～308 页。

④依田熹家：《日本帝国主义和中国》，北京大学出版社 1989 年版，第 171 页。

⑤原奎一郎编：《原敬日记》第 9 卷，乾元社 1950 年版，第 138 页。

的重要会议上,正式作出了"在满蒙的管理上与张作霖保持友好"的决定[①],以巩固日本在该地区的"特殊地位"[②]。但是,日本外务省考虑到在刚刚结束的华盛顿会议上,欧美列强利用《九国公约》对它的限制,担心会由此引起与英美关系的破裂,因而对奉张的支持又有所顾忌而不愿过于明目张胆。

张作霖在对日关系上,一直想取得昔日日本对皖系那样的支持,直皖战争后他终于得到了进一步向日本靠拢的机会。据1920年8月3日日本田中陆相和伊藤少将在内阁会议上的报告和11月19日内田外相的报告,都表明张作霖为了借日本之力以维持其势力,而表示"对日本怀有极大的好感"[③]。当直奉为争夺北京政权而关系日形恶化以后,就更促使他拉紧与日本方面的关系。1922年初,他曾派其顾问町野中佐就与直系关系问题征询过日本驻华公使小幡的意见[④];接着,又派于汉中分别面见奉天特务机关长贵志少将和驻奉天的日本总领事赤冢,陈述其投靠的意愿说:"直奉之争并非单纯的政权争夺,而是和排日派之争。贵国政府应考虑到这一点,以便决定援助张巡阅使之策。"[⑤]并要求日本提供步枪1万支,弹药1000万粒,炮弹10万发,机枪一二百挺,子弹500万粒[⑥]。为了表示依靠日本帝国主义的心迹,张作霖又亲自出面设宴招待赤冢等日本官员,他在宴席上大谈英美对北满的野心和他愿意"效忠"日本的态度,并再次请求日本的援助,他甚至说:"当此之际,我想看看日本政府在中国人中将谁认定为朋友和日本对老朋友的态度。这次行动是足以窥视日本真意的试金石。"[⑦]

---

①依田熹家:《日本帝国主义和中国》,北京大学出版社1989年版,第172页。

②日本外务省编:《日本外交年表及主要文书》上卷,原书房1972年版,第524页。

③依田熹家:《日本帝国主义和中国》,第172页。

④美国国会图书馆复制:《日本外务省档案》,MT137卷,MT161411,第241页。

⑤美国国会图书馆复制:《日本外务省档案》,MT137卷,MT161411,第241页。

⑥美国国会图书馆复制:《日本外务省档案》,MT137卷,MT161411,第241页。

⑦美国国会图书馆复制:《日本外务省档案》,MT137卷,MT161411,第241页。

令张作霖遗憾的是，虽然他一再结欢于日本政府，但日本方面对支持张作霖还有所疑虑。一方面，日方认为直奉矛盾不仅是军阀间的争斗，而是体现着其依赖的双方——英美与日本间的争夺，在这个意义上说，应该运动张作霖打入关内，夺取北京政权，进而称霸全中国。赤冢即为这一观点的代表人物，他在《怪杰张作霖》一书的序言中曾倡言："我们切望张作霖以旭日东升之势，君临于全中国，和其他志士一道完成南北统一的艰苦事业，将四百余万的国民引导到安如泰山。"①但另一方面，也有人主张对张的支持应留有余地。其原因，除了顾及华盛顿会议英美对日本的制约外，还出于当时中国国内的舆论和对直奉两系实力的估计。因此，内田外相曾于1922年1月19日密电赤冢总领事，内称："如援张，日本则冒很大风险。提供武器之事，不会不在外部泄露……如此事被揭露，日本不仅召来张的政敌，而且召来中国国民和世界舆论的非难和反对，影响我国外交立场。英美方面为对抗日本对张的援助，又援助吴佩孚，进而出现日与英美对峙的形势。"他甚至认为，"吴不一定是排日分子。他是否成为排日分子，是为今后日本的所作所为决定的。鉴于他现在是中国的一方势力，因此尽量避免因援张而可能明显地挑起他反感的行动"；至于对张作霖其人，他的分析则是："目前张在中国政局中的立场，作为军阀的巨头在国民中没有威望，而且在外国人中的人缘也不是好的。照华盛顿会议来看，他那种立场将日益遇到困难，是否能维持其地位颇有疑问。"②内田外相的分析代表了日本当局的基本看法，因而在1922年初直奉两系都在积极备战且张作霖一再向日本请求援助的情况下，日本方面只是暗中对张进行了抚慰，而主要采取了观望态度。

还应提到的是，美国在直奉矛盾中虽然对直系有所偏袒，但在

①栗原建编著：《满蒙政策史的一面》，原书房1966年版，第181页。

②美国国会图书馆复制：《日本外务省档案》，MT137卷，MT161411，第408～422页。

军火交易上仍以牟利为目的。1922年初,美国方面向奉系提供中小枪1万支,机关枪40支,野炮8门,山炮24门,小枪弹1000万发,机关枪弹200万发,炮弹1.6万发。张作霖筹措现金换取了这一大批武器装备①。

经过2、3两月的酝酿,至4月初,直奉战势已成定局。奉系大举入关并速抵塘沽、军粮城,大有问鼎中原之势。这种军事态势直接威胁到英美列强在中原地区和长江流域的势力范围,因此促成帝国主义之间及其所支持的军阀的关系日趋公开化。英美不但在舆论上给予直系以声援,而且针对奉系占领塘沽等地的军事行动,联合其他列强召开外交团会议,然后由外交团领袖、荷兰公使欧登科出面,于4月14日向中国政府提出警告,反对在塘沽、天津等处驻兵②,并陆续调各国驻军和军舰集中京、津、塘一带③。在这种情势下,日本当局必须制定相应的政策以决定今后的行动。尽管日本的在华利益处于与英美对立的地位,但从平衡列强关系和保护自身利益出发,日本外务省于4月21日起草了《帝国政府对直奉战争引起的中国局势的方针》:(1)"为目前中国局势的安定,召回张作霖的顾问贵志少将、町野大佐、本庄大佐。如召回有困难时,至少他们即使是张作霖的顾问,在(军事行动)只限于中国内战的情况下,不要干预张的任何军事行动。"(2)"以适当的方法和吴佩孚进行联系,努力使他对我方针不致于误解,以便使他谅解我国的公正不倚的态度。"(3)"在北京,按着既定方针尤其是九国公约的宗旨,由我方主动采取措施,使英国公使和外交使团在协商的基础上对中国时局采取共同措施。"④显而易见,这种政策与张作霖所希冀的相去甚远。虽然日本方面尚有包括驻奉天总领事赤冢、关

①日本外务省编:《外交文书》大正十一年第二册,第217页。

②《申报》1922年4月17日。

③《申报》1922年4月18、23、27日。

④美国国会图书馆复制:《日本外务省档案》,MT139卷,MT161411,第2083～2093页。

东军参谋长福原少将、奉天特务机关长贵志少将等军界要人主张援奉张，但是在日本当局政策的制约下，也不得不谨慎从事，以避免引发对日本方面的不良后果。

第一次直奉战争前夕的国际背景因在华盛顿会议结束不久，列强之间的关系得到暂时的平衡，虽然各国都把中国当作重新进行争夺的新战场，但又不愿意打破经过讨价还价才得到的表面上的平静，所以，列强特别是日本帝国主义在对中国各派系军阀的扶植上表现了比较审慎的态度。这正是经华盛顿会议帝国主义集团内部关系调整后实力发生变化的结果，也是这一时期帝国主义与各派军阀关系的新特点。

## 二、直奉双方积极备战

从3月下旬开始，直奉双方军队调动更加频繁，战争空气骤然紧张。其原因，一是如上述直系的政治攻势未能得手，必然要诉诸武力；而更重要的原因是来自奉系，由于南方军政府中的粤系军阀陈炯明暗中勾结湖南督军赵恒惕阻止北伐军入湘，并杀害了倾向孙中山的粤军参谋长兼第二师师长邓铿，致使孙中山变更北伐计划，于3月26日召开紧急军事会议，督师回粤，使北伐受挫。这样，奉系依靠奉、皖、粤三角同盟构筑的政治均势出现了失衡。28日，张作霖亲抵天津附近的军粮城坐镇。此前，他已于25日致电参谋部及陆军部，声明奉天改编军队，计12个混成旅，请中央正式任命官长，作为国军①。30日，他再次通电声言“东三省及三特区须练三十万兵，现在已有二十四万兵”②。次日即在山海关设立兵站，第四旅先行开拔，随之为第三旅、第十三旅、第二十七师，将全

①《申报》1922年3月26日。

②《申报》1922年4月1日。

部集中关内，听候动员令①；同时电告北京政府参、陆两部，添派第二十七师入关卫护近畿②。而先期到达关内的一师三混成旅早已集中在军粮城一带③，且京畿奉军每日加紧野外训练，夜间在驻地5里以内加设巡哨④。张作霖不仅作出临战姿态，而且态度较前更为强硬，指斥吴佩孚是“统一之唯一障碍，必须征服之”，还向外人透露“一月之内长江或有战事”⑤。

直方则既要防备北方之进攻，又要警戒南方之北伐，因此布防的战线较长。吴佩孚一方面在洛阳新编了5个混成旅，以补充各师团之缺额，又命汉阳、巩县、德州三兵工厂赶造军器弹药，以备直奉交战之需；另一方面，为加强对西南防备进行了诸项部署：命令湖北督军萧耀南整顿军备，并使驻岳阳之第二十四师师长张福来专当湖南之防，使宜昌之长江上游司令孙传芳专任对川之防⑥。同时，吴佩孚计划以湖南为南北之缓冲地带⑦，所以十分注意在此地区的布防。他曾派萧耀南亲赴岳州与湖南总司令赵恒惕面商湘局⑧，又将在“援鄂战争”失败后四处流窜的原桂系沈鸿英部收抚过来，改编成一混成旅，加入直军防线，分驻通城、岳阳⑨。这样，既增加了防御北伐的兵力，又将沈部所占据的平江防地划入了直系的范围。从上述部署看，直系的军事战略以防守为主，布置颇为严密。

至4月，形势更加严峻。3日，十一省直系军阀大小头目约

①《申报》1922年4月1日。

②刘绍唐主编:《民国大事日志》第一册，台湾传记文学出版社1978年版，第209页。

③《东方杂志》第19卷第8号。

④中国第二历史档案馆藏档。

⑤《民国日报》1922年4月2日。

⑥《申报》1922年3月17日。

⑦《申报》1922年3月14日。

⑧《申报》1922年3月17日。

⑨《申报》1922年3月17日。

500余人，托词祝贺吴佩孚四十九岁生辰，云集洛阳，商讨对奉作战计划，使风声更紧。于是便有4月9日大批奉军入关之举。张作霖以每日6列车，每列车25节，每13节可载步兵1个营的规模和速度向关内运兵，开始暂集军粮城，后又开赴津浦线[①]。外间观察直奉之战似有一触即发之势，京津舆论更是惶惶不安。

事态发展至此，其实直系内部的意见并不统一。曹锟较多地顾虑政治上的得失，又碍于与张作霖有姻亲之故，因此对与奉和解抱有幻想，曾以个人名义向张示意，试图缓解军事对峙。张作霖感到曹吴之间有隙可乘，便在4月10日，即大批奉军入关取得实力保障后电复曹锟，提出三项条件[②]：(1)请元首颁令，军人不得干预中央政治；(2)请责令吴佩孚回两湖巡阅使本任；(3)允许梁士诒、叶恭绰、张弧自动销假。这些条件显然仅以奉系在中央政府中的权力和地位为前提，而且对曹锟的主动和解未作任何退让，迫使曹锟最后下决心与奉系兵戎相见。

从4月中旬开始，直奉两方以竞赛式的调兵遣将摆开战阵。

13日，曹锟在保定召集直系军官会议，决定"放弃天津，固守保(定)郑(州)，衅不我开，取攻势防御"，并当即授吴佩孚以军事全权，甚至表示"本人亦完全听令"[③]。15日，吴佩孚由洛阳赴保定，与曹锟商定对奉战略。根据吴佩孚原已进行的部署和奉军已占据的目标，在保定、郑州各集中3个混成旅，沿津浦线直军均向京汉线撤退。以近畿琉璃河、高碑店一带为第一防区，保定至顺德为第二防区，郑州、洛阳为大本营。曹锟、王承斌任正副司令，沿京汉线北接保定，迎击长辛店奉军。吴佩孚为南路司令，坐镇陇海方面，

①中国社科院近代史所中华民国史组编：《中华民国史资料丛稿·大事记》第八辑，中华书局1978年版，第41页。

②中国社科院近代史所中华民国史组编：《中华民国史资料丛稿·大事记》第八辑，第42页。

③中国社科院近代史所中华民国史组编：《中华民国史资料丛稿·大事记》第八辑，第43页。

一翼向徐州与江苏联络，控制皖浙方面军队，使之不得与南下奉军连接；一翼沿津浦线北上，以直接进攻奉军①。同日，奉军在山海关设总司令部，并定名为“镇威军”司令部，由第二十七师师长张作相任兵站总司令②。为加紧储运军备，又在奉天设立总兵站，并在关外以锦县为主地，关内以滦州、天津为主地，沿京奉铁路之沟帮子、绥中、山海关、唐山、静海、杨柳青等处设立分站③。

至4月18日，入关奉军已达67列车。此时，张作霖却又欲盖弥彰，声称奉军入关“本意为促成统一之后盾，对直对曹无丝毫恶感，将来到津，尚须与仲帅(按：曹锟，字仲珊)协商办法，稳健进行”④。然而时隔一日，即19日便以镇威军司令名义发布入关布告，通电说：“窃谓统一无期，则国家永无宁日；障碍不去，则统一终属无期。是以简率师徒，入关屯驻，期以武力为统一之后盾。凡有害民病国，结党营私，乱政干纪，剽劫国帑者，均视为统一和平之障碍物，愿即执殳前驱，与众共弃。”⑤并表示亲自率兵入关。同日，吴佩孚则发布通电，指责奉军入关是“节节进逼”，要求奉军“一律退出关外，驻京奉军司令部同时撤销”⑥。同张作霖一样，在设法约束对方的同时，吴佩孚也大量调集自己的军队。其时，吴已将共6师零6混成旅约10万余人、炮75尊集中在京畿琉璃河一带，分为两路部署：以张国镕为东路司令，统帅第二十六师、第十二混成旅、第十三混成旅、第十四混成旅及第三师之一部分，任天津一带

---

①中国社科院近代史所中华民国史组编：《中华民国史资料丛稿·大事记》第八辑，中华书局1978年版，第45页。

②中国社科院近代史所中华民国史组编：《中华民国史资料丛稿·大事记》第八辑，第45页。

③北洋政府步军统领衙门档案，中国第二历史档案馆藏。

④中国社科院近代史所中华民国史组编：《中华民国史资料丛稿·大事记》第八辑，第47页。

⑤北洋政府步军统领衙门档案，中国第二历史档案馆藏。

⑥中国社科院近代史所中华民国史组编：《中华民国史资料丛稿·大事记》第八辑，第47页。

防备;王承斌为西路司令,统帅第二十三师、第二十四师、第一混成旅、第十五混成旅、第三师之一部分,任京保一带防务。

至21日,直系兵力布防基本就绪,再次向奉张发出挑衅。21日,吴佩孚纠合齐燮元、陈光远、田中玉、赵倜、萧耀南、冯玉祥、刘镇华等军阀,发表抨击奉张通电的通电:"盗匪横行,殃民乱国,盗名欺世,不曰谋统一,即曰去障碍,究竟统一谁谋,障碍谁属?……弄权者何人……中外具瞻,全国共见……是以《大诰》之篇入于王莽之笔则为奸说,统一之言出之盗贼之口则为欺世……佩孚等以身许国……去恶除奸,止戈定乱,无非为谋和平,求统一耳……其有借口谋统一而先破坏统一,托词去障碍而自为障碍者……惟有尽我天职,扶持正义,除暴安良,义无反顾。"[①]4月22日,曹锟又发出通电,指责张作霖在京津以及长辛店一带布置战线等情事,并谓:"统一当以和平为主干,万不可以武力为标准。方今人心厌乱已极,主张武力必失人心,人心既失,则统一无期,可以断言。"[②]直系方面其势汹汹,尤其是曹锟的表态使战争的火药味愈加浓烈。

直奉两方的剑拔弩张,引起人情惶恐,尤其京畿一带,"闾阎骚动,粮食腾贵"[③],商民纷纷呈请当局平息内争,以解民悬。于是,由北洋元老王士珍出面,邀集曾任奉天都督的张锡銮、曾任东三省都督的赵尔巽以及王占元等六人,分别致电曹、张,调停直、奉纠纷。以"现在京津人情震动已极,粮食金融均呈险象"[④]为由,请双方前线军队先撤退若干里,并邀曹、张约日同莅津门晤叙,消除隔

①北洋政府陆军部档案,中国第二历史档案馆藏。

②北洋政府陆军部档案,中国第二历史档案馆藏。

③张梓生编:《直奉战争纪事》,见来新夏主编:《中国近代史资料丛刊·北洋军阀》(四),上海人民出版社1993年版,第14页。

④陈冠雄:《奉直战云录》上编,天津新民意报社1922年版,第41页。

阂[1]。而后,又有浙督卢永祥以调人身份致电曹、张,建议定期在津面晤,“共商国是,以息兵争”[2]。在社会舆论的压力下,直奉两方都作出同意接受调解的姿态。张作霖不仅电复徐世昌,称“关内各军,已饬严守原驻地点,不越雷池一步”[3],甚至奉系智囊王永江还密电下属各督军、都统,授意对调解“当急速通电赞同”,且“电中立言,宜主持公论,略带讥评则可,指名漫骂则不可”[4]。曹锟亦电徐,表示愿“严束军士,保护人民”[5]。他们这样做的目的,都企图把战争的责任推给对方,以赢得舆论支持。

然而,在直奉军阀的权力角逐中,这种没有交换条件而仅令双方作无偿让步的调解是软弱无力的,虽然曹锟、张作霖都作了允诺,但具体到退兵一节,则各不相让。4 月 23 日,曹锟发出通电,表示“静候奉军出关固防,以竟息事宁人之志”[6];吴佩孚更电复张锡銮等六位调人:“正当防卫不可谓争,吊民伐罪不可谓战。诸公必令佩孚坚忍以待,其先令奉军悉出榆关,撤销其北京司令部,再议调停,否则戎首在奉,勿第以坚忍责佩孚也!”[7]张作霖的通电则称:“奉军原驻关内,今年一月决计撤回,乃大总统派鲍(贵卿)总长、曹使遣其弟曹省长先后东来,谆谆挽回,电牍具在”,斥责直曹

①中国社科院近代史所中华民国史组编:《中华民国史资料丛稿·大事记》第八辑,中华书局 1978 年版,第 48 页。

②中国社科院近代史所中华民国史组编:《中华民国史资料丛稿·大事记》第八辑,第 49 页。

③中国社科院近代史所中华民国史组编:《中华民国史资料丛稿·大事记》第八辑,第 49 页。

④辽宁省档案馆编:《奉系军阀密电》第二册,中华书局 1985 年版,第 133 页。

⑤中国社科院近代史所中华民国史组编:《中华民国史资料丛稿·大事记》第八辑,第 49 页。

⑥中国社科院近代史所中华民国史组编:《中华民国史资料丛稿·大事记》第八辑,第 49 页。

⑦陈冠雄:《奉直战云录》上编,天津新民意报社 1922 年版,第 43 页。

"断章取义"[1]。既然当事者双方不肯退让,只好由作为调人的大总统退求其次。4月25日,徐世昌函请双方各退30里,竟被吴佩孚当即以"退兵非我军片面义务,不敢遵命"[2]的复电断然拒绝。当日,万般无奈的大总统徐世昌以命令的口吻提出三条主张:(1)奉军完全退出关外;(2)吴佩孚回汉口组织巡署;(3)近畿治安及善后诸问题由曹锟完全负责[3]。但此时交战的气氛一触即发,无论来自哪一方的调停都已无济于事。

直奉双方在调集兵力和制造舆论的同时,还极力争取有关方面的支持,并对外围省份的军阀势力进行拉拢和分化,或扩大实力,或解除后患。当时直军方面得到了海军的支持,海军总司令蒋拯通电助直,海军上将萨镇冰率舰北上,直驶秦皇岛、大沽口一带,威胁奉军后方,拟断奉军归路。而正在这时,兵居直系肘腋的河南督军赵倜与其弟赵杰因对直奉较量的结果难卜而首鼠两端,不仅对直吴的讨奉未予积极响应,而且对直吴调兵备战取暗中戒备的态度。4月12日,赵杰竟将其主力部队集中于中牟方面布置防务,深壕高垒,如临大敌[4]。当时已有外界舆论认为赵倜此举乃"拟据要险以撼动吴佩孚之地位"[5]。吴佩孚闻讯后,立即令第十四混成旅进驻许昌,并饬驻信阳靳云鹗一旅布置于开郑之间铁路沿线,一面又令驻马店遂平县部队开往新乡及开封附近,形成对赵包围之势。同时电致赵倜,限于二十四小时内解除赵杰的一切职务[6]。赵氏兄弟见形势不妙,只得屈从吴佩孚的军事压力,将赵杰

---

①中国社科院近代史所中华民国史组编:《中华民国史资料丛稿·大事记》第八辑,中华书局1978年版,第49页。

②中国社科院近代史所中华民国史组编:《中华民国史资料丛稿·大事记》第八辑,第50页。

③中国社科院近代史所中华民国史组编:《中华民国史资料丛稿·大事记》第八辑,第51页。

④《民国时报》1922年4月15日。

⑤《民国时报》1922年4月18日。

⑥《民国时报》1922年4月18日。

所部退出中牟,并表示“豫省一切,唯吴之命是听,所有在豫之奉籍军官,则决计驱逐,巡防各军,则均回原防,各要隘均归直军分驻”①,虽然如此,吴佩孚对赵氏兄弟仍存戒心,于是决定调陕督冯玉祥为陇海路方面司令,自率第十一师及胡景翼陕军第一师、吴新田第七师、张锡元第四混成旅入洛阳②。此举之目的,一方面以冯看住二赵,防止奉系挖其墙角;另一方面也可稳住后方,确保京汉线的战时运输。由于直军的及时部署,豫督赵倜兄弟的反吴打算未能实现,只好对直奉双方的争端表示中立。

最后,直、奉军阀的斗争演化为相互揭露对方罪状的电报战,从而彻底决裂。4 月 26 日,吴佩孚、齐燮元、冯玉祥等一大批直系将领联名发表“宥”电,以千余字的长文,颇为“义正辞严”地宣布了奉张“十大罪状”,略谓:(1)窥窃神器,障碍统一;(2)举荐帝制祸首,起用复辟罪魁;(3)祸国通外,断送青胶;(4)召匪为兵,负罪“友邦”;(5)垄断政权,破坏法规;(6)滋扰京师,纵匪殃民;(7)得陇望蜀,黩武逞兵;(8)劫掠饷械,行同盗匪;(9)招亡纳叛;(10)残杀同类。吴佩孚于当日召集直系将领行誓师礼,并慷慨陈辞:“此次系共和与帝制之最后战争,胜利我将解甲归田,裁兵恤民;败则我惟一死,以谢天下!”③以争取政治上的先着,誓师后即赴前线督战。张作霖则于次日发表“沁”(27 日)电,把矛头直指吴佩孚:“乃吴佩孚者,狡黠成性,殃民祸国,醉心利禄,反复无常。顿衡阳之兵,干法乱纪,致成慎于死,卖友欺心,决金口之堤,直以民命为草芥;截铁路之款,俨同强盗之横行。蔑视外交,则劫夺盐款;不顾国土,则贿卖铜山。逐王使于荆襄,首破坏北洋团体。骗各方之款项,隐鼓动大局风潮。盘踞洛阳,甘作中原之梗;弄兵湘鄂,显为蚕食之谋。

①《民国时报》1922 年 4 月 18 日。

②中国社科院近代史所中华民国史组编:《中华民国史资料丛稿·大事记》第八辑,中华书局 1978 年版,第 47 页。

③北洋政府陆军部档案,中国第二历史档案馆藏。

迫胁中交两行，掠人民之血本；劝捐武汉商会，竭阛阓之脂膏。涂炭生灵，较闯献为更甚；强梁罪状，比安史而尤浮。惟利是图，无恶不作，实破坏和平之大憝，障碍统一之巨奸。天地之所不容，神人之所共怒！”[①]28日，张作霖即抵达军粮城，自任“镇威军”总司令，任孙烈臣为副总司令、杨宇霆为参谋长，沿京奉、津浦两路布置军队。29日，奉军发出总攻击令。至此，由于直奉军阀的斗争逐渐升级，终于爆发了第一次直奉战争。

## 三、直奉两军交战

### 1. 战争的经过

直奉军阀以彼此揭露对方罪状的电报宣告决裂以后，立即将战争叫嚣付诸武力行动，由于各自早有准备，所以几乎在战争信号发生的同时便摆开了阵势。

奉军将大本营设在天津以东的军粮城，张作霖亲任总司令，以火车车厢为其行辕，分兵东、西两路。东路为前锋部队，布防在京奉、津浦两线，总司令由张作霖自兼；西路布防在京汉线，总司令为张作相。兵力组成如下[②]：

①北洋政府陆军部档案，中国第二历史档案馆藏。

②参见丁文江：《民国军事近纪》，商务印书馆1926年版，第20～21页；文公直：《最近三十年中国军事史》(下)，上海太平洋书店1930年版，第117～118页。

| | | | |
|---|---|---|---|
| 奉系 | 西　路<br>张作相 | 梯　队<br>张景惠 | 第一师(张景惠)<br>第十六师(邹芬)<br>第二混成旅(郑殿陞)<br>第九混成旅(牛永辅) |
| | | 梯　队<br>张作相 | 第二十七师(张作相)<br>第五混成旅(齐恩铭)<br>第六混成旅(鲍德山) |
| | 东　路<br>张作霖 | 梯　队<br>张学良 | 第三混成旅(张学良)<br>第四混成旅(蔡平本)<br>第八混成旅(郭松龄) |
| | | 梯　队<br>李景林 | 第七混成旅(李景林)<br>第一混成旅(阚朝玺) |
| | | 黑龙江骑兵二旅(许兰洲)——由青县西取保定 | |

直军仍以保定为大本营,以东、中、西三翼对应奉军。西路总指挥由吴佩孚自兼,中路总指挥为王承斌,东路总指挥彭寿莘。兵力组成如下①:

| | | | |
|---|---|---|---|
| 直系 | 西　路<br>吴佩孚 | 第十三混成旅(董政国)<br>第十五混成旅(孙岳)——补充第三团 | 攻长辛店 |
| | | 第四混成旅(张锡元)——后援 | |
| | 中　路<br>王承斌 | 第二十三师第四十六旅<br>第十二混成旅(葛树屏) | 守固安、永清 |
| | | 第二十三师第四十五旅<br>第三师第六旅(杨清臣) | 由霸县攻信安 |
| | 东　路<br>彭寿莘 | 第十四混成旅与第二十六师之一旅——由大城攻白洋桥<br>第二十六师第五十二旅及第九师第十三旅之一团——据兴济,镇守青县<br>第二十四师之四十八旅——后援 | |
| | 其他 | 第三师第五旅<br>第八混成旅(靳云鹗) | 留守河南 |
| | | 第三师第二十二旅——北援长辛店 | |

①参见丁文江:《民国军事近纪》,商务印书馆1926年版,第20～21页;文公直:《最近三十年中国军事史》(下),上海太平洋书店1930年版,第117页。

在正式交战前，两军的战线迅速逼近，并发生数次摩擦。4月26日开始，由直系首先发起攻势，当日凌晨3时半，吴佩孚下令各军前进，由琉璃河、固安、永清三路同时进攻，限一星期攻到天津。当天下午双方在任邱、河间一带交火达三小时之久①。27日夜，东路直军在姚马渡进击李景林部，交战一昼夜，奉军占领姚马渡、南赵扶等地。28日拂晓，静海、马厂、良王庄均有接触②。同日，东路直军第二十六师由马厂进至唐官屯，与文安、霸县、固安、琉璃河联成一线，并进攻青县，奉军李景林部以两混成旅之兵力反攻，直军败退大城；同日，奉军连克大城、霸县。因此，吴佩孚便向全国通电，称："奉军在琉璃河北直袭直军防地，被击退三十里"③，大造奉军进攻直军的舆论。在吴佩孚的指挥下，直军在东路由第二十四师师长张福来率第一混成旅、张国镕率第二十六师围攻马厂，并派大批骑兵由京东出通州、蓟州，奔袭卢龙，以断奉军归路④；在西路又以第二十三师及第十三、十四两混成旅与良乡一带奉军激战，双方死伤甚众，但良乡终为直军所占，于是又有"西路直军已追过良乡，伤敌千余，俘虏二百，获械弹无算"⑤之传说。在军情急骤升级之时，豫督赵倜任宏威军第一混成旅旅长马灿林为河南援直总司令，率该旅及豫北巡缉营赴保定助战⑥，直军声威大振，而奉军却处于被动。于是，张作霖于28日晚赶至军粮城，亲自督阵。

这些正式交战前发生冲突的战讯传到北京，外交团曾两次照

---

①中国社科院近代史所中华民国史组编：《中华民国史资料丛稿·大事记》第八辑，中华书局1978年版，第50页。

②《申报》1922年5月2日。

③《申报》1922年4月30日。

④中国社科院近代史所中华民国史组编：《中华民国史资料丛稿·大事记》第八辑，第52页。

⑤见《申报》1922年4月30日至5月3日。

⑥中国社科院近代史所中华民国史组编：《中华民国史资料丛稿·大事记》第八辑，第52页。

会中国政府外交部,大略是:(1)根据辛丑条件第九条,要求京津间之交通始终保持原状,不得在铁路线内作战;(2)保证外国人生命财产安全;(3)维持北京治安,京畿30里内不得作战,双方军队均不许开入北京城内①。北京外交部接到照会后,即于28日将照会内容急电曹锟、张作霖,企图以“切勿因此惹起交涉,与外人以口实”②为理由,向双方施加压力,制止事态的发展。然而,直奉两方于战前均与帝国主义列强暗中勾通,吴佩孚先于26日便已致电北京各国公使及上海、汉口、天津等处各国领事,声明其兴兵的原因,是“为正义人道计,不得不取正当之防卫”,而且许诺“凡京师地方治安及外人生命财产,均负保证责任,战急一告结束,即行恢复交通,并恳诸友邦于战争期内,根据条约,按照公法,毋供给对方粮饷以及一切有利敌方之行为”③。张作霖亦于26日晚向公使团发出通告,作出“奉军方面必遵守辛丑条件,在离京师三十华里内,决不作战”的保证。尽管外交团的照会对直奉军阀具有一定的威慑力,但列强对这场即将发生的军阀混战各有用心,英、法、美等国均调军队或兵舰进入京津地区,日本还另调了三艘鱼雷艇,以备不虞④。

战争即将全面展开,京畿一带“人心惶惑,闾阎骚动”⑤。北京政府更陷于一片恐慌之中,虽然它已感到无力挽回危局,但仍在4月29日一日之内发布了三道命令:第一道命令给曹锟、张作霖,令其“督饬所属军队,立即停止攻击,凛遵前令。各将所有军队接近地点,一律撤退,听候查办”;第二道命令要求卫戍总司令、步军统领、京兆尹、京师警察总监“督饬所属,严重戒备,认真防卫”;第三

①陈冠雄:《奉直战云录》上编,天津新民意报社1922年版,第43～44页。

②陈冠雄:《奉直战云录》上编,第44页。

③陈冠雄:《奉直战云录》上编,第55页;《东方杂志》第19卷第10号,第137页。

④中国第二历史档案馆藏档。

⑤陈冠雄:《奉直战云录》上编,第39页。

道命令责成京内外军民长官“对于外人生命财产，一律妥为保护，勿使稍受损害”①。徐世昌的命令虽然口吻强硬，但对双方军阀并无有效的约束力，就在发布命令的当日，直军在东路良王庄、中路廊坊、西路长辛店同时发动总攻击②，张作霖亦以镇威军总司令名义发出了总攻击令③。于是，第一次直奉战争正式爆发。

这次战争的起讫时间是从1922年4月29日至5月4日，主要战场可按作战地域大致分为东路、中路、西路三个方面。

东路战场接战时间最早，主要在津浦线进行。4月21日即有奉军阚朝玺部与直军张国镕部发生冲突，双方几经接触，互有伤亡，至28日便集兵于大城一带。当时直军占领县城，奉军进攻，直军以第二十六师增援，双方激战甚烈。29日午，奉军张作相统率卫队旅四营及第四混成旅一团进攻直军第二十六师之后，又调第三混成旅助战，直军不敌，退向任邱。30日上午，奉军加增李景林部万余人，并集中优势火力，以机关枪为前导，并附以骑兵，进攻任邱。正值直军难以抵御之时，王承斌部援军赶到，大败奉军，乘机追击，占领大城白洋桥。5月1日，王承斌亲自指挥部队迎战奉军，在姚马渡、白洋桥附近经过九次交锋，终于击败奉军，将军队布防于青县、大城、霸县之间，又于次日攻克大城县。奉军失守大城后，即派张学良率步兵万人、许兰洲率骑兵一旅、炮兵一团增援，直军也增加第三师之一部，双方鏖战经夜，奉军大败，向东北方的杨柳青溃退，直军遂于5月3日再攻马厂，由于奉军急调驻扎静海、杨柳青的部队助战，使直军一度失利，幸而任邱方面的援军及时赶到，才使直军得以喘息；直奉两方在姚马渡、白洋桥一带二次交锋，奉军连攻五次，直军正勉力招架之时，传来直军在中路获胜的战

①陈冠雄：《奉直战云录》上编，天津新民意报社1922年版，第39～40页。

②《申报》1922年5月1日。

③中国社科院近代史所中华民国史组编：《中华民国史资料丛稿·大事记》第八辑，中华书局1978年版，第50页。

讯，顿时士气大增，连连反击，奉军向静海方面撤退，直军遂占马厂、青县。至此，败退后集中于静海方面的奉军尚有4个旅的兵力，曾谋组织反攻，不料5月4日传来西路奉军大败的消息，顿时鸟兽四散，直军进占静海，奉军7000余人缴械投降，直军乘胜追击，奉军残部且战且退，经杨柳青退至北仓，再退至军粮城，终于5月7日全部缴械。

从当时战争形势看，西路最为重要。西路战场虽号称为京汉路沿线，但实际作战范围仅在京西南方向的百余里之内，主要经历了长辛店、琉璃河、卢沟桥诸次大战。长辛店为西路奉军司令部所在地，由第一师、第十六师驻守。4月28日，直军张福来所部第二十四师和董政国所部第十三混成旅向长辛店奉军开战，奉军早有炮兵准备，且周围还埋设了地雷，直军死伤甚重；至傍晚时分，直军西路总指挥孙岳出兵突袭奉军，致敌死伤千余人，幸而奉军有汲金纯部来援，才使长辛店失而复得，并迫直军退兵60余里。29日晨，奉军追击直军至琉璃河附近再次交锋，直军先败后胜，复据良乡，并于晚10时由南岗洼进逼长辛店，据守长辛店的奉军一面以猛烈炮火阻击直军，一面调集第二十八师第九旅、第二旅及察哈尔骑兵旅的优势兵力向直军反攻。由于直军以村庄民房为掩护，所以连同附近南岗洼、北岗洼、水流坊、东王庄等十余村庄均被奉军的炮火击毁①。两军屡进屡退，伤亡无算，奉军集中炮火猛攻直军阵地，情势异常吃紧，而吴佩孚严守长辛店，指挥董政国的第十三混成旅坚守阵地以疲奉军，如此奉军猛攻，直军坚守，相持一天一夜。至30日，吴佩孚下令改攻为守，直军乃从长辛店返回良乡以南。直军退走后，奉军西路第二梯队长邹芬亲临前线重新布置防御，在长辛店前方设榴霰弹炮位七座，每座架六寸口径炮三尊，由暂编第一师、第十六师及第九混成旅的兵力正面迎战，以第十九师及第二十八师在长辛店以北助战。这天拂晓，前敌直军分三路来

①中国第二历史档案馆藏档。

攻，每路分火线三道，双方投入军队近10万人，这一场厮杀直至午后，然后又在南岗洼、卢沟桥、窦店、琉璃河一线流动作战，其中在琉璃河附近交战甚剧，直军由卢沟桥败退。由于双方都集中了大量兵力和火力，因此均损失惨重，直军旅长董政国、奉军旅长梁朝栋毙命。至夜，奉军回守长辛店，直军则返集良乡。5月1日黎明，由于奉军复攻而再次交战，孙岳将直军分为三路，企图以正面进攻长辛店，左右两路袭击奉军两翼的策略战胜奉军，但彼此短兵相接四次，直军死伤约千人以上，终不能达到目的，届时已近午夜，只得退守琉璃河。2日，中路正值大战，直军为阻止奉军增援，乃以猛烈炮火向长辛店和奉军阵地轰击，并派两架直升飞机投掷炸弹，奉军慑于炮火未能出战，使直军趁此得以喘息。直军多为步兵，擅长夜战，于当日夜再袭奉军，企图直捣长辛店的奉军司令部，奉军以炮兵优势拼命抵抗，猛烈的炮火直泻直军阵地，这一战虽然直军未能得手，但奉军已损耗大量炮弹。3日晚，吴佩孚探知奉军炮火消耗不少，乃亲自指挥，以大队直军利用夜色再攻长辛店的奉军正面部队，先以一营兵力诱敌上钩，另派精兵第二十一混成旅绕道奉军后方，从凤凰山门头沟一带压迫奉军右侧背面，迂回攻击，并截断对方援军来路，使奉军首尾难顾，狼狈不堪。4日晨，直军径扑卢沟桥，使奉军腹背受敌，而奉军炮弹均告用罄，一筹莫展。先是邹芬所部第十六师在门头沟投降，张景惠所部第一师及第二、第九两混成旅向卢沟桥一带溃退，直军乘胜攻克长辛店。张景惠令余部向丰台退却，吴佩孚率部追击，9时赶至丰台，严令直军只能前进，不准后退，临阵脱逃者立即枪毙，并亲率卫队在前方堵截，坚决制止任何直军溃逃。11时奉军西路总司令张景惠突乘专车赴津，其部下秩序大乱，向张家口逃者约5000人，向廊坊、落垡逃者约3000人，其余四散，另有部分奉军由长辛店溃退经西直门至西苑，被京畿驻军解除武装，其余散兵在退逃中纷纷投降。至5日，直军增援部队加入战斗，直冲到丰台。吴又分化奉军内部，使奉军张景惠部第十六师向直军输诚。于是奉军前线陷于总崩溃，长辛店遂落入直军之手，奉军只好向山海关逃窜，约3万余奉军官兵缴械，西路战事遂告平息。

直军在长辛店之所以获得大捷，从而决定了整个战场的胜负局面，究其因，是由于奉军第十六师停止了战斗。第十六师原为冯国璋的旧部，本属直系，师长王廷桢被奉系赶走，改派邹芬继任。在直奉交战中，奉张把该师摆在前线攻打直军，这和两年前直皖战争中被皖系置于前线的直系第十五师一样，使其自相残杀，以消耗直系实力。结果反使这两支原属直系的旧部，一遇有机会，便立即倒戈相向，使整个战局发生变化。

中路战场在津浦、京汉路之间。直军中路集中地在固安，由吴佩孚亲自指挥；奉军张作相则驻永清县城，两军前沿相距甚近。自4月24日起便有小范围冲突，正式大战则从4月29日始，当时，直军指挥为第二十三师师长王承斌，奉军为第二十七师师长许兰洲，双方均为精锐部队，起初奉军稍占优势。从4月30日至5月2日，两军大战数次，固安两度易手，均未决胜负。由于中路牵制全局，故吴佩孚亲上前线指挥直军，与张学良、郭松龄所部之劲旅在奉军所占的霸县周围多次较量。直军采取前后夹击的战术，使奉军受到重创。张学良为扭转战局，组织了千余人的敢死队，奋力反击，被直军击退，死伤惨重，郭松龄亦受重伤，奉军士气颓丧，溃败而退。直军夺取胜芳，并连克固安，奉军情势危急。张作相亲率第二十七师、第二十八师援军赶到，奋战四五小时，直军渐疲惫不支，吴佩孚得知此情况后，率领第三师之一部策应前线，并亲自临阵，以鼓士气。对阵两方虽为精锐部队，但奉军由于左右支应，战斗力大减，使直军得以抽兵北移永清。4日，直军三面围攻永清，从上午8时至下午5时，永清四周枪声不断，炮声连天，奉军终于坚持不住而败走，张作相率残部连夜逃往天津，中路战场首先告捷。直军一路追击，连克杨村、落垡，直将奉军赶至廊坊。5日，直军克廊坊，守军旅长自杀身死，千余官兵缴械，中路战争乃告结束[①]。

从双方交战开始，张作霖自恃兵械充足，一直坐镇军粮城，不料前方传来的多是战败的消息，其间虽曾亲至前线观战，但仍难挽颓局。从5月4日中路失利开始，东、西两路也先后落败。张作霖见大势已去，只得下令结束战事，于5日带着他的行辕离开军粮城奔赴滦州。大量奉军溃兵除被缴械的以外，其余纷纷向东北方面退去。当战事已见成败之际，大总统徐世昌煞有介事地于当日向曹锟、张作霖发出命令，要求双方迅速收兵，办理善后，"奉天军队即日撤出关外，直隶各军亦应退回原驻各地点，均候中央命令解决"。而对于这场战争的是非则只能归罪于梁士诒等人，他同日发出的通缉令中称："此次近畿发生战事，皆由于叶恭绰等构煽酝酿而成，实属罪无可逭"。据此将叶恭绰、梁士诒、张弧褫职后逮交法庭讯办[②]。当然，这些命令无异一纸空文，直军继续追击败退的奉军，占领原奉军的地盘，并于6日进驻原奉军的大本营——军粮城，张作霖退至滦州。

直军在军事上稳操胜券以后，还要在政治上压倒对手。5月8日，曹锟以胜利者的姿态向全国发出通电，申明直奉战争乃系"奉张不惜甘冒不韪，首发大难"，而直系获胜，则"由人心公理，战胜强权"[③]。报端发表吴佩孚接见记者的谈话，十分明了地表达了直系下一步的计划，其中声称："张作霖无故进攻邻省，是彼挑战，使人民蒙害，此等行为，如有(犹)盗匪，彼何能再为东三省巡阅使及奉天督军，当然将彼之现有各职褫夺，使彼退为平民。彼若不承认此

---

①东、西、中三路战场的交战情况参见文公直：《最近三十年中国军事史》，上海太平洋书店1930年版；陈冠雄：《奉直战云录》，天津新民意报社1922年版；杨哑铃：《直奉交战始末记》，1922年印行；1922年4～5月《申报》、《民国日报》。

②中国社科院近代史所中华民国史组编：《中华民国史资料丛稿·大事记》第八辑，中华书局1978年版，第57页。

③陈冠雄：《奉直战云录》下编，天津新民意报社1922年版，第21、22页。

条件,余即不回洛阳。”[①]此后,直系军阀便以各种方法向北京政府施加压力,以达到名正言顺地削弱奉系势力的目的。曹锟于9日致电财政部:“此次战事发生,一切饷款均由曹锟与曹锐以私产出押三百万,不足又另外挪借一百八十万,今锟拟辞职归田,请归还四百八十万,以免私人负累。”[②]吴佩孚也电京索饷,称:“直军现已无以为食,请速先发二百三十万,以资维持。”[③]大总统徐世昌对直系这种“项庄舞剑,意在沛公”之举自然心领神会,立即于次日发布了任免令,免去张作霖原任东三省巡阅使、奉天督军兼省长、蒙疆经略使各职,听候查办;吴俊陞调署奉天督军,特任冯德麟署理黑龙江督军;特任袁金铠署理奉天省长,特任史纪常署理黑龙江省长;东三省巡阅使一职着即裁撤。这是吴佩孚以奉攻奉,挑动奉系内部分化的阴谋。所以,冯德麟、吴俊陞、袁金铠、史纪常等都拒绝接替张作霖东三省本兼各职,并于15日发出通电宣称:“北庭乱命,免去张巡阅使本兼各职,并调任德麟等署理督军等语……德麟等对此乱命,概不承认,合电奉闻。”[④]与此同时,豫督赵倜因暗通奉张,在战争中宣布“武装中立”,亦被免职,由直系健将冯玉祥接替督军位置;又特任亲直系的刘镇华暂行兼署陕西督军[⑤]。这样,直系军阀不仅借北京政府在政治上给予张作霖有力的一击,而且将豫、陕两省也并入了自己的地盘。

为一举全歼关内的奉军,直军特于5月10日任冀长马廉溥为北方前敌总司令,任标统米振标为北方后路总司令,专司收束奉军

①陈冠雄:《奉直战云录》下编,天津新民意报社1922年版,第25页。

②中国社科院近代史所中华民国史组编:《中华民国史资料丛稿·大事记》第八辑,中华书局1978年版,第59页。

③中国社科院近代史所中华民国史组编:《中华民国史资料丛稿·大事记》第八辑,第59页。

④北洋政府京畿卫戍司令部档案,中国第二历史档案馆藏。

⑤中国社科院近代史所中华民国史组编:《中华民国史资料丛稿·大事记》第八辑,第59~60页。

溃兵，并对追堵奉军有功者进行“特赏”，以资鼓励。至5月中旬，直军已将3万余军队开赴天津以北地区[①]。流散的奉军败兵慑于外交团的警告未敢入京而多经天津溃逃，他们由于伤病饥馑而狼狈不堪。有的在车站内横置如物，有的下车后即要饮食，也有的掳掠抢劫，惊扰百姓，造成社会秩序一片混乱[②]。当时，英、法、日等国列强为保护租界，已派兵12000余名驻津，并在海河各码头布置了兵舰，戒备森严[③]。在这种情势下，奉军亦不能在天津驻足，只得分水、旱两路向山海关方向退却。

张作霖这次入关作战，率师约计5师10余旅，连日三路大战，死于枪弹炮火之下约有2万余人，战伤及逃亡的约有1万余人，被直军围截缴械的约有4万余人。张作霖遁至滦州，招集残部，尚有2万余众，军费耗损约3000万元[④]。奉张虽兵败一时，失去了巡阅使及蒙疆经略使的头衔和支配中央政权的势力，但他的精锐未失，关外之潜力犹存。5月12日，张作霖得知徐世昌的命令后，立即通电宣布独立，改称奉军总司令，宣言东北“自治”，不受北京政府节制。通电称：“于五月一日起，宣布东三省一切政事由东三省人民自作主张，并与西南及长江各省同志，取一致行动，拥护法律，扶植自治，铲除强暴，促进统一。”[⑤]并从即日开始，将关外溃散的奉军陆续向滦州集结。至15日，已达7万余人，并从吉林、黑龙江调来军队一混成旅，子弹七铁篷车，均开到古冶、开平、滦州、昌黎一带驻扎，摆出与直军再行抵抗的姿态[⑥]。与此同时，奉系为保存实

①中国第二历史档案馆藏档。

②陈冠雄：《奉直战云录》上编，天津新民意报社1922年版，第67～68页。

③陈冠雄：《奉直战云录》上编，第64、65页。

④上海宏文图书馆编：《奉直战史》，见章伯锋主编：《北洋军阀》（四），武汉出版社1990年版，第111页。

⑤北洋政府步军统领衙门档案，中国第二历史档案馆藏。

⑥中国社科院近代史所中华民国史组编：《中华民国史资料丛稿·大事记》第八辑，中华书局1978年版，第60页；中国第二历史档案馆藏档。

力在军事上组织退却,派专人在营口收集从水路退回的奉军,按名赏洋5元,然后调至辽宁沟帮子编练成军,以备再战①。18至19日,将退下来的万余步兵、炮兵、骑兵驻守在山海关内外,将25000余官兵派至关外绥中一带驻扎②。在政治上,奉系则公开对抗已倒向直系的北京政府。5月19日,奉天省议会宣布东北三省实行联省自治,举张作霖为三省保安总司令兼奉天省长,吴俊陞、冯德麟等亦由奉天公署通电,否认徐世昌发出的调署命令。不料,奉军在关外的最后一个据点——滦州于20日即被直军调集的主力部队攻克,张作霖见已难以在关内立足,便将司令部移驻榆关。26日,张作霖回到奉天。奉系军队遂随之退回山海关以外。其间,直军曾在秦皇岛附近与奉军有所接触,但东北地区毕竟是奉系经营多年的巢穴,又是日本帝国主义势力范围之所在,使直军不能不有所顾忌,因此兵至山海关而罢手。

6月4日,张作霖又以省议会的名义宣称自任"东三省自治保安总司令",再一次发表了"闭关自治"的宣言,并打出"联省自治"的旗号,同时派孙烈臣为前敌总司令、吴俊陞为副司令、杨宇霆为参谋长。13日,沈阳各国领事联合向奉张提出警告,认为榆关战事将影响国际列车的安全,张作霖才被迫接受了英、美的停战建议。

列强对直奉双方的调解,实际上是反映了帝国主义对两派军阀的影响。奉张战败后,日本陆军大臣山梨半造已公开表示:"万一将来战事之结果乱及日本权利有重大关系之东三省……则军事当局实有相当之考虑。"③而且更有人做出如下分析:"外间曾有人议论第一次的直奉战争乃为日本与英国在中国势力范围之争。因为英国此时思欲恢复其第一次世界大战中所失去的华北势力范围,故乘直隶系的向北发展图重复拓建其势力。第一次奉直战争

①中国第二历史档案馆藏档。

②中国第二历史档案馆藏档。

③得一斋主人编:《吴佩孚战史》,1922年印行,第82页。

的结果，是奉天系大败，后在英国军舰上双方成立停战和议，英国因见其目的已达，不愿激进过甚，遂促成停战议和。”①因此，当列强派出英国教士杨古、美国教士普来德以调人身份出面调停双方战事时，直奉军阀均表接受。

6月17日，直军全权代表王承斌、彭寿莘（一说杨清臣），奉军全权代表孙烈臣、张学良，在秦皇岛海面的英国“克尔留”号军舰上签订了停战和约八条，附约两款，以榆关为两军界线。和约内容为②：

（1）直、奉两军为维持大局统一国家之目的，双方同意罢兵；

（2）奉军之撤收，系撤去直境，直军亦不得入奉境一步；

（3）于民国十一年六月十八日早九时至午后一时，南路有前进之处撤收之；

（4）于民国十一年六月十九日早六时起，奉军撤收南路方面之部队，但直军须限于奉军撤收时之前一点钟，南路方面之部队集合于阵地后方相当之地点；

（5）于民国十一年六月二十日早六时起，奉军撤收北路之部队，直军之动作亦与第四条同；

（6）奉军两路自撤收日起，在三日内撤收完了；

（7）在奉军撤收未完之前，直军亦不得有军事上之行动；

（8）双方自签字后，若某方部队有不本此规定，而自由行动者，则此方之签字人员，须负完全责任。

附约两款：（1）直、奉两军所占之线，以二郎庙、里峪为中交线，此线以南为南路，此线以北为北路；（2）自签字后，双方均须严禁射击，倘有违犯者，即以该管官长是问，而处以严重之惩办，并一面由中央派王占元、宋小濂两人赴榆关监视两方撤兵。19日起，奉军开

①雷鸣：《中日同盟里面史》，政治月刊社1945年版，第125页。

②张梓生编：《直奉战争纪事》，见来新夏主编：《中国近代史资料丛刊·北洋军阀》（四），上海人民出版社1993年版，第39～40页。

始撤到关外,直军除留一部驻防榆关外,大部撤回原防,两不相犯。

### 2. 战争结果的分析

第一次直奉战争以奉系军阀的失败而告结束。在这场战争中,直系军阀投入兵力约10万人,大炮100尊,机关枪100架;奉系军阀则投入兵力约12万人,大炮150尊,机关枪200架①,而且还有骑兵支援。在军事实力方面,奉军显占优势,但战争的结果却是直系获胜,其直接战果为歼敌11000余人,缴获枪械无算,仅东路战场即缴获大炮百余尊,步枪11000余支,手枪1200余支,军用汽车20余辆,子弹1列车,军装、粮米等不计其数②。在政治上,直系在取得军事胜利后必然成为北京政府的实际操纵者,通过军与权的结合,直系将得到更多的利益。而奉系不仅在军事实力上受到空前惨重的损失,而且丢掉了关内的地盘,同时也大大降低了在北京政府中的地位和影响。从当时的社会背景和战争经过观察,奉系失败的原因有四:(1)奉张支持梁阁大失人心,而直系则在战前抓住梁阁要害猛攻奉张,使奉系在舆论方面一直处于被动地位,造成奉系在战前的虚弱心理;(2)奉系原以联络南方,夹击直系为策略,但直吴有意破坏其部署,趁北伐南举之际先开战衅,使奉系计划完全落空,被动应战;而直系则免除了后顾之忧,得以全力对应奉军。(3)在战略上奉系设东、西两路战线,在战略空间上呈两侧充实而中间空虚的态势,直系则为左、中、右三路,其中中路又以吴佩孚为总指挥,因此,不但能照应左右,而且还发挥了阻隔奉系两翼、牵制东西战场的作用。(4)在战术上直系较为灵活多变,炮阵与骑兵本为奉系优势,但开战后,直系利用步兵善于夜战,且又熟悉地形,移动灵活之长,采取速战速决的流动形式,多次反败为胜;又以频繁发动攻势诱敌发炮还击的方法,大量消耗奉军弹药装备,使奉方逐渐失

①文公直:《最近三十年中国军事史》(下),上海太平洋书店1930年版,第132页。
②杨哑铃:《直奉交战始末记》,1922年印行,第40页。

去优势;同时,直系还注意配合使用心理战术,在战争过程中大造声势,不仅在报纸上吹嘘胜利,而且还印刷各路安民布告5万张和战胜特报3万张在交战区各县张贴[①],以争取民心,瓦解敌军,致使直军中路大捷后,奉军一溃而不可收拾。总之,直系一直掌握着这场战争的主动权,终以弱势兵力战胜了奉系的优势兵力。

第一次直奉战争是直、奉两系军阀为争夺中央政权而爆发的混战,它必然会引起一场社会动荡。战争首先是物质的消耗,因此双方都为筹饷而不遗余力。他们不仅趁机向中央索款,而且更殃及地方——向商会"借款",这是历来军阀筹饷的一个途径。在战争前夕,吴佩孚曾电令湖北筹款百万元,该省本已"饷需奇绌",湖北督军萧耀南便向汉口商会及钱商筹划20万解往洛阳[②]。为截断直系财路,奉系便竞相敲榨商民,张作霖曾致电京师警察厅,传知财政各机关及银行巨商,"倘通敌济款,必有相当对待,事定决不姑宽","该商民等血本亦划归乌有",竟连长辛店的商会都被路过的奉军"借款"[③]。普通百姓更成了军阀们搜刮的对象,在直系辖区内,"每大县出车二百辆,洋二万元,小县出车一百,洋一万元",永定河以南的民船全部被扣留,以备战用[④];奉系则仅为军马筹聚草料一项,便在山海关内外迫使每乡供给草料6万担[⑤]。在这些负担之外,兵燹战乱给百姓带来的危害更是苦不堪言。战争伊始,北京城内人心惶惶,"车马奔腾,纷纭嘈杂"[⑥],"乡人入城无亲友可投者,驻足各城根空地,触处皆是"[⑦],奸商乘机牟利,粮价飞涨[⑧]。

①中国第二历史档案馆藏档。

②中国第二历史档案馆藏档。

③中国第二历史档案馆藏档。

④中国第二历史档案馆藏档。

⑤《民国日报》1922年3月16日。

⑥陈冠雄:《奉直战云录》上编,天津新民意报社1922年版,第78页。

⑦陈冠雄:《奉直战云录》上编,第79页。

⑧中国第二历史档案馆藏档。

天津亦人心慌恐,市面萧条,学校停课,一片凄惨景象[①],交战地区的商民“惊恐万状,亦纷纷迁徙”。兵祸所至之处,家园皆被殃毁[②]。奉军战败退却时,扰民尤甚,在山海关城内外有从旱路退下来的马步兵约万余人,“兵无斗志,且退却时沿途抢掠,私囊已足,更无效死之心”,当地居民“躲避不及,被抓作民夫,妇女不得避,须与饮饭,违则遭其拳打”[③]。可见,在当时的社会环境下,战争双方无论孰胜孰负,都只会给广大群众带来痛苦和灾难。

## 第三节　直系军阀统治的建立

### 一、吴佩孚的“恢复法统”与黎元洪复出

#### 1.“法统重光”的骗局

第一次直奉战争后,奉军退回关外,从此直系军阀曹锟、吴佩孚掌握了北京政府的实权,形成了“直系即中央”的政治局面。但是,曹、吴并不以此为满足,还想夺取最高统治地位,进而统一南北方,成为全国名副其实的统治者。为此,他们首先要设法除掉曾经亲皖袒奉的大总统徐世昌,尤其“曹锟恨徐世昌之排己,且以其勾结奉天,俱为后患,遂决意逐之”[④];同时,又要“打倒民党护法旗帜,使‘法统’握于直系军阀之手”[⑤]。只有这样,才能达到统一全国的目的。正当曹、吴等人筹商万全之策的时候,旧国会众议院议

①陈冠雄:《奉直战云录》上编,天津新民意报社1922年版,第58~68页。

②中国第二历史档案馆藏档。

③中国第二历史档案馆藏档。

④刘楚湘编著:《癸亥政变纪略》,泰东图书局1924年版,第4页。

⑤和森:《北京政变与吴佩孚》,《向导汇刊》第一集第31、32期合刊,第232页。

长吴景濂通过吴佩孚的部将王承斌给吴献上了“恢复法统”之计。

吴景濂(1873～1944年),字莲伯,号述唐,奉天宁远州(今辽宁省兴城县)人。1894年中秀才。1907年京师大学堂师范馆毕业后,任奉天师范学堂监督。1909年10月奉天省谘议局成立,被选为议长。武昌起义后,南下赴沪参加各省代表会议。1912年1月南京临时参议院成立,被选为参议员;同时参与筹组统一共和党活动,并于同年该党成立时被举为参议;4月,南京临时政府迁北京;5月1日,吴又被选为北京临时参议院议长;8月,统一共和党与同盟会等五团体联合组成国民党,吴被选为理事。1913年4月8日,中华民国第一届国会正式成立,吴被选为众议院议员;同年10月,袁世凯出任北京政府大总统后,吴被聘为总统府顾问。1916年6月袁死,黎元洪继任大总统。8月1日,黎恢复被袁解散的国会,届时吴加入“宪法商榷会”而成为“益友社”一派的首领。1917年5月,众议院议长汤化龙在黎、段府院之争中辞职,吴随后被选为众议院议长。同年7月,孙中山南下广州揭起护法旗帜,吴赴粤参加护法运动,并被国会非常会议选为议长,后又出任国会众议院议长。1921年,因反对孙中山就任非常大总统而离沪北上。时在直皖战后,吴闲居天津,默察全国形势的发展,等待时机,东山再起。1922年第一次直奉战争,奉系失败,直系军阀曹锟、吴佩孚得势,吴景濂认为时机已到,便千方百计接近直系。吴佩孚的部将王承斌原是吴景濂的学生,吴字莲伯,王字孝伯,两人又都是辽宁省兴城县人,故有“兴城二伯”之称谓,加之吴、王不仅有师生关系,而且又是表兄弟,于是吴景濂通过王承斌与直系军阀拉上了关系,而且献上了“恢复法统”之计。

所谓“恢复法统”,亦称“法统重光”,就是企图恢复民国六年(1917年)被时任大总统的黎元洪为张勋所迫而宣布解散的旧国会,再由旧国会将黎元洪请出来作为暂时过渡,最后利用旧国会“名正言顺”地把直系军阀头子曹锟捧上大总统宝座。

吴佩孚对吴景濂所献之计策心领神会,他深知打起“恢复法统"的旗号,既能驱走他所憎恶的大总统徐世昌,为直系夺取最高统治地位铺平道路,又可以使孙中山的护法运动失去根据,也使广州军政府自身失去存在的理由。而恢复1917年解散的旧国会,让黎元洪复位,补足他的总统任期,则国会和总统都可以成为直系手中的工具,对直系军阀可谓两全其美。与此同时,在天津的黎元洪的幕僚以及旧国会参议院前议长王家襄,研究系梁启超、熊希龄等人,也正通过吴佩孚的儿女亲家张绍曾的关系,怂恿吴尽快采用"恢复法统"的办法来统一全国。于是,吴佩孚在战后来到天津,请张绍曾、边守靖等转告吴景濂,表示愿意与他面谈,并请吴"将其所主张,开单说明,以便与曹巡阅使相商"①。随后,吴景濂即与在津的旧国会议员罗暸生、易次乾、卢信公、吕复、王箴三等人协商,提出了十二条意见,其中最主要的条件有三:(1)拥护《临时约法》,(2)拥护国会,(3)去徐世昌。请张绍曾转交给吴佩孚。

1922年5月10日,吴佩孚由天津到达保定,立即召集直系将领开会,讨论政局发展等重大问题。会前,吴致电直隶省长曹锐,通知他预备专车送吴景濂与王家襄赴保定参加会议。吴景濂晚年在其《口述自传》中曾详细地谈到他在保定与吴佩孚密商的情况。当时吴景濂认为:徐世昌自做非法总统以来,不必问其对全国如何,就其对北方将领而说,以先有直皖战争,此次直奉战争,皆由伊一手造成。今直奉战争以后,徐仍在北京高居总统,君与曹巡阅使将何以对之?故就全国大局论,就北方局面论,第一着,非去徐不能安定。吴佩孚当即表示:他与曹锟"对此事已下决心",至于如何揭出护法旗帜,皆请吴景濂全权办理。

吴景濂进一步强调说:"中国数年糜乱,皆由法律无效所致,予等在南方护法,即为此点。故法律问题若能解决,则徐氏之地位系

①吴叔班(吴景濂之三女儿):《所谓的"贿选"问题和谁是污染"中华民国史书"的人?》(未刊稿),见《吴景濂口述自传辑要》,《天津文史资料选辑》第四十二辑,第87～88页。

非法选出,自然迎刃而解。故今日办法,仍要在北方树护法之旗帜。要知揭出护法旗帜,不但数年护法问题可以解决,则公等与曹巡阅使所处之困难,亦可解决。”双方具体协商了行动步骤,吴景濂提出:“既以揭出护法旗帜为然,予拟在天津先假直隶议会会场及会址设立第一届国会筹备处,由予通电全国,号召第一届国会议员来津,并将筹办情况由予密电西南护法团体使之响应”;“此次回津后即发通电,在直隶省议会设立筹备处。公等接吾电报,请联合直系各省军民人员复电响应,并就予之通电再为通电全国,令北京军警对徐不加保护,请其即日出都”。

关于黎元洪复职问题,两吴意见不尽一致,但吴景濂表示“君等握军权有实力者之意见为如何便如何耳”。

吴景濂在保定与曹、吴密谈四天后返津,临行前当面向吴佩孚立下保证:“回津后即召集同人开会,一面密电西南告以经过情况;并一面在直隶省议会悬挂第一届国会筹备处。”①

经过保定会议,曹锟身边原来打算通过政变把徐世昌赶下台、直接把曹锟捧上总统宝座的一伙人,也只好遵照吴佩孚与曹锟达成的协议:先采用“恢复法统”的办法“统一”全国,然后再利用旧国会选举曹为总统,把北京政府的统治权完全控制在直系军阀的手中。

5 月 14 日,吴佩孚密电北方各省,就恢复旧国会并请黎元洪复位的问题征求意见,江苏、山东、湖北三省当天就复电赞成。15 日,在吴佩孚的授意下,直系将领、长江上游警备总司令孙传芳发表通电,宣布赞成恢复法统,并直截了当地提出了“应请黎黄陂复位”②的问题。16 日,旧国会参众两院议长王家襄、吴景濂等召集部分在津议员开“谈话会”,并设立第一届国会议员通讯处,以通声

---

①以上引文,均见吴叔班笔记、张树勇整理:《吴景濂口述自传辑要》,见《天津文史资料选辑》第四十二辑,第 89～91 页。

②凤冈及门弟子编:《三水梁燕孙先生年谱》(下),1946 年铅印本,第 228 页。

气。为了使事情做得不至于太露骨,以曹锟、吴佩孚为首的直系军阀于19日联名公开发表通电,假惺惺地向全国各省征求解决时局的意见。于是,除奉、皖两系外,北方各省督军都纷纷来电表示赞成"恢复法统"。一些社会名流及政客如熊希龄、汪大燮、孙宝琦等,亦于22日致电曹、吴赞成"法统重光"。而得到曹、吴暗中大力支持的吴景濂、王家襄等旧国会议员,更是连日在津、京、保等地频繁活动,并于24日在天津召开"正式国会继续开会筹备处"成立会,发出通电,决定"依法"定期自行集会。随后,曹、吴立即复电旧国会筹备处,对他们的活动表示坚决地支持。

徐世昌深知如旧国会重开,"己之位置必不能保,急欲加以阻止",即致电天津警察厅长杨以德,令其"迅行查禁,以维治安"。但是,善观风色的杨以德,明知旧国会的召集是出于直系首领曹、吴之主张,安敢受徐之指挥而加以查禁。当即复一电报,答称:"国会议员在津之行动,警厅无权干涉,某但知服从本省长官命令,处理地方事务,如果政府以旧议员之行动越出常轨,应请电曹巡阅使传令津厅办理。"徐世昌在津阻止旧国会议员集会的计划失败后,便与心腹之人别谋破坏旧国会召开的办法,即阻止在粤、沪的议员北上,使之不足法定人数,况且京津议员又大半为国会非常会议所除名,正可以怂恿在粤议员反对京津议员之"非法"行动,使之认为无效。为此,徐出重金派人四出活动,收买在粤、沪议员,"只须其不复北来,虽耗费不赀,亦非所惜"①。讵意所派之人多为旧国会议员,彼等领款后至津,随即发表声明,声称并无受徐委托之事,道路所传全属奸人中伤之举,致使徐世昌第二次计划又告失败。

徐世昌自1918年10月在冯国璋总统任满下台以后,经皖系操纵的安福国会选举为总统,他以文临武,周旋于各派军阀的斗争之中,任大总统已有三年多的时间,向以利用矛盾、操纵平衡以为自固之计的徐世昌,时至今日,在直系军阀曹吴及国会议员的夹击

---

①上海竞智图书馆编:《徐世昌全传》,上海竞智图书馆1922年版,第53、54页。

下，黔驴技穷，气数已尽。

曹吴迫徐下台与扶黎上台几乎同时并举。1922年5月27日，吴佩孚给徐世昌发一密电，大意谈到目前解决时局的办法有二：一为常法，二为变法。所谓“常法”即是恢复第一届国会，所谓“变法”即是召开国是会议。并提出常法有三利：(1)有法律根据；(2)手续便利，不致多费时日；(3)易与西南各省区护法相融洽，为促成统一大业之捷径。变法有三弊：(1)法律上无根据；(2)手续纷繁，徒费时日；(3)西南表示反对，去统一大业愈远。所以，决定采取常法而不取变法。密电并称：前经通电西南各省及中央直辖各省磋商，今已得十余处复电，均表赞成恢复旧国会，一俟各省区复电到齐，即当转呈，并请中央积极主张。次日，曹、吴召开紧急会议，决定电请黎元洪尽快复职，以谋早日统一。对此举措，直系部将反应甚速，当天，孙传芳再次发表通电，提出南北两总统同时退位的主张。29日，江苏督军齐燮元也紧跟着发出通电，劝徐世昌退位。孙、齐两电，使徐世昌面对与直系军阀摊牌的局面。

老谋深算的徐世昌一向骑墙有术，此次仍故作镇静，企图拖延下去，以待时局的转变。31日，他通电表示：“一有合宜办法，便即奉身而退，决无希恋。”①所谓“一有合宜办法”，实际上是托词，无非借此以延缓自己的政治生命。在徐世昌发表通电的第二天，旧国会众参两院议长吴景濂、王家襄暨旧国会议员203人②立即发表宣言：宣布徐是“伪总统”，指责他的种种罪行，提出取消南北政府，另组合法政府，并于即日起由国会行使职权③。这个宣言，对徐世昌已不留一点情面。同时，直系各省督军如河南督军冯玉祥、

①上海竞智图书馆编：《徐世昌全传》，上海竞智图书馆1922年版，第59、60页；张梓生：《黎元洪复职记》，见《东方杂志》第19卷12号，第56页。

②一说旧国会议员一百五十余人发表宣言，如台湾中华书局编辑部：《吴佩孚传》，1983年台湾出版，第80页；一说“议员三百八十余人”，见上海竞智图书馆编：《徐世昌全传》，第63页。

③《民国日报》1922年6月3日。

陕西督军刘镇华等，亦迭电请求恢复法统，敦劝徐世昌“勿再恋栈，立刻辞职”。吴佩孚更是迫不及待，6月2日便指使驻京代表一日数次打电话到总统府，催问总统何时离开北京？随后“即有保定方面之驻京代表入谒徐氏，声言‘合法总统行将入京，请将公府迁让’之事”①。至此，徐世昌乃知大势已去，才以“本大总统现因衰病”为名，宣告辞职，并下令由国务院摄行职务。6月2日下午4时许，徐世昌在王怀庆等军警要人的护送下，乘专车赴津；同时，北京政府以国务总理周自齐为首的全体内阁成员，联名致电在津的旧国会参众两院议长王家襄、吴景濂，告以“东海顺从民意，宣告辞职，依法交国务院摄行职务”。又因为内阁原是由非法总统徐世昌所任命的，所以周自齐不敢用内阁名义摄行总统职权，故特别声明：“自齐等遭逢世变，权领部曹，谨举此职权奉还国会，用尊法统，暂以国民资格维持一切，听候接收。”②

就在徐世昌辞职当日，吴佩孚不失时机地发出个人通电；曹锟也领衔十省区督军、省长联名发表冬(2日)电，均称徐氏既退，请黎元洪复职，恢复民国六年国会。随后，周自齐等人于3日致电黎元洪：“国事重要，首座不可虚悬，自齐等暂维现状，未便久摄，敬请钧座即日莅京视事，并推恩洪(即时任交通总长的高恩洪)明晨来津迎迓。”③

至此，直系军阀赶徐世昌下台的目的业已达到，而曹锟上台的时机尚未成熟，还需要以“恢复法统”的名义暂时过渡一下，于是黎元洪重作冯妇的机运来了。

---

①张梓生：《黎元洪复职记》，见《东方杂志》第19卷12号，第56～57页。关于吴佩孚迫徐下台一事，众说纷纭，如张国淦就持有不同说法，详见张国淦《中华民国内阁篇》，见杜春和等编：《北洋军阀史料选辑》(上)，中国社会科学出版社1981年版，第241页。

②刘楚湘：《癸亥政变纪略》，泰东图书局1924年版，第6页。

③刘楚湘：《癸亥政变纪略》，第6页。

### 2. 黎元洪再次出山

黎元洪自 1917 年 7 月张勋复辟下台以后，已在天津英租界隐居五年，平时杜门谢客，在寓读书写字，骑马养花自遣，并以主要精力从事实业和金融等方面的活动，不再过问政事。直奉战争结束后，他在给赴日本留学的长子黎绍基的一封信中写道："奉直战争，奉军完全失败，未知将来如何变局。"①可见在第一次直奉战争之后，黎元洪还未想到将来的"变局"会与自己有关。然而，黎左右的幕府策士早已不甘寂寞，正待机而动。当 1922 年 5 月中下旬，他们探悉直系军阀吴佩孚有"恢复法统"请黎元洪复位的打算，立即四出活动，暗中同直系要人进行联络。随之黎本人也密切注视形势的发展，但是他万万没想到局势发展如此之快——从 5 月下旬开始，旧国会参、众两院议长王家襄、吴景濂及一些国会议员，联袂来到黎宅，劝黎出山，复任总统。黎左右的人认为此次机会难得，怂恿黎赶紧拿定主意，尽快复任，以免夜长梦多。由于事情来得突然，黎元洪没有思想准备，他回首往事，对府院之争、张勋复辟等一系列的事件，历历在目，还心有余悸，对军阀的飞扬跋扈更是体会尤深。

在得知黎的态度仍犹疑不定时，直系军阀深怕黎不入彀中而使他们的全盘计划落空，便立即派曹锟的参谋长熊炳琦、吴佩孚的参谋长李倬章以及国务院的代表高恩洪等相继来津，敦促黎元洪早日返京复职。一时间，黎公馆前车水马龙，门庭若市，这位下台总统又成了红极一时的政治人物。紧跟着，直系各路军阀催促复位的电报也纷纷而至。在一片拥戴声中，黎元洪不愿错过这千载难逢的机遇，出山的决心始定。不料，6 月 3 日，皖系军阀卢永祥突然发表通电，对直系逼迫徐世昌下台，强使黎元洪复任总统进行指责说："既主张法统，则宜持有系统之法律见解，断不容随感情为选择，二三武人之议论，固不足变更法律，二三议员之通电，更不足

①黎元洪致黎绍基函(1922 年 5 月)，天津市历史博物馆藏。

代表国会……《约法》上只有‘因故去职’或‘不能视事’二语，并无辞职条例。”并正告黎元洪：“大总统选举法规定总统任期五年，河间代理期满，即是黄陂法定任期终了，在法律上成为公民，早已无任可复”，如非要“强而行之”，必“陷于非法”①！这个电报，不啻给黎元洪泼了一盆冷水，使他感到“复职”一事并非可以简单从事，加之幕府中亦有人劝他“慎其出处”，不可急于求成。于是，黎于当日赶忙发出通电，作为对曹、吴以及各省区来电敦促复位的答复，电云：“元洪引咎辞职，蛰处数年，思过不遑，敢有他念，以速官谤。果使摩顶放踵可利天下，犹可解说，乃才轻力薄，自觉弗胜，诸公又何爱焉！前车已覆，来日大难，大位之推，如临冰谷！”②当曹、吴见到黎元洪这一通电后，唯恐他们的预谋不能实现，赶忙派出代表多人到津劝驾。同时，旧国会方面亦派代表二十余人，在吴景濂、王家襄的带领下，轮番到黎宅促驾。国务院除派交通总长高恩洪前来迎迓外，阁揆周自齐个人复派黎元洪的好友、侨务局副总裁李钦到津敦请。一时间，“劝驾之勤，称为极盛”③，弄得黎宅天天是“黑压压地一屋子人”④。

黎元洪同其幕僚经过一整天的紧急磋商之后，提出了一个笼络民心的“废督裁兵”方案，想以此博得社会各方面的同情，以便限制军阀们逞兵作乱。6月6日，黎在其住宅举行了一次谈话会，时曹、吴等直系军人代表，国会两院议长及部分议员，国务院和各省团体的代表多人应邀参加。会上，黎元洪略事寒暄后，便拿出一张电报稿让大家传阅，并说：“本日特发一电，对于时局前途有具体之主张……鄙人出处以今日所主张者为唯一关键，在座诸君可以此意转达各省区长官及全国国民，如以鄙言为不合，则今日与诸君畅

①上海竞智图书馆编：《卢永祥全传》，上海竞智图书馆1925年版，第2页。

②《大公报》1922年6月4日。

③蜚荫馆主编：《黎元洪近事记》，上海新华印书社1922年版，第45页。

④蜚荫馆主编：《黎元洪近事记》，第45页。

谈之日，即为最后会晤之一日，鄙人不敢再问国事矣。”[①]原来，黎叫大家传阅的电报稿，就是由其秘书饶汉祥草拟的三千言“废督裁兵”之“鱼”(6 日)电。

所谓“废督裁兵”，与黎前期所提的“军民分治”口号是一脉相承的。早在袁世凯任大总统时期，袁为了加强个人的独裁统治，防止“藩镇割据”局面出现，曾授意时任副总统的黎元洪倡导“军民分治”，后又明确提出“废督裁兵”的倡议。然而，当时大小军阀各行其是，已使袁深感有尾大不掉之势，这个口号根本无法实行。袁死后，黎在继任总统位上亲身感受到武人干政的弊端，而且其人就是在 1917 年被督军团威逼下台的。虽然他对总统宝座颇有贪恋之心，但仍怵于那些赳赳武夫的逼人之势，所以，在直系军阀一再拉他复位的情况下，他再次提出“废督裁兵”作为出山的条件。他认为：“民国乱事，悉由督军造成，非废督裁兵，无以收拾时局。”[②]在电报稿中他列举督军制有“五大害”：第一，各督拥兵，力求其众，且日日扩军，致使“我国积贫，甲于世界，兵额之众，竟骇听闻”，结果是“无人不兵，无兵不匪”，人民不胜其扰；第二，各督“拥兵为雄，日事聚敛，始挪省税，终截国赋”，使中央和地方财政均告竭蹶；第三，“军位既尊，争端遂起”，各省连年争战不已，使得国无宁日，民遭荼毒；第四，“自督军制兴，滥用威权，干涉政治，囊括赋税”，破坏共和国家的“民治”原则；第五，因大权所集，均在督军，故政党争权时，均以督军为凭借，“政客藉实力以自雄，军人假名流以自重。纵横捭阖，各戴一尊”，使全国局势更趋混沌，有碍统一。黎要求各督军“立释兵柄”，“上至巡阅，下至护军，皆刻日解职，待元洪于都门之下，共筹国是”。他最后表示：“果能各省一致，迅行结束，通告国人，元洪当不避艰险，不计期间，从督军之后，慨然入都，且愿请国

①《申报》1922 年 6 月 9 日。

②凤冈及门弟子编：《三水梁燕孙先生年谱》(下)，1946 年铅印本，第 234 页。

会诸公绳以从前解散之罪，以为异日违法者戒!”[①]

“鱼”电一发出，因其符合人民厌乱心理，故一时颇获社会的同情，而唯恐黎元洪拒绝复职不能为己所用之曹、吴，暂时也不得不表示赞成。6月7日，曹锟、吴佩孚首先发表通电，对“鱼”电表示响应。冯玉祥复电更为恳切，愿“废督从自己开始”。陈光远则表示首先解职。其余各省督军如田中玉、萧耀南、刘镇华、齐燮元等，亦先后来电，一致愿听命令。西南方面如四川刘湘、贵州袁祖铭等，也表示赞成恢复国会和黎元洪复职。黎虽面对直系军阀一致拥护“废督裁兵”的表态，但仍汲取各派军阀言而无信的教训，进而又发一电，谓:“救国大计，非可徒作空言，若公等无切实表示，不即日全体解去兵柄，则元洪不能冒昧来京”[②]。同时，黎元洪为求得吴佩孚及各省督军对“废督裁兵”的确实保证，又于8日派其亲信金永炎[③]到保定会见吴佩孚，不料遭吴的冷遇，吴态度相当严厉。同一天，曹锟的代表熊炳琦、吴佩孚的代表李倬章身负劝驾重任，多次到黎住宅，恳请黎元洪尽快入京复职，而黎一再解释说:许多省份对“废督裁兵”尚未表态，不能贸然入都。熊、李二人黔驴技穷，口干舌燥，恳请无效，竟扑通一声下跪哀求。黎大惊不知所措，亦赶忙下跪还礼。当时在场的京兆公民代表、陆军上将王芝祥以及直系将领王承斌等人也随同下跪劝黎[④]。

正在黎元洪两难之际，风头有所变化。10日，金永炎自保定返回天津，向黎报告了吴佩孚的严厉态度，同时黎又闻讯，曹锟在见到黎的“鱼”电后，曾暗下表示:让他做现成的总统，还要向别人提条件，我们捧他上台，他却叫我们下台，真不识抬举！曹锟身边的一些人甚至公开叫嚷抛开黎元洪，让曹直接当临时总统，或者先

---

①《申报》1922年6月9日。

②张梓生:《黎元洪复职记》，见《东方杂志》第19卷第12号，第72页。

③金永炎，字晓峰，湖北黄陂县人，为黎元洪的同乡，颇受黎的推重，黎的很多内幕活动，都是通过他来进行的。黎复职后，金任陆军部次长。

④《吴景濂口述回忆录》(未刊稿)及上引张梓生《黎元洪复职记》中均有详细记载。

组织一个行政委员会作为选举前的过渡机关。总之,无论是熊炳琦、李倬章等人的下跪软磨,还是曹锟、吴佩孚的疾言厉色,都使黎元洪意识到,直系军阀已不容许他讨价还价。其实,说到底,黎并非真正指望他提出的"废督裁兵"主张会立即兑现,只不过是为了博得社会声望,以树立总统的威严,亦为自己"蛰处数年",而今在军阀的挟持下忽又"复任"找台阶。现在曹、吴及直系将领既已通电表示拥护"废督裁兵",总算给了他点面子,若一再拖延,恐怕这即将到手的总统位置又将得而复失。于是,他不再等待其他督军的表态,也不敢再要求各督军"先行解职",便匆匆忙忙于10日发表接受复职的通电,同时宣告6月11日早8时入京就职,暂行大总统职权,至于法律问题,"应由国会解释,俟国会开会,听候解决"①。

6月11日上午8点,黎元洪在旧国会众、参两院议长吴景濂、王家襄和国务院代表周自齐、高恩洪以及曹、吴的代表熊炳琦、李倬章等人的陪同下,乘专车自津赴京上任,并于当日在中南海怀仁堂举行就职典礼。在典礼仪式上,黎发表演讲说:"出京五载,国家元气斫丧如是。此来因各方敦迫,不得已暂行大总统职权,藉以维持国际上之地位,其余各事,静待国人解决。"②随后,由周自齐依国会众、参两院议长之请,将大总统印捧呈黎元洪。

黎元洪在直系军阀的导演下复任总统,届时,各地大小军阀纷纷向黎发出贺电,祝贺"法统重光"。实际上,正如时人所评,黎元洪的复位是直系军阀"因无法收拾残局,所以勉强拉出来"③,让他充当傀儡,作为暂时过渡的权宜之计,待挤走徐世昌,迫使孙中山放弃护法旗帜后,再把曹锟换上总统宝座,而由吴佩孚操纵一切,这样直系军阀就可以"名正言顺"地独擅政柄。换言之,黎元洪的

①《大公报》1922年6月12日。

②黎元洪演讲词底稿,天津市历史博物馆藏。

③上海镇华编辑部:《黎元洪二次出京记》,1924年版,第18~19页。

复位“本来没有法律的根据”①，连黎的幕僚“多方考求而不能得适宜之解释”②。为此，当1922年8月1日旧国会宣称继续民国六年二期常会而宣告复会后，黎元洪即咨请补完1917年7月正式辞职手续，以期取得任期之合法解决。然而，吴景濂等深知黎的计谋，遂将咨文退回。当时，著名学者胡适等人创办的《努力周报》对黎元洪的“咨请”评论说：“黎元洪忽然向国会‘补完民国六年七月正式辞职手续’！这种古今中外都不曾有过的妙计，不知是那一位神机军师想出来的。然而这确是一条妙计。假如国会准他辞职，那就是国会承认了他的法律位置了。假如国会不准他辞职，他更是合法的总统了。假如国会不受理，把原文退回，那又是国会自身不肯解决这个问题，他仍旧可做他的总统了……现在国会果然把咨文退回去了！黎元洪自然‘决不稍图推卸’了，这岂不是一条妙计吗？——然而过去的事实还是事实，过去的岁月还是岁月，决不是一纸公文就能弥补了的。其实，黎元洪若能老老实实的认清自己的职务，是非常时代被拥戴出来维持现状的一个临时总统，这一层还可以得国人谅解，还可以得历史上的谅解。他又何必多此一举呢！”③

## 二、黎元洪复出后的艰难处境

黎元洪复任总统以后，他面临着改组内阁、国会复会、实现南北统一、实行“废督裁兵”等一系列问题。从他解决这些问题的过程中，即可以看出：黎复任伊始，其总统地位就处在危机四伏、风雨飘摇之中。

①陈独秀：《儿戏之北京政府》，见《向导周报》1923年6月20日。
②张梓生：《黎元洪复职记》，《东方杂志》第19卷第12号，第66页。
③《胡适文存》第二集第三卷，上海亚东图书馆发行，第207页。

### 1. 恢复国会之艰难

6月12日，黎元洪迁到中南海居仁堂办公，当天就发布了第一道命令——改组内阁。原计划任命伍廷芳为国务总理，以便恢复他下台前的原状：即旧的国会、旧的总理、旧的总统，以显示他的复任的正统性。但伍廷芳早在南方政府中身居要职，根本不可能接受黎的任命，何况伍此时已身患重病，于是黎只好改派颜惠庆为国务总理，并提出一份七拼八凑的阁员名单：

外交总长　颜惠庆（兼）

内务总长　谭延闿

财政总长　董　康

陆军总长　吴佩孚

海军总长　李鼎新

司法总长　王宠惠

教育总长　黄炎培

农商总长　张国淦

交通总长　高恩洪

其中，谭延闿长内务，是由张国淦推荐的，并在谭未到任前，由张兼任；黄炎培未到任前，由高恩洪兼代；吴佩孚长陆军不到任则由次长金永炎代。这个内阁基本上为黎元洪和直系军阀所满意，虽然费了一些周折，但总算很快组成，这是在黎元洪第一任上的内阁所没有的，以致吴佩孚“盛称此次任命内阁之神速”[①]。

黎元洪发布的第二道命令，是撤销民国六年（1917年）6月12日的解散国会令。在此之前，黎曾发出“真”电，宣布旧国会复会，要求原参、众两院议员“刻期入都，继续行使职权”[②]。随即由北京政府拨款20万元，作为议员入京旅费，并宣布旧国会于8月1日

①蜚荫馆主编：《黎元洪近事记》，上海新华印书社1922年版，第58页。

②黎元洪“真”电稿，天津市历史博物馆藏。

复会。

奉、皖两系军阀对直系一手扶植起来的黎大总统表示了妥协态度。西南各省军阀虽倡言“联省自治”，但也不反对黎元洪复任总统。广东省议会及各团体也有通电赞成统一之表示，并且在电报中直接称呼黎为总统。如此看来，好像黎元洪受到各方面的支持，北京政府已经趋于稳定，但这完全是表面现象，实则形势极为严峻。

首先遇到的是南北统一问题。南方以孙中山为首的护法军政府坚决否认1917年6月国会解散以后的北京政府为合法。就在黎元洪发表“鱼”电的同一天，孙中山发表对外宣言，声明广东军政府为“中国事实上、法律上唯一政府”，要求各国“重申不干涉中国内政之宣言”，“假使列强现承认北京之伪新总统(按：指复位后的黎元洪)，则其行动仍为干涉中国内政，其结果将更劣于承认徐世昌也”①。护法团体全国各界联合会也通告各国驻华公使，声明“孙中山博士为中华民国之唯一大总统，伍廷芳博士为中华民国之唯一外交部长，凡国际交涉，应由孙大总统及伍外交部长负责，方为有效”②。6月8日，广州非常国会开会，作出决议：(1)咨请政府宣布黎元洪解散国会、徐世昌窃踞北京大总统毁法乱国之罪，并请明令拿办，明正典刑，以张国法；(2)通电宣布黎元洪罪状③。9日，广州非常国会主席林森宣布黎元洪罪状为：“(1)毁法，解散国会；(2)叛国，徇张勋请，将民国大权献宣统；(3)辱国，临难逃入日使馆，失总统资格”，否认其复职④。10日，广州政府又通电各国，声明北京现无政府，所有全国交涉，应由广州办理。

当时，不仅黎元洪复位遭到南方反对，就是旧国会的复会也遭到南方反对。因为旧国会有“民六国会”与“民八国会”之别：直系

①《孙中山全集》第六卷，中华书局1985年版，第144页。

②《民国日报》1922年6月7日。

③《民国日报》1922年6月11日。

④《申报》1922年6月10日。

军阀支持的吴景濂、王家襄等人在天津召集的是民国六年(1917年)被北京政府解散的国会,简称为"民六国会";孙中山在广州召集非常国会时,许多议员未到,不足法定人数,遂于民国八年(1919年)将不到会议员除名,由各省候选人递补,这个国会简称为"民八国会"。早在是年5月17日和22日,"民八议员"就曾两次通电反对恢复"民六国会"。6月3日,非常国会又发表通电,主张继续民国八年国会,否认吴景濂、王家襄等人在天津筹备召集的民国六年国会。"民八议员"认为:"民六国会"已被解散,在法律上已无效,而国会在广州集会系法律所允许,一部分议员已无任何职权可复,何况这些人中还有曾任安福国会议员者、曾任伪政府官吏者,哪里还有脸面侈谈什么法统!唯有继续"民八国会"才有法统可言。两会争执不下,最后由北京政府设置一个专门机构,将民八议员予以政治性的安插,争议才暂告一段落。

黎元洪在复位之初,张国淦即向他建议:"此时应当先谋南北合作。历来言统一而不能实现者,大半人的问题",应"以南方重要人物参加北阁,南北一堂,以谋统一"①。对这一计策不仅黎元洪心领神会,而且也与直系军阀不谋而合,吴佩孚正想通过吸收南方人物入阁,以瓦解护法政府,实现全国统一。当时,颜内阁得以成立,就是因为与直系军阀有其共识的结果。所以,黎复任之初,立即下令撤销对孙中山的通缉令,并电邀孙中山入京筹商国事;颜内阁成立后,黎元洪和内阁一些成员还分别发电欢迎伍廷芳北上重新组阁,并电邀唐绍仪、陈炯明、岑春煊、谭延闿等来京共商大计。但作为直系军阀"灵魂"的吴佩孚则是在要求孙中山下野的前提下,同时分别电请孙中山、伍廷芳、李烈钧等人北上共谋国是。在吴的推动下,直系军阀发出要求孙中山下野和欢迎南方重要人物北上的鼓噪,目的是想造成"全国统一"的气氛。与此相配合,黎元

①张国淦:《中华民国内阁篇》,见杜春和等编:《北洋军阀史料选辑》(上),中国社会科学出版社1981年版,第242页。

洪于6月15日下令全国停战。但是,这些虚伪的表示,均被南方所拒绝,而被邀请的人士亦无一北上。其中,谭延闿于6月15日明确表示不就任内务总长一职;16日,黄炎培亦表示不就教育总长职。这两封电报都直接发给内阁总理颜惠庆,对黎的总统地位似不承认。伍廷芳对黎元洪的邀请电不仅不直接予以答复,反而在6月20日发表通电,认为黎复职没有法律根据。已被黎元洪任命为参谋总长的李烈钧,态度更为强硬,竟在一个联名通电中,责骂黎元洪"叛国",并说黎和旧国会都是直系军阀的傀儡。结果,黎元洪拉拢西南人物加入内阁的计划宣告失败。

至于黎元洪发布的全国停战令,根本就无人理睬。孙中山在黎发出"废督裁兵"通电的同一天,发表了《工兵计划宣言》:呼吁全国实行裁兵,全国兵额不得超过30万人;要求直系军队裁减半数,由北京政府改为工兵。这比黎元洪提出的"废督裁兵"更进了一步。孙中山表示:如直系能履行此项条件,则"本大总统立饬全国罢兵,恢复和平"[①]。同时,他还对外国记者发表谈话说:吴佩孚致力于恢复旧国会,又向南方谋求妥协,"惟彼之真意,既未之明,自不能应之"[②],意即北伐不能终止。而且,在北方,奉、直两军也不时发生战事。黎的停战令与过去北京政府发布的这类命令一样,只不过是一纸空文。

南方对待黎元洪的态度如此,即使在北方,黎的处境也不妙。

黎元洪入京复职的第二天,即6月12日,接到曹锟自保定发来的一封贺电,谓:"法统初复,人心望治,钧座入都,暂行大总统职权,实为国家之福。锟夙钦盛德,更仰新猷,本拟赴都躬申觐贺,复以疆圻任重,未敢远离职守,谨托副使吴佩孚代表晋谒崇阶,借摅忱悃。"[③]这封电报的真意,乃是告诫黎元洪只是"暂行大总统职

---

①《孙中山全集》第六卷,中华书局1985年版,第147页。

②《孙中山全集》第六卷,第148页。

③曹锟致黎元洪复位贺电,天津市历史博物馆藏。

权”,使黎上台伊始就处于异常尴尬的局面。

直系军阀欲控制黎元洪及其北京政府,却又不给予实际的支持。比如,吴佩孚已被任命为陆军总长,但内阁成立后他并不来京就职,即黎元洪恳请他在洛阳“遥领”,亦遭拒绝,再加上南方几位阁员也不肯就职,使颜惠庆主持下的内阁几无法履行政府职能。

6 月 13 日,吴佩孚亲自来京祝贺黎之复职,并在黎住的八角亭上与他密谈了一小时,提出总统府应与洛阳方面(时吴佩孚以直鲁豫巡阅副使名义驻节洛阳)“密切联系,府方可用彼处一人为秘书长”①,并推荐自己的秘书孙丹林代替原任总统秘书长饶汉祥。吴的目的是派自己的亲信监视黎,使其不再有类似“鱼”电的主张发表,以便随时掌握北京政府的内部动向。黎元洪当面不便驳回,只得应允。但事后黎的幕僚群起反对,认为“吴不当干涉秘书长,且孙进府,则府中秘密无不泄露于洛方,尤为可虑”②。于是,黎仍以饶汉祥为总统府秘书长。然而,孙丹林因此大愤,欲登车回洛阳告状,为交通总长高恩洪劝阻,经与国务总理颜惠庆商议,任孙为内务部次长,才免别生枝节。此后,孙丹林常以吴大帅的威风吓人,从此各方面不断发生问题了③。

### 2.“废督裁兵”之落空

黎元洪上台前提出的“废督裁兵”倡议本以为是扼制军阀争斗的良策,实际上更是徒具空言,根本无法实行。先是吴佩孚拒绝就任陆军总长,自然使黎原打算藉吴的声望推行“废督裁兵”的计划落空。继而曹锟、吴佩孚在 6 月 15 日于保定召开的一次会议上,

---

①张国淦:《中华民国内阁篇》,见杜春和等编:《北洋军阀史料选辑》(上),中国社会科学出版社 1981 年版,第 243 页。

②张国淦:《中华民国内阁篇》,见杜春和等编:《北洋军阀史料选辑》(上),第 243 页。

③参见张国淦:《中华民国内阁篇》,见杜春和等编:《北洋军阀史料选辑》(上),第 243 页。

以讨论“废督裁兵”为名，却提出了一个与黎的用意大相径庭的计划。这个计划要在全国设立九个军区，全国军队编为四十个师，即大省置二师、中省一师一旅、小省一师，每区设军区长一人主持，军队直隶中央政府，饷银、军械等悉由中央供给[①]。会上只泛泛讨论了一下废除巡阅使、督军和裁兵等事[②]。这些关于“废督裁兵”的计划，是要把全国的军、政、财权都囊括在曹、吴手中，改督军之名扩大为军区长，而与黎元洪倡议的“废督裁兵”完全是反其道而行之。

黎元洪为了贯彻“废督裁兵”的主张，虽然整天忙于敦促各省裁去督军，专留省长，但始终未见实际效果。首先是直系曹锟、吴佩孚看到一旦照黎的“废督”主张实行，必然有损于直系军阀在黄河及长江流域的势力，于是便一反当初对黎的允诺，公开反对“废督裁兵”。曹锟在黎“复职”以后，由保定给黎发来电报，告之当前战事未息，“废督裁兵”一事颇为困难[③]；吴佩孚亦发来电报，谓“废督裁兵”系百年大计，非统一后不能进行，并令其部下萧耀南不要废督[④]。其他派系军阀也通电表示反对“废督裁兵”。另一大派系奉系军阀控制的东三省工商联合会声称：“东三省原有军队，一时断难迅裁，绝非‘废督裁兵’四字宣言所能解决……所有东三省数十万军队，若非张公(作霖)出而统率之，实不足以维系人心。”[⑤]晋系军阀首领、山西督军阎锡山则表示：“废督裁兵”，“兹事体大，不厌详求。苟补苴于目前或矫枉而徒掠虚名，反滋流弊，甚非所以策万全”，并认为被裁之兵会“流而成匪，为患更深”[⑥]。一句话，就是兵不能裁，裁必生乱。

---

①《申报》1922年6月。

②吴佩孚先生集编辑委员会编：《吴佩孚先生集》下编，台湾传记文学出版社1960年版，第349～351页。

③《申报》1922年6月19日。

④《晨报》1922年6月24日。

⑤《大公报》1922年6月22日。

⑥北洋政府陆军部档案，中国第二历史档案馆藏。

当时,在"废督裁兵"的声浪中,浙江督军卢永祥和江西督军陈光远倒实行了"废督"。卢通电宣称:"实行废督,请自隗始,副我素怀,并非矫饰。"[①]然后,紧接着又宣布就任"军事善后督办",在浙江省内"不准任何方面非法干犯","各行政机关行其旧"[②]。卢只是将"督军"改称为"督办",实质并无任何变化。这实际上是对黎元洪"废督裁兵"的一个戏弄!至于江西督军陈光远宣布的"废督",则是因广东北伐军进入江西,赣军力不能敌,以"兵溃"而不得不"自动"去职的。曹锟随即保荐蔡成勋继陈光远之后为赣督,这不能不使黎元洪极为难堪。黎既要顾全面子,又怕得罪曹、吴,于是只得发表蔡成勋为"督理江西军务善后事宜"。把"督军"改称"督理",实质还是一样。

督不能废,裁兵又进行如何呢?就是在"废督裁兵"的呼声喊得最响时,直系军阀不仅不裁兵,反而大招新兵。如吴佩孚于6月份仅在山东夏津、武城、清平、邱县等地就招收新兵5000人,连同5月份共招新兵1万余人[③]。据当时外国驻华使团调查,"这一时期,各地军阀招兵,又有七批……保定刚兵变,又陆续补额"[④]。当初声称对黎元洪"废督裁兵"的"鱼"电予以支持并"谨当遵命为各省倡"的曹、吴,就是这样公然地自食其言。

此外,黎元洪还试图用委派省长的办法,逐步达到"废督"的目的。但是,由他任命的直、鄂、豫、陕各省省长高凌霨、汤芗铭、田文烈、张绍曾等人因督军们的反对,无一人到任[⑤]。而各省原有的省长,不是由督军兼任,便是督军的傀儡,这又使黎企图以省长代督军的计划也遭到彻底的破产。

---

①北洋政府陆军部档案,中国第二历史档案馆藏。

②《晨报》1922年6月22日。

③《民国日报》1922年6月14日。

④《申报》1922年2月15日。

⑤《申报》1922年6月17～20日、24日、25日。

### 3. 组织内阁之反复

黎元洪倡议的“废督裁兵”徒托空言，大小军阀称兵如故，各地又屡次发生兵变，人民生活苦不堪言，致使北京政府的财政益加困难。黎想作名副其实的总统，而直系军阀只不过把他当作政权过渡的阶梯，政府的一切大政方针必须听命于曹、吴，这种格局，自然会在黎元洪与直系军阀之间产生权力之争，而且在内阁问题上很快显现出来。

黎元洪复任后的第一届内阁——颜惠庆内阁是一个残缺不全的内阁，财政困窘，政令根本无法执行。时北京地区的军教人员又成立索薪团，并包围了国务院。颜惠庆原想以京汉等四铁路作抵押，向英、美、法、日四国银行团借款，暂时应付过困难的局面，然而借款的计划遭到银行团拒绝，致使内阁实在无法继续维持下去。于是，颜惠庆坚决表示，8 月 1 日国会复会前一定辞职。一时间，黎元洪觅不到合适的接替人选，只得于 7 月 31 日先让司法总长王宠惠代理阁揆。

王宠惠(1881～1958 年)，字亮畴，广东东莞县人。天津北洋大学法科毕业后，在上海南洋公学任教。为同盟会会员。后赴美深造，获耶鲁大学法学博士学位。辛亥革命后，被推为广东省代表并参加十七省总统选举会。南京临时政府成立后，被任命为第一任外交总长。后北京政府由唐绍仪组织第一届内阁时，王为司法总长。1918 年 7 月任北京政府修订法律馆总裁。1920 年 8 月任大理院院长。1921 年 6 月为我国出席国际联盟会议代表；9 月被选为国际仲裁法院裁判员；10 月被北京政府派为出席华盛顿会议的中国代表；12 月在梁士诒内阁中任司法总长。1922 年 6 月在颜惠庆内阁中蝉联此职，7 月底以司法总长代理内阁总理。

应当说，王宠惠代理阁揆，是黎元洪不得已之举，因为关于内阁问题，黎一直想请南方有影响的要人如伍廷芳、唐绍仪等人出面组阁，以便早日促成南北统一。但此时伍廷芳已逝世，黎即想请曾任民国首任总理的唐绍仪出任此职。为此,他于7月下旬派其亲信金永炎到保定、洛阳分别征询曹锟、吴佩孚的意见。曹、吴均表示:内阁总理应由总统选派,我等决不干涉。同时,曹提出以高凌霨为交通总长、汪士元为财政总长、张绍曾为陆军总长,其余阁员,概不过问;而吴佩孚希望自己的亲信高恩洪能够留任交通总长,并电请曹锟将高凌霨调为财政总长,汪士元改任他职。曹锟顺其所请。8月6日,黎元洪正式任命唐绍仪为内阁总理,内阁成员有:

外交总长　顾维钧
内务总长　田文烈
财政总长　高凌霨
陆军总长　张绍曾
海军总长　李鼎新
司法总长　张耀曾
教育总长　王宠惠
农商总长　卢　信
交通总长　高恩洪

其中,田文烈因畏惧内务次长、吴佩孚的亲信孙丹林的气焰而不敢就职,即举孙自代,实则内务部的部务由孙丹林全权处理。这个内阁既包括曹、吴所推荐的党羽,又有政学系的代表人物,还有黎元洪自己提名的人。唐绍仪虽已应允出任内阁总理,但因北京政府为直系军阀所控制,各种矛盾极为复杂,想静观一下时局的发展再行北上,因此推荐他的亲信卢信加入内阁,以探听信息。唐未到任前,由王宠惠以教育总长兼代总理,而此时“王即倾心与吴佩孚结纳,枢府政务,皆由内务总长孙丹林、交通总长高恩洪主持,而孙、高二人,均系佩孚心腹”①。

---

①刘楚湘:《癸亥政变纪略》,泰东图书局1924年版,第32页。

8月6日[1]，这个名为唐阁，实际上是由王宠惠代理国务总理的内阁正式就职。随后，唐绍仪亦北上行抵天津，欲走马上任。讵料曹、吴忽又提出异议，对唐绍仪表示不满，认为唐虽北洋出身，但后来投向了革命党，觉得他出任内阁总理对北洋派不利，进而又对内阁成员横加指责。8日，在王宠惠举行的一次宴会上，内务次长兼代部务的孙丹林拿出吴佩孚致某议员的“麻”(6日)、“阳”(7日)两封电报给大家传观。“麻”电称：“晓峰(金永炎字)来商组阁事，对唐(组阁)绝不赞成，以维持现状为宜。如颜(惠庆)不愿续，以亮畴(王宠惠字)代揆，高(恩洪)交不动，张(绍曾)长陆军，余请元首斟酌。李印泉(李根源)、张熔西(张耀曾)、谷九峰(谷钟秀)诸君(按：以上三人均属政学系)，川滇粤与之向有恶感，现正力谋统一，未便入阁。”“阳”电称：“适接公府歌(5日)电，唐阁已发表。查唐主八年上海和会，世间啧有烦言；张熔西入阁，将妨碍川滇粤统一；卢信为金星公司交易所诈财流氓(卢原为该公司总经理)，均不可入阁。金晓峰来，言之再三，不意回京卒然发表，显系别有用意，何必惺惺来洛，貌为周旋！想议员诸公洞彻大局，决不轻予通过也。”[2]

吴佩孚的“麻”电和“阳”电，引起北京政府极大震动。原来，吴佩孚之所以反对政学系分子入阁，是因为黎元洪身边的策士如李根源、金永炎、韩玉辰等都属于政学系，他们在国会中占有相当势力，企图依靠总统和国会谋政治之进行，不大听从吴佩孚的号令，因此吴对他们大为不满。吴佩孚平时总是唱“不干政”的高调，但一到关键时刻，便撕去假面具，这次他对黎的态度几乎和1916年张勋所作所为一模一样，彼时张亦拼命反对唐绍仪和张耀曾入阁，这倒是极妙的历史巧合！

---

①唐阁(或称王宠惠代阁)就职日期众说不一，如《顾维钧回忆录》为8月5日(见该书第一册，中华书局1983年版，第224～225页)，现根据天津市历史博物馆所存《黎元洪函电稿》予以更正。

②《申报》1922年8月10日。

唐绍仪面对直系军阀的干政，束手无策，只好放弃就任内阁总理的职务，自津又匆忙南返。同时，王宠惠自觉长期代理阁揆亦名不正言不顺，加之内阁面临重重困难，遂于 9 月 14 日提出辞职，全体阁员亦随之辞去。所谓的唐绍仪内阁，为时仅月余，不待总理走马上任，即告夭折。

经过这场风波，黎元洪与直系军阀之间产生了很大裂痕，再加上其他几项重要的人事任命，如对湖北、甘肃两省省长的任命，由于直系军阀从中作梗而不能到任。黎元洪深感自己身为总统，却毫无用人之权，一切只能屈从于曹、吴，又重陷 1916 年做段祺瑞傀儡的覆辙，真是不胜浩叹！

## 三、直系军阀的内部纷争

### 1. 保派与洛派之争

随着直系军阀统治的逐步建立，其内部的矛盾也在酝酿、发展。当时，吴佩孚在政治上的真正意图是借恢复法统的假面具，以武力平服南方军政府，实现直系控制全国的政治局面，然后拥曹锟登台，自己在幕后操纵一切；而曹锟在吴的劝说下一时虽同意以黎元洪为过渡阶梯，但仍急于登上大总统宝座，至于统一南方与否，他并不十分关心。于是，曹、吴对时局考虑的角度和出发点时有不同，并且随着时间的推移，分歧不断扩大，矛盾日益尖锐：吴佩孚反对曹锟不合时宜地过早做总统；曹锟则担心吴佩孚权势过大，功高震主。随着直系首领曹、吴在一些重大问题上的分歧，曹、吴左右的人亦分成两派。因曹锟以直鲁豫巡阅使驻节保定，其弟曹锐以直隶省长驻节天津，故曹氏兄弟左右的人被称为“保派”、“津派”，或统称为“津保派”；而吴佩孚以直鲁豫巡阅副使驻节洛阳，故其左右的人被称为“洛派”。两派之间不断发生摩擦和斗争，而焦点首先表现在内阁问题上。所以，在历次阁潮中，不仅有总统府与直系之间的矛盾和斗争,而在直系军阀内部又有津保派与洛派之间的矛盾和斗争,且后者往往表现得异常激烈。

1922年9月19日,黎在吴佩孚的压力下,解除了名义上的唐绍仪阁揆之后,便于是日正式提名王宠惠署理国务总理。内阁成员为:

外交总长 顾维钧

财政总长 罗文干

司法总长 徐 谦

教育总长 汤尔和

内务总长 孙丹林

海军总长 李鼎新

陆军总长 张绍曾

交通总长 高恩洪

农商总长 高凌霨

在这个内阁中,除了高凌霨属于保派外,高恩洪、孙丹林都是吴佩孚的亲信,张绍曾是吴的亲家,这就使吴佩孚进一步操纵了内阁的实权,故时有"洛派内阁"之称谓。其他阁员,如徐谦是法学专家(未到任,由次长石志泉暂代),王宠惠、顾维钧、罗文干、汤尔和都是从国外留学归来的著名人物(多为英美派),时称无党无派的"好人",因此这个内阁又被时人称之为"好人内阁"。

王宠惠内阁接近洛派,而且内阁成员中又以吴佩孚的嫡系亲信高恩洪、孙丹林为其重心,所以吴对这个内阁表示满意。然而,曹锟则颇为不满,因为在内阁中由他支持的仅高凌霨一人,况且又任农商总长这样一个不太重要的角色。这样一来,曹、吴之间因其属下互相挑拨,亦由误会而生嫌隙,致使矛盾日益加深。这一点不仅从内阁的内部矛盾中表现出来,而且从内阁与国会,特别是国务总理王宠惠与国会众议院议长吴景濂之间的矛盾和斗争中亦可体现出来。吴景濂因得曹锟及其津保派的大力支持,处处与洛派支持的王内阁作对,甚至后来发展到在公开场合侮辱阁揆王宠惠并开口大骂的地步，并借口所谓“罗文干案”挑起了一场倒阁风潮。

1922年11月18日晚，众议院正、副议长吴景濂、张伯烈带领华义（意）银行副经理徐亚韩（字世一）到总统府向黎元洪告密，述说财政总长罗文干和华义银行代表罗林达格于本月14日秘密签订了奥国借款展期合同，计金佛郎570余万镑，约合国币5000余万元，而罗文干从中得到8万镑的贿款。为此，吴景濂等要求黎元洪立即下令逮捕罗文干，以免其闻讯逃匿。黎在吴的强烈要求下，打电话给步军统领聂宪藩、京师警察总监薛之珩，令其将罗文干及财政部库藏司司长黄体濂二人一并逮捕，解送地方检察厅羁押。王宠惠闻讯后，急忙赶赴检察厅探视究竟，进行慰问，并于次日率阁员到总统府向黎元洪进行质询。王及阁员咸谓总统不经调查而擅自扣押总长违法。黎一时竟无言以对，始感问题严重，答应立即释放罗文干并表示可向他赔礼道歉，同时拟将此事移交法院审理。不料吴景濂、张伯烈是时率议员多人赶到总统府，坚决反对黎元洪的放人之举，并言及国会将对王内阁提出查办案。黎夹在内阁与国会之间，一时进退两难，只好把已经拟就的命令留中不发，静待势态的发展再作定夺。于是，保洛两派利用这一事件进行了一场激烈的斗争。

11月20日，吴佩孚致电黎元洪，责其捕罗违法，电文云：“罗文干是财政总长，并未免职，亦尚未确定罪名，即交法院，殊属不成事体。”①据说此电报系孙丹林在京拟就送洛阳吴佩孚阅后照发的。因总统府秘书厅说电文中“殊属不成事体”一语，“是从前皇上对于臣工、长官对于属下的口吻”，说明其目无总统，使黎气愤异常，立即让秘书拟就一封长达万余字的通电，对逮捕罗文干的原委进行申辩，并对吴佩孚的电文予以驳斥，电文称其复职以来，“言废督而督军日侈，言裁兵而兵额日增，言停战而战祸日滋，言止债而

---

①张国淦：《中华民国内阁篇》，见杜春和等编：《北洋军阀史料选辑》（上），中国社会科学出版社1981年版，第245～246页。

债务日起。孤寄白宫，如聋如聩，俯观赤县，益热益深。宏愿委诸吹泡，虚荣等诸嚼蜡，外惭清议，内疚神明……既'属不成事体'，正宜别立贤能，朝选替人，夕还初服，但使无弃国如遗之责，亦可抱洁身先去之心，此固可歃血为盟，出肝相示者也"；并告诫吴佩孚："元洪忝托清交，附居直友，甚愿执事摅雪宿愤，发扬天声，功绩勒诸燕然，名誉垂诸岘首，不愿执事遥断朝政，轻乱国彝，仇者快心，亲者痛首"①。出乎常规的是，黎元洪致吴佩孚的这封电报，没有发往洛阳而直接见诸报端，又激起吴的勃然大怒，竟表示"以后洛方不准和府方再有电往来"②。津保派与黎元洪之间本来就有总统地位之争，现在黎又因此电以文字泄忿而开罪洛吴，使其地位更加孤立。与此同时，在府院联席会议上，"阁员辨谤"，群情激愤，黎元洪只好当场认错，并一再表示设法转圜。此一讯息很快为国会探知，吴景濂、张伯烈又唆使百余名议员围困总统，迫使黎元洪答应严惩罗文干，不能轻易予以释放。

"罗文干案"发生后，舆论一致谴责黎元洪违法捕人，黎在万般无奈的情况下，于 11 月 22 日特请孙宝琦、汪大燮等名人出面代为具状向检察厅保释罗文干出狱，并用总统座车专程把罗迎到总统府礼官处下榻，黎还当面向罗表示歉意，加以抚慰。然而，一波未平，一波又起。23 日，曹锟忽然发表通电，历数罗文干私签承认奥债合同罪状，"务请将罗案彻底查办治罪，以为卖国者戒"③，为国会声援。曹锟此电之用意是为今后谋选总统预作准备，他想借此问题，一面见好国会，一面改组内阁，以便乘机将其私人推出组阁，把内阁中之内务、财政、交通等重要部门攫为己有。随曹电之后，直系中的一些督军、省长，如王承斌、齐燮元、熊炳琦等亦纷纷通电

①张国淦:《中华民国内阁篇》，见杜春和等编:《北洋军阀史料选辑》(上)，中国社会科学出版社 1981 年版，第 246 页。

②张国淦:《中华民国内阁篇》，见杜春和等编:《北洋军阀史料选辑》(上)，第 246 页。

③吴景濂函电存稿(未刊稿)，天津市历史博物馆藏。

附和响应。当日晚，吴景濂、张伯烈又趁机率领一部分议员赶到黎元洪官邸进行纠缠，手持曹锟电报，一再要求黎下令申斥吴佩孚干政，以借此打击吴的威风，促使王宠惠内阁倒台。吴佩孚见曹锟通电来势凶猛并得到直系督军、省长的附和响应，其态度始软化下来，并于24日再次发出通电，声称自己与王宠惠并无私交，更无偏袒罗文干之意，表示今后对罗案亦不再干预，一切服从曹大帅的旨意办理。内阁因失去吴佩孚的支持，王宠惠于25日提出辞职，内阁亦随之瓦解。这个以王宠惠为首的"好人政府"，仅仅执政一个多月，就在保、洛两派的激烈斗争中败下阵来。而罗文干亦因曹锟的指责，再次被押往检察厅拘留，至转年1月以证据不足免于起诉。后又因一部分议员提出反对再次入狱，直到1924年夏才无罪释放。

### 2. 愈演愈烈的阁潮

黎元洪面对阁潮频仍，津保派与洛派互相争斗的局面，无所措手足，而内阁总理人选一时又定不下来，只好先派人分头去试探靳云鹏、顾维钧、周树模等人能否暂时代理阁揆，以便渡过难关。但是，几经敦劝，无一人肯出面代理，以致于总统命令因无人副署而无法发出，使北京政府陷入无政府状态。时适值中日两国根据华盛顿会议正在办理胶州湾转让手续，急待内阁总理副署命令，方可办理签字手续，这就迫使黎元洪尽快找到一位代理总理。为此，黎派人赴保定征求曹锟意见，而曹又不置可否。迫不得已，黎通过挚友李根源出面商请老官僚汪大燮帮忙渡过难关。汪碍于总统情面，答应"只出来填补空档"①，并讲好以十天为限。这样，黎元洪才于11月27日正式下令免除王宠惠的职务，并于29日提出由汪大燮组阁。30日上午，汪宣誓就职，但当天晚上又发出通电辞职。究其原因，缘汪不愿兼财政总长一职而推荐黄郛，但黄未得黎之同

①中国社科院近代史研究所译：《顾维钧回忆录》第一册，中华书局1983年版，第254页。

意,汪遂通电辞职。直到黎元洪向汪表示道歉后,汪才又通电复职,并于12月2日再次声明只维持十天之承诺。

由于汪大燮是具保罗文干出检察厅之人,因而由汪组阁立即遭到曹锟与津保派的反对,国会参众两院议长也通电攻击,一时弄得黎元洪进退两难。阁员因曹锟的反对,有的采取观望的态度而不就职,有的想就职也不敢声张,而保派阁员如高凌霨者更以不就职为拆台手段,致使汪内阁处于不死不活的境地而无人理会。12月11日,汪大燮代理阁揆十天之期已满,便毅然挂冠而去。

汪大燮内阁卸职,再次给黎元洪一个教训:在直系曹、吴两大军阀的操纵下,欲行元首特权,按常规任命内阁总理是绝对办不到的事。唐绍仪是黎提名任阁揆的,未到任即被直系军阀赶走,而由洛派支持的王宠惠上台;王宠惠被津保派挤走后,黎又提出汪大燮,仍因津保派的反对而辞去。从此以后,黎便放弃自己的主见,而不得不揣测直系军阀的意见选派内阁总理。当时直系津保派的势力正盛,于是黎决定选派亲津保派的张绍曾组阁。黎认为张在政治上倾向津保派,又是曹锟的把兄弟,与吴佩孚谊属姻娅,让他组阁可以两边都不得罪,加之张同国会众议院议长吴景濂早已串通一气,也易为国会通过。但实际上事情并非如此简单,原来在直系内部不仅有保洛两派之争,而在津保派的内部因争阁揆也引起了斗争和分化。津保派中的主流派对张绍曾并不完全放心,他们所中意的人选是曹锟的嫡系亲信高凌霨。至于曹锟本人对谁当阁揆并不十分关心,他甚至希望内阁长期无人主持,以便逼迫黎元洪早日下台,自己取而代之。于是,为争夺阁揆,在津保派内部便展开了激烈的斗争,进而引起国会内部议员的分化组合。在国会议员中,有不少人反对吴景濂一手包办张绍曾组阁。所以,张绍曾内阁一时难产,北京政府仍是无人负责。在此情况下,黎元洪于12月11日只好拜托外交总长王正廷接替汪大燮,暂时兼代阁揆。黎几经敦促,王提出几点条件,才勉为其难。其条件为:(1)在代理期间,不发布重要命令,也不任免重要人事事项,以免因副署问题而遭指摘;(2)代理期以十天为限,期满绝不延长;(3)请国会速将张绍曾组阁案列入议事日程。13日,王正廷在黎答应条件后通电宣布兼代内阁总理,并于次日通电就职。内阁成员除凌文渊为代理财政总长外,其余均为留任。王代内阁实际上是过渡性质,只不过为张绍曾内阁起催生作用。

在王正廷代理内阁总理期间,直系各派经过紧张的幕后交易,加之张绍曾与国会议员不断地联络感情,以及吴景濂从中的推挽之力,12月18日、29日,国会众、参两院分别通过了张绍曾的组阁案,使北京政府暂时渡过了内阁危机。

张绍曾(1879～1928年),字敬舆,河北大城人。保定军官学堂肄业后,于1900年至1903年在日本陆军士官学校炮兵科学习,毕业后回国在张怀芝部当参谋。1906年革命党人宋教仁在东北成立中国同盟会辽东支部,被委为支部负责人。嗣后任北洋陆军第二镇炮兵标统、直隶督练公所教练处总办、贵胄学堂监督。1911年3月,任东北陆军第二十镇统制。辛亥革命时,曾率部入关,驻直隶滦州,因其按兵不动而被免去统制职务,旋即告假回津。1912年出任山西都督,后辞职以宣慰使名义南下赴沪,被选为进步党直隶正部长。同年10月署理绥远将军,兼垦务督办。1913年5月,任进步党名誉理事。1914年1月任绥远都统,4月任总统府顾问,10月任陆军训练总监。1917年8月,授将军府树威将军。1921年2月,通电发起庐山国是会议。1922年9月,出任王宠惠内阁陆军总长,同年底出组内阁。

1923年1月4日,黎元洪正式任命张绍曾为国务总理。内阁成员中津保派占很大优势,计有内务总长高凌霨、交通总长吴毓麟、陆军总长张绍曾自兼,财政总长刘恩源、海军总长李鼎新、司法总长程克(原为王正廷,不久即辞职),皆已倾心攀附于曹,外交总长初提名施肇基,遭国会否决后改提黄郛出任①。实际上与府方

①1923年4月黄郛辞职后,由顾维钧继任。

有关系者仅农商总长李根源、教育总长彭允彝二人而已。洛派自孙丹林、高恩洪去后，吴佩孚声明不过问政局，故无所表示，亦无人入阁。

张绍曾内阁是黎元洪复职后的第一届正式内阁，因为黎的复职只是“暂行代总统职权”，国会对其复任是否合法及其任期问题始终未能作出一致的解释，而非正式总统又是无权提出正式内阁组成名单的，所以以前的几届内阁只是临时性的，内阁总理亦均为代理或署理。这次众、参两院审议张绍曾内阁时，为了迁就事实，不再计较黎之复任是否合法而按正式内阁予以通过。如此说来，张绍曾内阁不仅是黎复任后的第一届正式内阁，也是1917年国会解散后的第一届合法内阁。

在张内阁时期，即从1923年1月4日至6月6日不到半年的时间内，其政潮之扩大，可谓历次内阁所未有。内阁刚一成立，张绍曾即标榜“和平统一”，这恰好与黎元洪先谋南北和平统一，再办理总统选举的政治主张暗合。可是，吴佩孚一贯主张武力统一，这当然与之冲突，而吴又自恃军事实权在手，故对张之举措根本不予重视。1月8日，张绍曾致电西南各省主张和平统一，并宣称将召集各军民长官代表、各党派领袖及在野名流开协议会，以协议方式共商统一、裁兵、理财、教育、实业等善后问题。同时，又派遣代表赴西南及东北三省进行联络和拉拢工作。26日，孙中山在上海发表裁兵救国宣言，南北响应。在黎元洪和张绍曾看来，和平有望。然而，张绍曾是个尚虚声和少实际的人，其宣言之和平统一及拟召集协议会，只是空喊一阵，均未见诸施行，而此时吴佩孚的武力统一政策却仍在贯彻。2月17日，曹锟、吴佩孚为了拆孙中山领导的广州军政府的台，公然电请北京政府任命沈鸿英为广东督理、孙传芳为福建督理。起初，张绍曾认为此举有背于和平统一之宗旨，严词拒绝，并以退为进，于3月8日向黎元洪提出内阁总辞职。后因总统一再挽留而又赧颜作罢。然而，曹、吴对张绍曾抗拒直系的旨意深表不满，并日甚一日的紧逼不让，终于3月20日迫使张副署粤、闽两督的命令并即发表。结果,使张内阁的威信扫地而更无所作为。时国会议员以张绍曾内阁的活动有背其就职宗旨,遂相率发起倒阁运动。曹锟急于谋选总统,亦以张不为己用,暗助倒阁派议员,以张其势。曹锟的打算是:先推倒张阁,以其私党高凌霨出面组阁,然后便举行大选;若黎不允,则设法掣肘,使其组阁不成而陷于孤立,最后迫其去位。为此,曹锟及其津保派与国会众议院正副议长吴景濂、张伯烈等进行勾结而大肆活动。曹锟事前与吴景濂秘密达成协议,以推倒张阁,办成大选允吴出任国务总理为诱饵,并在天津为吴购置一所楼房,促使吴尽心竭力地为其操办选举事宜。

吴景濂与张绍曾本沆瀣一气,张就任内阁总理后,吴请求他任命揭发罗文干之徐世一为币制局副总裁、王观铭为盐务署长,均遭张拒绝,从此吴、张二人反目。随后,吴景濂加入倒阁派,首先在议会中对张阁提出不信任案。然而,张绍曾不为其所动,非但不提出辞职,反倒运动一部分议员拥护内阁,并同时对内阁进行调整,在财政总长刘恩源出逃后,引用张英华出掌财政。曹锟及津保派见张不肯下台,遂改变手法,唆使其心腹阁员从内部进行倒阁活动,逼张辞职,借此制造无政府状态,进而迫使黎元洪下台。应当说,津保派的倒阁与驱黎活动是紧密地联系在一起进行的。

5月,津保派又利用制宪经费问题挑起一场府院冲突并从内阁内部加强倒阁活动。关于制宪经费的起因,源于宪法会议。自国会复会后,对黎元洪的总统任期问题,议员中虽意见分歧,却又无根本大法作为依据。因故,有相当一部分议员痛惜国会两度被迫解散,致使民国建立已十一年而尚无一部正式的宪法,所以主张国会复会后应积极制订宪法,以完成立法机关的使命。这部分议员主张先订宪法,后选总统,这就很自然地延长了黎元洪的总统任期。一般依附黎的议员更是千方百计地寻找延长黎元洪任期的根据,他们认为:黎任期应从袁世凯召集约法会议旧约法失效(1914年5月)算起,一直补到1916年6月袁死黎继,再加上冯国璋非法代理一年零两个月,共计三年零三个月。换句话说,就是黎的任期应从1922年6月至1925年9月始满。5月初，附曹议员在国会正式提出解释黎的任期案，他们认为：黎的任期只应补足洪宪改元至袁氏死亡之日，共计一百六十天，而复任至今已有三百三十五天，大大超过任期，黎应立即自动退位，依法由国务院摄行总统职务，并迅速组织总统选举会，选举继任大总统。但是，国会中热心制宪的议员又害怕由此而再生风波，妨碍制宪工作的顺利进行，加之众议院议员任期至1923年10月届满，想极力推动制宪工作的进展。然附曹派议员对制宪并不感兴趣，故从1923年入春以来，使制宪会议屡次流会。于是，热心制宪的议员乃共商一奖惩办法，以促进议员出席宪法会议，遂于5月提案修改宪法会议规则：即每次出席会议者给出席费二十元，缺席者扣岁费二十元；请假须有议员五人证明，缺席过两次者除名；并修改国会组织法，将出席宪法会议人数由两院议员总额各三分之二改为五分之三，表决人数由出席人数的四分之三改为五分之三。此议成后，由国会众议院议长吴景濂、前参议院议长王家襄及议员汤漪、褚辅成等到总统府面见黎元洪，请总统设法筹措此项经费，以促成宪法的制订。黎为了先制订宪法而后再改选总统以延长其在位时间，当即慨然允诺。后经与有关人员一起研究决定：由海关建筑经费项下借拨120万元，分4个月提拨，每月拨制宪经费17万元、驻外使馆经费13万元①，由黎元洪谕知税务处转总税务司照办。曹锟及津保派要员闻讯后，认为黎此举是见好国会，欲蝉联总统预作准备，随即唆使津保派阁员掀起府院风波，以倒阁迫黎下台。在5月26日的国务会议上，由交通总长吴毓麟首先发难，提出“府方自定国会制宪经费，不经国务会议议决，实有违背责任内阁精神，予等应如何设法打消。”内务总长高凌霨、司法总长程克认为此中定有黑幕，附和其说。国务总理张绍曾和新上任的财政总长张英华表示不知详情，

①时中国驻外使馆经费已半年未寄，各使馆电告北京政府，如再不汇款接济，即下旗归国。

时农商总长李根源请假，由次长刘治洲申述筹划制宪经费之必要等各项理由。这天是星期日，按照惯例要在总统府进行会餐，席间，黎元洪关于筹划制宪经费经过情形的说明相继遭到财政总长张英华和内务总长高凌霨的指责，双方争执不下，高凌霨、吴毓麟乃悻悻然退席，会餐亦不欢而散。

6月6日，黎元洪又发出一电，详述促宪原由，说明仅打算在复位期间“见宪法完成，他非所望”①。此电不啻对直系声明：制宪经费仅为促成宪法起见，并非见好国会有运动蝉联总统之意。然而，曹锟急欲篡取大位，所以对于黎元洪的多次申述均充耳不闻，和津保派分子仍按原定的倒阁、驱黎计划进行活动。至于吴佩孚，他虽然推崇曹锟，但其始意并不积极拥曹为总统，他急欲利用黎元洪，拖延选举之日，以便实现他“武力统一”的梦想。但是，自黎元洪发出责备吴佩孚的电报后，吴对黎已很失望，故对津保派进行的各种活动不置可否。在6日举行的特别国务会议上，高凌霨手持辞呈通电首先发言，声称：“总统近来对于政务或不经国务会议直接处理，或以命令方式交院照办，实属侵越职权，责任内阁精神，至此扫地已尽。就我个人私见，总统既不信任我辈阁员，我辈惟有退避贤路，以免贻误国事。”吴毓麟、程克、张英华附和其说。张绍曾与其他阁员尚未表示态度。高见此情形，再次发言：“如总理不愿辞职，我辈当单独提出辞呈。”②随后，吴毓麟大骂黎元洪不已。高、吴的这种咄咄逼人的态势，迫使张绍曾不得不表态“应取同一步骤，集体辞职”。随即高凌霨将事先拟好的辞呈电稿取出，让大家依次签名，并于当日发出通电。电文指斥黎元洪违背责任内阁制精神，同时列举事实，陈述总统不经法定手续、不经国务会议讨论，擅自发布命令，拨发制宪经费和使馆经费；府方派哈汉章往查京师军警督察处复呈一件，总统擅以手谕批：“交院照办”；而院方

①刘楚湘：《癸亥政变纪略》，泰东图书局1924年版，第35、36页。

②刘楚湘：《癸亥政变纪略》，第36页。

议决调薛笃弼为崇文门税务监督，拟具命令送府盖印，而事经三日府方仍未盖印发表。通电发出后，经吴毓麟等人劝告，张绍曾偕院秘书长张廷谔即于是日出都赴津。

黎元洪接到内阁总辞职的呈文后，除派陆军部次长金永炎、农商部次长刘治洲赴津对张绍曾加以劝慰外，并于7日发一通电，对内阁所指摘之事作了解释，尤对制宪经费与使馆经费事详述苦衷；而且又以"元洪与内长同寅，推毂屡矣！张揆诸人，半托旧契，缟纻之交，砚席之好，欢若平生。特府院之间，情同骨肉，维持调护，始终不移"[①]等，对张内阁表示了挽留之情。津保派逼张绍曾辞职之真意，系以此为驱黎的一个先行步骤，即所谓"拥曹必先驱黎，驱黎必先驱张"[②]，黎非不知，但仍如此做法，原来黎也自有打算，这就是他决心不做徐世昌第二(意即不像徐那样，直系军阀一恫吓，就赶忙下台离京)。而张绍曾为津保派所遏，自知不能返京，故对奉黎命跑到天津挽留他的金、刘二位次长颇有感慨地说："此次政潮，酝酿极久，原因复杂，个人力难销弭，我既脱离，无复回之理！白宫纵有谅解，无奈我不堪二高之逼迫何！"[③]刘、金二人知不可相强，即返京向黎复命。同时，张绍曾亦令与其同来天津之国务院秘书长张廷谔回京结束国务院未了事宜，并再三嘱其将继任之空白命令办好送交总统府。但是，张回京后仅将例行公事略事结束，而将空白命令信纸深藏于怀，并未按照张绍曾的嘱咐送交总统府。原来，张早已被津保派所收买，他返京后津保派即嘱其勿将空白命令送府，以使黎元洪无法组织继任内阁而迫其离京出走，然后再以中枢无主为词，强迫国会尽快选出曹锟为继任大总统，并预定在此过渡期间先暂由高凌霨代理揆席兼摄最高职权，以待曹锟入都。

---

①刘楚湘：《癸亥政变纪略》，泰东图书局1924年版，第38页。

②张国淦：《中华民国内阁篇》，见杜春和等编：《北洋军阀史料选辑》(上)，中国社会科学出版社1981年版，第249页。

③刘楚湘：《癸亥政变纪略》，第43页。

## 四、黎元洪被逐与曹锟贿选

### 1. 直系迫黎去职

直系津保派推倒张绍曾内阁的目的，在于驱黎迎曹，尽快地把曹锟捧上大总统宝座。而具体步骤大体是："由其驻在天津之家奴曹锐、王承斌、边守靖、张英华、潘复等，暨在北京之高凌霨、吴毓麟、王毓芝、张志潭、刘梦庚、袁乃宽等，与众议院议长吴景濂密谋进行之策，以驱逐黎总统为促进大选之著手办法，计划已定，乃借口府院权限及军队索饷等事，由冯玉祥、王怀庆等首先发难。"①现在张阁已倒，而"津保所希望之高(凌霨)阁不能实现"②，于是津保派便决心以索饷为名，发动军警迫黎退位。6月7日，京畿一带军警长官如陆军检阅使冯玉祥、京畿卫戍总司令王怀庆、步军统领聂宪藩、警察总监薛之珩等，率所部军警官佐300余人(每人给铜元30枚)，佩刀入新华门，齐集总统府索饷，黎元洪乃允于端午节前两天筹发军饷，时距期尚有十天，于是军警官佐等始行罢休。与此同时，黎元洪及其幕僚为阻止高凌霨出而兼代阁揆，对张绍曾亦不再强留，经过紧张磋商提出由顾维钧组阁。为此，黎于同日发出通电，电云："本日，十四机关军警长官三百余人，到府索薪。下午，刘、金两次长由津回京，据称'力劝张揆复职，未承允许'。转商议长，特请顾少川组阁，顾有允意。"③曹锟及其津保派见黎元洪不为军警索饷所动，又邀请顾维钧组阁，便于8日雇用一批流氓，冒称"公民团"，在天安门前高搭演台，满揭旗帜集会，到会者约计百余

①寒霄：《六月十三》上编，中华印刷局1924年版，第14页。

②张国淦：《中华民国内阁篇》，见杜春和等编：《北洋军阀史料选辑》(上)，中国社会科学出版社1981年版，第250页。

③刘楚湘：《癸亥政变纪略》，泰东图书局1924年版，第44页。

人,声称万余,由筹备人推定一叶姓者为主席,登台发表演说,略谓:“今日内阁总辞职,中央陷于无政府状况,推原祸始,当今总统黎元洪实尸其咎。黎氏此次复位,本无法律上之根据,今复播弄政潮,破坏法纪,吾人为救国计,不得不请黎氏速行觉悟,克日退位,以让贤路。大家均属爱国,望同抒卓见,拯此危亡”等语。叶姓演说毕,继有登台演说者数人,均谓“此次政潮当由黎氏负责”①。随后,由叶姓等人将事前在天津印好之驱黎电稿朗读一遍,便作鸟兽散。

自袁世凯于民国二年雇用“公民团”包围议会、请选袁氏为大总统以来,每有政变发生,咸有“公民团”点缀其间,袁开其端,段祺瑞承其后,今曹锟又故技重演,北洋军阀玩弄民意之伎俩如是,不过这次曹锟为谋篡总统大位,从过去包围议员而演化为包围总统。不意黎元洪于政潮初起之际,即咨催国会速依法解释任期,选举替人;迨见军警及“公民团”屡次逼宫之种种蛮横无礼行动,意态反觉镇静,并声言:“民国六年,因受督军团及张勋之胁迫,违法解散国会,致海内俶扰,生灵涂炭者垂六载;今次既依法而来,即当依法而去……决无留恋之意,若以法外暴力胁其去位,则为维持国家纪纲法律计,决不再蹈覆辙,以误苍生”②。

黎约请组阁的顾维钧,1923年4月接替黄郛任张绍曾内阁之外交总长。张被津保派逼走天津后,高凌霨、吴毓麟曾想让顾暂时出来代理阁揆,然顾未同意。这时,经吴景濂的推荐,黎元洪拟任命他出来组阁,顾起初亦有允意,“卒以形格势禁,合作难期,谢不肯任”。8日,黎元洪为此又发出通电,谓“本日天安门开‘国民大会’,发布传单,顾少川因各方不肯同力合作,辞谢组阁。张揆署名空白命令,向国务院秘书厅查询不得。特闻。”

9日早晨,北京城内外警察一律罢岗,声言索饷不得,不能枵腹从公。黎元洪仍不为其所动,然外交团却啧有烦言。于是,当晚

①刘楚湘:《癸亥政变纪略》,泰东图书局1924年版,第42页。

②刘楚湘:《癸亥政变纪略》,第43～44页。

7时许，又一律复岗。黎在即日发表的通电中亦称："本日上午，全城警察罢岗，因未到府。本宅电话被停，领袖公使符礼德来宅讯问，袖出王怀庆、冯玉祥联名致外交团函，称'系政治作用'，盖有王怀庆图章。元洪恐启其干涉，比答'不久应当平息'。"①

10日，京畿各师旅军官集合三四百人，齐到黎元洪私邸东厂胡同索饷。总统府侍从武官长荫昌代为接见并再三劝慰，始允暂时退回。当晚，黎邸内电话即被军警派人监视不许接传，自来水管亦被堵塞。就在军警去黎邸索饷的同时，"公民团"又在天安门前聚合千余人，召开"国民大会"，各执旗帜，并以两大白旗为先导，上书写"市民请愿团"，齐向东厂胡同黎邸进发，沿途散发痛骂黎元洪的各种传单以及8日在天安门开会时所宣布的通电和请黎退位的呈文等，到东厂胡同请见总统。黎拒而不见。于是，"公民团"在外摇旗呐喊，鼓噪喧哗，竟日包围不散。时黎元洪派员往召步军统领聂宪藩、警察总监薛之珩等前来弹压，保护住宅。然聂、薛二人坐视不理，直至深夜这些人才自行离去。第二天，又麇聚如前。黎元洪见军警及"公民团"屡屡逼宫不止，而顾维钧组阁又告搁浅，经与僚属磋商亦无妥洽办法，不得已，徇王怀庆、冯玉祥等人之请，答应与津保派有联系的颜惠庆出面组阁，暂渡难关。

颜惠庆对出任阁揆初有允意，后得悉高凌霨意代揆席，便直告黎，新阁无成立之希望。至此，黎元洪黔驴技穷，一筹莫展，只得于10日急电曹锟、吴佩孚寻求解决办法。同时，又致函国会参众两院，而且函电从6月7日派人赴津挽留张绍曾不获说起，将军官索饷、警察罢岗、"公民团"集会与包围私宅和顾、颜组阁难成等种种困难情形，逐日胪列，最后表示："窃念元洪津门伏处，与世何求？既已依法而来，自应依法而去，接淅可行，成言具在，六十老翁，饱经忧患，身命弗恤，岂恋其他？若专为己计安全，遂致为后来开恶例，海内健者，相率效尤，国纪不存，乱源曷已！京师首区，元首住

①刘楚湘：《癸亥政变纪略》，泰东图书局1924年版，第39页。

宅演此怪剧,成何事体?直鲁豫巡阅正副使为畿辅长官,本日已电询办法,一面仍物色阁员,以维现状。"[①]是日晚,又向全国发出通电,将其困境概述无遗。

时至今日,黎元洪欲商请顾、颜组阁的计划均告破产,而军警官佐及"公民团"仍围宅喧嚷不已,亦无人问津,"大好都市,突陷恐惶"[②],北京政府已处于无政府状态,黎每日困坐东厂胡同私宅形同软禁。一向以暗弱著称的黎元洪,在军警包围、"公民团"喧闹面前,表面上还显得十分强硬,对曹锟及其津保派的倒行逆施屡屡表示要"依法而去"。然而,黎既甘当直系军阀的工具,已失之于前,今又怎么可能强硬于后呢?何况与他相交甚深的田文烈早在他入京复位之前就曾告诫于他:"君甘为军阀傀儡,则可入京;若怀有主张,不必自讨没趣。"[③]如今果然应验,黎已深深陷入困境而不能自拔。

6月11日、12日,形势更趋恶化,各方越逼越紧,王怀庆、冯玉祥公然联名提出辞职,表示不再负责维持京师秩序。为此,黎元洪于12日再次致电曹、吴,告之"本日又有军警官佐多人麇集门外,复雇流氓走卒数百人,手执'驱黎退位'等纸旗,围守住宅。王、冯二使联名辞职,慰留不获。元洪何难一去,以谢国人?第念职权为法律所寄,不容轻弃。两公畿辅长官,保定尤近在咫尺,坐视不语,恐百喙无以自解。应如何处置,仍盼即示"[④]。此电发出后,如石沉大海,曹、吴默然无一字回复,而军警、"公民团"仍包围黎邸不去,黎知大势已去,无可恋栈,便于12日下午3时商请挚友时任农

①张国淦:《中华民国内阁篇》,见杜春和等编:《北洋军阀史料选辑》(上),中国社会科学出版社1981年版,第253页。

②谷钟秀致曹锟电,引自刘楚湘:《癸亥政变纪略》,泰东图书局1924年版,第42页。

③《申报》1922年8月14日。

④张国淦:《中华民国内阁篇》,见杜春和等编:《北洋军阀史料选辑》(上),第253页。

商总长的李根源担任阁揆后，便与幕僚策划，决定次日出都赴津，继续行使职权。而且，为了掩蔽津保派分子耳目，对外宣称即将到国会交印辞职。

13日上午10时左右，黎元洪忽接报告，谓王怀庆和冯玉祥定于是日下午两点将率兵到东厂胡同黎邸，强迫总统下台，否则将发生莫大危险。黎闻讯后，经与左右紧急磋商，决定立即出京。于是，黎命令金永炎火速赶往东车站预备专车；同时缮就七道命令，由李根源副署后，当即命秘书刘远驹送交印铸局发表。

黎的七道命令如下：

(1)国务总理张绍曾呈请辞职，张绍曾准免本职；

(2)特任农商总长李根源兼署国务总理；

(3)署外交总长顾维钧、内务总长高凌霨、署财政总长张英华、海军总长李鼎新、兼陆军总长张绍曾、司法总长程克、教育总长彭允彝、交通总长吴毓麟呈请辞职。顾维钧、高凌霨、张英华、李鼎新、张绍曾、程克、彭允彝、吴毓麟，均准免本兼各职；

(4)特任金永炎署陆军总长；

(5)巡阅使、巡阅副使、陆军检阅使、督军、督理，著即一律裁撤，所属军队归陆军部直接管辖；

(6)此次京师乱起，显有发纵指使之人。本大总统委曲求全，胁迫愈急，毁法乱政，罪恶昭彰，举国官民，当同义愤。扶危定乱，愿与天下图之；

(7)迭据全国商会联合会、全国商会、商约研究会呈请宣布实行裁厘日期，先行根据约章，次第励行，增加进口税率，值百抽十二五，以资抵补等语。所有全国厘金，兹定于民国十四年一月一日一律实行裁废。著外交部、财政部、农商部、税务处妥为筹备，如期施行，以期无负改善税法，保惠商民之至意①。

在盖有大总统印的七道命令发布的同时，黎元洪不但没有向

---

①刘楚湘:《癸亥政变纪略》，泰东图书局1924年版，第46～48页。

国会提出辞职,反而特备一咨文致国会参众两院,要求撤销1922年复职时提出的辞职公文。同日,又备函分致参众两院及外交团,文曰:"本大总统认为在京不能自由行使职权,定于本日移津。特闻。"[①]随后,黎又将总统印信大小十五颗交其如夫人危文绣收藏,并责令总统府秘书瞿瀛随同保护,一起携往东交民巷法国医院暂住。行前,黎一再嘱咐危氏,今后有关印信的处置,"须得总统亲口说出,方为有效"[②]。各事料理完毕,黎即于13日午后1时20分在新任陆军总长金永炎,侍从武官唐仲寅,秘书韩玉辰、熊少豪以及外国顾问福开森、辛博森[③]等十余人的陪同下,由荷枪实弹的总统府亲信卫队保护,从东厂胡同乘汽车开往东车站仓皇出都赴津。黎元洪的这些举动,均是一时泄愤之举,而无多少实际意义。

任职京畿的直系军人王怀庆、冯玉祥、聂宪藩、薛之珩等人于13日午后得悉黎元洪已乘火车出都,便于4时在卫戍总司令部召开军警人员紧急会议,议决四项办法:(1)维持社会治安,(2)约束部下,(3)拥护国会,(4)保护外侨。同时,发一通电宣告复职。随后,曹锟致电王怀庆等人,电云:"顷闻大总统于本日赴津,连日以来,内阁总辞,今又值元首离京,首都人心益因惶恐,国会为国家法律根本所在,务望极力尊崇保护,以重首都而奠国本,是所至要"[④]。其意图仍在维持国会,为自己窃取总统地位做好准备。

黎元洪出都后,津保派分子遍寻大总统印信而不得,这时众议院副议长张伯烈始知上当,赶忙驰往高凌霨处报告,说明黎并未到

---

①张国淦:《中华民国内阁篇》,见杜春和等编:《北洋军阀史料选辑》(上),中国社会科学出版社1981年版,第255页。

②寒霄:《六月十三》上编,中华印刷局1924年版,第28页。

③福开森,美国人,1917年至1928年任北京政府总统府顾问。辛博森,英国人,生于中国宁波,为中国海关税务司辛盛之子,会法、德及汉语,后进入中国海关,在北京总税务司署任总司录事司,辛亥革命后任伦敦《每日电讯报》驻京记者,1916年及1922年黎元洪两次任北京政府大总统时,被聘为总统府顾问。

④刘楚湘:《癸亥政变纪略》,泰东图书局1924年版,第41页。

国会辞职，并携走大总统印信赴津。高得此报告，当即挂长途电话给直隶省省长王承斌，令其截留黎所乘专车，索取印信。王接电话后，立即率同天津警务处长杨以德等人随带军警若干，乘车赶赴杨村车站拦截。黎所乘专车进站后，王承斌急忙上车晋谒，口称“由天津北上迎接黎总统”①，请同乘火车回津。时杨以德督率军警多人监守车门。约下午4时半，车行抵天津北站时，王承斌下令将火车头摘去，不准开行，并加派军警千余名包围专车，亦不许一人进入车内，王则在车中逼黎交印。然黎静坐不发一言，无奈之下，王只好与杨以德先回署休息，而使黎等坐困车内。

黎元洪俟王承斌走后，即派英籍顾问辛博森携电稿往电报局拍发。文曰：“上海报馆转全国报馆鉴：元洪今日乘车来津，车抵杨村，即有直隶王省长上车监视。抵新站，王省长令摘去车头。种种威吓，已失自由。特此奉闻。”②辛博森发电后，又往英、美两国驻津领事馆通报黎在车上被逼交印情况。于是，英、美两国副领事赶忙前往车站慰问，然亦遭军警拒绝。夜间10点，王承斌与自京专程来津取印的吴毓麟复来北站，继续向黎盘诘印信下落。黎被逼无奈，乃据实说明情况。吴毓麟确知印信的下落后，即日乘车返京取印。

是晚，因北京一时尚未收到印信，王承斌仍将黎扣留在车站室内，当作人质，同时发一通电，说明黎总统“现暂驻新车站，保护之责，承斌义无旁贷”③。待王回署后，黎元洪又令辛博森发一通电，声称“王省长率兵千余人包围火车，先迫交印，查明印在北京法国医院，逼交薛总监，尚不放行。元洪自张揆辞职以后，所有命令皆被扣未发，如有由北京正式宣布之命令，显系矫造，元洪不负责任。”④其后，京津往返几经磋商，并在王承斌的威逼之下，黎元洪

---

①寒霄：《六月十三》上编，中华印刷局1924年版，第29页。

②刘楚湘：《癸亥政变纪略》，泰东图书局1924年版，第49页。

③张国淦：《中华民国内阁篇》，见杜春和等编：《北洋军阀史料选辑》（上），中国社会科学出版社1981年版，第256页。

④天津市历史博物馆存电稿抄件。

始派秘书刘钟秀、监印官夏炎甲乘火车回京处理此事。

6月14日凌晨4时许,危氏在黎元洪认可后,才将印信全数交出,并用电话转告王承斌。但是,王接电话后,仍不放黎回宅,随即持代黎元洪事先拟好的电稿三通,逼令黎签名,其中有一电致国会参、众两院,云:“本大总统现在因故离京,应向贵院辞职;所有大总统职务,依法由国务院摄行,应即遵照。寒。”另一电致国务院,谓:“本大总统因故离京,已向国会宣告辞职,所有大总统职务,依法由国务院摄行,应即遵照。寒。”还有一电通告全国,内容大体相同。黎面对王交给他的三通寒电稿苦笑说:“所有印章,均已付托,此种电报有何用处?”但王承斌的秘书强逼黎签字,黎在无可奈何之下只得签名。随后,王自省公署来到车站,对黎说:“各事已了,特来送行。”①并命令车开老站,放黎回家。

黎元洪回到家之后,即于是日发出致国会参、众两院公函,述其在津被困及被逼交印和签发辞职电的经过情形,并在致各报馆的通电中声明:被王承斌强迫签发的三通“寒”电,“依法决不生效力”;继而表示:“当此政象险恶时,一身去就,关系过巨,决不能率言辞职,即去年补行民六辞职咨文,亦已备咨撤回,不牵强附会,作为此次根据。如国会竟据此咨讨论,元洪决不承认。”同时,又发表通告:“现在印被劫夺,所有北京发出之非法命令,概行无效。”

吴毓麟等津保派分子在京将大小十五颗总统印玺索回后,又接到王承斌逼迫黎元洪签发的辞职电,即遵照曹锟的旨意,由高凌霨出面,于6月14日下午1时在国务院召集特别会议。会议议决:(1)总统辞职问题,由国务院通电,声明依法代行大总统职权,并用电话通知已赴保定的吴毓麟,就近向曹锟请示国务院摄政办法;(2)节关财政问题,由财政部负责筹款,将军警饷项及各机关费,赶于节前二日发放;(3)京师治安问题,仍由军警当局负责维

①以上引文均引自寒胥:《六月十三》上编,中华印刷局1924年版,第27、32～34页。

持。会后，由高凌霨领衔发表通电："本日奉大总统寒电：'本大总统因故离京，已向国会辞职，所有大总统职务，依法由国务院摄行，应即遵照'等因。本院谨依大总统选举法第五条第二项，自本日起摄行大总统职权。特此通告。"①这样，在直系军阀头目曹锟的支持和津保派分子的策划下，一个"国务院摄政内阁"便产生了，高凌霨俨然以"摄政内阁"总理的名义登台，发号施令。

6月14日，国会也接到了由王承斌逼令黎元洪签发的辞职电。为此，两院议员数十人在众议院开谈话会进行讨论。首由津保派议员吴宗慈发言，主张召开两院会合会，解决黎大总统辞职问题。反对派议员褚辅成亦登台发言，谓此次政变，系军警流氓以暴力逼走总统，国会为维持国家纪纲计，亦须有正当之表示。时津保派议员群起阻止褚氏发言，哗噪叫嚣，会场秩序顿时大乱，众议院议长吴景濂趁机宣布散会。16日，国会继续开会，两院以过半人数，由谈话会改开会合会，仍解决黎元洪辞职问题。津保派议员马骧等人乘机提出：大总统黎元洪已于6月13日离职出京，应即依照大总统选举法第五条第二项之规定办理，即从6月13日起，黎氏所发命令文电，概不生效。马氏等人的动议当即付表决，多数通过。众议院议长吴景濂见目的已达到，不等反对派议员有所表示便匆忙宣布散会。随后，反对派褚辅成等众参两院议员二百余人发表宣言书、国民党议员发表通电，一致认为会合会违法议决，应作无效。然而，高凌霨不顾舆论反对，即以国务院名义发表通电，将16日会合会表决内容正式公布。

黎元洪自来津后，虽一再发布通电，声称北京处于直系军阀的暴力之下，他已无法正常地行使职权，只好迁津办公，他的总统职务并未因易地而予以解除，而且还补任唐绍仪为国务总理，在唐未到任前，仍由李根源以农商总长兼署。对于黎的通电，北京的国会参众两院在吴景濂等亲津保派议员把持下，根本不予置理，而奉系

---

①寒霄：《六月十三》上编，中华印刷局1924年版，第34、74页。

军阀等也表示冷淡,只有国会中的政学系以及国民党特别是从益友社中分裂出来的褚辅成一派议员,纷纷继黎之后来津,并发表宣言、致北京各国公使及天津各国领事电文,否认 16 日国会决议,与黎取同一态度。对此,黎元洪深表感激,随即在津成立一个"国会议员招待所",而且为招待这批来津议员,他大解私囊,以"旅费"名义每人致送五百元,想用这种办法吸引议员到津,以便凑足法定人数在天津开会成立新政府,与直系军阀控制的北京政府相对抗。但是,黎元洪的这个打算根本无法实现,因为天津早为直系军阀所控制,曹锟及其爪牙王承斌等根本不会让他在津开成会议,更何况黎拿出的钱也很有限,他向银行抵借了十二万元,还没等议员凑足法定开会人数,就已全部花光,部分已到津的议员一看黎的本钱不大,又纷纷跑回北京,致使黎在津成立政府的计划胎死腹中。

不久,黎元洪挚友章炳麟又向黎献策:"一、公果愿成事者,当与段氏切实携手,外借奉天之力,远借西南之声,持之数旬,必当有济。国会既不能开于租界,应筹一巨款,饯送至沪,大约以三百人为数,一人千元,不过三十万。如此,国会虽不在津,而京城必不足三分之二也。二、如谓必不成者,亦当以复仇为念,段、张等任其自行,而饯送议员仍须切实行之。昔六年护法之役,议员初到南方者不满百人,其后有人决意向段复仇,为议员送车船票,于是行者三百余人。今曹、冯之当仇,甚于往日之段派也,公岂得不发愤为雄耶!二策随公决行。"①黎采纳了章的意见,于 6 月 20 日拟就命令,任命段祺瑞为讨逆军总司令兼第一路司令,张作霖、卢永祥为第二、三两路司令,陈宧为参谋长。但是,黎、段间芥蒂太深,段对黎的任命根本不予置理。于是,黎又想改任张作霖为总司令,阎锡山、卢永祥为副司令。然而,张、卢等认为黎元洪已被曹锟赶下台,又没有什么实力,仅在面子上应付一下而已。与此同时,在津的一些国会议员,在黎宅开茶话会,公推章士钊、田桐、吕志伊三人携带

①章炳麟致黎元洪函,天津市历史博物馆藏。

黎元洪亲笔信南下联络在沪的议员；黎亦派金永炎、韩玉辰等亲信到沪与社会名流唐绍仪、章炳麟、汪精卫以及卢永祥的代表邓汉祥等进行接洽，另派多人分途拉拢西南"联省自治派"、国民党以及奉、皖系要人，企图以此作为他日后行使权力的基础。

9月，黎元洪在章炳麟、章士钊、许世英等社会名流的一再催促下，在拥黎派国会议员的电召下，秘密乘船南下赴沪，计划联络各方在沪成立政府，以便"过足总统瘾"；然几经周折、多方工作而不为各方所容，又"因金钱势力远不及曹锟"①，终于在沪组织政府的计划以失败告终。黎不得已于11月以养病为名东渡日本，从此脱离了政治舞台。

## 2. 曹锟贿选大总统

直系军阀首领曹锟及津保派分子以暴力逼走黎元洪后，筹备大选以便早日把曹锟捧上总统宝座的计划便被提上议事日程。6月15日，曹锟发表通电暗示尽快进行大选，略谓："大总统既已向国会辞职，自应听从国会依法解决，使政治入于常轨，人民有所适从。"随后，直系将领王承斌、马福祥等人，亦连续发表通电，敦促国会，速成大选。21日，吴佩孚也致电曹锟，请其"于最短时间，速以法律手续，促成选举"；并请其"间接授意京中军警各机关，随时监视各议员，无论如何，不得令一员他行，一周之内，迅定大选"②。曹、吴及其将领对选举既如是迫不及待，于是津保派分子便倾巢出动，筹备选举事宜。

随着黎元洪被逐出京，直系军人干政的面目暴露无遗，因此形势急转直下，全国各派系反应不一，如《梁启超致曹锟书》中说："今兹之变，总统亡，国会裂，政府空"，"我反对无论何人之以武力金钱

---

①伍豪：《军阀统治下的中国》，见《近代史研究》1979年第2期，第2页。

②凤冈及门弟子编：《三水梁燕孙先生年谱》（下），1946年铅印本，第267～268页。

及其他卑劣手段争总统”,并奉告曹锟,“我公足履白宫之日,即君家一败涂地之时”[①]。而北京更是谣传纷起,风声鹤唳,两院议员数百人恐在京为直系所迫,便纷纷离京赴津或南下赴沪。这时,留京和离京、拥曹派和反对派的议员,以电报为阵地,相互攻讦,大打笔墨官司。拥曹派议员以众议院议长吴景濂为首,劝告留京议员勿为南方“野心家”所利用;离京南下的议员褚辅成等,指责直系军阀“始则以武力破坏和平,继则以金钱阻挠制宪”[②],并以出京议员名义发表《忠告留京议员书》,揭露留京议员“今日之留京,托名制宪,其存心固未可一概论也,仆等窃有以知其隐矣。今请分类以解剖之:甲在拥曹以分政权;乙在选曹以得金钱;丙在成曹以安故居,此其大略也”[③]。在具体分析了当时的形势后,又指出留京议员所希冀的曹锟当选后所能获取的地位、财产、前途等都将终为泡影,指责这些议员“号称人民代表,不能为民请命,反思利用人民所授之投票权,假手军阀以侵剥人民之膏血”,并希望他们能“翻然来归”,与出京议员“共策善计”[④]。

由于反对直系军阀的议员章士钊、褚辅成、汤漪等联袂出京南下,留京的议员只占少数,而就这少数议员中,亦非全部为拥曹派。在这种情况下,吴景濂等拥曹派议员深知此时强行选举必不能达到目的,于是为掩盖国人耳目,仍欲践其先宪后选的宣言,借此以笼络议员,以维持国会不使破裂。他们认为:只要宪法会议能依法开会,则选举总统便可随时进行。离京议员已看出吴景濂等人的计谋,便决心打破之,使其无所施其技。为此,他们推举范熙壬等议员回京联络两院同仁,千方百计阻止宪法会议开会。

---

①梁启超:《饮冰室合集》文集四十,上海中华书局1941年版。

②《议员褚辅成等出京之宣言》,见寒霄:《六月十三》中编,中华印刷局1924年版,第4页。

③《出京议员忠告留京议员书(三)》,见寒霄:《六月十三》中编,第15页。

④《出京议员忠告留京议员书(四)》,见寒霄:《六月十三》中编,第21页。

宪法会议多次流会，而大选又不能如愿举行，直系军阀及其津保派分子几经研究，窥知多数议员志在金钱，于是以竭力搜刮款项入手，预作贿选之准备。时高凌霨摄政内阁残缺不全，财政总长张英华以理财无方而去职，外交总长又因无人接任而空额，津保派深感形势于己不利，颇为惶恐。后经多次敦请，顾维钧始就任外长一职，接着曹锟及津保派要员欲以中国银行总裁王克敏出长财政，以便为其所用，但因各方阻挠、反对而作罢，摄阁不得已，以张弧承之。

张弧历任盐务署长等要职，颇谙习盐务，直系起用张弧的目的，即在用其所长，为直系执掌中央政权筹集经费。因此，张弧上任伊始，便提出取消引岸、盐斤加价、华盐出口等措施。然此等办法竟然难行，款项无出，贿选经费仍不足。曹锟经年盘剥虽积有巨额私产，但不会自拿一文做大选的买价。于是，便想出许多剜肉补疮的办法：直隶省长王承斌在直隶省内，百计罗掘，假鸦片烟案，逮捕制造者500余人，择其贫不能纳罚款者数人枪毙以示威，余即每人敲剥数千至数万不等，合计约得500余万元；又借军费为辞，通饬各县解款；抵押青岛官产；开放禁米攫取护照税；加征关税一成，以此抵借巨款；以黄海渤海沿岸渔业权押借外债等办法进行筹款①，将大批民脂民膏搜刮到手。

经费刚有着落，9、10月间，津保派的骨干分子如山东省长熊炳琦、摄政内阁中内务总长高凌霨、交通总长吴毓麟、司法总长程克、烟草公卖局督办兼直鲁豫巡阅使署秘书长王毓芝、直隶省议会议长边守靖(字洁卿)、京兆尹刘梦庚等人，便大规模地进行对国会议员的收买活动。即使如此，吴佩孚仍深恐夜长梦多，于选举不利，一再告诫高凌霨、吴毓麟等人，“不可迁延”时日，并因袭袁世凯的故技，电致直系将领：“时局纠纷，亟宜速结，务望进行，促成选

---

①文虎：《直派的大选股东究竟是谁》，《向导》第40期，第304～305页。

举,以奠大局。”①

众议院议长吴景濂是这次贿选的具体操作者,这时感到时机已经成熟,便抛掉其先宪后选的假面具,径作贿选预备,召开选举总统预备会议,通过“胁迫”议员与“合法”选举并行,以达到最后目的。因此,他捏造出席会议人数,并以非议员冒名顶替,还以强迫议员入场或以绑票办法强使议员出席选举。同时,又把出席费提高到500元,带病出席者外加医药费200元,才使总统选举预备会得以召开。对此,国会议员李兆年、冯振骥、刘景晨、黄伯耀等人及众议院秘书孙曜均有函电揭露其舞弊情形。如四川籍议员李汝翼、张瑾雯在致议长吴景濂的函中披露:“昨日大选预备会,汝翼、瑾雯两人因事请假,具有假条掣回收可凭。乃阅昨日预选出席人名单,竟列汝翼、瑾雯之名,实深诧异。”②

直系贿选的一个有力例证,即是假甘石桥梁宅组织买票机关,并公然以“甘石桥俱乐部”的名义发行通知,估定票价,以每票5000元至万元不等票价,贿买议员500余人。议长吴景濂一人独得40万元。因为国会和议员是选举总统的机关和主角,所以在总统未选出之前,议员便奇货可居,自高身价。拥曹派议员是时丑态毕露,兴高采烈,准备沐猴而冠,粉墨登场了。其他派系议员则关心的是选票的票价及付款的办法,他们深恐投了票而拿不到“暮夜之金”;而曹锟及其津保派骨干成员最怕的是付了“节敬”费而议员不投他的票。于是,有人建议先付三成即1500元,可吴景濂等人认为必须有足够的法定人数即583人才能照办,但有的议员自恃身价高,要求在普通票价外另给特别报酬,还有的议员不愿得钱而愿得官。因此,贿选的形势异常紧张。特别是曹锟的干将王承斌,自演出劫车索印的丑剧之后,深知为舆论所不容,万一选曹不成,己身当负罪魁之责,因此对贿选格外卖力,他亲自出马,由津赴京,

①寒霄:《六月十三》下编,中华印刷局1924年版,第8页。

②赵晋源:《曹混罪恶史·贿选记》,江苏淞沪通讯社1924年版,第9页。

今日一宴，明日一请，不分昼夜地接洽各方和安排各种会议，并派军警进驻车站等要地，密布侦探，随时监视各机关人等，到处逮捕记者以封锁舆论，尤其不让一个议员出京星散。

10月1日，甘石桥俱乐部召集在京议员500余人到该处，表面佯称有事谈话，实则发给银行支票，作为贿选的款项。此项支票，系用洁记（边守靖字洁卿）、效记（王承斌字效伯）、兰记（王毓芝字兰亭）、秋记（吴毓麟字秋舫）字样，加盖"三立斋"图记，由边守靖、王毓芝商同高凌霨、吴景濂等人亲自办理支票付给手续，所签票数在500张以上，凭此支票到北京大有银行或盐业、劝业银行支取现款，而议员中有特别身份者不仅身价高，款项也另到汇业、麦加利银行支取。议员中也有洁身自好者，如浙江籍众议员邵瑞彭领得5000元一张支票后，随即赴津将支票正反两面翻拍成照片多份，分发京外，并于10月3日向京师地方检察厅告发，请其进行侦察起诉，以"为国家立纪纲，为国会保尊严，为议员争人格"①。与此同时，邵氏又通电各省，声诉此事经过，进一步揭露了直系军阀的贿选丑行。

10月4日，经直系金钱收买而出席宪法会议的议员已达550余人，距法定选举总统的人数仍差30余人，而王承斌声称：尚有五六十人已预先接洽好，答应只出席大选会议，不出席宪法会议。此时到甘石桥俱乐部亲领或代领支票者，亦已达到576人。据贿选骨干分子分析：大选投票，曹锟届时可得590余票，比法定583张的票数将有所超过。于是，吴景濂即以总统选举会的名义发出通告，订于10月5日开选举会，而且，要求警厅对选举会场严加防护。

贿选之前夜，马巡、步巡、便衣侦探比比皆是，梭巡不息，且有军警长官散布于院内外各处，随时了解动静，如临大敌。又责令警察挨户通知各家悬旗，庆祝选举总统。当晚，北京城里热闹非凡。甘石桥大选机关更是通宵加班忙碌，机关门前车水马龙。可笑的

①刘楚湘：《癸亥政变纪略》，泰东图书局1924年版，第219页。

是,反对曹锟的拆台派也收买议员,他们在六国饭店设点,以每人8000元为代价收买不投票的议员。但因财力有限,只收买到40人,而在这40人当中,亦有几个议员还是两边拿钱的。

10月5日上午10时,总统选举会在北京象坊桥众议院会场如期举行。北自西单牌楼,南到宣外大街,都布置了警卫人员。保安队来回巡逻,宪兵、警察在象坊桥东西口夹道而立,军警长官亲到现场指挥,除议员及获准旁听者外,任何人不得通过。为防意外事故发生,在入场前还要进行人身搜查,并且入场后不许随便出入。会场内外,气氛紧张,如临大敌,唯议员按时到会者寥寥无几。总统选举会主席吴景濂心急如焚,只得临时宣布为不定时开会,以签到足法定人数为准。11时30分,签到议员仅四百数十人,吴景濂急派人四出分途拉拢。为凑足开会的法定人数,临时又约定,只要出席会议,就是不投票,每人也一律送给5000元,于是一些患病的议员也被强拉来充数。直到下午1时20分,签到人数方达593人(实际出席投票者为590人),吴赶忙摇铃宣布开会。投票自2时始至4时毕,曹锟得480票。按照《总统选举法》规定,投票总数超过四分之三即得票443票就可当选。经过高价收买和武力胁迫,曹锟终于如愿"当选"了中华民国大总统。当晚,吴景濂即以总统选举会名义咨达摄政内阁高凌霨等,并同时致电曹锟报告选举结果。10日,曹锟自保定来京就总统职,并向国会提名由孙宝琦组阁。

这次选举,在武力与金钱的支配下,"议会成为军阀争权夺利的工具,发生了被称为'猪仔议会'的贿选总统的丑闻"①。贿选内幕被揭露后,举国上下反映强烈,很多省份对该省议员接受贿选投票予以声讨,责骂他们为"猪仔"议员,否认其代表身份,有的甚至宣布开除其省籍。移沪的国会议员发表宣言,声讨贿选议员之罪,并由其秘书厅公开宣布参加北京贿选投票议员名单。皖省学生愤怒至极,进而捣毁了参加贿选的本省议员的住宅。当时天津发刊

①国务院新闻办公室:《中国的人权状况》,载《人民日报》1991年11月21日。

的《国会议员通讯》第十八号甚至指斥这些“猪仔”议员是“三不要的丑怪东西”，即“不要脸，不要良心，不要命”，这三不要是“穷闾委巷中构成流氓痞棍三大要素”，“而孰意堂堂议会，豢养着一班猪仔，乃全袭其面目，学其法术”[①]。在曹锟就职的当天，上海二十余个团体就组织了“双十节国民讨曹游行大会”，游行的数千名群众到护军使署请愿，“吁请军使出师讨逆”，“国民一致坚决请各省军民长官出师讨曹”。而且，在游行示威群众散发的传单上印有“下半旗，讨曹锟，诛猪仔，惩政客，打倒万恶军阀，否认延期国会”[②]的字样。说明人们对曹锟及其贿选的愤慨态度。10月9日，孙中山以广州政府大元帅的名义，下令讨伐曹锟，通缉贿选议员，并电段祺瑞、张作霖、卢永祥采取一致行动。奉张、浙卢原在曹锟贿选期间就曾通电反对；在贿选告成之后，遂响应孙中山的号召，又通电讨伐曹锟。段祺瑞对贿选亦通电予以攻击[③]。

曹锟贿选花费了大量民脂民膏，关于其具体数目，众说纷纭，莫衷一是。1924年2月1日，周恩来以伍豪为笔名在巴黎中国共产主义青年团总旅欧支部创办的《赤光》上发表文章，谈及曹锟贿买议员“用了一千三百多万资本”，并说“这笔大选费的来路是王承斌从直隶各县摊款，金丹罚款，直隶省公债二百万元，预征直省地丁二百万和井陉矿务局向外国银行抵借现款九百万等项中支出的”[④]。而英国驻华记者、《泰晤士报》和上海《英商公会月刊》通讯员福来萨(Darid Fraser)则说：有450万元“纯粹罪恶地浪费在贪

①北洋政府京畿卫戍司令部档案，见中国第二历史档案馆编：《中国现代政治史资料汇编》第一辑第一册。

②刘楚湘：《癸亥政变纪略》，泰东图书局1924年版，第244页。

③吴廷燮：《合肥执政年谱初稿》卷上，见来新夏主编：《中国近代史资料丛刊·北洋军阀》(五)，上海人民出版社1993年版，第161页。

④伍豪：《军阀统治下的中国》，见《近代史研究》1979年第2期，第1页。

污和行贿方面"①。至于受贿人数，据1923年10月15日移沪国会秘书厅宣布之北京贿选罪犯人名单统计，参加贿选的议员共计551人②。而曾任北京政府大理院院长的姚震就贿选一事给奉系要员即曾任东三省巡阅使署总参议的杨宇霆信中说："颇闻尊处于此次非法选举，尚未详知，遂疑曹氏为合法选出。实则此次选举，弊端百出……此间当于一二日内，陆续披露彼方舞弊证据……此次选举，真正到场者，止五百三十九人，伪冒者六十余人(诈称到会五百九十七人)，而尊处款项到后，即拆出四十人。若无此事，则彼方出席人数可得五百八十人，法定之数系五百八十三人，仅少三数人，无论如何，不能得其伪证矣。"③然而，在1924年冬直系军阀集团被奉张打败，曹锟由总统成了阶下囚之后，时北京法院检察厅广事调查亦无确切的结论。但仍可以说，曹锟贿选之所以能够成功，其中银弹攻势起了很大的作用。

贿选之后，直系军阀立即进行立宪，以明其正统地位。于是，这些受贿议员为了掩盖他们卖身的罪恶或实践其制宪的诺言，乃于10月5日之后，在三天之内匆忙地把宪法草案完成二读与三读程序，并于10月10日曹锟就职之日公布了这部计有13章141条的所谓《中华民国宪法》。然而，这部宪法并不被时人所重视和承认，被人们称之为"不另取价"的"曹锟宪法"或"贿选宪法"。实际上，这部宪法从起草到公布，历经十一年之久，而且在其议宪期间，每因政局的变化，时作时辍，最后还获了个"贿选宪法"的恶名。它形式上也只存在了一年多，因政治上的原因，亦没有付诸实施，只是一部有名无实的宪法而已。

直系军阀之所以如此不惮烦琐地进行所谓"选举"，又颁布所

---

①福来萨:《中国事务月志》1923年11月，见上海《英商公会月刊》第8卷，第376～378页。

②移沪国会秘书厅宣布之北京贿选罪犯人名单，见寒霄:《六月十三》下编，中华印刷局1924年版，第101～108页。

③辽宁档案馆编:《奉系军阀密信》，中华书局1985年版，第96页。

谓“宪法”，究其因，就是在旧民主主义的观念逐渐深入人心的情况下，他们不得不采取这种所谓“民主”的招牌，以蒙骗人民，进而分裂民主革命的力量，实现所谓的统一“大业”，以迎合帝国主义的需要，换取对他们的支持。对于直系军阀玩弄的这套把戏，帝国主义国家给予了极大关注，其中美国尤为积极。在贿选前五个月(即1923年5月间)，美国驻华公使舒尔曼曾亲赴保定与曹锟接洽所谓“最高问题”(即贿选总统问题)；6月间，美国总统哈定(Warren G. Harding)又表示美国银行团可助中国“统一”的意向；而且在贿选投票的当天到象坊桥众议院会场参观助威的外国驻华使节中，“只有美国公使舒尔曼一人，余如英、日、德、义(意)、荷、挪威、西班牙各国不外派参赞照例前来而已”[①]。贿选告成后，又是美国公使首先前往总统府表示祝贺。这些都说明直系军阀与美帝国主义之间在“最高问题”上是串通一气的。对此，《中国共产党第三次对于时局宣言》中即列举了曹锟在就任大总统以后，为了换取列强的承认和支持而进行了种种的媚外卖国活动[②]。如发生在当年5月著名的山东临城劫车案，这本来是一场土匪劫车的案件，只因在被劫掠的百余名旅客当中有洋人26名，曹锟与吴佩孚及北京政府的代表不惜任何代价同匪首孙美瑶进行长时间的谈判，而且身为交通总长的吴毓麟甚至愿去孙处作人质，以求早日放人。这一案件历经多次谈判已经妥善解决，但在曹锟被选为总统以后，驻京的外交使团竟又提出以惩办山东省长官作为向新选总统进行祝贺的条件。这时贿选丑闻已喧腾中外，直系军阀急于获取外国主子的承认，以便箝制舆论，便于10月15日赶忙下令免去临城劫车案的发生地负责长官、山东督理田中玉的职务。而且，对于帝国主义列强提出的一些侵略要求，曹锟也屈辱退让，予以满足。

总之，通过曹锟贿选这一闹剧的上演，充分说明了在北洋军阀

①寒霄：《六月十三》下编，中华印刷局1924年版，第85页。

②《向导》第82期。

的统治下,辛亥革命留下的仅有的一点资产阶级民主残余也荡然无存了。

## 五、直系军阀的暴政与“二七”工人大罢工

### 1. 直系军阀祸国殃民

从 1920 年 7 月直皖战争至 1924 年第二次直奉战争前,是直系军阀基本上控制中央政权的时期。其间可分为前后两个阶段:前段为 1922 年 4 月第一次直奉战争前,此时为直奉联合控制中央政权;后段为第一次直奉战争之后,奉系败退关外,直系独揽中央政权。这一时期在中国广大地区特别在北方的极端反动的军阀统治,给人民群众带来异常严重的灾难,而随着曹锟贿选丑剧的上演,全国人民展开了大规模的反对曹、吴,反对帝国主义和直系军阀的斗争。

在直系军阀统治时期,发生了大小数百次的军阀混战,较大一些的有:1921 年 7 月的陕直战争、湘鄂战争,8 至 9 月间湘直战争,9 至 10 月间的川直战争,1922 年 4 月的第一次直奉战争,1922 年 7 月至 1924 年 9 月的四川地方军阀的混战,1924 年 9 至 10 月间的江浙战争和 9 至 11 月间的第二次直奉战争等。由于连年战乱,使中央和各省的军费开支急剧增加,从 1920 年吴佩孚率师开进洛阳,到 1922 年底为止,除北京政府所发军费外,吴搜刮民财而支付的军费就已达 680 余万元。况且,到 1923 年,北京政府已积欠各机关政费达 8410 多万元,积欠军费达 13438 多万元[①]。而这一切费用分摊下来,使广大民众不堪重负。各省在收不抵支的情况下,不仅停止向中央政府解款,各派军阀还截留中央专款及中央各项

① 上海总商会民治委员会编:《中央财政研究报告书》,见章伯锋主编:《北洋军阀》(四),武汉出版社 1990 年版,第 414 页。

直接收入，以至于后来竟出现了对与外债有关的盐款也进行截留。结果造成中央的经费入不敷出，财源枯竭。

北京政府从来就是指望帝国主义能给以财政支援，以供军阀政客们朋比分肥和发动大规模内战之用。由于对内统一无望，对外借款困难重重，直系军阀曹锟上台后北京政府面临着财政破产的严重危机。在此之前，法国提出的金佛郎案，迟迟未能解决，法国便拒绝批准九国公约，并扣留盐余300万元（从1923年5至10月）以要挟北京政府。曹锟上台后，不仅急于要收回法国扣留的盐余，而且希望法国尽快批准九国公约，以便邀请有关各国在京举行特别关税会议，实现二五加税，使北京政府能够增加一笔收入。为此，曹锟曾密电指使各省直系军政长官通电赞成承认金佛郎案，给北京政府撑腰，还打算再次收买国会议员通过此案。但各省直系军阀慑于民众的反对，都不肯代人受过，曹锟也未敢一意孤行。

在直系军阀执政时期，虽然中央军费预算同过去相比较低，但战争频仍，兵员急增，而外债一时又难以借到，军阀们为此就必须加紧搜刮民财以解决饷需和战费，曹锟及其兄弟利用权势克扣军饷、滥报军费、贪污纳贿、卖官鬻爵、横征暴敛，更是无所不用其极。曹锟在任直鲁豫巡阅使和大总统时，统率直系军队25个师，他任命李彦青为军需处长和总统府收支处长。李彦青公开对各师军饷每月克扣2万元，声称系给大帅（指曹锟）的报效费。仅此一项每月有50万元。曹锟敛财手段多样，滥报军费即是重要的手段，如在对湘对鄂的战争中，均设法趁机发财。曹锟对战败的皖系更是巧取豪夺，1920年直皖战争后，徐树铮所办西北边防银行即为曹所吞占；另有安福系要人王郅隆、王揖唐、朱深等人股本100万元，亦为曹锟所掠取。

随着直系军阀权势的日益膨胀，曹锟及其弟兄们，更为变本加厉地敲诈勒索。他派亲信密赴各省，向各省督军进行敲诈。王某为攫取天津造币厂监督,曹锟令其每月报效10万元,才予以发表[①]。1922年,曹锟为筹划战地饷需,对各县定出科派数字:大县派款5万元,小米高粱4000石;中县派款4万元,小米高粱3000石;小县派款3万元,小米高粱2000石[②]。吴佩孚在湖北省因连年进行战争而报效几达千万元,该省除行政教育等小数目外,其他收入全被提走;烟、酒一律加税,甚至规定汉口码头之挑夫也要纳税以换取挑夫证[③]。1923年3月间,吴佩孚在洛阳召开军事会议,以"武力统一"为口号,在川、湘、闽、粤各省点燃战火,在混战中扩张地盘,发展本派势力,掠夺人民财产。曹锟及其兄弟曹镇、曹锐、曹锳、曹钧更是贪得无厌,依仗权势吮吸民脂民膏,除在天津附近占有大量土地外,在湖北樊城还占有耕田800顷,同时他们还包揽军事、民事工程,经营证券,并以承包军需名义,经营粮食、被服、食品等买卖,利用手中权力由铁路免费运输货物,不交纳捐税,倒以高价卖给各军阀的部队,从中牟取厚利。甚至征用铁路为其免费运送烟土,获取暴利。此外,曹锟又以他本人及妻妾名义从事各种工商业活动及发放高利贷、经营当铺,如在保定电灯公司有股本10万元,在天津公懋当、万成当投资12万元,在北方航业公司、天津大华火油公司有股本20万元,在天津北马路开设绸布庄投资10万元。还在天津、北京、保定拥有大批房地产,其中仅房基地就占田370余亩,共有楼房18所(仅天津就有9所)、大宅院2所、花园2所、平房数百间。天津曹家花园是曹锟住宅中最宏大和华丽的一所,他在此大兴土木,修建亭台楼阁,并多次在此宅召开会议,策划军事行动。据不完全统计,曹锟兄弟搜刮来的财产高达数千万元。占地2000顷以上,另外还有大量的盐滩、苇地、果园、海滩等,私藏珠玉、翠石、珍奇古玩、名贵皮货不计其数。值得一提的

①北洋军阀档案资料,天津市历史博物馆藏。

②寒霄:《六月十三》下编,中华印刷局1924年版,第138页。

③《吴佩孚铁蹄下之湖北》,见《向导》第113期。

是,曹锟将搜刮来的大批现金、外钞,都交与其弟曹锐经管,而曹锐将其中大部分又存入美花旗银行、英汇丰银行、法汇理银行。而当第二次直奉战争之时,曹吴部下冯玉祥发动北京政变后,曹锐被冯玉祥部传讯,这个舍命不舍财的吸血鬼,拒交钱财,服毒自杀。由于曹锐将现金、外币存入外国银行用的是假名,上述存款也就死无对证,白白落入了洋人的腰包。

在直系占统治地位的前几年,即1920年至1924年,特别是在1924年直奉战争之前,又是直系军阀势力最强的时期,它的兵力分布在直隶、河南、山东、热河、察哈尔、绥远等省,拥有25万人①;军费支出浩大,加以贿选总统所耗费大量财力,致使社会动荡不安,人民的负担更是日益加重了。

在直系军阀统治时期,许多地区还遭遇了十分严重的自然灾害。1921年,直隶、山东、河南、山西、陕西等省旱情严重,浙江、湖南发生水灾,甘肃等西北地区遭受震灾。1922年,湖南、浙江、安徽等地发生大水灾,人民挣扎在死亡线上。以湖南为例,在8月至9月间,大水成灾的计有湘阴、浏阳、益阳、华容、南县、临湘、容县、临澧、澧县、常德、沅江、汉寿、桃源、石门、慈利、江华、桂东、桑植、桂阳等21县,损失以千万计,田禾颗粒无收,什物牲畜漂没无存,人民风餐露宿,哀鸿遍野②。而在1922年前后几年,湖南凤凰县连遭水旱灾害,再加上大小军阀不断混战,可谓年年灾荒、岁岁烽烟。一些散兵游勇,三五一伙,成群结队,在县境内四处偷盗行窃,有的甚至拦路抢劫,杀人越货,弄得民不聊生,如陷水火③。1923年水旱遍及12省。1924年,闽、粤、湘、桂、鄂、豫、赣、冀、

①文公直:《最近三十年中国军事史》(上),上海太平洋书店1930年版,第19~24页;丁文江:《民国军事近记》,商务印书馆1926年版,第28~34页。

②《申报》1922年9月2日。

③河北省文史资料编辑部编:《近代中国土匪实录》(下),群众出版社1992年版,第156页。

川、察、辽等省大水,淹没1.3万余人,财产损失高达12500万元[①]。而这一年的大水灾,为数十年来所未有,仅直隶灾区计有50县,被淹的村庄就有727处之多,淹死百姓无算,只万全一县淹死者就3000余人;东北南部10余县被灾;湖南省有100万灾民无家可归。

社会的动荡,使各地盗匪蜂起,一些歹徒趁乱起事,打家劫舍,啸聚山林,绑票勒赎,杀人如麻,纠众万千,独霸一方,官兵借剿匪而扰民发财,更令黎民百姓叫苦不迭。如1922年山东临沂地区匪首孙安仁率匪徒破五区之姚家庄,杀7人,焚房500间。1923年匪首赵姓女破二区之迭衣庄,杀伤70余人,房屋尽焚。同年,苏鲁巨匪刘伏龙在东海、临沂、郯城等县扩大到苏北、鲁南一带率数百匪徒携枪到处烧杀抢劫、奸淫掳掠,无恶不作,危害人民。1923年1月,一股土匪洗劫了直隶丰宁县大阁镇,击毙商民20人,抢夺骡驴120匹,烧毁房屋118间。同年3月,胡匪许喀叭率众数百人,内外勾结,攻破开鲁县城,大肆抢掠,商民遭殃。开鲁绅商各界上书热察绥巡阅使兼热河都统王怀庆,要求查办县长李岫岭。1924年5月21日,胡匪金生字、王五点等在建(平)赤(峰)交界处公然抢劫日本驻赤峰领事馆馆员北村唔太郎及日本领事的弟弟平家笃等人,引起外交事件。同一时期,以绰号"白三阎王"白凤翔为首的热河省土匪2000多人,在热西、热北一带流窜作案,为害更甚。白于1923年至1924年前后,在围场、丰宁、隆化以及经棚等处流窜作案,使这一带老百姓寝食难安,鸡犬不宁。第二次直奉战争之后,随直军败退南撤时丢弃大批武器弹药,助成匪患迭起,使地处塞外青龙一带的人民受了几十年的兵灾匪患之苦。而且,这一时期匪患的特点是土匪与官府、军队相勾结,官匪一家,兵匪不分,形

①李文治编:《中国近代农业史资料》第二辑,三联书店1957年版,第618~619页。

成一种彼此依赖和互相利用的特殊社会关系①。

**2. 中国共产党的成立与“二七”大罢工**

在直系军阀统治下，山东、河南、湖南等省农民所受的痛苦最深，濒临破产的农民也最多，所以反抗起来最为激烈。但这些反抗活动，多是自发的、分散的，没有统一的领导和一致的斗争目标，虽在促使军阀统治走向崩溃的过程中起到一定的作用，但最终都归于失败。

也正是在这个时候，在中国近代历史上出现了一件伟大的事情——1921 年 7 月中国共产党成立。

中国共产党成立后，把“打倒军阀”作为自己的鲜明政纲之一，并勇敢地肩负起反对军阀斗争的领导责任。它不止一次地向全国人民指明这个斗争的方向，而且领导工农群众进行了坚定的反军阀斗争，从而使中国工人阶级的反抗斗争进入了一个新阶段。

1922 年 6 月 15 日，中国共产党发表了对时局的主张，揭露了军阀们的“联省自治”与“武力统一”同样是反动的，指出：“这种联省自治不但不能建设民主政治的国家，并且是明目张胆地为提倡武力割据，替武人割据的现状加上一层宪法保障。总之封建式的军阀不消灭，行中央集权制，便造成袁世凯式的皇帝总统；行地方分权制，便造成一般武人割据的诸侯，那里能够解决时局？”②著名的共产党员蔡和森也在《向导》上发表了《武力统一与联省自治——军阀专政与军阀割据》一文，抨击“武力统一”和“联省自治”的实质。他深刻地指出：“力能进取的军阀，便倡武力统一，或主张强有力的中央政府（如曹、吴）；仅能自保或希图自保的军阀，便倡联省自治或筹备制省宪，举省长（如川、滇）；同一军阀，进攻时宣布

①以上有关匪患资料分别引自河北省文史资料编辑部编：《近代中国土匪实录》，群众出版社 1992 年版，（中）第 2、8、29、476 页，（下）第 156、214 页。

②《先驱》第 9 号。

武力统一,退守时宣布联省自治(如奉张)……凡此种种,无非是封建的残局之下,军阀专政,军阀割据的必须现象和趋势"①。因此,他认为中国唯一的出路,既非军阀割据的"联省自治",亦非北洋"正统"的"武力统一",而只能是彻底进行反帝反封建的民主革命,打倒军阀,从根本上解决中国的命运和前途问题。

4月15日,中国共产党发刊《向导》周报,在第一期的《本报宣言》中,具体地指明了当时的中国是处在帝国主义和军阀的双重统治之下,并在许多文章中,详细地分析了南北军阀祸国殃民之原因。《向导》周报上所揭露的北洋各系军阀的罪恶事实,至今仍是我们研究这一段历史的重要史料。

1922年7月,中国共产党在第二次全国代表大会宣言中,第一次揭露了帝国主义者扶植当时统治中国的不同派系军阀,以达到各自目的的事实:日本帝国主义者先后扶助安福系、张作霖、新旧交通系等当权的北京政府,为的是要利用北京政府作为实现日本侵略计划的工具。英国则站在吴佩孚的督军后面,为的是要借此巩固和扩张他在长江一带的权利的势力范围。美国则企图组织新银行团——国际帝国主义的托拉斯,想用经济优胜势力,勾结中国新兴的资产阶级及其知识分子尽量把资本输入中国,以取得掠夺中国的优越地位。针对这种情况,《宣言》指出:"列强的压迫不去,军阀的势力不除,中国是万难实际统一的,而且内乱还会不止。"因此,《宣言》中的第一个目标便确定为:"消除内乱,打倒军阀,建设国内和平"②。

1923年的"二七"工人罢工,又称"二七"惨案,是京汉铁路工人组织了3万多工人进行的一次规模宏大的反帝反封建斗争。2月1日,京汉铁路沿线的长辛店、保定、郑州、信阳、江岸等地区工

---

①《向导》第2期。

②引自胡华主编:《中国新民主主义革命史参考资料》,商务印书馆1951年版,第73～74页,第78、82页。

会代表在郑州举行京汉铁路总工会成立大会。吴佩孚对于工人的大团结和工人运动的发展十分惊恐，撕下了“保护劳工”的假面具，下令禁止工人集会，并调动大批军警包围会场。工人代表列队冲破军警的封锁，继续开会，并宣布京汉铁路总工会的成立。气极败坏的吴佩孚随即下令捣毁、封闭总工会。4日，为了反抗直系军阀的暴行，京汉铁路工人举行全线总罢工，所有客货车一律停开，车站、桥梁、工厂、道棚的工人一律停止工作，长达千余公里的京汉线立即陷于瘫痪。同时决定将总工会由河南郑州移至湖北武汉江岸，并向北京政府提出要求。罢工的第二天，武汉各工团举行大规模的游行示威大会，高呼“打倒军阀”、“工人阶级胜利万岁”等口号。7日，在英帝国主义的支持下，吴佩孚指令湖北督军萧耀南派军队包围总工会，对罢工工人进行了血腥镇压。当场开枪打死工人32人，伤200余人，10余人被捕，后被开除和流亡者有千余人，家属牵连被祸者不计其数，工人领袖、总工会江岸分会委员长林祥谦、武汉工团联合会律师施洋惨遭杀害。随后，北京、上海、广州、武汉、南京、香港等地的工人及群众纷纷举行罢工、游行示威，募捐声援“二七”罢工工人。在吴佩孚的镇压下，工人斗争暂时转入低潮。

直系军阀吴佩孚、萧耀南等一面高喊“保护劳工”，一面血腥镇压京汉铁路总同盟罢工，造成“二七”惨案，以武力镇压支撑直系军阀控制的中央政权。中共中央即发表了《为吴佩孚惨杀京汉铁路工人告工人阶级与国民书》，首先向全国人民揭露这场野蛮残酷的大惨杀，就是前此倡言“保护劳工”的军阀吴佩孚指使的，指出了这场斗争的实质，认为：“这次汉口的惨杀，不仅是军阀惨杀工人的意义，乃是军阀惨杀自由的人民的先锋军的意义”，号召全国人民起来“打倒一切压迫工人的军阀”①。

1923年3月间，吴佩孚在洛阳召开军事会议，以“武力统一”

---

①《向导》第20期。

为口号,在川、湘、闽、粤各省点燃起战火。在战争中扩大地盘,发展本派系势力,掠夺人民的财产,使各地人民群众反抗军阀黑暗统治的斗争更加频繁和激烈。8 月,河南卢氏县农民反抗军阀驻军暴政,在不到一年的时间内三次组织武装围城的斗争①。9 月,湖南衡山县附近有数万农民参加农会,联合起来与地主进行斗争,并直接和湖南军阀进行武装斗争。10 月前后,山东胶济铁路沿线十几个县的人民展开反对山东军阀强迫征收产销税的斗争,军阀勒征苛捐,极端残酷,甚至小菜大蒜都未能免,引起全体罢市,殴毙税吏,迫使官厅停止征收②。随后,青岛、历城、长清、滕县等地也发生抗税斗争③。12 月间,陕西渭南、华阳、华县等地人民,也因帝国主义及其军阀的横征暴敛掀起了抗捐怒潮④。1924 年 3 月,山东药山一带农民,掀起反抗军阀爪牙强占农田的斗争⑤。

在"二七"大罢工以后,中国共产党又采取积极步骤,联合孙中山所领导的国民党,以实现工人阶级与其他民主力量的联盟。1923 年 6 月,在中共第三次全国代表大会上通过了建立革命统一战线的决议后,积极推动和帮助孙中山改组国民党,进行民主革命活动。1923 年 10 月 9 日,孙中山在广东大元帅府下令讨伐曹锟,通缉贿选议员。同时,致电广州领事团代表,请其转达各国驻京公使及其政府,告以"中国人民全体视曹锟之选举为僭窃叛逆之行为,必予以抗拒而惩伐之",警告列强不得承认曹锟政府,否则,"将促进中国之内争及扰乱,中国人民将认列强为反对中国人民,有意破坏彼等反抗一种污辱国民人格之举动之明显意志"⑥。南北革命力量的配合,有力地推动了反军阀斗争的发展。

---

①《河南卢氏县人民对军阀之反抗》,见《向导》第 69 期。

②《山东民众的潮流》,见《向导》第 40 期。

③《欢迎山东的革命民众》,见《向导》第 40 期。

④《陕西农民的困苦》,见《向导》第 53、54 期。

⑤《药山农民反抗贪吏劣绅》,见《向导》第 59 期。

⑥《民国日报》1923 年 10 月 14 日、20 日。

# 第四节 第二次直奉战争与北京政变

## 一、张作霖整军备战

第一次直奉战争后，北京政府为直系军阀所独占。奉张虽败，只是丢失了关内的一些地盘，而关外的地盘及其实力犹存，并在日本帝国主义的支持下，进一步地巩固其在东北的统治。

直系军阀取得北京政权后，内部保、洛两派很快便因权力分配问题而展开暗中争夺并出现裂痕。奉系军阀张作霖于东北“独立”之后，趁机积极整修军备，扩充实力，以谋再战。“张氏战败回奉，自知野蛮无教之高粱地军官兵士决难作战，与文明军队对敌。是以痛改前非，急图刷新，多用学生，改编军制，期行彻底之整理，而备扬威之需用”①。于是，1922年7月24日，他在奉天省城东华门设立东三省陆军整理处，自任总监，吉林督军孙烈臣兼任统监，姜登选、韩麟春任副监，把奉、吉、黑三省军队番号划一，统一指挥，开始整训奉军。

张作霖在整军中，“鉴于旧军之不振，乃思成一新势力”②，于是首先注重提高军队素质，淘汰老弱杂散队伍十之二三，推行所谓的“精兵主义”。将所有的部队整编为陆军3个师、27个旅，骑兵5个旅，而且每旅以3个团为标准，约计有25万人的兵力，并扩编了两个炮兵独立旅和一个重炮团。同时，重用有专门军事知识经过严格军事训练的新派军人，如提拔日本留学生姜登选、韩麟春等人

①北洋政府档案，见来新夏主编：《中国近代史资料丛刊·北洋军阀》(四)，上海人民出版社1993年版，第586页。

②张国淦：《近代史片断的记录》，见《近代史资料》总第37号，第175页。

任副监或要职,以杨宇霆负整军的实际责任,并以张学良、郭松龄所属之第二、第六两旅为奉军的基干部队。又在奉天设立军官学校,如陆军东北讲武堂,作为训练军官的教育机构,张作霖自兼堂长,张学良兼总督,并由日本陆军大学毕业的萧其煊以教育长名义代张学良负责,全军各师旅的参谋长均改由军官学校出身者充任,招请留日学生和内地军官学堂毕业生,识拔军官,按月发放厚薪,日夜操练。其次是改善和更新军备,使军饷充足,装备齐全。当时"全军各师旅,均添招技术队,设立军士教导团,教授技术及掷弹、炸弹之使用、毒瓦斯之放射、火焰放射器之用法,以备作战"①。同时,建立空军,设立由张学良主管的东北航空队,向德、意购买新式飞机 250 至 300 架,向法国定购最新飞机两批各 20 架,价银 435 万法郎②,其中,耗巨资购买了 30 架轰炸机③,共编为 4 个大队,由国内外聘请教官十数人,加强训练工作,并在各战略要地修筑机场和材料库。还编练海军,在保安司令部内设航警处,以沈鸿烈为处长,负责东北江防舰队之整顿、训练,在哈尔滨与葫芦岛建立海军学校,训练军官和培养海军人才,拥有"镇海"、"威海"两舰,以后发展到大小舰只 21 艘,约达 32200 余吨位,计有舰队官兵 3300 余人。除此之外,还大力扩建奉天兵工厂,发展军事工业,由总参谋长杨宇霆兼任督办、韩麟春为兵工厂长。1922 年春扩建的奉天兵工厂,年预算为 200 万元,每年能生产大炮(其中包括山炮、野炮、重炮等)约 150 门,炮弹 20 万发,步枪 6 万余支,枪子 1 亿至 1.84 亿粒,轻重机枪 1000 挺以上,而且迫击炮的生产量也很大。与此同时,在交通、通讯方面亦有所改进,一是将不在铁路线上的各军

---

①《军事处关于二次直奉战争前奉张积极扩军备战情形给吴佩孚的代电》,北洋政府档案,中国第二历史档案馆藏。

②北京政府大总统府档案,中国第二历史档案馆藏。

③劳伦斯·英培著、周崇志译:《中国军队的军事力量——军阀统治时期》,见来新夏主编:《中国近代史资料丛刊·北洋军阀》(四),上海人民出版社 1993 年版,第 857 页。

集中地之间修筑了公路；一是着手在绥中、兴城、锦县、大窑沟等战略要地的铁路线上增修了待避线和给水、给煤等设备，在各军设有与后方总司令部直接联络的电信线路，并在沈阳、哈尔滨、锦县等地建立了无线电台，在各军设有无线电通信班。另外，为了有充足的财力进行整军备战，对经济部门也进行了整顿，从事加税，统一金融，大量发行不兑换的奉票，印行军用票等。在后勤保障方面也下了很大功夫，设立了被服厂、粮秣厂、陆军医院等。

张作霖为了打内战、争霸权，大规模地扩军备战，进一步加重了东北人民的负担。但是，却得到了日本帝国主义的大力支持。张不仅从日本得到大宗借款及各种援助，还从日本得到大量的武器弹药：1922 年 10 月，张作霖就以 100 万元购得日本存于海参崴的军械子弹，内有步枪 2 万支，还有炮弹、炸弹、飞机等①。1923 年 2 月，日本把购自意大利的军械(步枪 1.3 万支、炸弹 800 颗、大炮 12 尊)一并转卖给张作霖②。1923 年 8 月，日本又将价值 369 万元的军械(2.2 万件)运入奉天省城③。

同年 9 月 5 日和 8 日，张作霖为了进一步寻求日本帝国主义的支持，分别通过其军事顾问本庄繁和松井七夫就以下三个问题探询日本政府的态度④：(1)直系打到东三省时，日本采取何种态度？是否予我(张作霖)所希望的援助？想了解日本的具体方针。(2)最近英国人和美国人压反直隶派来完成中国的统一，我希望以亲日派之手统一中国，对英国的行动，日本有何种想法？(3)最近北京政府接近俄国政府，孙中山赤化一半，因此我腹背受直派和工农俄国的压力。对此日本有何种想法？日本则表示不直接插手这一次战争，但劝告双方严肃注意日本在满蒙的利益，应受到尊重和

①《申报》1922 年 10 月 9 日。

②《申报》1923 年 4 月 5 日。

③《申报》1923 年 8 月 7 日。

④美国国会图书馆复制：《日本外务省档案》，MT172 卷，MT161867，第 160～163 页。

保护[1]。

奉系军阀所进行的这些活动，都是以直系军阀曹、吴为其假想敌人的。而且，经过整军经武，仅仅两年工夫，基本改变了奉军的面貌，比第一次直奉战争以前确有一股“朝气蓬勃的气象”[2]。

## 二、粤皖奉反直三角同盟的建立

第一次直奉战争后，奉系军阀除积极在关外整军备战，修炼内功外，还广结外援，与段祺瑞皖系军阀和孙中山国民党在反直的共同目标下结成了政治军事性同盟。应当说，粤皖奉反直三角同盟的建立，是与当时的历史背景和政治军事形势分不开的。

粤皖奉反直三角同盟的建立，早在直皖战争以前便已开始酝酿。当时皖系军阀虽然还占据着统治地位，但遭到了直系军阀的强劲挑战。特别是督师湘南前线的直系后起之秀吴佩孚，不但频频发表通电，对皖系的内外政策大加抨击，而且还与西南军阀特别是把持广州军政府的桂系军阀缔结了共同对付皖系的军事同盟。为了分化南方的反对势力，达到瓦解直、桂军阀军事同盟的目的，段祺瑞等开始谋求和与桂系军阀处于对立地位的孙中山国民党改善关系。而孙中山国民党一则亟欲回师驱逐盘踞广东的桂系军阀，以解除北伐的后顾之忧，而这“势不能不与北方周旋”；再则认为在北方各派军阀中，“乱法卖国，直为罪首，皖为附从”，因而也有“联皖排直”的策略考虑[3]。由于双方都有在反直的共同目标下进行合作的意愿，因此，从 1919 年下半年开始粤皖间便有了一些试探性的接触。段祺瑞曾派某安福系要员谒见孙中山，提出了合作

---

①币原喜重郎:《外交五十年》，原书房 1975 年版，第 100 页。

②何柱国:《孙、段、张联合推倒曹、吴的经过》，见杜春和等编:《北洋军阀史料选辑》(下)，中国社会科学出版社 1981 年版，第 110 页。

③《孙中山述剿除桂系军阀与联皖排直目的复王文华函》(1920 年 3 月 27 日)，见章伯锋主编:《北洋军阀》(四)，武汉出版社 1990 年版，第 805 页。

的意向。孙表示如段“能完全赞同文学说之主张，乃有相商之余地”。不久，孙中山便向王揖唐、徐树铮、曾毓隽等皖系要员赠送了新出版的《孙文学说》。这些人对孙的学说主张“皆极端赞成”，段祺瑞阅看后“亦大体赞成”，乃复派人与孙商洽合作事宜。段方表示赞同孙的主张，并保证“愿取消二十一条要求及由此发生之各协约”；孙则强调，如段能完全赞同其主张，“自愿与段谋和而共同行动”①。经过几次往返沟通，至1919年秋，双方间的合作“已有头绪”②。

及至皖系在直皖战争中遭致惨败，孙中山立即对时局的发展作出了合乎客观实际的分析，认为“今彼派即将段氏打倒，直奉之争乃又继续开幕。盖直曹奉张，其野心皆无底极，而两方势力又莫能相下。徐世昌今已为彼等所卵翼，更无涵盖之能力。由此观之，奉、直必因权利而冲突、而决裂，而皖系之余烬，又必不能不附我而图报复”③。基于这种分析，孙中山决定继续实行联皖倒直的策略。当年8月，陈炯明所部粤军奉孙中山之命，由闽南回师广东，讨伐与直系相勾结的桂系军阀。应孙中山的请求，皖系浙江督军卢永祥、福建督军李厚基对粤军的军事行动给予了援助，使粤军能够在较短的时间内击溃桂军，收复广东。这次联合军事行动，是粤、皖间的首次合作，这为它们后来结成携手反直的政治军事同盟，开了一个很好的先例。

1921年12月22日，段祺瑞的心腹徐树铮从上海秘密到达广州。孙中山当时正在广西桂林北伐大本营，他接到廖仲恺、汪精卫的电报后，立即给廖、汪复电，谓“徐君惠临，慰我数年渴望”，要他们和蒋介石一起，代表他与徐“切商军事之进行”，并授予机宜道：“自来战略因于政略，吾人政略既同，斯为南北一致，以定中国，其

①《与〈字林西报〉记者的谈话》（1921年2月17日），《孙中山全集》第五卷，中华书局1985年版，第464页。

②宁武：《孙中山与张作霖联合反直纪要》，《文史资料选辑》第四十一辑，第115页。

③《致何民畏函》（1920年7月18日），《孙中山全集》第五卷，中华书局1985年版，第268页。

庶几也。"[①]翌年1月18日，徐树铮在蒋介石、戴季陶陪同下，从广州到桂林面谒孙中山。两人就联合反直问题交换了意见，并取得了共识。2月间，段祺瑞复派周善培赴粤，与粤方具体商议了"合作讨伐直系"[②]的有关事宜。

在粤、皖之间紧锣密鼓地商议合作的同时，粤、奉之间也秘密地进行了一些接触。1920年夏，孙中山派东北籍人氏宁武赴天津面见张作霖，试探粤、奉合作的可能性。同年秋间和翌年2月，宁武又先后在北京和沈阳两次面见张作霖，进一步商谈合作问题。孙中山虽深知"张作霖对于革命二字是谈不到的"，"不过在当时的环境下，不能不借助外力配合北伐先击败曹、吴，打开个新局面"[③]，因此，对张作霖极力予以争取。张作霖虽对粤方伸出的橄榄枝并没拒绝，但从其与宁武商谈合作问题时所表现出来的患得患失、出尔反尔的态度来看，他开始对与粤方合作并不是很热衷，只是虚与委蛇罢了。直至1921年下半年以后，随着直、奉矛盾的不断升级，张作霖才意识到联合外力共同对付直系的重要性和紧迫性，因而变被动为主动，除频频向粤方示好外，对皖系也采取了极力拉笼的策略。1922年2月，张作霖派李梦庚(字绍白)赴广西桂林面谒孙中山，商谈奉、粤合作事宜。孙中山对张作霖的示好姿态立即作出了积极回应，当即派军政府外交次长伍朝枢代表他赴奉报聘。粤、奉间通过这种频繁的信使往返，终于在联合讨直的问题上达成了共识。

皖、奉之间虽有直皖战争中奉系出兵助直，导致皖系惨败的仇隙，但战前双方的关系向称融洽，有重修旧好的关系基础；战后又共同面临直系的威胁，有合作结盟的政治需求，加之双方都有亲日的背景，因此，直皖战争结束以后，双方很快便达成了谅解，"恢复

①《孙中山全集》第五卷，中华书局1985年版，第634页。

②《孙中山年谱》，中华书局1980年版，第289页。

③宁武:《孙中山与张作霖联合反直纪要》，《文史资料选辑》第四十一辑，第115页。

了感情”，至1921年下半年，基本商定了“合力倒直的计划”[①]。

粤、皖、直三方经过频繁不断的函电和信使往来，逐渐消除了相互间的隔阂，疏通了相互间的关系，至1922年4月第一次直奉战争前夕，一个由三方联合而成、以反直为共同目标的政治军事同盟，开始浮出水面。当时不少中外报章对三角同盟的消息多有报道、披露，有的说：“奉粤皖三系携手，以谋统一，暗中接洽，似已成熟”[②]；有的则谓：“奉粤皖三系联络之结果，拟召集各系代表，在天津开全国统一会议，其会议中之议案，已由三系先行暗中商妥，大约：一，以孙文为大总统，段祺瑞为副总统，梁士诒为总理；二，免吴佩孚直鲁豫副使之职，着率所部归两湖巡阅使本任；三，大赦安福党人；四，任张勋为苏赣皖巡阅使，段芝贵为直隶督军；五，恢复旧国会，制定宪法。……洛阳吴氏与直系各督如有反抗者，则三系并力攻之，以为武力之解决。”[③]这些报章所披露的消息虽未必全部属实，但也决非空穴来风。张作霖敢于在梁士诒内阁问题上向直系叫板，并不惜斥诸武力，和他已与粤、皖结成了反直同盟，认为倒直已有充分把握有着直接的关系。因此，从某种意义上说，粤皖奉反直三角同盟的初步建立，是导致第一次直奉战争爆发的一个隐伏而又直接的原因。

1922年4月29日，第一次直奉战争爆发。“张作霖当初之计划，奉粤皖三系联络，加以复辟派张勋残余之势力，并力齐起，协以攻吴，则洛阳及其关系各省有全被包围之势。”[④]但出乎他意料的

---

①徐道邻：《徐树铮先生文集年谱合刊》，见《中华民国史事纪要》（初稿），1921年12月22日。

②张梓生：《壬戌政变记》，见来新夏主编：《中国近代史资料丛刊·北洋军阀》（四），上海人民出版社1993年版，第11页。

③张梓生：《壬戌政变记》，见来新夏主编：《中国近代史资料丛刊·北洋军阀》（四），上海人民出版社1993年版，第11页。

④张梓生：《壬戌政变记》，见来新夏主编：《中国近代史资料丛刊·北洋军阀》（四），第15页。

是,战争爆发后,段祺瑞因受日本拒绝援奉政策的影响,态度骤然趋于消极,皖系势力控制下的浙、鲁等省"因之改取静观事变之态度"[①],没有采取相应的军事行动配合奉方;而粤方则因陈炯明有意抵制北伐,加之湖南督军赵恒惕拒绝北伐军假道湖南,致使孙中山不得不由广西梧州改道至广东韶关出师北伐,这就延误了西南北伐与奉军入关同时并进的时机。奉军于是陷入孤军作战的境地,结果很快便被直军打得一败涂地。

第一次直奉战争后,直系军阀开始独霸中央政坛。为了实现对全国的独裁专制统治,曹锟、吴佩孚等一方面玩弄"法统重光"的骗局,将"安福国会"选出的大总统徐世昌驱赶下台,抬出张勋复辟时被逼下台的黎元洪以为过渡,接着又于 1923 年 10 月通过贿选,将曹锟扶上了总统宝座,从而牢牢控制了中央政权;另一方面又残酷镇压了京汉铁路工人的罢工,制造了骇人听闻的"二七惨案",并到处播煽战火,意欲武力统一中国。直系军阀的倒行逆施,激起了全国人民的强烈反对。粤、皖、奉三方利用全国不断高涨的反直形势,进一步加紧了联合反直的活动。

第一次直奉战争结束后,粤、奉之间的联络与沟通较之战前有明显的加强。1922 年 5 月直奉战争刚结束,孙中山即致函张作霖,就粤方未能与奉方遥相呼应、同时采取军事行动的原因作了解释,并告之粤方已于 5 月 6 日在韶关誓师北伐,"以践前约",希望奉方能乘时反攻,使直军首尾不能兼顾,"彼虏既疲于奔命,则最后胜利,仍在吾人也"[②]。9 月 22 日,孙中山又分别致函张作霖、张学良父子,就此后的军事进行问题与他们交换意见,认为"今后破敌之策,仍须西南先发,与敌相持。公之大任,在于迅取北京津保,使敌失所凭依,然后出重兵以蹑其后,则敌不战而自溃,此为共同动

①张梓生:《壬戌政变记》,见来新夏主编:《中国近代史资料丛刊·北洋军阀》(四),第 16 页。

②章伯锋主编:《北洋军阀》(四),武汉出版社 1990 年版,第 808 页。

作之必要枢纽”①。此后,孙中山曾多次致函或致电张作霖、杨宇霆等奉方要员,与他们商议联合讨直的有关事宜;并先后派汪精卫、程潜、叶恭绰、伍朝枢、孙科等赴奉,与奉方进行当面沟通与具体商议。张作霖等除了与粤方频频函电联络外,也先后派姜登选、韩麟春、沈鸿烈、杨宇霆、杨大实等人南下上海、广州等地,与孙中山、谭延闿等人面商合作事宜。

皖、奉关系在第一次直奉战争后也有了较大改善。“段、张之间,信使不绝于途,无时无刻不在计议如何推倒曹、吴”②。张作霖在联络段祺瑞的同时,又派人与皖系浙督卢永祥取得联系,与他议定在政治上互相呼应,军事上订立攻守同盟,并商定“打倒曹、吴之后,即拥段上台”③。另外,奉方还向皖方提供了大量款项,以便用来运动国会议员破坏曹锟贿选和收买、分化直系的军队。据段祺瑞的一个亲信披露,张作霖曾分三次给段约 300 万元巨款,用以运动冯玉祥倒戈④。

粤、皖之间在第一次直奉战争后也加强了合作。1922 年下半年,双方还在福建采取了一个联合军事行动。福建地区久为各派势力所瞩目。督军李厚基原属皖系,第一次直奉战争后,他见直系势力雄踞天下,为保全自己的地位,遂改换门庭,投靠了曹、吴。这对皖系势力控制下的浙江无疑是一个极大的威胁。段祺瑞、徐树铮及浙江督军卢永祥等为避免浙江陷入三面受敌的不利处境,决定驱逐李厚基,夺取福建地盘。而孙中山则因陈炯明发动叛变,失去了广州这个大本营,也很想在福建为所部粤军找到一个立脚点,以为将来收复广东时的后方基地,因此,决定与皖方采取联合行动。1922 年 8 月 21 日,徐树铮与孙中山在上海会晤,就粤、皖联

①章伯锋主编:《北洋军阀》(四),第 809 页。

②何柱国:《孙段张联合推倒曹吴的经过》,《文史资料选辑》第五十一辑,第 12 页。

③刘冰天:《关于徐树铮和安福俱乐部》,《文史资料选辑》第二十六辑,第 125 页。

④于立言:《张作霖通过段祺瑞瓦解直系的内幕》,见杜春和等编:《北洋军阀史料选辑》(下),中国社会科学出版社 1981 年版,第 134 页。

合出兵夺取福建事宜达成共识,并商定了具体的行动方案①。9月7日,徐树铮偕随从抵达福建延平(今南平市),找到他任奉军副总司令时的部将、时任闽北镇守使兼第二十四混成旅旅长王永泉,策动他起兵驱李。27日,王永泉在徐树铮的说服下,在延平宣布独立,控制了延平附近十几个县,并致电李厚基要其交出军民两政,即日离闽。29日,驻扎粤赣边境的许崇智所部粤军也通电讨李,并迅速向福建进兵。10月2日,徐树铮在延平发表通电,宣布设立"建国军政制置府",自任总制置,并宣称:"不至通国合一,复设正统政府之日,无论何人命令,树铮概所弗受,唯以致诚致敬,尊奉合肥段上将军祺瑞、中山孙先生文,为领导国家根本人物……何日见此二老共践尊位,发号施令,树铮即日束身归罪,所候质讯,即令颈血洒地亦甘矣。"②

徐树铮在延平所设立的"建国军政制置府",其职权按他10月30日通电中所说,是"因国无政府,故立此为发号施令之枢纽,职权略似国务院,负全国建设之责"③。其组织的"建国军",由王永泉部和许崇智、黄大伟、李福林所部粤军,以及黄展云统领的福建民军、驻福建漳厦的臧致平部北洋军组合而成。徐树铮任命王永泉为第一军军长,许崇智为第二军军长,臧致平为第三军军长,李福林为第四军军长,黄大伟为第五军军长,黄展云为福建民军总司令。10月3日,徐树铮命"建国军"各部向福州发起攻击。10月13日,王永泉部与李福林、黄大伟部会同攻占福州。李厚基见势不妙,已于前一日逃出福州城。10月17日,徐树铮偕许崇智、王永泉到达福州。徐以"建国军政制置府"总制置名义,任命王永泉为福建"总抚"。"总抚"一职是根据徐树铮所著《建国诠真》官制篇

---

①《孙中山年谱》,中华书局1980年版,第298页。

②《徐树铮在延平设立建国军政制置府自任总领通电》(1922年10月2日),见中国第二历史档案馆编:《中华民国史档案资料汇编》第三辑《军事》(三),江苏古籍出版社1991年版,第502页。

③《晨报》1922年11月5日。

而设置的，拥有“总军抚民”即总揽全省军民政之权。这一新官制一经出台，即遭到了不少人的反对，认为“总抚统辖诸政，颇与李氏之兼缩军民无别，不如仍依旧制，分设军民两长，似较妥善”[①]。10月30日，徐树铮即根据多数人的意见，将“总抚”改称总司令，专管全省军政，同时增设省长一职，专管全省民政；并任命王永泉为福建总司令，国民党人林森为福建省长。

粤、皖两方在福建的联合军事行动，引起了直系军阀的不安，也为它进兵抢占福建这块觊觎已久的地盘制造了口实。曹锟、吴佩孚一方面急急忙忙地催促北京政府对徐树铮等下达讨伐令，同时又以“援闽”的名义，陆续调集了孙传芳、周荫人、张克瑶、常德盛等直系军队从江西进入福建；陈炯明为配合直系军队的进攻，也派兵进窥闽南，以造成对“建国军”的南北夹击之势。在这种形势下，福建各团体为避免福建遭受战火荼炭，向有关各方发出了“闽人治闽”的强力呼吁，既反对在福建设立制置府，也拒绝各方军队进入福建。

孙中山一方面受福建民众“排外思潮日形鼓荡”的影响，同时也有“趁孙传芳、蔡成勋未臻妥协之际，先行取粤”，以免将来孙传芳所部直军与陈炯明叛军构成犄角之势，对粤军“必实行其夹击之诡计”[②]的军事考虑，将许崇智、李福林、黄大伟等部驻闽粤军改称为东路讨贼军，以许崇智为总司令，准备回粤讨伐陈炯明。这样一来，“建国军”便名存实亡了，“建国军政制置府”也很难再维持下去了。徐树铮见此情形，又于11月1日发表通电，主张迎请段祺瑞到上海与孙中山会面，在上海召开联省会议，解决组织政府和各省共同出兵讨直的问题，但应者寥寥。段祺瑞见徐树铮陷入尴尬境地，急忙派王郅隆南下福州，劝徐取消了“建国军政制置府”。次

---

①《晨报》1922年11月5日。

②《孙中山致王永泉函》(1922年12月29日)，见章伯锋主编:《北洋军阀》(四)，武汉出版社1990年版，第812页。

日,徐树铮便怀着沮丧的心情,乘船离开福州返回上海。徐树铮和许崇智等所部粤军离开福建后,孙传芳、周荫人等直系军队乘虚而入,最终如愿以偿地占据了福建这块地盘。

粤、皖、奉三方除了彼此之间加强了联络、沟通与合作外,还经常举行有三方代表参加的联席会议,共同商议三方联合反直的各个方面的问题,其中影响最大的是盛传一时的"三公子会议",即1924年秋孙科、张学良、卢小嘉(卢永祥之子)三公子在沈阳举行的会议。通过各种形式的联络与会商,粤皖奉反直三角同盟日渐稳固与成熟。虽然三方的政治主张因各有目的而明显存在分歧,但反直的总体目标却是一致的,军事上的呼应配合也基本上达到了协调一致的程度。随着粤皖奉反直三角同盟的建立,粤皖奉三方与直系阵营之间的对抗日趋严重而激烈,一场新的大规模的军阀混战在急遽地酝酿之中。这场战争的揭幕战是江浙战争。

## 三、江浙战争与孙传芳新直系的突起

### 1. 江浙战争爆发与浙卢溃败

1924年9月3日爆发的江浙战争,是江苏和浙江两大地方军阀势力之间的一场战争,也是直皖战争后直、皖两大军阀派系之间的又一次军事较量,同时还是粤皖奉反直三角同盟与直系阵营之间即将展开的大规模战争也即第二次直奉战争的一次揭幕战。因交战双方为驻江苏的齐燮元部和驻浙江的卢永祥部,故又称"齐卢之战"。

江浙战争的爆发,既反映了帝国主义各国争夺在华权利的尖锐矛盾,也是苏齐和浙卢两大地方军阀势力为争夺地盘和权利而长期对峙、矛盾不断激化的必然结果。直皖战争后,帝国主义与北洋军阀各派系之间的关系更加明朗,支持直系军阀的主要是美、英两国,而支持奉、皖系军阀的主要是日、法两国。战后,随着美国在华势力的不断增长，日本在华势力有所削弱。日本为了巩固和扩大其在华的侵略权益，一方面大力扶植奉系军阀，同时对属于皖系的浙江军阀卢永祥也持全力支持态度，以对抗美国势力支持下的属于直系的江苏军阀齐燮元，争夺东南这一富庶地区。1924 年 9 月，中共中央第三次对时局的主张中曾揭露帝国主义列强与北洋军阀各派系之间相互勾结的情况道："英美赞助曹、吴解决德发债票外，英福公司与吴佩孚订定的道济借款为一百五十万英镑，美公使替该国商人与吴佩孚做成的军火买卖为步枪一万枝，子弹二千万颗，机关枪二百五十架；而吴佩孚的飞机队完全由美国人替他组织与训练，并且与苏齐进行导淮借款。日、法军火之输入奉、浙(最近张作霖向法商订购快枪三千枝，子弹六百万发及其他军用品若干)，早已成为公开的秘密，而奉、浙飞机队之发展虽然是法国人为之主持，故上次法飞行家杜氏来华，备受奉、浙之优待而遭齐燮元严厉之反对。至于张作霖与日本之秘密交涉，也不下于曹、吴与英、美。张作霖与日本订约，任其在满洲取得三十年租借权，以换得军火及财政之援助；而齐燮元于宣战时期更向美国宣言下沪后任美国在沪设立无线电台。"①帝国主义列强为维护各自的侵略利益而分别扶植不同的军阀派系，是造成近代中国出现军阀割据与混战局面的一个根本原因，也是江浙战争爆发的一个重要因素。正如毛泽东所指出的："中国内部各派系军阀的矛盾和斗争，反映着帝国主义各国的矛盾和斗争。故只要帝国主义分裂中国的状况存在，各派军阀就无论如何不能妥协，所有的妥协都是暂时的。今天的暂时的妥协，即酝酿着明天的更大战争。"②

江浙战争的交战双方苏齐与浙卢，在北洋军阀中分属不同的派系。齐燮元时任苏皖赣巡阅使，坐镇江苏，是北洋军阀中直系一

①《中共中央第三次对于时局的主张》，见《向导》第 82 期，第 659 页。

②《中国的红色政权为什么能够存在》，《毛泽东选集》第一卷，人民出版社 1966 年版，第 49 页。

派的重要头目。卢永祥时任浙江军务善后督办，控制着浙江与淞沪，是皖系在南方的中坚人物，直皖战争后更成为皖系最具势力的地方实力派。由于双方在派系上有畛域之分，加之在地盘的分配上又存在难以调和的矛盾，因此，江、浙两省的地方军阀长期以来一直处于对立的状态。“江浙军阀因地盘之冲突，双方秣马厉兵，已非一日”①。两省的地盘之争，主要集中在上海。上海在区域上虽隶属江苏，但控制权却一直操纵在浙卢手中，苏齐始终不能染指。这引起了苏齐的极大不满。因为，上海“民殷地富，素称重镇”②，既是国内主要的鸦片消费市场，“每月光鸦片收入就能养活三师人”③，又是对外贸易的重要港口，在经济上、政治上都占有重要的地位。这在苏齐看来，无疑是一块利于自己搜刮财富的肥肉。而浙卢也视上海为禁脔，坚决不肯放手。由此，苏齐与浙卢一战势所难免。

早在直皖战争期间，时任江苏督军的李纯就曾想乘机对浙江开衅，“幸北方战事告终，卢永祥复持重不发难，仅乃无事”④。直皖战争后，浙卢陷入了直系势力的包围。为了保住自己的地盘与权势，卢永祥积极参与了粤皖奉反直三角同盟的联合反直活动。第一次直奉战争爆发后，浙卢通电支持奉张，“江、浙几冲突”⑤。嗣因奉军很快便告失败，战争才没有打起来。1923 年 6 月 27 日，卢永祥通电反对曹锟贿选总统，江、浙两省的关系又骤然趋于紧张。齐燮元联合了安徽、江西、福建三省，摆出了要对浙江开战的

①古蓨孙：《甲子内乱始末纪实》，见来新夏主编：《中国近代史资料丛刊・北洋军阀》(四)，上海人民出版社 1993 年版，第 183 页。

②文公直、李菊庐：《江浙战纪》，见章伯锋主编：《北洋军阀》(四)，武汉出版社 1990 年版，第 843 页。

③马葆珩：《孙传芳五省联军的形成与消灭》，见《文史资料选辑》第十八辑，第 167 页。

④丁文江：《民国军事近纪》，见荣孟源、章伯锋主编：《近代稗海》第六辑，四川人民出版社 1987 年版，第 381 页。

⑤丁文江：《民国军事近纪》，见荣孟源、章伯锋主编：《近代稗海》第六辑，第 382 页。

架式。江、浙两省的绅士张謇、张一麐等人因见战争阴云密布，立即发起了一个和平运动，要求两省军政当局签订和平公约，以免两省人民惨遭战火涂炭；而吴佩孚当时"欲先定闽、川，不愿与浙先启衅，且恐苏齐地盘扩大，不易制服"①，也不赞成对浙江用兵，苏齐才没敢挑起战端。8 月 19 日，齐燮元、韩国钧与卢永祥、张载扬、何丰林分别代表江、浙两省，在"江浙和平公约"上签字。这一"和平公约"经两省绅商对外宣布后，江、浙人民举欣欣然以为和平从此有了保障，孰料这一公约很快便成了一纸空文。1924 年春，闽军臧致平、杨化昭所部被孙传芳、周荫人的直系军队打败，臧、杨率部经由江西退入浙江境内。卢永祥为增强自己的实力，将臧、杨所部共五六千人的兵力改编为浙江边防军。此举立即引起了苏、皖、赣、闽四省直系军阀的极大不安，于是四省订定了联合图浙的计划。1924 年 8 月下旬，孙传芳在福建建瓯筹组闽浙联军总司令部，首先出兵攻浙；随后齐燮元也开始军事行动，并以卢永祥收容臧致平、杨化昭所部客军，破坏了"江浙和平公约"为借口，电请曹锟、吴佩孚下令讨伐。而卢永祥也持强硬态度，他一面断然拒绝了直系提出的遣散臧、杨所部的要求，一面积极整军备战，并以三角同盟关系求援于粤、奉。在得到了粤、奉允为出兵应援的保证后，9 月 3 日，卢永祥发出声讨曹锟并宣布起兵理由的通电，略谓："永祥等分属军人，责在卫国，不达保境安民之初衷，敢忘拨乱反正之大义。迭经询谋，靡不佥同。爰于本日誓于有众，成立联军，声罪致讨，歼彼元恶，罔治胁从。其有助桀为虐怙恶不悛者，兵略所关，誓当铲除。为国除奸，何与政争；为民前趋，宁计成败！就大局言，则举义已有先觉，我为步其后尘；就江浙言，则我固志在保安，彼方实为戎首。当曹锟受判之日，即本军解甲之时。"②当天，江、浙两军在上海附近交战，江浙战争爆发。双方的兵力和部署情况如下：

---

①文公直、李菊庐：《江浙战纪》，见章伯锋主编：《北洋军阀》(四)，第 843 页。

②《国闻周报》第 1 卷第 7 期。

齐燮元在曹锟、吴佩孚的支持与策动下,联合了苏、皖、闽、赣等省的直系军队,编成四路大军:第一路司令宫邦铎,进攻淞沪地区;第二路司令陈调元,驻宜兴、常州一带,防卫南京后方;第三路司令王普,进攻广德、泗安。以上三路由齐燮元亲自担任总司令。第四路由孙传芳任总司令,指挥闽、赣两省军队,出仙霞岭,直捣浙沪联军后路。苏军共有兵力8万余人。

卢永祥联合浙江、上海和从福建退入浙江的臧致平、杨化昭所部军队,组成浙沪联军,卢自任总司令,将军队编组为三路:第一路司令何丰林,下辖何丰林所部中央第六混成旅、朱广声所部中央第十师二十一旅、杨化昭所部中央第二十四混成旅和臧致平所部福建陆军第一师等部,主要防守淞沪地区;第二路司令陈乐山,下辖陈乐山所部中央陆军第四师、卢永祥所部中央陆军第十师两部主力,攻取宜兴、常州,截断沪宁铁路,直趋南京;第三路司令潘国纲,下辖潘国纲所部浙江第一师、张载扬所部浙江第二师,驻防仙霞岭一带,防御闽、赣直军抄袭浙军后路。浙沪联军共有兵力约10万人。

苏齐兵力虽较浙卢稍少,但后援多,财政充裕,易集中兵力攻浙;而浙卢则三面受敌,又孤立无援,战略上较为被动。因此,从总体上看,江浙战争是一场实力上并不对称的战争。

9月3日上午,江、浙两军正式接触开战。战事主要在两个方向展开:一在沪宁铁路附近,为两军交战的主战场;一在宜兴、长兴之间,为侧应奇兵。总的攻防态势是:沪宁铁路附近,苏军取攻势,浙沪联军取守势;宜兴、长兴之间,浙沪联军取攻势,苏军取守使。起初,战事进展不大,双方经过十多天的激战,各有胜负,在两个方向基本上都还是保持了原有的防线。但9月中旬以后,随着战事的延长,皖、闽、赣三省亦先后向浙江发起进攻,江浙战争遂一变而为五省战争。尽管张作霖、孙中山根据反直三角同盟的盟约,于江浙战争爆发后先后发表通电,并采取相应的军事行动,以声援、策应卢永祥,但远水救不了近火,从整个战局来看,浙卢仍处于不利地位。9月16日,孙传芳靠浙军叛将作内应,偷袭仙霞关得手,并乘势攻占了江山。浙卢因后方受到严重威胁，军心开始发生动摇，江浙战争的态势于是急转直下，迅速朝着不利于浙卢的方向发展。

卢永祥认为浙南防线的失守，其责任应由担任防守任务的浙江第一、二两师负责，因而轻率地作出了离开浙江，将浙江的不利局面交由浙江人自己去处理的决定。9月17日，他即与张载扬分别辞去了浙江军务善后督办和浙江省长之职。次日，卢、张率部离开杭州前往上海，并将浙沪联军总司令部移至龙华。

卢永祥离开浙江后，继张载扬担任浙江省长的夏超等人，立即随风使舵，投靠了直系军阀。9月20日，夏超与新任浙江第二师师长周凤岐致电吴佩孚，公开向吴输诚，声称"浙江素日服从中央，此次构兵非浙人志愿，现卢永祥已离杭，张载扬亦赴沪就医。超等职应维持地方，力图善后，现已电令所有军队退回原防，扫境以待后命"①。吴当即复电，内有"望即欢迎孙督，共铲逆卢，倘东南大局得以早安，则国家地方勋名共戴，浙右屏藩，实唯公等是赖"②等语，对夏、周的附直行为表示嘉许。次日，北京政府即任命孙传芳督理浙江军务善后兼闽浙巡阅使。23日，又任命夏超为浙江省长。孙传芳所部既得夏超、周凤岐等人的欢迎，遂长驱直下，势如破竹，于10月24日进抵杭州，26日占领嘉兴，前锋直逼松江，从而与齐燮元所部一起，对负隅淞沪的浙沪联军形成了合围之势。10月2日，孙、卢两军开始在松江交战。9日，孙军攻占松江。12日，卢永祥见大势已去，通电宣布下野。次日，卢偕何丰林逃往日本。至此，江浙战争遂告结束。

随着浙卢在江浙战争中的溃败，皖系军阀在东南经营多年、直皖战争后硕果仅存的一块地盘也终于丧失了。从此以后，皖系在

---

①古蓓孙：《甲子内乱始末纪实》，见来新夏主编：《中国近代史资料丛刊·北洋军阀》（四），上海人民出版社1993年版，第268页。

②古蓓孙：《甲子内乱始末纪实》，见来新夏主编：《中国近代史资料丛刊·北洋军阀》（四），第268页。

政治上、军事上已无足轻重，再也成不了大的气候，而只能充当其他军阀招之即来、挥之即去的陪衬角色了。

### 2. 孙传芳异军突起

在战争之后，脱颖而出的是属于直系而又非曹锟、吴佩孚嫡系的一员大将，即后来以新直系首领而著称一时的孙传芳。在江浙战争中，孙传芳由福建入浙，未遇重大抵抗，长驱直入，把浙江地盘拿到手；卢永祥下野后，孙又以战胜者的身份，收编了约 5 个师人马①。从此，孙传芳在东南形成地方割据局面，成为北洋军阀群体中的一名重要人物。

孙传芳(1885～1935 年)，字馨远，山东历城人。1904 年北洋陆军速成学堂步兵科毕业后赴日留学，1908 年日本陆军士官学校毕业。留日期间曾加入同盟会。1909 年回国后，清政府以考试成绩优异赏给步兵科举人、授协军校，发往北洋第二镇任步队教官。入民国后，驻防湖北，历任第二师辎重第二营营长、步兵第六团团长、第三旅旅长等职，并深受湖北督军王占元的器重。1917 年升任第二十一混成旅旅长，湖北暂编第一师师长等职。1920 年直皖战争后，取代皖系吴光新出任长江上游警备司令。1921 年 8 月又继王占元之后以长江上游警备司令兼任第二师师长，并于此时投靠两湖巡阅使吴佩孚。1922 年 5 月孙在曹锟、吴佩孚导演的“法统重光”丑剧中领先通电请黎元洪复位，同时发表通电劝告南北两总统孙中山、徐世昌退位。为此，深受曹、吴赏识。1923 年初，为夺取福建地盘奉曹、吴之命率部从湖北经江西入闽，并于同年 3 月被北京政府任命为福建军务督理。1924 年 9 月江浙战争爆发，孙又以闽浙联军总司令名义出兵援助苏齐，并乘机由闽入浙，赶走皖系军阀卢永祥。同年 9 月 20 日被北京政府任命为闽浙巡阅使兼

①马葆珩:《齐卢之战纪略》，见杜春和等编:《北洋军阀史料选辑》(下)，中国社会科学出版社 1981 年版，第 148 页。

浙江军务督理,封恪威上将军。由于孙传芳在江浙战争之后收编了浙卢的5个师,实力大增,成为直系军阀集团中一名重要将领,为其后起兵驱逐苏皖等地的奉系军阀势力,在南京宣布成立浙、闽、苏、皖、赣五省联军而称霸东南打下了一定的基础。

## 四、第二次直奉战争

### 1. 直奉两系的兵力部署

在江浙战争进行的同时,第二次直奉战争爆发了。1924年9月4日,为响应浙卢反直,奉张即以粤、浙、奉三角同盟为理由,向直系宣战。张作霖在给曹锟的电报中说:"今年天灾流行,饥民遍野,弟尝进言讨浙之不可,足下亦有力主和平之回答;然墨迹未干,战令已发,同时又进兵奉天,扣留山海关列车,杜绝交通,是果何意者?足下近年为吴佩孚之傀儡,致招民怨……弟本拟再行遣使前来,徒以列车之交通已断,不克入京。因此将由飞机以问足下之起居,枕戈以待最后之回答。"①

9月15日,张作霖以镇威军的名义,自任奉军总司令,并遣军六路进迫热河朝阳。同时出动海、空军一部。所属六军的情况大体如下②:

| | | |
|---|---|---|
| 第一军 | 第二师 | 姜登选 |
| | 第五师 | 韩麟春 |
| 第二军 | 第一师 | 李景林 |
| | 第二十三、二十四、二十六旅 | 张宗昌 |
| 第三军 | 第四师(即第二十七师) | 张学良 |
| | 第五、十九旅 | 郭松龄 |

①李剑农:《戊戌以后三十年中国政治史》,中华书局1965年版,第362页。
②陈志让:《军绅政权》,三联书店1980年版,第55页。

(续表)

| | | |
|---|---|---|
| 第四军 | 第十、十二、十四、二十五旅<br>第八旅 | 张作相<br>丁　超 |
| 第五军 | 第二十九师<br>热河第一师 | 吴俊陞<br>阚朝玺 |
| 第六军 | | 许兰洲<br>吴光新 |
| 共约 170000 人 | | |

奉军的具体部署是:第一、三军担任山海关、九门口一线;第二军担任热河南路,向朝阳、凌源、冷口一线进军;第四军在锦州作为总预备队;第五、六两军以骑兵为主,担任热河北路。其中第一、三两军是整个战略计划的重点,战争的胜负将决定于山海关、九门口一线的决战。

直系军阀首领曹锟获悉奉军向热河、山海关进发,军情十万火急,即数次电召吴佩孚火速入京共商对策,主持对奉的作战任务。

吴佩孚自 1922 年 7 月由京返回洛阳以后,独树一帜,被视为直系中的洛派后台,并因为直系内部的权位争夺进而对曹锟贿选总统表示不满,便专意练兵,增强实力。他设有学兵团、讲武堂、军官讲习所、铁甲车队、炸弹队等各种组织。时洛阳有 4 架飞机,他便从"幼年兵团"中抽选航空人员学习驾驶,并组织学兵团人员练习开火车。同时,在巩县设有规模宏大的兵工厂,以备武器弹药之需。还计划轮训部队的军官,以逐步增强部队的战斗力。总之,吴佩孚的最后目的是以"武力统一"全国,进而夺取全国最高统治权。

为了实现"武力统一"的政治目的,他深知必须获得军队的指挥权,而其中关键的一环在于臣服各"师",因此他必然要千方百计地削弱地方大小军阀的势力,掌握各"师"的实权。关于吴佩孚削弱地方军阀实权的内幕,在"直隶旅沪同乡自治协进会"的一份文件中曾被揭露说:"吴之对于师友及各同盟,素少诚信……皖既失败,吴乃乘湘鄂之战,逼走王占元……其于赵倜……则假手冯玉祥以夺其地盘。回想皖、直战前与其同盟之八省督军团，除直曹不计、江苏李纯已故外，被吴排挤而去……已有五省之多，其所存者，仅一朝不保夕之江西陈光远耳。刻亦乘南军北伐之机，派蔡成勋率师往援，外张援赣之帜，阴行夺督之谋，其计诚狡，陈非不知之，故力请辞职。今已准陈之辞，而令蔡以总司令名义节制江西军队……以废督之名，行易督之实……且蔡仍偏向直曹者也，蔡所统之豫军第一师，常德盛、赵倜之旧部也。此二人，均吴之眼中钉，调以援赣，盖亦借刀杀人之故智耳……李纯为皖、直战时督军团之中坚分子，身死不明，举世共睹，吴于彼时曾对齐燮元之代表拍案大骂，谓何心而忍出此，近以齐之附和之也，甘冒不义，结为党援，通电联名，情好愈笃，盖早已置李纯之死于度外也……即其最密之齐燮元，亦有调任鄂督，而以曹锟巡阅苏皖赣之说，是皆调虎离山之计，使各督亲信军队脱离掌握，前后失据，彼乃从容调度，位置私人。”[①]虽然吴佩孚手段阴险多变，但这些地方军阀也不甘屈服，因此两者之间矛盾重重。比如，吴佩孚将直隶督军王承斌所兼的第二十三师、河南督军张福来所兼的第二十四师、湖北督军萧耀南所兼的第二十五师的师长一律开去。又想削去齐燮元的第六师、王怀庆的第十三师以及郑士琦的第五师师长职务，于是招来这些直系将领的强烈反抗。郑士琦公开表示宁愿辞去山东督军也不放弃第五师师长的职务，王承斌的师长一职被夺后立即赴京向曹锟当面辞职；萧耀南借口财政奇绌而与吴佩孚直接龃龉，冯玉祥也是因反对吴佩孚而被吴撤去了河南督军的职务，齐燮元参加反吴联盟亦为吴要他让出师长职权。总之，吴佩孚飞扬跋扈的结果，使其内部各怀异心。

直系除内部不协调外，直军又经历了对川、湘、闽、苏、浙、粤等省一系列战事，军队屡战已感疲惫，加之饷械缺乏，斗志衰落，如所需的 2000 万元军费，仅湖北筹集了 800 万元，而购买意大利军火

①北洋政府京畿卫戍总司令部档案，中国第二历史档案馆藏。

即需 564 万元[①],军费更形枯竭。

如此可见,在第二次直奉战争开战之前,直系军阀内部已处于四分五裂的局面了。吴佩孚也深知直系旧将已不可用,但新兵新将又未练成。他对这次战争取胜完全没有把握。所以,他在 1924 年 8 月 17 日曾密电曹锟,建议"对奉策略,中央仍须主张容纳旧派,设法运用,以资和缓"[②]。以便延缓时日,充实力量。但当前在奉系军阀的进逼面前,他除被迫应战外,已别无选择,故在拍发通电历数张作霖的罪状的同时,立即着手组织讨逆军,布置讨奉计划。

讨逆军由吴佩孚自任总司令、王承斌为副总司令。前敌分置三军:

- 第一军
  - 总司令彭寿莘
  - 副司令王维城　董政国
  - 第一路
    - 司令彭寿莘(第十五师)
    - 副司令冯玉荣(第十三混成旅)
  - 第二路
    - 司令王维城(第二十三师)
    - 副司令葛树屏(第七混成旅)
  - 第三路
    - 司令董政国(第九师)
    - 副司令时全胜(第十四混成旅)
- 第二军
  - 总司令王怀庆(第十三师)
  - 副司令米振标(毅军)
  - 总指挥刘富有(第二十六旅)
  - 副指挥龚汉治(直隶四路巡防队)
- 第三军
  - 总司令冯玉祥(第十一师)
  - 第一路
    - 司令张之江(第七混成旅)
  - 第二路
    - 司令李鸣钟(第八混成旅)

①北洋政府直鲁豫巡阅使署档案,中国第二历史档案馆藏。

②北洋政府档案,中国第二历史档案馆藏。

后援分置十军，由张福来任援军总司令，张敬尧、李厚基任副司令。其下又分十路：

| | | | |
|---|---|---|---|
| 第一路 | 司令　曹　锳(第二十六师) | | |
| 第二路 | 司令　胡景翼(陕西暂编第一师) | | |
| 第三路 | 司令　张席珍(第六旅) | 副司令 | 曹士英 |
| 第四路 | 司令　杨清臣(第二十四师) | 副司令 | 林起鹏 |
| 第五路 | 司令　靳云鹗(第十四师) | 副司令 | 田维勤 |
| 第六路 | 司令　阎治堂(第二十师) | | |
| 第七路 | 司令　张治公(陕西第二师) | | |
| 第八路 | 司令　李治云(豫军) | 副司令 | 马灿林 |
| 第九路 | 司令　潘鸿钧(第一混成旅) | 副司令 | 吴长植 |
| 第十路 | 司令　谭庆林(察哈尔第一混成旅) | 副司令 | 张金标 |

计划初定，吴佩孚便于9月14日晚由洛阳乘车北上督师。抵京后，曹锟立即发出讨伐张作霖的命令，正式任命吴佩孚为讨逆军总司令，并将司令部设在中南海四照堂。18日，吴佩孚又将在洛阳布置的讨奉计划略加修改，如在前敌增设第四军，由援军第一路司令曹锳兼任总司令，殷本浩、曹景桐为副司令，下设一路，由曹景桐兼任司令。以曹锟的四弟曹锐为军需总监，李彦青为副监兼兵站总监。又指令前敌第一军彭寿莘任东路，沿京奉线前进，由山海关出攻辽沈；第二军王怀庆任中路，出喜峰口直攻热朝；第三军冯玉祥任西路，出古北口直攻开鲁。军下各路司令由各军总司令相机自行配置调遣。除此之外，吴佩孚还设置海疆防御总司令，以山东郑士琦充任，另设总指挥，由迟云鹏充任，职在防御口岸，巩固地方。又设置海军总司令，以杜锡珪充任，副司令为温树德(原渤海舰队司令)、杨树庄，职在巡弋海面，护送士兵，并以大沽口为根据地，秦皇岛为战区，葫芦岛为前线。还设置航空总司令，以敖某充任，职在侦察情报，轰炸敌方，并把空军组成四队：第一队驻北戴河，第二队驻滦县，第三队驻朝阳，第四队驻航空处。总计共有飞机70余架。在正规部队外，尚有一些别动队，如骑兵、民团等与之

联合作战。吴佩孚这一部署被称之曰“四照堂点将”。随后,即令各路军队克日向各方阵地出动。

自1924年9月15日至11月3日的第二次直奉战争较第一次直奉战争的规模要大得多。直系军阀方面包括直隶、河南、山东、热河、察哈尔、绥远六个省的兵力在内,共计达25万人。奉系军阀方面包括奉天、吉林、黑龙江三省的兵力约计17万人。双方兵力总数达42万人,而且均是陆海空一起参战。但从这场战争的全局看,主要为热河、山海关两大战场,战线则由朝阳至冀东,先后经朝阳、赤峰、山海关、九门口、石门寨诸战,成为北洋军阀史上规模空前的一次军事较量。

由于双方备战形势渐紧,自9月13日起,京奉铁路全线断绝,奉军开始向朝阳、山海关方面进发。15日,奉军李景林第二军第二十三旅李爽恺部在义州、九官、台门与直系毅军米振标部四营接战,从而拉开直、奉双方军事交锋的序幕。

### 2. 热河战场

由张作霖亲自指挥的热河战场是直奉双方的接战之处,在战略上无论进攻还是防守对奉系均有重要意义,尤其对确保山海关主战场的顺利进行关系重大。因此奉方兵分南、北两路:南路由北镇出发,经朝阳、凌源进入喜峰口;北路计划由通辽至开鲁,再经赤峰南下承德,向喜峰口以西各口展开进攻。担任南路主攻任务的是由李景林、张宗昌所率领的训练有素的奉军第二军,北路则以第五军吴俊陞部骑兵为主力部队。拟于热河战场取得主动后,会同第一、三联军在山海关与直军决战。而直系在热河驻军相对薄弱:仅有龚汉治的第四巡防营5000人驻守朝阳一带,米振标的毅军7000人驻赤峰一带,张林的热河第一混成旅3000人驻林西一带,以及热河游击队2000人和热河巡防营1000人分别驻开鲁、绥东、平泉等处。这部分军队装备陈旧,布防分散,与奉系实力相比显然处于劣势。

南路战场开始战斗并不激烈，奉军轻取胜利。9月15日奉军进入义州，16日即获得由辽宁通向热河的重镇阜新。随后，奉军集中力量进攻直军的驻守要地——朝阳。当时直军在此地驻军有朝阜边防司令兼第十二师第二十六旅旅长刘富有所部，热河第一混成旅旅长李林所属骑兵两个团，朝阳镇守使兼巡防八营统领龚汉治所属步兵一营、炮兵一连，本可固守，但直军将领不思抵御，当奉军用迫击炮攻城时，刘富有竟"于夜半召集守城军人，拥护车辆出城西奔"[①]。9月23日，朝阳县城落入奉军之手。

奉军占领朝阳县城后，北路战场在建平、凌源、赤峰进行了较激烈的战斗。奉军先后攻克建平、凌源。此时，直军由王怀庆、董政国率领的后援部队于9月30日和10月1日先后到达距凌源西南50里的茶棚，并在此设立司令部，于茶棚以北布置防线。10月4日，奉军又向直军防线发起攻击，直军董政国所部与张宗昌部在玉麟山鏖战七八昼夜，双方死伤惨重，最后由于张宗昌获得了直军方面的军事地图，得以避实击虚，才获得胜利。几乎与此同时，直、奉军队在赤峰也进行了一次争夺战，这次战斗主要是由许兰洲、吴光新统率的奉军第六军与李景林统率的第二军对直军进行了夹击，从5日至7日交战数次，胜负难分，最后因奉军出动飞机向县城内投掷炸弹，商民纷纷逃散，奉军方乘机于8日占领赤峰。随着赤峰的失守，热河战场的胜败大局已定，奉军的先头部队迅速直逼长城脚下的冷口附近。

热河战场上奉军之所以连连取胜，其中的一个奥秘是直军冯玉祥已与奉方暗通款曲。当时直方布置第三军冯玉祥部由古北口、喜峰口向平泉进军，会合第二路军胡景翼部挺进东北，进攻奉军侧翼，然冯玉祥早有倒戈之意，其部10月1日抵达古北口后即以筹措粮饷为名停止前进，坐视直军在热河战场的失利而不救，使奉军得免后顾之忧。因此，张作霖一面令张宗昌在北路牵制董政

---

①《朝阳县志》卷三四，1930年本。

国的直军，一面将一部分部队秘密调往山海关战场，使奉军在兵力的运用上处于主动。

### 3. 山海关战场

山海关北倚燕山，南临渤海，山海之间相距仅 7.5 公里，以其“京师屏翰”、“辽左咽喉”之险要位置而向为兵家必争之地。因此直奉双方都将主力集中于此，山海关遂成为第二次直奉战争的主战场。

直军对山海关一战早有准备，自 9 月中旬开始即将大批军队调至山海关一带。9 月 26 日，吴佩孚与曹锟讨论前方战况时，在针对热河战场失利进行调整的同时，又对直军在山海关战场的军事行动再次做了布置，强调要“攻击山海关奉军最精锐部队”，“勿留后患”[①]，并派由彭寿莘为直军第一总司令兼第一路司令，其直接指挥的第十五师是直军的精锐部队，在山海关外的威远城一带布阵，而且在抢先占领有利地势后，立即修筑堡垒、工事，居高临下，对奉军构成很大威胁。

奉军投入山海关战场的亦系奉系劲旅，奉军第一军(姜登选任军长，韩麟春任副军长)和第三军(张学良任军长，郭松龄任副军长)组成联军指挥部，计划由郭指挥第二、六两个旅，共 6 个团从正面进攻山海关，另有姜登选、韩麟春指挥第四、第十六两个旅共 5 个团从九门口以北侧面进攻。此时的奉军已经过第一次直奉战争后的整顿，改良了装备，提高了素质，尤其张作霖长子张学良在这次奉军的军事改革中脱颖而出，他与郭松龄指挥的第三军与直军可称势均力敌。

双方形成军事对峙后，从 9 月 17 日开始，即发生多次小规模冲突，而且都调用了多兵种作战。奉系以空中优势进攻山海关，对

①中国社科院近代史所中华民国史研究室编:《中华民国史资料丛稿·大事记》第十辑，中华书局 1986 年版，第 164 页。

直军阵地不断轰炸，直军则调来意大利制高射炮进行射击，以挫奉军气焰，并拉拢海军总司令杜锡珪，曾派海筹、海容、应瑞、华乙四舰驶往秦皇岛以北助战，拟用海军攻葫芦岛，以骑兵绕海道由营口登陆，然后奇袭沈阳，制奉军以被动，但舰队两次起锚出发，皆被奉方飞机击回，因此，地面陆军交战更加激烈。9 月 29 日、30 日，奉军猛烈炮击直军阵地，派飞机轰炸山海关至昌黎之间的直军营房及军车，在使直军遭受重创的同时，又相继占领万家屯、龙王庙、姚家庄等处，使战线逐渐延长。10 月 4 日，奉军主力逐渐接近直军第十五师阵地。7 日，张作霖下达总攻击令。奉军第一、三联军全线出击，向直军阵地猛攻，直军第一路司令彭寿莘已提前获悉奉军动态，早有准备，于是双方主力展开激烈拼杀，当时奉军炮火猛烈，使直军阵地硝烟蔽日，然因其工事坚固，伤亡不大，而奉军多次发动进攻，交战中双方各有进退，但终因伤亡严重而不得不停止前进，将进攻重点转至侧面要隘九门口。

九门口之战是山海关战场的关键战斗。九门口位于山海关西北 10 余公里，地势险要，是除山海关外又一条通向关内的重要通道。战前，九门口已由直军第十三混成旅先行占领，司令部即设于九门口西北之黄土营，其下两团，第一团驻荒山口，第二团驻九门口，成犄角之势，设防颇为严密。10 月 8 日，奉方由姜登选直接指挥且颇习山地攻坚战的第十九旅突袭九门口北侧的黄土岭长城一线，而原在此地的直系驻军一个营正于前夜撤走，使奉军轻而易举越过长城，并立即向九门口实施包抄。奉军第二、六旅向九门口冲锋数次，死伤甚众，但直军兵力薄弱，被奉军的强大的攻势压倒，加之守军冯玉荣部两团长不服指挥，临阵脱逃，致使九门口失守，冯服毒自杀，残部溃退石门寨，时所剩已不及半数。

九门口失利后，不仅直军锐气大挫，而且使直军的中原防线打开了缺口，正在北京筹措军饷的吴佩孚闻讯大惊，立即亲赴前线督战。而奉军则乘胜进兵，一面派步兵裴春生旅沿九门口南侧山峦向西南推进，攻占里峪、外峪、响马峪，紧逼刺儿沟，包抄山海关；一面派齐恩铭旅沿九门口北侧山峦向西挺进，向石门寨进攻。

继九门口之战后，直奉双方又在石门寨发生激战。石门寨距山海关仅25公里，奉军如夺下此地，即可南下直取秦皇岛，切断直军退路，因此直军第一军总司令彭寿莘立即组织兵力增援，投入保卫石门寨的战斗。11日夜，吴佩孚抵山海关，视察了石门寨、赵家峪、沙河寨一带直军阵地，决定再度派兵增援，并悬赏10万元，令夺回九门口。10月12日，陕军第二师在距九门口5公里处的猪熊峪与奉军接战，14日，直军发动总攻击，志在必夺九门口，奉军则依险拼死抵抗，双方伤亡惨重。由于难分胜负，双方于沙河寨、赵家峪、黄土营一线形成对峙状态。15日，奉军以孙旭昌团作为突击团，突击直军高地，配合全线发起猛烈攻击，一举突破直军防线。16日晨，奉军大部队陆续开进石门寨，随后即把前线指挥部移至沙河寨，并向前挺进，直抵柳江。直军幸因吴佩孚急派第三师第十团的一个营乘煤斗车于16日夜赶赴柳江前线，向奉军发起反击，才阻止了奉军的前进。17日下午，直军第三师第六旅旅长张席珍率部到达，使直军在秦皇岛北面战场的危势才暂时得到缓解。

山海关之战是整个山海关战场的决胜战斗，双方都投入了精锐部队。从10月16日起，奉军曾三次突破直军第十五师的防线，以图夺取直军占领的威远城，当时直军以数十挺马克沁式机关枪密集扫射，致使冲锋的奉军士兵大批伤亡，后又有郭松龄选派3000人组成的敢死队冲入直军阵地展开肉搏战，双方伤亡惨重。奉军见从正面攻克山海关十分困难，便转移到沿海一带向直军阵地轮番猛攻，双方大批士兵在无情的炮火之下，死尸成堆，以至郭松龄向直军提出暂时休战，以便清理阵亡尸体，却遭到吴佩孚的拒绝。在这场激战中，双方付出了阵亡逾万人的惨重代价。围绕此次战斗同时进行的还有位于山海关8公里处的三道关、二郎庙之战。由于三道关是通往二郎庙并包抄山海关的一个最近通道的关口，直军在此设置地雷、铁丝网，做了严密布防。10月中旬，奉军对三道关进行了猛烈进攻，先用马匹破坏地雷，继用手榴弹炸破铁丝网，然后在迫击炮的猛烈炮火掩护下发动进攻，终于攻克直军的三道防线。10月19日，奉军增派两个大队，意在对山海关直军实行包围。面对奉军咄咄逼人的攻势，吴佩孚下令大反攻，以图主动。21日，直军第十三、十四、十五师与角山以西的奉军交战，双方以重炮和机关枪为主要武器伤杀对方兵力，战斗异常惨烈。22日晨，直军因伤亡过重只得向后撤退。吴佩孚为挽救败局，又调第十师第七团及第二十四、二十六两师投入战斗，奉军为阻止直军的增援，派兵在二郎庙一带进行阻击，双方各有死伤。三道关、二郎庙之战，直军伤亡3000余人，奉军伤亡亦达八九百人之多。

吴佩孚于10月10日赴前线前在北京曾夸下海口："今晚亲赴前线指挥，十五日内即可荡平逆军"①，然而仅旬日之间，直军便连连败北，一蹶不振。吴佩孚原先的战略是以大军在山海关战场与奉军激战，吸引奉军主力之大部，同时，由冯玉祥率军出热河作迂回态势，威胁奉军后方的战略要地锦州；然后，再由海军载运精锐部队从奉军后方的葫芦岛强行登陆，使山海关、九门口一带奉军腹背受敌，从而将奉军置于死地。正当山海关战场已形被动之时，不料冯玉祥策划的倒戈行动已经开始。10月19日，冯在滦平发布命令：

(1)命鹿钟麟部自密云县秘密兼程回京，会同孙良诚、张维玺两旅驰抵北苑，再与蒋鸿遇旅会合入城，分任警戒；

(2)命李鸣钟旅自古北口趋长辛店截断京汉、京奉交通；

(3)电停兵于喜峰口之胡景翼部南旋，占领滦州、军粮城一带，截断直军之联络，并防吴佩孚率兵西向；

(4)通知孙岳秘密监视曹锟的卫队及吴佩孚的留守部队；

(5)命承德之张之江、宋哲元等旅克期返京，并派员联络热河

---

①《大公报》1924年10月11日。

都统米振标取一致行动。①

是日晚,冯玉祥接到直军总司令部参谋长张方严急电,促其火速进军攻奉,并称:“大局转危为安,在斯一举”②。然而,冯军从20日晚已陆续按上述计划后撤。10月22日,冯军第二十二旅抵京郊北苑后,于当夜进入京城。

冯玉祥倒戈的消息传至前线,直奉战局急转直下。10月24日凌晨,张作霖获悉冯玉祥倒戈后,立即命令奉军各部乘胜猛攻,一举取胜。当日上午,吴佩孚在山海关视察督战,下午1时知内变消息时,直军的陕西暂编第一师师长胡景翼已率部东来,欲截断直军后路;晚6时,奉军向直军开战,将龙王庙方向直军第二十三师包围,并散发大量劝降传单,直军得知冯玉祥倒戈消息后大乱。吴佩孚首尾难顾,立即急电萧耀南、齐燮元、孙传芳、李济臣调集湖北、江浙、河南等省直军迅速北上,会师讨冯;又于25日亲率直军第三师和第二十六师余部万余人自秦皇岛经滦州,于26日返抵天津。

吴佩孚抵津后,设临时司令部于新车站,将大部分军队集中于军粮城和杨村,等待增援。但北上援吴的直军先后受阻,齐燮元、孙传芳所部在山东因鲁督郑士琦宣布武装中立而受阻,陕豫鄂援吴军在河北石家庄被阎锡山派兵缴械,这样,吴佩孚的讨冯计划又成泡影。10月31日,京奉路奉军三路进攻直军,直军官兵蜂拥而逃,除主要将领由秦皇岛乘船逃回天津外,大部被俘,奉军在山海关附近缴获的枪支器材及各种军用物资不计其数。11月2日,冯玉祥的国民军先后和胡景翼所部向杨村步步进逼,并占领杨村、北仓。3日,又追击吴军至天津郊外,将其缴械,并占领天津。同日,奉军攻下芦台,并占领军粮城。吴佩孚在奉军和国民军的夹击之

①中国社科院近代史研究所中华民国史研究室编:《中华民国史资料丛稿·大事记》第十辑,中华书局1986年版,第182页。

②中国社科院近代史研究所中华民国史研究室编:《中华民国史资料丛稿·大事记》第十辑,第182页。

下走投无路,只好率领其嫡系第三师残部两千余人,溃退塘沽,登“华甲轮”浮海南逃。其余参战直军均被奉、冯两军收降。第二次直奉战争至此宣告结束。

## 五、冯玉祥与北京政变

### 1. 政变的发生

1924 年 10 月 23 日,正值直奉两军在山海关附近激战,吴佩孚亲自督战接二连三受挫之际,参战的直系讨逆军第三路军总司令冯玉祥与任直系援军第二路司令、陕军第一师师长胡景翼及任北京警备副司令孙岳倒戈回京。首先派兵接管全城防务,占领了京内外各重要据点和交通、通讯机关,包围了总统府,将贿选总统曹锟囚禁在中南海延庆楼,并强迫曹锟下令前线停战。此即震惊中外的“北京政变”,亦称“首都革命”。

这场军事政变的主要策划者冯玉祥(1880～1948 年),字焕章,原籍安徽巢县,生于河北青县。其父为清末旧军小军官,从小随父在保定长大,16 岁入淮军当兵,后转投北洋新建陆军,1909 年升为管带。1911 年参加滦州起义,事泄被撤职。1912 年在其舅父陆建章左路备补军中任第二营营长,后升为警卫军左翼第一团团长,参加镇压“白朗起义”,又升任陆军第七师第十四旅旅长,后改任陆军第十六混成旅旅长。1917 年参加讨伐张勋复辟。段祺瑞主政后,曾抵制其派往南方“援闽”、“援湘”,并因 1918 年在湖北武穴通电主和而被段免职,后经曹锟再三保荐才被派驻常德兼任湘西镇守使,1920 年调驻河南,次年入陕西升任第十一师师长、陕西督军。1922 年率部参加第一次直奉战争,赶走了赵倜而接任河南督军。同年 11 月调任陆军检阅使。

冯玉祥原属直系,是吴佩孚的部下,而在第二次直奉战争的关键时刻倒戈反吴,发动了北京政变,是有着深刻的背景的。首先是直系军阀内部矛盾激化的必然结果,尤其是冯与吴之间争权夺利发展为严重的利害冲突。冯在第一次直奉战争中因战功而升任河南督军,但吴驻节洛阳,飞扬跋扈,独断专行,对冯异常歧视并进行压制。冯初到河南时,只有第十一师1个师的兵力,接着他便扩充了第七、第八和第二十五计3个混成旅。吴对冯实力的增长深怀疑忌,于是便用明升暗降的办法让曹锟免去冯的河南督军,而由吴的亲信张福来取而代之,强迫冯出任有职无权的陆军检阅使。这样一来,调驻北京南苑的冯玉祥即丧失了地盘,又失去了兵源和财源,就是从河南开拔时吴答允每月仍由河南拨助的20万元饷项也没有兑现,致使冯部的饷项问题长时间得不到解决。冯玉祥深知吴的用意就是置他于绝境,使他即不饿死,亦必瓦解①。再有当年直系驱迫黎元洪下台之时,冯玉祥承旨发难,以重兵围困公府,逼黎退位,其后曹锟则正位总统,以言翊戴,冯实出力不少。讵事后行赏,诸将尽得实惠,独冯为吴佩孚所扼,未得实利,而逼宫恶名,又归之冯。因此,冯对曹锟心怀不满,对吴佩孚更是恨之入骨,而曹锟的军需处长李彦青对冯部的饷械多方克扣,也增加了冯除李而后快的决心。其次从外部情况看,直系军阀曹锟贿选总统前后,全国人民反对曹、吴的呼声日益高涨。其三,孙、段、张结成三角同盟联合反直,战前就派人与冯玉祥加强联系,冯亦不断地与孙中山以及奉张信使往还,冯还秘密地得到奉军的一些军事补给而同奉张达成互不交战的默契②。除此之外,日本派遣黄郛对冯玉祥进行游说,对冯决心发动北京政变以倒戈相向也起了一定的作用。

当时,冯玉祥的实力大体是:第十一师以及第七混成旅、第八混成旅、第二十五混成旅和骑兵、炮兵各一团,兵员大约有2万余人。第十一师师长一职由冯玉祥亲自兼任,而第十一师下辖的第

①冯玉祥:《我的生活》,黑龙江人民出版社1981年版,第370、368页。

②马炳南:《二次直奉战前张作霖与冯玉祥的拉拢》,见《文史资料选辑》第四辑,第55页。

二十一旅旅长为刘郁芬、第二十三旅旅长为鹿钟麟，第七混成旅旅长为张之江，第八混成旅旅长为李鸣钟，第二十五混成旅旅长为宋哲元。这五个旅长时有“五虎将”之称。其中，除第七混成旅驻在京东的通县外，其余均驻在北京南苑。在吴佩孚以北京政府的名义声讨张作霖而揭开第二次直奉战争的帷幕前后，冯玉祥部即着手备战。

为了发动这次政变，冯玉祥在战前做了大量的准备工作。首先，为了补充兵源，就积极招募新兵，随后便在南苑进行集中训练，并以部将张维玺主其事。冯将其所属的部队集结在南苑，对兵员和武器进行一次总检查，多次对官兵进行训话，以提高战斗力。同时，特别是秘密地联络被吴佩孚认为是“心中之刺，眼中之钉，每时刻都在想方设法要把……弄掉”①的陕军第一师师长胡景翼以及第十五混成旅旅长兼大名镇守使的孙岳等人，与他们暗中达成协议，获得他们“竭尽力量相助”的允诺，相约待后见机行事，这就在直系内部形成了一个以冯为首的潜在的反对曹、吴的力量。而且冯特意事先向曹锟推荐任命孙岳为北京警备副司令的职务，预作内应。对此，冯玉祥在其所著的《我的生活》一书中曾专章叙述“首都革命”的前后情况，他说：“这时，眼看着第二次直奉战争的爆发一天天接近了，我一面由于内发要求的驱使，一面为了各位朋友的有形与无形的鼓励，誓必相机推倒曹、吴，缩短这一祸国殃民的战争。因此除加紧训练部队外，尤时注意同志的结合。”②

第二次直奉战争爆发后，奉军分三路进攻，直军亦派三路迎敌，吴佩孚令冯玉祥任第三路，经由古北口以趋热河。冯说：“吴佩孚这次派我，表面是说古北口这一路关系重大，非劲旅不克胜任，实际是因此路遥远险阻，接济困难，意欲陷我部队于绝境。但还不放心，除派王承斌同行，对我监视而外，复令胡笠僧率部相随，嘱咐

---

①冯玉祥：《我的生活》，黑龙江人民出版社 1981 年版，第 370、368 页。

②冯玉祥：《我的生活》，黑龙江人民出版社 1981 年版，第 390 页。

他，如我有何异动，即就近解决。吴的用心真阴毒，在他要用我为他拼命的时候，仍然蓄意要把我们消灭。可是他万也想不到胡笠僧会把这话告诉我。”①冯提到的胡笠僧，就是胡景翼，胡字笠僧，日本士官学校毕业。在1922年冯玉祥任陕西督军时，任胡为陕西第一师师长。在第一次直奉战争时，曾随冯军一起参战。而吴佩孚的这一安排，更坚定了冯倒戈相向的决心，加之这时段祺瑞又派人给冯送来一封亲笔信，信的大意是不赞成打内战，并希望冯玉祥对贿选政府有所自处。随后，张作霖亦派代表见冯，告之“只要推倒了曹、吴，他们的目的便已达到，决不再向关内进兵”，同时，张还出钱百万，以供联络冯之用费。冯当即对奉张代表表示：“我已经和北京方面几位将领有所接洽，只要你们的队伍不进关，我们的计划必能顺利进行，推倒曹、吴，是不成问题的！”②于是，冯玉祥在与皖段、奉张暗中联络，又与胡及其部下岳维峻等人进行策划的同时，制定了两套计划：一是如果吴佩孚打赢了这场战争，冯等就将自己的军队集中到榆关，拦截吴军，不让其回到关内来；一是吴佩孚若受挫吃了败仗，冯等则回师至京发动政变。

是时，冯玉祥率部由古北口进驻滦平，即秘密给胡景翼去信，让其派代表前来会商班师日期，并通过各种渠道收集吴佩孚在前线作战的情报。当冯探知吴在前线作战失利的确讯后，立即抓住时机，命胡景翼马上率领开赴喜峰口及通县的军队，星夜南下，攻占京奉路之军粮城及滦州一带，截断京汉路直军之联络，并防止吴佩孚的军队西归；同时，冯命其驻在密云的嫡系将领鹿钟麟率部日夜兼程返回北京，会同部将孙良诚、张维玺两旅，开往北苑，再与蒋鸿遇旅一同入城；同时又命另一嫡系将领李鸣钟率兵一旅直趋京郊长辛店，截断京汉、京奉两路交通，以断吴佩孚的后路；另外还命令已抵达承德的部将张之江、宋哲元两旅，限期班师。

---

①冯玉祥：《我的生活》，第401页。

②冯玉祥：《我的生活》，第402页。

10月22日,鹿钟麟到达北苑同冯军的兵站总监蒋鸿遇等相见,共同研究进京计划,决定当日晚8时即率部由北苑出发,12时准时抵达北京安定门下。此时,北京警备副司令孙岳早已接到冯的通知,即令守兵大开城门,迎接部队入城。23日,冯玉祥到了北苑,并同随后赶到的胡景翼、孙岳等人于次日召开会议,研究军事、政治问题,议决电请孙中山北上,共商大计;请段祺瑞出面改组政府,以维持时局。同时,议决将所属部队改称"国民军",当即决定由冯玉祥出任中华民国国民军总司令兼第一军军长、胡景翼和孙岳为副司令,分任国民军第二、第三军军长,继续指挥对直军作战;并决定:"曹锟贿选祸国,当然不能容他继续行使总统的职权"①,于是向曹提出三个条件:(1)下停战令;(2)免吴佩孚本兼各职;(3)请曹自动退位。这时,国民军已经接管全城防务,并派兵占领了京内外各重要据点和交通、通讯机关,包围了总统府,遣散了总统卫队,把贿选上台的总统曹锟囚禁在中南海延庆楼上。

大总统曹锟被囚后,颜惠庆内阁于24日提出辞职,一时中枢无主,冯敦请颜留任未果,转而请王正廷组阁又未被接受,最后冯只好请老朋友时任颜内阁教育总长的黄郛出组摄政内阁。11月1日摄政内阁正式成立,由黄郛充任内阁总理,其阁员如下:

外交总长　王正廷
财政总长　王正廷(兼)
交通总长　黄　郛(兼)
海军总长　杜锡珪
陆军总长　李书城
司法总长　张耀曾
内务总长　王永江
农商总长　王迺斌
教育总长　易培基

①冯玉祥:《我的生活》,黑龙江人民出版社1981年版,第407页。

参谋总长　李烈钧

这个内阁奉系要员只有王永江，因故张作霖非常不满，王亦不肯赴京就职。而各国驻京使团也不欢迎，致使黄郛宴请外交团，因外使拒绝赴宴而作罢。后冯玉祥、张作霖等几经协商，共同决定拥戴段祺瑞出任“中华民国临时执政”，并于11月25日正式就职。而老奸巨滑的段祺瑞当上执政以后，深知自己已无兵权，于是便凭借张作霖来扼制冯玉祥；借若没有冯军，段又必然受制于张，甚至能危及他的执政宝座，为此，他对冯略施抚慰手段，以满足冯保存实力和扩大地盘的心愿。就当时各派实力而言，在曹、吴被推倒之后，北方已无人能同张作霖的力量抗衡，这样，北京政权实际上就落入奉系军阀手中。

### 2. 溥仪被逐出宫

北京政变后，冯玉祥做了一件轰动国内外而又名垂青史的大事，即决定采取断然措施，把清废帝溥仪驱逐出宫。他认为：“在中华民国的领土内，甚至在中华民国的首都所在地，竟然还存在着一个废清皇帝的小朝廷，这不仅是中华民国的耻辱(稍明事理的人，此时无不以留着辫子为可耻；如今留着溥仪，即不啻为中华民国留了一条辫子，可耻孰甚?)且是中外野心家时刻企图利用的祸根。”所以，“极力主张扫除这个奇怪的现象，铲除这一个祸根……这次入京，便决心以全力贯彻之”①。

溥仪(1906～1967年)，为清朝逊帝。辛亥革命之际，袁世凯在挟制溥仪退位的过程中，曾于1912年1月19日与清室议定了一个列有八款的优待条件，承诺清帝退位之后，“尊号仍存不废”，民国还要“以优待各外国君主之礼相待”，岁用四百万元的款项，仍由国库照拨不误，帝室“暂居宫禁”，嗣后移居颐和园，执事人等“照

①冯玉祥：《我的生活》，黑龙江人民出版社1981年版，第408页。

常留用”，奉安典礼“仍如旧制”[1]，等等。因此，当时的京城既有在紫禁城内的清朝的皇帝，又有在中南海的中华民国大总统。而且这个小朝廷称孤道寡，封官赐谥，仍保持帝王气派，与民国政府分庭抗礼，俨然是国中之国，以致于 1917 年 7 月，张勋、康有为等人在京城上演了一出复辟闹剧，把 12 岁的废帝溥仪拉出来再次登基。不过，时过境迁，复辟已不得人心，在举国上下的一片声讨之中，握有军事实力的段祺瑞抓住时机，立即在马厂誓师，讨伐张勋，使溥仪仅仅当了 12 天的皇帝，再次宣布退出历史舞台。

冯玉祥早年就对清王朝的腐败统治异常不满，辛亥革命时他就参与策划滦州起义，后来又亲身参加讨伐张勋复辟，这次乘第二次直奉战争发动北京政变，推翻了曹吴的直系政权，控制了北京政局，于是他便提请黄郛摄政内阁讨论驱逐溥仪出宫的问题，以实现他的政治宿愿。经内阁会议讨论，通过修改优待清室条件，并筹组清室善后委员会，以便处理溥仪出宫后的一切事宜。修改后的条件大体是：永远废除宣统皇帝尊号，与国民在法律上享有同等权利；由政府每年补助清室家用 50 万元，并特支 200 万元开办北京贫民工厂尽先收容旗籍贫民；溥仪即日移出禁宫，可自由选择居住，政府负保护之责；清室宗庙陵寝永远奉祀，民国酌设卫兵保护；一切私产归清室，公产归政府所有[2]。同时，决定由北京警备司令鹿钟麟、警察总监张璧会同社会名流李煜瀛（字石曾）前往故宫执行。

1924 年 11 月 5 日，鹿钟麟、张璧、李煜瀛等人协商，决定带领军警各 20 人，齐到故宫执行任务。事先按鹿提出的两个步骤，即先由鹿出面迫使溥仪接受修正清室优待条件，即刻迁出故宫，然后由李煜瀛主持进行清室善后事宜。是日上午 9 时，由鹿钟麟携带

---

①赵尔巽等撰：《清史稿·本纪二十五·宣统皇帝本纪》第四册，中华书局 1976 年版，第 1005～1006 页；《清朝全史》下册（四），1915 年中华书局印行，第 55～56 页。

②鹿钟麟：《驱逐溥仪出宫始末》，见《天津文史资料选辑》第四辑，第 107～108 页；吴锡祺：《驱逐溥仪出宫》，见《天津文史资料选辑》第四辑，第 74 页。

摄政内阁阁揆黄郛的指令，会同张璧、李煜瀛由警备司令部乘汽车出发，后随载有军警的卡车两辆，直趋故宫神武门。先将守卫故宫的警察缴械，继又将清室警察卫队约400人全部缴械，令其听候改编，并到军机处将清室护军统领毓逖监视起来，令其派人传知宫内全体文武人员，一律不准自由行动。随即传见内务府大臣绍英等人，限其两小时内促使溥仪接受修正清室优待条件，废去帝号，迁出故宫，派员移交各项公私物品。经过紧张的催促，并在国民军的威慑之下，绍英入告溥仪终于接受了修正清室优待条件，决定即日迁出故宫，移居什刹海甘石桥醇亲王府。随后，鹿钟麟令警卫部队开进故宫负责守卫；李煜瀛也命预先准备的接收人员入宫开始执行接收工作。

溥仪被逐出宫的消息传出后，当时社会上议论纷纷，对冯玉祥的这一革命行动既有严厉的谴责，也有热情的祝贺。北洋军阀、达官贵人大加非议，段祺瑞为此还致电冯玉祥，责备他“驱逐溥仪之举，觉得有些欠妥”①，而张作霖亦有同感。对此，冯氏亲拟了电稿，针锋相对地予以严厉批驳，他说：“我此次班师回京，可说未办一事，只有驱逐溥仪，才真是对得住国家对得住人民，可告天下后世而无愧。”与此同时，英、日、荷等帝国主义国家对这一事件也异常关注，纷纷向北京外交部进行探询。然而，与此相反的是广大人民群众却欢欣鼓舞，认为这是件大快人心之举，并于驱逐溥仪的第二天，即11月6日，北京城到处悬挂国旗，以示庆祝。

冯玉祥派兵将废帝溥仪驱逐出宫，命其永远废除帝号的举动，是冯氏在北京政变之后做的一件极为有意义的大事，它不仅连根拔除了几千年的中国帝制，铲除了复辟的祸根，也完成了辛亥革命的未竟之功。为此，中国革命的先行者孙中山予以极高的评价，并特致电冯玉祥，称：“执事鱼日(6日)令前清皇室全体退出旧皇城，自由择居，并将溥仪帝号革除。此举实在大快人心，无任佩慰。复

---

①冯玉祥：《我的生活》，黑龙江人民出版社1981年版，第409页。

辟祸根既除，共和基础自固，可为民国前途贺。”①

## 六、直系失败的原因及对政变的评价

第二次直奉战争前后约有两个月，最后以直系的失败而告终，直军投降人数估计在8万人左右，残余部队9个师和6个混成旅都取消了番号②。直军失败的原因，众说纷纭。参与直军机要，曾任吴佩孚总参议的白坚武亲历第二次直奉战争，他在其《日记》中曾对这一战争的失败加以总结时说：“十三年对奉之役，其失败也，以冯玉祥之倒戈。然此特其形式原因之简单者耳。”至其失败之原因，他认为：一是内部分裂，二是不谙远交近攻方略，三是用人治军不明新陈代谢之旨，以上三因，为致败之远因。至于近因，他认为是参谋长张方严“行将结束期中，径不陈主帅，不告同僚，冒然发一‘此间战事紧急，均由二、三两军延迟不进所致。倘仍逗留不发，大局不堪设想’之电文，适以促成冯玉祥之倒戈。实则当时战情并不如电所言。三军观望本意中事，视正面战事进退以为变化。设无此电以为制命伤，奉军损耗十有七八，再战二三日，直军出关，则百无问题。功败垂成，斯非人谋不臧，抑或有天意存焉。”③很显然，白坚武之说，仅是一面之词。

实际上，直系军阀在第二次直奉战争中失败的原因是复杂的。从军事上说，主要是冯玉祥、胡景翼、孙岳倒戈相向，使直军腹背受敌。但当曹锟命令吴佩孚回师北京解救危机时，吴佩孚盲目地认为这只是冯玉祥的个人行动，想让与冯合作的孙岳等部进行抵挡，并急电山东督军郑士琦派兵增援。孰知孙岳早与冯玉祥密谋倒戈相向，郑士琦亦早与皖系暗通款曲了。同时，吴也不相信胡景翼会

---

①1924年11月11日孙中山致冯玉祥电文，《民国日报》1924年11月14日。

②《政府公报》，1924年12月12日。

③白坚武：《第二次直奉战争日记》，《近代史资料》总47号，第104～106页。

参加这一行动，并矫曹锟之命派胡为第三军总司令以代冯，还以热察绥巡阅使为诱饵，派人向胡传达命令。但这一切都告落空。而且，山东方面一混成旅长潘鸿钧自动赴援，又被冯部包围缴械。10月26日，吴佩孚率一团部队赶回天津时，把讨奉前方的军事指挥权交给了有勇无谋的张福来，结果反使吴佩孚自己身陷困境之中。

从政治上说，吴佩孚的政治野心很大，而且日渐专横，对外一味树敌，这就促使奉、皖、粤的大联合。在直系内部，他盛气凌人，大力"削藩"，造成高级军官离心离德。如南方的齐燮元、孙传芳等人都坐观成败，河南的寇英杰又倾向奉张，热河的王怀庆根本无意争战，而身为直军副司令的王承斌则漠然处之，终致直军土崩瓦解。

从战略上说，直军也有错误。吴佩孚这次对奉张用兵，后防空虚，败无后退之路。第一次直奉战争，奉系战败，可以退到关外，据守一隅，整军经武再战。而这次直奉交战，直系几乎和皖系一样，一败而不可收拾。何况"在中华民国内的普遍状况而在世界其他国家中所没有的是，政治与军事战略相混杂在一起并影响军事战略竟达到在别国几乎使人难以相信的程度"①。

从战备上说，奉军早有准备，官兵精锐，装备齐全，粮草无缺，而直军则临时采购，军费困难。奉军用新式飞机翱翔空中，又从德、日购买飞机和大炮，在战争进行的关键时刻，日本帝国主义对奉系军阀的支持也是影响战争胜负的因素，日本供给的步、机枪弹4000万发，炮弹10万发，也起了重要作用②。而直军的武器、弹药不少是中国汉阳兵工厂制造，在装备上有很大差距。

概而言之，在第二次直奉战争中，直系军阀失败的主要原因，是吴佩孚"武力统一"政策违背民心，而曹锟贿选的罪恶行径以及

---

①劳伦斯·英培著、周崇志译:《中国军队的军事力量——军阀统治时期》，见来新夏主编:《中国近代史资料丛刊·北洋军阀》(四)，上海人民出版社1993年版，第848页。

②魏益三:《第二次直奉战争张作霖勾结日本的两件事》，载《近代史资料》总37号，第179页。

直系大小军阀在地方上的种种罪行，更遭到全国人民的反对。奉系军阀正是利用了人民的反战情绪，加之以上所述的诸多原因，才最终取得了胜利。

对于直奉战争前哨战的江浙战争及第二次直奉战争，中国共产党给予了极大的注视。1924 年 9 月 10 日，在《中国共产党第三次对于时局宣言》中，就揭露了这些战争的背景和性质，列举了各帝国主义干涉中国内政的许多事实，指出当时的军阀战争，“直接是直系与反直系的战争，间接乃是英美与日本帝国主义战争”。同时预测第二次直奉战争的结果是：“第一，直胜，则美国将扶助直系在中国政治的统一压制，以成就美国在中国经济的统一侵略。第二，直败，则为日本势力结合安福、奉张，支配中国的政治经济。我们对于前者固深恶痛绝，对于后者又岂能欢迎！无论前者后者，外力侵入断送国家生命的惨痛都是有加无已，内部战争屠戮人民牺牲人民的惨痛也都是有加无已”[①]。第二次直奉战争奉系军阀的胜利，表明了日本帝国主义在和美帝国主义争夺侵华霸权的斗争中，又一次占了优势。但中国人民早已看出，无论是美、英帝国主义支配中国，还是日本帝国主义支配中国，其目的和后果完全没有什么两样。中国共产党充分认识和指明军阀战争的实质，并积极唤醒中国人民对于这些军阀战争的注意，是具有重大意义的。

北京政变后，冯玉祥的政治地位为之一变，军事力量大增，即从原来仅是直系一名师长，一跃成为全国瞩目的人物，从掌握一师的兵力进而扩充为拥有 6 师 8 万人的实力[②]，成为当时社会上一支举足轻重的势力。他派胡景翼率兵进袭洛阳，取而占之。派孙岳率部赴保定，缴了曹锟嫡系曹士杰第十六混成旅的军械。他派嫡系部队迎战吴佩孚的主力于京奉线。冯部张之江、刘郁芬、蒋鸿遇等在杨村附近与吴的残部进行激烈的战斗，吴部不支，全军覆

①《中国共产党第三次对于时局宣言》，《向导》第 82 期，第 659 页。

②丁文江：《民国军事近记》，商务印书馆 1926 年版，第 107 页。

没,俘虏数千人,获枪无算,终使吴兵败南逃。应当说,当时冯玉祥在军事、政治上都获得了一定的成果。然而,从北京政变的全过程来看,政变不过是军阀内部变乱而进行的一次倒戈活动,绝谈不上是一次革命,这从政变的结局又把早已下台的皖系军阀头目段祺瑞捧为北京政府的首脑,就是一个绝好的说明。难怪孙中山说"这次北方的事变,是武人推翻武人"①。但是,对这次政变在历史上所起的积极作用,还是应客观地予以充分肯定。首先,它毕竟推翻了被全国人民唾弃的直系军阀曹、吴政权,从而使以张作霖为首的奉系军阀更为孤立,使统治中国十余年的北洋军阀集团处于分崩离析之状;其次,他对于北方革命运动的发展创造了有利的条件,尽管冯玉祥没有履行迎孙中山北上从政的诺言,然而他邀孙北上至京,就扩大了孙中山与革命的影响,对推动北伐的进行产生了积极的作用;第三,修改清室优待条件,将溥仪驱逐出宫,从而铲除了复辟的祸根,完成了辛亥革命的未竟之功;第四,国民军的建立,有利于北方革命运动的开展,对后来的北伐战争起了积极的推动作用。

①孙中山:《在上海新闻记者招待会的演说》(1924 年 11 月 19 日),见《孙中山选集》,人民出版社 1981 年版,第 960 页。

# 第六章　北洋军阀集团的衰落

（1924～1926）

## 第一节　段祺瑞临时执政府的建立与善后会议的召开

### 一、北京政变后的北方政局与临时执政府的建立

#### 1. 国奉抗衡形势下的北方政局

冯玉祥等人发动的北京政变，给直系军阀以致命打击，使正激烈进行中的第二次直奉战争的形势急转直下，迅速朝着直败奉胜的方向发展。但由于冯玉祥等人发动此次政变的主要目的在于倒吴（佩孚），他们对如何成功倒吴的问题曾反复计议，周密策划，而对政变后的政治、军事善后问题，特别是中央政府的组织建设问题，则缺乏周详考虑，以致政变后突然面临这方面问题时，就显得有些茫然失措，提不出能为有关各方共同接受并足以稳定政局的解决方案。而张作霖的牵制抗衡，段祺瑞的积极插手，又使这一问题的解决凭添了不少变数。

1924 年 10 月 24 日，冯玉祥、胡景翼、孙岳等在北京北苑召开紧急会议，商讨北京政变后的军、政善后事宜。会议决定组织中华民国国民军，并推举了国民军总、副司令及各军军长；同时决定立

即电请孙中山先生北上，共商大计。在会议召开的过程中，冯玉祥等人接到报告，吴佩孚已从前线撤回一部劲旅，正在回攻杨村。考虑到吴佩孚尚有十几万可供驱使的部队，他必然不甘屈服而作最后的挣扎，这样一来，山东督军郑士琦、山西督军阎锡山就成为影响战局的关键人物。郑士琦据有山东，控制津浦路，国民军若能与之联络，即可使吴佩孚前后受敌，迅速溃亡；若吴佩孚将其拉拢，则至为可虑。而阎锡山控制着京汉路要点，亦不可不与之联络。郑士琦是皖系段祺瑞的将领，阎锡山也依附于段，为了应付军事上严重的困难，孙岳乃在会上提议请段祺瑞出山，以示与皖派联络，俾使山东督军郑士琦出兵截阻直系援军北上，以打破目前困难的局面。与会人员一致同意孙岳的提议[①]，遂决定请段出山。会议结束后，冯玉祥、胡景翼、孙岳等发表联名通电，申明了他们班师回京发动政变的原因及誓与弄兵好战、祸国殃民之徒"不恤执戈以相周旋"的决心。至于政变后的政治善后这一焦急燃眉问题，他们先是在该通电中提出了"应请全国贤达，急起直追，会商补救之方，共开重新之局"[②]的设想；继而又在当日发出的另一份通电中，拟具了以下五条"建国大纲"：(1)打破雇佣式体制，建设极清廉政府；(2)用人以贤能为准，取天下之公材，治天下之公务；(3)对内实行亲民政治，凡百设施，务求民隐；(4)对外讲信修睦，以人道正义为根基，扫除一切攘夺欺诈行为；(5)信赏必罚，财政公开。[③] 这五条"大纲"体现了冯玉祥等意欲刷新政治的愿望，但就当时的政治善后而言，却显得有些迂阔，缺乏针对性，因而曲高和寡，难有实效。

10月26日，冯玉祥、胡景翼、孙岳联名致电段祺瑞，请其出山就任国民军大元帅，"万恳俯念国难方殷，国民属望，即日就职，命

①冯玉祥：《我的生活》，黑龙江人民出版社1981年版，第406页。

②李泰棻：《国民军史稿》，见来新夏主编：《中国近代史资料丛刊・北洋军阀》(四)，上海人民出版社1993年版，第338页。

③李泰棻：《国民军史稿》，见来新夏主编：《中国近代史资料丛刊・北洋军阀》(四)，第339页。

驾来京,表率一切”①。但冯玉祥等电邀段祺瑞出山,主要是基于军事善后而非政治善后方面的考虑。对于政治善后问题,冯玉祥等一开始并无拥段主持之意,而是想请全国的贤达之士“会商补救之方,共开重新之局”;在新的救时方案出台之前,中央政府暂维现状。其目的很明显,就是通过由国民军方面操纵、控制的曹锟现政府,去挟制吴佩孚及直系各省,并促成和平解决国是会议的召开,从而使国民军在政局中处于主导和支配地位。为此,当10月24日颜惠庆内阁提出总辞职时,冯玉祥等曾力加挽留。10月28日,冯玉祥、胡景翼、孙岳三人又联名发表通电,申明对现政府决定暂时维持其现状的态度道:“政府暂维现状,企免国务纠纷。此特为过渡之初步,并非最后之办法。当兹军兴国乱之际,自不免有多少委曲求全之处,此则不能不乞国人谅解者也。”同时提出了召开和平统一会议以解决国是的主张,认为“此后一切政治善后问题,国家建设计划,非一二人所能集中,亦非一二党派所能把持,必须一国贤豪,同集京师,速开和平统一会议,将一切未决问题,悉数提出,共同讨论,以多数人之主张为指归,以最公平之办法为究竟,期待最良结果,实力奉行,以绝内争,以安邦本。为今之计,莫急于此。”②但是,这个和平统一会议究竟应如何组织与产生,冯玉祥等人一时却拿不出适宜的办法,而不得不征询有关各方特别是一些有较强实力或较大政治影响的人物如张作霖、段祺瑞等人的意见。令冯玉祥等人感到为难的是,张作霖、段祺瑞等出于染指中央政权的目的,不但根本无意于继续维持曹锟的统治地位,而且对召集和平统一会议也是阳奉阴违,明表赞同,暗则极尽拆台、抵制之能事。

张作霖自恃实力强大,北京政变后除调遣大批军队入关继续追击直军、抢夺地盘外,在争夺中央政权方面也表现得极为积极。

---

①费保彦:《善后会议史》,北京寰宇印刷局1925年版。

②北洋政府内务部档案,见中国第二历史档案馆编:《中华民国史档案资料汇编》第三辑《军事》(三),江苏古籍出版社1991年版,第298页。

针对冯玉祥等在政变后通电主张暂时维持北京政府现状的情况，张作霖在10月26日会见记者团时提出反对意见道:“北京政府之收拾，当令段老当之。余将取消东三省之独立，与冯玉祥共辅佐段老。”[①]。10月30日，张更是公开通电拥段出山。他指斥“曹锟贿选窃国，吴佩孚黩武残民”，申明奉军“兴师声讨”，眼下“元凶首恶，指日就擒，和平之障碍既除，全部之澄清可望”，但是“义师初起，名号互殊，不可无一统辖之机关，以便指挥，而资统一”，故对冯玉祥、胡景翼、孙岳推段祺瑞出山“表率一切”，“极表同情”，并电请段祺瑞“担任联军统帅名义，就近主持。凡我友军，均请随时加入，同赞大计”[②]。张作霖所以主张拥段，不是没有原因的。他看到吴佩孚所部直军在奉军与国民军的夹击下，败亡已是不可避免，日后在北方可与奉军一争雄长者，惟有冯玉祥等人的国民军。国民军通过发动政变控制了北京，可谓在未来的国奉争斗中占了先机。张作霖既然不便在打败吴佩孚后立即驱兵进攻国民军，以夺取对北京的控制权，则只有先请出一位资历、声望都在冯玉祥之上的北洋头面人物来，以居中协调、控驭，从而使国奉之间的均势得以维持。而此人则非段祺瑞莫属。这是因为:(1)段祺瑞乃北洋前辈，虽然息影津门，但潜势力不可低估，在北洋系中仍有相当大的号召力。(2)国奉双方与段祺瑞都有一定渊源，对其出山都能接受。张作霖早就与段祺瑞结成反直同盟，素有往来，互为奥援;而冯玉祥等人在酝酿发动北京政变的过程中，也与段祺瑞多有接触，政变后更有拥戴出山之表示。(3)不少地方实力派也支持段祺瑞出山主政。10月26日，山西督军阎锡山给段去电，劝其出掌大局，略谓:“收拾纷乱之局面，须具伟大之魄力，请公速起以救苍生。”[③]28日，四

---

①无聊子:《北京政变记》，见荣孟源、章伯锋主编:《近代稗海》第五辑，四川人民出版社1985年版，第386页。

②费保彦:《善后会议史》，北京寰宇印刷局1925年版。

③古蓨孙:《甲子内乱始末纪实》，见来新夏主编:《中国近代史资料丛刊·北洋军阀》(四)，上海人民出版社1993年版，第288页。

川的刘湘、刘文辉也通电拥段，恳请段祺瑞早日入京，指挥一切。电称："际斯时也，纲维解组，政位虚悬，蝉故蜕新，罔所属托。海内群帅，环顾周审，乃佥集视线于蛰居天津之段合肥，咸盼其出山支撑危局。"[①]此外，陕西的刘镇华、吴新田，甘肃的陆洪涛、孔繁锦等都纷纷发表通电"一致拥段"[②]。于是，直皖战争后一直蛰居天津的段祺瑞，又因时际会，成了众望所归的时局重心。

其实，段祺瑞自1920年直皖战争中战败而移居天津后，并没有真的雌伏隐居起来，而是利用其北洋前辈地位，不断与各方面进行联系，等待时机，以图东山再起。第二次直奉战争前，段祺瑞加紧活动，终与孙中山、张作霖结成反直三角同盟；战争期间，段曾派其亲信陆军部军学司司长贾德耀携其亲笔函去见冯玉祥，称"不赞成内战，并希望冯对贿选有以自处"，这对冯玉祥密谋倒直"既有着探试的性质，也有着鼓动的意思"[③]。之后，段、冯之间信使往返不断，最终在推倒曹、吴问题上达成协议。冯玉祥请贾德耀转告段祺瑞："大局糜烂，拟请段芝泉、张敬舆(张绍曾字敬舆)诸位重出，维持大局"；宋子扬亦衔段之命语冯："检阅使同段督办三造共和，现在乃最须改造之时。若能办到，即为一共和国民于愿已足。"冯玉祥答以："若团结力量，可以为之。"[④]

冯玉祥等发动北京政变后，段祺瑞以为自己东山再起的时机已到，立即加紧了出山前的造势与准备活动。10月25日，段在天津寓所会晤某来访的外国人时，谈起自己对出山的态度道："至余个人纵令反直派全获胜利，余亦无违反生平素志，入京指挥一切之意。世人往往传说曹锟一倒，余必入京，是诚出于本人意外。惟是

---

①费保彦:《善后会议史》，北京寰宇印刷局1925年版。

②古蓨孙:《甲子内乱始末纪实》，见来新夏主编:《中国近代史资料丛刊·北洋军阀》(四)，上海人民出版社1993年版，第288页。

③鹿钟麟、刘骥、邓哲熙:《冯玉祥北京政变》，见全国政协文史资料研究委员会编:《文史资料选辑》第四辑，中华书局1960年版，第11页。

④陈鸣钟:《段祺瑞出任临时执政的几个片断》，《历史档案》1982年第2期。

余亦国民之一分子，如中国舆情非要余出庐不可，余亦不辞为最后的奉公，而与南北同志努力共图时局之安定，盖此实国民之义务。惟在今日遽而发表，似嫌尚早耳。”并胸有成竹地就如何收拾时局的问题发表看法道：“至于时局应如何收拾，以余个人之见，此次之战，既为第一次革命之延长，自以打破一切现在之设施，从今划一新纪元为最要之急务。譬如现总统果然逃走，国务员及国会议员亦四散，从前制度下之法律的手续概被破坏，然当收拾时局时，可一切不必顾虑，惟以民意为基础，而向从新建设共和国方面进行而已。余以为舍此途外，别无救国良策，亦且绝对不能得再良之策矣。”①当他看到“各方推诚相挽，吁恳出山之电雪片飞来”，更是“逐日在宅召集梁鸿志、姚震、朱深、姚国桢、王揖唐、张树元等会商出处方略，因发出各电，表示态度”②。10 月 29 日，段给冯玉祥复电，表示赞成“漾”电（即冯等于 10 月 23 日发表的通电）主张，内称：“漾电痛祸国残民之非，发救世止戈之愿，赫然返旆，底定神京。民困顿苏，舆情大慰，懿欤壮哉。所称政治善后，请全国贤达速商补救之方，共开更新之局数语，所见远大，洞中机宜。”并对民元以来兵衅迭起、变乱不断的情状发表感叹与议论道：“溯自纪元十三年来，兵衅迭起，民不堪命。推原其故，盖政府未能守法，大法亦未尽当。始于束缚，终于横决，循环起伏，以迄于今，非有彻底改革之决心，焉得民国本来之面目。窃谓庶政当公诸舆论，舆论务返本以求，安危须仗群才，群才务推诚相与。法善人得，何政不平，所有乱源，根株可尽。”③

然而，段祺瑞在电文中却有意回避了冯玉祥等人前一日通电中所称将暂时维持北京现政府这一敏感问题，对冯玉祥等人推举

①费保彦：《善后会议史》，北京寰宇印刷局 1925 年版。

②费保彦：《善后会议史》。

③古蓨孙：《甲子内乱始末纪实》，见来新夏主编：《中国近代史资料丛刊·北洋军阀》（四），上海人民出版社 1993 年版，第 285 页。

他为国民军大元帅一事也是不赞一词，既不表示接受，又不加以推辞，其真实意图令人难以捉摸。段祺瑞为何亟欲东山再起，而又不立即接受冯玉祥等人的推举呢？一个很重要的原因，就是其意不在于做一方之领袖，而在于入主中枢。据当时接近段祺瑞的人透露的消息，段曾电复冯玉祥等人，“请速定对于曹锟之态度”，似在曹锟未定以前，决不入京①。这是因为，其一，冯玉祥等人若不肯处置曹锟，则这位贿选总统名义上还是中华民国元首，段祺瑞一旦入京，难以名正言顺。其二，张作霖虽与段祺瑞结成反直同盟，但此一时彼一时，如今张作霖拥兵自雄，以直系吴佩孚的战胜者自居，未来的北方局势势必为其所左右，若不能得到张作霖的支持和推举，即便仓促出山，段祺瑞也难以有所作为。此时段祺瑞尚未得到奉张拥段的公开表示，自然不敢妄动。其三，在未来的北方局势中，冯玉祥国民军势必会与张作霖奉系军阀形成抗衡之势，段祺瑞若贸然答应就任国民军大元帅一职，就会被认为是国民军一派的旗帜，张作霖对此既难以容忍，也不会买账，以段祺瑞的老奸巨滑，自然不肯甫一出山即与张作霖对立起来。其四，段祺瑞还要看看直系长江各省对他出山的态度，希望得到更大范围的拥戴。因此，段祺瑞虽然亟欲出山，但他知道此时应当“自重”，“必待各省一致推戴，然后出山”②才更为妥当。

而北京政变后局势的发展，也使冯玉祥等人大有失控之感。10月25日，吴佩孚将前线军事交由张福来指挥，自率卫队及幕僚返回天津，一面通电否认曹锟颁发的停战令，“谓奉曹密谕，号召全国会师讨冯”③；一面派军队在杨村、军粮城一带挖掘战壕，准备与冯军决战，直取北京。吴还煞有介事地发表通电，谓曹大总统派员

①无聊子：《北京政变记》，见荣孟源、章伯锋主编：《近代稗海》第五辑，四川人民出版社1985年版，第396页。

②无聊子：《北京政变记》，见荣孟源、章伯锋主编：《近代稗海》第五辑，第386页。

③赵恒惕等编：《吴佩孚先生集》，见来新夏主编：《中国近代史资料丛刊·北洋军阀》(五)，上海人民出版社1993年版，第251页。

交下命令：冯玉祥免去本兼各职，着吴佩孚督同各军政长官讨伐；任李景林为东三省巡阅使，王怀庆为陆军检阅使兼西北边防督办，着率队入卫；胡景翼为热、察、绥三特区巡阅使，刘镇华为陕、甘、新巡阅使，吴新田为副使；加派齐燮元、萧耀南、孙传芳、刘镇华会同节制讨逆各军，并着各省军事长官协赞[①]。于是，“王怀庆等三十六人响应”，纷纷通电讨冯，只有王承斌等三人仍表示附冯[②]。冯玉祥等挟曹锟以令吴佩孚及直系各省的计划遂告落空。曹锟非但没有成为冯玉祥手中用以对付吴佩孚及直系各省的一张王牌，反而成了吴佩孚用来号召讨冯的一面令旗。与此同时，北京城内的风声也因吴军大举压境而趋于紧张。帝国主义各国开始组织联军进驻北京，宣称保护使馆。驻丰台英军还于10月30日夜闯入冯军步哨线殴打士兵，并强行带走了冯部团长冯治安。而京畿警备副司令薛之珩（本职为京师警察总监）、聂宪藩（前步军统领）更有趁机异动的迹象。在这种形势下，冯玉祥等不得不采取断然措施，一方面派军队开赴廊坊、落垡一带，全力抵御吴军进攻；另一方面立即对中央政府进行改组，丢弃曹锟这一烫手山芋。

10月30日，冯玉祥与胡景翼、孙岳联名发出讨伐吴佩孚残部窜视京津的通电，内称：“……不料吴佩孚狂悖性成，昏顽罔觉，辄复迫胁残部，狼奔豕突，甚且占踞津门，窥视京邑，不惜以区区数千人之残余生命，付之孤注，迭向本军防线猛动进扑。若再姑息因循，不加制止，行见此祸国凶孽，披猖畿甸，将为大局奠定之梗。不得已挥泪出师，重张挞伐。”[③]同时令国民军各部分途并进，向吴佩

①赵恒惕等编：《吴佩孚先生集》，见来新夏主编：《中国近代史资料丛刊·北洋军阀》（五），上海人民出版社1993年版，第251～252页。

②赵恒惕等编：《吴佩孚先生集》，见来新夏主编：《中国近代史资料丛刊·北洋军阀》（五），第251页。

③《冯玉祥等讨伐吴佩孚残部窜视京津通电》（1924年10月30日），见中国第二历史档案馆编：《中华民国史档案资料汇编》第三辑《军事》（三），江苏古籍出版社1991年版，第300页。

孚所部军队发起攻击。吴佩孚的部队刚从前线撤回，本已疲惫不堪，在国民军的进攻下节节败退。先由落垡败退张庄，复由张庄败退杨村，国民军又向杨村追击。10 月 31 日，国民军占领杨村，吴佩孚的部队又败退北仓。

与此同时，张作霖的奉军沿滦河急速南下，向直军发起猛攻。10 月 28 日，奉军张宗昌部占领滦州，并会同李景林部向天津进发。奉军郭松龄部全线出击，攻占秦皇岛，截断了山海关直军主力的退路，将直军主力包围在山海关与秦皇岛之间。由于吴佩孚在天津附近的杨村、廊坊一带未能阻挡住国民军的攻势，无法策应山海关直军主力撤退，因此，山海关直军主力除重要将领由秦皇岛乘船逃回天津外，绝大部分成为奉军的俘虏，十几万军队顿时土崩瓦解。此役奉军"掳获大炮约二百余尊，机关枪三百余架，快枪约四万余枝，其他辎重无数"①。

面对杨村和山海关两路战事均告失利的不利形势，吴佩孚仍不死心，犹煞有介事地于 10 月 30 日通电全国，"谓对敌军次第剿平，将来政治问题，愿放弃成见，听海内贤豪公决"②。但紧接着传来的山东、山西两省宣告武装中立的消息，彻底粉碎了吴佩孚固守待援、挽回败局的梦想。11 月 1 日，段祺瑞的门生、山东督军郑士琦突然通电宣布武装中立，要求"划鲁省于战区以外，勿以一戈一矢，加遗鲁人；勿以一兵一卒，通过鲁境"③；并派兵拆毁了津浦路南段利国驿至韩庄间之铁轨，扣留了由津浦路南下的列车，这就既阻止了江、浙直系军队北上援吴，又断绝了天津吴军的南下退路。

---

①古蓨孙：《甲子内乱始末纪实》，见来新夏主编：《中国近代史资料丛刊·北洋军阀》（四），上海人民出版社 1993 年版，第 289 页。

②赵恒惕等编：《吴佩孚先生集》，见来新夏主编：《中国近代史资料丛刊·北洋军阀》（五），上海人民出版社 1993 年版，第 252 页。

③《鲁督郑士琦宣布中立通电》（1924 年 11 月 1 日），见中国第二历史档案馆编：《中华民国史档案资料汇编》第三辑《军事》（三），江苏古籍出版社 1991 年版，第 301 页。

同日，山西督军阎锡山也宣告武装中立，出兵占领了石家庄，切断了京汉线的交通，吴佩孚等待豫、鄂直军来援的最后一线希望也告破灭。

11月2日，冯玉祥的国民军占领北仓，张作霖的奉军占领唐山、芦台等处，前锋直逼塘沽，拟切断天津至塘沽入海的交通，从而将吴佩孚所部团团包围在天津。当天，日本驻天津总领事吉田茂拜谒吴佩孚，要他转而拥戴段祺瑞，以收拾残局，吴答以“决不背曹”；吴的日籍顾问冈野增次郎又劝他入日租界暂避，也被他拒绝。“时因首尾皆败，援路亦绝”①，吴佩孚知败局已定，无可挽回，遂于次日凌晨率领残部从天津新站乘三列火车退往塘沽。“吴濒行时，留下粮米数车于新车站，外皆加以封条，上书‘移交段督办查收’字样”②。当天下午，段祺瑞通知芦台奉军暂缓进取塘沽，吴佩孚及其数千名士兵才得以乘兵舰三艘、商船十余艘，从塘沽浮海南逃。

吴佩孚残部的迅速溃败，彻底解除了冯玉祥等改组中央政府的后顾之忧。10月31日，冯玉祥等胁迫曹锟令准颜惠庆辞职，任命在颜内阁中担任教育总长并参与策划了北京政变的黄郛代理国务总理，组织摄政内阁，并任命了新内阁的各部总长。11月2日，北京政变后一直被国民军软禁在中南海延庆楼的大总统曹锟通电宣告退位，略谓：“本大总统谬承国民托付之重，莅职以来，时切兢兢，冀有树立，以慰国人之望，无如时局多艰，德薄能鲜，近复患病，精力不支，实难胜此艰巨之任，惟有请避贤路，以谢国人。除咨参众两院辞职，并将大总统印玺，移送国务院自即日起依法摄行大总统职权外，特此通告。”③次日，黄郛即与王正廷、李书城、张耀曾三位阁员一起通电就职，摄行总统职权。黄郛摄政内阁至此成立。

---

①赵恒惕等编：《吴佩孚先生集》，见来新夏主编：《中国近代史资料丛刊·北洋军阀》（五），上海人民出版社1993年版，第252页。

②古蓨孙：《甲子内乱始末纪实》，见来新夏主编：《中国近代史资料丛刊·北洋军阀》（四），上海人民出版社1993年版，第291页。

③《北洋政府公报》1924年11月3日，第3094号。

黄郛摄政内阁前后共存在二十多天,做了两件事:一是按照冯玉祥的意志裁撤了一批军事机关,任免了一批军事人员。取消步军统领衙门及京师宪兵司令部,任鹿钟麟为京师警备司令,张璧为警察总监。11 月 7 日,免去吴佩孚得力干将张福来河南督办之职,特任胡景翼为河南督办;免李济臣河南省长之职,特任孙岳为河南省长。为了防止奉军开到北京来抢夺政权,冯玉祥与胡景翼、孙岳等相约军队退驻北京城外,并授意摄政内阁作出北京城内永不驻兵的决定。实际上,摄政内阁威令仅行于北京城和冯玉祥、胡景翼、孙岳控制的区域,对张作霖及其他军阀并无作用。二是议决修正优待清室条件,将清废帝溥仪驱逐出故宫。

从表面看,这个摄政内阁主要由冯派人物及国民党(黄郛本人及外交总长兼财政总长王正廷、教育总长易培基均为国民党人)、奉系(内务总长王永江、农商总长王迺斌)三方人员构成,是冯(玉祥)、孙(中山)、张(作霖)三大势力的联合体,但实际上,它是在冯玉祥等的卵翼下产生并由冯一手操纵的。在多种政治、军事势力并存并争相染指中央政权,特别是国奉两大军事集团抗衡争锋的复杂形式下,这种单一政治背景的中央政府,其命运只能是短暂的、过渡性的。

### 2. 天津会议

吴佩孚既已败退南逃,北方军事亟待收束,局势亟待稳定。此时段祺瑞已受到国奉双方的共同拥戴,因而俨然以军政当然领袖自居,指令参与北京政变的直隶省长王承斌、天津警务处长杨以德等人,迅速稳定天津秩序,限日恢复交通,收容溃兵及其枪械。他还在天津本宅设立秘书、外事、财政、庶务四处,分由姚震、孙宝琦、曹汝霖、李思浩四位亲信主持,以“接洽国事”①。

---

①无聊子:《北京政变记》,见荣孟源、章伯锋主编:《近代稗海》第五辑,四川人民出版社 1985 年版,第 386 页。

11月4日，段祺瑞又就战后的政治善后问题发表通电，略谓：“日者巨蠹销亡，神京底定，兴师本旨，大体无违。念国步之艰难，感生灵之涂炭，自非任意负嵎，逆时肇乱，所当继行申讨外，军旅之事，略可告终，建设之业，由是发轫……方殷将以改革，是否及于本根，餍乎民意为断，因循为政，仍种乱源，颟顸为法，大违民意。瑞此物此志，迭有申明，心同理同，谅邀采纳。诸公或当方伯连帅之任，或集士农工贾之成，或共持国议，严守大防，或分主省议，深明疾苦。且复国多大老，野有遗贤，学者云兴，论师鹊起，大抵乃心家国，有志澄清，一言可以兴邦，匹夫不可夺志。幸可痛泄谠见，共挽时艰，俾集群言，见之行事，庶乎改造可期，彻底舆论，协乎至公，民国存亡，治论之分，在此一举。”①这一号召各省及有关各方“痛泄谠见，共挽时艰”的通电，向外界传递了一个重要信息，即段祺瑞已由在野之身一变为政局中的一大关键人物。不少督军及省长对此心领神会，立即作出了积极反应，纷纷发表通电建言建策，而主旨则无一例外地主张拥戴段祺瑞出山主政。11月6日，山东督军郑士琦致电段祺瑞，对段力加吹捧，宣称：“钧座三造共和，一参欧战。丰功硕德，旷古无伦。列国钦其威凛，邦人蒙其荫赐。况各省袍泽、海内士夫，非系密友，即隶部属。引颈跂踵，几无异词。间有政见不同，未甘屈伏，而临以中外属望之元老，无不可牺牲意气，同济艰难。混战既徒苦吾民，无主亦岂能立国？救焚拯溺，舍公谁归。”②次日，郑士琦等又发表通电，就拥段出山事进行鼓动、疏通。与此同时，直系各省如陕西督军刘镇华（11月5日）、甘肃督军兼省长陆洪涛（11月5日）等，出于依托段祺瑞以求自保的考虑，也都或发表通电，或直接给段去电，称颂段的所谓丰功硕德，力主拥

①中国第二历史档案馆编：《中华民国史档案资料汇编》第三辑《军事》（三），江苏古籍出版社1991年版，第306页。

②中国第二历史档案馆编：《中华民国史档案资料汇编》第三辑《政治》（二），江苏古籍出版社1991年版，第1476页。

段出山[1]。截至11月6日，各省疆吏致电拥戴段祺瑞出山者，“已有直隶、广东、广西、江西、湖南、湖北、安徽、山东、山西、奉天、吉林、黑龙江、热河、绥远、察哈尔、陕西、四川、云南、贵州、新疆、甘肃等二十一省区之多，其后河南、江苏、浙江、福建，亦次第敦促，异口同声，全国一致”[2]。这些地方实力派的一则则拥戴通电，犹如一出戏中主角出场前的催场锣鼓，催促着已俨然成为政局中主要角色的段祺瑞登台亮相。但段心理很清楚，自己要想实现东山再起的夙愿，还必须获得国奉两大势力的首脑冯玉祥与张作霖的支持。虽然冯、张两人此前均有拥段之表示，但究系通电主张，而非当面保证；而且，有关时局的诸多重大问题包括段以何种身份出山的问题等，也必须征求冯、张两人的意见。为此，段祺瑞于11月初曾几次致电冯、张两人，敦请他们即速来津，以便会商国事。11月10日，冯玉祥抵达天津。段祺瑞对他说：“中山西南领袖，吾们与雨亭偏北方，故统一西南事，应征取中山意见，吾迟迟入京以此。雨亭对吾们很好，君来正可俟彼到后晤谈。”[3]这表明，段祺瑞在讨论北方局势的问题上已将孙中山排除在外，由他与冯玉祥、张作霖三人商定即可，从而为段祺瑞、冯玉祥、张作霖三人在天津的会议定下了基调。

同日，张作霖以胜利者的姿态，威风凛凛地从滦州乘火车抵达天津，下榻曹家花园。江浙战争的败军之将——皖系卢永祥也同车抵达。此前奉军两个师已先行到津驻扎，冯玉祥因奉系在北京政变前曾向他允诺不向关内进兵，故对此大不以为然。11月11日，段祺瑞宴请冯玉祥、张作霖。席间，在段祺瑞首先致辞后，张作霖发言公开对冯玉祥表示轻视，而且未等宴会终席便借故离去，宴会遂不欢而散。饭后，段祺瑞竟又力邀冯玉祥一起去拜会张作霖。

①中国第二历史档案馆编：《中华民国史档案资料汇编》第三辑《政治》(二)，江苏古籍出版社1991年版，第1475～1477页。

②费保彦：《善后会议史》，北京寰宇印刷局1925年版。

③无聊子：《北京政变记》，见荣孟源、章伯锋主编：《近代稗海》第五辑，四川人民出版社1985年版，第406页。

这些显然都是张作霖的作派，其意是在向冯玉祥示威，目的是为了在随后的三方会议中与段祺瑞联合，孤立冯玉祥。

面对北方直军全线溃败的不利处境，直系各省督军齐谋自保。江苏督军齐燮元发起组织苏、皖、赣、浙、闽、陕、豫、川、湘、鄂十省大同盟，在南京成立同盟总部，作为十省联合自卫的一种手段。眼看国奉双方同时拥段出山，段祺瑞不久就要上台，直系各省督军乃谋借重段祺瑞的声望以抵制国民军和奉军的联合进攻。因此，从11月上旬起，他们纷纷发出了拥段出山收拾残局的通电，有的以个人名义，有的数省联合署名，甚至还提出了所谓“段吴合作”的建议。但是，对于冯玉祥等人把持的摄政内阁，直系各省督军却深怀戒心。11月12日，直系各省督军在南京举行同盟总部第一次会议，议决保境安民、不承认摄阁、一致拥段。次日，他们又联名通电宣告：“中央政府中断，在正式政府未成立前，北京所发伪令，概不承认。”①

11月12日，段祺瑞、冯玉祥、张作霖在天津开会。张作霖主张继续进兵，彻底铲除直系残余势力，进而实现由奉系控制全国的局面。段祺瑞则欲将直系收归己用，以确立其在北洋系唯一最高领袖的地位，因此不同意张作霖的主张，而力主用政治手段解决江浙等省。他表示：“对于长江问题，苟各地长官能竭诚赞助统一，不为吴助，极不愿为已甚。”②另一方面，段祺瑞已对他过去所鼓吹的“武力统一”失去信心。他在1923年7月就曾说过：“曹（锟）、张（作霖）、吴（佩孚）皆我提拔出来，我扶植彼等长大，后均打起我来。我因感于培养武力政策，结果本来如此，我今觉悟。”③所以，段祺瑞坚决反对张作霖提出的以武力统一长江流域的主张。张作霖既与冯玉祥有隙，便不想再开罪段祺瑞，以免树敌过多，只得尊重段

①章伯锋主编：《北洋军阀》（五），武汉出版社1990年版，第9页注释。

②《大公报》1924年11月14日。

③《申报》1923年7月3日。

的意见。于是,会议作出决定:(1)国民军沿京汉线向河南发展,奉系在津浦线进至德州为止;(2)对东南不用兵;(3)对吴佩孚准其和平下野,不下通缉命令;(4)召集全国善后会议,讨论组织政府和一切善后问题。

不料此时突生变故。11 月 12 日晚,奉系李景林在天津将王承斌收编吴佩孚溃兵而组成的第二十三师全部包围缴械,王承斌逃入英租界;冯玉祥收容之吴佩孚两旅及第二十师孙权宇部,亦被奉军吴光新解散改编,国奉关系顿时极形紧张①。

但是,直系各省督军在 11 月 13 日发出的针对北京摄政内阁的通电,终于使冯、张没有最终决裂,他们再次握手言和,转而对付共同的敌人——直系各省督军。11 月 14 日,段祺瑞、冯玉祥、张作霖继续在天津会议。"咸谓长江形势紧迫,非敦请合肥先行入京主持国政,不足以号召。但合肥此际出山系维持暂局,而正式政府成立尚属需时,当此过渡之时,究应以何项名称统率一切,不可不加以斟酌。原有之统帅、大元帅等名称,均系军事时代所用,不能概括国政范围,且与和平主旨不合,万难适用。讨论三小时之久,当议决公推合肥以中华民国临时执政名义,统率一切。"②

11 月 15 日,张作霖、冯玉祥、卢永祥、胡景翼、孙岳等联名通电,推戴段祺瑞为中华民国临时执政,电称:"国是未定,中枢无主。合肥段公,耆勋硕望,国人推戴,业经一致认同。合肥虽谦让未遑,然当此改革绝续之交,非暂定一总揽权责之名称,不足以支变局。拟即公推合肥为中华民国临时执政,即日出山,以济艰危,而资统率。敦促就任,诸公必有同情也。"③

在此之前,舆论界曾有过委员制之议,拟以孙中山、段祺瑞、张

---

①陈鸣钟:《段祺瑞出任临时执政的几个片断》,《历史档案》1982 年第 2 期。

②费保彦:《善后会议史》,北京寰宇印刷局 1925 年版。

③中国第二历史档案馆编:《中华民国史档案资料汇编》第三辑《政治》(二),江苏古籍出版社 1991 年版,第 1477～1478 页。

作霖、卢永祥、冯玉祥等人为委员。冯玉祥倾向于政变后的新政府实行委员制，在北方的某些国民党人也在制造暂行委员制并以孙中山为委员长的舆论。急欲东山再起的段祺瑞对此当然不会同意，张作霖倾向段祺瑞，再加上除苏联外的各国驻华使节都把冯玉祥“赤化”与新政府的采委员制结合起来而表示不欢迎，这使得冯玉祥无法再坚持新政府采委员制的主张①。这样一来，所谓执政，虽然名义上不是总统，实际上既是总统又是内阁总理，由其直接指挥各部，段祺瑞对此当然乐于接受。

然而，急欲登台的段祺瑞并没有一呼即出。这主要是因为他对直系各省督军的真实态度还不十分明了，因为此前他们既有拥段出山的表示，也曾宣布保境安民，不承认北京摄政内阁，所以需要再观察一下事态的发展，再作进取。

11 月 16 日，皖系将领、山东督军郑士琦首先通电，拥护段祺瑞出任中华民国临时执政。

次日，从塘沽浮海南逃的吴佩孚经上海、南京、九江抵达汉口，发出拥护曹锟宪法并组织护宪军政府的通电，建议由黄河上游及长江各省在武昌成立护宪军政府，否认北京政变后所发布的一切命令。吴佩孚在电文中宣称，“合法之国会政府不能行使职权，宪法完全失效”，“亟应联合建设护宪军政府，以为对内对外之机关”。他宣布，“自冯军入京之日始”，北京所发命令，“一概无效，所有征讨大计，惟护宪军政府是属”，并拟护宪军政府组织大纲十条：

> （一）护宪军政府因……合法之国会政府不能行使职权，宪法完全失效，联合同志各省组织之；（二）护宪军政府设于武昌；（三）护宪军政府代表中华民国，执行对内对外一切政务；（四）护宪军政府根据法律上元帅为海陆军大元帅之义，于大元帅之下设置元帅，凡各省区之巡阅使、督军、督理、督办、都

①陈鸣钟：《段祺瑞出任临时执政的几个片断》，《历史档案》1982 年第 2 期。

统、海军总司令皆为元帅；(五)元帅采合议制，设元帅会议，一切军政事务以元帅会议行之，元帅会议设正、副主席各一人，由各元帅互选之；(六)元帅不能会议时，得派代表一人代行其职权；(七)护宪军政府于元帅会议之下设内务、外交、军政、财政、交通五部，每部设部长、次长各一人，其组织及职务另定之；(八)护宪军政府至宪法效力回复、护宪目的完全达到之日，应即撤销；(九)本大纲有未尽事宜，由元帅会议随时修改之；(十)本大纲自宣布之日施行。①

该通电署名者为齐燮元、孙传芳、萧耀南、刘镇华、吴佩孚、马联甲、蔡成勋、张福来等二十一人，包括苏、浙、鄂、陕、皖、赣、闽、豫、川、粤十省及海军。然而，江苏齐燮元虽在护宪通电中领衔，实际上对护宪军政府的设立未表同意，乃授意江苏省长韩国钧于11月19日通电表态，反对组织护宪军政府，且谓"若仅组织各省联合机构，辅助段公收拾时局，实为大局之幸"。该电发表后，齐燮元、孙传芳、萧耀南马上回电，表示赞成。为了进一步表明态度，直系各省督军再次联名通电，敦请段祺瑞早日出山，以消除段对他们可能产生的误解。直系各省督军认为吴佩孚在第二次直奉战争中大败亏虚，名声扫地，已不可依靠。而吴佩孚在汉口通电组织护宪军政府，未想遭到直系各省督军的一致反对。他在11月22日通电答复韩国钧，表示护宪与和平两不相妨，护宪与拥段并无抵触；认为既然拥段便不能让他处于北方恶势力之中，可以迎其南下主持一切，而组织护宪军政府正是谋求合法的和平。然而此时直系各省督军一心拥段为新靠山，以联合抵抗国民军和奉军，当然不会为了败军之将吴佩孚而开罪于段祺瑞了。

至此，段祺瑞摸清了直系各省督军的底牌，认为时机已经成熟，乃于11月21日发表通电，宣布就任中华民国临时执政。段祺

①《北京临时政府成立》，《东方杂志》第21卷第23号。

瑞在通电中首以悲天悯人的口吻，通告其出山“膺任艰巨”的缘由道：“共和肇造，十有三年。干戈相寻，迄无宁岁。驯至一国元首，选以贿成。道德沦亡，法纪弛废。诛求无艺，户鲜盖藏。水火交乘，野多饿莩。国脉之凋残极矣！人民之困苦深矣！法统已坏，无可因袭。惟穷斯变，更始为宜。外观大势，内察人心，计惟彻底改革，方足定一时之乱，而开百年之业。祺瑞历秉大政，无补艰危。息影津门，栖心佛乘。既省愆于往日，冀弭劫于将来。迩者慧起天南，芒系直北，征糈则千万一掷，招役则十室九空。萃久练之兵，为相煎之用。人民何辜，遭兹惨酷。所幸各方袍泽，力主和平。拒贿议员，正义亦达。革命既已，百废待兴。中枢乏人，征及衰朽。祺瑞自顾疏庸，讵胜大任。乃电函交责，环督益坚。不得已拟于十一月二十四日入都，就中华民国临时执政之职，组织临时政府，斯维秩序。”嗣又就施政方针提出其初步设想道：“海内久望统一，舆论趋于革新。愿与天下人相见以诚，共定国是。如制定国宪，促成省宪，改订军制，屯垦实边，整理财政，发展教育，振兴实业，开拓交通，救济民生诸大端，必须集全国人之心思才力以为之，庶克有济。现拟组织两种会议，一曰善后会议，以解决时局纠纷，筹议建设方针为主旨，拟于一个月内集议。其会议简章，另行电述。二曰国民代表会议，援美国费府会议先例，解决一切根本问题，以三个月内齐集。其集议会章，俟善后会议议定后即行公布。会议完成之日，即祺瑞卸责之时。”①

段祺瑞、冯玉祥、张作霖三巨头在天津会议上经过十多天的讨价还价，终于在拥段出山主政及国、奉间地盘划分等问题上达成了妥协。段祺瑞如愿以偿地实现了东山再起的夙愿。张作霖此次率奉军入关，原“欲乘战胜余威，扩充地盘，伸张实力”，故“于会议时曾提出对直系继续作战计划，由国民军担任京汉线，奉军担任津浦线，同时向南进展”。这一提议因遭到冯玉祥的反对而搁浅后，张

---

①中国第二历史档案馆编：《善后会议》，档案出版社 1985 年版，第 3 页。

又提出了欲将热河收归己有的要求。会商结果,决定将原热河都统米振标调任河南军务帮办,改任奉系将领阚朝玺为热河都统。“张如愿以偿,天津会议遂告终焉”[①]。不难看出,冯玉祥在天津会议上对段祺瑞、张作霖作了较大让步,其刷新政局的抱负在无可奈何的政治现实面前化为泡影、黯然消失了。

### 3. 段祺瑞出任临时执政

1924年11月22日,段祺瑞乘专车从天津抵达北京。24日上午,段在铁狮子胡同前陆军部旧址(临时执政府办公处)举行的就职典礼上宣誓就职。他在宣言中称:“祺瑞不才,忝膺中华民国临时执政之重任,誓当巩固共和,导扬民志,内谋更新,外崇国信。”[②]同日,段通电宣告了自己出任临时执政的消息,并以临时执政名义颁布三项命令,宣布“所有从前行政司法各法令,除与临时政府制抵触或有明令废止者外,均仍其旧”;“所有京外文武官员,均仍旧供职,共济时艰”;声称他就任临时执政后将“勉矢公诚,求孚民意,刷新政治,整饬纲纪”,希望官吏士民“协力同心,共臻治理”[③]。同时公布了《中华民国临时政府制》六条,具体内容如下:

第一条　中华民国临时政府以临时执政总揽军民政务,统率海陆军。

第二条　临时执政对于外国,为中华民国之代表。

第三条　临时政府设置国务员赞襄临时执政处理国务,临时政府之命令及关于国务之文书,由国务员副署。

第四条　临时执政命国务员分长外交、内务、财政、陆军、海军、司法、教育、农商、交通各部。

第五条　临时执政召集国务员开国务会议。

---

①冯玉祥:《冯玉祥自传》,军事科学出版社1988年版,第74～75页。

②费保彦:《善后会议史》,北京寰宇印刷局1925年版。

③《北洋政府公报》1924年11月25日,第3115号。

第六条　本制自公布之日施行，俟正式政府成立，即行废止。

此外，段还任命了各部总长及其他一些重要官员，令唐绍仪为外交总长，龚心湛为内务总长，李思浩为财务总长，吴光新为陆军总长，杨庶堪为农商总长，叶恭绰为交通总长，林建章为海军总长，章士钊为司法总长，王九龄为教育总长，梁鸿志为秘书长。至此，临时执政府正式宣告成立。

先前应时而生的黄郛摄政内阁，于11月21日得段祺瑞定期入京的通电后曾提出总辞职。将辞呈递交段氏后，段祺瑞认为临时执政不能接收前政府的辞职书，遂拒不接受。黄郛等乃于11月23日通电声明："临时执政莅京就职，大政已有所归……职责已尽，即于二十四日宣告辞职。"①新旧政府的交替就这样完成了。

临时执政府表明了它的过渡性质。这种非正规化的机构比较容易取得各方面的一致的意见。因为自民国建立以来，总统制和内阁制的纠纷一直不断，段祺瑞身历其间，饱尝其苦，如此便宜地换个名称，无形间把过去的麻烦摆脱，并不动声色地集总统与总理两者的大权于一身，而且别无"监督"机关（如国会之类）的存在了。然而，临时执政的产生是没有法律根据的，它出于各派军阀的妥协和共同"推戴"，临时执政府的一切组织和职权，事实上只能通过各派军阀的协商来决定。

临时执政府依条例规定，是以临时执政总揽军民政务，统率陆海军。临时执政以国家元首的身份，对外代表中华民国，职权与总统相当。临时执政府设国务员，赞襄执政处理国务。它不设国务总理，总理职权由执政兼代。执政召集国务员开国务会议，议决重要国务。临时执政府的国务员均由执政任命，实为其属吏。从制度上说，执政的职权相当大，即以国家元首的身份兼为行政首长，又不受什么民意机关的制约。但这时的段祺瑞已不像从前，他既不敢招惹虎视眈眈的奉张，也不敢得罪拥兵近在咫尺的冯玉祥。

①《北京临时政府成立》，《东方杂志》第21卷第23号。

在各方实力派的箝制下，段祺瑞只是一个维持着中央政府局面的空头首脑，各项大权根本无从发挥。

国奉双方在反对直系各省的共同利害面前，虽暂时收敛争吵，在天津会议上急切地解决了政权问题，将段祺瑞拥上了临时执政的高位，但它们之间的矛盾并未缓和。11 月 24 日，也即段祺瑞入京就任临时执政的当天，张作霖以与段面商大计为名入京，并令李景林率万余人先行开进北京，又令奉军第一、二军进驻丰台、马厂，威逼京畿。面对奉系军阀咄咄逼人的态势，冯玉祥采取了以退为进的策略，于当天通电宣布下野，解除兵柄，声明"所有部下军队，如何编制之处，完全听命于国家"，并对北洋中人提出忠告道："尤望旧时袍泽，畴昔寅僚，务各爱护国家，服从命令，庶几政治得循正轨，国势可日进富强，而祥亦得退为自由国民，永享太平幸福"①。12 月 9 日，又电呈段祺瑞，宣布取消国民军名义，自行解除总司令职务。冯玉祥在国奉冲突一触即发之际断然宣布下野，实是想向世人表明其心迹，即他"此次之班师，纯为国家人民谋和平，而非有私意存其间"②，从而使奉系无词再弄兵京畿，对国民军苦苦相逼。张作霖一方面是惟恐再对国民军临以兵威会引火烧身，背上穷兵黩武、破坏和平的骂名，成为众矢之的；另一方面是不想让冯玉祥独擅"纯为国家人民谋和平"的美名，因此也急忙做起急流勇退的表面文章，于 12 月 5 日发表通电，宣布自即日起"自行解除东三省巡阅使之职"③。

冯、张两人争相辞职，使段祺瑞大为恐慌。因为他的执政府一旦失去国奉两大势力的支撑，就会成为空中楼阁，立见崩塌。为了

①中国第二历史档案馆编：《中华民国史档案资料汇编》第三辑《军事》(三)，江苏古籍出版社 1991 年版，第 310～311 页。

②《刘昌言致段祺瑞电》(1924 年 12 月 5 日)，见中国第二历史档案馆编：《中华民国史档案资料汇编》第三辑《军事》(三)，第 316 页。

③《张作霖自请解除东三省巡阅使并宣布回奉通电》(1924 年 12 月 5 日)，见中国第二历史档案馆编：《中华民国史档案资料汇编》第三辑《军事》(三)，第 315 页。

稳定政局，段祺瑞一方面对冯、张两人力加劝慰挽留，另一方面又极力调和国奉矛盾，煞费苦心地为它们分配地盘，"决定自津浦沿线一带以至长江下游地区，主要为张作霖的范围，所以任命李景林为直隶督办，张宗昌为苏、皖、鲁三省剿匪总司令。而以京绥线及京汉线方面给冯玉祥，所以任命孙岳为豫、陕、甘三省剿匪司令，胡景翼为河南督办军务善后事宜，张之江为察哈尔都统，李鸣钟为绥远都统，并特任冯玉祥为西北屯垦督办"①。在段的"公平"调停下，国奉矛盾暂时得到缓和，北方政局也在国奉均势之下出现了一时的相安局面。

当时北方有奉、国、皖三种势力，南方长江流域是直系势力，广东是孙中山所领导的革命势力。奉、皖勾结，排斥国民军，但他们都曾怀着各自的动机和目的，想与孙中山"合作"。冯玉祥邀请孙中山北上，是想借以助长自己的声威；而张作霖和段祺瑞一方面是因为广州政府在国民党改组后，指明了中国革命的方向，逐渐为人民群众所向往，而感到它是一种需加消除的障碍，另一方面则是出于笼络孙中山和欺骗人民的目的，因此也同意邀请孙中山入京。这样，孙中山的北上成了当时有关各方和全国人民关注的焦点。

## 二、孙中山北上与段祺瑞召开善后会议

### 1. 孙中山北上

还在第二次直奉战争爆发前，孙中山与段祺瑞、张作霖结成了以反直系为目标的松散的军事政治联盟。1924 年 9 月江浙战争爆发，孙中山正驻节广东韶关，督师北伐，段祺瑞派许世英为代表南下，欢迎孙中山北上共商国事。北京政变后，冯玉祥、胡景翼、孙岳等根据 10 月 24 日北苑会议的决定，曾几次联名致电孙中山，邀

①东亚同文会：《对华回忆录》，商务印书馆 1959 年版，第 384 页。

请他北上共商国是,“解决历年南北纠纷,以求彻底改革”。并派马伯援持冯玉祥亲笔信赴广东迎迓。冯在信中再次诚恳地向孙中山发出邀请道:“先生党国伟人,革命先进,务希即日北上,指导一切。除请马君伯援代表欢迎,晋谒面陈外,特备此缄,以表微忱。”①孙中山接到冯玉祥等人的电邀后,立即与廖仲恺、汪精卫等人进行了商议,决定允即北上,并于10月27日在韶关电复冯玉祥等人,略谓:“义旗聿举,大憝肃清,诸兄功在国家,同深庆慰。建设大计,亟须决定,拟即日北上,与诸兄晤商。”②同时命北伐军继续进军,迅速攻取湘赣,扫清直系残余势力。

10月30日下午,孙中山自韶关返抵广州。翌日,在大元帅府主持会议,商讨北上后如何应付北方时局的问题,议定以下四条:(1)由袁世凯称帝后至曹锟执政时止,中央所发布之一切命令,均归无效,由孙中山暂任临时总统,段祺瑞代总理;(2)暂采委员制,设委员七人,而以孙中山为委员长;(3)暂组摄政内阁,由段祺瑞主持组阁;(4)召集国民大会,议定宪法,并选出正式总统。以上四条,决定由孙中山北上后商讨国事时提出,择一而行③。

11月3日孙中山视察黄埔军校时,对学员发表长篇讲话,说明北上的意义,同时强调说明:“大家不可以为我到北京之后,马上就能发起一个中央革命。不过借这个机会,可以作宣传的功夫,联络各省同志,成立一个国民党部,从党部之内成立革命基础。”④4日,孙中山再次电复冯玉祥:“承邀入都,义当就道。日来已自韶返省,部署行事。数日之后,即轻装北上,共图良晤。”⑤

11月4日,孙中山发出北上之通令,宣告目前“根本之图,尤

---

①李泰棻:《国民军史稿》,见来新夏主编:《中国近代史资料丛刊·北洋军阀》(四),上海人民出版社1993年版,第350页。

②《孙中山全集》第十一卷,中华书局1986年版,第252页。

③《晨报》1924年11月20日。

④《孙中山先生讲演集》,1926年2月版,第331页。

⑤《民国日报》1924年11月13日。

在速谋统一，以从事建设，庶几分崩离析之局得以收拾，长治久安之策得以实施”，为此，“本大元帅权衡轻重，决定即日北上，共筹统一建设之方略”①。并以陆海军大元帅名义发布通令，为其北上作准备：命令胡汉民留守广州，代行大元帅职权；任命谭延闿为北伐联军总司令，驻守韶关办理大本营事务，北伐军事归其全权办理；同时决定由廖仲恺负责党务，伍朝枢掌管外交，杨希闵驻东江防守，许崇智负责广州治安。

11月10日，孙中山在广州发表《北上宣言》，明确提出废除不平等条约以反对帝国主义，召开国民会议以反对军阀统治两项政治主张。孙中山的思想认识此时已在过去革命实践的经验教训中勇猛地迈进了一大步。他首先提出国民革命的目的，“在造成独立自由之国家，以拥护国家及民众之利益”。继而提出实现国民革命的关键，在于由人民掌握武装，结束军阀武装割据的局面。他不仅认清了军阀一丘之貉、本无二致的性质，而且还进一步指出军阀依存帝国主义的本性，认识到民心可用。他说：“十三年来，军阀本身有新陈代谢，而其性质作用，则自袁世凯以至曹锟、吴佩孚，如出一辙。故北伐之目的，不仅在覆灭曹、吴，尤在曹、吴覆灭之后永无同样继起之人；换言之，北伐之目的，不仅在推倒军阀，尤在推倒军阀所赖以生存之帝国主义……军阀所挟持之武力，得帝国主义之援助而增其数量，此自袁世凯以来已然。然当其盛时，虽有帝国主义为之羽翼，及其败也，帝国主义亦无以救之……帝国主义之援助，终不敌国民之觉悟。帝国主义惟能乘吾国民之未觉悟以得志于一时，卒之未有不为国民觉悟所屈伏者……吾人于此，更可以得一证明：凡武力与帝国主义结合者无不败；反之，与国民结合以速国民革命之进行者无不胜。今日以后，当划一国民革命之新时代，使武力与帝国主义结合之现象永绝迹于国内，其代之而兴之现象，第一

①无聊子：《北京政变记》，见荣孟源、章伯锋主编：《近代稗海》第五辑，四川人民出版社1985年版，第410页。

步使武力与国民相结合，第二步使武力为国民之武力，国民革命必于此时乃能告厥成功。”

基于这样的认识，孙中山进一步主张“取消一切不平等之条约及特权……变更外债之性质，使列强不能利用此种外债，以致中国坐困于次殖民地之地位”；“对于时局，主张召集国民会议，以谋中国之统一与建设。而在国民会议召集以前，主张先召集一预备会议，决定国民会议之基础条件及召集日期、选举方法等事”。他还具体提出，预备会议应由现代实业团体、商会、教育会、大学、学生联合会、工会、农会、共同反对曹吴各军、政党等九个方面的团体组成。在会议召开之前，必须释放各省的政治犯，并保障各地方团体及人民有选举之自由，有提出议案及宣传讨论的自由。

孙中山在《北上宣言》中最后宣告：“本党致力国民革命，于今三十余年。以今日国内之环境而论，本党之主张，虽自信为救济中国之良药，然欲得国民之了解，亦大非易事。惟本党深信国民自决，为国民革命之要道。本党所主张之国民会议实现之后，本党将以第一次全国代表大会宣言所列举之政纲，提出国民会议，期得国民彻底的明了与赞助……国民之命运，在于国民之自决。本党若能得国民之援助，则中国之独立、自由、统一诸目的，必能依于奋斗而完全达到。凡我国民，盍兴乎来！”①

从《北上宣言》中不难看出，孙中山的革命思想在晚年有了新的飞跃，而这种飞跃在很大程度上可以说是中国共产党直接帮助的结果。中国共产党早在 1923 年 8 月发表的《第二次对于时局的主张》中，就提出了“由负有国民革命使命的国民党，出来号召全国商会、工会、农会、学生及其他职业团体推举多数代表在适当地点，开一国民会议”的主张，认为“只有国民会议才能真正代表国民，才能够制定宪法，才能够建设新政府统一中国”②。已与共产党建立

①以上见《孙中山选集》下册，人民出版社 1956 年版，第 880～883 页。

②《中共党史参考资料》(一)，第 423～426 页。

了合作关系的孙中山，在《北上宣言》中完全接受了这一反映人民要求因而受到全国人民一致拥护的政治主张，把它作为自己此次北上的奋斗目标。而中国共产党对孙中山《北上宣言》中的政治主张，也表示了热诚欢迎的态度，全力支持其北上进行斗争。11 月 6 日，中共中央在党内通告中指示："中局政策略有变更，现在我们对于孙中山参加北方和会并不根本反对，然我们当警告中山在和会中本着国民党的党纲、政纲及北伐宣言说话，揭破帝国主义者和军阀在和会中勾结宰制中国的阴谋。"①11 月 12 日，蔡和森还在《向导》周刊上刊载了《欢迎孙中山先生离粤来沪》一文，指出中国共产党早就建议孙中山面向全国进行革命宣传和组织工作，以"造成全国的舆论及民众的后援，庶几进可制胜军阀，退可扩大宣传"②。在孙中山北上的同时，中国共产党还在全国范围内发起了要求召开国民会议和废除不平等条约的群众运动。这个运动的目标为：对内成立人民当家做主的政权，结束军阀统治；对外废除不平等条约，反对帝国主义的侵略。国民会议运动很快在全国各地展开。1924 年 11 月至 12 月间，上海、南京、广州、徐州、安徽、湖南、湖北、浙江、北京、天津、保定、济南、青岛、石家庄、张家口等地的各界群众纷纷发表通电、宣言，拥护中国共产党和孙中山所发表的主张，并成立了"国民会议促成会"，成员发展到几十万人，这就给孙中山的北上以最有力的支持。

11 月 13 日，孙中山偕宋庆龄及随行人员李烈钧、邵元冲、黄昌谷、朱和中等二十余人，乘"永丰"舰离粤北上，途经香港、上海，取道日本，辗转一个多月，于 12 月 31 日才由天津抵达北京。在北上途中，孙中山沿途发表演讲，进行革命宣传，呼吁召开国民会议，号召废除不平等条约，得到各地民众的热烈拥护和积极响应。国

---

①中央档案馆编：《中共中央文件选集》第一册，中共中央党校出版社 1989 年版，第 234 页。

②《向导》第 91 期。

内政治空气为之一变。

11 月 17 日，孙中山一行到达上海，各界群众一万多人前往迎接。次日，孙中山在莫利爱路寓所举行茶会，招待上海新闻界人士，中外记者三十余人到会。孙中山在会上作了长达一个半小时的演讲，他在充分揭露帝国主义勾结封建军阀残害中国人民的罪恶行径之后，说道："中国现在祸乱的根本，就是在军阀和援助军阀的帝国。我们这次来解决中国问题，在国民会议席上，第一点就要打破军阀，第二点就要打破军阀的帝国。打破了这两个东西，中国才可以和平统一，才可以长治久安。""两个祸根，一个是军阀，一个是帝国主义。这两个东西和我们人民的福利，是永远不能并立的。""我这次往北方去，所主张的办法，一定是和他们的利益冲突，大家可以料到我很有危险，但是我为救全国同胞，求和平统一，开国民会议去冒这种危险，大家做国民的人应该做我的后盾。"①

11 月 21 日，孙中山搭乘日轮"上海丸"去日本，23 日抵长崎。他在长崎对日本记者谈话称："我们此次来解决中国问题，对内是打破军阀，对外要打破列强干涉，完全由中国国民做主。"又答复日记者询问广东政府为何与俄国亲善时说："中国同俄国革命，都是走一条路。所以中国同俄国不只是亲善，照革命的关系，实在是一家。"②25 日，孙中山在东京、大阪、神户三埠的国民党组织举行的欢迎会上，发表了题为《中国内乱之因》的演讲，明确指出，惟有打倒帝国主义，废除不平等条约，才是消除中国内乱的根本途径。他说："十三年以来，徒有民国之名，没有民国之实。这种名不符实，就是我们革命没有成功。革命之所以不成功的原因，是由于反革命的力量太大"，"这种反革命的力量，就是军阀。为什么军阀有这个大力量呢？因为军阀背后，有帝国主义的援助。""我们革命党要中国从此以后，不再发生军阀，国民能够自由来解决国事，中国永

①《孙中山全集》第十一卷，中华书局 1986 年版，第 338～341 页。

②《孙中山全集》第十一卷，第 365 页。

久是和平统一，根本上便是要使在中国捣乱的帝国主义不能活动，便是要消灭在中国的帝国主义。因为要消灭在中国的帝国主义，所以讲内政问题，便牵涉到外交问题，要废除一切不平等条约。”①28日，孙中山又在神户发表两次演讲，号召国内外进步人士支持他北上的革命主张，要求国民为召开国民会议、废除不平等条约而共同奋斗。在从上海到日本的几天时间里，孙中山不辞辛劳、不顾个人安危，先后发表演讲、谈话、答记者问共二十余次，足见其甘愿为革命献身的崇高精神。

12月4日，孙中山一行由日本抵达天津。这时，北方政局已经发生了急转直下的变化：列强支持下的以皖奉军阀为主干的亲日派政权——段祺瑞临时执政府已经成立；国冯、皖段、奉张之间的矛盾错综复杂；皖奉军阀倒行逆施，进行排孙活动，粤皖奉联盟名存实亡。在这种情况下，已是积劳成疾的孙中山仍抱病入津，与奉、皖军阀展开面对面的斗争。12月14日，孙中山在病榻上接见段祺瑞派来迎接他入京的代表叶恭绰、许世英等人，已经闻知段祺瑞竟冒天下之大不韪，公然发表《外崇国信宣言》的孙中山，怒不可遏地质问叶、许等人：“我在外面要废除那些不平等条约，你们在北京偏偏要尊重那些不平等条约。这是什么道理？你们要升官发财，怕那些外国人，要尊重他们，为什么还来欢迎我呢？”②

12月31日，孙中山扶病由津入京，首都各界群众数十万人到前门车站迎接。孙中山一抵达北京，即发表了《入京宣言》，宣布他此次入京的目的：“文此次来京，曾有宣言，非争地位特权，乃为救国。十三年前，余负推倒满洲政府使国民得享自由平等之责任。惟满洲虽倒，而国民之自由平等早被其售与各国。故吾人今日仍处帝国主义各国殖民地之地位，因而吾人救国之责尤不容缓。至

①《孙中山全集》第十一卷，中华书局1986年版，第377～378页。
②《孙中山全集》第十一卷，第500～501页。

救国之道多端，当向诸君缕述。惟今以抱恙，不得不稍候异日。”①这一份《入京宣言》虽只短短百余字，但其中浸透了孙中山誓死救国的满腔热情和坚持斗争的革命精神。

孙中山的北上，极大地鼓舞了全国人民反帝反封建军阀的斗志，推动了国内革命形势的高涨；而中国共产党及广大人民群众的支持，又使孙中山更加坚定了北上的信心，从而能够与帝国主义及其支持下的军阀进行坚决的、不妥协的斗争。但孙中山的北上同时也引起了帝国主义与军阀的忌恨。这是因为，孙中山北上途中所大力宣传的召开国民会议与废除不平等条约这两项政治主张，就是直接针对帝国主义在中国的侵略权益与军阀在国内的统治的，这就势必会遭致他们的敌视与反对。在帝国主义的支持下，军阀们对孙中山的北上采取了抵制与对抗手段。

军阀们一方面向帝国主义保证尊重不平等条约，对抗孙中山废除不平等条约的政治主张，借以博取帝国主义的欢心并获得他们的支持；另一方面，由段祺瑞出面提出召开所谓“善后会议”，对抗孙中山召开国民会议的主张，借以实现他们的政治图谋。很显然，孙中山指望在帝国主义支持的军阀政权下北上施展政治抱负，实现反帝反军阀的政治追求，无异于与虎谋皮。

### 2. 善后会议的召开

“善后会议”这一名称最早出现于段祺瑞在 1924 年 11 月 21 日所发表的一份通电（“马”电）之中。段在该通电中除通告了他拟于 11 月 24 日入都就任中华民国临时执政之职外，又就时局善后问题发表政见，谓他走马上任后准备组织两种会议，其中将首先提上新政府议事日程的，就是“拟于一个月内集议”，“以解决时局纠纷，筹议建设方针为主旨”的“善后会议”（另一个会议是“解决一切根本问题，期以三个月内齐集”的所谓“民国代表会议”）。11 月 24

①《孙中山全集》第十一卷，中华书局 1986 年版，第 533 页。

日段祺瑞入京就任临时执政后，即开始紧锣密鼓地进行“善后会议”的筹备工作，命临时执政府法制院长姚震草拟《善后会议条例》，并经讨论修订后，于12月20日提交国务会议通过，24日予以公布。

《善后会议条例》共十三条。第一条称“本会议以解决时局纠纷、筹议建设方案为宗旨”。第二条规定参加会议的人员分为四类：(1)有大勋劳于国家者；(2)此次讨伐贿选、制止内乱之各军最高首领；(3)各省区及蒙、藏、青海军民长官；(4)有特殊之资望、学术、经验，由临时执政聘请或派充者，但不得逾三十人。第五条规定会议应行议决的事项，包括国民代表会议之组织方法、关于改革军制事项、关于整理财政事项、其他各案由临时执政交议者。第六条规定“会议就应行议决事项，设专门委员会审查大会所交议案，并得出席报告及陈述意见”。第七条规定“本会议以会员全体三分之二以上之列席开会，列席员过半数之同意议决”。第八条称“临时执政得随时出席会议或派代表提出第五条所列各种事项之议案。临时执政提出之议案应提前付议”①。

《善后会议条例》公布后，段祺瑞于1924年12月25日发布命令，特派许世英筹备善后会议事宜。许世英乃设善后会议筹备处，并于12月30日通电全国：“现定于本月三十一日到差任事。此次会议，执政之意实欲疏通各方意思，由各省以及全国共谋和平统一，并为国民代表会议之促进。”②12月31日，许世英就职，设筹备处于北京东城西堂子胡同。

根据《善后会议条例》的有关规定，段祺瑞等共选定了128名出席“善后会议”的会员，其中符合第一项有勋劳于国家之资格的，为孙中山、黎元洪两人；符合第二项讨伐贿选各军最高首领资格的，共57人；第三项现任各省区及蒙藏青海军民长官被邀的，共

---

①中国第二历史档案馆编：《善后会议》，档案出版社1985年版，第4～5页。

②中国第二历史档案馆编：《善后会议》，第6页。

39人;第四项有特殊之资望学术经验人员被特聘的,有唐绍仪等30人。从这一会员名单中不难看出,占绝大多数的第二、三两款会员即从中央到地方的一些大牌军阀、官僚、政客是此次"善后会议"的主角,而总数仅32人的第一、四两款会员则不过是装饰门面的陪衬而已。"善后会议"是军阀、官僚、政客的一次政治分赃会议的实质,于此可见一斑。当时《东方杂志》上刊载的《善后会议的进行》一文,曾对此评论道:"我们看了这被邀列席的一百三十左右人,其中竟有百分之九十九为拥有实力及与拥有实力者有关系的人物,我们即可从根本上'认定'这会议的性质,完全为一种实力代表的会议了。"①1924年12月30日,段祺瑞致电第二、三两款会员,邀请他们来京莅会,宣称:"此会专为整理军事财政及筹备建设方案而设,质而言之,即沟通各方意思,由各省及全国共谋和平统一。"②1925年1月1日,段又电邀孙中山、黎元洪作为第一款会员出席善后会议,电称:"方今急务,治标以和平统一为先,治本以解决大法为重。善后会议所以治其标,国民代表会议所以治其本。《善后会议条例》前经公布,计邀鉴察。现拟于本年二月一日以前在北京开会,敬请我公惠临,共商大计。"③同时致电唐绍仪、章炳麟、岑春煊、王士珍、汪兆铭、黄郛等30人,邀请他们作为第四款代表出席会议。急欲在分赃盛宴上分得杯羹的军阀、官僚、政客接到段祺瑞的邀请电后,纷纷整装就道,准备出席会议;有的还为这次分赃会议大唱赞歌,就连当时倾向于革命的国民军首领冯玉祥,也极力称道这个会议说:"国民代表会议者,民意宪法之母,而善后会议者,又国民代表会议之母。"④

但全国人民从所公布的《善后会议条例》及段祺瑞等指定的会

①《东方杂志》第22卷第1号。

②费保彦:《善后会议史》,北京寰宇印刷局1925年版,第34页。

③费保彦:《善后会议史》,第35～36页。

④费保彦:《善后会议史·冯玉祥序》。

员名单中十分清楚地看出，这是军阀官僚进行政治分赃的一种会议，与国民会议完全是两回事。段祺瑞临时执政府表面上似乎同意了召开国民会议，但是国民会议组织法由包办“善后会议”的军阀官僚及其代理人讨论决定，显然不可能产生真正代表人民利益和意志的国民会议。段祺瑞召开这样一个代表军阀官僚利益的“善后会议”，其目的在于抵制国民会议，而所谓由善后会议产生国民会议，将是一张永远不能兑现的空头支票。因此，全国各地纷纷反对召开“善后会议”，先后成立“国民会议促成会”，力争实现召开国民会议的主张。

中国共产党及时地表明了对“善后会议”的否定态度。1924年11月19日，中国共产党发表第四次对时局的主张，明确指出：“挽救此迫在目前的危机之方法，不是各省军阀的和平会议或国是会议，也不是几头元老的‘善后会议’，乃是本党去年北京政变(按：指1923年6月曹锟驱逐黎元洪事件)时所主张的及中国国民党现在所号召的国民会议。只有这种国民会议才可望解决中国政治问题。因为它是由人民团体直接选出，能够代表人民的意思和权能。”①1925年1月22日，中国共产党发表《中国共产党第四次代表大会宣言》，揭露“善后会议”乃“是要用军阀制度而借着帝国主义的帮助，以统治中国人民的工具”，号召“全中国劳动群众，起来制止段氏这种恶劣计划”，同时号召“工人和农民，手工业者和知识阶级，来巩固自己的组织，并极力赞助国民会议促成会，要求国民会议之召集”②。

1924年12月底，天津市民大会致书孙中山，反对召开“善后会议”，反映了广大民众的主张，内称：“帝国主义之强暴及祸国军阀之狡展，处处与先生主张以阻挠，亦即处处与民众利益以残害。军阀所主张之善后会议，愚民欺世，更辱我公。望公能坚持宣言三

①《向导》第29期。

②《向导》第91期。

点,慰苍生之喁望也。吾辈唯有以政权归民之义,为吾革命领袖之后盾。”①

1925年1月1日,山东省市民大会也致电孙中山,促开国民会议预备会。认为:“民国十三年来变乱相寻,惟其病根实由军阀与帝国主义者互相勾结。欲救其祸,舍国民会议实无他途。先生首先主张召集国民会议解决国是,全国民众无不闻风兴起,努力促成。惟既名国民会议,其基础条件及一切手续均应由人民团体代表会议决定,善后会议万难假借。”并谓山东各界于本日假省议会开市民大会,到会五千余人,群情热烈,“一致主张先生召集国民会议预备会以组织国民会议,决不承认善后会议自规定国民会议之权力”②。

1月5日,察哈尔张家口国民会议促成会致电孙中山、段祺瑞,认为“民国主权在民,诸事应由国民自决。迩来潮流所趋,各省法团成立国民会议促成会者络绎不绝,一致主张速开国民会议……张察各法团……亦已成立国民会议促成会,愿从全国各省之后,电请执政府从民意速拟国民预备会议法,定期召集,再由预备会议定国民会议组织法,以重民意。”③

与此同时,湖北黄家港商会、萧山县农会、北京民治主义同志会以及驻日、美华侨联合会等团体也都纷纷发表通电,或直接致电孙中山、段祺瑞两人,力主召开国民会议,反对“善后会议”。如驻日华侨联合会于1月29日致电孙中山,内称:“自国民会议主张发表后,同人等皆以为救国有方,力事促成运动。讵临时执政竟召集官僚化之特权阶级善后会议,何啻宰割国民,分割权利。同人闻讯,愤不可遏,爰于昨日通函国内外各团体一致反对,并主张组织全国促成国民会议联合会以为先生后盾。万祈摄养政躬,坚持到

①中国第二历史档案馆编:《善后会议》,档案出版社1985年版,第6~7页。

②中国第二历史档案馆编:《善后会议》,第8页。

③中国第二历史档案馆编:《善后会议》,第9页。

底。祖国幸甚。侨民幸甚。”①

孙中山接受共产党的主张和广大民众的要求，对“善后会议”明确地表明了他的反对立场，认为这个会议不能代表全国各党派和各阶层，因此不是一个解决问题的会议。1月17日，他在病榻上致电段祺瑞，对段坚持召开“善后会议”的做法进行了严厉指责，指出：他在去年11月发表的《北上宣言》中，就明确“主张以国民会议为和平统一之方法，而以预备会议谋国民会议之产生”；而“善后会议于诞生国民会议之外，尚兼及于财政、军事之整理，其权限自较预备会议为宽，而构成分子则预备会议所列人民团体无一得与”。为了避免军阀、官僚、政客包办“善后会议”，他要求段对“善后会议”代表的构成及会议权限作以下补充性改变：第一，“善后会议能兼纳人民团体代表，如所云现代实业团体、商会、教育会、大学、各省学生联合会、工会、农会等。其代表由各团体之机关派出，人数宜少，以期得迅速召集”。如能做到这一点，那么他“对于善后会议及善后会议条例，当表赞同”。第二，“至于会议事项，虽可涉及军制、财政，而最后决定之权，不能不让之国民会议”。最后，他希望段祺瑞能“改弦更张”，“令人民回复主人之地位”②。

1月29日，段祺瑞复电孙中山，对孙的两项要求和声明提出了抵制的理由。段在电文中先是将民众团体未能列入草案的责任诿之于孙中山患病，宣称：“善后会议条例，祺瑞亦无丝毫成见，几经讨论，未敢遽定，特以未公布之草案，先就正于先生，适尊体违和，未有于草案中增加团体之表示。”继而又极力为“善后会议”进行辩解，并诉说难于修改条例的“苦衷”道：“惟念善后会议与国民会议职权本不相同，无妨各异，且非速开善后会议，先谋各方意见之融洽，则国民会议之前途尚多障碍；非军财各政先有解决之道，则国民会议之根本方案，更无从实施。今当举国鋆望之际，群贤莅

①中国第二历史档案馆编：《善后会议》，档案出版社1985年版，第11页。

②费保彦：《善后会议史》，北京寰宇印刷局1925年版，第33页。

止之时，忽改条例，延缓会期，恐于和平统一前途有所窒碍。"为了搪塞孙中山，段最后在电文中表示："兹特为尊重先生意见，定于专门委员会中，聘请各省省议会议长，教育会、农会、商会各会长一人为专门委员会委员，但以省行政长官驻在地者为限，其各特别区与省同；至京津沪汉四大商会会长，应请加入此项专门委员，按照条例，审查大会所交议案，并得出席报告及陈述意见。"[①]当天，段祺瑞即发电聘请各省区议会议长，省教育会、省农会、省城总商会会长及京津沪汉总商会会长各一人为"善后会议"专门委员会委员[②]。

鉴于段祺瑞对孙中山所提要求采取了敷衍塞责的态度，拒绝对"善后会议"作根本性的改造，"善后会议"已成为军阀、官僚、政客们的分赃盛宴，根本不可能解决任何有关国家统一与建设的问题，1月31日，国民党中央执行委员会转发了广东国民会议促成会关于实现国民会议及巡行示威反对"善后会议"的来函，号召全体国民党党员起来反对"善后会议"，促成国民会议的召开。该函对"善后会议"的性质给予揭露，并提出召开全国国民会议促成会联合会的主张，内称："段祺瑞以执政府名义召集善后会议，欲借此机会以延长军阀宰割人民之寿命。吾人于此会发生之始，既加以深切之考虑，即认此种办法断不足以解决国是，且或使中国纷扰加甚，即予以极力之抨击，而主张及拥护孙中山先生提倡由人民代表组织之预备会议，实现国民会议。此种主张已得民众之同情，函电交驰，风起云涌。于此足见国民会议为民众之急切需要也。乃者段执政宣布善后条例，报章所载，无一不是违反人民公意。吾人对此，更明白看出段祺瑞欲联合各军阀势力，回复从前割据之局的铁证。似此军阀分赃中国之实现，必引起国内军阀分赃不均而战争，人民痛苦尤烈，外而列强更因此而瓜分或共管中国。本会除极力

---

①凤冈及门弟子：《三水梁燕孙先生年谱》(下)，1946年版，第378页。

②中国第二历史档案馆编：《善后会议》，档案出版社1985年版，第11页。

主张民众利益，通电反对善后会议外，并确定具体办法，于本月二十七日执行委员会议决议，通电全国，主张人民自动的举派代表，组织全国国民会议促成会联合会于北京，实行监督政府，进而以民众力量解决国是。”①

1925 年 2 月 1 日，“善后会议”在全国人民的一片反对声中在北京开幕。段祺瑞莅会致颂词，并发表《建议宣言》。段在该《宣言》中再次为他拒绝采纳孙中山的意见进行辩解道：“善后会议之召集，以解决时局纠纷，筹备建设方案为主旨，与国民代表会议截然为两事。性质既殊，组织各别，前布条例及筹备各电，言之至详，有识之士，当不至并为一谈。夫国民主权之在今日，所谓天经地义，五尺能道，然必谓政府善后之举，和平息争之责，亦当委诸主权者之国民，非所闻矣。”②段祺瑞的这一番表白可谓是不打自招，公开承认了“善后会议”是一个代表军阀、官僚利益的政治分赃会议的反人民性质。

“善后会议”开幕后，由于国民党籍的会员拒绝出席会议，黎元洪、唐绍仪、章炳麟、梁启超、朱启钤等人以及东三省、西南各省的部分会员也因各种原因而没有到会，“致一百六十六个会员仅有八十六个到会，不能凑足三分之二的法定人数”，会议因此未能开起来。后经段祺瑞等多方拉拢，会议始达法定人数。2 月 13 日，“善后会议”召开第一次大会，通过了 2 月 9 日预备会议上议定的议事细则，并选举赵尔巽、汤漪为正、副议长③。

对于段祺瑞等一意孤行，坚持召开“善后会议”的行径，国、共两党团结一致，与之展开了针锋相对的斗争。2 月 2 日，中国国民党中央委员会发表宣言，声明“对于善后会议不能赞同”④。2 月

---

①中国第二历史档案馆编：《善后会议》，档案出版社 1985 年版，第 13 页。

②费保彦：《善后会议史》，北京寰宇印刷局 1925 年版，第 56 页。

③《东方杂志》第 22 卷第 3 号。

④《国父全集》第一册，台北 1973 年印。

10，国民党又发表反对“善后会议”制定国民会议组织法的宣言，明确表示：“本党经郑重之考虑，为严正之决议，《国民会议组织法》不得由善后会议制定，因善后会议之构成分子非以人民团体为主要，决不能以善后会议产生国民会议，甚望人民团体自动的制定《国民会议组织法》。盖惟人民团体所制定之组织法，乃能产生真正之国民会议也。”①3月1日，在孙中山、李大钊等国、共两党领导人的号召与具体主持下，国民会议促成会全国代表大会在北京开幕。到会代表二百余人，代表二十余个省区、一百二十余个地方的国民会议促成会，代表成分包括工农群众、教职员、学生、新闻记者、律师、民族资本家等。代表大会开了一个多月，否定了段祺瑞向善后会议提出的国民代表会议条例，认为真正的国民会议必须是反帝国主义与反军阀的重要工具；大会根据中国共产党的主张，讨论了中国革命的一些基本问题，并通过了相应的决议，传播了民主革命思想，扩大了中国共产党和国民党左派的政治影响，为引导人民群众进一步参加反帝反封建的政治斗争，起了积极作用。

正当国民会议促成会全国代表大会进行期间，孙中山的病情骤然恶化，不幸于3月12日在北京与世长辞。孙中山在临终时，留下了《遗嘱》和《致苏俄遗书》，号召全国人民实行三大政策，坚持反帝、反封建，联俄、联共、扶助农工，共同奋斗，完成他未竟之业。

孙中山的逝世，引起全国人民的极度悲痛，各地隆重地举行了追悼大会和纪念活动。中国共产党在为孙中山之死告中国民众书中说：“为中国民族自由而战的孙中山先生死了，自然是中国民族自由运动一大损失！然而这个运动是决不会随中山先生之死而停止的”；“大家更需加倍努力，一方面猛烈的继续国民会议及废除不平等条约的运动，反抗帝国主义的工具段祺瑞、张作霖在北方对于这些运动之进攻；一方面保卫南方的革命根据地——广东，肃清陈炯明、林虎、唐继尧等及其所勾结之买办地主的反动势力。因为这

①《国父全集》第一册，台北1973年印。

些都是廓清目前横在我们到自由之路所必去的障碍。”①

“善后会议”在条例中标榜“以解决时局纠纷，筹议建设方案为宗旨”，2月19日段祺瑞在“善后会议”上发表演说时也宣称“善后会议首在协和”②，似乎“善后会议”一开，各种时局纠纷都将迎刃而解，国内将会出现一个和平统一的局面。但实际上，由于各派军阀、官僚、政客之间在权利分配方面存在着难以调和的矛盾，因此，“善后会议”开幕后，不仅会内的争执频起，会外的争战不已，如“河南胡憨的相争，湖北川滇军的来侵，以及广东、广西等省分的省内自相争战，都成了不了之局”③，而且“善后会议”自身的善后，也都成了很大的问题。

根据《善后会议条例》中有关应行议决事项的规定，段祺瑞在“善后会议”上先后提交了25个议案。其中关于“改革军制”与“整理财政”的议案达18个，可见段祺瑞对解决这两方面问题的重视程度。军事方面的议案有：“整理军事大纲案”、“移民计划消纳裁兵案”、“提议收束及安插军队案”、“提议编制警备队案”、“收束军事大纲案”、“军事整理委员会条例草案”、“提议寓兵于工修治全国道路案”、“提议寓兵于工实行修治河道案”等；财政方面的议案有：“拟定军费标准案”、“拟定中央概算案”、“核定各省区预算案”、“整理内外债案”、“实行免厘加税案”、“划分国地两税案”、“统一国库整理币制案”、“推行各种新税案”、“整理财政大纲案”、“财政整理委员会条例草案”、“规定各省区拨解烟酒税款办法案”等④。这些议案的主旨，就是将军事和财政两大权力收归中央，以削弱地方实力派的势力，实现和平统一。

但段祺瑞“改革军制”、“整理财政”的计划却遭到了以奉系军

①《向导》第107期。

②《段祺瑞善后会议演说词》(1925年2月19日)，见彭明主编：《中国现代史资料选辑》第二册，中国人民大学出版社1988年版，第129页。

③《东方杂志》第22卷第3号。

④中国第二历史档案馆编：《善后会议》，档案出版社1985年版，第32～38页。

阀为代表的各地方实力派的强烈反对。“尤其是关于收束军事事宜,政府因所拟计划,未得各军人领袖的同意,不敢贸然提出。开会以来,屡用不能讨论的军事议案,向会议敷衍,又设法撤回,弄其狡狯”[①]。会议刚开始正式讨论,段祺瑞便迫于各实力派的巨大压力,被迫撤销了“整理军事大纲案”、“移民计划消纳裁兵案”、“提议收束及安插军队案”等重要军事议案[②]。整理财政各案因与军事有连带关系,因此在提交会议讨论时,也多遭搁浅。由于在规定的会期内没能在上述问题上达成一致意见,在3月16日的第七次会议上,议决自3月17日起休会两星期,31日起延长会期20天;并决定在休会期间仍开谈话会,将各重要议案交换意见、分组整理。对于“善后会议”日暮途穷难望成功的命运,当时有人曾撰文评论道:“经这一来,会议的会期,增加了三十四天,善后会议的前途,似乎又成了‘来日方长’的样子。但是就已往一个月的经验而言:第一,善后会议开会以来,国内各实力者竭力从事于制造纷乱。时局实际与“善后”两字愈相背驰,会议的成功,当然愈加无望。第二,善后会议开会期内停止国内军事行动这件事的实行,不特会议无此能力,便在政府,也不敢公然宣之于命令,则国人欲藉会议以善时局之后,已成不可能的事情。所以今日的善后会议,无论会期增加到如何长,议案讨论得如何多,其与实际的时局问题,已成两不相关的形势。这会期延长后‘方长的来日’,其所负的责任,至多亦不过是谋善后会议自身的善后罢了。”[③]

果然,在休会后第一次复会即3月31日的第八次大会上,奉天代表提出了将军事各案合并讨论的主张,企图使军事问题无法细致、深入讨论,而只能形成粗线条的空洞决议。这一提议遭到多

①《东方杂志》第22卷第5号。

②《顺天时报》1925年2月20日、25日。

③《东方杂志》第22卷第8号。

数会员的反对，奉天会员“竟以全体离席相要挟”①。而西南各省会员则在“善后会议”上提出了联省自治议案，要求大会讨论表决。浙江会员褚辅成更提出了“中华民国临时政府制草案”。主张临时政府实行委员制，以执政三十三人组成国务院，各省区均派最高军事长官担任，不得委以代表；撤退各省驻防军队，各省实行自治，省长民选。这两个议案的目的，就是使各省军阀既可参加中央政权，又可继续进行地方割据。西南代表为此“竭力争持，政府向之疏通，终是无效，褚辅成至提出联治问题未决前，不能开议国民会议条例”；而“奉天代表、政府党代表，则竭力反对，甚至不容联省自治案列入议程”。段祺瑞是主张中央集权、梦想实现全国统一的，当然反对实行联省自治与委员制。张作霖在 1922 年第一次直奉战争中被直系打败以后，曾经表示赞成联省自治，并且宣布在东三省境内首先实行局部的联省自治以为倡导。而此时他战胜了直系，成为北方最大的实力派，就一心想武力统一全国，对联省自治也转而持极力反对态度。于是，在“善后会议”上，西南派会员与东北派会员展开了激烈的联治与反联治的斗争，双方相互以不出席会议为抵制，以致会议经常流会。最后，段祺瑞惟有将临时政府制与联省自治两个议案推交将来的国民代表会议议决，作为搪塞。

4 月 21 日，“善后会议”在北京落幕。段祺瑞在闭幕仪式上致颂词，吹嘘“善后会议”“英英群彦，接武一堂。讦谟伟仪，如网斯张。岂独一时，拜兹嘉赐。硕画闳规，可贻百世。庶从今日，亿万斯年。国基永固，不震不骞”②。随后在外交大楼举行公宴时，段又发表演说，对“善后会议”更是极口揄扬，宣称：“吾辈值此危机，不敢自安暇逸，于是不计成败利钝，奋改革之精神，与诸君子共谋国是。今善后会议如期告厥成功，举凡军事、财政皆已议定条例，期归画一，而对于国家根本计划之国民代表会议条例，亦得灿然大

①《东方杂志》第 22 卷第 8 号。

②中国第二历史档案馆编：《善后会议》，档案出版社 1985 年版，第 133 页。

备。此皆前途大政，于善后本旨，可以次第贯彻，悉赖诸君子宏才毅力，建此鸿规。”①

其实，“善后会议”从1925年2月1日开幕至4月21日结束，共开过二十多次大会和几次座谈会，就其成绩而言，不过是议决通过了三个根本不起什么作用的条例，即4月15日议决的《军事善后委员会条例》，4月18日议决的《国民代表会议条例》和4月20日议决的《财政善后委员会条例》。对于“善后会议”的名实不符、乏善可陈，当时有人曾撰文予以评论道：“善后会议于四月二十一日延长期满，所有重要议案，也都通过或决定搁置，于是举行闭幕典礼，演剧以庆成功。从表面上看，善后会议能有此结局，总算是寿终正寝，颇不容易。但若更就实际一看，则奔走全国军民官吏之代表，各省法团之领袖，以召集这个会议，延时两月有余，糜费百数十万，而善后问题中应占重要位置的整理军事财政两个大纲，全被消灭，所得称为成绩者，仅仅以议决可有可无的国民代表会议及军事财政两善后委员会的条例为止。我们即替段执政退让百步，抛弃‘解决时局纠纷筹议建设方案’的标语，而如此劳民伤财，无补国事，恐亦未免大违其初愿了。”②

“善后会议”之后，段祺瑞陆续公布了一些议决的条例，成立了一些新的机构。4月24日，公布了《民国代表会议条例》和《军事善后委员会条例》、《财政善后委员会条例》。他派许世英负责筹备国民代表会议事宜，并命王士珍、梁士诒两人分任军事、财政两个善后委员会的委员长。5月17日，许世英通电就职，宣称“此次根本改造，国人公意皆冀由和平统一，渐臻法治。果能澄清选举，大法告成，庶几民困早苏，共和永固。”③但是，广东、奉天等省并未进行国民会议代表的选举，因此国民代表会议云云也就成为纸上空

①中国第二历史档案馆编：《善后会议》，档案出版社1985年版，第134页。

②《东方杂志》第22卷第10号。

③中国第二历史档案馆编：《善后会议》，第408页。

文，永远无法实现。

与此同时，段祺瑞又下令取消了国会参众两院与贿选总统曹锟所公布的宪法，称“本执政负改造之责，与民更始”，表示他的临时政府不是前政府的延续，而是“革命政权”的建立。为此，当4月26日国会议员再次集会时，段立派军警予以驱散，并着内务部派员收缴了两院的印信、文件、器具等[①]。关于过渡时期的立法问题，段祺瑞设立临时参政院，作为代替国会的临时立法机关。《临时参政院条例》于4月13日公布，其第一条规定了临时参政院的性质和组成人员。“临时参政院辅佐临时执政”，由各省区军民长官所派代表、各省区议会议长、各省区法定各团体之会长及临时执政特聘人员组成之。第二条规定了临时参政院的议决事项，包括六项，分别为：关于省自治之促成及在国宪并省宪未施行前，应先规定之自治暂行条例案；关于善后会议、财政整理委员会及军事整理委员会议决之执行事项；关于消弭及调停各省间或各省内部相互间之纷争事项；关于与外国宣战、媾和或与缔结之条约案；关于募集内外公债及增加租税事项；其他临时执政认为应行咨询事项。“临时参政院设议长、副议长各一人，均由临时执政就参政中特派。”[②]这个临时立法机关同临时执政府一样，没有法律根据，它是军阀、官僚、政客的“联合交易所”，丝毫不起代表民意的作用。5月1日，段祺瑞公布修正的《临时参政院条例》，令派各系军阀代表、官僚、政客30人为参政，特派赵尔巽为临时参政院议长、汤漪为副议长。7月30日，临时参政院正式开会，赵尔巽和汤漪为此专门通电全国：“溯自善后会议告终，政局改造之机于焉确立，一切根本问题，当由国民代表集议解决……惟关于临时期内政务因革之宜，所以保持均衡、宣达民隐、孕育省治、维护国权者，则特惟临时参政院是赖。此其取权所寄，既重且大，仍须……集全国之心思

①《东方杂志》第22卷第11号。

②《东方杂志》第22卷第9号。

才力以赴之,始克有济……受命以来,先事绸缪,静候召集,两月于兹。现各项参政业经依据条例,分别选派,陆续来京。其他筹备事宜,亦已就绪。会议进行,敢辞驱策,共济时限。”①

5月3日,段祺瑞公布《制定国宪起草委员会规则》,聘任林长民为国宪起草委员会委员长。5月4日,公布《建设会议条例》,规定会议成员“由临时执政聘任参众两院不参加贿选的议员充之”,负责“讨论建设大计,拟订方案,备临时政府之抉择”②。5月18日,又公布《国政商榷会条例》,“备咨询国计民生及一切应兴应革事项”③。

段祺瑞在“善后会议”后急急忙忙地推行这些设施举措,表面上看似在落实“善后会议”筹议而定的“建设方案”,而实际上却是别有用意。对此,当时有人曾撰文予以揭露道:“什么临时参政院,国民代表会议筹备处,军事善后委员会,财政善后委员会,国宪起草委员会,建设会议,以及正在酝酿的国政商榷会等,新设了许多机关……如直接的说出他的真相,不过为段执政容纳各省军政长官代表,蓄养政客,以免他们兴风作浪摇动中央的政局罢了。”④但当时军阀之间已经战云密布,局势远不是段祺瑞这个光杆司令所能驾驭控制得了的。

## 三、临时执政府的卖国外交

### 1. 段祺瑞宣布“外崇国信”

段祺瑞出任临时执政以后,自知实力微弱,难以有效行使权力,

①中国第二历史档案馆编:《善后会议》,档案出版社1985年版,第410～411页。
②《东方杂志》第22卷第12号。
③《东方杂志》第22卷第12号。
④《东方杂志》第22卷第11号。

巩固统治，因而将获取军阀与帝国主义列强的支持与赏识作为其内外政策的出发点。为此，他不惜置孙中山等人所提出并坚持的召开国民会议与废除不平等条约的主张于不顾，一方面迎合军阀们的旨意，将“善后会议”的召开列入日程，以为军阀及官僚、政客们进行政治分赃；另一方面又对帝国主义列强极尽示好之能事，宣布“外崇国信”，公开表露了临时执政府对外政策的卖国媚外性质。

1924 年 11 月 24 日，段祺瑞在北京宣誓就任中华民国临时执政。在就职宣言中，段公开宣称：“誓当巩固共和，导扬民智，内谋更新，外崇国信”。所谓“外崇国信”，就是要承认几十年来帝国主义强加于中国的一切不平等条约，维持帝国主义在中国的特权和既得利益。这个宣言发表后，全国舆论为之哗然，广大人民对此无不感到震惊和愤怒。而帝国主义列强则备感欣慰。这是因为，当时中国国内废除不平等条约运动的日趋高涨，使帝国主义列强在中国的侵略权益受到直接威胁，这引起了它们的极大恐慌。而段祺瑞的这个宣言，则不啻是给它们吃了一颗定心丸。为此，它们对段祺瑞临时执政府很快产生了好感，决定将它作为理想的侵华工具而加以扶植。

11 月 28 日，各国驻华公使在日使芳泽谦吉的斡旋下，分班谒见段祺瑞，对他就任中华民国临时执政表示祝贺，并对临时执政府表示非正式的承认①。而段祺瑞则更是投怀送抱，以回报帝国主义列强对他的赏识。他公开向日本记者表示：“孙文所唱之废除不平等条约，偏于理想，余殊不赞同。”②12 月 8 日，他又发表《外崇国信宣言》，声明尊重与列强所缔之不平等条约③。12 月 9 日，英、美、日、法、意、比、荷七国公使在接到本国政府训令后召开了公使团会议，决定公推荷兰公使到临时执政府外交部递交照会，“声明

①王芸生辑：《六十年来中国与日本》第八卷，三联书店 1982 年版，第 83 页。

②《申报》1924 年 12 月 9 日。

③王芸生辑：《六十年来中国与日本》第八卷，第 84～85 页。

承认临时执政府，惟要求尊重条约，不能任意变更。且附告：华会议决关于中国各案，愿于短时间中设法履行。”[①]12 月 23 日，临时执政府外交部在给各国公使的回文中再一次切实声明，临时执政府尊重一切既成条约，对于各国所提的第三项意见，引为欣慰。帝国主义列强想用华盛顿会议曾经许给中国的一些条件为诱饵，从段祺瑞临时执政府的手中换取更大的利益，使过去的不平等条约进一步得到更加可靠的保证。外交团照会中所提的第三项，主要就是华盛顿会议所决定的允许中国召开关税会议，以便实施二五加税的问题。这对段祺瑞是一个极大的诱惑。帝国主义列强与段祺瑞临时执政府相互表示欣慰的原因正在于此。

**2.“金佛郎案”的解决**

所谓“金佛郎案”，是指法国提出的要求中国政府用金佛郎向其支付庚子赔款余额的方案，是一个赤裸裸的对中国进行经济侵略与掠夺的方案。1922 年，在中国方面的一再要求下，法国继美国、苏俄相继向中国退还庚子赔款余额，用于中国的文化教育等事业之后，也同意将本国的庚子赔款余额有条件地退还给中国。其条件有二：一是要求将相当一部分退款用于恢复 1921 年 6 月倒闭的中法实业银行[②]；二是要求中国以后向它支付庚子赔款余额时，改变自 1905 年以来实行的用关平银购买各国流通货币（法国的流通货币为纸法郎）电汇的方法，而采用以金佛郎折算的方法支付。喧腾一时的“金佛郎案”就这样产生了。

金佛郎本来不是法国的一种货币，而只表示其流通货币即纸

---

①王芸生辑：《六十年来中国与日本》第八卷，三联书店 1982 年版，第 84～85 页。

②该行成立于 1913 年 7 月 5 日，为中法合办，中国占全部股份的三分之一。中法实业银行拥有极大、极广泛的权利，如经中国政府批准，“在中华民国政府未订法律规定纸币权之前，发行纸币通行于指定省份或全国，其通行效力与国币等”，为法国在东方进行经济侵略的重要机关。详见雷殷《金佛郎问题》第 54 页《中法实业银行章程》。

币法郎的含金量。法国此时一反常态，要求中国改用金佛郎向其支付庚子赔款余额，实非偶然。第一次世界大战结束后，法国纸币法郎汇价由于战时汇兑维持之放弃、战后改造费用之浩繁、纸币发行之增加、贷借地位之变迁、国际贸易之入超等因而骤然下跌[①]。对法国来说，法郎汇价下跌鼓励了出口，限制了进口，吸引了国外旅游者；同时它鼓舞了消费，使得资本家可以低价支付债务；最重要的是，通货膨胀可使战争中的被破坏地区得到迅速恢复。但是，法郎跌价同时动摇了法国的经济地位，外国所欠法国之债务也因之相对减少。法国部分庚子赔款，即受法郎跌价的影响而大为减少，于中国有利。为了避免损失，法国遂提出中国付款应用金佛郎，因金佛郎比之纸佛郎跌价很少。一方面，法国因法郎跌价而获利非浅，加速了其战后经济的恢复与发展；另方面，法国又不甘承受法郎价值下跌所带来的经济损失，欲图将之转嫁到他国头上。法国要求庚子赔款余额用金佛郎偿付，就是要把这种经济损失转嫁给中国。

而对中国来说，由于纸币法郎贬值，根本无法与金佛郎等价，因而与中国银元的比价大大下降，如果采用以往的支付方法，中国每年所付赔款仅及过去每年的一半即可。截止 1922 年，中国尚欠法国庚子赔款 4 亿法郎，按当时电汇价，每法郎折合银元为一角三分四厘，中国仅需支付 5300 多万元；但若按金佛郎折算，每金佛郎合银元三角四分，则中国需支付 1.36 亿元，两相比较，差额竟达 8000 多万元。如果与法国同属拉丁币制的意大利、西班牙、比利时等国也援引此例，则中国更将蒙受巨大的损失。为了迫使中国接受其要求，法国串通《辛丑条约》有关各国，强行作出决定，自 1922 年 12 月 1 日起，将中国的关余、盐余（即关税、盐税扣除当年应偿还之外债后所余之税款，应交北京政府支配使用），按金佛郎所折算的赔款数，由英国籍中国总税务司安格联尽数扣留，不准中

①杨荫溥：《各国币制》，商务印书馆 1935 年版，第 47～50 页。

国政府提用。同时，以拒不批准华盛顿会议和约的手段，阻挠中国召集关税会议的实现（该会议系专门讨论中国海关增加二五附加税等问题），“因华会中有吾国关税会议一节，须俟各国将该和约批准，方可召集。法国一国以故延不批准”[①]，以要挟中国政府接受其要求。但由于中国政局动荡不稳和中国人民的强烈反对，法国的这一无理要求始终未能得逞。“金佛郎案”于是成为中、法之间一个迁延不决的悬案。

1924年11月24日段祺瑞出任中华民国临时执政后，“金佛郎案”的解决立即出现了转机。段祺瑞出任执政后，中央财政极端困难。当时，各省税收尽为地方军阀所截留，分文不解中央，就是临时执政府所在的京畿地区，京奉铁路的收入全部由奉军获取，京绥铁路收入和北京崇文门关税则全归国民军所有。不仅如此，各地军阀还不断向临时执政府索要军饷，其中尤以奉军催索最急。至于“执政府的日常开支，如北京的军警费用、政府开支以及教育经费等等，主要只能靠借内外债”[②]。走投无路之下，段祺瑞不得不饮鸩止渴，把承认“金佛郎案”视作摆脱眼前财政困难，求得政治上稳定的不二法门。因为，一旦承认此案，不但海关税务司即可发还扣留的关余、盐余1500多万元[③]，可解财政燃眉之急；而且还可借此结欢于法国，从外交上求得列强的支持，从而维持临时执政府的统治地位；再者，“金佛郎案”解决后，便可召集关税会议，增加关税。所有这些，均对段祺瑞具有极大的诱惑力。因此，他下定决心，一定要解决“金佛郎案”，即使“因此丢了官，丢了地位，在所不

---

①陈曾亮：《金佛朗案痛史》，见章伯锋主编：《北洋军阀》（四），武汉出版社1990年版，第146页。

②杜春和等编：《北洋军阀史料选辑》（下），中国社会科学出版社1981年版，第240页。

③《北京政府财政部请求批准金法郎案呈文》（1925年4月11日），见程道德等编：《中华民国外交史资料选编》（1919～1931），北京大学出版社1985年版，第242页。

惜”，就是送了性命，“也是不顾的”①。

国民党方面获悉临时执政府准备与法国开议“金佛郎案”，于1925年2月16日发表宣言，认为“今临时政府系临时性质，故对于办理此等重大之事”，并无权力，尽管“临时执政府之财政极为困难，然此不足以作为对帝国主义者牺牲本国之权利及国家主权之理由”，应当“从速召集国民会议，以产生一正式之政府，以解决吾国经济上种种困难之问题，而不至于妨害人民之利益及国家之主权”②。

但是，段祺瑞仍然一意孤行，坚持解决“金佛郎案”。他授意临时执政府财政总长李思浩、外交总长沈瑞麟具体负责办理此事。李、沈等人与法国驻华公使玛德“迭经磋商，历数十次”，终于就“金佛郎案”的解决达成一致意见。由于担心被人指责为非法，李思浩等在征得段祺瑞同意后，“将协定全文交由司法部邀集各司法机关，派员会同审查”。4月11日，李思浩将通过了司法部审查的中法金佛郎案新协定及准备互换的公文提交国务会议讨论。国务会议“一致通过议决照办”后，李思浩当即呈文段祺瑞，请他“迅饬外交部与驻京法国公使正式换文，以资信守，实为公便”。当天，段祺瑞即对该呈文作了批复：“准如所拟，交外交部查照办理。”③

4月12日，临时执政府外交部与法国驻华公使玛德互致照会，办理了中法金佛郎案新协定的签字、换文手续。该《协定》共八条，其要点为：“（一）法国政府对于中国政府承认将法国部分庚子赔款余额退还中国，作为中法两国有益事业之用……（二）中国政府向法国政府承认将上项应付而已退还之赔款余额，按照一九〇

①杜春和等编：《北洋军阀史料选辑》（下），中国社会科学出版社1981年版，第241页。

②《国父全书》，第769～770页，见《中华民国史事纪要》（初稿），台湾1974年版，1925年2月16日条。

③《北京政府财政部请求批准金法郎案呈文》（1925年4月11日），见程道德等编：《中华民国外交史资料选编》（1919～1931），北京大学出版社1985年版，第242页。

五年所采用之电汇方法计算，并加以汇兑或有之盈余，一并折合美金，自一九二四年十二月一日起至一九四七年止，逐年继续垫借与中法实业银行（中法合办），作为该行发行五厘美金公债之担保。此项公债分二十三年还清，按照所附逐年付款表办理。”[①]该协定附表开列1925年至1947年间中国每年应付美元数，为23年计75324433.08美元[②]。所谓“以电汇付还，并加以汇兑或有之盈余”，实际上是以金佛郎交付，只不过这比直接承认用金佛郎偿付赔款更加隐蔽、更具有欺骗性而已。

4月21日，正是“善后会议”闭幕之日，临时政府正式公布了中法金佛郎协定。段祺瑞深知他的卖国行为必将引起轩然大波，遭到全国人民的反对，故于公布该协定的同时，专门发表了一则通电，以为其卖国行为辩解。段在通电中首先说明了解决“金佛郎案”的所谓理由，宣称：“华府一会，除收回青岛及对德取得各项优越条件外，其于吾国利益最关重要者，尤在关税会议一事。盖吾国今日上下交困，欲图补救，惟冀关税会议成立，由百分之七·五再进而加至一二·五，不特内外各债得有归结，抑且财源既活，百废可兴。民国转机，实赖乎此。”惟此项会议关系九国，其他八国早已批准，独法国因解决“金佛郎案”的要求未能如愿而迟迟未予首肯，致使我国在关税上蒙受巨大损失，“每年以至少数计之，竟达二千四百万元以上”。有鉴于此，才决定着手解决“金佛郎案”，以期促成关税会议的召开，达到挽回利权的目的。这与曹锟当政时期解决此案有着本质的区别。“曩者曹氏窃位，曾有解决此案之议。祺瑞激于公意，曾加反对。其所以然，则曹氏僭位，倒行逆施。其于外交无为国家力争权利之诚，其于财政无为国库永久计画之策。

---

①《北京政府财政部请求批准金法郎案呈文》（1925年4月11日），见程道德等编：《中华民国外交史资料选编》（1919～1931），第243～245页。

②吴廷燮：《合肥执政年谱初稿》，见来新夏主编：《中国近代史资料丛刊·北洋军阀》（五），上海人民出版社1993年版，第175页。

徒以穷兵黩武，军费不赀，饮鸩止渴，亟求一逞。所有本案关目如用金之损失如何，中法两国债权债务之关系若何，关税会议之是否得有保障，皆曹氏之所不暇顾及。”在对自己解决“金佛郎案”的“良苦用心”作了如此这般的说明之后，段又陈述了此案办理的经过情形与新协定的内容要点，认为新协定较之 1922 年商定的旧协定，“改善良多”，从外交、财政两方面进行考虑，“如此办法尚属持平”；并颇抱乐观地宣称：“窃谓解决时局之要首在财政，尤在协定关税之得其宜。际此时局重新，万邦笃好，马凯条约所定加税免厘之税率，颇信于关税会议中可得切实讨论，理财政策由是而施。”最后，他希望人们能对他力任艰巨、为他人不敢为，并终于了结此案的“壮举”给予理解与支持，谓“祺瑞所为负重负以结本案者也……其所以毁于曹而成于我者，期于共喻”[①]。继段祺瑞发表这一通电之后，财政总长李思浩又公布了中法金佛郎案新协定说明书，对协定中有关内容加以说明，并极力替自己的卖国行为开脱罪责，宣称协定方法对中国利大于弊。

但段祺瑞、李思浩的这一番辩白，并没能把国内反对“金佛郎案”的风潮平息下去。中法金佛郎案新协定签订的当日，中国共产党的《向导》周刊发表署名和森的文章，指出了协定的危害，并号召人民：“呜呼！卖国备战的金佛郎案已威胁着全国人民的生命与安宁，还不立刻起来反抗，尚待几时何!?”[②]中国国民党中央执行委员会及浙江、湖南等省的省议会也都发表了反对“金佛郎案”的通电。北京学生则举行大规模的集会游行，强烈要求查办“金佛郎案”，严惩卖国贼，并捣毁了参与审查此案的司法总长兼教育总长章士钊的住宅。在全国人民的一片反对声中，北京高等检察厅检察官对“金佛郎案”提出检举案。6 月 17 日，京师总检察厅指派检

---

①程道德等编：《中华民国外交史资料选编》(1919～1931)，北京大学出版社 1985 年版，第 245～247 页。

②《向导》第 110 期。

察官翁敬棠对此案进行调查。翁敬棠不畏强权，秉公执法，于10月2日提出了一份长达8000余字的检举报告书，指控财政总长李思浩、外部总长沈瑞麟在“金佛郎案”交涉中触犯刑律第一〇八条，应处无期徒刑或二等以上有期徒刑，要求“速饬该管检察厅侦查起诉，以彰法纪”，“并请饬令主办人员，依法先行羁押，俾不致逍遥法外”；嗣又于10月8日对司法总长章士钊提出指控，控告其触犯刑律第三十三条第一项及三十一条第一项，应“并案办理，以肃法纪”①。司法部令行总检察厅饬令北京高等检察厅对此案进行侦查，然迁延数月，被告人无一人至案。至翌年3月26日，北京高等检察厅竟宣布对李、沈、章三人免予起诉，“金佛郎案”遂不了了之。

### 3. 关税会议的召开

就在段祺瑞等因解决“金佛郎案”而在全国激起一片反对之声，陷入极为狼狈的境地之时，上海又发生了一起极其严重的中外交涉事件。事情是因上海内外棉纺织厂日本资本家借端开除中国工人，并悍然枪杀了前去评理交涉的工人代表顾正红而引起的。5月30日，上海各校学生二千余人在公共租界各马路散发传单，进行演讲，揭露日商枪杀顾正红事件的真相。租界巡捕房出动巡捕干预，并拘捕了数十名学生。当天下午，学生及市民近万人聚集在公共租界老闸巡捕房前，要求释放被捕学生。巡捕房不但没有释放被捕学生，反而向群众排枪射击，当场打死十一人，重伤八人，轻伤十余人，酿成震惊中外的“五卅惨案”。惨案发生后，段祺瑞临时执政府一方面为敷衍舆论，先后于6月1日、4日、11日三次向驻京公使团提出抗议照会，并派王正廷、王宠惠、蔡廷干赴沪办理此案交涉事宜；另一方面又于6月13日命张学良率奉军二千人进驻上海，并应各国要求，入租界布防②，以免事态扩大。鉴于人民群

①《中华民国史事纪要》(初稿)，台湾1974年版，1925年4月21日条。
②《东方杂志》第22卷第14号。

众反帝爱国运动的蓬勃高涨，7 月 15 日，段祺瑞电令各省区军政当局："沪案发生，政府严重抗争，期伸正义，各省区军民长官务晓谕民众，静候解决，毋得有越轨行为，尤望妥密防维，内遏乱源，外崇国信。"[①]8 月 26 日，段又以"整顿学风"为名发布如下命令："迩来学风不靖，屡起变端。一部分不职之教职员，与旷课滋事之学生，交相结托，破坏学纪，以致师生大多数之循分为学者大被侵扰，无以自安，既怀斯文将丧之忧，更深贼夫人子之痛……诸生如此恣肆，尚复成何事体。用特明白晓示，自后无论何校，不得再行借故滋事，并责成教育部拟具条规，认真整饬，不随不激，期于必行。倘有故酿风潮，蔑视政令，则火烈水懦之喻，孰杀谁嗣之谣，前例具存，所宜取则，本执政敢先父兄之教，不博宽大之名，依法从事，决不姑贷。其凛遵焉。"[②]段祺瑞等在办理"五卅惨案"交涉时仍念念不忘"外崇国信"，取媚列强，一个很重要的原因，是他们不想因此案交涉而惹列强不快，以致对他们急于开成的关税会议造成不利影响。

收回中国关税自主权或通过提高关税税率而增加关税收入，以缓解财政的极端困难状况，应该说是历届北洋政府的一个梦想。在 1919 年巴黎和会上，中国代表团曾提出关税自主问题，"惟当时认为不属于和会范围未加讨论"[③]。在 1921 年 11 月 11 日至 1922 年 2 月 6 日召开的美、英、比、法、意、荷、葡、日和中国九国华盛顿会议上，中国代表顾维钧向远东委员会再次提出了修改中国海关税则的议案，"办法分为三步：先从 1922 年 1 月 1 日起，准中国关

①吴廷燮：《合肥执政年谱初稿》，见来新夏主编：《中国近代史资料丛刊·北洋军阀》(五)，上海人民出版社 1993 年版，第 181 页。

②彭明主编：《中国现代史资料选辑》第二册，中国人民大学出版社 1988 年版，第 493～494 页。

③程道德等编：《中华民国外交史资料选编》(1919～1931)，北京大学出版社 1985 年版，第 249 页。

税值百抽十二又二分之一，继则制定税则，终乃完全自立”①。经大会讨论以后，议决关于修改中国税则及连带事件，订立九国关税条约。

该条约主要内容包括：(1)设立修改税则委员会，于会议告终后四个月内，将现行税则切实增修，至值百抽五，于公布两个月后实行。(2)召开关税特别会议，立即设法，以便从速筹备废除厘金，以期征收各该条款内所规定之附加税。特别会议应由签字本约各国之代表组织之，于本条约实行后三个月内在中国集会，其日期与地点，由中国政府决定之，惟须及时知照，俾所派代表得以加入讨论。(3)在裁撤厘金之前，应将对于应纳关税之进口货，得征收附加税，其实行日期、用途及条件，均由该特别会议议决之。此项附加税，应一律按百抽二点五。惟某种奢侈品，据特别会议意见，能负较大之增加，尚不至有碍商务者，得将附加税总额附加之，惟不得逾按值百抽五。(4)本条约经各缔约国依各国宪法上之手续批准后，从速将批准文件交存华盛顿，并自全部交到华盛顿之日起发生效力②。

1922 年 2 月 6 日，除法国以外的其他八个国家都批准了这个条约，惟法国因为“金佛郎案”而要挟中国，迟迟不在条约上签字，致使中国无法召开关税特别会议，也就不能增收值百抽二点五的附加税。正因为如此，段祺瑞才不顾全国人民的反对，悍然解决“金佛郎案”，以期召开关税特别会议，从而达成增收二五附加税的协定。

1925 年 4 月，段祺瑞临时执政府解决了“金佛郎案”，法国也就批准了华盛顿会议关于中国税则之条约。段祺瑞遂令组成关税会议筹备处，并于 8 月 18 日由外交部照会有关各国，邀请参加于 10 月 26 日在北京举行的关税特别会议。在这个照会中，临时执

---

①王芸生辑：《六十年来中国与日本》第八卷，三联书店 1982 年版，第 307 页。

②王芸生辑：《六十年来中国与日本》第八卷，三联书店 1982 年版，第 362～365 页。

政府迫于全国人民要求废除不平等条约的呼声和五卅运动的压力，不得不表示要谋求关税自主，遂向有关各国声称："关于该项条约，中国政府有须再行声明者，一九二二年一月五日太平洋与远东问题委员会开第十七次会议时，中国委员对于关税税则条约，虽予承认，然曾宣言并无放弃关税自主之意。将来一遇适当时机，仍欲将此问题重行讨论。根据上项宣言，中国政府兹特提议将此项问题提出于行将开幕之会议，并希望能有一种之决定，以祛除其税则上之束缚也。"①9月上旬，段祺瑞下令组成关税特别会议委员会，以沈瑞麟、梁士诒、颜惠庆、李思浩、王正廷、叶恭绰、施肇基、黄郛、王宠惠、莫德惠、蔡廷干、姚国桢为委员(后王宠惠调任调查法权委员会全权代表，改派曾宗鉴为关税特别会议委员会委员)，严鹤龄为秘书长。10月22日，又令派沈瑞麟、颜惠庆、王正廷、黄郛、施肇基、蔡廷干为中国出席关税会议全权代表(11月17日又增加王宠惠为全权代表)。

与段祺瑞临时执政府不同，全国各界纷纷反对召开关税会议，公开要求关税自主。上海国民外交会致电临时执政府外交部和关税会议筹备处，"一致主张根本拒绝关税会议，否则向各国分途交涉，至关税自主而后已"②。各地商会、省议会也纷纷通电，反对关税会议。关税会议开幕当日，北京大学教员、学生及其他各校学生五千余人举行要求关税自主的游行示威。警察出动阻挠，殴打学生，并拘捕学生十余人③。

帝国主义列强之所以同意召开关税会议，是打算借此缓和"五卅惨案"以来中国人民的反帝情绪，并表示对段祺瑞临时执政府的支持，以换取它加紧镇压全国民众的反帝运动，维护帝国主义列强

①《北京政府邀请各国派代表参加中国关税特别会议的照会》(1925年8月18日)，见程道德等编:《中华民国外交史资料选编》(1919～1931)，北京大学出版社1985年版，第247页。

②《申报》1925年8月19日。

③王芸生辑:《六十年来中国与日本》第八卷，三联书店1982年版，第102页。

的在华利益。

10月26日，根据华盛顿会议之决议，关税特别会议在北京中南海居仁堂开幕，美国、英国、日本、法国、意大利、比利时、葡萄牙、荷兰、丹麦、瑞典、挪威、西班牙等十二个国家派代表出席，临时执政府外交总长沈瑞麟被推选为会议主席。段祺瑞出席了开幕式，并致欢迎词，略谓："本执政深信自私即自害之阶，互助乃互救之本，故不惮以平等互惠之精神，属望于斯会也。况世界思潮，久趋杌陧，其原因全在经济之不平，国内固如此，国际亦何独不然。关税制度，使之归于本等，即所以谋中外经济之安全，而世界和平基础，亦系于此，与会诸君，谅明斯谛，此本执政所乐为一言者也……本执政以为实现华府会议之精神，造成世界永久之幸福，均在此举，惟与会诸君实图利之。"①

在会议开幕的当天，中国出席关税会议全权代表王正廷向大会提交了关税自主提案，内称："兹中国政府重视各国尊重中国主权与独立之诚意，际此关税特别会议讨论关税问题之时期，中国政府认为一九二二年一月五日宣言所称之适当机会已至，故特根据九国协约尊重中国主权完整之精神，并为增进各友邦之睦谊起见，提出祛除关于税则现行条约上之各种障碍，推行中国国定关税定率条例。"提案中提出了五条实行关税自主的办法：(1)与会各国向中国政府正式声明尊重关税自主，并承认解除现行协约中关于关税之一切束缚；(2)中国政府允将裁废厘金与国定关税率条例同时实行，至迟不过1929年1月1日；(3)在未实行国定关税定率条例以前，中国海关税则照现行之值百抽五外，普通品加征值百抽五临时附加税，甲种奢侈品(即烟酒)加征值百抽三十之临时附加税，乙种奢侈品加征值百抽二十之临时附加税；(4)前项临时附加税，应自条约签字之日起，三个月后即行开始征收；(5)关于前四项问题

①吴廷燮：《合肥执政年谱初稿》，见来新夏主编：《中国近代史资料丛刊·北洋军阀》(五)，上海人民出版社1993年版，第188页。

应于条约签字之日起立即发生效力[①]。

不难看出，段祺瑞临时执政府对此次关税会议的期望值还是比较高的。但会议召开后的情形表明，段祺瑞等对关税会议寄予的希望成了奢望，不但关税自主根本无法实现，而且即如征收附加税等要求在会上也遇到了重重阻力。

10 月 30 日，关税会议第一委员会举行第一次会议。中国代表王正廷将关税自主提案中关于关税自主及裁废厘金两项内容交付会议讨论，日、美、英三国代表则都提出了反对意见。

11 月 3 日，关税会议第一委员会召开第二次会议。英国代表声明："除履行《华盛顿条约》外，此会中筹议和商定的各种办法，须呈请本国政府批准。"日、美两国代表则"各提出具体对案"。会议结果，"关税自主原则虽被承认，但其具体办法须将中日美三案交付第二委员会讨论，再由第一委员会提交大会决定"[②]。

11 月 6 日，关税会议第二委员会举行第一次会议。中国代表颜惠庆在会上提出了《中国实行关税自主过渡期内征收附加税税率案》，王正廷则就中国提议征收普通品及奢侈品附加税的理由作了说明。日本代表对附加税税率问题提出异议，声言中国征收附加税不得超过华盛顿条约规定的百分之二点五的标准[③]。意大利代表认为附加税税率可不受华盛顿条约规定的限制，但所征税收应专用于偿还借款、抵补厘金及民政经费所需三个方面[④]。美国代表则在发言中对中方的提案不赞一词，而只津津乐道于美方意见。

---

①《北京政府关于关税自主的提案》(1925 年 10 月 26 日)，见程道德等编：《中华民国外交史资料选编》(1919～1931)，北京大学出版社 1985 年版，第 250 页。

②王芸生辑：《六十年来中国与日本》第八册，三联书店 1982 年版，第 102 页。

③《日本代表芳泽在关税特别会议第二委员会上的发言》(1925 年 11 月 6 日)，见程道德等编：《中华民国外交史资料选编》(1919～1931)，第 252～254 页。

④《意大利代表在关税特别会议第二委员会上的发言》(1925 年 11 月 6 日)，见程道德等编：《中华民国外交史资料选编》(1919～1931)，第 254～255 页。

11月13日，关税会议第二委员会召开第二次会议。中国代表将中、日、美三方向大会提交的议案作了胪列说明，英国代表则将三个提案作了比较，提出了十三点意见。这些意见主要集中在附加税问题上，而对关税自主这一重要问题则有意回避，“有将自主问题无形打销之势”①。次日，关税会议第二委员会续开会议。中国代表在会上提出三点：(1)关税自主应明文规定于条约内；(2)裁厘系中国自动，非关税自主之交换条件；(3)关税自主问题解决后，方能讨论附加税问题。英国代表对此“竭力反对，主张须订明中国实行裁厘再许自主”，日、美两国代表则“附和英之主张”，会内形势因两种意见争持不下而颇形紧张。后经荷兰、瑞典两国代表调停，会议决定在第二委员会中设立一小委员会，抛弃旧提各案，另起炉灶起草新方案，并当即指派王正廷(中国)、欧登科(荷兰)、施道恩(美国)、马克类(英国)、日置益(日本)五人为小委员会委员②。

在关税会议进行期间，中国人民要求废除不平等条约的运动继续深入发展，要求关税自主的呼声也是响彻云霄。帝国主义列强一方面慑于中国人民的反帝怒潮，一方面是为扶植“外崇国信”的段祺瑞临时执政府，因而授意它们出席关税会议的代表，对中方要求允作一定程度的让步。11月19日，关税会议第一、二委员会举行联席会议，通过了《中国关税自主及裁撤厘金案》，其主要内容是：“各缔约国(中国在外)，兹承认中国享受关税自主之权利，允许解除各该国与中国间各项条约中之关税上束缚，并允许中国国定关税定率条例于一九二九年一月一日发生效力。中华民国政府声明，裁撤厘金与中国国定关税定率条例同时施行，并声明于民国十八年一月一日即一九二九年一月一日将厘金切实裁竣。”③同时议

①王芸生辑：《六十年来中国与日本》第八册，三联书店1982年版，第102页。

②王芸生辑：《六十年来中国与日本》第八册，第103页。

③程道德等编：《中华民国外交史资料选编》(1919～1931)，北京大学出版社1985年版，第256页。

决组织税率及用途两小委员会，用途委员会下又组织讨论抵补裁厘与讨论其他用途两专门委员会，对附加税税率及用途等具体问题进行研究、讨论。

此案通过后，中国在名义上废除了清朝晚期八十多年以来的片面协定关税，开始“享受关税自主之权利”，但实际上，帝国主义不可能也不允许中国实现关税自主。此后，关税会议虽大会小会不断，就临时附加税的征收税率、施征日期、具体用途以及厘金裁撤、抵补等方方面面的问题反复进行商议，有关提案可谓层出不穷，但由于军阀混战的相继爆发，段祺瑞统治地位的岌岌可危，以及帝国主义列强的有意阻挠，直至 1926 年 4 月段祺瑞临时执政府倒台，也没有形成任何的决议案。

## 第二节　奉系军阀势力的扩张及其内部矛盾的加剧

### 一、奉系军阀在北方的积极经营

#### 1. 奉系谋取直隶地盘

冯玉祥发动北京政变后，于 10 月 24 日成立国民军，随即于 11 月 3 日经杨村、北仓，进驻天津。当日，奉军进占芦台。11 月 4 日，奉系吴光新部占领塘沽。天津各团体因恐奉军与国民军发生冲突，要求段祺瑞电吴，“请其停止前进”[①]。吴光新不听劝阻，率部直进天津，并进趋津浦线。直隶督军王承斌在冯玉祥倒戈时，已与冯一致，此时冯玉祥决定恢复第二十三师师长之职，在天津收编吴佩孚残部，再组第二十三师。奉系李景林部到津后，王承斌被迫

①李剑农：《戊戌以后三十年中国政治史》，中华书局 1965 年版，第 373 页。

于11月11日辞去直隶督军之职。接着，王承斌、冯玉祥收编的吴佩孚残部先后被李景林、吴光新所部缴械改编。李景林更假天津各团体推戴的名义，自任直隶保安司令。至此，冯玉祥国民军在天津的势力乃被奉系夺去。

临时执政府的成立，是各派军阀特别是奉系、国民军之间妥协的结果。直系长江各省督军对于段祺瑞的拥戴，不过是因吴佩孚战败而暂时依附于段祺瑞的权宜之计而已。段祺瑞临时执政府所倚靠的完全是张作霖奉系和冯玉祥国民军两派。由于国民军新起，根基尚未巩固，势力不如张作霖的奉系；而张作霖经营东北二十多年，地盘丰厚，根深蒂固，势力比国民军强大，加上段祺瑞旧部的军人如卢永祥、吴光新等早已投奔于张作霖旗下，安福系的政客此前也与张有旧关系。因此，段祺瑞对于奉系与国民军的倚靠，乃有侧重奉系一方的必然趋势。不过，段祺瑞认为张作霖是胡子出身，冯玉祥在他作统制时当过兵，虽张冯强弱不同，毕竟亲疏有别，倚靠张作霖恰似与虎为伴，难以安心，尚需冯玉祥从旁牵制张作霖，他的临时执政府方有可能维持下去。所以段祺瑞也尽可能笼络冯玉祥，让国民军的势力有所发展。

1924年11月24日，张作霖偕卢永祥、鲍贵卿等人京，并以奉军第一军驻丰台，第二军驻马厂，津浦线自天津至德州所驻奉军已达6万人①。25日，亦即段祺瑞宣告就职的第二天，冯玉祥一方面不满于张作霖奉系的所作所为，另方面，11月5日孙岳的国民军第三军攻占保定，国民军胡景翼率所部也于11月12日由京汉线开抵河南，国民军对京汉线已有所控制，所以决定采取以退为进的办法来保护既得利益，他向段祺瑞提出辞职称："素愿已偿，亟应勇退"，且自统兵十余年来，"军事课读，难得真传，乘此百政革新、载戢干戈之会，深愿一游欧美，专心学术，为异日报国之备"，故请"准

①中国社科院近代史研究所中华民国史研究室编：《中华民国史资料丛稿·大事记》第十辑，中华书局1986年版，第213页。

予开去本兼各职，俾遂素愿，而成学业”[①]。同时，冯玉祥通电全国，“宣告解除兵柄，决心下野，所有部下军队如何编制之处，完全听命于国家”，“庶几政治得渐循正轨，国事可日进富强”[②]。

段祺瑞为利用冯玉祥牵制张作霖而使临时政府得以维持，当然不同意冯玉祥下野。他于11月27日温令慰留冯玉祥，“此次该使维持京畿秩序，军民翕服，功在国家。现在大局粗安，岂容高蹈，尚期勉尽职责，共济时艰”[③]。12月6日，段祺瑞下令胡景翼督办河南军务善后事宜。12月18日，令冯玉祥的嫡系张之江接替张锡元出任察哈尔都统。1925年1月4日，段祺瑞仍令冯玉祥督办西北边防事宜，又令其另一嫡系李鸣钟代马福祥为绥远都统，且两特别区原有驻军都编入国民军。1月14日，段祺瑞派孙岳为豫、陕、甘剿匪司令。

与段祺瑞一同自津来京的张作霖见冯玉祥以退为进，也不愿冯玉祥专美于前，乃于1924年12月2日离京赴津，以示不干涉临时执政府，不插手中央政治。12月5日，张作霖在天津通电全国，提出裁撤全国巡阅使，谓：“比年国民痛军阀之横行，日以废督裁兵相号召，正本救济，谁曰不宜？其巡阅使名义，应请即日裁撤之，以清祸本”，并宣布“自行解除东三省巡阅使之职”[④]。12月10日，段祺瑞顺水推舟，下令裁撤全国各省巡阅使，并令嘉奖张作霖，“准如所请，即将东三省巡阅使一缺裁撤”，但因东三省“关系国防，至为

---

①李泰棻：《国民军史稿》，见来新夏主编：《中国近代史资料丛刊·北洋军阀》(四)，上海人民出版社1993年版，第367页。

②李泰棻：《国民军史稿》，见来新夏主编：《中国近代史资料丛刊·北洋军阀》(四)，第369页。

③吴廷燮：《合肥执政年谱初稿》，见来新夏主编：《中国近代史资料丛刊·北洋军阀》(五)，上海人民出版社1993年版，第162页。

④吴廷燮：《合肥执政年谱初稿》，见来新夏主编：《中国近代史资料丛刊·北洋军阀》(五)，第164页。

重要。所有各该省一切军事,仍由该上将军指挥节制,用靖边疆"①。

在平衡冯玉祥、张作霖关系的同时,段祺瑞也亟欲恢复皖系势力,控制一些地盘。1924年11月28日,段祺瑞令免安徽督理兼省长马联甲职,督理一职着即裁撤,以安福系政客王揖唐为安徽省长兼督办军务善后事宜。12月3日,又令卢永祥督办直隶军务善后事宜,以杨以德暂代直隶省长。这样一来,连同郑士琦原踞有的山东,皖系势力就取得了津浦线上三个省的地盘。

对于段祺瑞的这些做法,奉系张作霖当然不会满意。12月7日,张作霖在天津召集直隶督办卢永祥,陆军总长吴光新,奉军将领李景林、张宗昌等人开会,讨论如何对付直系长江各省督军及将奉系势力向南扩张的办法。张作霖极力主张奉军南下,沿津浦线推进到直系长江各省;卢永祥欲报江浙战争之仇,重新夺回自己失去的地盘;李景林当然愿意卢永祥南下,以便他接任直隶督办,名实两符;张宗昌则支持卢永祥南下,希望跟随卢永祥以便借机谋得一省地盘。会议决定,请段下令免去江苏督军齐燮元之职,派遣奉军南下征讨。

在奉系张作霖及其部将、皖系实力人物的坚持下,段祺瑞不得不将1924年11月天津会议作出的对东南不用兵的决定予以推翻,以避免既得不到直系长江各省督军的切实支持、又会得罪奉系军阀的局面出现。段祺瑞本想将直系长江各省督军拉到自己旗下,现在张作霖迫其在两者之间作一选择,他已无法顾及直系长江各省督军,只能按照张作霖的意愿行事了。12月11日,段祺瑞下令免去齐燮元江苏督军之职,该职着即裁撤,由江苏省长韩国钧暂兼督办江苏军务善后事宜;令卢永祥为苏皖宣抚使,由李景林暂署督办直隶军务善后事宜;召热河都统米振标来京,令奉系将领阚朝

---

①吴廷燮:《合肥执政年谱初稿》,见来新夏主编:《中国近代史资料丛刊·北洋军阀》(五),上海人民出版社1993年版,第164页。

玺署热河都统，收束米振标所辖部队。

李景林，字芳晨，直隶枣强县人，毕业于保定军官学校。历任黑龙江第一师参谋长、参战军第一师团长、奉天陆军第七混成旅长。1922 年直奉战争后升任奉天陆军第一师师长。1924 年第二次直奉战争时任奉系第二军军长，成为奉系的骨干。直系战败后，李景林率部进入天津，大肆收编直军残部，开始谋取直隶地盘。

段祺瑞以李景林督直等安排使奉系一举两得：既名正言顺地取得了直隶地盘，又可趁卢永祥南下就任苏皖宣抚使之机，将奉系势力伸入东南。

### 2. 胡憨之战与奉国相争

奉系与冯玉祥虽然在打击吴佩孚的势力方面协同作战，但第二次直奉战争结束后，特别是国民军成立后，这种暂时的联合在各自利益的驱使下不仅很快瓦解，而且奉系极力排除进入中原地区的国民军势力，利用“胡憨之战”展开争夺。

由于直系在山海关战场的惨败，吴佩孚由天津浮海南下转至汉口，他曾在致段祺瑞的电报中称：“佩孚退保鄂豫，联合诸昆，躬擐甲胄，效命疆场”①。但他并未能如其所愿在武汉组织起“护宪军政府”，而此时河南仍处在吴佩孚部将张福来和李济臣的控制之下。于是，吴佩孚即于 11 月 18 日进入河南，19 日抵郑州，并在郑州设立护宪军前敌总司令部，拟将留豫各军加以整顿，偕同回豫部队，拼凑残军 3 万之数，以河南老巢为根据地，与北方国、奉两军相抗衡，以图东山再起。但是，11 月 7 日，摄政内阁已任命国民军第二军军长胡景翼督办河南军务善后事宜，任命国民军第三军军长孙岳为河南省长。11 月 12 日，胡景翼率部沿京汉线进抵河南。在当时的情况下，一方面由于段祺瑞不容吴佩孚在河南搞什么“护宪”，授意胡景翼赶走吴佩孚，另一方面胡景翼也想做名副其实的

①陶菊隐：《吴佩孚将军传》，中华书局 1941 年版，第 110 页。

河南督办，遂于 11 月 21 日向河南的吴佩孚部发动进攻。正当张福来部不敌国民军的攻势，接连放弃丰乐镇、彰德，在向黄河南岸急退之时，毗邻河南的陕、甘军事当局刘镇华、陆洪涛、吴新田三人于 11 月 23 日联名通电劝吴下野。吴佩孚后退无路，在河南处于四面楚歌之中。

刘镇华，字雪亚，河南巩县人，毕业于北洋师范学校。辛亥革命爆发后，他在河南西部纠众数千人，与陕西革命军联络，号称豫陕联军。民国建立后，刘镇华投靠袁世凯，任豫西观察使(后改为河洛道尹)兼镇嵩军司令。1919 年奉令率部援陕，任陕西省长。1922 年继冯玉祥之后任陕西督军，投靠直系。其手下悍将憨玉琨，河南嵩县人。辛亥革命前因报杀兄之仇，用铡刀砍死地主后流落绿林，在豫西羊山一带活动。辛亥革命后为刘镇华收编，先后任镇嵩军第三路统领、第一师师长、中央陆军第三十五师师长，在镇嵩军中以骁勇善战闻名。因刘镇华在陕西与段祺瑞的亲信、军务帮办吴新田不睦，难以安居陕西。第二次直奉战争期间，曾谋出兵潼关捣袭直吴的后路，但见吴佩孚军力强盛，没有动手。北京政变发生后，国民军被迫西进，而在河南的胡景翼部显得势孤力单，因此刘镇华急欲舍陕图豫。此时他乘吴佩孚、胡景翼两军对垒之机，派镇嵩军第三十五师师长憨玉琨出兵潼关，企图赶走吴佩孚而后占领河南，由此引发“胡憨之战”。

12 月 1 日，段祺瑞电吴佩孚，望其“只身引退，勿碍统一”；同日，陕西督军刘镇华派憨玉琨师突然向东进军，并发出通牒，限令吴佩孚二十四小时内让出洛阳。此时洛阳城内只有招募不久的新编第三师，不但不能抵御敌人，而且两个旅长张席珍、马汝偲畏战先逃，士兵也在城内鼓噪起来，洛阳一片混乱。吴佩孚自知难以抵抗憨师，乃于 12 月 2 日黎明离开洛阳，狼狈逃往郑州。眼看胡景翼部就要渡黄河而至，憨玉琨师又从西面追来，郑州万无可守。当夜，吴佩孚、张福来、李济臣从郑州出走，退往湖北。然而，行至半路，吴佩孚即接到湖北督军萧耀南劝其下野和湖北省议会请其“车驾勿履湖北”的电报，同时得悉萧耀南已派兵把守武胜关，阻止他所乘的火车过境。吴佩孚只得在柳林站下车，在鸡公山停留下来。穷途末路之际，吴佩孚电复段祺瑞，谓：“自津南下，遄返洛阳，未问外事……数月来忧劳成疾，现拟遵命赴鸡公山暂息，调养病体，当世之事，不敢复问。”[①]当时胡景翼已将直系在豫鄂交境的残部4万余人大部缴械[②]，吴佩孚已无武力可恃。于是，胡景翼在12月12日占领信阳后，限令吴佩孚于14日以前离开鸡公山，否则将派兵上山予以逮捕。吴佩孚不得已仓皇下山，逃亡湖北，以后又流亡湖南岳州。

12月5日，憨玉琨师抢先占领郑州，并在黄河南岸布防，阻止国民军第二军胡景翼部渡河。由于国民军第二军渡河受阻，孙岳乃派何遂为第三军前敌总指挥，于12月9日取道柳园渡河，占领开封。同时，段祺瑞严令憨玉琨让出郑州。因此，胡景翼得于12日率部渡河抵达郑州，并通电就任督办河南军务事宜。

正当国民军与吴佩孚、憨玉琨部争占河南地盘之际，奉系欲趁火打劫。李景林于12月11日暂署直隶督办后，即向国民军提出交还直隶辖境保定、大名的要求。先是冯玉祥回师北京举行政变时，曾派孙岳部沿京汉线南下占领保定至大名一线，随后京汉线被划作国民军的势力范围。此时李景林以统一直隶为名，索还保定、大名。而国民军第二、三两军已经发展到近20万人，河南一省无力供应，第三军必须留驻保、大，才能维持饷源；况且，如果奉系占有保、大，那么在北京及京绥线的国民军第一军与在河南的第二、三两军将被截为两段，国民军在京汉线上取得的也将是一个不完整的势力范围。因此，国民军自然不肯交还保、大，第三军军长、河

---

①中国社科院近代史研究所中华民国史研究室编：《中华民国史资料丛稿·大事记》第十辑，中华书局1986年版，第219页。

②赵恒惕等编：《吴佩孚先生集》，见来新夏主编：《中国近代史资料丛刊·北洋军阀》(五)，上海人民出版社1993年版，第254页。

南省长孙岳也留在保定不走。

为了解决国奉两派和陕豫之间的矛盾，段祺瑞于 1925 年 1 月 15 日加任孙岳为豫陕甘剿匪总司令，1 月 18 日任命憨玉琨为豫陕甘剿匪副司令，希望国民军第三军全部撤出保、大，并划出豫西一带以酬憨师驱吴之功。但是，这个办法既加深了国民军关于军饷与地盘问题的困难，又无法满足刘镇华占有河南全省的野心。

胡景翼部渡河以后，仅得到一个残缺不全的豫东地区；而憨玉琨自占据豫西以来，极力扩充实力，擅自任免道尹、知事，垄断财权、民政至 40 余县之多，又收编土匪、溃兵有 36 旅之众①。身为河南督办的胡景翼对此当然不能容忍，双方再起战衅。1 月下旬，胡景翼以剿匪为名派兵进驻铁炉以东地区，并封锁黄河北岸；憨玉琨则在荥阳、汜水、巩县设立了三道防线，并封锁黄河南岸汜水至孟津一线。铁炉、汜水间两军相距仅 40 里，镇嵩军一方刘镇华还加派四旅到潼关准备大战，憨玉琨则自称为豫军总司令；国民军一方胡景翼也派岳维峻为豫军剿匪总司令，积极布置进攻，战争大有一触即发之势。

在浓烈的对抗气氛中，国民军总司令兼第一军军长冯玉祥出面调停。1925 年 2 月 11 日，冯玉祥自张家口致电刘镇华、胡景翼、憨玉琨和孙岳等，敦劝陕、豫两军互换渭北、豫西地盘。电称："以职权论，渭北应归陕，豫西应归豫；以驻军论，渭北之师应归豫，豫西之师应归陕"，他还建议由刘、胡双方各派代表，将渭北、豫西军队彻底计划，"先清军区之界，再空去留之额，互相维系，如换防然"②。豫陕甘剿匪总司令孙岳也于 2 月 13 日致电刘、憨和胡，认为应将"留陕之豫军调至河南，驻豫之陕军全数开回关内"③。次

①引自陈长河：《一九二五年的"胡憨之战"》，《史学月刊》1985 年第 6 期。

②《冯玉祥劝解陕豫两军互换渭北豫西地盘电》（1925 年 2 月 11 日），见彭明主编：《中国现代史资料选辑》第二册，中国人民大学出版社 1988 年版，第 164 页。

③执政府军务厅档案，中国第二历史档案馆藏。

日，临时执政府军务厅及陆军部致电刘、胡，请他们根据冯、孙的建议“妥筹办法，切实进行”①。应该说，冯、孙二人的建议是较易合理解决双方争端的办法之一。但刘镇华认为此着是“彼方迫我让洛之阴谋”②，因而断然拒绝了这一建议；并立即调兵遣将，将陕西军队完全东开，“以十万兵力，布满豫西，东则直逼郑县”③。他还在19日致电北京临时执政府，强调：“豫人治豫，理所当然，胡景翼所部尽系陕军，而竟占领全豫，应请速饬胡部开驻关西，让出陇海铁路全线，交憨玉琨接防，以解纠纷而符民意”，说明其驱胡决心已定④。这样一来，河南之战在所难免。

河南问题关系国民军的生死存亡。为了加强国民军在河南的实力，国民军第三军军长孙岳被迫于2月20日与李景林达成协议，同意让出保定、大名，移驻河南，李景林则按月接济第三军军饷24万元。奉系趁火打劫、扩充地盘的阴谋终于实现。同时，段祺瑞令孙岳以检阅军队为名，赴河南调解胡憨之争。2月22日，临时执政府根据孙岳所拟的办法，下令胡、憨两军各退驻距铁路50里，派孙岳监视退兵，并以孙部进驻两军之间的缓冲地带，使双方脱离接触。23日，孙岳赴郑州，并邀请胡、憨二人亲自前来进行谈判。不意在孙抵郑之时，胡、憨两方已在禹县、许昌一带开火。2月25日，刘镇华至洛阳指挥作战，胡景翼也亲临郑州督师，两军将士几近20万之数，在2月下旬至3月上旬在豫西拼杀了十余日，交战异常激烈。

1925年3月6日，孙岳发出通电，声明调停失败，通电中指责刘镇华因“以其在陕自知地位不坚，遂决计弃陕而争豫”；对于战争

---

①执政府军务厅档案，中国第二历史档案馆藏。

②执政府军务厅档案，中国第二历史档案馆藏。

③《胡景翼指责刘镇华备战电》(1925年2月14日)，见彭明主编：《中国现代史资料选辑》第二册，中国人民大学出版社1988年版，第165页。

④中国社科院近代史研究所中华民国史研究室编：《中华民国史资料丛稿·大事记》第十一辑，中华书局1978年版，第28～29页。

的责任，则是由于“其对憨也使之不得不争；其对胡则迫之不得不战”①。言词间显然有偏袒之嫌。绿林出身的师长憨玉琨虽然经常冒着生命危险在火线上督战，但是，由于国民军樊钟秀部出兵攻击其后路，他所吸收的杂牌军又发生内变，加之刘镇华带来的援兵很不得力，终于不能支持，于3月7日放弃巩县向洛阳退却。3月9日，岳维峻部占领洛阳，刘镇华、憨玉琨分别率残部向陕州、洛宁两路退走。3月19日，憨部副司令张治公联合豫西红枪会，在新安、洛阳发动反攻，曾冲进龙门、洛阳。但由于国民军第三军在孙岳等指挥下投入了战斗，张部不支败走。此后憨玉琨无力反攻，一直退到嵩县，绝望之余，憨玉琨于4月2日开枪自杀。所部约10万人中有6万人被国民军强行缴械，刘镇华因国民军田玉洁、冯子明等部进驻潼关，归陕之路断绝，被迫逃往山西太原，托庇于山西督军阎锡山。这样，国民军取得河南地盘。不久胡景翼病死，临时执政府任命其继任者国民军第二军军长岳维峻为豫督，这样，河南正式成为国民军的势力范围。

然而，奉系军阀一直在设法遏制国民军势力的发展，在迫使国民军让出保定、大名之后，得陇望蜀，又想将河南地盘据为己有。当胡、憨两军胜负未决之际，奉军以归德以东尚有直系第二十四师王为蔚残部为借口，由山东开赴徐州，企图乘机再扩张地盘；张宗昌还于3月6日自徐州发出电报，表示愿意派兵西进“援胡讨憨”②。对奉系的趁火打劫，胡景翼早有防范，在攻下洛阳之后，立即于3月10日赶回开封布防，才把“来援”的奉军谢绝于境外。

在战胜刘镇华、憨玉琨并取得河南全省地盘后，国民军计划一鼓作气获取陕西地盘。3月22日，冯玉祥、胡景翼联名电请临时

---

①《孙岳自郑州宣告调停失败，指责刘镇华破坏大局电》(1925年3月6日)，见彭明主编：《中国现代史资料选辑》第二册，中国人民大学出版社1988年版，第167页。

②引自陈长河：《一九二五年的“胡憨之战”》，《史学月刊》1985年第6期。

执政府惩办刘镇华，并推举河南省长孙岳出任陕西督办。28日，陕北镇守使井岳秀等通电全国，历述刘镇华反抗中央破坏大局的“四奸六恶”之罪，请求罢免其陕西督军之职[①]。对于国民军的这一企图，奉系张作霖当然表示反对。5月1日，临时执政府以刘镇华自请解职，特任命吴新田为督办陕西军务善后事宜，刘治洲为陕西省长，孔繁锦为陕甘边防督办，以平衡国奉两派在陕西地盘问题上的矛盾。

但是，孙岳不顾奉系的反对，于5月16日以剿匪为名，率4个混成旅由郑州移洛阳，其中何遂所部3个营更于月底西进潼关，准备进取陕西。6月上旬，孙岳所部越潼关向陕境水陆并进。7月中旬，吴新田部与孙部在临潼、新丰一带恶战，吴部不支，于17日放弃西安逃亡。7月18日，孙岳所部进驻西安。7月27日，孙岳致电临时执政府军务厅厅长张树元，声称该部入陕系应陕民之请求，且故作姿态，仍请吴新田回省城主持大局[②]。到8月份，奉军见国民军据陕已成事实，终于不再坚持。8月29日，段祺瑞临时执政府正式免去吴新田陕西督办之职，改任孙岳为陕西督办，并以冯玉祥兼任甘肃督办。至此，国民军虽然损失了直隶之保定、大名两地，而且在奉系张作霖的排挤和段祺瑞执政府的妥协下被迫让出京郊西苑等处，但是北京、察哈尔、绥远、河南、陕西、甘肃仍成为国民军的势力范围，使国民军始具与奉系在北方相抗衡的实力；而奉系军阀则不仅乘第二次直奉战争之机更大程度地控制了北京政权，而为防范新崛起的国民军，在京汉铁路和西北地区拉开了防线。

---

①《陕北镇守使井岳秀请免刘镇华陕督职电》，见章伯锋主编：《北洋军阀》（五），武汉出版社1990年版，第219～221页。

②北洋政府军务厅档案，中国第二历史档案馆藏。

## 二、奉系势力的南下

### 1. 齐(燮元)卢(永祥)之争

奉系通过第二次直奉战争要达到的目的,除了夺取中央政权外,首要目标就是取代直系在长江流域的势力范围。然而,直系依然将长江流域作为负隅顽抗的根据地。1924年11月17日,吴佩孚在汉口发出组织"护宪军政府"的通电,不仅公布了组织大纲十条,而且宣称代表中华民国执行对内对外的一切政务。其中署名的有齐燮元、孙传芳、萧耀南等,代表苏、浙、鄂、陕、皖、赣、闽、豫、川、粤十省。吴的这一举措引起奉、国两方面的极大关注。次日,张作霖、冯玉祥与段祺瑞即在天津会议,对长江各省组织"护宪军政府"一致主张讨伐,并在军事上做了分工:由冯玉祥率国民军担任京汉路方面,卢永祥则率奉军一部及鲁、皖、沪、浙各军担任津浦路方面①;同时,对直系据占江浙的实力派齐燮元尤为关注。另外,根据天津会议的决定,段祺瑞派代表顾水如、陈复初专程赴上海、洛阳,疏通齐燮元和吴佩孚。20日,段、张、冯在天津再次磋商,针对吴佩孚组织护宪军政府的举措,决定请段祺瑞先行入京,主持一切;至于长江各省问题,视南下代表接洽结果再做决定。

上海日文《日日新闻》曾于1924年11月9日以《论段、张、冯的外交战》一文评论当时北方政局,认为三方在暂时联合中虽各有怀抱,但以奉系野心最大,认为"张作霖之目的,在于歼灭直系势力,不与吴佩孚再起之余地,其所惧者为吴纠合长江之势力",而依恃吴佩孚的支持曾发起苏皖赣陕鲁五省联防,并在江浙战争中谋取上海地盘的齐燮元是奉系势力南下最主要的障碍。而齐燮元在直

①中国社科院近代史研究所中华民国史研究室编:《中华民国史资料丛稿·大事记》第十辑,中华书局1986年版,第206页。

系兵败后，立即转变了态度，先是与孙传芳等联名讨伐冯玉祥，后又表示拥戴段祺瑞。他还于11月12日在南京召集苏、浙、皖、赣、鄂、豫、陕、闽、川、湘十省大同盟会议，一为稳定地方，二以显示实力。在得到段祺瑞将入京执政的消息后，齐燮元即于11月21日召集长江八省代表暨海军联防紧急会议，协商对策，议决服从执政府，对"护法军政府"暂取搁置态度，但同时要求段阻止任何方面军队南下，"如有侵犯十省境界者，一致同盟对付"①，态度颇为强硬。

随着1924年11月24日中华民国临时执政府成立，各派势力的企图更加明朗，国、奉两派矛盾日渐激化，以致冯玉祥因张作霖不践前约，派大批军队入关而通电下野；张作霖则偕卢永祥、鲍贵卿等大将入京，公开布防军事。齐燮元为了抵制奉系势力的扩张，以"改革军制"为名致电段祺瑞，建议"于善后会议之先，须将各省区各军驻地调查明确，宣告此时期内维持现状，一面由善后会议产生一军事委员会，由各省区各军派出全权代表组织之，专办改革军制及收束军队事宜，限期实行，以弭乱源"②。电文中一再强调以"各省区各军"为单位及"在此时期内维持现状"，显然是要借此维护直系在长江流域的现有势力范围和军事力量，这一建议并未得到段祺瑞的反应，于是，齐燮元于27日在南京召集的苏省军事紧急会议上宣布下野，将江苏督军一职暂委陈调元署理，江苏省取消独立，并电饬淞沪镇守使宫邦铎照旧供职，听候中央处置。这种以退为进的试探并未奏效，12月1日，张作霖在北京召集奉系将领张宗昌、卢永祥开会，主张从速对长江各省用兵。随后，又在天津再次开会讨论解决齐燮元问题，决请段祺瑞先下令免齐燮元职，如遭反抗，即令奉军派兵解决，并推张宗昌以津浦路警备司令名义先

---

①中国社科院近代史研究所中华民国史研究室编：《中华民国史资料丛稿・大事记》第十辑，中华书局1986年版，第209页。

②中国社科院近代史研究所中华民国史研究室编：《中华民国史资料丛稿・大事记》第十辑，第214页。

行率部由天津南下。

消息传到南京,齐燮元立即布置防务,做出反应。不料 12 月 11 日段祺瑞即经临时执政府国务会议讨论通过,下令免去齐燮元江苏督军之职,以江苏省长韩国钧暂兼督办江苏军务善后事宜,特派卢永祥为苏皖宣抚使,卢原在直隶的职任以李景林暂行署理。12 日,由张作霖主持,在天津曹家花园制订了对江苏的用兵计划,决定由卢永祥率兵南下,张宗昌担任前锋,会同张允明和皖军进攻江苏,联合江西切断江苏和湖北的联合,并由胡景翼出兵砀山、铜山,以作响应。

卢永祥原属皖系,江浙战争兵败下野,如今虽在奉系旗下,但段祺瑞在平衡国、奉两方关系之际出山后,仍需培植旧势力,借以拱卫自身。北京政变后,卢永祥急于借助奉系南下之势卷土重来,正与段、张一拍即合。

段祺瑞临时执政府免齐燮元江苏督军职、由卢永祥任苏皖宣抚使的命令发布后,江苏各团体、民众恐惹起战祸,13 日纷纷通电,反对卢永祥南下,称卢永祥、齐燮元同为前此东南战事祸首,既免齐燮元之职,则卢永祥亦无宣抚之资格,若其南来,必然引起第二次战祸。段祺瑞对这种反对当然不会作出什么反应。齐燮元见段祺瑞、张作霖已决心拿他开刀,江苏团体、民众又指斥其为战争祸首,加之其部下苏军陈调元、宫邦铎早已与奉军暗通款曲,难于指挥,遂表示服从临时执政府。14 日,齐燮元依令将苏督职权移交江苏省长韩国钧兼理。

但是,齐燮元的免职并不意味着奉系如愿以偿,首先是齐燮元并未离开南京,也未交出兵权,而是将其直接统率的第六师调往镇江、无锡一带,准备必要时退出南京而以镇江为抵抗奉军的第一线;而且齐燮元部下朱熙等师旅长二十余人也通电表示拥韩拒卢,并声明:"特此宣言服从我齐帅电示,共负江苏全省治安责任,倘有危害苏境或另有军事大员来苏,希图总揽军政,破坏现状者,定当剑及履及，惟力是视。”[①]同时，江苏地方也人言啧啧，多次集会反对卢永祥率军南来。各方对段祺瑞临时执政府政令的抵制，显然已将奉系的南下计划置于尴尬地位。

齐燮元以表面周旋暗中备战的方式使奉系的南下计划难以实施，张作霖十分恼火，18日，张决计派卢永祥率军南下，兵分三军：一军张宗昌，二军姜登选，三军吴光新；并将汲金纯部调入关内，布防于京奉路沿线，以免后顾之忧。卢永祥接任后本欲先与刚上任的苏督韩国钧接洽，希冀和平收拾苏局，不料卢的代表杜纯21日抵宁后并未得到韩的响应，于是张作霖、段祺瑞指使山东督办郑士琦计诱镇守徐州的苏军将领陈调元。23日，郑士琦电召陈调元到济南密商对付奉军的问题。陈调元部当时所处的情况是：若与奉军开战，徐州即处在第一线；而如与山东联合起来，第一线就让给山东了。陈调元不肯错过机会，即乘车向济南进发。不料一到济南，就为张宗昌所挟持。24日，陈调元同张宗昌一起到天津晋见了张作霖，被迫在两个电报上签字：一个表示服从中央，欢迎卢宣抚使南下；一个劝齐燮元解除兵权离开南京，否则本人愿为前驱，首先带兵南下。25日，陈调元又到北京晋见了段祺瑞，段祺瑞对他大加勉励，并许诺将来升他为江苏军务会办，陈调元则向段表示了效忠。陈调元回到徐州后，将驻防徐州的所部第四师移驻萧县、砀山一带。

至是，奉系乃以张宗昌所部护送苏皖宣抚使卢永祥南下就任。26日，张宗昌部顺利通过徐州，直趋浦口。齐燮元见大势已去，乃于27日离开南京，乘船赴沪。28日，张宗昌部褚玉璞旅抵达浦口。29日，张宗昌率兵抵徐州。至此，到达徐州的奉军已达2万人。同时，卢永祥旧部第十师长郑俊彦也率部由江北宿迁驻地开赴南京。1925年1月5日，张宗昌经蚌埠抵达浦口。原拟随卢永祥南下而编

---

①中国社科院近代史研究所中华民国史研究室编：《中华民国史资料丛稿·大事记》第十辑，中华书局1986年版，第230页。

定的三军，因齐燮元已去，改为仅张宗昌的第一军，有步兵5旅2梯团、骑兵1团、工兵2团、辎重1团[①]。10日，卢永祥进入南京。

奉军开到浦口后，浙江督军孙传芳深有唇亡齿寒之忧，认为因卢永祥的老巢在浙江，故奉系侵入江苏后，必欲图谋浙江。孙传芳乃于5日通电，反对奉军南下，坚决抵抗奉军的进攻。段祺瑞复电孙传芳，为卢永祥辩解，说明并无攻浙之意，希望孙传芳不要擅动。避入上海租界的齐燮元则与孙传芳相约组织江浙联军，并分别在沪、杭召集军事会议，计划首先夺回上海，然后向沪宁线推进，攻打奉军。9日，苏军第六师及第十九师军官承齐燮元之意旨，迫宫邦铎辞去淞沪镇守使、陆军第六师师长及江苏陆军第十九师师长职。同时，齐燮元联合孙传芳的浙军向淞沪护军使张允明发起进攻，双方在徐家汇、龙华、闵行等地发生激战，张部不堪一击，纷纷溃散，被缴械收编，张允明本人则避入租界。于是上海完全为齐燮元、孙传芳所控制。11日，齐燮元、孙传芳联名通电，组织江浙联军，分任第一路、第二路总司令。

苏皖宣抚使卢永祥在南京得到上海事变的消息后，便在南京组织宣抚军，以奉系干将张宗昌为总司令，准备东进上海，攻击江浙联军。消息传到上海，上海总商会担心上海成为奉、皖军阀和江浙联军的战场，强烈呼吁双方罢兵，并要求上海不驻军，不设军职，将该地兵工厂移设他处；而且因驻沪英、美、德、日、意诸国领事以战事发生，分电本国政府，要求速调军舰来沪及长江各要口，于是从12日起已有外舰陆续抵上海及长江一带。孙传芳态度虽强硬，但因军备尚未充实，恐敌不过奉军的进攻，所以暂时表示赞成上海总商会的意见。

段祺瑞因担心浙江牵入战事，不易了结，也表示同意上海总商会的要求，于13日下令孙传芳撤兵回浙，升陈调元为江苏军务会

---

①中国社科院近代史研究所中华民国史研究室编：《中华民国史资料丛稿·大事记》第十一辑，中华书局1978年版，第3页。

办。15日，段祺瑞令裁淞沪护军使，并令该处永远不得驻扎军队及设置军事机关；令上海兵工厂即日停止军用生产，移交上海总商会，改为商业工厂，由陆军部派专员会同商会筹办[①]。16日，段祺瑞下令宣布齐燮元罪状，决定派员查办。同时，以苏浙军队此次发生冲突，令各该省军事长官，“务各严饬所部恪守疆界，不得轻信谣诼，致启衅端”[②]。为了孤立齐燮元、安抚孙传芳，段祺瑞除令以卢永祥为江苏督办外，又令任孙传芳督办浙江军务善后事宜、周荫人督办福建军务善后事宜[③]，以示此次卢永祥、张宗昌南下只针对齐燮元，并无侵入浙江、福建之意。17日，为酬谢张宗昌帮助卢永祥夺取江苏地盘的功劳，段祺瑞令以张宗昌为苏皖鲁剿匪总司令。陆军总长吴光新也奉段命南下，调和孙传芳，并协助卢永祥查办齐燮元。至此，孙传芳因为上海不驻兵，自己的地位获得保障，遂不愿再与奉军为敌，乃弃齐燮元于不顾，置身事外。20日，段祺瑞令褫夺齐燮元官勋，“由京外文武各长官通饬所属，一体缉拿，解京讯办。所有齐燮元全部私产，并着概行抄没，充作苏省被灾人民赈抚经费”；至于跟随齐燮元的军官，“若能早日痛省，概不深究”[④]。

正当段祺瑞调解上海战事之际，13日，奉军由浦口渡江。16日，奉军由南京向龙湾攻击齐军，17日奉军进入镇江，18日占领丹阳，19日占领常州。齐军19日退到无锡后，齐燮元亲自督战，抵抗奉军的进攻。孙传芳本来派有军队到无锡协同作战，22日忽将该军撤回。24日，奉军与齐军战于无锡西之皋桥，齐军溃败。25

---

①吴廷燮：《合肥执政年谱初稿》，见来新夏主编：《中国近代史资料丛刊·北洋军阀》(五)，上海人民出版社1993年版，第166页。

②中国社科院近代史研究所中华民国史研究室编：《中华民国史资料丛稿·大事记》第十一辑，中华书局1978年版，第10页。

③吴廷燮：《合肥执政年谱初稿》，见来新夏主编：《中国近代史资料丛刊·北洋军阀》(五)，第166页。

④吴廷燮：《合肥执政年谱初稿》，见来新夏主编：《中国近代史资料丛刊·北洋军阀》(五)，第167页。

日,奉军分三路进攻,齐军大败,死伤千余人,被俘亦有三四千之数。齐燮元见大势已去,遂由苏州前线逃往上海。26日,奉军进入无锡。28日,齐燮元逃到上海后宣布下野,将所部交由孙传芳接收,即日乘轮东渡。齐卢之争遂告结束。

齐卢之争给东南人民造成巨大的灾难,而其中无锡战祸尤烈。从19日齐军退至无锡到26日奉军进入无锡,前后八天几乎"无日不抢,无日不烧,杀掠奸淫,穷凶极恶"。经专员调查并详细审核,在这次战争中,无锡共计被焚毁价值总银数727503元,被兵抢掠总额银5906733元,合计损失总额银6634236元①。

1925年1月28日,奉军先头部队抵达上海。29日,宣抚军第一军军长张宗昌又率部1.5万人抵沪,即分派军队收缴齐燮元溃军枪械。此时上海的孙传芳部队尚未撤走,暂退松江、莘庄一带,造成两军相峙于沪南的局面。上海民众惟恐双方再战,以各公团名义致电北京临时执政府,请令双方撤兵。在上海各团体的奔走调停之下,约定浙、奉两军划分沪南、闸北两个区域,彼此互不侵犯,一俟秩序恢复,双方即行撤兵。卢永祥、张宗昌都派代表到杭州,向孙传芳表示了撤兵的态度。31日,陆军总长吴光新到达上海,与张宗昌及孙传芳所派全权代表王金钰举行会议,商定浙军退往松江,奉军退往昆山。2月3日,孙传芳亲至上海,与张宗昌签定新的江浙和约。5日,孙军全部从上海撤退,但奉军并未兑现张作霖向上海总商会做出的关于"现在军事已告结束,一俟布置就绪,所有奉军,均即一律退出"的承诺,仍然滞留在上海。奉系军阀对上海地盘图谋已久,此次齐卢之争,并不在于半年前江浙战争的一箭之仇,而是利用北京政变后的复杂政局,为扩张地盘,进而实现奉系势力南下而锲入一颗钉子。

①丁福保:《畴隐居士自订年谱》,1929年无锡丁氏排印本。

### 2. 张宗昌督鲁、杨宇霆督苏、姜登选督皖

抢占上海之后，奉军的下一个目标就是谋取山东。因山东毗邻天津，为南北要冲，所以在段祺瑞上台前，张作霖即有此打算。此时的山东督军郑士琦为皖人，也曾属皖系，时任第五师师长，帮办山东军务，莅鲁多年，重兵在握，利用1923年临城劫车案发生后原山东督军田中玉被迫辞职之机上台。他向来对控制北京政权的直系军阀心存不满，尤其对以直鲁豫巡阅使身份干预山东军政的吴佩孚暗中抵制。在第二次直奉战争中，吴佩孚任命郑为直鲁海疆防御总司令，但郑对吴要求其增援的命令只是消极应付，屯兵观变。因此，山东地方在第二次直奉战争中既未损失一丝一毫，又利用调兵遣将之机加强了布防。北京政变发生后，郑士琦乘机以“保境安民”为借口，于1924年11月1日通电宣布山东“中立”①，表示超然事外，并以此为由，以炸断铁路的方式阻止吴佩孚溃军假道山东，切断了直军从陆地南逃之路。

郑士琦拒直系于境外不久，又面临奉系的威胁。11月11日，张作霖趁段祺瑞尚未就任临时执政之机，抢先实施图谋山东的计划，首先部署6个混成旅约3万人分驻津浦路北段，企图以帮助卢永祥为名，占领山东，并拟将山东督军郑士琦排挤至安徽，而以奉系大将张宗昌继任。当天，奉系前锋部队已达泊头镇。张作霖之所以为非嫡系将领张宗昌谋取山东督军一职，一是要以占领山东打开南下通道，二是要为在第二次直奉战争中立下汗马功劳的部将酬功，以为安抚。

张宗昌，字效坤，山东掖县人。1912年在上海都督陈其美麾下升为军官。1913年任江苏陆军第三师师长。“二次革命”时投奔冯国璋，成为直系将领，历任江苏陆军军官教育团团长、江苏宣武上将军公署副官长、陆军第六混成旅旅长。1918年随张怀芝到

---

①《申报》1924年11月7日。

江西，升暂编陆军第一师师长。1921年所部被江西督军陈光远派兵包围解散，张宗昌只身回到北方，转投奉系张作霖。先充宪兵营营长，后历任吉林陆军第三旅旅长兼绥宁镇守使、奉天陆军第三混成旅旅长。1924年第二次直奉战起，张宗昌升任奉系第一军副军长，大败直军，乘机窜入关内，大肆收编直系溃军，扩大实力，至此已成为奉军不可小觑的一支重要力量。组成如下：

第三旅　　旅长褚玉璞
第二十八旅　旅长程国瑞
第二十九旅　旅长许　琨
卫队旅　　旅长方永昌
骑兵团　　团长吴至臣
炮兵团　　团长林　泰
工兵团　　团长毕庶澄
辎重大队　　大队长李清珍
先遣第一梯队（白俄部队）　司令聂卡耶夫
先遣第二梯队　司令方振武

1924年11月14日，段、张、冯三方针对齐燮元领衔通电长江各省独立，在天津召开紧急会议，划京奉路廊坊至奉天及津浦路归奉军布防，“拟由奉军沿津浦路入鲁、皖攻苏；廊坊至北京及京绥、京汉两路归国民军，由国民军沿京汉路入豫扫荡吴之残部”①。在张宗昌部由津浦线南下占领德州后，山东督军郑士琦见奉军来意不善，仍以“山东中立”为借口再次拒绝奉军假道，并且拆毁铁路准备抵抗。奉军被迫于11月16日退回沧州，但奉系并未甘心就此放弃山东。

12月，张宗昌随卢永祥南下，帮助卢赶走了齐燮元，夺得江苏地盘。在回沈阳参加军事会议后，于1925年3月19日回抵南京，

①中国社科院近代史研究所中华民国史研究室编：《中华民国史资料丛稿·大事记》第十辑，中华书局1986年版，第205页。

将所部移调徐州，想取得山东地盘。张作霖明白，占领山东是奉军经营长江中下游的关键，否则津浦线中断，奉军在直隶与江浙间终将难以联络。善后会议期间，张作霖借"鲁人治鲁"的口号和津浦线划作奉系势力范围的成约，向段祺瑞提出张宗昌督鲁的要求。郑士琦当然不愿让位，指使鲁军将领通电反对更换本省长官。但张作霖对山东地盘志在必得，不断向段祺瑞施加压力，奉系代表每每以不出席会议欲使善后会议流产相要挟，迫使段祺瑞向奉系妥协。而此时安徽正发生驱督风潮，皖系干将、安徽督办兼省长王揖唐的地位难于维持，段祺瑞遂于 1925 年 4 月 24 日调山东督办郑士琦为安徽督办，王揖唐专任安徽省长，而以张宗昌继任山东督办，姜登选为苏皖鲁剿匪总司令①，用意显在调和各方。

段的命令发表后，鲁军将领再次通电反对易督，郑士琦也向段祺瑞电辞皖督，以示不满。段祺瑞派曾任山东督军的张树元劝告郑士琦接受命令，因为当时奉系正利用第二次直奉战争后的时机扩充地盘，李景林占据了直隶，张宗昌驻扎徐州，江苏和安徽也即将成为奉系口中的肥肉，那么山东势必变成被奉系包围的孤岛，而且由于张宗昌现虽属奉系，但非嫡系，且为鲁人，所以也得到一些地方将领和舆论的拥护。这种形势已将郑士琦置于无奈之下，他只得表示服从，但打算率领第五师及第七旅胡翊儒、第四十七旅施从滨等部到皖就职。

张宗昌对进入鲁地早已迫不及待，5 月 3 日，其所属各部即开始由徐州一带北上：褚玉璞旅进驻兖州，并令该旅一部移驻济宁；许琨、方振武、钟震国等旅进驻济南；程国瑞旅进驻禹城一带，毕庶澄旅进驻胶济路潍县、坊子一带②。而且不等郑士琦离开山东，便于 7 日在济南接任山东督办。他对原山东的军队进行改编或遣

①吴廷燮：《合肥执政年谱初稿》，见来新夏主编：《中国近代史资料丛刊·北洋军阀》(五)，上海人民出版社 1993 年版，第 170 页。

②李藻麟：《我的北洋军旅生涯》，九洲图书出版社 1998 年版，第 133 页。

散，而且一再表示对第五师官兵一视同仁，决不加以歧视。经张宗昌拉拢和运动，第四十七旅施从滨也表示不愿调走，随着张宗昌部源源开到山东，鲁军也只能听命于新任山东督办张宗昌了。随后，对于持反对态度的地方部队，张宗昌毫不含糊地予以武力解决，如派褚玉璞旅自兖州经济宁直趋曹州，曹州镇守使署参谋长吕秀文部无力抗拒，其残部约两个营退往河南；第七混成旅旅长胡翊儒占据德州，以破坏铁路表示反对张宗昌督鲁，张即派程国瑞旅开赴德州，将胡旅包围缴械，就地改编；补充旅马士贵等部相继被张宗昌解散。这样，张宗昌总共改编原山东军队 2.8 万人，加之随其开入山东的 5 个旅和 2 个梯队约 6.5 万人①，他利用这十来万人的军队完全控制了山东地盘。

奉系在胡憨战争中趁火打劫，迫使国民军让出了直隶保定、大名，又侵入江苏、上海，夺取了山东地盘，将津浦沿线纳入奉系的控制之中。张作霖志得意满，又一次召集军事会议，决定加派大批奉军入关，分驻京奉、京津、津浦各线，天津到北京一线由张学良统率，天津至德州一线由李景林统率，德州到徐州一线由张宗昌统率，徐州至浦口一线由姜登选统率。对此，冯玉祥于 5 月 9 日召集国民军第一军团以上军官开会，竭力主张以忍让精神对待奉军，但不退出南苑，以免奉军全部控制北京。但事情的发展并不以冯的意志为转移，张作霖为尽快控制中央政权及京畿旗人圈占的“旗产”，于 14 日要求派军队进驻京畿，冯军无奈，允将京郊的北苑、西苑让出，由奉军接防；随后，又有两旅奉军开进关内，旋经滦州驻扎在京畿一带，并由张学良统率。从 21 日起，奉军在京奉线、津浦线上扣车运兵，兵车络绎于途，源源开进关内。北京冯军大部向宣化、张家口、平地泉等地撤走。28 日，张作霖通电入关，亲往天津塘沽巡视奉军，且于 30 日亲抵天津。此次奉军大举入关，看似对

①文公直:《最近三十年中国军事史》下编，上海太平洋书店 1930 年版，第 71～72 页。

付国民军，实则为对东南施加压力，并趁势控制沪、苏、皖。

6月2日至4日，张作霖在天津曹家花园召开军事会议，讨论夺取中央政权、财权和向长江地区扩充势力的问题。会议决定向段祺瑞提出苏、皖两省地盘的要求，并推荐梁士诒组织责任内阁，由曹汝霖任财政总长，以便把一切大权掌握在奉系手中。张作霖还要求段祺瑞调江苏督办卢永祥为陆军总长，保荐已任江苏省长的奉军秘书长郑谦兼任江苏督办，姜登选任安徽督办，韩麟春继任苏皖鲁剿匪总司令。此时，"五卅惨案"引发的反帝浪潮风起云涌，因进驻上海的奉军仍未履行撤兵条约，冯玉祥曾致电张作霖，请其就近共援沪案，略谓："弟以为急则治标，为今之计，交涉尚次，止杀在先；恤死固宜，救生更急，尊处如有胸算，尚祈指示周行，颇便一致主张。"①然而张作霖急于谋求既得利益，除联合奉系将领李景林等致电段祺瑞，做了一个"应请睿谋立断，严厉主持，作霖等捍卫国防，义无旁贷"②的表态外，未作举措。

"五卅惨案"的对外交涉已使段祺瑞难予应付，奉张又于天津会议后提出种种要求，使段甚为被动。6月6日，段派梁鸿志、曾毓隽等赴津面晤张作霖，敦请其入京共商国是，张却顾左右而言他，称希予奉军"财政援助"，并谓"不日回奉"③。这样一来，使段既感无助，又更须抓住皖系旧部，倚为后盾。既然山东地盘已被奉系夺走，段祺瑞当然不会再将皖系仅有的江苏、安徽两省地盘拱手让给奉系，因此在任命皖督的问题上与张作霖进行了一场暗斗。他先是督促郑士琦尽快到安徽就任督办，但郑士琦因其部队已被张宗昌或收编、或解散，不敢只身赴任。段祺瑞在无奈之下，令郑

①中国社科院近代史研究所中华民国史研究室编：《中华民国史资料丛稿·大事记》第十一辑，中华书局1978年版，第98页。

②中国社科院近代史研究所中华民国史研究室编：《中华民国史资料丛稿·大事记》第十一辑，第100页。

③中国社科院近代史研究所中华民国史研究室编：《中华民国史资料丛稿·大事记》第十一辑，第99页。

士琦到任前，由原安福系骨干王揖唐办理安徽军事，可王也不安于位，因皖军跋扈，不听指挥，甚至将其逼回北京，致使安徽督办、省长职位均告空缺。到此地步，段祺瑞仍然不肯放弃安徽，不同意张作霖保荐姜登选出任安徽督办。18日，段祺瑞准免王揖唐安徽省长职，令已属于皖系的京师警察总监吴炳湘为安徽省长，在郑士琦未到任之前兼署督办安徽军务善后事宜。7月9日，安徽方面有皖北镇守使兼第四混成旅旅长高世读、皖南镇守使兼第三混成旅旅长王普等通电推举倪道烺为皖军总司令，拒绝吴炳湘到任，段祺瑞对此非常震怒，催促吴炳湘赶快到蚌埠就职。安徽方面终于不敢公然以武力对抗临时执政府，吴炳湘得以入主安徽。

奉军进入上海后，不仅军纪很差，而且还在南市、闸北一带公开贩卖烟土，引起上海人民的极大愤慨。不久正值“五卅惨案”发生，于是张学良以维持秩序为名，于6月13日乘机率2000人进驻上海，并应外国人的要求，入租界布防①，这实际上是对废弃江浙和约中关于“上海永不驻兵”这一规定的试探。21日，张作霖见各方并无强烈反响，遂将张学良调回，另由姜登选部邢士廉率大部奉军来沪驻扎，次日即宣告淞沪戒严，委邢士廉为戒严司令，禁止一切爱国活动，对这一地区实行严密控制②，于是淞沪又成为奉系的势力范围。由于奉系增兵上海，浙江督办孙传芳大起恐慌，急派第四师谢鸿勋部回驻松江，江浙形势又一次紧张起来。奉系提出松江属于江苏范围，要求孙传芳退兵；孙传芳则要求奉系履行撤兵条约，退出上海。奉系既已控制上海，当然不会轻易退出，而且还要从段祺瑞手中捞取江苏、安徽两省地盘。

卢永祥自被安置江苏督办一职后，本想恢复势力，有所作为，不料处处遭到奉军的压制。此时段祺瑞、张作霖矛盾加剧，卢永祥乃于7月13日北上，欲调和段张关系。但张作霖一心要拿下苏、

---

①《东方杂志》第22卷第14号。

②《五卅运动与奉系军阀》，见《向导》第120期。

皖两省地盘，卢永祥力所难及，干脆向段祺瑞提出辞职。8 月 3 日，段祺瑞只好向张作霖妥协，接受卢永祥的辞职要求，令属奉系的江苏省长郑谦兼任江苏督办。到 29 日，段祺瑞完全屈服于张作霖的压力，发表杨宇霆为江苏军务督办，姜登选为安徽军务督办，同时发表冯玉祥为甘肃军务督办兼西北边防督办、孙岳为陕西军务督办①，暂时满足了奉系、国民军各自对地盘的要求。

奉系取得江苏、安徽两省地盘后，其势力已在津浦线上连成一片，虽然姜登选宣称只带一团人赴安徽就职，杨宇霆也称："此届赴苏，仅带随员十余人及卫队一连，此外并未多带军队南下。即对于苏省善后事宜，力主维持东南大局，绝不愿因松属四邑问题，而轻起战端……使大局不宁。"②但是，奉系的这套把戏并不能蒙蔽国人，其欲席卷东南的野心昭然若揭，遂致东南各省军阀个个自危。

**3."五省联军"的抵制与浙奉战争**

浙奉战争既是齐卢之争的继续，也是奉系继姜、杨分督皖苏后与浙江地方势力矛盾的激化。

张作霖在撕毁以"上海永不驻兵"为主要内容的新江浙和约并派兵进入上海后，又取得江苏、安徽两省地盘，对浙江形成半包围之势，浙江督办孙传芳深感自己处境危险，地位难保，与奉军一战在所难免，与其让奉军在沪、苏、皖站稳脚跟，准备就绪后来进攻自己，不如乘其立足未稳，主动出击，或许有可能战而胜之，以巩固自己的地位。1925 年 8 月 31 日，在段祺瑞发表杨宇霆督苏、姜登选督皖后两天，孙传芳召集其部高级军官密商对策，并致电段祺瑞表示异议。孙传芳决心利用人民反奉的气势，联合其他受到奉系威

①吴廷燮：《合肥执政年谱初稿》，见来新夏主编：《中国近代史资料丛刊·北洋军阀》（五），上海人民出版社 1993 年版，第 182 页。

②古蓨孙：《乙丑军阀变乱纪实》，见荣孟源、章伯锋主编：《近代稗海》第五辑，四川人民出版社 1985 年版，第 500 页。

胁和逼迫的各方势力,先发制人,发动反奉战争。

由于奉系气势逼人,各省军阀亟思保全之道,遂有组织同盟、联合抗奉的种种酝酿。1925 年 4 月 24 日接替去世的胡景翼任河南督办的岳维峻,受到来自奉系的直隶李景林和山东张宗昌两方面的压力,他竭力拉拢湖北督办萧耀南,发起组织鄂豫两省同盟,保证互不侵犯,以便集中力量对付北方奉军。7 月 29 日,岳维峻、萧耀南两人秘密到鸡公山靳云鹗的别墅见面,签订了鄂豫同盟条约。此外,原来属于直系的冯玉祥、孙传芳和萧耀南三人酝酿成立了新直系同盟。孙传芳、萧耀南曾经表示拥段以求自保,现在看到段祺瑞不可依靠,而冯玉祥则拥有相当强大的实力,因此想联合国民军来抵抗奉系。于是,当江浙局势再度紧张之时,孙传芳同冯玉祥结盟为兄弟,相约两路出兵夹攻奉系,先由孙传芳在南方发动,把奉军的主力吸引到江浙一带,待孙传芳攻至徐州后,冯玉祥即在北方发动,给关内奉军以毁灭性的打击。

然而,由于北方能与奉系对抗的国民军在政治和军事斗争的策略上连陷被动,因此在战略上一再退让。冯玉祥为保存实力,多次向段政府表示将"致力于开发西北"[①],并请陆军总长吴光新亲赴奉天向张作霖转达其对奉张的"和平"诚意,甚至在 10 月 1 日会见美国联合通信社董事长哈瓦德时还断言中国"六个月内绝无内战之忧"[②],而国民军的主要将领也在这种主导思想之下作出"今冯既已向中央表示和平",则地方"决无对奉军开衅之意"[③]的保证。这样一来,奉系得以减轻北方军事方面的牵制,对扩大南方地盘便愈发肆无忌惮起来。

---

①中国社科院近代史研究所中华民国史研究室编:《中华民国史资料丛稿·大事记》第十一辑,中华书局 1978 年版,第 165 页。

②中国社科院近代史研究所中华民国史研究室编:《中华民国史资料丛稿·大事记》第十一辑,第 170 页。

③中国社科院近代史研究所中华民国史研究室编:《中华民国史资料丛稿·大事记》第十一辑,第 168 页。

1925年9月下旬，杨宇霆、姜登选分别在南京、蚌埠就任江苏督办、安徽督办。他们两人以奉系要人而坐镇东南，虽然宣称不带师旅，以示和平，但奉系势力的迅速南下，不仅使与之毗邻的省份紧张不安，而且就是他们即将履职的省份也暗潜着抵制行动。9月17日，江苏驻军长官、原属直系的陈调元、白宝山等即在南京秘密会议，议决一致拒绝奉军，并以防浙为名，将陈调元所率第十师陆续向宜兴移动，以做拒奉准备。

作为长江流域地方势力代表的孙传芳，经扩充军备，手中兵力已达5万之众，早有膨胀野心，以其直系渊源和军事实力在南方具有相当的号召力，然而一方面由于奉系南下形势既紧，另一方面国民政府的东征又将举兵，广东革命势力的发展对东南五省亦形成威胁。两相权衡，武力抗奉已迫在眉睫。10月7日，孙传芳在杭州秘密举行军事会议，讨论出兵讨奉的问题。浙、闽、苏、皖、赣五省的代表出席了会议，会议决定：五省结成联盟，树起“拥段反奉”的旗帜，组织“浙闽苏皖赣联军”，并推举孙传芳为五省联军总司令，发动讨奉战争①。联军以周荫人为闽军总司令，陈调元为苏军总司令，马联甲为皖军总司令，方本仁为赣军总司令，孙传芳则自兼浙军总司令，并自告奋勇，愿意首先攻打上海。9日，浙军召开秘密军事会议，研究进攻部署。“据孙左右语人，此次发动，如豫、鄂同时并起，固可希望进而解决大局。即其他方面不能响应，浙方亦非进取不可，至少限度，亦必令奉系势力退出苏、皖两省，然后沉机观变，以待时局之续有发展。则孙之怀有绝大雄心，实已无庸为讳。”②

10月10日，临时执政段祺瑞发布国庆通令，慨叹其执政年来的政局已是“闾阎凋敝，灾祲重沓，宿师满野，供亿烦多，乐利无闻，流亡莫复，度支匮绌”，而要求中央及各省区长官“舟楫同持，休戚

---

①《民国日报》1925年10月17日。

②公展：《东南风云与全国大局》，见《国闻周报》第2卷第41期。

与其……镇定震撼，支柱艰危，勿诿卸以误国家，勿迁就以贻祸患”①。可笑的是，也就是在同日，南方五省已经开始调兵遣将。孙传芳以准备秋操为由，调动军队准备向苏、皖奉军进攻。杭州、嘉兴、湖州一带之轮船、民船尽被封用，12日以后昼夜水路运兵。第二师卢香亭部及第三师周凤岐部开赴长兴布防，第一师陈仪部开赴松江、嘉兴，与原驻沪杭线之第四师谢鸿勋部在松江一带布防。孙传芳一向以用兵神速著称，军事部署一定，仅四五日之间，此次征调的军队便赶赴前线。

孙传芳此次进兵，共分五路：第一路司令为第一师师长陈仪，辖步兵两旅，炮兵一团，骑兵、工兵、辎重各一营；第二路司令为第四师师长谢鸿勋，辖两团，这两路负责由沪杭线进攻上海；第三路司令由孙传芳自兼，居中策应；第四路司令为第二师师长卢香亭，辖步兵两旅，炮兵一团，骑兵、工兵、辎重各一营；第五路司令为第三师师长周凤岐，辖步兵两旅、炮兵一团，这两路负责由长兴进攻苏州。第十混成旅旅长孟昭月为杭州戒严司令，留守后方。后援部队为周荫人的第十二师、苏埏的第三十混成旅和张庆昶的第四旅。

10月11日，孙传芳发表通电，反对召开关税会议，其目的是打出“爱国爱民”的旗帜作为进攻对方的口实。次日，他还作出义无反顾的姿态，在杭州向在省各军官发表出征前训话，指斥奉军的暴行，宣称：“我不攻彼，明春彼必攻我”，“如不先发制人，我浙亦难保无虞”，“刻下我国混乱已极，一旦成功，共和再造，吾等当推为首义”②。他还多次指斥奉军军纪败坏，殃祸民众的暴行，以博取舆论对反奉的支持。

对于孙传芳的咄咄攻势，奉军应付维艰。此时奉军从榆关到

①吴廷燮：《合肥执政年谱初稿》，见来新夏主编：《中国近代史资料丛刊·北洋军阀》（五），上海人民出版社1993年版，第186页。

②中国社科院近代史研究所中华民国史研究室编：《中华民国史资料丛稿·大事记》第十一辑，中华书局1978年版，第176页。

天津、从天津到浦口、从浦口到上海，宛如摆下了一字长蛇阵。如果冯玉祥从后截击，奉军将陷入首尾不能相顾的境地。为了避免这种情况的出现，江苏督办杨宇霆根据张作霖“应相机撤回徐州待命”①的命令，决定缩短战线，保全实力，于10月14日严令上海戒严司令邢士廉，宣布取消戒严令，该部迅速由上海撤退，并且宣布上海永不驻兵。邢士廉接电后，于当日下午即令奉军第二十师退至苏、常一带。杨宇霆在撤军通电中解释说：“前因惨案发生，为维持秩序，不得不酌调军队，宣布戒严。现在沪案经逐渐解决，应即将戒严司令名义取消，并将该司令所部军队撤退。至淞沪地面重要，现已将警务处移驻上海，以资镇慑。”②他还邀请安徽督办姜登选于15日到南京讨论沪宁、津浦两线的撤兵问题。姜登选也致电孙传芳：“其在中央、各省间，以及各省相互间，如有隔阂情事发生，皆可疏通情商，讨论方法，以期归入和平一途，庶几各地人民不致年年苦于兵燹……苏督杨军决不犯浙……彼此皆为同学，并无相煎太急之情，何必大逞干戈以争胜负。”③孙传芳一切准备就绪，当然不会听姜登选的劝告。此时，浙军在长兴、宜兴、湖州一带防地已部署就绪，前锋部队兵力已有2万余人④。

10月15日，孙传芳通电就任五省联军总司令，下令向奉军进攻。当日深夜，孙传芳的两个团即由松江进占上海龙华。16日，孙传芳、夏超、周荫人正式通电讨伐奉系，称：

> 去岁传芳视师江表，深感东南战祸之惨伤，用策永久和平之大计，于是有上海永不驻兵之议。人民既历次请求，政府且特颁明令。传芳即首先遵令撤兵，盖不惟顺从民意，亦以重言

①杨蔚云：《杨宇霆督苏纪实》，见《江苏文史资料》第三辑，第37页。

②《民国日报》1925年10月15日。

③公展：《东南风云与全国大局》，见《国闻周报》第2卷第41期。

④中国社科院近代史研究所中华民国史研究室编：《中华民国史资料丛稿·大事记》第十一辑，中华书局1978年版，第177页。

责也。不料我方振旅而归，彼即乘机而入，然犹谓少数武装，用以维持治安也。“五卅”案起，全国震骚，国民椎心泣血之时，为私人攘利夺权之举。人民既敢怒不敢言，政府亦熟视若无睹，使传芳独负言责，实无以对我东南人民。惟念国难方殷，深不愿再肇兵祸，以为苟能约束，犹可相安。数月以来，喋血贩烟，腾笑中外，杀人越货，苦我人民，秽德彰闻，众目共见。顾传芳犹啮齿忍痛，静从公论，冀其自觉。乃人民日增饮泣之声，彼凶益肆猖狂之技，视江南为私有，窃政柄以自恣，甚至长官方色喜就任，部兵即公然抢劫，事隔兼旬，曾未闻一申军法。夫沪上为东南精华所萃，友邦观瞻所系，时至今日，传芳纵可忍，而士兵不能忍；士兵可忍，而人民不能忍。用敢宣言，告我六师，永不驻兵之议，自我言之，当自我行之，所以顺民意者在此，所以服中央者亦在此。是用率我同志，缴其枪械，放归田里。惟念奉方戎兵皆我同胞，万恶实由戎首，今与同志连师，当世贤豪戮力同心，唯彼祸首张作霖一人之是讨，此外皆所不问。至我军职志所在，厥有四字，曰“永久和平”，惟和平可以保国家，惟和平可以对友邦。见我旌麾，共求福利，邦人君子，其共鉴之。①

孙传芳讨奉通电一出，直系各省群起响应。湖北督办萧耀南首先通电支持，17日，江苏各师长、旅长、镇守使白金山、陈调元、郑俊彦等，致电段祺瑞及全国各省军民，宣布“响应浙军，会师宁镇，驱逐奉军”②。同日，江西督办方本仁密电第一师师长邓如琢迅速出兵九江，乘奉军防务空虚，抄袭安徽安庆。20日，邓如琢致电孙传芳，响应浙军讨奉，皖军旅长倪朝荣等也于是日通电响应浙军。21日，江西督办方本仁、福建督办周荫人通电讨奉。于是，浙、鄂、苏、赣、皖、闽直系各省群起攻奉，号召“同志诸帅，分途进

①公展：《东南风云与全国大局》，见《国闻周报》第2卷第41期。

②《民国日报》1925年10月18日。

剿，直捣胡巢。大寇不除，国难不已，全国志士，盍共图之”[①]，结成了一道广泛的、声势浩大的反奉联合阵线。

浙军发动攻势后，朝野震惊。事发当日，北京临时执政府国务会议立即讨论江浙时局，议决分电阻止孙传芳、杨宇霆用兵。段祺瑞还派陆军次长张厚琬赴奉面见张作霖，调解双方矛盾，希望奉张体谅政府和平诚意。17日，段祺瑞命令“孙传芳所部，应即各回原防”[②]。理由是：“苏浙两方，事前未经接洽，言有误会”，现在奉军邢士廉已率部“完全撤退”，与孙传芳16日通电“用意不谋而合”，误会“当可释然”。但是，孙传芳隐忍而发，志在必胜，岂肯听命于两手空空的段祺瑞？17日晨，孙传芳抵沪，召开会议布置军事后旋回嘉兴转苏州。当日，五省联军总司令部发布戒严令，再次申讨奉军种种罪恶，宣布联合各省义师，一致讨伐，表示了孙传芳武力讨奉的决然态度，也可视为对段祺瑞调和的答复。

开战后，五省联军在沪宁线进展十分顺利。16日，第一、二路孙军大队人马由沪杭线抵沪后，便沿沪宁线进发。同日，第四路卢香亭部由长兴进占宜兴。自是邢士廉部节节败退，18日退至丹阳、镇江之间。第一、二路孙军则步步进取，由上海而苏州，再到无锡，抵常州后与第四路会师前进。18日，邢士廉部的殿后队伍与孙军战于丹阳，入夜邢军不支，破坏常(州)、丹(阳)铁道后，向镇江退却。是役孙军俘敌千余，获子弹枪械无数[③]。19日晨，联军第二军前线总指挥杨震东部进占镇江。20日，第四路、第二路孙军抵南京下关，第二路谢鸿勋部更渡江向浦口进发，抵达乌衣车站。当时《国闻周报》刊载了署名公展的“东南风云与全国大局”一文，这样评论说：“孙之进兵固称神速，然入苏后一泻千里，实非战争之力。盖

---

①《民国日报》1925年10月17日。

②吴廷燮：《合肥执政年谱初稿》，见来新夏主编：《中国近代史资料丛刊·北洋军阀》(五)，上海人民出版社1993年版，第186～187页。

③中国社科院近代史研究所中华民国史研究室编：《中华民国史资料丛稿·大事记》第十一辑，中华书局1978年版，第180页。

对方之杨宇霆决计自行退兵，孙军所以如入无人之境也。”①

当初奉军乘胜南下，未经苦战即唾手而得沪、苏、皖，而且战线自北而南，首尾难以相顾，战略上已显被动；而此时五省联军不仅声势很大，且又有备而来，奉军若勉强应战，后果则难以预料，沪、苏、皖三地也难以确保。杨宇霆所虑及此，自以退兵保全实力为上策，率先在江苏打出和平旗号。17日，杨致电段祺瑞，告以不战之意；并做出“毋我负人，宁人负我，是非所在，听之公评”的姿态，电江苏省议会、教育会、商会、农会、工会及各法团、报馆等，表示奉军拟对浙军的进攻做和平退让之策。18日晚，杨宇霆仓促渡江，离宁北上。

19日，孙传芳在常州下令会攻南京，卢香亭部主攻紫金山，周凤岐部攻打雨花台，杨惠东、谢鸿勋部夺取幕府山，陈仪部则取道六合攻江宁。当日，江苏陆军第四师师长陈调元会同第十师师长郑俊彦通电独立，并与江苏诸将领公推第一师师长白宝山为苏军总司令，主持江苏大局。在此情况下，任江苏省长的奉系秘书长郑谦无奈交出印信，离开南京。这样，奉军未与联军正式接战而退往蚌埠。是日，各路联军上午分别进占南京城后，下午，孙传芳即抵南京，召开军事会议，商讨进兵方略。随后，下令各军克日向江北进兵，务于三星期内解决战事。

安徽第一旅旅长倪朝荣在率安徽合省官兵通电响应孙传芳讨奉、保境安民的通电之后，22日率部抵泗州，逼迫安徽督办姜登选离开蚌埠。姜登选无奈，23日乘铁甲炮车离皖境北上，临行前通电辞职，将督办印信交马祥斌保存，委倪朝荣代拆代行。这样，姜、杨上任履职仅只月余，便又匆匆下台。

虽然奉系退出沪、苏、皖，却又集中兵力于徐州，以徐州为最重要之防线。山东督办张宗昌就任直鲁苏皖防御总司令，21日亲赴徐州调兵布防。奉系在徐州一带很快集中了张宗昌、姜登选、李景

---

①《国闻周报》第2卷第41期。

林、张学良等部兵力有约8万之众①，分三路防守，东面在邳县，西面在砀山，南面在宿州夹沟。事态的发展已使张作霖意识到形势的严峻，他一面竭力表示退让，寻求和平，拥护政府，不断派员与冯玉祥磋商合作，一面加紧军事部署。22日杨宇霆回到沈阳，张作霖当即召开重要军事会议，奉天宣布戒严，并决定加派兵力进关，以守住京奉、津浦两线；又将吉、黑兵力由远调近至奉天附近，会后，“即决派四师二混成旅入关，守京奉、津浦两路”②。当时的军事布局是：吉、黑两省军队如汤玉麟之第十一师、吴俊陞之第十五旅以及骑兵炮兵旅团，纷纷集中；奉天第六师重炮兵团已开拔，赶赴军粮城；飞机队80架准备入关，一部分南下运济，备张宗昌用，并拟以10师至15师兵力分17个梯队应敌。另外，姜登选、韩麟春25日由徐北上，出关报告徐州、济南军情后，日内偕杨宇霆、郭松龄南下指挥军事。张宗昌则已奉委为第二方面军长，坐镇徐州指挥，26日又返回济南布置后方，并收抚青岛之渤海舰队，同时要求各舰装满煤炭粮食，载奉军数千，分赴沿海各要区巩固海防，由海州转徐。奉张计划一旦军事布置妥当，并与国民军联络就绪后，即请政府下讨伐令。从表面上看，奉军所摆出的是一部防御姿态，但在军事实力上，却是毫不含糊地做好了迎战准备。

正在这个时候，吴佩孚于湖北东山再起，对整个战局发生了重大影响。

吴佩孚于1925年3月遁入湖南岳州后，由于已宣布湖南“自治”，吴佩孚在其境内的政治活动也就不受限制。他一直企图东山再起，因此和各省军阀经常互派代表往来，并表示愿以朋友身份帮助各省建立同盟的关系，以抵制国民军和奉系，达到“保境安民”的目的。与此同时，吴佩孚与湖北将领陈嘉谟、寇英杰、刘玉春等频繁接触，取得了他们的支持，使其在湖北的影响日益扩大，并逐渐

①文公直：《最近三十年中国军事史》下编，上海太平洋书店1930年版，第203页。

②《奉方之防御计划》，见《国闻周报》第2卷第42期。

控制了湖北。因此，萧耀南被迫改变了过去对吴佩孚的态度，不再敢“拒吴保鄂”。10月17日，湖北督办萧耀南率全体鄂军将领通电拥吴，请求吴佩孚出山，“共定国难”①。浙奉战争爆发后，亟思趁机再起的吴佩孚于19日在岳州通电支持孙传芳，并表示应邀到汉口共同讨奉。20日，孙传芳、萧耀南、周荫人、方本仁、白宝山、陈调元、王普、靳云鹗等21位将领联名通电拥吴，电称：“传芳等职守疆土，保民卫国，是其专责，愤无可忍，义无可辞，共结联军，誓除残暴。特设讨贼联军总司令一职，推公任之”，并请其“刻日就职”②。

21日，吴佩孚自岳州乘军舰抵达武昌，即渡江在汉口查家墩成立了“川、黔、桂、粤、湘、浙、闽、苏、皖、赣、鄂、豫、晋、陕十四省讨贼联军总司令部”，自任总司令③。他还延请章太炎为总参赞，并以蒋百里为总参谋长，张其锽为秘书长，白坚武为政务处长，张福来为营务处长，张志谭为外交处长，高恩洪为交通处长，刘梦庚为机要处长，张方严为参谋处长，虞际唐为副官处长，刘绍曾为军需处长，阵容颇为壮观，而实际上，他所能指挥的仅有湖北一省而已。

吴佩孚此次出山之抱负，意不在做联军盟主，而是“决计恢复法统”④，所以他在21日还发表了所谓“外交宣言”：

> 本总司令此次统率联军讨贼，系为谋我国统一起见，纯属内政范围。对于有约各友邦，从前所订之通商条约暨已经解决之成案，必特加以尊重，刻在我联军范围以内，各省侨居外人之生命财产，必一律切实保护。在战事期内，深愿各友邦依据国际不售武器之协议，禁止政府借款之规定，对于我国任何方面不与以军器及借款之援助。至于关税会议，自出各友邦之盛

---

①公展：《东南风云与全国大局》，见《国闻周报》第2卷第41期。

②公展：《未来大战之酝酿》，见《国闻周报》第2卷第42期。

③陶菊隐：《吴佩孚将军传》，中华书局1941年版，第126页。

④中国社科院近代史研究所中华民国史研究室编：《中华民国史资料丛稿·大事记》第十一辑，中华书局1978年版，第182页。

意，惟须俟合法政府成立之后，方能得国民之信任。凡我友邦素笃睦谊，必能主持正义，严守中立。谨此宣言，幸共鉴之。①

很显然，吴佩孚想把他的总司令部办成“中央政府”，这才是他的真正目的。

由于当时拥吴讨奉之声颇盛，不仅南方各省督军，而且由于执政府在关税特别会议上的软弱被动更激起人们对支撑执政府之奉系的反感，以致杜锡珪、吴新田、张治公等人也纷纷通电，表示拥吴讨奉。吴佩孚于是应直系各省将领之请，于 10 月 24 日发表长篇通电，历数奉系罪行，声称“早作深思，旁皇累日，以为不忍目前之痛，不足除将来之患；不戡部落之暴，不足图大局之安。既承各省长吏、各军将士，责以靖难，忝在戎行，义无却顾。已于十月二十一日雪涕渡江，执鞭弭以随诸将之后，誓歼戎丑，为民请命”②。当天，即以最高统帅的身份，大肆封官拜将。他任命萧耀南为讨贼联军鄂军总司令兼后方筹备总司令，陈嘉谟为副司令；旋任寇英杰为讨贼联军鄂军第一路总司令，陈嘉谟为第二路总司令，卢金山为第三路总司令；还任命了讨贼联军桂军、川军、黔军总司令及其各路总司令。与此同时，随着备战而来的必定是筹饷，吴佩孚以“联合讨奉”的名义派出各路人员在武汉招兵买马，搜刮财富，制造紧张局势，引起湖北人民的极大愤慨。

此时孙传芳已进占南京，他以个人及联合陈调元等将领名义连电吴佩孚，邀其赴宁“主持大计”，曾拟三方共同驱逐奉系势力：孙部北进，将杨、姜赶出苏皖；吴部经河南与孙部会师于徐州，再沿津浦线进攻鲁南；联合国民军第二军岳维峻部，由豫东进攻鲁西。这样即把奉军截至津浦路北端，使其难以染指南方各省。然而，吴佩孚不会忘记冯玉祥临阵倒戈，致使他在第二次直奉战争中惨败

①《吴佩孚通电》(中国社科院近代史研究所藏抄件)，见章伯锋主编:《北洋军阀》(五)，武汉出版社 1990 年版，第 262 页。

②公展:《未来大战之酝酿》，见《国闻周报》第 2 卷第 42 期。

的教训。因此此次出山，表面上他宣布讨奉，暗地里则准备对国民军开刀。他不愿接受孙传芳的邀请到南京主持讨奉军事，而拟出兵进攻河南。他派靳云鹗为豫东讨贼军第一路总司令，到开封向河南督办岳维峻提出假道河南进攻徐州的要求。过去直系在河南失败后，原属靳云鹗指挥的王为蔚、田维勤、陈文钊等部都被国民军第二军吸收改编，现在吴佩孚想把这些旧部收回来作为进攻徐州的主力。奉军退抵徐州后，国民军正跃跃欲试，准备从北面夹攻奉军，忽然见吴佩孚出山后把矛头对准国民军，便决定暂时不采取行动，等待局势的进一步发展。10 月 21 日，冯玉祥由包头致电孙传芳、张作霖，敦请双方以互让精神谋求和平解决。他又密嘱岳维峻、孙岳等人，暂时保持镇静，以“保境安民”为目的。对吴佩孚提出假道河南进攻徐州的要求，岳维峻当然明白吴佩孚所用的是假虞伐虢之计，明为进攻徐州，其实是想夺取河南，因此以中立为名断然拒绝了吴军假道的要求，并且派兵增防豫南，以阻止吴军强行通过。

吴佩孚东山再起，不但自己无意于讨伐奉系，而且阻碍了国民军对奉系的进攻。

奉军退守徐州后，孙传芳坐守浦口，部队并未急进，一因津浦南段车少，运输迟滞，二因鄂军尚未出发，而河南岳维峻更观望不动，所以孙传芳便不想独自冲锋冒险，暂且等待他方之变化，以定进取之计。这时，联军一方已集结兵力达 7 万以上[①]，并拟三路攻徐：(1)右翼由宿迁方面进兵，归白宝山、马玉仁两部担任，该两部已于 26 日集中宿迁，前锋抵骆马湖。(2)中路沿津浦路进兵，归卢香亭、谢鸿勋、陈仪等部担任，以杨震东为先锋队，在夹沟与符离集间相持。(3)左翼由宿县西面绕道永城，进攻徐州侧面，归皖军及陈调元部等担任[②]。

未等孙传芳发动进攻，10 月 26 日，奉军突然发起攻势，山东

①文公直:《最近三十年中国军事史》下编，上海太平洋书店 1930 年版，第 203 页。
②公展:《未来大战之酝酿》，见《国闻周报》第 2 卷第 42 期。

督办张宗昌调兵由陇海线上新安镇进攻海州，苏军白宝山部不敌败退。奉军又沿运河南下进攻清江浦，苏军马玉仁被困守孤城。孙传芳急调苏军郑俊彦、陈调元两师前往增援，才阻遏了奉军在东线的攻势。其间双方在蚌埠、宿县两处激烈交战，联军屡处险境，以致孙传芳亲赴前线督师，并调大队人马助战，才力挽危局。11月1日，张宗昌又在津浦线上发动进攻，孙军由任桥一路败退到固镇。孙军前敌总指挥卢香亭一面拆毁铁路阻止奉军前进，一面派陈仪、谢鸿勋两部绕到奉军的后面，切断奉军的归路。双方交战中张宗昌的白俄军被杀者300余人，前敌总指挥施从滨也被擒(后被孙传芳斩首示众)，所部鲁军第四十七旅全部被包围解散。张宗昌又派褚玉璞部增援反攻。到11月3日，孙军再度将任桥夺回，又恢复了两军在宿县、夹沟之间相峙的局面。6日，徐州已处于东、西、南三面大军压境之下，而此时国奉两系破裂在即，张作霖为保全实力计，乃命令张宗昌退守山东。7日，张宗昌下令退却，邢士廉、许琨、毕庶澄等部由海州、宿迁退回郯城、台儿庄，褚玉璞等部由宿县、徐州退回韩庄、临城，孙军遂进占徐州。

联军收复徐州，标志着奉系势力南下的失败，至此，苏、浙、皖、赣、闽五省已为孙传芳所据。8日，即联军进入徐州的当日，孙传芳在徐州召开庆功大会，宣布以徐州为止境，并通电返宁回杭。15日，苏军第四师师长陈调元通电推戴孙传芳“开府南京，领袖五省”。福建督办周荫人也请孙传芳为江苏督办。在此情势下，段祺瑞只得承认现实，于25日令孙传芳督办江苏军务善后事宜。但孙传芳早已意不在此，11月底，又在南京正式宣布成立浙、闽、苏、皖、赣五省联军，自任五省联军总司令兼江苏总司令，成为从直系军阀中脱颖而出独树一帜的军阀势力。

浙奉战争是在当时全国人民反奉运动高涨的形势下发生的，挫败了第二次直奉战争后奉系军阀势力向南方的扩张，客观上有利于全国人民反对军阀统治的斗争。但是，孙传芳发动这场战争的目的，归根结底是为了争夺地盘，巩固和扩大自己的势力范围，浙奉战争虽然把奉系势力逐出了沪、苏、皖，但取而代之的仍然是孙传芳的军阀统治，人民深受战争蹂躏，政治上的受压迫和经济上的被掠夺一如既往，仍然处于水深火热之中。

## 三、郭松龄倒戈反奉

### 1. 奉系内部的矛盾和斗争

第一次直奉战争中奉系大败而归，张作霖深以为耻，决心重整旗鼓，报仇雪恨。在大肆购买新式武器，扩充军队的同时，为了使整军经武顺利进行，张作霖感到旧部将暮气太深，积习过多，于是专门设立东三省陆军整理处，以吉林督军孙烈臣兼任统监，以姜登选、韩麟春为副监，以张学良为参谋长，负责战后整军工作。从此，奉系新派人物得到重用。

由于张作霖的用人政策发生变化，所以奉系内部新派与旧派之间、新派中士官派与陆大派之间的矛盾也逐渐暴露出来。奉系旧派自然以张作霖为领袖，以张作相、张景惠、汤玉麟、吴俊陞等与张作霖一起起家的老伙伴为骨干，他们分别掌握着东三省的军政实权。奉系新派都是军校出身的军事将领，新派之中又分为士官派和陆大派。士官派均系日本士官学校毕业生，如杨宇霆、姜登选、韩麟春、常荫槐、于珍、邢士廉、臧士毅、熙洽、何柱国等；他们以杨宇霆为中心，因杨宇霆资格老、地位高、主意多，深受张作霖的信任和倚重。陆大派多系中国陆军大学、保定军官学校、奉天陆军将弁学堂、东三省陆军讲武堂的毕业生，如郭松龄、刘伟、魏益三、霁云、范浦江、刘振东等；他们以郭松龄为首脑，因郭松龄富有军事才能，善于领兵打仗，深受张学良信赖和重用。士官派多系奉军上层，权势较大；陆大派则遍及奉军各个阶层，实力雄厚。杨宇霆身任东三省巡阅使署总参议兼奉军总参谋长，位高权重，声势显赫；郭松龄则辅佐少帅张学良，统率奉军精锐，也成为一个很强的握有实权的人物。杨宇霆与郭松龄才略相埒，实力相当，他们成为奉军中并立的两雄，互相争权夺势，矛盾和斗争不可避免。

郭松龄，字茂宸，1883 年生于奉天盛京（今辽宁沈阳）东郊渔樵寨村。1906 年，奉天陆军将弁学堂成立，郭松龄因成绩优异被选入该学堂学习。1907 年毕业后，被选送到北洋陆军第三镇见习，期满后被调回奉天升充盛京将军衙门卫队哨长，从此进入军界。1912 年，郭松龄考入北京将校研究所，精心研读军事。1913 至 1916 年，郭松龄又考入北京中国陆军大学学习，毕业后任北京讲武堂教官。1917 年，郭松龄受南方革命形势的感召，只身南下投奔广州军政府，任粤赣湘边防督办参谋、广东省警卫军营长，后转任韶关讲武堂教官。1918 年护法运动失败后，郭松龄重返奉天，充任督军署中校参谋。1919 年 2 月东三省陆军讲武堂成立，聘郭松龄为战术教官。郭松龄在讲武堂任教期间，适逢张学良在讲武堂炮兵科学习，遂成师友之谊。直皖战后，吉林、黑龙江两省股匪为患，郭松龄受张学良所托，指挥部队迅速扫除匪患，安定了地方，从此声名鹊起，不仅为张学良所倚重，也赢得了张作霖的信任。

第二次直奉战争时，奉军共编六个军，其中姜登选、韩麟春分任第一军军长、副军长，张学良、郭松龄分任第三军军长、副军长，组成一、三联军，设立联合司令部，由张学良统辖。在联合作战中，郭与姜、韩多生抵牾，以至在沙河寨战役中郭松龄率部撤离前线，掉头而去。张学良驰马追赶二三十里，经批评、规劝，郭松龄才又返回战场①。事后，姜登选除电告张作霖外，还让韩麟春亲至奉天汇报，称郭跋扈难制，向张学良建议应当军法从事。郭松龄获知此情况后，与姜登选、韩麟春的矛盾也就更为尖锐。

后来，在山海关正面战场，郭松龄冒着枪林弹雨率部截断直军

①管宁等译注：《缄默 50 余年，张学良开口说话——日本 NHK 记者专访录》，辽宁人民出版社 1992 年版，第 14 页。

的退路，山海关、秦皇岛一带直军全部被奉军缴械，加之冯玉祥又通电班师反吴，结果直军大败。郭松龄在战争中指挥得当，奋勇争先，为奉军的胜利立下了汗马功劳。

第二次直奉战争后奉军乘胜入关，半年之内，奉系军阀连得京津及直隶、山东、安徽、江苏四省，有功人员各得其所。先是第二军军长李景林打到天津后按兵不动却得以督直，继则副军长张宗昌打到山东后高喊“鲁人治鲁”而督鲁。后来，奉军南下占领江苏、安徽后，张作霖又让杨宇霆、姜登选先后做了江苏和安徽督办。至此，无论奉系旧派和士官派几乎人人都有一省地盘，而独郭松龄未获实际利益。这本已潜伏了危机，1925 年 10 月，孙传芳组织浙、闽、苏、皖、赣五省联军，讨伐奉系。江苏督办杨宇霆、安徽督办姜登选不战而退，丧师失地，上海、南京、蚌埠、徐州又相继得而复失。杨宇霆回到奉天后，照旧做他的总参议；而张作霖一面令李景林、张宗昌在津浦线防御孙传芳，一面令张学良、郭松龄在天津、榆关一带对付冯玉祥。事情发展到这一步，郭松龄终于不肯再为张作霖卖命了。

### 2.“郭(松龄)冯(玉祥)密约”与郭松龄反奉

浙奉战争爆发的时候，郭松龄作为奉系张作霖的代表正在日本观操，同去的国民军冯玉祥的代表是韩复榘，他们都住在东京帝国旅馆内，郭松龄趁此机会向韩表达了亲冯反张的意愿。他说：“连年军阀混乱，争城掠地，杀人盈野，国家元气，斫伤殆尽，老百姓无法生活，强邻虎视眈眈，正在伺机而动，张作霖为了个人的权力，不顾一切，出卖国家。这种割肉饲虎、引狼入室的干法，无论如何我是不能苟同的。我是个军人，以身许国，不是个人的走狗，我不能昧着良心从乱命。他若打国民军，我就打他。”[①]韩复榘 11 月 5

①吴锡祺：《冯玉祥、郭松龄联合反对张作霖的经过》，见全国政协文史资料委员会主编：《文史资料选辑》第三十五辑，文史资料出版社 1963 年版。

日回到绥远包头后，立即向冯玉祥报告了郭松龄的谈话，冯玉祥大为兴奋，立即派韩复榘折返天津，向郭松龄转达冯玉祥欢迎合作的诚意。

此时，郭松龄与直隶督办李景林已达成默契，共同反奉，并由李景林控制直隶、热河，以减轻京畿和东北地区的压力。郭松龄与冯玉祥也订立了密约，11月22日，双方在密约上签字。

郭冯密约全文如下：

甲（按：指冯玉祥）乙（按：指郭松龄）系同志结合，为达到左列革命目的，公订条约如下：

（一）排除军阀专横，永远消灭战祸。

（二）实行民主政治，改善劳工生活及待遇。

（三）实行强迫普及教育。

（四）开发边疆，保存国土。

1. 直隶、热河均归丙（按：指李景林）治理。甲为贯彻和平主张，对热河决不攻取。保大京汉线，甲军随意驻扎，但直隶全部收入（保大在内）均归丙军，甲军决不侵夺。山东听其自然变化，但黄河以北各县，由丙军驻扎，收入亦归山东。天津海口，甲军自由出入之。

2. 乙为开发东三省，经营东北部内蒙古，使国民生活愉快，消除隐患，拥护中央，促进国家统一起见，改造东三省政府。前项改造事业，甲以诚意赞助之，并牵制反对方面。

3. 乙诚意赞助甲开发西北，必要时亦以实力援助之。

（五）以后两军，犯左列条件之一者，此约无效：

1. 为攘夺权利，向内地各省战争。

2. 为达前项战争目的，订立卖国条约，向外国借款。

3. 引用外国兵力，残杀本国同胞。

（六）中央政府之组织及施政方针，以不妨碍开发西北及断送国家权利为限，悉依国民公意，甲乙两军竭诚拥护，决不干涉及掣肘。

（七）此约签字后，即发生效力。

冯玉祥印　　十四年十一月二十日

郭松龄印　　十四年十一月二十二日

附件：

（一）于商订主义，须依乙方方针办理之。

（二）有违反前项协定时，由甲乙两方予以适当之处置。[①]

郭冯密约签订后，郭松龄终于下定了倒戈反奉的决心。

1925年11月22日，即郭冯密约签订的当天，张作霖突然电召郭松龄自天津回沈阳述职。郭松龄意识到自己的反奉行动已被张作霖察觉，于是在直隶滦州断然发出主和拒战、倒戈反奉的电报，要求张作霖下野，严惩主战罪魁杨宇霆，并拥戴张学良主政，以达“更张省政，总制辽疆……三省富强，四邻和睦”[②]之境。

倒戈反奉通电发出后，郭松龄即于当夜在滦州召开军事会议，布置军事行动。郭松龄在讲话中再次表明其起兵的目的，是由于历年来战争耗财巨万，致使东北民穷财尽，钱法日益毛荒。去年与曹、吴之战，是我们为保土安民，故不得已而为之；此次之战，师出无名，徒为姜、杨争地盘，为上将军谋总统。这种兵连祸结，为少数人谋利益、争地盘而空耗国帑，徒增困扰。此次班师回奉，纯为清除乱源，改革东北政治，不事内争，而以休养生息为目的[③]。随后即请与会军官自愿签名反奉，并作军事部署。

①吴锡祺：《冯玉祥、郭松龄联合反对张作霖的经过》，见全国政协文史资料委员会主编：《文史资料选辑》第三十五辑，文史资料出版社1963年版，第172～173页。

②《滦州郭松龄致各省电》，见章伯锋主编：《北洋军阀》（五），武汉出版社1990年版，第282～284页。

③姜明文：《对郭松龄夫妇的回忆》，见《辽宁文史资料》第十六辑。

当时郭松龄所掌握的兵力约为8万人[1]，主要驻扎在秦皇岛一带，包括原属东北陆军张学良第三军团步兵6个师(张学良所部第四师、赵思岳所部第五师、郭松龄直接管辖之第六师、高维岳所部第七师、齐恩铭所部第十师、裴春生所部第十二师)及炮兵两独立旅、工兵5营。现编为4个军：第一军军长刘振东，指挥第六、第二十七、第三十七各旅并炮兵第三团、工兵第二营，直趋沈阳；第二军军长刘伟，指挥第二、第十九、第三十四各旅并炮兵第四团、工兵第三营，与山海关附近的张作相、汲金纯两部周旋，先谋妥协，不成则以武力解决；第三军军长范浦江，指挥第三十三、第十二、第十四各旅并炮兵第五团、工兵第四营，另加两个补充团，趋热河，先劝阚朝玺部合作，不成则以武力解决；第四军军长霁云，指挥第四、第五、第十六各旅并炮兵第七、八、九团，骑兵团和工兵第五营，为总预备队，策应各方面作战。[2] 参谋长为邹作华，先遣军司令为魏益三(后改编为第五军)。四个军只有番号，设有名称，后来部队到达山海关后，郭松龄于11月30日通电宣称所部为东北国民军，自任总司令。

11月23日，郭松龄的部队即向山海关进发，并顺利通过山海关。驻扎在山海关一带的张作相部队得知郭松龄倒戈反奉，遂自山海关撤兵，退往连山(今辽宁锦西)，并在连山布防阻击。

郭松龄倒戈反奉的通电发布后，冯玉祥立即予以响应。24日召集军事会议后，25日冯便发布讨张檄文，痛斥张作霖为一己利益不顾国家安危和人民死活，而一味征战的罪行，敦促其“及身引退”，称：“现举国救亡，矢集一身，自宜引咎自责，以谢国人。”[3]此电发出后，冯玉祥又下令张之江部进驻丰台至落垡，要求宋哲元部

①文公直：《最近三十年中国军事史》下编，上海太平洋书店1930年版，第209页。

②吴锡祺：《冯玉祥、郭松龄联合反对张作霖的经过》，见全国政协文史资料委员会主编：《文史资料选辑》第三十五辑，文史资料出版社1963年版。

③《冯玉祥劝奉张下野电》，见《国闻周报》第2卷第47期。

迅速集中多伦，以取热河、赤峰。作为反奉联盟之一的李景林，则仅发一通电以示反响，但未做军事行动。

郭松龄对士官派杨宇霆、姜登选恨之入骨，此次倒戈反奉，必欲彻底打倒他们。时姜登选从安徽败退，拟回沈阳重整旗鼓。26日，姜登选乘专车路经滦州，当即被郭军扣留，旋被郭松龄派人枪毙。事后，郭松龄将枪毙姜登选一事通告全国，称其“攘夺地盘，以武力祸国之心蓄之最久”，“此辈军阀若不铲除，国无宁日”，将之枪毙于滦州，“以为穷兵者戒”①。27日，郭松龄再次通电，指斥杨宇霆的罪行，并再次重申：“此次班师回奉，一俟将祸首驱除之后，即行率同部曲屯垦边境，以固国防。如有妄肇兵戎，操戈同室者，松龄等即视同公敌，力与周旋。倘有包藏祸心，侵及三省尺疆寸土者，更必视若寇仇，誓与相抵。”②

对于郭松龄倒戈反奉，出乎张学良所意料，基于旧谊，曾想以调停之策平息事端。26日，他乘军舰抵达秦皇岛，派人送信给郭松龄。信中说：“承兄厚意，拥良上台，隆谊足感。惟良对于朋友之义，尚不能背，安肯见利忘义，背叛乃父。故兄之所谓统驭三省，经营东北者，我兄自为犹可耳，良虽万死，不敢承命，致成千秋忤逆之名。君子爱人以德，我兄知我，必不以此相逼。兄举兵之心，弟所洞亮。果能即此停止军事，均可提出磋商，不难解决。至兄一切善后，弟当誓死负责，绝无危险。”③

对此，郭松龄不以为然，两次复信表明态度：“龄于奉省情势，知之甚悉，宵小禁严，互相倾轧，已为我东三省造成不良之局。此不但于公无益，即于三省前途亦非佳兆也……龄仍为公事业计，为东三省幸福计，以为此时尚不能即死。现在已知不能回奉，故拼将

①《时报》1925年12月11日。

②《郭松龄第三次通电》，见章伯锋主编：《北洋军阀》(五)，武汉出版社1990年版，第286页。

③《张学良冒险疏通郭氏》，见《申报》1925年12月7日。

此身，仍以效忠于公为职志。已约束部下，分途前进，以清君侧，而驱群小，另造三省之新局面。成则公之事业，败则龄之末局。”①在给张学良的第二封信里，郭松龄在力陈其班师反奉的六条原因后劝告张学良说：“我公对上将军，固应忠孝兼尽。然孝道莫大于贻亲以安，导亲于义。若徒以服从为孝，而长其骄盈侈大之心，是陷亲于不义，委亲于至危，实非圣人无违之义。且尽孝应尽己力所能，不应以数十万官兵生命，东三省国民膏血。我公明达，当思及此。至忠之界说，现今国体共和，主权在民，故吾辈之忠，应忠于国家人民。即狭而言之，亦当忠于地方乡里，决非忠于一人。即松龄之于公，非不感频年知遇之恩，念数载相从之谊，然而为吾东省，为吾国家，则不得不忍痛割舍……总之，松龄愿公为新世界之伟人，不愿公为旧时代之枭雄；愿公为平民所讴歌，不愿公为政客所崇拜。龄临书心痛，涕泪沾襟，暂时相违，终当相聚。徼天之福，大事定后，仍请我公回奉主持一切。设不幸失败，自认驽下，不图恢复，甘愿为农夫以殁世。”②显然，郭松龄和张学良都无法接受对方的条件，双方只能在战场上一见高低了。

郭松龄的部队与奉军真正接战是在连山。1922 年第一次直奉战争奉系战败后，为防止直军攻击，曾由姜登选在连山构筑防御阵地。张作相的吉林部队于琛澄、李杜、季桂林 3 个旅和汲金纯第九师的两个旅从山海关退到连山后，即利用奉军以前构筑的防御阵地，部署阻击郭军。12 月 3 日，郭军先头部队开始与防守连山的奉军接触。奉军左翼为汲金纯的部队，中央为张作相、万福麟的部队，右翼为张九卿的骑兵旅。郭军进攻奉军右翼时，其部富双英团突然投降奉军。此时在锦州指挥作战的张学良责令富双英在前线招降郭军，致使郭军又有好几个营投降奉军，郭军的进攻因此受到很大的挫折。但奉军左翼汲金纯部队的防线却被郭军攻破。5

①《辽宁文史资料》第十六辑，第 171 页。

②《郭松龄在昌黎致张学良书》，见《北京日报》1925 年 12 月 1 日。

日，郭松龄的部队发起总攻。逼近奉军左翼的郭军诈降奉军，并乘奉军将他们往后输送之机，突然包围汲金纯部的一个团，将其缴械，然后从背后扰乱奉军左翼。张学良闻左翼有变，立即推出总预备队，下令全线反攻。但由于与左翼的联络中断，又遭到郭军炮火的猛烈袭击，奉军遂全线崩溃，纷纷乘火车向东退却。当天，郭军进占锦州。8日，郭松龄率总司令部到达锦州，决定休整三天。之后，郭军继续东进，先后占领石山、沟帮子。13日，郭军先头部队占邻白旗堡。18日，郭松龄的总司令部移驻白旗堡。20日，郭军占领新民，与奉军隔巨流河对峙。

### 3. 日本对郭松龄事件的干涉

长期以来，日本在东三省扶植张作霖，不断扩大其在东三省的政治、军事、经济势力和影响。郭松龄自滦州班师回奉，旨在推翻张作霖，势必影响日本在东三省的利益。为此，郭松龄于11月26日致电包括日本驻华公使在内的外国驻华使团，声称："敝军此次为求永久和平，班师沈阳，清除内乱，改造政局，所有东省外人生命财产，完全保护，聘用外人，均依约继续，决不撤换。从前中外条约，继续遵守，想为贵公使所赞同。惟此次兵变期内，东省官吏与外人互结之约，敝军概不承认，更希电达贵国，取中立态度，毋以军械及一切便利军事之行为，资助任何方面。"[①]12月1日，郭松龄又专门致电日本驻华公使芳泽，表明政见，希望日本保持中立，不要支持张作霖，以减轻对己的压力。电文强调说："再此次敝军旋省，如有抗拒义师者，势不得不加挞伐。此种作战行为，亦纯系敝军内政问题，应请转达贵国政府，通饬所部官吏严守中立，不得有供给金钱、军械及一切便利军事之行为，致伤两国亲善之友谊，而失贵国公正之态度，且启敝国军民对贵国之疑虑。"[②]12月2日，郭松龄

①《时报》1925年第12月11日。
②《时报》1925年12月11日。

再次致电外国驻华使团，重申 11 月 26 日通电的内容，希各国保持中立，不致节外生枝。

郭松龄班师回奉，事出突然，对于日本方面来说，“因为过于事出意外，不能不感到哑然若失”[①]，所以日本政府的态度和政策有一个前后变化的过程。开始，以关东军为代表的日本强硬派对郭松龄的反奉之举反应强烈，经与郭松龄接触后认为，“郭的真意不单是对杨(宇霆)有反感，而是要驱张下野”，并已判明“郭欲实行国民党的所谓三民主义。这样一来，被兵乱所扰的东三省，必将引入赤俄势力，在我国防上和满蒙政策上，将惹起严重势态”[②]，应进行武力干涉，甚至已于 11 月 27 日开始向奉天调兵。截至 11 月底，日本驻奉天总领事吉田、日本陆军大臣宇垣都表示了类似态度[③]。为此，12 月 4 日，日本内阁会议专门讨论了中国时局问题。陆军大臣宇垣认为，郭松龄班师攻奉，“其结果大概对奉天不利，或将以张作霖之失败而告终，对日本必有不少不便及不利之处”，因而提出日本应采取的对策是：“目前可尽力采取各种手段，以保护南满铁道沿线日本国民之生命财产。”[④]外务大臣币原则主张：“先出以声明作为手段，尽快通过殷汝耕方面对郭表示，日本确实守严正不干涉主义，并警告郭，如其敢有反对日本在满洲权益之言行，则必将刺激日本之舆论，将惹起重大后果。”[⑤]经过讨论，总理大臣得出如下结论：“此际日本需要采取最慎重之态度，不仅对满洲，对中国各方面之影响都应予以充分考虑。有必要通过殷(按：指殷汝耕)，

---

①(日)东亚同文会编：《对华回忆录》(中译本)，商务印书馆 1959 年版，第 385 页。

②关东军参谋部：《大正十四年支那时局详报其一》，M. T，627，第 6 页，引自任松等著：《郭松龄将军》，辽宁人民出版社 1985 年版，第 160 页。

③(日)猪木正道：《吉田茂评传》(上)，读卖新闻社 1978 年版，第 286、287 页。

④《关于中国时局谈话之概要》，见章伯锋主编：《北洋军阀》(五)，武汉出版社 1990 年版，第 290～291 页。

⑤《关于中国时局谈话之概要》，见章伯锋主编：《北洋军阀》(五)，第 291～292 页。

警告郭军。”[①]

根据内阁会议的精神，币原外务大臣立即指示日本驻天津总领事有田：“我方对中国内乱，持严正不干涉之态度，至今未变。然日本在满蒙之权利及利益若受到威胁及至侵害，则我方断难容忍。为此，郭方对我前述之立场，如有言行投下何种阴影，必将刺激我国舆论，徒生事端。对此，应与殷汝耕恳谈，并让其向郭传达。”[②]不难看出，基于郭松龄已表态保证日本在满洲的权益，且对张作霖在东北地区的统治地位前景难卜及避免引起外交干涉等因，日本政府决定在保证日本利益不受到威胁的前提下先保持中立，以观望时局的进一步发展。为此，日本关东军司令官对张、郭两军提出警告，声称日本“对邻国之动乱，严守绝对不干涉态度；对中国国内一党一派之兴废，亦决无干预之意”，但是必须保障日本“在此之特殊地位及权利”，否则必将“执行必要之措施”[③]。以上是日本对策的一个方面。

另一方面，为了使日本在满蒙的权益不因战乱受到影响和损害，日本曾想斡旋郭张，和平解决双方矛盾。12 月 7 日，币原外务大臣指示日本驻沈阳总领事吉田：“从维持满洲地方治安之立场言之，制止战祸扩大，谋求和平解决之途，此乃最佳方法。两军若有此愿望，帝国政府可向双方表示，甘愿不辞辛劳，居间从中斡旋。对此，贵官在向张作霖提出前述主旨之同时，派内山领事至战地，尽快提出和平解决之劝告。”[④]然而此时郭张之间势同水火，日本的所谓和平努力当然不可能奏效。

在日本宣布保持中立这一态势下，郭松龄、张作霖均积极活

---

①《关于中国时局谈话之概要》，见章伯锋主编：《北洋军阀》（五），武汉出版社 1990 年版，第 292 页。

②《币原大臣致有田天津总领事电》，见章伯锋主编：《北洋军阀》（五），第 293 页。

③《币原大臣致芳泽公使电转发关东军司令官对张郭军之警告》，见章伯锋主编：《北洋军阀》（五），第 293 页。

④《关于斡旋张郭两军和平解决之件》，见章伯锋主编：《北洋军阀》（五），第 294 页。

动,郭松龄旨在坚定日本的中立立场,以便全力对付张作霖;张作霖则希望日本给予他实际的支持,助其打垮郭军。郭松龄于12月11日致函关东军司令官白川义则,一再对保护日本在东三省之权益做出保证①。14日,郭松龄派往日本的代表蔡多祥前往拜会日本外务大臣,外务省岸秘书官代为会见。蔡多祥递交了郭松龄致外务大臣的亲笔信后,又请岸秘书官转达郭松龄的意见:"将始终彻底遵守与日本间之条约,尊重日本之既得利益(但在这次战争中为了与对方作战而签之条约不在此限),并保护日本之生命财产。此际,如日本确守严正中立,则希将此主旨,训令南满洲铁道会社。"②随着战局的变化,日本方面对郭松龄多次进行拉拢、恐吓,但没有动摇郭驱张反奉的决心。

连山大捷后,郭军一鼓作气,于12月7日完全占领锦州,距奉天省城已在咫尺之间。在郭军的攻势下,张作霖感到颓势难挽,一方面准备兵败下野,一方面寻求日本的支持。日方则趁奉张之危提出了《满蒙新约》。张作霖为了赢得日本的支持,不惜出卖国家和民族的利益,在关东军司令官白川义则的代表事先准备好的草约上签了字。据知情者、时任东三省交涉总署处长的罗靖寰和奉天公立医院院长阮振铎的回忆,密约的内容,主要是承认日本人在满洲享有土地商租权和杂居权,在东边道、洮昌道等重要城镇设置日本领事馆等等。交换条件是日本关东军答应对郭松龄发出警告,警告郭军不得在满铁沿线20里内落下一枚炮弹(实际上就是阻挡郭松龄军队开进奉天省城),并在必要时,日本关东军可出兵保护张作霖和担当维持奉天省城的治安。此外,日本还同意满铁火车不载运郭军,并在满铁附属地内(指沈阳日本车站而言)或日

---

①《郭松龄致关东军司令官白川义则函》,见章伯锋主编:《北洋军阀》(五),武汉出版社1990年版,第294～295页。

②《郭松龄特使蔡多祥与岸秘书官会谈纪要》,章伯锋主编:《北洋军阀》(五),第295页。

本租界地内(指旅顺、大连而言)提供给张作霖等要人的避难场所等等①。签约之后,张作霖还曾派奉天省长王永江前往日本驻沈阳总领事馆向吉田总领事表达谢意。

由于郭松龄的部队进军迟缓,张作霖并没有很快失败去职,反而赢得了时间调集黑龙江、吉林的部队增援,阻击郭军;而且,由于张作霖与日本签订的密约,使日本获取了更大的利益,因而日本政府终于改变中立态度,转而支持张作霖,继续扶持他统治东三省,这样对郭松龄的反奉行动显然是十分不利的。

郭松龄在锦州休整三天后,在向东进军的同时,曾派遣一支别动队由沟帮子经盘山趋向营口。12月13日,郭军马忠成旅到达营口,但日本擅自宣布营口为“中立区”,不许郭军进入市内。日本守备队长安沫内勇中佐更不许郭军在营口的河北站渡河。这样,营口便由日本替张作霖保有,从而阻遏并限制了郭军别动队的攻势②。这是日本对中国内政的明显干涉,目的在于支持张作霖而打击郭松龄。15日,日本关东军司令官白川义则向张郭两军发出第二次警告,称“对在南满铁路附属地两侧以及离该铁路最终点约二十华里以内,禁止两军之直接战斗行为”③。关东军显然是帮助张作霖抵抗郭军。南满铁路南起大连北至长春,其附属地两侧20华里以内不准郭军进入,这条铁路无异成为保护张作霖的靠背,使郭军无法进入奉天。更为严重的是,从16日始,日本陆续派兵入境,虽遭到郭松龄的强烈抗议④,但据日方缩小了的数字,入侵日

①罗靖寰:《我所知道的张作霖的对日外交》,见《天津文史资料选辑》第三辑;阮振铎:《郭松龄反奉期间张作霖与日本的勾结》,见全国政协文史资料委员会主编:《文史资料选辑》第三十五辑。

②赵毅:《郭松龄的崛起》,见《辽宁文史资料》第十六辑。

③《关东军司令官向张、郭两军发出的第二次警告》,见章伯锋主编:《北洋军阀》(五),武汉出版社1990年版,第297~298页。

④《郭松龄通电反驳日本(12月17日)》,见《益世报》1925年12月20日。

军已达1万人①,仅奉天附近就部署了1个师团的兵力②。日本的外交和军事举措,无论其措辞如何,但实质是给奉张以支持,给郭军的行动造成阻碍,从而对战局的发展产生了重要影响。

### 4. 巨流河之战和郭松龄倒戈失败

巨流河之战是郭、奉双方最后的决战,但战前形势已发生了变化。郭松龄自11月22日宣布班师回奉后,部队东进速度并不快捷。奉军撤退时多将铁路、桥梁炸毁,郭军大部分只得在冰天雪地中徒步行军,所以部队行动缓慢。加之郭军12月5日占领锦州后,没有立即挥师东进,而是在8日郭松龄到达锦州后休整了三天,13日占领白旗堡后又进行了休整,直到20日才占领新民,与张学良指挥的奉军隔巨流河对峙。从锦州到新民,一路上基本未遇奉军抵抗,郭军却用了整整半个月,使得奉军得以从容在巨流河东岸布防,与郭军进行最后的决战。

奉军在连山的阻击为张作霖赢得了时间,得以调动吉林、黑龙江和热河的部队,新编了两个步兵旅。加之张作霖通过与日方勾结,不但解除了后顾之忧,而且还可以利用南满铁路的便利将大批援军运抵前线,从而调集了8万兵力,在巨流河一带拉开防线。张作霖自任"讨逆军"总司令,准备与郭松龄决一胜负。巨流河之战奉军兵力配备情况如下:前敌中央军司令由张学良担任,所属部队由他原属部队和沈阳教导队等临时改组编成,计有步兵3个旅(王瑞华旅、富双英旅和张廷枢旅)、朱继先预备军和骑兵于芷山旅;左翼由第六方面军军团长吴俊陞任司令,所属部队由奉天、黑龙江两省部队编成,计有3个骑兵师(穆春师、张九卿师、万福麟师)、1个步兵师(汲金纯师)和两个步兵旅(梁忠甲旅、汤玉麟旅);右翼由第五方面军军团长张作相任司令,所属部队由吉林、热河的部队编成,计有

①《日本陆军省公报》,见《申报》1925年12月17日。

②任松等著:《郭松龄将军》,辽宁人民出版社1985年版,第181页。

1个步兵师(姜向春师)、3个步兵旅(李桂林旅、李杜旅、赵维桢旅)和1个骑兵旅(赵芷香旅)、1个骑兵团(陈锡九团)①。张作霖倾全力与郭松龄在巨流河决战,为打败郭松龄孤注一掷,不惜一切代价,在日本贷款的接济下,所有士兵都发给新棉衣、皮大衣、面包、罐头、香烟等,物质供应异常丰富,并将兵工厂储藏的新枪、新炮、弹药全部运出来使用。张作霖还派张景惠以宣抚使名义到前线慰劳奉军官兵,宣布参战的官佐各晋一级,士兵每人发两个月恩饷,而且全部用银元。所以,奉军装备充分,士气也被鼓动起来。

郭军在巨流河西岸自左至右按第一、二、三、四军的次序排列,与奉军对峙。郭军经过长途跋涉,官兵都较疲惫,粮食、衣被、武器弹药均得不到补充,加之官兵离奉天愈近,思乡愈切,不愿与张学良指挥的奉军作战。因此,郭军战斗意志大为低落。

12月22日,奉军右翼向新民以北川心店一带正面的郭军发动猛烈袭击,郭军伤亡很大,约一个旅的兵力被缴械,旅长安玉珍被俘。当天深夜,郭松龄下令全线总攻击。由于参谋长邹作华已暗中通敌,指使人做了手脚,事先将炮弹的引信抽出来②,致使郭军阵地炮声隆隆,却不见奉军目标被破坏,作为郭军唯一优势的炮兵,即如此被瓦解掉了。郭军步兵的进攻则受到巨流河东岸奉军的顽强抵抗,难以突破防线。23日,奉军全线出击,不仅以猛烈炮火轰击郭军阵地,而且还派了飞机由空中投掷炸弹,造成郭军极大伤亡,郭松龄本拟组织反攻,虽"亲立于阵头督师"③,但已难挽败局。于是郭军全线崩溃。当天,奉军左翼吴俊陞的骑兵迂回到郭军总司令部所在地白旗堡的后方,包围了白旗堡。24日晨,郭松龄夫妇带着少数随从在混乱中逃出,乘大车向南逃跑,终被奉军骑兵穆春师

①王之佑:《张作霖击败郭松龄的经过》,全国政协文史资料委员会主编:《文史资料选辑》第三十五辑。

②彭景文:《对郭松龄将军的一些回忆》,见《辽宁文史资料》第十六辑。

③《申报》1925年12月25日。

的王永清团抓获。张作霖获悉郭松龄夫妇被俘，异常兴奋，下令就地枪决。至此，持续一个月的郭松龄倒戈反奉事件结束。

对于郭松龄倒戈反奉，当时的《东方杂志》有这样的评论："要之，军阀以满足私欲而扩充军队，以扩充军队而引起战争。战争以后，胜的一方必论功行赏，必扩大地盘。行赏有所不及，地盘不能将功人悉数位置，于是内部怨望起，裂痕见，而倒戈之举遂不能免了。这是历来各军内讧的最普遍的最重大的原因。这回郭氏的倒戈，当然不能逃出这个原因！"[①]另外，诸如《晨报》[②]等媒体也有相似的评述，反映了当时舆论对郭松龄反奉事件的看法。不可否认，郭松龄之所以倒戈反奉，其重要的原因之一就是张作霖在第二次直奉战争胜利后赏罚不公，郭松龄没有像李景林、张宗昌、杨宇霆、姜登选那样各得到一省的地盘，因此，积怨与新愤一齐爆发。但是，与张作霖在东北实行军阀统治，对外勾结日本帝国主义，对内实行军事独裁，疯狂剥削压榨人民相比，郭松龄反对内战，痛恨战祸，提出"实行民主政治"，"开发地利，振兴实业"，"免除苛税"，确实要比张作霖开明和进步得多。

## 第三节　国民军与北方各派军阀的混战和段祺瑞临时执政府的垮台

### 一、国、奉、直军阀的离合与混战

#### 1. 国奉战争

浙奉战争爆发后，冯玉祥在包头一再通电呼吁和平，声明本人

---

①《东方杂志》第23卷第23号。

②《晨报》1925年11月26日。

决不参加内战,请奉张勿受别人影响,但言下却大有请奉军退出关内之意。张作霖则也在表面上通电与冯玉祥修好,暗中却调兵遣将,准备对付国民军。1925 年 10 月下旬,奉军大举入关。至 11 月上旬,关内奉军已达 40 万人,津浦线上集中在独流至德州一带,京津线上集中在北仓至廊坊一带。而国民军第一、二、三军共 50 万人,北京完全处在第一军的控制之下。

奉系之所以在浙奉战争中一再退却,即为担心后方的国民军乘机攻之。及至退至徐州,前可拒孙传芳、后可挡国民军之时,奉军才稳住阵脚。但为了保全实力,避免与孙传芳力战而消耗军力,奉军又从徐州退兵,放弃与孙军的争斗而欲全力对付国民军。

11 月 6 日,段祺瑞请赵尔巽、王士珍两位元老通电,劝告国奉双方保持和平。7 日,冯玉祥复电,表示尊重和平,并于 9 日致电张作霖表明愿意继续合作。但是张作霖不听劝告,在京津一带增兵四师,并对驻守京畿一带的国民军第一军采取三面包围的态势,即张宗昌在山东,扼津浦路;李景林驻保定、大名,阻断国民军第一、二两军的联系;姜登选驻天津、沧州之间,郭松龄驻滦州、山海关一带。8 日,奉军热河都统阚朝玺部一骑兵团深入京兆域内三河县国民军防地,与鹿钟麟部京兆警备队发生冲突,京兆警备队旋即退出,奉军占领三河县。此时,集中在廊坊的奉军也进一步向国民军防地逼近。

面对奉军的进逼,11 月 8 日,国民军高级将领在北京会议,表示“国民军有维持京师之责”,“不许他种军队有一兵一卒侵入北京”①。河南军务督办兼国民军第二军军长岳维峻则于 8 日、15 日两次到徐州,与孙传芳会商进攻奉军事宜,并达成以下协议:孙传芳所部“五省联军”至徐州后不再北进,“以北军事,由国民军任

①《申报》1925 年 11 月 10 日。

之”[①]。岳维峻遂即制定了兵分两路，同时进攻直、鲁两省的军事计划：任第七师师长邓宝珊为北路总指挥，率部由京汉线北上，进攻保定、大名，东攻德州，以拊济南之背；任第九师师长李纪才为东路总指挥，率师由兰封东攻曹州，取道济宁、兖州、泰安，以攻济南[②]。

11月12日，冯玉祥致电段祺瑞，谴责奉系炫耀武力，在北京附近增兵十万，但他又声明，为了抵制吴佩孚，仍然“对奉相谅，不与相争”。实际上，冯玉祥已决定向张作霖提出奉军退出热河，交还保定、大名和天津中立三个强硬要求。国奉矛盾的表面化，造成京畿一带的紧张局势。

就在国奉危机一触即发之时，张作霖、张学良父子对驻扎在滦州一带的郭松龄起了疑心，为了应付奉系内部的可能之变，张作霖决定对国民军予以退让。11月11日，段祺瑞的代表吴光新与来津的张学良举行会商，向鹿钟麟提出以国民军退出北京为条件，奉军撤出三河，鹿钟麟在向冯玉祥请示后表示同意。13日，段祺瑞发布命令，提出“所有京汉铁路沿线应责成冯玉祥、岳维峻尽力维持”，“津浦铁路全线仍责成张作霖、李景林妥为办理”，“京畿驻兵，均着即回复此次军兴以前原状”[③]。同日，张作霖、李景林致电段祺瑞，表示服从中央命令。冯玉祥也电段表示：“玉祥素抱无争无党之怀，此次变兴，始终退让，正所以副钧座爱国爱民之至意。但期各方一致听命，职部绝对服从，以维大局。”[④]随后，奉军撤出三河、廊坊，国民军也开始撤退北京附近的军队，鹿钟麟部第一师撤至丰台，宋哲元部第十一师退至通县、顺义一带，京畿形势稍见

①李泰棻：《国民军史稿》，见来新夏主编：《中国近代史资料丛刊·北洋军阀》(四)，上海人民出版社1993年版，第386页。

②李泰棻：《国民军史稿》，见来新夏主编：《中国近代史资料丛刊·北洋军阀》(四)，第387页。

③孙曜：《中华民国史料》第三，上海文明书局1929年版，第170页。

④彭明主编：《中国现代史资料选辑》第二册，中国人民大学出版社1988年版，第131页。

缓和。

11月16日，奉方代表李景林、郭瀛洲与国民军代表张树声、王乃模在天津直隶督署会商，签订和平协定八项：(1)奉军让出保、大，京汉路全线予国民军；(2)山西地盘由国民军支配；(3)国民军由海道输入之军用品，奉军不得阻碍；(4)京畿一带双方均不驻兵；(5)津浦全线归奉军；(6)长江下游为奉军发展地，上游为国民军发展地；(7)中央政权奉、国各半；(8)财政收入，奉、国平均分配①。22日，双方在北京成立镇威军国民军联合办事处，推镇威军马翰荣、国民军史之照为常任委员，处理执行和平协定的日常事宜，是日还召开了第一次会议。

11月18日，国民军第二军北路总指挥邓宝珊根据国奉双方达成的协定，派先头部队刘继邦旅开赴保定接防。驻保奉军派师参谋长高伟等前往交涉，提出待辎重及开拔手续完竣后，约迟5日，即再行让防。直隶督办公署参谋长张化南亦电请刘继邦暂缓接防，以免误会。但刘继邦以未奉岳维峻静候奉军退出再进驻保定的命令，仍要即晚入城。当晚，刘率兵一营向保定前进。车行至保定车站，遭奉军袭击，双方在保定西门外苑七里店发生冲突，互有伤亡。后奉军渐形不支，乃退避入城。这时，国奉双方驻京代表史之照、郭瀛洲等乘专车抵达保定；段祺瑞临时执政府也派马良、魏宗瀚两人为特派员，赴保调停战事。经调解，奉军于当晚撤出保定，国民军于翌日入城驻防②。冲突虽然很快平息下来，但却使李景林大为不满，他认为：保大让防，应仅指京汉路沿线保大两地，而隶属直境之地方行政等事，不能一并让出，现豫军遽尔进占保大，有违明令，这就不能不加深其对国民军的猜疑。

其实，此次国奉关系由紧张转而缓和，皆因国奉双方各有打

---

①《最近电传之张冯和平消息》，见长沙《大公报》1925年11月22日。

②李泰棻：《国民军史稿》，见来新夏主编：《中国近代史资料丛刊·北洋军阀》(四)，上海人民出版社1993年版，第388～389页。

算。奉系欲集中力量解决内部问题，不便与国民军开衅；而国民军亦不愿独自与奉军开战，欲趁奉系内部开战之后再行动作，以坐收渔人之利。11月19日，冯玉祥致函张作霖，公开指责其自上年政变以来"迷信武力"，"过河拆桥"，一年之间，先后驱逐了王承斌、郑士琦、王揖唐、卢永祥，夺得直隶、山东、安徽、江苏四省地盘，并在京畿一带增兵数万，以谋夺国民军的地盘，愤而表示："如我兄认为弟有合作之必要，有帮忙之必要，弟就来合作帮忙。否则，惟有静待缴械而已。"[①]此函既发，冯玉祥即开始部署战守，准备与奉军开衅。11月22日，郭松龄发出班师回奉的通电后，冯玉祥立即于25日通电响应，力劝张作霖下野，并派宋哲元部集中多伦，直取热河。30日，奉系热河都统阚朝玺通电，表示率所部离热归奉屯田。冯玉祥乃令宋哲元部开赴热河，占有其地。国民军第二军邓宝珊部进驻保定后，此时又想夺取直隶其余的地盘。12月2日，更有国民军开到落垡，向直隶督办李景林要求假道援郭。于是，国民军与李景林的矛盾激化起来。

李景林与张宗昌独霸一省地盘后，均有脱离奉系张作霖而谋独树一帜的倾向。因为他们在东北军内感到经常受歧视，遂不愿效忠张作霖。11月22日，郭松龄与冯玉祥之间签订密约后，郭松龄也拉李景林加入郭冯同盟，并代表李景林提出了条件。郭松龄通电班师回奉后，11月25日，李景林通电保境安民，与奉系脱离关系，并劝告张作霖下野。李景林之所以加入郭冯同盟，无非为扩充势力，将直隶、热河控制在其手中，同时减轻国民军对他的压力。但是，国民军第二军进驻保定后，仍然向李景林部进逼，冯玉祥的部队又占领了热河，并没有兑现郭冯密约中的条件。加之此时张作霖又派许兰洲前来游说，劝告李景林脱离郭松龄、冯玉祥。李景林于是改变态度，于12月2日发表通电，宣称"职司守土，保卫地

---

①李泰棻:《国民军史稿》，见来新夏主编:《中国近代史资料丛刊·北洋军阀》(四)，上海人民出版社1993年版，第420页。

方，此后倘有对于直隶扰害秩序、破坏和平者……惟有率我健儿，捍我疆土，人不侵我，我不侵人”。同时，还将郭松龄解津关押的奉军师长、旅长全部释放，送回沈阳，以示与郭松龄断绝关系，向张作霖表示忠诚。3日，冯玉祥派熊斌等赴直隶督办公署会商，要求李景林就合作援郭反奉表明态度，此时李景林已决心附奉讨冯，乃声明他的态度就是讨伐冯玉祥并下令将熊斌等扣压起来，扬言要处死他们，经左右劝阻，始予释放。4日，李景林公开通电讨伐冯玉祥，宣称：“试思冯玉祥助长赤化风潮，扰乱邦家，若不及时剿除，势将危及国本，陷于万劫不复之地……景林战愤填膺，绝不与冯贼共立于化日光天之下，用敢率我十万健儿，声罪致讨，不为党争，不为利战，惟恃此人道主义，以与国贼相周旋，且惟冯贼玉祥一人是讨。”并扬言：“总之，此次讨贼，不问敌不敌，只问赤不赤。”①讨冯通电发出后，李景林即开始积极部署军事，准备与国民军决一死战。他将所部军队六七万人分布于南、北两路，三分之一的兵力布置于南路的良王庄、静海、马厂之间，由李爽垲任总指挥，以抵御国民军第二、三两军；五分之二的兵于布置于北路的北仓、汉沟镇、韩家墅、军粮城、杨柳青、王庆坨等处，由马瑞云任总指挥，以抵御国民军第一军。余为总预备队②。与此同时，他又联合有关方面协调行动，以图一举歼灭冯军。他首先向奉天通报准备即刻开始动作，请张作霖迅以大兵反击郭松龄，以收前后夹攻之效；又致电张宗昌，请将德州驻军向北增援，会同桑园张宪所部之第三混成旅，策应左侧；再致电阚朝玺，促其死守冷口，以免热河国民军援郭。

国民军则从南、北两路夹攻天津，张之江、郑金声率国民军第一军担任北路，由落垡进攻杨村；邓宝珊、徐永昌分率国民军第二、三两军担任南路，由保定进攻马厂。12月7日，南路邓宝珊部向

---

①章伯锋主编：《北洋军阀》(五)，武汉出版社1990年版，第319～320页。

②李泰棻：《国民军史稿》，见来新夏主编：《中国近代史资料丛刊·北洋军阀》(四)，上海人民出版社1993年版，第423页。

马厂进攻，遭李景林部顽强抵抗，经过反复争夺，11 日攻克马厂。北路张之江部于 9 日分三路向杨村李景林部阵地发起攻击，李军负险防守运河南岸，张部虽然迭次冲锋，均未得手。次日晨，国民军用猛烈炮火掩护步兵涉水登岸，李军不支，向汉沟、北仓退却，张军占领杨村。

由于国民军与李景林部的激烈战斗使京津、津浦两线火车停开，从北京开往天津的国际列车也不能通行，帝国主义列强遂以此为借口干涉中国内政，支持李景林反对国民军，阻止国民军进占天津。12 月 11 日，外交使团推选荷兰驻华公使欧登科向国民军将领鹿钟麟提出抗议。12 日，日本天津驻屯军司令官小泉又代表各国驻华北军队向国、奉双方提出抗议，以帝国主义强加给中国人民的不平等条约——《辛丑条约》为依据，要求双方不得在距津 20 里内驻军、作战。19 日，外交使团甚至向国民军发出最后通牒，限 24 小时内答复关于开行国际列车一事，并限三天内收束战事，否则将实行武力干涉。22 日，日本内阁会议决定由旅顺派遣日军一营约官兵 230 名赴天津，接着又派军舰到马公岛等处。当时日本在中国的军舰已达 27 艘之多，海军官兵及陆战队士兵超过 7000 人①。

占领杨村的国民军不顾帝国主义列强的抗议，继续向天津进兵。12 月 12 日，北路张之江部三面包围北仓，李景林部依仗坚固战壕对峙，并伺机反攻，双方展开了极其猛烈的争夺战，伤亡重大。最后，北路李景林部夺回杨村，攻克落垡；南路李军也夺回马厂。

李景林部反攻得手后，冯玉祥下令国民军暂停进攻，并从热河、绥远等处调来宋哲元、李鸣钟的部队应援。李景林乘胜进兵，电请山东督办张宗昌派兵支援，张宗昌乃派程国瑞、徐源泉两军开往青县、沧州一带，援助李景林。12 月 20 日，国民军下总攻击令，北路张之江、李鸣钟、宋哲元均赴前线督战，其右翼向黄后店、敖咀之线展开，左翼向王平镇展开，中路向汉沟镇展开。21 日，国民军

①《国闻周报》第 2 卷第 50 期。

占领汉沟,22日,攻克北仓。南路邓宝珊部同时反攻马厂。这时,绕道唐山、芦台的国民军第九师唐之道部已于14日进占塘沽,19日占领新河,从东面迫近天津,使天津陷入半月形包围之中。24日,李景林下令放弃天津,向沧州、德州撤退。25日晚,逃入天津日本租界的李景林率部分亲随乘日轮济通丸号前往大连,经青岛,于29日行抵济南。12月24日,国民军进占天津。25日,段祺瑞下令免去督办直隶军务善后事宜兼署省长李景林之职,以孙岳继之。29日,孙岳通电就任直隶督办。

国民军赢得了这场对李景林的战争的胜利,但是,从反对奉系军阀的主体张作霖这个全局来看,这场战争既把已开始与奉系离心的李景林重新推回张作霖的怀抱,同时又拖住了国民军,使其无法实践援助郭松龄向奉天进军的前约,这也是郭松龄倒戈反奉失败的原因之一。

李景林由海道南下到济南后,他的部队大部分也由天津败退到山东。李景林将退入鲁境的直军残部加以改编,与张宗昌鲁军联合,称为直鲁联军,准备回攻国民军,重新夺回天津和直隶全省。

此前,张宗昌所控制的山东地盘也遭到岳维峻所部国民军第二军的进攻。11月19日,进攻鲁南的国民军第二军王为蔚部配合孙传芳"五省联军",分三路围攻韩庄,奉军不支败走,韩庄遂为国民军和"五省联军"占领。进攻鲁西的国民军第二军李纪才部于11月中旬由河南兰封突入山东,一路进展顺利,克曹州,占济宁,到11月底已越过泰安进至济南城外的八里洼,准备进攻济南。11月21日,临时执政府致电岳维峻,令其"迅饬赴鲁军队开回原防,免致纷扰",但岳置之不理①。12月3日,张宗昌宣布"保境安民"。5日,山东省议会等团体发表通电,共举张宗昌为"山东保安总司令",并宣布鲁省自治。电称:"军兴以来,急应保境安民,共图自卫,现在政府已不能行使职权,山东人民陷于兵祸之中,水深火热,

---

①《国闻周报》第2卷第46期。

呼吁无门。我鲁人为全省治安计，已公举山东督办兼省长张宗昌为山东保安总司令，维持鲁省公共安宁，并实行鲁省自治。任何方面军队借口侵入，定即合力抵御，以免扰害地方，在中央政府未完全恢复政权之先，无论有何命令，概不承认。"[①]国民军与张宗昌的战争全面爆发。与直隶战场不同的是，国民军在山东战场是先胜后败。这一方面是因为孙传芳未有效配合国民军在山东的进攻，另一方面则是由于吴佩孚对国民军的分化瓦解。李纪才所部虽隶属国民军，成分却极为复杂，有一大部分是由原属直系的豫军改编的，如王为蔚、王维城、田维勤等军。吴佩孚东山再起后，乃令靳云鹗入鲁，秘密勾引这些原属直系的豫军，收为己用，王为蔚、王维城、田维勤等人果然投到靳云鹗旗下。靳云鹗初入鲁时，表面上仿佛与国民军一致，也是去攻鲁的，但在取得原属直系的豫军的统率权后，便与李纪才冲突起来，且秘密与张宗昌联络，使李纪才进攻济南的计划因而难以实现[②]。12月初，张宗昌部与李纪才部的剩余部队在泰安附近发生激战，李军因孤军深入，后援困难，终于不支，退守大汶口以南。

及至12月下旬李景林失败，天津为国民军占领，张宗昌顿有唇亡齿寒之感。于是，他一方面与败逃到山东的李景林联合，组成直鲁联军；另一方面又极力促成直系吴佩孚与奉系张作霖的联合，企图以"反赤"为名，合南北军阀之力，一举剿灭带有一定进步倾向的国民军。

### 2. 直奉军阀的"反赤"联合

帝国主义为了争夺独占中国的地位，有时需要分别扶植不同的军阀势力，以充当它们的侵华工具；而一旦它们的权益受到威胁

---

①中国第二历史档案馆编：《中华民国史档案资料汇编》第三辑《军事》(三)，江苏古籍出版社1991年版，第395页。

②李剑农：《戊戌以后三十年中国政治史》，中华书局1965年版，第382页。

时，又常常会把这些军阀暂时联合起来，一致进攻中国人民和扑灭倾向于革命的势力。1926年初，直、奉军阀的反革命联合和吴佩孚、张作霖共同“反赤”，便属于后一类。

1925年底，在取得对直隶督办李景林战争的胜利后，国民军处于鼎盛时期，拥兵数十万，占据北京、察哈尔、绥远、河南、陕西、甘肃、热河、直隶及山东的部分地区。由于受革命形势和北方群众斗争的影响，加之当时以李大钊为首的中共北方区委采取了联合国民军、打倒段祺瑞和张作霖的策略，冯玉祥国民军逐渐倾向于国民革命。李大钊曾与冯玉祥谈过当时的政治形势，亲自对冯玉祥做工作，并派其他同志向冯玉祥麾下的主要将领宣传和解释中国共产党打倒帝国主义、打倒军阀、打倒土豪劣绅等政治主张。中共北方区委还派一些同志直接深入到国民军中去，做下层军官和士兵的工作。受国民革命的影响，冯玉祥曾密嘱京畿警备司令鹿钟麟，对群众运动要加以保护。中共还通过与国民军的关系，救出了“二七”大罢工以来被捕的工人领袖，恢复了京汉铁路失业工人的工作，铁路工人运动又重新发展起来。

国民军势力壮大及其倾向革命，使全国革命形势急剧改观，“仿佛南方国民政府与北方国民军可以会合起来，支配全国政权，成功一比较赤色的政府之形势”①。这对帝国主义和直奉军阀是致命威胁。因此，帝国主义和直奉军阀以及一切反革命势力无不攻击国民军的所谓“赤化”，甚至把冯玉祥当作“赤化将军”看待。日、英帝国主义在1925年底至1926年初便策动奉张与直吴结成反革命联盟，使他们在“反赤”的目标下，共同进攻国民军和扑灭南方革命势力。当时《泰晤士报》曾载文赤裸裸地鼓吹：“使张作霖和吴佩孚达成协议，就能把整个华北和华中紧紧地掌握在铁拳之中，

①中央档案馆编：《中共中央文件选集》第二册，中共中央党校出版社1989年版，第111页。

在这之后对付革命的南方就不难了。”①日本军政界要人田中义一更专门派鹫泽舆赴汉口对吴佩孚进行游说，谓日本方面甚望吴、张能实现合作，若双方合作成功，对各方面均甚有利，日本愿为此从中斡旋，以支持吴、张合作，打击亲苏俄和国民党的冯玉祥。吴佩孚对日本方面的提议极为心动，让亲信张志潭向鹫泽舆表明其态度道：“贵方提出吴、张提携的意见是可行的。”②替吴佩孚负责外交事务并参与了与鹫泽舆会谈的孙润宇为此情不自禁地说道：“外交方面欧米（美）本无问题，日本近亦甚了解。”③这时的政治形势，正如《向导》周报所指出的：“现在中国的政局，已到了一个很危急的时期，便是日本帝国主义（自然英、法帝国主义在内）及其走狗奉系军阀和直系军阀联合战线，一致对付国民军、广州政府和民众之趋势。”④

奉、直军阀化干戈为玉帛，由敌对双方一变为“反赤”盟友，既是日、英等帝国主义从中撮合的结果，也是它们的反革命本性所使然。吴佩孚自第二次直奉战争失败后，一路颠沛亡命，最后辗转到了岳州，托庇于湖南地方军阀赵恒惕的保护之下。吴以败军之将客居岳州，并不甘心就此雌伏，仍是积极联络南中各省将领，伺机东山再起。1925 年 10 月爆发的浙奉战争，终于为他乘势再起提供了绝佳机会。10 月 19 日，吴佩孚在岳州发表通电，声援孙传芳起兵反奉。21 日，吴渡江至汉口，通电就任“川黔粤湘浙闽苏皖赣鄂豫陕甘晋十四省讨贼联军总司令”，设总司令部于汉口东北之查家墩。嗣在汉口召开军事会议，“决派兵假道河南，会攻徐州”⑤。

①拉狄克：《对中国最近事态的评价》，见《苏联〈真理报〉有关中国革命的文献资料选辑》第一辑，四川省社会科学院出版社 1985 年版，第 165 页。

②《田中义一文书》[6]，第 129 页，1925 年 11 月 27 日鹫泽舆给田中义一的报告。

③《孙润宇致汪荣宝函》，见《近代史资料》1963 年第 4 期，第 103 页。

④述之：《帝国主义与军阀的联合战线还是民众的联合战线》，见《向导》第 143 期。

⑤李泰棻：《国民军史稿》，见来新夏主编：《中国近代史资料丛刊・北洋军阀》（四），上海人民出版社 1993 年版，第 390 页。

22日，吴发表外交宣言，承诺“对于有约各友邦，从前所定之通商条约，暨已经解决之成案，必特加以尊重，刻在我联军范围以内，各省侨居外人之生命财产，必一律切实保护”①。其意图很明显，就是通过承认帝国主义列强在中国的既得侵略权益，以换取它们的支持。24日，吴又通电讨奉，内称：“乃者张作霖贪天之功，不自戢其兵，既盗直隶，旋攫山东，更为豕蛇，洊食苏皖。奉军所至，贪饕姿（恣）虐，种种无状，实建国以来所未有。”慨然表示他将“誓歼戎丑，为民请命。其济也，国民之灵与诸将之助；不济，则佩孚无所逃罪”②。从吴佩孚的列次通电中不难看出，他起初是把奉系军阀作为头号敌人看待的，其“所谓讨贼，即明指奉方”③。但随着形势的发展，其讨伐的对象发生了实质性的变化，由讨奉一变为讨国民军，“讨贼名义不变，而贼之内容不同”④。

郭松龄倒戈反奉与国奉战争的爆发，是直、奉军阀握手言欢、结成“反赤”联盟的转折点。李景林、张宗昌因遭到国民军的攻击，他们所控制的直隶、山东两省地盘大有不保之虞，因而极力主张与吴佩孚联合，“谓宁可使直、鲁地盘给与直派，绝对不愿归于国民军之手”⑤。及至直隶沦陷，山东孤悬，张宗昌更是急切地拉拢张作霖与吴佩孚携手结盟，以共同对付国民军。他为此秘密派人向吴

---

①《讨贼联军总司令吴佩孚发表外交宣言通电》（1925年10月22日），中国第二历史档案馆编：《中华民国史档案资料汇编》第三辑《军事》（三），江苏古籍出版社1991年版，第386页。

②《吴佩孚声罪致讨奉军南侵屠掠直鲁苏皖人民等情通电》（1925年10月24日），中国第二历史档案馆编：《中华民国史档案资料汇编》第三辑《军事》（三），第387～389页。

③李泰棻：《国民军史稿》，见来新夏主编：《中国近代史资料丛刊·北洋军阀》（四），上海人民出版社1993年版，第390页。

④李泰棻：《国民军史稿》，见来新夏主编：《中国近代史资料丛刊·北洋军阀》（四），第391页。

⑤古蓨孙：《乙丑军阀变乱纪实》，见荣孟源、章伯锋主编：《近代稗海》第五辑，四川人民出版社1985年版，第573页。

佩孚游说："国民军攻直，直终须归国军。若再下鲁，直、鲁、豫、陕、甘及三特别区联成一气，势不可当。奉、鲁固不幸，然于公何益！"吴佩孚本来就对冯玉祥恨之入骨，乃致电在山东指挥讨奉战事的部将靳云鹗，谓"鲁省关系重要，可相机办理"。靳云鹗遂即与张宗昌的代表潘复密约议和，并嗾使原属直军现已投归国民军第二军的陈文钊、王为蔚、田维勤等部倒戈反岳(维峻)。国民军第二军在山东的攻势顿时受挫，李纪才不得不改攻为守，将所部主力撤至曹州，以保豫省门户。张宗昌则得到了喘息的机会，逐渐掌握了战场上的胜势。"吴部之靳，奉方之张(宗昌)，既已携手，由靳、张周旋，吴佩孚、张作霖意见亦近"①。1925 年 12 月 31 日，吴佩孚通电宣布结束讨奉战事。翌年 1 月 5 日，张作霖致电吴佩孚，公开表示谅解，正式提出联合问题。吴佩孚立即回电赞同，并痛陈对冯玉祥的愤恨之情道："从前冯玉祥倒戈，令我痛心；现在的郭松龄的倒戈，想必你也是很痛心的。我生平最恨的就是这些反复无常的小人，现在我很愿意援助你。"②自此之后，张吴之间，互派使者，来往密切，张派其代表杨宇霆和吴的代表蒋方震在大连会晤，"大体上成立了谅解"③。奉系的重要人物张景惠又前往汉口，"向吴表示张作霖之好意，且愿……嗣后与吴合作"④。张景惠与吴佩孚的代表张志潭在汉口会晤多次，"渐次使合作成为固定"⑤。吴佩孚还派吴天民、杜孝穆等人至奉，"商议直奉联合进攻国民军计划"⑥。经过反复磋商，双方最后达成协议：张、吴合力消灭国民军；事成奉军出关，以直、鲁归吴；中央政府及陕甘地方悉听吴处置，关外则由张

①李泰棻：《国民军史稿》，见来新夏主编：《中国近代史资料丛刊·北洋军阀》(四)，上海人民出版社 1993 年版，第 391 页。

②李剑农：《戊戌以后三十年中国政治史》，中华书局 1965 年版，第 382 页。

③东亚同文会：《对华回忆录》，商务印书馆 1959 年版，第 393 页。

④《盛京时报》1926 年 1 月 20 日。

⑤东亚同文会：《对华回忆录》，商务印书馆 1959 年版，第 393 页。

⑥述之：《民众应急起向吴佩孚下总攻击》，见《向导》第 144 期。

统治;而张宗昌、李景林原非奉系,可得三特区(绥远、热河、察哈尔)之地盘[①]。至此,昔日互相敌对的两大军阀集团,终于明目张胆地结成了反革命联盟。这一联盟的缔结,给当时的中国政局投下了一片浓重的阴云。中国共产党、中国共产主义青年团为此专门发表了告全国民众书,指出:"这是反奉战争起后,中国政局上最大的变动——由进步势力结合进攻反动势力的局面,转而成了反动势力结合进攻进步的势力的局面。"[②]广东国民政府也发表宣言,对直、奉军阀忽儿对峙开战,忽儿携手结盟的行径进行严厉抨击:"昔日吴张二凶,势成对峙,战争不息,以苦吾民;今则二凶合并,并从事于祸国殃民行为。"[③]

直奉军阀反革命联盟的缔结,给冯玉祥国民军造成了极大威胁。为了转移敌人的视线,以免过早与直奉军阀联盟展开正面交锋,同时也为缓和国民军内部日趋严重的矛盾纠纷,1926 年 1 月 1 日,冯玉祥致电段祺瑞,恳请辞去本兼各职,并通电合国,宣布下野。

冯玉祥在通电中对张作霖的关内扩张政策进行谴责并对国民军与李景林的战争进行解释后,表示:"玉祥鉴于武人专断,每恃战胜余威,把持政权,追溯往事,辄为痛心。此次侥幸克捷,胜亦不武,又何敢贪天之功,自贻伊戚。值兹千钧一发之机,彻底澄清之会,仍宜本和平之素衷,谋国家之改造。但愿战争从此结束,俾人民得资休养,玉祥个人应即日下野,以卸仔肩。于是则造谣惑众者可以息止,而挑拨是非者失所凭依……玉祥既无学识,复乏经验,以之治国,无益苍生,以之治军,空累袍泽,与其遗误将来,见讥国人,莫若早日引退,庶免咎戾。除另呈辞职外,当即时解任,还我初

---

①李泰棻:《国民军史稿》,见来新夏主编:《中国近代史资料丛刊·北洋军阀》(四),上海人民出版社 1993 年版,第 391~392 页。

②《中国共产党中国共产主义青年团因为吴佩孚联奉进攻国民军事告全国民众》,见《向导》第 145 期。

③《国民政府对时局宣言》,见上海《民国日报》1926 年 3 月 5 日。

服。所有国民军名义早经通电取消，此后咸属国军，不再沿用国民军名义。并声明自电达以后，凡以政事而见教之宾客，一律敬谢，凡因职位而惠赐之文电，恕不作答，以示决心。”①

1月4日，冯玉祥将军权交与张之江后，由张家口退居平地泉，准备由库伦到苏联，往欧洲游历。至于国民军第一军所占地盘，冯玉祥与部属议决，划分为五区，即京畿附近、口北及察区、绥远、热河、甘肃，以鹿钟麟、张之江、李鸣钟、宋哲元、刘郁芬分任总司令，向段祺瑞临时执政府推荐任命②。6日，张之江、李鸣钟、鹿钟麟等联名发表通电，表明国民军拥护中央、力避内争并将从事于开发西北的心迹道：“当此时艰孔亟，来轸方遒，支柱倾危，敢辞努力，仅以三事，告我同胞。中央政府国本攸关，五族一家，素深翊戴，冯公虽去，此志不渝，属在防区，益当听命，拥护中央。此其一。共和国家，民为主体，爱民主旨，时所服膺，休戚相关，好恶与共，救灾捍患，敢不竞竞尊重民意。此其二。奉令防边，于兹一载，一切计划，以次推行，大业初基，成规粗具，同心协力，深惧弗胜。此后内争，誓当力避，开发西北，注重民生。此其三。”③但冯玉祥等的隐忍退让，并没能促使直奉军阀放弃对国民军的进攻，反而更助长了它们的嚣张气焰。在这种情况下，国民军不得不起而应战。国民军与直奉军阀联盟的战争于是爆发。

1926年1月中下旬，国民军与直奉军阀联盟的战争分别在山海关、山东、河南等地全面展开。

山海关方面，1月11日，张作霖以讨伐郭松龄残部魏益三（已改编为国民军第四军）为名，通电出兵，向关内进攻。魏军不支，退守昌黎、滦州。19日奉军占领九门口和山海关。国民军为防奉军

①《国闻周报》第3卷第2期。

②李剑农：《戊戌以后三十年中国政治史》，中华书局1965年版，第383页。

③《西北军将领张之江等发表关于冯玉祥引退后拥护中央开发西北力避内争通电》（1926年1月6日），中国第二历史档案馆编：《中华民国史档案资料汇编》第三辑《军事》（三），江苏古籍出版社1991年版，第398～399页。

长驱直入，由鹿钟麟率韩复榘第一师、佟麟阁第十一师、郑金声第三师、孙连仲骑兵第二师等部开抵滦州、卢龙一带布防；同时派张永荣师、刘山胜师、宋哲元师等部向热河朝阳、冷口、喜峰口等地出动，以牵制奉军后路。此时，奉军因见魏益三部撤防迅速，疑中埋伏；又因中东路事件爆发，与苏联发生纠纷，因此未敢遽然向关内进逼。26日，张作霖电令山海关前线军队“即日撤退，守护奉境”①。国民军因几面受敌，处境不利，也停止进攻。国奉两军在山海关一带遂成相持局面。

山东方面，李景林残部与张宗昌所部鲁军组成直鲁联军后，即兵分十路，向山东境内的国民军第二军发起进攻。李景林担任鲁省北路战事，张宗昌担任鲁省南路战事。1月19日，张宗昌向退守大汶口以南的国民军第二军李纪才、田玉洁两部发动强攻。当天下午2时，克复汶上；下午3时，鲁军经过激战，进占宁阳，国民军退守济宁。23日，靳云鹗在泰安与张宗昌、李景林会晤，签订联合条约，由张宗昌协助靳云鹗军饷，靳部由山东向河南进攻②。自24日起，鲁军向国民军第二军发动全面攻势，接连攻下济宁、嘉祥、巨野、曹州、郓城、荷泽等地。此时，吴佩孚所部直军进攻河南正急，岳维峻令攻鲁国民军全部撤回河南布防，山东遂尽入直鲁联军之手。

张宗昌将鲁南各属次第克复，将国民军全部赶出鲁境后，即以主力由曹州、济宁、泰安迅速向德州方面集中，准备“大举讨冯，分攻津保”。他于2月9日致电张作霖，表示大军“一星期内即可集中完毕，施行总攻击”，他本人将“亲赴前方督战，以励士气”，并敦请张作霖电令张学良、吴俊陞、张作相饬榆关、滦州方面之军队“亦照上述时间准备夹击，俾京汉、保大间一举而定。热河方面能同时出击，尤足捣冯老巢，予以根本解决也”③。11日，张作霖复电张宗

①上海《民国日报》1926年1月29日。

②李剑农：《戊戌以后三十年中国政治史》，中华书局1965年版，第383页。

③辽宁省档案馆编：《奉系军阀密电》第三册，中华书局1987年版，第4页。

昌，就进攻国民军问题向他密授机宜道："兄意对于赤军，彻底解决，各个击破。俟鄂、鲁、直各军，于直境联成一气时，作一大包围局面。至必要时机，滦、热方面，一齐动作，可以一鼓擒渠。"他要求张宗昌、李景林"尽可本此意旨，放心做去，此事成算在胸，当可稳收胜利也"①。

2月12日，张宗昌部左翼进至河间，右翼抵达盐山，正面军队陆续集中于东光、泊头一带。海军也同时出发，拟由大沽、塘沽附近登陆。此次张宗昌、李景林两部以直鲁讨贼联军名义先行出发，北上者共为七军。李景林所部三个军，第一军军长荣臻，以直军第一师及第二、第五、第六三个混成旅编成；第二军军长胡毓坤，以直军第四、第七、第八三个混成旅编成；第十军军长苏锡麟，以直军第一、第三两个混成旅编成。张宗昌所部四个军，第四军军长孙宗先，以鲁军第五师及骑兵第十五旅编成；第五军军长王栋，以鲁军第二十、第三十两师编成；第六军军长褚玉璞，以鲁军第二十三、第二十五、第七十四、第三十五、第六十五师编成；第八军军长毕庶澄，以鲁军第三十二师、海军陆战队一旅编成。渤海舰队全部亦同时由海道出发。张宗昌、李景林分任直鲁联军总司令，以褚玉璞为副司令，帮同指挥作战。另有总预备队，由张宗昌、李景林统率。预定第一期作战目标为：第六军由德州沿津浦线向天津攻击前进，第五军由德州沿阜城、献县向大城攻击前进，第二军由宁津沿盐山向小站攻击前进，第四军由德州沿武强、饶阳向高阳攻击前进，第十军由德州沿衡水、安国向保定攻击前进，第一军由故城沿冀县、宁新、无极向保定攻击前进，另以一部由南宫、柏乡经京汉线向保定攻击前进。②

2月20日，直鲁联军攻下沧州，24日陷马厂，攻静海，占唐官屯，与国民军第一军在陈官屯接触。28日，毕庶澄率渤海舰队及

---

①辽宁省档案馆编：《奉系军阀密电》第三册，中华书局1987年版，第5页。

②辽宁省档案馆编：《奉系军阀密电》第三册，第7～8页。

鲁军第三十二师由海陆两路开拔，广利号、成利号两舰运输军需，2000人由海道赴大沽，5000人由陆路赴济南转北进攻天津。褚玉璞也赴济宁调兵北上，张宗昌委其为鲁军总指挥，准备大举进攻天津。

因前方战事紧急，鹿钟麟于2月27日晚从北京动身赶赴前线。28日晨，鹿钟麟在陈官屯与韩复榘会晤，决定反守为攻。28日晚，国民军下总攻击令，分三面作战，正面在子牙河北岸，东面陈官屯，西面姚家渡，限一星期内收复各防地①。李景林以唐官屯无险可守，退守减河南岸，司令部则移驻沧州。3月2日、3日两天，国民军与直鲁联军在唐官屯夹减河对阵。4日，鹿钟麟赴唐官屯督战，双方互有进退。6日，鹿钟麟下总攻击令，右路占领姚家渡、李家庄，左路占领杨家店，包围马厂。旋因国民军第一军骑兵旅王镇淮部绕河间攻沧州后路，直鲁联军不及防备而大败，遂失马厂，退守沧州。3月9日，张宗昌乘专车赶赴沧州与李景林协商，续调鲁南队伍北上助战，在沧州构筑新防线，准备反攻，李景林负责东路，张宗昌负责中路，褚玉璞负责西路。从11日至16日，国民军与直鲁联军在沧州激战，但双方阵线没有大的变化。

河南方面，1月19日，吴佩孚在汉口召集军事会议，决定分三路出兵，向河南进攻。靳云鹗由鲁西进攻豫东，刘镇华、张治公纠集镇嵩军残部由陕东进军豫西，京汉路正面则由鄂军第一师寇英杰部自鄂北进攻豫南。20日，吴佩孚通电讨伐冯玉祥，并下令三路出兵进攻河南。同时派人将河南各地的红枪会收编为“豫卫军”，实行内外夹击。面对直奉军阀的联合和咄咄逼人的攻势，岳维峻于1月17日在郑州召开军事会议，命第十一师师长蒋世杰在信阳设防备战，派李云龙为豫南总指挥，令李纪才部回师归德，田玉洁部移防郑州，准备迎战吴佩孚对河南的进攻。2月1日，岳维峻通电讨伐吴佩孚，国民军第一军张之江等人于6日通电响应，第

①《国闻周报》第3卷第8期。

三军孙岳也于9日通电支持，一致讨伐吴佩孚。吴佩孚进攻河南的三路人马首先发动的是寇英杰部。从1月26日起，寇部曾三次进攻信阳，但因遭到国民军的顽强抵抗而三次被迫退出，战事十分惨烈。靳云鹗部由鲁西进入豫东后，2月18日占领归德，24日占领兰封。吴佩孚改变战略，以一部兵力包围信阳，抽出大部兵力绕道向北进攻，先后占领确山、驻马店、漯河、郾城、许州。岳维峻的南路总指挥邓宝珊（原为李云龙）被迫退回郑州，岳本人也于26日退出开封移驻郑州。27日，河南军务帮办、毅军统领米振标迎接靳军进驻开封。3月2日，岳军放弃郑州，邓宝珊率部向豫北撤退，岳维峻与李云龙率部向豫西撤退。4日，寇、靳两军在郑州会师后，靳军分为两路追击豫军，北路占领新乡、彰德，西路占领洛阳、渑池。岳维峻从洛阳逃出时，所部几乎全部溃散，他本人也在风陵渡被南下的阎锡山晋军俘获。

吴佩孚虽在北路取得胜利，但南路信阳迄未攻下。从2月下旬起，信阳守军蒋世杰部三次出击，企图突围而走，均被迫退回。3月12日，吴军从汉阳运来重炮6尊，限守军于次日开城投降，否则开炮攻城。13日，信阳城内商会会长等出面调停。14日，蒋世杰下令停止抵抗，吴军得以进入信阳。

河南战事结束后，吴佩孚委靳云鹗为讨贼联军副司令、直鲁豫联军总司令兼河南省长。3月14日，又任命寇英杰为河南督办。15日，寇英杰在河南开封宣布就职。

直奉军阀联合进攻国民军的战争，给中国人民的生命财产带来极大的灾难。寇英杰部进攻河南信阳时，因久攻不下，曾强征比军队数目多两倍的农民，每次作战，一士兵即挟两农民在身前作障碍物。民众被打死万余人，饿死无数。信阳城内尸积累累，惨不忍睹。河南自入吴佩孚之手，人民团体饱受摧残，群众领袖不是遭惨杀就是被逮捕入狱。杞县红枪会和农民反对苛捐杂税和预征钱粮，吴佩孚、寇英杰便派兵进剿，“杀戮至四五千人，大炮轰毁村庄十余，奸掠酷刑无所不至”[1]。张宗昌统治下的山东人民同样生活在水深火热之中，张宗昌穷凶极恶地搜刮钱财，随心所欲地横征暴敛。他成立山东省银行，疯狂地滥发纸币，使民众的钱财源源不绝地流入省库。张宗昌的苛捐杂税也是空前绝后，他的征税虽订有章程，但税率常加增，名目常更新，实可谓见利忘义，无孔不入。他在山东征收的田赋，“每地丁银一两，至少八元，多至二十元”，按正额累计，居然“征至民国二十八年”[2]。各种名目的苛捐杂税，多达十余种。对农民有军事特别捐、军鞋捐、军械捐、建筑军营捐等；对商人及城市居民有金库券、银号押金、房产捐、增加胶济路货捐、富捐等；一般捐税有人捐、狗捐、牛捐等[3]。在张宗昌无休止的盘剥下，山东满目疮痍，饥民满地。不仅如此，张宗昌还凶残嗜杀，他亲手镇压了青岛日本纱厂工人的罢工，又为镇压汶上和鲁北红枪会的暴动，血洗汶上、宁阳及鲁北数县，杀人数万。

在直奉军阀联合进攻国民军的战争中，帝国主义给予军阀势力以极大的支持。英、日帝国主义在北京为直奉军阀制定了进攻国民军的作战计划；在直奉军阀的军队中（奉军张作霖、张宗昌等部，直军靳云鹗部），都有日本军事顾问和技术人员；日本帝国主义又供给奉系军阀军械和军需，并通过奉系军阀对直系军阀作财政上的资助；英帝国主义又供给直系军阀吴佩孚一万五千枝枪[4]。更有甚者，帝国主义为了支持和配合直奉军阀的进攻，还公然向国民军进行挑衅，制造了震惊中外的大沽口事件。

---

①秋白：《五四周年中的中国政局》，见《向导》第153期。

②永乐：《张宗昌祸鲁记》（中），见《逸经》杂志第六期，1936年5月20日。

③S生：《张宗昌治下的山东》，见《向导》第131期。

④参阅《民众应急起向吴佩孚下总攻击》，见《向导》第144期；《国民军失败后民众应有之觉悟与责任》，见《向导》第147期。

## 二、"三一八"惨案与临时执政府垮台

### 1. 大沽口事件与"三一八"惨案

1926年3月上旬，国民军与直鲁联军在天津以南展开激战，京畿形势危殆。为了对国民军造成前后夹击之势，直鲁联军除在天津以南地区频频发动猛攻外，又派毕庶澄率渤海舰队袭扰国民军第一军守卫的大沽口。3月7日，渤海舰队4艘舰只趁大沽口涨潮接近港岸，炮击岸上的国民军。8日，鲁军在渤海舰队炮火掩护下于北塘登陆，国民军顽强抵抗，逐退鲁军。此后，每到白天涨潮之时，渤海舰队必靠近港岸，向岸上的国民军施以炮击。

国民军为防范渤海舰队从海上进攻，向大沽口派出了增援部队，并在中央炮台配置了10门野炮；为防备渤海舰队利用外国船舶出入大沽口、通过大沽沙洲登陆和向岸上施以炮击，3月8日之后，国民军相继占领了大沽口电报局和电台，并熄掉了夜间航标灯，禁止领航员出港；同时，还在南炮台附近的水路设置了10个机械水雷，完全封锁了大沽口。

帝国主义见直鲁联军的进攻受阻，即以违反《辛丑条约》的规定为借口，强行要求国民军拆除对大沽口的封锁。3月8日，日本驻天津总领事有田八郎会见国民军鹿钟麟的代表，提出了船舶自由出入的要求。次日，有田总领事与英国驻天津总领事又一起会见鹿钟麟，对所谓阻碍船舶交通提出抗议。10日，外国驻华使团领袖公使荷兰公使欧登科就国民军封锁大沽口一事又向段祺瑞临时执政府提出严重抗议，声称："据天津中国官宪声称，在大沽口内敷设电气，装置之水雷十个。该处水道宽仅五百尺左右，并通告领港人谓一切商船不得出入港口。如是则天津海口实已完全封锁矣。又青岛海军与驻扎大沽南炮台之国民军，现仍继续炮火冲突。此举实属阻碍大沽海道航舰之安全，而奉天军与国民军战争，又将

天津、秦皇岛之铁路阻断。就现时情形言之，北京与海道之交通已完全拆断，实违反辛丑条约之规定，上述各国外交代表，就于此种情事特提出最急切之抗议。并要求中政府迅即制止中国之交战军队，停止阻断经行大沽海口之海道自由交通之行动。设中政府未能进行完成此种目的，以符辛丑条约之规定，则各代表保留保护外国船只及维护天津港口出入自由之讨论权。"①

国民军之所以封锁大沽口，除为了阻止直鲁联军渤海舰队驶入港口炮击岸上的守军外，也因为帝国主义轮船经常为对方运送兵械，并且经常掩护对方舰队驶入港口。外交公使团却指责国民军违反了《辛丑条约》的规定，要求立即拆除障碍，并扬言国民军如拒绝合作，各国将自行采取行动恢复海口交通。国民军为避免引起外交纠纷，于 3 月 11 日拆除了部分封锁，允许各国轮船、军舰在指定范围内白天通过，但必须悬挂特种旗帜，接受当地驻军的严密检查。12 日，鹿钟麟就封锁海口前后之事致电临时执政府国务院："查国际惯例，对交战团体，素以平等待遇为主。乃近迭据报，敌军每倚畀外人，在天津沿海地方，对于国军有种种危险行为，甚至外舰运兵，由北塘上陆，外交团迄未加制止。国军迫不得已，暂将海口封锁，以为自卫之计……国军为尊重邦交条约起见，将以自动的开放大沽口岸。惟须外交团确实担保条约，外国轮船不得代为敌军运兵运械。外船入口，不得有敌舰混入。"②

3 月 12 日，日本两艘驱逐舰从旅顺开抵大沽口，掩护渤海舰队的舰只驶入港口。炮台守军用旗语阻止它们前进，日舰不但置之不理，反而向岸上开炮，炮台守军不得已开炮还击，日舰才被迫退往塘沽。在双方互击中，日方三名官兵受伤，国民军死排长、司务长各一人、士兵二人，伤士兵八人。事件发生后，临时执政府外交部派员向日本驻华公使提出口头抗议。

①孙曜：《中华民国史料》第三，上海文明书局 1929 年版，第 188～189 页。

②《京报》1926 年 3 月 14 日。

3月13日，日本驻华公使照会临时执政府，将大沽口事件的发生片面地归咎于国民军，宣称："日本总领事接到该驱逐舰开赴塘沽之报，为期事前不致有误会起见，当对中国总指挥鹿钟麟氏有所要求，请其训令前方军官知照。既而现在塘沽公干中之日本总领事馆员，亦与该炮台当局之间，为关于该舰通过所必要之商议。当经中国军官乘小轮船前导，舰上则揭帝国军舰旗及预先约定之C号旗，讵知如此细心周到，溯航至中国炮台，迨小轮船中之中国军官下船后，突受炮台附近之中国军队射击。日本驱逐舰为防卫计，不得已亦还击之，卒至为避难计而不得不再退至海面。"在对事件真相作了令人发指的掩饰、歪曲后，日方进而提出要求道："日本公使关于此事之善后处置，容当更行提出办法。兹特先向中国政府要求，严命前方官宪，为严防此种不祥事件之再发，即时讲求的确最有效之手段为荷。"①同日，英、美、法、意、日五国驻华公使召开紧急会议，决定采取共同行动，对付中国。16日，荷兰公使欧登科代表《辛丑条约》关系国各公使，向中国政府提出最后通牒：

> 盖为拥护国际通商上一般协约内之权利，以及辛丑和约所定首都与海滨间关于自由交通之特殊权利起见，关系各国特行要求左列之各项也。
>
> （甲）由大沽砂洲至天津之航道，须全行停止战斗行为。
>
> （乙）应除却水雷、地雷及其他一切障碍物。
>
> （丙）恢复所有航行标识，且须保证将来不再发生任何妨碍行为。
>
> （丁）一切兵船须停泊于大沽砂洲之外，且须对外国船舶不加以任何干涉。
>
> （戊）除海关官吏外，应停止对于外国船舶之一切检查。
>
> 对上述各项，若于三月十八日（星期日）正午止不得满足

①孙曜：《中华民国史料》第三，上海文明书局1929年版，第190页。

的保障时，则关系各国海军当局，决采取认为必要之手段，以除去其阻碍天津及海滨间之航海自由及安全上一切障碍，或其他的禁止与压迫焉。[1]

同一天，日本驻华公使还单独提出最后通牒，要求中国政府向日本谢罪，严惩守军军官，并付给5万元的损害赔偿。

临时执政府接到上述通牒后，即召集外交委员会讨论对策，有的认为应提交国际联盟仲裁，有的主张予以接受。当他们征求国民军的意见时，国民军由于内受直、奉军阀的围攻，外遭帝国主义的压迫，处境不利，遂希望和平解决大沽口事件，同意遵守《辛丑条约》，拆除天津海口封锁，但须以各国对中国内战严守中立为条件。

3月17日，临时执政府外交部照复荷兰驻华公使欧登科，就八国通牒事表明态度。照会中虽对“各国公使不待该问题之从容解决，竟令驻津海军司令官提出限期答复之通牒”的做法提出异议，称“阅该通牒内容，各国驻津海军司令官所采取之态度，本国政府视为超越辛丑和约之范围，不能认为适当”，但同时又表示：“该通牒所开条款，除饬由地方军事长官妥酌办理外，相应函请贵公使查照，转达有海军在天津之各国公使，迅即转行驻津海军司令官与地方军事当局，从容妥商维持至海通道之稳妥交通办法，勿取激切之措置，以重亲睦之邦交为荷。”[2]段祺瑞临时执政府实际上完全接受了八国驻华公使的最后通牒。

帝国主义列强公然帮助直鲁联军进攻国民军，并且根据不平等条约对中国进行武装干涉和联合示威，这一恃强逞凶的行径激起了中国人民的极大愤慨。3月14日，北京各界群众三十余万人举行反对日本侵略直隶大会，对日本军舰炮击大沽口炮台及日本陆军协助奉军在滦州作战事提出严重抗议。17日，北京大学学生开会，议决：驱段下台，另组国民政府；驱逐八国公使出境。同一

①孙曜：《中华民国史料》第三，上海文明书局1929年版，第190～192页。

②孙曜：《中华民国史料》第三，第192页。

天，北京各界推举代表赴国务院请愿，要求驳斥八国通牒，勿为武力所屈服。结果请愿代表与临时执政府卫队发生冲突，被打伤多人。3月18日上午，北京市民在天安门举行抗议八国通牒大会，议决："督促北京政府严重驳斥八国最后通牒"，"驱逐署名最后通牒之八国公使出境"，"电勉国民军为反对帝国主义而战"，"宣布辛丑条约无效"，"严惩昨日执政府卫队枪伤各团体代表之祸首"等①；并向驻京公使团提交了一份抗议书，义正词严地驳斥道："辛丑条约，在我们中国国民，认定是满清帝国时代的条约，在民国以来，是绝对否认有效的，就是在你们帝国主义者一方面，也是默认为无效，有三点可以证明：第一点，就辛丑条约说，该约原定在天津三十里之内，中外各国，不得驻兵，但是去年国奉二军作战，李景林用天津做根据地，在天津附近作战许久，毫不听到你们提出什么抗议。第二点，辛丑条约指定不能驻兵的地点，是包括山海关与秦皇岛在内，现在张作霖正利用那些地方作战，你们帝国主义者也不见提出抗议。第三点，张作霖的海军来攻大沽口，你们许久都不向张作霖提出抗议。有此三点，就是你们帝国主义者自己，认定辛丑条约是无效的，现在你们偏要在这个时候来抗议，这证明你们就是帮助张作霖，延长我国的内乱，侵犯我国的主权！"②会议结束后，即整队举行游行示威，由长安街向铁狮子胡同临时执政府国务院进发，沿途高呼"反对八国通牒"、"打倒帝国主义"、"反对日舰援助奉军上陆"、"取消不平等条约"等口号。下午，游行队伍约2000人行至国务院，要求派代表面见执政，卫队紧闭栅门不许他们进入。于是游行群众愤怒地高呼："打倒帝国主义！""打倒卖国政府！"临时执政府卫队竟然不加任何警告，向手无寸铁的游行示威群众开枪

---

①《京报》1926年3月19日。

②彭明主编：《中国现代史资料选辑》第二册，中国人民大学出版社1988年版，第144页。

射击，造成死47人，伤132人，失踪40人[①]的严重流血事件，史称“三一八”惨案。鲁迅在惨案发生的当天所撰写的《无花的蔷薇之二》一文中，将这一天称为“民国以来最黑暗的一天”[②]。

惨案发生的当晚，京畿警备司令部发布了戒严令。3月19日，又发出布告，竟称：“青年人士血气方刚，酿成惨剧。值此军事未定，人心惶惑，群众动作，恐引起各方误会，特郑重布告，毋得再行集会，致生事端。”同日，临时执政段祺瑞发布通缉令，歪曲事实真相，充分暴露了北洋军阀的卖国立场和血腥镇压民众的狰狞面目。令称：“近年以来，徐谦、李大钊、李煜瀛、易培基、顾兆熊等，假借共产学说，啸聚群众，屡肇事端。本日由徐谦以共产党执行委员会名义，散布传单，率领暴徒数百人，闯袭国务院，泼灌火油，抛掷炸弹，手枪木棍，丛击军警。各军警因正当防卫，以致互有死伤。似此聚众扰乱，危害国家，实属目无法纪，殊堪痛恨。查该暴徒等，潜伏各省区，迭有阴谋发现，国家秩序，岌岌可危。此次变乱，除由京师军警竭力防卫外，各省区事同一律，应由该各军民长官，督饬所属，严重查究，以杜乱源，而安地方，徐谦等，并著京外一体严拿，尽法惩办，用儆效尤。”[③]

惨案发生后，中共中央执行委员会、广东国民政府都发出通告，支持爱国学生，追悼被害同胞，号召打倒残暴的段祺瑞临时执政府，肃清一切卖国军阀，取消《辛丑条约》，建立人民政府，谋全国真正和平，表达了广大民众的意志和呼声。北京大学学生会致电国民军将领冯玉祥、张之江、李鸣钟、鹿钟麟，指出：“巧日（十八）执政府门前，发生空前未有之惨剧，其主使虽为段祺瑞及其党徒，然以为国民军势力下之北京，竟发生此重大之不幸事件，国民军实不能不负重大责任。”要求国民军“立即改正其过去敷衍不彻底之政

①《京报》1926年4月10日。

②《鲁迅全集》(三)，人民文学出版社1981年版，第263页。

③《北洋政府公报》1926年3月20日，第3570号。

策，根据民众要求，立即严惩段祺瑞及其党徒，并绝对不得压迫民众运动”；认为这“非特民众应有之正当要求，且亦国民军所以自白于民众之唯一道路”[①]。北京各校学生还联名向京师检查厅提起诉讼，控告段祺瑞、贾德耀（国务总理）、章士钊（司法总长）违法犯罪，要求依法拘捕审判。

在大沽口事件和“三一八”惨案发生期间，直鲁联军在天津以南组织猛烈反攻；吴佩孚攻取河南后，即令靳云鹗分三路前进，进窥直省，于3月18日攻占石家庄；奉军也乘机向关内猛攻，先后占领卢龙、迁安、乐亭、龙山，20日占领滦州，21日又占唐山；阎锡山则“出兵京汉、京绥两路，加国民军以威胁”[②]。国民军已处于四面楚歌之中。

段祺瑞清楚地意识到，直奉军阀如若攻占北京，特别是标榜“尊法”的吴佩孚一旦得势，必定不会再容自己主政。基于继续维持自己执政地位的考虑，段遂请直系元老王士珍、与奉系有历史渊源的赵尔巽、吴佩孚的亲家张绍曾等人出面发起“和平运动”，呼吁各方停战息争。3月15日，王士珍发表通电（“咸”电），向各方提出“和平”方案：“一、划直隶、京兆、热河全境为缓冲区域，仅设民政长官，其地方治安，由中央商同全省区改作武装警察维持。一、西北军悉数退回上列三省区外，专开发西北。一、奉军悉数退回东省原防。一、陕军悉数退入陕西境内。一、李芳宸所部悉数退入山东境内。一、豫、鲁及其他各省暂维现状……至政治问题应如何解决，尽可于和平主义之下，共同商榷。”[③]19日，王士珍、赵尔巽再次通电，建议各军先行停战，召开和平会议，解决上述问题。

此时，国民军已几面受敌，形势日危；而且其战线也拉得过长，不便于集中力量应敌，因此对王士珍等人的和平主张率先表示赞

---

①《世界日报》1926年3月22日。

②政之：《北京政局蜕嬗纪》（上），见《国闻周报》第3卷第16期。

③政之：《北京政局蜕嬗纪》（上），见《国闻周报》第3卷第16期。

同。3 月 20 日，张之江、李鸣钟、鹿钟麟等通电撤兵回防，内称："慨自军兴以来，马迹所至，庐舍为墟，百业凋敝，春耕既辍，秀获何期？兵燹之余，将继以饥馑，民不堪命，国何以支？近见战地之尽室流离，其颠连困苦之状，至不忍言。甚至驱无辜之民，以试地雷电网，尤为伤心。本军为始终维持和平计，暂不愿长此穷武，以为国家保元气，为万民保余生。今承聘老示以周行，自当遵将所部队伍完全撤回原防地，专力开发西北，不与内争，励行移民实边之策，并筹化兵为工之方，凡所以裕民计，保余生，而固边陲者，本军不敢辞其责。至于国家一切根本大计，惟海内贤达共图之。"①

次日，国民军即下令总退却，将津浦线、京奉线军队尽行撤至京畿一带。

### 2. 段祺瑞临时执政府的垮台

直奉军阀在联合进攻国民军的同时，也把矛头对准了段祺瑞临时执政府，因为他们不再需要段祺瑞这个傀儡了，而准备在打败国民军后直接掌握中央政权，发号施令。全国人民也看穿了段祺瑞投降卖国的本质，纷纷要求打倒段祺瑞卖国政府。这使段祺瑞临时执政府在 1925 年底至 1926 年初处于四面楚歌之中。

1925 年 10 月吴佩孚乘浙奉战争的机缘东山再起后，虽然对冯玉祥国民军与张作霖奉系军阀的态度前后判然有别，经历了由"和冯讨奉"到"联奉讨冯"的巨大变化过程，但对段祺瑞临时执政府却始终表示反对。10 月 24 日，吴发表通电，除对奉军南侵屠掠直鲁苏皖各省的行径予以声罪致讨外，又对段祺瑞大加指责道："合肥耄和，事不如志。外之张作霖，恃翊戴之功，恣其劫持；内则安福余孽，藉从亡之劳，擅其威福。中央威信，日益坠弃，政界腥闻，甚于曩时。金佛郎案，昔者通电反对，今乃秘密擅行，出尔反尔，前后若两人。沪汉外交发生，故意延宕，藉固其位。期年以来，

①政之：《北京政局蜕嬗纪》(上)，见《国闻周报》第 3 卷第 16 期。

政府所入几七千万，其数甚巨，为近数年来所未有，挥霍瞬尽，国民瞠然，莫识其用途。政治黑暗之结果，影响及于社会，百业凋零，即以上海一隅，本年损失已及一万万以上。国人皆所喁喁然，原期合肥以统一各省刷新者，至是而希望全绝，夫以中央辜天下之望也。”[①]此后，吴在汉口又多次发表言论，斥责段祺瑞“毁法乱政”，标榜自己为“护法”而来，并以恢复“法统”作为解决时局的根本方针，公开表明了他与段祺瑞势不两立的态度。

1925年11月28日，在国、共两党发起并领导下，一场以推翻段祺瑞卖国政府、建立国民政府为目标的革命运动即“首都革命”在北京爆发。北京学生、工人、市民数万人云集神武门前召开国民大会，会后举行示威游行，高呼“打倒奉系军阀”、“打倒段祺瑞卖国政府”、“建设国民政府”等口号。游行群众赶跑了警察总监，占领了警察局和邮电局，包围了段祺瑞执政府，并捣毁了章士钊、李思浩、梁鸿志等执政府官员的住宅。京畿警备司令鹿钟麟赶往疏导时，群众向他提出要求：段祺瑞于本月29日12时前辞去临时执政，解除执政府卫队武装，组织国民政府临时委员会，执行中央政务[②]。第二天，北京各界群众5万余人再次在天安门前集会，作出了“解散关税会议，宣布关税自主”，“组织国民政府临时委员会，召集国民会议”等决议，并责成国民军服从决议案，惩办卖国贼，查办金佛郎案[③]。倾向国民革命的冯玉祥在群众革命运动空前高涨、迫切需要国民军配合的情况下，表现出动摇的一面，不但没有实践与民众合作的诺言，反而在帝国主义列强的压力下，采取了保护段祺瑞的措施。外交使团联合电告冯玉祥，“如秩序不能恢复，当即下旗回国”[④]。冯玉祥乃向段祺瑞派到张家口向他进行疏通的黄

---

①中国第二历史档案馆编：《中华民国史档案资料汇编》第三辑《军事》(三)，江苏古籍出版社1991年版，第388页。

②《中华民国史事纪要》(初稿)，台湾1974年版，1925年11月29日条。

③《东方杂志》第23卷第1号。

④《中华民国史事纪要》(初稿)，1925年11月30日条。

郛、许世英表示拥护执政,命令鹿钟麟先行恢复秩序。鹿钟麟随即发出布告,禁止群众集会游行①,将群众革命运动压制下去,挽救了段祺瑞临时执政府。

但是,全国民众推翻段祺瑞卖国政府的呼声和行动并未因此而中断。12月5日,国民党江苏省党部致电冯玉祥,呼吁"急起倒段"②。同日,上海各界群众团体通电全国,声援北京群众的革命运动,并"望全国人民迅速奋起,一致声援北京市民,推翻政府"③;南京市民也举行万人大会,游行示威,并分别致电郭松龄、冯玉祥,"主张推倒卖国段政府,速组国民政府"④。13日,国民军第二军将领邓宝珊、史宗法等人接连发表两则通电,呼吁"召集真正代表民众之国民会议,由国民会议组织国民政府,对内谋全国之统一,对外谋国际之平等";并指责段祺瑞"失政酿乱,祸国殃民,于国为罪人,于国民为公敌"⑤。山东的张宗昌和李景林则以北京在国民军的控制之下为借口,宣布不承认段祺瑞临时执政府所下之政令⑥。

1925年底,段祺瑞为避各方反对之锋芒,敷衍舆论,决定改组临时执政府,增设国务院。12月25日,段下令增设国务院,令文略谓:"……乃一载以还,用人行政,未符本怀,和平统一,终难实现,中夜彷徨,戚焉如捣,惟有修正临时政府制,增设国务院,以专责成。嗣后凡百设施以及改革、建设诸大政,均由国务会议审量全国之趋向,博稽人民之公意,迅速筹议,共策进行。但求救国有方,共和永固,本执政决不稍持成见也。"⑦。同日,又公布了修正之后

①《东方杂志》第23卷第1号。

②上海《时报》1925年12月6日。

③上海《时报》1925年12月6日。

④王芸生辑:《六十年来中国与日本》第八卷,三联书店1982年版,第105页。

⑤李泰棻:《国民军史稿》,见来新夏主编:《中国近代史资料丛刊·北洋军阀》(四),上海人民出版社1993年版,第393~394页。

⑥《东方杂志》第23卷第2号。

⑦吴廷燮:《合肥执政年谱初稿》,见来新夏主编:《中国近代史资料丛刊·北洋军阀》(五),上海人民出版社1993年版,第192页。

的《中华民国临时政府制》，内容如下：

第一条，中华民国临时政府以临时执政总揽政务，发布命令，统率陆海军。

第二条，临时执政对于外国为中华民国之代表。

第三条，临时政府由国务员赞襄临时执政决定政策，处理国务。

第四条，左例各员均为国务员：一国务总理，二、各部总长。

第五条，国务会议由国务员组织之，以国务总理为主席。

第六条，临时政府设国务院及外交、内务、财政、陆军、海军、司法、教育、农商、交通各部。临时政府之命令及凡关系国务之文书，由国务总理及各部总长全体或分别副署。

第七条，本制自公布日施行，俟正式政府成立，废止之。[①]

26日，段祺瑞发布命令，任命许世英为国务总理；31日，又令准沈瑞麟、龚心湛、陈锦涛、贾德耀、林建章、杨庶堪、章士钊辞职，改任王正廷为外交总长，于右任为内务总长，陈锦涛为财政总长，贾德耀为陆军总长，杜锡珪为海军总长，马君武为司法总长，易培基为教育总长，寇遐为农商总长，龚心湛为交通总长[②]。段祺瑞拟把国务总理推到前台，为他抵挡来自各方面的压力，以求临时执政府得过且过；他还在国务员中安置了几名国民党人，如于右任、马君武、易培基等，以敷衍公众舆论。但是国民党人不受他的愚弄，许世英也不敢就任国务总理，结果由贾德耀以陆军总长代任[③]。段祺瑞此时的态度仍然是依靠国民军，因而新任命的国务员绝大

①吴廷燮：《合肥执政年谱初稿》，见来新夏主编：《中国近代史资料丛稿·北洋军阀》（五），第192页。

②吴廷燮：《合肥执政年谱初稿》，见来新夏主编：《中国近代史资料丛稿·北洋军阀》（五），第192～193页。

③李剑农：《戊戌以后三十年中国政治史》，中华书局1965年版，第385页。

多数是亲国民军或与国民军有历史渊源的人士，试图以此讨好国民军，求得国民军对临时执政府的继续支持。

但是，直奉军阀联合起来后，既反对国民军，又反对段祺瑞。12 月 31 日，吴佩孚在汉口通电“尊法息兵”，他虽未明确告知国人他尊的是民元约法还是曹锟宪法，但把矛头对准了临时执政段祺瑞，因为临时执政府的成立是没有任何法律依据的。段祺瑞的上台，是各方军阀主要是奉系与国民军妥协的结果，一旦这些军阀对他不再支持与合作，其执政地位也就难以为继了。

继吴佩孚之后，各派军阀纷纷表示对段政府的敌意，促其下台。1926 年 1 月 8 日，浙苏闽赣皖“五省联军”总司令孙传芳致电段祺瑞，指责临时执政府中“必有宵小舞弊情事”，要求公布年来临时执政府收支情形，并要“彻底算清，明白公布于世”[①]。这显然是在拆段祺瑞临时执政府的台。11 日，张作霖发表宣言，宣布东三省与段祺瑞临时执政府断绝一切行政上之关系，并废除其东北边防督办名义，对内外改称镇威上将军[②]。25 日，张又通电自任东三省自治保安总司令兼军务总统官。

3 月 4 日，吴佩孚与齐燮元、张宗昌、李景林、陈嘉谟、刘镇华等联名通电，公开讨伐段祺瑞和冯玉祥。段祺瑞任命冯玉祥为直豫陕宣慰使，还想依靠冯来主持讨伐吴佩孚的军事，支撑政局。但冯玉祥寄希望于他的部下能与吴佩孚达成妥协，以保存实力，遂以准备出国赴苏为借口，拒绝接受任命。眼见国民军已无法依靠，段祺瑞的军师梁鸿志等人乃建议再行联奉拒吴之策，拉拢奉系，并调和国奉两系的关系，以便集中力量对付吴佩孚。其实，从 2 月中旬开始，国、奉之间就已经进行了某些议和接触。国民军方面曾派张树声赴奉，奉方则先后派刘光克、郭瀛洲到京，商谈双方的和解事宜。但由于双方在议和条件上存在较大分歧，国民军方面只同意

①《中华民国史事纪要》(初稿)，台湾 1974 年版，1926 年 1 月 8 日条。

②《东方杂志》第 23 卷第 4 号。

放弃热河，奉方则要求国民军一并让出直隶、热河两省；同时国民军内部在与奉方议和的问题上也是意见不一，鹿钟麟等坚决反对“割地求和”，放弃直隶，因此，国、奉议和一直未能议有成效①。张作霖表面上欢迎国奉和平，但提出国民军应交还直隶、热河，作为双方和平的先决条件。

“三一八”惨案发生之后，国民军逐渐改变了支持段祺瑞临时执政府的态度，因为段祺瑞变本加厉地镇压民众，已大失人心，如若还继续支持这个卖国政府，国民军也将失去民众的同情。3月20日，孙岳、张之江、李鸣钟、鹿钟麟致电张绍曾：“现政府既为国人所厌弃，敝军自今日始，专任维持地方之责，至政府如何组织，法统如何接续，完全听之法律解决。”②21日，孙岳更通电痛斥段祺瑞临时执政府枪杀民众的罪行，并且自动解除直隶督办及省长等职，“藉促政府之觉悟”③。

直鲁联军进占天津后，张宗昌、李景林于3月24日联名电主张、吴两帅来津会商国事，张作霖也电请吴佩孚迅速北上以定大局。在张作霖、吴佩孚来天津之前，张作霖派张学良为代表，吴佩孚派杨清臣为代表，主持直奉两系在天津的联合会议。3月28日占领丰台之后，李景林、张宗昌再次电请吴佩孚出兵北上，并入京主持大计。

此时，国民军控制下的北京已处在直奉军阀三面包围之中。国民军将领还想做最后的努力，与吴佩孚妥协，以共同对付奉系张作霖。因为虽然吴佩孚主张联奉讨冯，但他手下将领靳云鹗、田维勤等都是主张联冯讨奉的，一些国民军将领希望通过靳、田等人的关系，推动吴佩孚放弃对国民军的成见，实现双方的妥协，共同对付奉系。因此，公推张之江为第一军统帅，一面派代表到汉口去接

①政之：《北京政局蜕嬗纪》（上），见《国闻周报》第3卷第16期。

②《中华民国史事纪要》（初稿），台湾1974年版，1926年3月20日条。

③《中华民国史事纪要》（初稿），1926年3月21日条。

洽，表示国民军愿意接受吴佩孚的号令，一面对奉系表示强硬态度。3月26日，鹿钟麟在北京公开表示，国民军从天津撤兵并非战败，如果奉军仍以武力压迫，国民军誓当奋战到底。与此同时，国民军在北京东、北两面构筑防线，准备抵抗奉军的进入。29日，张之江发电邀请吴佩孚入京，表示愿率所部听候驱策①。张与鹿钟麟等还致电田维勤，谓“京师治安关系重要，望即率部北来共维大局”；并将京汉路自长辛店起完全让与田部驻防②。4月2日，国民军派王乃模、何遂到保定与田维勤接洽和议。4日，田维勤也派王文正等两人到北京与国民军接洽。5日，吴佩孚的代表耿遒熙也由天津到北京加入了双方的谈判。他们议定以释放曹锟、恢复法统、国民军让出京汉线为双方合作的条件。但吴佩孚仍然坚持其联奉讨冯的成约，表示对待国民军只有两个办法：“一则按照方略急进，迫令该军缴械；一则令该军将领自行解职，并将所部悉数交出，听候共同收编。其将领之生命财产，当为保护，且可另予位置，以酬其减免战事之功。”

当直、奉军阀的势力逐渐逼近北京时，段祺瑞及其手下的安福政客、幕府智囊密谋进行一次政治投机，即外而勾结张作霖，内而拉拢原为吴光新旧部的国民军唐之道师，里应外合，将国民军逐出北京。国民军及时识破了段祺瑞的这一阴谋，于4月9日夜派兵包围了执政府和吉兆胡同段祺瑞寓所，准备先发制人，逮捕段祺瑞。不料事机不密，段祺瑞已先期闻风逃走。4月10日，京畿警备总司令鹿钟麟发出布告：“段祺瑞自就任执政以来，祸国殃民，无所不至。其最巨者，如擅订金佛郎案，枪杀多数学生，尤为国人所痛恨。其左右亲信，皆系安福余孽，逢奸长恶，违法营私，挑拨战争，涂炭生灵。种种罪状，擢发难数。本军为国家计，为人民计，迫不得已，剑及屦及，派兵监视，听候公决。一面保护总统曹公，恢复

---

①上海《时报》1926年3月30日。

②《国闻周报》第3卷第13期。

自由，并电请吴玉帅即日移节入都，主持一切。京师地方秩序，仍由军警负责维持。”①当日，鹿钟麟等还通电宣布段祺瑞的罪状，表示拥护吴佩孚，“此后动定进止，惟吴玉帅马首是瞻”②。11日，鹿钟麟按照其代表在保定与田维勤等会商达成的协议，通电就任讨贼联军副司令，并电达保定催促靳云鹗、田维勤等迅速来京，愿将北京部分地区划归吴军驻防。刚获得自由的曹锟也应鹿钟麟等人之请致电吴佩孚，谓“时至今日，论公论私，均无再战之理”，要他对国民军方面的谋和努力“曲予成全”，并“电达奉方，停止军事”③。

但是，吴佩孚对国民军的亲善表示不予理睬。4月11日，吴佩孚致电张作霖等人，明告其对国民军决不妥协的态度道：“曹总统或在贼中，已得形式上之自由。而其来电必鹿贼代为拟发，竟无真义，望勿为该贼所惑，一切谣言，概不听信。一面速克京城，一面迅速截断京绥交通，即赶速按照原定计划，扫荡赤巢。”④吴佩孚还分别发出电报，向张作霖表示国民军必须全部缴械；劝张之江、鹿钟麟交出部队，另行“借重长方”；对已经进入北京的田维勤表示“冯军一日不缴械，则本总司令一日不能北上”。与此同时，李景林、张宗昌、张学良等奉方将领，也于4月13日通电痛诋国民军之非，以示将继续与吴佩孚合作讨伐国民军。

4月15日，奉军占领通州，直鲁联军占领南苑，吴军进抵西苑。当日，国民军退出北京，往南口方向撤退。临行前，国民军邀集北京各界人士王士珍、赵尔巽、熊希龄、王宠惠、吴炳湘等人组成京师临时治安会，维持北京治安。16日，段祺瑞由东交民巷桂乐第大楼回到吉兆胡同。17日，段宣告复职，下令罢免鹿钟麟，并电请张作霖、吴佩孚、孙传芳、阎锡山公推一人组织内阁，声称“一俟

①《顺天时报》1926年4月11日。

②《顺天时报》1926年4月11日。

③政之：《北京政局蜕嬗纪》（上），见《国闻周报》第3卷第16期。

④政之：《北京政局蜕嬗纪》（上），见《国闻周报》第3卷第16期。

时局有妥善办法，即当解职下野”。但此时，吴佩孚已不容段祺瑞再任执政了，18 日，他电令唐之道派兵监视段祺瑞，并逮捕安福系分子，以便依法治罪。19 日，段祺瑞令准刚于 3 月 4 日任命的国务总理贾德耀辞职，以胡惟德兼署国务总理，令国务院摄行临时执政职权[①]；同时电告吴佩孚、张作霖、孙传芳、阎锡山四人，谓已于本日“将政权交付内阁暂维现状”。20 日下午，段祺瑞及安福系诸人在直鲁联军保护下离京赴津。段祺瑞到达天津后，通电全国，“决定引退”[②]。至此，段祺瑞终于在全国人民的唾骂和各派军阀角逐之中狼狈下台。

①吴廷燮：《合肥执政年谱初稿》，见来新夏主编：《中国近代史资料丛刊・北洋军阀》（五），上海人民出版社 1993 年版，第 195 页。

②政之：《北京政局蜕嬗纪》（下），见《国闻周报》第 3 卷第 19 期。

# 第七章　北洋军阀集团的覆灭

（1926～1928）

## 第一节　国民革命军的北伐与直系残余势力的溃灭

### 一、北伐战争前的国内形势

**1. 北伐前夕的北方政局**

1926年4月20日，段祺瑞在直奉军阀均无意继续维持其“执政”地位的情况下，不得不打消恋栈的念头，宣布辞去临时执政职务，偕吴光新、姚震、姚国桢、曾毓隽、梁鸿志、龚心湛、许世英、段宏纲、张树元、章士钊、曲同丰等一班亲信乘专车赴津。在北洋集团和民初政坛上位高权重、不可一世的段祺瑞，至此结束了其政治生涯。此后，他便托庇于帝国主义的租界之中，过起了吃斋礼佛的寓公生活。

随着段祺瑞的下野，一直在各派军阀势力的夹缝中苟延残喘的临时执政府，也名存实亡，再也无法正常运转了。段离京之前，下令免去了内阁总理贾德耀的本兼各职，特任外交总长胡惟德兼署国务总理，代行临时执政职权。但各方对这一任命均不予承认，而且胡惟德手中既无军队可归指挥以维持京师治安，又没有几个阁员可供调遣以处理政务，因此，当时的北京实际上已陷于无政府状态。

继国民军之后入据北京的直、奉两大军阀势力，都想趁机填补这一权力真空。为此，它们一方面继续在“反赤”的旗帜下维持军事同盟关系，同时又同床异梦，为攫取中央政权而展开了激烈的明争暗斗。段祺瑞宣布辞去临时执政之前，吴佩孚便以维持京师治安为名，擅自任命其亲信王怀庆为京师卫戍总司令，企图捷足先登，控制北京局势。段下野后，他更利用张作霖发表的“催吴北上主持大计”和“自己不干政”①的声明，迫不及待地准备北上，着手进行组织政府的工作。当时，吴佩孚在北方的兵力并不多，且都是由一些杂牌军拼凑而成的乌合之众，实无多大战斗力；而奉军与直鲁联军的实力则要强大得多。吴佩孚自知在军事上非张作霖敌手，便转而在政治上寻找突破口，大要政治手腕，以争得北京政权，控制大局。为此，他提出所谓的“护宪”主张，即要求恢复曹锟当政时期所颁布的宪法，以此作为解决时局问题的出发点。但吴佩孚“护宪”的目的不在于“拥曹”，因为他很清楚，曹锟已因贿选总统而声名狼藉，为世人所唾弃，如再将他扶上台，只会对直系造成不利影响，因而决定推行“护宪而不拥曹”，只主张维护“法统”，恢复曹记宪法，不主张曹锟复出，要曹锟通电补行辞职，而由 1924 年 9 月曹所任命的颜惠庆内阁复职摄行总统职权。

4 月 25 日，吴佩孚的代表齐燮元、王怀庆和张作霖的代表张学良、张宗昌、李景林在北京举行“共定北方大计”的联合会议。齐燮元提出吴佩孚处置时局的方案：(1)护宪；(2)曹锟下野，颜惠庆组阁；(3)王怀庆任北京卫戍司令；(4)准张之江等输诚，惟张应先

①中国社科院近代史研究所中华民国史研究室编：《中华民国史资料丛稿 · 大事记》第十二辑，中华书局 1982 年版，第 69 页。

逐国民军中之赤化分子[①]。张学良因事先从杨宇霆处得有指示，“对政局则以现在军事未完，不能兼及政事，此时并无成见”[②]，即此时奉方只想讨论军事，不愿涉及政治、法律问题，因而对直吴的这一方案“坚表反对”[③]。张宗昌则更提出了恢复约法，召集新国会的主张。由于双方各执己见，会议不欢而散。会后，张作霖直接致电吴佩孚，就解决时局问题提出建议：“关于恢复宪法、约法及组织政府问题，可召开元老及各省代表会议决定之。”[④]5 月 1 日，张又通电表明其在中央政府组织问题上的态度道：“近因中央失驭，各方商榷政策，函电纷驰，有谓宜恢复约法黄陂复职者，有谓宜恢复宪法仲珊复职者，有谓革命事业合肥继续有效者，有谓仲珊退位宜以黄郛执政者，有谓宜以胡惟德、颜惠庆执政者。就表面观之，言之似各有理由；考其内容，是否为无聊政客视为奇货可居，又将以傀儡武人助其威权复活，愚如作霖，于政治、法律问题素少研究，实未能测其究竟。惟国家大事，理应公开讨论，不宜专断独裁。区区此心，始终如一，实鉴于累岁战事，民生困苦，实未能再纷扰。作霖抱分崩离析之忧，懔军人干政之惧，识见所囿，实不敢轻作主张，妄参末议也。”[⑤]不难看出，张作霖根本无意将大局交由吴佩孚一人主持，他自己也并不想只充当“不干政”的陪客角色。但吴佩孚并没有因张作霖的反对而放弃其主张。5 月 1 日，曹锟发表了由

①赵恒惕等编：《吴佩孚先生集》，见来新夏主编：《中国近代史资料丛刊·北洋军阀》(五)，上海人民出版社 1993 年版，第 262 页。

②《杨宇霆复张学良电稿》(1926 年 4 月 23 日)，见辽宁省档案馆编：《奉系军阀密电》第三册，中华书局 1987 年版，第 89 页。

③《张学良致杨宇霆电》(1926 年 4 月 25 日)，见辽宁省档案馆编：《奉系军阀密电》第三册，中华书局 1987 年版，第 90 页。

④中国社科院近代史研究所中华民国史研究室编：《中华民国史资料丛稿·大事记》第十二辑，中华书局 1982 年版，第 80 页。

⑤《张作霖关于北京政府如何组织理应公开讨论不宜专断独裁通电》(1926 年 5 月 1 日)，见中国第二历史档案馆编：《中华民国史档案资料汇编》第三辑《军事》(三)，江苏古籍出版社 1991 年版，第 409 页。

吴佩孚代拟的宣言，称病辞职。2日，吴佩孚致电张作霖，正式提出“护宪”和恢复颜内阁的要求，并阐明以下“五大理由”：(1)“宪法根据约法而产生，故护约即当护宪”；(2)“宪法经宪法会议依法定程序自行制定，自行宣布，议录事实俱在，众目昭彰……大总统并无宣布宪法之权，强谓宪法谓曹宪，与事实不合，于法理尤谬”；(3)“约法上只有临时大总统，而宪法上之大总统选举法，系民国二年十月四日所宣布，袁世凯由约法上临时总统被选为正式总统，适用此法；黎冯曹选出，亦均由此法，实无约宪之分”；(4)“黎曹去位系政治问题，非法律问题，皆不复位，故不违法，现只宜恢复段氏所毁之法，确系为法而非为人”；(5)“大总统既已缺位，自应依据民国二年十月四日宣布大总统选举法之第五条，即今宪法之第七十六条，以国务院摄行大总统职务”①。3日，以“五省联帅”孙传芳为首的苏、浙、闽、赣、皖五省直系军阀，联名发表通电，主张颜内阁复职并摄行总统职权，要吴佩孚早日北上“主持大计”。张作霖对吴佩孚的提议虽很不以为然，但为维系直奉联合的局面，以便共同进攻虽已退守南口，但实力犹存，对北京仍具严重威胁的国民军，所以决定对吴暂取妥协态度。6日，张就组阁问题给吴复电，“声明不便表示意旨，但于国家有益，请其主持”②。这实际上是默认了吴的方案。吴据此放手主持大局，将颜惠庆内阁推到了北京政治舞台的前台。12日，颜惠庆内阁宣布依法复职。次日，颜以内阁总理摄行大总统名义任命各部总长：财政总长顾维钧、外交总长施肇基、内务总长郑谦、陆军总长张景惠、海军总长杜锡珪、教育总长王宠惠、农商总长杨文恺、交通总长张志潭。

从表面看，颜惠庆内阁是张(作霖)、吴(佩孚)、孙(传芳)三方面势力的混合内阁，而实际上却是以吴系阁员为核心的内阁。张作霖

---

①《向导》第153期。

②《杨宇霆复张学良电稿》(1926年5月10日)，见辽宁省档案馆编：《奉系军阀密电》第三册，中华书局1987年版，第73页。

对此自然难以接受，遂决定对颜内阁采取消极抵制态度。郑谦、张景惠两位奉系阁员唯张作霖马首是瞻，拒绝加入内阁；其他阁员因见内阁前途黯淡，也不愿贸然就职。内阁为此呈七零八落之状，这在民国历史上是少有的现象。与此同时，奉军、直鲁联军又纷纷向内阁索要军饷，国会议员也以总理既已依法复职为由，要求国会也依法复会。面对这些错综复杂的矛盾纠葛和棘手问题，颜惠庆惟有徒唤奈何，内阁成立伊始，便陷入了内外交困、难以为继的境地。

为了从根本上解决直奉双方在政治、军事和法律等问题上的分歧，吴佩孚与张作霖决定于6月下旬在北京举行“两巨头会议”。5月26日，吴佩孚挑选精兵二千余人组成卫队，挂上四十四节列车，浩浩荡荡由武汉启程北上。为了向张作霖表示“合作”的诚意，吴佩孚在经由郑州、洛阳、开封北上，于31日抵达石家庄时，以“逗留保定，虚糜饷粮，贻误戎机”①为借口，下令免去了正在暗中策划组织“新直系”，准备用“兵谏”迫吴“联冯（玉祥）抗奉”的直系重要将领靳云鹗“讨贼联军”副司令、第一军总司令、河南省长和第十四师师长本兼各职。当晚，吴佩孚偕田维勤、米振标、王维城、王为蔚等人坐专车抵达保定，驻节光园。6月5日张作霖也由奉天启程入关，于次日抵达天津，准备随时入京与吴佩孚会晤。

6月7日，直、奉双方各派代表在天津召开“巨头会议”预备会，就军事、政治和法律等方面问题先期进行协商。关于军事问题，双方很快协调一致，商定奉、直两方合作进攻西北国民军，奉军攻多伦，直军攻南口，直鲁联军担任后方，双方并相约不与国民军单独媾和；但在政治和法律问题方面，双方则颇有争议。张作霖代表杨宇霆提出只让颜惠庆内阁作“形式上的成立”，然后以海军总长杜锡珪代行国务总理“摄政”。杨宇霆还对吴佩孚的“护宪”主张提出异议，认为“宪法”是曹锟颁布的，奉方在第二次直奉战争中的

①中国社科院近代史研究所中华民国史研究室编：《中华民国史资料丛稿·大事记》第十二辑，中华书局1982年版，第97页。

战争动员就是揭橥反曹大旗，今若再提“护宪”，对奉方来说无疑有自食其言之嫌。会议结果，双方达成三项协定：(1)闭口不谈宪法，(2)军事合作为先，(3)颜内阁只作过渡。会议结束后，吴佩孚的代表张其锽即带着这三项协定赴保定向吴汇报，并劝吴予以同意。吴佩孚很清楚，他若再坚持颜内阁，势必会与奉方决裂，而颜阁过渡“摄政”已为自己保留了面子，加上继任内阁总理杜锡珪也是直系中人物，因此在内阁问题上不再固执己见。19日，直、奉双方代表又在北京召开第二次预备会，就颜阁下台的手续及吴、张入京日期等问题进一步交换了意见，并达成了共识。

6月22日，颜惠庆内阁召开第一次内阁会议，根据直、奉双方事先达成的协议，颜惠庆在会上提出辞职，会议批准了颜的辞职请求，改派海军总长杜锡珪代行国务总理“摄政”。因此，这次内阁会议实际上也是颜内阁的最后一次会议。吴、张在颜阁问题上各让一步，既维持了吴的颜面，又尊重了张的意旨，两人直接会面的障碍总算清除了。当天的内阁会议除对内阁进行了改组以外，还以国务院名义致电吴佩孚、张作霖两人，请他们尽速入京“共商大计”[①]。杜内阁宣告成立后，又分别致电吴、张，力邀他们入京主持一切。25日，张学良、张宗昌由天津赴北京布置。26日，张作霖入京，下榻顺承王府。张在顺承王府安顿下来后，接见了一些在京的奉系将领及杜阁阁员，并拜访了赵尔巽、王士珍等北洋元老。

吴佩孚于27日离开保定，当晚宿长辛店，28日晨入京，下榻北京卫戍司令王怀庆寓所。

从北京东站到张作霖的行营顺承王府，从北京西站到吴佩孚的行馆王怀庆寓所，沿途都铺设黄土，结彩通衢，以迎接皇帝礼仪迎接这两大军阀首领。

张作霖在吴抵王怀庆寓所后，即驰车往访。吴佩孚在张作霖辞去后，亦驱车先访赵尔巽和王士珍，然后赴顺承王府回访张作

---

①半粟：《中山出世后中国六十年大事记》，上海太平洋书店1930年版，第489页。

霖。张作霖和吴佩孚相互拜访后，即相偕到怀仁堂参加代理国务总理杜锡珪和顾维钧、张国淦、任可澄、杨文恺、张志谭等五阁员的“庆功宴”。吴、张两方各八人出席，并邀赵尔巽、王士珍、孙宝琦三人作陪。

吴、张两大军阀巨头的这一次应算是“历史性”的会谈，按常规应该有形式，有程序，会后有公报发表，但这次全然没有这一套程式。由于所有问题都由幕僚们在预备会上经过一个月之久的“磋商”而得到解决，所以两巨头仅在宴会前在怀仁堂的后客厅里密谈了三十分钟，便商定了反革命计划：双方议定在联合攻下南口之后，吴佩孚主要负责进攻南方的革命势力，张作霖则侧重进攻北方的革命势力。

会谈结束的当日，吴佩孚即返回长辛店，张作霖亦返回天津。吴、张离开北京，虽然表面上不是分道扬镳，而实际上却是各怀异志。留给北京的只是一个形式上的政府。“自此以后，北京只有一个形式上的‘摄政’内阁，守着那古老宫殿的行政机关。”①

直、奉军阀在“反赤”的共同目标下联合起来，控制了北京政权，确立了在中国中部和北部的统治以后，便按照他们商定的反革命计划，更加紧了对冯玉祥国民军的进攻和对南北各地革命运动的镇压。1926 年 5 月 30 日，瞿秋白在一篇题为《五卅周年中的中国政局》的文章中，对直奉军阀疯狂镇压革命群众运动和“反赤”的罪行进行了深刻揭露，文章指出：“反赤的直鲁联军，一到京津便摧残工会和农民协会，搜查大学，禁止思想学术的自由，枪杀主持正论的新闻记者；京津南口一带的民众饱受杀掠奸淫之惨，单只北京四郊的难民便有四十万以上；又在京津直隶强迫使用军用票，商人拒绝，即遭惨杀，还要拼命搜刮，使各业商家摊认军饷。山东境内，农民因为受兵匪的压迫，奋起反抗，组织红枪会以自卫，宁阳方面竟遭军阀屠杀焚烧至四十余村之多，死者在四万人以上，工会、学

①李剑农：《最近三十年中国政治史》，上海太平洋书店 1930 年版，第 617 页。

生会的受封禁通缉更不必说;济南青岛方面,也使用军用票金库券等类的废纸,至多只能值到票面价格的四五折,最近又发两千万的公债,强迫山东商民摊认,还要加征盐税三分之一。在奉天东三省方面,同样的严厉制止一切民众运动。奉天印刷工人罢工要求加资,几乎全体被拘。张作霖当时所要利用的省宪省会,现在也完全被摧残,屠戮民众的事情更是日有所闻,奉天官银号的奉票已经发到五万万元,而基本金只有六千余万,现在还要发行奉省公债五千万元,摊派东三省农商各界认购。河南自入吴佩孚之手,铁路及其他工会一概受摧残,其余民众团体领袖不遭惨杀,便被捕入狱;杞县的红枪会和农民,反对苛敛税捐和预征钱粮,吴佩孚和寇英杰便派大兵征剿,杀戮至四五千人,大炮轰毁村庄十余,奸掠酷刑无所不至,郑州、开封等处也在强迫使用所谓省票,而省钞只值现洋二折,种种苛税更不一而足,已在准备预征民国十七年的丁地钱,续办不动产注册费。湖北在吴佩孚直接统辖之下,民权更不必说起,从'二七'屠杀直到毒死萧耀南,吴佩孚的杀戮政策,一日没有停止,那地方的一切民众团体已经早就绝无活动之余地。湖北的所谓官票也已经发到九千余万,票价日益跌落,弄得各机关的小官吏都不能不罢工索薪,要求改现发给。就是在上海、浙江一带,枪毙'五卅'烈士赤化党刘华的孙传芳,也是尽力摧残闸北自治,实行宅地税、卷烟特税等的苛敛,屡次帮助帝国主义压迫革命的示威运动,禁止上海人民的集会结社,上海米荒的时候,省政府不但不加赈济,反而使常州、无锡遏粜,上海市面的官办平粜,更是弊害百出,粜价比市上批发价还高……这些反赤政策,数不胜数。"①

直、奉军阀的"反赤"联合以及种种"反赤"暴行,并不意味着军阀反革命势力的进一步加强,相反,正充分显露了它们已无力单独支撑局面,而需要通过所谓的"联合"才能维持其反动统治的虚弱本质。但是,历史的发展是不以反动势力的意志为转移的。直、奉

①《向导》第155期。

军阀的“反赤”联合以及对革命运动的血腥镇压，不但没能挽救它们行将灭亡的命运，反而使人民群众更加认清了军阀的反动面目，对“赤化”也就是对革命的认识也更加真切了。“从此以后，一般民众知道赤化就是‘不扰民、真爱民’，反赤就是烧、杀、奸、虏、军用票。所以，他们日思赤之再来，并深信唯赤可以使他们自救。”①人民的觉醒及人民革命运动的蓬勃高涨，敲响了直、奉军阀的丧钟。

### 2. 国民革命军誓师北伐

在直、奉军阀联合向南北革命势力发动进攻，并在北方地区连连重创冯玉祥国民军的严峻形势下，1926 年 7 月，国民革命军开始从广东出师北伐。这次战争，是在全国人民反对帝国主义和封建军阀的革命运动高潮的推动下所发动的旨在推翻帝国主义与北洋军阀统治的革命战争，也是国共两党携手合作的革命统一战线与帝国主义支持下的北洋各派军阀反革命联合阵营之间的一场殊死较量。

第一次国共合作建立后，全国特别是南方地区的革命形势出现了迅猛发展的势头。广东军政府为消除内部隐患，巩固革命政权，与各种军阀和反革命势力进行了一系列的斗争，并先后取得了平定商团叛乱和第一、二次东征的胜利，至 1926 年 2 月，彻底肃清了盘踞在广东境内的各种军阀与反革命武装，统一了广东革命根据地，这就为北伐提供了可靠的后方基地。为了适应革命形势发展的需要，国民党中央于 1925 年 7 月改组了大元帅制的军政府，成立了委员制的国民政府，并将所辖军队统一改编为国民革命军，受国民政府军事委员会统一指挥。起初分为五个军：黄埔军校学生军和粤军一部编为第一军，蒋介石任军长；谭延闿的湘军编为第二军，谭延闿任军长；滇军编为第三军，朱培德任军长；粤军第一师扩编为第四军，李济深任军长；粤军第三师扩编为第五军，李福林

①转引自乐乔森、黄真：《李大钊传》，人民出版社 1979 年版，第 212 页。

任军长。第二次东征后，程潜率领的另一部分湘军被编为第六军，程潜任军长。1926年3月，李宗仁等宣布广西全省受广东国民政府直接管辖，所部随即被编为第七军，李宗仁任军长。北伐前夕，唐生智所部湘军第四师又被编为第八军，唐生智任军长。各军先后设立了政治部和党代表（实际上只有第八军设党代表，其他各军皆为副党代表），政治部主任和党代表（副党代表）等政治工作的重要领导干部大多由共产党员担任，如周恩来、李富春、朱克靖、罗汉（当时是中共党员）、林伯渠分别担任第一、二、三、四、六军政治部主任，各军的师团一级也有不少中共党员担任党代表和政治部主任。国民革命军建制的统一和军队党代表制度与政治工作制度的建立，为北伐战争作了军事和政治上的准备。在统一军政的同时，国民政府又在民政和财政方面进行了整顿，统一了事权，改善了财政经济状况，为北伐战争的进行作了一定的财政准备。

中国共产党为北伐战争的进行作了积极准备。1926年2月，中共中央在北京召开特别会议，李大钊、瞿秋白、任弼时、谭平山等十二人出席。会议指出：目前中国革命正处于非常时期，其根本出路"在于广州国民政府北伐的胜利"，因此，党在当前的主要任务"是从各方面准备广州政府的北伐"。准备北伐"不仅是在广东做军事的准备"，更重要的是在"北伐路线必经之湖南、湖北、河南、直隶等处预备民众奋起的接应"，"以建筑工农革命联合的基础，而达到国民革命在全国范围的胜利"①。会后，中国共产党进一步加强了对全国工农运动的领导，并派了许多优秀党员和青年团员到国民革命军中做政治工作，为北伐战争作了群众工作和干部队伍的准备。

根据上述情况，广州国民政府决定出师北伐。当时，北洋军阀的势力主要有三支：一是直系吴佩孚，盘踞在湖南、湖北、河南及直

①《中共中央通告（第七十九号）——关于二月北京中央特别会议》，1926年3月14日。

隶南部、陕西东部等地，控制着京汉铁路，拥有二十万军队；一是原属直系后自成一派的孙传芳，占据着江苏、安徽、浙江、福建、江西五省及上海广大地区，控制长江下游和津浦铁路南段，拥有二十万军队；一是奉系张作霖，占据东北三省和关内的北京、天津、直隶及山东的一部，控制着京奉路与津浦、京汉路北段，拥有三十五万军队。根据敌我力量的对比，特别是各军阀势力对广东威胁的大小，广州国民政府采纳了苏联军事顾问加伦将军的建议，决定利用敌人内部矛盾，采取集中兵力、各个击破的战略方针，首先以主力攻取两湖，消灭“实为当前之劲敌”[①]的吴佩孚，占领长江中游，控制南北交通要道；而后再进兵东南各省，消灭孙传芳，占有长江下游富庶之区；最后相机讨伐张作霖。

1926年5月下旬，广州国民政府派叶挺独立团等部担任北伐先遣队，向湖南挺进，揭开了北伐战争的序幕。6月5日，广州国民政府召开会议，通过出师北伐案，颁布北伐动员令，并任命蒋介石为国民革命军总司令。7月1日，广州国民政府发表北伐宣言。7月4日，国民党中央执行委员会召开临时全体会议，商讨出师北伐问题，并于6日发表《中国国民党为国民革命军出师北伐宣言》。7月9日，国民革命军在广州举行誓师典礼，北伐战争正式开始。

北伐军的基本武装是广东国民政府麾下的国民革命军第一至第八军，其编制情况如下：

总司令蒋介石，总参谋长李济深，行营参谋长白崇禧，政治部主任邓演达。

第一军军长何应钦，政治部主任何玉书。下辖五个师，分别是：第一师师长王柏龄、第二师师长刘峙、第三师师长谭曙卿、第十四师师长冯轶裴、第二十师师长钱大钧。合计兵力十九个团。驻防广州和东江一带。

---

①文公直：《国民革命北伐成功史》，见来新夏主编：《中国近代史资料丛刊·北洋军阀》(四)，上海人民出版社1993年版，第457页。

第二军军长谭延闿，政治部主任李富春。下辖四个师，分别是：第四师师长张辉瓒、第五师师长谭道源、第六师师长戴岳、教导师师长陈嘉祐。合计兵力十一个团，另有一个直辖炮兵团。驻防北江一带。

第三军军长朱培德，政治部主任朱克靖。下辖三个师，分别是：第七师师长王钧、第八师师长朱世贵、第九师师长朱培德兼。合计兵力八个团，另有直辖的炮兵营和宪兵营各一个。驻防广州和四邑一带。

第四军军长李济深，政治部主任廖乾吾。下辖四个师，分别是：第十师师长陈铭枢、第十一师师长陈济棠、第十二师师长张发奎、第十三师师长徐景唐。合计兵力十二个团，另有一个独立团（团长叶挺）和两个炮兵团。驻防江西和琼崖一带。

第五军军长李福林，政治部主任李朗如。下辖两个师，分别是：第十五师师长李群、第十六师师长练炳章。合计兵力六个团，另有两个独立团、一个炮兵营。驻防番禺、南海和广州市区。

第六军军长程潜，政治部主任林祖涵。下辖三个师，分别是：第十七师师长邓彦华、第十八师师长胡谦、第十九师师长杨源浚。合计兵力九个团，另有两个炮兵营。驻防广州附近和江北一带。

第七军军长李宗仁，政治部主任黄绍竑。下辖九个旅。合计兵力十八个团，另有两个炮兵营。驻防广西。

第八军军长唐生智，政治部主任刘文岛。下辖五个师，分别是：第二师师长何健、第三师师长李品仙、第四师师长刘兴、第五师师长叶琪、教导师师长周斓。合计兵力二十二个团，另有一个独立师（师长贺龙）、一个教导团和一个炮兵团。

当时唐继尧还盘踞云南，对两广地盘虎视眈眈。为了防备唐所部滇军利用国民革命军北伐之机乘虚而入，国民革命军除留下李福林第五军外，还留下了第一军的钱大钧师，第二军的陈嘉祐师，第四军的陈济棠师、徐景唐师四个师及第七军的黄旭初旅等四个旅，由李济深以国民革命军总参谋长身份坐镇广州指挥。因此，实际上参加北伐的部队，不过二十个师另四个旅。当时这些部队，多是三个团编制的小师，全部兵力约十万余人，不仅和北洋军阀全部兵力相差悬殊，即与吴佩孚、孙传芳两支直系军队相比，“也不过为其四分之一而已”[①]。但由于北伐军有中国共产党的领导，有各地工农群众的拥护与支援，广大官兵又有一定的政治觉悟和明确的作战目的，士气旺盛，战斗力较强，因而能以少胜多。而北洋军虽貌似强大，但由于政治腐败，士气低落，特别是得不到工农群众的拥护，故一触却溃。北伐战争打响以后，北伐军一路势如破竹，仅用了半年多一点时间，便先后击溃了吴佩孚、孙传芳两大军阀势力，控制了长江流域。

## 二、北伐军的胜利进军与吴佩孚、孙传芳的先后溃败

### 1.两湖战场与吴佩孚的溃败

两湖地区是直系军阀吴佩孚的巢穴，也是北伐军率先派兵征讨的主力战场。当时吴佩孚的势力主要分布在湖南、湖北两省以及河南、河北沿京汉铁路一带，拥有军队二十余万。其中在两湖的兵力达十余万，主要有：

(1)叶开鑫所部湘军，兵力两师以上；

(2)马济所部桂军，兵力约一师；

(3)刘志陆所部粤军谢文炳等部，兵力一师以上；

(4)唐福山所部赣军，兵力一师(孙传芳部，援湘第三路军)；

(5)李济臣(援湘总司令)之湘鄂边防军，数千人；

(6)宋大霈师及余荫森、孙建业两旅，合编援湘第一路军；

(7)王都庆之援湘第二路军，兵力一师；

(8)董政国(援湘副司令)由唐之道旧部编成之援湘第四路军

---

①姜克夫:《民国军事史略稿》第一卷，中华书局1987年版，第254页。

两旅；

(9)陈嘉谟第二十五师之陆沄、李炳照两旅(属第四路)；

(10)海军第二舰队(在汨罗江助陆军封锁湖南，曾前进至湘潭)①。

北伐军出师后很快就取得了湖南战场的胜利。湖南战争发端于1926年3月间爆发的唐(生智)、赵(恒惕)之战。赵恒惕虽系国民党中人，但自从他于1923年出任湖南省长，主持湘政后，便打出了“联省自治”的旗号，企图借此实现其对湖南的独裁统治，但实际上又常为吴佩孚所支配。1926年初，湖南人民在中国共产党领导下，掀起了驱逐赵恒惕的运动，并争取了对赵的治湘政策持反对态度的湘军第四师师长唐生智逐步倾向革命(当时湘军共有四个师，第一师师长贺耀祖，第二师师长刘铏，第三师师长叶开鑫，第四师师长唐生智)。3月11日，赵恒惕在唐生智的逼迫下，向省议会辞去湖南省长一职。25日，唐生智入省垣主政，宣布代理省长职务，假召开军事会议名义，诱捕了忠于赵恒惕的湘军第二师师长刘铏、旅长唐希汴、秘书长萧汝霖、第三师参谋长张雄舆、旅长刘秉威等人，唐、赵战争于是爆发。

4月19日，吴佩孚以援赵为名，委任赵恒惕的亲信、湘军第三师师长叶开鑫为“讨贼联军总司令”，指挥赵恒惕的湘军对唐作战，反攻长沙，进行所谓直系军阀的“南伐”。另调北军余荫森师受其节制，自衡山向唐生智军作正面攻击；并令赣军唐福山师及驻赣粤军谢文炳师由萍乡出醴陵，向唐生智军右翼进逼；再以湘军第一、二两师进逼唐生智的左翼。十万大军三路而下，气势汹汹，衡阳岌岌可危。

5月1日，唐生智不能支持，放弃长沙，退守衡阳、攸县一带；继而向广东国民政府请援，并申请加入国民党。21日，广东国民

①文公直：《国民革命北伐成功史》，见来新夏主编：《中国近代史资料丛刊·北洋军阀》(四)，上海人民出版社1993年版，第458页。

政府接受了唐生智的请求，将其所部改编为国民革命军第八军。当时唐生智与叶开鑫军在宝庆、湘乡间展开拉锯战，衡阳有随时失陷的危险。广东国民政府遂决定提前北伐，派国民革命军第七军胡宗铎、夏威、李明瑞、钟祖培旅，第四军陈铭枢、张发奎师及叶挺独立团为北伐先锋队，入湘应援唐军。

北伐先锋队以叶挺独立团的作战能力最强。叶挺独立团是中国共产党直接掌握、以共产党员和共青团员为骨干的一支革命军队，共有官兵二千一百余人，素以能征善战著称。独立团从 5 月间出发，先占领了安仁，6 月初就打垮了敌军谢文炳部四个团、唐福山部两个团，克复渌田、黄茅铺、龙家湾等地，5 日一举攻占了攸县县城。叶开鑫部纷纷溃败，退守湖南中部泗汾、醴陵，等待援兵。“敌人原来是想乘广东北伐军未出发前，派谢文炳等率四个团攻击唐生智侧背，并切断唐与广东之联络线以瓦解唐军的。但未料到叶挺的部队这样快就赶到了。”①叶挺独立团的迅猛出击，粉碎了敌军的阴谋企图，解救了第八军之危，稳定了湖南战局，为北伐军后续部队的进军开辟了前进的道路，奠定了北伐战争胜利的基础。

对于国民革命军的北伐，吴佩孚开始时并未予以重视，以为凭他在湖南的十万杂牌军足以抵挡并挫败北伐军的攻势，因而继续指挥直军主力在南口猛攻冯玉祥国民军。6 月 16 日，吴佩孚为挽回湖南战场的不利局面，制定了四路援湘作战计划，下令以北军宋大霈为第一路司令，协助叶开鑫、余荫森等担任正面作战；王都庆为第二路司令，担任右翼临澧、常德一带防务；唐福山为第三路司令，仍率谢文炳师担任左翼作战，贺耀祖、刘铏等部则进入湘西；董政国为第四路司令，率阎日仁、唐之道两旅为总预备队。但这些杂牌军在训练有素、英勇善战的北伐军面前根本不堪一击。7 月初，北伐军第四军的两个师，即陈铭枢第十师和张发奎第十二师，在湘东南与叶挺独立团会师；同时第七军的后续部队也陆续进抵湘西

①周士第：《回忆叶挺同志》，原载《中国共产党烈士传》。

南。前敌总指挥唐生智向在湘的三个军下达了总攻击令，第七、八两军从湘江西岸分途北攻，直取长沙；第四军以牵制湘江东岸之敌，促成西路主力奏功，相机攻占醴陵、株州为目的。7月5日，第七、八两军开始向湘江西岸之敌发起进攻，并一举占领湘乡；第四军则于10日攻占了株州—萍乡铁路线上的醴陵，长沙门户洞开。11日，长沙守敌弃城而逃，北伐军进占长沙。

北伐军占领长沙之前，不少人认为，这次北伐战争最多又是一次湘、粤边境的小战争罢了，不仅吴佩孚等北洋军阀持此看法，而且广东国民政府中的不少军政大员(包括蒋介石在内)对胜利也觉渺茫而一再迁延观望。但当入湘援唐的北伐先锋队，特别是叶挺独立团迭克名城重镇之后，国民党中央的军政首脑们对胜利才增加了信心。7月9日，蒋介石在广州就任北伐军总司令之职，正式誓师北伐，并制定了兵分三路北伐的作战计划：西路军由第四、七、八军组成，唐生智任总指挥，共约五万人，担任两湖正面战场作战任务；中路军由第二、三、六军组成，蒋介石兼任总指挥，其任务是进入湘东、湘南一带，保障西路军的右翼和后方安全，警戒江西之敌；东路军由第一军的第三、十四两师及张贞的独立团组成，何应钦任总指挥，镇守广东潮、梅地区，监视福建之敌；第一军的第一、二两师为总预备队。27日，蒋介石亲率总预备队即第一军第一、二两师自广州出发北上。至此，吴佩孚、孙传芳等才开始对北伐军刮目相看，重新部署自己的兵力，以求自全之道。其他地方小军阀势力则纷纷随风使舵，投靠北伐军。

北伐军攻占长沙后，湘军及援湘各军残部退至汨罗江北岸布防，左翼河夹塘至张家碑方面，有余荫森旅(有枪三千余)、叶开鑫残部(有枪三千余)、董政国所部两旅(有枪六千)、孙建业师(新由旅扩充而成，有枪四千余)和宋大霈师(新由旅扩充而成，有枪三千)等部；右翼平江方面，有陆沄旅(有枪四千)和娄云鹤部两团(有枪二千)，企图凭江固守，把北伐军阻挡在汨罗江南岸。

北伐军则增派第一军第一、二两师及第二军、第三军、第六军各部进入湖南，以加强对湘北敌军的攻势，并防备江西孙传芳军的进攻。8月10日，蒋介石抵达长沙，立即召开军事会议，决定集中优势兵力，乘吴佩孚南北不及兼顾之时，直捣武汉，并制定了分三路出击的作战计划：以第四军、第七军、第八军等部为中央军，由唐生智任总指挥，唐生智和李宗仁各率左、右纵队，分别向长安驲、云溪、岳州之线和大沙坪、羊楼洞、横板桥之线攻击前进，直趋武汉；以第二军、第三军、第五军之四十六团及驻南雄之第五师、驻瑞金的赖世璜独立第一师为右翼军，由朱培德任总指挥，集结于醴陵、浏阳、攸县、泗汾等地，监视江西的孙传芳军，如孙军来犯，即以主力向萍乡出击，同时进取赣州、吉安，以肃清赣南之敌；以新近收编的彭汉章第九军、王天培第十军(原为黔军)为左翼军，由袁祖铭任总指挥，负责肃清澧州附近之残敌，进占荆、沙，封锁长江上游①。

8月19日，北伐军向敌军汨罗江防线发起总攻击。李宗仁指挥第四、第七两军为中央军右纵队，直扑汨罗江边的坚固要塞平江城。在当地农民的积极配合下，北伐军如虎添翼，重创余荫森、陆沄、董政国等所部敌军，于19日一举占领平江，翌日又进占通城。唐生智指挥第八军为左纵队，也给赵恒惕、李济臣所部敌军以出其不意的打击，于22日攻克岳阳。至此，湖南全境尽入北伐军之手，湖南战场告一段落。

8月21日，吴佩孚在接到李济臣等人发给的湘省战事告急、乞速南下主持的急电后，再也无心继续留驻北方了，乃命齐燮元代总司令留长辛店处理一切，自己则率陈德麟、刘玉春所部星夜兼程南下，准备亲临前线指挥，以图挽回败局；同时令鄂督陈嘉谟率第三十混成旅及第二十五师改编之一团火速到汀泗桥一带布防，策应由湘省溃退到鄂境的李济臣、董政国、宋大霈等部，合力御敌，以

①《国民革命军第四军关于张发奎等师(含叶挺独立团)湖南平江之役战斗详报》(1926年8月)，见中国第二历史档案馆编：《中华民国史档案资料汇编》第四辑(二)，江苏古籍出版社1991年版，第957～958页。

阻北伐军突入鄂境。25日，吴佩孚抵达汉口，立即在督署召开军事会议，痛斥湘、鄂各军将领无能，并决定亲临前线指挥破敌，“以为苟己身亲临前敌，不难振作士气；待北方援军驰至，即可合力恢复失地”①。吴佩孚的作战方案，是据险死守汀泗桥，一面待直隶、河南援军赶到，再全力反攻；一面待孙传芳军事部署完成，由江西分袭平江、长沙，切断北伐军的退路，对北伐军造成南北夹击之势。北伐军则决定不给敌军以喘息的机会，立即乘胜追击，直取华中重镇武汉。8月23日，北伐军前敌总指挥唐生智根据当天羊楼司军事会议上确定的作战计划，下达了向武汉三镇攻击前进的命令：令中央军右纵队沿武常线尾敌追击，进占武昌；左纵队在武昌上游嘉鱼附近渡河，攻取汉阳、汉口。24日，右纵队第四、第七军进占崇阳，随即兵分两路，分向咸宁、蒲圻进发。25日，第七军攻克蒲圻；第四军则推进到敌军重兵扼守的汀泗桥附近，并于当晚下达了次日进攻汀泗桥的命令。

26日晨，第四军第十、十二师及三十六团奉命向汀泗桥阵地发起总攻。汀泗桥是粤汉线上的两座重要桥梁之一，素有武汉三镇的南大门之称。北伐军只有拿下汀泗桥，才能打破敌军扼守待援的计划，并打开直捣武汉的门户。但由于吴佩孚在该地部署了二万余人的重兵，凭险固守；加上当时正值雨季，洪水暴涨，不易接近敌军阵地，因此，北伐军虽轮番进攻，血战竟日，仍是无所进展。及至深夜，北伐军一面继续以主力从汀泗桥正面进行猛攻，同时派一部涉水迂回到敌后，对敌施以夹击，终于突破了敌军中央阵地。27日晨，敌军被迫放弃汀泗桥，向粤汉线上的另一座重要桥梁贺胜桥方向溃退。

北伐军攻占汀泗桥后，第四、第七两军又乘胜追击，分向贺胜桥、王本立各要隘发起攻击。贺胜桥是通向武汉的最后一道门户，

---

①文公直：《国民革命北伐成功史》，见来新夏主编：《中国近代史资料丛刊·北洋军阀》（四），上海人民出版社1993年版，第461页。

吴佩孚在那里集结了二万多兵力，并设置了三道防线，摆出与北伐军决一死战的架势。为了确保阵地不致丢失，他除令陈嘉谟、刘玉春等到前线押阵指挥外，又亲率卫队、宪兵队、军官团、学生队到桥头督战，并组织机枪队、大刀队分路把守各要口，监视各军作战。29日拂晓，北伐军第四军向贺胜桥阵地发起猛烈攻击，奉命为第一线攻击部队的叶挺独立团及三十五团率先突入敌军阵地，与敌展开肉搏，并终于以巨大的伤亡代价，攻破了敌军三个团生力军把守的第一道防线，为后续部队杀开了一条血路。在北伐军勇猛冲杀面前败下阵来的敌军，像潮水似的向自己一方的大刀队、机枪队猛压过来，数万人一哄而过，夺路逃命。吴佩孚一连手刃了九名临阵退缩的军官（包括一名旅长），机枪队、大刀队更是疯狂地向败逃下来的官兵扫射砍杀，但根本无济于事，几道防线如洪水溃堤一样，很快就被冲垮了。9月1日，吴佩孚被迫放弃贺胜桥，率残部撤入武昌城内。

北伐军在汀泗桥、贺胜桥两战两捷，打出了英勇善战的气势，更打出了无坚不摧的威名，奉命担任这两桥主攻任务的部队，即叶挺独立团所在的第四军，为此获得了"铁军"的称号。而吴佩孚所部军队则在这两仗中损兵折将，大伤元气。吴部精锐之师刘玉春第八师的损失尤为惨重，三个团长全部战死，三十九个连长只剩下五个，士兵死伤过半。但吴佩孚并不甘心接受失败的现实，仍纠集残部在武汉城内严密布防，谋作困兽之斗。

武汉是长江和汉水的交汇点，京汉和粤汉铁路的连接处，水陆交通便捷，战略地位重要，历来是兵家必争之地。吴佩孚率残部退入武汉后，立即调兵遣将，准备死守武汉三镇。任命刘玉春为武昌城防司令，率陆军第八师和鄂军残部及新到豫军共三万余人，防守武昌；任命陆军第十四师师长高汝桐为汉阳防守司令，会同鄂军刘佐龙等部防守汉口；又重新起用靳云鹗，任命他为武、阳、夏警备总司令（旋改任全军副司令），协助吴全面负责武汉三镇的防守事宜。当时吴佩孚手下的兵力情况大致如下：

总司令吴佩孚，驻汉口查家墩。

武、阳、夏警备总司令靳云鹗，驻汉口。

陆军第八师师长兼武昌城防司令刘玉春，驻武昌。

陆军第十四师师长兼汉阳防守司令高汝桐，驻汉阳。

湖北督理兼陆军第二十五师师长陈嘉谟，驻汉口、武昌。

湖北暂编第一师师长宋大霈，由湘境退鄂。

湖北暂编第二师师长刘佐龙，驻汉阳。

湖北暂编第四师师长陈德麟，驻武昌。

河南第二师师长阎日仁，驻襄河方面自蔡甸至沙洋一带。

河南第三师师长吴俊卿，由河南巩县调驻武昌。

河南第十师师长任应岐，驻阳逻、黄冈方面。

湘鄂边防军司令兼援湘总司令李济臣，驻湘鄂边境。

援湘副司令董政国，驻湘鄂边境。

湘军总司令叶开鑫(包括娄云鹤旅一部)，驻武汉上游屯口和金口一带。

第十三混成旅旅长张占鳌，驻汉口附近。

浚滑游击司令王献臣，驻汉口附近。

自北方调来的毅军约四个旅，驻广水、花园一带。

汉黄镇守使兼水上游击司令杜锡珪，驻汉口。

海军江防舰队(有军舰十余艘)，驻汉口。

吴佩孚自以为手下兵力足堪与北伐军一搏，又恃有长江天险，加上武昌城垣高大坚厚，易守难攻，因而对大局尚不绝望。他在炮声隆隆中，一会儿渡江到武昌，一会儿又回到汉口，往返巡视指挥，调遣策应，这是他一生中最忙碌的时刻，也是他戎马生涯的最后一战。

9 月 5 日，北伐军中央军右纵队第四、第七两军及第一军第二师分由宾阳门、通湘门、中和门、望山门、忠孝门、武胜门等处向武昌城发起总攻。各军组织“奋勇队”奋勇登先，余部紧随其后，曾三次强行攀梯攻城，但均因遭敌猛烈射击而告失利。北伐军在遭受了巨大牺牲后[1]，不得不暂停攻城，转而图攻汉阳。

当中央军右纵队自崇阳进发，并与吴军在汀泗桥、贺胜桥展开激战时，左纵队之第八军及夏斗寅所部鄂军第一师奉命从嘉鱼和金口附近渡江，进逼汉阳、汉口。“时秋涨未退，举目汪洋，前进极形困难”[2]；而汉阳守敌高汝桐部在仙女山、扁担山、蔡家岭、十里铺一带全力抵抗，北伐军节节苦战，进展颇为不易。9月6日，驻守汉阳的鄂军刘佐龙师声明附义，倒戈进攻高汝桐部。高部腹背受敌，不得不弃守汉阳，撤至汉口。当天，北伐军进占汉阳，并从龟山向汉口发炮射击。吴佩孚无心恋战，于次日偕靳云鹗等由汉口向孝感方向逃窜。北伐军一路追击，又连克黄陂、孝感、广水，并在东篁店大败前来增援的直军精锐之师田维勤部，于18日一举攻占武胜关和鸡公山。吴佩孚仓皇逃回信阳，其所率“南来之众”迭经损兵折将，此时已“幸存无几”了[3]。

吴佩孚逃回信阳后，虽很想调集各方援军应援武昌守军，夺回汉阳、汉口两镇，但此时孙传芳已是泥菩萨过江，自身难保；鄂西卢金山、鄂北张联升诸部“因顾其地盘，不肯出兵”；四川杨森所部因“受牵制而不能动”；北来各军则“尽非亲信，不肯效力”[4]，这样，武昌守敌实际上已成瓮中之鳖。吴束手无策，只有坐视武昌城的陷

①9月5日总攻开始后，叶挺独立团先后以第一营和第二营为“奋勇队”，参加攻城，付出了巨大的伤亡代价，计阵亡营长一员，连长三员，排长四员，士兵六十余人；伤连长一员，排长二员，士兵八十余人，损失步枪四十余支。参见《叶挺同志参战报告》(1926年9月9日)，彭明主编:《中国现代史资料选辑》第二册，中国人民大学出版社1988年版，第309页。

②《蒋介石关于国民革命军北伐作战经过报告书》(1927年3月)，见中国第二历史档案馆编:《中华民国史档案资料汇编》第四辑(二)，江苏古籍出版社1991年版，第1042页。

③《国民革命军进攻武汉南昌经过概要》(1926年11月)，见中国第二历史档案馆编:《中华民国史档案资料汇编》第四辑(二)，第983页。

④文公直:《国民革命北伐成功史》，见来新夏主编:《中国近代史资料丛刊·北洋军阀》(四)，上海人民出版社1993年版，第466页。

落。10月10日，北伐军第四、第八两军之一部，乘武昌守敌被封锁围困达一个月之久，因而饷械两乏，军心涣散之机，由中和门、保安门攻入城内，敌将陈嘉谟、刘玉春及官兵二万余人全部被俘。至此，武汉三镇全部落入北伐军之手。“北伐军占领武汉，便是根本上捣破了吴佩孚的巢穴，断绝了吴佩孚的生命(吴佩孚的生存靠汉阳兵工厂和武汉之饷源)，可算从根本上结果了吴佩孚。”[①]在民国政治舞台上叱咤风云十余年的吴佩孚从此一蹶不振，开始了颠沛流离、四处亡命的生涯。

### 2. 赣闽浙苏皖战场与孙传芳的溃败

北伐军在两湖战场打败了吴佩孚后，原先为全力“打倒吴佩孚”而采取的“联络孙传芳”的战略已经完成使命，消灭孙传芳成为当务之急，而且时机也已成熟。于是，北伐军又立即挥师东向，进兵孙传芳所盘踞的长江下游地区。

孙传芳自1925年10月在浙奉战争中取得胜利后，控制了江西、福建、浙江、江苏、安徽五省地盘，组建了五省联军，自任“五省联军总司令”，拥有军队近二十万，成为北洋后期实力与吴(佩孚)、张(作霖)相当的一支重要的军阀势力。

1926年7月北伐战争开始后，孙传芳一方面揭橥“保境安民”主义，散布中立和平空气，以图自保；同时又在暗中整军备战，沉机观变，图谋从北伐军与吴佩孚之间的战争中渔利。北伐军出师之前，曾派与孙传芳有同学之谊的何成濬等人去南京，劝孙参加革命。孙表面上对北伐军表示友善，暗中却致电吴佩孚速作御敌准备，同时将五省联军江西总司令邓如琢所部分为六路，令他们伺机出兵湘东，应援湘军，将湖南境内的北伐军赶回广东。这六路的具体部署是：第一路唐福山、张凤岐两部集中萍乡、宜春进犯株州、醴陵；第二路蒋镇臣部集中永新、莲花进犯茶

---

①《向导》第171期。

陵、攸县；第三路谢文炳、陈修爵两部分别集中万载、宁冈；第四路刘宝题部集中宜春、抚州一带为总预备队；第五路杨如轩、杨池生部集中新城、大庾进犯南雄；第六路赖世璜部集中瑞金进犯东江。及至北伐军攻下岳阳，吴佩孚一方面急率直军主力回鄂，准备与北伐军在汀泗桥决战，同时力促孙传芳率军出萍乡抄北伐军后路，以对北伐军造成夹击之势。孙传芳也感事态严重，遂动员援赣，于8月25日在南京召集五省联军将领会议，决定以五省联军浙江总司令卢香亭为援赣军总司令，率浙江、江苏、安徽三省军队入赣，应援邓如琢军；并令五省联军福建总司令周荫人陈兵闽、粤边，扰乱北伐军的后方。但孙传芳出兵的目的不在于援吴，而是企图伺机吞并中南。“孙对部下公开说，他等革命军攻占武汉后，再派大军去收复武汉，这样，武汉当然就属于他管辖之下，那时五省联军便可扩大为七省联军了，这是孙传芳的如意算盘。”①因此，当吴军与北伐军在汀泗桥和贺胜桥展开激战时，孙传芳虽陈兵赣边，却坐视不救。

北伐军虽因出于集中力量对付吴佩孚的战略考虑而暂时将孙传芳放置一边，还对他做了一些拉拢工作，但并没有放松对他的警惕。为防备孙乘北伐军出师进攻两湖之机袭扰广东，北伐军在部署北伐时，特将谭延闿第二军主力屯驻韶关，警戒江西；并派第一军军长何应钦率谭署卿第三师、冯轶裴第十四师坐镇潮汕，警戒福建。8月中旬，北伐军又在长沙军事会议上决定将第二军、第三军等部编为右翼军，由朱培德任总指挥，集结于醴陵、浏阳、攸县、泗汾等地，监视江西方面孙军的动向，保障中央军的右侧翼安全。及至北伐军攻克汀泗桥、贺胜桥，基本奠定两湖战场的胜利局面后，北伐军即不失时机地开辟了旨在消灭孙传芳的东南战场。北伐军

①马葆珩：《孙传芳五省联军的形成与消灭》，《文史资料选辑》第十八辑，第175页。

的战略是:“乘敌集中未竣,采取攻势,予以各个击破。”[①]9 月 3 日,蒋介石向朱培德右翼军及程潜第六军等部下达了于 9 月 6 日向江西敌军发起攻击的命令;同时任命第一军军长何应钦为攻闽军总司令,第四军军长李济深为攻赣军总司令,令他们各率所部由广东进攻闽、赣。北伐军的作战计划是,分兵三路入赣:第二、三军及第一军第二师担任右翼,由蒋介石直接指挥,第一军第二师由铜鼓东进,第二军由赣南循赣江北进,第三军由萍乡出高安,均以南昌为目标;第一军第一师和第六军担任中路,由程潜指挥,出修水、武宁,直捣德安,以截断南浔铁路;第七军担任左翼,由李宗仁指挥,自鄂城、大冶一线入赣,直捣九江孙军总司令部。

面对北伐军的大军压境,孙传芳毫不示弱,而是决意与北伐军一决高下。为此,他将五省军队编为六个方面军,并将其中的五个方面军尽遣入赣布防(周荫人所部第四方面军留驻闽省),准备与北伐军进行主力决战;他自己也于 9 月 1 日入赣,以亲自指挥战事。孙军的战斗序列如下:

第一方面军总司令　邓如琢

中央陆军第一师师长　邓如琢

江西陆军第一师师长　唐福山

江西陆军第二师师长　蒋镇臣

中央暂编第六师师长　杨如轩

滇军陆军第一师师长　杨池生

中央第九混成旅旅长　张凤岐

江西第一混成旅旅长　岳思寅

江西第三混成旅旅长　刘宝题

粤军司令　陈修爵

①《国民革命军进攻武汉南昌经过概要》(1926 年 11 月),见中国第二历史档案馆编:《中华民国史档案资料汇编》第四辑(二),江苏古籍出版社 1991 年版,第 985 页。

第二方面军总司令　郑俊彦

中央陆军第十师师长　郑俊彦

江苏第一混成旅旅长　杨赓和

江苏第三混成旅旅长　李彦青

福建第一混成旅旅长　彭德铨

江苏第四混成旅旅长　王良田

江苏第一支队长　梁鸿恩

第三方面军总司令　卢香亭

浙江第二师师长　卢香亭

浙江第四师师长　谢鸿勋

江苏第二混成旅旅长　李启佑

浙江第七混成旅旅长　杨震东

第五方面军总司令　陈调元

江苏第六师师长　陈调元

安徽第一混成旅旅长　毕化东

安徽第二混成旅旅长　马祥斌

安徽第三混成旅旅长　王普

安徽第四混成旅旅长　刘凤图

第六方面军总司令　颜景崇

浙江第五混成旅旅长　上官云相

浙江第八混成旅旅长　颜景崇

江苏第三混成旅旅长　马登瀛

预备军总司令　周凤岐

浙江第三师师长　周凤岐

浙江第一支队长　陈光祖

孙军的战略目标是全力夺取武汉、长沙，作战计划是：第一方面军担任大庾岭及萍乡方面的作战任务；第三方面军由修水、铜鼓出湘鄂边，抄袭北伐军后路；第四方面军由闽出兵粤东，袭扰北伐军根据地；第五方面军由武穴溯江西进，以解武昌之围；第二、六方面军为总攻击部队，作为与北伐军决战的生力军。孙传芳自恃兵力强盛，军事上又早有布置，因而对北伐军极为轻视。他不但将自己的总司令部设于九江江面的军舰上，以便溯江直取武汉，而且还竟于9月7日致电北伐军总司令蒋介石，限令北伐军在二十四小时内全部撤回两广。这种妄自尊大、盲目轻敌的思想，注定了其下场必定和吴佩孚一样，难逃覆灭的命运。

1926年9月6日，北伐军分路向江西之敌发起进攻。

担任赣南攻击任务的赖世璜第十四军（新由赣军投诚改编而成），在第二军第五师（师长谭道源）等部的配合下，击溃了杨如轩、杨池生两部敌军，于当天占领赣州，随即向吉安方向追击前进。

担任右翼攻击任务的第二、三军在朱培德指挥下，也于当天攻占萍乡。萍乡守敌唐福山部向袁州方向溃退，第二、三两军尾敌追击，又连下宜春、分宜，并在新喻附近大败邓如琢所部敌军主力，进克清江。敌军退守樟树，与北伐军隔赣江对峙。由于赣江船只均为敌军掳走，北伐军难于渡江击敌，朱培德遂令第二军监视对岸之敌，他自己则率第三军向赣江下游的高安进发，准备在那里渡江后侧击樟树之敌。18日，第三军攻占高安。

担任中路攻击任务的第六军及第一军第一师（师长王柏龄）在程潜指挥下，经与谢鸿勋、杨震东两部敌军数天激战，于9月10日攻占修水、铜鼓，嗣又在奉新重创杨震东所部残敌，乘胜向南昌挺进。19日，程潜侦知南昌城内敌军空虚，便不顾右翼第二、三两军攻击受阻，不克前来配合，即径率第六军和第一军第一师自奉新袭击南昌。在城内工人、学生和警备队起义的响应下，一度入据省垣。孙传芳闻报，立即严令前线各军限日夺回省城，否则军法从事。前敌总司令邓如琢遂急忙率部由樟树沿赣江北攻，郑俊彦部则沿南浔路南下增援，对南昌造成南北夹击之势。程潜冒险出击，自知势孤难守，于21日弃城向南撤退，在南昌南郊莲塘市一带为敌军重重包围，全军溃不成军，程、王仅以身免。22日，程、王率部组织反攻，再次突入城内。孙传芳气急败坏，调集卢香亭、郑俊彦、邓如琢三军合力进攻南昌，并亲自赶到九江督战。程、王所部苦战不支，损失惨重，被迫于 24 日再度撤出南昌。

当北伐军在江西与孙传芳的军队展开激战之际，原在湘、鄂前线指挥战事的北伐军总司令蒋介石，因考虑到两湖战场胜势已定，江西战场则成关系北伐全局的主战场，于 9 月 17 日转道入赣，亲临前敌督师。27 日蒋抵达新喻后，立即调整了作战部署：命因进攻南昌受挫而撤至奉新、安义一线的第六军及第一军第一师在原防取攻势防御；命随他入赣的第一军第二师（师长刘峙）接替第二军至清江监视樟树之敌，而以第二军转攻吉安，协同赣南各部解决蒋镇臣所部敌军，再沿赣江右岸直趋樟树，进逼南昌；同时电调李宗仁第七军和夏斗寅独立第一师分道入赣，进攻九江之敌。30 日，第七军在王家铺围歼了谢鸿勋所部敌军，占领箬溪，进逼德安。10 月 2 日，第三军又在万寿宫大庙大败敌军郑俊彦师和彭德铨、杨赓和两混成旅，残敌退守牛行。蒋介石以敌军迭遭重创，急宜乘时合击，遂令第三军攻牛行，第六军及第一军第一师攻建昌、涂家埠，第七军攻德安，第二军及第一军第二师攻南昌，第十四军攻临川、东乡，白崇禧率第一军第二、四、六师迅取樟树后会攻南昌，并定于 10 月 6 日发起总攻。但由于各部未能同时并进，协同作战，使敌军得以集中兵力反攻，因此，北伐军的这次进攻没能达到预期目标。13 日，蒋介石下令各部作战略撤退；嗣即根据孙军的布防情况，调整作战计划，移师赣北，向孙军主力所在的南浔路发起攻击。

南浔路连接着南昌与九江两大城市，是孙军的一条重要补给线。孙传芳为确保南浔路万无一失，把援赣军三万五千余人全部部署在了铁路沿线，其中自牛行至乐化为第二方面军主力，自涂家埠至永修、德安一带为第三方面军主力及第六方面军一部，马回岭至九江一带为总预备队。北伐军则志在消灭孙军主力，切断其补给线，以尽早结束江西战场，因而除将在赣主力移至南浔路一带外，又从武汉增调第四军及贺耀祖所部独立第二师（由新投诚的湘军第一师改编而成）入赣北参战。11 月 2 日，北伐军约十余万人分三路向南浔路发起总攻击。左翼军(第四、七军及独立第二师)于当日占领德安、马回岭,4 日,又攻占九江。敌军退路被截断,尽被缴械。中央军(第六军)于 3 日在卢坑附近铁道线与孙军劲旅卢香亭部展开激战,敌军不支,退守吴城。5 日,中央军在左翼军配合下,全歼吴城之敌,卢香亭仅以身免。右翼军(第三军及第一军第一师为左纵队,第二军及第十四军为右纵队)左纵队因敌在牛行附近构筑坚固防御工事顽强抵抗,一时难以突破;后白崇禧率左、中两军南下增援,始将敌军击退,并于 6 日在滁槎附近将敌军全部围歼,俘敌旅长李彦青、王良田、杨赓和及官兵一万五千余人。右纵队则在南昌城外将蒋镇臣部六千余人全部缴械。困守南昌城的唐福山、张凤岐、岳思寅等部三千余名残敌无心再战,缴械请降。北伐军遂不废一弹,于 8 日占领南昌。

北伐军向南浔路发起总攻的当天,即 11 月 2 日,孙传芳因见形势不妙,乘军舰离开九江,前往南京。南浔路孙军群龙无首,战斗力大减,以致只抵抗了一个星期,便全线溃败。经过南昌及南浔路两个多月的争夺战,孙军除陈调元皖军由武穴撤走,周凤岐所部浙军第三师逃回浙江外,邓如琢赣军悉数被歼,卢香亭浙军、郑俊彦苏军则遭到毁灭性的打击,总计孙军在江西战场被歼灭与俘虏人数达 4 万余人。至此,江西战场以北伐军的大获全胜而告结束。

北伐军收复江西后不久,又很快取得了福建战场的胜利。五省联军福建总司令周荫人所部闽军共有六七万人,是孙传芳麾下的一支重要军事力量。当孙传芳调集浙、苏、皖三省大军入赣并在江西与北伐军展开激战时,周荫人的闽军(被编为第四方面军)奉命向闽粤边境一带集结,准备伺机进兵粤东,与活动于广东东江一带的陈炯明叛军里应外合,扰乱北伐军的后方,以达到牵制北伐军的目的。9 月下旬,周荫人调集张毅所部福建第一师、李凤翔所部福建第二师、刘俊所部福建第三师、孙云峰所部福建第四师等分向粤东饶平、大埔、峰市、蕉岭推进,周本人也率中央陆军第十二师由龙岩进驻永定督师。北伐军则对周荫人早有防范,于出师北伐时派第一军军长何应钦率该军第三、第十四两个师进驻潮、梅，以防闽军进犯；何应钦并派员与闽军中的一些将领如李凤翔、曹万顺等人进行暗中接洽，策动他们倒戈起义。由于北伐军在兵力上与闽军相差悬殊，若再分兵设防，必将更形势单力孤，难以奏效，因此，何应钦决定集中兵力主动出击，入闽袭击周荫人所部闽军主力，“以期破其中坚，使全体闻风而溃”①。10月10日，何应钦率部攻占永定城，端掉了周荫人的前敌指挥部，周率卫队十余人仓皇逃逸。何随即回师广东，又于12日在松口堵截并重创了来犯之敌，俘闽军官兵四千余人。随着军事攻击的连连奏捷，何应钦对闽军将领的政治攻势即策反工作也开始显现成效。14日，闽军第二师的两个旅即曹万顺旅和杜起云旅在蕉岭前线宣布起义（曹、杜两部投诚后受编为国民革命军第十七军，曹任军长），并倒戈攻击其他闽军各部，闽军阵脚由是大乱，纷向福建境内溃退。16日，蒋介石任命何应钦为国民革命军东路总指挥，命其督率第一军第三、十四两师及曹万顺第十七军、赖世璜第十四军等部迅即进军福建，开辟福建战场，以策应北伐军在江西战场与孙军进行主力决战。何应钦受命后，立即率部越境北攻。在闽南等地民军的配合下，特别是闽军在迭遭重创后，已然军心涣散，斗志全无，以致不待北伐军来攻，便早已望风而逃，因此，北伐军一路几乎未遭遇什么抵抗，便长驱直入，连下上杭、汀州、漳州、南靖、同安等重镇。12月初北伐军逼近闽江时，驻闽江海军起义，占领了坐落于闽江北岸的福建省会城市福州。周荫人弃城而走，率苏埏所部中央第三十混成旅、蒋凤启所部福建补充旅等向闽浙边境撤退，不及撤退的闽军残部则被北伐军收编。12月18日，北伐军进驻福州城，福建战场至此基本结束。

---

①《蒋介石关于国民革命军北伐作战经过报告》(1927年3月)，见中国第二历史档案馆编：《中华民国史档案资料汇编》第四辑(二)，江苏古籍出版社1991年版，第1047页。

北伐军相继占领江西、福建两省后，又立即确定了肃清长江下游的战略方针，把兵锋指向浙江、安徽、江苏三省，以彻底消灭孙传芳这一军阀势力。其作战计划是：从东、中、西三路向长江下游进击，以夺取南京、上海为目的，第四、八军为西路，集结于湖北孝感、黄陂，监视河南境内的奉军；第二、六、七军为中路，从江西进军安徽，夺取南京和上海；第一、十四、十七军为东路，由闽入浙北上；第三军在江西为总预备队。

孙传芳则因在江西战场主力尽失，对所部军队重新进行了整编，以图纠集残部与北伐军进行最后的决战。共改编了十四个师四个独立旅，徐州总司令陈仪仍兼第一师师长，扬州总司令卢香亭仍兼第二师师长，南京卫戍司令周凤岐仍兼第三师师长，上官云相为第四师师长，刘凤图为第六师师长，梁鸿恩为第七师师长，崔景滙为第八师师长，上海守备司令李宝章仍兼第九师师长，淮安镇守使郑俊彦仍兼第十师师长，马葆珩为第十一师师长，陆殿臣为第十二师师长，刘士林为第十三师师长，李俊义为第十四师师长，阮肇昌为第十五师师长，芜湖镇守使王普仍兼第三混成旅旅长，皖北镇守使马祥斌仍兼独立旅长，杨士荣为安庆守备司令，白宝山为海州镇守使，马玉仁为扬州镇守使，张仁奎为南通镇守使兼独立旅长，李养斋为独立旅长①。改编后的孙军虽师旅众多，但多系临时拼凑而成，而且内部矛盾重重，军心涣散，因此战斗力已今非昔比，难以再与北伐军相抗衡。为求自保，孙传芳不得不放下五省联军总司令的架子，北上投靠自己的宿敌奉系军阀张作霖。11月19日，刚从江西前线铩羽而归的孙传芳，从南京乘专车赶赴天津，向张作霖当面谢罪，乞求张捐弃前嫌，施以援手。张作霖正想乘此机会抢占东南地盘，因而一口答应派直鲁联军南下，协助孙军共同对付北伐军。

---

①马葆珩：《孙传芳五省联军的形成与消灭》，见杜春和等编：《北洋军阀史料选辑》（下），中国社会科学出版社1981年版，第313～314页。

12 月初孙传芳由天津返回南京后，立即调兵遣将，部署攻防，准备与北伐军大战一场，以确保江浙地盘。根据在天津时与张作霖达成的协议，他将长江北岸防务让与直鲁联军，自己则率部在长江以南地区布防，并集中主力于沪杭线，企图在沪、杭一带与北伐军决战。不过，在开始接仗之前，孙传芳在东南地区的统治已经面临严重危机。先是当江西、福建两省战事正紧张进行之际，浙江省长夏超突于 10 月 16 日宣布附义反孙，就任国民革命军第十八军军长之职，并亲率浙省保安队八营，由嘉兴进攻上海。孙传芳急忙派宋梅村旅前去镇压，很快打败了夏超的保安队，将夏秘密处死。为了稳定东南局势，孙随即调派驻徐州的浙军第一师陈仪部和第三师周凤岐部回浙驻防，并命陈仪接任浙江省长。但陈、周两人也因急欲使浙江摆脱孙传芳的统治而与北伐军秘密进行了接触，准备等条件成熟时向北伐军投诚。12 月中旬，周凤岐乘孙军在江西战场大败之机，在富阳宣布就任国民革命军第二十六军军长；陈仪所部也在绍兴接受北伐军的改编，陈被任命为国民革命军第十九军军长。已经痛失了江西、福建两省地盘的孙传芳，自然不甘坐视再失去浙江，因而急调孟昭月、王森、李俊义等部赶赴浙江弹压，以平息事态。虽然孙军在与陈、周两部交战中占据一些上风，12 月下旬攻占杭州时还拘捕了陈仪，但孙阵营内部的分化与争战，却为北伐军进军浙江并最终获胜造成了机会。

1927 年 1 月初，蒋介石下令北伐军分由赣东、闽北入浙，会攻杭州。1 月上旬，北伐军东路军前敌总指挥白崇禧率第一军第一、二、二十一、二十二师各部，由赣东进抵浙江西部的龙游、衢州。而孙军孟昭月等部也追击周凤岐第二十六军至兰溪、金华一带，并分向浙西推进，企图乘北伐军立脚未稳，一举攻占龙游和衢州。1 月下旬，北伐军分三路向兰溪、金华之敌出击，经过激烈战斗，于 2 月 1 日攻占兰溪，次日占领金华。孟昭月由兰溪仓皇出逃，全线向严州（建德）、桐庐、浦江和诸暨溃退。北伐军乘胜分途进击，又连下严州、浦江、淳安、桐庐。孟昭月从杭州调集援军至富阳，分两路反攻，又被北伐军彻底击败。2月18日，北伐军一举攻占杭州，孙军纷向浙北溃退。在白崇禧所部北伐军由赣入浙并向杭州进击的同时，何应钦指挥的北伐军东路军也于1月下旬由福州北上，越仙霞岭入浙，分向江山、处州（丽水）、温州进击。在完成了肃清浙东孙军的军事行动后，于2月23日进抵杭州，与白崇禧部北伐军会师。

北伐军底定浙江后，除命何应钦、白崇禧立即率部沿沪杭线向松江、上海一带追击外，又令程潜、李宗仁分率江右军和江左军，沿长江向下游推进，直取安徽，以对上海、江苏形成围攻之势。程潜随即率部自江西循彭泽、马当之线东进，李宗仁所部则自鄂东的黄梅、广济、罗田向安徽宿松、太湖、潜山一带前进，进逼安庆。面对北伐军大军压境的形势，安徽之敌纷纷倒戈，向北伐军输诚。2月20日，皖南刘宝题部投效北伐军，受编为新编第三军兼江右军第四纵队，刘任军长兼第四纵队指挥官；3月4日，安徽省长兼第六师师长陈调元和芜湖镇守使兼第三混成旅旅长王普宣布附义，分别就任国民革命军第三十七军军长和第二十七军军长；不久，皖北镇守使兼孙军独立旅旅长马祥斌也宣布起义，并率部占领合肥，所部受编为国民革命军独立第三师。这样，皖南地区及安庆、芜湖、合肥等重镇兵不血刃，全部“传檄而定”。

随着浙江、安徽两省又相继落入北伐军之手，孙传芳的五省地盘就只剩江苏一省硕果仅存了。为了确保江苏地盘，孙传芳从杭州败退后，将其残部集中于松江、上海一带，准备与北伐军作最后的决战。与此同时，直鲁联军褚玉璞、张宗昌等部纷纷南下苏、沪，增援孙传芳。张宗昌于2月23日抵达南京，27日偕同孙传芳至上海布防。张学良也率奉军进至徐州，以为策应。

鉴于以上形势，北伐军决定乘直鲁联军大部尚未南来之机，立即乘胜攻取苏、沪，消灭孙军残部。其作战计划是：白崇禧率第一、第二、第三纵队沿沪杭线前进，攻略上海；何应钦率第四、第五、第六纵队及第二军经宜兴、溧阳向常州、丹阳前进，与程潜所部江右军会攻南京。3月16日，白崇禧所部北伐军开始沿沪杭线攻击前进，在沪西松江与孙军展开激战。孙军经数日抵抗，渐感不支，纷向上海溃退。21日，北伐军攻占松江、苏州，进迫沪郊。这时，孙传芳阵营的内部进一步发生分裂，其驻沪第九师师长李宝章向北伐军投诚，受编为国民革命军第十八军军长；北洋政府海军长江舰队也树起了国民革命军的旗帜，除在长江截敌退路外，还派海军陆战队在沪登陆，攻击孙军及直鲁联军。与此同时，上海工人阶级为配合北伐军的进攻，在中国共产党的领导与组织下，举行了大规模的起义。这样，孙传芳的上海防线彻底崩溃。当日，北伐军长驱而入，攻占上海。直鲁联军第八军毕庶澄部被悉数包围缴械，毕只身逃回山东；孙军与直鲁联军残部则沿沪宁线仓皇北逃。

在白崇禧率部进攻松、沪的同时，何应钦所部北伐军也按计划攻略前进，一路连下宜兴、溧阳、常州、丹阳，于3月22日进占镇江；程潜则率江右军主力向芜湖、宜城前进，于3月17日占领当涂。这样，北伐军对南京形成围攻之势。孙传芳、张宗昌等自知南京难保，早已将所部主力撤至江北布防，准备待北伐军渡江攻击时，乘机反扑；南京附近则只留下一部分直鲁联军，分驻下关、江宁、龙潭、吴镇等地，企图据险固守，待援反攻。3月23日，北伐军向南京发起总攻，并很快突破了敌军的外围防线，于当天占领南京城。南京守敌除一部分在下关抢渡，窜回浦口外，余皆被俘。北伐军攻占南京，标志着初期北伐战争取得了决定性的胜利，长江以南的半壁江山至此悉归北伐军所有。

## 第二节　国民军在北方的奋战

在国民革命军从广东出师北伐，并在南方战场即长江流域和东南沿海地区与吴佩孚、孙传芳两大军阀势力展开激战的同时，冯玉祥国民军在黄河流域和西北地区开辟了对奉直军阀联盟作战的北方战场。两个战场遥相呼应，互相配合，共同打击了北洋军阀及其后台帝国主义，推动了北伐战争的胜利发展。

## 一、国民军与奉直晋联军的战争

### 1. 南口战役

1926 年 1 月奉直军阀在帝国主义的撮合下结成“反赤”联盟，制定了“围剿南北二赤”及“先北后南”的战略方针后，便开始联合对冯玉祥国民军发起大规模的进攻，并在短短三个月的时间里，先后从国民军手中夺取了山东、河南、热河、直隶、天津等地，4 月 15 日又一举攻占北京。国民军丧师失地，惨遭重创，不得不收缩防线，将所部主力撤至京北南口一带。

奉直联军攻占北京后，并没有就此结束与国民军的战争，而是继续派兵追击，并分路向国民军重兵把守的南口发起了进攻。惯于看风使舵的晋系军阀阎锡山见国民军失势，也倒向奉直军阀一方，参加了联合进攻国民军的军事行动。奉直晋联军的作战计划是：吴佩孚率直军主力在张宗昌直鲁联军协助下，担任南口正面的攻坚战；奉方派吴俊陞督率汤玉麟、万福麟等部出热河攻多伦，直下张家口，以拊国民军之背；阎锡山则派商震指挥晋军出大同，截断国民军的退路，以图将国民军歼灭在塞北草原。

国民军则在西北边防督办张之江的统一指挥下（冯玉祥于 1926 年 1 月初宣布下野并于 3 月 20 日启程赴苏联考察后，便将国民军交由张之江统率），在南口一线全力部署攻防。其作战计划是：以鹿钟麟为东路军总司令，率郑金声第一军、方振武第二军、徐永昌第四军、王镇淮第九军等部负责察东多伦至南口一线，防守奉直联军进攻；以宋哲元为西路军总司令，率石敬亭第五军、石友三第六军、韩复榘第八军等部负责察南、晋北一带，向晋北的阎锡山晋军（实力相对较弱）取攻势。张之江则在张家口统筹全局。5 月 18 日，西路国民军分六路向晋军发起强大攻势。至 6 月，相继攻克得胜堡、孤山、阳高、应县、左云、右玉、怀仁、岱岳等地，雁门关外要地，尽落国民军之手。

西路晋北地区枪炮声大作，而东路南口方面则一度战事沉寂。南口是京绥铁路线上的一座小镇，距北京只有六十公里，有居庸关和八达岭等天险，战略地位极为重要。国民军除部署重兵防守外，还采纳苏联顾问普列玛科夫（中国化名为林顾问）的建议，仿照西欧最新的军事工程技术，“建筑了三道长达五十公里的防御阵地，加上通上电流的带刺障碍物，以及足以抵御中国现有炮火的掩蔽体”①，准备与来犯的奉直联军决一死战。但张作霖与吴佩孚因忙于争夺中央政权，一时无暇顾及南口之战；靳云鹗、李景林等在南口前线的奉直联军重要将领则因各有图谋，更无意派兵进攻，因此，尽管阎锡山一再致电催促奉军、直军火速进兵，以减轻晋军压力，但直至 6 月底以前，南口方面基本无战事。

6 月 28 日，张作霖与吴佩孚为商讨组建北京政府以及“讨赤”特别是讨伐国民军等重大政治、军事问题，在北京举行“两巨头”会议。由于当时广东国民政府北伐在即，大敌当前，迫使奉直双方只好隐忍息争，因此，两人经过短短三十分钟的秘密会谈便在合力进攻南口等问题上达成了一致意见。在此之前，也即 5 月 31 日，吴佩孚在北上途经石家庄时，便以“督战无方”、“贻误戎机”为口实，下令免去了靳云鹗十四省讨贼联军副司令、第一军总司令等职务，由其自兼第一军总司令。而张作霖则于与吴佩孚会晤的次日，即令张宗昌将李景林军缴械。奉直双方在分别镇压了自己内部的异己势力后，便开始向南口发起总攻击。

吴佩孚自告奋勇担任南口战场正面主攻，并在长辛店设立总司令部，亲自指挥南口之战，以王为蔚任中路攻涞源，田维勤任右翼攻怀来，魏益三任左翼攻蔚县。6 月 29 日，吴佩孚偕田维勤赴门头沟前线视察，下达总攻击令，“悬赏限三日内克怀来，以拊南口

①《参观南口战地记》，见《国闻周报》第 3 卷 34 期。

之背”[1]。但由于田部多系陕军改编，不愿对国民军作战，因此，战斗打响后，多伦方面和担任南口助攻的奉军进攻颇力，而担任南口主攻的直军则不断发生哗变，战事进展甚为迟缓。自7月中旬以后，进攻南口的主力改由奉军和直鲁联军担任。当时，北伐军已进入长沙，南方局势大变。吴佩孚急欲收复湖南地盘，因此与张作霖协商，要求将北方军事完全交由奉军负责，他自己则率所部直军专力对付南方。张作霖表示可以责成张宗昌主持南口军事，但坚持仍需直军配合作战。经商议，奉直联军遂重新部署进攻南口的兵力，吴所部直军调至南口侧翼，由三家店沿永定河进攻国民军第二、三、五军；南口青龙桥正面，改由奉军与直鲁联军担任主攻，由张宗昌任前敌总指挥；同时派韩麟春率奉军主力，由南口东侧，经永宁、延庆插入南口背后，向南口展开猛攻。吴佩孚与张宗昌、张学良往返电商，密定于8月1日凌晨3时各路发起总攻击，并“限三天攻下怀来、蔚县、涿县，逾期惟长官是问”[2]。8月1日晨，奉直联军发起全线总攻击，与国民军在东山口、昌平北之新店、白羊城、白帝城、高崖口、安家庄、清水涧几个地方展开激战，张宗昌、张学良、吴佩孚亲临前线督战，战况空前激烈。国民军虽拼死抵抗，但终因兵力相差悬殊，加上长城附近山洪暴发，军用桥梁多被冲毁，后方接济异常困难等因，致使多道防线被奉军突破。除东路南口战事告急以外，国民军在北路、西路也连连失利，陷入被动挨打局面。在北路，奉军吴俊陞部于7月下旬攻克多伦后，立即兵分两路，一路由库勒河攻沽源正面，一由丰宁出潮河攻独石口侧面；在西路，阎锡山晋军配合奉直联军大举反攻，连克广灵、偏关等战略要地，嗣又由浑源、偏关、天镇三路猛攻，企图截断京绥路国民军的退路。已是三面受攻的国民军为免于被包围分割，不得不于8月

---

①赵恒惕等编：《吴佩孚先生集》，见来新夏主编：《中国近代史资料丛刊·北洋军阀》(五)，上海人民出版社1993年版，第264页。

②《国闻周报》第3卷第30期。

13日放弃南口。14日，奉军于珍部乘势攻占南口。19日，奉军万福麟部由多伦、沽源，攻占了张家口。同日，晋军攻占大同、怀仁，22日克丰镇，26日又进占平地泉。国民军溃散，余部五六万人，向绥远、甘肃方向退却。历时四个月之久的南口战役，终于以国民军的失败而告结束。

国民军在南口战役中虽惨遭失败，但这一战役本身对当时中国的政局却具有重大的影响作用。

首先，国民军在南口战役中的奋勇抵抗，沉重打击并削弱了奉直军阀。在整个南口战役中，奉直晋联军伤亡数在5万以上；发生哗变和向国民军投诚的更是不在少数。担任南口正面主攻的吴军田维勤部初有兵力6个旅、5万余众，后因部下几次哗变，整旅整团地投向国民军，最后只剩下两个旅的兵力①，战斗力大大减弱，致使吴佩孚不得不向张作霖提议改由奉军担任南口主攻。除了直接消灭奉直军阀相当一部分有生力量以外，南口战役还使奉直军阀相互之间以及各自内部的矛盾趋于激化。南口战役初期，即有国民军与孙传芳、靳云鹗、李景林秘密结盟抗奉的酝酿。四方代表穿梭往返，密议商定："(一)孙传芳进兵山东驱逐张宗昌；(二)李景林占据天津阻止奉军南下，并援助孙传芳打山东；(三)靳云鹗由娘子关进兵山西并与大同方面之国民军夹击晋阎；(四)田维勤进兵南苑、通州一带，与南口方面之国民军合力驱奉军出关。"②奉系方面侦知此事后，急忙收兵后退，以防不测。5月中旬，张宗昌将进攻南口的军队调回山东，以防备孙传芳的进攻。张学良也将北京及京奉线北京至天津段的奉军撤往唐山、开平，大有放弃进攻南口之势。虽然后来吴佩孚与张作霖都清除了各自内部的异己势力，并通过在北京的会晤消除了相互间的猜疑，又在联合进攻南口的问题上达成了一致意见，但这种内部纷争与分化，既在一定程度上

---

①《国闻周报》第3卷第32期。

②列武：《靳云鹗免职前后北方军事概况》，见《向导》第160期。

削弱了奉、直军阀的势力，更使它们进攻南口的计划迟迟不能付诸实施，以致最后陷入了既要进攻南口，又要应付北伐军进攻的南北两线作战的被动局面。

其次，国民军在南口战役中吸引牵制了奉直军阀的主力，对北伐军长驱直入湘鄂起了重要的配合作用，直接加速了北伐军在两湖战场的胜利进军。北伐军出师湖南时，吴佩孚的主力正陷于南口，无法分身南下，因此只好将湘省防务交由在湘的杂牌军担任。这些杂牌军虽在兵力上明显占据优势，但却是乌合之众，战斗力较弱，根本抵挡不住北伐军的强劲攻势。因此，北伐战争打响后，北伐军一路势如破竹，很快便占领了湖南全省。及至南口战役结束，吴佩孚率部匆匆南下，于 8 月 25 日到达汉口时，北伐军已经突入鄂境，兵临战略要地汀泗桥。吴虽在汀泗桥投入重兵防守，想把北伐军挡在桥南，但已是回天乏术，无力挽回整个两湖战场上的不利处境了。可见，如果不是国民军在南口战役中牵制了直军的主力，则北伐军在两湖肯定会经历更多的恶仗，进展也不会如此顺利。

### 2. 西安守城战与甘肃战役

吴佩孚在投入主力在南口正面战场与国民军展开激战的同时，还策动陕西、甘肃的地方军阀进攻当地的国民军，以扰乱国民军的后方。奉直军阀联盟与国民军的战火于是又烧到了陕、甘两省。

1926 年 4 月 2 日，吴佩孚任命原镇嵩军统领刘镇华为讨贼联军陕甘总司令，令其纠集旧部进攻陕西的国民军。刘镇华镇嵩军原是河南的地方武装，1925 年 3 月胡（景翼）、憨（玉琨）战争爆发后，刘率部出潼关助憨攻胡，结果为胡景翼所部国民军击败，刘只身逃往山西，残部七八千人由柴云升、张治公、憨玉珍等率领窜往陕西兴安一带，过着亦兵亦匪的生涯。1926 年 1 月吴佩孚与张作霖结成“反赤”联盟后，即进兵河南，向岳维峻所部国民二军发起进攻。3 月初，吴军攻占郑州，岳军大部西退洛阳。岳在洛阳立足未稳，即遭到刘镇华所部土匪武装和豫西红枪会的袭击，所部除李云龙第十师退回陕西外，余皆溃散。吴佩孚命刘镇华“乘机占潼关，趋陕西”①。刘遂重新集结豫西的土匪，很快扩编为麻振武、柴云升、梅发魁、贾济川、王振、憨玉珍五个师，号称十万之众，进入潼关，联合陕南护军使兼中央陆军第七师师长吴新田及陇东镇守使张兆钾等部，向驻守西安的国民军发起进攻。当时，陕西仅有国民军二、三军余部李云龙、杨虎城、田玉洁、卫定一等少量部队，形势甚是危急。4 月中旬，国民军在三原召开军事会议，制定了合力抗战、保卫关中、坚守西安的军事计划，决定以杨虎城、李云龙、卫定一等部守西安，其他各部分守咸阳、三原、泾阳等地。刘镇华军于 4 月 17 日兵临西安城下后，即开始以优势兵力攻城。但刘军绝大部分系收编土匪组成，缺乏重武器，无法攻破城池，遂采用围困战术，深沟高垒，企图困毙城内守军。当时西安城内守军不足一万，而且武器、粮饷异常缺乏，但守城的国民军官兵并没有因此弃城投降或坐以待毙，而仍是以旺盛的斗志，全力投入到守城战之中。西安城内的共产党、共青团组织以及学生联合会、青年生活社、妇女协会等进步组织，也积极发动群众支援守军。在城内军民的合力防守下，刘镇华军围困西安虽长达 8 个月之久，但始终未能攻破城池。

在甘肃，吴佩孚通过委任甘肃军阀张兆钾、孔繁锦分别为讨贼联军援甘军正副司令，并策动黄得贵、韩有禄、宋有才等部响应，点燃了进攻甘肃国民军的战火。5 月 12 日，张兆钾部向驻定西国民军梁冠英旅开火。驻兰州附近阿干镇的黄得贵、驻固原的韩有禄和驻狄道（临洮）的宋有才等部纷起响应，向兰州进攻。当时，刘郁芬所部驻甘国民军只有孙良诚第二师的梁冠英、张维玺两旅，蒋鸿遇已率第十二师赴绥远应援南口战事，兰州兵力空虚。刘郁芬遂急令部队缩短战线，撤回兰州，固守待援；又派人前往西宁、甘州，联络马麟、马麒，使其中立或派兵援助，以稳住兰州后方；并急电张

①赵恒惕等编：《吴佩孚先生集》，见来新夏主编：《中国近代史资料丛刊・北洋军阀》（五），上海人民出版社 1993 年版，第 260 页。

之江速派援军。国民军以两个旅的兵力与两万多敌军在兰州附近相持月余。6月下旬，国民军应援部队郑大章、吉鸿昌各旅相继驰赴兰州，刘郁芬即令反攻，一举击溃围城敌军。兰州危局解除后，刘郁芬便挥师向张兆钾、孔繁锦盘踞多年的陇南、陇东发动攻势，于8月中下旬相继占领天水、平凉等重镇，张、孔仓皇逃往陕西。至此，甘肃两个最大的地方军阀被消灭了，甘肃战役胜利结束。

## 二、五原誓师与国民军联军的崛起

1926年9月17日，刚刚从苏联回国的冯玉祥，在绥远五原举行隆重的誓师大会，宣布就任国民军联军总司令，并率全体将士庄严宣誓："国民军之目的，以国民党之主义唤起民众，铲除卖国军阀，打倒帝国主义，求中国之自由独立，并联合世界上以平等待我之民族，共同奋斗。"[①]作为北伐军友军的国民军，由此正式加入国民革命的行列，成为国民革命阵营中一支重要的武装力量。

### 1. 冯玉祥五原誓师

1926年8月中旬国民军从南口败退后，数十万大军分崩离析，兵散塞外，"简直成了土崩瓦解的局面"[②]。石友三、韩复榘等部被阎锡山晋军收编；西撤各部，含国民军一、二、三、五军，总共只有五六万之众。"各部队几乎都已不成为有组织的部队"[③]，人员编制七零八落，武器装备丢失严重，特别是塞外早寒，粮食奇缺，官兵们饥寒交迫，处境极为凄惨，"睹此身尚单衣，面有饥色之残部，铁石人亦当酸鼻"[④]。大败之余的国民军急需有感召力的将领出

①《冯玉祥自传》，军事科学出版社1988年版，第95页。

②冯玉祥：《我的生活》下册，黑龙江人民出版社1981年版，第486页。

③《刘汝明回忆录》，台北传记文学出版社1979年版，第72页。

④《冯玉祥自传》，第90页。

来收拾残局、重振旗鼓。与国民军有着良好关系的中共北方区委书记李大钊，很自然地把重整国民军的希望寄托于正在苏联考察的冯玉祥身上。他为此先后三次致电冯氏，促其归国①；并特请于右任和翻译马文彦赴莫斯科促驾。

冯玉祥早于1926年1月初，在奉直军阀结成"反赤"联盟并向国民军发出战争叫嚣之时，为转移敌人的视线，并缓和国民军内部的纠纷，主动宣布下野，由张家口退居平地泉。及至奉直军阀挑起对国民军的战争，冯为挽回国民军迭遭重创、节节败退的不利局面，除运筹幕后，指导国民军各部的攻防战守以外，还派马伯援等人赴粤，向广东国民政府请援，嘱其"将国民军之宗旨及工作，向党中(指国民党中央)陈述，最少限度，国民军必为国民党合作，解决国事"②。国、共两党包括广东国民政府早已将国民军视作自己的友军，因而竭诚欢迎与它合作，并及时向它伸出了援助之手。1926年2月，中共中央在北京特别会议上专门作出了《关于北方区政治军事工作问题的决议》，明确指出："北方目前的军事工作唯一是在帮助国民军"③。3月19日，李大钊在北京主持召开了北方国民党领导人会议，也就支持与帮助国民军问题达成了一致意见，指出："国民党当前的任务就是帮助国民军保存有生力量，虽说国民军只不过是国民党的友军。"④广东国民政府则于4月10日致电冯玉祥，鼓励他"取鉴前失，益加奋斗"，告之国民政府正"积极筹备北伐，期能于相当时期，与贵军会师中原，共定国难，打倒帝国主义，完成国民革命"⑤；并应冯玉祥之请，派国民党中央执行委员李烈

---

①中共北京市委党史研究室编：《第一次国共合作在北京》，北京出版社1989年版，第518～520页。

②马伯援：《我所知道的国民军与国民党合作史》，台北文海出版社版，第58页。

③中央档案馆编：《中共中央文件选集》第二册，中共中央党校出版社1989年版，第34页。

④马伯援：《我所知道的国民军与国民党合作史》，第58页。

⑤马伯援：《我所知道的国民军与国民党合作史》中的影印件。

钧前往张家口，协助张之江、鹿钟麟等策划南口的战守。“南北二赤”在抵抗奉直军阀这一共同敌人的过程中，加强了合作，增进了相互间的了解与友谊，也加快了正式结成革命联盟的步伐。冯玉祥为此于3月20日偕苏联顾问普列玛科夫及部属李鸣钟、毛以亨、何其巩等人赴苏联考察，意在“增长些学问见识”[①]，进一步加深对国共两党所合作领导的国民革命的认识，以寻找国民军的根本出路。

冯玉祥一行从平地泉出发，经库伦、乌金斯克转乘西伯利亚火车，前往莫斯科。在途经库伦时，冯与专门前来与他会面的广东国民政府苏联顾问鲍罗廷及徐谦、于右任、顾孟余、陈友仁等国民党要员，具体商谈了“如何救民救国及党之重要”及“国民军和国民党合作事”[②]，并在各方面的影响下，由徐谦介绍加入了国民党。4月30日抵达乌金斯克后，冯致电张之江、鹿钟麟等国民军将领，要他们善待苏联顾问喀尔编阔，并信任国民党在军中的政治宣传工作[③]。5月9日冯玉祥一行抵达莫斯科后，在车站受到了热烈欢迎。在此后的三个多月时间里，冯玉祥通过对莫斯科、列宁格勒等地的参观访问，与苏联、共产国际领导人的广泛接触，以及与国、共两党驻苏人员的时相过从，思想上“进步甚大”[④]，“已深知革命策略”[⑤]。认识到自己以往的短处是“只顾目前，无远大眼光”，“偏重军事，无政治办法”，因之“本军团体主义不明，组织不良，决难幸存”[⑥]；今后“要想革命成功，非有鲜明的主义与参加为行动中心的

---

①冯玉祥：《我的生活》下册，黑龙江人民出版社1981年版，第443页。

②《冯玉祥日记》卷七，江苏古籍出版社1992年版，第9页。

③张国忱编译：《苏联阴谋文证汇编》中“国民军事项类”，北京1927年刊印(线装本)，第39页。

④《蔡和森的十二篇文章》，人民出版社1980年版，第68页。

⑤《冯玉祥自传》，军事科学出版社1988年版，第89页。

⑥《冯玉祥日记》卷七，第31～35页。

党的组织不可"[①]。为此，他决定令国民军全体官兵加入国民党。6月17日，他在莫斯科致函蒋介石、谭延闿，明确表示："救国之方惟有遵照总理中山先生遗训，从事于国民革命。"[②]嗣派李鸣钟、刘骥两人为全权代表由莫斯科去广州，与国民党中央接洽国民军入党手续，并与国民政府会商共同革命的计划。李、刘两人经与谭延闿、徐谦、宋子文、孙科等人协商，达成两项协议：(1)冯玉祥统率国民军接受三民主义，从北方协助国民革命军北伐；(2)国民政府按照国民革命军的待遇标准对待国民军。8月23日，国民党中央党部委任冯玉祥为国民军的国民党党代表，广州国民政府也任他为国民政府委员兼军事委员会委员。

由于苏联之行寻找革命出路的目的已达，因此，冯玉祥欣然接受了李大钊的恳请，决定立即回国，以实践其来苏前向国民军众将士许下的"增长些学问见识，回来之后，再同大家一块儿好好地奋斗"[③]的诺言。8月17日，冯偕苏联顾问乌斯曼诺夫、赛福林和中国共产党人刘伯坚等离开莫斯科回国。

9月8日，冯玉祥一行抵达库伦。张之江、鹿钟麟、宋哲元、刘郁芬等国民军将领获知主帅归来，纷纷去电，请冯速回军中指挥一切，"并派人前往敦促"[④]。冯遂于10日由库伦起身南旋。15日，冯与于右任等人一起到达五原。当时，从南口败退下来的国民军残部，如鹿钟麟、孙岳、方振武、弓富魁、徐永昌、张凌云等所部国民军，均驻扎于五原一带。冯一到该地，"当即亲赴各军，抚慰备至，并做长时间之训话，而灌输以三民主义，鼓之以革命精神，官兵大为感动，甚至有泣下沾襟者"[⑤]；又召集于右任及鹿钟麟、孙岳、宋哲元、方振武、徐永昌、石敬亭、弓富魁、赵守钰等国民军高级将领

①冯玉祥：《我的生活》下册，黑龙江人民出版社1981年版，第48页。

②1929年6月17日冯玉祥给蒋介石、谭延闿的信，中国第二历史档案馆藏。

③冯玉祥：《我的生活》下册，第443页。

④《冯玉祥自传》，军事科学出版社1988年版，第90页。

⑤《冯玉祥自传》，第90页。

开军事会议,议定成立国民军联军,冯被推举为国民军联军总司令。16日,冯发表回国宣言,郑重宣告:"现在我们所努力的,是遵奉孙中山先生的遗嘱,进行国民革命,实行三民主义。"①17日,冯在五原举行誓师大会,当众接过了中国国民党党旗,宣誓就职,同时宣布国民军联军全体将士加入国民党,进行国民革命。当日,冯为"唤起民众的同情,以寒卖国军阀之胆"②,又以通电形式向全国发布了五原誓师的消息。人烟稀少、荒凉冷落的漠北小镇五原,由是名动天下。

**2. 国民军联军在西北的崛起**

五原誓师后,冯玉祥立即着手整顿部队。

首先,组成了国民军联军总司令部。任命鹿钟麟为总司令部参谋长,何其巩为秘书长,李兴中为参谋处长,陈连富为副官处长,徐廷瑶为军务处长,宋式颜为军械处长,过之翰为军需处长,张吉墉为军法处长,张允荣为内务处长,薛笃弼为财政委员会委员长,石敬亭为政治部部长,刘伯坚为副部长。同时聘请乌斯曼诺夫等为总司令部政治军事顾问。

其次,对国民军进行了整编。五原誓师后,包括已被阎锡山晋军收编的石友三、韩复榘等国民军各部纷纷来投,约计集结五六万人。冯将这些人马组编成国民军联军,其编制及驻地情况大致如下③:

| | | |
|---|---|---|
| 国民军联军第一军军长 | 陈希圣 | 武川附近 |
| 国民军联军第二军军长 | 方振武 | 五原附近 |
| 国民军联军第四军军长 | 徐永昌 | 榆林附近 |
| 国民军联军第六军军长 | 石友三 | 包头附近 |

①《向导》第177期,第1835～1837页。

②《冯玉祥自传》,军事科学出版社1988年版,第95页。

③姜克夫:《民国军事史略稿》第一卷,中华书局1987年版,第264页。

| | | |
|---|---|---|
| 国民军联军第八军军长 | 韩复榘 | 归化附近 |
| 国民军联军第二师师长 | 孙良诚 | 甘肃兰州 |
| 国民军联军第七师师长 | 马鸿逵 | 宁夏 |
| 国民军联军第十师师长 | 刘汝明 | 临河 |
| 国民军联军第五师师长 | 冯治安 | 五原 |
| 国民军联军骑兵第一师师长 | 张万庆 | 固阳附近 |
| 国民军联军骑兵第二师师长 | 赵守钰 | 大佘太附近 |
| 国民军联军第□师师长 | 弓富魁 | 五原 |

第三，严肃军纪。冯通令全军注重纪律，颁发"禁令三条"："严禁官兵，私入民宅商号"；严禁官兵进入"娼寮酒馆及戏院"；"官兵无事，不准外出，如士兵必须外出者，需有长官带领"①。接着又颁布"行军禁令五条"："一、严禁割放民间青苗。二、严禁强拉民间牲畜。三、严禁打掠民间牛羊鸡猪。四、严禁无故放枪。五、严禁私夺友军枪枝马匹。"②为切实执行这些禁令，总司令部还派出多名密查人员，沿途随队查察，一经查报，即按情节轻重分别治罪。

第四，加强党务与政治宣传工作。9 月 27 日，在五原召开了中国国民党国民军联军全军代表大会，成立了国民党国民军联军最高特别党部，选出方振武、刘伯坚、弓富魁、石敬亭等 11 人为执行委员，冯玉祥、徐谦、于右任、刘骥、史可轩 5 人为监察委员。30 日，举行了阅兵和授旗礼，冯玉祥接受了国民党国民军联军最高特别党部授予的党旗。为了加强国民军的政治工作，冯玉祥除在总司令部设立政治部，聘请共产党人刘伯坚担任副部长以"主其事"③外，还专门选派党政工作人员分赴各军，成立政治处，担任全军党务政务训练宣传工作。当时政治工作干部很缺乏，刘伯坚曾加紧训练干部学校的学生使之充任，但仍不能满足需要。应冯玉

①《冯玉祥军事要电汇编》第四编，第十七卷，上海军学社版，第 1 页。

②《冯玉祥自传》，军事科学出版社 1988 年版，第 97 页。

③冯玉祥：《我的生活》下册，黑龙江人民出版社 1981 年版，第 505 页。

祥和刘伯坚之请，中共中央先后从上海、北京、黄埔等地派遣了200多名共产党员和青年积极分子，去国民军联军中做政治工作，并帮助冯玉祥制定了《国民军联军政治工作大纲》。

经此一番振作，在南口大战中被打得溃不成军，处境极为艰险的国民军，重新崛起于西北。正如周恩来后来所赞誉的："五原誓师后，又加以政治训练，西北军遂成为当时之雄。"①

国民军重新崛起以后，制定全军战略方针已成当务之急。为了帮助冯玉祥迅速作出决定，李大钊根据1926年10月26日《中央局报告》精神，派人给冯送去了一份密件，建议他率国民军联军出宁夏，取潼关，而后与北伐大军会师北伐。冯玉祥等人经过审慎研究，认为国民军联军若以全力出包头、取京绥，则敌强我弱，且与北伐大军形格势禁，难于应援；若由包头与秦陇两路并出，则兵力益形单薄，难成大事。因此，决定采纳李大钊的建议，放弃包头一路，而以全力由陇入陕，这样既可以解救西安被围国民军的燃眉之急，又可以出潼关与北伐军会师中原。9月下旬，冯任命孙良诚为援陕军总指挥，方振武为副指挥，以方振武部为第一路，孙良诚部为第三路，马鸿逵部为第四路，石友三部为第五路，韩复榘部为第六路，陈希圣部及刘汝明、孙连仲、韩占元、韩德元各师，郑大章、张万庆两骑兵旅为第七路，并令孙良诚督率前方各军，由邠州大道向西安攻击前击，另以驻天水之张维玺师进取陇县汧阳，以掩护大军右翼。至10月初，驻五原的方振武军、驻宁夏的孙连仲师、驻固原的马鸿逵军等部分别由驻地向西安进发。

11月初，冯玉祥任命郑金声为东路总指挥，督率石友三部、陈希圣部，第二路骑兵游击师，骑兵第三、第四各师，第五师第二旅等部，在包头、五原一带步步防御，渐次西撤。11月下旬，冯亲率韩复榘军及韩占元、韩德元两师与赵守钰骑兵师之一旅，由五原移驻宁夏，嗣又由宁入陕。

---

①周恩来：《寿冯焕章先生六十大庆》，《新华日报》1941年11月14日。

11 月 23 日，孙良诚部进至兴平、醴泉一线，围攻咸阳，是日攻克咸阳。即以方振武部及陕军一部为左路向泾阳东南推进，攻西安城北之敌；马鸿逵部为右路，向鄠县东北方向推进，攻西安城南之敌；孙良诚为中路，由咸阳攻西安正面。三路大军，同时进攻。时天气不佳，雨雪交加，泥泞没踝。刘镇华的镇嵩军企图作最后的决斗，由正面顽固抵抗孙良诚部，战斗异常激烈。而刘汝明部由左翼攻击镇嵩军背后，孙连仲部亦由宁夏开到，由右翼绕蓝田、临潼方面。11 月 26 日拂晓，各路开始总攻击，激战一昼夜，刘汝明部攻占十里铺，切断了刘镇华军的后路。刘镇华军全线动摇，势渐不支，纷纷向潼关、同州、武关一带溃逃。27 日，国民军联军进入西安，被围困达 8 月之久的西安终于解围。紧接着，国民军联军又乘胜追击，于 30 日占领同州，12 月 2 日进占潼关。刘镇华镇嵩军被全部赶出陕西，向豫西一带仓皇逃窜。至此，援陕解围西安战役胜利结束。

冯玉祥率国民军联军平定甘、陕后，即积极整顿，准备东出潼关，与北伐军会师中原。

# 第三节　奉系军阀的顽抗与溃败

## 一、张作霖组织“安国军”与联蒋反共

北伐军在南方战场的胜利进军与国民军在西北地区的重新崛起，标志了北洋各派军阀剿灭“南北二赤”的反革命计划的彻底破产。“南北二赤”不但未被消灭，反而在国民革命的共同目标下实现了联合，以更强大的攻势，从南方和西北方向北洋各派军阀发起了进攻。这种形势，对北洋军阀来说，不啻是宣告了其末日的来临。

当时，长江以北的北洋势力，只有奉系张作霖堪与北伐军一战。张作霖自恃拥有三十余万大军，又有日本和英美帝国主义的

支持，企图从巩固根本出发，在北方进行顽抗。

### 1. 张作霖就任“安国军”总司令

1926年9月8日，也即吴佩孚逃离汉口的次日，张作霖鉴于南方战事日趋紧张，在沈阳召开军事会议，讨论南下“讨赤”问题。会议决定以“援吴”为名派兵南下，首先从吴佩孚手中夺取直、豫两省地盘，然后进窥湘、鄂，把奉军势力扩展到长江以南地区。当时，张作霖的策略是：利用吴佩孚、孙传芳遭北伐军重创，无力自保的机会，先以“援吴”的名义灭吴，再以“援孙”的名义灭孙，使北方地区完全成为张家天下，从而无可争议地取得北京政府的最高权位，然后再南下进攻国民革命军，实现称霸全国的目的。会议一结束，张作霖便委派张宗昌为援吴军总司令，并将会议决定电告吴佩孚，表示合作“讨赤”之意。

但老奸巨猾的吴佩孚立即识破了张作霖“明援暗抢”的诡计，因此，9月18日他一逃至郑州，就马上给张作霖复函，说明自己在京汉线尚有“雄师十余万”，足供反攻之用，目前只需接济饷械，不必派兵来援，如非要派兵南下，可用军舰直取广州；并且应允张作霖，今后中央政治听由奉方全权主持，本人不再过问。但张作霖对吴佩孚的反对意见根本不予理睬。9月间，他令张宗昌的直鲁联军逼走了吴佩孚的部将、担任北京卫戍司令的王怀庆，由奉系将领于珍接掌该职；继而又以“索饷”的方式搞垮了摄行北京政权的杜锡珪内阁，由外交总长顾维钧兼摄内阁总理；同时命令张宗昌、褚玉璞所部直鲁联军沿京汉路南下，进占了吴佩孚控制下的保定、大名一带。在从政治、军事两方面作了这些布置与准备以后，张作霖觉得自己出掌大局的时机已经成熟，遂于11月11日入关抵达天津。张作霖抵津的目的，一方面是谋求掌握北京政府的全部权力，另方面则打算纠集力量，共同对付南北的革命势力。

11月14日，张作霖在天津蔡家花园寓所召开军事会议，邀集奉军、直鲁联军将领以及吴佩孚、孙传芳、阎锡山的代表与会，讨论

“联合”对抗北伐军与冯玉祥国民军联军的进攻问题。张作霖在会上一再申明，团结北洋派以共同对付南方进攻的意见。次日续开会议时，议决以下四条：(1)对南军事先征求吴佩孚、孙传芳两人之意见；(2)对西北军事，由察、热两省奉军会同晋军办理；(3)准备出动南援之军队，奉军由韩麟春、直鲁联军由褚玉璞统率；(4)关于中央政局，暂不过问①。会后，孙传芳的代表杨文恺、阎锡山的代表田应璜各将会议结果电告孙、阎，吴佩孚则因其代表齐燮元没有到会，因而无人知照。这时孙传芳刚从江西前线败下阵来，急需获取奉张的支持，因而在收到杨文恺的电报后，立即决定亲自北上，直接与张作霖商议奉鲁军南下问题。19 日，孙传芳将苏省军事交付卢香亭后，即乔装秘密赴津。次日，孙传芳抵达天津，即赴蔡园拜谒张作霖。他再三检讨过去反奉的错误，表示东南大局静听奉张主持，并行鞠躬礼，与奉张化敌为友。孙传芳前来投奔，正中张作霖的下怀，他立即捐弃前嫌，并邀孙参加正在进行的军事会议。孙传芳提议建立统一的军事组织，并推张作霖为全国“讨赤军”总司令(后经杨宇霆提议，将“讨赤军”改称“安国军”)，实际上是充当北洋集团的盟主。张作霖对此极为心动，又电请吴佩孚前来开会，希望他也能对自己“推戴”，但吴佩孚反应冷淡，没有前去与会。

蔡园会议最后决定：(1)奉、鲁之间，由张宗昌率直鲁联军进兵东南援孙，直鲁联军让出直隶给奉军。奉军张学良部由直隶入河南，督促吴佩孚反攻湖北。(2)鲁、孙之间，孙传芳将苏、皖的北部让给直鲁联军驻防；江南沪、杭一带仍为孙传芳的地盘，由孙传芳部从浙江进攻北伐军。(3)孙传芳、张宗昌领衔通电拥戴张作霖为“安国军”总司令。11 月 29 日，经孙传芳、张宗昌两人带头“劝进”，以直、鲁、豫、苏、皖、赣、浙、闽、陕、晋、察、热、绥、吉、黑十五省区共同“推戴”的形式，推举张作霖为“安国军”总司令。12 月 1

①半粟：《中山出世后中国六十年大事记》，上海太平洋书店 1930 年版，第 526～527 页。

日，张作霖在天津蔡园就任“安国军”总司令。当天，他发表通电称：“顷据孙馨帅诸君，以时局艰危，暴徒肆虐，联名电请以安国军总司令名义，统率同志，保安国家。作霖自分驽骀，岂堪膺兹重任，屡经电辞，未承谅许。当兹危急存亡之秋，敢昧匹夫有责之义，爰于十二月一日在津就安国军总司令之职。所冀袍泽同仇，共纾国难，凡有敢于危害我国家安宁者，愿与同人共诛之，以全我安国军保安国家之夙志。”①3日，张宗昌、孙传芳两人也各自发表通电，宣布受张作霖委派，分别就任“安国军”副司令兼直鲁联军总司令与“安国军”副司令兼五省联军总司令。6日，张作霖发表长篇“反赤宣言”，叫嚣：“吾人不爱国则已，若爱国非崇信圣道不可；吾人不爱身则已，若爱身非消灭赤化不可。”②以奉军为主，包括其他残兵败将在内的反革命武装“安国军”，终于拼凑起来了。

“安国军”得到了日本和英美的共同支持。日本“满株会社”出资三百万日元，香港、上海两地的英商出资五百万英镑给“安国军”，美国政府则卖给“安国军”一百架飞机和价值一千万美元的军需物资③。当时，以吴佩孚、孙传芳为首的直系军阀已经濒临瓦解，张作霖奉系军阀成了“反赤”阵营中的中坚力量，日、英、美帝国主义遂不约而同地把“反赤”的希望寄托于奉张身上，这是它们所以都来支持“安国军”的原因所在。

12月27日，张作霖由天津进入北京。张此次入京，本拟以临时总统或临时大元帅名义，或仍用安国军总司令名义，“谋于元旦实行主政”。他认为自己出而主政已有相当把握，“故入京时秘嘱军警迎接以元首之礼，且已准备于元旦日在太和殿受外交团之觐

①中国第二历史档案馆编：《中华民国史档案资料汇编》第三辑《军事》(一)上，江苏古籍出版社1991年版，第753～754页。

②东北师范大学历史系编：《民国以来大事月表》，东北师大教务行政处1951年印，第92页。

③萨波什尼柯夫：《1924至1927年中国第一次国内革命战争(军事史略)》，湖北人民出版社1958年版，第60页。

贺矣”。孰料入京之后，坏消息接踵而至。“第一使张氏受重大打击者，厥为吴之解决靳云鹗一部”。张作霖原有将靳云鹗收归己用之意，以为“云鹗既与党军及西北军有相当之联络，正可居南北间而为缓冲者，奉方之于京汉线上可以无忧矣”。而吴佩孚将靳云鹗再次解职，“是吴之势力已大为之一振，是即奉方在北方之声势颇为之一减，张果实行主张，吴必起而反对之，处处与奉方之政府为难，非张所能堪也”，因此，张一得知靳已遭吴解职的消息，“其主政之心便已冷却一半矣”。与此同时，外交团方面也丝毫没有支持张作霖主政的意思，各国公使为“避正式承认之嫌也”，拒绝了张提出的元旦日赴太和殿出席就职典礼的要求，而只答应各自以私人身份赴顺承王府（张作霖寓所）祝贺新年。至此，张作霖的“主政之念完全冷却矣”[①]。迫于内外两方面情势，张作霖很不情愿地取消了原定于元旦日主政的计划。嗣经与高参杨宇霆商议，决定暂时维持顾维钧内阁，待内外条件成熟后，再出任正式总统，并具体议定了出任正式总统的步骤、方法[②]。1927 年 1 月 12 日，顾内阁改组，其组成情况如下：国务总理顾维钧，外交总长顾维钧（兼），内务总长胡惟德，财政总长汤尔和，陆军总长张景惠，海军总长杜锡珪，司法总长罗文干，教育总长任可澄，农商总长杨文恺，交通总长潘复。这个内阁表面看来，仍然是个超然内阁，实际上却与杜锡珪内阁一样，不过是为奉系军阀筹措军饷和办理外交的附属机关。20 日，张作霖以“礼罗耆硕，集思广益”为名，在“安国军”总司令部又设立了三个“讨论会”，以梁士诒、曾毓隽为政治讨论会正副会长，曹汝霖、叶恭绰为财政讨论会正副会长，孙宝琦、陆宗舆为外交讨论会正副会长。这样，“安国军”总司令部已不单单是一个军事指挥机

①《李大钊关于主持北京政治分会报告书》（1927 年 1 月 25 日），见中国第二历史档案馆编：《中华民国史档案资料汇编》第四辑（二），江苏古籍出版社 1991 年版，第 1018～1020 页。

②《李大钊关于主持北京政治分会报告书》（1927 年 1 月 25 日），见中国第二历史档案馆编：《中华民国史档案资料汇编》第四辑（二），第 1022～1023 页。

构，而是明显地带有军政府的色彩了。

“安国军”成立后，张作霖就命杨宇霆制定军事计划。这个计划的内容是：长江方面仍由孙传芳军担任前线，张宗昌率直鲁联军在江北岸布防，协助孙军防守东南；派韩麟春率李景林旧部由京汉线入豫，“援助”吴佩孚反攻湖北；调部分奉军进兵西北，攻击包头、五原一带的冯玉祥国民军联军，并派热河都统汤玉麟、察哈尔都统高维岳两部协助阎锡山晋军固守包绥方面，严防冯军再举进攻；令张学良负责警备北京、天津，吴俊陞、张作相负责巩固后方，张作霖自己则坐镇天津，策应各方。张作霖的意图很明显，就是先利用吴佩孚、孙传芳和张宗昌为其打头阵，“待张、孙、吴覆灭后，奉军立倾其早已备妥的东北军起而与党军（北伐军）、国军（国民军联军）直接交战”，以“击破疲惫之党军与国军”。张作霖根本没有把北伐军与国民军联军放在眼里，对自己一方的胜利充满了信心，预计“决战之期，最多为一月，最后胜利自然归我奉方，战胜豫陕鄂赣苏皖浙闽易如反掌。今川黔等省旧派将领正与我奉方接洽联络，届时正可会同川黔等省进而窥复湘粤，则统一中国易如反掌”。奉张满以为自己梦寐以求的至高无上的地位与荣耀已指日可待，因而情不自禁地为这一军事计划“拍案叫绝”①起来。但为时不久，这位狂妄自大、不可一世的“东北王”便开始从内外形势的发展中预感到自己的末日即将来临，因而再也高兴不起来了，“无论开会时，抽鸦片时，与人谈话时，抑或看电报公文时，从未一开笑脸，时发叹息之声”②。曾几何时还自我陶醉于“万民拥戴，世界钦崇”③的梦幻之中的张作霖，转眼间却意志消沉得“看来好象一个病人”④，其末日的来临已为时不远了。

①《奉系最近军事计划》（12 月 25 日北京通讯），见《向导》第 183 期。

②《北方时局近情》，见《向导》第 193 期。

③《奉系最近军事计划》（12 月 25 日北京通讯），见《向导》第 183 期。

④《北方时局近情》，见《向导》第 193 期。

### 2. 联蒋反共与杀害李大钊

张作霖在军事上极力挣扎的同时，又在帝国主义策动下，在政治上大搞联蒋反共的阴谋活动，并与蒋介石遥相呼应，在北方地区大肆屠杀共产党人和革命群众，实行白色恐怖统治。

北伐战争的迅速进展，孙传芳、吴佩孚直系军阀的相继瓦解，工农运动的普遍高涨，以及国民政府宣布废除不平等条约，实行独立自主的外交政策等等，极大地动摇了帝国主义在中国的统治，它们对中国革命的干涉也因此加紧了。

帝国主义列强一方面直接用武力干涉中国革命，先后制造了“万县惨案”、“南京事件”等震惊中外的血腥事件；同时又千方百计地分化革命阵营，利用所谓“温和派”（指以蒋介石为代表的国民党右派）来打击所谓“极端派”（指国民党左派和共产党人），并曾一度想把蒋介石与张作霖这南北两大新旧反革命势力联合起来，使他们共同反共，制造南北两个中国，以达到破坏中国革命的目的。

英国在长江流域的利益首先受到威胁，因而充当了破坏中国革命的急先锋。1926 年 9 月间，当北伐军兵临武汉城下时，英帝国主义者以军用品接济吴佩孚。吴佩孚的军舰挂着英国国旗与北伐军作战，英舰并直接炮击北伐军。9 月 4 日，沙面三艘英舰强行驰入广州省河，在广州、汕头等地拘捕我国工人，扣留我国汽船，进行武装挑衅，威胁北伐军后方。5 日，英帝国主义者又在四川制造了“万县惨案”，使我国军民伤亡数千人，财产损失数千万元。在直接的武力干涉未能奏效的情况下，英帝国主义又提出了“改变对华政策”的新方案，并派新任驻华公使蓝浦生兼程来华执行这一使命。这一所谓的对华新政策的实质性内容是：以长江为界，一方面承认南方政府，一方面维持北洋政府，南北两个政府各据半壁江山，互不相扰。1926 年 10 月，蓝浦生抵达中国。他先到武汉会见了国民政府的外交代表陈友仁，就英国的对华新政策进行游说，企图以承认南方政府为诱饵，拉拢国民党内的右派和假革命分子，借以分化和破坏中国的革命统一战线，使中国革命陷于流产。12月22日，蓝浦生由汉口转到天津，又向张作霖提出了南北停战议和、划江而守的意见。当时张作霖刚就任"安国军"总司令，正自我陶醉于扑灭革命、统一中国的梦幻之中，因此，对蓝浦生的建议不表赞同。他仍强调"反赤"问题，希望各国对他多加支持。蓝浦生则认为南方革命阵营并非铁板一块，而有左右二派与"真赤"、"假赤"的分野，劝张应区别对待，不要笼统"反赤"，示意他与南方右派势力和假革命分子取妥协态度，不要迷信武力。

日本帝国主义在极力维持奉张在北方地区统治的同时，也为促成南北反革命势力之间的妥协与联合而进行了多方面的幕后活动。1927年1至3月间，日本政府先后派外务省条约司司长佐芬利、陆军省官员铃木贞一和政友会重要成员森恪、山本条太郎、松冈洋右等人到中国南方进行"考察"。这些帝国主义分子奔赴于广州、南昌、武汉之间，刺探革命阵营内部的情况，会晤并拉拢蒋介石等国民党内的右派分子，煽动他们与北方的奉张共同反共。如佐芬利所到之处，极力宣传蒋(介石)张(作霖)之间的"妥协点"，说两人"并无绝对歧异之点"，"均为统一而斗争"①，为推动蒋张合流制造舆论。1927年2月他回国之后，又立即向内阁报告：南方政府的势力，不久将达到全国，日本必须针对这一情况作出适当的安排。

与此同时，国内的反动势力如虞洽卿等人把持的上海商业联合会等反共团体，也竭力为张、蒋之间的反革命联合敲打边鼓，制造舆论。上海商业联合会曾为此专门发表宣言，宣称："惟念安国军张总司令、联军孙总司令在昔兴师，原在肃清赤逆，[徒以误认目标，铸成大错]。今时局推演，误会渐除，似宜以主义成败为前题(提)，置个人得失于度外。及此时机，与蒋总司令释嫌修好，共同建设，则赤逆不足平，天下不足治，实业可兴，民生可裕，受惠感德，

---

①《申报》1927年4月5日。

岂独我商业同人已哉。”①

在中外反革命势力的策划与煽动下，1927 年春，张作霖和蒋介石之间的“南北妥协”、“共同反赤”之说风传一时，甚嚣尘上。在军事上连连受挫、已陷于不利处境的张作霖，此时一改常态，主动向蒋介石递送秋波，谋求妥协，发表宣言声称：“余之起兵非仇抗任何党派，而专为消灭过激主义，舍过激主义，皆有商量余地。”②杨宇霆更加露骨地表示：“蒋介石若对共产派加以彻底之压迫，则南北妥协非不可能之事。”③早将张作霖引为反共同道中人的蒋介石，对张的声明当然心领神会，因而立即桴鼓相应，在抓紧投靠帝国主义，加强反共活动的同时，又密派李石曾等与奉张代表梁士诒、孙宝琦、杨宇霆等人具体密商“南北合作”的问题。对于“南北妥协”的种种幕后活动，当时不少中外新闻媒体如上海《申报》、上海《时事新报》、中国电通社、东方通讯社、路透社、北京《顺天时报》以及共产党的机关报《向导》周报等，曾进行了大量的报道与披露。如《向导》周报第 192 期(1927 年 3 月 18 日)登载的《南北妥协消息一束》一文，就编列了二十余则有关该问题的报道，现摘录部分内容如下：

电通社一月二十七日东京电：“中国南北妥协之机运渐呈浓厚之状，双方常有代表往来……”

东方社二月二十一日北京电述杨宇霆意见：“……蒋介石对于共产派加以彻底的压迫，则南北之妥协非不可能之事。”

东方社北京二月十二日电：“关于南北妥协问题，现在政客之往来渐形频繁……”

东方社二月十八日北京电：“李石曾现正代表南方政府与奉天代表折冲。”

---

①《上海商业联合会对蒋介石集团的态度》(八则)，见彭明主编：《中国现代史资料选辑》第二册，中国人民大学出版社 1988 年版，第 388～389 页。

②《张作霖宣言之剖解》，见《向导》第 188 期。

③《奉天居然想勾结蒋介石》，见《向导》第 188 期。

申报二月十九日载赵欣伯对电通社记者的谈话:"杨宇霆所主张之南北妥协说现渐趋有力,倘使南方能排除共产主义,则南北之妥协亦非不可能。"

东方社二月二十四日北京电:"梁士诒关于时局谈话:"所谓讨赤,所谓国民革命,要皆不过急进保守两派实现其理想之表面文章而已……中国之事有外人不能想象微妙之作用,外表虽以主义相争,而其内幕仍通声气,均不旋踵即相结合而臻于和平统一实现之时期,余想其时期已不远,当努力俾使实现也。"

三月一日上海商报北京通讯述赵欣伯谈话:"现在,南北两方并无感情之冲突,除共产主义而外,政见相同之处甚多,如欲合作,确有可能之性质。即在蒋中正方面,亦尝间接示意北方,极力辩明南方确非赤化;并谓近来对于共产运动抑制甚力,决不令其蔓延,察其语气,似亦愿与北方合作。"

东方社三月四日北京电:"近因南北妥协问题来京奔赴与安国军接洽之李石曾氏,以南北之主张非绝对不能一致,且现下之形势,各方面之意向确有趋于南北妥协之势,故李于昨日出京,继由天津上海转赴汉口,与南方当局进行南北妥协之交涉。"

中国电通社(三月)十日北京电:"近日北方南北妥协之声调甚高,据接近杨宇霆氏某要人传出消息,现南昌蒋介石确已派褚某携条件来京,经过李石曾、杨度与杨氏(宇霆)协商,惟其条件与协商结果均异常秘密云。"

从这些报道中不难看出,当时张、蒋间的妥协与勾结活动是相当活跃的。3月间,蒋介石致电张作霖,"请张作霖来攻打武汉政府,同时答应给张以财政上的及其他的援助"。过后不久,张作霖便派代表到南昌蒋介石的总部,"共同协商夹攻武汉政府的具体问题"①。双方达成了如下妥协条件:(1)由蒋介石进攻长江下游,张

①萨波什尼柯夫:《1924至1927年中国第一次国内革命战争(军事史略)》,湖北人民出版社1958年版,第68页。

作霖进攻武汉;(2)从中国驱逐苏联布尔什维克等等①

新旧军阀在反共反革命的共同目标下达成妥协之后,便开始分头对南北两地的共产党人和革命群众实行血腥大屠杀。张作霖在屠杀共产党人和革命志士方面较之蒋介石毫不逊色,在他制造的一系列血腥事件中,最令人发指的是派军警非法闯入苏联驻华大使馆,逮捕并杀害了中国共产党的创始人之一李大钊等人。

1926 年 3 月 19 日,刚刚制造了"三一八"惨案的段祺瑞执政府,以"假借共产学说,啸聚群众,屡肇事端"等罪名,下令对中共北方区委书记李大钊及徐谦、李煜瀛、易培基等人实行通缉。从这一天起,李大钊等人便转入地下斗争。当月底,李大钊和国共两党的北方领导机关一起迁入东交民巷苏联大使馆西院的兵营里。在他的领导下,沉寂多年的兵营,一时成了北方革命运动的指挥中心。

李大钊在北京采取了坚定的革命政策,积极地扩大了革命的统一战线,发展了北方的革命力量。仅北京一地,从"三一八"以后至 1927 年 2 月,共产党员就在敌人疯狂搜捕和"讨赤"、"驱赤"的恐怖气氛中,由 300 人发展到千人以上,国民党员也由 2200 余人增至 4300 余人。

李大钊在北京领导组织了一个具有相当阵容的联合战线——国民党联席会议,或称左派联席会议,其中包括实践社、新军社、四川青年社、新溪社、革新社、琼岛社、中山学社、新中学会等进步社团。

当时国民党北京市党部委员 11 人中,属于共产党者 5 人,他们是李大钊、吴可、谢伯俞、莫同荣、谭祖尧;属于国民党者 6 人,即邓文辉、萧忠贞、郑积兰、刘耀西、路友于、李寿雍。

奉军与直鲁联军进入北京后,即开始"反赤"的行动。1926 年 4 月 26 日,奉系军阀以宣传赤化罪名查封京报馆,逮捕并枪杀了该报社长邵飘萍。8 月 6 日,《社会日报》主笔林白水因在文章中

①山浦贯一:《森恪》,东京 1949 年版,第 559 页。

触犯了张宗昌等人，也被扣上“宣传赤化”的罪名而遭处死。

1927年3月1日，苏联商船“巴米亚列宁那号”赴汉口装运茶叶，在浦口被张宗昌的直鲁联军查出载有国民政府顾问鲍罗廷之妻及苏联外交官员数人以及宣传品多件，张宗昌令一并扣留。后来解到山东济南。直至7月12日，才由北京高审厅推事何俊利用大赦令，将鲍罗廷妻及苏联外交人员释放。

北京军警继张宗昌所部扣押鲍罗廷之妻及苏联外交人员之后，又于3月20日以搜捕党人名义，大肆逮捕北京各校学生。29日，京师警察厅继续逮捕学生，并查明各校有国民党员约万人，共产党员六七百人，于是开列市党部重要人物名单，勒令各校校长交人。这可以说是搜查苏联大使馆的序幕。

京师警察厅在派军警搜查苏联大使馆前，曾通过荷兰公使欧登科，得到了英、美、日各国公使的“谅解”。因为苏联大使馆在东交民巷，根据《辛丑条约》规定，中国军警不能进入使馆区域。

4月6日，京师警察厅总监陈兴亚率领武装警察队300余人，会同奉军宪兵司令王崎，不顾外交惯例和国际公法，非法闯入使馆区，包围了苏联大使馆，并进行搜查，捕去苏联使馆工作人员16人与李大钊、谭祖尧、杨景山、范鸿劼、谢伯俞等共产党人及邓文辉、张挹兰等国民党左派人士共35人。此外，中东路驻京办事处等也遭到了奉系军警的搜查。这一野蛮事件发生后，苏联驻华代办和苏联政府，分别向北京政府外交部和中国驻苏代办郑延禧提出严重抗议。北京的工人、学生、教育界人士、学者和社会名流得知李大钊等人被捕的消息后，无不义愤填膺，纷纷起而营救。工人并组织了劫狱队，计划劫狱。但张作霖不顾社会舆论的反对，决心杀害李大钊等人。刚在南方发动了“四一二”反革命政变的蒋介石，特致密电给张作霖，“主张将所捕党人即行处决，以免后患”[①]。国家

①《民国日报》1927年5月12日。

主义派头子曾琦也向张作霖献计，力主对李大钊等人“处以极刑”[①]。这说明，新旧军阀反共的反动本质毫无二致。

4月24日，“安国军”总司令部宣布成立“特别法庭”，准备对李大钊等人进行审判。28日，由审判长何丰林，主席法官颜文海（“安国军”执法处长），法官朱同善、傅祖舜（“安国军”执法官）、王振南（高等法院刑厅推事）、周启曾（北京卫戍司令部执法官）和检查官杨耀曾等七人组成的“特别法庭”开庭。由于对李大钊等人的判决在前一天晚上“大致即经商定”[②]，因此，“特别法庭”在装模作样地对这些“人犯”作了一番提讯后，至中午时即宣读了判决书，“认李大钊、路友于等二十人为共产党，由审判长何丰林判定死罪，执行绞刑，舒启昌等四人情节较轻，各处徒刑十二年，李云贵等六人仅属附和，各处徒刑二年”[③]。法庭给李大钊定的罪名是：“实系赤党宣传共产，妄图扰害公安，颠覆政府。”[④]当天下午2时左右，李大钊在北京西交民巷京师看守所刑场被处绞刑，献出了宝贵的生命。同时遇难的还有中共北方区委宣传部长、《政治生活》主编范鸿劼，中共党员、国民党北京市党部组织部长谢伯俞，中共党员、国民党北京市党部执行委员兼秘书谭祖尧，中共党员、国民党北京市党部农民部部长莫同荣，国民党中央候补委员路友于等19人。

## 二、蒋介石、汪精卫叛变革命与“安国军政府”的建立

### 1.“四一二”反革命政变与武汉国民政府的北伐

随着北伐战争的胜利发展，特别是武汉、南昌、上海、南京等重

①张次溪：《李大钊先生传》，宣文书店1951年版，第74页。

②《申报》1927年5月6日。

③半粟：《中山出世后中国六十年大事记》，上海太平洋书店1930年版，第611页。

④《盛京时报》1927年5月3日。

要城市相继为北伐军攻占后，革命阵营内部国共两党之间以及国民党内部左右两派势力之间的矛盾与斗争开始日趋表面化。以蒋介石为代表的国民党新右派，在帝国主义的诱使下，开始从革命阵营中分离出来，投入了以反共反人民为职志的反革命阵营。

蒋介石隐藏在革命阵营中进行反对革命的活动，由来已久。早在广东时，他已开始制造各种反革命事件，如“中山舰事件”等。北伐战争一开始，他就篡夺了广东国民政府的军政领导大权，任国民革命军总司令；北伐军进入长江流域后，他乘革命形势高涨和敌人内部分化之机，收编了大批军阀部队，迅速扩大了自己的势力。南方大小军阀头目纷纷隶属其门下，其手下的军队由八个军迅速扩展到四十多个军，另有新编师、暂编师之类。

1926 年 11 月北伐军攻克南昌后，蒋介石将总司令部移设南昌。旋即，他挑起了迁都之争，公然违抗连他自己也赞同过的国民党中央关于迁都武汉的决议，坚持要求国民政府迁到南昌，并野蛮地扣留了到达南昌的国民党中央委员。与此同时，他在南昌地区暗中策划，开始疯狂镇压工农运动，打击共产党和国民党左派力量。例如，1927 年 1 月，他指使张静江、陈果夫等非法占据国民党江西省党部及许多县党部，并以党部名义派出大批爪牙当农运特派员，勾结当地土豪劣绅捣毁农会，残害农会干部，组织假农会，公开破坏农民运动；1 月 26 日，他唆使爪牙捣毁赣州总工会；3 月 6 日制造“赣州惨案”，杀害了江西总工会副委员长、赣州总工会委员长陈赞贤；16 日以武力强行解散拥护孙中山三大政策的国民党南昌市党部和江西省学联，封闭国民党左派主办的《贯彻日报》社。之后，又先后在吉安、雩都、抚州、上饶、都昌、永修、丰城、永新等十多个县和南昌、九江、安庆等地制造了一系列大惨案。

1927 年 3 月 26 日蒋介石到达上海后，立即和麇集在那里的帝国主义分子、大买办、大地主和帮会流氓头子会面，策划反革命政变。4 月 12 日晨，全副武装的青红帮流氓打手，冒充工人纠察队，在反动军队的保护下，向闸北、南市、吴淞、浦东等地的工人纠察队驻地进攻，打死打伤工人纠察队员 300 余人。

13 日下午，白崇禧指派军队查封了上海总工会。同时，上海的许多革命团体，如上海市学生联合会、上海市各界妇女联合会等被强迫“改组”。大批共产党人和革命群众被屠杀，如汪寿华、陈延年、赵世炎等先后牺牲。白色恐怖很快蔓延，东南各省到处在大屠杀，上海一时成了“虎狼成群”的野蛮世界。

继上海大屠杀之后，蒋介石按照既定方针，又在广州发动了反革命政变。4 月 15 日，反动军队解除了黄埔军校和省港罢工委员会的武装，查封了中华全国总工会广州办事处等许多团体，并大肆逮捕共产党人和工人积极分子，有 2100 余人惨遭杀害。

4 月 16 日，武汉国民党中央举行第二届常委会第七次扩大会议，在共产党人和国民党左派的共同努力下，会议议决：“蒋介石戮杀民众，背叛党国，罪恶昭彰，着即开除党籍，并免去本兼各职。”① 17 日，武汉国民党中央正式发布免除蒋介石本兼各职令，指出蒋介石“屠杀民众，摧残党部，甘心反动，罪恶昭彰，已经中央执行委员会议决，开除党籍，免去本兼各职。着全体将士及革命民众团体拿解中央，按反革命罪条例惩治”。并决定将国民革命军第一集团军所属第一、第二、第三、第四各方面军及总预备队，均归军事委员会直辖②。

4 月 15 日，蒋介石在南京召开所谓国民党中央执、监委会议，另立国民党中央政治委员会和军事委员会。18 日宣布成立“南京国民政府”，推胡汉民为“国民政府”主席。这样，在中国南部出现了两个相对立的营垒：一个是以武汉为中心的革命阵营，另一个是以南京为中心的反革命阵营——“南京国民政府”。

蒋介石叛变革命并在南京另立“国民政府”后，武汉国民政府

---

①中国第二历史档案馆编：《中国国民党第一二次全国代表大会会议史料》下册，江苏古籍出版社 1986 年版，第 930 页。

②汉口《民国日报》1927 年 4 月 17 日。

虽对之大加声讨，但并没有立即兴师东征，而是进兵河南，开始了第二期的北伐。这主要是因为，当时对武汉国民政府构成直接威胁的，并非是东面的蒋介石(因蒋一时尚无力对武汉方面组织全面进攻)，而是北面的奉系军阀张作霖。

1927 年 2 月初，早就觊觎吴佩孚河南地盘的张作霖，利用吴与靳云鹗间矛盾激化(吴于 1926 年 12 月 28 日再次罢免了靳十四省讨贼联军副总司令的职务)、河南局势正形混乱的机会，假借"援吴"名义，强行派兵进入河南。奉军与直鲁联军分由京汉、陇海两路南下和西进，齐向郑州进发，于 2 月 8 日占领安阳，14 日进占新乡。面对奉系军阀的大举进兵，吴佩孚无力抗争，只得步步"让防"。而靳云鹗、田维勤、魏益三等人则力主"拒奉"。2 月 15 日，靳云鹗在田维勤、魏益三、王维城、贺国光、高汝桐、庞炳勋、任应岐等直系将领的推举下，宣布就任"河南保卫军总司令"，将"所有讨贼军，一律改为保卫军"，号令各部"不许有前防后防之界，视南视北之分"①，团结反奉，收复失地。3 月 11 日，奉军在张学良、韩麟春指挥下，以飞机、重炮为掩护，分三路由黄河北岸渡河。至 15 日，三路大军先后渡过黄河，直逼郑州。靳云鹗部难以招架，败下阵来，向豫南方向撤退。吴佩孚则见大势已去，于 3 月 15 日黯然离开郑州，先是率残部逃到了豫西巩县，后又转辗到了南阳，但都无法容身，最后西逃入川，投奔四川军阀杨森。

奉军攻占郑州后，立即驱兵南下，又一路连克新郑、开封、许昌等地。至 4 月中旬，奉军已占领了临颍、郾城、漯河、西平、遂平等地，摆出了准备直取武汉的架势。奉系军阀的大兵压境，迫使武汉国民政府不得不放弃东征蒋介石的计划，而挥师北向，全力对付奉系。从军事角度而言，出兵河南能与冯玉祥所部国民军联军协同

---

①《靳云鹗就任河南保卫军总司令并宣布讨贼军一律改为保卫军团结反奉复齐燮元等电》(1927 年 2 月 15 日)，见中国第二历史档案馆编：《中华民国史档案资料汇编》第三辑《军事》(三)，江苏古籍出版社 1991 年版，第 761～762 页。

作战，合力抗奉，比较易于成功，这也是武汉国民政府决定北伐的一大原因。

4 月 19 日，武汉国民政府在武昌举行第二期北伐誓师典礼。武汉政府主要领导人汪精卫、谭延闿、徐谦、孙科及湖北省总工会代表先后发表演说。汪精卫在演说中指出，第二次北伐有三个目的：一是把革命的势力扩充到北京，统一中国；二是打倒奉系军阀张作霖；三是打倒国民党的内奸蒋介石[①]。于是，北伐战争进入第二阶段。

5 月上旬，第四集团军总司令唐生智奉命率张发奎第四军、陈铭枢第十一军、何健第三十五军、刘兴第三十六军，并会合新投诚的豫南靳云鹗所部，由驻马店分路北攻。北伐军勇敢善战，所向披靡，于 5 月 15 日占领西平；17 日攻取上蔡，奉军精锐之师富双英部悉数被俘；20 日进克漯河；26 日又在郾城大败奉军第十七军荣臻所部，毙敌三千余人，荣臻率残部溃走临颍。奉军以临颍为许昌屏障，战略地位极为重要，急忙从开封、郑州调派第八、第九、第十、第十一各旅前来增援，共集结了六七万人的兵力，企图负隅顽抗，阻止北伐军的前进。27 日，北伐军向临颍城发起攻击，经过激烈战斗，于当天攻克临颍，毙敌一万余人，缴获枪炮无数。奉军迭遭重创，无心恋战，仓皇向新郑、郑州方向溃退。29 日，北伐军乘胜占领许昌，随即沿京汉铁路北上，向郑州方向追击前进。

武汉国民政府的北伐得到了冯玉祥的积极响应。早在 4 月 6 日，武汉国民政府电告冯玉祥，任命其为国民革命军第二集团军总司令。冯欣然接受任命，于 5 月 1 日在西安宣誓就职，将所部国民军联军改编为国民革命军第二集团军，并制定了援鄂攻豫、会师中原的作战计划，决定兵分三路，向鄂、豫、晋、绥四省进展：中路军由冯玉祥亲任总司令，集中到华阴、潼关、灵宝一带，沿陇海路由洛阳向郑州推进；并以孙连仲为右路军总司令，出荆紫关，向老河口、南

①武汉国民政府资料选编编辑组：《武汉国民政府史料选编》，1986 年，第 194 页。

阳一带进展;以徐永昌为左路军总司令,由陕北碛口渡黄河,经太原出娘子关,直趋石家庄,切断奉军南进和北撤之路。南路军以岳维峻为总司令,督率国民军第二军留陕各部,由周至、鄠县、富平、祚水一带集中商洛。北路军以宋哲元为总司令,出宁夏,取道绥远,进攻察、热。

5月6日,冯玉祥率部由潼关直趋洛阳,向态度不明、成为出师障碍的刘镇华、张治公等部发起攻击(西安解围战役后,刘镇华请降,被冯玉祥委任为驻豫军总司令),于当天攻克灵宝,次日又进占陕州,刘镇华表示诚心归附,通电就任东路军总司令之职。冯军继续东进,又连克卢氏、洛宁、渑池诸县,沿途之张治公所部数万敌军望风溃走,退守夷门、新安一带。22日,冯军攻破新安县城,俘敌六千余人,张治公率残部溃逃巩县,乞援于奉军。25日,冯军在磁涧重创张部敌军和前来增援的奉军万福麟部,嗣又乘胜追击,于次日一举攻占洛阳。洛阳克复后,冯军即分途向郑州方向追击前进。张学良"本欲死守郑州",但看到奉军在南(京汉线方面)、西(陇海线方面)两路均告失利,"诸军已乏斗志",情知大势已去,乃令两路奉军向黄河北岸撤退。他自己也于29日偕韩麟春"专车北行"①。30日,冯军几乎未经战斗,相继进占郑州、开封。6月1日,武汉北伐军由京汉路进抵郑州,与冯军会师,会师中原战役取得重大胜利。

6月4日,谭延闿、汪精卫、徐谦、孙科、顾孟余、唐生智等武汉政府军政要员联袂抵达郑州,随即派人赴潼关迎请冯玉祥。12日,冯玉祥与谭延闿、汪精卫等人在郑州召开军政联席会议,就军事问题达成如下一致意见:(1)陇海路以北、京汉路以东地区归冯玉祥所部负责,唐生智所部撤回武汉休整;(2)原在河南的军队如靳云鹗所部等编入冯玉祥第二集团军,共编成八个方面军,即:第一方面军总指挥孙良诚,第二方面军总指挥靳云鹗,第三方面军总

---

①《申报》1927年6月22日。

指挥方振武，第四方面军总指挥宋哲元，第五方面军总指挥岳维峻，第六方面军总指挥石敬亭，第七方面军总指挥刘郁芬，第八方面军总指挥刘镇华。不难看出，武汉方面为求得冯玉祥的支持，以便在与蒋介石南京政府的斗法中占据上风，在地盘和军队的分配等方面，向冯作了较大让步。

武汉国民政府的北伐虽取得了重大胜利，但并未能改变武汉地区形势的逆转。这个时期，蒋介石在帝国主义支持下，联合广东、四川等省军阀对武汉地区实行军事包围和经济封锁，断绝了长江和京汉、粤汉两路到武汉的交通。帝国主义分子和买办资本家有意关闭了武汉的工厂、银行。隐藏在革命阵营内部的国民党假左派和其他反动分子加紧了破坏活动。资产阶级、上层小资产阶级则由于政治上的动摇和恐慌，开始脱离革命阵营。武汉的形势日益恶化，反革命政变的浓重黑云开始向这座华中地区的枢纽城市袭来。

### 2. 南京国民政府的北伐与宁汉合流

武汉国民政府兴师北伐后不久，蒋介石的南京政府也祭起了“北伐”这面旗帜，企图以此作为欺骗人民和反对武汉政府的政治工具。

5 月 1 日，蒋介石发布出师北伐的命令。南京北伐军的作战计划是兵分三路出击：第一路由何应钦任总指挥，由镇江攻扬州；第二路由蒋介石亲任总指挥，担任津浦路正面作战；第三路由李宗仁任总指挥，由芜湖渡江进攻津浦路北面，向皖北推进[①]。

南京北伐军面对的敌人是孙传芳的五省联军残部和张宗昌的直鲁联军。孙、张两部在北伐军攻取南京前夕，撤至长江北岸布防，分别集结于运河两侧和津浦铁路沿线，孙传芳与张宗昌则分别坐镇清江浦和蚌埠指挥，企图凭江固守，阻止北伐军向江北地区推进。

---

①文公直：《最近三十年中国军事史》，上海太平洋书店 1930 年版，第 312 页。

5月15日，蒋介石下达总攻击令。第一、二、三军按计划分向驻守六安、合肥、巢县、浦口、定远、临淮之线的孙军及直鲁联军发起攻击，于22日占领扬州、蚌埠，张宗昌、褚玉璞、许琨、张敬尧、徐源泉、杜凤举、马玉仁、潘鸿钧、马济、刘志陆、谢文炳各军残部退至徐州、宿州一带，共有兵力十余万人，“据各要地筑坚固阵地，为攻势防御，以图再逞其野心，用白俄马队、铁甲车、飞机纵横蹂躏”[①]。28日，北伐军第三路前敌总指挥王天培率部向徐州、宿州之敌发起攻击，于次日攻克宿州，6月2日又进占徐州。“敌狼狈溃退，伤亡枕藉”[②]，纷向山东境内逃窜。与此同时，第一路军自淮阳、宿迁急进，驻海州的孙军白宝山部归降，孙军其余各部也退入山东境内。

6月中旬，蒋介石抵达徐州，电约正在开封、归德一带视察防务的冯玉祥来徐会晤，共商北方军事。19日冯应召抵徐，次日即与蒋介石、胡汉民、吴敬恒、李烈钧、张人杰、李石曾、李宗仁、白崇禧等南京方面军政要员召开联席会议，讨论清党及北伐等方面问题。当时武汉国民党中央政治委员会已决定采纳苏联顾问鲍罗廷的建议，东征蒋介石。唐生智从郑州回师武汉后，即奉命率大军蔽江东下，直取南京。在这种形势下，如何对付武汉方面就成了徐州会议的一个主要议题。蒋介石主张暂停北伐，先行西征，并希望冯玉祥率部沿京汉线南下，会攻武汉。冯玉祥反对出兵攻打武汉，但答应动用他的影响力迫使武汉方面遣送苏联顾问鲍罗廷回国，驱逐共产党，并劝说武汉的国民党人前往南京，建立一个统一的国民政府，以结束宁、汉分裂的局面[③]。

---

①《王天培电告克复徐州经过》(1927年6月3日)，见《时事新报》1927年6月11日。

②《王天培电告克复徐州经过》(1927年6月3日)，见《时事新报》1927年6月11日。

③李云汉：《从容共到清党》，台北1973年版，第718～719页，征引蒋介石7月6日的报告。

徐州会议之后，蒋介石虽因冯玉祥不肯派兵助战而放弃了立即西征的计划，但为防备唐生智的部队乘虚抄其后路，袭取南京，将已进展至徐、海以北地区的第一、第二、第三路北伐军“酌量撤回”；同时派兵扫荡鲁南，以图占领日照、临沂、枣庄、临城等要隘，以拒御山东敌军南犯。蒋原计划于短期内结束鲁南战事，“然后抽兵南旋”，全力对付武汉方面，但鲁南敌军的拼死抵抗，打乱了蒋的全盘计划。6月下旬，鲁南战事打响后，北伐军很快便占领了临城、枣庄等地，但在进攻临沂时却遇到了麻烦，由于临沂守敌负隅顽抗，第二路军围攻月余仍未能攻破城池，“遂致战术牵动战略”。至7月下旬，长江上游形势日趋危急，蒋介石被迫放弃临沂，从鲁南撤兵。张宗昌、孙传芳乘北伐军南撤之机进行反攻，重又夺回了临城、徐州、枣庄等重镇，并沿津浦铁路大举南犯，于是，“津浦线上之形势，转形严重”[①]。

宁、汉两方都将各自在前线北伐的军队撤回之后，开始在长江中下游一带形成对峙局面。但它们间的“东征”或“西讨”，已不再是革命与反革命两大势力之间的较量，而完全演变成国民党内部不同政治集团间的狗咬狗的斗争。因为，随着武汉国民政府的迅速右转并最终背叛革命，宁、汉之间已是同流合污，毫无区别可言了。

蒋介石发动“四一二”反革命政变后不久，武汉国民政府在以汪精卫为代表的国民党假左派的把持下，也迅速右转。4月底，武汉国民党中央应汪精卫要求在湖南、湖北、江西组织了特别委员会，专门查办所谓过激言论；5月8日，武汉政府发布通告，不准工农团体举行集会和游行；20日，国民党中央发布《保护公正绅耆训令》，诬蔑农民斗争地主是“扰乱秩序”，要求各级党部予以“制裁”；22日，汪精卫下令制止赤化运动，扬言要逮捕工会和农会领袖。

武汉国民政府的右转，助长了湘、鄂、赣各地的土豪劣绅以及

---

①文公直：《国民革命北伐成功史》，见来新夏主编：《中国近代史资料丛刊·北洋军阀》(四)，上海人民出版社1993年版，第468～467页。

国民革命军中的反动军官等反革命势力的嚣张气焰,他们反共和反对工农运动的活动更加猖獗了。5月17日,武汉政府所辖独立十四师师长夏斗寅勾结四川军阀杨森(北伐初期受编为国民革命军第二十军军长),在宜昌叛变,并乘虚进袭武汉,打到了离武昌仅四十里的纸坊。在这种形势下,负责镇守武汉的第十一军第二十四师师长兼武汉卫戍司令叶挺率部前去平叛,很快击退了叛军。但当叶挺所部准备彻底消灭叛军时,汪精卫等人却强令停止追击,使夏斗寅残部得以流窜鄂东、鄂南,勾结土豪劣绅继续屠杀工农群众。21日,在武汉政府所辖第三十五军军长何健的姑息纵容下,驻守长沙的该军第三十三团团长许克祥也发动叛变,捣毁了省工会、省农会、农讲所、国民党市党部等20多处机关、团体,制造了惨杀共产党员和革命群众一万多人的"马日事变"。27日,第三军军长兼江西省省长朱培德也开始在江西"遣送"共产党人,查封工会、农会,解除工农武装。

在国民革命军中的反动军官连连发动叛乱的同时,汪精卫集团也借用国民党党权,发出了一系列限制工农运动的禁令,并下令解散了领导农民运动成绩显著的国民党黄冈县党部和黄冈县农民协会。6月10日,汪精卫等与冯玉祥在郑州举行会议,就分共问题达成协议。随即,武汉国民党中央政治委员会密令严查各地共产党机关,武汉国民党政府也于17日免去鲍罗廷、加伦等苏联顾问职务。19日,冯玉祥又到徐州与蒋介石等南京方面军政要员举行会议,达成反共反苏协议。会后,冯即致电汪精卫、谭延闿,敦促武汉方面"速决大计",举行反革命政变,尽快实现"宁汉合作"。

面对武汉地区反革命政变山雨欲来的严重形势,时任中国共产党总书记的陈独秀拒绝党内的正确主张,继续奉行右倾投降主义政策,这就为汪精卫等人大肆破坏并公开背叛革命提供了机会。7月14日晚,汪精卫召开秘密会议,确定"分共"和大屠杀政策。15日,汪召集国民党中央常务委员会扩大会议,公开背叛孙中山"联俄、联共、扶助农工"三大政策,正式宣布和共产党决裂。在"宁可枉杀一千，不可使一人漏网”的血腥口号下，大批共产党人和革命群众惨遭杀害，党的组织受到严重破坏，工农运动被残酷镇压。就连继续坚持孙中山三大政策的国民党左派人士，也受到排挤、迫害。汪精卫集团的叛变，标志着第一次国共合作的最后破裂和国民革命最终失败。

### 3.“安国军政府”的建立与“安国军”窥苏、图豫、攻晋

南方革命阵营的分裂，南京政府与武汉政府之间以及它们各自内部不同势力派别之间的严重对立与激烈斗争，给奉系军阀造成了喘息的机会。张作霖等决计利用宁、汉双方因忙于内争互斗而暂时停止北伐的有利形势，进行最后的挣扎。

1927年5月底，张作霖在东（津浦线方面）西（京汉线方面）两路战事均告失利，山西方面又传来不稳消息的不利形势下，不得不收缩防线，令京汉路奉军和津浦路孙（传芳）、张（宗昌）两军分别撤入河北、山东境内。奉系军阀的统治，开始面临严重危机。张学良、韩麟春等奉系年轻一辈将领认为，当此危局，“为便利计，非与晋、宁合作，改换招牌，不足以资振奋”，主张在反共的共同基石上，与蒋介石南京政府和山西的阎锡山结成“奉宁晋三角同盟”；而张作相、吴俊陞等奉系老辈则“极不谓然”①。6月9日，张作霖在北京顺承王府召集奉系高级将领会议，专门商讨与宁、晋妥协的问题。经张学良等晓以利害，“力陈奉方不可不应付潮流之理，以及此次退兵河北之意旨”，“老辈之张作相、吴俊陞辈已能谅解，嘱张、韩放手进行”。当时，奉方大致决定：

> 一、奉方于赞成三民主义之外，并拟加以相当补充，参入民德一项，作为四民主义，以示尊重旧道德之意。
>
> 一、如与晋、宁商议妥协完全有望，当先宣布停战。

①《国闻周报》第4卷第24期。

一、如停战之后对冯(玉祥)、唐(生智)有作战必要,当再接洽分担任务。

一、对于全国政府法律问题,以国民会议解决,反对一党包办。在国民会议未开前,由南北两京政府各办权力范围内政务。惟外交当联合办理,一致对外。如在停战以后与蒋介石意见完全融洽,则径将南北政府先行合并,亦无不可。

一、对委员制可不反对。

一、北京现政府应从速改组,奉张如赞成,则请其主持;否则请其回奉,不过问关内事。①

不难看出,奉系军阀志在以对等的地位来实现"南北议和",以继续维持其在黄河以北地区的统治。

当时,蒋介石一则为彻底消灭孙传芳,同时也为对付武汉政府与冯玉祥,对奉张也有意进行笼络。6月8日,蒋对奉方的"妥协"意向作出回应,向张作霖提出了信奉三民主义,并将"安国军"改称国民革命军的要求。阎锡山则在冯玉祥国民军联军在西北崛起,并挥师东进,与武汉、南京两路北伐军在中原胜利会师形势的威慑下,也随风使舵,投入北伐阵营。6月3日,阎锡山宣布改悬国民党青天白日旗。5日,太原国民大会公推阎锡山为"国民革命军北方总司令"。次日,阎即把所部十二万军队改编为"北方国民革命军"。但阎锡山并没有立即与奉系断绝往来,而仍与之维持着一种若即若离的关系,北京、太原两地,还驻有双方的代表。奉方意在通过结盟继续与阎锡山保持一种良好的关系,而阎锡山则从当时的形势发展中认识到投靠南方才是唯一的出路,因而不但在山西毫不犹豫地挂起了青天白日旗,对奉方"亦迭以改旗易帜称国民革命军相劝"②。由于奉、宁、晋三方都只想作一时之互相利用,缺乏结盟的诚意,因此,谈判进行得并不顺利。

①《国闻周报》第4卷第24期。

②《国闻周报》第4卷第24期。

6月16日，张作霖在北京顺承王府再次召集奉方高级将领会议，进一步商议“南北议和”等问题。刚由山东联袂到京的孙传芳、张宗昌两人也出席了会议。“孙与蒋不共戴天，张则知妥协条件决于鲁军不利，故极力反对议和”[①]，而主张趁南方正忙于内讧之际，立即驱兵南下，收复失地；同时建议对北京政府从速进行改组，组建强有力的“安国军政府”，由张作霖出任“安国军政府大元帅”，以便统一军政大权，保证对南用兵的顺利进行。张宗昌为此极力鼓动张作霖道：“今日之事，战亡，不战亦亡，不如痛快干去；且升格之后，即或退出关外，有此大元帅之称号，犹可仿孙中山在广东办法，易于号召。”[②]张作霖对军事上的积极进取虽缺乏足够的信心，但在政治上却早有“终久非干一下不可”，即出掌最高职位的野心，因此欣然接受了孙、张两人的意见，决定立即组织由自己出任大元帅的“安国军政府”。当日，根据会上商定的步骤，张作霖发出了一份“表示‘反赤’到底而于反共者则露可以妥协之意”的通电，声称：“此后海内各将帅不论何党何系，但以讨赤为标题，即属救亡之同志，不特从前之敌此时已成为友，即现在之敌将来亦可为友。惟独对于赤逆，则始终一致对敌，决不相容，生息尚存，此志不改。”末后又假惺惺地表示：“大权操自全民，政治自循常规，仍当以海内贤豪讨论公决。作霖未娴政事，除完成讨赤事业外，固无丝毫成见，为此鹬蚌之争也。”[③]同时，下令将北方各路军队一律改称“安国军”，以孙传芳、张宗昌、张学良、韩麟春（后改由杨宇霆接任）、张作相、吴俊陞、褚玉璞分任第一至第七方面军军团长。当晚，孙传芳、张宗昌、吴俊陞、张作相等八名将领，又按计划由孙传芳领衔，联名发表了推戴张作霖出任安国军政府陆海军大元帅的通电。

6月18日，张作霖在怀仁堂宣誓就任“中华民国陆海军大元

①《国闻周报》第4卷第24期。

②《国闻周报》第4卷第24期。

③《国闻周报》第4卷第24期。

帅”。当日，他除发表就职宣言与通电，向世人表明“赤逆一日不清，即作霖与在事诸人之责一日未尽”的决心外，还公布了《中华民国军政府组织令》七条：

第一条：陆海军大元帅统率中华民国陆海军。

第二条：大元帅于军政时期代表中华民国行使行政权，保障全国人民法律上应享之权利。

第三条：军政府置国务员辅佐大元帅执行政务。

第四条：国务员之员数如左[①]：国务总理、外交总长、军事总长、内务总长、财政总长、司法总长、教育总长、实业总长、农工总长、交通总长。

第五条：大元帅之命令，国务总理须副署之，其关于各主管部务者，各部总长须连带副署，惟任免国务员不在此例。

第六条：国务员及各部之官制另定之。

第七条：中华民国十六年六月十七日以前之法律命令不相抵触得适用之。[②]

同时任命潘复为国务总理，并发表了各部总长的名单：外交总长王荫泰，军事总长何丰林，内务总长沈瑞麟，财政总长阎泽溥，司法总长姚震，教育总长刘哲，实业总长张景惠，农工总长刘尚清，交通总长潘复(兼)。“安国军政府”就这样成立了。张作霖如愿以偿，堂而皇之地当上了北洋军阀统治时期的末代国家元首。

“安国军政府”成立后，张作霖并没有按孙传芳、张宗昌所要求的那样立即采取军事行动，而是继续对宁、晋两方展开结盟的攻势。6 月 25 日，他发表通电，宣称“与孙中山相交多年，志同道合，过激分子误解先生主义，宣传共产，本人视不背三民主义者协力以抗赤党”[③]，意在拉近与蒋介石南京政府的距离。

①文件原件系自右至左竖写而成。

②《政府公报》1927 年 8 月 19 日。

③半粟：《中山出世后中国六十年大事记》，上海太平洋书店 1930 年版，第 628 页。

6月28日，他派邢士廉赴太原，与阎锡山面商结盟之事。阎以奉张拒绝“易帜”，且不欲取消大元帅名义，拒绝接见邢士廉。邢的太原之行遂毫无结果，不得不于7月1日返回北京。7月15日，阎锡山出兵占领石家庄，奉军退守正定。晋、奉关系趋于紧张。

之后，奉方与宁、晋两方之间虽时有电商与信使往还，但由于一方不愿屈从，另一方不想迁就，因此，“奉宁晋三角同盟”之说虽曾聒噪一时，却始终未能见诸事实。

就在张作霖欲与国民党方面谋求妥协而又苦无良策之时，8月21日，张宗昌到北京向他汇报了国民党内部纷争愈演愈烈，蒋介石已于8月13日宣布下野，以及孙传芳军乘机反攻南下，夺取了长江北岸各军事要地，隔江与国民党相互炮击等情况。张认为重整北洋军旗鼓的时机已到，因此，当即决定实施反击，并制定了用兵方针：除派张宗昌、张学良分率直鲁联军与奉军进兵河南，会同攻击冯玉祥军外，又将津浦路战事交由孙传芳负责，孙即将总部迁到六合，决定兵分三路渡江；张并派渤海舰队进攻吴淞，为之策应。

8月24日，孙传芳令郑俊彦、刘士林、马玉仁等，率部分由浦口、大河口、扬州三处渡江，前两路偷袭南京，后一路切断京沪线交通。25日，孙军郑俊彦第一路军分乘民船在大胜关偷渡，被国民党军军舰发觉并击退。26日拂晓，孙军刘士林第三路军段承泽第九师、崔锦淮第八师、刘士林第十三师，在江面大雾的掩护下，先后抢渡成功，对栖霞山、南北象山一带的国民党军阵地发动进攻。经过一天激战，孙军突破了南京守军的防线，攻占龙潭车站和附近高地，切断了京沪线。27日，孙军第二军上官云相第四师、马宝珩第十一师、陆殿臣第十二师三个师也渡过长江。当日，国民党军调集军队组织反攻，对孤军犯险的孙军形成围歼之势：李宗仁率第七军从西面进攻栖霞山，何应钦、白崇禧率第一军从东、南两面进攻龙潭。同时，赖世璜第十四军、曹万顺第十七军、贺耀祖第四十军、叶开鑫第四十四军等部也火速前来增援，投入龙潭战场。经过五天血战，至31日，国民党军终于凭借优势兵力与旺盛的斗志，攻战了龙潭。孙军总指挥刘士林弃军逃走，渡江孙军群龙无首，除近万人战死和小部分渡江溃逃外，余皆缴械投降。龙潭一战，以孙传芳军的彻底失败而告终。

龙潭战役后，张作霖估计国民党一时尚无力大举北进，决定在津浦路南段采取守势，令孙传芳第一方面军团扼要防守；而在河南方面则取攻势，令张宗昌第二方面军团、褚玉璞第七方面军团由陇海路西进，张学良第三方面军团、韩麟春第四方面军团由京汉线南下，会同攻击冯玉祥军。冯玉祥为摆脱困境，以答应给予直隶、京津地盘为条件，争取阎锡山与其结成同盟，共同出兵对付奉军。

9月27日，驻守大同的晋军商震部奉命阻断了京绥铁路西段交通。29日，大同镇守使李生达又奉阎锡山密令，在大同扣押了赴晋北校阅军队的奉军将领于珍等人。当天，阎锡山发出誓师讨奉的通电，内称："革命本不得已之事，是以本总司令，虽师发在途，犹不惜委曲婉转，与张作霖周旋。原冀其有所悟悔，以期和平解决。乃半载以来，屡以开诚相商，终见固拒。近更庞然自大，盘踞北京，不谋与民合作，只求一己尊荣。且日肆以武力压迫国人，既无悔祸之心，何有改善之望……兹不得已，随诸同志之后，誓师北伐。以扫除三民主义之障碍，以达救国救民之目的。"①10月1日，张作霖也发表通电，对阎锡山大加痛斥道："上月二十九日，(晋军)突在大同附近，截劫火车，扣留我军官佐，并敢进兵察境，公然敌对。本大元帅维持大局，维持晋省之苦心，至此乃忍无可忍。兹分饬诸军，实行讨伐……今阎锡山被人利诱，甘为戎首，是破坏北方大局者，阎锡山一人当负其责。本大元帅护国救民，始终如一。晋军晋民，皆我一体。但期歼厥渠魁，决不穷兵黩武。倘阎锡山能悔

①章伯锋主编：《北洋军阀》(五)，武汉出版社1990年版，第720页。

过息兵，或其部下能自拔归来，仍当一体优容，不追既往。”[①]4 日，张作霖正式发布讨伐阎锡山的明令。于是，奉、晋关系彻底破裂，开始诉诸武力。

晋军的作战计划是：以主力沿京汉路，一部沿京绥路，同时出动，分进合击，采取分段包围、速战速决的战法，围歼敌军，直取北京。奉军则以晋军实力不强，且缺乏实战经验，此番出动，利在速战，虽来势凶猛，但势难久支，因此一开始在京汉线、京绥线采取守势，以待晋军疲乏，再行反击。京汉线防守由原准备进攻河南的奉军精锐第三、第四方面军团担任，京绥线防守由第五方面军团担任。

战争初期，晋军进展顺利。阎锡山亲自坐镇指挥京汉线战事，晋军各部长驱北上，一直深入到唐河北岸，进逼望都，直指保定；京绥线方面，晋军几乎未遇抵抗，便于 10 月 3 日占据张家口，嗣又继续东进，到达宣化、下花园地区。至 10 日 8 日，奉军由东北及热河增调的援军均已赶到，张作霖遂下令总攻。京汉、京绥两线的奉军立即同时出击，向晋军发起反攻。晋军不支，节节败退。阎锡山急令晋军各部退守井陉、娘子关、雁门关等关隘，凭险扼守，以阻奉军深入。奉晋两军于是形成对峙，战争进入相持阶段。

晋军对奉军开战后，冯玉祥为配合晋军作战，也于 10 月中旬向张宗昌、褚玉璞所部直鲁联军展开攻击。10 月 13 日，冯与直鲁联军在马牧集接战。由于冯军精锐有相当一部分被陕、甘、豫异己部队所牵制，派在豫东、豫北、鲁西对直鲁联军作战的部队，大多为入豫后收编的杂牌军，战斗力不强，因此，两军交战后，冯军即陷于不利形势。直鲁联军连占归德、民权、兰封、考城，前锋直逼开封。10 月下旬，冯玉祥重新部署军队转入反攻，在自黄河南岸至杞县二百里战线上与直鲁联军主力展开决战，经两昼夜激战，终于突破敌军防线。11 月 1 日，冯军攻占兰封，俘获直鲁联军三万余人，缴获枪支两万余支，钢甲车五辆，大炮四十余门。兰封一战，为冯军

①章伯锋主编：《北洋军阀》（五），武汉出版社 1990 年版，第 720 页。

出潼关以来俘获敌军及战利品最多的一次战役。

兰封战役后，张宗昌为避免陷于两面作战的困境，决定在何应钦军未渡淮河前，集中优势兵力，击破冯玉祥军。张自己坐镇徐州指挥，派褚玉璞为前敌总司令。右路总指挥刘志陆率部五万余人由城武、单县进攻考城，直扑开封；中路总指挥徐源泉率部五万人沿陇海路正面向西推进；左路总指挥张敬尧率部三万人由夏邑向杞县、太康挺进。冯玉祥将孙良诚、石友三等部布防于兰封以东、黄河以南地区及杞县东北地区，以抵御直鲁联军的进攻。11月16日，刘志陆首先率部向驻考城的刘镇华军进攻，刘军不支，撤出考城。24日，孙良诚军开始反攻，将刘志陆部包围于考城一带，经五日激战，攻克考城，俘敌两万余人，缴枪万余支。之后，冯军各部乘胜追击，连克荷泽、单县、砀山，于12月3日进逼徐州，将张宗昌、孙传芳围困于徐州城内。14日，何应钦军也由津浦线北上，兵临徐州城下。冯、何两军随即会同攻城，经两昼夜激战，于16日攻破徐州城，张宗昌、孙传芳率残部北逃。

## 三、南京国民政府统一全国与奉系军阀的覆灭

### 1. 南京国民政府的北伐

蒋介石、汪精卫相继叛变革命后，国民党四分五裂，一时形成三个党中央（南京蒋记中央、武汉汪记中央和上海西山会议派中央）、两个国民政府（蒋介石集团的南京政府、汪精卫集团的武汉政府）分庭抗礼与多派势力割据称雄的局面。在冯玉祥等人的调停下，宁汉关系一度有所缓和，汪精卫同意武汉政府迁都南京，但又催逼蒋介石下野，并“死争”国民党内的“正统”地位[①]。南京政府中以李宗仁、白崇禧为代表的桂系出于自己的政治目的，也力主武

①《汪精卫复冯玉祥电》（1927年7月24日），见《国闻周报》第4卷第33期。

汉方面来南京“柄政”，并利用蒋介石内外交困的处境，对蒋实行“逼宫”，终于迫使蒋于8月13日通电辞职。9月16日，宁、汉、沪三方代表在南京成立了由33人组成的国民党中央特别委员会，同时成立政务委员会与军事委员会，并发表宣言，宣布国民党党政完成“统一”。但是，特委会并没能解决国民党的内部纠纷，反而由于分赃不均等原因而加剧了各派系间的争斗。汪精卫以特委会大权落入桂系与西山会议派手中，于21日返回武汉，与唐生智组织武汉“政治分会”，宣布反对特委会。于是，宁汉合流转眼间变成了宁汉对抗。之后，汪又窜到广州，与李济深、张发奎等联合，企图在广州另立国民党“中央”。宁汉对立遂又演变为宁粤对立。

国民党各派间的严重对立与争斗，给蒋介石造成了东山再起的机会。蒋介石下野后，先后寓居上海与浙江奉化，伺机再起。9月28日，他偕张群等人前往日本东京，拜访了日本首相田中义一等人，企图以承认日本在中国东北的特殊利益来换取日本对他的支持。他还与美国驻日代表进行了秘密接触，并通过与宋美龄的政治联姻，进一步投靠美、英帝国主义。11月10日蒋介石回到上海后，先采取联汪制桂策略，停止特委会的活动；继又利用广州起义等复杂多变的形势，逼走汪精卫，从而为他的重新上台扫清了障碍。1928年2月2日至7日，蒋介石在南京主持召开国民党二届四中全会。会议决定改组国民党中央党部和国民政府，恢复军事委员会，蒋介石被推举为中央政治会议主席、军事委员会主席兼国民革命军总司令；同时通过了《集中革命势力限期完成北伐案》，决定继续北伐，以“完成国民革命”。但国民党自实行“清党”反共政策后，就再也不是孙中山的一面革命旗帜了，而成为“这个或那个军阀的工具”，“压迫人民的工具”①；“国民党以国民革命的名义，

①宋庆龄：《为抗议违反孙中山的革命原则和政策的声明》（1927年7月14日），见彭明主编：《中国现代史资料选辑》第二册，中国人民大学出版社1988年版，第451页。

以‘救党护党’的名义，残杀工农民众，使全国变成白色恐怖的世界，青天白日已经是白色恐怖的象征！”[①]因此，这时的北伐，与1926年7月开始的由国共两党合作领导与进行的北伐，性质完全不同。它不过是国民党新军阀讨伐北洋系旧军阀的战争，亦即新军阀取代旧军阀的战争，而根本不是革命战争了。

国民党二届四中全会刚落下帷幕，蒋介石便匆匆忙忙地于2月9日赶赴徐州前线召开军事会议，商讨北伐大计。为了便于统一指挥与协同作战，会议决定把国民党各军编成四个集团军，除第一集团军总司令由蒋介石自兼外，又分任冯玉祥、阎锡山、李宗仁为第二、三、四集团军总司令；同时商定了分路出击，会攻奉军的作战计划：第一集团军沿津浦路北上，循泰安、济南、沧州而直捣天津。第二集团军攻击京汉路以东、津浦路以西地区之敌，自新乡向彰德、大名、顺德一带北上，右与第一集团军、左与第四集团军相联络，会攻津、京。第三集团军一部自京绥路北攻，一部自太原循正太路，出娘子关，截断京汉线，北上与第四集团军会师北京。第四集团军为总预备队，另派白崇禧为总指挥，率一部军队循京汉路，经郑州、新乡，向正定、望都一带集中，直攻保定、北京。四个集团军总计百万大军，分由津浦路正面海州、归德、曹州、濮阳，京汉路正面井陉、五台、雁门等地出动，向张作霖控制下的山东、河北、察哈尔三省区腹地挺进。战线北起晋北偏关，东迄苏北海州，绵亘二千余里。

在南京国民政府积极准备北伐的同时，奉系军阀张作霖为维持其统治地位和有限的地盘（当时奉系地盘区只剩黑、吉、辽、热、察、冀、鲁等几个省区），也于1928年2月间，在北京接连召集军事会议，筹商对策，并制定了如下作战方案：在津浦线方面采取守势，命孙传芳第一方面军团防守济宁一带，张宗昌第二方面军团防守鲁南，褚玉璞第七方面军团防守大名、鲁西一带，以遏止蒋介石第一集团军的北进，并相机进攻冯玉祥第二集团军，切断一、二集团

---

①《布尔什维克》第一卷第十五期，1928年1月30日。

军的联络。对冯玉祥第二集团军、阎锡山第三集团军采取攻势，命张学良、杨宇霆第三、四方面军联合军团，大部开赴邯郸以南，攻击由彰德出动沿京汉线北上的冯军，以一部攻击娘子关、五台方面的阎军，向山西内部推进，以击破其主力；张作相第五方面军团配合第三、四方面军团的作战，向平型关、大同进攻，并相机攻入晋北。其意图很明显，就是先集中奉军精锐解决实力相对较弱的冯、阎两军，然后再尽遣各军与蒋军展开决战。

4 月 7 日，蒋介石以国民革命军总司令名义下达总攻击令。第一集团军各部随即沿津浦线北上，向张宗昌、孙传芳所部敌军发起攻击。张宗昌所部在奉系“安国军”七个方面军中数量最多，但流品最杂，漫无系统，甚至各军都不知是什么番号，其编制始终未能划一，战斗力较弱；至于孙传芳所部，仍按北洋军制，颇有战斗力，惟自龙潭战败后，士气不振，已成强弩之末。因此，第一集团军几乎未遇什么抵抗，便攻占了台儿庄、郓城、韩庄、枣庄、临城等城镇。4 月上旬，孙传芳部由济宁出动，向苏鲁边界丰(县)、沛(县)一带发起进攻，以应援张宗昌部。第一集团军方振武、第二集团军孙良诚两军乘虚袭占济宁。孙传芳急忙回师反攻，虽拼命夺回了济宁，但因张宗昌所部与北伐军稍事接触后即全线溃退，孙亦无心恋战，率部向泰安、济南方面撤退。第一集团军各部乘胜追击，又连克滕县、界首、鱼台、汶上、邹县、曲阜、兖州、宁阳、济宁、泰安等地，并于 5 月 1 日一举占领济南。这时，日本帝国主义为了阻止国民党军的北进，以延缓奉系军阀统治的寿命，竟以保护日侨为借口，于 5 月 3 日出兵济南，寻衅肇事，枪杀军民，更悍然不顾国际公法，残杀了国民党方面派赴济南的交涉员蔡公时及外交人员十余人，军民死伤达四千七百余人，造成了震惊中外的“济南惨案”。蒋介石对于日军的暴行非但未予正面反击与抵抗，反而为求日军谅解而绕道北攻，置国耻民愤于不顾。12 日，蒋介石将津浦路方面的战事交由前敌总指挥朱培德主持，自己则赶赴京汉路前线，督率第二、三、四集团军作战。

冯玉祥第二集团军和阎锡山第三集团军在津浦路方面战事打响以前，就已与奉军展开激战。冯、阎两人于1928年2月间与蒋介石在徐州会议后，即各回本军部署对奉作战事宜。冯的作战部署是：以驻鲁西的孙良诚第一方面军等部为东路军，协助由津浦路北上的第一集团军进攻孙传芳、张宗昌两部敌军；以孙连仲第二方面军、韩复榘第三方面军、鹿钟麟第九方面军等部为北路军，由鹿钟麟任总指挥，沿京汉路进据安阳，准备北攻奉军。阎则将所部编为左、右两路，以商震为左路军总指挥，徐永昌为右路军总指挥，分别陈兵于京绥路和正太路各重要关隘，准备待机反攻。

与此同时，张作霖也积极调兵遣将，准备对冯、阎作战，企图凭借优势兵力，一举消灭冯、阎两部。4月初，奉军分两路向阎军发起攻击，并很快攻占了井陉、大同等重镇，将阎军逼回到山西境内。紧接着，集结于磁州的戢翼翘、富双英、万福麟、窦联芳等部奉军又于4月5日向冯军安阳、彰德一线阵地发起猛攻；同时，驻大名的直鲁联军也在褚玉璞督率下，向冯军刘镇华部驻守的南乐阵地发起攻击。双方激战二十余日，战况极为惨烈，冯军韩复榘部三名师长、二名旅长均受重伤，观城、南乐、濮县等阵地相继失陷。为了策应冯军，蒋介石急令阎锡山所部第三集团军改变原定作战计划，集结兵力，向正太路方面出击。阎锡山即赴阳泉督师，指挥所部分向平山、井陉发起攻击。正在全力进攻冯军的奉军担心后路被断，仓皇由彰德撤围北退。冯军乘机反攻，于5月3日攻占顺德，5日复占大名。阎军也于8日攻克平山，次日又一举占领石家庄。

张作霖面对津浦、京汉两方面战事均告失败的不利形势，不得不收缩防线，于5月9日电令北洋军全线退却，撤至保定、沧州一线。同一天，他又发出一则呼吁“停战议和”的通电，谓正太、彰德两路，已停止攻击，国内政治但期国民有公正之裁决，断不作无谓之坚持，是非听诸舆论[1]。由于其时正值“济南惨案”发生，蒋介石

---

[1] 半粟：《中山出世后中国六十年大事记》，上海太平洋书店1930年版，第723页。

等担心继续驱兵北进会进一步开罪于日本，因而倾向于与奉系议和。但冯玉祥等人持坚决反对态度，认为奉张此举不过是缓兵之计，北伐军绝不能在胜利在望的有利形势下顿兵不进，致给奉系以喘息的机会。蒋遂不得不打消与奉张握手言和的念头，令各军继续北伐。

第一集团军陈调元、方振武、贺耀祖等部及第二集团军孙良诚部于5月12日绕道渡过黄河后，一路势如破竹，仅短短三四天，便连下高唐、恩县、禹城、平原等重镇，17日又一举攻占德州。第二集团军和第三集团军于5月11日在石家庄会师后，商定沿京汉路继续北进，第二集团军向京汉路以东地区发展，第三集团军沿京汉路正面及其以西地区前进。其时，沿津浦线北进的第一集团军因"济南惨案"而渡河受阻，进展迟缓，而沿京汉线溃退的奉军实力并未受损，冯玉祥恐所部孤军深入，为奉军所乘，遂命已进抵望都的韩复榘军撤回石家庄。冯军忽然南撤，使已进展至方顺桥附近的阎锡山所部第三集团军陷入孤立无援的境地，奉军乘隙将阎军左右包围，并向满城经康关之线出击。阎锡山见形势危殆，急向蒋介石、冯玉祥请援。19日，蒋介石亲抵郑州督师，以协调前线军队的进止，令津浦、京汉沿线各军务须于5月25日以前，将主力集结于庆云、南皮、交河、武强、晋县、正定之线，准备进攻。

当时，北洋军已奉张作霖之令撤至沧州、河间、保定一线，其部署情况是：

津浦路方面，张宗昌、褚玉璞所部直鲁联军主力驻沧州东西一线；孙传芳部的李宝章、郑俊彦两部驻庆云、盐山一带；

河间方面，直鲁联军之袁振青、孙殿英部及奉军窦联芳部等驻杜生镇、沙河桥之间，奉军于学忠部及孙传芳部主力驻河间、任邱一带。

高阳方面，奉军第三、四方面军驻高阳之南、滹沱河北岸一带，筑有坚固的防御阵地，其第一线在蠡县、博野附近。

京汉路方面，奉军第三方面军汲金纯部驻高碑店至易县一带。

京绥路方面，奉军第三方面军高维岳部及第五方面军汤玉麟、郑泽生两部防守柴沟堡、大同一带。

北洋军在上述地区“占领阵地，构筑工事，希图孤注一掷，作困兽斗。尤以沧州、盐山、杜生镇、河间一带，逆敌沿铁道线所筑工事，绵延数百里，其坚固完密，不但为我北伐军望尘莫及，尤为南方军队所仅见”①。

5月28日，各路北伐军奉命发起总攻，津浦线第一集团军各军团及第二集团军东路军由衡水、饶阳、肃宁、雄县之线迤东地区向沧州、河间之线攻击前进；京汉线第二集团军北路军由衡水、饶阳、肃宁 、雄县之线以西地区（含线上），驱逐博野、蠡县、肃宁之敌，向高阳方面攻击前进；第三集团军反攻方顺桥，进取保定；白崇禧率领的第四集团军则集结于新乡、郾城一带，以备在陇海线上东西策应。至6月2日，北伐军先后占领了保定、高阳、肃宁、河间、沧州之线。北洋军退据琉璃河、固安、永清、胜芳、马厂一带，仍图保全北京、天津地盘，作最后的挣扎。鉴于京、津地区外交牵涉错综复杂，蒋介石遂于5月29日抵达柳卫，与冯玉祥会商军事进展及避免外交纠纷的妥善办法，并当即发布命令，着前方各军进至静海、胜芳、永清、固安、长辛店之线后即停止待命。30日，蒋又转赴石家庄，与阎锡山会商京、津善后并视察战况。由于阎锡山“未雨绸缪，事前即派代表南桂馨等分赴平、津接洽”②，京、津善后已无窒碍，蒋遂于次日颁发各军追击令。各军随即分路追击，第一集团军由津浦路前进，第二集团军由任邱、文安、雄县、霸县前进，第三集团军由京汉路前进，以排山倒海之势，压向北京、天津。

5月30日，张作霖在怀仁堂召集张作相、孙传芳、杨宇霆、张

①江声煌：《十七年度北伐军全军作战计划命令经过合编》下，军用图书社南京总社1931年印。

②文公直：《国民革命北伐成功史》，见来新夏主编：《中国近代史资料丛刊·北洋军阀》(四)，上海人民出版社1993年版，第522页。

学良等高级将领会议，分析当前形势，认为大势已去，无可挽回，决定即日向前线下总退却令。6月2日，张作霖发表“出关通电”，声称因不忍穷兵黩武，以致祸延中外，“爰整饬所部退出京师，所有中央政府，暂交国务院摄理，军事归各军团长负责，此后政治问题，悉听国民裁决”[①]。次日凌晨，张即偕莫德惠、何丰林等人乘专车离京，前往奉天。

在张作霖的军政生涯中，这已是第二次被迫退往关外。张满以为这一次肯定也能像第一次直奉战争后败逃关外那一次那样，很快就可重整旗鼓，卷土重来，因而在发表“出关通电”的前一日（6月1日），他在怀仁堂与外交团话别时，对前途仍抱乐观地说道：“我们将来会有机会再次在北京或东三省与诸位相会”[②]；他甚至还命许兰洲将“安国军大元帅”的印、旗、国务院的印信、外交部的重要档案全部运往关外，以图在关外继续行使其“政府首脑”的职权。但张作霖做梦也不会想到，此次关外之行竟是他生命的最后旅程。6月4日晨，张作霖的专车行进至沈阳附近的皇姑屯时，被日本关东军埋置的炸弹炸毁，张重伤殒命，落得个惨遭横死的下场。

张作霖被炸身亡的消息传来，在奉系内部引起了极大恐慌，京、津一带的奉军更是心无斗志，纷纷溃退。6月4日当天，张学良、杨宇霆率第三四方面军团部人员退出北京，撤往冀东滦州一带。同日，蒋介石任命阎锡山为京津卫戍总司令，令其早日莅任，收复京、津两大城市。6日，阎锡山第三集团军孙楚、商震两部先后进入北京。8日，阎锡山在保定就任京津卫戍总司令之职。11日，他与第四集团军前敌总指挥白崇禧联袂抵京，主持善后事宜。12日，阎军傅作义部接管天津，孙传芳只身逃奔关外，张宗昌、褚玉璞则率领一部分残军退守冀东滦县一带。

---

①《国闻周报》第5卷第22期。

②《芳泽公使致田中外务大臣电》（1928年6月1日），见章伯锋主编：《北洋军阀》（五），武汉出版社1990年版，第779页。

6月15日，南京政府发表宣言，宣告北伐已获胜利，统一已告完成，嗣后政府将结束军政，开始训政。7月6日，蒋介石在北京香山碧云寺孙中山灵前举行了“北伐胜利”的祭告典礼。

### 2. 日奉关系恶化与张作霖皇姑屯被炸

张作霖皇姑屯被炸，是日奉关系日趋恶化、矛盾斗争愈演愈烈的必然结果。

张作霖和奉系军阀集团，主要是靠日本帝国主义的支持、扶植发展起来的。张作霖称霸东北以及后来向关内扩张，都曾得到了日本帝国主义的大力支持。特别是日本在失去了段祺瑞皖系军阀这一理想的侵华工具之后，更是全力扶植奉系军阀。1925年郭松龄倒戈反奉时张作霖能够化险为夷，就是日本方面出手相助的结果。但张作霖与日本帝国主义的关系是错综复杂的，既有互相利用的一面，也有矛盾冲突的一面。尤其是张作霖率部进关，并进而控制中央政权以后，其势力已今非昔比，对日本也因此不复如从前那样俯首听命，双方关系由是日渐恶化，最后竟发展到难于调和的地步。

张作霖与日本的矛盾主要集中在“满蒙”问题上。“满蒙”从明治时期起就一直是日本帝国主义大陆政策的战略目标。日俄战争后，日本势力开始侵入南满。此后，日本即以攫取铁路修筑权为主要突破口，通过武力威胁和外交讹诈等手段，加紧了向“满蒙”扩张其侵略势力的步伐。特别是段祺瑞皖系军阀在直皖战争中遭致毁灭性打击以后，日本对北京中央政府失去了往昔的影响和控制力，更是把侵华重点放在了对“满蒙”的扩张上，并确定了扶植和利用奉系军阀张作霖以充当其新的侵华工具的方针。但张作霖一方面是慑于全国反帝浪潮的不断高涨，同时他自己也不甘沦为完全受人操纵摆布的傀儡，因而对日本在基本依靠的基础上，也采取了一些抵制行动。1924年，张作霖不顾日本方面的反对，成立了“东北交通委员会”，开始自行筹建东北铁路网。从1925年起，张作霖

“自行筹款”，以官商合办形式，陆续修筑了与南满铁路平行的奉海（奉天至海龙）、打通（打虎山至通辽）等铁路，并计划筹建东北两大干线：一是从葫芦岛经由齐齐哈尔至瑷珲的西部干线，一是联结京奉路，经由海龙、吉林到佳木斯的东部干线；同时还向英、美借款，着手修建葫芦岛港。张作霖的意图很明显，就是通过这些自建铁路，把东三省及内蒙古联接起来，既便于加强对这些地区的控制，又可利用铁路运输收入来支撑庞大的军政开支。但张作霖的这些举措，在客观上也起到了打破日本长期控制东北铁路干线和垄断铁路运输局面的作用，对日本在“满蒙”的侵略权益如南满路的收入等造成了一定冲击，因此，遭到了日本方面的竭力反对。日本曾为此几次向张作霖提出抗议和警告，力阻他在东北另行筑路修港，但均不得要领。日奉关系由是趋于紧张，矛盾争斗“日益激烈”①。

1927年4月20日，日本组成了以陆军大臣田中义一为首的新内阁。田中以疯狂鼓吹征服中国而著名，此次组阁，他除破例自兼外相外，又任命力主“对华强硬”的军国主义分子森恪为外务次官。田中内阁上台后，立即加强了对中国的干涉，除为阻止蒋介石的北伐而悍然出兵山东外，又召集驻华公使芳泽谦吉、奉天总领事吉田茂、关东军司令官武藤信义、关东厅长官儿玉秀雄、驻朝鲜的军政长官及外务省、海军省、陆军省、参谋本部等有关人员，于6月27日至7月7日在东京外相官邸召开了阴谋策划“使满洲脱离中国本土，置于日本势力之下”②的所谓“东方会议”。7月25日，田中秘密上奏日本天皇，详细申述侵略中国“满蒙”的步骤与方法，宣称：“欲征服支那，必先征服满蒙；如欲征服世界，必先征服支那。”③这就是臭名昭著的“田中奏折”。为贯彻“东方会议”的精神，外务次官森恪又于8月15日在旅顺主持召开了有日本驻华外

①张效林译：《远东国际军事法庭裁判书》，五十年代出版社1953年版，第271页。
②山浦贯一：《森恪》，见《太平洋战争史》第一卷，第62页。
③王芸生辑：《六十年来中国与日本》第八卷，三联书店1982年版，第377页。

交、军事、铁道等重要人物参加的第二次东方会议。会议决定:扩大"满铁"势力,向中方提出新建吉会(吉林至朝鲜会宁)、洮齐(洮南至齐齐哈尔)等满蒙六路的交涉;对东三省境内的自办铁路要加以干涉、控制,以免影响南满铁路的利益;等等。会议还决定向张作霖施加压力,以促其接受日本的上述要求,必要时可使用强硬手段迫其就范。

"东方会议"结束后,日本立即把这种对华扩张侵略势力的强硬方针付诸实施。田中内阁为此先后派遣日本驻奉总领事吉田茂、驻华公使芳泽谦吉、"满铁"总裁山本条太郎等,采用威胁、利诱等手腕,对张作霖展开了索取"满蒙"权益特别是铁路修筑权的交涉。

7月23日,日本驻奉天总领事吉田茂遵照田中密令,向奉天省长莫德惠递交了一份措辞强硬的照会,严厉指责东北地方政府自行集资修建吉海(吉林至海龙)、打通(打虎山至通辽)等铁路的种种"非法措施",声称这些铁路与南满铁路平行,将严重损害日本的经济利益。8月4日,吉田茂开始就"满蒙"问题与莫德惠进行交涉,态度非常蛮横。他要求东北当局对敷设南满铁路平行线问题及阻止日本在帽儿山设立领事分馆等事进行"反省",并以"禁止京奉线军用列车通过满铁附属地"相威胁[①]。莫德惠对吉田茂的傲慢态度极为不满,拒绝与其进行交涉,两人于是不欢而散。日本驻华公使芳泽谦吉见吉田茂在奉天的交涉毫无进展,于8月24日在北京与张作霖开始直接交涉。芳泽持田中手书及所赠礼物面交张作霖,并提出所谓"满蒙觉书"(备忘录),要求解决"满蒙悬案"。张作霖推说他不知详情,让芳泽与杨宇霆交涉。芳泽走后,张作霖即在顺承王府寓所召集有关人士开会商议对策,决定将此项交涉交由地方当局办理,以便留有回旋余地。27日,杨宇霆向芳泽提出这个意见,并要求芳泽劝告吉田茂改换态度,以利于谈判进行。

①日本外务省编:《日本外交年表和主要文书》下,原书房1978年版,第36页。

但芳泽认为地方当局不能解决问题，仍坚持在北京直接交涉。31日，杨宇霆向新闻界透露了日本方面提出的“满蒙觉书”的内容，舆论由是大哗，全国各地特别是东三省立即掀起了声势浩大的反日浪潮。在这种形势下，张作霖一面致电莫德惠，请其设法遏制反日运动的激进；一面令杨宇霆通知芳泽，谓鉴于目前时局，中方为避免激起更大风潮，决定暂缓进行“满蒙交涉”。

张作霖借助于反日运动的声势单方面中止“满蒙交涉”后，招致了日本更猛烈的高压攻势。田中义一令归任的本庄武官向张作霖传递口信，对东三省的反日运动加以严厉指责，谓此次东三省爆发史无前例的排日运动，实在出乎本人意料之外，“特别是根据各种情报来看，幕后有东三省官宪的活动……令人不能不怀疑东三省官宪的居心……中方对日本简直是采取了欺人太甚的态度”。他还危言恫吓张作霖：“此次排日运动给东三省播下了祸种，如不及早采取果断措施，加以取缔，恢复当地治安，其结果必然导致南方及俄国方面对阁下问鼎轻重。”①在日本方面的强大压力下，张作霖不得不以未能制止反日运动为名，撤换了奉天省长莫德惠，调其进京改任农商总长；嗣又派杨宇霆为代表，向日方正式道歉。

田中见张作霖已告屈服，知道“满蒙交涉”有了转机，因此，一面训令芳泽在北京继续进行官方交涉，一面又派遣新任“满铁”总裁山本条太郎赴华，与张作霖进行“民间”交涉，以期迅速打破谈判僵局。山本于10月10日抵达北京，12日即与张作霖举行秘密会谈。经过一番讨价还价，互作让步，双方于15日就满蒙五路的修筑问题达成谅解，订立了“满蒙新五路协约”。根据这个协约，日本取得了敦图线（敦化至图们江岸）、长大线（长春至大赉）、吉五线（吉林至五常）、洮索线（洮南至索伦）、延海线（延吉至海林）五条铁路的修筑权。当天，张作霖在文件抄本上亲笔书写“阅”字，作为

①《田中外务大臣致驻华公使芳泽函附件已号》（1927年9月28日），《日本外务省档案》缩微，P57，P. V. M. 23，第522～527页。

“同意之证据”①。

张作霖虽在“满蒙新五路协约”上签了字，但田中等人仍不放心，认为张惯于出尔反尔，缺乏诚意，因此又指令驻华公使芳泽，要他迫使张作霖向日本公使送交“请求谅解”的交换函件，以期将上述山本与张作霖间的个人密约，改换成中日两个政府间的正式协定。正当双方交涉之际，日本的一些报纸披露了山本与张作霖订立密约的消息，一时舆论哗然，南方更是据此对张作霖群起攻击。为了掩盖事实真相，杨宇霆于11月29日向外界发表声明，谓“满蒙交涉停顿后迄未续议，外间所传，系日人故意宣传”②。杨宇霆这番矢口否认中日间又重开“满蒙交涉”并已订有密约的谈话，引起了日方的极大疑虑与不满。当晚，驻华公使芳泽即对杨致函质问；次日，又向报界发表攻击杨的谈话，“谓杨昨日之言，极有害于关于满洲之中日两国关系，且其内容颇有与事实不符者”③。尽管张作霖、杨宇霆一再向日本疏解，诉说奉方不得已的苦衷，谓“如果强使履行正式手续，势必成为公开的问题，因此将使国论鼎沸，奉天派不能保持其现在地位，势所必然”④，但日本惟恐张作霖到时又加抵赖，因此，仍坚持要求其履行与日本公使交换函件的手续。张作霖被逼无奈，只好让步。但他又觉得完全按日本的旨意行事，自己很没脸面，因而提出只愿意给田中而非芳泽去函。日本表示同意。12月5日，张作霖以个人名义致函田中，以表明其与山本所订密约的“诚意”。

张作霖给田中去函后，签订“满蒙五路”承建合同的问题又很快在日本的要求下被提上了议事日程。从1928年1月开始，日奉双方即围绕着这一问题，展开了艰难而漫长的谈判。在4月底以

①《驻华武官本庄致陆军大臣电》(1927年10月15日)，《日本外务省档案》缩微，P58. P. V. M. 第71页。

②王芸生辑：《六十年来中国与日本》第八卷，三联书店1982年版，第145页。

③王芸生辑：《六十年来中国与日本》第八卷，第145页。

④东亚同文会：《对华回忆录》，商务印书馆1959年版，第399页。

前，由于奉方有意迁延推拖，签约谈判毫无进展。进入5月，随着战局的发展，奉系的处境急剧恶化，日本乘机加紧催逼利诱，谓如能迅速签订满蒙铁路合同，将有助于奉系摆脱困境；否则，"对大元帅恐将成为值得忧虑的事情"[①]。张作霖既担心日本对他落井下石，更希望在走投无路之时能得到日本的帮助，从而渡过危机，因此，同意立即解决铁路签约问题。5月13日，日奉双方代表分别在满蒙铁路合同上签字。由于代理交通总长常荫槐因拒绝签字而避往天津，路政司司长刘景山又临时辞职，张作霖乃命航政司司长赵镇以交通次长兼代部务，在敦（化）图（们江）、长（春）大（赉）两路合同上签字用印；他自己则在洮（南）索（伦）、延（吉）海（林）两路合同上亲笔书写"阅、准行"字样，并答应吉（林）五（常）路合同过后再行签字。值得注意的是，张作霖所签两项合同的落款处，都"未写上日期和姓名"，事后由日方代表补填上日期及"张大元帅阁下"的字样[②]。显然，这一大的漏洞决非是张作霖一时疏忽，而是有意留下的，目的是便于以后悔约。

满蒙铁路合同签字后，日本并没有像张作霖所期望的那样向他施以援手，反而逼他及早放弃北京，退回关外，并变本加厉地提出了"解决满蒙诸悬案"[③]的要求。这是因为，日本当局从战局的发展中清楚地看到，北京的最后陷落已只是时间问题。张作霖再支撑抵抗下去，不但于事无补，反而只会将战火引烧到东北，从而危及日本的利益。这是日本所最不希望看到的。为了避免出现这一结果，田中内阁在5月16日的内阁会议上决定了对中国南北交战双方发出警告的方针。5月18日，日本驻华公使芳泽和驻沪总领事矢田奉命分别向北京、南京两政府送致了这一"警告书"。"警

①吉林省社科院编：《满铁史资料》第二卷第三分册，中华书局1979年版，第972页。

②吉林省社科院编：《满铁史资料》第二卷第三分册，第974页。

③陈觉：《日本侵略东北史》，上海商务印书馆1934年版，第287页。

告书”宣称：“目下观战乱情形，将波及京津地方，而满洲方面亦将有蒙其影响之虞。缘以满洲治安之维持，在我国最为重要，如淆乱该地方治安，或者造成淆乱原因之事情发生，我国政府应须极力阻止之。故战事进展至京津地方，其祸乱或及满洲之时，我国政府为维持满洲治安起见，或将不得已有采取适当而且有效之措置；惟对于交战者，自当力持严正中立之态度。”[①]所谓“采取适当而且有效之措置”，田中在该“警告书”送致中国南北双方的前一日即5月17日会见英、美、法、意四国驻日大使时，向他们作了这样的解释：“我们的政策是阻止在北京发生战事，以防骚乱波及满洲。如果张作霖和平地从北京撤离，保证士兵纪律，且不被南军追击，我们将允许他进入满洲。但若在北京作战并向山海关或我们感兴趣的其他地区撤退，且不断与南京发生战斗，我们将阻止他与南军进入满洲。”[②]

张作霖原是想借助于日本的支持放手一搏，以维持其摇摇欲坠的统治。但让他大为失望和难以接受的是，日本方面不但声明对交战双方“力持严正中立之态度”，拒绝给他以单方面的必要支持，而且还强令他不作任何抵抗，将北京拱手让予南方，并施以种种恫吓。特别是，他认为东北是他张作霖的天下，何时回撤，应该由他自己决定，无须他人置喙，更不容向他施加压力。因此，当5月17日晚日本公使芳泽奉命前去做他的工作时，他对日本方面表示了极大的不满与愤慨，并“严词拒绝其请”[③]。日本向南北双方致送“警告书”后，他又命北京政府外交部于5月25日发表书面声明，对日本粗暴践踏中国主权、干涉中国内政的行径提出严重抗

①程道德等编：《中华民国外交史资料选编》(1919～1931)，北京大学出版社1985年版，第441页。

②英国外交部文件504/258，《关于中国的其余信件》13613，第316号，附件2。见费正清主编：《剑桥中华民国史》第一部，上海人民出版社1991年版，第759～760页。

③张效林译：《远东国际军事法庭裁判书》，五十年代出版社1953年版，第268页。

议,表示"断难承认日本觉书所称之'适当有效措置'"①。但张作霖也清楚自己孤掌难鸣,无力挽回败局,因此,在为与日本斗气而苦苦支撑了一些时日后,不得不于6月2日发表"出关通电",令奉军向关外撤退(其实,在此之前奉军就已经陆续往关外方向撤退);他自己也于次日凌晨1时左右,偕国务总理潘复、参谋长于国翰、日籍顾问嵯峨大佐等人,乘坐专列离开北京,前往奉天。

在张作霖为"出关"问题而与日本争持的过程中,一场直接针对他的政治谋杀正在悄然向他逼近。策划并主持这一谋杀计划的,是关东军司令官村冈长太郎及关东军高级参谋河本大作等人。关东军是日本实施对华侵略政策的急先锋,还在"东方会议"召开前夕(1927年6月1日),关东军司令部即提出了《关于对满蒙政策的意见》,公然主张:宣布东三省自治,在自治政权中设置日本之行政、财政及军事顾问;如张作霖不接受这一方针,即剥夺其地位与权力,而另以适当人选取代之;若有人拒绝实施此项政策,即坚持排斥之,"必要时当准备使用武力"②。该《意见》在随后召开的"东方会议"上被充分肯定,成为会议制定《对华政策纲领》特别是其中关于"满蒙积极政策"的重要依据。"东方会议"之后,关东军即开始为武力解决满蒙问题进行积极的准备与部署。关东军司令部除向各部队下达了"随时准备待机出动"的命令外,还派人对山海关至长春一线的地形进行侦察研究,确定以山海关至锦州西北商桥之间的险要地带为行动地点,并制定了具体的作战计划。1928年4月蒋介石南京政府再次北伐后,关东军认为武力解决满蒙问题的时机已经到来,更是加紧了活动。关东军司令部将驻满各部紧急调赴奉天,并增调朝鲜派遣军的一个混成旅团入奉天布防,准备对败退关外的奉军及追击而来的北伐军采取军事行动。为了便于就近指挥,关东军司令部亦由旅顺移驻沈阳。5月18

①王芸生辑:《六十年来中国与日本》第八卷,三联书店1982年版,第160页。

②王芸生辑:《六十年来中国与日本》第八卷,第131页。

日，日本向中国南北双方发出警告后，关东军立即进入战备状态；关东军司令官村冈长太郎并于次日通告交战双方，声称：关东军为保护在满日本侨民，特设警备区数处，凡中国军队欲通过者，悉行解除武装。但根据日本的规定，关东军司令官只能在南满铁路附属地内动用军队，调遣军队到远离附属地的山海关一带采取军事行动，必须有日本天皇的敕令。而田中等人在对中国南北双方发出警告后，看到美、英等国反应强烈，生怕他们到时候会出面干涉，动武的决心开始有些动摇，转而认为“较之实际行使武力，毋宁以行使武力为威胁来达到他的目的”①，所以迟迟没有向天皇请求颁发出兵敕令。关东军见天皇敕令迟迟不下，没敢擅自出兵对正陆续撤往关外的奉军解除武装。

解除奉军武装的计划流产后，关东军司令官村冈长太郎和高级参谋河本大作等人并不甘心就此罢手。他们认为：“为伸张日本的在满权益，必须使用武力，并认为与张作霖谈判也是无济于事的”，因为张作霖已经成为“日本在满洲建立新国家的障碍”②；现在“满蒙”问题的解决已经到了不采取非常手段不能打破僵局的地步，要打破这一僵局，就必须清除张作霖这一巨大障碍，“只要一个张作霖垮台，其他的所谓奉系将领必然树倒猢狲散，一定要杀头目，看透了，除此以外，没有解决满洲问题的办法”③。为此，他们又策划了暗杀张作霖的阴谋行动，企图以此在东三省制造混乱，进而挑起大规模的武装冲突，然后出兵占领东北。

村冈原定派日本驻哈尔滨武官竹下义晴潜赴北京，在日本驻北京武官建川美次和天津驻屯军司令官铃木一马等的协助下，在关内实施暗杀张作霖的计划。但河本对此提出异议。他认为处理张作霖的事是“东方会议”交给关东军的任务，应该由关东军自己

①张效林译：《远东国际军事法庭裁判书》，五十年代出版社1953年版，第271页。

②张效林译：《远东国际军事法庭裁判书》，第271页。

③河本大作：《我杀死了张作霖》，台北聚珍书屋1982年版，第20页。

来完成，而不宜假手他人；而且在关内动手目标也太大，不易成功，不如在关外择一合适地点炸毁张作霖的返奉专列更加简便稳妥。他还自告奋勇，承担起了负责完成这项特殊使命的重任。在村冈的默许和关东军参谋长斋藤恒、奉天特务机关长秦真次、奉天省军事顾问土肥原贤二等人的全力支持与配合下，河本开始紧张地实施起他的暗杀计划。

河本一开始选择了新民府境内的巨流河铁桥为炸车地点，但因该处奉军警戒森严，难以下手。嗣经河本亲自侦察，最后选定了皇姑屯以东约一千米处的京奉铁路与南满铁路交叉点(南满路从横跨京奉路的架铁桥上通过)作为炸车地点。河本与负责守备皇姑屯地段的关东军独立守备军四中队长东宫铁男等人一起，在铁路交叉点埋置了由电控开关控制引爆的三十麻袋黄色炸药，在交叉点北面又装置了两个脱轨器，并在附近埋伏了一排敢死队，布下所谓的“必死之阵”。至5月28日，一切准备就绪，就等张作霖专列的到来。为了准确侦知张作霖的行动及列车的编组、运行情况，河本还与北京的竹下义晴、建川美次及京奉铁路沿线的谍报人员取得联系，要他们随时报告有关情况，以保证暗杀行动万无一失。

6月3日凌晨1时左右，张作霖乘汽车离开帅府，在正阳门车站登上了开往奉天的专列。随行人员除帅府有关人员和卫队外，还有莫德惠、何丰林、张景惠及张作霖的六姨太马月卿、三公子学曾、日籍顾问嵯峨诚也等人(国务总理潘复和日籍顾问町野武马伴行至天津下车)。当天下午4时许，专车抵达山海关，已先期由沈阳赶来迎接的吴俊陞登车同行。翌日晨5时30分左右，正当张作霖所乘坐的蓝色钢甲车厢通过京奉、南满两铁路交叉点时，关东军东宫铁男大尉在交叉点南面500米处的了望台上引爆了炸药。霎时间，随着轰然一声巨响，张作霖的车厢被炸得粉碎，其他车厢则被炸起火，颠倾在铁路旁；交叉点上的南满铁路钢架桥也被炸毁，全桥塌下。与张作霖同在一列车厢的吴俊陞被当场炸死。张作霖的六姨太马氏、日籍顾问嵯峨等人均被炸伤。张作霖则被炸成重伤,倒在血泊中。奉天宪兵司令齐恩铭急忙用汽车将张作霖送往督署,进行抢救。但由于伤势过重,张被送至督署后不久(当天上午10时左右)即告身亡。曾几何时还是呼风唤雨、不可一世的“张大帅”,转眼间成了日本关东军暗杀阴谋的牺牲品,这既有些出人意料,让人震惊错愕,又似在日奉关系发展演变的历史情理之中。可以说,张作霖的被暗杀,既是他个人的人生悲剧,更是半殖民地中国所无法逃避或者说必须承受的种种不测与灾难中的一例标本[①]。

### 3. 张学良东北“易帜”

日本关东军在皇姑屯炸毁张作霖的专车后,为了掩盖事实真相,将事先抓来的两名中国流浪汉装扮成所谓的“南方便衣队”,加以杀害后扔在了案发现场(当时共抓来三人,其中一人脱逃),以造成是南方制造了这一起爆炸案的假象。与此同时,他们又在奉天制造了一系列事端,如指使日本浪人接连向沈阳的日本人居住区投掷炸弹等等,以图进一步扩大事态,从而为出兵占领奉天乃至整个东北制造借口。但由于日本统治集团内部在出兵问题上意见尚不尽一致,特别是张学良等人处变不惊,很冷静地处理了善后事宜,因此,关东军企图通过暗杀张作霖来激发一场大的事变,进而出兵占领东北的侵略计划终于落空。

张作霖被炸身亡后,奉天督署参谋长臧式毅(后成汉奸)、奉天省长莫德惠等人,为避免引起地方人心恐慌,影响治安,更怕日本乘机混水摸鱼,制造事端,有意封锁了张去世的消息,秘不发丧,对外称张只受了些轻伤,现正在治疗调养之中。6月17日还以“大元帅”名义发布命令,任命张学良代理奉天督办、万福麟代理黑龙

① 张作霖皇姑屯被炸身亡事件,是日本关东军一手策划并组织实施的,学术界对此早有定论。近年来,有人通过对已解密的前苏联有关档案资料的分析,提出了并非日本关东军而是前苏联特工制造了这起暗杀事件的观点(托托:《张氏父子与苏俄之谜》,远方出版社2008年版)。

江督办。直至张学良回到沈阳后，才于6月21日向外界公布张作霖的死讯。

6月4日当天，张学良接到由奉天拍来的告知其父已在皇姑屯遇难，请其速回奉处理善后的密电，即与杨宇霆一起，率第三、四方面军团部人员离开北京，撤至冀东滦州一带。18日，张学良乔装成一个伙夫，乘火车由京奉线秘密回到沈阳。当天，他即发表了就任奉天督办的声明。7月4日，又经东三省议会联合会的推荐，宣布就任东三省保安总司令。

张学良临危受命，接掌东北统治大权后，立即在东北"自治"或"易帜"这一关乎整个东三省命运及其自身政治前途的关键性问题上，作出了历史性的抉择。当时，日本方面认为年轻的张学良较之具有强烈排日思想的张作相、杨宇霆等人更容易摆布，因此对其主政东北力表拥护与支持，以图通过扶植新的代理人的方式，来实现"东方会议"所确定的"东北自治"也即把东北变成日本殖民地的侵华目标。日本首相田中义一为此训令驻奉天总领事林久治郎，要他向张学良转达日本政府及他本人的"父子般的情义"道："特别是我首相个人，对年轻的学良怀有恻隐的深情，抱有父子般的情义，将一定给予亲族般的支持……现在，为使满洲新政权的基础日趋稳固，日本政府准备尽十二分的努力提供援助。"①而蒋介石南京政府则鉴于日本在东三省的势力根深蒂固，生怕对关外用兵会引发中日战争，因此，决定通过和平途径，"力促奉军将领觉悟，欣然而来归也"②。阎锡山、李烈钧等为此均曾以父执身份，用函电或派专人劝告张学良宣布"东北易帜"，以达成南北统一大业。张学良虽然对与蒋介石南京政府的合作前景并不乐观，曾对人说："以

①林久治郎：《九一八事变——奉天总领事林久治郎遗稿》，见章伯锋主编：《北洋军阀》(五)，武汉出版社1990年版，第846页。

②《中华民国重要史料初编——对日抗战时期》绪编(一)，台北1981年版，第217～218页。

吾私人之利害计，并由历史上之观察，予与蒋总司令合作，甚为困难。”①但由于他具有为维护祖国统一的大局着想的高尚品质与爱国情怀，加上与日本之间又有着不共戴天的杀父之仇，因此，在“自治”（分裂）与“易帜”（统一）的问题上，他毫不犹豫地选择了后者。

7月1日，张学良致电蒋介石、冯玉祥、阎锡山、谭延闿等南京政府军政要人，对他们提出的以政治手段达成南北统一的建议作出了积极回应，明确表示：“学良爱乡爱国，不敢后人，决无妨害统一之意。”②同时派邢士廉等几名代表前往北京，与蒋介石、阎锡山等人具体商议南北和平统一的有关事宜。10日，蒋介石在北京香山碧云寺行营会见了邢士廉等人，并发表关于东三省问题的声明，促使东三省尽快“易帜”，实行三民主义。于是，“南北妥协已呈急遽进展状态”③。

日本见张学良一头栽进了南京政府的怀抱，立即采用各种手段向他施加压力，企图阻止南北统一的实现。7月16日，日本驻奉天总领事林久治郎拜访了张学良，向他提出警告道：“国民政府标榜革命外交，主张单方面废除不平等条约，企图以武力收回租界”，这种外交政策“同我国在东三省保卫既得权益的方针是绝对不能两立的，与南方合作就无异于要同我国对抗”。因此，“关于这个问题，日本政府不能不给予极大的关注；我个人也要奉劝您加以阻止”④。张学良以“只能顺应大势，别无他法作答”⑤。林久治郎见口头劝阻无济于事，立即与关东军村冈司令官一起商量对策，并

①《张总司令与某记者谈话》，见郭君、李德戈编：《张学良将军资料选》，第8页。

②《国闻周报》第5卷第26期。

③日本防卫厅战史室编，天津市政协编译委员会校译：《日本帝国主义侵华资料长编》上，见章伯锋主编：《北洋军阀》（五），武汉出版社1990年版，第829页。

④林久治郎：《九一八事变——奉天总领事林久治郎遗稿》，见章伯锋主编：《北洋军阀》（五），第849～850页。

⑤日本防卫厅战史室编，天津市政协编译委员会校译：《日本帝国主义侵华资料长编》上，见章伯锋主编：《北洋军阀》（五），第830页。

于当天以电报向田中首相报告请示。18日，田中向林久治郎发来训令，要求“坚决阻止东三省政府同南方合作”[①]。次日，林久治郎即据此训令，再次向张学良提出警告，竭力劝阻他与南方妥协。但张学良没有答应，他向林久治郎表明自己的态度道：“东省一依民意而决，东三省父老子弟如主改制，则彼个人殊无权可以违抗。”[②]两人遂不欢而散。

本来，张学良的代表邢士廉等在北京已与蒋介石商定了东北“易帜”的时间表，准备于7月22日宣布东北“易帜”[③]。但鉴于日本在这一问题上态度极为强硬，大有不惜诉诸武力之势，张学良担心激生事变，不得不推迟“易帜”的日期。20日张学良在奉天城内满铁公署拜见关东军村冈司令官时，向他通告了自己的这一决定，谓奉方根据日本政府的意愿，已决定将南北妥协的谈判，推延至其父亲葬礼完毕后再进行。

张作霖的葬礼于8月5日至7日在沈阳举行。日本政府特派曾两度出任过驻华公使的林权助为特使，赴沈阳吊丧。实际上，林权助此行的主要使命是说服张学良放弃“易帜”。8日，林权助在驻奉天总领事林久治郎等人的陪同下拜访了张学良。会谈中，林权助告诫张学良：“此时绝对不可南北妥协以及悬挂青天白日旗。”张学良则“以妥协问题乃大势所趋为理由予以拒绝”[④]。次日，张学良偕秘书王家桢赴日本驻奉天总领事馆回访了林权助。双方在互致礼节性的问候后，又立即围绕着“易帜”问题展开了激烈交锋。

林久治郎率先发言，宣称：“屡次传达帝国政府对于南北妥协反对意志，谅贵总司令已谅解日本意向之所在也。总之，日本政府

①林久治郎：《九一八事变——奉天总领事林久治郎遗稿》，见章伯锋主编：《北洋军阀》（五），第849～850页。

②《国闻周报》第5卷第29期。

③《国闻周报》第5卷第26期。

④日本防卫厅战史室编，天津市政协编译委员会校译：《日本帝国主义侵华资料长编》上，见章伯锋主编：《北洋军阀》（五），武汉出版社1990年版，第883页。

此刻认为国民政府内部杂乱无章,行为尚多共产色彩,东三省若与国民政府妥协,势必侵害日本之既得权利之利益与特殊地位,所以日本政府此刻劝贵总司令暂时观望形势,较为妥当,不幸倘若东三省蔑视日本之警告,擅挂青天白日旗,日本必具强固决心而取自由行动。"

张学良听完林久治郎这一番蛮横无礼、杀气腾腾的讲话后,马上理直气壮地进行了驳诘。他首先申明所以要实行"易帜"的理由道:"盖余为中国人,所以余之思想自以中国为本位,余之所以愿与国民政府妥协者,盖欲完成中国统一,实行分治合作,以实现东三省一般人民所渴望。"继而又对日本百般阻挠"易帜"的这种明显干涉中国内政的行径进行指责道:"余因顾邦交,以个人资格对于日本政府警告加以考虑。倘若以国际关系言之,余想日本政府亦决不甘冒干涉内政之不韪,并且日本政府以种种恐惧反对实现之事实,余颇不可解。"

林久治郎根本不想听取张学良的解释,又以一种不容商量的口吻威胁道:"理论业已终结。简而言之,日本政府具有决心反对东三省对南方妥协,即谓干涉内政亦所不辞,请贵总司令三思焉。"

林权助也气势汹汹地向张学良叫阵:"简单言之,田中首相已具有决心,贵总司令决心如何,是余之所愿闻也。"

张学良因有千百万东北民众作他的坚强后盾,故而底气十足地回答道:"余之决心以东三省人民为转移,余不能拂逆三省人民之心理而有所作为也。"①

由于张学良态度坚决,拒绝接受日本的要求,会谈遂在异常紧张的气氛下宣告破裂。

当晚,张学良召集东北保安委员会会议,通报了日间与林权助、林久治郎等的会谈情况。为了缓和与日本的紧张关系,以免其真的出兵干涉,同时也给日本特使林权助留一点"面子",使他不至

---

①《国闻周报》第5卷第32期。

于觉得太难堪，会议决定将“易帜”的日期再后延三个月。8月10日，张学良派代表赴日本驻奉天总领事馆，向林权助、林久治郎等通告了奉方的这一决定。

东北“易帜”虽因日本的竭力阻挠而暂告停顿，但正如张学良的代表邢士廉在上海回答新闻记者的提问时所说的，“东三省在精神上已服从中央，只剩尚未悬挂青天白日旗的形式上的问题”[①]。9月中下旬，奉方与南京政府方面采取联合军事行动，肃清了盘踞于冀东滦县一带的直鲁联军残部。

张宗昌、褚玉璞率直鲁联军残部由天津退守冀东滦县一带后，本拟随奉军撤至关外，但奉方以直鲁联军纪律太坏，恐反为东北之累，拒绝他们通过山海关。7月中旬，蒋介石命白崇禧率由各集团军混编而成的右路军进击滦县一带的直鲁联军残部，以肃清关内之敌。时张学良正派代表与南京方面接洽和议，深恐对直鲁联军的军事行动或将不利于奉方，因而电请南京方面暂缓出兵，由奉方自行解决裁遣、收束直鲁联军这一内部问题。但由于张宗昌、褚玉璞拒绝对所部进行裁遣，张学良不得不派奉军与白崇禧的部队一起，分由滦河东、西两侧，向直鲁联军发起进攻。至9月下旬，滦县一带的直鲁联军被完全肃清，张宗昌、褚玉璞仅以身免。

至11月中旬，奉方答应的三个月的“易帜”期限已满。张学良等在紧锣密鼓地进行“易帜”筹备工作的同时，又利用日本天皇举行加冕典礼的机会，特派莫德惠以庆贺专使身份赴日，就“易帜”问题对日本作进一步的疏通。莫德惠抵达东京后，立即就东北“易帜”问题与日本首相田中义一进行了专门会谈，并终于说服田中作了“易帜”问题“确是中国内政问题”[②]的表态。东北“易帜”的时机

---

①日本防卫厅战史室编，天津市政协编译委员会校译：《日本帝国主义侵华资料长编》上，见章伯锋主编：《北洋军阀》（五），武汉出版社1990年版，第834页。

②莫德惠：《双城莫德惠自订年谱》，台北商务印书馆1968年版，见章伯锋主编：《北洋军阀》（五），武汉出版社1990年版，第891页。

至此完全成熟。

12月29日，张学良、张作相、万福麟、翟文选、常荫槐联名通电全国，宣布东三省及热河“易帜”，略谓：“现在国府诸公，反共清党，与此间宗旨相同，彼此使者往来，一切真相，更加明澈，自应仰承大元帅遗志，力谋统一，贯彻和平，已于即日起宣布遵守三民主义，服从国民政府，改易旗帜。”[①]当天，在奉天省署礼堂举行东北“易帜”宣誓典礼，国民政府代表方本仁监誓。31日，国民政府特任张学良为东北边防军司令长官，张作相、万福麟为副司令长官；同时任命奉天、吉林、黑龙江、热河四省政府委员，并指定翟文选、张作相、常荫槐、汤玉麟分任奉、吉、黑、热四省省政府主席。

东北“易帜”的实现，标志了蒋介石南京政府最终完成了对全国的统一（尽管只是暂时的和形式上的），同时也宣告了中国近现代史上一个时期即北洋军阀统治时期的结束。随着奉系军阀这一北洋军阀集团的重要派系和后期代表通过“易帜”而摇身变为东北系国民党新军阀，在中国近现代历史舞台上活跃了32年之久的北洋军阀，终于彻底灭亡。

---

①《申报》1928年12月30日。

# 附录一　大事年表

## 1895 年(光绪二十一年)

9 月　“定武军”(1894 年冬由广西按察使胡燏棻创建)自马厂移屯小站,开始了所谓“小站练兵”。

11 月　奕䜣、李鸿藻、荣禄等联名奏请变通兵制,并保荐袁世凯督练新军。

12 月　从督办军务处王大臣奏,命温处道袁世凯督练新军。袁到任后,将“定武军”改称“新建陆军”,扩编为七千三百人。

## 1896 年(光绪二十二年)

5 月　因监察御史胡景桂奏参袁世凯“崇尚虚文,营私蚀饷,性情谬妄,扰害一方”等过错,特命兵部尚书荣禄驰赴天津查办。

6 月　荣禄奏称:袁世凯被参各款“查明均无实据,应请勿庸置议”,并对袁大加吹捧。当天,清廷诏勉袁世凯精益求精,并命王文韶认真考察。

## 1897 年(光绪二十三年)

7 月　清廷补授袁世凯为直隶按察使,仍负责练兵事宜,归督办军务处王大臣节制。

## 1898年(光绪二十四年)

2月　军机大臣及兵部会奏，将袁世凯新建陆军添募三千人，与聂士成军扼守北洋门户。

6月　命直隶按察使袁世凯将其所辖新建陆军交由署直隶总督荣禄节制。

9月　11日，袁世凯奉上谕进京陛见。16日、17日光绪帝两次召见袁世凯，对他进行拉拢。18日，谭嗣同夜访袁世凯，请其支持变法，要袁在天津阅兵时发动政变，举兵勤王，袁佯应允。20日，袁世凯返回天津，立即向荣禄告发，致使戊戌变法陷于惨重的失败。25日，荣禄奉命晋京商讨政事，乃命袁世凯暂行护理直隶总督及北洋大臣事务。

12月　荣禄编“武卫军”，分聂士成、董福祥、宋庆、袁世凯所部为武卫前、后、左、右四军，分驻芦台、蓟州、山海关、小站，另募中军万人，驻南苑。

## 1899年(光绪二十五年)

3月　清廷以袁世凯编练新军三年来能“悉心擘画”，“训练精勤”，着交部“从优议叙”。

4月　从总统武卫右军候补侍郎袁世凯奏，准翰林院编修徐世昌留营襄办营务。

5月　7日，袁世凯奉命率所部武卫右军万余人自天津开赴德州一带，以镇压义和团运动。20日，袁世凯在率武卫右军赴山东时向朝廷上奏，指陈练洋操的弊端，并提出四项改正办法。24日，清廷秘密指示袁世凯草拟一份报告以备参考。

6月　袁世凯被实授工部右侍郎，兼管钱法堂事务。

8月　23日，袁世凯亲自主持编纂，段祺瑞、冯国璋、王士珍等46人参加纂校的《训练操法详晰图说》完成，进呈御览。

10月　袁世凯所部击散活动于山东平原一带的义和拳朱红灯部。

12月　袁世凯署理山东巡抚。

## 1900年(光绪二十六年)

3月　清廷实授袁世凯为山东巡抚。

4月　袁世凯改编山东原有营勇为"武卫右军先锋队"，扩充了武卫右军的兵力，马、步、炮队二十营，编制共一万四千人。

8月　八国联军进犯北京，荣禄的武卫军前、后、左、中四路全告溃败，惟袁世凯所部武卫右军得以保存实力。

## 1901年(光绪二十七年)

7月　"自强军"(1895年11月由张之洞创建)调赴山东，交由袁世凯督饬训练。

11月　袁世凯因李鸿章之死而被选任署理直隶总督兼充北洋大臣。嗣清廷又对他赏加太子少保官衔、赏穿黄马褂和紫禁城内骑马、赏福寿字等以示恩宠。

## 1902年(光绪二十八年)

2月　袁世凯奏请增募新军，并为新军的招募和训练制定章程，即《募练新军章程》十一条，并附《募兵格式》八条，共十九条。旋派武卫右军营务处候选道王英楷、王士珍等赴正定、大名、广平、顺德、赵州、深州、冀州等地募集6000名壮丁，仿照所部武卫右军编制，创建了北洋常备军。

5月　袁世凯派段祺瑞等率北洋军镇压了景廷宾起义。

6月　9日，袁世凯被实授为直隶总督兼北洋大臣。21日，袁世凯制定《北洋练兵营制饷章》二十一条，并奏请设立军政司，专司练兵事宜。军政司督办由袁兼任，下设兵备、参谋、教练三处，由刘永庆（刘去职后由王士珍继任）、段祺瑞、冯国璋分任总办。根据《北洋练兵营制饷章》，北洋常备军定制一军得设两镇，每镇一万二千五百余人。

12月　6日，命选派八旗兵丁三千人交袁世凯训练。12日，命河南、山东、山西各督选派将弁头目赴北洋学习操练，俟练成后，即发回各原省，令其管带新兵，并命袁世凯等妥议详细章程。

## 1903年（光绪二十九年）

8月　北洋常备军左镇编齐。

12月　4日，清政府在北京设练兵处，派庆亲王奕劻总理练兵事务，袁世凯充会办练兵大臣，并著铁良襄同办理，徐世昌充练兵处提调。下设军政、军令、军学三司，分别由刘永庆、段祺瑞、王士珍三人充任。22日，袁世凯电外交部，提出日、俄若决裂，我应守局外中立之主张。

## 1904年（光绪三十年）

1月　袁世凯以俄、日相持益急，须急切筹防，奏请增兵三万。

2月　因御史王乃徵弹劾袁世凯权势过重，实为祸乱之源，袁遂呈请开去会办练兵差使。

4月　北洋常备军右镇编齐，8月改称北洋常备军第二镇。

5月　编成北洋常备军第三镇。

8月　北洋常备军左镇改称北洋常备军第一镇。

## 1905年(光绪三十一年)

2月 袁世凯奏请将所有北洋常备军镇一律改为陆军各镇。

4月 清廷命长庚、徐世昌考验收编三镇新军。北洋常备军第四镇编成。

6月 北洋常备军第五镇、第六镇编成。北洋六镇全部编成。

7月 袁世凯、张之洞、周馥联衔奏请于十二年后实行立宪政体。

9月 袁世凯奏请立停科举,以便推广学校,咸趋实学。诏准自丙午(明年)科开始,所有乡会试一律停止,各省岁科考试也即停止。

10月 清政府在直隶河间举行会操,袁世凯被派为秋操练兵大臣,冯国璋为总参议,王英楷、段祺瑞分任南、北军总统官,参加演习官兵达四万余人。

## 1906年(光绪三十二年)

8月 袁世凯奏陈立宪预备,宜使中央五品以上官员参与行政,为上议院基础,使各州县名望绅商参议地方政务,为地方自治基础。

10月 彰德会操,袁世凯充任阅兵大臣,段祺瑞、张彪分任总统官。

11月 清政府设陆军部,负责全国练兵事宜,以铁良为尚书,移北洋第一、三、五、六各镇归陆军部,以削弱袁世凯兵权。

## 1907年(光绪三十三年)

1月 命副都统凤山专司陆军第一、第三、第五、第六四镇的训练。

4月　徐世昌接任东三省总督，随带陆军第三镇及两个混成协，北洋势力进入东北各省。

7月　袁世凯奏请赶紧实行预备立宪，并列陈十事。

9月　袁世凯被免去直隶总督兼北洋大臣，内调为外务部尚书，并授军机大臣，“阳虽重用之，而阴实预防之也”。

## 1909年（宣统元年）

1月　清政府以袁世凯现患足疾，步履维艰，难胜职任为由，将其逐回河南原籍。袁回河南后，即遁居在彰德北门外洹上村的养寿园，表面上在籍闲居，实际上仍为北洋军的幕后遥控指挥者。

## 1910年（宣统二年）

9月　清廷命近畿陆军第一、二、三、四、五、六各镇均归陆军部直接管辖，裁撤近畿督练公所。

## 1911年（宣统三年）

10月　10日，武昌新军起义，辛亥革命爆发。11日，湖北军政府成立，黎元洪出任都督。12日，清廷命陆军大臣荫昌率北洋军南下讨伐，但指挥不灵。14日，清政府被迫重新起用袁世凯，授其为湖广总督，并督办“剿抚”事宜，袁以足疾未愈为借口，拒绝出山。27日，清政府授袁为钦差大臣，命冯国璋总统第一军，段祺瑞总统第二军，所有赴鄂海陆各军，长江水师及第一、二两军，统归袁世凯节制调遣。30日，袁离彰德南下，接任视事。

11月　1日，清政府任命袁世凯为内阁总理大臣，负责组织责任内阁。2日，冯国璋军占领汉口，革命军退守汉阳。6日，袁世凯派人在石家庄车站刺杀了革命党人、新军第六镇统制吴禄贞。11日，袁世凯派代表刘承恩、蔡廷干与湖北军政府方面代表谈判议和，但未获结果。19日，袁世凯内阁在北京成立。27日，冯国璋所部北洋军攻占汉阳。

12月　南北议和代表伍廷芳、唐绍仪在上海英租界举行会议，商讨停战等事宜。

## 1912年（民国元年）

1月　1日，中华民国临时政府在南京宣告成立，孙中山就任临时大总统。3日，各省代表会议选举黎元洪为临时副总统。16日，袁世凯与全体国务大臣密奏清廷，请早顺舆情，宣布共和。26日，北洋第一军军统段祺瑞等四十六位将领联衔电奏清政府，要求立定共和政体。

2月　3日，清太后隆裕授袁世凯全权与南方商议退位条件，袁即提出修正清室优待条件及续行停战建议。5日，段祺瑞等再次联衔通电，痛责二三王公迭次阻挠颁发"共和诏旨"，声言将率军入京"与王公剖陈利害"，嗣即由湖北孝感撤兵北上。12日，清帝宣布退位。13日，孙中山向临时参议院提出辞职咨文，并附条件三项。同日，又向临时参议院荐袁世凯为临时大总统。15日，参议院选举袁世凯为临时大总统，议决临时政府仍设南京。18日，南京临时政府派蔡元培、汪兆铭等赴北京迎袁南下任职。29日，袁世凯指使北洋军第三镇在北京制造兵变。旋保定、天津等地也相继发生兵变。袁世凯以此为不能南下就职之借口。

3月　6日，临时参议院准许袁世凯在北京就职。10日，袁世凯在北京宣誓就任临时总统。11日，南京临时政府公布《中华民国临时约法》，凡七章五十六条。13日，袁世凯任唐绍仪为国务总理，组成第一届内阁。15日，袁世凯下令北方各省总督、巡抚改称都督，职权仍旧。

4月　1日，孙中山正式解除大总统职务。2日，临时参议院议决临时政府迁往北京。旋又议决本院亦迁北京。29日，临时参议院在北京举行开院典礼。临时政府迁至北京。

6月　15日，唐绍仪以袁世凯未经内阁副署改委内定直隶都督王芝祥为南方军队宣慰使，违背临时约法，离职赴津。29日，袁世凯任命陆征祥为国务总理。

8月　10日，袁世凯公布《中华民国国会组织法》，确定国会由参众两院组成；同日，又公布《参议院议员选举法》、《众议院议员选举法》。15日，黎元洪勾结袁世凯杀害了革命党人张振武、方维。18日，孙中山应袁世凯之邀离上海赴北京，商谈有关筑路、练兵等事宜。

9月　22日，袁世凯令准陆征祥辞职，任命赵秉钧为国务总理。25日，袁公布与孙中山、黄兴会谈拟定的“八大政纲”。

## 1913年(民国二年)

1月　10日袁世凯发布正式国会召集令，命令所有当选的参众议员于本年3月内齐集北京。

3月　豫督张镇芳派兵进攻白朗军。白朗军势力已达河南、湖北、安徽等地。20日，国民党代理理事长宋教仁在上海车站遇刺。

4月　8日，第一届国会开幕。25日，江苏都督程德全等公布宋案真相，袁世凯为刺宋的指使者。26日，国务总理赵秉钧、财政总长周学熙、外交总长陆征祥未经国会同意，与英、德、法、俄、日五国银行团签订善后大借款合同，凡二十一条，总额二千五百万英镑，八四折，利息五厘，以盐税收入及关税余额作担保。29日，参议院否认善后大借款。

6月　9日，袁世凯令免江西都督李烈钧职，以黎元洪兼领。14日，令免广东都督胡汉民职，以陈炯明继任。30日，令免安徽都督柏文蔚职，以孙多森继任。罢免李、胡、柏三都督是袁世凯正式向国民党进攻的开始。

7月　12日，李烈钧在江西湖口宣布独立，通电讨伐袁世凯，并任江西讨袁军总司令，“二次革命”爆发。15日，黄兴迫江苏都督程德全宣布独立，黄被推为江苏讨袁军总司令，进兵淮北。而后，安徽、广东、福建、湖南、四川、上海等地也先后宣布独立。22日，袁世凯以政府公报形式发布了一个千余言的《平叛通令》。

8月　段芝贵所部北洋军先后攻占湖口、南昌。

9月　1日，张勋等部北洋军攻占南京，“二次革命”彻底失败。

10月　5日，中日《满蒙五路借款修筑预约办法大纲》秘密换文。6日，袁世凯密嗾“公民团”包围国会，强迫国会议员选他为正式大总统。7日，黎元洪当选为正式副总统。英、俄、法、德、意、比、瑞典、丹麦、西班牙承认袁世凯政府，瑞士和挪威也先后于8、9两日承认袁政府。

11月　4日，袁世凯下令解散国民党，并取消国民党籍国会议员的议员资格。5日，袁世凯政府同俄国签订《中俄声明文件》，向俄国承认了外蒙古的自治权。

12月　袁世凯召开御用政治会议，篡夺国会职权。

## 1914年(民国三年)

1月　10日，袁世凯下令解散国会，停止参、众两院议员职务。

2月　28日，袁世凯下令解散各省议会。

3月　18日，约法会议在北海团城开幕，孙毓筠当选为议长，施愚为副议长。20日，袁世凯向约法会议提出《修改约法》大纲。

5月　1日，袁世凯公布《中华民国约法》，废除了《临时约法》。相对于《临时约法》(“旧约法”)，这个约法后来被称为“新约法”，其主旨是改内阁制为总统制，并赋于总统至高无上的权力。当天，袁即通令全国，撤销了国务院，在大总统府设政事堂，任徐世昌为国务卿。8日，设陆海军大元帅统率办事处，用以掌握全国军队的最高指挥权。20日，袁世凯又成立了参政院，代行立法院职权，任命副总统黎元洪兼院长。

6月　30日，袁世凯废除了各省都督，设“将军”和“巡按使”以分掌各地的军政和民政。

8月　6日，北京政府就第一次世界大战爆发发表中立宣言。白朗起义军失败，白朗在同张敬尧部激战中阵亡。

9月　2日，日军在山东半岛龙口登陆，至11月，先后占领莱州、平度、潍县等地及胶济路和青岛。袁世凯政府划定龙口、莱州及胶州湾附近为日德战区。28日，袁世凯至孔庙祀孔。

10月　袁世凯亲任团长的第一期“模范团”成立。

12月　23日，袁世凯至天坛祭天。29日，袁世凯公布《大总统选举法》，规定总统任期为十年，且得连任，继任候选人由总统提名。

## 1915年(民国四年)

1月　18日，日本驻华公使日置益代表日本政府向袁世凯政府提出灭亡中国的“二十一条件”，以作日本支持袁世凯搞帝制的交换条件。

2月　袁世凯派外交总长陆征祥、次长曹汝霖为全权代表与日使日置益开始秘密会谈。至4月26日，双方共进行了25次正式接触。

5月　9日，袁世凯政府在日方的恫吓下，对“二十一条件”除第五号容再商议外，其余均行承诺。25日，“二十一条件”换文由北京政府外交总长陆征祥与日本驻华公使日置益在北京签字。

8月　3日，袁世凯的宪法顾问古德诺发表《共和与君主论》，鼓吹帝制。14日，杨度、孙毓筠、严复、刘师培、李燮和、胡瑛等发表组织筹安会宣言。23日，筹安会正式成立，杨度、孙毓筠任正副会长，以研讨“共和政治得失”为名，掀起所谓“讨论国体问题”的轩然大波。

9月　1日，参政院开会，审议各省变更国体“请愿书”。16日，梁士诒等发起组织“全国请愿联合会”，向参政院呈上第二次请愿书，要求召开国民会议解决国体。25日，袁世凯下令于11月20日召集国民会议，议决国体。

10月　8日，袁世凯公布《国民代表大会组织法》。15日，筹安会改组为宪法协进会。25日，袁世凯导演的全国国民代表选举开始，举行所谓“国体投票”。

11月　20日，袁世凯御用的各省区“国民代表大会”国体投票结束，全体赞成实行君主立宪政体。

12月　11日，参政院以国民代表大会总代表的名义上书“劝进”，推戴袁世凯为“中华帝国”皇帝。12日，袁世凯宣布接受帝位。19日，早已准备好的大典筹办处公开，以朱启钤为处长，梁士诒等为处员。25日，云南宣布独立，反袁护国战争爆发。31日，袁世凯下令改次长为“洪宪”元年，准备正式登极。

## 1916年(民国五年)

1月　5日，袁世凯颁布讨伐令，对云南护国军正式用兵，并布置三路进兵云南的计划。

2月　北洋军与护国军战于四川叙州、泸州、綦江一带。23日，袁世凯宣布暂缓登极。

3月　22日，袁世凯被迫宣布取消帝制，废除“洪宪”年号，自称大总统，以徐世昌为国务卿。23日，袁世凯通过黎元洪、徐世昌、段祺瑞向南方的反袁势力谋求妥协，并提出八项议和条件。

4月　4日，袁世凯将政事堂改为国务院。22日，宣布恢复责任内阁制，段祺瑞出任国务卿。

5月　18日，冯国璋、张勋、倪嗣冲召集未独立各省代表举行南京会议。22日，四川陈宧宣布独立，改称都督。26日，湖南汤芗铭宣布独立。

6月　6日，袁世凯死。7日，黎元洪以副总统就大总统职。北京政府与南方军务院发生新旧约法之争。9日，张勋召集第一次徐州会议。29日，黎元洪宣布遵行《临时约法》，恢复国会，裁撤参政院，由段祺瑞出任国务院总理。

7月　6日，北京政府改各省军务长官为督军，民政长官为省长。

8月　1日，旧国会依据《临时约法》五十三条的规定，在北京复会，称国会第二期常会。

9月　张勋召集第二次徐州会议，组织了“十三省区联合会”，张勋任“盟主”。

10月　30日，总统选举会补选冯国璋为副总统。

## 1917年(民国六年)

1月　9日，张勋召集第三次徐州会议，段祺瑞派徐树铮、靳云鹏等与会。会议提出解散国会、修改约法、改组内阁与总统府等四项所谓解决时局的主张。22日，中日郑家屯交涉案解决，双方达成协议五项。

2月　9日，北京政府为德国施行无限制潜艇政策向德国提出抗议。

3月　14日，北京政府宣布对德绝交。黎元洪与段祺瑞因对德参战问题发生“府院之争”。

4月　25日，段祺瑞召集各省督军在北京开全国军事会议，成立“督军团”，并通过了对德宣战案。

5月　10日，北京“公民请愿团”围攻众议院，迫令议员赞成政府宣战案。19日，督军团呈请解散国会。22日，张勋召集第四次徐州会议。23日，黎元洪令免段祺瑞国务总理职，由伍廷芳代理。

段祺瑞通电各省不承认免职令，并愤然离京赴津。29 日，倪嗣冲宣布安徽独立，而后张作霖、张怀芝、李厚基、赵倜、杨善德、陈树藩、曹锟等相继宣布独立。

6 月　1 日，黎元洪令张勋入京共商国事。2 日，独立各省在天津成立“各省军务总参谋处”，推雷震春为总参谋长。12 日，黎元洪在张勋的逼迫下，下令解散国会。

7 月　1 日，张勋在北京拥溥仪复辟。2 日，黎元洪避居日本使馆，并电请冯国璋代行大总统职务，特任段祺瑞为国务总理。3 日，段祺瑞在马厂召开军事会议，设“讨逆军总司令部”，段自任总司令，并通电宣布讨逆。12 日，“讨逆军”收复北京，张勋逃入荷兰使馆。14 日，黎元洪辞职，段祺瑞重新出任国务总理。

8 月　1 日，冯国璋正式就任代理大总统。14 日，北京政府通告对德、奥宣战。

9 月　南北战争自湖南开始。

11 月　9 日，北京政府外交部就“兰辛——石井协定”发表致美、日及各国公使宣言书，对日、美间这一有损于中国主权的协定表示“尊重”。10 日，临时参议院在北京召开。14 日，直系将领王汝贤、范国璋在长沙通电停战。18 日，曹锟、王占元、李纯、陈光远等直系将领联衔通电南北双方撤兵停战。22 日，冯国璋令免段祺瑞国务总理职。

12 月　18 日冯国璋特派段祺瑞督办参战事务。25 日，冯国璋发表弭战布告，表示愿以和平方式解决西南问题。

## 1918 年(民国七年)

1 月　26 日，冯国璋“出巡”济南、徐州、蚌埠，与皖系各督张怀芝、倪嗣冲等会商时局。

2 月　奉军势力向关内发展。17 日，冯国璋公布《修正中华民国国会组织法》、《修正参、众两院议员选举法》。23 日，徐树铮运动奉系军阀在秦皇岛截劫了北京政府陆军部从日本订购的军械，以向冯国璋施加压力。

3月　1日，督办参战事务处成立，段祺瑞任督办，下设参战、机要、军备、外事四处。7日，徐树铮奉段祺瑞之命组织安福俱乐部，王揖唐为首领，以操纵议会选举。23日，署国务总理王士珍辞职，段祺瑞出任国务总理，决定对川、湘、粤各省用兵。25日，日本政府与段祺瑞北京政府互换《中日共同防敌军事协定》公文。

4月　20日，段祺瑞以"犒师"为名，离京赴汉口、九江、南京等地，与王占元、陈光远、李纯等会商武力统一事宜。

5月　16日，《中日陆军共同防敌军事协定》订立。19日，《中日海军共同防敌军事协定》订立。

8月　吴佩孚通电请罢内战，发起"和平运动"。12日，安福国会在北京开幕。

9月　4日，安福国会参、众两院召开联合选举委员会，选举徐世昌为大总统。

10月　10日，冯国璋与段祺瑞因"和"、"战"之争而同时去职，徐世昌任北京政府大总统。

11月　16日，徐世昌对北方前线军队发出停战命令，并与南方军政府商定在上海进行南北议和谈判。

12月　22日，段祺瑞决定编练四个师的参战军，以傅良佐、曲同丰、陈文运、马良为师长，段自任总司令，徐树铮为参谋长。

## 1919年（民国八年）

1月　21日，北京政府与南方护法军政府分别派陆征祥、王正廷等为代表参加"巴黎和会"。

2月　5日，段祺瑞指使徐树铮与日本签订《关于陆军共同防敌军事协定战争终了之协定》，作为中日军事协定的补充文件。20日，南北议和会议于上海开幕，唐绍仪、朱启钤分别为南、北出席和会总代表。28日,和会因陕西停战问题而陷于停顿。

4月　1日,李纯、王占元、陈光远、吴佩孚联名致电南北议和代表,要求速开和议,并提议加派大员往陕西调查停战情况。7日,南北议和会议恢复谈话会。9日,南北双方正式复会。

5月　4日,"五四"运动爆发,北京政府派军警实行镇压。8日,南北和会召开第八次会议后宣告破裂。

6月　3日,上海工人罢工,商人罢市,全国各地工人也相继罢工和举行示威游行,支持北京学生的爱国运动。7日,北京政府被迫释放被捕学生。10日,北京政府被迫免去曹汝霖、章宗祥、陆宗舆的职务。13日,徐世昌任徐树铮为西北筹边使。24日,又令徐树铮兼西北边防总司令,并将西北边防筹备处改为西北边防总司令部。28日,中国出席巴黎和会代表拒绝在《凡尔赛和约》上签字。

7月　20日,徐世昌令裁撤督办参战事务处,改设督办边防事务处,并令段祺瑞督办边防事务。

8月　5日,徐世昌令段祺瑞将督理参战军训练事宜改称督办边防军训练事宜,所属参战军一律改称边防军。12日,北京政府改派安福系头目王揖唐为北方议和总代表。下旬,吴佩孚向南军提出《救国同盟军草约》,后双方经过密商,于11月下旬在衡州签字。

12月　1日,徐世昌令徐树铮以西北筹边使督办外蒙善后一切事宜。29日,冯国璋在北京病死。

## 1920年(民国九年)

1月　17日,驻军湘南的吴佩孚要求撤防北归,电请直隶督军曹锟代为转达北京政府。

4月　8日,曹锟为巩固直系势力,假追悼在湘阵亡将士为名,在保定召开八省联盟会议,结成直奉八省反皖同盟。

5月　20日，吴佩孚所部直军开始从衡阳撤防，大批军队由湘南开拔北上。

6月　2日，徐世昌邀张作霖、曹锟、李纯入京会谈。张作霖应徐世昌之召入京调解直、皖军阀间的矛盾。

7月　3日，曹锟、张作霖联衔通电，宣布徐树铮六大罪状，并要求政府解散边防军。4日，大总统徐世昌开去徐树铮西北筹边使、西北边防总司令职务。8日，段祺瑞在京召开阁员及军政首脑联席特别会议，决定起兵“讨伐”曹、吴。9日，段祺瑞在团河组织“定国军”总司令部，自任总司令，派徐树铮为总参谋长，决定兵分三路“讨伐”曹、吴。徐世昌在段祺瑞的胁迫下下令罢免曹锟、吴佩孚职务。同时，直军在天津誓师，吴佩孚任“讨贼军”总司令。10日，张作霖致电段祺瑞，指斥徐树铮，并声称将率师入关。12日，曹锟、张作霖联名通电宣告对段祺瑞作战。14日，段祺瑞召集特别军事大会，决定立即对直军下总攻击令，直皖战争正式开始。18日，皖军东、西二路均败。19日，段祺瑞通电下野，直、奉军进入北苑、南苑，直皖战争以皖败直胜结束。

8月　1日，吴佩孚提出召开国民大会以解决时局的主张。3日，徐世昌下令解散安福俱乐部。

## 1921年（民国十年）

1月　27日，中日两国军事代表正式签字取消《陆军共同防敌军事协定》和《海军共同防敌军事协定》。

4月　25日，曹锟、张作霖、王占元、靳云鹏等举行“天津会议”，商议内阁局部改组、武力“讨伐”南方及奉直两系军阀势力范围等问题。

7月　湘鄂战争爆发，直系军阀派兵援鄂。

9月　1日，赵恒惕与吴佩孚签订和约九条，湘鄂战争结束。

11月　4日，吴佩孚在汉口召集长江联防会议，议决鄂、湘、赣、皖、苏五省为联防区域，实行攻守同盟，以对抗广州政府北伐。12日，华盛顿会议开幕，北京政府全权代表施肇基、顾维钧、王宠惠出席。

12月 22日，段祺瑞派徐树铮抵粤，与廖仲恺、汪兆铭等商洽共同打击直系之军事计划。

## 1922年（民国十一年）

1月 吴佩孚以山东问题为借口接连发表通电，攻击奉系军阀支持的梁士诒内阁，陈光远、齐燮元等直系将领也随声附和。张作霖竭力为梁士诒辩护，并电请徐世昌公布山东问题交涉经过。直、奉矛盾由是日趋尖锐。

2月 12日至20日，张作霖、段祺瑞先后派代表赴粤，与孙中山商议联合讨直事宜。

4月 10日，奉军开始大举入关，驻扎军粮城、马厂、通州一带；直军也由宜昌等地北上，驻长辛店、保定、石家庄一线，双方剑拔弩张，战争一触即发。19日，张又发表以武力作解决时局后盾的通电。26日，吴佩孚等直系将领宣布张作霖十大罪状。27日，张作霖对曹锟宣战，通电矛头主要指向吴佩孚。28日，张作霖至军粮城，自任“镇威军”总司令，并于次日下达总攻击令，第一次直奉战争正式爆发。

5月 5日，奉军战败，张作霖下总退却令。10日，徐世昌令免张作霖东三省巡阅使、奉天督军兼省长各职。12日，张作霖通电宣布东三省“自治”。

6月 1日，吴景濂、王家襄等旧国会议员在天津开会，发表宣言，宣布徐世昌是“伪总统”。2日，徐世昌宣布辞职。11日，黎元洪入京就任大总统职务。17日，直军全权代表王承斌、彭寿莘，奉军全权代表孙烈臣、张学良在秦皇岛海面英国军舰上签订了停战条约，奉军撤出关外。

9月　张作霖策划与卢永祥、冯玉祥结成“反直三角同盟”。

10月　徐树铮联合许崇智、王永泉驱走闽督李厚基，成立“建国军政制置府”，徐自称“总领建国军政制置府事宜”。

11月　北京发生罗文干案，直系内部保、洛两派矛盾激化。

## 1923年（民国十二年）

2月　京汉路全线总罢工，吴佩孚指令湖北督军萧耀南派兵镇压，造成震惊中外的“二七惨案”。

3月　8日，张作霖召集东北三省文武官员一百二十余人在奉天开重要会议，对军制划一、设随营工厂、整理三省金融等问题进行讨论并作出决定。

4月　11日，北洋政府派王宠惠等抵沪，与孙中山驻沪代表胡汉民等洽谈统一问题。17日，孙传芳宣告就福建军务督理职。

5月　6日，津浦路北上特别快车在距山东峄县临城站十公里处，被巨匪孙美瑶部截劫，中外乘客二百数十人被扣作人质，是为临城劫车案。北洋政府被迫与该部土匪进行谈判。双方经过一个多月的谈判，于6月上旬签订条约，孙美瑶所部土匪接受政府招安，被改编为山东新编旅，孙任旅长。

6月　8日，曹锟雇用“公民团”在北京天安门前举行所谓“国民大会”，要求黎元洪下台。9日至12日，北京军警数千人几次到黎宅索饷，陆军检阅使冯玉祥、京畿卫戍司令王怀庆向黎元洪辞职，不再负责维持治安，以迫黎去位。13日，黎元洪被迫赴津，次日辞职，总统职权由国务院代行。27日，曹锟贿选筹备处成立。

9月　12日，张勋在天津病死。

10月　5日，北京国会召开总统选举会，曹锟因贿买议员而当选。10日，曹锟由保定入京，正式就任总统，并公布《中华民国宪法》。15日，驻京十三国公使及三国代办祝贺曹锟当选总统。

# 1924年(民国十三年)

5月　2日,冯玉祥因无地盘,又欠饷十七个月之久,向曹锟辞陆军检阅使职。3日,直鲁豫巡阅副使王承斌因曹锟采纳吴佩孚建议,夺去其二十三师师长兼职,电请辞职。13日,曹锟特派孙传芳为闽粤边防督办,周荫人督理福建军务善后事宜。31日,顾维钧与加拉罕正式签订《中俄解决悬案大纲协定》十一条,及与上述协定有关之《声明书》七种。同时,中苏两国互换建立邦交照会,恢复正常外交关系。

7月　浙江督理卢永祥收编皖系臧致平、杨化昭两部五六千人为浙江边防军。吴佩孚对此大为不满,要求解散臧、杨军队。12日,倪嗣冲在天津英租界病卒。

9月　3日,江浙战争正式爆发,卢永祥通电成立浙沪联军,自任总司令。两军在沪宁沿线和江浙、闽浙、浙赣接境地区发生激战。4日,奉张为响应浙卢反直,以粤、浙、奉同盟为理由,向直系宣战,决定兵分六路对直作战,并组织镇威军总司令部,张作霖自任总司令。14日,吴佩孚在洛阳宣布对东北用兵,并带队北上,部署对奉作战。15日,直奉战争爆发。17日,吴佩孚抵北京就任"讨逆军"总司令。

10月　12日,江浙战事结束,卢永祥通电下野,偕何丰林东渡日本。23日,冯玉祥由热河前线回师北京,发动"北京政变",囚禁了曹锟。24日,冯玉祥迫曹锟下令解除吴佩孚直鲁豫巡阅使及第三师师长等职。同日,冯玉祥等在北苑召开军事政治会议,议决电请孙中山北上,共商大计;并请段祺瑞出面改组政府,维持时局。在孙、段未到京前,由黄郛组织摄政内阁,行使大总统职权。同时将所部改称国民军,设总部于旃檀寺,冯自任总司令兼第一军军长。

11月　2日,曹锟宣布辞总统职。3日,吴佩孚率残部二千余人浮海南下，第二次直奉战争至此告终。5日，冯玉祥逐清废帝溥仪出宫。10日，张作霖、冯玉祥召集“天津会议”，决定拥段祺瑞出山。17日，吴佩孚在汉口发表组织护宪军政府通电，宣称在武昌组织护宪军政府，代表中华民国执行对内对外的一切政务。21日，段祺瑞通电准于24日就临时执政，组织临时政府，期于一个月内召集各省区代表善后会议，再由善后会议产生国民会议，以抵制孙中山提出的国民会议。24日，“中华民国临时执政府”在北京成立，段祺瑞就任“临时总执政”，并公布《中华民国临时政府制》。

12月　8日，段祺瑞发表《外崇国信宣言》，表示尊重与列强签订的不平等条约。11日，段祺瑞令免江苏督军齐燮元职，特派卢永祥为苏皖宣抚使。24日，段祺瑞公布《善后会议条例》。

## 1925年（民国十四年）

1月　1日，段祺瑞电邀孙中山、黎元洪作为第一款会员出席“善后会议”。

2月　1日，“善后会议”开幕。3日，孙传芳、张宗昌、吴光新在上海签订新的江浙和平公约，浙、奉两军退出上海。张宗昌任苏皖鲁剿匪总司令，驻节徐州。

4月　12日，金佛朗案正式换文签字。21日，“善后会议”在北京落幕。

6月　13日，张学良率部两千人进驻上海，21日，改由姜登选部驻防，淞沪再度成为奉军的势力范围。

8月　29日，奉张迫使段祺瑞任姜登选为安徽督办、杨宇霆为江苏督办，使奉系与驻浙直系军阀孙传芳矛盾激化。

10月　7日，孙传芳在杭州秘密举行军事会议，讨论出兵讨奉问题，决定组织“浙闽苏皖赣五省联军”，孙自任总司令。16日，浙奉战争爆发。奉军放弃苏皖两省，孙传芳夺得淞江、上海等地。21日，吴佩孚在汉口自称“十四省讨贼联军总司令”，发表讨奉通电。

26 日，关税特别会议在北京开幕。

11 月　初，孙传芳亲自到蚌埠督师，并与反奉的国民军联合攻奉，占领徐州。月底，孙传芳在南京正式宣布成立浙、闽、苏、皖、赣“五省联军”，自任“五省联军总司令”兼江苏总司令。22 日，奉军郭松龄部在滦州兵变（国民军配合作战），并将所部改编为东北国民军。

12 月　郭军进抵沈阳附近，因日本帝国主义出兵援奉，郭兵败被杀。国民军趁兵变占领直隶地盘。29 日，徐树铮在廊坊遇刺身亡。

## 1926 年（民国十五年）

1 月　1 日，直鲁联军组成，李景林、张宗昌任总司令。5 日，张作霖致电吴佩孚，正式提出联合并取得完全谅解要求，直奉军阀达成谅解，并以所谓“反赤”为口号，联合进攻北方的国民军和南方的革命势力，直奉军阀联合进攻国民军的战事开始。奉军以进攻郭松龄残部魏益三（当时已改编为国民军第四军）为名向关内进犯，占领九门口和山海关。

2 月　直系靳云鹗部进攻山东之国民军。

3 月　靳云鹗部由山东回师河南，占领开封、郑州、洛阳，吴佩孚重又回到河南基地。12 日，直鲁联军从海上向大沽口发起进攻，日本军舰炮轰防守大沽炮台的国民军，国民军被迫反击，是为“大沽口事件”。16 日，《辛丑条约》缔结国向北京政府提出最后通牒，要求国民军撤退，并限于 3 月 18 日前解决。18 日，段祺瑞屠杀反对帝国主义干涉的爱国群众，制造了“三一八”惨案。20 日，滦州失守，国民军后退。

4 月　9 日，国民军包围临时执政府，段祺瑞及安福系要人逃入东交民巷。15 日，国民军撤出北京退往南口。17 日，段祺瑞通电宣告复职，旋于 20 日卸职去津。

6月　吴佩孚与张作霖在北京举行“两巨头”会议，共商进攻南北革命势力的计划。

7月　国民革命军开始北伐，吴佩孚所部直军节节败退，长沙、醴陵等地相继失守。

8月　27日，吴佩孚派有重兵防守的战略重地汀泗桥被北伐军攻占。

9月　1日，吴佩孚被迫放弃贺胜桥，率残部撤入武昌城内。7日，吴以汉阳失守，汉口危在旦夕，偕靳云鹗等北逃。北伐军挥师入赣，孙传芳调遣江苏、安徽、浙江三省军队入赣对北伐军作战。17日，冯玉祥在绥远五原誓师，就任国民军联军总司令，向甘肃、陕西进军，同北伐军南北呼应。

10月　10日，北伐军攻克武昌，吴佩孚兵败，二万余人覆灭。

11月　4日，北伐军攻占九江，8日，又克南昌，歼灭了孙传芳的主力，孙传芳逃回南京，其残部自江西向浙江溃退。

12月　1日，张作霖在天津就任“安国军”总司令，并任命孙传芳为“安国军”副司令仍兼苏皖赣浙闽五省联军总司令，张宗昌为“安国军”副司令仍兼直鲁联军总司令。

## 1927年（民国十六年）

1月　北伐军向浙江进发，孙传芳将其所部编为十四个师四个独立旅，以图再举。

2月　18日，北伐军占领杭州，奉系军阀为确保沪、宁，向孙传芳增援，张宗昌于23日抵南京，并于27日和孙传芳至上海布防，拟与北伐军决战。张学良部也到徐州，以为策应。

3月　4日，安徽省长兼第六师师长陈调元和芜湖镇守使兼第三混成旅旅长王普倒戈，分别就任国民革命军第三十七军军长和第二十七军军长。7日，张作霖命入豫奉军对靳云鹗部开始总攻击。23日，北伐军攻占南京，长江以南半壁江山悉归北伐军所有。

4月 6日,奉系军阀搜查了苏联驻华使馆,逮捕了苏联外交人员和在使馆中避难的李大钊等五十余人。28日,奉系军阀在北京将李大钊等20人秘密杀害。

5月 1日,冯玉祥在西安就任国民革命军第二集团军总司令职。而后冯玉祥与北伐军联合作战,将奉军逐出河南。

6月 3日,阎锡山布告取消晋绥陆军原有编制,改称国民革命军。6日,阎锡山就任国民革命军北方总司令职。18日,张作霖在北京就任"中华民国陆海军大元帅",发布军政府"组织令",组成了"安国军政府"。20日,冯玉祥与蒋介石举行徐州会议,商讨共同反共和北伐奉军诸事宜。

8月 24日,孙传芳派兵渡江偷袭南京,一度攻占龙潭东站。31日,龙潭战役结束,孙军败溃。

10月 1日,张作霖通电痛斥阎锡山,4日正式发布讨阎明令。与此同时,阎锡山也通电向张作霖宣战。15日,日本与张作霖达成"满蒙新五路协约"。

## 1928年(民国十七年)

3月 20日,阎锡山在太原就任第三集团军总司令职。

4月 14日,孙传芳部在苏、鲁边界反攻,声援临城张宗昌部,拟以泰安为天险,企图死守。

5月 1日,张宗昌在北伐军第一集团军方振武、贺耀祖两军的猛烈攻击下,弃济南向德州退却。9日,张作霖乘日本出兵山东阻止北伐军之机,发出"停战议和"通电。中旬,张作霖派人到南京联系,蒋介石也致电北京,双方往来协商"议和问题",结果未成。17日,日驻华公使芳泽谦吉会见张作霖,劝其退回东北,张拒绝。30日,张作霖召集张作相、孙传芳、杨宇霆等举行会议,决定下总退却令。

6月 2日,张作霖发表出关通电,奉系军阀势力陆续向关外撤退。3日，孙传芳通电辞安国军副司令兼第一方面军军团长职，逃往沈阳，所部被北伐军收编。是日晚，日使芳泽谦吉逼张正式履行“日张密约”（郭松龄反奉时签订），张未予接受。4日，张作霖坐专车在返回沈阳途中的皇姑屯被日本侵略军炸死。18日，张学良发表就任奉天军务督办声明。

7月　4日，张学良在沈阳就东三省保安总司令职。16日，张学良委孙传芳为东三省军务总指挥，统辖退奉军队。

9月　中下旬，奉方与南京政府方面采取联合军事行动，肃清了盘踞于冀东滦县一带的直鲁联军残部。

12月　29日，张学良宣布东三省与热河“易帜”。31日，国民政府特任张学良为东北边防军司令长官，张作相、万福麟为副司令长官。北洋军阀至此覆灭。

# 附录二　北洋军阀人物志

## 二　画

**丁　超**（奉系）　字洁忱，奉天新宾人。1884年生。1911年毕业于日本陆军士官学校步兵科。原在吉林部队张作相部下。曾任奉天军械厂厂长，奉军总司令部兵站处处长。1919年任北京步军统领衙门总参议。1921年调任吉林督办公署参谋长。两次直奉战争期间，先后任镇威军后方司令、第八混成旅旅长、吉长镇守使。1926年任滨江镇守使兼第十旅旅长，1929年任东北边防军东路前敌总指挥。日军入侵东北三省时曾予以抵抗，但以后出任伪满洲国职，1933年被杀。

**丁长发**（直系）　张锡元部属。曾任察东镇守使兼察哈尔第二骑兵旅旅长、讨奉独立骑兵副指挥。

**丁香玲**（直系）　原属毅军赵倜部，后归直系吴佩孚。任河南豫西镇守使。

**丁效兰**（直系）　字香涛，安徽合肥人。北洋武备学堂毕业，为李纯部属，曾任陆军第九混成旅旅长，驻防江西。

**丁喜春**（奉系）　奉天人，1883年生。东三省讲武堂毕业。张作霖部属。曾任奉天陆军第八师旅长、第八师师长。

## 三　画

**于　珍**(奉系)　字济川,奉天铁岭人。1888年生。日本陆军士官学校步兵科毕业。历任奉天陆军补习学堂监督、陆军第二十九师参谋长、黑龙江督军署参谋长、东省特别区警察总管理处副处长、奉天省警备队统领、奉天全省保甲事务总办、奉天全省警务处会办、奉天省保甲总局总办、奉天警务处长、奉军第八军副军长、东北陆军第十师师长、东北陆军第十军军长、京畿卫戍总司令等职。

**于学忠**(奉系)　字孝侯,山东蓬莱人。1890年生。1911年自武卫左军(即毅军)速成随营学堂步兵科毕业,在毅军历任排、连长。1914年任热河林西镇守使署中校副官长。1917年调任直系吴佩孚部陆军第十八混成旅炮兵营长。1921年任步兵第二团长。1922年升第十八混成旅旅长。1925年10月,吴佩孚组成十四省联军时,授予陆军第二十六师师长。1926年任长江上游副司令、荆襄边防总司令。吴佩孚失败下野,于学忠转投奉系张作霖,为镇威军第二十军军长,东北边防公署军事参议官,滦州警备司令。1930年秋任东北第一军军长及平津卫戍司令,1932年改任河北省政府主席兼陆军第五十一军军长。1934年,任甘肃省政府主席。1937年2月间调于学忠为江苏绥靖主任,绥署设江苏淮阴,五十一军调驻蚌埠、宿县、淮阴一带。"七七"事变后,于学忠部在山东归韩复榘指挥。1938年蒋介石任命他接替韩复榘为第三集团军总司令。1944年在重庆任军事参议院院长。

全国解放后,于学忠任第一届全国政协委员和国防委员会委员、河北省政府委员、河北省体委主任。1964年病故于北京。

**于芷山**(奉系)　字澜波,奉天辽中县人。张作霖部属。曾任东北陆军第五混成旅旅长、第三十军军长、辽宁东边镇守使、东北边防军长官公署军事参议官等职。后投降日本当汉奸。

**于琛澂**(奉系)　字险洲,吉林双城县人。曾任东北第十混成旅旅长、东北陆军第十六旅旅长。

**万福麟**（奉系）　字寿山，吉林农安县人。出身行伍。初在吴俊陞部下，后归张作霖，是奉系骨干。曾任巡防营营长、陆军第二十九师旅长、东北第十五混成旅旅长、东北第十七师师长、东北第三方面军团第八军军长，1930 年改任第五十三军军长。“七七”事变后在重庆挂辽宁省政府主席虚衔。后病死于台湾。

**万绳栻**（老北洋系）　字贡雨，江西南昌人。张勋部下，曾任江北镇守使署军事处长、江苏都督署军法课法官、长江巡阅使署参谋长等职。

**卫兴武**（皖系）　字彦平。袁世凯部下，曾任武卫右军右翼工程营帮带。后归皖系，任参战军副官处长。

**上官云相**（直系）　字晋卿，山东商河县人。1895 年生。1919 年保定军校第六期步兵科毕业。原为直系王占元、孙传芳部属，曾任陆军第二师排、连、营长。1926 年后历任团、旅、师长等职。1929 年任国民革命军第四十七师师长，不久晋升第九军军长。抗日战争时期曾任第十一战区副司令长官。1947 年后任保定绥靖公署副主任、华北“剿总”副总司令。后去台湾，1969 年病故。

**门致中**（国民军系）　字靖原，吉林人。冯玉祥部下。曾任十六混成旅及陆军第十一师军官、国民军警备第二旅旅长及西北军第十师师长等职。1929 年曾任宁夏省主席。中原大战时任第十七军军长，1930 年西北军瓦解后，离开部队，充西北军代表。1935 年就任冀察政务委员会下的建设委员会委员长。1944 年投敌，任华北政务委员会治安署长，1945 年日本投降，被蒋介石任为华北先遣军第九路司令，不久，逃往香港。

**弓富魁**（国民军系）　陕西人。国民第二军胡景翼部下，曾任国民第二军第六混成旅旅长。1926 年援陕时，在孙良诚指挥下任二路军司令。

**马　良**（皖系）　字子贞，直隶清苑县人。北洋武备学堂毕业。曾任北洋常备军第五镇第十协统领、济南镇守使、参战军第二师师长、边防军第二师师长。1920 年皖系失败随之下台。1925 年任执政府顾问。1937 年华北沦陷后沦为汉奸,任济南维持会会长。后当山东省长。日本投降后被捕,死于监狱。

**马玉仁**(直系)　江苏阜宁人。原是江苏地方徐宝山旧部,1913 年"二次革命"时投归北洋系,在冯国璋部下任江苏第一混成旅旅长兼淮扬镇守使。后由齐燮元任为淮扬护军使、江苏第三师师长。孙传芳组成五省联军时,任扬州镇守使。孙传芳失败后,随之下台,流寓天津租界。1929 年回苏北纠集旧部反蒋,被击溃。1938 年再回苏北抗日,在阜宁八滩战死。

**马志敏**(国民军系)　原为河南部队,后归国民第二军收编,曾任国民第二军第十三混成旅旅长、豫南镇守使。

**马吉第**(直系)　原为河南地方部队,后为国民第二军胡景翼收编,曾任河南第一混成旅旅长、国民第二军第十七混成旅旅长。国民第二军失败,投归直系靳云鹗,任河南保卫军第六军军长。

**马龙标**(老北洋系)　字锦门,山东人。历任新建陆军右翼步二营前队领官和武卫右军军官。后升北洋第二镇和第五镇统制。是北洋军阀集团早期的骨干。民国后任山东护军使、蒙古正红旗副都统、北京军警督察长。袁世凯称帝时封一等男爵。

**马龙潭**(奉系)　字腾溪,直隶庆云县人。张作霖部下。历任奉天右路巡防营统领、东边镇守使。

**马联甲**(皖系)　安徽人。原是倪嗣冲部下。历任安武军统领,皖南镇守使。袁世凯称帝时封一等男爵。皖系失败,投靠直系,任安徽督军。后直系失败下台。

**马葆珩**(直系)　字晓庵,直隶人。原为皖系卢永祥部属。江浙战争卢失败投归孙传芳,任五省联军第十一师师长、安国军第一军总指挥。

**马瑞云**(奉系)　李景林部属。曾任直隶第二混成旅旅长。

**马灿林**(直系)　河南部队赵倜部下,由吴佩孚编为河南第三混成旅旅长,后升河南第二师师长。

**马祥斌**（皖系）　倪嗣冲部属，曾任安武军军官。皖系失败随马联甲依靠直系，曾任安徽补充旅团长、安徽第二混成旅旅长等职。后随陈调元投国民党，与张宗昌作战，被捕杀。

**马福祥**（国民军系）　字云亭，甘肃导河县人，回族。前清武举，曾任新疆巴里坤总兵。民国后投靠袁世凯，任甘肃宁夏镇守使、宁夏护军使。袁世凯称帝时封三等男爵。袁死后转投皖系。皖系失败，又投入直系，任绥远都统。直系失败，归附冯玉祥，任西北边防会办。后投靠国民党蒋介石，任安徽省主席、蒙藏委员会主任委员等职。1935 年病死。

**马鸿逵**（国民军系）　字少云，甘肃河州（今临夏）人，回族，1892 年生。马福祥之子。1910 年毕业于兰州陆军学校。1913 年任袁世凯总统府侍从武官。袁死后，回甘肃任新军分统。1921 年升第五混成旅旅长，进驻绥远。后归冯玉祥，任国民第一军第七师师长，随刘郁芬驻守宁夏。1926 年，随冯东出潼关，进攻河南，任第一方面军第四路总指挥。1929 年追随韩复榘、石友三倒冯投蒋，被蒋介石任为十五路军总指挥。1930 年中原大战前后，蒋介石拉拢马鸿逵，调他去山东协助韩复榘。这时马鸿逵编为讨逆军第十五路军，辖有两师一旅又一骑兵旅、独立第六旅及教导团、炮兵团。1932 年任宁夏省主席。1937 年抗日战争爆发后，任第十七集团军总司令兼第八战区副司令长官，控制西北地区十余年。1949 年任甘肃省主席，同年兰州解放，其部被歼灭，马先逃往台湾，后赴美国，1970 年病死。

**马继曾**（老北洋系）　曾任陆军第六师旅长、师长。袁世凯称帝时奉派进攻贵州，在湖南湘西被群众杀死。

## 四　画

**王　坦**（直系）　字养治，奉天人，1887 年生。日本陆军士官学校毕业。曾任察哈尔都统署参谋长、吉林陆军第二混成旅第三团团长、陆军部参谋、陆军部次长等职。

**王　栋**（直鲁联军）　字子良，山东人。直鲁联军张宗昌部下。曾任直鲁联军第十三师师长、第四军军长。

**王　宾**（皖系）　曾任北洋常备军右翼步兵八营营长，江苏淞江镇守使，杨善德、卢永祥部下。

**王　普**（皖系）　字慈生，安徽人。倪嗣冲门婿。在倪部下曾任安武军统领、安徽第三混成旅旅长、皖南镇守使。皖系失败，随马联甲投靠直系，任安徽省长，后任国民革命军第二十七军军长。

**王士珍**（老北洋系）　字聘卿，直隶正定人，生于1861年。北洋武备学堂毕业。1896年投袁世凯督练新建陆军，王士珍任工程兵学堂监督，后接任右翼工程兵管带。1900年袁任山东巡抚，王随任参谋处总办，1902年王任北洋常备军左翼翼长。1903年袁奏准成立练兵处，王任军政司正使。1904年保定军政司改称督练公所，王任总参议，后历任北洋陆军第二、第六镇统制，江北提督，以后又升为兵部侍郎。1911年武昌起义后，清政府起用袁世凯，王士珍被任命陆军部大臣。1914年被任为陆海军大元帅统率办事处坐办。1915年徐世昌内阁时，王任陆军总长。1916年改任参谋总长。1917年张勋复辟时，任命王为议政大臣。同年8月冯国璋代理大总统时，王士珍任国务总理兼陆军总长。这时王已靠近北洋直系。1918年2月，王士珍在辞去国务总理职务后，冯国璋授其德威上将军军衔，并管理将军府事务。1925年任军事整理会委员长，不久即退出政坛。1928年奉系撤出北京，王曾任治安维持会会长。1930年7月病死于北京。

**王东善**（直系）　孙传芳部属。曾任安国军第二军第十三混成旅旅长。

**王丕焕**（奉系）　李景林部属。曾任直隶第一混成旅旅长。

**王英楷**（老北洋系）　字绍臣，奉天人。天津武备学堂毕业。历任新建陆军及武卫右军执法营务处总办、北洋常备军右翼翼长、北洋督练公所总参议、北洋第二镇统制。是北洋军阀集团早期的骨干。

**王都庆**(直系)　字聚齐,直隶安新人。北京陆军大学毕业。王占元部下。历任陆军第十八师步兵第三十五旅旅长、陆军第二十一混成旅旅长、中央陆军暂编第七师师长。

**王树常**(奉系)　字庭午,奉天辽中县三台子村人。辛亥革命前由日本士官学校毕业。回国后,历任东三省总督公署参军、北京参谋部中校科员等职。1916 年入日本陆军大学。1919 年回国后任北京参谋部上校科长。1920 年升任黑龙江督军公署少将参谋长,1924 年冬兼黑龙江省步兵第二旅旅长。1925 年秋,调奉天镇威上将军公署总参议。1926 年升北京陆军部中将次长。1927 年 4 月任东北陆军第三、四方面军团第十军军长。1928 年调奉天东北边防司令长官公署军事参议、公署军令厅厅长、省公署委员。1929 年任防俄军第二军军长。1930 年任河北省政府主席兼东北第二军军长。1933 年调北平卫戍司令。1935 年调南京军事参议院副院长。

1950 年解放后为全国政协委员,1966 年病故。

**王雅之**(直系)　孙传芳部属,曾任安国军第一军第十五混成旅旅长。

**王揖唐**(皖系)　字一堂(原名赓),安徽合肥人。日本振武学校毕业。清季历任东三省督练处参议,奉天全省警务处会办兼代参谋处总办、代理总参议,军谘府军谘使。辛亥革命后任袁世凯总统府秘书、参议、顾问等职。先后参加民社党等多种党派。袁称帝时封一等男爵,陆军中将加上将衔。1914 年至 1916 年任国会议员、参政院参政、吉林巡按使、内务总长等职。1917 年任临时参议院议长。1919 年当选安福国会众议院议长,是安福派头目,属皖系。南北议和时为北方首席代表。1920 年皖系失败后曾被通缉。1924 年段祺瑞出任执政,王任安徽省长。1936 年任冀察政务委员会委员,与日本特务勾结密切。1937 年华北沦陷,出任伪华北政务委员会委员兼内务署督办。日本投降后以汉奸罪被捕,1948 年在北平被枪毙。

**王瑞华**(奉系) 锦西人。保定军校毕业。张作霖部下。历任奉天第四补充旅旅长、第二十七旅旅长、口北镇守使、第八军副军长、东北第四方面军第十三军军长。

**王翰鸣**(直鲁联军) 字墨庄,山东人。保定军官学校毕业。直鲁联军张宗昌部下。曾任东北第三混成旅参谋长、东北第二师参谋长、直鲁联军第十一军军长、京津警备司令。

**王懋赏**(直系) 直系王占元部属。历任湖北第六混成旅旅长、陆军第十八师师长。

**王占元**(直系) 号子春,山东馆陶县人。1861 年生。早年入淮军刘铭传部当兵,1890 年天津武备学堂第一期毕业。1895 年随袁世凯训练新建陆军,任右翼工程营队官、北洋常备军右翼步兵第七营长、北洋第二镇第三协协统。1911 年随冯国璋到湖北镇压辛亥革命。1912 年升陆军第二师长。1913 年到江西参与镇压"二次革命",次年兼豫南剿匪总司令,镇压白朗起义,升任湖北护军使、军务帮办、壮威将军。1915 年任襄武将军,督理湖北军务。袁世凯死后,任湖北督军兼省长,后任两湖巡阅使。属于以冯国璋为首的直系。王占元贪污成性,克扣军饷,激起部下多次哗变,四出劫掠,扰害人民。1921 年被湘军打败,由吴佩孚取代。王占元下台后,住在天津租界,曾联络孙传芳、张作霖,企图再起。1934 年病死。

**王怀庆**(直系) 字懋轩,直隶宁晋县人。1866 年生。天津武备学堂第二期毕业,入聂士成军任教官,后任北洋常备军骑兵第二协协统。1907 年随徐世昌到东北,曾任奉天巡防营翼长、东三省总督署军务会办等职。1909 年调直隶通永镇总兵。1911 年北洋二十镇军官施从云等在滦州起义,被王怀庆叛卖。民国成立,先后任蓟榆、多伦、冀南镇守使。袁世凯死后一度赋闲。1919 年徐世昌当总统,调王为北京步兵统领。1920 年直皖战后,兼京师卫戍总司令及陆军第十三师师长,属于曹锟为首的新直系。1922 年参加第一次直奉战争，升任热、察、绥三特区巡阅使。1924 年第二次直奉战争，王怀庆任讨奉军第二路总司令，直系失败，王被迫辞职。1926 年吴佩孚与张作霖合作，王又出任京畿卫戍司令。吴佩孚失败，王辞职，从此再未出任职。1953 年在天津病故。

**王遇甲**（老北洋系）　字司丞，湖北人。历任北洋第四镇第七协统领、第四镇统制。北洋军阀集团早期的骨干。

**王文蔚**（直系）　字筱禹，山东人。直系曹锟部属。曾充陆军第三师军官。后历任陆军第二十四师旅长、二十四师师长。直系失败后一度归国民二军任第五师师长。吴佩孚再起，任十四省联军二十四师师长。吴失败后，王亦下台。

**王永泉**（皖系）　字百川，直隶青县人。日本士官学校毕业。曾任湖北第八镇工兵营长、陆军部技正、湖南督军公署参谋长。1917 年徐树铮任奉军副司令，任王为补充旅旅长。后又以援闽升任陆军第二十四混成旅旅长。在福建兼任泉永护军使。参加徐树铮所搞的政变，任军政置制府总抚，后暗投直系，使徐在福建政变瓦解，不久王被孙传芳驱逐离闽。

**王汝贤**（直系）　字少甫，直隶密云县人。天津武备学堂毕业。曾充新建陆军骑兵营哨官，后升奉天第二混成协统领、拱卫军前路营统领、陆军第八师旅长。讨伐张勋后，继李长泰为第八师师长。曾任援湘军总司令，帮办湖南军务。原是皖系，后为直系。

**王汝勤**（皖系）　字幼甫，直隶密云县人。日本陆军士官学校炮兵科毕业。曾任河南都督公署参谋长、陆军第八师旅长。1917 年曾随段祺瑞参加讨伐张勋复辟战役。后随第八师援湘。其兄王汝贤辞职，王汝勤接任第八师师长。后任长江上游总司令。

**王鸿恩**（国民军系）　原在甘肃部队，后投入国民军，历任陆军第二十二混成旅旅长、国民革命军第二集团军第三十七军军长。

**王宝庆**（直鲁联军）　直鲁联军张宗昌部下，曾任直鲁联军第五军第二十师师长。

**王学臣**（奉系）　张作霖部属，曾任奉天第四混成旅旅长。

**王麟庆**(直系)　蔡成勋部属。曾任绥远陆军第一混成旅旅长、陆军第二十三混成旅旅长、江西陆军第二师第二旅旅长。

**王金镜**(直系)　字耀庭。天津武备学堂毕业。曾充小站新建陆军领官、步队右翼第二营帮带。历任陆军第二师第三旅旅长、陆军第二师师长。是直系王占元部属。后调任将军府将军。

**王金钰**(直系)　字湘汀,山东武城县人,1884 年生。日本陆军士官学校骑兵科毕业。原为王占元、孙传芳部属。历任陆军第八师参谋长、暂编陆军第二混成旅旅长、两浙盐运使,后投国民党任陆军第十七师师长、讨逆军第九军军长、讨逆军第十四路总司令。

**王廷桢**(直系)　字子明,天津人。天津武备学堂和日本陆军士官学校毕业。属冯国璋部下。原在禁卫军任统领,冯接禁卫军后历任江苏江宁镇守使、陆军第十六师师长、长江巡阅副使。冯下台后,投靠皖系,任察哈尔都统。皖系失败后下台。

**王镇淮**(国民军系)　冯玉祥部下。曾任西北边防骑兵教导团团长、国民一军骑兵第二旅旅长、西北军第九军司令官等职。

**王承斌**(直系)　字孝伯,奉天兴城县人,满族,1873 年生。北京陆军大学毕业。直系曹锟部属。历任陆军第三师团长、直隶陆军第一混成旅旅长,1920 年直皖战争时任前敌副司令。后在郑州组成第二十三师,任师长。1922 年第一次直奉战争时代理前敌总司令,1923 年任直隶督军兼省长、直鲁豫巡阅副使等职。1924 年第二次直奉战争时任直军讨逆军副总司令兼直隶后方筹备司令,直系失败,王下台闲居。

**王维城**(直系)　字少珍,直隶任邱县人。直系曹锟部属。历任陆军第三师及直隶陆军第一混成旅军官、陆军第二十三师旅长、师长。第二次直奉战争时任讨奉第一军副司令兼第二路司令,直系失败解职。吴佩孚再起时,一度再任十四省联军师长,吴失败后王亦下台。

**方本仁**(直系)　字耀亭,湖北黄冈县人。1880 年生。原是李纯部属。清军官学堂毕业，后入陆军大学学习。曾任江西将军署参谋长、赣西镇守使、赣南镇守使、援粤军总司令、粤赣边防督办、江西宣慰使、江西军务督办等职。1925 年任江西省省长。孙传芳组织五省联军时，方任江西总司令。1927 年脱离直系，投奔广东国民党，历任江西宣抚使、国民革命军第十一军军长、军事委员会委员、东北政务委员会委员等职。日本侵华时期投敌。

**方永昌**（直鲁联军）　字尊周，山东人。直鲁联军张宗昌部下，曾任东北第二旅卫队旅旅长、直鲁联军第四军军长。

**方振武**（国民军系）　字叔平，安徽寿县人。安庆武备练兵学校和日本浩然学校毕业。曾参加同盟会。1911 年武昌首义后，参加南京光复之役，曾任排、连、营长。“二次革命”后流亡日本，1917 年回国后到广东海军陆战队任大队长。1922 年参加孙中山领导的北伐。1924 年江浙战争时投卢永祥，任别动支队司令，战败后转投张宗昌，不久方部即扩编成旅、师，方任第二十四师师长。1926 年 1 月 18 日方振武发表通电，脱离张宗昌部，宣布与国民军合作，改称国民军，自任第五军军长，率部开直隶边境，执政府任方为直鲁豫边防剿匪总司令。国民军失败后，方随撤南口，任口北镇守使，同年 8 月移往五原。冯玉祥回国后，就国民联军总司令职，任方为援陕副总指挥。1927 年冯玉祥入豫，任方为第三方面军总司令。1928 年东进，方改隶蒋介石的第一集团军指挥，在山东方面作战，任第四军军长，兼第四军团总指挥。同年 5 月方攻占济南，任济南卫戍总司令。后缩编为第四十五师，方任师长。1929 年讨桂事起，方被任讨逆军第六路总指挥、安徽省政府主席。同年 9 月在南京被拘押，后恢复自由。1931 年 10 月，被选为国民政府委员。1933 年方率抗日救国军开赴河北定县，突进宣化，6 月冯玉祥又任方为北路前敌总指挥。同年 10 月，何应钦勾结日本，迫使方离开部队，所部被编遣。1939 年，方在广西桂林闲住，曾参加抗日活动。后去香港。1941 年日本占领香港后，在回内地途中遇害。

**卞英杰**(直鲁联军)　直鲁联军张宗昌部属,曾任直鲁联军第一军第十一师师长。

**牛永辅**(奉系)　字佩臣,山东人。1918 年 11 月在陆军第二十七师任团长,1921 年 6 月授陆军步兵上校,任奉天军暂编第九混成旅旅长。

**毛思义**(直鲁联军)　原皖系张敬尧部下,出身绿林,经张收编并认为义子,在第七师任补充旅旅长。1920 年张敬尧在湖南失败,毛率一部残军退驻湖北。1927 年投归张宗昌,任直鲁联军第三十军军长。

**邓宝珊**(国民军系)　原名邓瑜,甘肃人。国民第二军胡景翼部下。曾任国民二军第七师师长。1925 年任直隶军务帮办。中原大战时,第二集团军第八方面军总司令樊钟秀被炸死,即代统其军。抗日战争时期邓部驻陕北榆林,靠近红军。西安事变后,任甘肃省政府委员、暂编第一军军长,所部驻兰州附近。全国解放后,被任为甘肃省政府主席。

**邓如琢**(直系)　字和璞,安徽阜阳县人。原是直系蔡成勋部属。曾任陆军第九混成旅旅长。继归方本仁,历任中央第一师师长、南昌警备司令、九江镇守使。后投孙传芳,任五省联军江西总司令。

**孔繁锦**(皖系)　字华清,安徽合肥人。张广建部属。初随张为皖系,后转入直系。曾任甘肃陇南镇守使、陕甘边防督办。

**巴英额**(奉系)　原为黑龙江许兰洲部属,后归张作霖。曾任黑龙江第一旅旅长、东北陆军第十一混成旅旅长、黑河镇守使等职。

## 五　画

**石友三**(国民军系)　字汉章,吉林长春人,1891 年生,行伍出身。冯玉祥部下。历任陆军第十六混成旅连、营长,陆军第十一师团长，国民第一军中央第八混成旅旅长，西北军第六师师长，第六军军长。1926 年在南口败阵后，曾接受阎锡山改编。同年冯玉祥在五原组成国民军联军，召石归来，任命石为援陕五路军总指挥、所部整编为第五军，1928 年又缩编为第二十四师，石任师长。1929 年 5 月，石友三叛冯投蒋，任讨逆军第十三路总指挥、安徽省政府主席，次年又联络阎冯反蒋，曾任第五集团军总司令。1932 年石组织伪军。1936 年宋哲元任石为冀北保安司令。抗日战争爆发后宋哲元迭次扩编石部为第二八一师、第六十九军，到 1939 年扩编为第三十九集团军，石任司令。1940 年 7 月石密谋降日，12 月被所部新八军军长高树勋捕杀。

**石青山**（奉系）　属黑龙江部队吴俊陞部，曾任东北陆军第二十二混成旅旅长、绥海镇守使。

**石敬亭**（国民军系）　字筱山，山东利津县人，1884 年生。冯玉祥部下。历任陆军第十六混成旅连、营长，陆军第十一师团长，国民军暂编第四混成旅旅长，西北军第五师师长，第五军军长，第六方面军司令等职。

**龙济光**（老北洋系）　字子诚，云南蒙自人，1867 年生，彝族。出身行伍。清末任广西右江道总兵、广西提督，后调驻广州，任第二十五镇统制，参与镇压反清起义。1913 年广东独立反袁，袁世凯派龙济光攻占广州，升广东都督。1914 年，封振武上将军督理广东军务。袁世凯称帝时被封为一等公加郡王衔。护国战争爆发后，率部在西南对抗护国军。袁世凯死后投靠段祺瑞，转任两广矿务督办，率领其部队振武军驻防海南岛，进一步向北洋军阀集团靠拢。1917 年任两广巡阅使兼广东督军。1918 年 1 月，率部自海南岛渡海进攻广州失败，振武军瓦解，龙北上依附段祺瑞。1920 年皖系失败，龙在鲁豫各省所招振武军也被各省驻军缴械遣散。1921 年 1 月免两广巡阅使职，入将军府为将军，不久逝去。

**龙觐光**（老北洋系）　云南蒙自人，龙济光之兄。任南宁步兵第一联队长。后任广西梧州民军第三军统领、广东第一师师长。

1916年袁世凯称帝，任云南查办使、临武将军，在广西被陆荣廷扣押解职。

**卢永祥**（皖系） 字子嘉，山东济阳县人。1867年生。北洋武备学堂毕业。曾充淮军队官、武卫右军各营管带、山东武卫右军先锋队右营帮带，历任陆军第六镇第十一协统领、第三镇第五协统领、北洋第二十镇协统。以镇压滦州起义先后加记名总兵、提督、副都统等衔。1912年任陆军第二十四师师长，授中将衔。1914年调任陆军第十师师长，后移驻上海，任淞沪护军副使和护军使、会办江苏军务、浙江督军等职。袁世凯称帝时被封为一等男爵。袁死后归入皖系。1922年任浙江军务善后督办，1924年与江苏督军齐燮元为争夺上海爆发江浙战争，任浙沪联军总司令，战败后逃亡日本。段祺瑞出任执政时任卢为苏皖宣抚使、江苏督军，不数月被奉系排挤下台。1933年病死。

**卢金山**（直系） 字贡廷，直隶静海县人。日本士官学校步兵科毕业。历任拱卫军中路统领、拱卫军参谋长。授陆军中将、陆军上将。后到湖北在直系王占元部下，任湖北陆军第三混成旅旅长。1921年升陆军第十八师师长、湖北荆宜镇守使。1925年5月兼长江上游总司令等职。

**卢香亭**（直系） 字子馨，直隶河间县人。孙传芳部属。1902年入保定速成武备学堂，1907年入日本陆军士官学校第六期骑兵科，1908年毕业。历任陆军第二师团、旅长。1924年江浙战争爆发后任第二师师长。1925年奉系势力南下，孙传芳与奉系矛盾激化，卢先后任第四军司令、五省联军浙江总司令等职。北伐战争期间退据苏皖。

**史俊玉**（皖系） 原属倪嗣冲部，曾任安武军统领，安徽第五混成旅旅长，后随马联甲归入直系。

**田玉洁**（国民军系） 国民第二军胡景翼部下。曾任陕西第一师旅长、陕西第三师师长、国民第二军第三师师长。

**田中玉**（皖系） 字蕴山，直隶临榆县人。北洋武备学堂毕业。

曾任武卫右军右翼快炮队领官、北洋军第一镇炮队第一标统带、兖州镇总兵等职。1907年随同徐世昌去东北，任东三省督练公所总参议。自1912年起，历任代理山东民政长，曹州镇守使、兖州镇守使、陆军第五师师长、陆军部次长、察哈尔都统。1915年任陆军部次长，支持袁世凯复辟帝制。1916年袁世凯死后归入皖系。次年任察哈尔特别区都统。1917年任吉林省督军。1919年任山东督军兼署省长。1923年因临城劫车案被迫辞职，移居大连，1935年死去。

**田文烈**（老北洋系）　字焕亭，湖北汉阳县人。清廪贡生。历充驻朝鲜仁川理事府文案、北洋水师学堂教习、武卫右军文案、北洋督练公所总参议、兵备处总办。是袁世凯的亲信。后任直隶巡警道、通永镇总兵、陆军部副大臣。1912年充总统府军事顾问，授陆军中将。1913年任山东民政长兼会办军务。1914年任河南民政长兼会办军务，兼署河南都督加陆军上将衔，不久又改任河南巡按使加将军衔，会办河南军务。1918年任农商总长及内务总长。

**田应勋**（皖系）　安徽合肥人。皖系张敬尧部下。曾任陆军第七师第十三旅旅长、长安镇守使等职。

**田公育**（直鲁联军）　国民第二军军官田维勤之子。直鲁联军张宗昌部下。曾任直鲁联军第十七师师长。

**田锦章**（直系）　齐燮元部属。保定军官学校毕业。曾任安徽督军公署参谋长、安徽补充旅旅长、中央陆军第二十九混成旅旅长。

**田维勤**（直系）　原为陕西军官，随胡景翼投直系吴佩孚。直系失败，又入国民第二军。吴佩孚再起又投吴。历任陕西第一混成旅旅长、陆军第二十六混成旅旅长、河南第二混成旅旅长、国民第二军第十四混成旅旅长、十四省联军师长。后与国民第一军作战被冯玉祥俘获枪毙。

**冯玉荣**（直系）　曹锟部属。历任陆军第九师旅长、陆军第十三混成旅旅长、讨奉第一军第一路副司令。因对奉战争不力，被迫自杀。

**冯玉祥**(国民军系)　字焕章,原名基善。原籍安徽巢县,1882年出生在直隶青县。父亲在保定当小军官,冯玉祥幼年在保定长大,十六岁入淮军当兵。1903年转投新建陆军,1909年升为营管带,曾参加反清秘密组织。1911年辛亥革命时参与发动滦州起义,事泄被撤职。1912年在陆建章左路备补军任第二营营长,后升警卫军左翼第一团团长,参与镇压白朗起义,升任陆军第七师第十四旅旅长,后又改任陆军第十六混成旅旅长。1915年,冯玉祥反对袁世凯做皇帝。袁死后,冯部调回直隶,驻廊坊。1917年,冯玉祥参加讨伐张勋复辟。1918年在湖北武穴发表通电主和,被段祺瑞免职。后派驻常德,兼任湘西镇守使。1920年调河南,次年又入陕西,升任第十一师师长、陕西督军。1922年,趁第一次直奉战争赶走赵倜,任河南督军。同年11月调陆军检阅使,驻军南苑。1924年秋第二次直奉战争时发动北京政变,囚禁贿选总统曹锟,直系大败,并将清逊帝溥仪逐出紫禁城。冯联合胡景翼、孙岳组成国民军,并任总司令兼第一军军长。段祺瑞出任临时执政后,任冯为西北边防督办。1925年2月,冯通电改"国民军"为"西北军",从此以后从直系分裂出来,自成一系。1925年底与奉系直隶督办李景林开战,遭到各派系军阀的联合围攻,冯本人通电下野,赴苏联考察。1926年9月回国,在绥远五原誓师,宣布接受孙中山的联俄、联共、扶助农工三大政策,就任国民军总司令。

1927年冯玉祥取消国民军名义,由武汉政府委任国民革命军第二集团军总司令,由潼关东进,6月占开封,就任河南省主席。随即与蒋介石联名通电,实行反共。1928年冯玉祥与蒋介石、李宗仁、阎锡山联合北伐,同年任国民政府委员、行政院副院长兼军政部长等职,赴南京就任,其西北军却被蒋介石大量削减缩编。1929年3月当选为国民党第三届中央执行委员会委员。1930年与阎锡山联合倒蒋失败,西北军全部瓦解,冯到山西汾阳避居。1931年"九一八"事变后冯去南京。1932年蒋介石任冯为军委会常委、内政部长职务，冯辞不就，主张抗日，以武力收复失地。1933年在张家口宣布成立民主抗日同盟军，自任总司令，武装保卫察省，后被迫解散。1935年后曾任军委会副委员长、战区司令长官，后在重庆居住。抗战胜利后，反对蒋介石的内战独裁和卖国政策，1946年出国游历。1948年9月回国参加中共中央发起的新政治协商会议筹备工作时，中途轮船失事，遇难身死。

**冯国璋**(直系)　字华甫，直隶河间县人，1859年生。天津武备学堂毕业。先在淮军洋枪队当教习，1893年入淮军聂士成幕。曾随军参加中日甲午战争，嗣被荐任清廷驻日使臣军事随员。其间考察军事，撰成兵书数种。1896年袁世凯组成新建陆军督练处，冯国璋任督操营务处帮办，后接任总办兼随营步兵学堂监督。1899年随袁世凯赴山东镇压义和团。1902年，袁世凯奏准直隶省成立军政司，冯任教练处总办，并负责创办保定将弁学堂、保定速成武备学堂及测绘学堂等。1903年调升北京练兵处军学司正使，1906年署正黄旗蒙古副都统兼陆军贵胄学堂总办。1907年又调充军谘府军谘使。

1911年辛亥革命时，清政府任冯为第一军军统，率部去湖北镇压革命，攻占武汉，被清政府封以二等男爵。同年任统筹近畿军务兼禁卫军总统。1912年民国成立，冯任直隶都督兼禁卫军军统。1913年冯任江淮宣抚使，率部攻南京，镇压南方的革命势力，后调任江苏都督。1914年袁世凯加封冯为宣武上将军，督理江苏军务。1915年袁世凯称帝，冯被封为一等公爵。1916年袁死后北洋军阀分化，与湖北督军王占元、江西督军李纯联合对抗皖系，称为“长江三督”；同年10月，国会选冯为副总统，仍然留任江苏督军。

1917年7月黎元洪下野，冯国璋进京代理大总统，因与段祺瑞争夺权力，北洋军阀集团分化为直、皖两系，由此成为直系军阀的首领。

1918年10月冯代理大总统期满下台。1919年在北京病死。

**冯治安**(国民军系)　字仰之,直隶故城人,1896 年生。行伍出身,冯玉祥部下。初入京卫军当兵,历任陆军第十六混成旅及陆军第十一师军官。1924 年任西北边防督办公署卫队旅团长,参加"北京政变"。1925 年升任冯玉祥卫队旅旅长。1926 年参加北伐战争,任国民革命军第二集团军第二十三师师长。1928 年,冯部被改编为暂编第四师,任师长,后任第十一军军长。1930 年中原大战失败后,任第二十九军第三十七师师长。1937 年"七七"事变爆发,参与指挥卢沟桥抗战,任第七十七军军长兼河北省主席。同年 9 月,宋哲元称病,冯代理第一集团军总司令。1938 年 3 月改任第十九军团长。1944 年任第三十三集团军总司令。抗战胜利后任第三绥靖区司令官兼行政长、京沪杭警备总部副总司令。1947 年冯部在山东临沂台儿庄一带被人民解放军击溃,冯逃往台湾,1954 年病故。

**冯毓东**(国民军系)　国民第二军胡景翼部下。曾任陕西第四混成旅旅长,国民第二军第五混成旅旅长、第八师师长。

**冯德麟**(奉系)　字麟阁,奉天海城人。十七岁时投身绿林,后被收编为左路巡防队统领,辛亥革命后被扩编为陆军第二十八师,任师长。1915 年拥袁世凯称帝被封为二等男爵,投入北洋系。1917 年因参与张勋复辟,被捕下狱。出狱后曾充总统府高等军事顾问和张作霖幕下之军事顾问。1920 年又曾任盛京副都统兼金州副都统,1924 年退职,1926 年逝世。

**冯绍闵**(直系)　原江西邓如琢部下,后归孙传芳。曾任江西第三师师长、五省联军第七师师长。

**白宝山**(直系)　字俊卿,直隶宁河县人,1877 年生。行伍出身。原在张勋部下,任定武军第四路统领兼江苏海州镇守使。袁世凯称帝时被封为一等男爵。张勋复辟失败,转入直系李纯、齐燮元、孙传芳部下,历任海州镇守使兼江苏第五混成旅旅长、江苏陆军第一师师长、海疆防御总司令、五省联军第八师师长。

## 六 画

**吉 兴**(奉系) 吉林部队张作相部属。曾任东北陆军第十三混成旅旅长、延吉镇守使。

**成 慎**(老北洋系) 原北洋毅军军官,赵倜部属。曾任河南第一师师长。1921年因反对赵倜被解职。

**邢士廉**(奉系) 字隅山,奉天沈阳人,1885年生。日本陆军士官骑兵科毕业。曾任陆军第二十四混成旅旅长,归第一师师长李景林统辖,后升东北陆军第二十师师长。1925年随杨宇霆到江苏,任苏皖鲁剿匪司令、淞沪戒严司令。以后曾任北京卫戍司令。东北"易帜"后,历任辽宁省党部指导委员兼常务委员、辽宁省政府委员、东三省讲武堂教育长、东北边防军司令长官公署顾问。后沦为汉奸。

**毕桂芳**(老北洋系) 字植忱,直隶大兴县人。同文馆毕业。俄国留学。清末历任驻俄公使随员、北洋洋务局总办、科布多大臣、护理黑龙江都督兼民政长、总统府顾问、黑龙江督军兼省长。

**毕庶澄**(直鲁联军) 字华舫,山东人。直鲁联军张宗昌部下。曾任东北陆军第三十二旅旅长,直鲁联军第八军军长,青岛江防司令、海军司令,援苏第一军军长。后因通国民党被张宗昌枪毙。

**曲同丰**(皖系) 字伟卿,山东福山县人。日本陆军士官学校毕业。曾任云南第十九镇步兵统带。保定士官学校校长、将军府参军、参战军第一师师长、边防军第一师师长。皖系骨干。直皖战争时,曲任"定国军"西路司令。战败投直系,被曹锟扣押解职。

**师景云**(直系) 字岚峰,直隶徐水县人。保定军官学校毕业。曾任禁卫军参谋长、江苏都督府军械处长、宣武将军署参谋长、将军府将军。属于直系。

**吕公望**(皖系) 字载之,浙江永康县人。北洋速成武备学堂毕业。原系浙江朱瑞部下。曾充浙江新军督练公所科员、第八十二标督队官。辛亥革命时任浙军总司令朱瑞的参谋长、浙军第六师第十一旅旅长、第六师师长、嘉湖镇守使。1916 年乘袁世凯称帝失败之机赶走朱瑞,又投入皖系,任浙江督军兼省长。后授怀威将军。

**刘　询**(直系)　字润田,直隶献县人。日本陆军士官学校步兵科毕业。原为冯国璋部下,曾充禁卫军八十标统带、第四十二协统领、直隶第一混成旅旅长。1913 年攻打南京,镇压“二次革命”,升陆军中将,历任陆军第五混成旅旅长,兼淮扬镇守使。后升陆军第十五师师长,随冯国璋驻防北京。冯下台投靠皖系。1920 年直皖战争,任皖系“定国军”西路司令、代理直隶督军。1924 年任执政府侍从武官长。

**刘士林**(直系)　字俊卿,直隶人。直系孙传芳部属。曾任安国军第二军第十四师师长。

**刘玉山**(国民军系)　字仲五,直隶人。冯玉祥部下。曾任国民一军暂编军第五混成旅旅长。

**刘玉春**(直系)　字铁山,直隶人。原为皖系王汝勤部属,后转入直系吴佩孚部下。历任陆军第八师旅长、中央陆军第三师师长。北伐军围攻武昌时,他据城死守,城陷后被俘。

**刘志陆**(直鲁联军)　原系广东陈炯明部下,曾任第二军军长。陈失败后流窜到北方,投靠吴佩孚,又转投张宗昌,曾任直鲁联军第十三军军长。张失败后又投国民党,任广东专员。

**刘培绪**(直系)　直系靳云鹗部属。曾任陆军第十四师机枪营营长,后升团长、旅长,河南保卫军师长,第二军军长。在与奉军作战时被俘。

**刘槐森**(直系)　字小卿,安徽合肥人。李纯部属。北洋将弁学堂毕业。历任河南常备军第一标标统、江西第三协统领、江西镇守使、赣南镇守使。

**刘郁芬**(国民军系)　字兰江,直隶清苑县人。1892 年生。早年入保定速成学校学习,毕业后赴云南,曾加入同盟会。辛亥革命后在北京陆军军事学校任职。历任陆军第十混成旅参谋长、陆军第十一师参谋长、第十一师第二十二旅旅长。1924年任国民军第二师师长，随冯玉祥进京。1925年代理甘肃军务督办。1926年10月冯玉祥在五原誓师，进军甘、陕，刘任甘肃督办。1927年北伐时，刘任第七方面军总指挥兼甘肃省政府主席。1929年，反蒋战争开始，刘任第三路军总指挥，旋任第二军团总司令。1930年改任后方总司令，维持陕甘治安并代陕西省政府主席。1940年春，刘投汪伪政权，任伪开封绥靖主任。1942年升任南京政府参谋总长伪职。1943年病死于北京医院。

**刘冠雄**(老北洋系)　字资颖，福建闽侯人。福建船政学堂毕业，英国留学。清季任海天军舰舰长。1912年袁世凯当大总统时，任海军部部长。1913年，任海洋巡阅使，率舰队到福建镇压革命，封为海军上将兼陆海军大元帅办事处办事员、海军总司令。袁称帝时被封为二等公。袁世凯死后，靠近皖系。1917年护法军兴，海军分裂，刘因此去职。

**刘跃龙**(直系)　安徽寿县人。王占元部属。曾任中央第二混成旅旅长兼湖北崇通镇守使。

**刘汝明**(国民军系)　字子亮，直隶人。冯玉祥部下。行伍出身。曾在陆军第十六混成旅及陆军第十一师任连、营长，国民军警备第一旅旅长，西北军暂编陆军第十师师长。1929年，任第五路军总指挥兼第十二军军长。中原大战阎冯失败，任冯第二十九军副军长。1933年，参加长城抗战，任第一四三师师长。1936年5月兼察哈尔省主席。1937年抗日战争开始，任第六十八军军长。不久被削去军权。抗日战争胜利后，任第四绥靖区司令官。1948年为第八兵团司令官。1949年刘部被人民解放军击溃，逃往台湾。

**刘汝贤**(国民军系)　字竹波，直隶人。北洋将弁学堂毕业。曾任参谋部次长、代理参谋部部长、国民第三军总参议。

**刘宝题**(直系)　直系邓如琢部属。曾任陆军第一师第一旅旅长、江西第三师师长。

**刘富有**(直系)　字文华,天津人。王怀庆部属。曾任陆军第十三师二十六旅旅长、讨奉第二军前敌总指挥。

**刘凤图**(直系)　直系孙传芳部属。曾任五省联军第六师师长。

**刘廷森**(国民军系)　国民第三军孙岳部下,曾任国民第三军中央暂编第三混成旅旅长。

**刘佐龙**(直系)　字汉三,湖北人。直系王占元部属,后归吴佩孚。历任湖北第四混成旅旅长、崇通镇守使、湖北陆军第二师师长。1927 年又依附于国民党蒋介石。

**刘香九**(奉系)　张作霖部属。曾任奉天第五混成旅旅长。

**刘镇华**(直系)　字雪亚,河南巩县人。1883 年生。保定法政专门学堂监狱科毕业。辛亥革命军起,刘在河南豫西纠众数千人,与陕西革命军联系,任秦陇复汉军东路征讨大都督府书记官、参议。民国成立,刘投靠袁世凯,任豫西观察使(后改河洛道尹)兼镇嵩军司令。袁死靠近皖系。1918 年率军入陕,接任陈树藩陕西省长职。1919 年奉令率部援陕,任陕西省长。1922 年继冯玉祥任陕西督军,又投靠直系。直系失败后,1925 年他欲进占河南,利用“胡憨之战”与国民第二、三军在豫西争夺地盘,结果失败下台改投阎锡山,旋又转投直系,被吴佩孚委为讨贼联军陕甘总司令,在豫西招集镇嵩军旧部及土匪攻打国民军。1926 年围攻西安国民军李云龙部等 8 个月之久,使城内 5 万人冻饿而死。1927 年转任冯玉祥第二集团军第八方面军总指挥。1929 年,将所部交给胞弟刘茂恩,退居幕后操纵。1930 年,指使刘茂恩叛冯投蒋。1934 年被蒋介石任命为安徽省政府主席,1937 年春去职。抗日战争爆发后,逃到西安,不久移往陕西城固。1945 年日本投降,他随刘茂恩回住河南开封。1948 年开封第一次解放时被捉,遣送回籍。开封第二次解放后,随刘茂恩逃往台湾,1952 年病死。

**刘建章**(皖系)　皖系王汝勤部属。曾任陆军第八师师长。

**刘翼飞**(奉系)　原名辅廷，字翼飞，又号一飞，奉天铁岭人。保定军官学校第五期毕业。任边防军第三师连长。直皖战争皖系失败，刘回辽宁，归入张作霖部下，任东三省巡阅使署少校参谋、东北第四师十九旅第十七团团长。1926年随杨宇霆到江苏升任东北军二十师旅长。1927年升东北第十师师长。1928年东北“易帜”后，所部编为东北军第四旅，任旅长。1930年任察哈尔主席。1932年离职后任北平军分委员，仍住天津。天津解放后，为天津市政协委员。1967年逝世。

**许　琨**(直鲁联军)　字星门，直隶宁河县人。直鲁联军张宗昌部下。曾任东北第三混成旅团长、直鲁联军第七军军长、代理安徽军务督办。

**许兰洲**(奉系)　字芝田，直隶南宫县人。原为黑龙江部队军官，后为张作霖部属。历任黑龙江第一师师长、黑龙江军务帮办、奉军副司令、援陕司令、奉军第六军军长。

**齐玉珩**(直鲁联军)　直鲁联军张宗昌部属，曾任直鲁联军第一军暂编第三师师长。

**齐恩铭**(奉系)　字佐臣，奉天锦西人。张作霖部下。曾任奉天陆军第四混成旅团长、东北陆军第十六混成旅旅长、东北宪兵司令、东北陆军第十师师长。

**齐振林**(老北洋系)　字晓山，直隶人。袁世凯部下，曾任陆军部次长。

**齐燮元**(直系)　字抚万，直隶宁河县人。1885年生。先后入北洋武备学堂、陆军大学、日本陆军士官学校学习军事。曾当过北洋第六镇下级军官，1913年后历任陆军第六师第十二旅旅长、江西将军署参谋长、第六师师长。1917年随李纯到江苏兼江宁镇守使、苏皖赣巡阅副使等职。1920年李纯死后，齐燮元继任江苏督军和苏、皖、赣三省巡阅使，是北洋军阀直系的重要将领。1924年，齐燮元与卢永祥爆发江浙战争，齐燮元战胜后旋又被免职，逃亡日本。1925年冬，吴佩孚再起于湖北，齐回国，出任十四省讨贼联军副司令。吴再败，齐也敛迹。1930 年阎锡山、冯玉祥联合反蒋，齐被任为江北招抚使。阎、冯失败，齐匿居天津英租界。后为日伪汉奸，任华北政务委员会委员兼治安总署督办，编练伪治安军。日本投降后，于 1946 年被判处死刑。

**江学谦**（直系） 浙江绍兴人。曹锟部属。曾任直隶口北镇守使。

**江朝宗**（老北洋系） 字宇澄，安徽旌德县人。清候补道，汉中镇总兵。1912 年，升北京步兵统领，晋封迪威将军。袁世凯称帝，封一等男爵。1917 年 6 月代理国务总理，其间解散国会，为张勋复辟铺平道路，并参与复辟阴谋。张勋复辟失败，江被免去步兵统领官职。徐世昌任大总统时，江又任正黄旗满洲都统。1937 年日本大举侵略中国，江当了汉奸，出任北京伪治安维持会会长。

**汤玉麟**（奉系） 字阁臣，热河朝阳县人。1893 年生。出身绿林，后经收编成为奉系张作霖部下骨干。历任奉天巡防营队官、帮带，陆军第二十七师营长、团长、旅长。参加两次直奉战争。1922 年始先后任奉军第十一混成旅旅长、奉军第七混成旅旅长兼奉天东边镇守使、东北陆军第十一师师长。1926 年任东北陆军第十二军军长、热河都统。1928 年东北“易帜”后改任热河省政府主席。1933 年春日军侵陷热河，汤不抵抗，携眷逃到天津意租界居住，1950 年病死。

**汤芗铭**（老北洋系） 字铸新，湖北蕲水人。1880 年生。汤化龙之弟。福建船政学堂毕业，1904 年被选送英国留学，习海军。曾加入同盟会。1909 年回国后历任镜清军舰机关长、南琛军舰副舰长。1911 年武昌起义爆发时奉命率舰进攻武汉，舰队反正后被黎元洪任为第二舰队司令。1912 年南京临时政府成立，任海军部次长。“二次革命”时率军队到湖南镇压讨袁军，任湖南都督，大肆残杀革命人士，有屠户之称。1914 年封靖武将军督理湖南军务兼巡按使。袁称帝时被封为一等伯爵。袁死后，被湘人驱逐出省。又依附直系，任信威将军，汉口商场督办。1938 年后，汤芗铭与日本特务勾结，一度充任北平伪维持会会长。后居北京，1975年故。

**汲金纯**（奉系）　字海峰，奉天海城县人。原是冯德麟部属，后归附张作霖。曾充奉天巡防营队官、管带。巡防营扩编后，历任陆军五十六旅旅长，第二十八师师长，东北第十五军军长，热河、绥远等地区都统，山海关警备司令等职。

**安俊才**（直系）　直系靳云鹗部属。陆军第十四师军官，河南保卫军第三军军长。

**米振标**（老北洋系）　河南人。北洋军阀毅军头目，姜桂题部下。行伍出身。历任毅军统领、翼长，热河临西镇守使，热河军务帮办。姜桂题死后，米继任热河都统，靠近皖系。皖系失败后，改依附直系。直系失败又归入国民军系，任河南军务帮办兼毅军总司令。

**朱　瑞**（老北洋系）　字介人，浙江海盐县人，1863年生。南洋陆军学堂毕业后，在浙江督练公所参谋处任职。未几，调充步队第二标执事官，与标统蒋尊簋创设弁目学堂。1909年到安徽任督练公所参谋处提调兼测绘学堂监督。1910年，回浙江任步兵营管带，继升标统。1911年革命起，以浙江联军总司令率浙军攻江宁，升任第六师师长。1912年8月，代蒋尊簋为浙江都督，兼民政长，授陆军中将加陆军上将衔。1913年"二次革命"起，朱坚决依附袁世凯，受到袁的嘉奖。1914年6月，改官兴武将军，督理浙江军务。1915年，袁世凯准备称帝，朱上书劝进，袁称帝后，封其侯爵。帝制失败，朱被浙人赶下台，先到上海避居，后又至天津。1916年病逝天津。

**朱　熙**（直系）　字琛甫，湖南汉寿县人。日本陆军士官学校毕业。在江苏第四十五标任教练官。辛亥投机革命，升江苏苏常镇守使、江苏第二师师长。"二次革命"归入北洋系，仍任原职。袁世凯称帝被封子爵。后任江宁镇守使，兼江苏军务帮办。

**朱玉贤**（直鲁联军）　直鲁联军张宗昌部属。曾任直鲁联军第五军第三十一师师长。

**朱庆澜**(老北洋系)　字子桥,浙江绍兴人,1874年生。清附生。历任奉天凤凰、安东各厅、县知事及巡防营统领、辛亥革命期间任四川巡警道、四川新军第三十三协统领、第十七镇镇统。后被推为四川副都督。1912年黑龙江都督宋小濂邀朱为督署参谋长。1913年任黑龙江民政长兼护军使。1914年署理黑龙江巡按使,加镇安右将军衔。袁世凯称帝,加封一等子爵。1916年改任广东省长,加封卓威将军。7月改任广西省长,未就职,退居上海。1917年参与护法运动,1918年去职。1922年应张作霖邀任中东铁路护路总司令兼哈尔滨特别区行政长官,1925年卸职。1929年任国民政府赈务委员会常务委员,后又任东北赈务委员会委员长。1931年春被任为监察院监察委员,辞未就职。"九一八"事变后曾募款支持东北义勇军。1932年被聘为国难会议会员。1936年任国民党政府赈务委员会委员长。1941年在西安病死。

**朱泮藻**(皖系)　字子芹,山东人,1875年生。原为袁世凯部属。历任北洋常备军右翼营长、北洋第一镇第二协统领。袁死后,先归皖系,曾任山东烟台镇守使,后依附直鲁联军张宗昌,任直鲁联军第九军军长。

**朱家宝**(老北洋系)　字经田,云南黎县人。清进士。初入翰林院,其后在直隶任知县、保定府知府、通永道,后转任江苏按察使。1907年,由东三省总督徐世昌推荐升吉林巡抚。1910年10月,转安徽巡抚。民国成立后,任仓场总督。1913年任政治会议议员。1914年2月,继赵秉钧任直隶民政长兼直隶都督,后并加巡按使兼将军衔督理直隶军务。拥护袁世凯称帝,被封为一等伯爵。1916年7月,专任省长。1917年7月,赞助张勋复辟,任民政部尚书。复辟失败后亡命日本。1928年9月5日在天津病死。

**朱益清**(奉系)　李景林部属。曾任直隶第五混成旅旅长。

**伍祥桢**(老北洋系)　袁世凯部下。曾任陆军第二十师第三十九旅旅长、陆军第四混成旅旅长。随陈宧驻防四川,护国战争时,所部被云南护国军击败后被解职。

**华璇章**(皖系)　倪嗣冲部属。曾任安武军军官、安徽第五混成旅团长、第五混成旅旅长。

**乔建才**(皖系)　山东曲阜人,皖系田中玉部下。1913年任察哈尔多伦镇守使,1917年任察哈尔察西镇守使。

**纪元林**(直鲁联军)　直鲁联军张宗昌部属。曾任直鲁联军第二十八军军长。

**孙　岳**(国民军系)　字禹行,直隶高阳人。曾贩米为生,后进入保定武备学堂和陆军大学。毕业后,历任北洋第三镇炮兵排长、参谋官、营管带等职。

孙岳早年参加同盟会,辛亥革命时在曹锟第三镇任中校参谋,与南方国民党人暗通消息,并与滦州驻军王金铭、施从云及冯玉祥等密谋起义,事泄被曹锟撤职。南下时被南京政府任为第十九师师长,又被李烈钧委为江西庐山垦牧督办。1913年"二次革命",孙任北伐第一军司令。南京战败后,避居上海。1918年被曹锟召往保定,任军官教导团长。1920年,任曹锟卫队旅旅长、第十五混成旅旅长兼大名镇守使。1924年与冯玉祥、胡景翼发动北京政变,推倒曹、吴,孙任国民军联军副总司令兼国民第三军军长、陕西军务督办、直隶军务督办。1928年5月在上海病逝。

**孙连仲**(国民军系)　字仿鲁,直隶雄县人。冯玉祥部下。行伍出身。历任陆军第十六混成旅及陆军第十一师下级军官、国民第一军炮兵旅旅长、西北骑兵第二师师长。1928年曾任暂编第十二师师长、青海省政府主席。1929年,任第八路军总指挥兼第九路军军长。所部被蒋介石调往江西后,任第二十六路总指挥。1932年又改编为第四十二军。1933年并入吉鸿昌部改编为第三十军,兼军长。以后连续参加围剿红军的战争,屡次失败,调往东北整训。1937年"七七"事变后,孙连仲任第二集团军总司令。1938年参加台儿庄作战,任第五战区副司令官。1939年改任第七战区司令长官,1940年又继陈诚任第四战区司令长官。1945年日本投降,孙连仲调任第十一战区司令长官兼河北省政府主席,后任保定绥靖公署主任。1948 年调任南京卫戍总司令。南京解放前逃往台湾。

**孙烈臣**(奉系)　字赞尧,奉天黑山县人。1872 年生。行伍出身。原是朱庆澜部属,后归张作霖,是奉系骨干。历任奉天中路巡防营帮带、陆军第二十七师第五十四旅旅长、第二十七师师长。1919 年署黑龙江督军兼省长。1921 年署吉林督军兼省长。1922 年第一次直奉战争爆发,任镇威军副司令,战后任东三省保安副司令兼吉林保安司令等职。1924 年病故。

**孙宗先**(皖系)　字汉臣,安徽人。郑士琦部属,驻防山东。曾任陆军第五师旅长、师长。后归张宗昌,任直鲁联军第四军军长。

**孙良诚**(国民军系)　原名良臣,字少云,直隶静海县人。1892 年生。行伍出身。冯玉祥部下。历任陆军第十六混成旅排、连、营长,陆军第十一师团长,补充第一师旅长,国民一军第二师第二旅旅长,西北军第二师师长。1926 年参加五原誓师并加入国民党,任援陕军总指挥。1927 年任第二集团第一方面军总指挥。1928 年任山东省主席。1929 年,宋哲元举兵出潼关讨蒋,孙任前敌总指挥。1930 年阎冯联合讨蒋失败,孙亦随之下台在津住闲。1933 年参加察哈尔民众抗日同盟军,任骑兵挺进军总指挥。1939 年鹿钟麟任冀察战区司令长官,委孙为冀察战区游击总指挥。1940 年任苏鲁豫皖边区游击总指挥兼鲁西行署主任。1942 年 6 月,孙投汪精卫,被任为伪军第二方面军总司令,不久又兼开封绥靖主任,嗣又调任苏北绥靖主任。1945 年日本投降后,孙受蒋介石委任为先遣军司令。后所部改编为第五纵队,继又缩编为第一保安纵队,1948 年改为暂编第二十五师,同年孙升为第一〇七军军长。江苏解放时被俘,1950 年病死于上海。

**孙传芳**(直系)　字馨远,山东历城人。1885 年 4 月 17 日生。1904 年北洋陆军速成学堂步兵科毕业。1908 年日本陆军士官学校第六期毕业。归国后,经过考试,清政府授给步兵科举人,并授协军校,分发北洋第二镇,任第五标教练官。辛亥革命后,历任第二师辎重二营营长、第六团团长、第三旅旅长、陆军第二十一混成旅旅长、湖北暂编第一师师长等职。1920 年直皖战争，任长江上游警备总司令。1921 年王占元在湖北下台，孙归入直系曹锟、吴佩孚部下，接替王占元任第二师师长。1923 年 3 月，被任为福建军务督理。1924 年江浙战争，孙出兵援助江苏齐燮元，乘机由福建进入浙江，赶走卢永祥。曹锟政府于 9 月 20 日任命他为浙闽巡阅使兼浙江军务督理，封恪威上将军。1925 年，孙传芳突然向盘踞苏、皖的奉军发动进攻，赶走奉系将领杨宇霆、姜登选，组成苏、皖、赣、浙、闽五省联军，自任总司令。1926 年孙传芳在江西被北伐军击败，放弃赣、闽两省。继又退出南京，驻守江北。1927 年，孙投奉系张作霖，任安国军副司令。回到南京，并重占浙江。不久，上海工人武装起义成功，北伐军攻占南京，孙传芳仓皇败退。由于蒋介石叛变革命，蒋军人心涣散，孙传芳曾一度反攻得手，占领徐州。随即一败于龙潭，再败于鲁西，全线溃退，部队瓦解。1929 年 11 月，孙避居大连，继又转回天津。1935 年在天津佛教居士林被刺杀。

**孙钵传**（直鲁联军）　属张宗昌部，曾任东北军第三旅中校参谋、徐州镇守使。因孙传芳进攻江苏，孙不战撤退，被张宗昌撤职。

**孙德铨**（奉系）　张作霖部下。曾任独立第十九旅旅长。1931 年升任第一一九师师长。

**孙建业**（直系）　吴佩孚部属。曾任湖北第一混成旅旅长。

**孙殿英**（直鲁联军）　原名魁元，河南永城人。1889 年生。少年时游手好闲，是当地著名赌棍。又因贩毒，结识土匪。参加豫西的封建会道门——“庙会道”，不久成为这个道门的首领。1922 年，孙投豫西镇守使丁香玲部下，当机枪连连长。后率部哗变，在陕州一带纠集土匪，声势很大。经镇嵩军憨玉琨改编，任孙为第五混成旅旅长。1925 年憨失败后孙投国民军第三军叶荃部下，仍任旅长，后升第二师师长。旋率部流窜山东，投张宗昌，历任第五师师长、直鲁联军第二十五师师长、直鲁联军第十四军军长。1927

年，孙参加了孙传芳反对北伐军的战争，兼任大名镇守使。同年秋，直鲁联军被冯玉祥击溃，孙向北逃窜，投靠蒋介石，被任命为第六军团第二十五军军长。1928年孙部开驻河北蓟县马兰峪一带，孙大举盗掘了慈禧和乾隆的陵墓。不久，所部移驻延庆县，缩编为步兵独立第二旅。1929年2月，孙部扩编为第十八师，移驻河南，曾乘机抢劫登封少林寺，将寺院焚毁。1930年，孙又归附阎锡山、冯玉祥，参加反蒋战争，任第四方面军第五路总指挥兼安徽省政府主席。阎冯倒蒋失败，孙退至山西，经张学良改编，被任命为第四十师师长。"九一八"事变后，又升第四十一军军长。1933年2月，孙由山西进援热河，被任为华北第九军团长。同年5月，改任青海西区屯垦督办。1936年2月，宋哲元任孙为察北保安司令。次年"七七"事变，改任冀北军司令。1939年孙部移驻河南林县，经整编为新编第五军，任军长。1941年孙加入汪精卫伪军，仍用新五军番号，任伪第二十四集团军副司令兼伪新五军军长。1945年日本投降，蒋介石任命孙为新编第四路军总司令，1946年又任孙为第三纵队司令，仍驻豫北。1947年4月汤阴解放时孙殿英被俘，不久病死狱中。

## 七　画

**李　纯**(直系)　字秀山，天津人。1874年生。北洋武备学堂毕业。曾充淮军营官，历任北洋常备军军政司教练处提调、北洋第六镇第十一协协统。武昌起义期间，任第二十一混成协统领，随冯国璋到湖北镇压革命，升北洋第六镇统制。民国改镇为师，任第六师师长、豫南剿匪司令。1913年，李纯率队到江西镇压讨袁军，兼九江镇守使，又接连升江西护军使、江西都督。1914年封昌武将军督理江西军务。袁世凯称帝，封为一等侯爵。袁死后，李纯追随冯国璋，成为直系骨干。1917年7月调任江苏督军。1920年任长江巡阅使，苏、皖、赣三省巡阅使，晋封英威上将军。10月12日在督军公署自杀身死。

**李　森**（皖系）　郑士琦部属。曾任山东第五混成旅旅长。

**李云龙**（国民军系）　字虎臣，陕西人。国民第二军胡景翼部下。曾任陕西第一补充旅旅长、国民第二军第十师师长、陕西军务帮办。

**李玉麟**（皖系）　字凤山，山东人。皖系倪嗣冲部下。曾任安徽督军公署参谋长、安徽军务帮办、麟威将军。

**李进才**（老北洋系）　曾任拱卫军统领、拱卫军司令、陆军第十三师师长。

**李松山**（直系）　直系孙传芳部属。曾任安国军第一军第八师师长。

**李荣殿**（直系）　字兰斋，直隶大城县人。曹锟部属。曾任直隶补充第二旅旅长、天津镇守使、新编第二混成旅旅长。

**李奎元**（皖系）　字星阁，直隶武清县人。历任陆军第一师旅长、拱卫军司令、陆军第十一师二十一旅旅长、第十一师师长、湖南军务帮办。先靠近皖系，后投入奉军张宗昌部任驻上海奉军稽查处长。

**李振声**（奉系）　吉林张作相部属。曾任东北陆军第二十一混成旅旅长。

**李振唐**（奉系）　字绍晟，奉天人。保定军官学校毕业。曾在段祺瑞边防军任连长。皖系失败后投入奉系，曾任东北军第十军参谋长、第三旅旅长等职。1929 年任第一一三师师长，1935 年升第五十一军副军长。西安事变后，随五十一军调江苏淮阴。“七七”事变后，在山东境内与日军作战。不久，离开部队，回津休养。

解放后为天津市政协委员，1976 年冬病故。

**李厚基**（皖系）　字培芝，江苏铜山县人，行伍出身。1873 年生。始任直隶总督公署卫队管带。1896 年随李鸿章游历俄国及西欧。曾任北洋军第二镇管带、标统，第四镇第七协协统等职。辛亥革命时在武汉参加镇压革命军。1912 年任陆军第四师第七旅旅长。次年奉命镇压上海反袁斗争,被任为吴淞要塞司令。“二次革命”期间,李率队到福建镇压革命,任福建混成旅旅长、福建镇守使等职,后升护军使、封建武将军。袁世凯称帝时被封为一等子爵。1917年参与张勋复辟,旋又归入皖系,任福建督军兼省长,并支持段祺瑞,加入督军团。1918年任闽浙援粤军总司令,参加对南方的战争,被粤军打败。1922年徐树铮在福建搞独立,李被赶走,又投靠直系。1924年任山西援军副司令,授全威将军。后寓居天津。

**李爽恺**(奉系) 李景林部下。曾任东北军第二十三混成旅旅长,东北陆军第十九师师长、直隶大名镇守使。

**李藻麟**(直鲁联军) 字伯仁。直鲁联军张宗昌部下。1909年入保定陆军速成学堂,后曾入航空学校和陆军大学深造。曾任暂编陆军第一师参谋长、陆军第十五师参谋长、山东省军务善后督办公署参谋长、直鲁联军总参谋长、二七方面军总参谋长兼第二十军军长等职。曾参加援湘战役,第一、二次直奉战争,直鲁联军与国民军之战等重大战役,授智威将军,官至陆军中将。1961年病逝。

**李鸣钟**(国民军系) 字晓东,河南沈丘人。早年入北洋第六镇当兵,1917年曾在陆军第十六混成旅当步兵团长。历任陆军第十一师旅长、陆军第八混成旅旅长。1922年第一次直奉战争时率部在长辛店一带击败奉军,战后授刚威将军,任豫东镇守使。1924年参加冯玉祥发动的北京政变,任绥远都统。1926年随冯赴苏联考察。1928年任国民党军事委员会委员、编遣委员会委员兼遣置部主任。1930年中原大战后投靠蒋介石,被任为豫鄂皖边区绥靖督办。1931年吉鸿昌下野,李兼任二十二路军总指挥和第三十师师长。不久,二十二路军番号取消,李离职。

**李冠英**(奉系) 属黑龙江部队。曾任黑龙江骑兵第四旅旅长、安太镇守使。

**李炳之**(皖系) 字彪臣,直隶正定县人。北洋武备学堂毕业。

原是袁世凯部属，继在吴光新部下成为皖系，后又归直系。清季任军谘府科长。民国后历任陆军第三混成旅旅长、第一混成旅旅长、第十三混成旅旅长、十四省联军司令部参议及第一军参议等职。

**李景林**（奉系）　字芳晨，直隶枣强县人。1885 年生。保定军官学校毕业。历任黑龙江督军署参谋长、参战军第一师团长、奉天陆军暂编第七混成旅旅长。1922 年直、奉战后，升奉天陆军第十一师师长。1924 年第二次直奉战争时，任奉天镇威军第二军军长，成为奉系的骨干。击败直系后，李任直隶军务督办兼省长。1925 年被冯玉祥的国民军赶出天津，退往山东。1927 年与张宗昌、褚玉璞组成直鲁联军，任总司令。再次攻占天津后，再任直隶军务督办。不久被褚玉璞取代，改任直鲁陆军督练。1927 年归附蒋介石，曾任国民政府军事委员会委员。亦曾依靠韩复榘，任山东国术馆长。1931 年病死于济南。

**李耀昌**（直鲁联军）　直鲁联军张宗昌部属。曾任直鲁联军第二十七军军长。

**李启佑**（皖系）　杨化昭部属，后为卢永祥收编，任江苏第二混成旅旅长。

**李治云**（直系）　直隶山海关人。原为河南地方部队，后为吴佩孚部属。历任河南豫北镇守使、河南第一混成旅旅长。直、奉军阀混战时，任讨奉援军第八路司令。

**李宝璋**（直系）　字善侯，直隶人。直系孙传芳部属。曾任浙江督办公署卫队混成团团长、上海守备司令兼陆军第九师师长、安国军第二师师长、安国军第三军军长。

**李济臣**（直系）　字倬章。吴佩孚部属。曾任直鲁豫巡阅使署参谋长、河南省省长、援湘总司令。

**李鸿程**（直系）　蔡成勋部属。历任江西第二混成旅旅长、陆军第九混成旅旅长、赣西镇守使等职。

**李鸿翥**（国民军系）　国民第二军胡景翼部下。原为河南部队，后归国民第二军收编，曾任河南第三混成旅旅长、国民第二军第十八混成旅旅长。

**李福荃**（直系） 孙传芳部下。曾任安国军第二军第十五师师长。

**李长泰**（皖系） 字阶平，直隶武清县人。北洋武备学堂毕业。先在小站新建陆军工程营当领官，后历任北洋第六镇统领、大名镇守使、冀南镇守使、陆军第八师师长。袁世凯称帝时封三等男爵。1919年讨伐张勋复辟，任东路讨逆军副司令。事平升北京步兵统领，归附皖系。后封泰威将军。辞职后在天津居住。

**李长清**（皖系） 皖系陆洪涛部下。曾任甘肃陆军第一师第一旅旅长、甘肃陆军第一师师长。

**李传业**（皖系） 曾任安武军统领，安徽第二混成旅旅长，皖北镇守使，苏、皖、鲁、豫四省剿匪司令。倪嗣冲部属。

**李廷玉**（直系） 字实忱，天津人。保定将弁学堂毕业。曾充近畿督练处谘议、河间秋操审判官、陆军部检察官、南京兵备处总办兼警察总办。1911年辛亥革命时，协助张勋、铁良等守南京，抗拒革命军，被保为记名副都统，赏穿黄马褂，晋升为都统并加大勇号。民国成立后，历任乌里雅苏台将军署参赞、察哈尔军务帮办。1913年会同李纯在江西镇压革命军，授陆军中将，任九江镇守使、襄办江西军务、赣南镇守使等职务。后出任袁世凯模范团总参议、筹安会参议、江苏督军公署参议、江西省长。

**李纪才**（国民军系） 国民第二军胡景翼部下。曾任陕西第一师补充旅旅长、国民第二军第九师师长。

**李殿臣**（直系） 齐燮元部属。曾任江苏第三混成旅旅长、江苏淮南缉私营统领。

**杨春普**（直系） 字宜齐，天津人。北洋直系冯国璋部下。历任江北第十九师第三十八旅旅长、常州镇守使、陆军第十九师师长、苏常镇守使。

**杨增新**（老北洋系） 字鼎臣，云南蒙自县人。清末历任甘肃武备学堂、陆军学堂总办，甘肃振武军营务处，兼代振武军步队统领，署理新疆布政使。民国成立，投靠袁世凯，任新疆都督兼民政长，加陆军上将衔。1914 年改任新疆巡按使加将军衔督理新疆军务。袁世凯称帝封杨为一等伯爵。袁死后历任新疆省长兼督军。杨统治新疆达十七年之久，1928 年被部下刺死。

**杨震东**（直系）　孙传芳部属。曾任五省联军第七混成旅旅长。

**杨遇春**（奉系）　吉林部队张作相部下。曾任东北第二十混成旅旅长。

**杨以来**（直系）　天津人。蔡成勋部属。历任陆军第一师旅长、江西赣东镇守使等职。

**杨宇霆**（奉系）　字麟葛，奉天法库县人。1886 年生。日本士官学校炮兵科毕业。民国成立后曾任东三省讲武堂教官，历任陆军部科长、奉天军械局局长、奉天盛武将军公署参谋长、奉天督军公署参谋长、奉军司令部参谋长等职。1921 年任东三省巡阅使署总参议，奉天兵工厂总办。是奉系的核心人物。1924 年第二次直奉战争时任奉军镇威军总参谋长。战后奉系势力南下，出任江苏军务督办，后被孙传芳赶下台。回奉后任东北第四军团总司令、安国军政府大元帅府参谋长。1928 年张作霖死后被张学良枪杀。

**杨赓和**（皖系）　杨化昭部属。曾任陆军第二十四混成旅团长。江浙战争失败后，卢永祥再起，杨所部被收编为江苏第一混成旅，杨任旅长。后归孙传芳，在江西与国民党军作战失败被枪杀。

**杨善德**（皖系）　字树滋，安徽怀宁县人。天津武备学堂毕业。原属袁世凯部下，曾任新建陆军右翼步二营队官、北洋常备军右翼第十营营长、北洋第四镇第七协统领。1912 年以后任陆军第四师师长、淞沪护军使、克威将军。袁世凯称帝时被封为一等伯爵，袁死后归入皖系。1917 年任浙江督军。1919 年 8 月在浙江病死。

**杨清臣**（直系）　直隶人。直系曹锟部属。曾任陆军第二十四师旅长、师长，讨奉援军第四路司令。直系失败后下台。

**杨化昭**（皖系）　字德敷，直隶人。王永泉部属，后归卢永祥。

曾任陆军第二十四混成旅团长、旅长，浙沪联军第二军副司令。

**杨德生**（奉系） 张作霖部属。曾任东北第十四混成旅旅长。

**杜广乾**（直鲁联军） 曾任直鲁联军第七十一师师长。

**杜凤举**（直鲁联军） 字叔贤，山东人。直鲁联军张宗昌部下。曾任东北陆军第二十九旅第四十三团团长、直鲁联军第十军军长等职。

**杜锡珪**（直系） 字慎臣，福建闽侯人，1874年生。南京水师学堂毕业后去英国见习海军。在海圻快船当过驾驶、三副、二副、大副，曾任辰字鱼雷艇管带，代理建安兵船管带、海军警卫队管带、江贞炮艇管带。辛亥革命期间曾奉命随舰炮轰武昌。后参与海军起义，援助民军推翻清政府。后任海容舰长、第二舰队司令官。第二次直奉战争时参加直军作战。1923年任海军总司令。1924年任海军总长，1926年代理国务总理。靠近直系。1927年杜与海军总司令杨树庄密商后宣告海军加入国民革命军。1929年至1930年曾任中华民国专使考察欧美各国海军。1931年后任福建海军军官学校校长。1933年逝世。

**杜锡钧**（直系） 字宠彬，直隶故城县人。1880年生。曾任湖北新军工程营哨官，后入日本士官学校步兵科学习。辛亥革命时期加入民军，任第二协统领、民军北伐军第一军总司令官。1912年后任汉口镇守使、汉（汉口）黄（黄州）镇守使。后投归王占元、吴佩孚部，1926年任湖北省长、湖北留守军司令。1938年，出任伪治安总署督办。

**苏　珽**（直系） 直系周荫人部属。曾任陆军第十二师旅长、陆军第三十混成旅旅长、五省联军陆军第十二师师长。

**苏荣桂**（直系） 孙传芳部属。曾任安国军第三军第十二师师长。

**苏锡麟**（奉系） 字玉书，直隶人。原系张勋部下，后投张作霖。曾任定武军统领，奉天骑兵师旅长、师长，骑兵军长。

**吴　杰**（直鲁联军） 直鲁联军张宗昌部属。曾任直鲁联军第三军第四十六师师长。

**吴泰来**(奉系)　吴俊陞之侄。曾任东北陆军第十八师师长。

**吴桐仁**(皖系)　张广建、陆洪涛部下。曾任甘肃肃州镇守使。

**吴光新**(皖系)　字阁堂,安徽合肥人。是段祺瑞内弟,皖系骨干。日本陆军士官学校毕业。曾任北洋第三镇炮兵营管带、北洋第二军军部参议。1917 年任长江上游警备总司令、四川查办使。1920 年 7 月皖系失败,吴被湖北督军王占元扣押,他的部队被解散。1924 年任奉天第六方面军副司令。段祺瑞当执政时吴任陆军部长,兼训练总监。

**吴恒瓒**(直系)　字椠馨,1880 年生。湖北将弁学堂毕业。直系齐燮元部属。曾任江苏第四混成旅旅长、江苏第二师师长。

**吴炳湘**(皖系)　字镜潭,安徽合肥县人。武卫前军随营学堂修业。属袁世凯部下。曾充武卫前军随员、东三省转运局提调及直隶淮军营务处职。1900 年随袁世凯在山东任巡警道总理、山东全省营务处山东警卫队马步营统领。1912 年袁世凯任大总统,调吴为北京警察总监。袁世凯称帝,封吴炳湘为一等男爵。袁死后投入皖系。1920 年皖系失败,吴亦下台。1924 年段祺瑞任执政,派吴任安徽省长,不久辞职。

**吴庆桐**(老北洋系)　字子琴,河南商丘人。历任前清副将、奉天巡防营先锋队统领、河南南阳镇守使。

**吴新田**(皖系)　字芭荪,安徽合肥人。保定军官学校毕业。历任陆军第七师第十四旅旅长、湖南岳阳镇守使,后接张敬尧任陆军第七师师长。本属皖系,皖系失败后又依附直系,率部入陕,参加讨伐陈树藩,后移防汉中。1925 年,被段祺瑞委派督办陕西军务善后事宜,陕西护军使,后被国民第三军击败,退守汉中。以后回天津闲居。

**吴鸿昌**(直系)　字提沉,江苏宿迁县人,1878 年生。直系李纯部属。历任北洋第六镇第十二协统领、江西赣南镇守使兼陆军第九混成旅旅长、援粤军总司令。

**吴蓂卿**(直鲁联军)　直鲁联军张宗昌部属。曾任直鲁联军第十军军长。

**吴凤岭**(老北洋系)　河南人。天津武备学堂毕业。历任新建陆军右翼骑兵营队官。后升北洋第四镇统制。民国后,曾任陆军第十八师师长、南阳镇守使等职。

**吴长纯**(老北洋系)　袁世凯在小站督练新建陆军时,吴为副将。后升任北洋第四镇和第五镇统制。

**吴长植**(皖系)　段祺瑞部属,后归郑士琦。曾任近畿陆军独立步兵第一旅旅长、陆军第二十混成旅旅长、曹州镇守使。

**吴金彪**(直系)　字荫卿,江苏无锡县人。天津武备学堂毕业。曾充新建陆军左翼步兵一营领官。历任江西九江镇守使、江西赣东镇守使、江西军务帮办,度威将军等职。属直系。

**吴希贤**(奉系)　吴俊陞部属。曾任黑龙江第一军军长。

**吴佩孚**(直系)　字子玉,山东蓬莱县人,生于1874年。小商人家庭出身,1896年考中秀才。1897年到天津,投淮军,在聂士成部下当兵。曾入开平武备学校步科班学习。1901年袁世凯接收淮军,吴在天津陆军警察队任职。1902年入保定陆军速成学堂测绘科学习。1904年日俄战争爆发,被袁世凯派充间谍,与日军特务机关合作,赴东北各地搜集俄军情报。1906年调回保定,历任北洋第三镇参谋、营管带、炮兵第三标标统等职。1912年撤镇改师,随第三师调驻北京,任师部副官长,1914年升任第六旅旅长。1917年参加讨伐张勋复辟战役,任西路先锋。1918年随曹锟"征湘",吴驻军汉口,升任第三师师长兼前敌总指挥。这时以冯国璋为首的直系与段祺瑞的皖系已经趋向分裂,吴属于直系。吴率第三师和三个混成旅进攻湖南,连取岳州、长沙、衡阳。由于段祺瑞把湖南督军的职务给了皖系的张敬尧,吴遂停兵衡阳,与湘军达成停战协议,通电罢战主和。1919年12月冯国璋死,曹锟继承了北洋军阀直系首领的地位。1920年夏吴佩孚北返,得到西南军阀的资助,领兵北撤。直皖战争爆发,皖败直胜,吴佩孚升直鲁豫巡阅副使，次年兼任两湖巡阅使。1922 年直奉两系开战，吴佩孚击败奉军，在直系地位上升，成为仅次于曹锟的首脑人物，直系内部开始发生保（曹）、洛（吴）之争。曹锟贿选为总统后，吴任直鲁豫巡阅使。1924 年 9 月第二次直奉战争爆发，吴任直军总司令。由于直军主力冯玉祥部突然在北京发动政变，直军全线崩溃，吴退至湖北。1925 年吴在武汉组成十四省讨贼联军，自任总司令，先是讨张作霖，后又与张作霖联合，改称“讨赤军”，夹击冯玉祥的国民军，1926 年进占北京。当年国民革命军出师北伐，吴佩孚率部在京汉路顽抗，不久被击溃，吴由河南逃至四川。1932 年 2 月吴应蒋介石电邀回北平，同年 4 月聘吴为洛阳“国难会议”委员，吴未应召。1938 年 1 月，伪华北临时政府给吴以“特高顾问”头衔，月送车马费数千元，吴未为所动，1939 年 12 月暴卒于北平。

**吴俊陞**（奉系）　字兴权，山东历城人。1863 年生。出身行伍，为奉系骨干。曾任奉天巡防营后路统领，驻防辽源。民国后任奉天骑兵第二旅旅长、洮辽镇守使。袁世凯称帝时被封二等男爵。1917 年，后路巡防营与骑兵第二旅组编为陆军第二十九师，任师长。1921 年始，历任黑龙江督军、东三省保安副司令兼黑龙江保安司令、东北第五军军长、东北陆军第十八师师长、黑龙江军务督办、东北第六方面军总司令兼东三省保安总司令，多次参加对直战争。1928 年 6 月同张作霖一起在沈阳皇姑屯车站被日本关东军炸死。

**吴赞周**（直系）　孙传芳部属。曾任安国军第二军第六混成旅旅长。

**时全胜**（直系）　曹锟部属。曾任陆军第三师军官、陆军第十四混成旅旅长、讨奉第一军第三路副司令。

**宋大霈**（直系）　字云生，山东人。直系王占元部下，后归吴佩孚。历任湖北第三混成旅旅长兼荆宜镇守使、湖北陆军第三师师长。

**宋小濂**（老北洋系）　字友梅，吉林吉林县人。原为清末官僚，历任黑龙江候补知府、海伦厅同知、呼伦贝尔副都统、呼伦兵备道、署理黑龙江巡抚等职。民国成立，任黑龙江民政长、黑龙江都督加上将衔。后任中东铁路督办。

**宋子扬**（皖系） 徐树铮部属。曾任西北边防军第三混成旅旅长。

**宋邦翰**（皖系） 徐树铮部属。曾任西北边防军第一混成旅旅长。

**宋哲元**（国民军系） 字明轩，山东乐陵人。1885 年生。1912 年入陆建章左路备补军随营学校，毕业后任中营前哨哨长。以后随冯玉祥在第十六混成旅任营长，在第十一师任团长，后任第二十五混成旅旅长。1924 年 10 月，任国民第一军第十一师（后改第四师）师长。1925 年，任热河都统。1926 年 9 月，随冯玉祥加入国民党，为第二集团军北路军总司令兼暂编第一师师长。1927 年 6 月出任陕西省政府主席。1928 年改任暂编第九师师长，所部改编为陆军第二十八师，宋任师长。1929 年冯玉祥反蒋，在山西被阎锡山软禁，宋哲元代理国民军总司令，率部出潼关向河南进军失利，退回陕西。1930 年 4 月中原大战爆发，宋任第二方面军第四路总指挥。10 月战事失败，国民军残部退入山西，改编为第二十九军，宋任军长。1932 年 9 月，任察哈尔省主席。1933 年 3 月，率部参加长城抗日战争，任华北军第三军团总指挥。1935 年 8 月，宋任平津卫戍司令，11 月间又任冀察绥靖公署主任。同年冬，担任冀察政务委员会委员长，兼河北省主席。1937 年“七七”事变后，宋撤至保定，第二十九军扩编为第一集团军，宋为总司令。1938 年蒋介石调宋为第一战区副司令长官，所部曾参加台儿庄、徐州等著名战役。后第一集团军撤销，宋被夺去军权，患肝病离职休养。1940 年 4 月 5 日病逝于四川绵阳。

**沈鸿烈**（奉系） 字成章，湖北天门人。1883 年生。日本海军学校毕业。回国后，1912 年任上海海军总司令部参谋，1913 年任参谋本部科长，1919 年任陆军大学军事教官。1922 年任吉黑江防司令部参谋长，次年任东三省保安总司令部航警处处长，1924 年兼任东三省海防总指挥，1925 年任东北海军舰队司令兼东北水道局董事长。属张作霖部。1927 年任东北渤海联合舰队总指挥兼海军副司令。1928 年曾任青岛市市长。1937 年任山东省主席兼保安司令。1941 年任国民政府农林部长。1946 年任浙江省主席。1948 年任考试院铨叙部长。后居台湾。

**何　遂**（国民军系）　字叙文，福建人。国民第三军孙岳部下。北京陆军大学毕业。曾任陆军第十五混成旅和国民第三军参谋长、暂编第四师师长及广州黄埔军校教育长等职。

**何长保**（直鲁联军）　直鲁联军张宗昌部属。曾任直鲁联军第三军第五十六师师长。

**何柱国**（奉系）　号铸戈，广东容县人。1896 年生。先入广东陆军小学，后进保定军校。1919 年春毕业于日本士官学校第十二期骑兵科。回国后在陆军第九师见习，随任保定军校骑兵科上尉分队长。1922 年任东北讲武堂教官。1924 年榆关战役时，任第一、三联军司令部作战科主任参谋。次年历任苏皖宣抚军作战科长、苏皖鲁剿匪司令作战科长、皖督姜登选之督署参谋主任。姜死，东北陆军第三、四方面军团部调何任参议、团长和旅长等职，后升任陆军第二十三师师长。1928 年东北易帜时所部缩编为东北陆军第三旅，何任旅长。1930 年调任独立第九旅旅长兼临榆警备司令，因“剿匪”有功，晋级中将，移驻山海关。“九一八”事变后与日军在山海关一带作战。1933 年 4 月，长城各口相继失陷，何军撤退。何后升一〇九师师长，1934 年升第五十七军军长，1935 年调任骑兵军长。全国解放后曾任浙江省政协委员、全国政协委员。1985 年病逝。

**何宗莲**（老北洋系）　字春江，山东平阳县人。天津武备学堂毕业。新建陆军左翼步兵二营领官，后升统带。历任北洋常备军左翼第一营营长、北洋第一镇统制。1912 年改镇为师，何任师长，是北洋陆军早期的骨干。后升察哈尔都统。1914 年调将军府将军。1931 年于历城病故。

**何丰林**(皖系)　字茂如,山东平阴县人。天津武备学堂毕业。历任北洋常备军左翼步兵第九营营长、陆军第四师第七旅旅长。袁世凯称帝被封为三等男爵。袁死归入皖系。历任浙江嘉湖镇守使、淞沪护军副使、淞沪护军使兼陆军第六混成旅旅长。1924 年齐卢战争,任浙沪联军第一军总司令。战败后逃赴大连。1927 年加入奉系,任张作霖大元帅府军事部长兼安国军模范军团总司令。1938 年充任伪华北政务委员会武官长。

**何佩瑢**(直系)　字韵珊,湖北建始县人。日本士官学校步兵科毕业。历任北洋第二镇队长、第二师参谋长、湖北督军署参谋长、湖北政务厅长、湖北省长等职。是直系王占元的亲信。

**佟麟阁**(国民军系)　字捷三,直隶高阳县人。冯玉祥部下。1924 年任陆军第十一师第二十一旅旅长。1925 年冬升任第十一师师长。1937 年"七七"事变日军进犯南苑时,所在第二十九军首先反击,佟麟阁壮烈殉职。

**邹　芬**(奉系)　张作霖部属。曾任奉天第一师旅长、陆军第十六师师长。第一次奉直战争失败后解职。

**邹作华**(奉系)　字岳楼,吉林人。张学良部属。曾任奉天炮兵第十一旅旅长、东北炮兵司令。1936 年西安事变后投靠蒋介石,曾任中央炮兵学校教育长。

**陈　仪**(直系)　字公侠,浙江绍兴人。1883年生。1907 年日本陆军士官学校毕业。孙传芳部属。辛亥革命期间任独立后的浙江省都督总参议、军政司长。1925 年参加孙传芳对奉作战,曾任五省联军浙江第一师师长、徐州总司令、浙江省长。后投归国民党蒋介石。1926 年任国民革命军第十九军军长。1928 年编为独立第十五师,陈任师长。"九一八"事变后,陈调任军政部次长。1935 年调任福建省政府主席。"七七"事变后,任行政院秘书长,后又调任党政工作考核委员会秘书长。1945 年抗战胜利不久,调赴台湾长官公署,任台湾行政长官。1947 年曾镇压台湾人民"二二八"武装起义，事后下台。1948年春因倾向中国人民革命被国民党当局监禁，1950年在台湾被处死。

**陈　宧**（老北洋系）　字二庵，湖北安陆县人。1870年生。日本陆军士官学校毕业。在四川总督锡良幕下负责督练新军，任帮统、协统。1907年随锡良入滇，任云南讲武堂堂长。锡良调东三省总督，陈任奉天督练公所总参议，升第二十镇统制。民国元年任参谋部次长。因对袁世凯称帝极力迎合，取得袁的宠信。1913年3月任四川巡按使，后晋封毅威将军，督理四川军务。袁世凯称帝，陈又通电反对，并宣布四川独立。后被川人驱逐离境，到天津租界闲居。1939年死于天津。

**陈玉昆**（奉系）　奉系吉林部队张作相部属。曾任东北陆军第九混成旅旅长、依兰镇守使。

**陈光远**（直系）　字秀峰，直隶武清县人。1873年生。天津武备学堂毕业。先在武卫右军当队官，1902年升北洋常备军军政司总务处总办，后调北洋第四镇第八协统领。1911年武昌起义，陈随冯国璋到湖北镇压革命军，升第四镇统制。后因第四镇一部兵变，被撤职。1912年复任陆军中将、总统府谘议官。1913年任热河巡防营统领兼赤峰镇守使。1914年袁世凯直接统率的军事模范团成立，陈光远任团副，并兼新编陆军第十二师师长及模范团督练。袁世凯称帝，封陈一等子爵。袁世凯死后，陈归入直系。1917年任京津警备副司令，张勋复辟时被任为北京九门提督，继又参与讨张。冯国璋代理大总统，任陈为江西督军。1921年被江西人民驱逐，遂辞职回天津经营商业。1939年死于天津。

**陈树藩**（皖系）　字伯生，陕西安康县人。保定军官学堂毕业。在陕西任新军下级军官。辛亥革命时，曾参与陕西革命人士的活动，升陕西第一混成旅旅长。后投靠袁世凯。1914年参与镇压白朗起义，1915年任陕南镇守使。袁世凯称帝，陈乘机赶走陕西将军陆建章，又投入皖系，任陕西督军兼省长，封汉武将军，并参加拥段驱黎的督军团。1921年被直系赶下台。后寓居天津。

**陈嘉谟**(直系)　字献廷,直隶人。原为直系萧耀南部下。历任陆军第二十五师旅长、师长。1926 年萧耀南死后,继任湖北军务督办。1927 年国民革命军北伐,陈困守武汉被俘。释出后,移居天津。后病死。

**陈光逵**(直系)　直隶武清县人。陈光远之弟。曾任陆军第三混成旅旅长。

**陈文钊**(直系)　直系靳云鹗部属。历任陆军第八混成旅团长、陆军第十四师旅长、陆军第十四师师长。靳云鹗下台,曾投归国民第二军任第四师师长。靳再出,陈任河南保卫军军长,靳失败后陈下台。

**陈文运**(皖系)　字禹臣,河南人。新建陆军随营步兵学堂毕业。曾充右翼哨官,后升北洋第三镇第六协统领。曾任北京讲武堂堂长。后归皖系,任参战军第三师师长(参战军后改称边防军),1925 年任训练副总监。

**陈调元**(直系)　字雪暄,直隶安新县人。1886 年生。1910 年保定军官学堂毕业。历任江苏宪兵司令、陆军第七十四混成旅旅长、江苏第五混成旅旅长、江苏第四师师长。1923 年任江苏淮海镇守使,1925 年任江苏军务帮办。直系冯国璋部属。孙传芳组织五省联军时,陈任安徽省总司令。1927 年投入国民党,任国民革命军第三十七军军长、安徽省政府主席。1930 年参加中原大战。1934 年任赣粤闽湘鄂五省"剿共"预备军总司令。1943 年病死。

**陈乐山**(皖系)　河南罗山县人。皖系杨善德部下。历任陆军第四师第七旅旅长、第四师师长、沪浙联军第二军总司令。

**陈希圣**(国民军系)　冯玉祥部下。曾任西北军暂编陆军第三师师长。

**陈毓耀**(国民军系)　冯玉祥部下。曾任陆军第十一师第二十二旅旅长、西北军暂编第五师师长。

**陆　锦**(老北洋系)　字绣山,天津人。历任参谋部次长、模范团团副、陆军第九师师长、陆军部总长。袁世凯的亲信,袁死后归入直系。

**陆　沄**(直系)　吴佩孚部属。曾任陆军第四混成旅旅长兼蒲通镇守使、武昌警备司令,1927年与国民党军作战被俘,被杀害。

**陆洪涛**(皖系)　字仙槎,江苏铜山县人,毕业于天津武备学堂,与段祺瑞、王占元等为同学。清末在甘肃任新军督操官。历任甘肃常备军第一标第一营管带、第一标标统。1913年任陇东镇守使。1921年继张广建为甘肃督军。1924年兼甘肃省长,1925年辞职。先属皖系,后投直系。

**陆裕光**(直鲁联军)　广西军阀陆荣廷之子。为张宗昌部下,曾任直鲁联军第七十四师师长。

**陆殿臣**(直系)　周荫人部属。曾任陆军第十二师独立第三团团长、五省联军第十三师师长。

**陆建章**(老北洋系)　字朗斋,安徽蒙城县人。1862年生。天津北洋武备学堂毕业。1895年随袁世凯训练新建陆军,历任督队稽查先锋官、左翼步兵一营帮带、山东曹州镇总兵、广东高州镇总兵。1912年,任总统府卫队参谋、右路备补营统领,后改任卫队统领。同时任北京军政执法处处长,有屠户之称。1913年警卫团扩编为警卫师,陆任师长。1914年警卫师改为陆军第七师,陆仍任师长,兼豫、陕、甘剿匪督办。镇压白朗起义军,升陕西都督,不久改任咸武将军督理陕西军务。因拥护袁世凯称帝,被封为一等侯爵。1916年,陆被部下旅长陈树藩驱逐离陕。1917年封炳威将军。冯国璋代理大总统,聘陆为总统府高等顾问,归为直系。当时冯国璋、段祺瑞交恶,陆为冯奔走联系。1918年7月被皖系徐树铮枪杀于天津中州会馆奉军司令部。

**张　林**(直系)　蔡成勋部属。曾任陆军第三混成旅旅长。

**张　宪**(奉系)　李景林部属。曾任直隶第三混成旅旅长。

**张　勋**(老北洋系)　字绍轩,1854年生,晚年号松寿老人,江西奉新县人。小商贩家庭出身,少年时当过盗匪。是北洋军阀顽固复辟派代表人物。1884年在长沙投军,以"军功"由士兵升下级军官。1891年升为参将。1895年转投袁世凯组建的新建陆军,充任中军官兼工程营帮带。1899年随袁世凯到山东镇压义和团,充武卫右军先锋队头等先锋官兼巡防营管带。1901年慈禧太后和光绪皇帝自陕西返回北京时,张奉命前往"迎驾"回京,得慈禧赏识,升为直隶淮军统领、四川建昌镇总兵,加云南提督、甘肃提督衔。1903年徐世昌任东三省总督,调张勋当奉天巡防营翼长。1909年张被调为江南提督,会办长江防务。1910年接任钦差江防大臣。1911年武昌起义爆发,革命军围攻南京,张率部顽抗,兵败后逃窜到山东兖州。清政府授张江苏巡抚,署理两江总督兼南洋大臣,企图继续阻遏辛亥革命。1912年民国成立后,所部改编为武卫前军,驻兵山东兖州,但仍暗中联系各地封建余孽和王公贵族,阴谋策划复辟活动。1913年7月,奉袁世凯命率部进攻南京,镇压"二次革命",9月攻陷南京,纵兵烧杀,洗劫全城。袁提升张任江苏都督,不久又调任长江巡阅使。1914年袁任张为定武军军统,加定武上将军衔。袁世凯称帝时封张为一等公,后又兼任督理安徽军务。1916年袁世凯死后,张在徐州召集四次各省督军会议,进行复辟准备;1917年5月,张以调解"府院之争"为名,带五千名辫子兵由徐州突然进兵北京。7月1日拥溥仪"登极"。张勋自任议政大臣兼直隶总督、北洋大臣,封忠勇亲王。7月12日讨逆军攻进北京,"辫子军"迅速瓦解,张则避入荷兰使馆,复辟丑剧终场。1921年徐世昌当总统时,又任命张为热河农垦督办,张慑于全国人民的反对,未敢就任,蛰伏于天津,1923年病死。

**张　毅**(皖系)　皖系李厚基部属。曾任福建第一师师长兼厦门镇守使。后投归国民党。

**张万信**(直鲁联军)　直鲁联军张宗昌部属。曾任直鲁联军第二十六军军长。

**张士钰**(老北洋系)　字宝斋,直隶武清县人。新建陆军步兵随营学堂毕业。历任拱卫军参议官、拱卫军司令、陆海军大元帅统率办事处办事员、总务厅长、陆军部次长。

**张树元**(皖系)　字少卿，山东无棣县人。新建陆军随营德文学堂学生，日本陆军士官学校炮兵科毕业。历任北洋第五镇炮兵标统、第五镇第十协统领。1912年镇压山东革命军后升陆军第五师师长、山东军务帮办、山东督军兼省长。后调将军府谦威将军。执政府军务厅长。

**张树声**(国民军系)　字俊杰，直隶沧县人。冯玉祥部下。曾任陆军第十六混成旅参谋长、陆军第十一师骑兵团长、察哈尔察东镇守使、国民第一军骑兵第一师师长、察哈尔军务帮办。

**张克瑶**(皖系)　字瑜珊，安徽寿县人。张怀芝部属。北洋将弁学堂毕业。任山东第一混成旅旅长等职。后投入国民党，曾任国民革命军第三十三军副军长、军长，陆军第一师副师长等职。

**张培荣**(皖系)　字耀臣，河南正阳人，1875年生。郑士琦部属。曾任山东第六混成旅旅长、曹州镇守使。

**张敬尧**(皖系)　字勋臣，安徽霍丘县人。1880年生。1910年保定军官学堂毕业。在北洋第六镇任下级军官。民国后镇改为师，张任第六师第十一旅第二团团长。1913年升任陆军第六师第十一旅旅长。历任第三混成旅旅长、南昌镇守使。1914年升陆军第七师师长。袁世凯称帝被封为一等子爵，任讨滇军司令，镇压护国军。袁世凯死后，转入皖系，加入督军团拥段驱黎。1917年参与张勋复辟，封长江水师提督。但随后又随段祺瑞声讨张勋。段祺瑞重出组阁，任张为苏、皖、豫、鲁四省边区剿匪督办。1918年任湖南督军兼省长。1920年夏被湘人赶下台。1925年投张宗昌，任直鲁联军第二军军长。1928年任直鲁联军第五师师长，后张宗昌失败，张敬尧逃赴大连。1932年投靠伪满政权，与日本特务勾结，各处活动。1933年被刺杀于北平六国饭店。

**张敬汤**(皖系)　张敬尧之弟。曾任陆军第七师补充旅旅长、湖南第一混成旅旅长。后因在湖南失败，退至武汉，被湖北督军王占元枪决。

**张联陞**(直系)　字仲三，直隶宝坻县人。原为黎天才部下，任陆军第九师旅长。后归吴佩孚,任陆军第十七混成旅旅长、襄郧镇守使、中央第五师师长。吴佩孚失败后曾一度投归靳云鹗、冯玉祥等统属,不久解职。

**张载阳**(皖系)　字暄初,浙江杭县人。浙江武备学堂毕业。曾充浙江常备军步队队官、第三营管带、陆军第四十八标标统、第四十二协统领、第四协统领。原为浙江朱瑞部属,后靠近皖系。民国后历任第二十五师第五十旅旅长,继升第二十五师师长、台州镇守使、嘉湖戒严司令。后任暂编浙江第二师师长。

**张怀芝**(皖系)　字子志,山东东阿县人。天津武备学堂毕业。历任新建陆军左翼炮兵营领官、北洋常备军协统、山海关巡防营统领、北洋第五镇统制。民国后历任天津镇守使、保定镇守使、察哈尔都统。1916 年封清武将军督理山东军务。袁死后,张投入皖系,任山东督军。张与倪嗣冲等组成督军团,拥段驱黎。段祺瑞再出组阁,张任湘赣陆军检阅使,率军征湘,遭到失败,调参谋总长。皖系失败,又转入直系。1924 年第二次直奉战争,张为参谋总长兼直系前敌总执法处长。直系失败,张去职。

**张怀斌**(皖系)　字献臣,山东东阿县人。张怀芝的兄弟。日本士官学校步兵科毕业。历任直隶巡防右路统领、直隶蓟榆镇守使、山东督军公署参谋长、山东第二混成旅旅长、烟台镇守使等职。

**张明九**(奉系)　字星五,1872 年生,奉天新民县人。黑龙江部队鲍贵卿部属。行伍出身。清末升迁至统领。1914 年改编新军授陆军少将。历任黑龙江第二混成旅旅长、东北第十七混成旅旅长、呼伦贝尔镇守使。

**张焕相**(奉系)　字台崇,奉天抚顺县人。张作霖部属。日本陆军士官学校毕业。曾充奉天都督署参谋、科长,盛武将军行署顾问,黑龙江督军公署参谋长,陆军第十九混成旅旅长,中东护路司令。后归附满洲国,沦为汉奸。

**张景惠**(奉系)　字叙五,奉天海城县人。1871 年生。出身绿林,清末与张作霖一起接受改编,充奉天巡防营帮带、骑兵营管带。

以后历任陆军第二十七师团长、旅长，奉天第一师师长，奉军副司令，察哈尔都统。是奉系元老。1922 年第一次直奉战争，张景惠任奉军西路司令，厌战撤兵，导致奉军败北。1926 年，先后任潘复内阁的陆军总长、实业总长。1928 年，任东三省特别区行政长官。1931 年，任国民政府军事参议院院长。伪满洲国成立，张景惠当了汉奸。历任伪满军政部大臣和伪满国务总理大臣。1945 年日本投降时被苏联红军逮捕，后引渡回国，在抚顺接受改造。

**张鼎勋**（皖系）　皖系徐树铮部属。曾任西北边防军第四混成旅旅长。

**张之江**（国民军系）　字紫岷，直隶盐山县人。1881 年生。行伍出身。曾充清末新军第二十镇下级军官。为冯玉祥部属。1911 年参加滦州起义，兵败离职。1912 年任晋北东路军司令部参谋、陆军第十六混成旅参谋。1915 年，冯玉祥率第十六混成旅驻川时，张任团长。1918 年受基督教洗礼，成为教徒。1921 年在陕西升陆军第十一师第二十二旅旅长。1922 年入豫援直，改任第七混成旅旅长。1924 年随冯玉祥发动北京政变，推翻直系政权，任察哈尔都统兼骑兵第一旅旅长。1926 年继冯玉祥任西北边防督办兼西北军总司令。8 月察哈尔失守，张退绥远，随冯玉祥转入国民党旗下。1928 年为国民政府委员，后任南京国术馆长。1930 年任苏北清乡督办，1932 年任军事参议院上将参议。后任第二、三、四届国民参政员，国民党第六届中央执行委员等职。1946 年后闲居。中华人民共和国成立后，任全国政协特邀委员、民革中央委员。1966 年病故。

**张之杰**（直系）　河南温县人。陈光远部属。曾任陆军第十二师第二十三旅旅长、陆军第三混成旅旅长、赣南镇守使。

**张广建**（皖系）　字勋伯，安徽合肥人。在清季曾任山东布政使、山东巡抚兼提督。1912 年任山东都督。不久调京兆尹，1914 年任甘肃巡按使，加将军衔督理甘肃军务。袁世凯称帝时被封为一等子爵。袁死后，归入皖系，继任甘肃省长兼督军。1920 年皖系失败，辞职回天津，在租界留居。

**张文生**（皖系） 字星五，江苏沛县人。清末历任江防营统领、徐宿各州地方总兵。原为张勋部属。曾在南京抗拒革命军，因战功升记名提督。张勋复辟失败后，转归皖系。历任徐州镇守使，定武军统领，苏、皖、鲁、豫四省边区剿匪督办，安徽督军等职。

**张永成**（老北洋系） 曾任北洋常备军左翼步兵第六营营长、第三镇第六协统领、第五镇统制等职，后升任陆军第十一师师长。

**张宗昌**（直鲁联军） 字效坤，山东掖县人。1881年生。出身民团。1911年辛亥革命时投山东民军都督胡瑛部当兵。1912年转投上海陈其美部下，升为光复军骑兵团团长。1913年任江苏陆军第三师师长。“二次革命”时投到冯国璋部下，归入直系。历任江苏陆军军官教育团团长、江苏宣武上将军公署副官长、陆军第六混成旅旅长。1918年随张怀芝援湘，升暂编陆军第一师师长。张怀芝在湘失败，张率部退至江西，被江西督军陈光远派军包围解散。张回到北方，转投奉系张作霖，先充宪兵营长，后历任吉林陆军第三旅旅长兼绥宁镇守使、奉天陆军第三混成旅旅长。1924年直奉第二次战起，张宗昌升任东北军第一军副军长。直系战败，张宗昌乘机窜入关内，大肆收编直系溃军，扩大自己势力。在张作霖保荐下，段祺瑞任命张宗昌为苏皖剿匪司令。继又任山东军务督办、直鲁联军总司令，滥肆招编军队，残害地方民众。张作霖任大元帅时，任张为安国军副司令，并封为义威上将军。1928年在山东被国民党军队击败，退入冀东滦县一带。张作霖被炸死后，张学良拒绝张宗昌所部回东北，遂被国民党军队收编，张宗昌逃赴大连。1932年9月3日韩复榘指使郑继成枪杀张宗昌于济南车站。

**张宗辅**（直鲁联军） 直鲁联军张宗昌部属。曾任直鲁联军第十一军军长。

**张庆昶**（直系） 蔡成勋部属。曾任江西第三混成旅旅长。

**张庆禄**（奉系） 鲍贵卿部属。曾任黑龙江第一混成旅旅长。

**张席珍**（直系） 直系曹锟部属。曾任陆军第三师第六旅旅长、讨奉援军第三路司令、陆军第三师师长。

**张学良**(奉系)　字汉卿，奉天海城县人，奉系首脑张作霖长子。生于1901年。1919年进东三省陆军讲武堂学炮兵，毕业后授炮兵上校，任奉天督军署卫队营营长、卫队旅第二团团长。1920年6月升第三混成旅旅长。参加直皖战争，晋级陆军上将。第一次直奉战争中任镇威军第二梯队司令，指挥东路军事。奉系失败后，张作霖努力整军，张学良协助筹划，成立了东北陆军整理处，担任第二旅旅长，兼整理处参谋长和东三省航空处总办。1924年升任第二十七师师长，兼东三省陆军训练副监，驻防锦州。第二次直奉战争时任镇威军第三军军长兼第四师师长，在山海关方面作战。直系失败后，于1925年春统带京榆司令部，进驻天津。郭松龄在滦州起兵反奉失败，张学良任第三军军团长。年底与冯玉祥国民军作战。1926年7月任安国军第三军军团长，进兵河南，企图阻止北伐军前进，被击败后退回保定。1928年“北伐”期间，张学良力主退兵关外。张作霖被日本炸死后，张学良被推为东三省保安总司令，成为东北最高统治者。当年底宣布东北“易帜”，归附南京国民党政府，被任为东北边防司令长官。1930年蒋、冯、阎等军阀在中原混战，张被蒋任命为全国陆海空军副司令，派兵进关，促使冯、阎势力瓦解。1931年4月张在北平成立副司令行营，仍兼东北边防司令长官。日本帝国主义发动“九一八”事变，攻占沈阳，东三省大片土地相继沦丧。12月16日张被解除陆海空军副司令一职，改任北平绥靖主任和代理北平军分会委员长。1933年热河失陷，国民党政府把失地责任完全委罪于张学良，张引咎辞职，出国到意大利游历。1934年应蒋介石电召回国，历任鄂、豫、皖三省“剿匪”副司令、武昌行营主任、西北“剿匪”副司令等职。所率东北军在豫、鄂、皖、陕、甘与红军作战，损失很重，后接受中共关于“停止内战、一致抗日”的主张，于1936年12月12日联合杨虎城发动“西安事变”，扣押蒋介石，并发表对时局宣言，提出了八项抗日救国主张，迫蒋接受了以张、杨八项主张为基础的六项条件。“西安事变”和平解决后，张于 12 月 25 日亲自陪送蒋介石回南京。到南京后，蒋背信弃义，将张学良扣留，后迁至台湾。晚年移居美国。

**张学成**（直鲁联军） 直鲁联军军官。张学良族弟，投归张宗昌部下。曾任直鲁联军第七十师师长。

**张学骞**（直系） 孙传芳部属。曾任安国军第三军第二十九混成旅旅长。

**张汝清**（皖系） 李厚基部属。曾任福建第一混成旅旅长。

**张治公**（直系） 字干岑，河南洛阳人，1881 年生。辛亥革命时曾起兵响应张钫。1912 年授职标统，不久升镇嵩军第二路统领，属刘镇华部。1916 年镇压白朗起义，升旅长。1924 年升陕西陆军第二师师长，任讨奉军第七路司令。吴佩孚大败后再起时，任张为讨贼军第一路总司令。1926 年任陕潼护军使。1930 年归附蒋介石任军事参议院少将参议。

**张海鹏**（奉系） 字仙涛，奉天海城人。原为冯德麟部下，后归张作霖。曾任陆军第二十八师旅长、洮辽镇守使。以后在伪满洲国任职。“九一八”事变后，张受日军指挥，攻占热河。日本投降后，匿于天津，解放后被镇压。

**张福来**（直系） 字子衡，直隶献县人。1871 年生。曾入武备学堂学习。原为曹锟部属，在北洋第三镇任队官、管带等职。民国后任陆军第三师第六旅旅长，1921 年任陆军第二十四师师长兼岳州警备司令，授中将衔。1922 年任河南军务督理，归吴佩孚指挥。1924 年第二次直奉战争时任讨奉援军总司令。直系失败，张逃赴湖北。1925 年吴佩孚再起，张追随吴氏，但亦未再掌握军权，吴佩孚败逃四川，张亦从此销声匿迹，后死于汉口。

**张九卿**（奉系） 字向辰，奉天黑山县人。天津讲武堂毕业。曾任骑兵第三旅旅长、第四师第八旅旅长、第八师第十六旅旅长、大总统府侍从武官、吉林第一混成旅旅长、延吉镇守使、东北陆军第十三师师长兼蓟榆镇守使。

**张仁奎**（直系） 属直系冯国璋、李纯、齐燮元等部。历任陆军第七十六混成旅旅长、江苏通海镇守使等职。

**张廷枢**(奉系)　字蔚九,奉天义县人。张作相之子,东三省陆军讲武堂毕业。历任张作相的卫队旅副官、暂编第三混成旅营长。又考送日本帝国陆军步兵专科学校。1924 年奉调回国后,历任东北陆军团长、第十九旅旅长、第十二师师长等职。1928 年该师缩编为东北边防军第十二旅,张任该旅中将旅长。1931 年调任陆军第一一二师师长。

**张自忠**(国民军系)　字荩忱,山东临清人。1891 年生。冯玉祥部下。1911 年入天津法政学堂,旋转济南法政学堂。1914 年辍学当兵,1916 年入第十六混成旅模范连学习,历任连、营长。1924 年任团长。1926 年任国民第一军第十五混成旅旅长。1927 年任国民军第二集团军司令部副官长,旋被任为开封军官学校校长。1929 年任陆军第二十五师师长。1930 年中原大战失败,所部被改编为陆军第二十九军第三十八师,张任师长。1933 年参加过察北抗日战争。1935 年曾充察哈尔省政府主席,次年又任天津市市长。抗日战争爆发后,张曾一度暂代冀察政务委员会委员长兼北平市长。平津沦陷,张化装出走,参加抗日战争。1938 年任第二十七军团长兼第五十九军军长,同年升第三十三集团军总司令兼第五战区右翼兵团总司令,转战豫南鄂北一带。1940 年 5 月 7 日张率第七十四师由宜城渡襄河截击敌军,与日军激战九个昼夜,5 月 18 日在南瓜店壮烈殉职。

**张兆钾**(直系)　原为陆洪涛部属。曾任甘肃陇东镇守使,后归直系。

**张作霖**(奉系)　字雨亭,1875 年生,奉天海城县人。幼年读过私塾,学过兽医,1894 年投毅军当兵。不久回家开设小兽医院。因医马和好赌结识了绿林。通过其岳父的关系,当了“保险队”的头目,并与张景惠、汤玉麟、张作相等结伙,拥有二三百人的武装,横行辽西。1901 年张作霖被收编,任新民府游击马队管带。1902 年清朝地方政府扩编巡防营,张被任为前路统领。1906 年张又兼中路统领。至此，张已身兼两路统领，拥有步兵五营、马队七营的兵力，后又联合了左、右各路军官吴俊陞等人，拼凑了奉系军阀最初的班底。

1911年奉天混成协蓝天蔚部密谋反清，张部调往沈阳赶走了蓝天蔚，张部被编为第二十七师，张任师长。1914年赴京见袁世凯，受到袁的优礼接待，从此开始进入以袁世凯为首的北洋军阀集团，并逐渐成为其中的一股重要势力。1915年袁世凯称帝时，张曾劝进，封为子爵。1916年被任为威武将军，督理奉天军务兼巡按使。袁世凯死后，张与段祺瑞关系密切。1918年张与皖系徐树铮勾结，增编奉军一个师五个混成旅，张自任奉军总司令，徐为副司令，由徐率部入关，拥段组阁。9月，段祺瑞任张为东三省巡阅使。至此，东三省军政大权尽入其手，形成以张作霖为首的奉系军阀集团。

1920年夏，直皖战起，张暗助直系。皖系失败后，奉直两系同时执掌北京政权。张在北京设奉军司令部，驻兵京津要冲。1921年张又兼蒙疆经略使，节制热、察、绥三特区。1922年第一次直奉大战，张败退出关，被北京政府免去本兼各职。张自任东三省自治保安总司令，宣布东三省独立。在日本帝国主义支持下，整编东三省各军，扩建沈阳兵工厂。此间又与段祺瑞和解修好，并联络孙中山，组成段孙张反直三角联盟。1924年第二次直奉战争时，由于冯玉祥等在北京发动政变，奉系获胜，张到津后迫冯共同拥段祺瑞出任临时执政。段上台后任张为镇威上将军，节制东三省军务并任奉天省长。不久，奉军开到上海并伸张到了东南地区。1925年10月间，直系孙传芳进军上海，攻占了苏、皖两省，张在东南的势力迅速瓦解。1926年春，张与直系吴佩孚结盟，奉军三次进关。在张吴夹击下，国民军退出北京，段祺瑞下台。12月间张又联合被蒋介石击败的孙传芳部，组成安国军，自任总司令，宣称“反共讨赤”。1927年夏，孙传芳、张宗昌领衔拥张为中华民国海陆军大元帅，总揽北京政权。1928年春，蒋（介石）冯（玉祥）阎（锡山）李（宗仁)联合“北伐”,奉军、直鲁联军全线撤退。6月4日,在由京返奉途中在皇姑屯被日本军方炸死。

**张作相**(奉系)　字辅忱,奉天义县人,1881年生。出身绿林。受招抚后充奉天巡防营帮带,是奉系的骨干。历任陆军第二十七师营长、团长、旅长。1918年调为奉天暂编第五混成旅旅长。1919年初,兼任东三省巡阅使署总参谋长及卫队旅旅长、奉天警备司令,同年任第二十七师师长。1920年任巡阅使署及奉天督军署总参议。1922年第一次直奉战争中任镇威军东路第一梯队司令。1923年兼东三省陆军整理处副监。1924年9月升东三省保安副司令兼吉林省长。同年秋,第二次直奉战起,张兼任镇威军第四军军长。1925年任督办吉林军务善后事宜,仍兼吉林省长。同年3月兼任东三省铁路护路军总司令及东北陆军第十五师师长。不久,又兼第五方面军军团长。1927年6月,张作霖就任陆海军大元帅,张作相晋授辅威将军。1928年改任吉林省保安司令,仍兼吉林省长。1929年1月,任东北边防军副司令长官兼吉林省政府主席、东北政务委员会委员、国民政府委员及中央政治会议委员。“九一八”事变后,张避居天津。1931年初,就任国民政府军事委员会北平分会委员。同年2月任华北第二集团军总司令兼第六军团总指挥。热河失陷后,张学良下野,张作相也辞去本兼各职,在津闲居。1945年日本投降,蒋介石特派张作相为东北行营政治委员。1948年东北解放,张在锦州被俘。经人民解放军宽大释放,护送回津,1949年病故。

**张作涛**(奉系)　字松齐,奉天义县人。张作霖部属。历任奉天暂编陆军第二混成旅步兵第一团团长、陆军第二十八师步兵第五十八旅旅长、东北陆军第四混成旅旅长。

**张俊峰**(直系)　字一山,山东人。保定武备学堂毕业。原属王占元部,后归孙传芳。历任陆军第十八师步兵第三十六旅旅长、福建闽北镇守使、陆军第二十四混成旅旅长等职。

**张锡元**(直系)　字嘏民,直隶密云县人。历任河南第二十九旅旅长、河南第一师师长、将军府参军、近畿陆军步兵第二旅旅长。袁世凯死，投入皖系，任陆军第四混成旅旅长、援陕司令。皖系失败，又投直系，任察哈尔都统。1924年直系失败，张下台闲居。

**张锡銮**(老北洋系)　字金波，浙江杭县人。清监生。历任奉天通化、锦县知县，奉天新军前后三营统领兼鸭绿江团练，直隶海防营务处总办，北洋营务处兼发审处总办，奉天东边道，中军各营统领，奉天副都统。1911年任山西巡抚。1912年任直隶都督，同年调东三省西边宣抚使、奉天都督。1914年任镇安上将军督理奉天军务，兼管吉林、黑龙江军务。1915年调湖北，因王占元暗中抵制未能到任，改任镇威上将军、参政院参政。袁世凯称帝时被封为一等伯爵。

**张镇芳**(老北洋系)　字馨庵，河南项城县人。1863年生。清进士。历任户部主事、永七盐务局总办、陆军粮饷局总办、行营营务处总办、湖广总督后勤军需局总办、天津道、长芦盐运使兼护直隶臬司、度支部部丞行走、署理直隶总督。1912年任河南都督兼民政长，因镇压白朗起义不力被免职。后于1914年调北京任参政院参政。次年创办盐业银行，任总理。积极支持袁世凯称帝，袁死后靠近张勋。1917年参加并资助张勋复辟，任议政大臣、度支部尚书。失败后被捕判刑，后释出。在天津任盐业银行经理、董事长。1933年病故。

**张允明**(直系)　直系王占元部属，后归吴佩孚。曾任湖北第五混成旅旅长。1924年江、浙军阀战起，奉吴佩孚命援助齐燮元。卢永祥失败，张任淞沪护军使。后被齐燮元赶下台。

**张印湘**(国民军系)　字巨川，山东人。冯玉祥部下。第四师师长。1930年投蒋介石，改编为第三十军，张任军长兼第三十一师师长。1935年以“通共”罪名，被蒋介石扣押枪决。

**张绍曾**(老北洋系)　字敬舆，1879年生，直隶大城人。日本士官学校第一期炮兵科毕业。历任北洋第三镇炮兵标统、直隶督练公所教练处总办、北洋第二十镇统制等职。1911年革命军起，张电迫清室立宪，被袁世凯迫令辞职。1912 年民国成立，袁世凯利用张与国民党的旧关系，复派他为长江宣抚使，未就任。1913 年调绥远将军，授以陆军中将加上将衔。1914 年调张为将军府将军。1915 年袁又任张为陆军训练总监，不久，张被调为总统府顾问，加封树威将军。1917 年曾反对"督军团"解散国会。1921 年张倡"国是会议"，主张全国议和。1922 年黎元洪再任大总统，张就任国务总理兼陆军总长。这时，张已靠近直系，并与吴佩孚、冯玉祥结成儿女亲家。1923 年直系倒黎，曹锟觊觎大总统宝座，张辞职赴津，不再与问政事。1928 年 7 月，因张与冯玉祥有联系，直隶军务督办褚玉璞派人将张刺死。

**张继善**(直鲁联军)　直鲁联军张宗昌部下。曾任东北陆军第二十九旅第六十三团团长、直鲁联军第五师师长。

**张维玺**(国民军系)　字楚玉，山东人。行伍出身。冯玉祥部下。曾任陆军第十六混成旅及第十一师连、营长，国民军第二师第四旅旅长，西北军陆军第十三师师长等职。1929 年中原大战前夕，张任第七路军总指挥兼第八军军长。1942 年随孙良诚投敌，任伪开封绥靖公署副主任。

**张维良**(直系)　属直系曹锟部。曾任暂编第二混成旅旅长。

**张建功**(皖系)　字鸿勋，清丰人，1877 年生。讲武堂毕业。郑士琦部属。曾任山东第四混成旅旅长。

**张殿如**(直系)　原毅军姜桂题部属，后归直系。历任毅军翼长、热河林西镇守使、热河开赤护军使、讨奉独立骑兵总司令。

## 八　画

**范国璋**(直系)　字子瑜，天津人。北洋武备学堂毕业。历任北洋第二十镇标统、陆军第二十师第四十旅旅长、陆军第二十师师长、援湘副司令。

**武衍周**(直鲁联军)　直鲁联军张宗昌部属。曾任直鲁联军第三十一军军长。

**罗开榜**(皖系)　字仲芳,安徽合肥人。属皖系。曾任陆军部军需司长、陆军部次长。

**宝德全**(老北洋系)　赵倜部属。历任归德镇守使、河南陆军第二师师长、帮办河南军务。1922 年在第一次直奉战争中与冯玉祥部队作战被杀。

**庞炳勋**(国民军系)　字更臣,直隶人。国民第三军孙岳部下。曾任陆军第十五混成旅团长、国民第三军中央暂编第二混成旅旅长。1926 年归入靳云鹗部,升任师长。后又升河南保卫军第九军军长。1927 年北伐时,归第九方面军鹿钟麟指挥,改任第二十军军长。中原大战前夕,任第六路军总指挥。1930 年西北军瓦解,庞被蒋介石改任第四十军军长。"七七"事变后任第二十四集团军总司令,后兼河北省主席。1924 年庞投敌叛国,任伪军第五方面军总司令、开封绥靖主任等职。1945 年日本投降,蒋介石又委庞为先遣军第一路总司令。后逃往台湾。

**郑士琦**(皖系)　字云卿,安徽定远县人。1873 年生。安徽省陆军随营学堂毕业。曾任北洋第五镇军官。镇改为师后升第五师炮兵团长、旅长、师长。袁死后归入皖系,历任山东军务帮办、山东督军等职。1925 年受奉系张宗昌排挤,被调为安徽军务督办,亦未到任,从此下台闲居。

**郑汝成**(老北洋系)　字子敬,直隶静海县人。留学英国海军学校。曾任北洋常备军军政司教练处帮办。烟台海军学校校长、烟台海军教练营统领、海军执法官、海军中将、上海镇守使、彰威将军。1915 年 11 月在沪被人刺死。袁世凯称帝追封一等伯爵。

**郑泽生**(奉系)　张作相部属。曾任东北第五方面军团第三十一军军长。

**郑金声**(国民军系)　原在绥远部队,曾任绥远第一混成旅旅长。归冯玉祥后任国民第一军第三师师长、西北军第一军司令官。1927 年任第二集团军第二路副总指挥(总指挥刘镇华),在进攻山东时，刘镇华部下师长姜明玉等叛变，在曹县城内诱捕郑后送济南张宗昌处，被杀害。

**郑俊彦**（直系）　字杰卿，直隶人。原是皖系卢永祥部属，卢失败后归直系孙传芳。曾任陆军第十师师长、五省联军江西总司令、淮安镇守使、安国军第二军军长、安国军第一方面军副司令。

**郑殿陞**（奉系）　张作霖部属。曾任奉天第二混成旅旅长。

**周荫人**（直系）　字樾恩，直隶武强县人。1885 年生。日本陆军士官学校炮兵科毕业，与孙传芳同学。1909 年任陆军第四镇教练官。1915 年任训练总监部炮兵监。曾在陈光远部下任陆军第十二师团长、旅长。属于直系。1922 年继陈光远任第十二师师长。随孙传芳援闽，历任福建护军使、福建军务督办、五省联军闽军总司令。孙失败后亦下台。1927 年任安国军第一方面军训练处长。1928 年后闲居，1956 年病故。

**周凤岐**（直系）　字恭先，浙江长兴人。1879 年生。曾入浙江武备学堂，并参加光复会。先后在浙江武备学堂、浙江弁目学堂任队官。辛亥革命时任浙江起义军参谋长、浙江都督府参谋长。1912 年后任浙军第六师参谋长。曾属卢永祥部下，后投归孙传芳，1924 年任浙江第二师师长、五省联军第三师师长、南京卫戍总司令。1926 年任国民革命军第二十六军军长。1927 年任上海戒严副司令，直接参与指挥了“四一二”大屠杀，同年 8 月任浙江省政府主席。1930 年曾策动旧部反蒋。抗日战争时期公开进行汉奸活动，1938 年被国民党军统特务击毙。

**周自齐**（老北洋系）　字子廙，山东单县人。1869 年生。早年入北京同文馆学习，后至美国哥伦比亚大学留学。在清末当过山东候补知县。后历任驻美国旧金山总领事代办公使事、外务部左丞、度支部副大臣。1912 年任山东都督兼民政长，镇压革命军。1913 年任中国银行代总裁。又先后任北京政府交通、财政、农商、陆军等部部长。曾拥护袁世凯称帝，1916 年被列为帝制祸首而亡命日本，1918 年特赦后任参议院副议长。1922 年曾出任国务总理兼教育总长。后退出政界,1923 年病故。

**周符麟**(老北洋系)　袁世凯部下。曾任北洋第六镇第十二协统领。是谋杀吴禄贞的主使人。后任大名镇守使。

**金寿良**(直鲁联军)　字宪五,北京人。直鲁联军张宗昌部下。曾任山东军务督办公署参谋长。

**岳兆麟**(直系)　湖南长沙人。陈光远部属。历任陆军第十二师步兵第二十四旅旅长、江西赣东镇守使、赣西镇守使等职。

**岳维峻**(国民军系)　字西峰,陕西蒲城人。1883 年生。曾加入同盟会,并参加辛亥革命和护国战争。陕西靖国军胡景翼部属,任陕西第一师旅长、陕西靖国军前敌指挥等职。1921 年接受直系改编,任第一混成旅旅长。1924 年胡景翼部改为国民军第二军,岳任第二师师长,参与发动北京政变。1925 年 4 月继胡景翼为国民第二军军长,并任河南军务督办。1926 年参加北伐,曾任第二集团军第五方面军总指挥。后参加围剿鄂豫皖革命根据地,1931 年被红四军俘虏后枪毙。

**孟昭月**(直系)　字子明,山东人。直系孙传芳部属。曾任陆军第十混成旅旅长兼宁台镇守使、五省联军浙军总司令。

**孟恩远**(老北洋系)　字曙村,天津人。1859 年生。1895 年在天津小站入新建陆军,后升右翼骑兵营队官。历任北洋第四镇马标标统、直隶巡防营统领、南阳镇总兵。徐世昌总督东三省,孟任吉林巡防营督办(吉军翼长)、北洋第二十三镇统制。1912 年改镇为师,孟任师长,后升吉林护军使。1914 年升镇安左将军督理吉林军务。袁世凯称帝时被封为一等伯爵,袁死后投靠皖系。1916 年改称吉林督军。1919 年被张作霖排挤辞职,在天津租界居住。1933 年病故。

## 九　画

**荣　臻**(奉系)　字锡生,直隶枣强县人。原为李景林部下,曾任东北第一师旅长。后归张学良，任东北第四方面军团第十七军军长。“七七”事变后充伪河北省省长。

**荫　昌**(老北洋系)　字午楼，满洲正白旗人。同文馆毕业，留学德国习陆军。清季历任天津北洋武备学堂总办、出使德国大臣、江北提督、陆军部侍郎、陆军部尚书、军谘府大臣等职。民国成立，任总统府高等顾问、侍从武官长、陆军上将、参政院参政、参谋总长等职。

**赵　倜**(老北洋系)　字周人，河南汝阳县人。1871 年生。1890 年入伍，曾随毅军赴朝鲜作战。原是武卫左军(毅军)马玉昆部下。1900 年参加抗击八国联军。1908 年升任毅军翼长。辛亥革命期间奉袁世凯命率部镇压陕、豫、晋一带的反清起义。民国后任河南、河北镇守使、护军使，以镇压白朗起义军被封宏威将军，所部称为“宏威军”。1915 年封德武将军督理河南军务。袁世凯称帝封为一等侯。袁死靠近皖系，任河南督军兼省长。皖系失败后改附直系。1922 年第一次直奉战争时被冯玉祥击溃，逐出河南，后投奉系，任张作霖的高等顾问。1927 年随奉军返回开封，后奉军被北伐军击败，赵逃至北平，1933 年病死。

**赵　杰**(老北洋系)　赵倜之弟。河南第一师师长。1922 年被冯玉祥赶出河南。

**赵玉珂**(直系)　字子声，天津人。1877 年生。曹锟部属。1900 年天津北洋武备学堂毕业后任哨官，曾任北洋将弁学堂教习、北洋陆军管带、统领等职。民国后历任直隶督军公署参谋长、天津镇守使、航空署督办。1924 年第二次直奉战争直系失败，赵在天津寓居，1959 年病逝。

**赵荣华**(直系)　字锦堂，山东人。原为姜桂题部江防营的军官，后归黎天才部，任陆军第九师旅长。后又转为吴佩孚部，任陆军第十八混成旅旅长兼荆州镇守使。

**赵国贤**(老北洋系)　河南项城人。1895 年入新建陆军。曾任新建陆军右翼工程营队官、管带、统带。1906 年任北洋第六镇统制。北洋军阀集团早期骨干。1909 年任广东潮州镇总兵。1911 年辛亥革命时被起义军包围而自杀。

**赵恩臻**(奉系)　字辅堂,奉天人。张作霖部属。曾任奉天第十二混成旅旅长、东北陆军第五师师长。

**赵守钰**(国民军系)　原在绥远部队,后投冯玉祥。任国民第一军骑兵旅旅长、骑兵第一集团总指挥。

**赵学涛**(直系)　齐燮元部属。曾任江苏宁镇澄淞要塞总司令。

**赵秉钧**(老北洋系)　字智庵,河南汝州人,1859 年生。清末曾为后补县丞。1901 年投入袁世凯幕下,当过警务局总办、天津巡警道。清政府设巡警部时赵升任侍郎。1911 年袁世凯组阁,任赵为民政部大臣,创办天津巡警学堂。1912 年民国成立,赵任内务部长,旋继唐绍仪任国务总理。1913 年赵奉袁密令,派人刺杀宋教仁,遭到舆论攻击,调任直隶都督。1915 年突然因中毒死于天津。袁世凯称帝时被追封为一等公爵。

**胡景翼**(国民军系)　字笠僧,陕西富平人,1892 年生。曾加入同盟会,初在陈树藩部下当连长,后加入于右任领导的靖国军,参加辛亥革命。后赴日本学习军事,回国后曾参加二次革命和护国战争。1918 年始历任陕西靖国军右翼总司令、第四路军司令、靖国军副总司令兼总指挥。1922 年冯玉祥任陕西督军时,任胡为陕西第一师师长。第一次直奉战争期间到河南援直,奉系失败后,胡率部驻直隶顺德,归直系曹锟、吴佩孚指挥。因受吴佩孚的压制,趁第二次直奉战争之机,暗与冯玉祥、孙岳联合共同倒直,发动北京政变。直系失败,与冯、孙组成国民军,胡任国民军副司令兼第二军军长、河南军务督办。1925 年曾为争夺河南地盘与原直系憨玉琨部爆发“胡憨之战”,同年 4 月病死于开封。

**胡景铨**(国民军系)　胡景翼之弟。曾任国民第二军第一师旅长、代理第一师师长。

**胡念先**(直系)　原王占元部属,后归吴佩孚。曾任中央第二混成旅旅长。

**胡毓坤**（奉系）　字凌尘，奉天西安县人。李景林部下，曾任直隶第四混成旅旅长。后归张学良，任东北第四方面军第十六军军长。抗日战争中投敌，任伪河南省省长。

**胡翼儒**（皖系）　原边防第二师马良旧部，后归郑士琦，曾任山东第七混成旅旅长。

**宫邦铎**（直系）　山东德平县人。直系李纯部属。李死归齐燮元。历任陆军第十六师第十二旅旅长、江宁镇守使、陆军第六师师长、陆军第十九师师长、淞沪护军使。

**宫梅峰**（直鲁联军）　直鲁联军张宗昌部属。曾任直鲁联军第六十四师师长。

**姜桂题**（老北洋系）　字翰卿，安徽亳县人。1844年生。早年在清军僧格林沁所部任下级军官。1865年随左宗棠在西北镇压回民起义，授总兵，后在毅军宋庆部下。1895年，袁世凯在小站训练新建陆军时调姜为新军右翼翼长兼步一营统带，后改为武卫右军右翼翼长。1900年，奉派到河南迎护慈禧太后、光绪皇帝回京。1905年办理长江防务，驻浦口编练江防军。1908年继马玉昆任武卫左军（毅军）总统官。1910年任直隶提督。1912年武卫前军改为武毅军，姜仍任总统官。1913年，任热河都统仍兼武毅军军统。1914年，任昭武上将军督理热河军务。袁世凯称帝被封为一等公爵。袁死后归附段祺瑞。1920年兼管将军府事务。1921年任陆军检阅使。1922年病故于热河。

**姜登选**（奉系）　字超六，直隶冀县人。1881年生。1904年在东京加入同盟会。1908年日本陆军士官学校炮兵科毕业。回国后在四川任军职，并兼四川陆军小学堂总办。民国后任贵州第一师参谋长。1913年随朱庆澜调任黑龙江督军公署参谋长，后归附张作霖。1922年第一次直奉战后，任奉军训练总监。1924年第二次直奉战争时任奉系镇威军第一军军长。奉军获胜南下，1925年任苏皖剿匪司令、安徽军务督办。不久，被孙传芳赶下台，旋被张作霖任命为奉军第四方面军军团长。回奉天途中在滦州被郭松龄扣押枪杀。

**祝祥太**(直鲁联军)　直鲁联军张宗昌部属。曾任直鲁联军第六十九师师长。

**施从滨**(皖系)　字汉亭,安徽桐城人,1867 年生。北洋武备学堂毕业。先入庆军当兵,后入新建陆军。先后任左翼步队哨长、武卫中军副教习、北洋常备军右镇营管带、陆军第五镇步兵协第十九标标统。民国成立后为第五师第十旅旅长,1913 年随冯国璋攻打南京后,升第十混成旅旅长。后归皖系,历任山东兖州镇守使、山东暂编第一师师长、中央陆军第二十五混成旅旅长、济南镇守使。1925 年依附张宗昌,任山东军务帮办。后在随张宗昌进攻安徽与五省联军作战时被俘,在蚌埠被孙传芳枪杀。

**段芝贵**(皖系)　字香岩,安徽合肥人。1869 年生。天津武备学堂毕业。1895 年随袁世凯训练新建陆军,任督队稽查先锋官、左翼步兵二营统带。后任北洋常备军军政司参谋处总办、天津南段警察局总办。1908 年以布政使署理黑龙江巡抚,又加镶红旗蒙古副都统衔,任北洋第三镇统制。辛亥革命时任武卫右军右翼翼长。民国以后,1912 年任拱卫军司令。1913 年为江西宣抚使、第二军军长,在江西镇压"二次革命",事平升湖北都督。1914 年封彰武上将军,督理湖北军务。1915 年 8 月调镇安上将军,督理奉天军务兼巡按使。段极力拥戴袁世凯称帝,被封为一等公爵。1916 年 4 月,被张作霖胁迫辞职。袁世凯死后,段芝贵归入皖系。1917 年 7 月张勋复辟,段任讨逆军东路司令,封辅威上将军。1918 年 1 月任陆军总长。1919 年 1 月辞职,转任京畿卫戍司令。1920 年直皖战争起,任皖方定国军西路总司令。皖系失败,段芝贵去职,在天津租界定居。1925 年 3 月死于天津。

**段祺瑞**(皖系)　字芝泉,1865 年生,安徽合肥人。天津武备学堂炮科毕业后,由李鸿章派到德国学习军事,1890 年回国。先后任北洋军械局委员、威海随营武备学堂教习。1896 年初,被袁世凯调新建陆军任左翼炮三营统带，兼随营炮兵学堂总办，成为袁世凯经营北洋军阀集团的早期骨干，与冯国璋、王士珍并列被称为“北洋三杰”。1899 年段随袁世凯赴山东镇压义和团。1901 年被袁世凯奏为以知府仍留原省补用，并加三品衔，兼充武卫右军各学堂总办。同年底随袁到保定。1902 年任北洋军政司参谋处总办，负责编练北洋常备军，不久升为补用道员。1903 年，在袁的保荐下，当上北京练兵处军令司正使，加副都统衔。1904 年兼署常备军第三镇翼长。1906 年调为第三镇统制，兼督理北洋武备各学堂。同年 3 月补授福建汀州镇总兵，仍留北洋，充保定军官学堂总办。1909 年调署第六镇统制，次年底又调任江北提督，加侍郎衔，驻江苏清江。

1911 年武昌起义爆发，段任北洋第二军军统，署理湖广总督，以军事实力支持袁世凯窃夺总统职位。民国成立，段任历届内阁陆军总长，一度代理国务总理。1913 年段主持镇压“二次革命”，出任湖北都督，兼领河南都督，镇压白朗起义。1914 年袁世凯削弱段的兵权，段辞陆军总长，封建威上将军，管理将军府事务。1915 年袁密谋称帝，段消极抵制。1916 年 3 月袁世凯取消帝制，段又出任参谋总长，兼代国务卿。6 月袁死，段任国务总理兼陆军总长。后北洋军阀分化为直皖两系，段成为皖系的首领，并以北洋派正统领袖自居。

第一次世界大战期间，为“参战”问题，段与大总统黎元洪之间的矛盾激化，被黎元洪免去总理职务，段遂幕后策动督军团驱逐黎元洪，并支持张勋率兵入京，演出复辟丑剧。同时，段又打出讨逆旗号，标榜“再造共和”。1917 年 7 月 14 日到北京后，又出而组阁，迎直系首领冯国璋为代理大总统，段自任国务总理兼陆军总长，掌握实权。同年 10 月，段因武力征湘兵败，辞去总理职，任参战军督办。1918 年 1 月段在皖系军阀拥护下东山再起，仍任国务总理，二次征湘，再告失败。段为扩大势力，勾结日本，加紧训练参战军，同年 5 月间，段派靳云鹏和徐树铮与日本秘密签订《中日军事协定》，又组织安福俱乐部操纵国会。段的亲日卖国政策遭到国内外反对。10月辞去国务总理，专任边防督办。1920年7月直皖战争爆发，皖系失败，直系掌握了北京政权。段移往天津日租界，暗中拉拢张作霖联合反直。

1924年第二次直奉大战，冯玉祥发动政变，推倒曹锟，段祺瑞被推为临时执政，11月底在京就职。1926年4月，国民军和奉军开战，国民军失利退往察绥，段被迫下台回天津做寓公，自号正道居士。

1933年国民党政府迎段南下，并委为国府委员，段未就任。1936年11月死于上海。

**段承泽**（直系）　字绳武，直隶人。直系孙传芳部属。曾任安国军第一军第九师师长。

**段麟祥**（直鲁联军）　直鲁联军张宗昌部下。曾任东北陆军第三十二旅第七十五团团长、直鲁联军第七军第二十七师师长。

**姚　钰**（直鲁联军）　直鲁联军张宗昌部下。曾任直鲁联军第七军第四十七师师长。

**姚建屏**（皖系）　皖系李厚基部属。曾任北洋第四镇第一标标统、陆军第四师第二旅团长、福建第一旅旅长、福建第一师师长。

## 十　画

**袁世凯**（老北洋系）　字慰庭，生于1859年，河南项城人，大官僚地主家庭出身。叔祖袁甲三曾任漕运总督，父亲袁保中是大地主，嗣父袁保庆任江南盐巡道。

1881年袁世凯到山东投靠其义父清提督吴长庆，被委任帮办营务处。1882年随吴长庆赴朝鲜，负责前敌营务处，协助吴长庆镇压了朝鲜的“壬午政变”，帮助朝鲜训练新军，并任中国驻朝鲜商务专员。1895年回国，奉派在天津小站接练定武军。接任后，仿照德日陆军建制和操典条令编练新式军队，扩编定武军为“新建陆军”。1897年袁升任直隶按察使。曾加入强学会，戊戌变法期间叛卖维新派，得到了顽固势力的宠信，被赏给候补侍郎衔，专职练兵。1898年，清政府成立保卫京城的武卫军，新建陆军改编为“武卫右军”。1899年袁实授工部右侍郎，兼管钱法堂事务。5月间，袁奉命率武卫右军开往山东，12月任山东巡抚。从1899年底至1900年6月，袁率领武卫右军对山东境内的义和团进行镇压，同时又扩编“武卫右军先锋队”。1901年李鸿章死，袁接任直隶总督兼北洋大臣。1902年5月袁又奏准将武卫右军扩编成“北洋常备军”。1903年袁奏请改革兵制，成立练兵处，奕劻为总办，袁世凯为会办，他一方面督练新军，一方面改革旧军，到1905年编成6个镇，兵力达到7万多人，逐步形成了以袁世凯为总首脑的北洋军阀集团。1907年袁调任军机大臣兼外务部尚书，1908年被免职，但北洋军的实权仍操手中。

1911年辛亥革命爆发，袁被清廷起用，任湖广总督，继任内阁总理大臣。袁以武力为后盾，于1912年获任中华民国临时大总统职位；又于1913年任正式大总统，依靠北洋军阀的势力逐渐统治全国。1914年袁世凯篡改宪法，解散国会，实行独裁。1915年6月接受日本的“二十一条件”，随即复辟帝制，引起全国人民极大义愤。1916年3月被迫取消帝制，6月6日病亡。

**袁振青**（直鲁联军）　直鲁联军张宗昌部下。曾任天津镇守使、直鲁联军第十五军军长。

**聂宪藩**（老北洋系）　字维城，安徽合肥人，1880年生。清军提督聂士成之子。日本振武学校毕业。曾充任济南巡防营队长、北洋督练公所参谋处总办、烟台镇守使、北京步兵统领、安徽省省长等职。

**秦德纯**（国民军系）　字绍文，山东沂水县人。1893年生。1914年保定军官学校第二期毕业。1923年，北京陆军大学第六期毕业，到属直系的豫东镇守使王文蔚处任上校参谋长。1924年12月，王被国民军第二军岳维峻收编，改为国民军第二军第五师，王任师长，秦任参谋长。1925 年 11 月，王文蔚返归直系，恢复第二十四师番号，秦任第四十七旅旅长。1926 年，与奉军会攻南口国民军，4 月任第二十四师师长，11 月调任第二十七师师长。1927 年，参加河南保卫军，为第一军军长。保卫军失败，由冯玉祥收编，任第二方面军副总指挥兼第二十三军军长。不久，调任第十四军军长、第二集团军总司令部副总参谋长。1930 年阎冯反蒋，秦任第二方面军总司令部参谋长。阎冯失败，秦任第二十九军总参议。1932 年任察哈尔省政府民政厅长，后又任国民党军委会北平分会委员。1933 年冀察政务委员会成立，秦任委员兼北平市长。1935 年 6 月，秦与日方签订丧权辱国的“秦土协定”。“七七”事变后，秦投归蒋介石，任军法执行总监部副总监。1941 年调任兵役部次长。1945 年调军令部次长，第二年又调国防部次长。1948 年底任山东省政府主席兼青岛市市长。1949 年 8 月去台湾。1963 年在台湾病死。

**贾德耀**(皖系)　字昆庭，安徽合肥人。1880 年生。初入保定陆军速成学堂，后官费留学日本，毕业于日本陆军士官学校步兵科。前为袁世凯部下，曾任北洋军第二镇正参谋官、第六镇第二十一协马队第二标标统。辛亥革命时随冯国璋率军南下，镇压武汉革命军。曾在张敬尧所部陆军第七师任第十三旅旅长。后入皖系。历任陆军第七师第十三旅旅长、第十五混成旅旅长、将军府参军、保定军官学校校长。1924 年任陆军部次长，1925 年任总长。1926 年春，任临时执政府国务总理。同年“三一八”惨案发生，随段一同下台。抗日战争时期拒绝出任伪职，1939 年由天津移居上海，1940 年病故。

**柴云升**(直系)　镇嵩军刘镇华部属。后随刘靠近直系。曾任镇嵩军第一路统领、镇嵩军第一师师长。

**唐天喜**(老北洋系)　袁世凯部下。河南人。天津武备学堂毕业。曾任北洋第三镇第十标标统、陆军第七混成旅旅长、山东兖州镇守使、将军府参军。

**唐在礼**(老北洋系)　字执天,上海人,1880年生。日本陆军士官学校炮兵科毕业。历任直隶督练处参议、库伦兵库筹备处总办。民国成立后历任海陆军大元帅统率办事处总务厅长、总统府机要处长、参谋次长。是袁世凯的亲信,袁死后靠近段祺瑞。曾任巴黎协约国军事会议中国代表、蒙事委员会委员、交通部护路军总司令、督办山东军事善后事宜公署军事顾问。中华人民共和国成立后任上海文史馆馆员。

**唐国汉**(皖系)　李厚基部属。曾任福建第三旅旅长、福建第一混成旅旅长、陆军第十混成旅旅长。

**唐之道**(国民军系)　原属皖系段祺瑞部下,1926年段下台后投国民第一军。曾任陆军第九师师长、国民第一军第九师师长。

**唐庆珊**(直系)　孙传芳部属。曾任安国军第一军第十八混成旅旅长。

**唐启尧**(皖系)　字萱庭,合肥人,1867年生。王揖唐部下。历任吉林巡警局总办、吉林兵备处总办、吉林督练公所参议、察哈尔察东镇守使、安徽淮泗道尹、安徽第三混成旅旅长等职。

**唐福山**(直系)　原为方本仁部属,后投孙传芳。曾任陆军第三混成旅旅长、江西第一师师长。被国民党军俘获枪杀。

**高士傧**(老北洋系)　字芜儒,天津人。1887年生。孟恩远部属。北洋陆军速成学堂及陆军预备大学毕业。历任吉林延辉镇守使,兼吉林第二混成旅旅长。1918年任吉林陆军第一师师长。1922年第一次直奉战争时在黑龙江起兵反奉,被张作霖派兵捕杀。

**高世读**(皖系)　字砚田,安徽人。倪嗣冲部属。曾任安武军统领、安徽第四混成旅旅长、皖北镇守使。

**高桂滋**(国民军系)　字培五,陕西定边县人。陕西军官学校毕业。曾任陕北镇守使署连长,后投胡景翼部任靖国军营长。随胡出陕后,1924年升团长,1926年升旅长。后又投国民政府,任独立第八师师长。1928年升国民革命军第四十七军军长。1932年所部被缩编为陆军第八十四师，高任师长。1933 年改任第三十二军副军长，归商震指挥。

**高汝桐**（直系） 直系靳云鹗部属。历任第八混成旅营、团长，陆军第十四师旅长，第十四师师长，河南自卫军第一军军长。1927 年在郑州与奉军作战阵亡。

**高凤城**（老北洋系） 字鸣岐，山东胶县人。北洋陆军参谋学堂毕业。孟恩远部下。历任吉林巡防队管带、统带，陆军第二十三师第四十五旅旅长，吉林第二混成旅旅长，延辉镇守使等职。

**高维岳**（奉系） 字子钦，奉天锦县人，1875 年生。东北讲武堂毕业。历任陆军第二十七师团长、奉天陆军第十九旅旅长、东北陆军第七师师长、东北第九军军长。1926 年任察哈尔都统。张作霖死后退职闲居。

**郭振才**（直系） 属直系河南地方部队。曾任河南第三混成团团长、豫东镇守使、河南保卫军第十二军军长。

**郭松龄**（奉系） 字茂宸，奉天人。1883 年生。张作霖部属。1905 年入奉天陆军速成学堂，次年入永平府北洋陆军第二镇随营学堂，后考入北京陆军大学，1916 年毕业。曾先后任北京讲武堂教官、驻粤滇军韶关讲武堂教官、奉天讲武堂教官，与张学良至好。1918 年始，历任奉天第六旅旅长、第三混成旅旅长、奉天第三军副军长兼第二十混成旅旅长、东北陆军第六师师长。参加两次直奉战争。1925 年冬因与杨宇霆、姜登选不和，郭组成东北国民军，自任总司令，在滦州起兵讨张作霖，未几兵败被枪杀。

**郭敬臣**（直鲁联军） 直鲁联军张宗昌部属。曾任直鲁联军第七十二师师长。

**郭华宗**（直系） 直系孙传芳部属。曾任安国军第一军第四师师长。后投国民党，历任第四十七师副师长、第四十三师师长、第五十二师师长。

**郭希鹏**（奉系） 字鼎九，奉天盖平人。东三省讲武堂毕业后，又入日本骑兵专校。历任骑兵团长、步兵旅长、代理绥远都统、晋北警备司令。曾获金章，晋级至中将。

**郭瀛洲**（奉系） 字仙桥，奉天本溪人。属吉林部队。曾任陆军第二十八师第五十六旅第一一〇团团长、第五十六旅旅长、吉林第六混成旅旅长。

**倪朝荣**（皖系） 原属倪嗣冲部，后随马联甲归入直系。曾任安徽第一混成旅旅长。

**倪嗣冲**（皖系） 字丹忱，安徽阜阳人。1868 年生。清秀才。初在淮军任职。1895 年投附袁世凯幕下，在小站督练新军。1907 年捐纳候补知府，实授黑龙江布政使。1911 年以后，历任河南布政使，帮办河南军务，毅军营务总办，武卫右军翼长，督办苏、皖、鲁、豫四省交界剿匪事宜。1913 年，任安徽清乡督办、皖北镇守使、安徽护军使、安徽都督。1914 年被授予安武上将军衔，督理安徽军务。袁世凯筹备称帝，倪嗣冲联合十四省北洋系军人上书劝进，袁称帝时被封为一等公。1916 年 4 月，转任安徽巡按使。袁死后，成为皖系的中坚人物。1917 年倪联合北洋系一部分军阀组成督军团，驱黎拥段。张勋复辟，倪曾参予阴谋，被封为安徽巡抚。但听到段祺瑞誓师讨张又转而附段，任南路讨逆军总司令。张勋失败后，倪接任长江巡阅使兼安徽督军。倪嗣冲拥护段祺瑞“武力统一”政策，并派兵到江西参加进攻湖南。1920 年皖系失败，倪辞去安徽军政各职。1924 年病死天津。

**倪毓芬**（皖系） 曾任安武军统领、皖北镇守使。倪嗣冲部属。

**徐世昌**（老北洋系） 字卜五，号菊人，又号弢斋，原籍天津，1855 年生于河南汲县。幼年进私塾读书。成年后，做过沁阳、太康、睢宁等县署文书和家馆教师。1879 年在睢宁结识袁世凯，拜为兄弟。在袁的资助下，北上应试。1882 年中举，1886 年中进士，授翰林院庶吉士。1889 年散馆，授编修，曾作过国史馆编修、武英殿编修。1897 年袁世凯奏准清政府，派徐世昌以翰林兼新建陆军参谋营务处总办，成为袁的重要谋士。经袁世凯多次保荐，1901 年从道员升国子监司业，又以内阁学士候补加副都统衔，任练兵处提调。1904年署兵部左侍郎，1905年兼会办练兵事宜，同时授军机大臣、督办政务大臣。1906年调任民政部尚书。1907年东北改设行省，被任为钦差大臣东三省总督，兼管三省将军事务。1909年2月任邮传部尚书兼津浦铁路督办大臣。1910年8月再任军机大臣，9月授体仁阁大学士。1911年清政府改设皇族内阁，徐任协理大臣。

辛亥革命爆发，徐力主起用袁世凯，并去彰德与袁密谋，代袁向清政府要求权力。1912年袁任临时大总统后，徐退隐青岛。1914年5月，袁邀请徐作国务卿，当时人称之为“相国”。1915年10月，袁世凯推行帝制，徐辞职。袁世凯称帝后被封为“嵩山四友”之一，特许不称臣、不跪拜。1916年袁被迫取消帝制，恢复民国年号，徐又被起用，任国务卿。袁病危时托以家事。袁死后，徐回河南，以示淡泊，自称“水竹村人”、“退耕老人”。同年11月，以北洋元老资格到北京调解黎元洪、段祺瑞之间的权力之争。1917年张勋复辟后，任徐为弼德院院长，徐未到职。1918年段祺瑞操纵“安福国会”，举徐世昌为总统。徐以“文治总统”自命，标榜“偃武修文”，在北洋军阀各派系之间以“调和”的面目出现。1919年五四运动时，徐包庇卖国贼曹汝霖、章宗祥、陆宗舆，并下令逮捕示威学生，激起全国义愤。他还下令举行秋丁祭孔，鼓吹尊孔读经，攻击新文化运动。1922年直系曹锟、吴佩孚恢复旧国会，逼徐下台，徐被迫辞职。1939年病逝于天津。

**徐世扬**（老北洋系） 字声甫，天津人。北洋陆军速成学校毕业。历任吉林省兵备、参谋、教练各处会办、帮办、总办，陆军第二十三师第四十六旅旅长，吉林陆军第三混成旅旅长，吉林宁阿镇守使。孟恩远部属。

**徐占凤**（老北洋系） 袁世凯部下。曾任武卫右军队官、北洋第三镇第九标标统、第五协统领、拱卫军统领、陆军第八混成旅旅长。

**徐松林**（直系） 孙传芳部属。曾任安国军第三军第三十混成旅旅长。

**徐树铮**(皖系)　字又铮,江苏萧县人。1880 年生。清秀才。1901 年入段祺瑞门下,在保定北洋常备军军政司参谋处当文案。1905 年由段保送留学日本,1909 年在日本陆军士官学校第七期步兵科毕业。回国后入段幕府,历任第六镇军事参议、第一军总参谋。后随段任江北提督署参谋、北洋第二军总参谋官。民国成立后,1912 年 3 月段任陆军总长,以徐为陆军部军学司司长、陆军次长。1915 年,袁世凯阴谋称帝,徐反对帝制被免职,在北京创办正志中学,自任校长,以避袁的猜疑。1916 年,段祺瑞组阁,徐任国务院秘书长。1917 年春,徐代表段祺瑞到徐州,策动张勋反黎元洪,诱张率部入京。7 月,张勋复辟失败,段祺瑞重新掌握北京政权,徐再任陆军次长。同年,赴奉天与张作霖密谋劫夺北洋政府订购的日本军械,并组成奉军司令部,徐任副司令,率奉军进关,拥段祺瑞再出组阁。同时和王揖唐等人组织"安福俱乐部",收买政客,操纵选举,包办新国会,把持北京政府。1918 年 9 月,段祺瑞任命徐为参战军参谋长,以"参战"名义向日本大量贷款,编练"参战军"。1919 年,"参战军"改称"边防军",徐任西北筹边使兼西北边防总司令。其间曾赴库伦取消外蒙自治,兼任外蒙善后督办。封远威将军。1920 年夏直皖战起,徐任定国军总参谋长并兼东路军司令。皖系战败,徐避入日本公使馆,后在日本人的保护下逃到上海。1922 年,徐代表段祺瑞联络孙中山、张作霖,策划反直系的孙、段、张"三角联盟"。徐潜赴福建,联络皖系旧部王永泉,在延平设立"建国军政制置府",自任总领,赶走倒向直系的福建督军李厚基。不久,王永泉暗投直系,制置府瓦解,徐被迫回沪。1924 年江浙战争,卢永祥失败赴日。徐收罗皖系残余队伍,自称"浙沪联军总司令",企图再起,因被所在英租界干预,被迫离沪赴欧美游历。段祺瑞任临时执政后,任徐为赴欧考察政治专使,1925 年底返国,赴京见段祺瑞,回沪时,车至廊坊被冯玉祥所部逮捕枪毙。

**徐寿椿**(直系)　直隶人。直系靳云鹗部属。历任陆军第八混成旅营长、团长、参谋长，陆军第十四师旅长，陆军第十六师师长，豫南护军使。1926 年在河南南阳被方振武扣押解职，后未再任军职。

**徐鸿宾**（皖系） 郑士琦部属。曾任山东第三混成旅旅长、曹州镇守使。

**徐源泉**（直鲁联军） 字克成，湖北黄冈人。直鲁联军张宗昌部下。曾任东北第五十五旅旅长、直鲁联军第六军军长。后投国民党，任第四十八军军长。

**徐邦杰**（老北洋系） 字国俊，江苏省人。北洋军官，袁世凯部下。曾任新建陆军右翼步兵第三营统带、总统府总指挥、陆军中将。北洋军阀集团早期骨干。袁世凯称帝时封一等男爵。

**殷　贵**（老北洋系） 字锦波，天津人。姜桂题部下。天津武备学堂毕业。曾充新建陆军左翼第一营后队右哨哨官、陕西汉中镇总兵。民国后任陆军中将、热河朝阳镇守使。

**殷本浩**（直系） 字翰生，合肥人。武备学堂毕业。曹锟部属。曾任陆军第三师步兵第五旅第十团团长、蓟榆镇守使、讨奉第四军副司令。

**殷恭先**（老北洋系） 字锦波，山东人。张勋部属。曾任武卫军前路统领、定武军统领、皖北镇守使。袁世凯称帝晋封三等男爵。

**殷洪寿**（直系） 字献臣，天津人。清季道员，辛亥武昌起义时随冯国璋赴湖北镇压武昌革命军，任北洋第一军军法处处长。1912 年民国成立，冯国璋任直隶都督，殷任直隶范阳观察使。1913 年冯国璋任江苏都督，殷随冯历任苏州镇守使兼宜武军军法处处长、苏常道道尹、江苏全省军法处处长。1917 年冯国璋代理大总统，殷任陆军军法裁判处处长。后任北京警察总监、将军府广威将军。

**顾　震**（直鲁联军） 直鲁联军张宗昌部属。曾任直鲁联军第四军军长。

**顾琢塘**(皖系)　皖系吴新田部属。曾任陆军第七师第十四旅旅长、陆军第七师师长。

## 十一画

**曹　锟**(直系)　字仲珊，天津人，1862 年生。二十岁时投淮军当兵，后入天津武备学堂，1890 年毕业后派到毅军宋庆部当哨官。1895 年袁世凯扩编新建陆军，曹被调升左翼步兵第一营帮带。1902 年升为右翼步兵第十一营管带。1903 年京旗常备军扩编为北洋陆军第一镇，曹任第一协统领。1907 年初，以尽先补用副将升为第三镇统制，同年移驻长春后升记名总兵。1912 年第三镇改为第三师，曹任师长。1914 年任长江上游警备司令。1915 年被封为虎威将军。袁称帝后封以一等伯爵。曹率军进川镇压云南护国军。1916 年袁死，段祺瑞控制北京政权，任曹为直隶督军。1917 年张勋复辟，曹任讨逆军西路总司令，12 月任两湖宣抚使。1918 年任川粤湘赣四省经略使，率领军队到汉口，攻打湖南，从 3 月到 4 月连续攻下岳州、长沙、衡阳后托病回津，以示厌战。1919 年冯国璋死后，曹被直系军阀拥为首领。为与皖、奉两系军阀争夺地盘而发生多次大规模混战。1920 年 7 月直皖战争，皖系战败，段祺瑞下台，直奉两系共同操纵北京政权。9 月曹升任直鲁豫巡阅使。1922 年 4 月间第一次直奉战争爆发，张作霖大败，撤退出关，直系控制了整个北方政局。1923 年，曹利用权势，用重金收买国会议员，成为贿选总统。1924 年 10 月第二次直奉大战期间发生北京政变，直系失败，曹失去总统职位，回天津做寓公，1938 年 5 月病死于天津。

**曹　锳**(直系)　字子振，天津人。曹锟之弟。陆军测量学堂毕业。历任陆军第三师团长、直隶陆军补充旅旅长、直隶陆军第四混成旅旅长、陆军第二十六师师长、讨奉第四军总司令。直系失败后逃赴湖北，病死汉口。

**曹　锐**(直系)　字健亭,天津人。曹锟之弟。清监生。1896年入新建陆军任营文案,后历任北洋常备军步队协委员,陆军第一镇督办营务,近畿陆军粮饷局帮办、督办,并以道员补用。民国后在陆军部任军需之职,1918至1922年任直隶省长。1924年北京政变,冯玉祥迫其交出赃款,曹畏罪自杀。

**曹士英**(直系)　原属胡景翼部,后归直系。曾任陕西第二混成旅旅长、讨奉军第三路副司令。

**曹士杰**(直系)　曹锟之侄。曾任曹锟卫队旅旅长、陆军第十六混成旅旅长。直系失败被孙岳缴械解职。

**黄凤岐**(直鲁联军)　直鲁联军张宗昌部下。曾任东北第三旅第五十六团团长、直鲁联军第二十六师师长。

**黄振魁**(直系)　李纯部属。曾任陆军第三混成旅旅长、江苏第二混成旅旅长、江苏缉私营统领等职。

**萧安国**(直系)　湖北汉阳人。蔡成勋部下。曾任陆军第十一师第二十一旅旅长、江西赣西镇守使。

**萧耀南**(直系)　字珩珊,湖北黄冈人。1875年生。北洋武备学堂毕业。直系曹锟部属。历任陆军第三师参谋长、直隶陆军第二混成旅旅长、长江上游警备总司令部参谋长、陆军第二十五师师长。1921年8月继王占元任湖北督军。1923年参与镇压"二七"大罢工,授炳武上将军及两湖巡阅使。1924年10月直系失败,萧为自保计,通电拥护段祺瑞执政,任湖北军务督办。1925年吴佩孚再起,萧又拥吴。1926年突然死于湖北督署。

**龚汉治**(直系)　王怀庆部属。曾任直隶巡防营统领、陆军第十三师旅长、热河朝阳镇守使、讨奉第二军前敌副总指挥等职。

**崔景滢**(直系)　字采亭,直隶人。直系孙传芳部属。曾任五省联军第八师师长。

**常德盛**(直系)　原为毅军军官,属赵倜部下。赵在河南失败,常归入直系。1922年经吴佩孚编为河南第一师,常升任师长,奉命援赣又归入蔡成勋部。蔡失败后,常被方本仁部队击败,率残部退到安徽，被王普缴械遣散。

**商德全**（直系）　字子纯。1863 年生。天津北洋武备学堂毕业，留学德国习炮科。曾在新建陆军任炮科教官，炮兵第三营领官，北洋第六镇军官，及吴淞、南京、江阴等地炮台统领。1910 年任北京清河陆军中学校校长。1914 年任天津镇守使兼直隶陆军第五混成旅旅长。直皖战争时任直军南路指挥，因作战不力被曹锟免职，未再出。

**寇英杰**（直系）　字弼臣，山东阳谷县人。1880 年生。初为直系王占元所部团长，后归吴佩孚。1918 年任湖北陆军第二混成旅旅长，1924 年升第一师师长，授将军府涵威将军衔，1926 年任河南督军。日本侵华时期曾出任伪职。

**鹿钟麟**（国民军系）　字瑞伯，直隶定县人，1883 年生，学兵出身。曾在北洋第二十镇当下级军官，后转入陆军第十六混成旅任炮兵团长，继升第十一师第二十一旅旅长，成为西北军的干将，冯玉祥的副手。1922 年任河南省警察厅长。1924 年随冯玉祥发动北京政变，任国民军第一军第一师师长、京畿警备司令兼北京市政督办。驱逐溥仪出宫。1925 年兼任京师警察总监。1926 年，奉军与国民军开战，鹿任前敌总司令。同年，代张之江为察哈尔都统。冯玉祥五原誓师时任总参谋长。国民联军东出潼关时任北伐军东路总司令，后改为北路军。1927 年任河南省民政厅长。1928 年 6 月任北平临时政治分会委员，10 月任军政部常任次长。1929 年参加编遣会议，曾代理军政部长。后绕道去潼关，就任西北军代理总司令，参与阎冯联合倒蒋的中原大战。战败后退居天津。1937 年“七七”事变后，冯玉祥出任第三战区司令长官，鹿任参谋长。后调第一战区副司令长官、军法执行总监。1939 年任冀察战区总司令兼河北省主席。1941 年改任兵役部长。1945 年抗日战争结束，鹿一度任华北宣慰使，后调任战备顾问委员会委员。

天津解放后任国防委员会委员，1966 年病故于天津。

**阎日仁**（直系）　直系靳云鹗部属。历任陆军第八混成旅营、团长，国民第二军第四师第八旅旅长，河南保卫军第十七军军长。

**阎治堂**（直系） 字子琴，直隶人。直系曹锟部属。历任陆军第三师团长，陆军第二十师旅长、师长，讨奉援军第六路司令。直系失败下台。

**阎相文**（直系） 字焕章，山东济宁人。1875 年生。天津武备学堂毕业。1909 年在北洋第三镇任下级军官，后升直隶陆军第二混成旅旅长。直系曹锟部属。1920 年直皖战后任陆军第二十师师长。1921 年 5 月任陕西督军，8 月死于陕西督署。

**梁寿恺**（国民军系） 国民第三军孙岳部下。曾任直隶大名镇守使。

**梁朝栋**（奉系） 张作霖部属。曾任奉天第一混成旅旅长。

**梁冠英**（国民军系） 字子超，河南郾城人。初投入第十六混成旅，旋擢入教导团，毕业后连升为营、团长，1925 年任西北军第二师第五旅旅长。1926 年随孙良诚援陕，任追击司令。是年 9 月，以驰援西安有功升任师长。1927 年北伐后，任第二师师长，次年调任中央陆军第二十一师师长。1929 年中原大战时，冯玉祥失败，梁投蒋介石，任第二十五路军总指挥。1930 年 12 月，梁部调驻苏北，归张之江（江苏清乡督办）指挥。1933 年第二十五路军移驻合肥，以后一直在皖西、豫南、鄂东等地参加向红军的进攻战。1936 年梁赴南京面蒋辞职，蒋准辞去第二十五路军指挥职，调任梁为军事委员会中将高级参谋。

**梁鸿恩**（直系） 直系孙传芳部属。曾任五省联军第六师师长、安国军第二军第七师师长。

## 十二画

**蒋士杰**（国民军系） 国民第二军胡景翼部下。曾任国民第二军第十一师师长。1926 年在河南信阳与吴佩孚作战时被俘下台。

**蒋雁行**（直系） 字宾臣，天津人。1875 年生。北洋武备学堂和日本陆军士官学校步兵科毕业。曾充江北督练公所参议兼第十三标标统。辛亥革命后，历任江北都督、江淮检察使、督理江北军务、江北护军使等职。1914 年授将军府靖威将军，并调任陆军训练总监。1916 年任绥远都统。1920 年任参谋本部次长。属直系。1925 年任十四省联军总参谋长、安国军政府陆军总长，次年去职。1941 年病故。

**蒋启凤**（直系）　直系周荫人部属。曾任福建补充旅旅长、五省联军第十三师师长。

**蒋鸿遇**（国民军系）　字静庵，直隶固安县人。保定军官学校毕业。冯玉祥左路备补军旧部。曾任陆军第二十六混成旅参谋、模范连教官、陆军第十一师第三补充旅旅长。1924 年冯玉祥发动北京政变，蒋被派为留守北京司令兼警察总监。1925 年刘郁芬任甘肃军务督办代理时，蒋任督署参谋长。1926 年，蒋升西北军第十二师师长，后升西北军第七军军长。同年南口作战时，奉令率第十二师增援，曾代理绥远都统。国民军南口总退却，蒋首先率部回甘，被冯玉祥撤职。离职后即闲居西安，后病死。

**蒋镇臣**（直系）　原为方本仁部属。曾任江西第一混成旅旅长、江西第二师师长。后投孙传芳，与国民党军作战被俘获枪杀。

**谢鸿勋**（直系）　字炳南。直系孙传芳部属。曾任陆军第二师第四旅旅长、陆军第四师师长。

**富占魁**（奉系）　字星桥，永吉人。陆军大学毕业。张作霖部下。历任第二十七旅参谋长、安徽第三混成旅第三团团长、第四十五旅参谋长、第八十一团团长、第十三师师长、预备军军长、东北陆军第十一军军长、东北陆军步兵第二十旅旅长、东北边防军司令长官公署军事参议官、军事参议院参议。

**富双英**（奉系）　张作霖部下。曾任东北第五师第六十四团团长、第五方面军第十一军军长。

**程希圣**（直系）　曹锟部属。曾任暂编第一混成旅旅长。

**程国瑞**（直鲁联军）　字竞武，山东人。直鲁联军张宗昌部下。

曾任奉天第三混成旅团长、东北陆军第二十八旅旅长、直鲁联军第三军军长。

**彭寿莘**（直系） 字子耕。曹锟部属。历任陆军第十四混成旅旅长、陆军第十五师师长、讨奉第一军总司令兼第一路司令。

**彭德铨**（直系） 字纯一，北京人。孙传芳部属。曾任福建第一混成旅旅长、暂编陆军第六混成旅旅长。

**葛金章**（国民军系） 字仲文，安徽人。冯玉祥部下。曾任国民第一军第七混成旅旅长。

**葛树屏**（直系） 曹锟部属。曾任直隶第一补充旅旅长、陆军第十二混成旅旅长、讨奉第一军第二路副司令等职。

**董政国**（直系） 曹锟部属。山东人。保定陆军速成学堂毕业。历任陆军第三师团长、直隶第二补充旅旅长、陆军第十三混成旅旅长。1923 年授将军府敷威将军。1924 年任陆军第九师师长，同年第二次直奉战争时任直军讨奉第一军副司令兼第三路司令，直系兵败去职。后于 1925 年加入十四省联军，任第九师师长。曾率部对抗北伐军。晚年寓居天津。

**董鸿逵**（直鲁联军） 直鲁联军张宗昌部属。曾任直鲁联军第二十二师师长。

**韩复榘**（国民军系） 字向方，直隶霸县人，1890 年生。冯玉祥部属。行武出身。1911 年曾参加滦州起义。1914 年后历任陆军第十六混成旅连、营长，陆军第十一师团长，国民第一军第一旅旅长，西北军第一师师长，第八军司令官。1926 年南口作战国民军失败时韩曾投附阎锡山。同年 9 月冯玉祥在五原誓师，韩又归冯，任援陕第六路军总指挥。1927 年 5 月，冯就第二集团军总司令后，韩任第三方面军总指挥。1928 年，韩任河南省政府主席。1929 年蒋冯分裂，韩复榘倒冯投蒋，被蒋任命为第一军团总指挥。同年 9 月，任山东省政府主席。1936 年西安事变时，通电支持张学良、杨虎城。1937 年抗日战争爆发，韩为第五战区副司令长官兼第三集团军总司令。同年冬，蒋介石准备入川，韩与刘湘密谋，由刘阻蒋入川，并联络宋哲元共谋倒蒋。1938 年 1 月被蒋诱捕审判，同月 24 日在武汉以“违抗命令，擅自撤退”的罪名枪决。

**戢翼翘**(奉系)　字劲成，湖北房县人。1885 年生。张作霖部下。日本士官学校毕业。曾加入同盟会。回国后先在保定军官学堂任队官。民国后历任江苏陆军第一师旅长、云南讲武堂校长等职。1922 年入奉军，第二次直奉战争时任奉军第一军参谋长。1925 年随姜登选督皖，任安徽督军署及豫鲁皖剿匪总司令部参谋长。后升任东北第四方面军第二十九军军长。“九一八”事变后张学良任北平行营主任时，戢任参谋长。再后曾任铁路工程局局长等职。1976 年在台湾病故。

**温玉瓒**(奉系)　张作霖部属。曾任东北第二十七混成旅旅长。

**童葆暄**(皖系)　字伯颂，浙江宁海县人，北洋陆军学堂毕业。清末曾充浙江宪兵中队长、浙江讲武堂堂长。原为朱瑞部属。民国后升任陆军旅长、浙江第一师师长。1916 年朱瑞下台，童靠近皖系，曾任援闽司令。

**傅良佐**(皖系)　字清节，湖南乾城县人。日本陆军士官学校炮科毕业。原是袁世凯部下，历任总统府军事处处长、察哈尔副都统、蓟榆镇守使。后归附段祺瑞，为段部下“四大金刚”之一。1916 年任陆军次长。后任湖南督军授冠威将军、边防督办公署参谋长。皖系失败后下台。1926 年病死于天津。

## 十三画

**靳云鹏**(皖系)　号翼青，山东济宁人。1877 年生。北洋武备学堂毕业。1902 年在北洋常备军军政司参谋处任提调。李经羲任云贵总督时，调靳到云南任新军督练公所总参议。1912 年民国成立，靳回山东接任北洋陆军第五师师长，后调陆军次长。1913 年任山东都督，1914 年加封泰武将军衔，督理山东军务。袁世凯帝制时被封为一等伯爵。1916年调北京将军府加封果威将军。袁死后，靳属皖系，被称为段祺瑞手下“四大金刚”之首。1917年奉派到日本观操，回国后任参战军督练。1919年任国务总理兼陆军总长，因与徐树铮矛盾，称病辞职。靳与奉、直两系都有联系，因之1920年直皖战争皖系失败后，靳仍能重任国务总理。1921年辞职，移居天津英租界，从事经济活动。暗中与日本特务和国民党蒋介石均有勾结。晚年热衷于佛教居士林活动。1951年在天津病死。

**靳云鹗**（直系） 字荐卿，山东济宁人。1881年生。靳云鹏之弟。保定速成参谋学堂毕业。曾充江北陆军第十三混成协参谋官、苏州混成协参谋官、北洋第一军参谋。民国成立，历任北洋第二路备补军团长、陆军第八混成旅团长。1919年升任陆军第八混成旅旅长。属于皖系。1920年皖系失败，转投直系。1923年春升任陆军第十四师师长，授将军府骁威将军。参与镇压“二七”大罢工。随吴佩孚参加第二次直奉战争，直系失败后下台。1925年冬靳到汉口拥吴佩孚再出，组成十四省讨贼联军，靳任联军副司令兼第一军军长。1926年春，又兼孙传芳五省联军第一军军长。在山东接收直系旧部陈文钊、王文蔚、田维勤三个师。奉吴佩孚命进攻开封，打败国民军第二军，接任河南省长。同年被吴佩孚免职。1927年，吴佩孚失败后，直系残余各军拥靳为河南保卫军总司令。因与奉军作战失败，投归国民党武汉政府，一度任国民军第二方面军总指挥。后被冯包围缴械，投归蒋介石，曾任南京国民政府军事参议院上将参议。1935年死于北京。

**雷震春**（老北洋系） 字朝彦，安徽合肥人。1864年生。天津武备学堂毕业。1895年入新建陆军，先后任工程营队官、武卫右军先锋队中路炮队营管带、北洋将弁学堂总办，后升北洋第三镇第五协统领、江北提督等职。1912年任河南护军使，1913年任长江查办使，同张勋、冯国璋一道攻打南京，镇压“二次革命”。1914年任北京军政执法处处长，并授为将军府震威将军。袁世凯称帝，封为一等伯爵。袁死后，靠近张勋。在为段祺瑞和张勋所操纵的督军团中，雷曾任总参谋长。积极参与张勋复辟，任陆军部尚书。复辟失败被捕判刑，后释出，寓居天津。

**褚玉璞**（直鲁联军）　字蕴山，山东汶上县人。1887 年生。出身绿林。经安徽都督柏文蔚所部师长郑为成收编，派充上尉副官。1913 年张宗昌任冷遹第三师骑兵团长时，褚任营长。张宗昌投冯国璋后任陆军第六混成旅旅长时，调褚为营长。张任暂编陆军第一师师长时，褚任团长。张在江西失败，褚随张同投东北，曾任奉天第三混成旅第五十五团团长、第二十八混成旅旅长，1926 年任直鲁联军第一军副军长、前敌总指挥，直隶军务督办兼直隶省长。1928 年奉系失败，褚随张宗昌一同下台。1931 年褚到山东胶东一带活动，以图再起，被其旧部刘珍年抓捕活埋。

**褚其祥**（皖系）　徐树铮部属。曾任西北边防军第二混成旅旅长。

**褚恩荣**（老北洋系）　袁世凯部属。曾任陆军第一师第一旅旅长、陆军第二混成旅旅长。驻防湖北，又归王占元属下。

**鲍贵卿**（奉系）　字霆九，奉天海城人。1865 年生。1896 年投淮军叶志超部下当兵，后升哨官，保送天津武备学堂工兵科，毕业后分配到小站新建陆军。历任工程营队官、北洋常备军左翼步二营营长、北洋陆军第二镇第四协统领。1912 年，第二镇改为第二师，鲍任第四旅旅长。1913 年“二次革命”爆发，在江西和安徽镇压革命军，任大茺镇守使兼第三混成旅旅长。袁世凯称帝时被封为一等男爵。1917 年调北京任陆军讲武堂堂长。以与张作霖同乡和儿女亲家之故，于同年冬经张推荐任黑龙江督军兼省长，从此归为奉系。1919 年调任吉林督军，授将军府霆威将军。1922 年梁士诒组阁，鲍任陆军总长。后任中东铁路督办。退职后在天津闲住，未再出任，1934 年病故。

**鲍德山**（奉系）　张作霖部属。曾任奉天第六混成旅旅长。在第一次直奉战争中作战不利，事后被张作霖枪毙。

## 十四画

**蔡平本**(奉系) 张作霖部下。历任奉天第三混成旅旅长、第二十五混成旅旅长、东北陆军第二十八师师长等职。

**蔡成勋**(直系) 字虎臣，天津人。1871 年生。1900 年天津北洋武备学堂毕业。曾充近畿督练处参议官、北洋第一镇军官。1912 年任总统府侍从武官，后升陆军第一师师长。1917 年张勋复辟时封为直隶提督。冯国璋代理大总统时，任蔡为绥远都统。是直系的骨干。1921 年任陆军总长，1922 年任江西督军。1924 年被赣南镇守使方本仁赶下台，回天津闲住。1946 年故。

**臧致平**(皖系) 字和齐，安徽太和县人。皖系李厚基部属。北洋陆军速成学堂毕业。先在北洋第四镇任职，1912 年后曾任陆军第四师团长。1916 年率军入闽，任陆军第十四混成旅旅长、厦门镇守使、福建第二师师长。1923 年任浙江边防训练处处长。1924 年江浙战争时任浙沪联军第一军副司令。1925 年任江苏宣抚使、江苏军务督办，齐卢之争后随卢永祥下台而去职。

**裴其勋**(老北洋系) 字坡田，光山人，1864 年生。北洋武备学堂毕业。历任武备学堂监督、提调、管带、统带、统领等职。1915 年升任吉长镇守使兼吉林第一混成旅旅长。为孟恩远部属。

**裴建準**(皖系) 陆洪涛部属。曾任甘肃河州镇守使。陆下台后，归国民革命军第二集团军，任暂编第五混成旅旅长。

**裴春生**(奉系) 字振东，奉天人。张作霖部下。曾任奉天第四混成旅旅长、东北陆军第十二师师长。

**谭庆林**(直系) 字英甫，山东泰安人。曾任直隶口北镇守使、讨奉独立骑兵队前敌总指挥、讨奉援军第十路司令。属于直系。后归国民第一军，任第八师师长。继又投晋系任骑兵师长等职。

**阚朝玺**(奉系) 字子珍，奉天盘山县人，1884 年生。1906 年投张作霖巡防营当学兵。1913 年自奉天讲武堂步兵科毕业。历任陆军第二十七师少校参谋、军官团教育长等职。1918 年，由炮兵第二十七团团长升第二混成旅旅长，次年任吉长镇守使，1921 年兼任洮辽镇守使。1924 年升任东北陆军第三师师长、热河都统。1927 年 9 月任安国军大元帅府军政执法处处长，1928 年解职。“九一八”事变后，投敌任维持会长。1932 年以后，历任伪满中央银行监事、副总裁、总裁等职务。1951 年被处决。

**管金聚**(皖系)　曾任陆军第十五混成旅旅长、陕西镇守使。陆建章、陈树藩部下。

**熊炳琦**(直系)　字润丞，山东人。军官学校毕业。曾任禁卫军参谋、直隶都督署参谋、江苏都督署军务课长、直鲁豫巡阅使署参谋长、山东省长。

## 十五画

**潘国纲**(皖系)　字鉴宗，浙江永嘉县人。1880 年生。先后毕业于福建武备学堂和北京陆军大学。原在浙江地方部队，随朱瑞投归北洋系。辛亥革命前任江北督练公所参谋，1913 年任浙江第六师参谋长，以后历任陆军第二十五师第五十旅旅长、浙江第二师第四旅旅长、浙江第一师师长。1924 年江浙战争时在卢永祥所部任浙沪联军第三军副司令，后兵败去职。

**潘鸿钧**(直系)　字子和。原属张怀芝、郑士琦等部，后归吴佩孚。曾任陆军第一混成旅旅长、讨奉援军第九路司令。

**潘榘楹**(直系)　字舟廷，山东济宁县人。先入新建陆军，后至日本陆军士官学校学习军事。回国后任北洋第二十镇协统，后升统制。民国后任陆军第二十师师长。1914 年任绥远都统。袁世凯称帝时被封为一等男爵。袁死后，潘归入直系。1919 年任川、湘、赣、粤四省经略使署参谋长，将军府矩威将军，北京航空署署长，1923 年去职。

**颜景崇**(直系)　字恕成，直隶人。直系孙传芳部属。曾任五省联军第八混成旅旅长、第五军军长。

**憨玉琨**（直系） 字润卿，河南嵩县人。1888 年生。绿林出身。刘镇华部属。曾任镇嵩军第三路统领、镇嵩军第一师师长。1921 年投靠直系。第一次直奉战争中任援直镇嵩军前方总司令。1923 年任中央陆军第三十五师师长。1924 年第二次直奉战争吴佩孚兵败，憨率部倒戈。1925 年与国民军胡景翼部争夺河南地盘，兵败自杀。

## 十六画

**穆 春**（奉系） 字祝三，奉天黑山县人。曾任奉天骑兵第一旅旅长、东北陆军第十四师师长。

## 十七画

**魏宗瀚**（皖系） 字海楼。日本陆军士官学校毕业。历任陆军部军学司司长、陆军第一模范混成团团长、陆军第五混成旅旅长、陆军第九师师长。段祺瑞部属。直皖战争时任定国军参谋长。皖系失败后下台。

**魏益三**（奉系） 字友仁，直隶藁城县人。1884 年生。保定军官学校一期毕业。曾在第一师蔡成勋部当连长。1917 年入陆军大学，毕业后转入西北边防军第二混成旅褚其祥部。1921 年褚其祥兵败，魏投东北军，任张学良第三旅参谋长。1927 年任第二十七师参谋长，升炮兵旅旅长。1925 年随郭松龄反奉失败，退入关内。1926 年 1 月就任国民第四军总司令兼滦河防御副司令。2 月进驻保定，兼任国民军第三、四、五军总指挥。同年 3 月脱离国民军，改称“正义军”。后又投吴佩孚，任十四省联军第四军总司令，参加南口讨冯之战时任第三路军总司令。1927 年任河南保卫军副司令，所部编为第八军，任军长兼第二方面军总司令。不久投蒋介石，任第三十军军长，后兼第四集团军总参议。“九一八”事变后，魏将军队交出，任北平军分会委员，后任南京军事参议院中将参议。

**魏福陞**（国民军系）　原在察哈尔部队，后归冯玉祥。曾任国民军察哈尔第一混成旅旅长。

注：本附录参考徐景星等编《北洋军阀人物小志》（内部印本）、李新等主编《中华民国史资料丛稿·民国人物传》（中华书局1981年版）、陈旭麓等主编《中华民国史辞典》（上海人民出版社1991年版）、黄美真等编著《中华民国史事件人物录》（上海人民出版社1987年版）、天津警备区编《天津通志·军事志》（初稿）及北洋人物有关传记等著述编制而成。

# 附录三　参考书目提要

## 一、总论

**北洋军阀史稿**　来新夏主编，湖北人民出版社1983年11月出版。

1957年，湖北人民出版社出版了来新夏著《北洋军阀史略》，是为北洋军阀史研究的初创之作。二十多年后，在《史略》基础上，来新夏等又集体编写了《北洋军阀史稿》。该书通过广泛搜集、考辨、分析所能掌握的材料，吸收国内外关于北洋军阀史研究的新方法、新观点，对北洋军阀从兴起直至衰亡的全过程作了全面系统的阐述，是研究北洋军阀史的重要参考书。

**戊戌以后三十年中国政治史**　李剑农撰，中华书局1965年7月出版。

该书原名《最近三十年中国政治史》，1930年上海太平洋书店初版，1965年经作者修改，由中华书局重排出版，并更名为《戊戌以后三十年中国政治史》。本书对戊戌后三十年间中国封建统治阶级和北洋军阀之间的矛盾倾轧、争斗角逐及其祸国罪行，作了比较系统、详细的记述。尤其重要的是，该书系统记述了北洋军阀的兴亡历程，提供了很多极具价值的材料，为研究北洋军阀史的必备参考书。但该书对涉及的历史人物有很多略去其名，而且作者引用的材料均未标明出处，所以参考该书时，应注意分辨，慎重判断。

**晚清兵志**（六卷）　罗尔纲著，中华书局1997年出版。

近代中国陆军兵制的变革，开端于清咸丰二年（1852年）湘军的兴起，而成于清光绪三十年（1904年）练兵处颁布陆军制度。这期间中国陆军的演变，又经历了湘军时期、淮军时期、甲癸练兵时期、陆军成立时期四个阶段。关于湘军时期的兵制，作者已撰有《湘军新志》（后修订改称为《湘军兵志》）一书纪其事。本书则分《淮军志》、《海军志》、《甲癸练兵志》、《陆军志》、《军事教育志》、《兵工厂志》六卷，对其他三个时期即从1862年至1911年间的兵制演变情况及制度内容作了系统而深入的研究，基本上理清了晚清军事制度特别是北洋军阀建军历史的脉络。

**北洋军阀史话**　丁中江著，台湾远景出版社1964年初版，中国友谊出版公司1992年首次在大陆出版。

全书共二百余万字，上起袁世凯小站练兵，下迄张学良东北易帜，涵盖了北洋军阀形成、发展、覆灭的整个历史过程及其统治时期的大小历史事件，取材广泛，叙事翔实，既有严肃的史事论述，也有生动的人物描写以及民国政坛内幕的披露，对研究北洋军阀史有一定参考价值。书中引录了大量奏疏、令文、电稿等原始材料，但因未注明出处，有些已难以查考；同时本书因系史话性质，有些内容带有明显的演绎成分，这是使用本书时所当注意者。

**细说北洋**（上、下册）　陈锡璋著，台北传记文学出版社1982年5月再版。

北洋统治时期，兵燹不断，政府更迭频繁，该书叙述的就是这段分裂波折的历史。全书共分十章，内容主要有民国肇造以来，各个时期的政治背景，国情演变，内阁更迭经过，北洋时期历史人物的出身、经历、言行操守，政治环境对国家民族的影响等等。在编排体例上，每章以各个统治者的名字为题，以人物为经纬，旁及北洋时期的重大历史事件。人物小传，详尽而确实，非北洋时期的人物则编入附录。作者参考了有关著作，吸收了最新资料，但其指导思想是合久必分、分久必合的历史循环论。

**北洋军阀统治时期史话** 陶菊隐著，三联书店1957年初版，1985年第二版。

是书为第一部系统、全面、详细、专门记载北洋军阀统治时期历史的史书。作者在广泛搜求材料的基础上，对北洋军阀自1912年掌权至1928年覆灭的历史作了详尽叙述，因而成为研究北洋军阀史的必读之书。不过由于该书属史话体，遂不为一般治史者所重，而仅作参考之用。

**北洋派之起源及其崩溃** 吴虬著，海天出版社1937年出版。

该书简单记述了北洋军阀从兴起到衰亡的全过程，其中着重记载了北洋军阀内部的矛盾和斗争。作者多年从事记者工作，耳闻目睹北洋军阀的混战、争斗，并与政界人物多有往来，因而其所记有所据，有一定参考价值。

**中国军阀政治** 1916－1928 齐锡生(Hsi－Sheng Chi)著，斯坦福大学出版社1976年出版。

全书共分九章。第一章导论，指出了全书所用的方法及其对"军阀政治"所做的界定；第二、三两章分别论述军阀政治的起源与军阀派系的组成；第四、五、六章分别叙述军人的征集、军队的训练与军纪及武器与战术等方面的问题；第七章分析了军阀的经济来源；第八章从军阀的出身与所受的教育等方面分析了军阀的行为规范。在第九章中作者将此时期的军阀政治分为三个阶段：1916～1920年为军阀政治的形成期，1920～1924年为军阀政治的发达期，1924～1928年为军阀政治的衰微期。

本书逻辑性强，脉络清晰，立论也较具启发性，所惜书中所引材料以一般较常见的史料居多。

**北京政治：派系主义与宪政不果** 1918－1925 黎安友(Andrew J. Nathan)著，加利福尼亚大学出版社1976年出版。

本书通过对安福国会与徐世昌谋和、黎元洪恢复法统与曹锟贿选这两次政争的分析，探讨了北京政府派系斗争与宪政失败的关系。全书共分八章。前三章从理论上分别探讨了立宪主义、派系主义和北京政治的背景;后四章则是对史实的叙述,举凡 1918 年的政治局势,1918 年至 1920 年之间的政治演变,1922 年、1923 年的政治局势等,书中均有详尽的分析和叙述。

本书运用了许多政治学、人类学方面的理论,史料也较丰富,是研究北洋史的一部力作。

**军阀政治:中国现代化过程中的对抗与联合** 派伊(Lucian W. Pye)著,1971 年纽约出版。

全书共分十章。第一章对军阀时代的历史价值进行了评价;第二章叙述了北洋军的起源及其内部的派系;第三章“军阀组织”主要分析了领袖的类型,效忠的模式和私人间的联系;第四章选择了冯玉祥的国民军来作为军阀的个案研究;第五章分析了军阀集团的分合;第六章主要探讨军阀维护或增进个人势力的途径;第七章叙述军阀的公共关系与宣传,以说明军阀并不完全诉诸武力;第八章探讨了军阀与中央政治的关系;第九章分析了知识分子和商人在军阀时代的处境;第十章“结论”说明了该书的旨意。本书附有图表六份:一、军阀的宣传内容,二、国民党的宣传内容,三、1920～1928 年间内阁阁员的教育背景和出身,四、归国留学生的职业,五、由职类看内阁阁员的教育和职业背景,六、毕业后运用学科专长的状况。

作者一扫以往对军阀的偏见,以现代化的观念来衡量军阀时代在中国现代史上的地位,立论颇具新意。本书使用的资料达一百二十种,其中中文资料仅四十种,且在史料运用上多有疏忽、错误之处,这是本书的不足处。

**军阀政治**(《中国现代史论集》第五辑) 张玉法主编,台湾联经出版事业公司 1983 年 2 月出版。

本辑选录了民国五年至十七年间有关军阀政治的论述,共选论文二十二篇,分为一般解释、历史叙述、军阀政治、军阀派系、联省自治五部分,其内容涉及军阀的派系、军阀人物和军阀的对外关系等多方面。由于大陆学术界对此问题的探讨尚少,因此,本辑的大部分篇幅都集中在对国外研究成果的评价上。

**军绅政权——近代中国的军阀时期**　陈志让著，三联书店1980年9月出版。

该书作者为加拿大籍华人，任多伦多约克大学历史系中国和日本近代史教授。他认为，在中国近代化的途程中，1860～1895年是绅军政权时期，而1895～1949年是军绅政权时期。所谓"军"是指1895年以后渐渐发展的军队，有时也考虑国防和土匪；所谓"绅"(缙绅、士绅)是受传统教育、有功名的人，他们有些担任过政府的职位，有些拥有田产地产。军绅政权是这两种人联合统治中国的政权。

是书研究的是1912～1928年之间的军绅政权，考察并分析了这一时期的中国政治和社会经济的变迁及其原因、形态、过程和结果。认为这些变迁产生了军阀，而同时军阀也促成了这些变迁。同时该书也研究了这一时期的思想变迁。军绅政权是促成这些变迁的一支强大力量，它也激起了反抗的力量，而两种力量的角斗又促成了新的变迁。作者得出结论，军绅政权阻挠了中国的现代化，阻挠了中国的进步。

**中国近代史资料丛刊·北洋军阀**(五册)　来新夏主编，上海人民出版社1988年至1993年出版。

本书是一部全面、系统反映北洋军阀从兴起至覆灭全过程历史的综合性史料书。全书共分五册，前四册系按北洋军阀兴亡历史所呈现的阶段性，并围绕各个阶段的若干重要问题选编而成，其中北洋军阀建军(1895～1912年)为第一册，袁世凯的统治与洪宪帝制(1912～1916年)为第二册，皖系军阀与直皖战争(1916～1920年)为第三册，两次直奉战争与直奉军阀(1920～1928年)为第四册，第五册则为参考检索工具书。书中资料的选录范围相当广泛，涉及档案、传记、专集、杂著、报刊等诸多方面，其中第一手资料如各类档案、当事人专集等在书中占据了相当篇幅，同时选录了一部分具有较高史料价值但较为稀见的成书。入选的资料均经编者严格筛选和整理校订，可供研究者直接利用。犹如“中国近代史资料丛刊”其他专题为近代史研究各领域提供了基本史料一样，本书也为北洋军阀史的研究打下了厚实的资料基础。

**北洋军阀**（六卷）　章伯锋、李宗一主编，武汉出版社 1990 年出版。

本书所收资料时间，起于 1912 年，止于 1928 年。内容多为北洋军阀及其控制下的北京政府的资料，南方军阀及其他地方军阀的资料较少涉及。全书共分六卷，第一卷为“北洋军阀与北京政府”，第二卷为“袁世凯的独裁统治”，第三卷为“皖系军阀与日本”，第四卷为“直系军阀的兴衰”，第五卷为“北洋军阀的覆灭”，第六卷为“北洋军阀大事要录”。各卷按专题侧重收录了北洋军阀统治时期的政治、军事、外交等方面重要史料，为研究北洋军阀统治时期的历史提供了基本史料。

**中华民国史档案资料汇编**（第三辑）　中国第二历史档案馆编，江苏古籍出版社 1991 年出版。

中国第二历史档案馆专门收藏 1912 年至 1949 年间北洋政府和国民党政府残留的档案资料，卷帙浩繁，数量巨大，仅北洋政府档案就多达 71 个全宗，近 10 万卷。《中华民国史档案资料汇编》是该馆主编的两套大型资料丛书之一（另一套为《中华民国史档案资料丛刊》），现已出版四辑。其中第一辑为《辛亥革命》，第二辑为《南京临时政府》，第三辑为《北洋政府》，第四辑为《从广州军政府至武汉国民政府》。第三辑《北洋政府》专门收录了北洋军阀统治时期有关政治、经济、军事、外交等方面档案资料，共 16 册，其中《政治》2 册，内容有北洋政府组织机构的设置、政策法令、议会、党派社团及会党起事、重大历史事件和问题五部分；《军事》3 册，内容包括北洋政府的军制、从白朗起义到护法战争、军阀割据混战等；《财政》2 册，内容包括财政概况、内外债、赋税等；《金融》2 册，内容包括概况、铸币、国内重要银行与纸币、地方金融和币制、特种金融、帝国主义破坏币制操纵金融等；《农商》2 册，内容包括农业、林业、垦牧、渔业、商业等;《外交》1册,内容包括外交概况、外交要案及其交涉经过、中国参加国际活动、中国与各国修订条约等事宜交涉经过;《工矿业》1册;《文化》1册;《教育》1册;《民众运动》1册。本书为北洋军阀史的研究提供了极其珍贵的第一手资料。

**北洋军阀史料选辑**(上、下册)　杜春和、林斌生、丘权政编,中国社会科学出版社1981年出版。

这是一本关于北洋军阀的史料专辑。全书共收34篇回忆文章,大都为在北洋军阀统治时期担任要职的军政人员所述所写。这些文章比较具体、生动地叙述了北洋军阀统治时期的一些重要事件,如张勋复辟、府院之争、直皖战争及两次直奉战争等,从政治、经济、军事等各个方面反映了北洋军阀的兴衰过程,在不同程度上暴露了北洋军阀祸国殃民的罪行,具有较大的参考价值。

**天津市历史博物馆馆藏北洋军阀史料**　天津市历史博物馆编辑整理,天津古籍出版社1998年出版。

本书是从天津市历史博物馆馆藏十万余件北洋时期资料中精选出万余件编辑而成,采用原件影印。全书共33册,分袁世凯卷(2册)、黎元洪卷(14册)、徐世昌卷(9册)、吴景濂卷(8册)。书中所收资料,有家书、文稿、批示、圈阅文件、规章、条约、会议记录、函电、条陈、说帖、呈单、上禀、报告、译呈、抄录等,内容涉及北洋时期的诸多人物与事件。由于各卷资料主人是当时政界最高决策者,因而资料具有机密度高、内容翔实、鲜为人知的特色,对研究北洋军阀时期的历史有重要参考价值。

**北洋军阀天津档案史料选编**　天津市档案馆编,天津古籍出版社1990年出版。

本书资料选自天津市档案馆馆藏档案,按政治、经济、军事、文教宣传各类编排。资料时间起自1912年,迄于1928年。内容包括官职在内阁总、次长以上者与天津市的来往函件和涉及天津市重大政治、经济、军事等问题的档案史料。其中有反映壬子兵变、军事对抗、南北议和、订购军火、军事摊派、劝购公债、滥发纸币、通货膨胀和人民生活状况等情况的史料。

**中华民国史料**(三册)　孙曜编,上海文明书局1929年出版。

本书收编了七个方面的史料,主要是自武昌起义至段祺瑞临时执政府这一时期各方涉及内政、外交、军事和财政等方面的函电汇纂。这七个方面是:"自武昌起义至参议院闭会"、"民国二年之善后大借款"、"自国会停顿至帝制案之撤销"、"清室复辟之始末"、"新国会之组织及闭会与西南护法运动"、"直系恢复旧国会与大选风潮"、"段氏临时政府之始末"。

**民国经世文编**(四十册)　经世文社编辑部编,上海经世文社1914年出版。

本书汇编了民国初年有关政治、经济、法律、内政、外交、财政、军事、教育、实业、交通等方面的重要文章,共分十一大门类:一、政治:搜集了总论及有关国家、政党等方面的文章99篇;二、法律:搜集了有关宪法及其他各种法令的文章85篇;三、内政:搜集了有关中央、地方、边事、致治、定乱等五个方面的文章149篇;四、外交类共搜集文章18篇;五、财政:搜集了总论及税法、会计、银行、币制、公债、盐务等七个方面的文章118篇;六、军政类共辑录文章27篇;七、教育类共辑录文章49篇;八、实业:共搜集总论及有关农工、商矿等三方面的文章69篇;九、交通类20篇;十、宗教类32篇;十一、道德类12篇。这些文章的内容或痛箴时弊,或发抒新谟。于论事则根据学理,不事空谈;于公牍则时弊洞然,确有见地。对于研究民初的政治、经济、法律、军政等各个方面的历史,此书具有较高的史料价值。

**清末民初政情内幕**(上、下卷)　(澳)骆惠敏编,刘桂梁等译,知识出版社1986年出版。

本书是根据澳籍华裔历史学家骆惠敏所编的《莫理循书信集》两卷翻译而成,是研究中国近代史极有价值的第一手材料。上卷选辑了1895～1912年莫理循任《泰晤士报》驻京记者期间,先后从暹罗、缅甸、中国发出和收到的来往信件530封;下卷收集了1912

年 8 月～1920 年莫理循任袁世凯和北洋军阀政府政治顾问期间的有关书信 436 封。这些材料从侧面或反面反映了列强在政治、经济、军事上侵华的种种幕后活动和帝国主义各大国之间的尖锐的矛盾冲突，也反映了以慈禧为首的清王朝覆灭前对外屈膝投降，对内疯狂镇压革命运动，以及辛亥革命中袁世凯篡夺革命果实，洪宪帝制，对德参战和中国参加巴黎和会等重大事件的内幕情况。编者为本书写了详尽的注释，有的注释本身就是编者认真考究历史的成果，从而为阅读和利用本书提供了很大的方便。

**北洋陆军史料** 1912—1916　张侠、孙宝铭、陈长河编，天津人民出版社 1987 年出版。

北洋陆军的创立、发展和溃灭，与北洋军阀的兴衰息息相关。这部北洋陆军史料，起于民国元年（1912 年）袁世凯上台，止于民国五年（1916 年）袁世凯帝制失败、北洋军分裂，共四百余件，十三个专题，每一专题以北洋军阀嫡系部队为主，对其他部队则略有兼顾，因为北洋军阀控制了全国政权，因而对当时全国军事情况亦摘要加以收录，其中大部分为中国第二历史档案馆收藏的北洋政府档案，以及北洋政府陆军部刊印的材料，对研究北洋军阀和中国近代军事史、军制史，颇具史料价值。

**陆军行政纪要**　陆军部 1920 年编印，沈云龙主编《近代中国史料丛刊》第六十一辑收录。

是书共两编：第一编撰于民国五年六月，记民国成立至民国五年期间的陆军行政事项，内容包括：本部内务、军衡事项、军务事项、军械事项、军需事项、军法事项、陆军教育、会计审查、陆军统计等；第二编撰于民国九年三月，记民国五年至九年即皖系军阀统治时期的陆军行政事项，内容包括：本部内务、军衡事项、军务事项、军械事项、陆军教育事项、军需事项、军医事项、军法事项、会计审查、军事外交、陆军统计等。

**中华民国海军史料**　杨志本主编，海洋出版社 1986 年出版。

这部海军史专题资料汇编，起于 1912 年，迄于 1949 年，按照建置沿革、舰船设备、防务设施、作战战备、教育训练、规章制度、奖惩恤赏、官佐员属等专题分为八章，另有附录、大事记、补遗等。各章各篇基本上以原件年月或所反映史实的年月先后为序编排，其中大部分为中华民国政府或海军部（海军总司令部）档案，另有少部分确具研究和参考价值的非档案资料及个人回忆录。

**最近三十年中国军事史**（二册）　文公直著，上海太平洋书店1930年出版。

是书虽名《最近三十年中国军事史》，实际乃从初练新军叙起，且回溯至中国有军之始，略述梗概，正如作者所说，称之为“中国陆海军史”，亦不为过。全书分军制、军史、战史三大编，系统地阐述了中国军队之起源，清朝新军之编练及民国建立后之军制和北洋军、奉军、国民革命军以及各地方军队之历史，以及自1895年中日战争起至国民革命军三次北伐之间的各主要战争，是一部研究民国军事史特别是北洋军阀史的重要参考书。不过，需要指出的是，该书是在作者个人平日见闻的基础上撰写而成的，错误漏讹之处不在少数，这是参考本书时必须注意的。

**民国军事近纪**　丁文江著，商务印书馆1926年出版。

该书记载了北洋军阀统治时期各军阀派系的形成，北洋军各师旅建制与沿革，直皖、直奉、江浙战争的经过，各省地方小军阀的派系及其相互间的混战等内容。对于各系各省军队编制与沿革记载尤详。与他书不同的是，该书以省进行分类，分别予以阐述，条理清晰，脉络分明，史料价值很高，是研究北洋军阀史的必备参考书。

**北洋军阀统治时期的兵变**　中国第二历史档案馆编，江苏人民出版社1982年出版。

该书为中国第二历史档案馆所编《中华民国史档案资料丛刊》的专题之一，反映了1912～1924年间49次兵变的情况，其主要内容有：革命党人联络会党、运动军队的武装反袁起义，各地士兵因不堪忍受北洋军阀政府的残酷剥削、压迫而发动的反抗运动，各种新思潮在士兵中传播和北洋军阀政府对兵变宣传的查禁等等。这些档案材料反映了当时兵变的原因、经过、后果以及各个阶级特别是北洋军阀和帝国主义对兵变所持的态度，对于研究北洋军阀的反动统治，有一定的参考价值。

**北洋政府时期的政治制度**（上、下册） 钱实甫著，中华书局1984年出版。

全书共分十八章及附录四种。前十五章，以北洋政府机构为主，历叙国会，大总统，内阁，司法机关，其他中央重要机关，省立法机关，省行政机关，县的下级组织，市制及官僚制度等基本状况；后三章则记述北洋政府系统的机构，即南京临时政府时期的官制、护国军政府、护法军政府、大元帅大本营。该书比较全面地反映了当时全国统治机构的状况。附录四种为北洋时期政治制度的参考和补充材料、引用重要法规目录、主要参考书籍所载有关资料目录和名词索引简注，具有工具书的作用。

作者对当时统治机构及法规条令与实际执行间的“名实不符”等状况作了必要说明，这是该书有别于其他仅仅汇集材料的资料书的一大特点。搜集资料比较丰富是本书的第二大特点，作者从成著、报刊、文件、法规各方面搜集了大量资料，并据这些资料作了简要叙述，还适当地注明出处，以备稽考。作者把当时散见于报刊而目前又较难访求的资料比较系统地加以运用与指引，给读者一种新的启示和方便。

**中华民国宪法史料** 张耀曾、岑德彰编，上海新中国建设学会1953年出版。

本书辑录了民元以来的一些重大法令，共分三编。上编辑录了中央与地方政府所公布的重要法令共二十项，中编辑录了议决而未公布的法令四项，下编辑录了王宠惠、叶夏声等人草拟的法令五项。书前有黄郛、岑德彰所作的两个序言，阐述了北洋时期制宪的经过与编纂此书的价值。书后附有参考书目，以便读者查阅。

**民国政党史** 谢彬著，上海学术研究会丛书部1924年初版，

1926年修订再版。

本书记述了民初及北洋军阀统治时期活动在政治舞台上的各个主要政党团体，如中国同盟会、统一党、民社、共和建设讨论会、统一共和党、中国社会党、共和党、国民党、民主党、进步党、公民党、民宪党、大中党、宪政商榷会、宪法研究会、民友社、政余俱乐部、中和俱乐部、安福俱乐部、新旧交通系、政学会、研究系等政党团体与政治派系的兴起与分化、相互矛盾与相互渗透及其发展演变的历史。是介绍民国政党历史诸书中较早也是较好的一部专著。

**中华民国外交史资料选编**（四卷）　程道德等编，北京大学出版社1985年起陆续出版。

本书将民国时期（1911～1949年）分为四个阶段，将有关外交史资料分四卷出版。其中第一、二两卷主要收集了北洋军阀统治时期的外交史资料。第一卷（1911～1919年）包括十五个部分：一、关于各国承认中华民国政府的交涉，二、修改税则的交涉，三、善后大借款的交涉，四、中俄关于外蒙问题的交涉，五、中英关于西藏问题的交涉，六、关于日本侵占山东青岛的交涉，七、关于“二十一条”要求的交涉，八、袁世凯恢复帝制的外交，九、郑家屯事件的交涉，十、关于参战问题的交涉，十一、西原借款及山东问题换文，十二、中日军事协定与西伯利亚出兵，十三、关于中东铁路问题的交涉，十四、关于外蒙取消自治的交涉，十五、北京政府颁布的有关涉外的法律和规章。第二卷（1919～1931年）包括三个部分：一、北洋政府时期的对外交涉，主要内容有：巴黎和会与中国外交，华盛顿会议与中国外交，临城劫车案交涉，五卅惨案交涉，金法郎案和关税特别会议，大沽口事件等。二、南方革命政府时期的外交。三、南京国民政府成立初期的外交。

本书资料侧重收录官方外交文书，并多采用原始材料，是研究民国时期包括北洋军阀统治时期外交史的重要参考书。

**六十年来中国与日本**（八卷）　王芸生著，生活、读书、新知三联书店1982年出齐全书。

该书早在解放前即已出版，最初是作为时论文章，在《大公报》上连载。内容起自1871年签订《中日修好条规》，迄于1931年日军侵占中国东北。从1932年起修订成书，由大公报馆出版部出版，当时只出版七卷(到1919年为止)。1958年作者开始修订全书，并补足续稿。后几经周折，于1982年出齐全书，共为八卷。此书从第六卷起，其内容均为民国时期的中日关系史。第六卷的内容起自1911年辛亥革命，止于1915年关于“二十一条”要求的交涉，阐述了日本对辛亥革命的态度，袁世凯窃国篡权，日本乘第一次世界大战之机加紧侵华、出兵侵占胶州湾和沿线各地等内容。书中特别对日本帝国主义提出“二十一条”要求、勒逼袁世凯政府出卖国家主权的经过，作了详细叙述。第七卷的内容为自1915年袁世凯帝制自为起至1919年巴黎和会时止的中日关系，主要叙述了日本利用袁世凯帝制，扩大其在华侵略利益，以及日俄勾结，破坏中国统一，等等。第八卷的内容起自1920年，止于1931年，主要叙述了中日山东问题的交涉与九国公约之成立，五卅惨案的发生，日本三次出兵济南与制造济南惨案，皇姑屯炸车事件，万宝山事件，中村事件，“九一八”事变，等等。全书前七卷为叙述体，在论述中，引用或附录了大量史料。第八卷为大事记，系编年体。

## 二、北洋军阀建军

**清代档案史料丛编**(第十辑)　中国第一历史档案馆编，中华书局1984年出版。

该辑收录的《北洋练兵案》，系光绪二十一至二十六年间，总理衙门与有关方面在新建陆军问题上互相来往的咨文、信函、照会，共57件，均采自《总理各国事务衙门清档》，反映了新建陆军营制饷章及延请外国教官的情况，主要有关于新建陆军及其各兵种的营制、饷章，调拨薪饷的情况；关于聘请外国教官的合同及有关交涉的文件;关于沙俄公使不许中国在编练北方军队时聘请他国教官的照会;关于来华教官人数问题的双方交涉文件;关于因天津水大暂缓校阅军队的文件等。

**袁世凯奏折专辑**(全八册)　台北国立故宫博物院印行,1977年出版。

这些奏折都是台北故宫博物院所藏袁世凯原折的影印件,时间范围为光绪二十三年到光绪三十年,反映了袁世凯声望、地位、权力的确立。该书有两个特征:一、内容丰富。共收录奏折1365件,折片931件,在数量上为他书所不及,并详细记载了光绪二十六、二十七年之间,义和团和清政府西逃时期官书讳之莫深,或其他史书语焉不详的史料;二、准确可靠。奏折以袁世凯入奏的时间次第编排,保存了提奏人入奏的日期,皇帝的朱批等原貌,不加删饰。同时,原件为提奏人的幕僚以正楷工笔缮写呈送朝廷的,所以每字每句都经过仔细核对。

**养寿园奏议辑要**　沈祖宪、吕生辑录,项城袁氏宗祠藏版。

该书凡四十四卷,辑录了袁世凯自光绪二十四年八月二十六日至光绪三十三年七月二〇日(1898年10月9日～1907年8月28日)奏折197份,涉及当时内政、练兵、保荐、外交等诸方面,较多地反映了练兵事宜,如筹饷、编制、选用各级将领、开办学校等等,是研究北洋军阀形成和前期发展的重要资料。

**袁世凯奏议**(三册)　天津图书馆、天津社会科学院历史研究所编,廖一中、罗真容整理,天津古籍出版社1987年出版。

该书是根据《养寿园奏议》原稿的副本整理而成的,收录了《养寿园奏议》原稿的副本全文,其中新收奏章,起于光绪二十四年八月初二日(1898年9月17日)即袁世凯被光绪帝任命为候补侍郎专办练兵事宜时起,至清廷免去其直隶总督兼北洋大臣,授予外务部尚书、军机大臣时(光绪三十三年七月二十八日,即1907年9月5日)止。全书凡四十四卷,收录奏片800篇,以及为数颇多的附单及朱批,内容涉及近代政治、军事、经济、文化以及有关的历史事件和人物。另有《养寿园奏议辑录》本六册，刊辑奏章197篇，但未收奏议的朱批和附单。

**北洋公牍类纂**（二十五卷） 甘厚慈辑，京城益森印刷有限公司光绪丁未九年初版。

本书收录了袁世凯担任山东巡抚、直隶总督兼北洋大臣期间有关自治、吏治、警察、学务、兵政、交涉、税务、盐政、工艺、路矿、商务、币制、种植、农务、卫生等方面的文件、奏折及各类公牍，反映了袁世凯的政绩及当时社会生活各方面的情况。

此外，甘厚慈还辑有二十四卷《北洋公牍类纂续编》（北洋官报兼印刷局代降雪斋书局印），收录了有关自治、吏治、财政、税务、币制、盐政、交涉、铁路、轮电、矿务、水利、兵政、工艺、农务、商务等方面的文件。

**奏定北洋练兵营制饷章** 袁世凯撰，北洋官报总局印。

原题为"奏为厘订营制饷章暨北洋创练常备军情形恭折具陈仰祈"，光绪二十七年七月三〇日奏。袁世凯在练兵过程中，深感旧的营制饷章不合时用，亟宜通盘筹画，大加厘订，该书即是他提出的具体方案。在士兵的招募上袁世凯主张仿照外国兵制，实行常备、续备、后备兵制，编制上实行军、镇、协、标、营、队、排、棚等序列。书中还对步队、陆路炮队、过山炮队、马队、工程队、辎重队的饷章作了详细的规定。该书为北洋军的编练奠定了基础，是研究北洋建军史的重要史料。

**梦蕉亭杂记** 陈夔龙著，北京古籍出版社1985年出版。

陈夔龙（1855～1948），字筱后，号庸庵，光绪进士，庚子年（1900年）任顺天府府尹，参与辛丑条约交涉事。以后历任河南、江苏巡抚，漕运总督，四川、湖广、直隶总督，辛亥后寓居上海。该书于甲子年（1924年）写成，乙丑年（1925年）刊行，以随笔体裁记述一生的经历和见闻，到辛亥革命止，后仅列1924年国民军逐溥仪出宫一条。全书所记都是记述义和团运动、辛丑条约、戊戌变法和辛亥革命等事件。另外，还有北洋练兵事及作者所直接接触的载漪、荣禄、李鸿章、奕劻、翁同龢、那桐、李端棻、袁世凯、刘坤一等人物。书中所记袁世凯在武昌起义后行贿以复出事，为他书所未有。

**武卫军**　刘凤翰著，台北中央研究院近代史研究所编印发行，1978年初版。

武卫军是清末荣禄组编的军队建置，分为前、后、左、右、中五部，其中武卫右军由袁世凯统率，是后来编练北洋新军的核心。是书以武卫军的组成、扩充与作用为主，兼述荣禄的军政经历，以及荣禄、袁世凯在当时所扮演的角色与所负的使命，包括武卫各军的建军程序，荣禄筹建武卫军的时代背景，武卫军营制饷章，装备与教育、训练、章程、各军干部，在剿杀义和团运动与抗击八国联军中的作用和表现，在后来的蜕变、延续与发展。作者对武卫军的发生、演变、经过与影响，让史料说话，不泛泛而谈。

**新建陆军**　刘凤翰著，台北中央研究院近代史研究所印行，1967年出版。

本书以袁世凯小站练兵为主，兼述袁早年的军事经验与戊戌政变前后袁以新建陆军为政治资本，投入帝、后两党政争的前因后果，以及袁后来担任山东巡抚与扩充部队、在义和团运动时期独得保全等方面的内容。

**清末新军编练沿革**　中国社会科学院近代史研究所民国史组编，中华书局1978年出版。

该书系《中华民国史资料丛稿》之一种，是一部研究清末新军及中华民国时期军阀渊源的资料汇编。所选资料除了清末新军编练沿革以外，也选录了一部分新军营制、饷章、训练等方面的资料。全书共分三部分：一、清末新军编练综述，收录了从新军编练缘起至全国普练新军方面带综合性的资料；二、各镇及各省新军编练沿革，包括了从北洋六镇起清末新军三十六镇的编练沿革资料；三、新军学堂和陆军留学生，收录了北洋及各省陆军学校及陆军留日学生的资料。资料分别选自故宫博物院明清档案部、社科院近代史所所藏清政府档案,《德宗实录》、《光绪朝东华录》、《宣统政纪》、《清朝续文献通考》等文献资料,清末官吏的奏议以及《容庵弟子记》、《东方杂志》等书刊的有关资料。

**1895—1912 年中国军事力量的兴起** (美)拉尔夫·尔·鲍威尔著,陈泽宪、陈霞飞译,中华书局 1978 年出版。

该书系《中华民国史资料丛稿》之一种,是一部关于北洋军阀缘源的论纲性著作。作者首先论述了清末以来军队近代化的过程,他把这一过程划分为五个阶段:1895～1897 年,新型军队的建立;1898～1900 年,政治上反动而军事上进步;1901～1903 年,慈禧领导下的军事现代化;1904～1906 年,军事和官制的改革,军事训练与组织方面的进步;1907～1911 年,改革军政的重提。其次,围绕政治、社会组织、经济结构与武力的关系,作者探讨了在崇尚文治的社会中军阀主义的萌芽、产生,军队的私人化,军队介入政治斗争,军阀在君主制度崩溃后如何夺取政权,以及阻碍中国成为主要军事强国的原因等问题。作者引用了大量中文资料,提出了一些独到的见解,理论性强,有一定的参考价值。

**新建陆军兵略录存** 袁世凯编纂,光绪二十四年九月排印。

袁世凯自 1895 年接练新建陆军,惨淡经营,凡军中号令,日与诸将领悉心讨论,逐月刊为课册颁发,该书即为这些课册的汇编。共八卷,四类:一章制,全军纲领隶之;一禁令,士卒纪律系之;一训条,懂对教戒属之;一操法,步伐攻守归之。因系课册,故内容于步、炮、马、工程各队的营制饷章,后勤供应之外,还多涉及军事教育及训练问题,如行营兵官学堂学员的遴选,士兵的招募,官长的考拔,洋教习的聘请,日课定程,考试奖惩,军容军律,教育思想等等,而对于西洋操法、新式武器的用法尤其重视。该书是全面了解新建陆军的原始资料。

**训练操法详晰图说** 段祺瑞等纂校,光绪二十九年本军印藏。

该书是袁世凯奉谕将所率军队平素训练各法绘图帖说进呈备览,凡二十二册,从训和练两个方面详细记载了该军训练攻守,训练驻扎，步队操法、枪法、阵法、战法，炮队操法、炮法，马队操法、阵法、战法，工程队操法及沟垒说，电雷说，测绘论，并练兵要则，募兵要则，格式，饷章，规则律令及条教等，图文并茂，通俗易解。

**保定陆军军官学校**　河北省政协、保定市政协文史资料研究委员会编，河北人民出版社1987年出版。

保定军校是我国近代一所规模较大的正规化的军事学校，是清末清政府中以袁世凯为首的北洋军事政治集团在编练新军、引进东西方先进军事技术和军事教育体制的基础上创办的。该书系有关资料汇编，由四部分组成：一、以史料为根据撰写的综合性文章，二、部分军校毕业生回忆录，三、部分军校毕业生简介，四、保定军校条例和同学录。

## 三、袁世凯的统治与洪宪帝制

**中华民国开国史**　谷钟秀著，上海泰东书局1914年初版，1921年三版。

该书记述了武昌起义前的革命潮流及武昌起义后临时政府之组织、北京袁氏政府之组织、总统之选举、国会之被解散等有关史事。作者在武昌起义后以直隶省谘议局代表身份参加南京各省代表会议，后为临时参议院议员，所记为其见闻"实录"，有一定参考价值。

**英国蓝皮书有关辛亥革命资料选译**（全二册）　胡滨译，中华书局1984年出版。

《英国蓝皮书》中有关辛亥革命资料共4册，收录有1911年10月武昌起义至1913年10月袁世凯就任正式大总统这一时期英国外交官、海陆军将领的函电、报告。这些函电和报告都是他们根据亲身见闻或搜集到的情报写成的，反映辛亥革命的爆发、各省响应、南京临时政府的成立、孙中山就任临时总统、南北议和、民初政争与派系斗争、"二次革命"、袁世凯就任正式大总统等情况。这些记述可与中文资料互为印证和补充，对研究辛亥革命史及袁世凯统治时期的历史有重要参考价值。

**民初文件一束** 张维翰辑，沈云龙主编《袁世凯史料汇刊》第二十辑收录，1968年初版。

该书收录了民初重要政治文献与袁世凯叛国称帝文件凡十二种：一、孙中山于民元十一月三日在上海致袁世凯主张各省行政省长民选函；二、国民、共和两党与袁政府协定政策大纲八条；三、民元南北合并前有署名实庵者致袁氏主张对内外观听必须首先发表之事及论内政外交意见书；四、未署名对时政意见书；五、袁未就临时大总统前临时筹备处规约；六、袁氏约请汪荣宝等四十余人分任临时筹备处法制、外交、内政、财政、军事各股之名单；七、有贺长雄致袁氏建议三事之说帖；八、费树蔚责袁氏失人心失人才，促其须亲民党勿与民仇长函；九、袁氏与朱尔典讨论君主立宪之笔录；十、大典筹办处拟祭天登极时间呈文；十一、新华宫赐宴礼节及礼官处通知；十二、孙宝琦致杨士琦函。

**鄂州血史** 蔡寄鸥著，龙门联合书局1958年出版。

该书“以湖北为中心，写辛亥革命的事”。所记内容从两湖地区革命党人的革命活动，到武昌起义、临时政府的组织、袁世凯窃权及以武力镇压革命、破坏共和、解散国会(1913年)为止的历史片断。作者在辛亥革命前后曾在《大江报》、《大汉报》、《民心报》、《中华民国公报》、《震旦民报》等报社写文章或任编辑，对革命党人的行动与政治的变迁均“身历其境”，“所闻所见，都有实地的记录”，所以，书中所记有一定的参考价值。

**袁世凯之祸黔** 刘世杰著，1912年刊行。

1912年10月，驻湘北伐黔军因战败，自行拔队回黔，而黔已被滇军久占，必发生军事纠纷，为调解此事两方召开洪江会议。作者刘世杰为黔军全权代表，因悉内情，知制造纠葛的祸首实为袁世凯，故将洪江会议始以迄杨尽诚交替期间各方来往电报汇录成帙，揭露袁世凯的两面派面目。

**白朗起义**　杜春和编,中国社会科学出版社 1980 年出版。

该书是关于白朗起义的资料专集,包括二部分:第一部分为官方档案,内分张镇芳档案,收录了 1912 年 3 月至 1914 年 2 月张任河南都督时各方来函中关于白朗起义军发生、发展,以及遭北洋军阀镇压的部分;北洋政府档案,主要是北洋政府陆军部、参谋部,以及袁世凯总统府统率办事处等机构,与地方军政头目关于在 1913 年 4 月至起义军失败这段时间内进行镇压活动的部分来往文电,并按时间顺序编排出了白朗起义军的军事活动进程;甘肃都督府档案,选录了白朗起义军攻克天水等地后,地方官绅给甘肃都督兼民政长张广建的呈文,以及张广建向北洋政府关于防剿白朗起义军的综合报告。第二部分为个人记述,是参加镇压白朗起义军的当事人未刊和已刊著述的节录。该书是研究白朗起义的一部很有参考价值的资料集。

**宋教仁被刺及袁世凯违法大借款史料**(《革命文献》第四十二、四十三合辑)　罗家伦主编,台湾国民党中央委员会党史史料编纂委员会编印,1968 年出版。

1913 年 3 月 20 日宋教仁被刺和 4 月 26 日袁世凯政府擅自签订善后大借款是"二次革命"的直接导因,书中收辑了南方国民党、北京政府、调停势力三方对这两大事件所持态度的函电与论述。宋教仁被刺史料包括宋教仁先生传略,宋案始末记,各方之唁电、哀诔,调查宋案之文件,及宋教仁被害后各方的舆论等内容。袁世凯违法大借款史料内容分成:善后大借款案史略,大借款之经过及其成立,国民党、国会反对大借款之文件,有关违法大借款辩护文件,及国内外关于大借款之舆论。

**二次革命史料**(《革命文献》第四十四辑)　黄季陆主编,台湾国民党中央委员会党史史料编纂委员会编印,1968 年出版。

本书是关于 1913 年 7 月 12 日至 9 月 12 日的"二次革命"史料专辑,书前有插图。资料分成六部分:一、"二次革命"史略;二、"二次革命"爆发前后之文件,并附录"二次革命"爆发前夕南北调停谈判往来函电;三、"二次革命"讨袁声中之舆论;四、"二次革命"各省独立,南北双方有关文件;五、袁政府摧残国民党之史料;六、袁世凯摧残舆论。书后附录袁世凯迫害国民党之文件。另,书中收辑了一些未发表过的新史料,对《孙中山全集》中有关文件及《革命文献》第六辑已发表的有关讨袁史料,均未收录。

**民初政争与二次革命**(上、下编) 朱宗震、杨光辉编,上海人民出版社 1983 年出版。

该书辑录了自民国元年四月一日南京临时政府结束迄二年九月"二次革命"失败的材料。上编为民初政争,按照 1912 年 4 月 1 日至 1913 年 7 月 7 日发生的重大政治事件分成五个专题,收录有各派政治力量之间错综复杂斗争的资料,其中:一、唐绍仪内阁风潮和陆征祥内阁风潮,二、张振武冤案,三、江西民政长事件,四、宋教仁案和大借款的发生,五、法律解决的幻灭。下编为"二次革命",内容包括:一、"二次革命"的主要政治文件,二、各省独立战争的经过。这部分中根据各省独立先后分省辑录资料。最后部分为附录,收录了《何海鸣致报界述困守南京情形函》、《袁世凯宣布国民党议员助乱证据布告》,1913 年 9 月至 1915 年间孙中山、黄兴、陈其美彼此间为检讨"二次革命"失败原因的书信,以及有关民初政争、"二次革命"资料和回忆录篇目索引。该书资料来源于当时各个不同政派近二十种报刊上的有关材料,中国第二历史档案馆未刊档案及其他有关书籍与专题资料。

**赣征纪略** 张敬尧撰,新民图书公司 1914 年印。

该书详细记载了"二次革命"时期北洋军进攻江西的经过情形。作者张敬尧时任北洋军第六师第十一混成旅第二十二混成团团长,为江西战役的主要参加者。书中主要记述了张氏所部于 5 月 13 日奉令出师直至 8 月 19 日攻陷南昌这一期间的征战情况,如作战计划、兵力部署、武器装备、沿途地形及交战经过等,均有较详的记载。书中附有战斗详报多份,记该军在列次战役中的死伤、虏获及武器弹药的损耗等等,并附列次战役详图多份,以备查考。

该书因出自北洋军阀之手,故对"二次革命"及南方革命军多有歪曲诬蔑之词,使用此书者当有所鉴别。

**洪宪惨史——京畿军政执法处冤狱录**　王建中著,京兆商会联合会1925年印。

该书共记冤狱20起,受害者为张振武、方维、徐镜心等人,其中多为宋案后觉悟者,或为对袁帝制不满者。逮捕手段多为诱捕、诬陷。及至帝制失败,才得以获释。书中另有袁政府时代殉难同志事略,共计14人。这些人或在辛亥革命和"二次革命"中立有功勋,或因武力讨袁而为袁忌恨,并遭到逮杀的,可见袁氏仇恨革命之一斑。其中"宋教仁事略"后附有京师地方法庭对宋案重犯洪述祖的审判记录与判词。

**约法会议录**　顾鳌编,约法会议秘书厅1915年编印。

本书共分二编。第一编记约法会议之成立及组织,举凡袁世凯以增修约法程序咨询政治会议,该会议决咨复增修约法当设造法机关以及约法会议如何组织,议员如何选举等条例令文悉行辑录;第二编为约法会议开幕后之议事录,并辑录了增修约法以及附属约法各项重要法案。

**君宪纪实**　沈云沛编辑,全国请愿联合会印行,1915年出版。

全书共分三部分。第一部分辑录了全国请愿联合会宣言书,总请愿书及该会发动的第一、二两次请愿的请愿书83封;第二部分辑录了全国各地、各阶层人物致袁世凯政府的函电130封,内容多为要求实行君主立宪者;第三部分为论说,辑录了古德诺的《共和与君主论》和杨度的《君主救国论》二篇文章。

**君宪问题文电汇编**　筹安会编,北京正蒙书局印行。

该书共分二编。第一编主要辑录了:一、筹安会与各省各机关及各团体的往复电函(8月22日至9月29日),二、各省将军呈大总统电(8月25日至9月29日),三、各省商会致北京商务总会电(9月6日至29日),四、各省国教俱进会致北京国教俱进会本部电(8月15日至9月29日),五、各省将军巡按使致参政院电(9月

15日至20日)，六、各省将军巡按使致全国请愿联合会电(9月21日至30日)。第二编辑录了京兆、直隶、奉天、吉林、江苏等三十一个省区以及蒙古王公联合会、中国国教俱进会、全国商会联合会等团体第一次请愿的请愿书。这些文电反映了筹安会为袁世凯帝制奔走活动的情况以及各省对袁帝制所持的态度。

**袁大总统书牍汇编** 陆纯编，1914年初版，1936年再版。

该书辑录了袁世凯自1912年出任临时大总统至1914年3月这段期间内的一些重要文牍。全书共分八卷：一、咨文，二、政令，三、奖勖，四、批牍，五、六、七、函牍，八、补遗。书中还辑录了各国承认中华民国的国书与颂辞。这些书牍，尤其是政令和函牍反映了袁世凯在外蒙独立、“二次革命”和善后大借款等重大事件中所采取的方针政策以及他对两院制、军民分治等问题所持的态度。对于研究民初政治与袁世凯北洋政府的历史，该书具有较大的参考价值。

**袁世凯与中华民国** 白蕉著，人文月刊社1936年2月初版，同年6月再版。

该书上限为辛亥革命发生后，下限至袁世凯病亡止，编列了袁世凯在这一时期的政治、军事、外交活动，以及与之有关的电报、公文、报刊报道和评论等。该书体例独特，是以作者叙述简况为线索，以引用的大量原始资料为主要内容，资料全面、真实、详细。

**袁氏当国史** 马震东著，上海中华书局1930年出版。

该书以袁世凯的政治活动为线索，比较全面、详细地叙述了自武昌起义始，至袁世凯死后黎元洪继任大总统止这一时期的政情变迁。书中引有了大量的政府公文、命令、条约、章程等，均照录原文。书中涉及重要人物，一般都有简单介绍。

**袁氏盗国记**(上、下篇) 黄毅著，国民书社1916年出版。

该书详细叙述了筹安会成立至1916年4月13日浙江省宣布独立这一时期的历史。上篇揭露袁世凯盗国的暗幕，对袁氏窃国的动机以及种种权术和手段，均有较详记载；下篇披露了袁世凯制造的所谓“民意”的真相，并记述了国内名流及国外列强对袁世凯帝制的态度。

**中日关系史料**　台湾中央研究院近代史研究所编，1974年8月至1986年6月间陆续出版。

该书系根据台湾外交当局所存民国元年至民国五年间的中日交涉档案编纂而成，共分六卷。一为“一般交涉”，主要收录了在此期间中日武力冲突事件及筹借日款等交涉案的文件与电文；一为“通商与税务”，收录了中日间有关商务、商标、埠务以及关务、税务、禁运诸类交涉案的文件和电文；一为“路矿交涉”，收录了中日间有关铁路与矿务交涉的文件和电文；一为“邮电航渔盐林交涉”，收录了中日间邮务、电讯、航务、渔业、盐务、林业及其他有关交涉案的文件和电文；一为“二十一条交涉”，收录了民国四年至五年中日间有关二十一条交涉的文件和电文；一为“欧战与山东问题”，收录了民国三年至五年有关欧战爆发与各国情况，中国宣布局外中立，日德战争与中国之应付及日军骚扰行军地区等方面的文件和电文。

**中日二十一条交涉**（上、下册）　李毓澍著，台湾中央研究院近代史研究所印行，1966年初版，1982年再版。

该书记1915年中日二十一条交涉的全过程。全书共分八章，对二十一条要求的背景，要求的拟议和提出，袁世凯北京政府的应付，谈判的进行与国内外的反应，以及日本提出最后通牒，袁世凯北京政府被迫屈服等方面的问题，进行了较详的分析和叙述。该书材料丰富，引用了北京政府的外交档案、日本外务省的外交文献及日本政界要人的传记等原始资料。书中还纠正了王芸生所著《六十年来中国与日本》一书中的一些舛误。

**辱国春秋**（四册）　毕公天著，上海辱国春秋社1915年印行。

该书详细记述了中日二十一条交涉案的始末，始于1915年1月18日“二十一条”之提出，止于6月8日中日新约之换文。书中对中日交涉的动机、条约的提出与签订均有较详的记载，并揭露了日本侵略中国的野心与袁世凯北洋政府的卖国罪行，也反映了社会各界对此问题的反响。

**帝制运动始末记** 高劳著，上海商务印书馆1923年初版，1928年再版。

全书共分九章，详细叙述了帝制运动的由来与进行，各省反抗的情况及护国军与北洋军交战的经过，帝制时期围绕着袁世凯帝制问题所进行的中外交涉、袁世凯被迫延期登极及不得不取消帝制的苦衷，南北议和的进行与南京会议的召开，袁死黎继与此后的政治施行以及军事收束等方面的情况。对于研究袁世凯帝制及相关事件，该书具有一定的参考价值。

**袁世凯称帝及其败亡** 胡柏立著，河南人民出版社1981年出版。

该书分五部分，依据有关资料，对洪宪帝制活动的筹备、实现及败亡情况作了简要分析，兼及各帝国主义国家在帝制问题上的态度与政策。其中比较详细地揭露了日本坚持要中国实行君主立宪，但并不像其他帝国主义那样全力支持袁世凯称帝，而是扶植各种各样的反袁势力，蓄意在中国造成大乱局面，以便操纵局势，坐收渔利的对华方针。

**八十三天皇帝梦** 吴长翼编，文史资料出版社1983年出版。

该书资料来源于袁氏子女及亲属、同僚和部属所作的回忆录。叙述的内容既包括袁世凯的重大政治活动，也涉及了他的日常生活等诸多方面，提供了一些不完全为人所知的研究资料。因为所述多为亲身经历和所见所闻，可补文献之不全，对全面了解和研究袁世凯这个历史人物及与之有关的重大历史事件有很大参考价值。不过，回忆录难以完全吻合历史事实，且所作分析不同程度地会受到主观因素的影响，这些是应该注意的。

**洪宪公报** 政事堂印铸局发行。

该《公报》为袁世凯称帝时期之实录，亦即改用洪宪元年后的政府公报。上起1916年1月6日，下迄同年3月23日，每日发行一号，凡七十七号。沈云龙主编之《袁世凯史料汇刊》(18)收录此《公报》时，为明了始末起见，将1915年12月及1916年3月24日至4月30日的政府公报也一并影印收录，共得八册。其内容大致分命令、奏折、咨、饬、示、判词、通告及广告等数大类。研究袁世凯个人及洪宪帝制，该《公报》的价值不可忽视。

**洪宪纪事诗三种** 刘成禺、张伯驹著，上海古籍出版社1983年出版。

本书由刘成禺著《洪宪纪事诗》、《洪宪纪事诗本事簿注》和张伯驹著《续洪宪纪事诗补注》三种书合编而成。刘成禺为辛亥革命参加者、洪宪帝制的目击者。他写了洪宪纪事诗200多首，可谓史诗，但诗意不易读懂。《本事簿注》辑录洪宪时事及朝野珍闻轶事，对研究当时的政治和社会，有一定的参考价值。张伯驹也是洪宪帝制的目击者，他的补作也有一定的史料价值。

**护国运动史** 谢本书等著，贵州人民出版社1984年出版。

该书从袁世凯破坏共和，护国运动的酝酿，战争的爆发与发展以及护国运动的终结等五个方面，详细地叙述了这一运动的全过程。作者在书的前言部分阐述了对护国运动史中若干基本的及一些有争议的问题的看法，终结部分中又分析了西南军阀的形成过程。

**护国运动资料选编**(上、下册) 李希泌、曾业英、徐辉琪编，中华书局1984年出版。

本书选录资料时间起自1915年5月袁世凯接受"二十一条"，迄于1916年7月军务院撤销。综合收录了有关护国运动全过程的史料，从筹安会成立、洪宪帝制密谋，到各党派对帝制复辟的态度、孙中山中华革命党的成立及讨袁斗争、蔡锷潜回云南、护国战争的爆发、护国军的组织及军事部署与行动、各省的响应与独立、袁世凯最后被迫退位、军务院的成立与撤销等问题，都收录了有关史料。书中所收史料，大部分是函电，选自第二历史档案馆馆藏北洋政府档案和云南、四川等省档案、私人存档及报刊；一部分是护国军司令部和军务院公文;一部分是著述摘录。大部分史料是第一手史料,有重要史料价值。

**护国讨袁亲历记** 全国政协文史资料研究委员会及云南、贵州、四川、广西、广东、湖南等省区政协文史资料研究委员会合编,文史出版社1985年出版。

本书是编者为纪念护国战争七十周年而编的专辑。收录文章均为作者亲历、亲见、亲闻的回忆录。作者有程潜、王印源、金汉鼎、李文汉、邓汉祥等30人。内容有护国战争总的回忆,有局部情况如云南、四川、贵州、湖南、广西等地反袁斗争情况的回忆。书末附有有关电文和护国讨袁大事记。因是事后回忆,因此难免有记忆不准、不清等缺失,使用此书时当慎加甄别,有所取舍。

**护国运动** 中国第二历史档案馆、云南省档案馆合编,江苏古籍出版社1988年6月出版。

该书是关于护国运动的史料专辑,辑录了北洋政府和护国军政府两方面所发布的函电,并按护国运动的发生、发展进程,将有关材料分为六大部分:一、袁世凯接受二十一条,二、筹备洪宪帝制,三、云南首义反袁及各地响应,四、北洋军入川、湘抗拒护国军,五、袁世凯被迫取消帝制,六、袁世凯死后的政局。

**讨袁史料**(《革命文献》第四十六、四十七合辑) 黄季陆主编,台湾国民党中央委员会党史史料编纂委员会印行,1969年出版。

该书记"二次革命"失败后中华革命党及护国军反袁活动的情况。共分二辑:第一辑集中叙述了中华革命党组织发动的长江中下游几省即上海、江苏、浙江、湖南及山东和东北等地区的讨袁活动。通过中华革命党东京本部有关讨袁文件及革命党精英之殉难等事实材料,说明"中华革命党在讨袁运动中,发动最早,而牺牲亦最大"。第二辑主要介绍了护国运动中独立各省的讨袁史事,以护国军的活动为主,兼及中华革命党。此外收录的内容还有:都司令与军务院、袁世凯去位之争执、讨袁之舆论。

## 四、皖系军阀与直皖战争

**中华民国再造史**　游悔原著，上海民权出版社1917年出版。

该书共分三编。第一编为“中华帝国”实现时期，详细记载了袁世凯叛国称帝、列强警告以及黄兴等革命派起而反抗等方面的情况。第二编为“云南军政府继承民国时期”，详细记载了云南等省举兵讨袁、袁世凯被迫撤销帝制以及徐世昌、段祺瑞出面调停等方面的情况。第三编为“军务院代表国民政府时期”，叙述了自军务院成立直至1916年8月国会重开这一时期南、北两方的情况。书中对冯国璋举行南京会议的原因与结果、张勋组织徐州会议七省同盟及段祺瑞不肯恢复旧约法等内幕多有披露。

该书搜集材料较为完备，不但博采当时的公私函牍与中外报章，还有较多作者自己的亲身见闻及调查材料，对于研究袁世凯帝制的出笼与破产，以及当时社会各方面的问题，有一定参考价值。

**督军团传**　陶菊隐著，上海中华书局印行，民国三十七年六月初版。

该书记1916年6月袁世凯去世至1920年7月直皖战争爆发前这一时期的历史。书中对“张勋复辟”、“南北议和”、“吴师撤防”等事，均有比较详细的记载。对直、皖、奉三大军阀间的纷争、冲突和地方督军干预中央政权，侵凌地方民政以及彼此间尔虞我诈、相互倾陷的内幕，也多有披露。书中还对若干军阀的结局，作了简略交代。

与陶著其他诸书一样，此书材料“半采自书报，半得诸传闻”，使用此书者当加注意。

**复辟之始末**（两册）　1917年手抄本，南开大学图书馆藏。

此抄本为有关张勋复辟的电稿汇纂。从1917年7月2日至7月12日，逐日记载了张勋复辟活动、段祺瑞讨伐复辟的情况以及天津、南京、杭州、湖南、广州等地附和或反对复辟的动态。对段祺瑞“讨逆军”与张勋“辫子军”的开战情形，所记尤详。基本上反映了这一复辟丑剧从上演直至收场的全过程。

**复辟半月记**（又名《指严旅京实录》） 许指严撰，上海交通图书馆印行，1917年出版。

该书主要记载了1917年7月1日张勋复辟至7月12日复辟失败后张勋逃匿荷兰使馆避难之始末。逐日记述了复辟派的活动、段祺瑞讨逆军的战况以及北京地区的社会动态等情况。书中保存了从当时报刊上转录的大量原始文电。

**复辟始末记**（上下两卷，全一册） 上海文艺编译社1917年8月编印，天津市历史博物馆藏。

全书凡四章，分别叙述复辟之酝酿、动机、爆发及失败。并有附录，详载复辟后各地之要闻、各省督军之动态；转载了《新闻报》上指迷撰写的《复辟之真相》，《中华新报》上孙毓筠撰写的《复辟阴谋纪实》，《民国日报》上刊登该报通信记者霸撰写的《叛党乱国之经过》，黎元洪之通电等。另有复辟始末记零拾以及自7月1日至7日复辟后各要人进京、出京一览表。

**复辟文件** 刘绍夷辑抄，1919年5月抄本，南开大学图书馆藏。

此书抄录了张勋复辟期间的大量原始文电，其中包括张勋复辟通电以及复辟后所发表的通电、奏折、宣统谕旨；大总统黎元洪、代理大总统冯国璋、国务总理兼“讨逆军”总司令段祺瑞所发表的通电；各省督军、省长、议会团体等发表的讨逆通电，“讨逆军”总司令部通告以及前敌战报等。

**参议院公报** 参议院公报科编，台湾文海出版社有限公司1978年出版。

该《公报》共分三册，记载1918年9月至1919年3月第二届国会（安福国会）的一切事件。大致分以下几方面的内容：一、议事录：记载第二届国会历次会议的议事经过；二、速记录：凡第二届国会历次会议的速记录均属之；三、议案：包括提议案、建议案和意见书等；四、函电：凡第二届国会议员、专门委员及京内外各机关、各团体、个人等关于第二届国会的公文、公函、公电、通电等均属之；五、委员会纪事：为特任委员会、法制委员会、常任委员会、财政委员会、外交委员会和请愿委员会之纪事；六、附录：凡第二届国会各项规则、通告、议员一览表及各处电话表等属之；七、广告：第二届国会历次会议及议员个人之各种紧要广告属之。

**安福祸国记**　南海胤子著，北京神州国光社发售，1920 年出版，北京图书馆藏。

全书共分上中下三篇。目前只见上篇和中篇，而下篇则仅存目录。是书为记述皖系安福俱乐部和安福国会活动的一部专书，对安福俱乐部的缘起、扩张及其操纵国会，左右政局，侵凌外交和财政，以及它与军阀的关系等，均有较详的记载。

该书除照原件辑录了电报和公文外，还搜罗了各种传闻，并参以作者已见，融会运化而成为一家之言。由于作者了解内情，因此，其揭露"安福祸国"之罪行，多为当时报刊所不载。

**皖系军阀与日本**　章伯锋著，四川人民出版社 1988 年出版。

皖系军阀与日本的关系，是 1916 年至 1920 年段祺瑞皖系军阀统治时期这段历史中贯彻始终的一个重要课题。该书共分十二章，结合当时国际和国内的政治背景，对皖系军阀与日本从初步勾结，而进一步密切关系，而成为利害与共、不可分割的双方的全过程，作了比较详细的分析和叙述。书后附有"寺内内阁时期日本对华借款简表"、"日皖关系主要资料简编"和"征引书目"。

**段氏卖国记**　温世霖著，1919 年由作者出版，委托各书店发行；后经陶乐勤校订，于 1920 年 10 月再版，由上海泰东书局发行。

该书主要揭露段祺瑞控制下的北京政府，对外投靠日本帝国主义，对内连年发动内战等卖国乱政的种种罪恶活动。

该书作者历任众议院议员多年，熟悉民国初年政坛内幕，且所记多为其本人耳闻目睹者，尤其是书中附录了当时的许多电文，对于了解和研究北洋军阀统治时期的历史，有一定参考价值。

**金刚卖国记** 寒灰著，国民社民国八年编辑出版。

书中所谓卖国金刚即指曹汝霖、章宗祥和陆宗舆三人。全书凡五章，第一章叙述了“二十一条”、“中日陆海军共同防敌军事协定”及“济顺、高徐铁路借款合同”等条约的内容；第二章则分析了巴黎和会上中国对日交涉失败的原因；第三章揭露了曹、章、陆卖国肥私的黑幕；第四章则叙述了全国各界对巴黎和会上中日山东问题交涉的态度和主张；第五章对爱国学生在“五四”运动中要求外争国权，内惩国贼的义举进行了叙述。

**东京之三年**（稿本） 章宗祥著，载《近代史资料》总三十八号。

该书为章宗祥叙述他在1916～1919年任驻日公使之经历的回忆录，多辑录当时外交文电，间有回忆和议论。尽管章宗祥为自己的卖国罪行多所辩护，但文中对于日本政府和皖系军阀的关系、张勋复辟的内幕以及西原借款等事件，还是供出了可注意的史料。

**西原借款真相** （日）胜田主计撰，龚德柏译，上海太平洋书店1929年出版。

胜田主计为日本寺内正毅内阁的大藏大臣，“西原借款”的当事人之一。西原龟三在华借款活动，多系遵照他的指示行事。该书披露了“西原借款”的原委与真相，个中人语，自有其参考价值。

**徐树铮电稿**（《近代史资料》专刊） 中国社会科学院近代史研究所《近代史资料》编辑组编，中华书局1963年出版。

该书是徐树铮致各方面的秘电存稿之辑录。起自1917年12月，止于1918年10月，计11月。其内容主要为：一、北洋军对南方护法军作战的计划，布置及战况；二、皖系军阀与直系军阀的明争暗斗情况；三、奉军入关后的具体事务等。从这些电稿中可以看出：皖系军阀的祸国罪行，完全得到日本帝国主义的支持；当时各系军阀特别是皖系军阀的势力构成情况；皖系军阀制造内战的具体情况；直皖两系军阀冲突的情况。

该书还附录了段祺瑞所作的《徐树铮神道碑》及电稿中涉及的人名表。

**1919年南北议和资料**(《近代史资料》专刊)　中国社会科学院近代史研究所《近代史资料》编辑组编,中华书局1962年出版。

该辑所收资料共有七份:第一份《李廷玉所存电稿》,是李廷玉在1918年春季和秋季两次为李纯奔走,疏通议和时候的电稿。其中记载着酝酿议和的一些情况。第二份《南北议和文献》,是朱启钤保存的他充当北方议和总代表时候的来往函电和参考文件,其中记载着南北议和正式会议时期的许多情况。第三份《议和文献辑存》是辑录南北议和时期的一些零散函电,可以做为前两份资料的补充。第四份《唐继尧函电》,是唐继尧对于议和的一批文电,表明滇系的态度。第五份《护法诤言》,是姜玉笙的文电,可以代表广州政府中一部分人的态度。第六份《政闻纪要》,是当时人编写的1918年春至1919年春编年史稿本(有残阙),记述了一年间的历史过程。第七份《陕西靖国军纪事》,叙述陕西情况,可以做为研究南北议和中有关陕西问题的补充资料。

**外蒙古撤治问题**　李毓澍著,台湾中央研究院近代史研究所专刊(十八),1976年出版。

外蒙撤治是关系到北洋军阀统治时期的中俄关系以及军阀内部权力斗争的重大事件,也是关系到对徐树铮及皖系军阀之评价的大问题。该书叙述了外蒙从"独立"到"自治"再到"撤治"的全过程。书中对俄国策划外蒙独立,恰克图协约的签订,欧战爆发后外蒙局势的变化,北洋政府对外蒙的政策,徐树铮筹备西北边防与外蒙撤治的关系等都有较详细的记载。对于研究其时的中俄关系以及皖系军阀在西北的活动等具有一定的参考价值。

**秘笈录存**(《近代史资料》专刊)　中国社会科学院近代史研究所《近代史资料》编辑室主编,天津市历史博物馆编辑,中国社会科学出版社1984年出版。

该书是一部未完成的书稿,分上下两编,上编为巴黎和会,下编为华盛顿会议。在徐世昌主持下,由吴世湘主编,是将徐世昌任北京政府大总统时期秘书厅归档后的电报编纂而成,辑录了有关巴黎和会和华盛顿会议的大部分重要文件，包括参加两个会议的中国政府代表团直接拍发给北京政府的请示、汇报密电，北京政府对代表团的指示密电，中国驻外各国使节转达驻在国政府对中国政府的照会密电，等等。书后附有“中外人名表”，“中外译名对照表”和“译音表”。

因原稿为未完成稿，舛误之处较多，使用此书者当慎加辨别。

**直皖秘史** 张一麐著，上海世界书局1920年出版。

全书凡八章，对北洋派的由来及其最后分裂成直、皖等军阀派系的原因进行了分析；书中对直、皖两派各自的地盘、兵力状况以及它们之间的矛盾和争斗的记载，尤为详备；并列专章对两系的主要人物作了简单介绍；书中还保存了直、皖两派军阀在直皖战争爆发前后所发表的大量文电。

由于作者熟悉北京政坛，了解北洋军阀的内幕，所记皆是自己所见所闻，因此，是书对于研究北洋军阀史，颇具参考价值。

**直皖战争** 中国第二历史档案馆编，江苏人民出版社1980年出版。

该书是《中华民国史档案资料丛刊》的专题之一。它所辑录的有关档案资料（包括少量原附于档案中的政府公报资料）共236题，371件。其内容包括如下四个方面：一、战争前夕直皖之间的倾轧，二、战争的爆发与皖军的失败，三、战后的政局，四、战区的兵变。这些资料，对于直皖战争的经过及其前因后果，均有较多的记述，对于帝国主义列强当时所持的不同态度，也有某些反映，从而为研究这次战争提供了不少有一定参考价值的第一手资料。

**直皖战争全史** 梁河间著，上海和平书局1920年出版。

该书共分四编。上编为“直皖战争之评论”，对张作霖、吴佩孚、段祺瑞、徐树铮等人的活动及与战争爆发的关系进行了评论，还分析了内阁、国会、政局等各方面的情况。中编“直皖战争之内幕”，揭露了张作霖入京调停直皖冲突、直奉保定会议及徐树铮密谋等事件的内幕。下编“直皖战争之胜负”，简单记述了直皖双方交战之情形及其胜负得失。附编“大总统对于直皖战争之命令”，收录了徐世昌在直皖战争前后所发布的一些命令。

**直皖奉大战实纪**(稿本)　汪德寿撰，中国社会科学院近代史研究所藏。

该书分别记载了1920年直皖战争，1922年及1924年两次直奉战争的一些情况，记述虽简，但均为作者亲身经历的回忆。尤其是作者与曹锟、曹锐关系密切，所以，书中对曹氏兄弟虽多吹捧之处，但也透露了不少政治事件的内幕，如书中对曹锟为贿选令直隶各县搜刮贿选经费，曹锐自杀经过，曹锟晚年生活及其资产情况等记载，都有一定的史料价值。

## 五、两次直奉战争与直奉军阀

**湘军援鄂战史**　国史编辑社印行，1921年出版。

1921年7月，湘军总司令赵恒惕乘湖北武昌和宜昌等地发生兵变，督军王占元的统治摇摇欲坠之机，以“援鄂”为名，进兵湖北，从而与王占元的北洋军及萧耀南所率“援鄂”直军展开了厮杀，史称“湘鄂战争”。该书详细地叙述了这次战争的始末，书中对武、宜兵变，鄂人驱王运动，战争之动因，两军作战计划及情形之比较，交战经过与结局等均有较详记载，对直系内部的矛盾也多有揭露。

**湘鄂战史**　南宫后人编辑，上海民强书局1921年出版。

该书对湘鄂战争爆发的原因、两军备战的情形与交战的经过、直系军阀吴佩孚等的态度，以及湘鄂战争进而演变为湘直战争的原因、两军交战的经过与各方调停的情形等进行了较详的记述，对于研究湘鄂战争及有关各问题，本书有一定的参考价值。

**太平洋会议与梁士诒**　叶遐庵口述，俞诚之笔录，载沈云龙主编《近代中国史料丛刊续辑》第十九辑，文海出版社1974年出版。

1922年12月，中、日两国代表正在华盛顿会议上进行关于山东问题交涉的舌战，时任内阁总理的梁士诒受日本驻华公使小幡西吉答应给予借款的诱惑，在国务会议上提出了中、日直接交涉山东问题的提案，一时舆论哗然，直系军阀吴佩孚等对梁的攻击尤烈，梁内阁因此垮台。该书作者运用大量的笔记和档案资料，对清末民初列强对中国外交之秘密，国际共管中国铁路之内幕，太平洋会议前中国国内各政团的活动和对鲁案的斗争，以及太平洋会议前后山东问题的真相等问题进行了分析，从而在一定程度上为梁士诒翻了案。

**奉直战云录** 陈冠雄著，天津新民意报社 1922 年出版，天津新闻广告社 1922 年出版。

该书系记载第一次直奉战争的专著，全书分上、中、下、附篇，计 20 章，详细记载了战争爆发前后京津等地的动态，反映了战争给当地人民所带来的痛苦与灾难。书中系统摘录了有关第一次直奉战争的电文、报道及其他材料，完整地记述了第一次直奉战争的前后经过，可供研究北洋军阀史之参考。

**直奉交战始末记** 杨哑玲著，1922 年印行。

该书记第一次直奉战争，内容包括直奉交战的远因近果，战前两军的布置及布防，各方往来电函与直奉电报战，直军军官战事经过谈，奉军军官败后谈，战后之西路实地调查记，直奉两军开战之 5 日情形，中、东、西三路奉军溃败经过等战况综述，奉军失败的两大原因，关于张作霖败前之轶闻。

**奉直战史** 上海宏文图书馆 1922 年编印

第一次直奉战争爆发于 1922 年 4 月底，而于 5 月初大致结束。该书成于 1922 年 5 月，可谓最早记载此次战争的史书。由于时间间隔短，编者易于搜集史料，书中所述又具有相当的真实性，因此，该书之所记，有着一定的参考价值。书中对直奉战争爆发的远因、近因、导火线、战争之爆发与进行、战争之真相与结果，以及战争造成之影响，均有详细记载。

**壬戌政变记** 张梓生著，商务印书馆 1924 年出版。

是书收录了张梓生两篇著作：《奉直战争纪事》、《黎元洪复职记》。《奉直战争纪事》对1922年第一次直奉战争的起因、战前双方之准备及战争之经过、战争造成之影响等，均有详细记载，对研究军阀混战颇有参考价值。《黎元洪复职记》记述直系军阀在第一次直奉战争取得胜利后，驱散安福国会，赶走安福国会选出的总统徐世昌，恢复1917年被黎元洪解散的旧国会，把黎元洪捧出来重任总统，从而借以统一全国，达到直系武力统一的目的这一全过程。书中搜集各有关方面的文电，有一定的史料价值。

**直奉之大秘密**　王小隐编，中国第一书局1922年初版，1923年再版。

该书记载直皖战争之后直奉两系之斗争及第一次直奉战争直胜奉败之原因，并对战后直系之扩张、奉系之整顿有详细陈述。书中对吴佩孚、张作霖作专门叙述，涉及较广，为研究第二次直奉战争前直系、奉系之重要史料。

**癸亥政变纪略**　刘楚湘著，泰东图书局1924年出版。

该书详细记载了第一次直奉战争后，直系借恢复法统之名义，企图统一南北，进而谋选总统之全过程，叙述了直系促黎就职，迫黎去位等种种行径，揭露了直系进行总统贿选的一幕幕丑剧。书中还辑有大量电文、报纸评论等，史料颇丰。该书作者乃当时众议院议员，所记翔实可靠，价值较高。

**六月十三**　寒霄编述，上海中北书局1924年出版。

本书叙述曹锟为贿选而于1922年6月13日蓄意制造政变，毁法乱纪，逼官夺印等事。全书共分上、中、下篇。上篇记黎大总统被迫出走，曹锟派兵劫车，高凌霨摄政，吴景濂在国会为贿选张目，内外时论诛讨事；中篇记国会南迁的筹备及其经过，出京议员主持正义，舆论界的倾向；下篇记6月13日以后的贿选形势，贿选前后的政团，贿选经过，贿选议员题名录，曹锟小史。全书有两个最明显的特点：一、以春秋笔法，明是非而正人心；二、汇集当时各种通电、文献，是一部翔实的资料参考书。

**贿选记**　赵晋源撰，淞沪通讯社1924年出版。

该书分上、下两编。上编述曹锟贿选的前因后果，如贿选前的诸种丑态，贿选时的种种怪像以及曹锟就任总统时的情形，书中均有详细记载；下编叙述了贿选后张作霖、卢永祥、唐继尧等军政要人对贿选的态度以及各地揭露和反对贿选的情形。书中收录了大量当时的函电，对于研究曹锟贿选这一历史事件有一定参考价值。

**临城大劫案**　枣庄寓公编，时事编译社1923年出版。

该书叙述了劫车匪首孙美瑶等人的历史，临城地形及孙部由来；并通过被劫旅客之口叙述了劫车的事状、肉票在山中的概况以及中外人质脱险的经过；还记载了谈判情况。为了解这一重大案件的始末，提供了许多可资参考的材料。

**甲子内乱始末纪实**　古蓨孙著，中华书局1924年出版。

1924年第二次直奉战争是北洋军阀史上规模最大的一次军阀混战。经此次战争后，北洋军阀即逐渐衰落至于灭亡。该书从1922年第一次直奉战争奉系失败出关叙起，详细记载了奉系之整军经武，直系之恢复法统与武力统一及因之而起的江浙战争，进而对第二次直奉战争之全过程及结局进行了记述，全书脉络清晰，资料丰富，为研究直奉两系及北洋军阀衰亡的极有价值的参考书。

**江浙战史**　上海宏文图书馆编印，民国十三年八月出版。

该书是江浙战争爆发前后编纂的一本资料汇编，共三册，基本上反映了这次战争起源及其历史背景。全书按事态的发展分为四部分：一、战事之溯源及去年之和平运动，战前之第二次和平运动；二、江浙战争之酝酿，苏、皖、赣、闽、洛、府、浙、沪、奉各方的表现及态度，双方海军之调遣，租界治安问题以及外人在江浙战前的论调；三、战争的爆发，双方陆海空军实力对比；四、战争的写真，攻守方略，两方最初布防之兵力，浙沪苏三军实数，各路战事纪实。

**江浙大战记**　上海共和书局编辑所编印，1924年出版。

该书记载了1924年江浙战争之起因、经过及所造成之影响，书中详细陈述了此次战争的起源、战事之酝酿及苏浙双方之备战情形，描述了整个战争的全过程及战争给民间造成的灾难。

**第二次直奉大战记** 无聊子著，上海共和书局1924年再版。

该书共分六章。第一章对直奉两系的由来及其始合终离并进而交战的原因进行了分析；第二章叙述了第一次直奉战争的酝酿、经过和结局，并对奉张失败的原因进行了分析；第三章记载了第一次直奉战争结束后直、奉两系的行动，而对奉系军阀内部情况的记载则尤为详备；第四、五两章分别记述了第二次直奉战争爆发后，直奉两军阀派系的活动情况；第六章则记载了战争爆发后吴佩孚与张作霖及陆战、海军、飞机、外交等方面的状况。

**甲子奉直战史** 佚名编，上海宏文图书馆1924年编印。

该书详细记载了第二次直奉战争的始末，书中对直、奉再度开战的动机，反直派的态度与直系军阀的应对，直奉两方军队的调查与内容，两军最初之防线及战略，冯玉祥"北京政变"与直奉战争的结局等均有较详记载，而记直奉两军交成的经过情形则尤为详备。研究第二次直奉战争，该书具有较大的参考价值。

**北京政变记** 无聊子著，上海共和书局1924年出版。

所谓"北京政变"，即指1924年10月第二次直奉战争过程中，冯玉祥联络胡景翼、孙岳等发动兵变，驱逐直系军阀首领、贿选总统曹锟这一历史事件。该书对政变的前因后果，政变的前后经过，有着详尽的评述。书中收录了当时的各方记载、报道和有关文电，是一部具有相当价值的关于"北京政变"的专著。

**善后会议史** 费保彦编纂，寰宇印刷局1925年出版。

该书共分四章。第一章分析了善后会议的由来，书中对江浙战争的起源，第二次直奉战争的经过，冯玉祥"北京政变"及段祺瑞对时局的态度等，都有较详的分析和叙述；第二章叙述善后会议的筹备情形，较详地记载了段祺瑞与孙中山关于国民会议的争论，并辑录了段祺瑞邀请各实力派出席善后会议的文电；第三章记载善后会议历次会议之情形，并对会议纪事作了简要叙述；第四章记载了专门委员会审查国民代表会议及军、财两委员会各条例。该书前有十七个序，为段祺瑞、冯玉祥、卢永祥和梁士诒等人所作。书后附录则全文辑录了善后会议各会员所提，并经过大会表决手续的提案与意见书，其余的也列有标题。

作者曾充任财政专门委员会委员，稔知善后会议的整个过程，因此，该书对于研究善后会议以及相关问题，具有较高的史料价值。

**善后会议公报**（八册） 善后会议秘书厅编（1925 年 2 月），台湾文海出版社 1978 年出版。

该《公报》记载关于善后会议的一切事件。共分九方面的内容：一、照片：关于善后会议各种摄影均属之；二、开会纪事：善后会议行开会式纪事属之；三、议事日程：凡善后会议所开各种会议议事日程均属之；四、议事录：凡善后会议之各种会议所记议事经过事宜均属之；五、速记录：凡善后会议各种会议速记录均属之；六、议案：凡执政交议会员提出各案、修正案、意见书等均属之；七、公文：凡善后会议及本会议会员、专门委员、秘书厅并京内外各机关、各团体、个人关于善后会议之公文、函电均属之；八、附录：凡善后会议各项规则、通告、委员名单及不属于上列各门之文件均属之；九、广告：善后会议及秘书厅各种紧要广告均属之。

**善后会议录**（一一四号） 1925 年印。

该书收录了善后会议财政专门委员会会议录、军政专门委员会会议录、专门委员会联合审查会特别审查会会议录、专门委员会联合审查会会议录四种，包括开会时间，出席人数，会议程序，各代表发表记录，主席主持会议，各委员对军政、财政、国民代表会议议员选举资格等议题的讨论、修订增补以及表决的情况。会议录是会议现场的实况笔录，比较真实可靠，属第一手资料。

**善后会议** 中国第二历史档案馆编，档案出版社 1985 年出版。

该书是《中华民国史档案资料丛刊》的专题之一。共辑录档案资料 175 题 182 件，公报资料 2 题 2 件。按段祺瑞筹开善后会议，善后会议的召开，善后会议闭幕后段祺瑞的有关措施分三大类编排。该书从一个侧面反映出：段祺瑞召开善后会议的意图，孙中山对善后会议的坚决抵制和国民会议运动的蓬勃发展，段祺瑞与张作霖以及各省各系军阀彼此之间的矛盾和在善后会议中的斗争，社会各阶层、各个政治派别在善后会议期间的活动，段祺瑞在善后会议闭幕后查禁北京国民会议促成会等团体，筹备国民代表会议、成立财政善后委员会等机构及其所受到的抵制和反对，在北洋军阀长期统治下有关政治、军事、经济、边防、民族、侨务等方面的情况。

**国民军史稿**　李泰棻著，1930年印。

该书乃是一部记载冯玉祥生平事迹、国民军之历史及国民军重要将领之活动的专著。书中对两次直奉战争及国奉战争记载尤详。书中事实，一半为作者平日记忆所及，其中文字记载，多参考冯玉祥之自传及《国民军奋斗史》；而其口述，则参考薛笃弼、石敬亭、邓仲知、弓富魁、邓宝珊、李养泉等国民军高级将领之叙述。因此，该书之记载详细可信，史料价值极高。

**乙丑军阀变乱纪实**　古蓨孙著，北京和平印刷局1926年出版。

1925年、1926年是北洋军阀史上混战最为剧烈的两年。该书对1925年的军阀混战作了详细的记载，如2月份国民军胡景翼部与陕军憨玉琨的战争，10月份孙传芳浙、闽、苏、皖、赣五省联军与奉系的战争，11月份奉系郭松龄部之倒戈反奉战争，12月份国民军冯玉祥部与直隶李景林的战争。书中对这些战争发生的前因后果及战争经过作了系统的介绍与分析，可供研究参考。

**涿州战记**（六册）　夏寿田著，1929年印行。

1927年9月，国民革命军阎锡山誓师北伐，率军分由井陉、大同，沿京汉、京绥两路出击奉军。阎命所部傅作义第四师进军涿州、良乡方面，以横断京汉、京绥间奉军的联络，并相机进占京、津、冀，以全歼奉军。是年10月两军开战后，傅作义军在涿州城被围困达三个月之久。1928年1月，在弹尽粮绝的情形下，傅开城请降，所部七千余人被奉军收编。是书详细地记述了这次战役的情况，如两军的实力。兵力部署以及交战经过，书中均有较详记载。

**奉系军阀密电、奉系军阀密信**　辽宁省档案馆编，中华书局出版。

奉系军阀是北洋军阀三大派系之一，在北洋军阀史上占有重要地位。辽宁省档案馆将奉系军阀与各派系军政要员密谋、交往之密电、密信整理出版，实为北洋军阀史研究界的一大幸事。《奉系军阀密电》、《奉系军阀密信》几乎涵盖了奉系军阀的全部活动，为研究北洋军阀史尤其是奉系军阀史的极为重要的史料。《密电》共分六册(其中第五、六册为合印本)，《密信》一册。

**我杀死了张作霖**　河本大作等著，陈鹏仁译，台北聚珍书屋出版社 1982 年出版。

张作霖被杀案是中国近代史上的一桩公案，看法多有分歧。该书汇编了当时参与其事的日本政界及军界诸人的回忆录，日本学者、记者对这一事件的研究、探讨文章。这些作者当中，有张作霖首席顾问町野武马、暗杀的主谋河本大作、奉天总领事林久治郎、哈尔滨总领事曾代理奉天总领事的森岛守人、日本政界元老西园寺公望的秘书原田熊雄、关东军奉天特务机关少校参谋花谷正等人。他们从实施满蒙政策着眼，对谋杀案的内幕直言不讳。因此，该书是了解谋杀案及日本对华侵略政策延续性的第一手资料。

**日本人谋杀张作霖案**　龚德柏著，沈阳专城书局民国十八年八月出版。

该书是皇姑屯事件发生以后不久出版的一本专论，作者为申报新闻编辑，以敏锐的眼光和独特的见解，广泛搜集了当时各方面的有关资料，对这一事件作出了客观公正的分析评论。主要内容有:炸弹案之真相，日本政府炸张的原因，事件发生后日本之态度，中国当局之处置，日本议会中对该事件的分歧，对于日本议员侵略谬论之驳斥，上海报纸对该事件的报道。书后还附有日本军队扰乱满蒙、制造炸车案的铁证。

**国民革命北伐成功史**(上、下卷)　文公直著，新光书店1929年初版。

关于北洋军阀覆亡的历史，一直没有一本专著予以阐述；间或有之，亦多为叙述国民革命军之北伐而连带叙及北洋军阀的失败与灭亡，所以记载不详细，更不系统。是书亦如此，它从北伐之原因及出师前的国内之状况写起，详细地记载了国民革命军北伐及最后成功的全过程。与同类书比较起来，是书对北洋军阀的覆亡过程叙述稍多，尚能应付阙如，因此研究北洋军阀的最后消亡，可以此书作为参考。

## 六、人物传记

**军阀列传**　辛培林编著，黑龙江人民出版社1987年出版。

该书选取了十个具有典型意义的军阀人物，以军阀个人的成败，见微知著，反映北洋军阀集团的兴衰。这其中除了北洋军阀头子袁世凯，直皖奉系军阀首领冯国璋、段祺瑞、张作霖以外，还有复辟罪魁张勋、臭名昭著的"贿选总统"曹锟、后来居上的"革命将军"吴佩孚、煊赫一时的五省联帅孙传芳、穷凶极恶的"狗肉将军"张宗昌、凶狠残暴的黑龙江督军吴俊陞。各传以重大历史事件和军阀所从事的重要历史活动为线索，穿插一些军阀的轶事、丑闻及笑话，刻划人物活灵活现，入木三分。

**北洋政府总统与总理**　杨大辛主编，焦静宜、张树勇副主编，南开大学出版社1989年出版。

该书汇编了北洋政府首脑人物的传记，不仅评述了这些人物的生平和历史功过，同时也反映出那个历史时期的政治概貌。全书分上下两编。上编为北洋政府总统(其中包括在未设总统期间的临时执政与军政府大元帅)，共七人；下编为北洋政府的历届内阁总理，连同临时署理、兼代的在内，共二十九人。该书附有全部总统、总理照片，并于书末附录《北洋政府总统总理更迭纪要》、《北洋政府历届总统、副总统简表》、《北洋政府历届总理简表》以备读者检索。

**袁世凯一生**　侯宜杰著，河南人民出版社1983年出版。

该书按照时间顺序和问题的性质，在充分占有材料的基础上，对袁世凯的反动一生进行了详尽而又实事求是的叙述和评价，成功地描述了袁世凯这一大地主大买办阶级典型代表的形象，使其篡权窃国、复辟帝制、善搞阴谋权术的狰狞面目，暴露得淋漓尽致。书中还对与其相关的背景、人物、事件等等作了简略交代，基本展示了那一时期的社会全貌。

**袁世凯传**　李宗一著，中华书局1980年出版。

该书以已有的中外论著为基础，并参阅了有关袁世凯的政府档案、私人函电等，对袁世凯的一生进行了详尽的剖析，从而揭露了封建专制主义的野蛮、愚昧、虚伪和顽固，并进一步说明了清末民初支配我国社会历史的一般的和特有的规律，以及违反这个规律的人物最终要失败的必然性。

该书史料宏富，论述精详得当，脉络清晰可稽，是研究清末民初的历史和认识袁世凯其人的重要参考书。

**袁世凯传**　霍必烈著，国际文化事业有限公司1988年出版。

该书对袁世凯一生作了全面叙述和科学分析，对袁世凯青少年及驻朝时期的经历，戊戌变法与义和团运动中的表现，辛亥革命时期的政治投机，"二次革命"时镇压革命党以及其后摧残民主、复辟帝制等活动，都有比较详细的叙述和分析。

**袁世凯全传**　野史氏著，上海文艺编辑社1916年印行。

该书凡十二章，详细记载了袁世凯幼年时代，驻扎朝鲜时代，小站练兵时代，山东巡抚时代，直隶总督时代，辛亥革命时代，民国成立时代，临时总统时代，正式总统时代及其帝制自为，终以自毙而告终等时期的历史。书前有《袁世凯年谱》，以表格形式逐年记载了袁氏之简历及当时之国势。

**袁世凯秘辛**　袁静雪、袁克齐合著，东西文化事业公司出版。

该书记述了袁世凯从一个读书不成、功名无望的青年，怎样逐步爬上权力的顶峰，以及他是如何玩弄权术，利用辛亥革命和窃夺辛亥革命果实的等内容。书中对袁氏一妻九妾的“后宫”生活以及他篡夺大总统、假造民意称皇登基等阴谋活动，均有详细的揭露，为研究中国近现代史提供了极为重要的第一手资料。

**袁世凯与朝鲜**　林明德著，台湾中央研究院近代史研究所专刊(二十六)，1970 年初版。

该书共分三编(八章)。第一编(一至三章)依时间顺序叙述袁在壬午事变、甲申政变前后的举措及其受命驻朝的情况；第二编(四至六章)专论袁在强化宗主权方面的问题，即袁对朝鲜财政与外交的操纵；第三编(七、八章)叙述袁在甲午战争爆发前后的举措。

袁世凯在朝鲜时期积累的经验，对他日后的政治生涯具有莫大的影响，甚至可以说是他后来在中国政坛上活动的缩影。目前有关袁的研究，大多偏重于其后期的历史，而忽略其早期的活动，是书可以说是填补了一个空白。

**袁世凯史料汇刊**　沈云龙主编，台湾影印出版。

本书收录了有关袁世凯的文献史料 21 种。包括袁氏乡里方志，先德文集，袁氏驻朝鲜时期之电稿，小站练兵时期之兵略、操典，出任山东巡抚、直隶总督兼北洋大臣时期之奏议、公牍，以及叙述袁氏个人及家庭之传记、洪宪帝制时之纪事诗等，还有如白蕉《袁世凯与中华民国》、《洪宪公报》等。

**袁世凯传记资料**　朱传誉主编，台湾天一出版社 1979 年至 1985 年陆续出版。

该《传记资料》共分十七册，从九十余种 1977 年 10月底前的期刊、二十余种 1976 年底以前的报纸，以及私家日记、碑铭、墓志、行状、行述、年谱、纪念文、回忆录、合集及专著中，辑录了有关袁世凯的传记资料共 298 篇，并按袁的生平、事迹、贡献、逝世为序加以编排，为研究袁世凯其人其事提供了很大的方便。

**容庵弟子记**(四卷)　沈祖宪、吴闿生编，民国二年铅印本，天津图书馆藏。

是谱编者为谱主袁世凯之门下士，记谱主幼年至宣统三年止之行事，不采逐年条述体裁，而以谱主行事分为四卷，每卷顺文叙其行事。

卷一自咸丰九年谱主出生至光绪二十年六月中日战争爆发前止，除记谱主幼年、少年时活动外，以记中日战前有关朝鲜问题之史事为详，于壬午军变、甲申政变及朝鲜内部纷乱情况等均有记载。

卷二自光绪二十年七月至二十七年八月止，记中日甲午战争时清廷之军事部署、谱主之创练"新建陆军"及镇压义和团运动等事，尤以记"新建陆军"之创立、发展为详尽。编者于本卷中不记谱主破坏戊戌变法之事，甚至即戊戌之情况亦阙而不录，显示为谱主曲讳。

卷三自光绪二十七年九月至三十年十二月止，记谱主任直督时之活动，如镇压景廷宾起义，编练"北洋常备军"，以扩充其武装势力等活动。

卷四自光绪三十一年正月至宣统三年八月止，记谱主于清末筹饷练军、勾结美帝国主义等罪恶活动。

是谱于谱主之"功业"，颂谀备至，多方弥缝，难称实录。但其讳避处颇显明易，苟能抉择而读，尚可窥知祸国殃民诸活动之大略，于研究清末政治、外交及北洋军阀集团之来源、形成等问题有足供采择参考之处。

**段祺瑞**　沃丘仲子编，广文书局印刷，上海世界书局发行，1920年初版，1923年再版。

该书介绍段祺瑞入仕前后之生平事迹，分上中下三编：上编为十二节，分述段氏之家世、幼年及学生时代，赴德留学，小站练兵和清末民初出仕之情况；中编介绍段氏清末民初之"政绩"；下编概述段系之人物，分别介绍军阀24人、官僚17人。书后附录段氏之史乘，分述段氏之家庭、文艺、经济、交际、宗旨、嗜好、逸兴等轶事。

是书简单明了，但多溢美之词。

**段祺瑞秘史**　濑江浊物编，信史编辑社1923年出版。

该书记段祺瑞从出身以至直皖战争这一时期的历史。书中对段氏的家世、早年生活及前清时期的仕历和活动都有记述，尤其是对段氏在民国后的活动的记载，较为详备。书中还就直皖交恶以至展开厮杀的原因和结局进行了分析，并辑录了直皖战争前后有关各方的文电。书后所记段氏轶事，涉及其家教、嗜好及性格等方面。

**合肥执政年谱初稿**（一题《（合肥）段公年谱稿》）　吴廷燮编，民国二十七年铅印本。

是谱系编者于谱主段祺瑞卒后次年受人委托而纂辑者，故以谀为主。记仕历以民国部分为详，并罗举中央及地方重要官吏之更迭情况，所载历次阁潮之阁员名单甚为完备。其记事之下间以小字附录令文、电文等。

**徐世昌全传**　上海竞智图书馆编辑、校阅、发行，1922年出版。

全书凡七十四章，概述了徐世昌一生从政之大事。从徐早年出仕、就任东三省总督、入相时代，直至入民国后出任官职、袁世凯帝制自为辞官隐居、暗助复辟、出任总统，最后被直系军阀赶下台，均有较详叙述，中间夹有轶闻及徐氏重要通电。

**徐世昌评传**　沈云龙著，台湾传记文学出版社1979年初版。

该书以传记体为主，编年体和纪事本末体为辅，对徐世昌一生的事功、学术、言论、品格及其所受的歌颂或毁谤等，结合其所处的时代背景，进行了述评，成功地描述了徐世昌这一阴柔圆滑、老于世故、巧于投机的近代官僚的典型形象。

**水竹村人年谱稿**（二卷，附录）　贺培新编，抄本，北京图书馆藏。

是谱凡二卷。卷上记至辛亥革命清帝逊位止。记谱主徐世昌就读、教馆、作幕、仕历及交游等，兼记有关时事，如光绪二十三年七月记应袁世凯聘至小站任总理参谋营务处、订立营规等事，并记中外交涉、清末官制改革及伪立宪、东三省情况等。卷下始于民国元年，记民初政局、洪宪帝制、对德参战及阁潮等事，其中有为谱主曲讳处，如称谱主不赞成洪宪帝制等。

附录辑时人所记有关谱主轶事，即徐一士、凌霄、觉簃等人所谈掌故。另有著述目录，分自著类、刊印类。

**黎元洪评传** 沈云龙著，载沈云龙主编《近代中国史料丛刊》第七十九辑，台湾文海出版社印行，1972 年初版。

该书非记黎氏一生之事，而只就他在武昌起义及民初政坛上的一些主要活动，进行了述评。书中附有较多电文，并综合了当时人对黎氏的评价，可谓是实事求是地评价黎元洪其人其事的上乘之作。

**黎黄陂轶事** 贡少芹等著，上海国华书局 1935 年再版。

该书辑录了黎元洪在清末担任中级军官以迄 1922 年复任总统这一时期的轶事。尽管书中有些内容不尽可信，但也多少反映了黎元洪在辛亥革命、“二次革命”、袁世凯帝制及张勋复辟等重大事件中的活动及他在生活等方面的一些情况。研究黎元洪其人其事，此书有一定参考价值。

**黎元洪年谱资料** 民间不老人编，1961 年打印本，北京图书馆藏。

是谱以公元为主，下附清历、太平历及干支。全谱分项记事，每年下分谱主事略、关系者情况（记友朋生卒情况及行事）、国内外情势，五四运动后各年增入革命形势内容。其 1904 年条记湖北新军编制，辛亥革命时记武昌起义情况，军阀时期记混战及政潮等均可供参考。

谱前有《黎元洪年谱资料简目》列各阶段简目，又有《元洪先世及其直系家属》表。谱末记至 1935 年，皆丧葬事。附录有章炳麟撰《大总统碑文》及薛民见辑《元洪姓氏之谜》两篇。

**张勋秽史**　孤竹理奴编，1917年出版，北京琉璃厂龙文阁书庄、天津北马路直隶书局发行，天津市历史博物馆藏。

该书除著者序言外，共分十章，记述了张勋幼年、广西从军、隶属袁世凯、会办江防、盘踞徐州、“二次革命”、袁世凯帝制、民国复活、各省兵谏、奉令入都各时期的活动情况。书中保存了不少当时的原始文电。

**松寿老人自叙**　张勋自编，民国十一年刊本。

是谱系自叙性质，但以年月为经。记至民国十一年（69岁）止，记清末民初仕历及时事，兼及家事。虽所记较简，然亦略可窥知谱主与北洋集团之历史关系。

**徐树铮正传**　中央国史编辑社编，民国九年九月出版。

该书记徐树铮从幼年至直皖战争这一时期的经历，以记其政治活动情况为详，并涉及徐氏生活方面的一些情况。书中对徐氏多诋毁之处，很多说法不尽可信。

**民国徐又铮先生树铮年谱**　徐道邻编述，王云五主编《新编中国名人年谱集成》第十五辑收录，台湾商务印书馆发行，1980年出版。

是谱记徐树铮一生之经历与事功。记徐树铮在政界和军界的活动，以民国以后为详。对徐氏在促使清帝逊位、反对袁世凯帝制、府院冲突、秦皇岛截械、直皖战争等事件中的活动及所起的作用，都有较详的记载。

是谱引征之材料，以陶菊隐所著《北洋军阀统治时期史话》为主，并以作者自己的亲身经历和见闻，作补充说明。是谱因为谱主之子编述，因此，多有虚饰曲讳之处。

**冯玉祥传**（上、下册）　简又文著，台湾传记文学出版社1982年初版。

该书详细记载了冯玉祥一生的事迹及其人格、品性、情感与思想信仰等。书中对冯氏童年时代的生活经历及在行伍间的奋斗，尤其是对冯氏的一些重要活动，如滦州起义、陕西剿“白狼”、讨袁之役、消灭"辫子军"、武穴主和、直皖战争、首都革命、助郭倒张、杀徐树铮、五原誓师、北伐战争等，都有较详的记载。书中材料大多来自作者任西北军政治工作委员时所亲历亲见之事实，也有得诸冯玉祥及其所部高级将领的口述。对于了解冯玉祥其人其事、其时代及有关之重大事件，该书具有很大的参考价值。

**冯玉祥的一生**　詹姆斯·E. 薛立敦著，丘权政、陈昌光、符致兴译，浙江教育出版社1988年出版。

该书于1966年由美国斯坦福大学出版社出版后，立即引起了国外史学界的关注，被公认为是近年来所有研究冯玉祥的著作中最重要的一部。全书十二章，以冯玉祥一生的政治、军事活动为主，以时间先后加以叙述。其成功之处，是在于作者先提供了一个整体的时代背景，再于其中追溯冯玉祥的一生，把冯玉祥一生曲折复杂的经历及思想演变、性格特点的描述与分析，紧密地与冯所处的时代背景有机地结合起来，由此一方面对冯作出评价，一方面也点出这个时代中国所遭遇的共同难题。

就资料而言，作者所下的功夫甚大，有关的一手及重要的二手资料均搜集得极为齐全，读者可从中获得不少国内未见或稀见的新史料。

**我的生活**　冯玉祥著，成都华英书局1944年初版，1947年再版。

该书系冯玉祥之自传，详细记载了作者的家世及早年的生活经历，记其进入军政界后直至北伐时期从事军事、政治活动的情况，尤为详备，如书中对"剿白狼"、"倒袁之役"、"讨伐复辟"、"首都革命"、"五原誓师"等，都有较详的记载。反映了作者从反动军阀到革命将领的转变过程。

书中所记，多为作者亲身经历，对于了解冯玉祥其人及他所处时代的历史，无疑具有重要的参考价值。

**冯玉祥与国民军——一个志愿兵的札记(1925—1926)**　(苏)维·马·普里马科夫著，曾宪权译，中国社会科学出版社1982年出版。

国民军是从直系军阀中分化出来的一个军阀派系，但由于冯玉祥本人的思想特点及其后期转变，使它又不同于一般的军阀部队。该书作者从 1925 年初至 1926 年 5 月担任冯玉祥的军事顾问，是国民军苏联军事顾问组副组长。该书以日记和记事的形式，叙述了他在国民军第一军任职期间的见闻，涉及冯玉祥的生活、工作、思想和治军方法，国民军在整训、备战和直隶战争中的情况，以及李大钊等人在国民军中的宣传鼓动。是一部研究国民军历史的颇具参考价值的著作。

**吴佩孚** 蒋自强、余福美编，山东人民出版社 1985 年出版。

该书对北洋军阀中号称“儒将”的吴佩孚的一生进行了叙述。对吴氏早年经历及直皖战争爆发前的活动情况的记述较为简略，而对其在直皖战争后在政治、军事及外交等方面的活动，则有较详的记载。书后附有《吴佩孚大事年表》，反映了吴佩孚一生的活动情况。该书对于了解北洋军阀的兴亡及其相互间的争斗，不无裨益。

**吴佩孚传**（上、下册） 章君谷著，台湾传记文学出版社 1980 年出版。

该书记吴佩孚一生之历史，举凡吴氏家世、求学、从戎、投幕及其晚年生活情况，均有详尽记载。而对吴氏之军功，诸如“衡阳撤防”、“直皖战争”、“直奉战争”、“榆关之战”等的记载，尤为详备。

该书由赵恒惕、孙震、刘泗英、贺国光等吴氏之故旧挚友提供材料，经章君谷加工而成。书中对吴氏虽多溢美之词，但基本上真实可信地反映了吴佩孚一生的历史。

**吴佩孚将军传** 陶菊隐著，中华书局印行，民国三十年五月版。

该书记载了吴佩孚自投军从戎直至去世这一时期的生活经历及其在军、政界的活动情况。对吴氏两次奉命入湘、衡阳撤防及在直皖战争、直奉战争、北伐战争中的表现，均有较详的记载。书中还披露了一些吴与梁士诒、吴与曹锟及其左右明争暗斗的内幕。

该书材料,有得诸传闻者,但大多来自当时的报刊,且作者尚能以客观的态度写史,因此,是书还是比较真实可信地反映了吴佩孚及其所处时代的历史。

**吴佩孚正传** 濑江浊物著,上海中央国史编辑社1920年出版。

全书凡三编,可谓是一部吴佩孚的略史,始于吴氏的家世,止于1920年7月直皖战争结束。它记载了吴佩孚在政治、军事、内政、外交等方面的言行,尤以直皖战争的史实较详,保留了当时的许多电文。

作者对吴佩孚有不少溢美之词,但所据资料多来源于当时的报纸,史实基本可靠。

**吴佩孚战史** 得一斋主人编,1922年印行。

该书通过具体事例对吴佩孚身先士卒、宽严得当、功成不居、爱国天性、勇于负责、重视民生等品德和吴氏奇谋神算的军事才能,以及他首倡和平、实行军民分治的政治主张进行了述评,还详细记载了吴佩孚参与的主要战役,如直皖战争、湘鄂川鄂战事和第一次直奉战争的原因、经过、善后与始末。该书对吴多有溢美之词,但对于研究吴佩孚其人及北洋军阀史仍具一定参考价值。

**吴佩孚先生集** 赵恒惕等编,载沈云龙主编《近代中国史料丛刊》第六十八辑,文海出版社印行。

全书共分四大部分:一、著述,收集了吴佩孚阐述伦理道德的言论,主要有《循分新书》、《正一道诠》、《明德讲义》、《蓬莱讲话录》和《蓬莱诗草》。二、年谱,记吴佩孚一生之事迹,并附有关史料。三、传记,分上、下两编。上编记吴氏早年经历及其对文化、伦理、历史、人物、政治和中外关系等所持的观点;下编记吴氏的主要活动。四、追忆录,记吴佩孚去世情形及当时人的一些回忆文章。

**吴佩孚传记资料** 朱传誉主编,台湾天一出版社1979年至1981年陆续出版。

全书共分五册，从九十余种1977年10月底前的期刊，二十余种1976年底以前的报纸，以及众多的私家日记、碑铭、墓志、行状、行述、年谱、纪念文、回忆录、合集、专著等中辑录有关吴佩孚的传记资料共116篇，并按吴佩孚的生平、事迹、贡献、逝世为序加以编排，为研究吴佩孚其人其事提供了很大的方便。

**张作霖**　常城著，辽宁人民出版社1980年出版。

该书在前人某些研究的基础上，广泛地搜集中外档案、书刊资料和近年发表的、未发表的有关回忆录等，对张作霖这个军阀的起家、称霸及其在北部中国进行反动统治的过程作了较为系统、详细的评述。书中对张作霖这一人物基本持否定态度，但认为张从维护自己的统治出发，不愿完全听从日本帝国主义的摆布，卖力追剿受沙俄操纵的蒙匪等活动，是有利于祖国的。这一评价还是比较客观的。

**怪杰张作霖**　（日）园田一龟著，胡毓峥译，辽宁大学出版社1981年出版。

该书以介绍张作霖的出身和活动为主，对有关张作霖的事项叙述较详，涉及中国政局则止于梗概；与张作霖无关的问题及日本与张作霖之间的关系等，一概从略。书前所冠之序，说明了作者编著此书的目的，书后又有"张作霖年表"和"奉军现势"两个附录。

由于作者在奉从事报业多年，熟知其时中国之状况及张作霖之为人举止，因此，该书对于研究当时中国的历史，尤其是认识张作霖其人，不无参考价值。但由于原书编写时正值日本帝国主义者积极策划推行大陆政策、疯狂侵略满蒙的时代，而作者又是日本帝国主义的忠实爪牙，因此，书中对当时的史实多有歪曲，使用此书者当有所抉择。

**张作霖全史**　中央新闻社编，中国第一书局印行，1922年初版。

该书记张作霖之生平事迹，上起张氏早年的绿林生活，下迄1922年直奉战争后奉张败退关外。书中对张作霖在袁世凯帝制自为及张勋复辟时期的活动均有记载,而以记奉张与直皖两大军阀派系的矛盾、冲突以至战争为详。

书前"提要"称本书为"辽东侠客"所口授,且言此人居张幕中有年,备知张的底细,因此,对于了解张作霖其人其事,该书还是有一定参考价值的。

**张作霖在东北**(1911—1928)　麦科马克著,斯坦福大学出版社 1977 年出版。

该书共分八个部分,包括六章正文与前后的导言与结论。作者在"导言"中说明了本书的主要论点之所在。第一章叙述张作霖的出身及其在东三省的积极经营;第二章叙述张作霖在完成对东三省的控制后,入关与直、皖军阀争夺厮杀的情形;第三章叙述张作霖在 1922 年第一次直奉战争失败后退出关外,积极整军经武的情况;第四、第五两章叙述张作霖积极向日本寻求支持和援助,以及张氏命丧皇姑屯的经过;第六章叙述张作霖退至关外后东北内部不安的情况及张作霖再度入关和命丧皇姑屯的经过。作者在结论部分对张作霖进行了评价,认为对张作霖坚持中国统一、反对东北与中国分离的主张与行动应予以肯定。该书虽以张氏个人为中心,但偏重于张作霖的对外关系,尤其是他与日本的关系。

**张老帅与张少帅**　司马桑敦著,台湾传记文学出版社 1984 年出版。

该书辑录了司马桑敦等人所写的有关张作霖与张学良父子的文章 27 篇。内容涉及张作霖早年的生活经历与张氏掌握东三省军政权力的经过、张作霖与日本的关系、满蒙权益交涉与张作霖被炸,以及郭松龄与张氏父子的关系、张学良在"九一八"及西安事变中的表现等诸多方面。书后附录了传记文学社《张作霖座谈会专辑》。

**张学良和东北军**(1901—1936)　方正、俞兴茂、纪红民编,中国文史出版社 1986 年出版。

提到东北军,就不能不提张学良,两者似乎有着天然的渊源关系。这本书的作者多为东北元老,张学良的好友,东北军主要将领，负责外交、财经的重要官员，以及和东北军有关的共产党人等，所记均为亲历、亲见、亲闻，比较系统、具体地反映了"西安事变"前张学良和东北军所经历的重要事件。该书共分为九部分：家庭与身世，在第一、二次直奉战争中，张学良和郭松龄，奉军和两次北伐的对抗，"易帜"与杨常事件，中原大战和东北军入关，"九一八"事变到长城抗战，从"豫鄂皖剿总"到"西北剿总"，励精图治，振兴东北，各个部分均有内容提要，书末还附有张学良活动大事纪要。

**郭松龄将军**　任松、武育文著，辽宁人民出版社1985年出版。

郭松龄倒戈事件是近代史上的一次重大事变，对奉系军阀造成了沉重打击，郭松龄因此而名世。郭系奉军中的少壮派军官，与张学良关系密切，在奉系军阀中占举足轻重的地位。他铤而走险，揭橥反奉大旗，究竟出于什么样的动机，答案只能从他的人生足迹中寻觅。作者搜集了有关档案、报刊、回忆录，编写了这部传记体的专史，运用历史唯物主义的研究方法，对郭松龄一生的功过作出了实事求是的评价，对反奉战争给予了爱国主义的高度褒扬。

**卢永祥全传**　上海竞智图书馆编辑、印行，1924年初版，1925年再版，天津市历史博物馆藏。

全书凡二十二节，主要记述了卢永祥从政的经历、归附皖派、反对直系、据有淞沪、浙江自治、江浙战争及兵败下野等情况。

**李纯全史**　赵仁卿著，上海宏文图书馆1920年出版。

该书记李纯一生的生平事迹。不但记载了李纯少年时的经历与习武时的情形，还记述了李纯的品性和生活中的一些轶事。尤其是对李纯在辛亥年随冯国璋征战汉阳，1913年又率兵赴江西镇压"二次革命"，以及他在担任江西督军时的举措，在袁世凯帝制和张勋复辟问题上的态度，在南北议和与推翻皖系军阀的活动等的记载，则更为详尽。书后还对李纯一生的主要活动进行了评论。

**李纯全史轶事合刻**　张云石、吴虞公著，上海世界书局1920年出版。

该书大致可分三部分：第一部分叙述李纯的生平事迹，记其从戎以后的军功及迁升较详；第二部分分析了李纯与袁世凯、黎元洪、冯国璋、段祺瑞、徐世昌、张作霖、曹锟、吴佩孚、徐树铮等人的关系；第三部分则对李纯的政治主张，如三督联盟主义、八省同盟主义、南北统一主义，以及李纯倒袁、倒段和对待江苏、江西、安徽等省的计划进行了评价。还对李纯的自戕及死后对政局的影响进行了分析。

该书记李纯的传闻轶事，涉及李氏生活、待人接物、品性和办事作风等方面，有些记载似不尽可信，但也透露了李纯结纳冯国璋、敷衍国民党、觊觎副总统和搜刮军饷等方面的内情。

**王揖唐** 中人著，上海通艺编辑社 1920 年出版。

该书记皖系要人王揖唐从出生以至 1920 年他以北方总代表身份赴上海参加议和这一时期的历史。举凡王氏之家世、求学、出仕及政见和学问等，都有所记述。对王氏仕历的记载，则较为详备。书中还列专章对王氏与黎元洪、徐世昌、段祺瑞、徐树铮等人作了比较，并分析了王氏与这些人的关系。该书对王氏多有吹捧和虚饰之处，但对于了解王揖唐其人和他所处时代的历史，具有一定的参考价值。

**曹汝霖一生之回忆** 曹汝霖著，台湾传记文学出版社 1970 年出版。

该书是曹汝霖九十岁时所著的回忆录。除有关其早年的生活经历、前清时期的仕历及生活中的一些琐事的记述外，大部分篇幅都是关于他在北洋时期的活动及其时的一些重大事件的回忆，如书中对武昌起义、北京兵变、中日“二十一条”交涉、袁世凯帝制、护国运动、段祺瑞起兵讨伐张勋复辟、段祺瑞与冯国璋的矛盾冲突、“五四”运动、直皖战争、直奉战争、张作霖被炸及“九一八”以后中国所发生的重大事件等，都有较细的记载。曹汝霖在北洋时期历任要职，并是许多重大事件的当事人，其书披露了当时许多重大事件，尤其是外交交涉案的内幕，从而为我们研究北洋史提供了许多可信的材料。但书中对自己及段祺瑞等人多有虚饰曲讳之处，使用此书材料当有所鉴别。

**顾维钧回忆录**（第一分册）　中国社会科学院近代史研究所译，中华书局1983年出版。

本分册共三卷。第一卷叙述了1888年至1912年顾氏童年及求学时代的经历；第二卷主要记载了从1912年至1922年，即顾氏担任外交官的头十年间有关北京政治与中外交涉等方面的情况，如袁世凯与唐绍仪的关系、袁世凯与国民党的矛盾与冲突、洪宪帝制以及中日二十一条交涉、对德宣战、巴黎和会与华盛顿会议等，书中均有较详记载；第三卷主要记载了1922年至1924年顾氏回国任职期间的一些情况，书中对曹锟与吴佩孚、第二次直奉战争与冯玉祥倒戈、张作霖军政府以及金佛朗案、临城劫车案、中苏谈判等人和事均有详细记载，并就1912年至1928年间北京政府三权之间的冲突与施政工作的几个方面进行了述评，还对北洋军阀统治时期中国未能形成民主政治的原因等问题提出了自己的看法。由于作者亲身经历了那一时期，并是许多重大事件的当事人，因此，此书对于研究北洋军阀史，尤其是研究北洋军阀统治时期的中外关系，有较大的参考价值。

**三水梁燕孙先生年谱**（二册）　凤冈及门弟子编，民国二十八年初版铅印本，民国三十五年再版。

是谱记载谱主梁士诒政治、经济各项活动，颇称详备，搜集资料亦较丰富，为研究北洋军阀史之重要参考资料。

是谱于清末民初政治、经济、军事、外交等均有较详记述。其有关政治者，如袁氏窃国、“二次革命”、洪宪帝制、护国运动、张勋复辟、护法运动、曹锟贿选、内阁政潮等问题均胪述始末，尤能详述各种幕后活动。有关经济者，如关税问题、交通银行之设立、中国筑路沿革、帝国主义侵夺路权、筹款赎路、民初滥发货币及自中日战争以来之各项内外债等均有涉及。其有关外交者，如1904年中英西藏交涉、“二十一条件”交涉、巴黎和会、华盛顿会议，以及谱主赴欧美、日本进行勾结活动之情况均有记述。其有关军事者，如清末北洋舰队之成立，并详记直皖、直奉、国直奉历次军阀混战之状况等。

是谱为谱主讳解处甚多，故使用时必当有所分析批判。

**叶遐庵先生年谱**　遐庵年谱汇稿编印会同人编，民国三十五年铅印本（有线装与平装两种）。

是谱为谱主叶恭绰之门生故吏所编，叙至民国三十四年(1945年)止。记仕历及其在交通界活动状况，涉及近代史事处甚多。于清末民初兴修铁路、水利及创办交通银行等状况，均详记其内容及始末。是谱所记北洋军阀统治时期之政局变化及军阀混战情况，如民国二年条记德、英表示支持“洪宪帝制”，民国十一、十三年条记两次直奉战争，民国十六年条记直奉联合等，多有可供参考之处。

是谱既为门生故吏所编，颇有虚誉曲讳之处，使用此谱当知有所抉择。

# 后　记

《北洋军阀史》终于完稿付印，令人十分欣悦！

我从参加革命起，第一次分配的工作就是整理档案，第一次整理的档案就是有关北洋军阀的档案，而第一本可以称得上是我学术著作的是《北洋军阀史略》。如今经过半个世纪的磨砺而终能亲手摘取成果，难道不足以自豪而感到欣悦吗？

历史的前进犹如大浪淘沙，学术的进程亦然。经过撞击、选择、磨合、互补，志同道合者终能风雨同舟，共历艰难，完成了这部百余万字的巨帙，这难道不令人感到人间自有真情在的欣悦吗？

《北洋军阀史》是以北洋军阀的兴起、发展、纷争、衰落和覆灭为主要线索而撰写的一部通史性专著。这部专著以实事求是的精神为指导，以翔实史料为依据，努力寻求历史的真貌。议论力求平实，不媚世迎俗，哗众取宠。能为从事这方面教学与科研的同道提供一种可资信赖的学术著述，这难道不令人为之激动而感到非常欣悦吗？

我和我的合作者尽十年之功，搜集资料，考辨论证，撰写片段试稿，讨论研究，特别是近三年来在繁忙公务之余，分章合成初稿，相互传阅，增补改写，四易其稿，终成一书。虽然备尝甘苦辛劳，但能为广大读者奉献一种可以让他们耐心读下去的历史书籍，这难道不令人振奋而感到欣悦吗？

我非常感谢我的学生焦静宜、莫建来、张树勇、刘本军诸位，他们承担了反反复复编写修订的种种辛劳，是我始终不渝的真诚合作者，给了我晚年学术生活中以极大的友情安慰。

我非常感谢日本友人水野明和贵志俊彦两位先生，他们对本书的撰写曾给以无私的帮助。

我热诚地向所有鼓励支持帮助过我们的朋友们表示真挚的谢意！

来新夏

二〇〇〇年岁暮写于南开大学邃谷

# 中国文库 ·史学类

## （已出书目）

**【第一辑】**

世界通史（共六卷） 崔连仲等主编…………人民出版社
中国通史（共十册） 范文澜 蔡美彪等著…………人民出版社
简明清史 戴逸著 ……………………人民出版社
中国近代史（第四版） 李侃等著……………………中华书局
隋唐制度渊源略论稿 唐代政治史述论稿
陈寅恪著……………………生活·读书·新知三联书店
万历十五年 黄仁宇著 …………生活·读书·新知三联书店
中国疆域沿革史 顾颉刚 史念海著……………商务印书馆
朱元璋传 吴晗著 ……………………人民出版社
雍正传 冯尔康著 ……………………人民出版社

**【第二辑】**

美国通史（1－6） 刘绪贻 杨生茂主编…………人民出版社
阿拉伯通史（上下册） 纳忠著 ……………………商务印书馆
中国史纲要（修订本）（上下册） 翦伯赞主编 ………人民出版社
先秦诸子系年 钱穆著 ……………………商务印书馆
毛泽东年谱（1893－1949）（上中下册）
逄先知主编 ……………………中央文献出版社
从鸦片战争到五四运动（简本） 胡绳著 …………人民出版社
中国民族关系史纲要（上下册） 翁独健著……中国社会科学出版社
中国人口史（1－6） 葛剑雄主编 ……………复旦大学出版社
中国婚姻史稿陈鹏著……………………中华书局
秦始皇传 张分田著 ……………………人民出版社
唐太宗传 赵克尧 许道勋著 …………人民出版社
中国历史研究法 梁启超著 ……………………商务印书馆

**【第三辑】**

毛泽东自述 马连儒 柏裕江编……………人民出版社

周恩来年谱(1898－1949)(上下卷)

中共中央文献研究室编 …………………… 中央文献出版社

周恩来年谱(1949－1976)(上中下卷)

中共中央文献研究室编 …………………… 中央文献出版社

邓小平年谱(1975－1997)(上下卷)

中共中央文献研究室编 …………………… 中央文献出版社

中国上古史研究讲义　顾颉刚著 ………………… 中华书局

清史讲义　孟森著 ………………………………… 中华书局

中国史学史　金毓黻著 ………………………… 商务印书馆

唐代长安与西域文明　向达著 ………………… 河北教育出版社

中国古代社会　何兹全著 ……………… 北京师范大学出版社

中国回回民族史　白寿彝主编 ………………………… 中华书局

蒙古秘史　余大钧译注 ………………………… 河北人民出版社

中华人民共和国简史(1949－2004)

金春明著 ………………………………………… 中共党史出版社

北宋政治改革家王安石

邓广铭著 ………………………… 生活·读书·新知三联书店

武则天传　雷家骥著 …………………………………… 人民出版社

丝绸之路北庭研究　薛宗正著 ………………… 新疆人民出版社

【第四辑】

中国文明的起源　夏　鼐著 ………………………… 中华书局

中国古代文明研究　李学勤著 ………… 华东师范大学出版社

甲骨文字释林　于省吾著 …………………………… 中华书局

西欧封建经济形态研究　马克垚著 ……… 中国大百科全书出版社

魏晋南北朝论丛　唐长孺著 ………………………… 中华书局

东晋门阀政治　田余庆著 ……………………… 北京大学出版社

宋代经济史　漆　侠著 ……………………………… 中华书局

西夏史稿　吴天墀著 ……………………… 广西师范大学出版社

明代的军屯　王毓铨著 ……………………………… 中华书局

太平天国史　罗尔纲著 ……………………………… 中华书局

第二次鸦片战争　蒋孟引著 ………… 生活·读书·新知三联书店

辛亥革命史　章开沅　林增平主编 …… 中国大百科全书出版社

转折年代——中国的1947年

金冲及著 ………………………… 生活·读书·新知三联书店

现代化新论——世界与中国的现代化进程（增订本）
罗荣渠著 …………………………………………………… 商务印书馆
糖史　　季羡林著 …………………………………… 江西教育出版社
长水集　　谭其骧著 …………………………………… 人民出版社
走出中世纪（增订本）　　朱维铮著…………………… 复旦大学出版社